Andrea GIARDINA | Giovanni SABBATUCCI | Vittorio VIDOTTO

LO spazio DEL tempo

Storia Documenti Storiografia dall'XI al XVII secolo

1

EDITORI LATERZA

LO spazio

Lo spazio del tempo

Storia Documenti Storiografia è diviso in moduli, che si aprono con ampie **Anteprime**: lo studente può mettere a fuoco gli argomenti centrali del periodo cogliendo le relazioni tra gli eventi e tra i luoghi, anche lontani, le cause e le conseguenze delle azioni umane a livello nazionale e internazionale, gli snodi fondamentali, le costanti e gli elementi di novità.

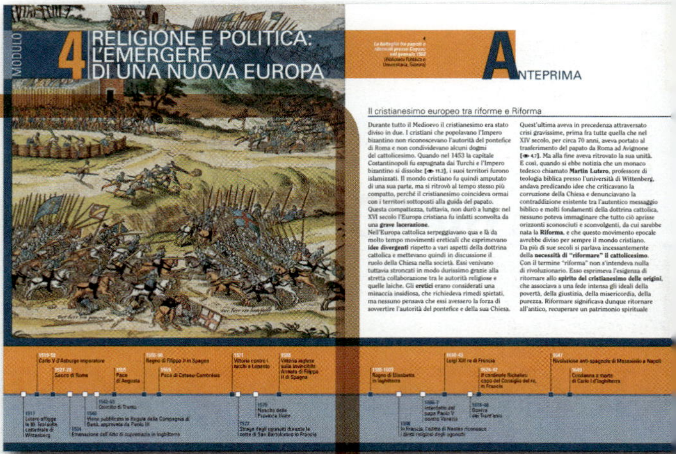

Nei capitoli, le schede **Personaggi** ed **Eventi** permettono di entrare "nel vivo" della storia: il profilo di grandi figure – uomini e donne della politica, della cultura, della economia, ecc. – in schede ricche di particolari inediti; gli eventi epocali – grandi battaglie, rivolte e rivoluzioni, atti di terrorismo politico, manifestazioni pubbliche, ecc. – fedelmente ricostruiti in narrazioni avvincenti.

Le schede **Storia, Società, Cittadinanza** affrontano i temi di Cittadinanza e Costituzione, analizzandone gli aspetti salienti sino ai giorni nostri.

LO spazio DEL tempo

è un manuale in **duplice versione, cartacea e digitale: libro più eBook**, con **contenuti digitali integrativi** richiamati nel testo cartaceo e linkati nell'eBook (**modalità mista – tipo B**, D.M. 781/2013).

L'eBook, il **manuale digitale** in formato epub, è in vendita anche separatamente (**modalità digitale – tipo C**).

Il **manuale digitale**, in formato **epub**, scaricabile dal sito **www.laterzalibropiuinternet.it**, permette una **fruizione ottimale dei contenuti**. Il manuale digitale è:

- **multipiattaforma e aperto**: funziona su tutti i device (pc, tablet, smartphone) con l'e-reader gratuito scelto dal lettore;
- **multimediale e interattivo**: specifici link rinviano ai contenuti digitali integrativi.

Sul sito www.laterzalibropiuinternet i **contenuti di apprendimento integrativi** utili per l'approfondiment[o], la personalizzazione dei percorsi, l'interazione collaborativa, la didattica interattiva:

- **Audio sintesi dei capitoli**
- Schede **Focus**
- Schede **Geografia e Storia, Letteratura e Storia, Cinema e Storia**
- Schede **Parola chiave**

libro + internet

LIBRO MISTO

DEL tempo

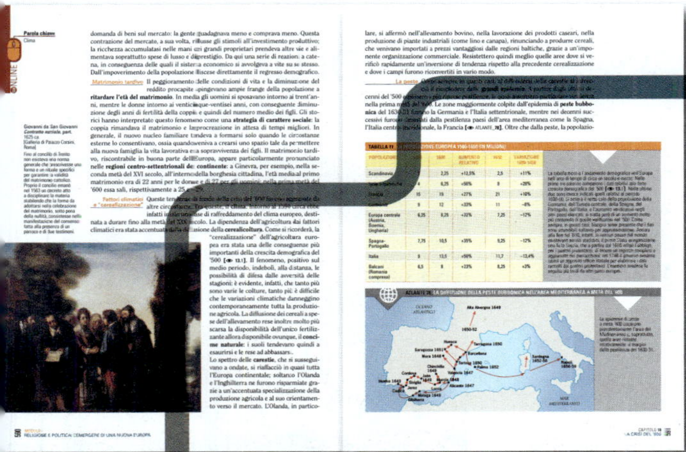

Integrano il racconto storico **apparati iconografici e infografici** – carte, tabelle, grafici – aggiornati, per dar conto visivamente e con semplicità della complessità degli eventi.
A fine capitolo, la **Sintesi** e gli **esercizi** (“Sviluppare le competenze”) potenziati, sul web, da audio e da test interattivi.

Puntualmente segnalati nei capitoli i **contenuti digitali integrativi**: focus, schede interdisciplinari (geografia, letteratura, cinema) pubblicati sul sito **www.laterzalibropiuinternet.it.**

In chiusura di ogni modulo la sezione **Fare storia**: una selezione di documenti e di pagine di critica storica intorno a temi di rilievo per affrontare criticamente lo studio della storia e misurarsi con i protagonisti del dibattito storiografico.

- Schede **Il libro**
- **Laboratori dello storico**

Inoltre:

- Prove **“Verso l’esame di Stato”**
- **Test**
- **Bibliografia e sitografia**

Per il docente:

- Podcast delle Lezioni di storia Laterza
- Materiali per la didattica e la verifica

Tutti i contenuti integrativi sono trasferibili nell’**Aula digitale Laterza**, una piattaforma di apprendimento e fruizione con funzione di caricamento, scambio, condivisione di contenuti diversi (reperibili in Rete, personali, autoprodotti), didattica interattiva.

Nell’Aula digitale è inoltre attiva la **Biblioteca digitale**, per leggere in streaming una selezione di eBook del Catalogo Laterza.

Prima edizione 2015
Terza ristampa 2019

I «Fare storia» sono a cura di **Ilenia Rossini**.
Le schede «Eventi», «Personaggi», «Storia, società, cittadinanza» sono a cura di **Francesco Calzolaio**, **Adelaide D'Auria**, **Maricla Martiradonna** e **Victor Rivera Magos**.
Le rubriche «Guida allo studio» e «Sviluppare le competenze» sono a cura di **Ilaria Tremolada**.

Copertina e progetto grafico
a cura di **Silvia Placidi** / Grafica Punto Print srl.

Questo libro è stampato
su carta amica delle foreste.

Finito di stampare nel luglio 2019
da SEDIT - Bari (Italy)
per conto della Gius. Laterza & Figli Spa

ISBN 978-88-421-1405-5

Editori Laterza
Piazza Umberto I, 54   70121 Bari
e-mail: redazione.scol@laterza.it
http://www.laterza.it

Questo prodotto è stato realizzato nel rispetto delle regole stabilite dal Sistema di gestione qualità conforme ai requisiti
ISO 9001:2015
valutato da Certi W
e coperto dal certificato numero IT.12.0160.QMS

INDICE DEL VOLUME

MODULO 1

GLI SCENARI DI UN NUOVO MEDIOEVO

ANTEPRIMA

Il libro
Marc Bloch, *I re taumaturghi*
Il laboratorio dello storico
Le fonti della storia medievale

ONLINE

Parola chiave
Potere
SINTESI AUDIO
ONLINE

Parola chiave
Demografia
Focus
L'economia delle reliquie
SINTESI AUDIO
ONLINE

Geografia e Storia
Il Reno
Focus
I numeri arabi
SINTESI AUDIO
ONLINE

FARE STORIA 1

4
CRISI DELL'UNIVERSALISMO E NUOVI EQUILIBRI

Parola chiave
Eresia

SINTESI AUDIO

ONLINE

5
MONDI IN CONTATTO, MONDI A PARTE

SINTESI AUDIO

ONLINE

Regni

Il mondo dei comuni

Orgoglio e pregiudizio: dinamiche sociali e mentali nel mondo urbano

La natura, la ragione, le macchine

L'universo familiare

La società islamica

Storie di viaggiatori, di navi e di oceani

MODULO 2

L'EUROPA FRA TARDO MEDIOEVO E RINASCIMENTO

ANTEPRIMA

6 LA CRISI DEL TARDO MEDIOEVO

Il libro
J. Huizinga, *L'autunno del Medioevo*
Il laboratorio dello storico
La storia della mentalità

ONLINE

Parola chiave
Crisi

SINTESI AUDIO

ONLINE

7
L'EUROPA DEGLI STATI

8
L'ITALIA DEGLI STATI

9
L'ITALIA NEL '400. DIVISA E MINACCIATA DALLE GRANDI POTENZE

Parola chiave
Conciliarismo

Cinema e Storia
Giovanna d'Arco

Focus
La guerra giusta • La nuova architettura militare • Le miniere

SINTESI AUDIO

ONLINE

SINTESI AUDIO

ONLINE

Parola chiave
Diplomazia

Cinema e Storia
Ettore Fieramosca

SINTESI AUDIO

ONLINE

10
L'UMANESIMO E IL RINASCIMENTO

Parola chiave
Mecenatismo

Letteratura e Storia
Il signore e l'intellettuale: Lorenzo il Magnifico e Poliziano

SINTESI AUDIO

ONLINE

FARE STORIA 2

L'assalto delle epidemie

La paura in Occidente

L'emarginazione e le rivolte

Prime prove di grandi guerre

Personaggi, osservatori e interpreti della nuova politica

Le trasformazioni degli Stati e della politica

L'uomo al centro del mondo

Nuovi saperi, nuove tecniche

In società

MODULO 3

MODERNITÀ: L'ERA DELLE SCOPERTE E DELLE CONQUISTE

ANTEPRIMA

11 IL MEDITERRANEO DIVISO

12 LA CONQUISTA DEL NUOVO MONDO E GLI IMPERI COLONIALI

Il libro
T. Todorov, *La conquista dell'America. Il problema dell'"altro"*
Il laboratorio dello storico
La storia delle tecniche

ONLINE

Parola chiave
Jihad
Focus
Il fuoco greco e i cannoni dei turchi
SINTESI AUDIO

ONLINE

Geografia e Storia
Mappamondi
Focus
La galea, la nave tonda, la caravella • Tenochtitlán • Lo shock microbico • L'*encomienda* • I sacrifici umani • Cannibali • I diritti degli indios
SINTESI AUDIO

ONLINE

13
L'EUROPA NEL '500. ECONOMIA, POPOLAZIONE, SOCIETÀ

ONLINE

Parola chiave
Capitale / Capitalismo
Focus
Il carbone fossile
SINTESI AUDIO

FARE STORIA 3

MODULO 4

RELIGIONE E POLITICA: L'EMERGERE DI UNA NUOVA EUROPA

ANTEPRIMA

Il libro
F. Braudel, *Civiltà e imperi del Mediterraneo nell'età di Filippo II* • L. Stone, *Le cause della rivoluzione inglese. 1529-1642*
Il laboratorio dello storico
Arte e religione

ONLINE

14
LA CRISTIANITÀ DIVISA: RIFORMA E CONTRORIFORMA

Parola chiave
Missioni

Geografia e Storia
La geografia del cristianesimo (protestanti, cattolici, ortodossi)

SINTESI AUDIO

ONLINE

15
CARLO V E IL DECLINO DELL'IDEA IMPERIALE

Parola chiave
Utopia

Focus
L'epoca degli archibugi

SINTESI AUDIO

ONLINE

16
LA SPAGNA DI FILIPPO II E L'INGHILTERRA DI ELISABETTA I

Parola chiave
Stato

Letteratura e Storia
Don Chisciotte di Cervantes • *Romeo e Giulietta* di Shakespeare

Focus
La caccia alle balene • Teatro e società

SINTESI AUDIO

ONLINE

Parola chiave
Reclutamento
SINTESI AUDIO
ONLINE

Parola chiave
Clima
SINTESI AUDIO
ONLINE

Parola chiave
Burocrazia
SINTESI AUDIO
ONLINE

20
LA DECADENZA DELL'ITALIA

Parola chiave
Carità

SINTESI AUDIO

ONLINE

FARE STORIA 4

La Riforma luterana

Zwingli, Calvino e il radicalismo protestante

La Controriforma e il rinnovamento della Chiesa cattolica

Cultura e religiosità popolare

L'Impero, la Spagna e l'Inghilterra

Lo Stato assoluto

La guerra

La rivoluzione inglese

L'Italia: crisi economica, rivolte e decadenza

DALL'XI AL XVII SECOLO

MODULO

1 GLI SCENARI DI UN NUOVO MEDIOEVO

960-1279
Dinastia Song in Cina

962
Fondazione del Sacro romano Impero di nazione germanica

1066
Conquista normanna dell'Inghilterra

1096-99
Prima crociata

1130
Fondazione del regno normanno di Sicilia da parte di Ruggero II

1183
Pace di Costanza

910
Fondazione del movimento di Cluny

1054
Scisma tra Chiesa occidentale e Chiesa orientale

1074
Emanazione del *Dictatus papae* da parte di Gregorio VII

◄ Andrea Bonaiuti
La Chiesa militante, part.
1366-68
[Cappellone degli Spagnoli, Basilica di Santa Maria Novella, Firenze]

ANTEPRIMA

Il concetto di Medioevo

Nell'opinione comune il sostantivo "Medioevo" e l'aggettivo "medievale" hanno un significato decisamente negativo. «Non siamo certo nel Medioevo!», «Questa è un'usanza medievale», «Hai una mentalità medievale» sono tutte espressioni che indicano una convinzione ben precisa: il Medioevo sarebbe stato un'epoca di barbarie, di miserie materiali, di arretramento culturale e di analfabetismo, ostile alla libertà di pensiero e all'intelligenza critica, dove pochi individui potenti dominavano masse incapaci di far sentire la propria voce, prede della superstizione e dell'angoscia esistenziale, terrorizzate dal diavolo e dall'inferno. Nessuno storico serio oggi potrebbe condividere una simile convinzione.

Il concetto di Medioevo è nato per indicare, come dice la parola, una **"età di mezzo"**, collocata fra l'epoca antica e quella moderna. Quando gli **umanisti** del '400 riscoprirono la cultura antica (soprattutto quella letteraria e artistica: 👁 10), elevandola a modello sublime cui ispirarsi nella prospettiva di una rinascita culturale, giudicarono tutti i secoli compresi tra la fine del mondo antico e i loro tempi appunto come un periodo intermedio, essenzialmente barbaro e privo di civiltà. I **"secoli bui"** del Medioevo si contrapponevano da un lato a quelli luminosi dell'Antichità e dall'altro all'epoca della rinascita umanistica. Nasceva così quella distinzione tra **Antichità, Medioevo ed Età moderna** che è tuttora comunemente usata.

A questo procedimento ricostruttivo si aggiunsero, a partire dal XVI secolo, le conseguenze della **Riforma protestante**: impegnati a combattere le degenerazioni della Chiesa cattolica, ritenuta ormai lontana dagli ideali proclamati dal messaggio evangelico **[👁 14]**, anche i protestanti giudicarono con disprezzo il Medioevo, considerandolo un periodo nel quale il cristianesimo si era progressivamente corrotto e allontanato dalla purezza delle origini. Da prospettive diverse si arrivava dunque alle medesime conclusioni: il Medioevo era stata una triste "età di mezzo", caratterizzata da miserie materiali, culturali, morali.

Dicevamo tuttavia che oggi ben pochi storici potrebbero condividere una simile convinzione. Senza negare il fatto che il Medioevo sia stato l'epoca in cui è andato in gran parte smarrito l'imponente patrimonio culturale dell'Antichità, e senza negare che per molti aspetti le condizioni materiali dell'esistenza peggiorarono notevolmente rispetto a quelle dell'Impero romano, gli storici

1206
Istituzione del sultanato di Delhi in India

1208
Crociata contro i càtari; costituzione del primo nucleo dell'ordine dei francescani

1214
Battaglia di Bouvines: vittoria di Filippo II Augusto di Francia su Ottone IV di Brunswick

1215
Emanazione della *Magna Charta Libertatum* in Inghilterra; invasione mongola della Cina condotta da Gengis Khan

1216
Istituzione dell'ordine dei domenicani

1231
Emanazione del *Liber Augustalis* nel Regno di Sicilia

1232
Istituzione del tribunale dell'Inquisizione

1303
Emanazione della bolla *Unam Sanctam* da parte di Bonifacio VIII

1309-76
Papato ad Avignone

1356
Emanazione della *Bolla d'oro* da parte di Carlo IV di Lussemburgo

sottolineano che molte delle "novità" considerate tradizionalmente come improvvise scoperte tipiche dell'Età moderna sono state in realtà il risultato di una **lunga e lenta elaborazione** svoltasi durante il Medioevo. Il Medioevo non è stato un'epoca statica, piatta, uniforme. Al contrario, numerosissime **trasformazioni** hanno investito, in quest'epoca, l'economia, il popolamento, la vita materiale, ma anche la religione, il pensiero, l'arte, le istituzioni e la politica. **Né è esistita una frattura netta tra età medievale ed età moderna.**
È necessario, infine, tener presente il fatto che il concetto di Medioevo ha senso se lo applichiamo alla **storia europea**, mentre è arbitrario parlare, sulla base di semplici coincidenze cronologiche, di un Medioevo islamico, indiano o cinese. Queste civiltà hanno avuto altre dinamiche, che non sono assimilabili a quelle del nostro continente.

Periodizzare

Solitamente si ritiene che il Medioevo sia durato circa mille anni, grosso modo dalla caduta dell'Impero romano – nel 476, quando viene deposto l'ultimo imperatore d'Occidente, Romolo Augustolo – alla scoperta dell'America nel 1492.
La divisione della storia in periodi è un'operazione artificiale, che tuttavia appare indispensabile. Essa corrisponde infatti alla necessità d'inquadrare temi, eventi, problemi che altrimenti ci apparirebbero sfuggenti e caotici. Serve a cogliere l'entità delle **trasformazioni** e la forza delle **continuità storiche**.
Quando si periodizza, tuttavia, è fondamentale non farlo in modo schematico. Le epoche, anzitutto, non cambiano "da un anno all'altro", e si può dire che un'epoca sia cambiata quando lo sono la maggior parte delle sue caratteristiche fondamentali. Inoltre, non tutti gli aspetti di una società cambiano **sincronicamente**, con gli stessi ritmi: può accadere che l'economia si trasformi più velocemente della religione, che l'arte o la letteratura anticipino i cambiamenti politici e così via. Periodizzare è dunque un'operazione fondamentale, ma bisogna farlo con giudizio e con senso della misura.
Inoltre, i mille anni attribuiti alla durata del Medioevo sono un tempo eccessivamente lungo ed è ovvio che il mondo medievale del VI o del VII secolo non possa essere considerato identico a quello del XV secolo. S'impone dunque la necessità d'introdurre, all'interno della grande epoca chiamata Medioevo, una **periodizzazione di secondo livello** che individui dei segmenti temporali più brevi, ovvero dei sotto-periodi. È entrata quindi in uso la distinzione tra un **alto Medioevo**, compreso grosso modo tra il V e il X secolo, e un **basso o tardo Medioevo**, compreso grosso modo tra l'XI e il XV secolo. E proprio dall'XI secolo, momento di grande trasformazione, prende inizio il racconto storico del nostro manuale.

Medioevo e feudalesimo

Il Medioevo è stato tradizionalmente identificato come l'epoca in cui è nato e si è sviluppato il **feudalesimo**. Si trattava di una forma di organizzazione del potere e della società che aveva le sue lontane origini nelle tradizioni germaniche, che cominciò a prendere forma in alcune regioni europee a partire dal IX-X secolo e che si affermò soprattutto nei secoli XI e XII. Feudalesimo è una parola moderna derivata dal germanico *feohu*, che significava 'bestiame'. In seguito il termine "feudo" passò a designare un bene qualsiasi, e quindi la terra concessa dal signore a un uomo di sua fiducia. Il feudalesimo si basava infatti sul rapporto fra due persone di stato giuridico libero, una delle quali, più potente dell'altra, concedeva protezione e beni in cambio di fedeltà e di servizi. Questo sistema permeava l'intera società. Ai livelli più alti si configurava come rapporto tra il sovrano e i suoi **vassalli** (letteralmente 'servitori'). In cambio di un feudo o **beneficio**, solitamente un possedimento terriero, il vassallo assicurava al signore il proprio sostegno militare. I vassalli avevano a loro volta altri vassalli e così di seguito. Venne in tal modo a costituirsi un'**intricata rete di relazioni personali**. Tramite questo sistema i sovrani riuscivano a controllare territori che altrimenti sarebbero sfuggiti al loro dominio, ma i vassalli erano inclini ad aumentare i loro spazi di autonomia, creando talvolta **potentati locali** che sfuggivano al controllo centrale. Anche se i signori locali agivano spesso in modo dispotico, essi rappresentavano comunque un principio di ordine e di legalità su base locale che garantì una certa stabilità a grandi masse della popolazione. Questo schema generale è valido nelle sue grandi linee, ma bisogna tener presente che non tutte le regioni europee furono feudalizzate, che non tutte lo furono negli stessi tempi e nelle stesse forme. Le varianti regionali sono infatti molto significative.

Le forme del potere politico

Nel quadro del feudalesimo, fin dall'XI secolo, convissero in Europa differenti centri di potere che spesso entravano in conflitto. In primo luogo il **papato**. Il papa si considerava investito dei suoi poteri direttamente da Dio e si poneva nei confronti della Cristianità come suprema autorità, non solo spirituale ma anche politica. Questa concezione universalistica (valida cioè per tutti gli uomini) del potere pontificio fu alla base di strenue lotte con altri importanti centri di potere, soprattutto quello imperiale e quello monarchico. Fino al '300 la politica pontificia si fondò sull'affermazione del primato del papa e sulla subordinazione al pontefice del potere dei sovrani.
Dal canto suo, l'imperatore del **Sacro romano Impero** (che sorgeva nel cuore dell'Europa occidentale), rivendicava il diritto di esercitare un potere universale affermando, a sua volta, che il carattere sacro fosse già prerogativa della sua autorità: al pontefice spettava dunque solo di sancirlo e riconoscerlo. Allo stesso modo i re rivendicavano un potere derivato direttamente da Dio.
Tra il XIII e il XIV secolo sia l'Impero che il papato furono costretti ad accantonare progressivamente il progetto universalistico: l'Impero, indebolito dalle spinte autonomistiche dei grandi feudatari, finì con il configurarsi sempre più come uno Stato tra gli altri; mentre il declino del papato, segnato dal trasferimento della sede pontificia da Roma ad Avignone (1309-76), determinò non solo la subalternità pontificia al potere politico ma anche la perdita di prestigio e autorevolezza della Chiesa presso il popolo di fedeli.
Nel corso del XIII secolo, in concomitanza con il **tramonto delle pretese universalistiche di papato e impero**, in gran parte dell'Europa occidentale prese avvio invece il processo di rafforzamento delle **monarchie**. I sovrani di Francia, Inghilterra e dei regni della Penisola iberica riuscirono infatti a superare la concorrenza degli altri poteri locali – in primo luogo quella dei **grandi signori feudali** – mediante un'efficace opera di centralizzazione amministrativa.
Dal "basso" nacquero, infine, tra l'XI e il XII secolo, le **istituzioni comunali**, volte all'autogoverno cittadino. Il progressivo rafforzamento di queste istituzioni potenziò le capacità di resistenza delle città all'invadenza dei poteri esterni (l'imperatore, i re, i grandi signori laici ed ecclesiastici), ma ciò avvenne solo nelle regioni d'Europa nelle quali il movimento comunale fu più forte e diffuso: Francia, Germania, Inghilterra, Italia centro-settentrionale e Fiandre.

Oltre l'eurocentrismo

Se ci concentriamo esclusivamente su una carta geografica dell'Europa medievale abbiamo l'impressione che il mondo si esaurisse in essa e nei territori vicini, quali l'Impero bizantino e i paesi musulmani dell'Africa e del Vicino Oriente. Questo tipo di prospettiva viene definita solitamente "eurocentrica", ovvero **centrata sull'Europa**. È una definizione che comporta un

giudizio negativo, perché chi la adotta è portato a ritenere che l'unico mondo che conti sia appunto quella parte del pianeta che più direttamente lo riguarda: un atteggiamento miope cui si aggiunge un inaccettabile senso di superiorità, quasi che la storia delle culture lontane e diverse fosse poco interessante perché marginale, arretrata, sostanzialmente incomparabile con la storia dell'Europa intesa come culla della civiltà.
Un analogo atteggiamento – è bene precisarlo – si registra presso altre culture. Si può per esempio parlare, negli stessi termini, di **sinocentrismo**, per ricordare la tendenza dei cinesi a considerarsi il centro del mondo e a interpretare la storia degli altri su criteri di giudizio dipendenti dai valori tipici della propria cultura.
E così, mentre è indispensabile approfondire lo studio dell'Italia e dell'Europa perché riguarda più direttamente la nostra storia, questo studio deve essere accompagnato a una visione la più ampia possibile della **storia del mondo**, che ci consenta di superare le distorsioni provocate dall'eurocentrismo.
Lo studio delle principali trasformazioni verificatesi in questo periodo in altre aree del pianeta mette in luce la vivacità dei **rapporti intercontinentali**. Al pari dell'Europa continentale e mediterranea parteciparono a questo processo l'Africa sahariana e subsahariana, il Vicino Oriente, l'India, la Cina, il Sud-est asiatico e persino il lontanissimo Giappone. Nel periodo di cui ci stiamo occupando molte aree del pianeta furono dunque caratterizzate da alcune **esperienze simili**, l'una collegata all'altra. In primo luogo, le basi dei traffici commerciali situate lungo le coste marittime crebbero d'importanza rispetto a quelle dell'entroterra. Inoltre, l'intensificazione del commercio e l'integrazione linguistica e culturale determinarono la formazione di **quattro maggiori "sfere" culturali**, ovvero di grandi regioni accomunate da significativi fattori d'integrazione: l'Europa, l'Islam, l'India, la Cina. La rapida espansione dell'Impero mongolo, dalla Cina alla Persia e all'Europa orientale, pose, infine, sotto un unico dominio gran parte dei territori rientranti nelle quattro maggiori "sfere" culturali cui si è accennato.
L'Europa, l'Africa, l'Asia erano dunque in crescente contatto, anche se si trattava molto spesso di contatti gestiti da **intermediari**. Le principali vie di comunicazione, sia terrestri sia marittime, erano infatti nelle mani di vari operatori che controllavano la circolazione dei beni nelle aree regionali cui appartenevano. Ma il processo era comunque chiaro: **mondi prima chiusi e separati erano sempre più aperti e permeabili**.
Esistevano però nel pianeta immensi territori dei quali non si sospettava nemmeno l'esistenza, a cominciare dal continente australiano e da quello americano. Le tecniche della navigazione e la stessa mentalità degli esseri umani non erano ancora pronte ad attraversare i vastissimi e pericolosi spazi dell'Oceano Atlantico e dell'Oceano Pacifico. Quei mondi sarebbero rimasti **"mondi a parte"** ancora per un paio di secoli circa.

ONLINE

Il libro
Marc Bloch
I re taumaturghi

Il laboratorio dello storico
Le fonti della storia medievale

CAPITOLO

1 LA MAPPA DEI POTERI NELL'EUROPA DELL'XI SECOLO

1 Il quadro europeo e l'universalismo cattolico

Estranei in un mondo cristiano

Il quadro politico dell'Europa intorno all'anno Mille era molto più complicato di quello attuale. Per comprenderlo è bene procedere analizzando l'ATLANTE_**1**, che offre una panoramica generale del nostro continente, con alcune aperture sull'Africa settentrionale e sul Vicino Oriente.

ATLANTE 1_ CRISTIANI E MUSULMANI IN EUROPA INTORNO ALL'ANNO MILLE

Califfato
Nel mondo islamico il califfato corrisponde al territorio governato da un califfo, dall'arabo *khalifa*, letteralmente 'successore'. I poteri del califfo sono quelli di un monarca assoluto, ma nel campo legislativo, che è strettamente connesso all'interpretazione del Corano, essi sono fortemente limitati dalle autorità religiose.

Scisma
Dal greco *schìsma*, 'spaccatura, separazione'. Nel linguaggio ecclesiastico il termine indica la separazione dal corpo della Chiesa cattolica, dalla sua disciplina, dalla sua gerarchia e talvolta anche dalla sua dottrina.

Abbaside
Gli Abbasidi erano una dinastia di califfi che tenne il potere in una vastissima area del mondo musulmano dal 750 al 1258 e che prendeva nome da Abu al Abbas, zio del profeta Maometto.

Vediamo che l'Europa è in parte ancora occupata dagli **arabi**. La **Penisola iberica**, infatti, è dominata per due terzi dal **califfato** di Cordova, una delle grandi compagini in cui è diviso il mondo islamico. La **Sicilia** è invece sotto il controllo dei saraceni, i musulmani che agli inizi del 900 hanno cacciato dall'isola le ultime guarnigioni bizantine. Nella Penisola iberica e in Sicilia gli arabi hanno introdotto una civiltà per tanti aspetti più evoluta di quella dei paesi cristiani, sotto il profilo materiale e culturale. L'energia delle loro conquiste, che nei secoli precedenti li ha portati addirittura a tentare d'invadere l'Europa centrale, si è ormai esaurita. Ma pur avendo rapporti economici e culturali con gli arabi, i cristiani avvertono la loro **presenza** come **estranea e potenzialmente minacciosa**. I cristiani avrebbero fatto di tutto per cancellarla dall'Europa, e ci sarebbero gradualmente riusciti.
I regni europei, anche se competono reciprocamente e si scontrano spesso in vere e proprie guerre, sentono di appartenere a un'unica comunità, cementata dall'adesione alla fede cristiana, la **Cristianità**. E questo vale anche per l'Impero rifondato da Ottone I, nel cuore dell'Europa occidentale [👁 1.3].
Ma per Cristianità s'intende il **cattolicesimo**, ovvero quella parte dei fedeli che riconosce l'autorità della Chiesa di Roma e del suo papa. Esiste però uno Stato cristiano ancora vasto e potente, l'**Impero bizantino**, che non riconosce l'autorità del pontefice romano e alcuni dogmi della religione cattolica: risale, in particolare, al 1054 lo **scisma** tra la Chiesa ortodossa orientale e la Chiesa cattolica romana, con la definitiva rottura tra Bisanzio e Roma [👁 3.6].
L'Impero bizantino ha la sua capitale nella splendida città di Costantinopoli e si estende dalla Dalmazia all'Armenia, controllando ancora, nella nostra penisola, la Puglia e la Calabria. Le sue energie militari sono concentrate soprattutto nella penisola balcanica, per contenere la minaccia delle popolazioni slave, e in Oriente, dove i musulmani, organizzati nel califfato **abbaside** (con capitale Baghdad, nell'attuale Iraq), rappresentano un vicino pericoloso. Di conseguenza, i bizantini non costituiscono una minaccia per la Cristianità occidentale, ma sono anch'essi percepiti come una presenza estranea, della quale sarebbe meglio fare a meno. Bisogna tener presente che, per un cattolico, un cristiano che non si sottometta all'autorità del

◀ **Particolare della decorazione esterna dell'abside della cattedrale di Palermo**

▶ **Il *mihrab* della Grande Moschea di Cordova in Spagna**
X sec. ca.
Durante il dominio arabo la Spagna e la Sicilia conobbero un periodo di grande splendore economico e artistico. L'influsso arabo-islamico si protrasse nel tempo indipendentemente dalle vicende della storia politica e militare. In queste due immagini vediamo un particolare della cattedrale di Palermo, eretta in età normanna ma di evidente gusto architettonico arabo, e il *mihrab* (una nicchia orientata verso la Mecca, che indica al fedele la direzione verso cui rivolgere le proprie preghiere) della moschea di Cordova, la più grande dopo la *Kaaba* della Mecca.

pontefice romano e ai princìpi religiosi del cattolicesimo può essere addirittura considerato peggiore degli "infedeli" seguaci dell'Islam, un eretico da estirpare.

Parola chiave
Potere

ONLINE

Un piccolo Stato, un potere enorme

Parte dell'**Italia** si trova sotto il dominio del cosiddetto "Patrimonio di San Pietro". Sono i territori direttamente sottoposti alla Chiesa romana e possiamo quindi chiamarli anche **Stato della Chiesa**. A giudicare dalle loro dimensioni modeste, possono dare l'impressione di una piccola entità, relegata in una zona periferica, circondata da vicini temibili. Ma sarebbe un'impressione falsa. Questo staterello, infatti, non è governato da un sovrano qualsiasi, ma dal pontefice di Roma, e ha un'importanza politica enorme, perché rappresenta un **potere universale**. La Chiesa cattolica reca anzi l'universalismo nel suo stesso nome, perché "cattolico" è un termine greco che significa appunto "universale", valido per tutti gli uomini.

La potenza dello Stato della Chiesa non si misura sul numero dei soldati e sull'efficienza bellica, ma sulla forza di armi più temibili, quelle della fede. Il **papa** detiene infatti un **potere teocratico** (dal greco *theòs*, 'dio', e *kràtos*, 'potere'), che viene ritenuto di origine divina e che nel suo rapporto con Dio – al contrario dell'imperatore e dei sovrani – non ha bisogno di alcuna mediazione.

Nella sua qualità di punto d'incontro tra il Cielo e la Terra, il papa pretende infatti di essere l'**anello di distribuzione del potere dall'alto al basso**, cioè da Dio verso tutte le altre istituzioni terrene. Secondo la dottrina papale, qualsiasi potere esistente nella Cristianità è, infatti, un potere derivato dal papa, una sua concessione, che come tutte le concessioni può essere anche revocata. Il pontefice pretende quindi di avere la facoltà di nominare e deporre imperatori, re, vescovi. Questo potere non ha sempre un'efficacia concreta, ma rappresenta uno strumento pericoloso, perché un sovrano colpito dalla **scomunica** papale, anche se resta sul trono, è comunque un sovrano indebolito rispetto ai propri sudditi e quindi esposto al rischio di essere detronizzato dai rivali che aspirano a prendere il suo posto.

Secondo la concezione papale, i sovrani, in quanto cristiani e membri della Chiesa, devono sottostare al potere del papa. Il loro compito sulla Terra è quello di **sradicare il male**, a cominciare dalle eresie: se non ci fosse il male non ci sarebbe nemmeno bisogno della spada del sovrano. Stabilire che cosa sia il male è però compito del pontefice, l'unico che abbia una qualifica spirituale e dottrinale adatta al compito. **I vari sovrani europei sono quindi considerati come organi ausiliari**, incaricati di assistere il pontefice nel suo supremo governo.

Lo strumento fondamentale attraverso il quale la Chiesa fissa i criteri di base della sua presenza nella società è il diritto canonico [👁 1.10 STORIA•SOCIETÀ•CITTADINANZA]. Pur non disponendo di forze militari al di fuori dei confini dello Stato della Chiesa, il pontefice, grazie alla sua autorità, può infine ricorrere al "braccio armato" dei sovrani per far rispettare nei loro territori la vera fede e le gerarchie ecclesiastiche.

Scomunica
Dal latino tardo *excommunicare*, 'escludere dalla comunione'. È l'atto con il quale un individuo battezzato viene allontanato dalla comunità dei fedeli e non può più ricevere i sacramenti. Ed è la più grave delle censure ecclesiastiche.

La rete dei poteri episcopali

Ma il papa ha anche altri strumenti per esercitare un dominio territoriale al di fuori dello Stato della Chiesa: essi si esercitano attraverso la rete dei **poteri episcopali**. Collocato stabilmente nella sua città, il **vescovo** (dal greco *epískopos*, propriamente 'ispettore, sorvegliante') governa il territorio circostante, che costituisce la sua **diocesi** (dal greco *dióikesis*, letteralmente 'amministrazione'): qui egli è il supremo responsabile del gregge di fedeli che Dio gli ha affidato e dei **chierici** che compongono l'organizzazione ecclesiastica. Da un punto di vista sociale la posizione di questi **signori ecclesiastici** è identica a quella dei signori laici [👁 1.7]. Vescovi e abati hanno titoli signorili e, come tutti gli altri signori, amministrano terre, esercitano la giustizia, riscuotono le imposte regie,

Chierico
Il latino *clericus* deriva dal greco *kléros*, 'sorte', ma anche 'eredità'. La connessione tra le due parole si spiega con il fatto che, secondo il diritto ebraico, le varie quote di un'eredità venivano assegnate tirando a sorte. Il clero è dunque l'eredità di Dio, la parte eletta della Cristianità.

chiamano alle armi, fanno lavorare i contadini. Alle funzioni ecclesiastiche è infatti strettamente legato il godimento di un **patrimonio** più o meno grande, di proprietà della Chiesa e inalienabile, le cui rendite sono destinate al mantenimento dell'assegnatario e dell'ente (una Chiesa locale, un monastero, ecc.). Spesso le risorse economiche degli enti ecclesiastici locali sono molto ingenti: durante i secoli difficili dell'alto Medioevo, in una società dominata dalla penuria, i loro patrimoni, infatti, erano stati gli unici ad accrescersi con regolarità. Questi patrimoni non vengono dissipati, come quelli del re e dei signori, nelle imprese belliche e nelle spese di prestigio e non si frammentano al momento dell'eredità; al contrario sono continuamente ingranditi dai lasciti e dalle donazioni dei fedeli convinti di garantirsi una ricompensa nell'aldilà.

GUIDA ALLO STUDIO

❶ Quali zone dell'Europa erano dominate dagli arabi intorno all'anno Mille? ❷ Che cosa fu lo scisma del 1054? ❸ Quale era la concezione papale del potere? ❹ Quali erano i poteri del vescovo?

2 Lo Stato pontificio

L'organizzazione pontificia e le sue risorse

In quanto sovrano con pretese universali, il papa dirige una struttura complessa, che ha il suo centro nella **Curia romana**; con questa espressione si indica la "corte del papa" e, più precisamente, l'insieme degli uffici della sua amministrazione centrale. Il più importante organo di governo è il **Collegio dei cardinali** (dal latino *cardo*, 'cardine, perno'), composto da membri designati dal papa e scelti prevalentemente tra l'aristocrazia locale. A questo collegio spetta l'elezione del pontefice, dal 1059, e la trattazione delle principali questioni del governo ecclesiastico. Altri uffici di rilievo della Curia sono la **Camera apostolica**, che si occupa dell'amministrazione finanziaria, e la **Cancelleria**, dove si redigono e si custodiscono tutti gli atti papali. In un'epoca in cui le monarchie non hanno ancora l'abitudine di raccogliere sistematicamente tutti gli atti amministrativi né hanno funzionari specializzati a tal fine, il papato si caratterizza anche per la scrupolosa attenzione riservata alla conservazione e all'uso dei **materiali di archivio**. Per lo storico di oggi questo significa avere la possibilità di conoscere il funzionamento del papato meglio di qualsiasi altro Stato europeo.

Il papato, in quanto istituzione centrale, deve affrontare molti **problemi di carattere finanziario**: le spese per il mantenimento dell'esercito, del personale, degli uffici, dei suoi rappresentanti in paesi stranieri, le frequenti elargizioni che per tradizione il pontefice fa al popolo di Roma. Tutto questo richiede risorse ingenti, che il papato – come del resto tutte le grandi istituzioni politiche del Medioevo – ha difficoltà a procurarsi. Tuttavia, fra l'XI e il XII secolo il pontefice può ormai contare su una serie di **proventi** più o meno regolari: i principali sono i contributi versati annualmente dagli Stati cattolici (il cosiddetto "obolo di san Pietro"), i versamenti degli enti ecclesiastici locali, i donativi dei vescovi durante le loro periodiche visite a Roma.

Grazie alla presenza del papa, **Roma era ormai diventata il centro indiscusso del cristianesimo**. Soltanto altre due città avrebbero potuto aspirare, per ragioni storiche, a questo primato: Gerusalemme e Costantinopoli. Ma Gerusalemme era troppo decentrata e si trovava in mano ai musulmani; quanto a Costantinopoli, la capitale dell'Impero bizantino era considerata la patria degli eretici. Se Gerusalemme aveva i luoghi santi, dove si erano consumate la passione e la morte di Gesù Cristo, Roma poteva vantare l'enorme prestigio di conservare i resti dei due principi degli apostoli, **Pietro e Paolo**, che richiamavano pellegrini da tutta la Cristianità. Roma era celebra-

Archivio
Dal latino tardo *archivum*, a sua volta derivato dal greco *archéion*, 'palazzo del governo' e quindi 'archivio'. Il termine indica la raccolta di documenti pubblici o privati e anche il luogo nel quale si custodisce la raccolta, con i relativi uffici.

Simonìa
Dal nome di Simon Mago, che secondo gli *Atti degli apostoli* tentò di comprare dagli apostoli Pietro e Giovanni il potere miracoloso di comunicare ai fedeli i doni dello Spirito Santo attraverso l'imposizione delle mani. Il termine indica l'acquisto per mezzo di denaro di beni spirituali quali le funzioni sacerdotali.

ta anche per le grandiose rovine del mondo antico: «Finché il Colosseo starà in piedi – ripeteva un detto popolare – anche Roma starà in piedi; quando il Colosseo cadrà, anche Roma cadrà; quando Roma cadrà, anche il mondo cadrà». Roma era ancora *caput mundi*, la testa del mondo.

1
W. Ullmann
I fondamenti del potere pontificio

I mali della Chiesa

La Chiesa era tuttavia indebolita da alcuni gravi problemi interni che rischiavano di compromettere la sua immagine. Il fenomeno più scandaloso era la cosiddetta **simonìa**, ovvero la vendita delle cariche ecclesiastiche. Poiché le cariche di vescovo, di abate o di semplice parroco comportavano il godimento delle rendite provenienti dalle proprietà (quasi sempre terre) tradizionalmente connesse a quelle stesse cariche, si andava diffondendo la pratica di comprare i titoli ecclesiastici al puro fine di **acquisire vantaggi economici**. L'individuo che aveva sborsato una certa somma per acquistare una carica ecclesiastica cercava poi di recuperarla e di farla fruttare facendo pagare ai fedeli la somministrazione dei sacramenti, la celebrazione di funzioni religiose, le indulgenze per i defunti (ovvero l'assoluzione da tutti i peccati commessi in vita).
A tutto questo si aggiungeva il diffuso costume del **concubinato ecclesiastico**, ovvero la stabile convivenza dei prelati con donne, in violazione alla norma inderogabile del celibato, vigente ormai da diversi secoli; poteva anche accadere che i figli nati da queste unioni illegittime si appropriassero, per via di eredità illegali, di beni appartenenti alla Chiesa. Le funzioni ecclesiastiche venivano dunque accaparrate sempre più spesso da individui che non avevano alcuna autentica vocazione religiosa e seminavano scandalo tra i fedeli.

Il modello del movimento cluniacense

Di fronte a questi mali, che incrinavano i rapporti tra la Chiesa e i fedeli, i settori più sensibili dell'organizzazione ecclesiastica si fecero promotori di un **movimento di riforma religiosa che mirava a ricostituire l'antica purezza della Chiesa**. Uno dei primi e più importanti centri riformatori era stato il **monastero di Cluny**, fondato in Borgogna (nella Francia centro-orientale) nel 910. I prestigiosi abati che si erano succeduti avevano elaborato un nuovo modello di vita monastica, fondato sulla **specializzazione liturgica**: i monaci trascuravano sempre di più il lavoro manuale e si dedicavano quasi esclusivamente alla preghiera, oltre che allo **studio** e all'**attività letteraria**.
Particolare cura era rivolta anche all'organizzazione, che assunse una fisionomia centralistica: numerosi monasteri furono posti sotto la guida di un solo abate, quello di Cluny, che guidava le comunità locali. Il modello di Cluny conobbe in questo periodo una straordinaria fortuna e viene adottato da centinaia di altri monasteri in

Un monaco e la sua amante alla gogna
1340
[dalle *Decretali di Smithfield*, ms. Roy 10 E IV, c.187; British Library, Londra]

Nonostante lo scandalo che provocavano, erano usuali fra il clero atteggiamenti poco consoni alla posizione di chi avrebbe dovuto dare il massimo esempio di buon cristiano. Immagini miniate come questa non erano rare e dimostrano la familiarità della società medievale con i "peccati" compiuti apertamente da monaci e preti. La pena della gogna, cui sono sottoposti il monaco e la sua amante in questa miniatura, consisteva nell'essere esposti in pubblico con alcune parti del corpo – collo, piedi o mani – bloccate da ceppi di legno.

tutta Europa, accumulando in breve un patrimonio di tali dimensioni da diventare una delle principali potenze economiche dell'Occidente.

L'iniziativa di Cluny fu dunque alla base di un movimento di vaste proporzioni [ATLANTE_2] nel quale s'inserirono, con motivazioni originali, altri ordini religiosi. Proprio in questo periodo conosce una grande ripresa il **monachesimo**. Esemplare a tale proposito è la fondazione del monastero di Camaldoli (1012), sull'Appennino tosco-emiliano, in cui si praticavano l'isolamento e l'ascesi individuale. A questo modello si ispirò anche l'**ordine dei certosini**, fondato a Grenoble (Francia), che prende il nome dalla *Grande chartreuse*, il massiccio della Certosa in cui sorse, nel 1084, la prima comunità. I certosini, pur vivendo in grandi abbazie (dette anch'esse certose),

ATLANTE 2_IL MOVIMENTO DI RIFORMA (X-XI SECOLO)

Due monaci cistercensi taglialegna
XII sec.
[capolettera Q, da un manoscritto prodotto nella Abbazia di Cîteaux; Biblioteca Civica, Lione]

Il pensiero dell'ordine cistercense si attestò su posizioni opposte a quelle dei cluniacensi. Guidati dall'intento di recuperare lo spirito originario della Regola benedettina, i cistercensi propugnarono un ritorno all'antica regola di povertà ed essenzialità, ma anche la valorizzazione del lavoro manuale.

trascorrono gran parte della giornata in preghiera, isolati nella loro cella. A ideali diversi s'ispira invece l'**ordine dei cistercensi**, nato anch'esso in Francia, a Citeaux, nel 1098. I cistercensi recuperarono lo spirito originario della **Regola** di san Benedetto, seguita nei monasteri benedettini, che esalta il valore del lavoro manuale dei monaci (*Ora et labora*, 'lavora e prega'). I cistercensi erano in polemica con i cluniacensi, dei quali condannavano il potere e le grandi ricchezze. I cistercensi s'insediarono spesso in zone incolte e paludose che essi stessi bonificavano e mettevano a coltura, procurandosi in tal modo il necessario per il proprio sostentamento.
La **spinta moralizzatrice** esercitata dai nuovi ordini monastici incoraggiò la nascita di movimenti religiosi esterni alla Chiesa. Tipici del mondo urbano, questi movimenti si battevano vigorosamente, fino a scatenare vere e proprie sommosse contro i vescovi-conti simoniaci e gli ecclesiastici corrotti. Un caso significativo fu quello della **patarìa** (nome con il quale sembra fossero designati gli "straccioni", vale a dire i ceti più umili della popolazione), diffusasi a Milano e in altri centri dell'Italia settentrionale nella seconda metà dell'XI secolo.

Regola
Regolamento tipico degli ordini religiosi cristiani la cui origine risale alle prime manifestazioni monastiche, ascetiche ed eremitiche, del IV secolo. Nel Medioevo tale regola doveva essere sottoposta al vaglio dell'autorità papale, che approvandola dava il suo beneplacito all'esistenza di un nuovo ordine.

GUIDA ALLO STUDIO
❶ Che cosa era il Collegio dei cardinali? ❷ Come erano reperiti, dal papato, i soldi necessari ad amministrare lo Stato della Chiesa? ❸ Che cosa era la simonia? ❹ Che cosa era il movimento cluniacense? ❺ Quali conseguenze ebbe l'iniziativa di Cluny?

3 L'Impero

L'Impero rifondato da Ottone I

Se torniamo all'ATLANTE_1, notiamo che dal Mare del Nord al centro dell'Italia si estende, in Europa, un'imponente entità politica, l'Impero. Il nucleo centrale di questa **compagine** è la **Germania** con le vicine regioni dove prevale la lingua tedesca: gran parte del Belgio odierno, i Paesi Bassi e il Lussemburgo, la Francia a est della Mosa e del Rodano, la Svizzera. Oltre a detenere la Corona imperiale, l'imperatore è re di Germania, di Borgogna e d'Italia **[👁 ATLANTE_3]**. Ma queste dimensioni, che non hanno eguali in tutto l'Occidente europeo, non devono trarre in inganno. La posizione politica dell'imperatore, infatti, è costantemente fragile, perché troppo forte è il **potere dei grandi signori germanici** che cercano costantemente di guadagnare spazi di autonomia e non di rado si mettono in aperto contrasto contro il loro sovrano.

Nel **Regno d'Italia**, che si estende sul Nord della penisola e su una parte delle regioni centrali, l'imperatore è costretto a fronteggiare anche l'irrequietezza delle città, i cui governi, organizzati nella forma del comune **[👁 1.9]**, rivendicano autonomia e libertà. L'Impero ambisce inoltre a conquistare, per il momento senza successo, i **ducati longobardi**, tra i quali spiccano quelli di **Spoleto** e di **Benevento**, che rappresentano quel che resta del vecchio dominio longobardo nella penisola.
La Corona d'Italia è ritenuta un requisito indispensabile per assumere il titolo d'imperatore, che viene conferito con elezione dall'assemblea dei principi tedeschi e quindi consacrato dal papa.

Il Privilegio Ottoniano

Il trono imperiale è detenuto dalla **dinastia ottoniana**, così chiamata da **Ottone I** di Sassonia (936-973), che era stato incoronato dal papa a Roma nel **962**. Subito dopo questo evidente riconoscimento dell'autorità pontificia, l'imperatore aveva tuttavia promulgato il cosiddetto Privilegio Ottoniano, con il quale da un lato si riconoscevano le proprietà e i diritti della Chiesa di Roma, ma dall'altro si ribadiva che il papa, una volta eletto, dovesse prestare giuramento all'imperatore. Quest'ultimo, inoltre, si arrogava il diritto di esprimere un parere preventivo sull'elezione di questo o di quel pontefice. In questo modo Ottone poneva le basi di un aspro conflitto tra impero e papato, che avrebbe caratterizzato i decenni successivi.

Il Privilegio Ottoniano non si limitava a **subordinare l'autorità del papa a quella dell'imperatore**. Stabiliva anche il divieto, per i papi, di consacrare imperatori sovrani che non fossero di origine germanica. Nasceva così il **Sacro romano Impero di nazione germanica**, destinato a sopravvivere fino al 1806, quando Napoleone Bonaparte costrinse il suo ultimo esponente, Francesco II, a deporne la corona.

La scelta dei vescovi-conti in Germania

Per centralizzare il governo, Ottone attuò una vasta redistribuzione dei poteri periferici, fondata su una nuova concezione dell'episcopato e dei rapporti tra la Corona e la Chiesa tedesca. Per imbrigliare le spinte centrifughe esercitate dai grandi feudatari, che ormai non agivano più come rappresentanti del potere regio ma esercitavano autonomamente la propria sovranità, Ottone diede vita a una **rete di potenti signorie feudali** affidate non

◂ Hektor Muelich
Vittoria di Ottone I sugli Ungari il 10 agosto 955
1457
[dalla Cronaca di Meisterlin; Staatsbibliothek, Berlino]

▸ ***L'incoronazione di Ottone I del Sacro Impero per mano della Vergine***
X sec.
[dal *Sacramentarium Episcopi Warmundi*; Archivi capitolari, Ivrea]

Ottone I fu uno dei grandi imperatori della storia, tanto da guadagnarsi l'appellativo «il Grande» fin dal XII secolo; un cronista poco più tardo disse del suo regno che aveva inaugurato una nuova «età dell'oro». Questi giudizi hanno diverse spiegazioni. Anzitutto Ottone I ampliò il regno germanico acquisendo territori verso il regno di Borgogna, il regno d'Italia e le Marche settentrionali e orientali di Ungheria e Boemia. Sul versante politico, poi, Ottone I si fece eleggere imperatore dal papa, conferendo grande prestigio alla sua persona, ma subito, con il Privilegio Ottoniano, subordinò l'autorità papale alla propria e si garantì il sostegno di abati e vescovi da contrapporre al potere dei duchi e dei conti laici. Il primato della sua autorità è ben espresso nella miniatura di destra: la sua incoronazione avviene direttamente per mano della Vergine, ossia del potere divino, senza l'intermediazione della figura del papa.

all'aristocrazia laica ma a vescovi, i cosiddetti vescovi-conti. Era lui stesso a investire questi ultimi sia dei poteri politici sia di quelli spirituali. Il sovrano conseguì in tal modo un duplice risultato. Da un lato, si assicurò una schiera di signori ecclesiastici fedeli e capaci, e selezionò profondamente l'episcopato tedesco, escludendone personalità dell'aristocrazia e della stessa famiglia reale, interessate alle cariche ecclesiastiche unicamente per accumulare potere e ricchezze. Dall'altro lato, garantì alla monarchia il **controllo di molti benefici feudali**, sia nel caso di possedimenti dati in concessione sia nel caso di poteri esercitati per delega del sovrano: l'obbligo del celibato impediva infatti ai grandi feudatari ecclesiastici di trasmettere ereditariamente i propri privilegi. Alla morte del vescovo-conte, il re poteva assegnare il beneficio a suo piacimento, con evidenti vantaggi per il prestigio e l'autorità della Corona.

La discesa in Italia Ottone scese ancora una volta in Italia nel **966**, con l'intento di annettere i territori meridionali ancora in mano ai bizantini e ai ducati longobardi. I duchi di Benevento e di Capua si proclamarono immediatamente suoi vassalli. L'imperatore di Bisanzio, dal canto suo, non tardò a riconoscergli il titolo di imperatore e promosse un matrimonio diplomatico tra sua figlia Teofano e l'erede al trono germanico (il futuro Ottone II). Ottone I morì nel 973, lasciando l'impressione che l'Impero avesse ripreso, in Europa, il ruolo egemonico che aveva avuto con Carlo Magno, il grande e indimenticato fondatore dell'Impero carolingio. I tempi, tuttavia, erano cambiati, e per i suoi diretti discendenti non fu possibile proseguire questa brillante politica.

I successori di Ottone I Il successore **Ottone II** (973-983) riprese subito il progetto paterno di conquista dell'Italia meridionale, ma nel 982 il suo esercito subì una gravissima sconfitta in Calabria da parte dei musulmani. Pochi mesi dopo l'imperatore moriva lasciando come erede un figlio di appena tre anni, Ottone III. Assunsero la reggenza la madre Teofano e poi la nonna Adelaide. Il nuovo imperatore **Ottone III** (983-1002) assunse il potere effettivo all'età di sedici anni. Educato da maestri di altissima cultura e spiritualità, Ottone III concepì il sogno di rifondare addirittura, su base cristiana, l'antico impero universale di **Roma**. Trasferì quindi la capitale dell'Impero a Roma e fece eleggere papa il suo maestro Gerberto d'Aurillac, che prese il nome di Silvestro II (999-1003). Il progetto di Ottone III riuscì tuttavia sgradito alla nobiltà germanica, che temeva di vedersi esautorata ed emarginata in conseguenza dello spostamento del centro dell'Impero. Ma anche in Italia ebbe un'accoglienza molto fredda, tanto esso sembrava utopistico e velleitario. Un tumulto scoppiato a Roma costrinse l'imperatore e il pontefice a una fuga precipitosa. Ottone III morì poco tempo dopo, nel 1002, all'età di ventidue anni e senza lasciare eredi.

GUIDA ALLO STUDIO
❶ Su quali territori si estendeva l'Impero rifondato da Ottone I nel X secolo? ❷ In che cosa consisteva il Privilegio Ottoniano? ❸ Quali iniziative intraprese Ottone I in Italia meridionale? Che esito ebbero? ❹ In che modo il nuovo sovrano riuscì a centralizzare il potere politico? ❺ Perché il progetto universalistico di Ottone III fu accolto negativamente sia in Germania sia in Italia?

4 La lotta per le investiture

La questione del primato tra Impero e Chiesa Nei decenni successivi l'Impero dovette affrontare molte difficoltà interne, dovute a lotte per il trono tra i signori germanici e a vari focolai di ribellione, molto attivi in Italia settentrionale e specialmente a Milano. La dinastia di Sassonia si estinse, e la sua eredità politica fu raccolta soprattutto dalla dinastia di Franconia, fondata da **Corrado II il Salico** (1024-39).

La corruzione della Chiesa cattolica intanto non pareva avere freni e anzi sembrò raggiungere il culmine quando, nel 1045, papa Benedetto IX vendette addirittura il seggio pontificio al suo successore Gregorio VI. Di fronte a questo inaudito scandalo, l'imperatore **Enrico III** di Franconia (1039-56), prese l'iniziativa di scendere in Italia e d'imporre come papa Clemente II (1046), un vescovo tedesco che sosteneva la causa dei riformatori **[👁 1.3]**.

Enrico III restaurò così il prestigio della massima autorità religiosa della Cristianità: secondo una linea di condotta perfettamente coerente con la tradizione ottoniana, egli compì il suo dovere di campione della fede, facendo valere il peso del proprio potere. Ma la sua iniziativa si rivelò un'arma a doppio taglio: il nuovo papa, e ancor più il suo successore Leone IX (1049-54), s'impegnarono a fondo nell'opera di riforma e, risollevato il prestigio del papato, riportarono in auge il tema della supremazia del pontefice su tutti gli esponenti del **potere temporale**.

Si poneva, dunque, la **questione del primato**. A Bisanzio essa era stata risolta in modo molto netto: l'imperatore concentrava nelle proprie mani il potere politico e quello spirituale, tenendo subordinato il patriarca, capo della Chiesa ortodossa **[👁 1.1]**. In Occidente, la situazione era invece assai confusa, e i rapporti tra l'imperatore e il papa, indefiniti e ambigui, erano aperti alla **competizione**.

La tensione tra Impero e papato sfociò presto, di conseguenza, in una **crisi di vaste proporzioni**: nel **1059**, in occasione del **concilio** lateranense, il pontefice Niccolò II (1059-61) decretò che la Chiesa non avrebbe più tollerato alcuna ingerenza imperiale o di altri laici (primi fra tutti gli aristocratici romani) nell'elezione del papa. Fino ad allora, il papa era stato eletto per acclamazione dal popolo e dal basso clero della città di Roma, che erano facilmente manovrabili (al basso clero appartenevano infatti i chierici non impegnati in ruoli gerarchici). Con il **decreto di Niccolò II**, l'elezione veniva affidata invece ai cardinali (che allora erano i vescovi di Roma e del territorio circostante; 👁 1.2). Niccolò II stabilì anche che da quel momento in poi nessun ecclesiastico potesse essere nominato da un laico: l'imperatore, i sovrani, i grandi feudatari venivano in tal modo privati del potere di attribuire i benefici ecclesiastici. **Il Privilegio Ottoniano risultava di conseguenza annullato**. Da questo momento si aprì il grande conflitto tra Impero e papato noto come lotta per le investiture.

I Dictatus papae I protagonisti di questa lotta furono il papa **Gregorio VII** (1073-85) e l'imperatore germanico **Enrico IV** di Franconia (1056-1106). Il papa promulgò nel 1075 un documento che proclamava la sua volontà di opporsi fermamente alle pretese imperiali, i cosiddetti *Dictatus papae*. Era una presa di posizione senza precedenti: il papa affermava il proprio diritto di deporre l'imperatore, dispensando i sudditi dall'obbligo di ubbidienza, e proclamava l'indiscutibile **supremazia della massima autorità spirituale sulla massima autorità temporale**.

L'imperatore reagì con grande fermezza: convocò nel **1076** a **Worms** un **concilio di vescovi tedeschi**, che dichiarò decaduto il papa. Egli proclamò quindi una violenta condanna della stessa figura morale del pontefice. Di fronte alla potenza del Sacro romano Impero, Gregorio sembrava apparentemente inerme. Ma in questa lotta sarebbero state le armi spirituali a prevalere, come fu subito chiaro quando il papa scomunicò l'imperatore. Bisogna ricordare che la **scomunica** non aveva soltanto conseguenze religiose (l'estromissione del sovrano dalla comunità dei fedeli) ma anche politiche: essa, infatti, svincolava i sudditi cristiani dall'obbedienza al sovrano. Immediatamente si registrarono segni di ribellione tra i feudatari e tra gli oppositori dell'imperatore, rafforzati ora dall'approvazione del papa.

Potere temporale
Secondo il linguaggio ecclesiastico è un potere che appartiene al tempo, in contrapposizione a ciò che è eterno. Il potere temporale è il potere politico che il papa esercitava, o pretendeva di esercitare, in ambito territoriale.

Concilio
Dal latino *concilium*, 'assemblea'. Al concilio prendono parte essenzialmente i vescovi per deliberare in merito a questioni di dottrina religiosa e disciplina ecclesiastica. Le assemblee conciliari possono essere convocate a livello provinciale, interprovinciale (concili plenari, che si svolgono sotto la presidenza di un legato papale), o direttamente dal pontefice. In quest'ultimo caso i concili sono detti "ecumenici" e si svolgono sotto la presidenza del papa.

L'imperatore a Canossa Per evitare lo sgretolamento della propria autorità, Enrico IV fu costretto a **implorare il perdono del papa**, per mezzo della contessa Matilde di Canossa e di Ugo di Cluny, l'abate che controllava le abbazie dipendenti dal prestigioso monastero borgognone. La penitenza fu dura e umiliante: l'imperatore attese per tre giorni, in mezzo alla neve, prima che si aprissero le porte del castello di Canossa (nell'attuale Emilia-Romagna), dove venne infine ricevuto da Gregorio VII, che ritirò la scomunica.

La partita, però, non era ancora chiusa. L'imperatore non si era piegato per sincera convinzione, ma per ragioni di opportunità: una volta eliminati i propri oppositori in Germania, egli riprese infatti a nominare i vescovi, in aperto spregio dei decreti papali. Scese quindi nuovamente in Italia, depose il pontefice e nominò al suo posto **Clemente III**, dal quale si fece consacrare imperatore. Assediato in Castel Sant'Angelo, a Roma, Gregorio VII chiamò in aiuto il re dei normanni Roberto il Guiscardo [👁 1.5]. Quest'ultimo riuscì a occupare la città e a liberare il papa, ma i suoi soldati si abbandonarono a saccheggi e a violenze gravissime. Il popolo di Roma, inasprito, si ribellò contro Gregorio VII, che fu costretto a riparare a Salerno, dove morì nel 1085.

L'accordo Enrico IV morì a sua volta nel 1106, dopo che una congiura lo costrinse ad abdicare. Il figlio e successore **Enrico V** (1106-25) riuscì a trovare con il pontefice **Callisto II** (1119-24) un'intesa che fu formalizzata nel **concordato di Worms** dell'anno **1122**: secondo questo accordo, i vescovi doveva-

Enrico IV si umilia a Canossa
1116 ca.
[dal manoscritto della *Vita Mathildis* di Donizone; Biblioteca Vaticana, Roma]

In ginocchio di fronte a Matilde di Canossa e a Ugo, abate del monastero di Cluny, l'imperatore Enrico IV invoca il loro intervento presso il papa Gregorio VII, affinché gli sia revocata la scomunica.

no essere investiti dal papa, mentre l'imperatore aveva il diritto di concedere loro o meno anche i poteri politici. Fu anche deciso che in Germania l'investitura laica doveva precedere quella religiosa, mentre in Italia quella religiosa doveva precedere quella laica.

Questo compromesso ebbe notevoli **conseguenze sulla futura storia politica dei due paesi**: esso segnò infatti, in Italia, l'aumento dell'autorità pontificia a discapito di quella imperiale, mentre in Germania produsse l'effetto opposto.

Il concordato di Worms era più una tregua momentanea che un accordo stabile. Aveva risolto il problema delle investiture, ma era rimasto aperto il problema cruciale, quello del primato nel mondo cristiano. E infatti lo scontro tra Impero e papato sarebbe ripreso rapidamente, dominando ancora per molto tempo lo scenario della grande politica europea. Non si trattò soltanto dello scontro tra le massime potenze della Cristianità, ma del punto di riferimento della lotta politica a tutti i livelli: ovunque i **ghibellini** (chiamati così perché seguaci della casa sveva degli Hohenstaufen, signori del castello di Weibling, in Sassonia), difensori dell'«onore dell'Impero», si contrapposero ai **guelfi** (chiamati così da Welf, il capostipite dei duchi di Baviera), fautori della «libertà della Chiesa romana».

GUIDA ALLO STUDIO

❶ Che cosa determinò l'intervento dell'imperatore Enrico III a Roma? ❷ In che modo Clemente II e Leone IX risollevarono il prestigio del papato? ❸ In quali termini si poneva la questione del primato nel conflitto di potere tra Impero e papato? Chi furono i protagonisti della lotta per le investiture? ❹ Che cosa stabilivano i *Dictatus papae* promulgati nel 1075? ❺ Che cosa sanciva il concordato di Worms? Quali conseguenze ebbe?

5 I regni

Potere e religione

Intorno all'anno Mille, accanto alle due potenze caratterizzate da aspirazioni universali, la Chiesa e l'Impero, in Europa coesiste una moltitudine di regni di varie dimensioni. Prima di esaminarla è opportuno considerare la natura del potere monarchico e il rapporto tra questo potere e quello del pontefice.

I re, come l'imperatore, non riconoscono il potere temporale del papato, negano cioè che il papa abbia un'autorità politica superiore. Gli riconoscono tuttavia una suprema autorità religiosa. Considerati gli strettissimi rapporti allora esistenti tra politica e religione, questa distinzione è però ambigua e insidiosa. Il potere monarchico, infatti, aveva il suo **fondamento biblico** nella celebre affermazione di San Paolo, *omnis potestas a Deo*, **'ogni potere discende da Dio'**, che nessuno osava mettere in discussione. Ma se il sovrano traeva da Dio il suo potere, e se egli apparteneva al tempo stesso alla Chiesa di Roma come tutti gli altri cattolici, come poteva a sua volta non dipendere dal **papa**, **intermediario riconosciuto tra Dio e gli uomini**, capo della Chiesa, unico interprete della legge divina?

Il problema stava tutto qui: chiunque si dichiarasse sottomesso alla legge divina, si dichiarava automaticamente sottomesso all'autorità papale. Lo testimoniava, tra l'altro, la stessa **cerimonia dell'incoronazione**: quando il re era consacrato nelle sue funzioni, veniva unto con l'olio santo dalle mani del pontefice o dei suoi rappresentanti. Questa era la prova che tra il re e Dio esistevano intermediari dei quali non si poteva fare a meno, mentre tra il papa e Dio non c'era alcun intermediario. La situazione era dunque molto complicata e determinava una costante concorrenza tra il papato, l'impero e le monarchie, che avrebbe attraversato per intero l'età medievale.

C'è tuttavia un principio che unifica tutti i **grandi poteri dell'epoca**: come il papa, anche l'imperatore e i re sono **tali per diritto divino**, «per grazia di Dio». Anche il loro è dunque un potere teocratico, che non deriva dalla volontà dei sudditi ma da quella del Signore. A questo principio si collega inoltre quello della **non responsabilità del sovrano**: il popolo non può giudicare il re, né detronizzarlo, per il semplice motivo che non ha alcun potere su di lui. Il sovrano, ripetono i testi dell'epoca, sta «sopra il popolo» e il popolo gli è stato affidato da Dio.

2
J. Le Goff,
Un re monarca, cristiano, nobile

Un quadro molto frammentato

Esaminando ora l'ATLANTE_**1** abbiamo un'idea molto puntuale di quanto frammentato fosse il quadro dei regni europei al principio dell'XI secolo: paesi come l'Italia, la Spagna, la Francia, l'Inghilterra, che oggi sono nazioni politicamente unite, ci appaiono divise in entità di modeste dimensioni. Si tratta di assetti destinati ancora a mutare.

Agli inizi dell'XI secolo la **Penisola iberica**, nelle regioni non occupate dai musulmani, è punteggiata di **piccole compagini cristiane** a est e a nord, come il Regno di León, da cui si stacca verso la fine del secolo la Contea del Portogallo, successivamente trasformatasi in regno; il Regno di Castiglia; il Regno di Navarra; il Regno d'Aragona a ridosso dei Pirenei, che successivamente inglobera la Contea di Barcellona.

In **Francia** il trono è detenuto dalla **dinastia capetingia**, fondata da Ugo Capeto (987-996). Il potere regio è ridotto a ben poca cosa: Ugo esercita infatti il proprio diretto controllo soltanto sulla regione di Parigi –, essendo la Francia divisa in **tante signorie territoriali [👁 1.7]**, alcune delle quali molto potenti, come ad esempio la Contea di Bretagna, il Ducato di Normandia, la Contea di Provenza e altre ancora **[👁** ATLANTE_**4]**. La debolezza politica dei sovrani capetingi, nel corso dell'XI secolo, finisce tuttavia per volgersi paradossalmente a loro favore: la loro autorità, non costituendo una reale minaccia per i signori territoriali, viene infatti accettata di buon grado, come simbolo dell'unità morale e storica del territorio. A partire da questo ruolo modesto, i re capetingi riusciranno a **costruire gradualmente una dinastia solida**, ad aumentare il loro potere, intervenendo come arbitri nelle dispute tra i feudatari, e a garantirsi l'appoggio di un gruppo di signori fedeli.

Nel IX secolo l'**Inghilterra** era stata invasa dai **normanni** ("uomini del Nord", come li chiamavano in Europa) o **vichinghi**, come preferivano chiamarsi essi stessi: popolazioni bellicose di ceppo germanico, composte di svedesi, norvegesi e danesi, che proprio in quel periodo avevano cominciato a sciamare dalla Scandinavia in tutte le direzioni, per dare sfogo al sovrappopolamento delle loro comunità. Un gruppo di normanni aveva occupato l'Inghilterra centro-meridionale e l'Irlanda.

ATLANTE 4_IL REGNO DI FRANCIA ALL'AVVENTO DEI CAPETINGI

Anglosassoni
Con questo nome si designano le tribù germaniche degli angli, dei sassoni e degli iuti, che dalle regioni continentali dell'Elba e del Weser migrarono nella Britannia nel V e nel VI secolo. Oggi l'espressione "lingua anglosassone" è usata per indicare la lingua parlata principalmente nelle isole britanniche, in America settentrionale e in alcuni paesi dell'ex impero britannico.

Nell'XI secolo l'isola è dominata da **Canuto il Grande** (1014-35), un potente sovrano vichingo che per un breve periodo si trova a reggere contemporaneamente le corone di Danimarca, Norvegia e Inghilterra. Nel 1042 riprende però il sopravvento la componente locale degli **anglosassoni**, che pone sul trono **Edoardo il Confessore** (1042-66). Normanno per parte di madre, Edoardo accoglie a corte cavalieri ed ecclesiastici francesi, collocandoli in posti di comando. Alla sua morte, essendo Edoardo privo di eredi, gli succede il cognato Aroldo II. La legittimità della successione è però contestata da Guglielmo, duca di Normandia, che in qualità di nipote di Edoardo reclama la Corona inglese. Alla testa di un potente esercito composto da cavalieri altamente specializzati, Guglielmo attraversa la Manica, sconfigge Aroldo nella celebre battaglia di **Hastings** (1066) e cinge la Corona d'Inghilterra.
Guglielmo, detto **il Conquistatore** (1066-87), introduce nell'isola la lingua e la cultura francese e rafforza il potere monarchico centralizzando l'amministrazione. La sua ascesa al trono è un evento di grande portata perché da quel momento in poi **la storia dell'Inghilterra si sarebbe intrecciata con quella della Francia**: il Conquistatore, infatti, è contemporaneamente re d'Inghilterra e, in qualità di duca di Normandia, vassallo del re di Francia.

Le ultime invasioni e le loro conseguenze

Le invasioni saracene [👁 1.1] e normanne, che avevano contribuito a definire il quadro politico europeo dell'XI secolo, erano state parte di un unico fenomeno, databile tra la fine del IX e il X seco-

Guglielmo il Conquistatore uccide il re d'Inghilterra Aroldo II nella battaglia di Hastings
1280-1300
[British Library, Londra]

lo, che gli storici chiamano "le **ultime grandi invasioni**" (con riferimento a quelle che secoli prima avevano portato alla caduta dell'Impero romano d'Occidente). A questo stesso fenomeno devono ricondursi anche le invasioni degli **ungari**, provenienti dalle steppe degli Urali. Grazie alla forza della loro cavalleria gli ungari avevano aggredito il cuore dell'Europa devastando, nella prima metà del X secolo, le campagne e i villaggi della Germania, della Francia, della Pianura Padana, dell'Italia centrale. Una grande vittoria riportata nel 955 dall'imperatore Ottone I [👁 1.2] a Lechfeld, in Baviera, li indusse tuttavia a ritirarsi e a insediarsi in **Ungheria**, la regione che da loro ha preso il nome. Il primo re d'Ungheria, Stefano (1000-38), ricevette la corona dalle mani del papa nel Natale dell'anno 1001. Dopo la morte fu santificato.

Dopo la drammatica fase delle invasioni, l'orizzonte europeo si allarga a oriente con la creazione di **nuovi regni cristiani**. Nell'Europa dell'Est, oltre al Regno di Ungheria, si costituiscono il **Regno di Polonia** e il **Regno di Russia**, il cui primo nucleo è il principato di Kiev, presto guidato da principati di stirpe slava. Il Regno di Russia sin dall'inizio si trova a gravitare nell'orbita bizantina sia da un punto di vista religioso – furono i missionari bizantini a convertire i russi al cristianesimo – sia dal punto di vista commerciale.

Parallelamente, nel Nord dell'Europa, si consolidano i regni cristianizzati di **Danimarca**, **Norvegia** e **Svezia**. Dei tre il più potente si rivela quello danese, che al tempo di Canuto il Grande (1014-35) assume temporaneamente anche il controllo delle corone inglese e norvegese. L'Europa prende così quella fisionomia etnica e politica che, nelle grandi linee, ha conservato fino ai giorni nostri. Non solo: la costituzione di regni cristiani relativamente stabili e ordinati lungo le frontiere orientali e settentrionali mette per sempre il continente al riparo da nuove invasioni.

GUIDA ALLO STUDIO

❶ Che cosa conseguiva dal fatto che il potere monarchico avesse il suo fondamento biblico nella celebre affermazione *omnis potestas a Deo*? ❷ Chi deteneva il trono francese? ❸ Chi dominava l'Inghilterra nell'XI secolo? ❹ Chi era Guglielmo il Conquistatore?

6 I normanni in Italia

Prime compagini normanne

A parte i tentativi degli imperatori Ottone I e Ottone II di estendere il controllo della Corona d'Italia al Meridione della penisola, questa vasta area visse, fino ai primi decenni dell'XI secolo, un'esistenza appartata. La situazione era caratterizzata dalla debole presenza bizantina, dal costante pericolo rappresentato dalle incursioni dei musulmani di Sicilia, i saraceni, dalla perenne conflittualità tra i ducati longobardi della Campania.

Ai primi dell'XI secolo, alcune formazioni di mercenari normanni si affacciarono nel Sud in occasione di una rivolta antibizantina esplosa a Bari. Nel 1030 un capo normanno, a compenso dei suoi servigi, ottenne in feudo dal duca di Salerno la contea di Aversa [👁 ATLANTE_5]. Questa concessione attirò altri gruppi normanni, tra i quali si distinse quello degli **Altavilla**, nobili provenienti dalla Normandia. Guglielmo Braccio di Ferro si impadronì della contea di Melfi nel 1043; suo fratello **Roberto il Guiscardo** ("l'Astuto") ampliò i territori melfitani con uno spirito d'iniziativa tale da preoccupare il pontefice **Leone IX** (1049-54). Questo papa, che fu tra i protagonisti della riforma della Chiesa, promosse una spedizione antinormanna, ma fu sconfitto e catturato a Civitate, in Puglia, nel 1053.

Nel 1059 papa **Niccolò II** (1058-61) sanzionò il successo normanno con un accordo che concedeva al **Guiscardo**, nella qualità di vassallo, il titolo di **duca di Puglia**, **Cala-**

bria e Sicilia. Questo titolo equivaleva a una formale autorizzazione a spazzare via i residui domìni bizantini in Italia, a occupare i principati indipendenti e ad attaccare la Sicilia musulmana. L'aperto atto di ostilità della Santa Sede nei confronti dell'Impero bizantino era giustificato anche dal definitivo scisma tra la Chiesa cattolica occidentale e la Chiesa ortodossa orientale (1054; 👁 1.1, 3.6).

La conquista della Sicilia e le caratteristiche del regno normanno

In poco meno di venti anni, il nuovo duca normanno ridusse in suo potere l'Italia meridionale e, sbarcato in Epiro, sulle coste adriatiche della penisola balcanica, sconfisse ripetutamente i bizantini, giungendo a minacciare la stessa Costantinopoli (1082). Più difficoltosa fu l'impresa siciliana che, protrattasi dal 1061 al 1091, impegnò suo fratello **Ruggero d'Altavilla**, il quale – dopo il completo successo sui musulmani – si fregiò del titolo di conte di Sicilia. All'inizio del XII secolo **Ruggero II** d'Altavilla, figlio del conquistatore della Sicilia, riunificò i due domìni normanni

ATLANTE 5_L'ESPANSIONE NORMANNA IN ITALIA MERIDIONALE

nel Sud Italia e assunse, nel 1130, la Corona del **Regno di Sicilia**, ponendo la sua corte a **Palermo**.

Il regno normanno rappresentava, sullo scenario europeo, una realtà di notevole importanza, **radicata nel continente ma proiettata verso il Mediterraneo**. Innanzitutto costituiva una potenza territoriale e militare di proporzioni considerevoli, specie a confronto con la frammentata realtà politica dell'Italia centro-settentrionale. In secondo luogo, il Regno di Sicilia sperimentò per la prima volta in Europa un'**organizzazione centralizzata**. Facendo tesoro dell'esperienza e spesso delle strutture ereditate dagli arabi e dai bizantini, i re normanni poggiarono il loro potere su un forte ed efficiente apparato amministrativo. Il regno fu diviso in circoscrizioni, ciascuna delle quali era amministrata da un **giustiziere**, cui spettava la gestione degli affari giudiziari, e da un **camerario**, che si occupava della riscossione delle imposte – un aspetto particolarmente curato nell'organizzazione statale normanna.

Quello regio, tuttavia, non era l'unico potere presente sul territorio del regno: la monarchia normanna infatti agiva in una situazione di **equilibrio tra autorità regia e poteri locali**. Esistevano grandi feudatari, laici ed ecclesiastici (si pensi a importanti abbazie quali Montecassino, S. Vincenzo al Volturno, Cava dei Tirreni), dotati di ampie autonomie, che esercitavano sulle comunità locali poteri di tipo signorile. A questo quadro bisogna aggiungere la presenza delle città, soprattutto di quelle maggiori, che mantennero autonomie di tipo amministrativo, anche se le decisioni più importanti spettavano sempre al re. Il centralismo normanno, comunque, impedì la formazione di un movimento comunale paragonabile a quello che si andava sviluppando nella parte centro-settentrionale della penisola **[👁 1.8]**, confinando le città meridionali in un ruolo politico marginale.

GUIDA ALLO STUDIO

❶ Quale situazione politica caratterizzava l'Italia meridionale prima della conquista normanna? ❷ In che modo i normanni riuscirono a unificare i loro domìni in Italia? ❸ Che cosa differenziava il Regno di Sicilia dalla realtà politica dell'Italia centro-settentrionale?

Il papa Niccolò II conferisce il titolo di duca a Roberto il Guiscardo
XIV sec.
[dalla *Nuova Cronica* di Giovanni Villani]

7 Le signorie territoriali

L'incastellamento e le sue conseguenze

Se, esaminando la mappa generale dell'Europa intorno all'anno Mille, ci fermassimo ad analizzare i confini delle potenze maggiori avremmo un'impressione falsificata della situazione reale. Le grandi compagini territoriali su cui si estendevano i domìni del papato, dell'Impero e dei numerosi regni d'Europa, tra il X e l'XI secolo, erano costellate infatti da una miriade di **poteri locali**. Queste "entità minori" svolgevano un duplice ruolo: per un verso agivano come **forze centrifughe**, che contrastavano le tendenze centralizzatrici delle potenze maggiori; per altro verso rappresentavano un **principio di ordine, di legittimità e di stabilità a livello locale**. Vediamo in che modo si formarono questi poteri.

Durante le ultime grandi invasioni [👁 1.5] i sovrani avevano incontrato grandi difficoltà a contenere l'aggressività di popoli bellicosi e dinamici come i saraceni, gli ungari, i normanni. Questo provocò una spontanea **iniziativa di autodifesa** da parte dei grandi signori e delle popolazioni contadine che da essi dipendevano. In queste circostanze i signori costruirono ovunque quei **castelli**, quelle fortezze, quelle torri che sono ancora oggi il simbolo del mondo medievale. La costruzione dei castelli, intesi sia come **fortezze** in senso stretto sia come **villaggi fortificati** con mura e fossati, rispondeva alle esigenze di sopravvivenza delle comunità terrorizzate dagli invasori. Essa assunse però contestualmente un chiaro contenuto politico. Il castello, infatti, era molto di più di un semplice edificio: era l'**emblema di un potere che tendeva all'autonomia.** Intorno a esso i signori organizzarono infatti in modo del tutto nuovo il potere sugli uomini.

Il castello divenne presto uno strumento mediante il quale il signore poteva estendere la sua autorità politica, amministrativa ed economica non soltanto sui contadini che dipendevano direttamente da lui, ma su tutto il territorio sul quale esercitava la sua influenza. Questo fenomeno, che gli storici chiamano **incastellamento**, favorì l'affermazione delle signorie territoriali e costituì un fattore di **tensione tra il potere centrale e i poteri locali**.

I poteri signorili

Quando intorno all'anno Mille le invasioni cessarono, i castelli rimasero, e anzi si rafforzarono e si diffusero. Il desiderio di proteggere il proprio territorio dalle insidie di un signore vicino o dalle pretese di un sovrano, e anche la volontà dei signori di rafforzare l'impatto emotivo e intimidatorio che un castello possente aveva sulla popolazione rurale favorirono la proliferazione dei castelli e dei poteri connessi.

Accanto ai tradizionali poteri signorili, risalenti all'organizzazione del sistema feudale che aveva preso forma in Europa tra il IX e il X secolo, fiorirono ora le **signorie vescovili e monastiche**, dotate di **immunità** che consentivano di operare come centri autonomi di potere e di sottrarsi al controllo dei funzionari del sovrano. C'erano infine le cosiddette **"signorie abusive"**, i cui titolari esercitavano le loro funzioni senza mai aver ricevuto deleghe dall'alto o aver beneficiato di un feudo. Questa situazione, che si affermò fortemente nel corso dei secoli X e XI, era determinata ancora una volta dall'assenza di un forte potere centrale.

I **signori territoriali** esercitavano su tutti gli abitanti e i beni posti sotto il loro controllo il cosiddetto **potere di banno**, cioè il complesso di diritti giudiziari, militari e fiscali che un tempo erano concentrati unicamente nel potere regio. I signori esercitavano dunque il diritto di prelevare pedaggi per l'uso di strade e di ponti, e d'imporre agli abitanti le più disparate tasse e prestazioni di lavoro. Ad esempio, i contadini

Immunità
In età medievale il diploma di immunità dava il diritto di sottrarre le proprie terre alla giurisdizione degli ufficiali pubblici. Garantiva inoltre a coloro che lo ricevevano il diritto di riscuotere, nelle loro terre, alcune imposte pubbliche.

Banno
È la forma antica della parola "bando". Il potere di banno consisteva dunque nella potestà di emettere ("bandire") ordini, divieti, sanzioni, ecc.

erano obbligati a utilizzare, dietro pagamento, il mulino, il frantoio, il forno di proprietà del signore. Il ricavato di queste **tasse** serviva a mantenere i signori e il loro seguito, a nutrirli, a vestirli, ad armarli, a garantire le spese di prestigio. I signori, tuttavia svolgevano una funzione importante, poiché provvedevano alla **difesa del territorio**, alla **giustizia**, all'**ordine pubblico**.

I rapporti di produzione nelle campagne. Il sistema curtense

Questo sistema di potere determinava anche i rapporti di produzione nelle campagne. La struttura produttiva fondamentale era la **curtis** o **villa**, un modello di organizzazione della grande proprietà fondiaria, concentrata nelle mani dei sovrani e dei signori laici ed ecclesiastici, i quali possedevano solitamente un grande numero di *curtes*, talvolta anche molto distanti l'una dall'altra. La *curtis* era divisa in due parti, fra loro interdipendenti [👁 ATLANTE_6]: la ***pars domìnica*** o riserva, un insieme di terre che il signore gestiva direttamente; la ***pars massaricia***, un insieme di poderi assegnati a coltivatori dipendenti. La *pars domìnica* comprendeva l'abitazione del signore, gli alloggi dei servi, le stalle, le cantine, i magazzini, i laboratori artigianali. Qui le terre erano coltivate direttamente dai cosiddetti *servi praebendarii* ('che ricevono sostentamento'), il cui lavoro era integrato dai coltivatori della *pars massaricia*. Quest'ul-

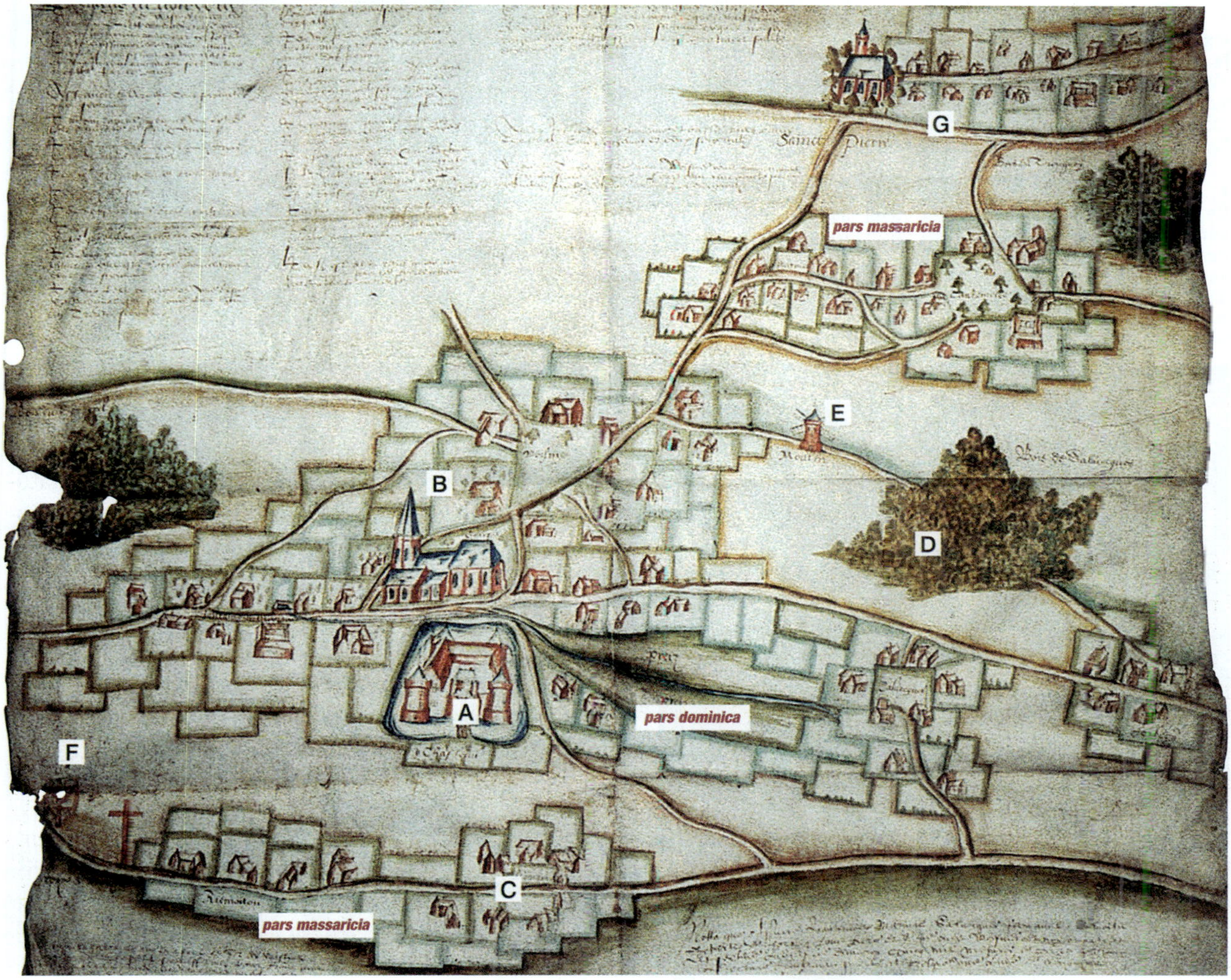

Pianta della signoria di Wismes in Francia
A. castello; B. chiesa; C. casali; D. bosco; E. mulino del signore; F. forca; G. villaggio.

tima, composta di piccoli poderi, detti **mansi** (dal verbo latino *manere*, 'rimanere'), era affidata al lavoro dei **servi casati** (che disponevano cioè di una casa), oppure concessa in affitto a coloni liberi, in cambio di un canone in natura o in denaro (o entrambi) e di un certo numero di giornate lavorative da svolgersi sulla riserva, le cosiddette ***corvées***, dal latino tardo *corrogata* (*opera*), 'opera richiesta'. Dal punto di vista territoriale le due parti della *curtis* non costituivano necessariamente un blocco compatto. Molto frequenti erano i casi in cui i mansi erano circondati da appezzamenti della riserva, o viceversa, oppure potevano essere separati da appezzamenti appartenenti ad altri signori o a coltivatori liberi, o ancora essere dislocati in villaggi diversi.

ATLANTE 6_UNA *CURTIS* E LE SUE DIPENDENZE

- il villaggio nel quale si trova il *caput curtis*, cioè il centro della corte, con la dimora del signore, gli edifici amministrativi, i magazzini, la chiesa
- la *pars domìnica*
- la *pars massaricia*
- villaggi di contadini
- terre di proprietari e di contadini non dipendenti dalla *curtis*
- bosco non coltivato
- fiume
- strade e sentieri

◂ **Il signore amministra la giustizia con la forca**
XV sec.
[dalle *Grandes Croniques de France*; Bibliothèque National, Parigi]

▸ **Un sovrintendente controlla il lavoro delle *corvées***
XIII sec.
[Bibliothèque National, Parigi]

Il sistema curtense era molto diffuso ma non caratterizzava tutte le campagne europee. Esso si incontrava soprattutto nella **Francia settentrionale**, in **Inghilterra**, in **Renania**, nell'**Italia settentrionale**, mentre nel resto dell'Europa persistevano in maggior numero forme di conduzione della terra più frammentate e legate alla piccola proprietà contadina.

GUIDA ALLO STUDIO

❶ Che significato aveva la costruzione del castello? ❷ Che cosa caratterizzava le signorie vescovili e monastiche? ❸ Che cos'era il potere di banno? ❹ Che cosa erano la *pars dominica* e la *pars massaricia*?

8 L'Europa dei comuni

Origini e caratteristiche dei comuni

Per completare la mappa dei poteri dell'Europa intorno all'anno Mille manca un dato fondamentale, che rappresenta un elemento di assoluta novità nello scenario politico di quel tempo: l'universo urbano e il suo assetto istituzionale più significativo, il **comune**. Con questo termine si indicano **forme di autogoverno delle città**, comparse in Germania, Inghilterra, Francia, Fiandra e soprattutto in Italia. Queste entità nacquero come associazioni private tra cittadini che stipulavano giuramenti (*coniurationes*) per affermare le loro rivendicazioni nei confronti dei signori (laici ed ecclesiastici), e poi si svilupparono fino a ottenere il riconoscimento da parte dell'autorità superiore: il signore stesso, il re, l'imperatore, il papa. Il riconoscimento ufficiale poteva avvenire pacificamente, oppure essere l'esito di rivolte armate.

L'**origine** dei comuni fu diversa nelle varie regioni europee. C'è tuttavia un elemento ricorrente: il comune si afferma sempre **in contrapposizione alle vecchie autorità** feudali, come **espressione di forze sociali emergenti**. Queste forze sociali erano i **mercanti**, gli **artigiani**, i **liberi proprietari** terrieri residenti in città e i **gruppi familiari** tra i quali venivano tradizionalmente reclutati gli ufficiali e gli addetti alle attività giuridiche e giudiziarie.

Il comune si formò solo tardivamente e debolmente (o non si formò affatto) nelle regioni economicamente più depresse, lontane dalle grandi correnti commerciali, e dove i poteri feudali erano più solidi. È il caso, ad esempio, di alcune città tedesche (Magonza, Ratisbona, Worms) rimaste a lungo soggette ai poteri dei vescovi o dei principi e che, pur sviluppando forme assembleari, non ottennero mai l'indipendenza politica. In linea generale si può affermare che **l'autonomia del comune era inversamente proporzionale alla forza dei poteri feudali**.

Le **istituzioni** principali del governo comunale erano i **consigli**, ai quali i cittadini partecipavano in misura più o meno ristretta. I consigli eleggevano come loro rappresentanti i magistrati, che erano chiamati in vario modo: in molti comuni italiani prendevano il nome di **consoli**, con riferimento esplicito ai magistrati dell'antica Roma, e restavano in carica per un tempo breve (dai sei mesi a un anno), per evitare che si formassero piccoli potentati e per consentire la rotazione tra tutti gli esponenti delle famiglie più ricche e potenti della città. Tanto nel consolato quanto nei consigli avevano la preponderanza gruppi di individui dotati di beni, prestigio e cultura: membri di famiglie di origine feudale insignite di titoli cavallereschi, oppure mercanti, o ancora esperti in legge.

Nell'organizzazione comunale i **cittadini di pieno diritto** erano una minoranza rispetto all'insieme della popolazione. Non ne facevano parte, oltre alle donne, la massa dei servi delle famiglie, dei lavoratori giornalieri, dei forestieri immigrati da poco, dei disoccupati che vivevano di espedienti; non ne facevano nemmeno parte le minoranze religiose, come gli ebrei e i musulmani.

▶ 17 DOC
Bonvesin de la Riva
Le meraviglie di Milano

I comuni italiani L'**Italia centro-settentrionale**, dove le antiche tradizioni di vita urbana si erano mantenute più a lungo, fu la regione d'Europa dove le forme di governo comunali si manifestarono prima e in modo più deciso. Ciò fu possibile grazie alla presenza di **vescovi intraprendenti**, che si appropriarono dei poteri pubblici all'interno delle città approfittando della frammentazione del territorio e del potere politico (cominciata tra il IX e il X secolo, durante la dissoluzione dell'Impero carolingio). I vescovi erano coadiuvati, nella gestione delle funzioni pubbliche, dalle **comunità cittadine**, composte da individui eterogenei da un punto di vista sociale – mercanti, artigiani, piccoli proprietari terrieri, giudici, notai – che, tra le altre cose, partecipavano anche all'elezione del proprio vescovo.

Nell'**XI secolo**, tuttavia, sia il potere imperiale, alle prese con la lotta per le investiture **[👁 1.4]**, sia l'autorità papale, alle prese con i tentativi di riforma della Chiesa **[👁 1.2]**, imposero vescovi di loro nomina, estranei dunque alla realtà locale. La reazione fu immediata: all'interno delle città si formarono due opposti schieramenti politici, costituiti, rispettivamente, l'uno dal ceto dominante, l'altro dagli esclusi dalla partecipazione al governo. **Schierarsi dalla parte del papa piuttosto che da quella dell'imperatore** non era di per sé rilevante: l'importante era schierarsi o opporsi a chiunque mettesse in discussione gli equilibri tradizionali.

Negli ultimi decenni dell'XI secolo buona parte delle città dell'Italia centro-settentrionale fu dunque travagliata da violente lotte intestine. Fu proprio da questa situazione di conflitto che emerse quella **volontà di pacificazione sociale** da cui prese

ATLANTE 7_I COMUNI DELL'ITALIA CENTRO-SETTENTRIONALE (XII-XIII SECOLO)

La diffusione del fenomeno comunale interessò in particolare l'area padana, l'Umbria, le Marche e la Toscana. Nel giro di pochi decenni i comuni estesero il loro controllo sul territorio circostante, il contado.

avvio l'ordinamento comunale. **Firenze**, **Milano**, **Genova**, **Pisa**, **Venezia** e tantissimi altri centri, talvolta di dimensioni anche molto piccole, si contraddistinsero sin dal loro sorgere per la vivacità politica, che arricchiva e complicava la situazione della penisola.

Ma una distinzione per grandi linee deve farsi tra la parte centro-settentrionale del nostro paese e la parte meridionale: nel **Sud**, come sappiamo, la concentrazione dei comuni era piuttosto bassa a causa della presenza di una monarchia accentratrice come quella normanna, oltre che di una forte aristocrazia locale che manteneva saldamente le proprie prerogative **[👁 1.5]**; nel **Nord**, invece, la concentrazione era molto alta **[👁 ATLANTE_7]** e i comuni dipendevano teoricamente dall'imperatore, perennemente diviso tra Italia e Germania e spesso lontano e assente; inoltre, la **volontà di autonomia** dei comuni settentrionali era sostenuta e incoraggiata dal papato, che vedeva in loro un mezzo per indebolire ulteriormente la presenza dell'imperatore nella penisola.

Contado
Dal latino *comitatum*, nel significato medievale di "feudo di un conte", passato poi a indicare il territorio sottoposto alla giurisdizione di un comune cittadino italiano. Il contado ebbe un ruolo fondamentale, come zona di approvvigionamento, come area dove effettuare gli investimenti fondiari dei cittadini, come territorio da amministrare e da cui prelevare tasse.

Comuni e contado in Italia

Rispetto, poi, alle esperienze comunali transalpine, i comuni italiani centro-settentrionali presentano alcune peculiarità loro proprie. Innanzitutto, diversamente da quanto accadeva, per esempio, in Francia e in Germania, essi non restarono rigorosamente legati alla cerchia delle mura cittadine, isolati completamente dalle campagne dominate dai signori feudali. E questo anche perché fin dall'età tardoantica e poi altomedievale, nonostante la decadenza urbana, il rapporto di subordinazione amministrativa delle campagne alle città si era mantenuto grazie soprattutto alla persistenza dell'autorità temporale dei vescovi.

Nelle città italiane, inoltre, di norma fu cospicuo l'insediamento di piccoli e grandi **feudatari** che, spesso, furono protagonisti dell'ascesa delle istituzioni comunali mantenendo il **controllo di vaste porzioni del territorio circostante**: di qui la tendenza dei comuni italiani a estendere la propria autorità anche al di fuori delle mura, sia sulle comunità confinanti sia nei territori dei signori feudali non inurbati. Si formava così uno spazio di irradiazione del potere politico del comune che viene definito **contado**.

Duccio di Buoninsegna (attr.)
Resa del castello di Giuncarico
1314 ca.
[Palazzo Pubblico, Siena]
Nonostante si riferisca a un episodio dei primi del '300, questo affresco ben rappresenta quella tendenza tipica delle città italiane del Nord di espandersi oltre le proprie mura acquisendo o conquistando nuovi territori. Il castello arroccato su un promontorio è stato identificato con il castello di Giuncarico in Maremma: le porte spalancate della palizzata difensiva suggeriscono che sia stato espugnato, mentre i due personaggi raffigurati lì di fianco sono il signore del luogo e un emissario di Siena venuto a prendere formalmente possesso della rocca.

Questa specifica situazione propria dell'Italia avrà alcune significative conseguenze. In primo luogo, i comuni italiani, per quanto di piccole dimensioni, assunsero quasi subito la fisionomia di **Stati territoriali** con forti tendenze espansionistiche: ciò contribuì a disgregare ulteriormente la realtà politica italiana, alimentando un **municipalismo** esasperato, fondato sulla difesa delle autonomie amministrative locali.

Infine, gli **abitanti del contado** assoggettato non godevano degli stessi diritti dei residenti in città e **subivano**, da parte dei comuni, un **prelievo fiscale** non meno **esoso** di quello imposto dai signori feudali: se era vero il detto «l'aria di città rende liberi», lo stesso non poteva certo dirsi per coloro che continuavano a vivere in campagna.

GUIDA ALLO STUDIO

❶ Quale ruolo ebbero sovrani e signori feudali nella nascita delle istituzioni comunali? ❷ Quali erano i principali organi del governo comunale? Chi vi prendeva parte? ❸ Che cosa rese possibile la formazione dei comuni in Italia centro-settentrionale? Perché nella parte meridionale della penisola non si verificò un processo analogo? ❹ Che cosa distingueva i comuni italiani da quelli europei? ❺ Gli abitanti del contado godevano degli stessi diritti dei residenti in città?

9 Lo scontro tra l'imperatore e i comuni italiani

Federico I di Svevia Alla morte di Enrico V, ultimo discendente della casata salica, avvenuta nel 1125 [👁 1.3], l'Impero attraversò un periodo di crisi a causa di un accanito scontro per il controllo del trono tedesco tra i guelfi, partigiani della casa di Baviera, e i ghibellini, partigiani della casa di Svevia. La crisi si concluse quando l'assemblea dei principi tedeschi elesse imperatore il duca di Svevia **Federico di Hohenstaufen** (1152-90), legato alla casa di Baviera per linea

Maestro Girardo
Il rientro delle truppe milanesi in città dopo la cacciata del Barbarossa
1171
[dai rilievi di Porta Romana, Musei del Castello Sforzesco, Milano]

Il rilievo fu realizzato durante la ricostruzione delle mura di Milano e di alcune porte di ingresso alla città andate distrutte durante l'assedio delle truppe imperiali alcuni anni prima. Raffigurando il ritorno in città dei milanesi dopo il buon esito della battaglia contro l'imperatore, lo scultore si fa portavoce del sentimento di orgoglio della popolazione e della consapevolezza del valore della civiltà urbana.

materna. Per prima cosa, Federico I si dedicò al consolidamento del potere imperiale: l'urgenza più immediata era in Italia, dove i comuni avevano approfittato della situazione per acquisire larghi margini di autonomia.

La prima spedizione in Italia

Federico I – che in Italia sarà detto **Barbarossa** – discese nella penisola nel 1154, con un programma molto preciso: farsi incoronare re d'Italia e ripristinare il controllo sulle città del Nord e del Centro recuperando le cosiddette **regalìe**, ovvero i diritti, per esempio, d'imporre tasse, battere moneta, stipulare trattati, che erano stati acquisiti o usurpati dai comuni; farsi consacrare imperatore, riaffermando tuttavia la supremazia dell'autorità imperiale su quella papale; abbattere la monarchia normanna al Sud.
Federico si fece incoronare **re d'Italia** nel 1155 e convocò i rappresentanti dei comuni italiani per una dieta (dal latino *dies*, 'giorno'; assemblea del giorno), a **Roncaglia**, presso Piacenza, dichiarando in quella sede nulle le regalìe di cui i comuni si erano appropriati. Tuttavia, privo com'era, al momento, di un esercito adeguato, non poté reagire adeguatamente all'opposizione dei partecipanti alla dieta. Raggiunse dunque Roma, dove sedò una ribellione antipapale alimentata da un religioso vicino ai patari (Arnaldo da Brescia), e in quello stesso 1155 il pontefice Adriano V lo incoronò **imperatore**.
Una sommossa scoppiata in Germania lo costrinse tuttavia ad abbandonare l'Italia e a rinunciare a qualsiasi iniziativa contro il regno normanno.

La seconda spedizione in Italia

La seconda spedizione di Barbarossa in Italia, nel 1158, si caratterizzò per l'asprezza dell'imperatore nei confronti dei comuni centro-settentrionali. In una **seconda dieta**, sempre a **Roncaglia**, Federico riaffermò la propria esclusiva competenza sulle regalìe esercitate dai

▶ 14
E. Voltmer
Il carroccio, simbolo dell'unità comunale

comuni e dispose che in ogni città si insediasse un governatore di nomina imperiale, proibendo qualsiasi altra forma di organizzazione politica. Di fronte a queste durissime prese di posizione, la Chiesa rispose schierandosi con i comuni ribelli.
Il distacco tra papato e Impero si approfondì ulteriormente quando fu eletto pontefice **Alessandro III** (1159-81), il cui orientamento nettamente ostile al Barbarossa era ben noto. L'imperatore reagì nominando un antipapa. Molti comuni, per parte loro, non accettarono il rappresentante imperiale e le decisioni di Roncaglia.

La Lega lombarda La reazione dell'imperatore fu durissima inducendo alcuni comuni veneti e lombardi a coalizzarsi e a istituire, nel 1167, la Lega lombarda (a Pontida), cui aderì anche il pontefice. Lo scontro decisivo con Barbarossa avvenne nel 1176 a **Legnano**, dove le truppe imperiali vennero duramente sconfitte. Dopo lunghe trattative, nel 1183, fu conclusa la **pace di Costanza**, in base alla quale i comuni dell'Italia centro-settentrionale ottennero il riconosci-

EVENTI

Il giuramento di Pontida

La storia delle nazioni, in ogni parte del mondo, si è costruita nel tempo anche cercando forza e legittimazione nel proprio passato. Nel corso del tempo alcuni avvenimenti hanno assunto un significato epocale, mitizzato al punto da trascendere la loro stessa entità: sono diventati simboli, **racconti di fondazione di un'identità collettiva** utile a unire i popoli e a valorizzarne la coesione. Per l'Italia un fenomeno simile si è verificato con il cosiddetto "giuramento di Pontida".
Il 7 aprile 1167 a Pontida, nell'attuale provincia di Bergamo, le città di Cremona, Brescia, Bergamo e Mantova strinsero un patto giurato di alleanza militare per fronteggiare l'avanzata in Italia dell'esercito dell'imperatore Federico I Barbarossa e costituirono la Lega lombarda. Da alcuni anni, infatti, il Barbarossa era tornato a farsi minaccioso, rivendicando con forza i propri diritti feudali usurpati dai comuni italiani nel secolo precedente. I comuni, infatti, avevano approfittato della debolezza dell'Impero germanico per rendersi autonomi. Federico I non era più disposto a tollerare quella situazione.
Così nel 1162, dopo un lungo assedio, **le truppe imperiali erano entrate a Milano e l'avevano rasa al suolo**. Fu un avvenimento che scosse profondamente i lombardi e i cui echi giunsero in ogni parte del Mediterraneo. Milano era una delle città più grandi del tempo e la sua caduta provocò paura, ansia, risentimento in tutto il Nord d'Italia. Federico aveva saputo sfruttare a suo vantaggio, infatti, i rancori e le gelosie di alcune città rivali dei milanesi. I più violenti tra i suoi alleati furono proprio i cittadini di Lodi, Cremona, Como e Pavia i quali, una volta entrati a Milano, si abbandonarono al **saccheggio** e alle **devastazioni** e appiccarono il fuoco che avrebbe bruciato per giorni la città. Molti milanesi fatti prigionieri furono liberati solo dopo il pagamento di un riscatto. L'imperatore biasimò formalmente queste violenze ma, nella sostanza, le tollerò: sapeva, infatti, che la divisione dei suoi avversari avrebbe favorito il ripristino della sua autorità.
La caduta di Milano, narrata da molti cronisti, fece breccia nella coscienza degli uomini del tempo. Se alla più importante città lombarda era toccata una simile sorte, cosa sarebbe accaduto alle altre? Quali danni avrebbero subìto la loro libertà, le ricchezze dei cittadini, per non parlare della loro stessa sopravvivenza? Si diffuse rapidamente l'idea che per fronteggiare il potente esercito imperiale fosse necessaria una **comune strategia militare e politica**.
Per prime si allearono le città di Verona, Padova, Vicenza e Treviso che nel 1164 costituirono la Lega veronese. Tre anni più tardi fu la volta delle città lombarde le quali, con il patto giurato a Pontida, fondarono la Lega lombarda in cui confluì anche quella veronese. Non si trattò di una vera e propria federazione; ogni città continuò a esercitare in piena autonomia le proprie libertà giuridiche e fiscali. Questo patto, però, rappresentò un momento chiave per la lotta delle città italiane contro l'Impero e la **definitiva affermazione dell'autonomia delle istituzioni comunali dell'Italia padana**. L'alleanza di Pontida ricevette anche il sostegno di papa Alessandro III, interessato a indebolire definitivamente gli interessi dell'Impero in Italia, e modificò radicalmente lo scenario della contesa. Dopo molte battaglie e la fondazione di una nuova città chiamata Alessandria in onore del papa, la vittoria più importante delle città italiane sull'esercito imperiale arrivò il 29 maggio 1176 a **Legnano**. La cavalleria pesante imperiale, superiore di numero, fu affrontata e vinta dai cavalieri leggeri e dalla fanteria comunale. Una tradizione consolidata, narrata per la prima volta nel '300 dal cronista Galvano Fiamma, racconta le gesta di un **personaggio forse mai esistito, Alberto da Giussano**, capo di un manipolo di cavalieri denominato *Compagnia della Morte* i quali, durante la battaglia, difesero valorosamente il **Carroccio**, il grande carro trainato da buoi sul quale erano montate le insegne comunali, simbolo della libertà delle città italiane.
Con la vittoria di Legnano le città della Lega imposero all'imperatore la pace di Costanza (1183) in base alla quale Federico I riconosceva ai comuni la loro autonomia, la possibilità di amministrare la giustizia con propri magistrati e quella di costruire mura difensive.
Il giuramento di Pontida fu sciolto immediatamente dopo e i comuni tornarono a perseguire ciascuno i propri interessi politici, fiscali, economici e militari. Il patto fu rinnovato nel 1226, dopo la convocazione della dieta di Cremona da parte dell'imperatore Federico II [👁 4.1]. Anche in questo caso i comuni riuscirono a sconfiggerlo, riaffermando l'indipendenza raggiunta dalle città italiane, affrancate dal vincolo feudale che le aveva legate all'imperatore e ormai diventate protagoniste del Medioevo europeo.
L'epopea della Lega lombarda fu ripresa nel **Risorgimento** e fu alimentata dalla retorica dei primi patrioti italiani i quali individuarono forti analogie tra quanto avvenuto nel secolo XII e la **lotta delle città del Nord per**

mento della loro autonomia, in cambio di un formale atto di sottomissione all'imperatore. Già in precedenza Barbarossa aveva riallacciato buoni rapporti col papato, rinunciando a sostenere antipapi e a interferire negli affari dello Stato della Chiesa.

Morte del Barbarossa

Pochi anni prima della morte, sopraggiunta nel 1190, Federico I riuscì, per via diplomatica e non con la forza delle armi, a ottenere l'unico risultato duraturo del suo programma italiano: il matrimonio tra Costanza d'Altavilla, sola erede del re normanno Guglielmo II (1166-89), e suo figlio Enrico. Quest'ultimo, divenuto imperatore con il titolo di Enrico VI (1190-97), divenne così anche legittimo pretendente alla Corona del regno normanno: suo figlio Federico, nato dall'unione con Costanza d'Altavilla, sarebbe stato incoronato re di Sicilia oltre che imperatore [👁 4.1].

GUIDA ALLO STUDIO

❶ Con quale programma Federico scese in Italia la prima volta? ❷ Che cosa fu deciso alla dieta di Roncaglia? ❸ Che cosa impose, Federico I, con la seconda dieta di Roncaglia? ❹ Che cosa ottennero i comuni dell'Italia centro-settentrionale con la pace di Costanza?

l'indipendenza dagli austriaci. Nel 1818 fu pubblicato il volume dell'economista e storico svizzero Simondo Sismondi (in francese Simonde de Sismondi), *Storia delle repubbliche italiane nel Medioevo*. L'intellettuale ginevrino individuava nell'epoca dei comuni il momento più alto della storia italiana. Dopo di lui, patrioti e letterati quali Giuseppe Mazzini e Massimo d'Azeglio esaltarono la vicenda della Lega lombarda, stimolando i sentimenti indipendentisti dei giovani combattenti del primo Risorgimento. Il giuramento di Pontida e la vicenda della Lega lombarda furono considerati come il **simbolo di una rinascita**, della possibilità di realizzare una nuova epoca d'oro italiana attraverso un rinnovato sentimento di concordia e unità sancito da un **nuovo patto giurato tra uomini liberi**. Il **Manzoni** in *Marzo 1821* e **Giuseppe Verdi** nella *Battaglia di Legnano* esaltarono il valore del giuramento come elemento fondamentale per la realizzazione delle speranze italiane. Pontida fu evocata anche dal filosofo federalista milanese Carlo Cattaneo e da Giuseppe Garibaldi. Tuttavia, anche a causa delle sconfitte del primo movimento indipendentista italiano, con il passare degli anni il ricordo di quella vicenda andò scemando, sino quasi a scomparire. Inoltre la **monarchia sabauda**, una volta assunto il ruolo di guida del movimento che avrebbe portato all'Unità nazionale, non permise che nella memoria collettiva del nuovo Stato unitario avesse un ruolo importante il ricordo e l'esaltazione di un avvenimento nel quale, durante il secolo XII, la casa sabauda si era schierata al fianco del Barbarossa, contro la Lega lombarda.

Ma il mito del giuramento di Pontida vive oggi un **inaspettato revival**. Esso è stato nuovamente recuperato ed è entrato a far parte del patrimonio ideale del **partito della Lega lombarda**, fondato nel 1984 da Umberto Bossi intorno all'idea di un progetto politico federalista e autonomista del Settentrione dalla Repubblica Italiana. La ripresa di cerimonie e simboli attinti al Medioevo comunale italiano ed europeo trova il suo momento più solenne nel ritrovo annuale che si svolge a Pontida ogni 20 maggio sin dal 1990. Lì i simpatizzanti del movimento leghista rinnovano l'adesione al proprio progetto politico attraverso la riproposizione del giuramento, opportunamente rivisitato per l'occasione.

I versi con i quali, nel 1829, il patriota milanese Giovanni Berchet celebrava *Il giuramento di Pontida* come prologo dell'Unità nazionale italiana («L'han giurato gli ho visti in Pontida») sono oggi divenuti inno del partito della Lega insieme all'aria verdiana, anch'essa risorgimentale, del *Va, pensiero*. Attraverso un percorso complicato, dunque, la retorica ottocentesca dei patrioti italiani è divenuta repertorio dal quale attingere motivazioni utili a infiammare lo spirito autonomistico delle regioni del Nord Italia.

Francesco Diotti
Il giuramento di Pontida
1837
[Sala Consiliare, Palazzo del Municipio, Casalmaggiore (Cremona)]

Negli anni risorgimentali anche l'arte guardò all'epoca della resistenza dei comuni lombardi alle pretese imperiali per offrire al pubblico le immagini di quegli eventi interpretati come il primo grande movimento di liberazione nazionale nella storia del nostro paese.

EVENTI

Il diritto canonico

Il diritto canonico è l'insieme delle norme formulate ed emanate dalla Chiesa cattolica al fine di regolare la vita e le attività dei fedeli e delle chiese in tutto il mondo. Queste norme, raccolte nel *Codice di diritto canonico*, riguardano non solo gli aspetti religiosamente rilevanti della vita dei fedeli (come il matrimonio) ma anche l'organizzazione della Chiesa, le gerarchie, le sue istituzioni, le relazioni tra le varie chiese, l'attività missionaria, il culto e i luoghi sacri.

L'elaborazione del diritto canonico ha origini antichissime e risale all'età tardoantica, quando il potere imperiale concesse al cristianesimo la libertà di culto (313 d.C.). Durante il **Medioevo** il **diritto canonico** divenne **parte integrante** della cultura e della società europea, fu studiato e interpretato nelle università e si giunse a una prima sistematizzazione delle varie fonti che nel tempo si erano accumulate. Nei secoli a venire si osserverà invece una lenta e progressiva diminuzione della sua rilevanza nella società: dapprima la critica del potere temporale del papa, poi, con l'**Illuminismo**, la teoria della separazione dei poteri (temporale e spirituale) e lo sviluppo delle altre branche del diritto contribuiranno a un importante **ridimensionamento del ruolo** del diritto canonico nella società.

Per comprendere l'importanza del diritto canonico nella **società medievale** si deve innanzitutto valutare il significato che la religione e la fede rivestirono per l'individuo dell'epoca.

La Chiesa e il potere politico erano visti come parti del medesimo ordine divino, e la totalità delle azioni umane era sottoposta alla religione e alla "scienza" che determinava il comportamento del vero fedele. Tale "scienza" era per l'appunto il diritto canonico e chi ne curava l'applicazione era il papa, anello di congiunzione tra la sfera divina e quella terrena, il quale costantemente rivendicava la sua supremazia sui vescovi, sui re e sulle popolazioni. La Chiesa e il cristianesimo medievali erano entità totalizzanti, ogni aspetto della società era di loro pertinenza e ogni azione umana doveva essere conforme alle loro prescrizioni. Similmente, anche il diritto canonico assunse una dimensione totalizzante.

Durante il Medioevo e la prima età moderna i **punti di riferimento legislativo** furono sostanzialmente due: il **diritto canonico** e il **diritto romano**, che insieme rappresentavano il *ius commune* (caduto in disuso durante il periodo delle invasioni barbariche, il diritto romano fu "riscoperto" in età medievale e accolto nell'elaborazione del diritto canonico); in secondo luo-

go si applicava la "legge del paese" (il *ius proprium*), cioè i provvedimenti che erano stati approvati dal singolo re e dai vari signori in specifiche realtà istituzionali.
Un momento decisivo nell'elaborazione del sistema del diritto canonico medievale fu il cosiddetto ***Decretum Gratiani***, compilato tra il **1139** e il **1148** da Graziano, monaco benedettino e professore all'Università di Bologna, il quale per la prima volta raccolse tutte le fonti canonistiche (come i documenti dei concili, ai quali si aggiunsero gli scritti dei Padri della Chiesa e i decretali – risposte dei papi a questioni specifiche) allora in uso, abrogò quelle desuete e conciliò fra loro quelle contraddittorie. Più di 3800 documenti furono raccolti e commentati e il *Decretum* divenne il fondamento dell'insegnamento del diritto canonico negli anni seguenti.
L'autorità della Chiesa e delle sue regole sulla società non accennarono a diminuire. Per combattere le eresie, la magia e affermare con forza la "vera" fede, nel 1542 il papa Paolo III istituì la Congregazione del Sant'Uffizio, il massimo organismo dell'Inquisizione romana, che si dimostrò essere un durissimo strumento di controllo sociale.
La frattura che la **Riforma protestante** causerà nel mondo cattolico **[👁 14]** renderà poi necessaria una risistemazione della dottrina legislativa. Nel **1582** vide così la luce il ***Corpus iuris canonici***, una nuova raccolta a opera del canonista Jean Chappuis dell'Università di Parigi, che includeva, oltre al *Decretum*, altri cinque decretali scritti da altrettanti papi tra il XII e il XVI secolo.
Un ulteriore decisivo cambiamento si ebbe con l'**Illuminismo** e la teorizzazione della separazione dei poteri temporale e spirituale. Sotto l'influsso di tali idee, sul finire del **XVIII secolo** si diffuse in Europa il cosiddetto **giurisdizionalismo**, un orientamento politico in base al quale la Chiesa veniva considerata come una istituzione pubblica e quindi sottoposta al controllo dello Stato. La giurisdizione laica cominciò così a prevalere su quella ecclesiastica.
Con l'affermarsi del principio della separazione dei poteri, in molti Stati vennero avviate varie riforme, più o meno radicali, tese all'eliminazione o alla riduzione dell'influenza della Chiesa sullo Stato. Ormai il diritto canonico non aveva più quel ruolo totalizzante che lo aveva caratterizzato durante il Medioevo; l'elaborazione illuminista aveva reso possibile una differenziazione sempre più netta del diritto in varie branche distinte e, in generale, la sua emancipazione dall'autorità ecclesiastica.
La **separazione definitiva** del diritto canonico da quello secolare avvenne durante il periodo successivo alla **Rivoluzione francese**. Nel XVIII secolo i giuristi illuministi si erano battuti per la codificazione del diritto e nel **1804** Napoleone promulgò il primo ***Codice civile***. Fu una vera rivoluzione per il mondo del diritto perché, finalmente, leggi scritte, stabili e valide per tutti si sostituirono all'incertezza dei privilegi feudali fino ad allora vigenti. Fu da allora, con la concomitanza tra il processo di **codificazione** e l'affermarsi del principio di **separazione tra Stato e Chiesa**, che il diritto civile e quello canonico presero due strade differenti: il primo divenne vincolante per tutti i cittadini; il secondo rimase valido per i fedeli e attinente (quando non in contrasto con le norme del *Codice civile*) alle sole questioni di interesse religioso.
La necessità di semplificazione e di codificazione delle norme si fece ben presto sentire anche nel mondo ecclesiastico. Si affermò così l'idea di dotare la Chiesa di un proprio codice e nel **1917** vide la luce il ***Codex Iuris Canonici***, ovvero il primo vero e proprio codice di diritto canonico che sarà aggiornato nel 1983 durante il pontificato di Giovanni Paolo II.
Dal Medioevo fino a oggi si è giunti quindi a distinguere nettamente tra il **fedele**, che per rimanere tale deve attenersi alle norme del diritto canonico, e il **cittadino**, che è tenuto al rispetto delle leggi statali indipendentemente dall'appartenenza religiosa. Con la nascita dello Stato della Città del Vaticano – lo Stato della Chiesa cessò di fatto di esistere nel 1870 con l'annessione del Lazio al nascente Stato italiano e la revoca del potere temporale al papa; solo nel 1929, con i Patti Lateranensi, lo Stato italiano riconoscerà la Città del Vaticano come uno Stato indipendente – il diritto canonico influirà sulle legislazioni statali solo ed esclusivamente per questioni di carattere religioso, tramite **concordati** tra la Santa Sede e i vari Stati nazionali. Sono questi dei veri e propri accordi bilaterali che vincolano il fedele, ma divengono obbligatori per il cittadino solo nel caso in cui lo Stato inserisca nelle proprie leggi quanto stabilito nel concordato.
Attualmente l'applicazione delle norme del *Codice di diritto canonico* è di competenza dei tribunali ecclesiastici. In base al Concordato del 1929 (sottoposto a revisione nel 1984), l'unico caso in cui la sentenza di un tribunale ecclesiastico può essere recepita dallo Stato italiano riguarda l'annullamento ecclesiastico dei matrimoni.

Il cardinale Pietro Gasparri e Benito Mussolini al Laterano insieme ai notabili della Chiesa e del governo
febbraio 1929

In seguito alla «breccia di Porta Pia», avvenuta nel 1870, Roma fu annessa al Regno d'Italia. Il 13 maggio 1871 lo Stato italiano approvò la legge delle guarantigie (cioè delle garanzie), con cui si impegnava unilateralmente a garantire al pontefice le condizioni per il libero svolgimento del suo magistero spirituale. Bisognerà tuttavia attendere i Patti Lateranensi, stipulati durante il regime fascista, perché venisse sancito un accordo di mutuo riconoscimento fra Santa Sede e Regno d'Italia. I Patti presero il nome dal palazzo di S. Giovanni in Laterano in cui avvenne la firma degli accordi, l'11 febbraio 1929, negoziati dal cardinale Segretario di Stato Pietro Gasparri per conto della Santa Sede e dal duce Benito Mussolini.

1 Il quadro europeo e l'universalismo cattolico

Intorno all'anno Mille l'Europa si conferma una regione cristiana lambita a sud dalla civiltà arabo-musulmana. Gli arabi erano infatti in gran parte della Penisola iberica e in Sicilia. Nel 1054 lo scisma tra la Chiesa cattolica di Roma e quella ortodossa di Bisanzio sancisce la rottura definitiva nel mondo cristiano. L'Europa cattolica, per parte sua, riconosce nell'adesione alla fede cristiana un fattore identitario fortissimo: guarda ai musulmani come a una minaccia alla propria civiltà e considera i cristiani ortodossi una presenza estranea. Il quadro politico europeo si rivela particolarmente articolato: una moltitudine di regni, anche molto piccoli, convive con la grande compagine dell'Impero rifondato da Ottone I, mentre lo Stato della Chiesa si afferma nella parte centrale della Penisola italiana. Nonostante le piccole dimensioni di questo Stato, il papa rappresenta un potere universale che discende da Dio, e rivendica un ruolo di mediazione fra il potere divino e quello temporale. La posizione assunta dal pontefice scatenerà un tormentato conflitto con i maggiori poteri d'età medievale (l'imperatore e i re).

2 Lo Stato pontificio

A Roma avevano sede la Curia (o corte del papa) e il Collegio dei cardinali, il principale organo di governo deputato anche all'elezione del pontefice. Roma era diventata ormai il centro indiscusso del cristianesimo e lo Stato pontificio si era dato un'organizzazione amministrativa efficiente. La Chiesa però era indebolita da una forte crisi morale a causa del malcostume diffuso: erano assai frequenti i casi di simonìa – la vendita delle cariche ecclesiastiche – e, tra i prelati, molti si davano al concubinato. La risposta a questo compromesso stato di cose venne da un movimento di riforma religiosa che nacque nel monastero di Cluny, in Borgogna, e mirava a ricostituire l'antica purezza della Chiesa. Insieme all'ordine cluniacense nacquero in Europa altri ordini religiosi (l'ordine dei certosini, quello dei cistercensi) e il movimento riformista assunse vaste dimensioni.

3 L'Impero

L'Impero rifondato da Ottone I (936-973) era una compagine davvero estesa, ma aveva il nucleo centrale in Germania. Oltre alla Corona imperiale, Ottone I deteneva quella dei Regni di Germania, di Borgogna e d'Italia. In Germania, Ottone procedette al rafforzamento dell'autorità regia sulle potenti signorie feudali mediante la creazione di una rete di vassallaggio imperniata sulla figura dei vescovi-conti. In questo modo il re riuscì da una parte a controllare l'episcopato tedesco e dall'altra a controllare più efficacemente i benefici feudali. La rinascita del Sacro romano Impero fu invece perseguita attraverso il cosiddetto Privilegio Ottoniano, che non solo subordinava l'autorità del papa a quella dell'imperatore, ma impediva anche la consacrazione al titolo imperiale di sovrani non germanici. Ottone discese in Italia deciso a conquistarne il Sud, progetto ambizioso che fu coltivato anche dal suo successore Ottone II (973-983). Con Ottone III (983-1002), che ambì perfino a ricostituire l'antico impero universale di Roma, si chiude la dinastia ottoniana.

4 La lotta per le investiture

L'intervento in Italia dell'imperatore Enrico III di Franconia e la conseguente elezione al soglio pontificio del vescovo tedesco Clemente II determinarono un'accelerazione del processo di riforma della Chiesa. Quando però, nel 1059, Niccolò II decretò che l'elezione del papa dovesse avvenire a opera dei cardinali e che nessun ecclesiastico potesse essere nominato da un laico, esplose lo scontro tra papato e Impero, noto come lotta per le investiture. I protagonisti furono il papa Gregorio VII e l'imperatore germanico Enrico IV. Nel 1075 il papa emanò il *Dictatus papae*, sancendo la superiorità del papa sulla massima autorità temporale e innescando una serie di reazioni a catena – deposizione del pontefice a Worms, scomunica dell'imperatore, richiesta del perdono di Enrico a Canossa, nuova deposizione e morte del pontefice. L'accordo sancito nel 1122 da Enrico V e papa Callisto II (concordato di Worms), in realtà un compromesso temporaneo tra i due poteri, riconosceva di fatto la supremazia del papa e dell'imperatore nei loro rispettivi territori (Italia, Germania).

5 I regni

Anche il potere del re era di tipo teocratico perché tale per diritto divino. Il monarca stava «sopra il popolo», non ne faceva parte e non poteva essere giudicato dalla comunità. In quanto membro della Chiesa, come tutti i cristiani, era però soggetto all'autorità papale, cui spettava la sua incoronazione e la conseguente legittimazione del suo potere.
Nella Penisola iberica pochi regni cristiani puntellavano a nordest un territorio per il resto in mano musulmana. In Francia, alla fine del X secolo, quando Ugo Capeto assunse la Corona, il suo potere era molto limitato e circondato da potenti signorie territoriali. Ma, con il tempo, i sovrani capetingi riuscirono ad affermare progressivamente la loro autorità sui feudatari. Anche in Inghilterra, con l'avvento al potere del normanno Guglielmo il Conquistatore (1066), la monarchia fu rafforzata mediante l'opera di centralizzazione amministrativa del regno a danno dei signori locali e del clero. La conquista normanna produsse anche un interessante intreccio di poteri, gravido di futuri sviluppi: il re d'Inghilterra era contemporaneamente, in qualità di duca di Normandia, vassallo del re di Francia. Dopo le ultime grandi invasioni (saracene, normanne, ungare; IX-X secolo), il quadro politico europeo si stabilizza con la formazione di nuovi regni cristiani lungo le frontiere orientali (Polonia, Russia) e settentrionali (Danimarca, Norvegia e Svezia).

6 I normanni in Italia

La penetrazione normanna in Italia meridionale, dopo aver suscitato l'iniziale opposizione della Chiesa, fu riconosciuta dal papa Niccolò II, che nel 1059 concesse a Roberto il Guiscardo il titolo di duca di Puglia, Calabria e Sicilia. In pochi anni i normanni riuscirono a espandere i propri domìni e a unificarli, all'inizio del XII secolo, con Ruggero II d'Altavilla che assunse la Corona del Regno di Sicilia. Rispetto alla frammentazione politica del resto d'Italia, il regno normanno costituiva una potenza territorialmente estesa e ben organizzata, in cui il potere del sovrano poggiava su un efficiente apparato amministrativo. I poteri locali rappresentati dai grandi feudatari, laici ed ecclesiastici, e dalle città, pur godendo di ampie autonomie, non riuscirono a sviluppare forme di autogoverno e fu impedita la formazione di un movimento comunale paragonabile a quello che si sviluppò in Italia centro-settentrionale.

7 Le signorie territoriali

Durante le ultime grandi invasioni i sovrani non seppero difendere il territorio, così lo fecero i grandi signori innalzando castelli in funzione difensiva. Intorno all'anno Mille i castelli erano divenuti il centro del potere del signore, un potere che si estendeva anche sui territori nei quali il signore esercitava ormai la sua influenza. Questa più ampia forma del potere signorile è detta signoria territoriale. Oltre alle signorie guidate dai laici, c'erano quelle monastiche e vescovili, e perfino le signorie abusive. I signori esercitavano poteri di banno (giudiziari, militari e fiscali) e il loro potere si radicò a livello locale contrastando le tendenze del potere centrale. La signoria territoriale era di solito organizzata secondo il sistema della *curtis*, nel quale la proprietà fondiaria era divisa in due parti: *pars domìnica*, che il signore gestiva direttamente attraverso i suoi servi, e *pars massaricia*, costituita dai mansi affidati a contadini liberi, i coloni, che versavano un canone periodico e garantivano alcune giornate lavorative al servizio del signore, le *corvées*. Il sistema curtense si diffuse per lo più nel Nord della Francia e dell'Italia, in Inghilterra, e in Renania.

8 L'Europa dei comuni

I comuni furono forme di autogoverno apparse in Europa a partire dall'XI secolo, costituite inizialmente da associazioni di cittadini che rivendicavano autonomia nei confronti del signore. La loro origine, sebbene diversificata geograficamente, è riconducibile alla contrapposizione tra i ceti urbani emergenti (mercanti, artigiani, liberi proprietari) e le vecchie autorità feudali. Alle istituzioni principali di cui si dotarono i comuni, i consigli cittadini, partecipavano gli individui più ricchi e influenti della città, che eleggevano i propri rappresentanti, i magistrati. Il movimento comunale fu particolarmente accentuato in Italia centro-settentrionale fin da quando i vescovi, approfittando della frammentazione del potere politico, si appropriarono delle funzioni di governo (IX-X secolo); contribuirono inoltre la debolezza del potere imperiale e il sostegno che il papato offrì ai comuni in funzione anti-imperiale. Un ruolo centrale nei comuni italiani ebbero anche i feudatari, che conservarono allo stesso tempo la propria autorità sui territori circostanti. Così i comuni italiani assunsero la fisionomia di Stati territoriali caratterizzati da forti spinte espansionistiche e da un acceso municipalismo.

9 Lo scontro tra l'imperatore e i comuni italiani

I principali obiettivi del programma politico di Federico I consistevano nel limitare l'autonomia dei comuni italiani, sottraendo loro le regalìe, riaffermare la supremazia del potere imperiale sul papato e abbattere la monarchia normanna in Italia meridionale. Dopo i primi successi imperiali, i comuni riuniti nella Lega lombarda e appoggiati dal pontefice Alessandro III riuscirono ad avere la meglio sull'imperatore, sconfiggendolo a Legnano (1176). La successiva pace di Costanza riconobbe di fatto l'autonomia dei comuni. Quanto al regno normanno di Sicilia, Barbarossa pose le basi di una conquista per via diplomatica con il matrimonio tra suo figlio Enrico e la principessa normanna Costanza d'Altavilla. Dalla loro unione nascerà Federico II che verrà proclamato re di Sicilia e in seguito imperatore.

SVILUPPARE LE COMPETENZE

❶ Rispondi ai quesiti impiegando il numero di righe indicato tra parentesi:

a. Qual era, intorno all'anno Mille, la concezione papale del potere e con quali strumenti il pontefice ne esercitava le funzioni? (6 righe)

b. Che cosa stabiliva, relativamente al rapporto tra pontefice e imperatore, il Privilegio Ottoniano? (4 righe)

c. Chi erano i vescovi-conti e quali privilegi e poteri avevano? (4 righe)

d. Chi furono e quali azioni compirono i successori di Ottone I: Ottone II e Ottone III? (6 righe)

❷ Spiega, in un testo di 10 righe, come era organizzata la Curia romana, ovvero quali erano i suoi organi principali e quali funzioni avevano; quali erano i mali della Chiesa, ovvero cosa erano simonìa e concubinato ecclesiastico; perché nacque e quali erano gli obiettivi del movimento cluniacense.

❸ Utilizza la scaletta proposta di seguito per scrivere un testo di 10 righe dal titolo *Il rapporto tra Impero e Chiesa: dal concilio lateranense al concilio dei vescovi tedeschi di Worms*:

a. Il decreto di Niccolò II: l'elezione del papa e degli ecclesiastici

b. Il *Dictatus papae* di Gregorio VII

c. Il concilio dei vescovi tedeschi di Worms (1076)

❹ Utilizza la scaletta proposta di seguito per scrivere un testo di 6 righe dal titolo *Il rapporto tra Impero e Chiesa: dalla nomina di Clemente III al concordato di Worms*:

a. La nomina imperiale di Clemente III e le sue conseguenze

b. Il concordato di Worms (1122) e le sue conseguenze

❺ Stabilisci se le seguenti affermazioni sono vere o false, motivando in un testo scritto di 3 righe la tua risposta:

a. Chiunque si dichiarava sottomesso alla legge divina si dichiarava automaticamente sottomesso all'autorità papale **V F**

b. Il sovrano, secondo la disciplina dell'epoca, era responsabile di fronte al popolo **V F**

c. Il successore di Edoardo il Confessore fu Canuto il Grande **V F**

d. Guglielmo il Conquistatore era nipote di Edoardo il Confessore e per questo dichiarò guerra ad Aroldo II **V F**

e. Gli ungari non furono tra i protagonisti delle ultime grandi invasioni **V F**

❻ Ricostruisci l'ordine cronologico degli eventi elencati di seguito e usa la sequenza che otterrai come scaletta per scrivere un testo di 6 righe:

a. Ruggero II d'Altavilla riunifica i due domìni normanni assumendo la Corona del Regno di Sicilia

b. Niccolò II concede al Guiscardo il titolo di duca di Puglia, Calabria e Sicilia

c. Ruggero d'Altavilla diventa conte di Sicilia

❼ Rispondi ai quesiti impiegando il numero di righe indicato tra parentesi:

a. Che cosa si intendeva con il termine incastellamento? (3 righe)

b. In che cosa consisteva il potere di banno e perché i signori potevano esercitarlo? (4 righe)

c. Come era organizzato il sistema curtense? (6 righe)

d. Che origine ebbero i comuni e quali erano le loro principali istituzioni? (6 righe)

e. Quale catena di eventi fu innescata dalla seconda spedizione in Italia di Federico I? (6 righe)

CAPITOLO

2 LE CAMPAGNE E LE CITTÀ IN UN PERIODO DI CAMBIAMENTI

1 Uomini e spazi

Le conseguenze delle grandi invasioni

Dalle **grandi invasioni** che avevano portato alla caduta dell'Impero romano nel 476 d.C. e che erano proseguite anche oltre questa data, la popolazione dell'Europa era uscita molto ridimensionata rispetto ai livelli raggiunti in epoca romana [👁 1.5]. Il numero degli invasori non era stato sufficiente a compensare il decremento **demografico** causato dalle guerre, dal disordine civile, dall'impoverimento, dall'abbandono di molti centri abitati, dalla crisi della vita urbana. Molti suoli in precedenza coltivati erano stati abbandonati e gli spazi dove un tempo si trovavano i campi coltivati erano stati occupati dalla macchia e dalle foreste.

Una lenta ripresa

Era inevitabile che una volta superata la fase critica, e grazie al consolidarsi dei regni e del potere signorile che garantivano stabilità e ordine, durante l'alto Medioevo si verificasse un'inversione di tendenza. Tra l'XI e gli inizi del XIV secolo si ebbe in Europa una **grande crescita della popolazione**, che cambiò profondamente i paesaggi rurali e urbani, insieme con la vita materiale degli abitanti. Fu l'esito di un **processo lungo**, che ebbe inizio probabilmente già nell'VIII secolo: un fenomeno di lento accumulo che si manifestò infine, nelle sue grandi dimensioni, soltanto alcuni secoli dopo. La crescita demografica dell'Europa si svolse a poco a poco, fino ad assumere, nell'XI secolo, le caratteristiche palesi di un evento di primaria importanza, riguardante l'intero continente.

I dati sono molto carenti, ma è ragionevole ipotizzare che in paesi come l'Italia o la Francia, che avevano già in precedenza un popolamento più consistente, quest'ultimo sia raddoppiato, e che in paesi che partivano da livelli più bassi, come l'Inghilterra o la Germania, triplicato.

Nuove terre messe a coltura

L'aumento della manodopera, conseguente all'incremento demografico, ebbe come immediata conseguenza la **messa a coltura di nuovi territori**. Vaste regioni del nostro continente che fino all'XI secolo si presentavano come immense foreste, interrotte qua e là da un villaggio e dai campi coltivati, furono rapidamente diboscate: la foresta, aggredita con le accette e con il fuoco, arretrò ovunque, in Inghilterra come nella Val Padana, in Germania come in Italia meridionale. Le paludi nella pianura lombarda furono prosciugate e lo stesso avvenne nei territori occupati dagli arabi nella Penisola iberica; gli abitanti delle Fiandre, invece, lottarono contro il mare: innalzarono dighe e procedettero poi al drenaggio e alla desalinizzazione del suolo.

Demografia
La demografia è la scienza che studia la popolazione umana utilizzando la statistica per indicarne i ritmi di crescita, i tassi di natalità e mortalità, la composizione professionale, la diffusione di alcuni fenomeni sociali. Un settore particolare è costituito dalla demografia storica, che esamina i caratteri e i mutamenti delle popolazioni nel passato.

La condizione dei servi

Tra le cause che favorirono la ripresa, un ruolo di notevole rilievo dovettero averlo i **cambiamenti sopravvenuti nella condizio-**

ne giuridica di una parte della popolazione rurale, e specialmente dei servi. I servi che in precedenza lavoravano alle dipendenze dirette dei grandi proprietari, venivano ora autorizzati a installarsi, in numero crescente, su piccoli e medi poderi perché li coltivassero in una situazione di relativa autonomia, versando un canone d'affitto o una parte del raccolto ai proprietari. Questi individui, che prima possedevano poco o nulla, si ritrovavano adesso nella stessa condizione di fatto dei coltivatori liberi. Erano più motivati, disponevano di una casa, di una famiglia ed erano di conseguenza più propensi a mettere al mondo dei figli, contribuendo in tal modo alla ripresa demografica.

Parola chiave
Demografia

ONLINE

Nascita di nuovi centri abitati

È questa l'epoca in cui si formano migliaia di nuovi insediamenti. Le decine di località che nella nostra penisola prendono il nome di **Villanova** (ovvero "città nuova") risalgono spesso a questo periodo. Più che di città vere e proprie si trattava di centri a volte molto piccoli: duecento, trecento abitazioni sorte in fretta per colonizzare un nuovo territorio. In genere i signori riuscivano ad attirare coloni sui territori da bonificare, concedendo

L'antico mulino di Panzano, frazione di Castelfranco Emilia (Modena)

La nascita di Castelfranco Emilia come centro urbano risale a un periodo compreso fra il IV e il II secolo a.C., ma il suo nome deriva dalla fondazione medievale del borgo franco avvenuta a opera dei bolognesi. Nel 1227, infatti, il podestà del comune di Bologna, per difendersi dalla confinante città di Modena, decise di fortificare l'insediamento già esistente costruendo le mura e un castello. Per favorire il popolamento del borgo, ai nuovi abitanti del paese fu concessa l'esenzione venticinquennale da ogni tassa. Il nucleo iniziale, costituito da circa trecento famiglie, andò nel tempo ampliandosi e, pur mantenendo il suo carattere essenzialmente militare, Castelfranco iniziò presto ad affermarsi come centro commerciale regionale.

loro alcuni privilegi, come ad esempio le **esenzioni fiscali**. Di qui un altro toponimo anch'esso molto frequente, **Borgofranco**, cioè borgo sul quale non gravavano tributi. Spesso erano ordini religiosi come i cistercensi a farsi promotori della colonizzazione. In Germania la spinta colonizzatrice fu particolarmente intensa. Molti signori, mossi dal desiderio di estendere i propri domìni, incoraggiarono centinaia di migliaia di coloni a spingersi oltre le frontiere dell'Impero, in particolare in direzione delle **regioni baltiche** e dei **territori slavi** situati al di là dell'Elba **[**👁 ATLANTE_**8]**. Nel tardo Medioevo si costituì, nell'Europa occidentale, una rete di circa 150 mila comunità composte mediamente di circa cinquecento/mille abitanti. Alcuni di questi nuovi insediamenti avrebbero resistito fino ai giorni nostri, sia mantenendo le dimensioni del villaggio sia trasformandosi in città.

Immagini dell'Europa: ieri e oggi Vista da un satellite, l'immagine notturna dell'**Europa odierna** appare come una distesa di luci che punteggiano l'intero continente **[**👁 ATLANTE_**9]**. Le città piccole, medie, grandi o grandissime sono migliaia, e altrettanto numerosi sono gli aggregati più piccoli, mentre nelle stesse campagne le dimore isolate sono una rarità, sicché l'insieme dà l'impressione di una **grande macchia luminosa**, in certi punti più densa, in altri meno. A un'osservazione più attenta si notano spazi scuri, che corrispondono alle aree inabitabili delle montagne, a qualche parco naturale protetto, ai grandi laghi.

ATLANTE 8_LA «SPINTA VERSO ORIENTE»

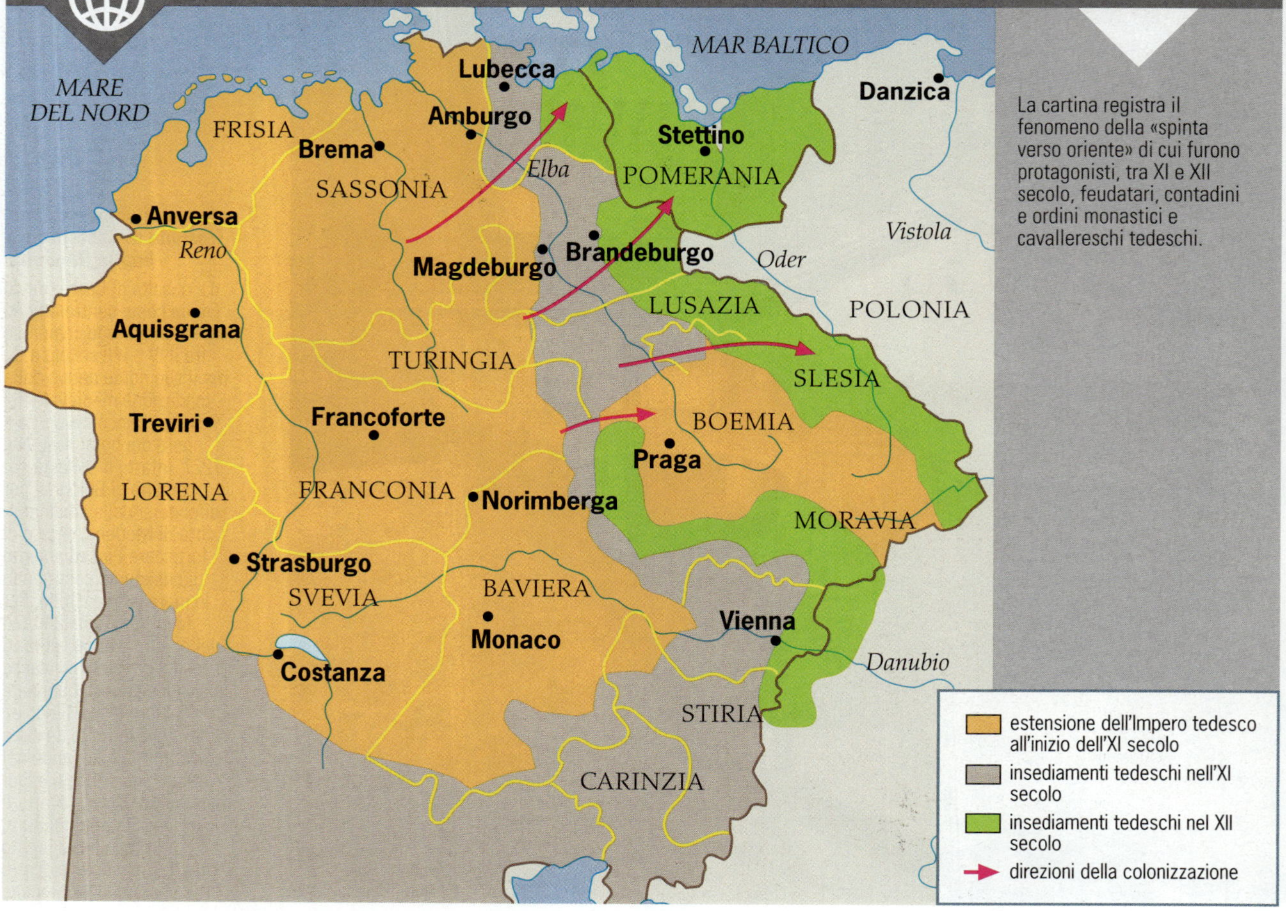

La cartina registra il fenomeno della «spinta verso oriente» di cui furono protagonisti, tra XI e XII secolo, feudatari, contadini e ordini monastici e cavallereschi tedeschi.

Nell'Europa dei nostri giorni oltre il 50% della popolazione vive in città, e un altro 30% vive in aree talmente vicine alle città da poter essere considerate delle grandi periferie urbane. Nel pieno del Medioevo, la **popolazione urbana**, secondo i calcoli più ottimistici, non superava il 15%.

Nozioni relative Questi dati fanno percepire immediatamente quanto fosse diverso, rispetto ai nostri giorni, il popolamento dell'**Europa medievale**. Malgrado la prorompente crescita demografica e l'occupazione di nuovi territori che abbiamo appena descritto, gran parte del continente era ancora disabitata. I pascoli e le foreste occupavano spazi enormi, i suoli incolti, anche in pianura, erano vastissimi, gli abitati rurali erano spesso composti da poche abitazioni mentre molti contadini abitavano in dimore isolate. Sugli stessi spazi in cui vivevano allora 70 milioni di abitanti oggi ne vive circa 1 miliardo. Questo potrebbe far credere che l'Europa del XIII secolo, per quanto notevolmente accresciutasi, fosse ancora molto spopolata. Ma la

ATLANTE 9_L'EUROPA DI NOTTE IN UN'IMMAGINE SATELLITARE

ottobre 1994 - marzo 1995; rielaborazione 2001
[foto NASA/NOAA National Geophysical Data Center, Craig Mayhew e Robert Simmon]

In quest'immagine, ricostruita nel 2001 attraverso le rilevazioni satellitari effettuate attorno alla Terra tra ottobre 1994 e marzo 1995, le luci artificiali illuminano le zone più densamente popolate dell'Europa e si concentrano nelle città più importanti.

nozione di **spopolamento**, come il suo contrario **sovrappopolamento**, non si fonda soltanto sul rapporto tra il numero degli uomini e l'estensione territoriale: essa considera in primo luogo la capacità che una determinata comunità ha di sfruttare, grazie alla **tecnologia** di cui dispone, il proprio territorio. Se inquadriamo il problema da questo punto di vista, comprendiamo che quei 70 milioni di abitanti, che oggi possono apparire pochi, contestualizzati nella realtà del periodo, erano una cifra molto alta.

GUIDA ALLO STUDIO

❶ In che modo la crescita della popolazione incise sul paesaggio urbano e rurale? ❷ Che cosa erano le villenove? ❸ Verso quali regioni d'Europa si orientarono le direttrici di colonizzazione di nuovi territori?

2 Innovazioni tecniche e produttività

Nuovi strumenti e un uso potenziato dell'energia animale

Man mano che la popolazione aumentava, si rendeva necessario un progresso delle tecniche agricole, per accrescere la produttività dei suoli e garantire la sopravvivenza di un maggior numero di uomini su uno stesso spazio, oppure per rendere produttivi anche i terreni meno fertili. Alcune innovazioni provocarono in effetti una sensibile crescita della produzione dei mezzi di sussistenza.

Una notevole importanza ebbe l'**aratro pesante** che si diffuse, tra l'XI e il XII secolo, soprattutto nella Francia settentrionale e nelle pianure tedesche e slave. L'aratro comunemente in uso in età altomedievale era il cosiddetto aratro semplice, con un vomere di legno temperato, raramente rivestito di ferro, che si limitava a scalfire superficialmente la terra, non rovesciava le zolle e richiedeva un massiccio apporto di lavoro manuale per il completamento dell'opera.

Dotato anche di avantreno mobile e di ruote, l'aratro pesante era molto più efficace dell'aratro semplice: penetrava in profondità nel terreno con il coltro e il vomere e per mezzo di un versoio ribaltava la zolla, liberando sostanze azotate che accrescevano la fertilità del suolo. Anche se oggi possono apparire come strumenti abbastanza semplici, gli aratri pesanti erano tuttavia attrezzi costosi, che potevano permettersi

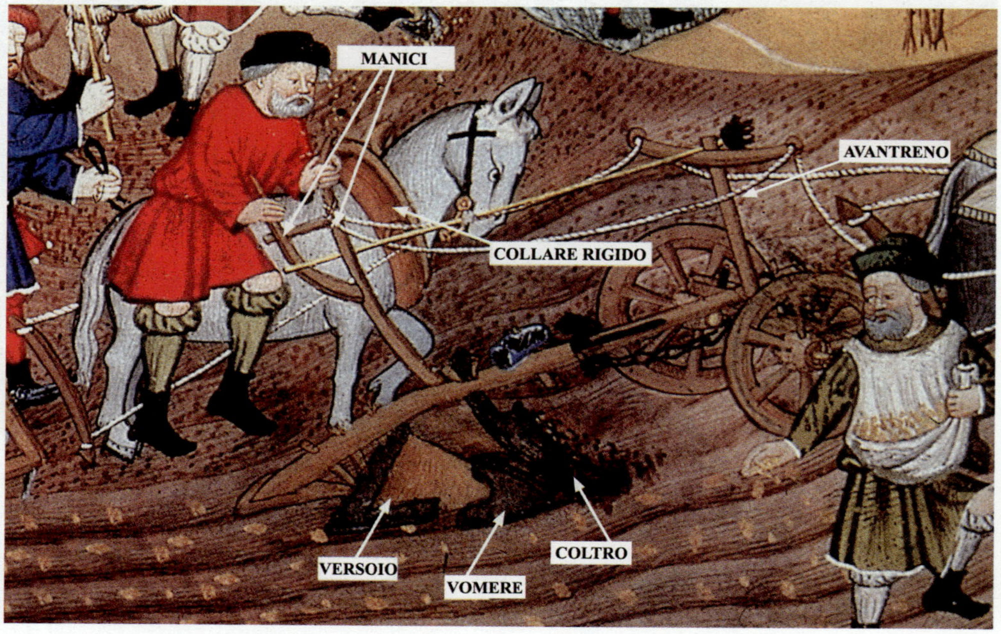

L'aratro a versoio o aratro pesante
XV sec.
[Bibliothèque Nationale, Parigi]

soltanto i coltivatori più agiati (a quello dell'oggetto bisognava aggiungere il costo degli animali). Essi erano inoltre inadatti ai suoli fragili e leggeri delle calde regioni meridionali.

L'impiego dell'**energia animale** nel lavoro dei campi migliorò notevolmente grazie all'introduzione, a partire dall'XI secolo, del nuovo sistema che utilizzava il **collare rigido a spalla**. Fino ad allora gli animali da tiro erano stati assicurati al traino mediante cinghie di cuoio legate alla gola, le quali durante lo sforzo ostacolavano la respirazione dell'animale. Il collare rigido, poggiando sulla spalla, evitava questo inconveniente e soprattutto consentiva di impiegare più diffusamente nel lavoro dei campi il **cavallo**. I **vantaggi** furono notevoli: la capacità di lavoro del cavallo è infatti del 50% superiore a quella del bue e il suo costo di mantenimento, per giornata lavorativa, inferiore del 30%.

28
A.J. Gurevič
Il tempo nelle società agrarie

29
V. Fumagalli
Lo spazio nelle società agrarie

Dalla rotazione biennale a quella triennale

Un altro importante progresso si verificò con il passaggio dalla rotazione biennale alla **rotazione triennale** delle colture **[👁 ATLANTE_10]**. Il contadino non poteva coltivare ogni anno la stessa quantità di terra, perché la fertilità del suolo si sarebbe rapidamente esaurita: per questo da tempo immemorabile si usava seminare solo una metà del campo con cereali d'autunno lasciando l'altra metà a maggese, cioè a riposo (il termine deriva dal nome del mese di maggio). L'anno successivo la destinazione delle due parti veniva invertita. La rotazione triennale prevedeva, invece, un uso più complesso delle terre coltivate. La superficie veniva divisa in tre parti. Nella prima si seminavano in autunno frumento e segale; nella seconda si seminavano in primavera avena, orzo, piselli, ceci, lenticchie, fave; la terza quota era lasciata a riposo. L'anno seguente il primo campo veniva seminato con colture primaverili, il secondo veniva lasciato a riposo, nel terzo venivano seminati cereali d'autunno, e così via. Il vantaggio del nuovo sistema era evidente, perché **aumentava di ben un terzo la produzione annuale**.

Razionalizzazione delle colture

In precedenza la maggior parte delle aziende familiari aveva cercato di orientare la coltivazione verso l'**autoconsumo**: per garantire la propria sussistenza le famiglie tendevano cioè a produrre sulle loro terre una notevole varietà di prodotti, evitando di acquistarli a prezzi più costosi sui mercati e senza sottoporsi a spostamenti faticosi. Questa tendenza non valorizzava la natura dei suoli, perché comportava inevitabilmente delle **forzature**: si limitavano le colture maggiormente favorite da un determinato ambiente e, pur di avere una disponibilità diversificata di prodotti senza ricorrere al mercato, si coltivavano piante poco adatte a quello stesso ambiente. La crescita delle popolazioni urbane portò tuttavia a una maggiore richiesta di prodotti alimentari e lo stesso aumento delle popolazioni rurali imponeva, come si è già visto, la necessità di incrementare la quantità della produzione. Questo fenomeno spinse a un **uso più razionale dei suoli**, riducendo il numero dei generi prodotti ma aumentandone la quantità.

ATLANTE 10_LA ROTAZIONE TRIENNALE

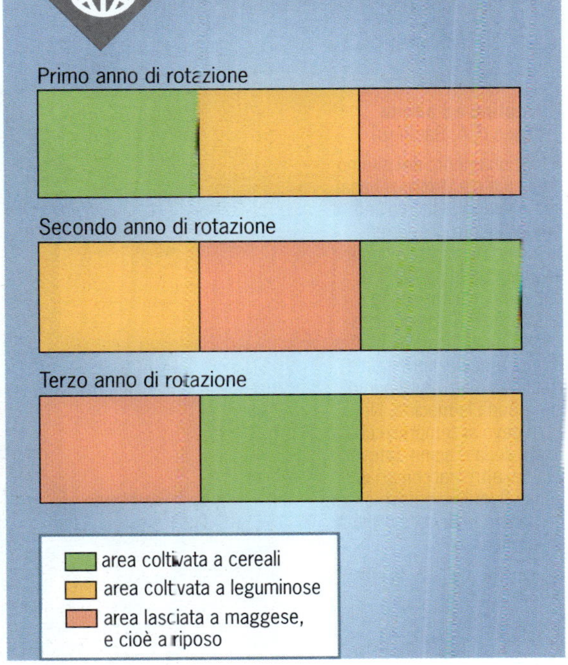

Trasformazioni alimentari: il primato del pane

Come abbiamo visto, la bonifica e la messa a coltura di nuovi territori furono accompagnate dal diboscamento e dalla distruzione dell'incolto; parallelamente si verificava anche l'appropriazione da parte dei signori dei diritti d'uso del bosco, a cominciare dalla caccia. Tutto ciò influì in maniera determinante sulle abitudini alimentari dei **ceti più bassi**, i quali, non potendo più accedere liberamente ai boschi, **ridussero in misura consistente, a favore del pane, il consumo di carne** derivante dalla caccia e dall'allevamento degli animali che si nutrivano dei frutti boschivi (per esempio i maiali). Dopo il Mille, il pane assunse un ruolo preminente nell'alimentazione: tutto il resto era avvertito come accessorio, come un semplice contorno che accompagnava il pane (da ciò il termine "companatico"). Di conseguenza nell'agricoltura dell'epoca i **campi coltivati a grano** assunsero un primato incontestabile.

GUIDA ALLO STUDIO

❶ Quali erano i principali vantaggi legati alle innovazioni tecniche in agricoltura e alla rotazione triennale delle colture? ❷ Quali erano le controindicazioni delle colture volte all'autoconsumo? ❸ Perché e in che modo si modificarono le abitudini alimentari dopo il Mille?

3 Le "grandi macchine" del Medioevo: i mulini

Progressi nella produzione dell'energia idraulica

L'accresciuta rilevanza della panificazione nelle abitudini alimentari del tempo è confermata dalla diffusione delle più importanti e complesse macchine dell'epoca: i **mulini ad acqua**. Gli antichi greci e romani avevano impiegato i mulini ad acqua soltanto per la macinazione dei cereali. I tecnici e gli ingegneri medievali continuarono a impiegarli ampiamente a questo scopo ma compresero anche che quelle macchine erano molto versatili e che potevano essere adoperate in tanti altri settori produttivi. Questa innovazione segnò un salto quantitativo, perché determinò un **aumento della produzione di alcuni manufatti in coincidenza con un minore impiego di manodopera**; ma rappresentò anche un **importante progresso culturale**, perché promosse gli studi e le ricerche empiriche relative alla costruzione di meccanismi tecnici complessi.

Un mulino ad acqua
[disegno di A. Baldanzi]
Il funzionamento del mulino, ad acqua o a vento, si basa sull'analogo principio del trasferimento di energia: le pale della ruota vengono azionate dalla corrente o dal vento, trasferiscono la rotazione a un asse che mette in movimento un'altra ruota verticale, collegata a sua volta a un ingranaggio che aziona la macina. Nel Medioevo si comprese che al posto della macina potevano esserci altri macchinari e quindi il mulino poteva essere impiegato in diverse attività produttive.

Impieghi dei mulini nelle officine

Il primo passaggio fondamentale fu l'**impiego della ruota idraulica nella follatura dei tessuti**, attestato per la prima volta in Abruzzo intorno all'anno Mille. Per produrre stoffe compatte e morbide era necessario immergerle nell'acqua insieme a sapone, argilla e sostanze acide. In questo modo le fibre s'infeltrivano, ritirandosi e avvicinandosi l'una all'altra. Durante il procedimento i panni dovevano essere ripetutamente battuti, per renderli uniformi e compatti: era un'operazione lenta, costosa e faticosa, perché veniva compiuta manualmente o con i piedi. Invece nella gualchiera – così era chiamato il mulino per la follatura – la ruota idraulica azionava due grandi magli di legno, che sostituivano il lavoro umano, con notevoli risparmi di tempo e di lavoro.

31 DOC
La grande macchina

Dalla lavorazione dei tessuti l'uso del mulino idraulico passò presto ad **altri settori, tutti d'importanza economica primaria**. Lo ritroviamo infatti utilizzato, tra l'altro, nella miscelatura della birra, nella frangitura delle olive, nella conciatura delle pelli, nella molatura delle lame, nella frantumazione dei pigmenti usati per colorare le stoffe, nelle cartiere, nelle segherie, nelle vetrerie.

La lavorazione dei metalli

Particolarmente rilevanti furono le applicazioni del mulino idraulico alla **metallurgia**. Le ruote idrauliche, infatti, erano in grado di azionare mantici e magli di grandi dimensioni, che aumentavano anche il calore e consentivano di fabbricare pezzi più grandi e di migliore qualità perché più solidi. Nel XII secolo si registrarono ovunque in Europa notevoli progressi nel campo della metallurgia. Come accade spesso nella storia delle tecniche, la guerra sperimentò per prima quelle innovazioni che poi passarono a **usi civili**. Le tecniche con cui venivano forgiate spade affilate e resistenti o corazze leggere e robuste e l'esperienza dei maestri, che lavoravano al seguito dei cavalieri, servirono da base a compiti più modesti ma dai quali dipendeva la sopravvivenza delle popolazioni europee: coltelli, falcetti, vanghe, vomeri di aratro, parti meccaniche dei mulini venivano ora prodotti in gran numero e in qualità eccellente da **fabbri specializzati**. La grande richiesta proveniente dalle campagne spinse molti fabbri di città a trasferirsi nei villaggi rurali, presso la loro clientela. Questo trasferimento aveva anche il vantaggio di **avvicinare l'officina alle foreste**, cioè alle riserve principali del combustibile – il legno – che alimentava le fornaci.

Limiti alla diffusione del mulino ad acqua

Tra il X e il XII secolo il mulino ad acqua divenne un elemento tipico dei paesaggi europei: in Italia come in Francia, in Spagna come in Germania e in Inghilterra, ovunque fossero disponibili corsi d'acqua dalla portata sufficiente ad azionare efficacemente le ruote idrauliche, comparvero mulini ad acqua di tutte le dimensioni. I mulini ad acqua, tuttavia, avevano un limite. Non potevano essere installati nelle **zone molto fredde** dove in inverno i fiumi si congelavano, oppure in quelle **molto calde** dove, all'opposto, nella stagione estiva i corsi d'acqua si prosciugavano. E non potevano nemmeno essere installati lungo i corsi d'acqua che avevano una **pendenza insufficiente**, perché la forza della corrente, in questo caso, non avrebbe potuto produrre un'energia adeguata.

I mulini a vento e la loro origine

In alternativa, nelle aree battute da venti forti e regolari era possibile ricorrere a **un'altra grande macchina tipica del tardo Medioevo**, il mulino a vento. Fu questo soprattutto il caso delle grandi pianure dell'Europa settentrionale e orientale, dalla Francia ai Paesi Bassi alla Russia. Ma i mulini a vento ebbero una certa diffusione anche nella Penisola iberica e nell'Italia settentrionale. Il vento è una fonte di energia disponibile in molti luoghi, e che, proprio come l'acqua, **non costava nulla**. Questa energia era stata usata dagli

▶ 26DOC
Le fantasie della fame: il Paese di Cuccagna

antichi soltanto per la propulsione delle navi a vela. Malgrado gli sforzi messi in atto dagli storici, individuare con certezza l'area di origine del mulino a vento è impossibile. Secondo l'ipotesi più probabile, esso sarebbe stato **inventato in Persia** (odierno Iran) o in una regione vicina; di qui il suo uso si sarebbe propagato in Cina e nel mondo islamico. Gli arabi lo avrebbero quindi trasmesso all'Europa.

Un progresso relativo

I mutamenti verificatisi nell'agricoltura e nelle officine rappresentarono un indubbio progresso nella vita materiale e nel patrimonio culturale della società medievale. Ma sul senso da attribuire alla parola "progresso" occorre intendersi: l'aumento della produzione, determinato dalle innovazioni tecnologiche, non provocò un miglioramento degno di rilievo delle condizioni di vita dei contadini. Esattamente come secoli prima, la grandissima maggioranza dei contadini europei si alimentava male e in misura insufficiente, si ammalava facilmente, viveva poco. Le eccedenze agricole servivano dunque a **far vivere, in condizioni precarie, un maggior numero di abitanti**.

GUIDA ALLO STUDIO

❶ Quali erano i principali impieghi dei mulini ad acqua nelle officine? ❷ In quale settore si verificarono inizialmente i progressi della metallurgia? ❸ In quali regioni non era possibile impiantare i mulini ad acqua, e per quali motivi? ❹ In che misura l'aumento delle risorse disponibili determinò un miglioramento della vita dei contadini?

4 La viabilità

Orizzonti ristretti

Nell'intero arco della propria vita la maggior parte della popolazione conosceva direttamente uno spazio molto limitato, corrispondente a quello della città o del villaggio in cui viveva o a quello compreso entro un raggio di pochi chilometri dalla propria dimora rurale. Si trattava di **esistenze che non andavano oltre il proprio orizzonte fisico**. Il viaggio su lunghe distanze era un'esperienza rara, che riguardava soltanto categorie come i mercanti, i soldati e i pellegrini che si recavano a pregare presso santuari lontani.

◀ **Mulini a vento in Castiglia**

▶ **Pale eoliche**

Ancora oggi il principio su cui si basavano gli antichi mulini è sfruttato nelle moderne centrali idroelettriche e in quelle eoliche. La differenza risiede solo nel risultato finale della trasformazione. L'energia dell'acqua o del vento, infatti, non viene più convertita in energia meccanica, ma in energia elettrica.

Il miglioramento della viabilità Le antiche strade romane erano state il prodotto di un'ingegneria molto evoluta, ma avevano bisogno, come tutte le strutture complesse, di una continua manutenzione. Nel corso dell'alto Medioevo rimanevano ancora praticabili pochi segmenti del sistema viario romano dell'Europa continentale. La maggior parte delle arterie era caduta in disuso, rovinata dalle frane e dai cedimenti strutturali, soffocata dalle piante selvatiche, mentre molti ponti erano crollati. Le **grandi strade lastricate dei Romani** erano servite soprattutto a facilitare gli spostamenti degli eserciti e a collegare le numerosissime città dell'Impero. Nell'alto Medioevo la viabilità aveva avuto altre esigenze: collegare i centri urbani o i villaggi alle campagne circostanti, raggiungere un castello, un monastero, un altro villaggio vicino, consentire il superamento di un guado o di un valico di montagna. Si trattava di **piccole arterie**, spesso poco più grandi di un sentiero, che alle prime piogge si trasformavano in pantani. I viandanti le percorrevano a piedi o sul dorso di un asino (il cavallo era un'esclusiva dei ricchi), mentre i tratti percorribili dai carri erano pochi e brevi. Dall'XI secolo in poi, i signori, i monasteri, le autorità cittadine, i sovrani riservarono **maggiori cure al sistema stradale**. Furono aperti nuovi collegamenti, migliorate le pavimentazioni, costruiti molti ponti in pietra. Nelle aree più sviluppate del XIII secolo, come la Pianura Padana, il sistema viario aveva in larga parte recuperato la stessa efficienza di quello di età romana.

Gli spostamenti via terra rimanevano comunque molto difficoltosi e meno convenienti di quelli sull'acqua. Dall'XI secolo in poi la rete dei trasporti acquatici non marittimi fu notevolmente potenziata in tutta Europa, laddove ovviamente fossero disponibili **corsi d'acqua navigabili**, mentre le regioni meridionali, più aride di quelle centrali e settentrionali, ne disponevano solo in minima parte. Furono scavati e drenati canali, attrezzati gli approdi e i porti fluviali, costruiti nuovi ponti.

Notti pericolose Fin dall'Antichità, i viaggiatori avevano una preoccupazione fissa: evitare di trascorrere una notte in aperta campagna. Infatti, la probabilità di essere derubati, uccisi o rapiti dai briganti era molto alta. Le tappe erano dunque organizzate in modo tale da consentire l'arrivo in un villaggio o in una città prima del calare delle tenebre. Il modo in cui i viaggiatori risolvevano il **problema del pernottamento** dipendeva dal loro livello sociale. Tra i **ceti elevati** era molto diffusa l'usanza dell'**ospitalità**, che valeva non solo tra amici o conoscenti ma anche tra sconosciuti, purché muniti di lettere di presentazione. La **gente comune** veniva invece accolta – anche se la circostanza non era frequente – in locande dov'era possibile trovare un pasto e un letto a buon prezzo. Nell'alto Medioevo la situazione era rimasta grosso modo la stessa, anche se le locande erano più rare che nell'età romana. I **monasteri**, tuttavia, offrivano spesso ospitalità ai viandanti, soprattutto se si trattava di gente povera o di pellegrini diretti verso un santuario.

Dall'XI secolo in poi, la crescita dei traffici commerciali e l'accresciuta mobilità degli individui imposero la necessità di affrontare in modo adeguato alla nuova situazione il problema dell'assistenza ai viaggiatori. I nobili e i benestanti conti-

Pellegrini in viaggio verso Canterbury
XV sec.
[British Museum, Londra]
Oltre al commercio, uno dei motivi che nel Medioevo spingeva gli uomini a intraprendere un viaggio, e quindi affrontare tutti i rischi connessi, era il desiderio di visitare la tomba di un santo o un altro luogo di culto. La maggioranza dei pellegrini si spostava a piedi, spesso su strade o sentieri piuttosto impervi; l'uso del cavallo, certamente più comodo ma anche molto più costoso, era invece riservato a capi militari, alti funzionari e vescovi, che di solito viaggiavano anche con un seguito di soldati.

❶ Quali esigenze di viabilità si ebbero a partire dall'XI secolo? ❷ Qual era durante l'XI secolo la condizione dei trasporti fluviali? ❸ Dove trascorrevano la notte, durante gli spostamenti, i viaggiatori? ❹ Che cosa erano le locande pubbliche?

GUIDA ALLO STUDIO

nuavano a godere dell'ospitalità gratuita. Per le esigenze della gente comune furono invece fondate molte **locande pubbliche**, il cui funzionamento erano sottoposto al controllo delle autorità cittadine, mentre i locandieri erano obbligati a rispettare tutta una serie di regole che miravano a tutelare i viaggiatori. Questi ultimi erano infatti, per le regioni interessate dai loro movimenti, una importante fonte di ricchezza.

Folklore
Il folklore è l'insieme delle tradizioni popolari di una comunità, un paese, una regione, un gruppo etnico. Ne sono espressione gli usi e i costumi, i racconti, i proverbi, le leggende, le credenze, le pratiche religiose e gli antichi rituali collettivi. Il termine, coniato per la prima volta in Inghilterra verso la metà dell'800, è un composto di *folk*, 'popolo', e di *lore* 'sapere'. Alla lettera esso significa dunque "il sapere del popolo".

5 Nella natura

Unito alla natura

L'**uomo medievale** era immerso e integrato nella natura. Gli strumenti del contadino, semplici e rudimentali, non gli consentivano di trasformare la natura, ma soltanto di utilizzarla. Essi non sostituivano l'uomo, come per esempio fanno oggi un trattore o una trebbiatrice meccanica, ma si limitavano a potenziare gli effetti della sua **forza muscolare**. Mentre quindi l'uomo dei nostri tempi – almeno nei paesi più sviluppati – si sente, ed è, prevalentemente separato dalla natura, nell'età medievale non lo era affatto o lo era in misura molto limitata. Questo fenomeno si riflette chiaramente nell'arte, nella letteratura, nel **folklore**, dove ricorre il tema del "corpo grottesco". Il corpo umano era immaginato

L'Uomo Selvaggio
XII-XV sec.
[particolare di un arazzo; Victoria and Albert Museum, Londra]
Realizzato in Svizzera, fra il 1140 e il 1460, questo arazzo rappresenta l'"Uomo Selvaggio", una creatura mostruosa a metà tra l'essere umano e la natura selvatica, di cui era la rappresentazione più oscura. L'Uomo Selvaggio, con il suo corpo ricoperto di peli e la clava fra le mani, popolava assieme a molti altri mostri l'immaginario collettivo medievale.

come unito alla natura, attaccato alla terra, e si fantasticava intorno a **uomini-pianta**, alberi con testa e arti umani, uomini con radici, montagne umanizzate, e così via.

Il cosmo sacralizzato

Nel corso dei millenni, dalla Preistoria a oggi, gli ambienti entro i quali gli esseri umani hanno vissuto si sono trasformati infinite volte, così come si è trasformata la percezione che essi hanno avuto del mondo circostante. Il modo in cui gli uomini del Medioevo hanno percepito l'ambiente è, per molti aspetti, molto diverso dal nostro. Dopo la caduta dell'Impero romano, nel corso dell'alto Medioevo, era andata quasi completamente perduta la grande tradizione scientifica greco-romana. Questo vuoto era stato riempito da un sapere diverso ispirato dalla religione cristiana.

Come la Sacra Scrittura, la natura fu concepita nel Medioevo come **«un libro scritto dalla mano divina»**, nel quale l'uomo doveva cogliere ovunque i segni della volontà celeste. In ogni sua parte – dagli astri alla più piccola delle creature viventi e delle cose, dai fenomeni ciclici come il sorgere e il tramontare del sole e il mutare delle stagioni agli eventi imprevedibili come i terremoti e le tempeste – la natura esprimeva messaggi divini che richiedevano di essere interpretati. **La natura era dunque un sistema di simboli**. Questa prospettiva era l'unica che l'uomo avesse a disposizione per intendere la realtà.

Il cosmo era sacralizzato, ed era un **cosmo cristiano**. Come scrisse san Bonaventura nel XIII secolo, il mondo sensibile è soltanto un'«ombra», una «traccia», e comprenderne il vero significato non è compito di quelli che noi oggi chiamiamo gli «scienziati», ma degli individui contemplativi, e in primo luogo gli ecclesiastici, che sanno cogliere il rapporto tra le Sacre Scritture e la natura, perché soltanto costoro sanno passare dal mondo fisico ai suoi significati, «dall'ombra alla luce, dalla traccia alla verità».

La ricerca delle cause

Tra il XII e il XIII secolo, in coincidenza con le grandi trasformazioni dell'Occidente medievale, cominceranno tuttavia a diffondersi **traduzioni di antichi testi greci e di testi islamici** che a loro volta trasmettevano la cultura scientifica degli antichi. In queste opere si proponeva una concezione del mondo completamente diversa, dove l'interpretazione della natura come insieme di simboli era sostituita da un'**analisi razionale**. Queste opere erano state scritte prima della nascita e della diffusione del cristianesimo ed erano quindi completamente svincolate da qualunque riferimento all'autorità delle Sacre Scritture. Il loro obiettivo fondamentale era la ricerca delle cause dei fenomeni naturali. Fiorirono dunque in questo periodo scienze come la fisica, l'astronomia, l'alchimia, la medicina, i trattati sull'agricoltura.

Trasformazioni culturali e nuove visioni del mondo trovarono il loro terreno più fertile nel contesto urbano, oggetto anch'esso, in questo periodo, di profondi cambiamenti.

GUIDA ALLO STUDIO

❶ Da cosa scaturisce il tema artistico del "corpo grottesco"? ❷ Com'era concepita la natura? ❸ Quale interpretazione della natura emerse in conseguenza alla traduzione e diffusione degli antichi testi greci e islamici?

▶ 23 J.-C. Schmitt *La città e le sue «superstizioni»*

▶ 24 DOC Sebastian Brant *La nave dei folli*

▶ 25 DOC *La brutalità del contadino, ovvero le spezie contro il letame*

▶ 27 A.J. Gurevič *Immersi nella natura*

6 Le città, poli produttivi e culturali

Il dinamismo delle città

La crescita demografica e l'incremento della produttività agricola intorno all'XI secolo s'intrecciarono a una vigorosa ripresa dell'economia urbana. Le città medievali esercitavano ora una **grande forza di attrazione**, paragonabile a quella delle antiche città romane. I contadini del territorio circostante vi si trasferivano in gran numero, trasformandosi in

Manifattura
Dal latino *manu facere*, 'fare manualmente'. Nell'uso comune indica il complesso dei lavori e delle operazioni, eseguite a mano o a macchina, mediante le quali una o più materie prime vengono trasformate in oggetti di consumo, i manufatti.

operai e artigiani. I contadini e gli incaricati dei grandi proprietari si recavano periodicamente nei **mercati** e nelle **fiere cittadine** per mettere in vendita il *surplus* della produzione agricola. La quantità delle derrate stimolava i consumi e consentiva la sopravvivenza di una popolazione urbana più numerosa e attiva. Questo nuovo dinamismo riversò a sua volta effetti benefici sulle campagne, stimolando di riflesso la produzione agricola.

Le manifatture urbane e il primato del settore tessile

Si verificò anche una più **netta divisione tra attività rurali e attività urbane**: mentre in precedenza nelle fattorie si fabbricavano gli attrezzi, i vestiti e tutti quei manufatti che servivano ai contadini, ora le attività artigianali tendevano a concentrarsi nelle città, acquisendo una **più alta specializzazione**. Il livello qualitativo dell'artigianato aumentò considerevolmente. Il settore guida delle **manifatture** urbane era quello tessile [ATLANTE_11]. Esso richiedeva operazioni complesse e aveva una **funzione trainante sulla stessa produzione agricola e sull'allevamento**: la manifattura della lana incentivava

ATLANTE 11_I CENTRI TESSILI NELL'EUROPA DEL XIII SECOLO

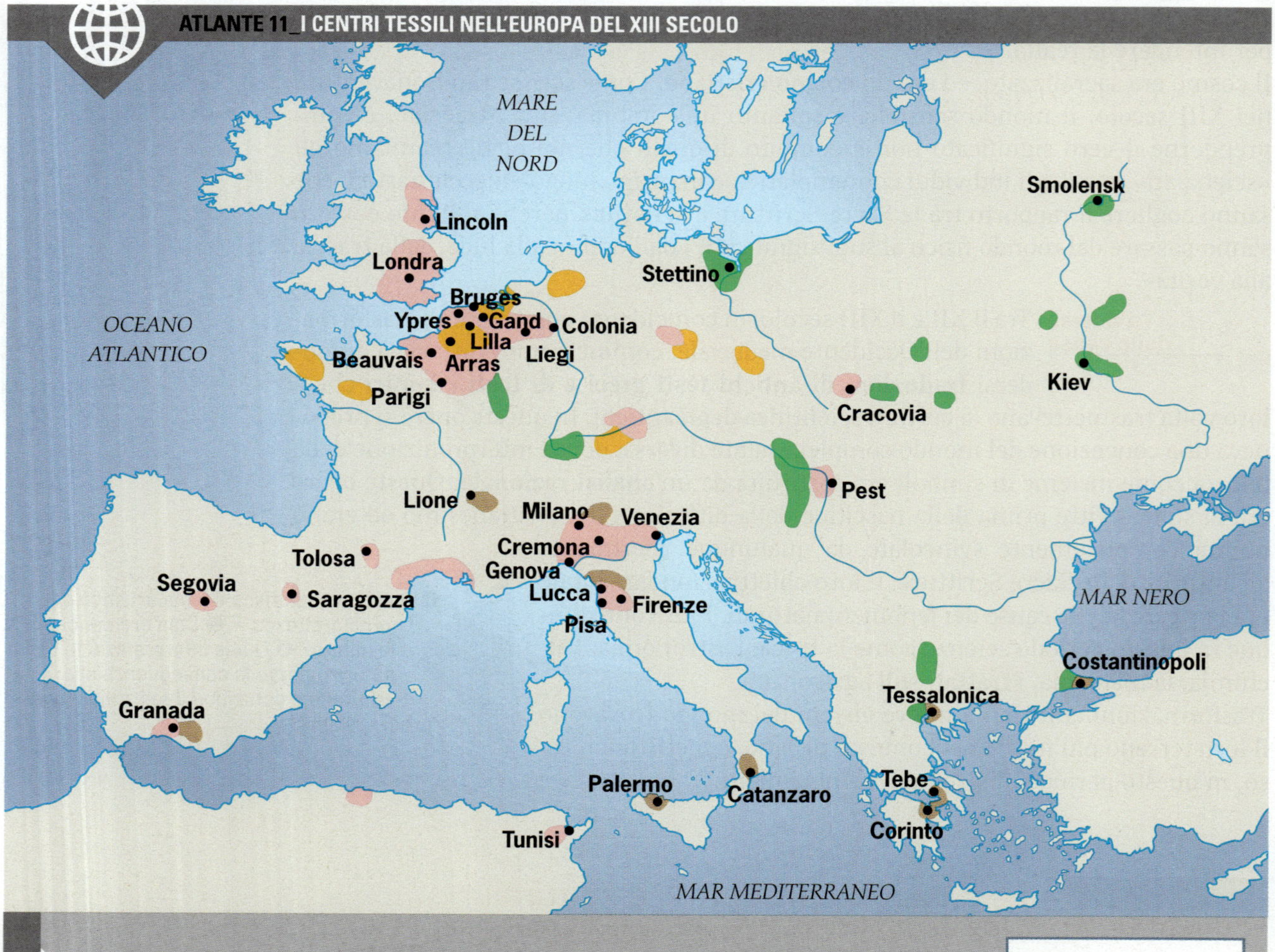

La distribuzione delle più importanti manifatture dell'epoca, quelle tessili, mostra chiaramente l'emergere di due aree dove la ripresa economica ha carattere più intenso: l'Italia centro-settentrionale e l'Europa del Nord.

infatti l'allevamento ovino, quella degli altri tessuti stimolava la produzione delle cosiddette **piante industriali**, per esempio, la canapa e il lino che fornivano le fibre grezze e la robbia, l'indaco e lo zafferano per le tinture. Nel campo dell'industria tessile la novità più importante fu la diffusione della produzione e della lavorazione della **seta**, che ebbe in Italia i suoi centri più attivi e fiorenti.

Le Corporazioni La specializzazione delle attività artigianali portò alla formazione di associazioni che in Italia presero il nome di **Arti**, **o Corporazioni**, e che **riunivano i rappresentanti di tutti i mestieri**, dai più importanti ai più umili. Queste associazioni controllavano gli orari e le condizioni di lavoro e cercavano di ridurre o di eliminare la concorrenza tra le varie botteghe. Alcune norme molto severe vietavano adulterazioni e frodi: proteggendo la clientela si tutelava anche la buona reputazione dell'Arte. Le Arti erano anche associazioni di mutuo soccorso, dotate di una cassa e di un'amministrazione che gestiva i fondi per assistere i membri ammalati o infortunati, le loro vedove, i loro orfani [👁 2.7 STORIA • SOCIETÀ • CITTADINANZA].

Le università dal Medioevo a oggi Anche la cultura aveva le sue corporazioni: erano le **università**. Lo stesso termine *universitas* indicava, nei testi latini dell'epoca, qualsiasi mestiere organizzato (c'era, per esempio, l'università dei mercanti e quella dei cocchieri). L'*universitas magistrorum et scholarium* era quindi la **'associazione dei maestri e degli studenti'**. Il loro sviluppo andò di pari passo con l'indebolimento di quell'attività formativa che un tempo si svolgeva esclusivamente nei monasteri.

La Scuola di medicina di **Salerno** – che possiamo considerare la più antica delle università – era già attiva alla metà dell'XI secolo. Quella di **Bologna**, nata poco dopo per iniziativa degli studenti di diritto, acquisì presto un prestigio tale da fornire, con l'attività dei suoi professori, la base giuridica dell'Europa medievale e moderna. Le altre grandi università dell'epoca sono tutte ancora attive ai giorni nostri: basti ricordare, tra le altre, Oxford, Cambridge, Parigi, Padova, Napoli, Roma, Pisa [👁 ATLANTE_12]. Nata nell'Italia medievale, l'università è oggi un'istituzione diffusa in tutto il pianeta. Nel Medioevo vi s'impartivano solo poche discipline, mentre oggi le materie

◀ **La bottega del sarto**
1370-1400 ca.
[dal *Tacuinum Sanitatis, Codex Vindobonensis, series nova* 2644; Österreich Nationalbibliothek, Vienna]

Strettamente associato al mercante di stoffe e di tessuti era il sarto, specializzato nel taglio e nella confezione degli abiti. A fare di un vestito un prodotto ricercato e apprezzato erano soprattutto la qualità e il tipo di tessuto, che poteva essere di origine vegetale, come il lino e il cotone, o di origine animale, come la seta e la lana. Di lana era l'abito indossato dal cliente nella bottega sartoriale raffigurata nella miniatura.

▶ **Lezione di filosofia all'università Sorbona di Parigi**
XIV sec.
[dalle *Grandes chroniques de France*; Bibliothèque municipale, Castres]

16

J. Verger
Una grande creazione medievale: l'università

insegnate sono centinaia, ma la **straordinaria continuità** della loro esistenza è uno dei fenomeni più importanti della storia dell'ultimo millennio.

Discutere per formare una mente critica

Gli studi universitari erano organizzati secondo **facoltà: Arti** (cioè "Arti liberali": grammatica, dialettica, retorica, aritmetica, geometria, astronomia, musica), **Decreto** (cioè diritto canonico), **Diritto civile**, **Medicina**, **Teologia**.
L'insegnamento universitario veniva impartito in **latino**. Si basava sulla **lettura** (*lectio*) e sul **commento** (*quaestio*) di **testi classici** autorevoli (da Aristotele a Boezio, da Cicerone a Tolomeo, dai giuristi romani ai Padri della Chiesa) e della **Bibbia**, la cui interpretazione richiedeva però estrema prudenza, per non incorrere nell'accusa di eresia. Seguiva poi la discussione (*disputatio*), intorno a un tema scelto dal **maestro**, che veniva spiegato e discusso con gli studenti. Fondamentale, in questo tipo di formazione, era il **metodo dialettico**, per mezzo del quale si superavano le contraddizioni tra le tesi contrapposte, tra gli autori presi in considerazione, tra le loro interpretazioni. La carriera degli studenti procedeva attraverso **esami** nei quali essi dovevano dare prova di dominare la materia e di essere in grado di sostenere un **pubblico dibattito**.

Interessi economici, libertà d'insegnamento e controllo

L'atteggiamento delle autorità pubbliche – quelle cittadine, i sovrani, gli imperatori, la Chiesa – nei confronti delle università era duplice. Da un lato esse guardavano con favore alla loro diffusione, perché le università erano un **vivaio di individui intellettualmente dotati**, tra i quali potevano essere reclutati funzionari amministrativi

ATLANTE 12_ LA DIFFUSIONE DELLE UNIVERSITÀ

più evoluti ed efficienti. Inoltre le università recavano **prestigio** ai regni e alle città che le ospitavano, e la stessa presenza degli studenti (dai tremila ai cinquemila a Parigi, circa duemila a Bologna, circa millecinquecento a Oxford), molti dei quali erano benestanti, recava **benefici economici** non indifferenti alla collettività. Dall'altro esse temevano i disordini frequentemente provocati dagli studenti e l'eccessiva libertà di pensiero. Il problema più delicato era la **libertà d'insegnamento**: secondo la concezione tradizionale del Medioevo, la cultura era ancora ritenuta inscindibile dalla fede e doveva, quindi, essere sottoposta alla direzione dei vescovi, cui spettava comunque il compito di concedere la licenza d'insegnare.

Le università si opposero fermamente ai frequenti tentativi di abolire o ridurre la loro autonomia. Gli universitari erano consapevoli di rappresentare una sorta di **"terzo potere"**, fondato sulla cultura, accanto ai poteri laici e religiosi, ed erano molto determinati nell'organizzare forme di protesta e di resistenza (a cominciare dallo sciopero), che furono quasi sempre vincenti.

GUIDA ALLO STUDIO

❶ Perché l'economia urbana stimolava l'agricoltura? ❷ Qual era il settore più evoluto delle manifatture urbane? ❸ In che senso è possibile definire l'università una corporazione? ❹ Perché le autorità pubbliche avevano interesse a promuovere la diffusione delle università e la qualità dei loro studi? ❺ Quali timori suscitavano le università nelle autorità laiche e religiose?

7 Splendori e miserie delle città

Lo sviluppo dell'architettura religiosa

A partire dall'XI secolo un grande fervore edilizio si propagò in tutto l'Occidente: le città si allargavano e si abbellivano, si dotavano di nuovi palazzi e di nuove chiese, mentre l'uso della pietra, per l'edilizia privata, cominciò a sostituire gradualmente quello del legno. Poiché la religione permeava l'intera vita sociale, il fenomeno più significativo fu senza dubbio lo sviluppo dell'architettura religiosa. Tra le migliaia di chiese edificate in tutto il continente spiccavano – per imponenza, qualità tecniche, livello artistico, importanza religiosa – le cosiddette **chiese cattedrali**. La cattedrale non era soltanto una chiesa più bella e più grande delle altre. La parola viene infatti dal latino *cathedra*, 'cattedra', che indicava il trono del vescovo. La cattedrale era dunque, giuridicamente, la chiesa dove risiedeva il vescovo, e questo indicava una forte preminenza religiosa e politica sul territorio circostante.

Effetti economici contrastanti

La costruzione di una cattedrale aveva effetti contrastanti sull'economia locale. Da un lato essa rappresentava un **onere**

Basilica di S. Nicola a Bari
XI-XII sec.

Il fervore edilizio che ebbe inizio nell'XI secolo si espresse nel linguaggio architettonico del Romanico prima e del Gotico poi, abbandonando le forme dell'alto Medioevo e sviluppando tecniche costruttive nuove, funzionali alle mutate esigenze di edifici dalle dimensioni grandiose. Chiese e palazzi sorsero nei centri cittadini e nei borghi di tutta Europa, mentre abbazie e pievi punteggiarono il paesaggio delle campagne. La Basilica di S. Nicola di Bari è senz'altro fra gli edifici più rappresentativi del Romanico nel Sud Italia. Costruita per accogliere degnamente le ossa del santo, trafugate a Mira (odierna Turchia) nel 1087 da un gruppo di marinai baresi, divenne prestissimo una delle più importanti mete di pellegrinaggio della Cristianità.

Focus
L'economia delle reliquie

ONLINE

12
J. Le Goff
Le due facce della città

pesante per i fedeli, che erano chiamati spesso a versare contributi. Dall'altro aveva **conseguenze positive**, perché i cantieri – la cui attività si protraeva per molti anni, spesso per decenni – offrivano lavoro a centinaia d'individui: questa manodopera era composta da muratori assoldati sul luogo, da artigiani specializzati che potevano provenire anche da regioni molto lontane, dai tagliatori di pietra che lavoravano nelle cave, dai trasportatori che facevano affluire i materiali nei cantieri. Un altro effetto positivo era determinato dall'**afflusso di fedeli** da altre regioni: una cattedrale grande e sontuosa, dotata di reliquie di un santo prestigioso, attirava infatti masse di pellegrini che facevano prosperare le strutture di accoglienza (ostelli, locande, taverne, ecc.).

È evidente, tuttavia, che i vantaggi della costruzione delle cattedrali (come di tutte le chiese) non possono essere valutati soltanto sul piano economico. Quegli splendidi edifici, infatti, rispondevano alle **esigenze spirituali** degli uomini, alimentavano la fede, ispiravano un senso di protezione e di sicurezza. Accanto a una cattedrale si viveva meglio.

Lo sviluppo dell'architettura laica

Ma le città destinavano somme considerevoli anche alla costruzione e all'abbellimento dei **palazzi comunali**. Questi edifici, infatti, avevano un alto valore simbolico: esprimevano la forza del governo cittadino, la prosperità della città, la fierezza civica. Molti palazzi costruiti in questo periodo sono pervenuti fino ai giorni nostri e, proprio come nel Medioevo, continuano a esprimere un senso di orgoglio e di appartenenza alla **"piccola patria"** locale. Lo stesso può dirsi della **torre civica**, simbolo dell'autonomia del comune. Qui era alloggiata la campana che scandiva le ore e all'occorrenza chiamava il popolo a raccolta. La sua altezza, la sua bellezza, le sue decorazioni esterne e interne esprimevano anch'esse la potenza della città.

Un confronto con il mondo antico

Nelle antiche città greche e romane il livello delle condizioni igieniche era stato mediamente molto alto. Esistevano cloache che facevano defluire efficacemente le acque nere; le case dei ricchi erano allacciate direttamente alla rete idrica mentre la gente comune poteva agevolmente procurarsi l'acqua nelle fontane pubbliche; la capillare diffusione di terme pubbliche e private, frequentate assiduamente dalla popolazione, consentiva anche ai meno abbienti la cura del corpo; le strade erano in gran parte lastricate. Nel complesso, si può affermare che **la qualità dell'igiene pubblica raggiunta dalle città antiche fu sconosciuta al Medioevo**, e che per raggiungere una situazione paragonabile a quella antica sarebbe stato necessario attendere l'età moderna avanzata (in certe aree addirittura il XIX secolo).

Alcuni miglioramenti

Nelle città dell'alto Medioevo, dove gli impianti, l'edilizia, le infrastrutture di età romana erano andati quasi tutti in rovina, il livello dell'igiene pubblica si era progressivamente degradato. Tuttavia, in coincidenza con la ripresa verificatasi in Europa dall'XI secolo in poi, migliorò la condizione della viabilità urbana e le autorità civiche cominciarono a occuparsi maggiormente dell'igiene pubblica, che in precedenza era stata considerata un aspetto secondario, affidato all'iniziativa spontanea degli abitanti. Nel corso dell'XI secolo, prima in Italia e poi nel resto d'Europa, furono emanati provvedimenti che cercavano di mettere **sotto il pubblico controllo le condizioni ambientali delle città** e di regolare alcuni criteri elementari dell'igiene collettiva. Si proibì per esempio di far circolare liberamente animali come i maiali, le capre e le oche, che pascolavano in mezzo ai rifiuti; di abbandonare all'aperto carogne o viscere degli animali macellati; di far essiccare lungo le strade le pelli degli animali scuoiati, che emanavano un fetore insopportabile; di ammassare letame in prossimità delle chiese e degli edifici pubblici. Agli abitanti dei vari quartieri fu imposto di tenere puliti e agibili i portici, le strade, i canali. Il problema delle cloache restava quello fondamentale. Poiché quelle romane erano quasi del tutto distrutte, i liquami venivano gettati dalle finestre e defluivano a cielo aperto lungo i lati delle strade. Si provvide dunque alla costruzione di reti fognarie e di pozzi neri collegati ai singoli edifici. Ma queste opere procedevano lentamente e con difficoltà a causa dei loro **alti costi** e della **difficoltà d'intervenire** con scavi in zone già densamente abitate.

Ambienti malsani La scarsità d'acqua era un grave ostacolo alla pulizia dei centri urbani. Nelle città che non pativano questa mancanza perché sorgevano lungo corsi d'acqua, le strade venivano periodicamente lavate grazie a un sistema sbrigativo ma efficace: con sbarramenti e paratie, l'acqua dei fiumi o dei canali veniva convogliata in modo da creare un'ondata che spazzasse le strade trascinando con sé i rifiuti. La consuetudine di **lastricare le strade** e le piazze principali, allo scopo di eliminare il fango e la polvere, e di facilitare la pulizia, si diffuse in Italia, prima che nel resto d'Europa, soltanto a partire dal XIII secolo. Tuttavia, malgrado queste innovazioni, le città medievali rimanevano in gran parte malsane, e tali sarebbero rimaste nei secoli a venire. Tutte le città dell'Europa pre-industriale avevano le medesime caratteristiche: strade strette e umide, nelle quali scorrevano i liquami, razzolavano gli animali, si accumulavano i rifiuti, case prive di servizi igienici, di acqua, di aria, con finestre strette o senza finestre, dove la gente viveva accalcata e l'unico arredamento era spesso un ruvido pagliericcio, qualche modesto arredo di legno scadente, un braciere e un piccolo spazio per cucinare. Queste condizioni di vita favorivano la **diffusione delle malattie** e delle epidemie: dalle strade alle case, ai vestiti, tutto concorreva a determinare un habitat ideale per i **parassiti** e i **bacilli**.

Palazzo comunale e Torre del Mangia a Siena
XIII sec.

GUIDA ALLO STUDIO

❶ Perché le chiese cattedrali spiccavano per imponenza e bellezza? ❷ Quali effetti aveva, sulla comunità, la costruzione di una cattedrale? ❸ Quali costruzioni di carattere laico furono costruite? ❹ Qual era il livello igienico nelle città dell'alto Medioevo, e perché?

I marginali

La marginalità può essere descritta come una **lacerazione dei normali legami sociali** che porta alla non-partecipazione, separazione o esclusione dell'individuo dalla vita sociale e, nei casi più estremi, dalla società nel suo insieme. Le cause della marginalità possono essere tra le più diverse. Nella società tardomedievale, per esempio, l'unico modo per condurre una vita dignitosa consisteva nel rimanere radicati stabilmente in uno stesso luogo: villaggi, città, clan, famiglie, confraternite, associazioni di mestiere, parrocchie e quartieri classificavano l'individuo e lo rendevano accetto al prossimo. Coloro i quali, come i **vagabondi**, per costrizione o volontà propria si trovavano fuori da questi spazi sociali si ponevano automaticamente al di fuori della società, in una condizione di marginalità. In altri casi erano dominanti i motivi religiosi; così fu per gli **ebrei**: emarginati, accusati di ogni misfatto ed esclusi da molte attività lavorative riservate ai cristiani, o per i cosiddetti **eretici**, descritti da Tommaso d'Aquino come coloro che «professano la fede di Cristo, ma ne corrompono i dogmi». I secoli XII e XIII videro una grande fioritura di movimenti ereticali (càtari, valdesi, poveri lombardi) e tutti conobbero la dura reazione della Chiesa. Nel **mondo contemporaneo** la marginalità è un fenomeno ancora più complesso di quanto non sia stato in epoca medievale o nella prima età moderna. Particolarmente drammatica è la marginalità di quegli individui che vengono definiti in modo spregiativo "barboni" (il francese *clochard*, 'colui che zoppica'; l'inglese *homeless*, colui che per lungo tempo vive 'senza una casa' in condizione di estrema povertà), privi di una casa, di una famiglia e spesso di ogni contatto con il mondo. Altrettanto drammatiche sono le marginalità legate alla **tossicodipendenza** e all'**alcolismo**, piaghe sociali che portano l'individuo verso il progressivo allontanamento dalla propria famiglia e l'esclusione sociale. Molto spesso l'emarginazione accompagna i processi migratori. In assenza di una adeguata politica d'integrazione, i **cittadini stranieri**, con una lingua e una cultura diverse dalle nostre, possono avere difficoltà nel comunicare con il resto della società, finendo così per chiudersi nelle proprie piccole comunità di origine e diventando "presenze" percepite dalla maggioranza con diffidenza. Questi individui vivono quindi contemporaneamente in due società: nella prima, quella della propria comunità, sono perfettamente integrati mentre nella seconda, quella del paese straniero in cui si trovano, sono dei marginali. Ai casi di più grave disagio recano sollievo organizzazioni umanitarie come la Caritas, le cooperative sociali e altre associazioni, che forniscono assistenza morale e materiale (cibo, letto, ecc.), organizzano corsi di lingue (non c'è integrazione senza la possibilità di comunicare) e cercano – ma questo è assai più difficile – di trovare posti di lavoro. Queste organizzazioni ricevono contributi economici pubblici e privati, ma non potrebbero operare senza il lavoro fornito gratuitamente da migliaia di volontari: l'emarginazione degli emigrati è spesso caratterizzata da egoismi, paure e violenze, ma è anche una storia di generosità e di altruismo. Oggi si parla di emarginazione anche in un senso più generico, per indicare la condizione di precarietà in cui si trovano a vivere, pur nei paesi più sviluppati, milioni di individui. La disoccupazione, il lavoro nero, la negazione delle garanzie che la legge prevede per tutti i lavoratori provocano infatti nuove forme di marginalità, che si presentano sia come degrado di condizioni precedenti sia come impossibilità di miglioramento e quindi come negazione di un futuro migliore.

Manifestazione degli immigrati di Rosarno davanti al Ministero dell'Agricoltura a Roma
2011
[© Cecilia Fabiano/ Eidon]
Nel 2011 lavoratori immigrati di Rosarno, in Calabria, organizzarono un presidio contro lo sfruttamento e il lavoro nero, a un anno dalla rivolta del gennaio 2010, episodio emblematico delle problematicità di mancato sviluppo sociale, economico e culturale che caratterizzano alcuni territori della nostra penisola.

1 Uomini e spazi

Dagli inizi dell'XI e fino al XIV secolo la popolazione europea crebbe in modo imponente. Superata la fase critica originata dalle grandi invasioni del V secolo, l'Europa era tornata a popolarsi, in modo lento e progressivo. L'aumento demografico e quindi l'aumento di manodopera significò quasi ovunque la messa a coltura di nuovi terreni, sottratti alle paludi e alle zone boschive. Nacquero nuovi insediamenti, le cosiddette "villenove" o "borghi franchi" a cui i signori concedevano alcuni privilegi, come per esempio l'esenzione fiscale. La popolazione restò concentrata nelle aree rurali. Solo il 15% di essa, secondo le stime, viveva in contesti urbani.

2 Innovazioni tecniche e produttività

La società medievale era prevalentemente agricola: dallo sfruttamento dei campi provenivano gli alimenti e le materie prime di cui tutta la popolazione aveva bisogno. Tra XI e XII secolo ci furono alcuni progressi tecnologici: si diffusero l'aratro pesante e l'uso del collare rigido a spalla per gli animali da soma, che permisero di aumentare la produzione e soddisfare il cresciuto fabbisogno alimentare. Il nuovo aratro consentiva di scavare solchi più profondi nel terreno rispetto all'aratro semplice, in grado di scalfire solo superficialmente le zolle. La sua diffusione contribuì a modificare i sistemi di bardatura degli animali da traino (buoi e cavalli), in modo da non ostacolarne la respirazione e migliorarne quindi la capacità di lavoro.
Tra i fattori che determinarono l'aumento delle rese agricole va annoverata la rotazione triennale delle colture: essa offriva al contadino il vantaggio di lasciare incolto solo un terzo del proprio terreno e di disporre di una produzione più ricca e variegata. Il cereale maggiormente coltivato era, in ogni caso, il grano da cui si ricavava il pane, l'alimento principale della dieta dei contadini. L'importanza della panificazione è confermata dalla diffusione dei mulini ad acqua (oltre ai già diffusi mulini a vento), utilizzati per la macinazione dei cereali. Nonostante l'aumento della produzione, tuttavia, l'alimentazione dei contadini era precaria e insufficiente e la speranza di vita restava molto bassa.

3 Le "grandi macchine" del Medioevo: i mulini

Tra le innovazioni tecnologiche di questo periodo devono ricordarsi i mulini ad acqua e a vento. I mulini in realtà erano già in uso nell'Antichità, ma in età medievale furono impiegati in molti settori produttivi per la lavorazione e la trasformazione delle materie prime: dalla miscelatura della birra alla frantumazione dei pigmenti usati per colorare le stoffe. La loro diffusione fu vincolata al contesto geografico: ricco di corsi d'acqua con sufficiente pendenza, con un clima né troppo caldo né troppo freddo quello in cui si impiegarono i mulini ad acqua; ventoso, ma con correnti forti e regolari quello adatto ai mulini a vento. Grazie all'impiego sistematico dell'energia idraulica, migliorò anche la metallurgia e divennero frequenti i fabbri specializzati.
Il progresso innescato dalle innovazioni tecnologiche in agricoltura e nelle officine manifatturiere fu comunque relativo: infatti, le condizioni di vita dei contadini, che costituivano la maggioranza della popolazione, non migliorò le eccedenze agricole servirono a sostentare una popolazione più numerosa che continuava a vivere però in condizioni precarie.

4 La viabilità

Nel corso dell'XI secolo la rete di trasporti terrestri cominciò ad essere ampliata e a ricevere una manutenzione costante; fu incrementato il numero di corsi d'acqua navigabili, in particolare nell'Europa centro-settentrionale; nel XIII secolo nelle aree più sviluppate il sistema viario aveva recuperato l'antica efficienza di epoca romana. Il viaggio sulle lunghe distanze divenne più comune per via della crescita dei traffici commerciali. Furono istituite locande pubbliche, controllate dalle autorità cittadine, per garantire assistenza ai viaggiatori durante il pernottamento. Come in passato, i nobili e gli aristocratici continuarono a essere ospitati gratuitamente da amici o conoscenti.

5 Nella natura

Immersi nel contesto ambientale, "uniti alla natura", gli uomini d'epoca medievale consideravano quest'ultima «un libro scritto dalla mano divina» e la interpretavano come insieme di simboli. Tra il XII e il XIII secolo questa sensibilità cominciò a mutare, soprattutto a causa della diffusione, nell'Occidente medievale, dell'analisi razionale. Presero infatti a circolare traduzioni di antichi testi greci e di testi islamici, che permisero di riscoprire la cultura scientifica, e fiorirono scienze come la fisica, l'astronomia, la medicina.

6 Le città, poli produttivi e culturali

La crescita della popolazione e della produttività agricola determinarono la ripresa dei commerci e lo sviluppo delle città. In città si svolgevano i mercati, dove i contadini potevano vendere le eccedenze agricole, e le attività artigianali che acquisirono una specializzazione sempre maggiore. Nelle città gli artigiani si riunivano in associazioni chiamate, in Italia, Arti o Corporazioni. Esse controllavano ogni aspetto dell'attività lavorativa, dagli orari di lavoro alla tutela della clientela, e funzionavano anche come associazioni di mutuo soccorso, per assistere i membri ammalati, le loro vedove e gli orfani.
Lo sviluppo urbano determinò un ampio fenomeno di riorganizzazione delle strutture di istruzione superiore e la nascita di associazioni di maestri e studenti, chiamate "università". I primi centri universitari a nascere in Europa furono la Scuola di medicina di Salerno e le Università di Bologna, Parigi e Oxford, il cui esempio fu seguito in numerose altre città di medie e grandi dimensioni. Le grandi università dell'epoca sono attive ancora oggi. Gli studi universitari erano organizzati secondo facoltà: Arti, Decreto, Diritto civile, Medicina e Teologia.
La formazione degli studenti, rigorosamente in lingua latina, avveniva secondo il metodo dialettico. Il percorso di studi era scandito dagli esami che gli studenti dovevano sostenere periodicamente, che tuttavia non precludeva loro di intraprendere altre carriere rispetto a quella dell'insegnante. Nonostante i tentativi delle autorità politiche, dei comuni e dei poteri ecclesiastici locali di controllare e dirigere le università, esse riuscirono a mantenere la loro autonomia e indipendenza grazie alle lotte dei loro membri, consapevoli di rappresentare una sorta di centro di potere fondato sulla cultura.

7 Splendori e miserie delle città

Lo sviluppo delle città comportò anche quello dell'architettura religiosa e civile. Sorsero nelle città medievali splendide cattedrali, sedi del vescovo, ma anche importanti luoghi sacri, mete di pellegrinaggi e punti di riferimento cittadini per i fedeli. Si dedicò particolare cura anche alla costruzione dei palazzi comunali, che avevano un importante valore simbolico e identitario per la comunità.
Le condizioni igieniche e le infrastrutture cittadine – fogne, strade – tuttavia erano assai precarie e inferiori, per standard, a quelle dell'Antichità. Alcuni miglioramenti furono compiuti, sebbene lentamente, anche per via dei costi elevati degli interventi. Ma nel complesso le città d'età medievale erano ambienti malsani, habitat ideali per il proliferare e il diffondersi di malattie ed epidemie.

SVILUPPARE LE COMPETENZE

❶ Spiega, in un testo di 10 righe, quali conseguenze ebbe, su campagne e città, la grande crescita della popolazione verificatasi tra XI e XIV secolo. Spiega, innanzitutto, le cause che secondo gli storici sono alla base di questo fenomeno e poi approfondisci le conseguenze determinate dalla messa a coltura di nuovi territori e dalla nascita di moltissimi nuovi centri abitati.

❷ Descrivi, in brevi testi di 3 righe ciascuno, le caratteristiche delle seguenti innovazioni tecniche e tecnologiche, introdotte tra l'XI e il XII secolo:

a. aratro pesante
b. collare rigido a spalla
c. rotazione triennale

❸ Rispondi ai quesiti impiegando il numero di righe indicato tra parentesi:

1. Per quali impieghi fu utilizzato il mulino ad acqua? (6 righe)
2. Quali fattori limitarono la diffusione dei mulini ad acqua? (4 righe)
3. Quale sistema fu utilizzato nelle zone dove non era possibile un diffuso impiego dei mulini ad acqua? (4 righe)
4. Come avvenivano gli spostamenti nell'alto Medioevo e quali rischi correvano i viaggiatori? (5 righe)
5. Come si evolve, tra XI e XIII secolo, la concezione della natura da parte dell'uomo? (5 righe)

❹ Utilizza la scaletta proposta di seguito per scrivere un testo di 10 righe a cui dovrai dare un titolo appropriato:

a. Sviluppo delle città e dell'economia legata alle attività urbane.
b. Sviluppo delle manifatture e specializzazione dell'artigianato.
c. Nascita delle Arti e delle Corporazioni.
d. Sviluppo delle università.

❺ Utilizza la scaletta proposta di seguito per scrivere un testo di 6 righe a cui dovrai dare un titolo appropriato:

a. Sviluppo dell'architettura religiosa.
b. Conseguenze positive e negative della costruzione di una cattedrale.
c. Sviluppo dell'architettura laica.
d. Condizioni igieniche in città.

CAPITOLO

3 L'EPOCA DEI MERCANTI E DEI CROCIATI

1 Il nuovo mondo dei mercanti

La ripresa dei traffici La crescita dell'economia urbana – evidente soprattutto a partire dal secolo XI – si associò alla disponibilità di prodotti quantitativamente più rilevanti e molto diversificati. Questi beni erano in gran parte destinati agli abitanti delle campagne circostanti e alla stessa popolazione urbana, ora in notevole aumento. Ma le manifatture urbane erano in grado di produrre beni in maggiore quantità rispetto alle richieste di questo pur ampio bacino di consumatori. Per sostenere la produzione erano ormai necessari nuovi mercati nel quadro di una forte ripresa del **commercio a largo raggio [👁 3.5]**. La ripresa dei traffici significò anche ripresa della circolazione monetaria. La **moneta**, la cui funzione di mezzo di scambio si era molto indebolita durante l'alto Medioevo, tornò a ricoprire un ruolo importante e divenne quasi il simbolo della prosperità urbana. Mentre nelle campagne gli **scambi in natura** erano ancora molto diffusi, nelle città erano ormai rari i rapporti economici che non avessero una mediazione monetaria: il denaro, ha scritto uno storico dei nostri giorni, era «il sangue della città». Attraverso la coniazione di moneta, le città manifestavano anche il proprio orgoglio municipale, la propria **identità**, la propria **volontà di autonomia**: il fiorino di Firenze portava impresso su una faccia il giglio dello stemma cittadino, sull'altra il santo patrono Giovanni Battista; il ducato d'oro di Venezia recava le immagini di san Marco e del doge, il magistrato supremo, che aveva curato l'emissione.

L'ascesa sociale degli uomini d'affari In un mondo più dinamico, attraversato da traffici vivaci, erano necessarie grandi disponibilità di denaro contante, per intraprendere una nuova attività, per ingrandire la propria, per cogliere al volo un'occasione. Strettamente connesso alle attività commerciali fu quindi lo sviluppo delle **banche**, caratterizzate inizialmente soprattutto dalla pratica del cambio delle valute e, in progresso di tempo, dalla raccolta di depositi che venivano poi utilizzati per offrire prestiti a interesse o per investire in grosse iniziative commerciali, o anche dal trasferimento di fondi dei clienti da una città all'altra, tramite lo strumento della **lettera di cambio**. A partire dal XII secolo, questo settore sarà dominato dai banchieri italiani non solo nella penisola, ma in tutta Europa.

Il piccolo commercio al minuto, quello che si svolgeva prevalentemente nelle botteghe delle città e dei villaggi, mantenne le sue caratteristiche tradizionali: era svolto quasi sempre da individui che si limitavano a smerciare pochi beni di basso valore intrinseco, e che si collocavano a un basso livello nella scala sociale. Coloro che trattavano merci pregiate, come le spezie, i gioielli, i tessuti di pregio, potevano invece accumulare notevoli risorse e ascendere nella scala sociale fino a raggiungere posti di responsabilità nei governi cittadini.

▶ 21
A.J. Gurevič
L'ascesa sociale dei mercanti

▶ 22
J. Rossiaud
Il denaro, sangue della città

Scambio in natura
Lo scambio in natura si effettua senza la mediazione della moneta, ovvero scambiando un bene con un altro bene: per esempio, un cavallo con un podere, una certa quantità di vino con un tessuto, ecc.

Banca
Dal germanico *bank*, 'panca'. Le prime operazioni bancarie venivano infatti effettuate su semplici tavoli smontabili situati solitamente nelle zone di mercato.

Lettera di cambio
La lettera di cambio era una promessa scritta di pagare una determinata somma. Fu inventata per far fronte alla carenza di metalli preziosi del continente europeo, per consentire ai mercanti di svolgere i loro traffici con sicurezza ed evitare il rischio di spostare ingenti quantità di monete. Fu usata al posto della moneta come un moderno assegno bancario

13 G. Sergi *L'esperienza comunale tra costanti e diversità*

18 J. Le Goff *Le frontiere del disprezzo sociale*

19 DOC *Contro l'usura*

20 A.J. Gurevič *Lo scialacquatore e il fannullone*

Malgrado le loro ricchezze e il loro crescente peso nelle istituzioni cittadine, i mercanti non disponevano però di un pieno e soddisfacente **prestigio sociale**. I valori sociali dominanti rimanevano sempre quelli aristocratici, fondati sull'etica nobiliare. Quest'ultima esaltava l'antichità della stirpe, il rango, le virtù belliche, il possesso di grandi proprietà terriere, il codice d'onore condiviso da individui appartenenti allo stesso ceto. Nei confronti degli **uomini nuovi**, che avevano la ricchezza, ma non il rango, permanevano pregiudizi e diffidenze. Gli uomini nuovi pervenuti alla ricchezza e al potere, dal canto loro, aspiravano a essere ammessi nell'aristocrazia, per consacrare la loro distinzione morale dalla gente comune e rendere evidente il loro definitivo distacco dagli umili ambienti di provenienza. I mercanti, e chiunque vivesse maneggiando denaro, imitavano quindi lo **stile di vita dei nobili**: si dedicavano alla caccia, riempivano le scuderie di cavalli di razza, si costruivano palazzi splendidi, diventavano committenti di grandi artisti, vestivano all'ultima moda, consumavano cibi raffinati, davano in matrimonio le loro figlie o i loro figli alla prole dei nobili decaduti, comperavano il rango cavalleresco. Inoltre, come si è detto, nessun onore era possibile se non si avevano belle e vaste **proprietà di campagna**: i mercanti erano dunque obbligati a convertire nell'agricoltura parti anche cospicue delle loro ricchezze. Sempre alla ricerca di una maggiore rispettabilità sociale, essi facevano spesso elemosine e davano vita a fondazioni pie che si occupavano dell'assistenza ai poveri e agli emarginati.

Questo avvicinamento del ceto mercantile alla nobiltà fu favorito da un **processo opposto e convergente**. Gli stessi **nobili**, trasferitisi nelle città, ormai divenute in molte regioni il fulcro della vita economica e politica, finivano spesso per praticare attività commerciali in grande, servendosi preferibilmente di intermediari: una cosa che fino a poco tempo prima sarebbe stata impensabile, ma che ora si spiegava bene con le opportunità di rapido **incremento dei patrimoni** offerte dai traffici in espansione.

Banchieri e clienti in una miniatura trecentesca [Biblioteca Seminario Patriarcale, Venezia]

Queste opportunità garantivano guadagni ben più elevati di quelle offerte dalla tradizionale rendita agraria nobiliare, meno rischiosa ma anche meno proficua.

Nuove esperienze economiche

I grandi mercanti erano gli individui più dinamici della società medievale. Per molto tempo, nei secoli dell'alto Medioevo, il commercio aveva mantenuto un carattere itinerante. Il mercante era allora una figura ambigua, tra l'affarista e il guerriero. In un'Europa dove il controllo pubblico del territorio era fragile e tutt'altro che capillare, trasportare merci era un'avventura, perché incontrare banditi e pirati non era un'eventualità rara. Per questo i mercanti tendevano a muoversi insieme, formando carovane che assomigliavano talvolta a eserciti in marcia. Con la crescita dell'economia urbana questa figura di mercante continuò a essere attiva negli spazi meno civilizzati, abitati da comunità che vivevano lontane dalle leggi. Ma parallelamente s'impose sempre di più una nuova figura di professionista: il mercante che dirigeva gli affari operando stabilmente dalla sua azienda, in collegamento con una serie di agenti. Mentre il **mercante itinerante** era quasi sempre un analfabeta, il **mercante stabile** sapeva leggere, scrivere, tenere una contabilità complessa.

Il mondo del commercio era quello dove trionfava l'iniziativa individuale, ma anche quello dove si praticavano le più moderne **forme di associazione**. In questo settore, come del resto in tutti i campi, l'Italia medievale fu all'avanguardia. La più antica forma di associazione fu la **commenda** (dal latino *commendare*, 'affidare, raccomandare'), attestata prima a Venezia e poi in altre città marittime della penisola. Una parte era rappresentata dal **detentore del capitale**, l'altra dal mercante. Poiché i viaggi per mare erano pericolosi, il primo si assumeva il rischio di tutte le eventuali perdite e otteneva un'alta percentuale dei profitti (dalla metà ai tre quarti), il secondo rischiava la vita e otteneva la rimanente quota degli utili. Accordi come questi ebbero anche una grande importanza sociale: essi offrivano infatti ai proprietari terrieri dotati di grandi mezzi finanziari la possibilità di investimenti redditizi a breve scadenza; a individui intraprendenti e coraggiosi ma privi di mezzi essi offrivano invece l'opportunità di accumulare, con qualche viaggio ben riuscito, fortune anche di

◀ **Botteghe in una città medievale**
XV sec.
[Bibliothèque Nationale, Parigi]

▶ **La casa di un mercante medievale a Southampton (Inghilterra)**
Questo edificio fu fatto costruire nel 1290 da un ricco mercante di vino inglese, John Fortin, sulla strada principale della Southampton medievale, già all'epoca una attiva e ricca città portuale. Il fabbricato fungeva da abitazione e da bottega. Al primo piano ci sono due camere da letto, di cui una sporge sul piano strada a formare il portico che serviva per accogliere i clienti della bottega. La pianta stretta e lunga consentiva di avere al piano terra, oltre l'ingresso-bottega, altre due stanze per usi privati. La casa è dotata anche di una cantina per conservare il vino a temperatura costante. L'aspetto medievale della casa, miracolosamente sopravvissuto e in gran parte intatto, fu "rivelato" da una bomba caduta nel corso del secondo conflitto mondiale. In seguito, nel 1980, l'edificio è stato restaurato e arredato per fungere da attrazione turistica.

notevoli dimensioni. Nacquero da queste esperienze le prime **assicurazioni**, gestite da professionisti del ramo, che per la prestazione offerta chiedevano mediamente "premi" pari al 5-10% del capitale assicurato.
Queste associazioni valevano solitamente per un singolo viaggio. Quelle che invece si costituivano per viaggi terrestri o fluviali, che erano meno rischiosi, duravano per periodi spesso molto lunghi. Erano chiamate **compagnie**. I membri apportavano il proprio capitale al fondo costituito dai soci e ne traevano un utile proporzionale. Le compagnie avevano una sede stabile, ma dislocavano loro **rappresentanti in paesi anche molto lontani**, creando così una vasta rete di traffici e di affari. L'attività delle compagnie tendeva inoltre a estendersi dal commercio ad altri settori, come il cambio, il credito, le manifatture.

GUIDA ALLO STUDIO
❶ Quali conseguenze ebbe la ripresa dei traffici mercantili? ❷ I mercanti videro crescere il proprio prestigio sociale? ❸ Attraverso quale processo il ceto mercantile si avvicinò ai nobili? ❹ Che cosa era la commenda? ❺ Che cosa erano le compagnie?

2 La cultura mercantile

L'insegnamento, l'informazione, la scrittura

La cultura dell'epoca, nelle università come nei monasteri, era dominata dai chierici e poneva al vertice gli studi teologici. Pur riconoscendo questo primato, i gruppi sociali affermatisi in questo periodo avvertivano l'esigenza di una cultura nuova, più volta al concreto e alle cose terrene. Così, in molte città nacquero **scuole laiche**, dove i figli degli uomini d'affari apprendevano anche materie che li addestravano alle esigenze del loro ambiente. Si avvertiva anche l'importanza delle conoscenza delle **lingue straniere**. Il mondo dei dotti comunicava attraverso il latino, ma gli uomini d'affari avevano altre necessità. In tutto il Mediterraneo l'**italiano** aveva la stessa importanza che oggi ha l'inglese, mentre nell'Europa settentrionale dominava il **tedesco**. Ma un mercante intraprendente sapeva bene quanto fosse utile esprimersi nel maggior numero di lingue possibile.
La cultura dei mercanti era inoltre apprezzata perché essi avevano un maggiore **accesso all'informazione**. A causa dei loro viaggi, o di quelli dei loro agenti, essi conoscevano prima degli altri, spesso prima delle stesse autorità politiche, le vicende che si svolgevano in terre lontane, gli esiti di un conflitto, una crisi, un cambiamento dinastico, una catastrofe naturale. Essendo gli individui più dinamici, i mercanti erano anche i più informati, e questo li rendeva socialmente preziosi.
Si diffondeva in parallelo una **manualistica finalizzata alle esigenze del commercio**: guide per la contabilità o repertori dove si trovavano notizie riguardanti le misure, i pesi, le monete, i dazi doganali vigenti nei vari paesi. S'impose anche un nuovo modo di scrivere: alla scrittura di cancelleria, elegante, accurata, preziosa, usata per gli atti solenni (chiamata "minuscola carolina" perché risalente all'età di Carlo Magno) e alla scrittura notarile, pedante e fitta di abbreviazioni, si affiancò ora una nuova **scrittura corsiva**, rapida e limpida, che rispondeva ottimamente alle esigenze della contabilità e degli atti commerciali, che richiedeva chiarezza e velocità.

Nuovi documenti per gli storici

Gli uomini d'affari cominciarono a tenere regolarmente una propria **corrispondenza**, tanto più vasta quanto più vasti erano i loro traffici e il numero degli agenti, che era ordinatamente custodita nei loro **archivi privati**, insieme con gli altri documenti. Alcuni di questi archivi, pervenuti fino a noi, rappresentano una fonte di straordinaria importanza per la storia dell'economia, della società e della cultura. Si pensi che il primo documento in lingua italiana è proprio il frammento di un conto commerciale redatto a Siena nel 1211. Cominciano ad apparire anche le prime **autobiografie mercantili**. In precedenza sarebbe stato impensabile che un uomo dedito ai traffici scrivesse la propria vita: queste erano cose da uomini altolocati o da uomini di Chiesa dotati di grande cultura. Ora, la nuova consapevolezza acquisita dai mercanti e la loro stessa ascesa sociale facevano cadere questa interdizione morale e psicologica e i mercanti ritennero utile lasciare testimonianze della propria vita, dei propri affari, dello loro vicende personali e di quelle della propria famiglia: ancora una volta, si tratta di testimonianze preziose per gli storici. L'insieme di questi documenti ha fatto sì che il mondo dei mercanti medievali sia di gran lunga più conosciuto di quello dei mercanti dell'Antichità greco-romana: per la prima volta gli storici dispongono di copiosi documenti sulla mentalità dei mercanti, sull'organizzazione dei traffici, sulle pratiche commerciali, sulle monete da loro usate, sui prodotti scambiati, sulle innovazioni introdotte, sulla loro stessa vita quotidiana.

La mentalità aritmetica

La crescita dei traffici e dell'economia monetaria, l'affermazione di una nuova considerazione del guadagno, la più forte attenzione degli uomini d'affari per i numeri e per il calcolo, fecero emergere una **nuova esigenza di precisione**, che si manifestò in vario modo e che può essere definita come una mentalità aritmetica. Grande importanza ebbe la diffusione dell'**abaco** (dal greco **ábax**, 'tavoletta') una tavoletta suddivisa da linee orizzontali o verticali lungo le quali scorrevano, in determinate posizioni, dei gettoni (o

◄ Gregor Reisch
Madame Arithmatica
1508

Questa incisione raffigura l'uso dei numeri arabi e quello dell'abaco (a destra) per fare calcoli. Lo studio dell'abaco rappresentava un aspetto formativo molto importante del futuro mercante, visto che questo strumento avrebbe costituito una presenza costante al suo fianco negli anni di attività.

► **Schema di un abaco**

Osservando lo schema di un abaco possiamo cercare di comprendere il suo funzionamento. La colonna all'estrema destra indica le unità, quella alla sua sinistra le decine e così via fino ad arrivare all'ultima a sinistra che esprime i milioni. Ogni fila sotto la sbarra trasversale è composta da cinque perline, mentre quella superiore rappresenta un valore cinque volte superiore. Le perline da conteggiare sono quelle "poggiate" sulla sbarra trasversale. In questo abaco schematizzato abbiamo 2 nella colonna delle unità; 3+5 in quella delle decine (=80); 4+5 in quella delle centinaia (=900) e 1 nelle migliaia, per un totale di 1982 (cioè 2+80+900+1000).

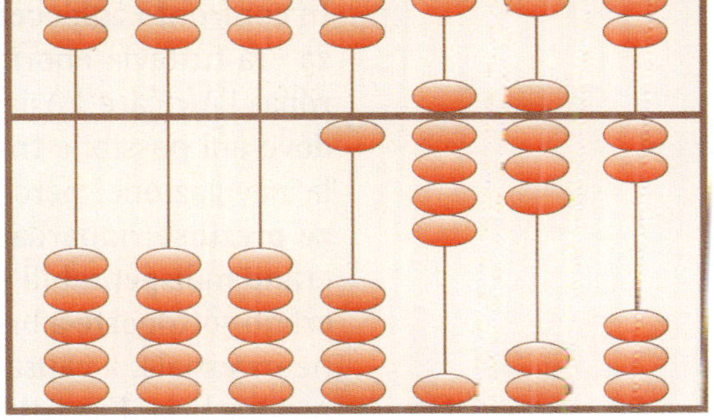

Focus
I numeri arabi

ONLINE

30

A. Murray
La forza della ragione

palline forate). La posizione dei gettoni indicava un valore: un gettone sulla seconda linea valeva dieci volte quello che si trovava sulla prima, quello che stava sulla terza valeva dieci volte il precedente, e così via. L'abaco si fondava sulla numerazione posizionale, che permette di attribuire ai numeri semplici valori – per esempio, unità, decina, centinaia – a seconda del posto occupato (nel caso dell'abaco, a seconda della linea lungo la quale si dispongono i gettoni). Attraverso operazioni di moltiplicazione o di divisione basate su questo dispositivo era ora possibile effettuare calcoli prima quasi impossibili, che potevano spingersi fino ai dieci miliardi. Parallelamente all'abaco si diffondevano manuali destinati al suo uso.
Ma ben più importante fu l'introduzione dei **numeri arabi**, comprendenti lo **zero**, che in realtà erano numeri "indiani", essendo stati scoperti dagli arabi in India. Le cifre arabe introdussero un'enorme semplificazione: basti pensare che, nei tradizionali numeri romani, il numero arabo 1384 si scriveva MCCCLXXXIV. Gli ambienti dell'alta cultura, intrisa di culto della tradizione e di sospetto nei confronti di qualsiasi novità, si opposero a lungo all'introduzione di questo metodo, considerato una sorta di bizzarria volgare. Ma intanto l'uso dei numeri arabi progrediva negli uffici dei mercanti e dei banchieri, soprattutto italiani, aprendo la strada all'**aritmetica moderna**, mentre l'abitudine al calcolo modificava gradualmente le abitudini e la mente di tutti gli uomini, non soltanto di quelli dediti agli affari.

GUIDA ALLO STUDIO

❶ Che cosa si insegnava nelle scuole laiche fondate dai mercanti? ❷ Perché i mercanti lasciarono importanti testimonianze scritte della loro attività? ❸ Che cosa era l'abaco? ❹ Che valore ebbe l'introduzione dei numeri arabi?

3 Il Mediterraneo

Caratteri della marineria mediterranea

Nel Medioevo, come già nell'Antichità, le **comunicazioni marittime** erano di gran lunga quelle più veloci ed efficienti: il **commercio** e la **guerra** non potevano farne a meno. Con le imbarcazioni dell'epoca era possibile trasportare carichi enormi – dalle 200 alle 2000 tonnellate – a una velocità per quei tempi impensabile per i trasporti terrestri. La velocità media, comprese le soste, era di circa due nodi, corrispondente a circa 3,7 chilometri l'ora. In quell'epoca le navi erano i mezzi di trasporto più veloci, come oggi gli aerei. In questo periodo furono aperti nuovi percorsi e nuovi popoli divennero esperti nella navigazione: Bretoni, Angli, Frisoni, le popolazioni scandinave cominciarono a frequentare assiduamente gli spazi oceanici nel Mare del Nord e nel Baltico, spingendosi fino all'Islanda e alla Groenlandia. A Oriente, gli arabi e i persiani iniziarono la loro penetrazione nel Mar della Cina. Malgrado la frattura tra la Cristianità e l'Islam, l'area mediterranea rimaneva però di gran lunga quella più frequentata.
In confronto agli oceani, il **Mediterraneo** è un mare molto piccolo. La sua importanza era tuttavia enorme, perché sulle sue acque si affacciano tre continenti – l'Europa, l'Africa e l'Asia –, perché le sue coste erano ricche di porti e di insenature dove era possibile trovare ricovero quando le condizioni climatiche sconsigliavano la navigazione, perché fin dall'Antichità si erano andate accumulando **conoscenze preziose** riguardanti i venti, le correnti, i fondali pericolosi. Queste conoscenze erano indispensabili perché il Mediterraneo era un mare insidioso, le cui condizioni erano sottoposte a bruschi cambiamenti, spesso imprevedibili. Inoltre, la navigazione invernale, a causa dei venti forti e delle frequenti tempeste, era sconsigliata, ma non esclusa. Era tuttavia necessaria una notevole prudenza, **navigando con cautela**

sotto costa, al riparo delle rive settentrionali ed evitando quelle meridionali, ben più insidiose.

La navigazione mediterranea ha una precisa caratteristica, determinata dai suoi **venti**. Sono infatti predominanti i venti che soffiano da nord-ovest (il maestrale) e da nord (il vento etesio, detto anche meltemi), con qualche improvvisa raffica proveniente da sud-est (scirocco) o da sud-ovest (libeccio). Tutto ciò favorisce la **navigazione da ovest verso est**: nell'XI secolo il tragitto da Marsiglia alla Siria impiegava appena 25 giorni, mentre il viaggio di ritorno, molto più lento e rischioso, ne richiedeva 40. Questi sono però dati medi, poiché non erano rari i viaggi sfortunati, quando a causa di tempeste le navi andavano fuori rotta e impiegavano mesi per far ritorno.

La bussola e le altre innovazioni

Nel Medioevo queste condizioni migliorarono grazie alla costruzione di **nuove infrastrutture** o al **recupero di quelle di epoca romana**: porti, moli, fari, banchine, barriere protettive si trovavano in tutti gli scali principali. Ma il maggior progresso nella navigazione marittima fu introdotto dall'uso della **bussola**. Alle origini di questo strumento c'è un materiale che possiede una proprietà sorprendente, quella di attrarre il ferro. Fu scoperto nel VI secolo a.C. nei pressi della città di Magnesia, in Asia Minore: per questo fu chiamato magnetite e il fenomeno da esso prodotto fu detto **magnetismo**. Per molto tempo nessuno notò le importanti implicazioni del magnetismo. Nel II secolo d.C., in **Cina**, si scoprì che un **ago magnetico** lasciato libero di ruotare punta sempre in direzione nord-sud. Ma per trovare la prima notizia sull'uso dell'ago magnetico nella navigazione da parte dei Cinesi dobbiamo fare un salto in avanti di circa mille anni. La apprezzarono invece gli **arabi**, che la trasmisero all'Occidente cristiano nel XII secolo. Il vantaggio della bussola è enorme, perché solitamente i marinai si orientavano osservando le stelle, ma quando il cielo era nuvoloso, o durante il giorno, non ci si poteva affidare agli astri senza portare le navi fuori rotta, provocando gravi ritardi ed esponendo le imbarcazioni a rischi.

Marinaio che guarda la bussola
[dal *Livre des Merveilles* di Marco Polo; Bibliothèque Nationale, Parigi]

Secondo una tradizione diffusa, l'inventore della bussola sarebbe stato l'italiano Flavio Gioia, attivo nella città marinara di Amalfi, ma è stato dimostrato che si tratta di un personaggio leggendario che non ha nulla di storico. È vero tuttavia che gli **amalfitani** furono i primi occidentali a usare la bussola, tra il 1100 e il 1200. Essi usavano un congegno primordiale, consistente in un ago magnetico galleggiante in una bacinella d'acqua. Sempre in Italia si diffuse qualche tempo dopo la vera e propria bussola: una scatoletta circolare, con l'ago magnetico infilato in un perno posto al centro di un quadrante di forma circolare, con l'indicazione di tutti i punti cardinali e successivamente anche

della rosa dei venti. La parola bussola viene infatti dal latino tardo *buxula*, 'cassetta di legno di bosso'.
Grazie all'uso della bussola i marinai italiani furono a lungo gli unici in grado di navigare giorno e notte, in ogni periodo dell'anno e lungo tutte le rotte, dal Mediterraneo fino all'Inghilterra. Nei secoli successivi, la navigazione con la bussola avrebbe avuto un ruolo decisivo nella supremazia militare e commerciale dell'Europa sul resto del mondo. Grazie alla bussola fu anche possibile realizzare **carte nautiche** precise e affidabili: conoscendo le rotte esatte tra un porto e l'altro, infatti, i cartografi furono in grado di orientare correttamente i tracciati delle coste. Le nuove carte nautiche divennero quindi strumenti indispensabili per l'espansione sempre più rapida e intensa dei traffici.

GUIDA ALLO STUDIO
❶ Perché il Mediterraneo era un mare importante? ❷ Da cosa era condizionata la navigazione nel Mediterraneo? ❸ Perché il magnetismo fu importante per la creazione della bussola? ❹ Perché l'uso delle bussole permise di realizzare le carte nautiche?

Tutte queste attrezzature, tutti questi nuovi strumenti servivano tanto al **commercio** quanto alla **guerra**, ma è necessario tener presente che spesso **le due attività erano indistinguibili**, perché le navi mercantili erano spesso attrezzate per azioni di autodifesa e di pirateria, soprattutto quando s'imbattevano in navi appartenenti a una città o a uno stato rivale o nemico.

4 Gli strumenti del dominio navale mediterraneo

▶ 45
M. Tangheroni
Navigare nel Mediterraneo: le galee

Navi slanciate e veloci

Nel Mediterraneo lo strumento del dominio navale era la **galea o galera**, un'imbarcazione legata al paesaggio rivierasco e alle città di pescatori dov'era facile reclutare le indispensabili ciurme di rematori. Come dice il nome, derivato dal termine greco *galeós*, che indica lo squalo, la galea era una nave elegante e slanciata. Il rapporto tra lunghezza e larghezza era infatti molto elevato: in media la prima era pari a sette/otto volte la seconda. Lo scafo era basso rispetto al livello del mare. Le sue dimensioni standard erano 40 metri di lunghezza, 5 di larghezza, 2 di profondità. Le principali qualità di questa imbarcazione, che rappresentava un **gioiello tecnologico dell'epoca**, erano la facilità di manovra e la velocità, prodotta dalla forma slanciata e da un grande numero di rematori. A differenza delle altre navi, più massicce e pesanti, le galee erano in grado di ingaggiare o di rifiutare il combattimento a loro volontà contro qualsiasi avversario, a meno che non si trattasse di un'altra galea.
Nel viaggio di una galea, ben un terzo o un quarto dell'intero tragitto era effettuato mediante la propulsione a remi. Le galee montavano uno o due alberi dotati di vele che venivano issate quando il vento era propizio e non c'erano ragioni di particolare urgenza. Ma in tutti gli altri casi si ricorreva all'**energia umana**: se si era in mare in totale assenza di vento, se cioè c'era bonaccia, se era necessario procedere speditamente, se bisognava manovrare in un porto o in un'insenatura, se si trattava di attaccare battaglia, allora ci si affidava soprattutto ai muscoli dei rematori.
A differenza delle navi da guerra antiche, che avevano più ordini di remi sovrapposti – ed erano quindi dette, a seconda delle dimensioni, biremi, triremi, quadriremi o quinqueremi – nelle galee i rematori erano disposti su un unico banco per lato, in file di due o di tre. Poiché queste file di rematori maneggiavano un unico remo, i movimenti richiedevano una sincronia perfetta.
Per molti secoli, la galea fu il **mezzo di trasporto più rapido**: una galea veneziana riusciva a raggiungere la Puglia in tre giorni e l'isola di Corfù in nove. La forma

molto allungata dello scafo accresceva la velocità ma riduceva la stazza. Lo spazio di una galea era occupato in massima parte dall'equipaggio (circa 150/180 uomini), dai banchi su cui sedevano i rematori, dai viveri e dall'acqua. Tuttavia, non essendo navi mercantili, le galee non avevano bisogno di grandi stive e lo spazio rimanente bastava a riportare in patria qualche prigioniero incatenato, il bottino di guerra, e alcune mercanzie di lusso poco ingombranti come le spezie, i gioielli, i tessuti preziosi.
In origine, sulle galee non c'erano "galeotti" come li intendiamo noi, cioè criminali che remavano a colpi di frusta. I marinai, rematori compresi, erano uomini liberi che percepivano un salario. La dura vita di mare e i rischi tutt'altro che trascurabili non bastavano a dissuaderli: essi ricevevano infatti una **buona paga**, superiore a quella di un lavoratore normale. Alla paga si aggiungevano i guadagni derivanti dai piccoli traffici che essi avevano il permesso di effettuare in tutti gli scali. Un ulteriore profitto poteva derivare dalla spartizione di un eventuale bottino. I rematori rappresentavano infatti una **manodopera forte e specializzata**, erano uomini versatili, capaci di passare agevolmente dai remi alle armi. Al momento dell'imbarco, ciascun marinaio era tenuto a presentarsi fornito di armi e di armatura: spada, pugnale, lancia, scudo, elmo, arco, giubba da combattimento. Lo scontro tra due navi nemiche era infatti deciso dall'abbordaggio all'arma bianca e da un cruento corpo a corpo.

▶ 46
M. Tangheroni
Navigare nel Mediterraneo: i velieri

Navi lente e tonde

L'altra protagonista della navigazione mediterranea fu la **nave tonda**, un tipo d'imbarcazione opposto alla galea, perché privilegiava il carico rispetto alla velocità e la velatura rispetto ai remi. Con una lunghezza pari ad appena 2,5 volte la larghezza, questo **veliero tozzo e alto** era particolarmente adatto al trasporto di merci voluminose come i cereali, il sale, l'olio e il vino. Ai contemporanei le navi tonde apparivano simili a castelli poggiati sull'acqua.
Le prestazioni delle navi medievali furono progressivamente migliorate grazie a successive innovazioni, tra le quali spiccano la vela latina e il timone unico di poppa. La **vela latina** o triangolare era già conosciuta dalla marineria antica e bizantina, ma aveva sempre avuto un impiego limitato. Le repubbliche marinare italiane furono le prime a farne un uso frequente e diversificato: mentre la grande vela quadrata

Modellino di una galea genovese
[Museo Storico Navale, Venezia]

dell'albero maestro raccoglieva il vento di poppa, le vele triangolari, usate con straordinaria perizia, servivano a effettuare manovre precise e veloci e consentivano di navigare "stringendo" il vento entro una forte angolazione: con un'andatura a zig zag detta "di bolina", le navi dotate di vele latine riuscivano addirittura a procedere contro vento. L'altra importante innovazione fu il **timone unico di poppa**, un sistema semplice e maneggevole, ancora oggi in uso, che andò a sostituire il complicato e faticoso sistema precedente, basato su due grosse pale laterali.

GUIDA ALLO STUDIO

❶ Che cos'era la galea? ❷ Grazie a quale forza si muoveva la galea? ❸ Che cos'era la nave tonda? ❹ Quali miglioramenti furono portati dall'introduzione della vela latina e del timone unico di poppa?

5 I grandi traffici europei e le città marinare italiane

L'Italia e il Mediterraneo

I primi centri che in Europa beneficiarono della progressiva ripresa delle attività commerciali furono le cosiddette **città marinare**: Amalfi, Genova, Pisa e Venezia. Già verso la fine del IX secolo, **Amalfi** vantava una marineria attivissima che avrebbe controllato per lungo tempo gli scambi nel Tirreno, nello Ionio e nel basso Adriatico e le relazioni commerciali con il mondo arabo, dalla Spagna e dalla Sicilia all'Africa settentrionale, dall'Egitto alla Siria, esportando soprattutto l'olio prodotto nell'entroterra campano

Agnolo Gaddi
Il viaggio di ritorno di Michele
XIV sec.
[Duomo, Prato]

La nave raffigurata in questo affresco è un tipico esempio di imbarcazione commerciale di forma tozza e tonda. Si tratta di una delle prime rappresentazioni italiane del timone di poppa unico introdotto nel XIII secolo. Fino ad allora il governo delle navi era stato effettuato manovrando due grandi remi piatti posti sulle fiancate di poppa.

e importando tessuti pregiati e spezie. La città fondò numerose stazioni commerciali, oltre che in Italia, nei principali porti arabi. Tra queste si distinse per importanza Alessandria in Egitto. Una testimonianza importante di queste attività sono le famose **Tavole amalfitane**, che costituiscono il primo esempio di codificazione del **diritto di navigazione**. La città perse la sua autonomia sul finire dell'XI secolo e fu definitivamente annessa al regno normanno dell'Italia meridionale nel 1131. Andò quindi incontro a un'inesorabile decadenza a causa del fiorire, nell'area tirrenica, delle potenze commerciali di Genova e Pisa [ATLANTE_**13**].

47 DOC
Francesco Petrarca
Un monte galleggiante

Genova e Pisa Antiche città romane, **Genova e Pisa** si affacciano sullo scenario mediterraneo intorno al Mille, quando, alleate, contrastano per mare le incursioni saracene, spingendosi a occupare la Corsica e la Sardegna e ad attaccare i musulmani in Africa, in Italia, in Spagna. Dopo questa fase di collaborazione, le due città marinare soppiantarono Amalfi nel primato delle relazioni commerciali con il mondo arabo e gareggiarono a lungo reciprocamente per conquistare il controllo del Mediterraneo centrale e occidentale, disputandosi la Sardegna, la Corsica e il monopolio degli scambi con la Sicilia. Questo conflitto si protrarrà con alterne vicende fino al 1284, quando la flotta genovese distrusse quella pisana nella battaglia della **Melòria** (nei pressi di Livorno): la città toscana, già in crisi dal principio del XIII secolo, non si sarebbe più ripresa dal punto di vista commerciale e marittimo.

In quanto centro urbano, **Venezia** nasce dall'occupazione delle isole della laguna

ATLANTE 13_ROTTE DEI CONVOGLI NAVALI DELLE REPUBBLICHE MARINARE ITALIANE

Geografia e Storia
Il Reno

ONLINE

veneta alle quali si era ridotto il ducato bizantino delle Venezie dopo l'invasione longobarda del VII secolo. La città, resasi progressivamente autonoma, pur mantenendo nel nome della suprema magistratura – il **doge** – memoria del duca bizantino, intorno al Mille riuscì a stabilire il proprio controllo sulla costa dalmata, acquistando così il **primato nell'alto Adriatico**; inoltre, facendo leva sulle antiche relazioni con Bisanzio e mettendo al servizio dell'Impero orientale le proprie navi, si assicurò una posizione di assoluto vantaggio nelle relazioni commerciali con i principali **empori** bizantini, dove i veneziani stabilirono numerose colonie commerciali e godettero di privilegi ed esenzioni doganali. Il commercio veneziano si specializzò nello scambio di merci orientali (spezie, seta, cotone) con merci occidentali (schiavi slavi, ferro, legname) e sfruttò abilmente la produzione delle saline di Comacchio, diffusa attraverso il Po lungo tutta la Val Padana; una manifattura tipicamente veneziana, che conobbe grande fortuna, furono i vetri prodotti nelle fornaci di Murano. Venezia ampliò progressivamente la propria presenza nel Mediterraneo orientale: di qui l'inevitabile scontro con i pisani e soprattutto con i genovesi, che farà esplodere un conflitto che in più fasi e con alterne vicende si protrarrà lungo tutto il XIII e XIV secolo.

Emporio
Dal greco *emporìa*, 'commercio', il termine indica un grande centro commerciale, luogo di raccolta e di smistamento delle merci.

Oltre alle città marinare, che costituiscono la più precoce manifestazione del risveglio urbano in Italia, va ricordato che, nel corso dell'XI secolo, furono numerose le città italiane che manifestarono sintomi di crescita: in area padana, per esempio, aumentò la potenza di Milano, anche se vivacemente contrastata da altri centri come Como, Cremona, Lodi, Novara, Pavia, Asti; in Toscana, Firenze, lungi dall'occupare una posizione di predominio, conviveva con Pisa, Lucca, Pistoia, Siena, Arezzo, Volterra, San Gimignano, Cortona, con le quali si confronterà militarmente, con successo, solo nel XIII secolo, contestualmente alla sua esplosione come centro di produzione tessile e di commercio; nel Veneto primeggiavano Verona, Padova, Treviso; in Emilia fiorirono Bologna, Imola, Faenza, Parma, Modena, Piacenza; in Romagna Ferrara, Cesena, Rimini e Ravenna.

L'Europa centrale e settentrionale

Nell'Europa centrale e settentrionale, le aree maggiormente caratterizzate dalla ripresa dei centri urbani preesistenti furono le **Fiandre** e la **valle del Reno**.

Navi pisane
XII sec.
[Torre Pendente, Pisa]
La disfatta della Melòria segnò per Pisa l'inizio del declino. Persi i traffici commerciali e col suo porto sempre più in balia dei fenomeni di interramento, la città iniziò una lenta e inesorabile decadenza, che la portò poco più di un secolo più tardi a capitolare davanti agli eserciti di Firenze. In questa immagine, la costruzione fra le due navi è un faro, alla cui sommità, sotto l'arco, veniva acceso il fuoco per segnalare la presenza del porto ai marinai.

In particolare, le città fiamminghe – come Bruges, Gandes, Ypres, Arras, ecc. –, assai attive nei traffici baltici, si specializzeranno nella produzione di tessuti in lana, diventando importantissimi centri manifatturieri e commerciali. Un po' più tardi, tra il XII e il XIII secolo, una nuova area d'intensa urbanizzazione venne a stabilirsi lungo le **coste del Baltico**, con la fondazione di Lubecca, Danzica e Riga; Lubecca, come Amburgo, capeggerà nel XIII secolo un'ampia lega commerciale (Hansa), cui si associeranno molte città baltiche e che, fondendosi con l'Hansa orientale di Danzica e Riga, costituirà alla fine del XIV secolo la potentissima **Hansa tedesca** [ATLANTE_**14**].

Il Belfort di Bruges
1240 ca.

L'industria tessile e l'annesso mercato della lana portarono al fiorire intorno al XII secolo di alcune città delle Fiandre, fra cui Bruges. La stabilità politica e la grande intraprendenza dei suoi mercanti portarono questo centro commerciale a divenire, con il suo porto, uno dei principali snodi di scambio tra l'Europa settentrionale e il Mediterraneo. Cuore della città medievale era la piazza del mercato, il cosiddetto *Markt*, grande un ettaro, sulla quale nella prima metà del XIII secolo fu costruito il *Belfort*, la torre civica, che custodiva gli archivi municipali.

ATLANTE 14_VIE COMMERCIALI IN EUROPA NEI SECOLI XI-XIII

Tra XI e XIII secolo le vie di comunicazione – terrestri e marittime – si sono moltiplicate a dismisura. A quest'epoca le principali vie terrestri corrono sull'asse Sud/Nord dell'Europa: da Venezia, Genova e Milano alla Germania; da Marsiglia al Nord Europa. Lungo quest'ultima via fioriscono nel XII secolo le fiere della Champagne, nella regione delle città di Bar, Provins, Troyes, mettendo in contatto area mediterranea e area baltica. Ancora più importanti sono le rotte marittime, che permettono collegamenti più rapidi che per via terra.

○ città anseatiche
□ principali fiere
△ centri di attività bancaria
rotte anseatiche
rotte veneziane
rotte genovesi
vie terrestri

Parallelamente s'intensificarono anche gli scambi su lunga distanza via terra, attraverso percorsi che mettevano in contatto il Nord e il Sud dell'Europa. I principali erano: la via che collegava Venezia alla Germania, attraverso il valico del Brennero; quella che collegava Genova alla Germania, attraverso Milano e le Alpi; quella che collegava Marsiglia al Nord Europa, attraverso la valle del Rodano. Lungo quest'ultima via fiorirono, nel XII secolo, le sei **fiere della Champagne**, che per molto tempo costituiranno il principale punto d'incontro per gli scambi tra area mediterranea e area baltica. In queste fiere, che si tenevano in località diverse e duravano circa sei settimane ciascuna, venivano commercializzati vari prodotti: spezie, pellicce, panni pregiati, ecc.

GUIDA ALLO STUDIO

❶ Quale importanza aveva Amalfi prima dell'annessione al Regno normanno? ❷ Perché Pisa e Genova si scontrarono nella battaglia della Melòria? ❸ Perché Venezia poté assicurarsi una posizione di vantaggio nei traffici con gli empori bizantini? ❹ Quali aree dell'Europa centro-settentrionale furono maggiormente interessate dallo sviluppo dei centri urbani?

6 Il declino dell'Impero bizantino

Una resistenza sorprendente

La ripresa dell'Occidente coincise con il declino di uno degli imperi più vitali che la storia mondiale abbia conosciuto: quello bizantino. La resistenza di Bisanzio di fronte agli attacchi che in vari momenti si erano abbattuti sull'Europa continentale e sulle regioni mediterranee (prima le grandi invasioni germaniche, poi l'aggressione araba e le incursioni ungare, per non parlare della conflittualità permanente con le popolazioni slave e con quelle del Vicino Oriente) aveva avuto del miracoloso. Molte erano state le ragioni di questa eccezionale resistenza: una posizione geografica facilmente difendibile, con la capitale – Costantinopoli o Bisanzio – protetta per tre quarti dal mare e per il resto da mura imponenti; una flotta potente e tecnologicamente ben attrezzata; un'economia più evoluta della maggior parte delle economie dell'epoca.

Certo i costi erano stati enormi e Bisanzio aveva dovuto cedere agli arabi circa tre quarti dei suoi territori. La fine della dinastia macedone (1056) e le conseguenti lotte intestine per l'acquisizione del potere coincisero con un rinnovato aumento delle pressioni lungo i confini. Lungo il fronte orientale, infatti, incombeva la **minaccia dei turchi selgiùchidi**, una popolazione asiatica originaria del Turkestan che già da molto tempo era profondamente islamizzata e che, dopo la grande battaglia di **Manzikert** (1071) vinta lungo i confini orientali dell'Impero bizantino, riuscì a sottrarre a Bisanzio gran parte dell'altopiano anatolico. Ma la città resistette e conservò il controllo di un territorio certo non grande come prima ma sempre strategicamente dislocato in una posizione chiave tra Europa e Asia (un territorio corrispondente grosso modo alla Dalmazia, alla Grecia con la Macedonia e alla parte occidentale dell'odierna Turchia; 👁 ATLANTE_1).

Lo scisma del 1054

Quello bizantino era un impero cristiano, ma profondamente diviso dalla Cristianità di Occidente [👁 1.1]. Alla base di questo divario, che si era progressivamente approfondito durante tutto il Medioevo, stavano **divergenze di carattere religioso**: anzitutto la Chiesa bizantina non riconosceva il primato del vescovo di Roma e dipendeva direttamente dall'imperatore, che a Costantinopoli era anche la suprema autorità religiosa. A complicare le cose si aggiungeva la teologia: gli occidentali sostenevano che lo Spirito Santo discendeva sia dal Padre sia dal Figlio, i bizantini affermavano che discendeva unicamente dal Padre. Per questo i bizantini erano visti in Occidente come eretici: «Tutte le eresie – disse l'ambasciatore dell'imperatore di Germania a Costantinopoli – sono nate presso di voi, hanno trionfato presso di voi. Noi occidentali le abbiamo soffocate, le abbiamo uccise». Fu proprio questa controversia a determinare lo scisma del 1054, in occasione del quale **il papa Leone IX e il patriarca di Costantinopoli Michele Cerulario si scomunicarono a vicenda**. L'avvenimento, che passò inosservato presso i contemporanei, era destinato ad avere conseguenze sul lungo periodo. Lo scisma, infatti, confermò il plurisecolare processo di distacco, dal punto di vista culturale e religioso, dell'Oriente dall'Occidente. Da esso nacque la **Chiesa ortodossa**, che ancora oggi gestisce il culto cristiano in Grecia e nelle regioni dell'Europa orientale.

Ortodosso
Il termine è un composto delle parole greche *orthós*, 'retto' e *dóxa*, 'opinione'. In senso generico indica chi accetta integralmente le dottrine religiose affermate come vere da una determinata Chiesa e ne osserva il culto: per esempio "cattolici ortodossi", "anglicani ortodossi" e, in analogia, "dottrine, affermazioni, opinioni ortodosse". In senso più preciso è la denominazione assunta dalla Chiesa greca per caratterizzarsi e contrapporsi alla Chiesa romana dopo lo scisma.

Squilibri sociali e pressione fiscale

La compagine bizantina aveva cominciato a decadere vistosamente già dal X secolo: mentre la pressione dei nemici sulle frontiere non accennava a diminuire, un fiscalismo eccessivo soffocava la piccola proprietà agricola e garantiva enormi privilegi ai grandi latifondisti. L'oppressione fiscale e lo sfruttamento dei contadini da parte dei nobili strangolavano l'economia e accrescevano fino al livello di guardia la **tensione sociale**. Rispetto a un Europa depressa e attardata come quella dell'alto Medioevo, Bisanzio era apparsa come un faro di civiltà, ma ora che l'Europa si riprendeva, aprendosi a nuove esperienze economiche e culturali, Bisanzio perdeva colpi su colpi.

Il distacco tra il mondo bizantino e la Cristianità occidentale fu accentuato anche dall'allontanamento delle forze bizantine che occupavano la Sicilia e parte dell'Italia meridionale. L'intervento degli arabi nel IX secolo e dei normanni nell'XI, poi, portò al definitivo abbandono dei possedimenti bizantini nella nostra penisola [👁 1.6]. Anzi, i normanni, guidati da Roberto il Guiscardo, dopo aver attaccato l'Epiro ed essersi impadroniti di Durazzo, tentarono addirittura di conquistare Costantinopoli. Di fronte alla minaccia incombente, l'imperatore Alessio I chiese l'aiuto di Venezia, che intervenne con la sua flotta a favore dei bizantini, sconfiggendo i normanni. In cambio dell'intervento, Venezia ottenne ampi privilegi, come il permesso di commerciare liberamente in tutte le città dell'Impero, Costantinopoli compresa, senza pagare tasse e dazi. Gli effetti di questo provvedimento produssero un ulteriore peggioramento delle già dissestate finanze imperiali.

GUIDA ALLO STUDIO
❶ Qual era l'estensione dell'Impero bizantino nell'XI secolo? Quali popolazioni premevano ai confini dell'Impero? ❷ Che cosa determinò lo scisma del 1054? Quali conseguenze ebbe sulle relazioni tra Oriente e Occidente? ❸ Quali erano i fattori della decadenza economica di Bisanzio tra il X e l'XI secolo? ❹ Quali vantaggi ottennero i veneziani al termine del conflitto tra bizantini e normanni?

7 Quando la religione divide: cristiani e musulmani

Rapporti culturali ed economici

Durante il periodo della presenza araba in Sicilia e in Spagna i rapporti economici e culturali tra il mondo islamico e quello cristiano erano stati intensi. Gli arabi avevano trasmesso all'Occidente tecniche, gusti, forme artistiche, idee scientifiche che avevano arricchito notevolmente il **bagaglio culturale** delle popolazioni europee [👁 3.2]. Molte di queste acquisizioni della cultura materiale e intellettuale gli arabi le avevano ereditate – in Siria come in Egitto, in Africa come in Spagna e in Sicilia – dal millenario patrimonio della **tradizione greco-romana**. I contatti, gli avvicendamenti e anche gli scontri tra i popoli avevano determinato, nel tempo, un intreccio molto proficuo, che fece del Medioevo, dal punto di vista culturale, un'**epoca aperta e ricettiva**.

I musulmani non amavano frequentare l'Europa, ma gli europei, in compenso, percorrevano il mondo musulmano. Il risveglio economico dell'Occidente spinse i mercanti cristiani a frequentare i **principali porti musulmani** e di lì anche le **città**

Corsari
Le navi corsare attaccavano le imbarcazioni nemiche per depredarle. A differenza dei pirati, i corsari ricevevano la lettera di corsa o di marca con cui lo Stato per il quale agivano li autorizzava alle azioni in mare. La guerra di corsa, così erano detti gli assalti corsari, fu combattuta nel Mediterraneo dal XII-XIII secolo fino a divenire endemica in queste acque. E si alimentò del conflitto fra cristiani e musulmani.

dell'entroterra: gli italiani per primi, ma poi anche gli spagnoli, i francesi, i fiamminghi, gli inglesi. La figura del **mercante "franco"** (così i musulmani chiamavano gli europei) divenne familiare in molte città africane e orientali. Oltre ai manufatti artigianali, i mercanti cristiani si procuravano su queste piazze tutte quelle merci che i musulmani facevano affluire dall'**Oriente** e dall'**Africa**: dalla Cina, dall'Asia centrale, dall'India, i musulmani importavano sete, pietre preziose, spezie, piante aromatiche, legname pregiato, ceramiche, metalli; dall'Africa soprattutto schiavi e oro. Molte di queste merci finivano poi in Europa, grazie all'intraprendenza dei mercanti cristiani. I mercanti musulmani in Europa erano invece rarissimi. L'Occidente, infatti, non aveva molto da offrire all'Islam, e la maggior parte delle sue esportazioni riguardava tre generi principali: schiavi, armi, lana inglese.

Schiavi, armi e lana: i prodotti richiesti dai musulmani

Come tutte le grandi civiltà dell'epoca, anche quella musulmana utilizzava il lavoro degli schiavi. Poiché la **legge islamica** proibiva di ridurre in schiavitù i musulmani o quegli "infedeli" che pagavano il tributo al governo musulmano, i mezzi di reclutamento della manodopera schiavile si riducevano a due: l'allevamento degli schiavi e il rifornimento dall'estero, che avveniva in due modi, cioè tramite razzie o tramite acquisti regolari. Soprattutto nei secoli dal X al XII i **corsari** musulmani della Spagna, della Sicilia, dell'Africa settentrionale effettuarono **incursioni periodiche** lungo le coste del Mediterraneo, catturando migliaia di **prigionieri** (si racconta che una sola spedizione lungo l'Adriatico ne procurò circa 12 mila) che i **trafficanti musulmani** smistavano in tutto il mondo islamico ricavandone lauti guadagni. Ma c'era un'altra via di rifornimento, meno impegnativa dal punto di vista militare. Gli **europei**, con i veneziani in prima fila, non disdegnavano di vendere ai musulmani gli schiavi provenienti dall'Europa orientale e soprattutto dalle popolazioni slave: lo slavo divenne a tal pun-

Assalto dei saraceni sulle coste pugliesi e calabre [da Giovanni Villani, *Nuova cronica*, ms Chigiano L VIII 296, f. 42r; Biblioteca Vaticana, Roma]
Questo disegno acquerellato raffigura un gruppo di saraceni appena giunti su un veliero, pronti ad attaccare una cittadina sulle coste del Sud Italia. I musulmani sono riconoscibili sia per la pelle leggermente scura, sia per il leone nero rampante (raffigurato sulla bandiera e su uno scudo), tradizionalmente attribuito dalle fonti medievali al sultano Saladino. Mentre dall'imbarcazione si lanciano frecce, un saraceno è già sbarcato e, con la spada levata, è pronto a decapitare il primo di un gruppo di persone, che, inginocchiate, chiedono invano pietà. L'edificio alle loro spalle, che rimanda all'idea della città, potrebbe essere una chiesa, riconducendo così simbolicamente la morte dei cristiani a un atto di fede.

to l'oggetto privilegiato di questo commercio da dare il suo stesso nome alla parola "schiavo": ***sclavus* da *slavus***, in sostituzione del latino *servus*. Invano i papi cercarono di impedire questo sordido commercio che sottraeva anime alla Cristianità per consegnarle agli infedeli.

Altra merce richiesta abbondantemente erano le **armi**. La qualità delle **spade franche**, che mantenevano l'altissima tradizione della splendida metallurgia germanica, era apprezzata in tutto il Mediterraneo e alimentava un traffico in continua espansione. Anche in questo caso i pontefici tuonavano contro chi vendeva strumenti di morte che gli infedeli avrebbero usato contro il popolo cristiano; ma anche in questo caso l'attrattiva del guadagno si rivelò più forte del timore religioso. L'ultimo importante prodotto richiesto dai paesi islamici era il **panno inglese**, già allora rinomato e celebrato in tanti documenti islamici, che ne vantavano la grande qualità.

38
A. Bausani
Il Corano

39
I.M. Lapidus
La legge islamica e la sua applicazione

41
M. Cook
Uomo e donna nel Corano

42
G. Vercellin
La poligamia nelle società musulmane

L'Islam e le altre religioni

Questi contatti, tuttavia, non bastavano a superare le **barriere mentali e culturali** che separavano i due mondi. Per i cristiani, i musulmani erano sempre gli "infedeli"; per i musulmani, infedeli erano invece i cristiani. Queste antiche diffidenze e incomprensioni sono alla base di tanti pregiudizi che ancora oggi seminano odio e violenza. Per i musulmani l'umanità si divideva in due: la **Casa dell'Islam** e la **Casa della guerra**; la prima comprendeva tutti i paesi in cui si seguiva la legge islamica, cioè quelli rientranti nel loro diretto dominio; l'altra comprendeva il resto del mondo. Compito di ogni musulmano degno di questo nome era lottare con ogni mezzo per estendere la Casa dell'Islam su tutta l'umanità. La divisione del mondo in paesi e popoli, che nel pensiero cristiano aveva tanta importanza, nel mondo islamico era debolissima. Le denominazioni veramente importanti erano Casa dell'Islam e Casa della guerra, e le altre non contavano molto.

La concezione del mondo caratterizzata dalla divisione tra terre islamizzate e non ancora islamizzate aveva dominato la coscienza dei musulmani all'epoca della loro grande espansione (VIII secolo) e aveva animato l'entusiasmo dei guerrieri arabi. La successiva divisione dell'Impero musulmano in più Stati e il colpo di freno imposto agli eserciti musulmani dai nemici più potenti (la Cina, Bisanzio, i regni cristiani dell'Europa occidentale) introdussero, però, elementi di maggiore duttilità in quella visione così rigida. La **conquista del mondo** non fu più vista come imminente, ma rinviata a un'epoca lontana, mentre si cominciarono a diffondere regole di convivenza con gli infedeli più sfumate. Si affermò, così, riguardo ai miscredenti, una distinzione tra gli atei e i politeisti da una parte, gli ebrei e i cristiani dall'altra. Per i primi c'era una sola alternativa: convertirsi all'Islam o essere uccisi. Per gli altri c'era, invece, una terza possibilità.

Ebrei e cristiani erano infatti ritenuti seguaci di religioni superiori, perché **monoteiste** come quella islamica. I musulmani riconoscevano inoltre al cristianesimo e all'ebraismo la dignità di **religioni "rivelate"**. L'avvento di Maometto nel 622 e la diffusione del Corano erano stati, per i musulmani, l'ultima e definitiva di una serie di rivelazioni attraverso le quali Dio si era manifestato agli uomini: ebrei e cristiani erano "infedeli" nel senso che, pur avendo ricevuto a suo tempo la rivelazione del vero Dio, si erano poi rifiutati di riconoscerne la volontà ultima e perfetta (quella appunto rivelata da Maometto). Agli ebrei e ai cristiani che vivevano sotto l'Islam era permesso di praticare la loro religione, di frequentare i luoghi di culto, di svolgere le loro attività. Dovevano però riconoscere la superiorità islamica attraverso il pagamento di un **tributo speciale**, di carattere personale.

GUIDA ALLO STUDIO

❶ Quali merci i mercanti europei acquistavano dai musulmani? Da dove provenivano? ❷ Perché la presenza di mercanti musulmani in Europa era molto rara? ❸ In che modo era divisa l'umanità secondo la visione islamica del mondo? ❹ Quali diritti erano riconosciuti ai cristiani e agli ebrei che vivevano sotto l'Islam? ❺ I cristiani erano tolleranti con le minoranze islamiche?

8 Il mito della Terrasanta: tra religione ed economia

Aggressività cristiana e debolezza islamica

Con l'ascesa del califfato abbaside, nel 750, aveva avuto inizio la frammentazione politica del mondo islamico. I musulmani inoltre non erano rimasti a lungo indisturbati nei loro possedimenti europei di Sicilia e di Spagna. Tra il 1061 e il 1091 i normanni, guidati da Ruggero d'Altavilla, conquistarono la **Sicilia** [👁 1.6]. Parallelamente le città marinare italiane di Amalfi, Pisa e Genova erano passate da una politica difensiva nei confronti dell'Islam a una **politica offensiva**, aprendo nuove vie di traffico alle proprie navi, effettuando incursioni, strappando ai rivali empori e piazze commerciali. Il Mediterraneo era ridiventato un mare anche italiano.

Non diversamente si era evoluta la situazione nella **Penisola iberica**, dove i regni avevano dato inizio dal IX-X secolo alla ***Reconquista*** dei territori occupati dai musulmani. Fu un'operazione lenta ma inarrestabile, che a tratti assunse quasi i caratteri di una crociata. Infatti, numerosi furono i cavalieri normanni e francesi che accolsero l'invito del papa e giunsero in Spagna per combattere contro i musulmani. Alla presa di Toledo nel 1085 seguirono quelle di Saragozza nel 1118, di Cordova nel 1236, di Valencia nel 1238, di Siviglia nel 1248 [👁 ATLANTE_15]. Granada sarebbe invece caduta molto tempo dopo, nel 1492. I nuovi dominatori cristiani procedettero a conversioni forzate in tutta la penisola, e ai musulmani di Spagna non restò altra scelta che convertirsi o emigrare.

ATLANTE 15_LA *RECONQUISTA*

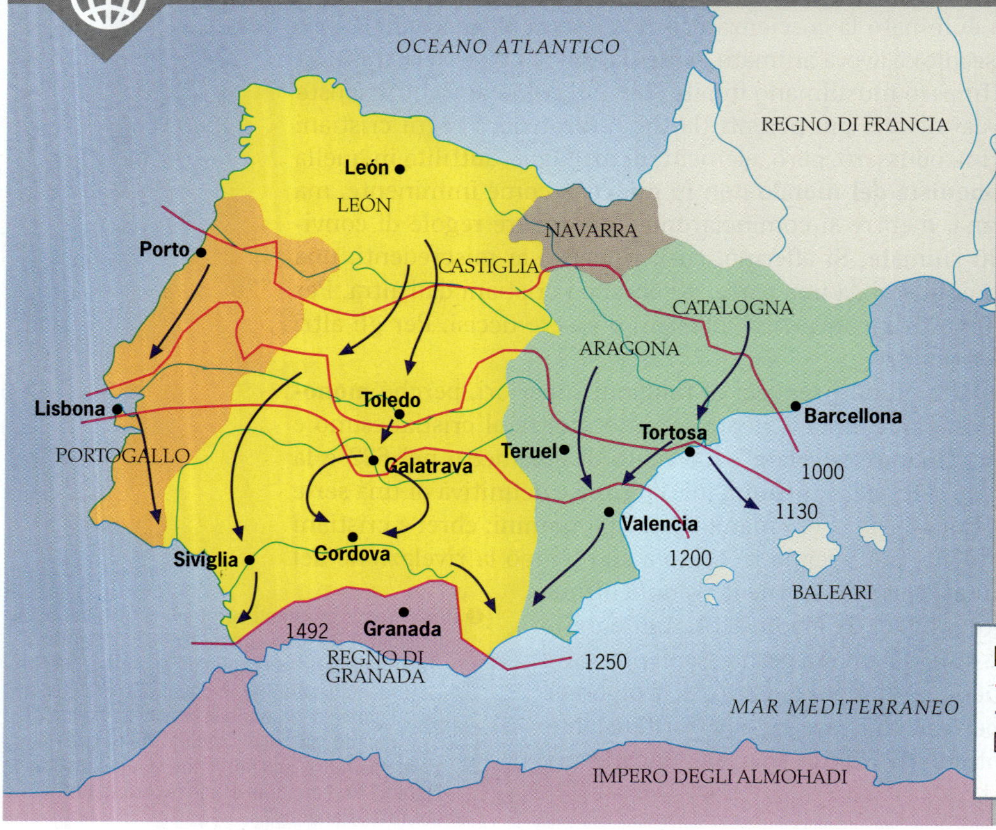

Tra XI e XII secolo l'avanzata dei regni cristiani procedette in maniera lenta ma inarrestabile. Alla fine del XIII secolo i musulmani controllavano esclusivamente il Regno di Granada, nella parte meridionale della penisola, che verrà conquistato dai cristiani solo nel 1492.

L'Europa cristiana, aggressiva e in ripresa, usciva dunque da secoli di passività e prendeva l'iniziativa contro un **Islam che appariva militarmente spento e sulla difensiva.** In questo periodo l'Islam attraversava in effetti una grave crisi che ne minava l'antica compattezza. Il primo fattore di debolezza era di carattere religioso: uniti nel contrapporsi agli "infedeli" e consapevoli di essere tutti seguaci dell'unico e vero Dio, i musulmani erano però divisi dall'**appartenenza a innumerevoli sètte**, più o meno importanti, che si contendevano l'egemonia, anche con lo scontro armato. Queste contrapposizioni religiose si nutrivano di motivi teologici e di contrastanti interpretazioni e applicazioni del Corano, ma esprimevano anche gli antagonismi sociali che certo non mancavano nella società islamica. A tutto questo si aggiunse la **rivalità religiosa** tra Est e Ovest. I **musulmani d'Oriente** si ritenevano infatti molto più puri e osservanti degli altri e non nascondevano di sentirsi culturalmente superiori. Per loro i musulmani di Spagna, i berberi e i maghrebini (del Nord Africa) erano una specie di sottoprodotto islamico. Questi fattori di divisione finirono indubbiamente per pesare sul destino del mondo musulmano.

43
F. Cardini
Cristiani e musulmani

44
B. Lewis
Musulmani e cristiani

L'appello del papa Nel corso dei **concili** di **Piacenza** e di **Clermont-Ferrand** (in Francia), svoltisi rispettivamente nel marzo e nel novembre del 1095, il pontefice **Urbano II** (1088-1099) additò alla Cristianità il vero nemico da combattere: da troppo tempo, ormai, i cristiani si dilaniavano tra loro in guerre fratricide, mentre i nemici di Cristo prosperavano e occupavano sacrilegamente i luoghi santi che avevano visto la nascita, la predicazione e la morte di Gesù, i luoghi dove si trovavano il Santo Sepolcro e un'infinità di preziosissime reliquie. **Combattere i miscredenti e rioccupare la Palestina** era il dovere prioritario di ogni vero cristiano, che in tal modo espiava anche i propri peccati. Da buon politico, il papa

Un prete e un gruppo di cavalieri in partenza per la Terrasanta

Le crociate non rivelarono solo una finalità spirituale, ma ebbero come presupposto e conseguenza il forte sviluppo delle flotte delle città marinare italiane. Queste ultime incoraggiarono il succedersi delle spedizioni in Oriente poiché, oltre a trarre considerevoli vantaggi dall'attività di trasporto delle truppe e dalla gestione dei rifornimenti, si procurarono importanti postazioni e privilegi commerciali nelle aree strappate ai musulmani e all'Impero bizantino.

40

A. Wheatcroft
Guerra santa

non aveva mancato di aggiungere a questo richiamo religioso una chiara allusione ai **vantaggi di carattere economico** che i guerrieri cristiani avrebbero tratto dalle loro spedizioni in Oriente. I paesi orientali, si ripeteva, erano terre ricche, ricolme di tesori, e dunque prede ideali per guerrieri coraggiosi. Il fenomeno della crociata nasce, quindi, dall'incrocio tra motivazioni di **entusiasmo religioso** e **aspettative di ricchezze** e di avventure.

Migliaia di uomini in Europa cominciarono, dunque, a guardare alla Palestina come alla meta suprema della loro esistenza. La Palestina era, ed è, una regione piccola e di scarsa rilevanza economica, ma la sua **importanza ideologica** è sempre stata enorme. Ben **tre religioni** l'hanno scelta come punto di riferimento simbolico: per gli ebrei, la Palestina è la Terra promessa, il luogo dove sorgono il Muro del pianto e il Tempio; per i cristiani, è la regione dove è nato Gesù Cristo e dove si trova il suo Santo Sepolcro; per i musulmani, è il paese della montagna di Abramo, da dove Maometto salì al cielo. Questa peculiare caratteristica spiega anche il valore di **"epopea"** che le crociate assunsero nella storia dell'Occidente, un significato sproporzionato rispetto all'entità degli eventi militari veri e propri.

La prima crociata Una prima spedizione, detta **crociata popolare**, raccolse spontaneamente nel 1096 una moltitudine di contadini e di avventurieri, di nobili impoveriti e di semplici fanatici. Già in Renania, poco dopo la partenza, questa **massa inferocita** compì massacri di "infedeli" **ebrei**, e si abbandonò a

ATLANTE 16_ITINERARI CROCIATI (XI- XIII SECOLO)

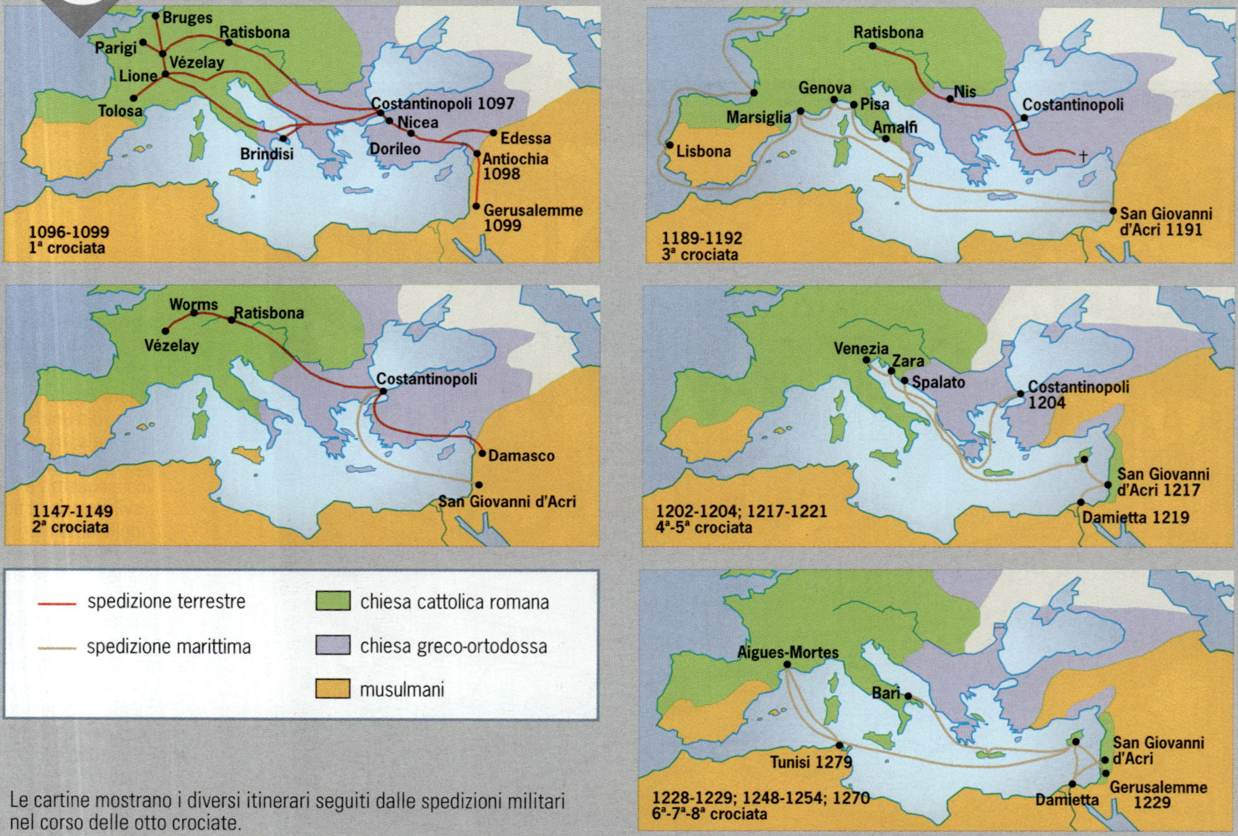

Le cartine mostrano i diversi itinerari seguiti dalle spedizioni militari nel corso delle otto crociate.

saccheggi indiscriminati. Questi primi crociati non andarono molto lontano: in Ungheria furono attaccati e dispersi dalle popolazioni locali, esasperate dalle violenze e dalle rapine; il resto della spedizione fu sterminato dai turchi in Asia Minore.

La **prima crociata** "ufficiale" partì poco tempo dopo, alla fine del **1096**, e radunò guerrieri di tutti i paesi europei, disciplinati e divisi per gruppi. Li comandavano signori come Goffredo di Buglione, Boemondo di Taranto, Tancredi d'Altavilla, Roberto di Fiandra, conti e duchi della più alta nobiltà francese, tedesca, normanna. Ma, giunti in Oriente, i crociati furono costretti a una dura trattativa con Bisanzio. L'imperatore bizantino, **Alessio I Comneno**, accordò il suo appoggio solo a patto del riconoscimento della sua suprema autorità sulla spedizione: sperava di trarre da questo atto formale delle acquisizioni territoriali. Raggiunto l'accordo, i crociati proseguirono per il Vicino Oriente e assediarono **Gerusalemme**, che conquistarono nel 1099, sterminando tutti gli "infedeli", sia musulmani sia ebrei **[**👁 ATLANTE_**16]**.

Gli accordi con Bisanzio non furono però rispettati. Nei territori strappati ai musulmani i crociati costituirono infatti numerose **compagini di tipo feudale**. In Cilicia Boemondo di Taranto costituì il Principato di Antiochia; nella stessa regione, dove era presente una forte componente armena, il Regno della Piccola Armenia, cristiano, divenne un valido alleato dei crociati; Baldovino di Boulogne si stabilì in Mesopotamia, fondando il Principato di Edessa; Goffredo di Buglione fu a capo del Regno di Gerusalemme, con il titolo di «*advocatus* [difensore] del Santo Sepolcro». Pochi anni dopo, il conte Raimondo di Tolosa fondò la contea di Tripoli sulle coste del Libano.

GUIDA ALLO STUDIO

❶ Quali erano i principali concorrenti commerciali dei musulmani nel Mediterraneo occidentale? ❷ Quali risultati portò la *Reconquista* cristiana della Spagna? ❸ Quali elementi di debolezza caratterizzarono il mondo musulmano dopo il Mille? ❹ Qual era il significato del messaggio lanciato dal papa Urbano II a Clermont-Ferrand? ❺ Che esito ebbe la prima crociata "ufficiale" e chi vi prese parte?

9 Crociata, una parola medievale e attuale

Violenza e convivenza

I principati crociati, pur se fragili, resistettero con vicende alterne per circa due secoli, grazie al continuo afflusso di guerrieri dall'Europa **[**👁 ATLANTE_**17]**. Le crociate – otto complessivamente, di cui l'ultima nel **1270** – più che sporadiche campagne militari furono una sorta di **istituzione permanente**. Ogni anno, con l'arrivo della primavera, dai porti europei partivano convogli di navi che portavano in Terrasanta una folla di cavalieri, soldati, pellegrini, mercanti, monaci. Di questa situazione beneficiarono enormemente le città marinare italiane, che, oltre a monopolizzare i trasporti marittimi, ottennero privilegi ed esenzioni doganali da parte degli Stati crociati, rafforzando la propria presenza nell'area mediorientale.

Ma questo afflusso di uomini dall'Europa non bastava a risolvere i problemi dei principati cristiani in Terrasanta. Molto spesso, infatti, i nuovi arrivati, per entusiasmo religioso o per semplice sete di avventura o di bottino, si sottraevano a qualsiasi disciplina e assumevano incontrollate iniziative di aggressione contro gli "infedeli". Ciò contrastava con gli interessi dei signori locali, cui occorrevano invece forze militari permanenti e professionali e non indocili bande di armati pronti a disperdersi alle prime

Un cavaliere crociato
XII sec.
[British Museum, Londra]

Ospedale
Da *hospitale*, 'alloggio per forestieri'. L'ospedale era deputato all'accoglienza di poveri e pellegrini; solo secondariamente si occupò dell'assistenza agli infermi. La diffusione degli ospedali in età medievale deve inquadrarsi in una concezione del mondo che dava grande rilievo alla carità istituzionalizzata. Gli ospedalieri di San Giovanni furono tra gli ordini costituitisi per occuparsi degli ospedali. A differenza di altri, quest'ordine monastico-cavalleresco assunse il compito di accogliere e difendere i pellegrini in Terrasanta.

difficoltà. La sopravvivenza degli Stati crociati, una volta assorbito l'impatto della prima crociata, era quindi affidata anche alla **diplomazia**: quando non si combatteva, cristiani e musulmani stabilivano relazioni politiche e commerciali che non dovevano essere turbate dalle intemperanze di pellegrini armati e scalmanati. A questi problemi rispose la Chiesa, dimostrando una straordinaria capacità di adattamento alla società guerriera del tempo, attraverso la fondazione di diversi **ordini monastico-cavallereschi**: i più importanti furono i **templari**, così chiamati perché la casa madre era una fortezza situata dove si riteneva che sorgesse il tempio di Salomone, a Gerusalemme, e gli **ospedalieri di san Giovanni**, perché stanziati presso l'**ospedale** di Gerusalemme. Gli ordini monastico-militari si dotarono di una vera e propria **Regola**, dove accanto ai voti di castità, povertà e ubbidienza era previsto il voto di lottare contro i nemici della fede cristiana. Nei suoi primi due secoli di esistenza, l'ordine dei templari contò circa 70 mila caduti.
Successivamente alcuni di questi ordini fondarono sedi anche in Europa: è il caso dei **Cavalieri teutonici**, un ordine istituito nel 1198 con l'obiettivo di sottomettere e convertire le popolazioni pagane dell'area baltica [ATLANTE_**18**].

ATLANTE 17_GLI STATI CROCIATI E IL LORO SFALDAMENTO

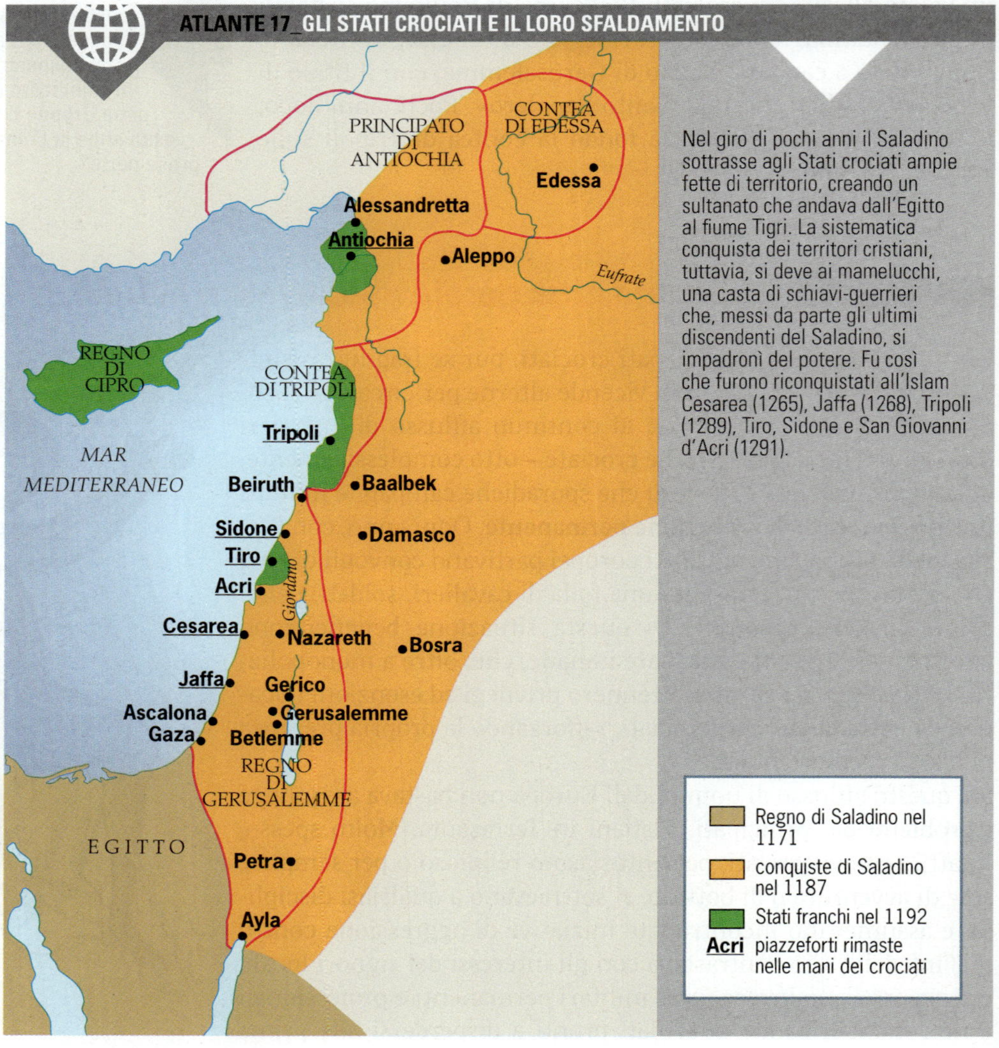

Dal significato originario all'uso odierno

Nel Medioevo il termine "crociata" si diffuse nell'uso comune a partire dal XIII secolo. I primi cronisti medievali, infatti, parlavano semplicemente di *iter*, **'viaggio'**, una parola assai meno drammatica e ideologica che si riferiva sia alle spedizioni militari sia ai pellegrinaggi [👁 3.10 STORIA•SOCIETÀ•CITTADINANZA]. Crociata nacque dall'espressione latina ***cruce signati***, cioè 'segnati dalla croce', 'crociati'. Con questi termini erano denominati quei cristiani che avevano fatto **voto di raggiungere la Terrasanta** per pregare negli stessi luoghi che avevano visto la nascita, la predicazione e la morte di Gesù Cristo. Per manifestare esteriormente tale voto, questi individui portavano una croce di stoffa cucita sull'abito o sulla bisaccia. Con lo stesso termine furono indicati i **guerrieri** che si recavano in Terrasanta per liberarla dagli "infedeli", poiché anch'essi recavano il simbolo della croce sugli scudi o su altri elementi del loro abbigliamento.

Con il passare del tempo, questa parola fu usata per designare altri fenomeni, che non riguardavano i rapporti tra il cristianesimo e l'Islam, ma **scontri interni** al cristianesimo, come per esempio la cosiddetta "crociata contro gli albigesi", condotta nei primi decenni del XIII secolo contro il catarismo, un'eresia particolarmente diffusa nel territorio della città di Albi, nella Francia meridionale [👁 4.1].

Nel linguaggio comune, il termine crociata viene oggi usato, senza alcuna connotazione religiosa, per designare, una **campagna di lotta** organizzata per combattere abitudini, situazioni, comportamenti o nuove visioni del mondo e della società considerati come altrettanti mali sociali. Essa qualifica generalmente un atteggiamento repressivo, scatenato da una mentalità giudicata chiusa e retrograda: questo avviene quando si dice, per esempio, «crociata contro la parità dei sessi, contro il diritto di voto alle donne, contro l'aborto», ecc.

Il Castello di Malbork in Polonia
1270

Il castello di Malbork in Polonia ospitava il quartier generale del «gran maestro» dell'Ordine teutonico. L'Ordine teutonico, ossia «tedesco», fu creato in Palestina intorno alla fine del XII secolo, ma svolse un'attività di proselitismo e difesa del cattolicesimo nelle terre del Baltico. Il compito dei Cavalieri, che pronunciavano voti di tipo monastico e si impegnavano nell'assistenza dei deboli e degli ammalati, era quello di proteggere la fede cristiana con la spada e di combattere gli infedeli.

ATLANTE 18_STATO DELL'ORDINE TEUTONICO IN PRUSSIA-LIVONIA

Una prima ondata di colonizzazione dei territori baltici risale al XII secolo, quando i signori tedeschi, in conseguenza della crescita demografica del Mille, incoraggiarono i contadini a spingersi al di là delle frontiere dell'Impero. Anche in quella circostanza la colonizzazione dei territori fu accompagnata dall'evangelizzazione forzata delle popolazioni locali.

Ma il ricordo delle crociate medievali – malgrado i tanti secoli trascorsi – è ancora vivo nella **propaganda politica e ideologica contemporanea**. Alcune organizzazioni che si oppongono all'immigrazione, nei ricchi paesi dell'Occidente, di gruppi provenienti dai paesi islamici, amano talvolta definirsi come i **«nuovi crociati»**. Parallelamente, i gruppi estremisti e terroristi islamici bollano come «nuovi crociati» gli occidentali, accusati di sfruttare il mondo islamico e di conculcarne la crescita e la libertà. Da questo punto di vista potremmo dire che la storia medievale è diventata storia contemporanea.

GUIDA ALLO STUDIO

❶ Per quale motivo fu fondato l'ordine dei templari? ❷ Che origine aveva avuto il termine "crociata"? ❸ Quale utilizzo ha avuto nei secoli successivi il termine "crociata"?

10 Fratture ideologiche nel Mediterraneo

Secondo alcuni storici, le crociate avrebbero avuto un'importanza decisiva nella ripresa dei traffici mediterranei e quindi nella rinascita dell'Occidente. In questa valutazione c'è molto di esagerato: senza l'esperienza delle città marinare italiane nel commercio e nella guerra navale e senza la crescita demografica dell'Europa, le crociate sarebbero state infatti inconcepibili. **Le crociate, in sostanza, furono un prodotto dell'espansione europea e non la sua causa.**

Altre spedizioni Alla prima crociata, conclusasi con successo, ne seguirono **altre sette** che dal punto di vista militare furono un fallimento, perché non portarono a un'occupazione stabile dei territori palestinesi da parte cristiana. Anzi, le crociate successive a quella del 1096-99 furono caratterizzate da **obiettivi puramente difensivi** (recupero di aree rioccupate dagli islamici), mentre sempre più chiaramente acquistarono peso **motivazioni economiche** (soprattutto da parte delle principali città marinare italiane), che ridussero progressivamente l'importanza della originaria componente religiosa. La **seconda crociata** (1147-49) fu promossa da Luigi VII di Francia e dall'imperatore Corrado di Svevia per la riconquista della contea di Edessa, perduta dai cristiani nel 1144; la spedizione, dopo una clamorosa sconfitta presso Damasco, si sciolse senza aver concluso alcunché. La **terza crociata** (1189-92), condotta dall'imperatore Federico Barbarossa (che vi perse la vita [👁 1.9]), e poi da Filippo II Augusto [👁 4.6], re di Francia, e

Combattimento fra Saladino e Riccardo Cuor di Leone
1330-40 ca.
[British Library, Londra]

Riccardo Cuor di Leone, re d'Inghilterra, fu organizzata perché nel 1187 Gerusalemme era stata ripresa dai turchi, ormai decisamente passati all'offensiva sotto la guida del grande **sultano Saladino** (1177-93), Salâh al-Dîn, che aveva riunificato i territori islamici d'Egitto e di Siria. Nonostante i successi cristiani, la terza crociata ebbe come unico risultato la creazione del **Regno di Cipro**, poiché i contrasti tra il re francese e il re inglese impedirono l'attuazione di un piano d'azione unitario **[👁 ATLANTE_17]**.

Sultano
Il termine, di origine araba, significa "sovrano". Designa il titolo attribuito in origine ai califfi, i sovrani di una regione islamica i cui poteri erano quelli di un monarca assoluto. In seguito "sultano" divenne il titolo del sovrano turco.

La quarta crociata e il saccheggio di Costantinopoli

Nel bilancio delle crociate vanno calcolate anche **conseguenze molto negative** come la diffusione dello spirito d'intolleranza, l'irrigidimento ulteriore dei musulmani nei confronti dell'Europa, la **rovina della Cristianità bizantina**. Quest'ultima conseguenza fu particolarmente grave. Le crociate, infatti, non furono soltanto una questione tra l'Europa cattolica e l'Islam, dal momento che loro scopo era riconquistare alla Cristianità occidentale tutte le terre che un tempo le erano appartenute: non solo la Terrasanta, ma anche l'Impero bizantino che, con lo scisma del 1054, se ne era allontanato **[👁 3.6]**. Tra i crociati che si trovavano spesso ad attraversare i territori bizantini per recarsi in Terrasanta, non erano in pochi a pensare che i bizantini, come dice un testo dell'epoca, «non fossero per niente cristiani, e che ucciderli non fosse un male».

I rapporti fra crociati e bizantini precipitarono in occasione della **quarta crociata**, bandita da papa **Innocenzo III** (1198-1216) nel **1202**. Lo scopo era, come per la terza, quello di riconquistare Gerusalemme. Il progetto prese però una piega imprevista: il doge veneziano **Enrico Dandolo**, politico di grande astuzia e abilità, colse al volo l'occasione e cercò di sfruttare la spedizione a vantaggio della sua città: egli mise a disposizione, per il trasporto dei crociati, la sua grande flotta, ma chiese in cambio la **conquista di Zara**, una città chiave dell'Adriatico, allora in possesso del re d'Ungheria (che si era emancipato dal dominio bizantino nel XII secolo). I crociati espugnarono Zara, ma non raggiunsero mai la Terrasanta; si lasciarono infatti trascinare dai veneziani nelle contese dinastiche che in quel momento laceravano l'Impero bizantino. Nel sostenere uno degli aspiranti al trono, i crociati posero l'**assedio a Costantinopoli** **[👁 ATLANTE_16]**. I vescovi e i chierici dell'esercito si riunirono per discutere sull'opportunità dell'assalto, e la loro conclusione fu chiara: attaccare Bisanzio non era un peccato, ma «una grande opera di zelo».

I crociati attaccano Costantinopoli
[da Goffredo di Villehardouin, *La Conquête de Constantinople*, 1330 ca.]

La città cadde nel 1204: gli abitanti, donne e bambini compresi, furono massacrati, chiese e biblioteche furono distrutte, splendidi tesori d'arte e di cultura accumulati nei secoli furono dispersi: «I saraceni stessi – disse un cronista bizantino – sono buoni e comprensivi al paragone di questa gente che porta la croce del Cristo sulla spalla». A Costantinopoli fu insediato un debole **Impero latino d'Oriente**, legato a Roma dal punto di vista religioso, mentre i dignitari "franchi" ("europei" per i musulmani) si spartirono le varie province bizantine. I mercanti veneziani dilagarono in tutti i porti ottenendo il controllo delle principali vie di traffico. L'Impero latino d'Oriente non durò a lungo e già nel 1261 fu ristabilita la vecchia ortodossia

STORIA • SOCIETÀ • CITTADINANZA

I pellegrinaggi

Il pellegrinaggio (dal latino *peregrinus*, 'straniero') è un viaggio verso luoghi dove è possibile entrare in contatto con il sacro. Nel Medioevo tutti i pellegrinaggi condividevano almeno quattro aspetti. Essi comportavano una **prova fisica**, alla quale si aggiungeva una **prova morale**, poiché durante il suo spostamento il pellegrino perdeva i contatti con la comunità originaria ed era uno straniero rispetto ai luoghi che attraversava. Inoltre, il fedele aveva sempre una meta precisa, il **luogo sacro**, e dall'esperienza del pellegrinaggio derivava una **ricompensa** di ordine spirituale (il perdono dei peccati, l'acquisizione di meriti presso il Signore) o materiale (per esempio, la guarigione da una malattia). Il pellegrinaggio si svolgeva secondo precisi rituali. Innanzitutto il pellegrino era riconoscibile già dall'aspetto: il bastone, la bisaccia, la mantella sormontata da un grande cappuccio lo identificavano in modo inequivocabile. Infatti, indossando nuovi abiti, il fedele abbandonava temporaneamente la propria vita quotidiana per intraprendere un viaggio, scandito da tappe intermedie, verso il sacro e il miracoloso. Una volta giunto a destinazione, poi, egli compiva una serie di **operazioni rituali** – preghiere, abluzioni, gesti simbolici, richieste particolari indirizzate alla divinità – dalle quali dipendeva il significato del viaggio e l'ottenimento della ricompensa. I viaggi dei pellegrini si svolgevano solitamente a piedi e potevano durare settimane o anche mesi. Viaggiare era molto pericoloso, a causa delle intemperie, dei rischi che si correvano nell'attraversare fiumi e montagne, della minaccia sempre incombente dei briganti che infestavano le foreste e i luoghi disabitati. Le mete di pellegrinaggio dei cristiani erano numerose e sparse in tutto il mondo. Tra le più comuni vi erano: **Roma**, dove i fedeli si recavano per pregare presso le tombe degli apostoli Pietro e Paolo, **Santiago di Compostela** (nella Spagna nord-occidentale), dove si riteneva fosse sepolto l'apostolo Giacomo, **Loreto**, nelle Marche, dove dal XIII secolo si venerava la reliquia della cosiddetta "Santa Casa" (la casa dove Maria, la madre di Gesù, ricevette l'annuncio della nascita miracolosa di Gesù) e la **Terrasanta**, per pregare negli stessi luoghi dove Gesù aveva predicato, era stato crocifisso ed era risorto.
Data l'importanza anche economica dei pellegrinaggi, le autorità fornivano dei salvacondotti per agevolare l'attraversamento dei vari territori e delle città. I pellegrini, inoltre, potevano trovare ospitalità presso i monasteri, presso apposite strutture chiamate "ospedali" o, ancora, presso i privati (assistere i pellegrini era considerato un lodevole atto di misericordia cristiana). Era importante, poi, testimoniare la propria impresa e portare con sé, al ritorno dal pellegrinaggio, le **prove** dell'esperienza compiuta. Solitamente si trattava di piccoli oggetti che erano entrati in contatto con la tomba o con reliquie dei santi, di reliquie più o meno autentiche (il cui commercio fu molto florido fin dalla tarda Antichità) o anche solo di una zolla di terra; nel caso della Terrasanta, poteva trattarsi di un'ampolla di acqua del fiume Giordano, dove Gesù era stato battezzato. Tuttora i pellegrinaggi sono una pratica molto diffusa in tutto il mondo, anche se alcune caratteristiche tradizionali sono andate oggi perdute o si sono modificate: prima fra tutte la prova fisica, attenuata dai moderni mezzi di trasporto. Date le sue dimensioni di massa, il pellegrinaggio tende inoltre a diventare una forma del cosiddetto "turismo religioso". Per molti fedeli, esso è tuttavia un'esperienza esistenziale importante, che ha forti ripercussioni sulla sensibilità, sulla coscienza, sull'identità individuale. Il fedele che ha compiuto un pellegrinaggio mantiene comunque la sua identità – rispetto alla città, alla patria, alla comunità religiosa di provenienza –, ma in più acquisisce, come molti secoli fa, una sorta di «cittadinanza virtuale»: quella che lo lega agli altri fedeli che, come lui, hanno pregato un santo su un luogo particolarmente segnato dalla sua presenza miracolosa. Oggi, come nel passato, i luoghi di pellegrinaggio sono abbastanza numerosi. Agli itinerari tradizionali se ne sono aggiunti altri, tra cui quelli che riguardano i luoghi di apparizione della Madonna. Frequenti mete del pellegrinaggio contemporaneo sono: **Lourdes**, nella Francia sud-occidentale, la città portoghese di **Fatima** e, dal 1981 (data della prima di una serie di apparizioni della Madonna), **Medjugorje**, nella Bosnia-Erzegovina. In Italia, una vera e propria devozione di massa interessa ormai da anni la cittadina pugliese di **San Giovanni Rotondo**, dove visse e morì, nel 1968, il frate cappuccino Padre Pio. I pellegrinaggi non sono rituali esclusivi dei cristiani: anche altre religioni tra le proprie forme di devozione prevedono il viaggio verso una meta sacra. Il Corano prescrive per esempio ai fedeli di recarsi almeno una volta nella vita in pellegrinaggio nella città santa della **Mecca**, in Arabia Saudita, dove nacque il profeta Maometto e dove si erge la *Kaaba* (letteralmente 'cubo'), un edificio a forma cubica in cui è custodita la Pietra

greca, scissa da Roma. Le conseguenze del Sacco di Costantinopoli, però, rimasero: i bizantini non avrebbero mai dimenticato la violenza dei crociati, che sancì, di fatto, la **definitiva spaccatura del mondo cristiano.**

Dopo l'inaspettato esito della quarta crociata, ben altre quattro spedizioni approdarono in Oriente, sempre mirando all'agognata riconquista di Gerusalemme, ma lo slancio dei crociati si esaurì progressivamente e l'ultima piazzaforte cristiana, **San Giovanni d'Acri**, cadde nel **1291**.

GUIDA ALLO STUDIO

❶ Quale carattere ebbero le crociate successive a quella del 1096-99? ❷ In che modo le crociate influirono sui rapporti tra l'Europa cattolica e l'Impero bizantino? ❸ Quando e come si concluse il movimento crociato?

Nera, un minerale di probabile origine meteoritica che secondo la tradizione sarebbe stato posto nel santuario da Abramo e suo figlio Ismaele. Anche nella **religione buddista** i fedeli compiono pellegrinaggi verso mete ritenute sacre: tra queste, l'isola giapponese di Shikoku, famosa fin dal IX secolo per i suoi ottantotto templi. Gli **induisti**, invece, per compiere i tradizionali riti di purificazione si bagnano nelle acque, ritenute sacre, del fiume Gange.

Pellegrini in preghiera sul monte di Križevac nei pressi di Medjugorje (Bosnia-Erzegovina)
[foto di Piotr Frydecki]

A Medjugorje, nel giugno del 1981, 6 ragazzi fra i 10 e i 16 anni affermarono di aver visto la Madonna. Da allora, milioni di fedeli si recano ogni anno in questa cittadina della Bosnia-Erzegovina. Il pellegrinaggio comprende tre tappe fondamentali: la collina delle apparizioni, il Podbrdo, il santuario della città, ossia la chiesa parrocchiale dedicata a san Giacomo, e infine il monte Sipovac, meglio noto come Križevac, monte della croce. Il nome con cui è conosciuto il colle è dovuto alla monumentale croce, alta più di 8 metri, costruita dalla popolazione locale, fra il 1933 e l'anno successivo, inglobando nella croce stessa alcune reliquie ritenute appartenenti alla Croce di Gesù, ricevute dal Vaticano per l'occasione.

SINTESI

1 Il nuovo mondo dei mercanti

Alla crescita economica e produttiva si associò quella dei commerci. Gli scambi in natura erano ancora molto frequenti nelle campagne, ma le città, nelle quali prendevano piede le manifatture, si integrarono in una rete di traffici a distanza. E trovarono definizione alcune figure professionali centrali nel mondo del commercio, specie quello a largo raggio: il banchiere, che prestava denaro a interesse, permettendo l'avvio di grosse iniziative commerciali, e attraverso le lettere di cambio trasferiva i fondi dei suoi clienti da una città all'altra; e il mercante, che si diede una sede stabile, mentre fino ad allora aveva condotto la sua attività in modo itinerante, e si dotò di competenze di calcolo, lettura e scrittura. Per affrontare iniziative commerciali onerose e pericolose i detentori di capitali si associavano ai mercanti, nelle cosiddette commende, rischiando i propri investimenti ma assicurandosi spesso un'alta percentuale di profitto. Sorsero anche le prime compagnie assicurative per tutelare le imprese commerciali che prevedessero lunghi viaggi. Per ragioni di affermazione sociale, lo stile di vita di questi uomini d'affari finì per assomigliare sempre più a quello dei nobili, e questi ultimi cominciarono a investire nei commerci, molto fruttuosi.

2 La cultura mercantile

Per rispondere alle esigenze di formazione professionale di questo nuovo gruppo sociale sorsero scuole laiche. Si diffuse anche la conoscenza delle lingue straniere, necessaria per chi intraprendesse attività di commercio a largo raggio, e in particolare dell'italiano che dominava nel Mediterraneo e del tedesco prevalente nell'Europa settentrionale. Si diffuse infine una manualistica specializzata. Si fecero più evoluti ed efficienti i sistemi di calcolo grazie all'introduzione dell'abaco prima e dei numeri arabi poi. Le novità e le competenze legate al mondo degli affari produssero nel tempo un cambiamento nel modo di pensare: i mercanti elaborarono una mentalità concreta, ma anche "aritmetica", dettata dall'esigenza di precisione nello svolgimento delle loro mansioni.

3 Il Mediterraneo

Le navi erano nel Medioevo i mezzi di trasporto più veloci, in grado di garantire viaggi sulle lunghe distanze. E i traffici marittimi nel Mediterraneo erano ancora molto importanti: di questo mare chiuso, da tempo si conoscevano bene i fondali, le coste, gli approdi, i venti e le correnti. Inoltre, a partire dal XII secolo si diffuse l'uso della bussola, invenzione che ha antiche origini cinesi, ma che giunse in Europa grazie ai contatti con gli arabi. I primi europei a usarla furono probabilmente gli amalfitani. La bussola permise ai marinai di emanciparsi dalla guida delle stelle durante la navigazione, viaggiando senza il rischio di andare fuori rotta in qualsiasi momento del giorno o dell'anno. Il suo impiego permise anche di realizzare carte nautiche precise e avere a disposizione rotte esatte durante il viaggio.

4 Gli strumenti del dominio navale mediterraneo

I viaggi per mare nel Mediterraneo erano affrontati con due diverse imbarcazioni: la galea, una nave slanciata, adatta a piccoli carichi e a una navigazione sotto costa, per via delle stive di dimensioni ridotte, e mossa dall'energia umana sprigionata dai rematori; l'altra, la nave tonda, un po' tozza, con stive ampie, adatte a carichi importanti. L'introduzione della vela latina, di forma triangolare, che permetteva addirittura di veleggiare controvento, e del timone unico a poppa garantì un progressivo miglioramento delle condizioni di navigazione. Questa tecnologia permise a chi la possedeva il dominio navale nel Mediterraneo.

5 I grandi traffici europei e le città marinare italiane

Nel dominio sui traffici marittimi tra il Mediterraneo orientale e occidentale primeggiavano le città marinare della nostra penisola particolarmente segnata dal risveglio urbano. Ad Amalfi, città costiera molto attiva nei traffici marittimi già alla fine del IX secolo, si produssero le Tavole amalfitane, la prima raccolta di diritto della navigazione. Genova e Pisa, prima alleate e poi in competizione per il controllo del Mediterraneo occidentale, finirono per scontrarsi e tra le due prevalse infine Genova (La Melòria 1284). Da ultima Venezia, particolarmente influente nell'Adriatico e nel Mediterraneo orientale, aveva stabilito proprie sedi commerciali lungo le coste bizantine, stipulando accordi con Bisanzio su esenzioni doganali e privilegi di natura affine. Le vie terrestri nell'Europa occidentale collegavano il Sud con il Nord Europa e raggiungevano la Germania da Milano, Genova, Marsiglia. Furono le fiere della Champagne (XII secolo), nella Valle del Rodano, a favorire lo scambio tra area mediterranea e area baltica. Le città che si affacciavano sul Baltico si associarono, infine, in una lega commerciale, l'Hansa (XII-XIII secolo), destinata a ingrandirsi e divenire molto potente.

6 Il declino dell'Impero bizantino

Tra il X e l'XI secolo cominciò per l'Impero bizantino un periodo di decadenza, determinato da una serie di fattori concomitanti. La fine della dinastia macedone (1056) e le conseguenti lotte interne per il potere coincisero con l'aumento della pressione dei nemici lungo i confini e con la perdita di numerosi territori strappati a Oriente dai turchi selgiùchidi e a Occidente dai normanni. Sul piano economico l'oppressione fiscale imposta alla piccola proprietà agricola e lo sfruttamento dei contadini accrescevano la tensione sociale. Sul piano religioso, infine, con lo scisma del 1054 si era determinato il definitivo distacco di Bisanzio dalla Chiesa d'Occidente e la nascita della Chiesa ortodossa.

7 Quando la religione divide: cristiani e musulmani

La presenza musulmana in Sicilia e in Spagna e nel Nord Africa favorì i contatti tra il mondo cristiano e quello islamico. Oltre ai saperi scientifici e artistici che gli arabi avevano ereditato dalla tradizione greco-romana, arrivavano in Europa numerose merci che i musulmani facevano affluire dall'Oriente e dall'Africa centrale tra cui sete, pietre preziose, oro e spezie. Le esportazioni occidentali verso l'Islam riguardavano invece tre generi principali: gli schiavi, provenienti in particolar modo dall'Europa orientale, le armi e la lana inglese. La divisione del mondo in paesi e popoli, propria del pensiero cristiano, era estranea alla cultura islamica, che divideva l'umanità in sole due parti: la Casa dell'Islam, che riuniva i paesi in cui si seguiva la legge coranica, e la Casa della guerra, che comprendeva il resto del mondo. Nei paesi islamizzati, alle minoranze cristiane ed ebraiche era permesso di praticare la loro religione, di frequentare i luoghi di culto e di svolgere le loro attività dietro il pagamento di una tassa speciale, che doveva sancire il riconoscimento della superiorità musulmana.

8 Il mito della Terrasanta: tra religione ed economia

Dopo il Mille, insieme allo sviluppo economico e demografico i regni europei conobbero anche una fase di espansione territoriale a danno dei possedimenti musulmani in Sicilia e in Spagna. La prima fu conquistata dai normanni, guidati da Ruggero d'Altavilla, mentre nella Penisola iberica il movimento di *Reconquista* ridusse progressivamente i territori occupati dai musulmani, che alla fine del XIII secolo controllarono esclusivamente il Regno di Granada. L'espansione europea fu favorita dalla debolezza del mondo islamico caratterizzato, in questa fase, da numerose divisioni interne, di carattere sia politico che religioso. In questo contesto, nel 1095, l'invito a combattere gli infedeli e a riconquistare i luoghi sacri della Cristianità, pronunciato da papa Urbano II nel concilio di Clermont-Ferrand, fu accolto da una moltitudine di uomini che, tra entusiasmo religioso e aspettative di ricchezze, partirono alla volta della Terrasanta. Insieme alle crociate "ufficiali", che portarono alla conquista di Gerusalemme nel 1099 e alla fondazione di numerosi principati cristiani in Terrasanta, diverse furono anche le spedizioni spontanee di cavalieri, pellegrini, mercanti, che fecero delle crociate una sorta di istituzione permanente.

9 Crociata, una parola medievale e attuale

Per disciplinare e gestire il continuo afflusso di pellegrini, mercanti e cavalieri furono istituiti gli ordini monastico-cavallereschi, come i templari e gli ospedalieri di san Giovanni. Pur avendo, soprattutto gli ospedalieri, la vocazione primaria all'accoglienza dei pellegrini, essi si diedero una Regola che prevedeva anche il voto di contrastare con le armi i nemici della Cristianità. Le prime spedizioni in Terrasanta erano semplici viaggi, "iter" in latino. Poiché sia i pellegrini sia i guerrieri che si recavano nei luoghi sacri al cristianesimo usavano come simbolo distintivo una croce, vennero detti crociati e i loro viaggi crociate. Con il tempo il termine "crociata" fu esteso alle lotte che la Cristianità intraprendeva nei suoi confini, contro i movimenti ereticali, per esempio. Ancora oggi il termine crociata ha una sua valenza specifica, sebbene ormai laica, e designa una campagna di lotta, spesso repressiva e conservatrice, contro fenomeni che sono considerati mali per l'assetto sociale e la mentalità. Anche i musulmani oggi ricorrono al termine "crociati" per indicare gli occidentali che calpestano la loro libertà e la loro civiltà.

10 Fratture ideologiche nel Mediterraneo

La prima crociata fu seguita da altre sette spedizioni militari caratterizzate dal tentativo di recuperare i territori progressivamente rioccupati dai musulmani e dalle ambizioni economiche delle città marinare italiane. La terza crociata in particolare fu organizzata per recuperare i territori caduti in mano musulmana dopo che il grande sultano Saladino era riuscito a riappropriarsi di Egitto e Siria. Il fenomeno delle crociate fu accompagnato dalla diffusione di una crescente intolleranza religiosa tra mondo islamico e mondo cristiano e dalla definitiva lacerazione tra la Chiesa ortodossa e quella di Roma. Durante la quarta crociata, infatti, a cadere sotto l'assedio dei cavalieri cristiani fu proprio Costantinopoli, in cui fu insediato per un breve periodo l'Impero latino d'Oriente. La presenza cristiana in Terrasanta durerà fino al 1291 con la riconquista musulmana di San Giovanni d'Acri.

SVILUPPARE LE COMPETENZE

❶ Approfondisci, in testi di 5 righe ciascuno, i seguenti argomenti:

a. La posizione sociale dei nuovi mercanti.
b. L'importanza della diffusione dell'utilizzo della scrittura e dell'introduzione dei numeri arabi.
c. I cambiamenti imposti alla navigazione dall'uso della bussola.
d. La galea e la nave tonda.
e. La bussola, la vela latina e il timone unico di poppa.

❷ Utilizza la scaletta proposta di seguito per scrivere un testo di 10 righe a cui dovrai dare un titolo appropriato:

a. Amalfi: dallo splendore al dominio normanno
b. Genova e Pisa alla conquista del Mediterraneo centrale e occidentale
c. Venezia e i suoi rapporti con l'Impero bizantino

❸ Argomenta, in un testo di 8 righe, i seguenti motivi del declino dell'Impero bizantino: la presenza dei turchi selgiùchidi lungo i confini orientali, lo scisma del 1054, la tensione sociale interna causata da un eccessivo fiscalismo.

❹ Utilizza tutti gli argomenti seguenti per scrivere un testo di 10 righe. Scegli, inoltre, un titolo appropriato che inquadri esattamente il tema. Attenzione, l'ordine degli elementi è casuale e non vincolante:

a. Schiavi africani
b. Casa dell'Islam
c. Spade franche
d. Mercante "franco"
e. Panno inglese
f. Schiavi slavi
g. Casa della guerra

❺ Rispondi ai quesiti impiegando il numero di righe indicato tra parentesi:

1. In che cosa consistette la *Reconquista*? (6 righe)
2. Quali conseguenze ebbe l'appello di papa Urbano II contro i miscredenti che occupavano la Palestina? (4 righe)
3. Come si svolse la prima crociata "ufficiale"? (4 righe)
4. Come furono gestiti i principati crociati? (4 righe)
5. Quante crociate si ebbero in totale e che cosa differenzia la quarta dalle altre? (8 righe)

CAPITOLO

4 CRISI DELL'UNIVERSALISMO E NUOVI EQUILIBRI

1 Il pontificato di Innocenzo III

Innocenzo III e la successione all'Impero

L'improvvisa morte dell'imperatore Enrico VI [👁 1.9], sopraggiunta nel 1197, lasciò un pericoloso vuoto politico: mentre le città italiane ne approfittavano per rafforzare la propria autonomia, in Germania divampava la lotta per la corona imperiale, contesa tra due grandi casate, quella di Baviera, guidata da Ottone di Brunswick e sostenuta dai guelfi, e quella di Svevia, guidata da Filippo, fratello del defunto imperatore, e sostenuta dai ghibellini. Intanto nel 1198 moriva anche la regina di Sicilia Costanza d'Altavilla, moglie di Enrico VI, la quale per tutelare i diritti del figlio Federico, di appena quattro anni, lo affidò alla tutela del pontefice Innocenzo III (1198-1216), di cui i sovrani siciliani erano vassalli [👁 1.6]. Il pontefice mantenne fede ai patti e nel 1208, quando Federico compì quattordici anni, lo incoronò **re di Sicilia**.

Questo papa, la cui straordinaria personalità caratterizzò i primissimi decenni del XIII secolo, discendeva da una nobile famiglia romana e aveva un temperamento mistico e autoritario. Fin dai primi anni del pontificato, manifestò con chiarezza il fine ispiratore della sua politica: la totale subordinazione dell'Impero al papato. Egli colse infatti con audacia l'occasione determinata dal vuoto politico creatosi dopo la morte di Enrico VI intervenendo più volte nelle vicende interne dell'Impero: prima elevò alla corona imperiale Ottone di Brunswick con il titolo di **Ottone IV** (1209); poi, deluso dal nuovo imperatore che cercava di accrescere la propria influenza in Italia e progettava d'invadere il Regno di Sicilia, lo scomunicò; **approfittando infine della sconfitta di Ottone nella battaglia di Bouvines del 1214 a opera del re di Francia Filippo Augusto** [👁 4.6 EVENTI], designò al suo posto il giovanissimo sovrano di Sicilia Federico II. Questi però ricevette dal papa la corona imperiale soltanto nel 1220 [👁 4.3].

La lotta contro le eresie

Ma il pontefice non poteva concentrarsi esclusivamente sulle questioni legate all'Impero, consapevole com'era delle difficoltà attraversate dalla Cristianità: in Terrasanta era in corso la lotta dei crociati contro gli "infedeli" musulmani, ma languiva stancamente perché da troppo tempo non si ottenevano successi significativi [👁 3.8, 3.9]; nel frattempo, tra i fedeli, dilagava la protesta contro le gerarchie ecclesiastiche e prendevano vigore i movimenti ereticali.

In tutta Europa, ma soprattutto in Francia e in Italia centro-settentrionale, avevano preso piede, sin dall'XI secolo, alcuni **movimenti religiosi popolari** che contestavano radicalmente l'ordine costituito [👁 ATLANTE_19; 1.2]. Essi combattevano l'autoritarismo ecclesiastico; criticavano gli interessi temporali e materiali del clero; sostenevano che la mediazione dei sacerdoti non era necessaria per interpretare la parola

divina e che lo spirito divino entrava direttamente nel cuore degli uomini puri, senza bisogno del battesimo, dell'eucaristia, dell'assoluzione e degli altri sacramenti.
A queste aspirazioni religiose si univano spesso **rivendicazioni di carattere sociale**: la lotta contro la ricchezza, la condanna dell'ingiustizia. Si proponeva, in sostanza, un'uguaglianza totale, che cancellasse qualsiasi distinzione tra i lavoratori e i signori: una sfida aperta all'ideologia dominante, che metteva in discussione il fondamento stesso della società medievale. Alle autorità ecclesiastiche, tuttavia, non interessava tanto analizzare in modo preciso questo tipo di dissenso, quanto reprimerlo.
Il pericolo maggiore per la Chiesa era rappresentato dal **catarismo** (dal greco *katharòs*, 'puro'), un movimento ben organizzato e che dall'Europa orientale si era diffuso in Italia, in Francia, in Catalogna, dando vita a una Chiesa a tutti gli effetti "alternativa", dotata di una propria organizzazione (vescovi, sacerdoti, sacramenti) e di una propria dottrina. I càtari cercavano di realizzare pienamente, nel concreto della loro esistenza, il modello di vita indicato dal Nuovo Testamento (l'Antico Testamento ve-

Parola chiave
Eresia

ONLINE

Innocenzo III contro gli eretici
1332-50
[dalla *Croniques de France* di Mahiet e del Maestro di Cambrai; British Library, Londra]
In questa miniatura il papa Innocenzo III è ritratto mentre scomunica gli albigesi (a sinistra) e poi fa partire contro di loro la crociata (a destra).

ATLANTE 19_I MOVIMENTI ERETICALI

La cartina registra le aree di diffusione dei movimenti ereticali tra XI e XIII secolo. Mentre la patarìa fu un fenomeno circoscritto grosso modo alla sola Milano, le eresie valdese e càtara trovarono ampia diffusione anche al di fuori delle zone d'origine, in particolare nella Pianura Padana e nella Francia meridionale.

▶ 6 DOC
"Serpi nel seno della Chiesa"

▶ 9
J. Le Goff
Vivere con Satana

niva invece rifiutato) che essi riassumevano in un **dualismo assoluto**: tutta la realtà umana e divina si riduceva a due elementi fondamentali e inconciliabili, il Bene, assimilato a Dio e allo Spirito, e il Male, assimilato a Satana e alla Materia. Tipica del catarismo era anche la condanna della Chiesa e dei suoi rappresentanti, giudicati artefici del male e della corruzione.
Un altro movimento molto forte era rappresentato dai **valdesi** (detti anche "poveri di Lione"), i seguaci di Pietro Valdo, un mercante lionese che nel 1176, dopo aver distribuito i propri beni ai poveri, si era dedicato a una **vita evangelica**, sull'esempio degli apostoli. I valdesi rifiutavano il rituale cattolico e affermavano che qualsiasi fedele pio, senza distinzione di sesso, poteva amministrare i sacramenti. Il messaggio valdese si diffuse rapidamente anche al di qua delle Alpi, in Italia.
Com'era nel suo temperamento, il pontefice Innocenzo III affrontò questi problemi con grande energia, facendo ricorso a una **nuova applicazione dell'idea di crociata**. "Infedeli" non dovevano essere ormai considerati soltanto i musulmani che occupavano la Palestina, ma tutti quegli eretici che agivano come **"serpi in seno"** alla Cristianità.
Il primo assalto fu rivolto contro la roccaforte catara della città di Albi, nella Francia meridionale. Quando, nel 1208, il papa decise di passare all'azione invitando tutti i baroni di Francia a prendere le armi, la **strage di albigesi** e i saccheggi assunsero proporzioni drammatiche. Il catarismo fu estirpato e già alla fine del XIII secolo sopravviveva unicamente in alcune piccole e sperdute località alpine.
Il **IV concilio lateranense** riunitosi a Roma nel 1215 approvò solennemente la crociata lanciata da Innocenzo III contro gli eretici e s'impegnò a individuare e colpire l'eresia. Si decise, ad esempio, di procedere alla formazione di commissioni parrocchiali miste di laici e di chierici per l'individuazione e la punizione sistematica degli eretici.
Il concilio affermò inoltre che tutti i signori della Cristianità dovevano ritenersi impegnati a fondo nella difesa dell'unica e vera fede: chi si fosse rifiutato di sradicare l'eresia dalle proprie terre sarebbe stato scomunicato, i suoi vassalli liberati dal vincolo di fedeltà, i suoi feudi occupati dagli eserciti cattolici. La sistematica repressione delle eresie, tuttavia, si ebbe solo durante il pontificato di **Gregorio IX** (1227-41), che istituì per la prima volta il **tribunale dell'Inquisizione** [👁 14.8].

GUIDA ALLO STUDIO
❶ Come descriveresti la politica del papa Innocenzo III? ❷ Quali risultati produsse la battaglia di Bouvines del 1214? ❸ Quali erano gli aspetti e le rivendicazioni comuni ai movimenti religiosi popolari che la Chiesa considerava eretici? ❹ Dove era diffuso il catarismo e chi erano i valdesi? ❺ Quali azioni intraprese Innocenzo III nei confronti dei movimenti ereticali?

2 Gli ordini mendicanti

Nuovi ordini religiosi come risposta alla crisi

Innocenzo III non ricorse solo alla forza per spegnere il dissenso; cercò anche, molto acutamente, di incanalare quanto di valido c'era nelle aspirazioni e nelle ansie dei movimenti religiosi popolari trovando, per alcuni di essi, uno spazio nel seno stesso della Chiesa cattolica. Questi movimenti divennero veri e propri ordini religiosi, riconosciuti dalle gerarchie ecclesiastiche, e la loro opera fu preziosa perché aiutò la Chiesa a superare la crisi: con l'esempio di una **condotta moralmente irreprensibile** i membri di questi ordini mostrarono ai fedeli che la Chiesa aveva ancora grandi risorse al suo interno, e che non era indispensabile uscire dal suo seno o mettersi addirittura contro di essa per vivere in modo autenticamente cristiano.

I francescani

Il caso dei francescani è emblematico: verso il 1210 essi erano ancora un piccolo nucleo di penitenti di **Assisi** che si raccoglievano intorno a **Francesco**, il figlio di un ricco mercante della città che si era votato alla povertà assoluta. Pochi anni dopo, ottenuta l'approvazione papale, i francescani erano uno dei movimenti più attivi e diffusi nel mondo cristiano. L'animo popolare del movimento è evidente nel nome stesso di **"frati minori"** con cui si facevano chiamare i suoi aderenti. *Minores* indicava, infatti, nel linguaggio dell'epoca, il popolino delle città, emarginato socialmente e politicamente sottomesso: la scelta proponeva, quindi, una netta **antitesi rispetto ai grandi movimenti monastici contemporanei**: i monasteri non erano altro, infatti, che grandi signorie collettive che gestivano terre e patrimoni spesso immensi e, in quanto tali, nella prospettiva della gente comune, essi facevano parte dello stesso mondo dei signori. L'ordine francescano lanciava invece un segnale diverso, fondato sul **rifiuto dei beni materiali** e sulla **povertà assoluta**.

Pedro Berruguete
Autodafé presieduto da san Domenico di Guzmán
1490
[Museo del Prado, Madrid]

«Autodafé», ossia «atto di fede», era il nome con cui in Spagna si indicava la cerimonia attraverso la quale l'Inquisizione emetteva le sentenze di eresia e consegnava i condannati alla giustizia secolare. In questo dipinto quattrocentesco è rappresentato san Domenico che perseguita gli albigesi, ma la struttura del tribunale e i costumi dei personaggi sono quelli dell'Inquisizione spagnola ai tempi del pittore.

ATLANTE 20_ORDINI MENDICANTI IN EUROPA ALLA FINE DEL XIII SECOLO

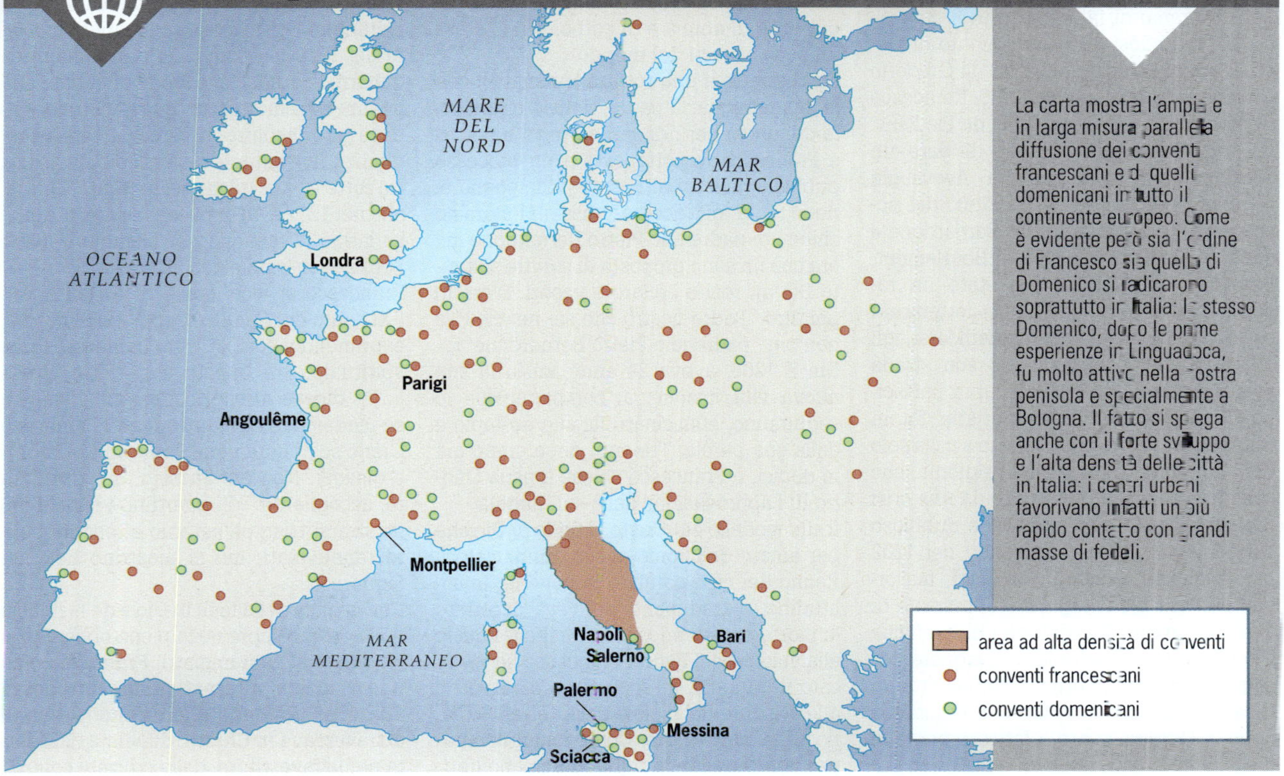

La carta mostra l'ampia e in larga misura parallela diffusione dei conventi francescani e di quelli domenicani in tutto il continente europeo. Come è evidente però sia l'ordine di Francesco sia quello di Domenico si radicarono soprattutto in Italia: lo stesso Domenico, dopo le prime esperienze in Linguadoca, fu molto attivo nella nostra penisola e specialmente a Bologna. Il fatto si spiega anche con il forte sviluppo e l'alta densità delle città in Italia: i centri urbani favorivano infatti un più rapido contatto con grandi masse di fedeli.

7 DOC
Bernard Gui
Istruzioni per gli inquisitori

8 DOC
La *Regola* di san Francesco

Secondo la **Regola francescana** i frati minori non potevano possedere nulla e, quando non erano in grado di sfamarsi con il lavoro delle proprie mani, dovevano far ricorso alla carità. Da questa scelta deriva il nome **"ordini mendicanti"** con cui talvolta vengono designate questa e altre confraternite, la cui attività era strettamente legata alla predicazione e quindi allo spazio delle **città**, ai luoghi (le piazze, i mercati, le grandi chiese, ecc.) dove era possibile entrare rapidamente in contatto con ampie masse di fedeli **[**ATLANTE_**20****]**.

I domenicani Negli stessi anni si diffuse l'ordine dei domenicani, fondato nel 1216 in Linguadoca (nella Francia meridionale) dallo spagnolo **Domenico di Guzmán**. Domenico intuì un fatto fondamentale: l'**ignoranza del clero**

PERSONAGGI

San Francesco

«Andate e annunciate che il regno dei cieli è vicino. Guarite gli infermi, risuscitate i morti, sanate i lebbrosi, cacciate i demoni. Non procuratevi oro né argento, né moneta di rame nelle vostre cinture, né bisaccia da viaggio, né due tuniche, né sandali, né bastone, perché l'operaio ha diritto al suo nutrimento. Entrando poi in una casa, salutate così: pace a questa casa»: sono le parole con cui Gesù assegna agli apostoli il compito di predicare. Molti anni dopo, ad Assisi, esse folgoreranno il giovane Francesco: «Questo voglio, questo chiedo, questo bramo di fare con tutto il cuore!» disse riferendosi all'insegnamento di Gesù. Proclamato santo nel 1228 da Gregorio IX, molto tempo dopo, nel 1939, Francesco fu proclamato patrono d'Italia da Pio XII.
Da anni Francesco cercava di dare un senso profondo alla sua vita. Aveva già cambiato strada altre volte. Figlio del ricco mercante di stoffe Pietro Bernardone e della nobile francese Pica di Bourlemont, Francesco (1182-1226) era stato un ragazzo brillante, amante della letteratura cortese e del lusso. Iniziò a dedicarsi agli affari paterni a 14 anni. La sua strada sembrava segnata, ma a 20 anni partecipò alla guerra tra Assisi e Perugia. Fu un trauma: catturato, poté tornare a casa solo dopo un anno di durissima prigionia, che lo segnò fortemente. Fu colto da una crisi religiosa che lo rese inquieto e dubbioso sul suo futuro. Reagì partendo nel 1202 per la **quarta crociata [****3.10****]**, ma ormai non era più il ragazzo superficiale di due anni prima. Raccontano i biografi che Dio gli parlò: «Perché lasci il signore per seguire il servo? Ritorna nella tua città: là ti sarà detto cosa devi fare». E Francesco obbedì. Gradualmente e faticosamente si distaccò dai valori familiari e dalle sue antiche ambizioni e si avvicinò ai poveri, cui donava denaro e beni preziosi suscitando l'ira del padre. Un giorno, a Roma, provò a chiedere l'elemosina sui gradini di S. Pietro per immedesimarsi nel dolore della miseria e dell'**emarginazione**. Arrivò quindi il momento della grande prova: incontrò un lebbroso e lo abbracciò, vincendo ogni ripugnanza. Pochi giorni dopo, andò in un **lebbrosario** portando doni e cure ai malati. Nel suo *Testamento*, scritto poco prima di morire, vide in questo gesto la svolta della sua vita: «Mentre ero nel peccato, mi sembrava cosa troppo amara vedere i lebbrosi; ma il Signore stesso mi condusse tra loro e usai con essi misericordia. [...] Ciò che mi sembrava amaro mi fu cambiato in dolcezza di anima e di corpo. E poi, stetti un poco, e **uscii dal mondo**».
Fu costretto a una rottura traumatica con la sua famiglia: il padre, deluso e furioso, lo denunciò per i denari sottratti e donati e Francesco fu sottoposto a un processo pubblico davanti al vescovo. Si spogliò e, nudo tra la folla accorsa, disse: «Finora ho chiamato padre mio Pietro Bernardone ma ora che mi sono proposto di servire soltanto Dio gli rendo denaro e vestiti. D'ora in poi dirò "Padre nostro che sei nei cieli" e non più "padre mio Pietro Bernardone"».
Era il 1206, aveva 24 anni: inizia la sua nuova vita insieme ai compagni che lo seguiranno, affascinati dal suo esempio e dalla sua parola. Tre anni dopo erano già in dodici, e Francesco chiese a papa Onorio III l'approvazione della sua **Regola**.
Il suo modello era Cristo, il figlio di Dio che per amore dell'uomo aveva annunciato il Regno dei cieli patendo la povertà, la solitudine, il tradimento e aveva accettato la morte rimettendosi con umiltà e fiducia alla volontà del Padre. Francesco ha vivificato il Vangelo, mescolandosi ai poveri e alle creature del cielo e della terra che sono nelle mani di Dio. **Come i suoi compagni non possedeva nulla**, nemmeno libri: in quel tempo i libri erano oggetti preziosi, e inoltre la cultura avrebbe potuto creare gerarchie all'interno del gruppo. «Dalla ricchezza vengono questioni e liti che impediscono l'amore di Dio e del prossimo» affermava.
La comunità di Francesco lavorava nei campi, riparava chiese, fabbricava oggetti, curava i malati in cambio di un po' di cibo e confidando nella carità. La **povertà volontaria** era gioia, forza e libertà. Francesco non divenne mai monaco: non viveva al riparo di un convento ma per strada. Con i suoi frati percorse per tutta la vita villaggi e città, in **Italia**, **Europa**, **Africa** per raggiungere chi aveva bisogno della parola di Dio: grande scalpore fece la sua visita al sultano in Egitto durante la quinta crociata nel 1219 per convincerlo inutilmente a deporre le armi. Il suo modo di parlare agli uomini era emozionale, quasi teatrale. Andava loro incontro, li cercava, senza pregiudizi. Aveva tante seguaci donne, prima tra tutte la sua «pianticella» **santa Chiara**, che nel 1212 a 18 anni con la sorella Agnese lasciò la famiglia per seguirlo e fondò l'ordine femminile delle **Clarisse**.
Francesco si fece, come dice Dante nell'XI canto del *Paradiso*, «pusillo», piccino, esprimendo così la sua immensa forza spirituale. «In questo è perfetta letizia [...] – diceva ai suoi compagni – vincere se medesimo, e volentieri per lo amore di Cristo sostenere pene, ingiurie e obbrobri e disagi». Non era austero, ma sorridente, accogliente: «Si guardino i fratelli dal mostrarsi tristi all'esterno e ipocritamente rannuvolati, ma si mostrino lieti nel Signore».
Con la gioia della fede in Dio e della fiducia nell'uomo, sempre nella piena obbedienza al papa e ai suoi ministri, **Francesco offrì una risposta alternativa ma ortodossa alla crisi profonda che da molto tempo attraversava la Chiesa**, dilaniata dalla lotta per le investiture, dalle crociate contro i

cattolico in materia religiosa era una delle cause principali del successo degli eretici. Nei pubblici dibattiti, in cui spesso i predicatori eretici sfidavano gli ecclesiastici, questi ultimi avevano quasi sempre la peggio perché non possedevano né l'ardore né gli strumenti dialettici dei loro avversari. Anche per questo Domenico volle fare del suo ordine un **ordine colto** e teologicamente agguerrito, in grado di attaccare gli eretici sul loro stesso terreno. Questa caratteristica fece ben presto dei domenicani gli **uomini di punta dell'Inquisizione** e i protagonisti nei principali processi contro gli eretici; ma nella seconda metà del XIII secolo l'ufficio dell'Inquisizione fu affidato anche ai francescani.

GUIDA ALLO STUDIO

❶ In che modo l'istituzione dei nuovi ordini rafforzò la credibilità della Chiesa? ❷ Chi era Francesco d'Assisi? Su quali princìpi si fondava il suo messaggio? ❸ Perché gli ordini mendicanti si diffusero soprattutto nelle città? ❹ Quale atteggiamento assunsero i domenicani nei confronti delle eresie?

musulmani e dalle spinte, spesso eretiche, verso forme più intime di religiosità. Le aspirazioni dei fedeli si spostarono lontano dai monasteri e dagli ordini, **l'esperienza religiosa venne avvertita come un'avventura intima e personale**, le nuove figure di santi non furono più, come prima, re e vescovi ma semplici credenti. La Chiesa doveva rinnovarsi e inglobare forze nuove e fresche per difendere la sua posizione e il suo ruolo nella società. I valori proposti da Francesco potevano ridarle slancio e credibilità.

Tornato dall'Egitto, malato e deluso, nel 1221 Francesco diede le **dimissioni**: restò come **presenza scomoda**, tentò di elaborare una Regola (la cui prima versione venne respinta dalle autorità ecclesiastiche). Si sentiva isolato, disperato. Il suo progetto, pensato per pochi, era fallito. Ed era molto malato, gli era ormai impossibile viaggiare. Sublimò allora il bisogno di predicazione con le *Lettere ai fedeli* e con l'invenzione del **presepe vivente di Greccio**, rivoluzionaria nel tempo delle crociate: per lui, ora, Betlemme poteva essere ovunque.

Morì nel 1226, dopo aver composto lo struggente *Cantico delle creature*, la prima composizione poetica italiana in volgare: una scelta coraggiosa, un ammonimento ai suoi, una conferma della sua aspirazione alla comunione con tutto ciò che vive. Nel *Cantico* per la prima volta il sole, la luna, il vento, il fuoco, la morte stessa sono appellati come «frate» e «sora»; e la terra come «sora nostra matre». Era cieco, sofferente, moribondo, ma il suo sogno era ancora intatto.
Gli storici registrano, da parte dell'agiografia ufficiale promossa dall'ordine francescano, una ricostruzione sistematica della vita di Francesco, che ha tra i suoi episodi più clamorosi il racconto delle stimmate (le ferite sulle mani e sui piedi) che lo rendeva un «secondo Cristo». Dalla *Vita* del santo di Assisi promossa dall'ordine emerge anche la distruzione capillare delle innumerevoli **biografie** scritte dai suoi contemporanei, solo alcune delle quali sono state rinvenute fortunosamente tra '800 e '900. Estensore della **biografia ufficiale** fu **san Bonaventura**, che quasi 40 anni dopo la morte di Francesco ne costruì un'immagine esemplare ma inimitabile, in cui è dato ampio spazio ai **miracoli** *post mortem*: l'umile santo vissuto al centro della vita degli uomini è ormai lontano.
Il successo di Francesco fu ben presto immenso e il numero dei suoi frati si moltiplicò fino a raggiungere diverse migliaia. Era impossibile continuare con la semplicità originaria, che era soprattutto precarietà e incertezza: erano necessari regole, conventi e libri.

Jan Van Eyck
Stimmate di san Francesco
1425
[Galleria Sabauda, Torino]

PERSONAGGI

▶ 5DOC
Il *Liber Augustalis*

3 Federico II

Il mito dell'Impero

Incoronato a Roma nel 1220 dal pontefice Onorio III, il giovane imperatore Federico II di Svevia si ritrovò a controllare un impero dalle proporzioni vastissime che dal Mare del Nord arrivava fino al cuore del Mediterraneo [👁 ATLANTE_21]. Oltre alla corona imperiale, egli deteneva quelle di Germania, Italia e Sicilia. Si trattò tuttavia dell'ultima figura di imperatore a coltivare aspirazioni egemoniche nel cuore dell'Europa occidentale. Con Federico II morì infatti l'idea di un impero universale che unificasse i territori tedeschi e quelli della Penisola italiana.

Subito dopo l'incoronazione, Federico si dedicò al consolidamento del **potere centrale**. Era necessario imporre l'autorità della Corona su tutti i **potentati locali** che negli ultimi venti anni avevano esteso abusivamente la loro autonomia: il clero, i baroni, le città. Non mancarono accanite resistenze da parte di alcuni baroni, ma l'azione dell'imperatore fu favorita dalle rivalità che dividevano i feudatari l'uno dall'altro.

Tra i numerosi nemici che l'imperatore dovette affrontare c'era però anche il **papato**. L'estensione dei territori sottoposti al controllo di Federico preoccupava infatti il pontefice, perché un'eventuale unione di tutta l'Italia sotto la Corona sveva avrebbe inevitabilmente soffocato la Chiesa e compromesso la sua libertà d'azione. Anche per questo i rapporti fra il pontefice e l'imperatore furono segnati, come vedremo, da diversi episodi di aperto conflitto.

La sesta crociata

Problemi sorsero a proposito della crociata in Terrasanta. Per ottenere la corona imperiale, infatti, Federico aveva promesso solennemente al pontefice che avrebbe intrapreso, al più presto, una nuova crociata, ma gli impegni del governo e la sua profonda ammirazione per la civiltà araba lo avevano trattenuto fino ad allora entro i confini del mondo cristiano. Tuttavia, nel 1227, il nuovo papa, **Gregorio IX** (1227-41) lo scomunicò, accusandolo apertamente di non avere a cuore il primo e supremo compito di ogni sovrano – la lotta contro gli infedeli – e spingendolo a una reazione. L'imperatore partì per la Terrasanta nel 1228. Diede però alla sua impresa – la sesta crociata (1228-29: 👁 3.9) – un carattere davvero insolito: al linguaggio delle armi preferì infatti l'arte della trattativa. Cominciò col sottoscrivere una pace decennale (1228-38) col sovrano d'Egitto, il musulmano al-Kamil, che s'impegnò a non ostacolare i pellegrinaggi cristiani; raggiunse poi la Terrasanta, dove fu incoronato **re di Gerusalemme**, titolo che gli spettava per aver sposato Isabella di Brienne, figlia di Giovanni di Brienne, che deteneva formalmente quel titolo e lo aveva trasmesso al genero. **La Palestina era dunque nuovamente aperta ai cristiani**, e senza versare una sola goccia di sangue: un risultato che nessun altro sovrano prima di Federico era riuscito a ottenere.

Ma tutto questo non piacque al papa, che accusò Federico di essere sceso a patti con gli infedeli. Era evidente che il pontefice non intendeva riconoscere all'imperatore il notevole successo di quella strana crociata. Ma si spinse ben oltre, e lanciò il suo esercito contro il Regno di Sicilia. Rientrato prontamente dalla Palestina, Federico sconfisse con facilità le truppe pontificie: il papa si vide costretto a ritirare la scomunica e ad accettare un accordo sancito con la **pace di S. Germano** nel 1230.

La politica di Federico nel Regno di Sicilia

Federico poteva ora dedicarsi a una vasta opera di riorganizzazione e consolidamento del proprio potere, il cui centro fu posto nel Regno di Sicilia, comprendente tutta l'Italia meridionale. Il suo manifesto politico, pubblicato nel 1231, fu il ***Liber Augustalis***: un corpo di ***costituzioni*** (chiamate "melfitane" perché promulgate a Melfi, in Basilicata), in cui, tra l'altro, si proclamava solennemente la suprema e assoluta autorità del sovrano sui baroni, sui comuni, sulla Chiesa. Il *Liber* è **la più grande opera legislativa emanata da un'autorità laica nel Medioevo**, e rimase fino all'età napoleonica il fondamento del diritto vigente nel Mezzogiorno.

Secondo il progetto di Federico, questa rifondazione del potere si sarebbe basata sull'azione di un corpo di funzionari dotati di compiti amministrativi e giudiziari. I funzionari della pubblica amministrazione preposti a tali compiti – notai, giudici, esperti di diritto – sarebbero stati formati da scuole giuridiche appositamente costituite, prima fra tutte quella dell'**Università di Napoli**, fondata nel 1224 [👁 2.6] in concorrenza con la Scuola di Bologna e destinata come questa a un glorioso avvenire. Nella famosa Scuola medica di **Salerno** (1231) Federico istituì inoltre la prima cattedra di anatomia d'Europa, presso la quale era consentito praticare la dissezione dei cadaveri (una esperienza fondamentale per il progresso della medicina, già praticata nell'Antichità ma che nel Medioevo era comunemente considerata sacrilega).

Federico II di Svevia
1266
[miniatura dal codice *De arte venandi cum avibus*; Biblioteca Vaticana, Roma]

ATLANTE 21_IMPERO E REGNO DI SICILIA AL TEMPO DI FEDERICO II

A **Palermo**, Federico insediò una **corte** sfarzosa, che ricordava il lusso delle corti orientali ma era soprattutto un luogo di alta cultura, dove confluivano le più vive esperienze intellettuali del mondo arabo e del mondo cristiano. La **scuola siciliana**, come viene comunemente chiamato il circolo di poeti radunatisi intorno all'imperatore, fu la prima scuola letteraria fiorita nel nostro paese durante l'età medievale.
Perseguendo una politica centralistica Federico potenziò il controllo amministrativo e militare del regno suddividendo il territorio in circoscrizioni e impiantando una rete di castelli. A capo delle circoscrizioni e dei castelli pose funzionari da lui stipendiati. Una politica centralistica così ambiziosa necessitava però di risorse ingenti e costanti, per questo riorganizzò il sistema fiscale sottoponendo qualsiasi attività produttiva, fosse essa rurale o urbana, a **tributi ordinari e straordinari**.
Questo drenaggio di risorse ebbe, nel complesso, conseguenze negative, in primo luogo sulle condizioni di vita delle classi più povere, già oppresse dal peso delle prestazioni dovute ai signori, alle quali ora si aggiungevano le esazioni regie. Ma fu l'assetto economico e sociale dell'Italia meridionale nel suo complesso a ritrovarsi ancora una volta attardato rispetto alla vivacità del Nord. Uno dei **limiti della politica di Federico** stava infatti nel non aver inteso pienamente, e di conseguenza favorito, il ruolo trainante dell'economia cittadina e quello centrale del ceto mercantile impedendo quella crescita economica che in molte regioni d'Europa era ormai un'evidente realtà.

Federico, i comuni italiani e il papato

Nell'Italia settentrionale intanto, e dunque nel Regno d'Italia, si accentuavano le tendenze all'autonomia comunale che da tempo insidiavano l'autorità del potere imperiale, alimentate anche dal papato. Lo scontro fu scatenato nel 1234 da **Enrico VII**, il figlio cui Federico aveva affidato il Regno di Germania. Enrico, che poteva contare sull'appoggio dei comuni della Lega lombarda **[👁 1.9]**, affermava che la politica del padre, tutta incentrata sulla Sicilia, nuoceva alla stabilità del potere imperiale in Germania, lasciandolo in balìa dei baroni. Federico domò senza grandi difficoltà la rivolta del fi-

La vittoria delle truppe imperiali a Cortenuova
XIV sec.
[da Giovanni Villani, *Nuova cronica*, ms Chigiano L VIII 296, f. 76*v*, Biblioteca Vaticana, Roma]
A Cortenuova, Federico II inflisse una dura sconfitta alle forze dei comuni lombardi ribelli. La miniatura evidenzia la cattura del carroccio, l'importante simbolo comunale che rimane alle spalle delle truppe imperiali, mentre i legittimi proprietari si ritirano sconfitti nelle mura cittadine.

glio (1235) e lo prese prigioniero (Enrico sarebbe morto suicida qualche anno dopo); mosse poi contro le forze della Lega e le sconfisse duramente nel 1237 nella battaglia di **Cortenuova**, sul fiume Oglio (nei pressi di Bergamo). Questo grande successo fu confermato nel 1241 dalla vittoria navale che le flotte congiunte di Pisa e di Sicilia, guidate da un altro figlio dell'imperatore, Enzo, riportarono all'**Isola del Giglio** sulle navi di Genova, alleate del papa.

Papa Gregorio IX morì lo stesso anno. Il suo successore, **Innocenzo IV** (1243-54) ne raccolse in pieno l'eredità politica: senza perdere tempo convocò un concilio a Lione (1245), scomunicò l'imperatore e gli scatenò contro una "crociata". Ma la morte colse di lì a poco lo stesso Federico, che scomparve inaspettatamente a 56 anni proprio mentre preparava un contrattacco. «Che i cieli esultino e che la terra sia felice», scrisse il pontefice quando apprese la notizia.

GUIDA ALLO STUDIO

❶ Quali provvedimenti intraprese Federico II per consolidare il potere della Corona imperiale? ❷ Quale fu l'esito della crociata condotta da Federico II in Terrasanta? ❸ Che cos'è il *Liber Augustalis*? Quale politica culturale attuò Federico II nel Regno di Sicilia? ❹ Perché Federico II inasprì la pressione fiscale in Italia meridionale e quali conseguenze ebbe questa scelta? ❺ In che modo si concluse lo scontro tra l'imperatore e i comuni?

4 L'impero e il Mezzogiorno d'Italia dopo la morte di Federico II

La rovina degli svevi

Nel 1258 fu incoronato **re di Sicilia** il figlio di Federico II, **Manfredi.** Colto, raffinato, abile e ambizioso, il nuovo re sembrava raccogliere in pieno la gloriosa eredità paterna attuando una politica audace e aggressiva, che comportò tra l'altro la ripresa del movimento ghibellino e filoimperiale nei comuni dell'Italia centro-settentrionale. Papa Clemente IV (1265-68), ossessionato dall'idea d'impedire a ogni costo l'unione del Regno di Sicilia e del Regno d'Italia sotto un unico monarca, corse subito ai ripari scomunicando Manfredi e proclamando al suo posto re di Sicilia il fratello del re di Francia **Carlo d'Angiò**. Manfredi si trovò ben presto isolato: stretto dai nemici, tradito dai baroni, abbandonato dagli alleati più fedeli, fu sconfitto e ucciso nella battaglia di **Benevento** (1266) e trascinò nella rovina l'intera dinastia sveva.

Il Regno di Sicilia dagli angioini agli aragonesi

Gli angioini imposero un dominio molto duro sui loro nuovi territori: i seguaci della dinastia sveva furono perseguitati, i loro beni confiscati e al loro posto furono insediati nobili francesi. La

La battaglia di Benevento XIV sec. [da Giovanni Villani, *Nuova cronica*, ms Chigiano L VIII 296, f. 103r, Biblioteca Vaticana, Roma]

Il 26 febbraio 1266 si consumò in Campania la battaglia di Benevento in cui le truppe dell'esercito imperiale (a destra) si scontrarono con quelle di parte guelfa. Nella battaglia morì Manfredi e il Regno di Sicilia passò agli angioini.

▶ 11 DOC

Giovanni Villani
Il Vespro siciliano

capitale del Regno di Sicilia fu trasferita da Palermo a **Napoli**, le imposte pesantemente inasprite, anche per far fronte alla politica di prestigio e di potenza della Corona angioina intenzionata a costruirsi un dominio nel Mediterraneo.
In breve la situazione nel Regno di Sicilia si fece esplosiva. All'insofferenza per l'eccessiva pressione fiscale, per la trasformazione del centro del regno in periferia dopo il trasferimento della capitale a Napoli, e per il comportamento dei funzionari e dei nobili francesi, del tutto estranei alla realtà dell'isola, si aggiunsero le trame della nobiltà ancora legata alla casa sveva e di quella che era rimasta delusa dall'esperienza angioina:

EVENTI

30 marzo 1282. Il Vespro siciliano

Il 30 marzo 1282, lunedì di Pasqua, nella chiesa dello Spirito Santo a Palermo, sta per essere recitata la preghiera serale del vespro. Una donna bellissima, accompagnata da suo marito, viene fermata da un soldato francese di nome Drouet che, con la scusa di una perquisizione, la tocca, la oltraggia. Non è la sola. La soldataglia angioina cerca armi nascoste e ne approfitta. È troppo! La reazione del marito e di quanti assistono alla scena è furente; il soldato viene trapassato da un colpo di spada e «il popolo di Palermo acceso di sdegno di questa indegnità sollevossi e cominciò a gridar: "sian morti, sian morti li tartaglioni", che così chiamavan li francesi per dispregio, si che quanti allora ne furono incontrati e trovati furono crudelmente morti» (Martin Sanudo, *Istoria*).
Per le cronache del tempo, la reazione dei siciliani fu efferata. Narra Saba Malaspina, autore della *Storia delle cose di Sicilia*: «i vendicatori spietati gridavan che spegnerebber tutta la semenza francese in Sicilia; e la promessa orrendamente sciogliean scannando i lattanti su i petti alle madri e le madri da poi, né risparmiaron le incinte».
Federico II era morto da circa trent'anni e al suo posto, nel Sud Italia, governava il casato francese degli Angiò che, con l'appoggio della Chiesa e dei mercanti toscani, era riuscito a conquistare il Regno di Sicilia. Nel 1268 gli angioini avevano vinto l'ultima resistenza sveva a Tagliacozzo. Lì il giovane **Corradino, nipote di Manfredi** e ultimo pretendente svevo al trono di Sicilia, fu sconfitto da Carlo d'Angiò, il quale lo deportò a Napoli e lo fece decapitare, cosicché tutti potessero vederne la fine. Una volta impossessatisi del trono siciliano, gli Angiò iniziarono a sfruttare al meglio la struttura amministrativa organizzata nel Mezzogiorno dai normanni e da Federico II, spremendo le già sofferenti casse delle finanze meridionali. Re **Carlo I** voleva, infatti, approfittare della ricchezza del nuovo regno a sua disposizione per prepararsi a un'impresa ben più difficile: la **conquista di Costantinopoli e dell'Impero bizantino**. Per questo iniziò ad ammodernare la flotta e l'esercito, rafforzando anche la potentissima rete di castelli che aveva ereditato.
Ma **nel Sud Italia era ancora molto forte la fazione vicina agli svevi**. Molte famiglie della burocrazia si erano arricchite grazie ai privilegi ottenuti da Federico II e da suo figlio Manfredi. In Sicilia alcuni baroni mal tolleravano le limitazioni imposte dai nuovi sovrani, i quali avevano iniziato a concedere feudi ai cavalieri loro vicini. Alcune delle terre più fertili, sino ad allora gestite dai massari come delle vere e proprie aziende agricole, erano state loro espropriate per essere annesse ai possedimenti della Corona. Nell'isola serpeggiava un malcontento alimentato dai grandi gruppi familiari ghibellini, i cui più audaci rappresentanti erano Giovanni da Procida e l'ammiraglio Ruggero di Lauria i quali, restati fedeli agli svevi, dopo la battaglia di Tagliacozzo si erano rifugiati presso la corte di **Pietro III, re di Aragona**.
Quando scoppiò la rivolta in Sicilia, chiesero al re aragonese d'intervenire perché egli, marito della giovane Costanza, figlia di Manfredi, era legittimo erede al trono e non poteva lasciare il suo popolo alla mercé dei francesi.
Ma, intanto, i siciliani, forse già preparati dalla resistenza antiangioina mai scomparsa dall'isola e sostenuta anche dai nemici di Carlo I, tra i quali l'imperatore bizantino, avevano dichiarato agli Angiò una vera e propria guerra. Nel giro di una notte Palermo si era resa indipendente e la mattina del 1° aprile la notizia *dellu rebellamentu* di Palermo si era sparsa per tutta la Sicilia. Le piazze delle maggiori città dell'isola erano in fermento e dopo la capitale erano cadute Corleone, Augusta, Caltagirone. In poco tempo la rivolta del vespro era giunta a Siracusa e Taormina, per infiammare infine Messina e varcare lo stretto in direzione di Reggio. Gli Angiò non poterono far nulla; troppo in fretta si era estesa la rivolta e troppo grande era l'odio dei siciliani, pronti a scagliarsi contro qualsiasi francese abitasse l'isola, non risparmiando nemmeno i religiosi; anzi, «tutti i frati che conobbero francesi trucidarono» (Bartolomeo da Neocastro, *Storia sicula*).
La rivolta del vespro in pochi giorni era divenuta **un fatto internazionale.** In gioco non c'erano solo gli interessi dei baroni siciliani, desiderosi di riprendere il potere politico che avevano perso. Era chiaro, invece, che sulla Sicilia si stava giocando una partita ben più importante: il **dominio del Mediterraneo**. Da tempo gli aragonesi stavano cercando di estendere il proprio potere su alcune isole più grandi, spinti dai ricchi mercanti catalani che volevano sostituirsi ai fiorentini e ai veneziani, dominatori degli interessi economici mediterranei. Le vie del commercio marittimo sarebbero state in mano a chi avrebbe tenuto i maggiori porti siciliani per spingersi, poi, sino a Bisanzio e oltre.
La ribellione di Palermo divenne in breve tempo, dunque, **una vera e propria guerra.** Carlo I dovette preparare in fretta e furia il suo esercito: iniziò l'assedio a Messina nel giugno del 1282. Un mese dopo, Pietro III d'Aragona sbarcò a Trapani per essere incoronato re di Palermo. Quasi immediata giunse la scomunica dell'aragonese da parte di papa Martino IV, vicino agli Angiò. Iniziarono lunghissimi anni di lotte intestine, tentativi di accordi diplomatici, battaglie navali. Per due volte sembrò che gli angioini potessero cadere. Questo accadde quando la flotta aragonese, guidata da Ruggero di Lauria, sconfisse quella angioina nel golfo di Napoli, nel 1284 e nel 1287. Nella prima battaglia l'ammiraglio siciliano riuscì addirittura a fare prigioniero Carlo lo Zoppo, figlio del re Carlo I ed erede al trono di Sicilia. L'ammiraglio lo avrebbe giustiziato se Giacomo d'Aragona, nel frattempo subentrato al padre nel

questa nobiltà sollecitò infatti l'intervento del **re d'Aragona Pietro III** [👁 1.5], considerato l'erede legittimo al trono svevo in quanto marito di Costanza, figlia di Manfredi. Scoppiò così la rivolta. In realtà, la rivolta era stata accuratamente preparata, ma scoppiò per un episodio all'apparenza banale: nell'ora del **Vespro del lunedì di Pasqua dell'anno 1282** un soldato francese perquisì una donna davanti alla chiesa del Santo Spirito a Palermo; la folla reagì violentemente e la rivolta si diffuse a macchia d'olio in tutta l'isola; una vera e propria caccia allo straniero colpì duramente la colonia francese, che subì circa quattromila morti.

governo dell'isola, non avesse convinto i suoi che conveniva utilizzarlo come merce di scambio utile alla firma di un trattato di pace. Le ostilità terminarono, di fatto, nel 1302 con la firma del trattato di **pace di Caltabellotta**, con il quale le due parti si divisero il Mezzogiorno.
La vicenda del Vespro fu narrata dai maggiori osservatori del tempo. La ricorda anche Dante, vicino ai guelfi angioini, quando, incontrando Carlo Martello, a questi fa dichiarare che la Sicilia sarebbe stata ancora nelle mani degli Angiò «se mala segnoria, che sempre accora / li popoli suggelli, non avesse / mosso Palermo a gridar: "mora, mora!"» (*Paradiso*, VIII, 73-75). A lungo si è pensato che la "mala signoria" angioina fosse stata la causa della ribellione dei siciliani, ma oggi è chiaro che **sulla Sicilia si erano concentrati gli interessi delle maggiori monarchie del tempo**. La rivolta contro i francesi era ben presto sfuggita di mano agli stessi siciliani, i quali passarono dal dominio angioino a quello aragonese quasi senza accorgersene, pur restando interlocutori ascoltati piuttosto che sudditi sottomessi.
Durante il **Risorgimento**, la rivolta del Vespro fu vista come un simbolo della libertà dei popoli oppressi dallo straniero, degli italiani che si ribellavano al potere esterno per rivendicare la propria autonomia dall'impero austro-ungarico. La vicenda, adeguatamente romanzata, fu musicata anche da Giuseppe **Verdi** (*I Vespri siciliani*) e rappresentata per la prima volta in Francia e poi a Milano. Ancora oggi la complessa vicenda del Vespro è considerata tra i momenti chiave nella storia del Mezzogiorno e dell'intero bacino mediterraneo.

***I Vespri siciliani* di Giuseppe Verdi**
2010
[allestimento di Pierluigi Pizzi per il Festival Verdi di Parma]

Vicario
Dal latino *vicarius*, derivato di *vicis*, 'vece'; il vicario esercitava un'autorità o una funzione in sostituzione o in rappresentanza di un individuo di grado superiore.

Con grande tempismo le **truppe spagnole** degli aragonesi sbarcarono in Sicilia bloccando l'intervento angioino. Pietro III d'Aragona fu incoronato a Palermo lo stesso anno. Seguì un conflitto ventennale, la cosiddetta **guerra del Vespro**, che si concluse nel **1302** con la **pace di Caltabellotta**, in seguito alla quale l'isola fu affidata a Federico d'Aragona, con la condizione che alla sua morte la corona sarebbe tornata agli angioini. Cosa che naturalmente non avvenne. Agli angioini invece andò il Regno di Napoli che comprendeva il Sud della penisola.
Il secolo, dunque, si chiuse per l'Italia meridionale con un **pesante passivo**: l'oppressione angioina aveva gettato i siciliani nelle braccia degli aragonesi spezzando l'unità del regno, mentre l'immissione di tanti nobili francesi aveva rafforzato quel particolarismo feudale che gli svevi avevano cercato costantemente di arginare. Queste conseguenze pesarono a lungo sui destini dell'isola.

L'imperatore Rodolfo I di Asburgo

In Germania, intanto, dopo un lungo e agitato interregno, seguito alla morte di Federico, i principi elettori tedeschi avevano nominato **re di Germania** e dei Romani **Rodolfo I** (1273-91). Il nuovo sovrano era virtualmente anche il nuovo imperatore, ma Rodolfo non si recò mai a Roma per ricevere ufficialmente l'incoronazione dalle mani del papa. Egli si preoccupò, piuttosto, di consolidare il proprio potere in Germania, contrastando gli abusi dei signori feudali. Rodolfo apparteneva alla casata di **Asburgo** (dal nome del castello di Habichtsburg, 'rocca del nibbio', da cui *Habsburg*, che sorgeva a pochi chilometri a ovest di Zurigo), che deteneva feudi nell'alta Alsazia e nella Svizzera tedesca, fra l'alto Reno e il lago di Costanza **[**ATLANTE_**22****]**. I domìni personali della casata si arricchirono enormemente quando Rodolfo sottrasse al Regno di Boemia la Stiria, la Carniola, la Carinzia e soprattutto l'**Austria**. La potenza della casata di Asburgo si spostò dunque verso il Danubio, identificandosi sempre più con il territorio austriaco (da qui il nome di "Casa d'Austria", con cui talvolta viene chiamata).

L'Impero verso il declino

Come Rodolfo I, anche gli altri successori di Federico II si trattennero prevalentemente in Germania, cuore dell'Impero, esercitando il proprio potere nella Penisola italiana per il tramite di **vicari** che li rappresentavano. L'autorità imperiale variava, anche notevolmente, da regione a regione, in rapporto a circostanze particolari; ma, nel complesso, in quan-

ATLANTE 22_TERRITORI DEGLI ASBURGO, XIV SECOLO

Le aree in verde sono i possedimenti diretti degli Asburgo; le terre acquisite da Rodolfo I d'Asburgo sono quelle più orientali. Le une e le altre si collocano comunque nel cuore della parte tedesca dell'Impero.

to tedesco, l'imperatore apparve sempre più agli italiani uno straniero invadente da tenere lontano, al di là delle Alpi.

Del resto, nel corso del XIII secolo, anche in Germania la posizione dell'imperatore era andata progressivamente indebolendosi a causa dell'enorme potere dei grandi feudatari. Si giunse poi, nel 1356, con la cosiddetta **Bolla d'oro** emanata dall'imperatore Carlo IV di Lussemburgo, a riservare la designazione al trono imperiale a **sette grandi elettori**, tre signori ecclesiastici (gli arcivescovi di Magonza, Treviri e Colonia) e quattro principi laici (il re di Boemia, il conte palatino del Reno, il duca di Sassonia, il marchese di Brandeburgo). L'eleggibilità della carica imperiale comportò una serie di **conseguenze negative**: lotte civili, mancanza di continuità dinastica, ripetute concessioni di terre e di diritti ai grandi elettori da parte dei candidati per ottenere il voto. Le finanze dei singoli imperatori, dopo la competizione elettorale, erano esauste. Ciò rese irraggiungibili i due requisiti fondamentali per creare una struttura politica capace di svolgere un ruolo di primo piano a livello europeo: una forza militare stabile e un'amministrazione centralizzata ed efficiente. In Germania trionfarono, dunque, proprio come in Italia, gli **Stati regionali**, che ridimensionarono le aspirazioni imperiali ritardando allo stesso tempo l'unificazione del paese [ATLANTE_23].

GUIDA ALLO STUDIO

❶ Perché papa Clemente IV scomunicò Manfredi? ❷ Quali furono i principali aspetti del dominio angioino in Italia meridionale? ❸ Perché la Sicilia fu ostile a Carlo d'Angiò? Come iniziò e come si concluse la guerra del Vespro? ❹ A quale casata apparteneva Rodolfo I? Quali territori controllava? ❺ Quali furono le ragioni del declino dell'Impero?

ATLANTE 23_ L'IMPERO ROMANO-GERMANICO

In Germania il processo di rafforzamento del potere centrale non riguarda l'Impero bensì i singoli Stati regionali che lo compongono: le giurisdizioni dei sette grandi principi elettori, i domìni degli Asburgo (Austria, Tirolo, Stiria, Carinzia e Baviera), i domìni dei Lussemburgo (Brabante, Lussemburgo, Boemia, Moravia, Brandeburgo), oltre a vescovati, città e piccoli domìni feudali.

Il sigillo della Bolla d'oro di Carlo IV
1356
[Hauptstaatsarchiv Stuttgart, Baden-Württemberg]

La Bolla d'oro fu un importantissimo editto emanato nel 1356 dall'imperatore Carlo IV (al centro del sigillo), che stabilì la natura elettiva della funzione imperiale e, di fatto, estromise il papa dall'incoronazione.

▶ 15DOC

Dino Compagni
Leggi contro i potenti: il caso di Firenze

5 I comuni italiani tra XII e XIII secolo

I magnati e la crisi delle istituzioni comunali

Nell'XI e XII secolo i consigli e i magistrati dei comuni italiani [👁 1.8] furono monopolio di una **ristretta oligarchia** formata dai mercanti più ricchi e, soprattutto, da esponenti della nobiltà feudale inurbatisi in tempi più o meno recenti: una oligarchia, convenzionalmente definita dei **magnati** (dal latino *magnus*, 'grande') che, sul piano dello stile di vita, aveva progressivamente assunto i tratti di un gruppo dirigente socialmente omogeneo, ma diviso da **feroci lotte di fazione** per il predominio nelle istituzioni di governo.

Da questa situazione ebbe origine la crisi che, tra il XII e il XIII secolo, colpì le tradizionali istituzioni del comune e portò all'insediamento di un nuovo tipo di magistrato, il **podestà** (dal latino *potestas*, 'potere'). I podestà, che venivano solitamente scelti tra individui esperti in campo politico, militare e giuridico, erano veri e propri **professionisti** nel loro mestiere: non erano rari i casi di podestà che giravano di comune in comune accompagnati da un seguito personale di notai, segretari, giudici, servi, scudieri, banditori e persino da uomini armati che svolgevano funzioni di polizia. Essi restavano mediamente in carica da sei mesi a un anno, e alla scadenza erano sottoposti a una commissione eletta dal consiglio cittadino che vagliava il loro operato. Lo spostamento dei podestà da un centro all'altro fece sì che **le leggi e le istituzioni dei comuni italiani** si somigliassero tra loro.

Le trasformazioni sociali e politiche nel XIII secolo

La figura del podestà riuscì per circa un secolo e mezzo a svolgere un'**opera di mediazione** tra i gruppi sociali che all'interno dei comuni si contendevano il potere. Nella seconda metà del XIII secolo, tuttavia, le tensioni sociali riesplosero con rinnovata violenza. La vita politica cominciava a risentire in modo vistoso delle trasformazioni sociali provocate dallo sviluppo delle attività commerciali, manifatturiere, bancarie. Un ceto relativamente ampio di imprenditori, mercanti, professionisti – convenzionalmente definiti **popolo grasso**, cioè ricco – e di bottegai e artigiani – convenzionalmente definiti **popolo minuto** – era ormai giunto a maturazione e, attraverso l'organizzazione delle Arti o Corporazioni [👁 2.6], esercitava una forte pressione per acquistare peso nella gestione degli affari del comune.

È importante sottolineare che questi nuovi protagonisti della vita politica nei comuni rappresentavano comunque una minoranza rispetto al complesso della popolazione residente nelle città: gli operai salariati, i piccoli venditori al minuto, i numerosissimi servi domestici rimasero esclusi dalla vita politica; tanto più gli abitanti del contado, completamente emarginati e sottoposti a un duro prelievo fiscale.

Gli effetti sulle principali città del Nord Italia

Il relativo ampliamento del quadro sociale e politico e il conseguente stato di tensione interna, riscontrabili in quasi tutte le principali città del Nord e del Centro della penisola, **portarono a risultati molto diversi** a seconda delle situazioni.

■ **Milano** A Milano la nascita e la crescita delle organizzazioni corporative del popolo grasso e del popolo minuto, pur ponendo delle limitazioni ai privilegi della nobiltà feudale che egemonizzava il potere, non trasformarono in maniera decisiva la vita politica.

■ **Firenze** A Firenze, una città in cui la lotta politica fu particolarmente aspra, riuscì invece a prevalere il popolo grasso. A tutela dei diritti acquisiti, quest'ultimo fece approvare nel 1293 gli **Ordinamenti di giustizia**, mediante i quali le più importanti famiglie magnatizie furono private dei diritti politici. Fu inoltre istituita la magistratura del **Gonfaloniere di giustizia**, preposta al comando di duemila soldati e incaricata di reprimere ogni attentato contro il governo "popolare". Il rivolgimento politico fiorentino fu dunque profondo, grazie al consolidamento di un assetto istituzionale che premiava le forze sociali emergenti.

■ **Venezia** Un caso a sé stante era invece rappresentato da Venezia. Sin dalle origini, l'aristocrazia veneziana era composta dalle famiglie che avevano conquistato prestigio e ricchezza attraverso l'esercizio del commercio e della marineria. Un'**aristocrazia degli affari** che aveva come iniziale obiettivo politico il controllo dell'**elezione del doge**, il magistrato supremo, al fine di impedire che la carica venisse monopolizzata da un unico gruppo familiare e trasmessa ereditariamente. Per questo il **Maggior consiglio**, l'organo consiliare espresso dalle famiglie più ricche e in vista, si era conquistato il diritto di designare i candidati al dogato mettendo a punto un sistema che rendeva estremamente difficile il sorgere di forti poteri personali o di **consorterie** ristrette. Si era istituita, infatti, una commissione del Maggior consiglio, composta per selezione e per sorteggio e autorizzata a proporre la ratifica del candidato all'assemblea dei cittadini. Tuttavia, nel XIII secolo, quando la stratificazione sociale ed economica della città si ampliò in virtù dell'ascesa di molti "nuovi ricchi", la risposta della vecchia classe dirigente veneziana alle pressioni dei nuovi ceti per avere accesso al Maggior consiglio fu assai dura. Nel 1297 si verificò la cosiddetta **Serrata del Maggior consiglio**: si stabilì che solo un certo numero di famiglie – ovvero quelle che negli ultimi quattro anni avevano avuto loro esponenti nel Maggior consiglio – potessero accedere all'organo consiliare principale. Ciò impose di fatto alla guida della città una oligarchia che si riproduceva ereditariamente, e limitava sia il potere del doge sia ogni possibile processo di rinnovamento politico.

Consorteria
Associazione di carattere privato, ma dotata di capacità di intervento politico e militare. Raggruppava rami diversi di una famiglia, spesso nobile.

Il doge e il senato veneziano
Il doge era la carica suprema fra le magistrature veneziane e governava assieme al senato, composto da una ristretta cerchia di famiglie, spesso nobili.

GUIDA ALLO STUDIO
❶ Perché nacque la figura del podestà e quale funzione politica svolse? ❷ Che cosa si intendeva con le espressioni "popolo grasso" e "popolo minuto"? ❸ Che cos'erano gli Ordinamenti di giustizia emanati a Firenze nel 1293? ❹ Da chi era composta l'aristocrazia veneziana? ❺ Quale fu l'obiettivo della Serrata del Maggior consiglio di Venezia?

6 La monarchia francese. Dall'ascesa allo scontro con il papato

Mentre il quadro politico italiano, tra XII e XIII secolo, si caratterizzava per la sua persistente frammentazione, nel resto d'Europa prendeva corpo una tendenza opposta: il rafforzamento dei poteri centrali, rappresentati dalle **monarchie**. I principali protagonisti di questo processo furono i regni di Francia e Inghilterra e, nella Penisola iberica, quelli di Aragona e Castiglia.

Il Regno di Filippo II Augusto

Tra la fine del XII e il principio del XIII secolo, quando Filippo II, detto Augusto (1180-1223), salì al trono francese, i territori direttamente controllati dalla monarchia avevano un'estensione molto modesta rispetto a quella di alcuni grandi feudatari e, soprattutto, rispetto ai possedimenti del più potente tra i vassalli francesi, il re d'Inghilterra [👁 1.5]. Se però si mette a confronto l'ATLANTE_24, che descrive i possedimenti francesi nell'anno in cui fu incoronato Filippo II, con l'ATLANTE_25, che fotografa invece l'estensione territoriale

ATLANTE 24_LA FRANCIA NEL 1180

- all'avvento di Filippo Augusto
- domìni diretti del re di Francia
- altri feudi francesi e signorie ecclesiastiche
- domìni diretti e indiretti del re d'Inghilterra
- domìni indiretti del re d'Aragona
- Bouvines 1214 battaglie

della monarchia francese nel 1328, oltre un secolo più tardi la situazione si mostra completamente mutata: in mano inglese resta infatti solo il feudo di Aquitania. Questa sostanziale variazione territoriale fu il frutto di una serie di guerre condotte in primo luogo dallo stesso Filippo II Augusto che riuscì a strappare agli inglesi i ducati e le contee nordoccidentali, e tra questi il Ducato di Normandia e le contee di Bretagna e d'Angiò. Decisivo si rivelò anche l'esito della battaglia di **Bouvines** del 1214 nella quale si affrontarono Filippo II [👁 4.1] e il sovrano inglese Giovanni Senza Terra alleatosi con l'imperatore Ottone IV di Brunswick. La capitolazione dell'esercito anglo-germanico permise a Filippo di imporre il riconoscimento dei territori da lui recuperati negli ultimi anni. Inoltre, da quel momento il sovrano di Francia mantenne una superiorità incontrastata sui grandi feudatari.

3
M. Pastoureau
La forza dei simboli: il giglio di Francia

Un ceto di amministratori

Un'importante novità si verificò nel centro del potere. Presso la corte del re si affermarono, in questi anni, come **professionisti** dell'amministrazione, della giustizia e delle finanze uomini della borghesia urbana legati alla Corona da vincoli di fedeltà diversi da quelli di natura

ATLANTE 25_LA FRANCIA NEL 1328

Decima
Il termine indica una quota dei prodotti agricoli che il titolare di un'attività deve pagare come imposta ad autorità laiche o ecclesiastiche. Originariamente questo tipo di contribuzione era pari alla decima parte della produzione, pagata come tributo.

Bolla
I decreti papali venivano chiamati così da *bulla*, il termine latino con cui si indicava il sigillo pontificale, e venivano designati con le prime parole del testo.

feudale che determinavano i rapporti tra il sovrano e i grandi feudatari o gli alti prelati: essi ricevevano un salario e percorrevano una carriera nella quale, oltre alla fedeltà, si premiavano lo zelo, la capacità, l'intraprendenza personale.
Il rafforzamento della monarchia francese proseguì sotto **Luigi IX** (1226-70), detto **il Santo** perché fu canonizzato pochi anni dopo la morte. Ottimo amministratore, Luigi IX proseguì, sulla scia di Filippo Augusto, nel perfezionamento e nella specializzazione degli organismi centrali: il **Consiglio del re**, composto da alcuni grandi vassalli e da molti borghesi esperti in diritto, che assisteva il re in campo politico; la **Corte dei conti**, successivamente denominata **Camera dei conti**, cui spettavano compiti di controllo e di gestione finanziaria; il **Parlamento**, con la funzione di corte suprema per la giurisdizione amministrativa e per i reclami contro l'operato dei balivi (alti magistrati con poteri locali) e degli altri funzionari.

Lo scontro tra la Corona e il papato

I redditi della Corona francese derivavano dalla gestione diretta delle terre regie, che tuttavia non bastavano a pagare le enormi spese per il mantenimento dell'esercito, dei funzionari, della corte. Il crescente bisogno di mezzi finanziari spinse il re di Francia **Filippo IV** (1285-1314), detto **il Bello**, a un passo molto grave, che infrangeva i secolari privilegi della Chiesa: l'imposizione di **decime** agli ecclesiastici senza il preventivo assenso del pontefice (1296). Il papa **Bonifacio VIII** (1294-1303) reagì con prevedibile veemenza invitando gli ecclesiastici a opporsi alla richiesta del monarca. Si aprì, in questo modo, un contrasto che ricordava le tradizionali lotte tra papato e Impero

Il re Luigi IX compie una guarigione miracolosa
1332-50
[dalla *Croniques de France* di Mahiet e del Maestro di Cambrai, f.424*v*, British Library, Londra]
Alla sua morte, Luigi IX, che già in vita si diceva possedesse poteri curativi, fu fatto santo e le sue ossa furono sepolte nella chiesa di Saint-Denis, nei pressi di Parigi, per essere offerte al culto dei pellegrini. Ai sovrani medievali era spesso attribuito un potere sovrannaturale, come attesta questa miniatura che racconta la miracolosa guarigione dalla scrofola (una malattia della pelle) proprio ad opera di Luigi IX.

[👁 1.4]. Ma questa volta l'antagonista del pontefice era il re di una monarchia forte e circondata dal consenso dei sudditi.
La differenza risultò già chiara quando Filippo convocò, per la prima volta nella storia di Francia, gli **Stati generali** (1302), un'assemblea di cui facevano parte i rappresentanti del clero, della nobiltà e della borghesia cittadina. Gli Stati generali proclamarono che i poteri del sovrano discendevano direttamente da Dio, senza la mediazione papale, e decisero di sottoporre il pontefice a giudizio di fronte a un concilio generale (gli venivano rivolte accuse di empietà, eresia, simonia, omicidio, ecc.).
Bonifacio VIII reagì emanando, nel 1303, la **bolla** *Unam Sanctam*, nella quale venivano ribaditi con fermezza i princìpi teocratici su cui si fondava il potere temporale del papa [👁 1.5].

▶ 10 DOC
Il "canto del cigno" del papato medievale

L'oltraggio di Anagni

Filippo il Bello era anche un uomo d'azione e non concesse al pontefice il tempo di usare la sua arma più pericolosa: la scomunica. Uno dei suoi consiglieri, con l'appoggio della potente famiglia romana dei Colonna (nemica acerrima dei Caetani, cui apparteneva Bonifacio VIII), sorprese il pontefice nella sua residenza di **Anagni** il 7 settembre 1303 e lo catturò. Durante l'episodio il papa fu addirittura schiaffeggiato dal capo della famiglia rivale.
Il vecchio Bonifacio non sopravvisse alla terribile umiliazione e morì appena un mese dopo (11 ottobre 1303). Il re di Francia aveva vinto trionfalmente lo scontro.
Il pontificato di Bonifacio VIII segnò la fine di un'epoca e l'inizio di un'altra. L'episodio di Anagni, infatti, non fu significativo solo per la sua drammaticità – fino a qualche decennio prima l'idea di un papa prigioniero nel suo palazzo sarebbe stata inconcepibile –, ma per i mutamenti profondi della realtà politica europea che esso esprimeva: il papato era ormai una potenza in declino, incapace di bloccare il rafforzamento delle grandi monarchie.

GUIDA ALLO STUDIO

❶ Come cambiò l'estensione territoriale del Regno di Francia con Filippo II Augusto? ❷ Quali erano gli organismi centrali della corte francese? Che ruolo assunsero i borghesi di estrazione urbana nell'amministrazione centrale? ❸ Che cosa fu stabilito dagli Stati generali del 1302? In che modo le decisioni dell'assemblea furono diffuse in Francia? ❹ Perché Bonifacio VIII emanò nel 1303 la bolla *Unam Sanctam*? ❺ Quali risvolti ebbe l'esito del conflitto tra il pontefice e Filippo IV il Bello?

Cattura di papa Bonifacio VIII ad Anagni
XIV sec.
[da Giovanni Villani, *Nuova cronica*, ms Chigiano L VIII 296, f. 175*v*, Biblioteca Vaticana, Roma]

La battaglia di Bouvines

È strano che il cinema, arte che ha diffuso alla conoscenza di massa molti avvenimenti del passato, non abbia dedicato un film alla battaglia di Bouvines. In Francia provarono a realizzarla, senza risultati, negli anni '80 del '900. Eppure a Bouvines, domenica 27 luglio 1214, fu scritta una **pagina fondamentale della storia della Francia moderna** che, infatti, inizia con la vittoria dell'esercito francese di Filippo II Augusto sulle forze alleate imperiali e inglesi.

A Bouvines, si fronteggiarono due schieramenti davvero imponenti: da una parte Ottone IV di cui era alleato il re d'Inghilterra Giovanni Senza Terra e alcuni feudatari della Francia del Nord, dall'altra Filippo II Augusto.

Nello scontro che si tenne a Bouvines troviamo alcune delle **caratteristiche distintive del Medioevo occidentale**, a cominciare dalla lotta tra l'imperatore Ottone di Brunswick (1175-1218) e papa Innocenzo III (1160-1216: 👁 4.1). Fino a qualche tempo prima i due erano stati alleati. Poi il papa aveva scomunicato e deposto l'imperatore (1210-11) perché questi aveva deciso di strappare la Corona di Sicilia al giovane Federico II Hohenstaufen (1194-1250) sconvolgendo l'assetto sancito dal pontefice. La vittoria su Ottone e sui principi tedeschi avrebbe consentito poi a Federico di essere eletto re di Germania, spianandogli la strada per la consacrazione imperiale.

Inoltre, a Bouvines si consuma la contesa tra due grandi potenze militari del tempo, la Corona francese e il re inglese Giovanni Senza Terra (1166-1216), vassallo francese ma desideroso di dominare la Francia e le Fiandre. E compaiono **tratti da epica cavalleresca**: un cavaliere cristiano, il re di Francia, circondato da fedeli e valorosi vassalli pronti a morire piuttosto che uscire sconfitti dalla battaglia; l'imperatore, un nemico della Cristianità, perché scomunicato; due traditori, i conti Ferrante di Fiandra e Rinaldo di Boulogne, già vassalli di Filippo II, che avevano rotto il giuramento di fedeltà al re schierandosi con gli anglo-imperiali; due potenti cavallerie nel momento più alto della loro tradizione secolare e due eserciti imponenti ed efficientissimi, ciascuno pronto a difendere le proprie insegne. A Bouvines infine ricompare l'**Orifiamma**, lo stendardo color rosso e oro dell'abbazia di Saint Denis, chiesa sacra ai sovrani di Francia, già descritto nella *Chanson de Roland*: sventolava alla testa delle truppe reali insieme all'**insegna capetingia con i gigli dorati su fondo blu** che sarebbe divenuta il simbolo moderno della monarchia francese.

La battaglia campale fu cruenta. Contrariamente a quanto si pensa, le battaglie non furono così frequenti nel Medioevo. La guerra, invece, era statica, diplomatica, un fatto di attese e saccheggi, di assedi e duelli. Lo storico francese Duby ha affermato che la battaglia medievale non è la guerra, ma il suo contrario: è una procedura di pace nel mezzo di una contesa. Serve, cioè, a sbloccare uno stallo politico o militare, conducendo a una pace che solo il **«ricorso estremo al giudizio di Dio»**, al quale è affidata la vittoria o la sconfitta tra i contendenti, può garantire.

Nonostante la "Tregua di Dio", il precetto che impediva di combattere durante le festività cristiane, a Bouvines si combatté di domenica perché lo scomunicato Ottone mosse a sorpresa contro l'esercito francese costringendo Filippo II e le sue schiere ad accettare la sfida.

Della vicenda possediamo una descrizione perfetta: è la cronaca del chierico e cappellano di corte Guglielmo il Bretone (1159-1224), fedelissimo di Filippo II, dedicata al sovrano (*Filippide*). Racconta che il re francese pregò nella piccola cappella di S. Pietro, nella campagna di Bouvines dove casualmente fu costretto ad attestare il suo esercito in assetto da guerra. Poi parlò ai suoi: «noi siamo cristiani e seguiamo le regole della Santa Chiesa», per questo «la misericordia di Nostro Signore ci concederà di prevalere sui nostri e suoi nemici e di vincere».

Contro ogni previsione, il primo attacco vero fu della cavalleria leggera francese: i sergenti del vescovo di Senlis sfidarono la cavalleria pesante del traditore Ferrante di Fiandra, sistemata sulla sinistra dello schieramento imperiale. Ne uscirono sconfitti, ma consentirono alla gran parte dell'esercito francese, fatto di milizie cittadine e cavalieri, di muovere verso il nucleo centrale dello schieramento impe-

riale, dov'era Ottone con il fior fiore della cavalleria teutonica.

Le battaglie del tempo non facevano molti morti. I cavalieri rispondevano a un codice non scritto secondo il quale, in caso di battaglia, la morte avveniva casualmente, in condizioni di particolare eroismo o per punire un traditore. Certamente, la foga della battaglia non sempre consentiva di fare distinzioni, ma nella realtà ogni cavaliere valeva denaro, il riscatto dovuto per la liberazione dei prigionieri catturati in battaglia. Eppure, a Bouvines «le spade sono così rosse per il sangue che hanno sparso che a malapena possono essere riconosciute dai loro foderi». Il sangue era soprattutto quello dei cavalli sui quali si abbatteva la violenza dei combattenti. I cavalieri, dopo la violenta cozzata iniziale, miravano alle cavalcature. Sgozzavano, infilzavano, abbattevano i possenti animali da guerra che erano il vantaggio principale che essi avevano sulla fanteria. Appiedati gli avversari, cercavano di colpirne le pesanti corazze che, nella mischia generale, diventavano gabbie di cuoio e metallo.

Avvenne anche a Bouvines, dove dopo tre ore di dura battaglia, nella mischia tra corpi di animali, fango, sudore e sangue, il re di Francia si trovò scoperto, in balìa dei fanti teutonici. Filippo II, caduto da cavallo e schiacciato sotto il corpo dell'animale, venne assalito, colpito, pestato, ma la corazza resse. La carica sulla sua armatura durò pochi minuti, il tempo di ricevere l'aiuto della sua guardia più fidata che, sgominati i fanti tedeschi, lo rimise in sella a un destriero. È in quel momento che l'Orifiamma francese, sventolato da un cavaliere povero ma valoroso, diede il **segnale della riscossa**.

I cavalieri francesi attaccarono dritti il nucleo della cavalleria imperiale, arrivarono a prendere le briglie del cavallo di Ottone, cercarono di colpirlo, lo fecero. Questi resistette e si dette alla fuga, seguito da molti dei suoi e dai più temerari tra i francesi. La battaglia poteva terminare così ma Filippo II doveva **regolare i conti con i traditori**: l'onore, il codice di fedeltà tra il signore e i vassalli, una volta rotto non consentiva indulgenza. Ferrante di Fiandra e Rinaldo di Boulogne combatterono strenuamente, utilizzando una strategia particolare: disposero ad anello i fanti e, a intervalli regolari, i cavalieri, uscendo dal cerchio, attaccavano il nucleo centrale francese. Ma soccombettero. Sebbene inferiore di numero, l'esercito francese, spinto dalla sacralità del re e dalle schiere di fanti cittadini e cavalieri, uscì vittorioso. Filippo II, da quel giorno, fu detto Augusto, dando inizio alla dinastia dei re "cristianissimi", che avrebbe dato alla Francia anche un santo, Luigi IX. Filippo tornò a Parigi con il suo esercito, festeggiato, lungo la strada, da ali di folla, donne e uomini francesi che salutavano il loro re. I francesi sapevano che una sconfitta a Bouvines avrebbe decretato la fine della Francia e la vittoria inglese. Invece, alcuni storici hanno affermato che a Bouvines i franchi smisero di essere popolo e divennero nazione. Il mito della battaglia di Bouvines, consacrato tra i grandi avvenimenti della storia transalpina, è ancora oggi vivo nell'**identità nazionale francese** e ne costituisce uno degli elementi portanti, **fondamento costitutivo della Francia moderna**.

La battaglia di Bouvines
1471
[da *Les Grandes Chroniques de France*, miniato da Robert Testart; Bibliothèque Nationale de France, Parigi]

La clamorosa vittoria riportata dai francesi nella battaglia di Bouvines rimase impressa nella memoria dei posteri per molto tempo. Ancora nel XV secolo Filippo II Augusto viene ritratto a capo del suo esercito nel corso della battaglia avvenuta il 27 luglio del 1214.

7 Il papato di Avignone

Il trasferimento della sede papale

Concluso con la morte del pontefice il conflitto tra Bonifacio VIII e Filippo il Bello, il papato cercò di trovare un'intesa con la monarchia di Francia e il tentativo culminò nell'elezione di un papa francese, **Clemente V** (1305-14). Il nuovo pontefice rifiutò di recarsi a Roma per la consacrazione (che avvenne invece a Lione) e successivamente trasferì la sede papale ad **Avignone** (1309), allo sbocco del Rodano, in Francia [👁 ATLANTE_24]. Qui, fino al 1376, si succedettero **sette papi**, **tutti di nazionalità francese**. Scossa dalla sconfitta di Bonifacio VIII, la Chiesa trovò così, sotto la **protezione dei re di Francia**, un'utile difesa dagli attacchi dell'Impero.

Ad Avignone il papato rafforzò ulteriormente le sue già complesse strutture amministrative: impiegati, funzionari, notai, archivisti, avvocati, scrittori, contabili, popolavano numerosissimi gli uffici papali, e la Curia divenne un grande **centro d'affari**, dove si vendevano cariche ecclesiastiche al migliore offerente.

Le **spese della Curia** toccarono livelli astronomici. Il **lusso della corte**, gli stipendi e il vestiario del personale, le biblioteche, la costruzione di nuovi edifici e la manutenzione di quelli esistenti, il pagamento degli artisti, le spese per l'esercito provocavano una continua emorragia nelle finanze pontificie, cui si cercò di porre rimedio nell'unico modo possibile: inasprendo la **richiesta di contributi e di decime** in tutto il mondo cristiano.

Un'altra fonte di guadagno per la Chiesa era rappresentata dalla vendita delle **indulgenze** per i defunti, un fenomeno di proporzioni sempre più ampie [👁 1.2]. In quest'epoca si era ormai radicata in tutto il mondo cristiano l'idea del **Purgatorio**, il luogo dove i defunti non meritevoli né dell'Inferno né del Paradiso espiavano le loro colpe per un tempo più o meno lungo, in attesa di essere ammessi al cospetto del Signore. I **suffragi** – le preghiere, le elemosine, le messe – offerti dai parenti in nome dei loro cari defunti avevano l'effetto di abbreviare la permanenza di questi ultimi in purgatorio. A seconda del numero e dell'importanza dei suffragi al defunto venivano garantiti condoni (erano queste le indulgenze) di giorni, mesi o anni di pena.

Il Palazzo dei papi ad Avignone
Questo imponente edificio che domina la città di Avignone, nel Sud della Francia, fu la sede del papato nel periodo della cosiddetta «cattività avignonese», che durò fino al 1377, anno in cui la sede pontificia fu trasferita nuovamente a Roma.

Popolarità in declino

In molti paesi europei questa pressione fiscale provocò aspri risentimenti e un ulteriore **distacco delle popolazioni dalla Chiesa cattolica**. La Chiesa apparve a molte popolazioni europee quasi come una potenza straniera che percepiva tributi: le durezze degli esattori papali, l'estraneità dei cardinali alle comunità loro affidate (di cui spesso ignoravano persino la lingua), le notizie sui fasti e gli sprechi della Curia pontificia portarono il prestigio dell'istituzione papale ai livelli più bassi della sua storia.

GUIDA ALLO STUDIO

❶ Chi era Clemente V e perché trasferì la sede papale ad Avignone? ❷ Quali erano le principali fonti di guadagno della Chiesa? ❸ In che modo venivano utilizzate le finanze pontificie? ❹ Perché nel XIV secolo la popolarità della Chiesa cattolica era in declino?

8 La monarchia inglese

Il processo di centralizzazione

Il processo di rafforzamento della monarchia inglese, anche se iniziato più precocemente, si svolse in parallelo a quello della monarchia francese [👁 4.6]. Le sue caratteristiche storiche furono però sostanzialmente diverse: infatti, s'impose in Inghilterra [👁 ATLANTE_26], nel corso del XIII secolo, con sempre maggiore forza, l'idea dell'esistenza di una **comunità del regno**, composta dal re e dai baroni, che di comune accordo elaboravano le leggi, le facevano rispettare e – cosa che più conta – s'impegnavano a rispettarle. Il re era quindi sottoposto alla legge, non poteva abrogarla o modificarla con un atto unilaterale.

A questo passaggio fondamentale si giunse però per gradi. La Corona inglese aveva intrapreso la strada della centralizzazione nell'XI secolo, ma non aveva escluso i **grandi feudatari** laici ed ecclesiastici. Al contrario, la tendenza alla centralizzazione si accom-

ATLANTE 26_L'INGHILTERRA NELLA PRIMA METÀ DEL XIV SECOLO

Dopo la conquista normanna dell'Inghilterra (1066), Scozia, Galles e Irlanda rimasero indipendenti. L'Irlanda fu conquistata da Enrico II Plantageneto nella seconda metà del XII secolo; il Galles venne conquistato tra XIII e XIV secolo; solo il Regno di Scozia rimase indipendente fino al XVIII secolo.

— confine tra Scozia e Inghilterra nel 1344

4DOC La *Magna Charta Libertatum*

pagnò – ed è questa una caratteristica fondamentale della monarchia inglese – a un loro crescente **coinvolgimento** nell'amministrazione e nel governo del paese: le assemblee generali cui i baroni prendevano parte svolgevano infatti un'importante azione di sostegno al sovrano nella conduzione del regno.

La *Magna Charta Libertatum* e le istituzioni rappresentative

Un passo decisivo nell'evoluzione della monarchia inglese fu compiuto al tempo di **Giovanni Senza Terra** (1199-1216). Dopo la sconfitta di Bouvines e la perdita di quasi tutti i feudi posseduti dagli inglesi in suolo di Francia [👁 4.6 EVENTI], i **baroni** sfruttarono abilmente la posizione di debolezza del sovrano, il cui prestigio era profondamente scosso, strappandogli una serie di concessioni, di diritti e di privilegi che confluirono nel 1215 nella famosa ***Magna Charta Libertatum*** ('Grande carta delle libertà'), che stabiliva le libertà dei nobili, della Chiesa e delle città.

Inoltre, prima di emanare disposizioni di carattere fiscale, il sovrano era obbligato a ottenere l'approvazione del "grande consiglio" del regno, che nel 1242 prese il nome di **Parlamento dei Lords**.

Nel 1348 fu introdotta nel giuramento d'incoronazione una nuova clausola: «Giuro – doveva dichiarare solennemente il sovrano – di **osservare** e di **mantenere le leggi e i buoni costumi che i rappresentanti del regno avranno scelto**». In queste parole era implicita una decisa **negazione della teocrazia**: i sudditi di un sovrano teocratico, infatti, non partecipano all'attività legislativa e quindi non hanno alcuna possibilità di costringere il re a rispettare le leggi che egli stesso ha emanato in totale autonomia e rispetto alle quali si ritiene svincolato e superiore; i cittadini di un regno in cui le istituzioni rappresentative partecipano all'elaborazione della legge hanno invece la possibilità d'imporre al re l'osservanza delle norme [👁 4.9 STORIA•SOCIETÀ•CITTADINANZA].

Le istituzioni rappresentative inglesi si perfezionarono e ampliarono con il passare del tempo: nel 1339 fu creata la **Camera dei Comuni**, che comprendeva i rappresentanti del basso clero, della piccola nobiltà, della borghesia cittadina e si affiancò alla Camera dei Lords: il Parlamento inglese risultò quindi composto da **due Camere**. Il Parlamento si allargò alle principali forze sociali del paese e aumentò di conseguenza anche la partecipazione dei cittadini all'elaborazione della legge. I princìpi stabiliti dai feudatari a propria tutela e imposti a Giovanni Senza Terra dopo la sconfitta

Il re Giovanni Senza Terra rende omaggio al re di Francia Filippo Augusto
1332-50
[dalla *Croniques de France* di Mahiet e del Maestro di Cambrai; British Library, Londra]

La sconfitta nella battaglia di Bouvines ebbe per Giovanni Senza Terra (ritratto nella miniatura mentre rende omaggio al vittorioso re francese) pesanti conseguenze in patria. All'indebolimento del potere regale fece seguito l'affermazione delle pretese dei nobili inglesi, che portarono alla promulgazione della *Magna Charta*.

di Bouvines divennero, col tempo, un sistema di riferimento valido per altre fasce, sempre più ampie, di cittadini: l'annullamento del carattere teocratico della monarchia inglese a opera dei baroni aveva aperto la strada a forme più moderne di governo che avrebbero avuto un'enorme importanza nella storia europea.

GUIDA ALLO STUDIO

❶ Che cosa si intende con l'espressione «comunità del regno»? Qual era il ruolo dei grandi feudatari inglesi nell'amministrazione del regno? ❷ Che cos'è la *Magna Charta Libertatum*? ❸ Il re inglese era tenuto a rispettare le leggi del suo regno? ❹ Quali soggetti sociali erano rappresentati nel Parlamento inglese?

9 I regni nella Penisola iberica

Tra il IX e il X secolo i regni della Penisola iberica avevano dato inizio alla cosiddetta *Reconquista* dei territori occupati dai musulmani [👁 1.5, 3.8]. Intorno alla metà del XIII secolo il movimento di *Reconquista* poteva dirsi concluso. Solo il Regno di Granada era rimasto in mano musulmana, per giunta ridimensionato sotto il profilo territoriale. I regni cristiani di Portogallo, Navarra, Aragona (in cui era stata assorbita la Catalogna) e Castiglia (unita dal 1223 al León) intrapresero, al pari di Francia e Inghilterra, il processo di **rafforzamento delle istituzioni monarchiche** [👁 ATLANTE_27]. Tra essi il ruolo guida nella penisola fu ben presto assunto dai regni di Castiglia e d'Aragona.

Il Regno di Castiglia Il Regno di Castiglia, soprattutto sotto **Ferdinando III** (1217-52) e **Alfonso X** (1252-84), ampliò progressivamente il suo dominio verso le grandi pianure interne della Penisola iberica. I sovrani castigliani promossero il ripopolamento di queste zone mediante la fondazione di nuovi insediamenti e la concessione di immunità e l'assegnazione in feudo di vasti latifondi alla piccola nobiltà cavalleresca. Quest'ultima iniziativa favorì la formazione e il consolidamento di una potente **nobiltà terriera**, che ben presto prese a organizzarsi in clientele rivali e a osteggiare i tentativi di centralizzazione messi in atto dalla Corona. Tuttavia, il potere regio e quello nobiliare riuscirono a trovare forme di compromesso e di controllo reciproco attraverso la periodica convocazione delle ***Cortes*** (equivalenti al Parlamento inglese).

Cortes
Assemblee rappresentative nei regni iberici. Inizialmente costituite solo dai rappresentanti del clero e dei nobili, in seguito furono aperte ai rappresentanti delle città. Le *Cortes* non esercitavano funzioni legislative, ma avevano il compito di votare le imposte.

ATLANTE 27_I REGNI DELLA PENISOLA IBERICA E L'ESPANSIONE ARAGONESE NEL MEDITERRANEO

La conquista delle Baleari, della Sicilia e della Sardegna garantì alla corona aragonese il controllo del Mediterraneo occidentale. La Sardegna, concessa in feudo agli aragonesi nel 1297 da Bonifacio VIII, era da tempo contesa da pisani e genovesi, che la consideravano una tappa strategica nell'itinerario mediterraneo verso oriente. La conquista aragonese della Sardegna avvenne in seguito a una lunga ed estenuante guerra contro Genova e Pisa, conclusasi solo nel 1325.

Il Regno d'Aragona Diversa fu l'evoluzione del Regno d'Aragona, o più precisamente della Corona d'Aragona, dal momento che si trattava di una confederazione di tre regni (l'Aragona, Valencia e la Catalogna). Anche qui i rapporti tra la nobiltà terriera e la Corona venivano regolati dalle ***Cortes***. Il regno aragonese si distingueva da quello castigliano soprattutto dal punto di vista economico. Mentre l'economia castigliana era di tipo agrario e si fondava sul latifondo, quella aragonese era di tipo commerciale e legata ai **traffici marittimi mediterra-**

STORIA • SOCIETÀ • CITTADINANZA

Monarchie di ieri e di oggi

Il termine **"monarchia"** (letteralmente 'governo di uno solo') indica una forma di governo in cui l'autorità è concentrata irrevocabilmente nelle mani di un solo individuo. In termini molto generali, dal Medioevo a oggi il potere monarchico è stato giustificato in due modi. In una prima fase, più longeva, prevalsero criteri di tipo carismatico-tradizionale: il re esercitava la sua autorità per volontà divina (elemento carismatico); al contempo, godeva del consenso in quanto discendente legittimo di un altro re (elemento tradizionale). In seguito, a partire dal XVII secolo, subentrò in Europa la legittimazione di tipo legale delle monarchie costituzionali: il re veniva considerato un membro dello Stato, il cui ruolo era previsto dalla Costituzione.

Tra questi estremi ci sono circa mille anni di storia e alcuni momenti cruciali. Le monarchie medievali condividevano tutte la stessa idea di regalità. Il sovrano era tale per volontà divina, deteneva quindi una **funzione teocratica**: non faceva parte del popolo ma era al di sopra di esso e lo comandava. Il re era però anche implicato nella rete dei rapporti feudali: per assicurarsi la fedeltà dei vassalli doveva stringere con loro dei patti ed era tenuto a rispettarli. Deteneva così contemporaneamente anche una **funzione feudale**.

L'aspetto teocratico e quello feudale convissero a lungo e perdurarono anche in età moderna. Talvolta prevalse una delle due funzioni, alcune monarchie accentuarono un aspetto a scapito dell'altro e ciò determinò importanti differenze.

Un cambiamento molto importante rispetto alla monarchia feudale si ebbe nel XVII secolo, quando gli avvenimenti che coinvolsero le due maggiori potenze europee dell'epoca, la Francia e l'Inghilterra, portarono alla nascita di due modelli di monarchia antitetici.

Il tipo di governo che si realizzò in Francia tra il 1660 e la Rivoluzione francese viene comunemente chiamato **monarchia assoluta**. Il monarca medievale doveva fare i conti con una pluralità di poteri locali, mentre con l'assolutismo la situazione prese una direzione opposta.

Il re **Luigi XIV** (1638-1715) organizzò l'accentramento dell'autorità nelle mani del sovrano e il rafforzamento del potere statale (principalmente burocratico, finanziario e militare). Simbolo del nuovo modello di Stato fu la costruzione della reggia di Versailles, un imponente complesso di edifici monumentali dove «fisicamente» fu concentrato tutto il potere (i nobili erano obbligati a risiedervi). Il cambiamento non comportò il venir meno della «funzione teocratica», al contrario, la regalità continuò a trovare legittimazione nella volontà divina e il sovrano rimase, nell'immaginario collettivo, un «unto dal Signore» (consacrato attraverso l'unzione del capo da un'autorità ecclesiastica: 👁 **1.5**) con poteri di guarigione di una malattia della pelle, la scrofola. In Inghilterra si verificò un fenomeno differente: la nascita della **monarchia costituzionale** (1689), che nei secoli futuri diverrà un esempio per molte altre monarchie.

Contrariamente alla monarchia assoluta, nella monarchia costituzionale il potere del sovrano è limitato da una **Costituzione scritta** che prevede il suo ruolo e i suoi compiti. I diritti e le prerogative del monarca non hanno una origine divina e non sono illimitati, derivano invece direttamente dalla legge, da un patto che lega il sovrano e i suoi sudditi al rispetto comune delle norme.

La Rivoluzione francese segnò la fine del modello teocratico di monarchia. La monarchia costituzionale in Francia fu introdotta per la prima volta nel 1791 (e istituita nuovamente nel 1814). In Italia, il sistema monarchico-costituzionale fu introdotto nel 1848 con lo **Statuto del Regno di Sardegna** (lo Statuto albertino) e recepito dal Regno d'Italia nel 1861. L'affermarsi della monarchia costituzionale comportò ovunque una ridefinizione del ruolo del sovrano, sbilanciando gli equilibri del potere in favore della legge e del Parlamento.

Si diffuse così la monarchia parlamentare in cui il potere esecutivo derivava essenzialmente dalla fiducia del Parlamento: in Gran Bretagna dai primi decenni del '700, in Italia già nel Piemonte dal 1851. Il re finì così per ricoprire una funzione che rappresentava soprattutto l'unità del Paese mentre la direzione politica fu riservata al Parlamento (che formula e approva le leggi) e al Governo (il cosiddetto «potere esecutivo», che provvede cioè a eseguire, a mettere in pratica le leggi). Tra il XIX e il XX secolo la maggior parte delle monarchie europee fu sostituita da regimi repubblicani (nei quali il potere è esercitato temporaneamente da rappresentanti eletti dal popolo). Ciononostante, ancora oggi nel mondo vi sono alcuni Stati retti da monarchie. Gran Bretagna, Paesi Bassi e Belgio, ma anche Danimarca, Svezia, Norvegia e Spagna sono le più grandi monarchie costituzionali europee esistenti.

Piccoli Stati retti da sistemi monarchico-costituzionali sono anche il Lussemburgo, il Liechtenstein e il Principato di Monaco.

Gli Stati che possiedono questa forma di governo sono tutti a pieno titolo perfettamente integrati nel sistema degli Stati democratici (che riconoscono cioè la sovranità del popolo come principio fondamentale dell'ordinamento statale): la Gran Bretagna è considerata la madre della moderna democrazia e i paesi nordici come la Svezia e la Norvegia sono all'avanguardia rispetto alla tutela dei diritti e delle libertà individuali. In altri

nei. Grande importanza ricoprivano le città – si pensi a Barcellona –, nelle quali molto attive erano le comunità ebraiche. L'Aragona manifestò subito una forte vocazione mediterranea, che si tradusse nella conquista delle Baleari (1229-35), nel coinvolgimento nella guerra del Vespro (1282: 👁 2.4) e nella conquista del Regno di Corsica e Sardegna (1323-30).

GUIDA ALLO STUDIO

❶ Quali erano i principali regni della Penisola iberica? ❷ Che cosa erano le *Cortes*? ❸ Quali differenze economiche vi erano tra il Regno di Castiglia e quello di Aragona?

termini, non è detto che uno Stato monarchico sia per ciò stesso non democratico, né che alla forma repubblicana corrisponda sempre un regime democratico. La differenza sta nelle scelte e nei princìpi fondamentali che vengono assunti dalle costituzioni nazionali. Qualora il sistema generale dell'organizzazione dello Stato sia impostato intorno ai princìpi di **sovranità popolare**, riconosca il diritto della libertà di espressione politica, sancisca la separazione dei poteri legislativo (che fa le leggi), esecutivo (che applica le leggi) e giudiziario (che giudica chi non le rispetta) e riconosca i diritti fondamentali dell'uomo, si avrà, indipendentemente dalla forma politica concreta (monarchica o repubblicana), un sistema democratico.

Il Primo ministro Tony Blair in udienza dalla regina Elisabetta II
20 maggio 2002
[© Pool Photograph/Corbis]

Come risultato di un lungo processo di cambiamento nel corso del quale il potere assoluto della monarchia è stato gradualmente ridotto, oggi in Gran Bretagna la regina ha soprattutto un ruolo simbolico e cerimoniale. Tuttavia, se il capo politico del Regno Unito è il Primo ministro, la regina ricopre formalmente il ruolo di capo di Stato e può esercitare la sua discrezionalità su questioni come la nomina del Primo ministro stesso e lo scioglimento del Parlamento.

SINTESI

1 Il pontificato di Innocenzo III

Alla morte prematura dell'imperatore Enrico VI fece seguito la lotta per la corona imperiale, contesa tra le casate di Baviera e di Svevia. Il pontefice Innocenzo III approfittò del vuoto di potere determinatosi nell'Impero per interferire nelle vicende imperiali con l'intento di subordinare la figura dell'imperatore a quella del papa. Dapprima incoronò imperatore Ottone IV di Brunswick e poi, deluso dal suo operato, designò al suo posto Federico II, figlio di Enrico e Costanza d'Altavilla.
Ma Innocenzo III dovette anche affrontare il malessere che turbava la Cristianità e che, fin dall'XI secolo, era espresso in Europa dai movimenti religiosi popolari caratterizzati dall'opposizione nei confronti delle gerarchie ecclesiastiche, dei suoi dogmi, e da una diffusa rivendicazione di uguaglianza sociale. Al principio del XII secolo i movimenti più organizzati erano il movimento càtaro, diffuso dall'Europa orientale alla Catalogna, e quello valdese, nato nella Francia meridionale. I càtari avevano dato vita a una Chiesa alternativa, con un'organizzazione e una dottrina proprie, mentre i valdesi rifiutavano il rituale cattolico e la funzione dei sacerdoti. Definiti "eretici" dalla Chiesa, tali movimenti vennero perseguitati e repressi duramente.

2 Gli ordini mendicanti

Non tutti i movimenti religiosi furono oggetto di persecuzione. Alcuni di essi, come i francescani e i domenicani, furono riconosciuti dalle gerarchie ecclesiastiche e, con il loro esempio di condotta irreprensibile, finirono per rafforzare l'autorità della Chiesa. I francescani, seguaci di Francesco d'Assisi, praticavano infatti uno stile di vita basato sul rifiuto dei beni materiali e sulla povertà assoluta, ben diverso quindi dagli ordini monastici tradizionali che, in quanto possidenti di vaste proprietà, erano accomunati dal popolo ai signori feudali. Quello fondato da Domenico di Guzmán era invece un ordine colto e teologicamente preparato nel confronto con i predicatori eretici: tale caratteristica fece dei domenicani gli uomini di punta dell'Inquisizione.

3 Federico II

Incoronato imperatore nel 1220, Federico II si dedicò al consolidamento del potere centrale a scapito dei signori tedeschi, del clero e dei comuni italiani. Dopo essere stato scomunicato da papa Gregorio IX, l'imperatore condusse a termine efficacemente la sesta crociata, riuscendo a ottenere, tramite abili trattative, il libero accesso dei pellegrini cristiani in Terrasanta. Il papa, tuttavia, non volle riconoscere i risultati all'imperatore e anzi lanciò il suo esercito contro il Regno di Sicilia. La sconfitta subita spinse il pontefice a ritirare la scomunica e ad accettare la pace di S. Germano. Nel Regno di Sicilia, a Palermo, Federico stabilì la propria corte. Qui, riaffermò la superiorità del sovrano su ogni potere locale con l'emanazione del *Liber Augustalis*; fondò l'università a Napoli e riorganizzò la Scuola medica di Salerno. Presso la sua corte prosperò la scuola siciliana contribuendo enormemente alla vita culturale dello Stato. Sul piano amministrativo, invece, Federico rafforzò il modello centralistico. Mise a punto un sistema fiscale efficiente, che tuttavia gravò pesantemente sulle classi più povere e finì per avere un effetto negativo sull'assetto economico e sociale dell'Italia meridionale.
Inoltre, nonostante le iniziali vittorie sui comuni dell'Italia centro-settentrionale, decisi a difendere le loro autonomie e alimentati in questo dal papa e dallo stesso Enrico VII (figlio dell'imperatore e re di Germania), una catena di eventi indebolì il potere di Federico. Questi morì prematuramente all'età di 56 anni, mentre preparava una nuova spedizione in Italia settentrionale.

4 L'impero e il Mezzogiorno d'Italia dopo la morte di Federico II

Dopo la morte di Federico II, Rodolfo I fu incoronato re di Germania e dei Romani. Il nuovo sovrano si preoccupò di consolidare il proprio potere in Germania e di ampliare i possedimenti territoriali della sua casata, gli Asburgo. Accadde soprattutto, dopo la morte di Federico II, che il potere dell'imperatore fosse notevolmente ridimensionato sia in Italia, dove gli imperatori restarono prevalentemente estranei alle questioni locali, sia in Germania, dove il potere imperiale era limitato dai grandi feudatari. Infine, a partire dal 1356, anno in cui, con la Bolla d'oro, i baroni ottennero il diritto di eleggere l'imperatore, quest'ultimo fu subordinato ai suoi elettori e divenne impossibile, di fatto, la realizzazione di un'amministrazione centralizzata e la costituzione di una forza militare stabile.
Nel Regno di Sicilia, invece, Manfredi, figlio di Federico, intraprese una politica che, tra le altre implicazioni, ebbe la ripresa del movimento ghibellino nei comuni italiani, trovando così ancora una volta l'opposizione del papa. Questi scomunicò il sovrano e proclamò al suo posto re di Sicilia Carlo d'Angiò, fratello del re di Francia. Ma il duro dominio degli angioini in Italia meridionale, sancito dalla vittoria su Manfredi a Benevento (1266), si caratterizzò per l'elevata pressione fiscale e la persecuzione dei seguaci della dinastia sveva, incontrando l'opposizione della nobiltà e del popolo siciliani, delusi dal trasferimento della capitale a Napoli, che aveva trasformato in periferia il centro dell'antico regno. La rivolta antifrancese, scoppiata a Palermo nel 1282, portò all'incoronazione di Pietro III d'Aragona, considerato erede legittimo al trono svevo. Seguì la cosiddetta guerra del Vespro, terminata nel 1302 con la pace di Caltabellotta che assegnava, di fatto, la Sicilia agli aragonesi.

5 I comuni italiani tra XII e XIII secolo

Tra il XII e il XIV secolo le antiche istituzioni comunali entrarono in crisi per via delle lotte per il potere interne alla ristretta oligarchia che gestiva il governo. Ciò rese necessario l'insediamento di un nuovo tipo di magistrato, il podestà, chiamato a mediare tra le diverse fazioni. I podestà erano professionisti dell'arte del governo, e svolgevano le loro funzioni per un periodo limitato (da sei mesi a un anno). Il loro spostamento da un centro all'altro aveva reso omogeneo il quadro legislativo dei comuni italiani. Nella seconda metà del XIII secolo, tuttavia, riesplosero le tensioni, a causa dell'emersione di nuovi gruppi sociali, definiti convenzionalmente "popolo grasso" (o ricco) e "popolo minuto". Le trasformazioni sociali, che caratterizzarono i comuni italiani alla fine del XIII secolo, ebbero effetti diversi: mentre a Milano il popolo grasso non riuscì a scalfire l'assetto oligarchico esistente, a Firenze riuscì a far approvare nel 1293 gli Ordinamenti di giustizia con cui si escludevano le famiglie aristocratiche dal governo della città; a Venezia, l'ascesa dei nuovi gruppi sociali fu contrastata dalla vecchia classe dirigente che, nel 1297, con la cosiddetta Serrata del Maggior consiglio, limitò l'accesso alle cariche politiche principali a un numero ristretto di famiglie, imponendo alla guida della città un'oligarchia che si riproduceva ereditariamente.

6 La monarchia francese. Dall'ascesa allo scontro con il papato

Il re Filippo II detto Augusto (1180-1223) riuscì a incrementare l'estensione territoriale del Regno di Francia a spese dei possedimenti dei feudatari francesi e in particolare del re d'Inghilterra, suo vassallo. Decisiva fu però la vittoria delle truppe di Filippo nella battaglia di Bouvines (1214): la sconfitta inferta all'esercito anglo-germanico permise infatti al re di Francia di imporre la propria autorità su tutti i grandi feudatari del regno. Sul piano amministrativo, Filippo II e il suo successore Luigi IX, detto il Santo, procedettero nell'opera di perfezionamento e specializzazione degli organismi centrali (il Consiglio del re, la Corte dei conti e il Parlamento) che cominciarono ad aprirsi progressivamente anche a esponenti della borghesia urbana. Di lì a poco la decisione del re Filippo IV il Bello di imporre le decime agli ecclesiastici per incrementare le entrate della Corona aprì, di fatto, il conflitto, ideologico e politico, tra la monarchia francese e il papato. Gli Stati generali, convocati nel 1302 dal re, stabilirono che il potere del sovrano discendeva direttamente da Dio, senza la mediazione papale, e sottoposero il papa Bonifacio VIII a giudizio. Il papa reagì con l'emanazione della bolla *Unam Sanctam*, in cui riaffermava di fatto gli ideali teocratici teorizzati dai suoi predecessori ma, prima che potesse scomunicare Filippo, fu catturato da un consigliere del re di Francia nella sua residenza di Anagni. La sua morte, di poco successiva alla terribile umiliazione subita, segnò la fine di un'epoca e l'inizio del lento declino del papato nella nuova realtà politica europea.

7 Il papato di Avignone

La ricerca di un'intesa tra il papato e la monarchia francese portò all'elezione di papa Clemente V, il quale, nel 1309, trasferì la sede papale ad Avignone. Qui, fino al 1376, si succedettero sette papi, tutti di nazionalità francese. Il periodo avignonese fu caratterizzato dalla progressiva riduzione della popolarità della Chiesa cattolica, che appariva al popolo come una potenza straniera che percepiva tributi. Le enormi spese sostenute dalla Curia ricadevano infatti sul mondo cristiano sotto forma di decime e contributi che, insieme al ricavato della vendita delle indulgenze, costituivano le principali fonti di guadagno della Chiesa.

8 La monarchia inglese

La sconfitta nella battaglia di Bouvines e la conseguente perdita di prestigio di Giovanni Senza Terra consentirono ai baroni inglesi di strappare al sovrano una serie di concessioni e diritti che confluirono nel 1215 nella *Magna Charta Libertatum*. Il documento, che garantiva la libertà dei nobili, delle città e della Chiesa, limitava nello stesso tempo il potere del sovrano, il quale era sottoposto alle leggi e all'autorità del Parlamento. Quest'ultimo risultava composto da due Camere, la Camera dei Lords e la Camera dei Comuni, che comprendeva i rappresentanti del basso clero, della piccola nobiltà e della borghesia cittadina. Sottoponendo il potere del sovrano alle istituzioni rappresentative si annullò il carattere teocratico della monarchia inglese e si aprì la strada a forme più moderne di governo fondamentali nella storia europea.

9 I regni nella Penisola iberica

Nel XIII secolo, i regni cristiani della Penisola iberica intrapresero un processo di rafforzamento delle istituzioni monarchiche, riuscendo a coinvolgere e controllare la nobiltà feudale nell'istituzione delle assemblee rappresentative, le *Cortes*. Se comune fu l'evoluzione politica dei Regni di Castiglia e di Aragona, differente era la loro economia: quella castigliana di tipo agraria, fondata sul latifondo, mentre quella aragonese fondata sul commercio marittimo nel Mediterraneo. La vocazione mediterranea dell'Aragona si tradusse nella conquista di importanti possedimenti, come le Baleari, la Sicilia, la Corsica e la Sardegna.

SVILUPPARE LE COMPETENZE

1 Spiega, in un testo di 10 righe, i tratti salienti del pontificato di Innocenzo III. Ti soffermerai sull'elezione al soglio imperiale di Ottone IV prima e di Federico II poi e sull'azione intrapresa contro le eresie in particolare nei confronti del catarismo fino alla strage degli albigesi. Aggiungi poi 6 righe dedicate agli ordini religiosi dei mendicanti: francescani e domenicani, chiarendo il loro legame con il papato di Innocenzo III.

2 Chi fu Federico II? Caratterizzane figura e potere scrivendo un testo di 12 righe. Per facilitare il tuo compito usa le domande seguenti come spunti di riflessione:

a. Quale concezione del potere imperiale aveva Federico II?
b. Come gestì la sesta crociata e quali risultati essa raggiunse dal punto di vista dei rapporti con il Medio Oriente?
c. Quale importanza diede al Regno di Sicilia?
d. Come organizzò il suo potere nel Regno di Sicilia?
e. Quale fu la politica di Enrico VII nel Regno d'Italia e come Federico II risolse le rivalità sorte con questa parte del suo regno?

3 Completa la tabella inserendo le date relative agli avvenimenti elencati nella colonna di sinistra. Scrivi poi un testo di 12 righe che metta in relazione e descriva tutti i fatti ricordati:

Avvenimenti	Date
Manfredi è incoronato re di Sicilia	
Manfredi è ucciso nella battaglia di Benevento	
Scoppia la rivolta del Vespro del lunedì di Pasqua	
Si conclude, con la pace di Caltabellotta, la guerra del Vespro	

4 Rispondi ai quesiti impiegando il numero di righe indicato tra parentesi:

a. Chi erano i podestà e che origine ebbero? (6 righe)
b. Quali conseguenze ebbero a Venezia le trasformazioni sociali e politiche del XIII secolo? (4 righe)
c. Attraverso quali azioni Filippo II Augusto e Luigi IX rafforzarono la monarchia francese? (6 righe)
d. Perché Filippo IV convocò per la prima volta gli Stati generali e quali furono le decisioni prese da questa assemblea? (8 righe)

5 Approfondisci, in testi scritti di 4 righe ciascuno, i seguenti argomenti:

a. Le fonti di guadagno della Chiesa durante la permanenza della sede papale ad Avignone.
b. La *Magna Charta Libertatum*.
c. Il Regno di Castiglia e il Regno di Aragona: analogie e differenze.

CAPITOLO

5 MONDI IN CONTATTO, MONDI A PARTE

1 Visioni del pianeta Terra

Orizzonti lontani Quello che abbiamo detto per l'Europa [👁 2.4] valeva nella stessa misura per quasi tutti gli abitanti del pianeta: la maggior parte degli esseri umani trascorreva la propria vita dentro spazi territoriali limitati – quelli del podere, del villaggio, della città – che non si estendevano molto oltre la distanza percorribile nel tempo di una giornata, a piedi o sul dorso di un animale da soma. I **mercanti**, i **crociati**, i **pellegrini** raccontavano invece dei paesi che avevano visitato compiendo viaggi che erano durati mesi o anni, e i loro racconti permettevano d'immaginare terre e usanze diverse da quelle consuete. C'era dunque un **mondo conosciuto personalmente** (molto ristretto) e un **mondo conosciuto indirettamente** (assai più grande). Ma c'era anche la consapevolezza dell'esistenza di **mondi lontanissimi**, che solo pochi individui avevano avuto la possibilità e il coraggio di raggiungere. In questi spazi remoti si collocavano leggende, si pensava vivessero creature strane se non addirittura mostruose. Pensare a questi luoghi significava vivere sentimenti contrastanti: di paura, per il pericolo che da essi poteva provenire, di fascinazione, per le curiosità che suscitavano. Gli abitanti dell'Asia centrale, della Cina, dell'Africa vivevano, dal loro punto di vista, le stesse esperienze degli europei.

L'unicità del genere umano e gli antipodi La teoria della sfericità della Terra era stata esposta in vari trattati antichi e soprattutto dal grande astronomo, matematico e geografo **Claudio Tolomeo**, vissuto nel II secolo d.C. Il sistema astronomico tolemaico si basava sul presupposto che la Terra, concepita appunto come una sfera, fosse immobile e che il sole girasse intorno a essa.

Questa teoria poneva un serio problema alla dottrina cristiana, poiché sembrava contraddire il principio dell'**unicità del genere umano**, sostenuta dalla Bibbia. Immaginando la Terra come un globo, la concezione tolemaica lasciava infatti aperta la possibilità che l'altra parte del mondo, situata in basso, fosse abitata da popoli che vivevano un'esistenza separata, senza alcun contatto con il resto del genere umano. Ma questo era inaccettabile perché la Bibbia sosteneva che l'intera umanità discendeva da un unico uomo, Adamo. Gli oppositori di Tolomeo negavano di conseguenza che esistessero gli **antìpodi**, cioè un emisfero meridionale abitato da altri popoli: questa parola greca era un composto di *antì*, 'contro' e *poús* (genitivo *podòs*), 'piede', vale a dire "con i piedi opposti". Uomini viventi agli antipodi, si riteneva, avrebbero dovuto avere la testa in giù e i piedi in posizione simmetricamente opposta a quella degli uomini dell'emisfero settentrionale. Ma questi uomini degli antipodi avrebbero dovuto necessariamente precipitare e perdere contatto con la Terra. Di conseguenza, la teoria tolemaica – secondo i suoi oppositori – era da ritenersi assurda.

Alcuni autori cristiani vissuti al tempo dell'Impero romano avevano attaccato aspramente la teoria della sfericità. Lattanzio (III secolo d.C.) aveva parlato con disprezzo di «coloro che ritengono che esistano gli antipodi», i quali «hanno immaginato che il cielo è rotondo e che anche la Terra è rotonda come una palla». Ma l'atteggiamento dei pensatori cristiani non era stato uniforme: un'autorità indiscussa come sant'Agostino dava per scontata la sfericità del nostro pianeta e per difendere il principio dell'unicità del genere umano ricorreva a un argomento molto semplice: gli antipodi esistevano, ma non erano abitati.

Un disco piatto? Secondo un'interpretazione ancora ampiamente diffusa, nella cultura medievale avrebbe dominato la teoria secondo la quale

Simon Marmion
Mappa mundi
[da J. Mansel, *La Fleur des Histoires*, 1459-63; Bibliothèque Royale de Belgique, Bruxelles]

Nelle mappe del tipo O-T, come quella illustrata in questo manoscritto, il Mar Mediterraneo forma una specie di T che divide i tre continenti allora conosciuti: l'Europa, in basso a sinistra; l'Africa, in basso a destra; l'Asia, in alto, dove si colloca il Monte Ararat con l'Arca di Noè. Tutto il mondo è circondato dall'oceano.

la Terra non aveva la forma di una sfera, ma di un disco piatto. La teoria della sfericità sarebbe tornata in auge soltanto durante il Rinascimento, grazie alla conoscenza dell'opera di Tolomeo, ai progressi della navigazione oceanica e soprattutto alla scoperta dell'America da parte di Cristoforo Colombo (nel 1492). Questa visione non corrisponde al vero. Malgrado la momentanea perdita dell'opera di Tolomeo, e malgrado le critiche di alcuni cristiani, durante tutto il Medioevo la teoria della sfericità era ampiamente diffusa, e veniva propagata sia dall'insegnamento universitario sia dalle opere divulgative. Oltre che da pregiudizi sfavorevoli alla cultura medievale, ritenuta arretrata e oscurantista, la convinzione che il pianeta fosse allora concepito come un disco piatto è dipesa soprattutto dall'errata interpretazione di alcune **carte geografiche**, del tipo denominato O-T perché i tre continenti allora conosciuti (Europa, Asia ed Africa) erano appunto disposti a T entro un cerchio. Queste carte, tuttavia, non escludevano affatto la sfericità del pianeta e si limitavano a rappresentare la dislocazione dei continenti in piano, con le loro reciproche presunte dimensioni. Questa era la visione degli europei, condivisa in larga parte dai geografi islamici. In Asia e in Africa il pianeta era visto diversamente. Ma una cosa accomunava tutti gli abitanti della Terra: nessuno conosceva interamente il mondo, e immense distese di terra, abitate da centinaia di migliaia di abitanti, erano ignote ai più. Oggi il nostro pianeta, dalle cime più alte delle montagne alle profondità degli abissi marini, non ha più segreti. Molti fenomeni, nella fisica come nella biologia, sono ancora sconosciuti, ma le specie animali, quelle vegetali e i minerali, sono tutti noti e classificati, ed è rarissimo che qualche novità si aggiunga a quanto già ci è noto. Sappiamo quante siano le lingue parlate e che cosa distingua antropologicamente una popolazione dall'altra. È un mondo ben poco misterioso il nostro. Nel cuore dell'età medievale gli uomini potevano solo **immaginare** che ci fossero altre realtà oltre quelle conosciute, ma non potevano dimostrare che esistessero davvero, dove si trovassero, come fossero. **La storia del mondo dall'età medievale in poi altro non è che la storia della progressiva scoperta del pianeta**.

GUIDA ALLO STUDIO

❶ Che cosa si intende con le espressioni "mondo conosciuto personalmente" e "mondo conosciuto indirettamente"? ❷ Quale concezione astronomica era sostenuta dal matematico Tolomeo? ❸ Che cosa si intendeva con il termine antìpodi? ❹ Che cosa erano le carte geografiche O-T?

2 L'Africa, un continente aperto

Un mare di sabbia, il Sahara

I contatti dell'Africa con l'Europa e l'Oriente avevano riguardato in prevalenza la fascia settentrionale islamizzata del continente, coinvolgendo l'entroterra fino ai limiti del Sahara. Il Sahara è **il più vasto deserto del pianeta**, un immenso mare di sabbia e di catene montuose che si estende attraverso l'intera Africa, dall'Oceano Atlantico al mar Rosso, interrotto unicamente dalla fascia irrigata dalle acque del Nilo. La sua lunghezza da est a ovest è di circa 5000 chilometri, quella da nord a sud varia dai 1500 ai 2000 chilometri. Nel deserto non piove quasi mai, e alle temperature diurne, che possono talvolta superare i 50 gradi, si susseguono brusche e forti escursioni notturne, con temperature che possono scendere molti gradi sotto lo zero. Le **oasi**, macchie verdi formatesi grazie a sorgenti naturali o a opere idrauliche artificiali, punteggiano in modo irregolare il deserto fornendo alle carovane luoghi di sosta dove è possibile trovare il bene più prezioso, l'acqua.

Condizioni così inospitali non hanno tuttavia mai impedito la frequentazione umana del deserto. Lo popolavano in gran parte **tribù beduine**. Il termine "beduino" significa letteralmente 'abitante della steppa' e indicò in origine comunità pastorali che abitavano nelle zone meno aride, dove esistevano pascoli. Esso non individua singole etnie, ma raggruppa tutte le genti che in quella vasta regione praticano un medesimo stile di vita: prevalentemente nomadi, i beduini effettuavano traffici su media e lunga distanza grazie all'uso del **dromedario**. Per le sue straordinarie caratteristiche – forza, disponibilità all'addomesticamento, eccezionali capacità di resistenza alla fame e alla sete – il dromedario ha meritato l'appellativo di "nave del deserto".

Il Sahara non era mai stato completamente isolato dalle altre grandi culture che lo circondavano. Dopo il Mille, soprattutto a causa dell'intraprendenza dei califfati islamici, della rinascita dell'economia europea e dei sempre più intensi contatti fra Oriente e Occidente, le genti del Sahara cominciarono tuttavia ad avere un **ruolo crescente nei collegamenti** tra vaste aree del pianeta. Un grande flusso di merci, di conoscenze, di tecniche, cominciò a scorrere dal Mediterraneo all'Asia attraverso l'Africa.

L'Africa subsahariana

Questo fenomeno ebbe ripercussioni sull'Africa subsahariana, come viene definita quella parte del continente africano che si trova a sud del Sahara. La potenza principale che emerse in quest'area fu l'**Impero del Mali**, fondato nel XII secolo e destinato a esercitare un'influenza dominante su tutta la regione per oltre tre secoli **[👁 ATLANTE_28]**. Il suo centro si trovava nell'Africa occidentale, in una zona grosso modo corrispondente all'attuale stato del Mali. La sua popolazione era di religione musulmana e apparteneva a uno dei principali gruppi linguistici del continente, il *mande*, appartenente al più vasto gruppo sudanese. Grazie alla formazione di questa potente compagine, anche l'**Africa occidentale** si trovò pienamente inserita nei collegamenti commerciali e culturali che legano le due coste del continente attraverso il Sahara. Il più importante centro urbano dell'Impero era **Timbuctu**, sorta nel 1100 come campo di sosta per i

Carovana di dromedari nel deserto sahariano
maggio 2001
[© Jim Erickson/Corbis/Contrasto]

nomadi e diventata successivamente una splendida città, ricca di beni materiali e di cultura. Grazie alle tribù carovaniere che attraversavano il deserto, il Mali esportava, traendone grandi profitti, beni preziosi come il **sale**, l'**oro** e gli **schiavi**, che provenivano in gran parte dall'Africa centrale.

Anche l'**Africa orientale e meridionale** era integrata nei traffici su lunga distanza. A causa dei monsoni (dall'arabo *maisim*, 'stagione') – venti che con il mutare delle stagioni assicuravano una navigazione molto favorevole nell'una o nell'altra direzione – l'Africa orientale era il naturale punto d'approdo delle navi che solcavano l'Oceano Indiano. I mercanti della città di Kilwa, sulla costa dell'attuale Tanzania, si procuravano avorio, schiavi e oro presso le tribù dell'entroterra e le inviano verso l'**Oceano Indiano**, per soddisfare una richiesta intensa di **spezie**, **legnami** pregiati, **pietre preziose** e **seta** cinese. Un ruolo analogo, ma ancora più importante, era svolto dall'isola del **Madagascar**, che divenne, in questo periodo, uno dei centri più multiculturali del mondo, aperto parimenti alle influenze africane e a quelle orientali, soprattutto provenienti dall'India.

GUIDA ALLO STUDIO

❶ Quali popolazioni vivevano nel Sahara? ❷ Qual era l'impero principale dell'Africa subsahariana? ❸ Quale ruolo svolgeva l'isola del Madagascar?

ATLANTE 28_REGNI AFRICANI TRA X E XVI SECOLO

3 L'India: i "regni combattenti" e l'invasione islamica

▶ 49
J. Le Goff
Il mito dell'Oceano Indiano

La frammentazione del potere politico

Tra i mondi lontani con i quali tuttavia le genti del Vicino Oriente e del Mediterraneo avevano rapporti costanti, un ruolo importante aveva avuto, fin dall'Antichità, l'India. L'India è un'enorme penisola del versante meridionale del continente asiatico. Le sue caratteristiche spingono i geografi a definirla un **subcontinente**. Con questo termine si indica la parte di un continente che per la sua posizione, l'estensione, la cultura, il popolamento e altri fattori significativi appare come distinto dalla maggiore massa continentale. Limitata a nord dal grande arco montuoso dell'Himalaya, l'India si protende a sud nel cuore dell'Oceano Indiano. Ma né le montagne né i mari hanno mai rappresentato barriere insuperabili e fattori d'isolamento. L'India era un paese lontano ma lo si poteva raggiungere sia per via di terra (da nord) sia per via di mare, tramite rotte che collegavano il mar Rosso, il Golfo Arabico, le coste occidentali dell'Africa ai suoi approdi sull'Oceano Indiano. Le merci indiane, soprattutto il legname pregiato, le pietre preziose, le spezie, e la seta prodotta in Cina erano dunque esportate abbastanza regolarmente.

Il potere politico era da molti secoli diviso tra signori locali chiamati **rajas**, che si consideravano dei veri e propri re, erano circondati da una corte raffinata e lussuosa, ed erano spesso individui colti che proteggevano i poeti e gli artisti. I regni si combattevano in guerre frequenti che potevano condurre a semplici saccheggi o all'incorporazione dei signori vinti in un ruolo corrispondente a quello dei vassalli dell'Europa cristiana. Questi principi conservano un potere locale relativamente autonomo ma erano tenuti a versare tributi al sovrano.

I re e la casta sacerdotale dei **brahmani** (da Brahma, il dio supremo della religione induista; 👁 5.3) vivevano in un rapporto di simbiosi e gli uni non potevano esistere senza gli altri. I sovrani mantenevano i brahmani e questi ultimi legittimavano la loro autorità garantendo un buon rapporto con il soprannaturale, tessendo le lodi delle

Il tempio Lingaraj nel Bhubaneswar, India
XI sec.
[foto di G.-U. Tolkiehn]

Il tempio Lingaraj è uno dei più antichi e più imponenti templi hindu dell'India. Dedicato al culto di Shiva, divinità maschile connessa alla morte e alla fertilità, fu costruito attorno all'anno Mille secondo i principi dell'architettura Kalinga (dal nome della regione in cui si sviluppò questo stile). La torre, alta 55 metri, è attorniata da un sistema di circa cinquanta santuari minori e un recinto sacro racchiude l'intero complesso.

loro imprese e autenticando l'antichità della loro stirpe. I brahmani erano inoltre dei **signori locali**, poiché i sovrani davano loro in dono terre – spesso un villaggio con il suo territorio – unitamente al potere di riscuotere tributi dalla popolazione locale. I segni più importanti attraverso i quali si manifestava il potere dei re erano i **templi**, caratterizzati da una torre centrale che era tanto più alta quanto maggiore voleva rappresentarsi la potenza del sovrano. Nell'XI secolo, mentre i principi e i sovrani europei esibivano la loro forza mediante la costruzione di grandi castelli, in varie località dell'India sorgevano templi alti oltre 60 metri. Il rapporto tra potere e religione era molto stretto e alcuni sovrani locali arrivarono al punto di dichiarare che il loro regno era stato «consegnato» al dio: in tal modo qualunque atto di slealtà nei confronti del re diventava atto di ribellione nei confronti di dio.

Una macchina da guerra, l'elefante

Il periodo della storia indiana corrispondente a quello del Medioevo europeo è indicato anche come quello dei **"regni combattenti"**. Mediamente si trattava di compagini di piccole dimensioni, il cui raggio d'azione non superava i 200 chilometri, mentre quelle di maggiore entità raggiungevano i 600 chilometri. I regni indiani avevano strutture molto simili, come simili erano le tecniche di combattimento. Sconfiggere un vicino debole era abbastanza facile, ma unificare l'intero subcontinente indiano era impossibile. L'arma più potente e caratteristica degli eserciti indiani era l'**elefante da guerra**. Una squadra di arcieri che scagliava frecce contro i nemici prendeva posto su una piattaforma posta sulla schiena dell'animale, e la stessa postazione di comando del re era situata su un elefante. La fanteria serviva principalmente a difendere il pachiderma dagli assalti dei nemici: infatti, se con un colpo di spada si recidevano i suoi tendini, l'elefante veniva abbattuto e il suo equipaggio annientato. Pur con tali limiti, questa grande macchina da guerra aveva notevoli vantaggi: incuteva terrore con le sue dimensioni, la sua forza, la sua velocità, i suoi barriti, e poteva essere utilizzata in ogni luogo. Era in grado di superare con facilità i valichi di montagna, di aprirsi la strada nelle foreste più intricate, di guadare i fiumi. Inoltre non c'era bisogno di trasportare il cibo per nutrirlo, perché si alimentava ovunque grazie alle foglie d'albero.

Carica di elefanti indiani da guerra
XII sec.
[rilievi dal Tempio Hoysaleswara, Halebidu (India)]
Durante le guerre gli elefanti erano utilizzati soprattutto come arma da sfondamento. La loro grande mole e la velocità con cui caricavano il nemico li rendeva dei temibili "carri armati animali". A volte erano equipaggiati con corazze, lame e spuntoni e sul dorso potevano ospitare delle torrette che arcieri addestrati usavano come piattaforme di tiro.

Il dominio musulmano

La crescente frammentazione del potere politico indebolì le capacità di difesa dei regni indiani da invasori esterni. La prorompente espansione musulmana si era concentrata soprattutto sull'Asia Minore, sull'Africa settentrionale, sulla Spagna [👁 ATLANTE_1], e aveva interessato solo marginalmente l'India. Ma verso la fine del XII secolo il subcontinente indiano subì l'aggressione di nemici provenienti dall'Afghanistan, i **turchi**. Con questa denominazione s'intende un grande complesso di popoli le cui sedi primitive si trovavano nell'Asia centrale e orientale. Nel IX secolo questa gente si era convertita in massa all'Islam, entrando a pieno titolo nel grande alveo della civiltà musulmana, dapprima come soldati mercenari dei califfi, poi via via salendo nei gradi e nel potere politico, come capi militari, governatori di province, fondatori di dinastie e di Stati autonomi. Il ramo dei **Selgiùchidi** si spinse verso il Mediterraneo, piegò alla propria volontà i califfi di Baghdad e sconfisse i bizantini nella battaglia di Manzikert (1071: 👁 3.6), riuscendo in tal modo a impadronirsi dell'Anatolia, corrispondente all'attuale Turchia.

La prima penetrazione musulmana in India fu opera del sultano turco di Persia **Mahmud** (971-1030) che muovendo dalla sua capitale Gazhni in Afghanistan si spinse fin nel cuore dell'Hindustan [👁 ATLANTE_29]. Seguirono altre ondate che portarono all'estensione del dominio islamico su tutta l'India settentrionale. Il più importante regime turco-musulmano di quest'area fu il **sultanato di Delhi**, che

ATLANTE 29_IMPERO DI MAHMUD DI GAZHNI, 1020 CIRCA

sarebbe durato oltre tre secoli, dal 1206 al 1526 [ATLANTE_30]. I sultani turchi sostituirono dunque i precedenti rajas. I nuovi padroni compresero che sarebbe stato impossibile uniformare il mosaico culturale indiano all'insegna dell'Islam e praticarono di conseguenza una politica rispettosa delle diversità culturali e religiose. Costruirono ovunque **moschee** adattando le regole dell'architettura sacra islamica ai gusti artistici locali, ma **non procedettero a conversioni forzate**. Quella islamica fu la religione dei dominatori ma non la religione maggiormente praticata dalla popolazione. Il sultanato di Delhi può dunque essere definito come un regime che unificò il paese istituzionalmente, senza forzare l'omogeneità culturale.

GUIDA ALLO STUDIO

❶ Perché l'India fu definita subcontinente? ❷ Chi erano i rajas? ❸ Qual era il rapporto tra i re e la casta dei brahmani? ❹ Quali furono le conseguenze dell'aggressione turca?

ATLANTE 30_IL SULTANATO DI DELHI (XIII SECOLO)

Il complesso di Qubt Minar a Delhi, India
1192-1230

Edificato dal primo sovrano del sultanato di Delhi, il Qubt Minar è un importante esempio di architettura indo-islamica ed è, con i suoi 72,5 metri d'altezza, il minareto più alto del mondo. La torre è composta da cinque piani che si affacciano su altrettante balconate e ai suoi piedi si erge la moschea Qubbat ul-Islam, la più antica delle moschee del sultanato di Delhi e di tutta l'India.

4 L'induismo e il buddismo

Definire l'induismo? Nel subcontinente indiano sono attestate fiorenti culture preistoriche, ma fu soltanto a partire dalla metà del II millennio a.C. che emerse una cultura specifica e diffusa. La portarono i conquistatori **arii**, come vengono chiamate le popolazioni insediate negli attuali Iran orientale, Afghanistan e Pakistan e di là destinate a diffondersi in territori più vasti, a Oriente come a Occidente. Gli arii occuparono la vallata dell'Indo e quindi la regione attraversata dal Gange – i due grandi fiumi che attraversano l'India settentrionale – costituendovi alcuni regni. La loro cultura si sarebbe progressivamente estesa a tutta l'India e la sua interazione con le culture locali diede vita alla più antica tra le grandi religioni ancora esistenti, l'induismo.

Oggi questa religione è praticata da oltre un miliardo d'individui e con il suo 89% è di gran lunga quella più diffusa in India. Definire che cosa sia esattamente l'induismo è tuttavia un'operazione molto ardua, perché questo nome comprende una **pluralità di culti** che hanno sì alcuni tratti comuni, ma che hanno anche caratteristiche peculiari che li distinguono gli uni dagli altri. Questo strana circostanza dipende dal fatto che il termine induismo è stato coniato recentemente, durante la dominazione

Il dio Shiva rappresentato come Nataraja nel cerchio di fuoco
XII sec.
[British Museum, Londra]

Le divinità dell'induismo sono innumerevoli. Di primaria importanza la triade Brahma, Visnu e Shiva, qui rappresentato in una statua di bronzo nelle sembianze del "re della danza" Nataraja.

coloniale inglese del XIX secolo. Gli impiegati inglesi della East Indian Company (La Compagnia britannica delle Indie orientali) si trovarono di fronte alla difficoltà di definire il ricchissimo e complicato mosaico dei culti praticati dai loro sudditi, e poiché osservarono che i fedeli li praticavano senza alcuna tensione reciproca, in una situazione di **pacifica convivenza**, trovarono una soluzione semplice e le accomunarono tutti sotto il medesimo nome "induismo". ***Hindu*** era infatti una parola (di origine persiana) che al singolare indicava l'Indo e al plurale gli abitanti delle terre attraversate da quel fiume. In senso più largo, i persiani e i turchi l'avevano applicata dal canto loro all'India tutta. Questa riduzione forzata di una situazione complessa e diversificata a unità artificiale è oggi criticata da alcuni studiosi, i quali ritengono che non si possa applicare all'induismo il concetto stesso di "religione". Ma ancora non si è trovata una valida soluzione alternativa.

Si può in definitiva affermare che l'induismo, nel corso dei millenni, si è caratterizzato come una realtà religiosa capace di far convivere al proprio interno, nel rispetto di un diffuso spirito di **tolleranza**, correnti e scuole religiose differenti. L'induismo, inoltre, non ha una Chiesa che riunisca tutti i fedeli e garantisca un'unità di credo e di pratiche religiose. Insieme con questa **varietà di dottrine** e con questa mancanza di forme organizzative generali, si nota tuttavia uno **sfondo comune**, una serie di caratteristiche generali che non rende del tutto arbitrario l'uso del termine induismo: «la certezza condivisa che il divino, onnipresente, si può rivelare e in effetti si manifesta in forme differenti, dalle piante agli uomini che raggiungono un più alto livello spirituale, i ***guru***; che, di conseguenza, lo spirituale non si contrappone dualisticamente al materiale, dal momento che la stessa materia è sempre permeata dal soffio dello spirito; che l'uomo fa parte di una totalità cosmica in cui egli ha un dovere da compiere, è l'anello di una catena che lega il mondo alla natura e il mondo divino attraverso la mediazione dell'azione sacrificale; infine, che la morte non è che una cesura temporanea all'interno di una serie di reincarnazioni» (Giovanni Filoramo).

La società era rigidamente divisa in **caste** e la più importante era quella dei **brahmani** che godevano di un primato assoluto ed erano considerati sacri e inviolabili. Il brahmano era il sacerdote per eccellenza, ma a differenza del cristianesimo non apparteneva ad alcuna Chiesa e non aveva limitazioni in materia dottrinaria, rituale e religiosa in genere. I brahmani erano gli unici detentori del diritto di compiere sacrifici, perché erano gli unici a conoscerne le tecniche e ad avere l'autorità per esercitarle. Il dio supremo era **Brahma**, concepito come il creatore di tutti i mondi.

Guru
Nella lingua locale il termine significava letteralmente 'pesante, venerabile'. In India designava in un primo momento genericamente tutte le persone degne di rispetto e di venerazione, come il padre, la madre e tutti gli altri parenti di età superiore alla propria. Ma successivamente l'uso del termine guru si restrinse a indicare unicamente gli individui dotati di particolari attributi spirituali che svolgevano la funzione di maestri di religione. In molte lingue moderne, compreso l'italiano, il termine qualifica, talvolta ironicamente, gli intellettuali che assumono la funzione di maestri di pensiero e di ispiratori di movimenti politici senza ricoprire necessariamente cariche politiche.

Casta
Termine portoghese derivato dal latino *castus*, 'casto, puro'. La casta è un gruppo sociale chiuso, i cui membri possono essere uniti da comunanza etnica, di nascita, di religione, di mestiere. Le caste sono caratterizzate solitamente dal rispetto di rigorose norme di comportamento e dalla chiusura verso tutti gli estranei alla casta stessa, ritenuti impuri. Nel linguaggio corrente la parola è usata per designare un gruppo di individui che si considera, per nascita o per condizione, separato dagli altri, e che si attribuisce speciali diritti e privilegi.

Il buddismo In India aveva avuto origine anche un'altra grande religione, il buddismo. Le sue origini risalivano molto indietro nel tempo, al VI secolo a.C. e alla predicazione di un principe indiano sul quale siamo poco informati, Siddharta Gautama, detto successivamente **Buddha**, 'l'Illuminato'. Il suo insegnamento si basava su **quattro «nobili verità»**: 1) la vita era sofferenza; 2) la sofferenza era determinata dal desiderio; 3) la sofferenza poteva essere eliminata; 4) per eliminare la sofferenza era necessario seguire un percorso complesso, fatto di disciplina morale, disciplina mentale, saggezza. Secondo la concezione buddista, che in questo si riallacciava ad antichissime tradizioni indiane, gli esseri viventi dovevano passare attraverso molte **reincarnazioni**, attraverso un processo senza fine, che era molto doloroso perché comportava la ripetuta esperienza delle sofferenze umane e della morte. Il buddismo ha come fine quello di interrompere questa angosciosa catena assicurando ai mortali il raggiungimento della pace e della felicità, il cosiddetto **nirvana**, una sensazione di perfetta beatitudine determinata dall'estinzione di tutte le passioni.

Il nirvana poteva essere raggiunto soltanto da coloro che avessero rinunciato al mondo e si fossero sottoposti alla severa disciplina delle **comunità monastiche** buddiste. I laici avevano il compito di seguire i comandamenti del Buddha e di assistere i monaci, fornendo loro il cibo e tutto ciò che serviva alle esigenze del culto. Solo così potevano sperare di raggiungere a loro volta il nirvana in una delle successive reincarnazioni che li attendevano.
In India, il paese in cui aveva avuto origine, il buddismo, intorno al XII secolo, attraversava da molto tempo una situazione di grave crisi, dovuta alla concorrenza dell'induismo e dell'islamismo. Ma intanto si era propagato con enorme successo in vari paesi dell'Asia centrale e orientale, fino alla Cina, all'Indocina, alla Corea, al Giappone.
Oggi il buddismo è una delle maggiori religioni mondiali, seguita dalla grande maggioranza delle popolazioni in vastissime zone dell'Asia. Ma il fenomeno più sorprendente è la sua diffusione in molti paesi del mondo occidentale, in Europa come in America. Attualmente è praticata da oltre 400 milioni di individui nel mondo.

GUIDA ALLO STUDIO

❶ Chi e perché attribuì alle religioni indiane il nome di "induismo"? ❷ Chi erano i brahmani? ❸ Su quali «nobili verità» si basava l'insegnamento di Buddha? ❹ Chi poteva raggiungere il nirvana?

Buddha colto nel gesto del *Dharmacakrapravartana*
XV sec.
[parete esterna delle Grotte di Ajanta]

La statua rappresenta Buddha durante il suo primo discorso pubblico, il *Dharmacakrapravartana*, tenuto nel 528 a.C. dopo aver raggiunto l'illuminazione.

5 La Cina, la più grande potenza mondiale

La dinastia Song Intorno all'anno Mille la più grande potenza mondiale era la Cina. Dopo un lunghissimo periodo di frammentazione politica, che aveva portato alla nascita di una miriade di piccoli regni e di potentati locali, in perenne lotta reciproca, si era infine imposta la **dinastia Song** (960-1279), fondata da **Taizu** (927-976). Sotto di lui e i suoi successori, il potere centrale s'impose gradualmente sull'intero paese, attraverso una politica sapiente, che univa la forza delle armi agli strumenti della diplomazia. I Song scelsero come loro capitale **Kaifeng**, sul **Grande Canale**, in una posizione strategica importante e facilmente rifornibile [ATLANTE_31-32]. Il Grande Canale, con i suoi 1800 chilometri, è **tuttora la più grande via d'acqua artificiale del mondo**. Costruito oltre mille anni prima, rappresentava un'arteria fondamentale per i collegamenti tra Nord e Sud; attraverso una rete di vie fluviali e terrestri esso metteva in rapporto ampie regioni dell'Impero, e le sue connessioni con i porti dell'Oceano Pacifico erano agevoli.

Le strutture dell'**amministrazione centrale** furono notevolmente rafforzate e comprendevano un complesso sistema di dipartimenti, che per molti aspetti era più moderno di quello in uso presso le monarchie europee o i sultanati musulmani. Il

ATLANTE 31_LA CINA DURANTE LA DINASTIA DEI SONG SETTENTRIONALI (960-1127)

governo centrale era dotato di una **segreteria** e di una **cancelleria**, che formulavano e rivedevano le proposte politiche prima di sottoporle all'approvazione dell'imperatore. Se accettate, erano inoltrate al **ministero degli affari di Stato**, che era composto da sei commissioni governative, e che aveva il compito di realizzarle. L'organizzazione militare era nettamente separata da quella civile, e l'**ufficio degli affari militari** dipendeva direttamente dall'imperatore. Infine l'**ufficio dei censori** dirigeva la burocrazia e aveva la facoltà di mettere in stato d'accusa i funzionari inefficienti, corrotti o infedeli.

50
N. Ferguson
La Cina alla scoperta del mondo

Poiché la Cina era grande quasi quanto l'intera Europa e contava una popolazione di circa 100 milioni di abitanti (una cifra enorme per quei tempi), i problemi dell'**amministrazione provinciale** erano particolarmente delicati. In Cina, la tendenza all'autonomia e alle ribellioni era un fattore endemico, che suscitava inquietudine a corte. L'unità amministrativa di base era la **prefettura**, e se ne contavano più di 300. Dotate di un basso grado di autonomia e prive di comando militare, le prefetture avevano il compito principale di fornire quote di tributi stabilite dal governo centrale.

Istruire per governare

Questa struttura amministrativa complessa e sofisticata aveva bisogno di personale altamente specializzato, al quale furono attribuiti poteri che lo proteggevano dalle ingerenze dei nobili e

ATLANTE 32_LA CINA DURANTE LA DINASTIA DEI SONG MERIDIONALI (1127-1279)

dei signori locali. Per la sua formazione fu rafforzato il cosiddetto **sistema degli esami**. Il superamento di esami annuali, che si svolgevano nella capitale, portava all'assegnazione delle funzioni. I candidati erano selezionati tramite prove anonime, che miravano a far prevalere la **meritocrazia**. Per migliorare la formazione di base fu consolidato il sistema scolastico, finanziato direttamente dal potere centrale o dalle prefetture. Alla fine del XII secolo il potere centrale poteva contare su circa 40 mila

▼
La Grande Muraglia cinese
Costruita nel III secolo a.C. per sbarrare la strada ai nemici provenienti da nord, la Grande Muraglia cinese subì profonde modifiche e varie ristrutturazioni nelle epoche successive. Durante il XII secolo iniziarono i lavori per la costruzione di una terza sezione del muro, che fu dotato di fortificazioni e fossati per bloccare l'avanzata dei mongoli, che comunque riuscirono a passare. Ancora in epoca Ming, tra il 1368 e il 1644, la Grande Muraglia fu oggetto di rifacimenti e ampliamenti che le diedero l'imponente aspetto attuale. Si calcola che il gigantesco muro si snodi per oltre 21 mila km.

▶
L'imperatore e i notabili a banchetto
XII sec.
[dipinto attribuito all'imperatore Song Huizong (1100-25); National Palace Museum, Taipei]
Il dipinto mostra una scena di banchetto offerta dall'imperatore ai suoi notabili, burocrati-letterati cui era affidata l'amministrazione quotidiana dell'immenso paese. Alcuni di loro erano al servizio della corte ma la maggior parte governava su villaggi e città in qualità di amministratori locali. Il loro potere era grande e godevano di molti privilegi.

funzionari, gran parte dei quali dotata di ottime competenze. Particolarmente importante, perché indeboliva il clientelismo, era la regola che vietava a un funzionario di prestare servizio nella provincia da cui proveniva. Il principio meritocratico si mantenne a lungo, anche se fu progressivamente eroso dalla tendenza delle grandi famiglie a occupare i posti di maggior prestigio.

Meritocrazia
Il termine è composto dal latino *meritum*, 'merito' e dal greco *kratos*, 'potere'. Esso esprime una concezione della società in base alla quale le responsabilità direttive, e soprattutto le cariche pubbliche, devono essere affidate ai più meritevoli, e non secondo privilegi derivanti dal ceto o da altri fattori. Recentemente ha acquisito un significato più generale, e si è esteso a tutti i settori della vita civile, a cominciare dal mondo del lavoro.

Le religioni

Dal punto di vista spirituale la Cina era caratterizzata dalla presenza pervasiva del **confucianesimo**. Più che una religione intesa secondo i criteri occidentali il confucianesimo era ed è un insieme di dottrine risalenti a un nucleo originario elaborato da **Confucio**, un pensatore cinese vissuto tra il VI e il V secolo a.C. Per l'esattezza egli si chiamava *Kong Fuzi* **'maestro Kong'**, da cui i missionari gesuiti del XVI secolo crearono la forma latina *Confutius*. Il confucianesimo ha contenuti soprattutto morali, sociali e politici, mentre la dimensione propriamente soprannaturale è assente o secondaria. Del resto Confucio non pretendeva di essere un profeta inviato da un'entità celeste per comunicare all'umanità un messaggio divino, ma un maestro che intendeva unicamente trasmettere ai contemporanei e ai posteri la saggezza degli antichi. Il culto degli dèi e degli antenati si svolgeva invece secondo varie forme, dipendenti dalle usanze locali.

Il **problema della natura umana** ha un posto centrale nel confucianesimo. Anche se al suo interno si riscontrano al riguardo correnti diverse e spesso antitetiche, si può dire che gli esseri umani risultano divisi in **quattro categorie**: 1) coloro che possiedono scienza e virtù per natura, ovvero i santi; 2) coloro che le acquisiscono con lo studio e la disciplina, ovvero gli **uomini superiori**; 3) coloro che pur essendo incapaci si sforzano di acquisirle; 4) coloro che non si pongono il problema di migliorarsi. Il compito di guidare le masse è affidato unicamente agli uomini superiori, che devono essere i destinatari di una formazione rigorosa e di altissimo livello, riguardante sia la sfera culturale sia quella morale. L'imperatore era considerato **"figlio del Cielo"** e governava le cose terrestri come rappresentante delle autorità divine, ma il suo comportamento doveva corrispondere ai requisiti morali richiesti agli "uomini superiori".

Già a partire dal I secolo d.C., inoltre, il **buddismo** era penetrato in Cina, trovandovi un successo e un'accoglienza che non aveva avuto nel suo paese d'origine, l'India **[👁 5.4]**. Gradualmente il buddismo aveva assunto una posizione preminente, esercitando una funzione importante al confronto delle dottrine tradizionali e permeando le manifestazioni artistiche e letterarie cinesi. La diffusione del Buddismo in Cina fu determinante per rafforzare la presenza di questa religione nel Sud-est asiatico e in Giappone.

L'economia e le tecniche

Sotto la dinastia Song la Cina attraversò molti cambiamenti e un periodo di **crescita economica**. Il settore agricolo crebbe notevolmente grazie all'introduzione di nuove tecniche e di nuove colture (soprattutto quella del cotone e di altri tipi di riso, più produttivi, importati dal Sud-est asiatico) e agli ingenti investimenti di capitali che resero coltivabili nuovi territori attraverso grandi imprese idrauliche, bonifiche, terrazzamenti. Non meno rilevante fu la crescita della produzione mineraria, delle manifatture, del commercio su breve e lunga distanza. La **navigazione marittima** fu sempre più praticata e si diffuse non solo lungo le coste ma anche lungo le rotte dell'Oceano Pacifico che portavano al Giappone, al Vietnam, alla Malesia, all'India e all'Africa orientale. Questa navigazione poteva avvalersi dell'uso della **bussola** **[👁 3.3]** e di bastimenti lunghi fino a 30 metri, a quattro o sei alberi e dotati di paratie stagne, in grado di trasportare un migliaio di persone e decine di tonnellate di merci. La Cina importava merci di lusso, come corni di rinoceronte, avorio, corallo, perle, legni pregiati, spezie, ed

Cartamoneta
La moneta di carta. Oggi in uso in tutto il mondo. La cartamoneta non ha alcun valore intrinseco, al contrario delle monete d'oro, d'argento o di altro metallo. Il suo valore è tuttavia garantito dalle autorità che la emettono, le banche centrali dei vari Stati. Nel caso dell'Unione europea, le banche centrali nazionali vengono autorizzate dalla Banca centrale europea cui è affidato il delicato compito di gestire la moneta unica.

esportava metalli, ceramiche, seta e altri tessuti, tè. Il **ceto mercantile**, proprio come accadeva parallelamente in Europa [👁 3.1, 3.2] crebbe d'importanza e ascese nella scala sociale, imitando lo stile di vita della nobiltà.

La crescita dell'artigianato, dei traffici e delle attività finanziarie portò a un aumento dell'**urbanizzazione** con il trasferimento di grandi masse dalle campagne alle città. La capitale Kaifeng era, durante la dinastia Song, la città più grande del mondo.

L'**artigianato** ebbe un tale sviluppo quantitativo e qualitativo che gli artigiani cinesi – fabbri, orefici, incisori, laccatori, ceramisti, tessitori, fabbricanti di carta, ecc. – erano richiesti in tutta l'Asia. Per dare un'idea dell'importanza delle manifatture cinesi basta ricordare che la ghisa (una lega di ferro e carbonio) prodotta in Cina nel 1078 era quasi il doppio di quella prodotta in Gran Bretagna alla fine del XVIII secolo. Il prodotto più ricercato dell'artigianato cinese rimase tuttavia la **seta**. Il segreto della sua lavorazione (un procedimento complicato di origine animale, basato sull'allevamento del baco da seta) era da tempo conosciuto nell'area mediterranea, ma l'abilità degli artigiani cinesi rimaneva impareggiabile, sia nella qualità del tessuto, sia in quella dei colori e delle decorazioni.

Le scoperte di nuove tecniche si susseguirono a ritmo intenso: i cinesi avevano scoperto ben prima degli europei (tra l'VIII e il IX secolo) il terribile potere della **polvere da sparo**, della quale fecero un uso sia militare (dall'XI-XIII secolo in poi) sia civile (soprattutto nelle miniere); nel corso dell'XI secolo inventarono la **stampa a caratteri mobili** (alcuni secoli prima di Gutenberg: 👁 10.7 EVENTI). Si diffusero inoltre in Cina l'economia monetaria e i documenti di credito. Fu infine introdotta, anche se ebbe un ruolo minore, la prima **cartamoneta** del mondo (la sua comparsa risale al IX secolo circa).

GUIDA ALLO STUDIO
❶ Com'era organizzato il potere centrale durante il dominio della dinastia Song? ❷ Com'era organizzato il sistema delle prefetture? ❸ In quante e quali categorie era suddiviso secondo Confucio il genere umano? ❹ Quali settori dell'economia si svilupparono maggiormente durante la dinastia Song?

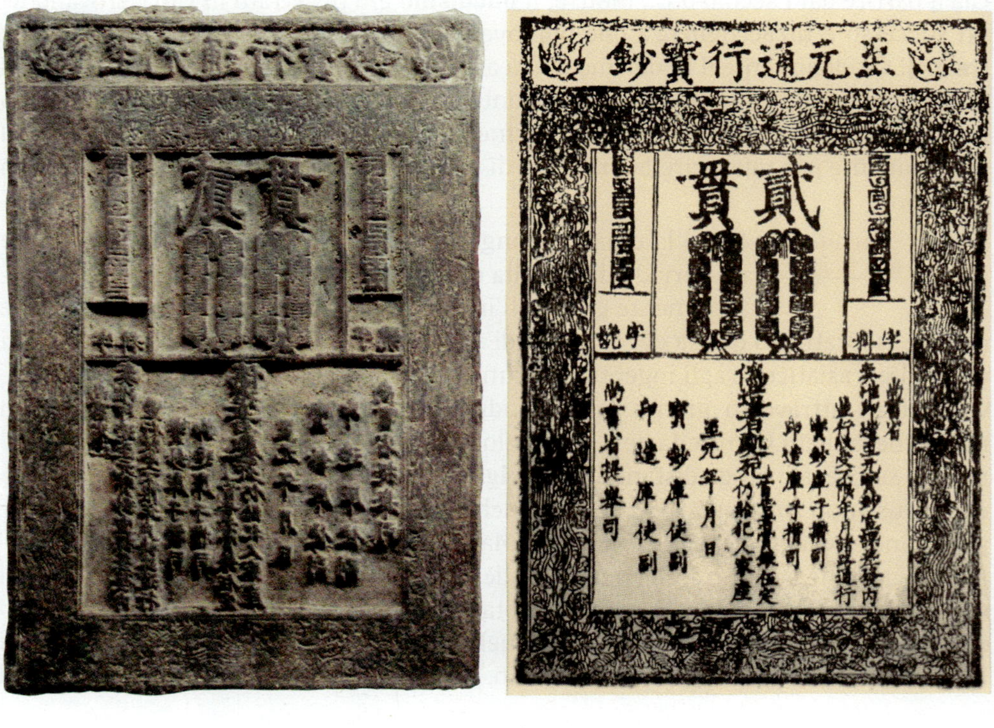

Cartamoneta cinese con matrice originale
1287
[dinastia Yuan; Currency Museum, Tokyo]
La cartamoneta apparve in Cina già nel IX secolo e nel 1005 fu stampata per la prima volta. Le matrici per la stampa (come quella riprodotta) erano in metallo e avevano intricate incisioni per scongiurare eventuali falsificazioni.

6 L'epoca dei mongoli

Gengis Khan e l'espansione mongola

Dopo le ultime invasioni il continente europeo si era messo al riparo da nuovi assalti provenienti dalle immense regioni delle steppe orientali. Il consolidamento di nuovi Stati e l'organizzazione di una difesa militare efficiente e associata a una capillare rete di fortificazioni rappresentarono infatti un baluardo insuperabile [👁 1.5]. Nel XIII secolo l'Asia orientale e centrale e il Vicino Oriente sperimentarono invece per primi l'aggressione di nemici invincibili, i **mongoli**, che seminavano il terrore nei paesi devastati dalle loro incursioni. Questa aggressione colpì successivamente la Russia e alcuni paesi dell'Europa orientale, con incursioni anche nell'Europa centrale.

L'espansione mongola rappresentò l'apice della **millenaria e ininterrotta tensione tra popoli sedentari e popoli nomadi**. I mongoli erano infatti nomadi e provenivano dalla regione attorno al lago Baikal, nelle più lontane steppe asiatiche della Siberia. La grande avventura di questo popolo cominciò con **Temudjin**, che verso la fine del XII secolo riuscì a dotare la sua tribù di un'efficiente organizzazione militare e a riunire intorno a essa, in una confederazione, le altre tribù mongole. Temudjin, che governava questa confederazione con il titolo di **Gengis Khan** (*khan* significa

ATLANTE 33_L'ESPANSIONE MONGOLA

‘signore’) creò un **sistema di governo** dei territori del tutto nuovo per un impero che si estendeva unicamente su steppe prive di città: assemblea periodica dei capitribù, governatori incaricati di riscuotere i tributi nelle zone occupate, rigida gerarchia militare con preciso regolamento degli incarichi e delle promozioni. Una fitta **rete di corrieri** percorreva l’Impero informando puntualmente il governo centrale.

Nel 1215 l’armata di Gengis Khan invase la **Cina** ed entrò a Pechino; si diresse poi verso l’**Asia centrale** e occupò le città carovaniere di Samarcanda e Bukhara, nodi importantissimi del traffico asiatico **[** ATLANTE_**33]**. Dopo la morte di Gengis, nel 1227, l’avanzata proseguì sotto la guida dei suoi figli e nipoti. Tra il 1233 e il 1241

PERSONAGGI

Gengis Khan

Una leggenda mongola narra che alla sua nascita il piccolo Temudjin serrasse nei pugni del sangue raggrumato. Il fatto fu interpretato come presagio degli istinti guerrieri del bambino che, con il nome di Gengis e il titolo di Khan, sarebbe divenuto **il più grande sovrano della storia asiatica**, una leggenda egli stesso per le popolazioni mongole. I suoi occhi erano grigio-verdi, come quelli di un gatto, e il suo viso aveva uno splendore singolare. Come narra lo storico persiano Rachid al-Din, i suoi familiari erano tutti molto alti e avevano occhi verdi, barbe rigogliose e capelli rossi.

Temudjin, che in mongolo significa “fabbro”, era figlio di Yesügei Ba’tur, capo di un clan che si trovava presso le sorgenti del fiume Onon, nella Mongolia orientale. I mongoli sono sempre stati nomadi. La loro organizzazione sociale non prevedeva la stanzialità, la vita in città o in palazzi sontuosi. Erano organizzati in clan che componevano a loro volta delle tribù e si spostavano di continuo, stringendo alleanze gli uni con gli altri secondo le convenienze.

Temudjin perse il padre all’età di nove anni, avvelenato da una delle tante tribù tartare di origine siberiana sua nemica. Fu la madre ad allevare lui e i suoi fratelli. Il padre aveva fatto in tempo a prometterlo sposo alla giovane figlia del capo di un clan vicino. Ma, dopo la morte di Yesügei, il clan si disgregò e gran parte dei guerrieri abbandonarono la vedova e i suoi quatto bambini al loro destino. Furono anni durissimi, di stenti, freddo e fame, nei quali Temudjin conobbe anche la prigionia. A confortarlo arrivò l’amicizia di Djamuka, un giovane guerriero di un altro clan che, da quel momento, sarebbe divenuto il suo più grande e fedele amico; tuttavia, molti anni dopo Temudjin non avrebbe esitato a farlo condannare a morte per tradimento.

L’irresistibile ascesa di Temudjin iniziò con il matrimonio con la giovane figlia del capo della tribù keraita, il quale lo adottò come figlio. Questi era vassallo dell’imperatore della dinastia cinese Jīn (1115-1234), e guidava una delle tribù più potenti. Con il suo aiuto Temudjin iniziò a **unificare le tribù mongole**, sino ad allora divise dalle rivalità dei clan e, per prima cosa, si scagliò contro i nemici di sempre, i tartari, responsabili dell’omicidio del padre, conquistandone il regno. La credibilità del giovane Temudjin era divenuta enorme e la sua **fama di capo e guerriero** cominciò a spargersi nelle steppe dell’altopiano della Mongolia. Il ragazzo era **analfabeta** e conduceva uno stile di vita semplice e rigoroso; tuttavia il suo carattere era **curioso**, aperto alla conoscenza e al confronto. Fu una dote che egli seppe mantenere anche quando, ormai padrone del mondo, continuava a mangiare pane e formaggio nella sua tenda, spesso accogliendo alla sua tavola persone comuni, sudditi o servi.

L’alleanza con i Keraiti, però, non poteva durare, poiché impediva al giovane guerriero di muoversi liberamente e portare a termine il suo disegno di conquista. Fu rotta nel 1203. Le tribù rivali furono sottomesse e riorganizzate in un popolo nuovo unito, denominato dei “mongoli blu”, governato su base militare e affidato ad alcuni degli ufficiali più fidati del giovane khan. Temudjin sapeva bene che non poteva governare sull’odio e sul rancore. Così, decise di pacificare i popoli a lui sottomessi, favorendo i **matrimoni dei vincitori con le donne dei vinti**: da essi sarebbero nati i nuovi signori. Fu un’intuizione fondamentale e, infatti, presto, nel 1206, i principi a lui sottomessi, riuniti nell’assemblea di tutte le tribù mongole decretarono per lui il titolo di ***qaqhan*** (Marco Polo, qualche anno dopo, lo avrebbe tradotto con “Gran Can”), ‘Unico rappresentante sulla terra del dio Eterno Cielo Azzurro’, la più alta divinità mongola. Da quel momento Temudjin divenne Gengis Khan, signore universale di un regno sempre più potente che il sovrano provvide a pacificare.

I mongoli erano analfabeti, nomadi e pastori. Gengis comprese che per governarli era necessario scrivere un **diritto comune**, riconosciuto da tutti, poiché, sino ad allora, le norme si tramandavano soltanto oralmente. Provvide a far scrivere un codice valido per tutti, nel quale confluirono leggi, sentenze, usanze ma anche leggende e credenze popolari. Fondò sulla **scrittura**, lui che non imparò mai a leggere e scrivere, la tradizione del popolo mongolo: fece anche scrivere le genealogie dei capi, perché tutti potessero sapere dove trovare una memoria comune. Noi stessi conosciamo parte della sua vita grazie a una storia, in parte romanzata, scritta dopo la sua morte (*La storia segreta dei mongoli*). La società mongola, fondata su **strettissimi vincoli di fedeltà personale**, divenne forte e coesa. A partire dal 1207 i mongoli iniziarono la conquista dell’Asia. Attaccarono prima i popoli nomadi vicini, utilizzando spesso lo **stratagemma del finto abbandono**: dopo giorni di assedio a città o accampamenti, i mongoli fingevano una ritirata, dando ai nemici l’impressione di rinunciare alla conquista. Quelli, usciti dalle loro difese, venivano assaliti all’improvviso e debellati. In questo modo, nel 1211, attaccarono la Cina varcando la Grande Muraglia e, in pochi anni, riuscirono a conquistare Pechino (1215) bruciando e distruggendo tutto quello che trovavano lungo la strada. L’esercito mongolo era divenuto imponente. Formato per lo più da **arcieri a cavallo**, i mongoli si spostavano in massa insieme ai loro animali. I cavalli erano i re della steppa e ogni cavaliere ne possedeva almeno quattro perché potesse sempre montarne uno fresco. Dopo la conquista della Cina del Nord, Gengis Khan

fu conquistata gran parte dell'Estremo Oriente e dalla Corea si tentò inutilmente d'invadere il Giappone **[👁 5.8]**. Verso occidente furono sottomessi l'Iran e l'Armenia, mentre un'altra ondata mongola varcava il Caucaso e abbatteva i principati russi di Vladimir, Kiev e Mosca e piombava poi sulla **Polonia**: qui si svolse nel 1241 la famosa battaglia di **Liegnitz** (Lignica), dove un esercito di cavalieri polacchi e tedeschi fu completamente sbaragliato.

Il più grande tra gli imperi

I mongoli conquistarono successivamente l'**Ungheria** e misero a ferro e fuoco le campagne di **Vienna**. Un'altra colonna mongola si abbatté nel 1256 sull'**Iraq** e sulla **Siria**; due anni dopo cade-

PERSONAGGI

e il suo esercito si spinsero a ovest, verso i regni dell'**Asia centrale** sino alla Persia. Con un esercito di 200 mila uomini, il Gran Khan conquistò Samarcanda e poi salì verso la **Russia**, prendendo Kiev e mettendo a morte i suoi governanti (1222). Attraversò il Mar Nero, dove le banche genovesi che lì avevano importanti filiali furono saccheggiate e distrutte; giunse sino in Bulgaria, ai **confini dell'Occidente europeo**.

Pseudoritratto di Gengis Khan
XIV sec.
[Museo Nazionale, Taipei]

All'apoteosi della sua potenza, Gengis Khan governava il più grande impero mai conosciuto. In Europa, all'inizio del '200, il timore dei mongoli, il ***timor Tartarorum***, era grande. Si raccontava che Gengis Khan fosse come un demonio, un sovrano crudele e violento, e i mongoli furono ovunque temutissimi. In verità **Temudjin era sì un guerriero spietato, ma allo stesso tempo aperto e leale, quasi un sovrano illuminato**. Nella Mongolia del tempo ogni uomo poteva professare la propria religione liberamente: convivevano cristiani, musulmani, buddisti, sciamanisti. Da Occidente a Oriente fu imposta la ***Pax Mongolica***, e i viaggiatori e i mercanti potevano percorrere l'Asia in lungo e in largo senza subire alcuna violenza. Noi stessi possediamo molti racconti di viaggiatori occidentali che nel corso del '200 giunsero alla corte dei Grandi Khan successori di Temudjin; il più famoso tra essi fu quello di Marco Polo, autore del *Milione* **[👁 5.7]**. Gengis Khan impose un sistema monetario all'avanguardia, fondato sulla moneta cartacea che valeva l'equivalente di un peso fissato di oro. Fu certamente, per l'Asia, un'epoca di grande splendore, il cui presagio si racconta fosse giunto al giovane Temudjin poco prima di una battaglia: comparve davanti a lui un unicorno, animale mitico e sacro, e gli si prostrò per tre volte dinanzi, in segno di sottomissione. Temudjin morì per le ferite riportate in battaglia il 18 agosto 1227 a sessant'anni, non prima di aver sistemato la successione del suo Impero ai suoi figli. I poeti mongoli cantarono il lungo viaggio funebre che lo riportò negli altipiani dov'era nato, per essere seppellito sotto un albero. Il luogo della sua tomba è ancora oggi sconosciuto.

I mongoli conquistano Baghdad
inizi XIV sec.
[dal *Jami al-Tawarikh* di Rashid al-Din, Diez A fol. 70; Staatsbibliothek, Berlino]

Nel novembre del 1257 i mongoli iniziarono l'assedio di Baghdad, una delle più attive, dinamiche e popolate città medievali. Le forze mobilitate furono ingenti: macchine d'assedio (come quelle visibili a sinistra nella miniatura), catapulte, artiglieria e, secondo le stime, 150 mila soldati. La città si arrese qualche mese dopo, agli inizi del 1258; fu saccheggiata e rasa al suolo. La biblioteca, una delle più importanti del mondo, fu distrutta con il suo inestimabile patrimonio.

va Baghdad e il califfo abbaside fu giustiziato alla maniera mongola, cioè chiuso in un sacco e gettato sotto le zampe dei cavalli. L'unico in grado di resistere fu il sultano d'Egitto, che riuscì a sconfiggere un'avanguardia mongola nella battaglia di **Ain-Gialut** del 1260. Anche se questa battuta d'arresto bloccò l'avanzata dei mongoli verso occidente, il loro impero manteneva dimensioni sbalorditive, che nessun'altra compagine nella storia mondiale aveva mai uguagliato: si estendeva infatti dall'Ungheria alla Corea, dalle steppe del Nord al Golfo Persico.

La straordinaria espansione mongola ha molte spiegazioni. In primo luogo un **esercito** addestrato e organizzato in modo eccezionale. Come tutte le altre popolazioni nomadi, anche i mongoli erano ottimi cavalieri e questo significava rapidità negli spostamenti, impeto nella battaglia, sorpresa sul nemico. A queste caratteristiche si aggiungeva però – e il fatto era decisivo – un'organizzazione **logistica** molto evoluta e a un grande talento nella **strategia** e nella **tattica** (soprattutto nell'assalto alle fortezze e alle città). In guerra, la **violenza** dei mongoli diventò proverbiale: essi non si limitavano a uccidere e a deportare i nemici, ma praticavano sistematicamente **la politica della terra bruciata**; per le popolazioni che resistevano, la rovina economica

Logistica
Dal greco *loghistiké* (*téchne*), 'arte del fare i conti', la logistica è quella parte dell'organizzazione militare che si occupa dei rifornimenti, dei trasporti, dei movimenti degli eserciti.

Strategia
Nell'arte militare la strategia è la tecnica che permette d'individuare gli obiettivi generali e finali di una guerra o di un ampio settore di operazioni e di elaborare le grandi linee di azione che permettono di conseguire la vittoria con il minore danno possibile.

Tattica
Branca dell'arte militare volta all'analisi dello schieramento delle truppe e delle opportune manovre sul campo di battaglia allo scopo di sconfiggere il nemico.

era una punizione inevitabile: i campi venivano devastati, le case rase al suolo, i canali riempiti di terra, i pozzi avvelenati. I mongoli applicavano, infine, e con grande abilità, l'arma psicologica: attaccavano i nemici preceduti da una **fama terribile**, che diffondeva il panico e provocava spesso sottomissioni rapidissime e totali. Spietati con chi resisteva, i mongoli trascinavano infatti al loro fianco, come alleato, chi si arrendeva.

L'Oriente aperto L'espansione dei mongoli non rappresentò soltanto distruzione e violenza. L'enorme compagine mongola unificò infatti gli spazi asiatici sotto un'unica potenza, rendendo quindi più sicure le grandi vie di comunicazione internazionali, che i mercanti e i missionari cristiani potevano ora percorrere con una certa libertà. Questa **disponibilità dei mongoli ai contatti esterni** non deve sorprendere: soldati di eccezionale valore, essi avevano vinto troppo in fretta e avevano un enorme bisogno di consiglieri e di esperti nei vari campi dell'amministrazione. In Occidente, d'altro canto, il papato, unica forza europea in grado di fare politica su scala mondiale, cercò di utilizzare questa **«pace mongolica»** (come fu definita la nuova situazione dei territori asiatici) per diffondere in quei lontani scenari d'Oriente il messaggio evangelico. Ma, come spesso accade, i motivi religiosi si unirono a quelli economici.

GUIDA ALLO STUDIO
❶ Di quali territori erano originari i mongoli? ❷ Quali territori riuscirono a conquistare? ❸ Chi era Temudjin? In che modo organizzò il suo popolo? ❹ A che cosa fu dovuto il successo dell'espansione mongola? ❺ Quali conseguenze ebbe la cosiddetta «pace mongolica» per l'Europa?

7 La via della seta e Marco Polo

L'iniziativa delle città italiane Il ruolo principale in questa nuova dimensione dei rapporti tra Occidente e Oriente fu svolto dalle città marinare italiane, dove le merci orientali giungevano seguendo le rotte marittime nel Mediterraneo [👁 ATLANTE_34; 3.5]. L'asse viario più importante coincideva con la **via della seta**. Con questa espressione moderna si indica un'immensa estensione territoriale che va dal Mediterraneo orientale alla Cina. Più che una singola via era un reticolo d'itinerari terrestri, fluviali e marittimi esteso per circa 8000 chilometri. Dall'asse principale derivavano diramazioni secondarie che raggiungevano a est la Corea e il Giappone, a sud l'India. L'intero percorso era diviso in segmenti, controllati dai differenti operatori locali [👁 5.9 STORIA•SOCIETÀ•CITTADINANZA]. Qualcuno tentò anche di compierlo interamente da solo. Erano avventure pericolose e i viaggi duravano anni. Non sappiamo quanti non fecero più ritorno. È rimasto invece famoso un **mercante veneziano**, **Marco Polo**, che visse per 17 anni, tra il 1275 e il 1292, alla corte dell'imperatore dei mongoli, il **gran khan Kubilai**, per il quale svolse importanti incarichi amministrativi e diplomatici. Grazie a questa straordinaria opportunità egli conobbe, prima di ogni altro europeo, paesi e terre di antichissima civiltà, dei quali la maggior parte dei suoi contemporanei in Occidente ignorava persino l'esistenza. Su altre terre e su altre popolazioni che non poté visitare di persona, Marco Polo raccolse informazioni indirette, che confluirono, insieme con le altre, nelle pagine più fantasiose del ***Milione***, il libro che ci ha trasmesso il ricordo delle sue esperienze cinesi. Quest'opera fu dettata da Marco Polo al suo compagno di cella Rustichello da Pisa, mentre erano entrambi rinchiusi nelle prigioni di Genova.

I meravigliosi racconti di Marco Polo Tipica fra le descrizioni contenute in quest'opera, nella quale il gusto del meraviglioso e l'interesse economico (il legno, le spezie) si combinano con l'orrore per riti e credenze giudicate selvagge e orribili, è quella dei cosiddetti **idolàtri** ('adoratori di idoli'):

48 DOC
Marco Polo
Marco Polo e i cinocefali

La vita di codesti idolatri è un insieme di tali stravaganze e di diavolerie che non torna bene il trattenervisi sopra in questo libro: sarebbe troppo brutto a udirsi per dei cristiani. Lasceremo perciò di costoro e vi conteremo di altre cose. Una sola cosa vi dirò: voglio che sappiate che quando un idolatra di queste isole prende qualcuno che non sia dei loro amici, se non è in grado di riscattarsi con denaro, invita tutti i parenti e gli amici: «Io voglio – dice – che veniate a mangiare con me a casa mia». E il piatto che ammannisce loro è l'uomo che ha preso. Cotto s'intende. Reputano la carne umana la migliore vivanda che avere si possa.

L'incertezza delle concezioni antropologiche dell'epoca e la convinzione, tipicamente europea, che l'Oriente fosse una terra abitata in parte da uomini normali e persino civili, ma anche da nani, giganti, uomini senza testa, uomini con testa di cane, è alla base di un clamoroso errore di Marco Polo, che scambiò per esseri umani le **scimmie del regno dei Lambri**, che si trovava nell'isola di Sumatra (odierna Indonesia):

Il Lambri è un regno che ha un suo proprio re. Si proclamano ligi al gran khan. Sono idolatri. Vi è verzino [un legno pregiato] in grande abbondanza. Hanno inoltre canfora e altre spezie di valore in grande quantità [...] Sentite ancora quest'altra cosa degna di meraviglia. Dovete sapere che in questo regno ci sono degli uomini – la maggior parte degli abitanti – con più di un palmo di coda. Siffatti uomini non stanno in alcuna città: abitano all'aperto sui monti.

Etnografia
Lo studio e la descrizione delle forme di vita sociale e culturale dei gruppi umani.

Anche se l'Oriente poteva apparire ai viaggiatori europei – e persino a quelli, come Marco Polo, che più lo conobbero – come un mondo fantastico, dove tutto era possibile, un libro come *Il Milione* può essere giustamente considerato come il **culmine della geografia e dell'etnografia medievale**. Esso era, nel momento in cui

ATLANTE 34_VIE COMMERCIALI TRA IL MEDITERRANEO E L'ESTREMO ORIENTE NEL MEDIOEVO

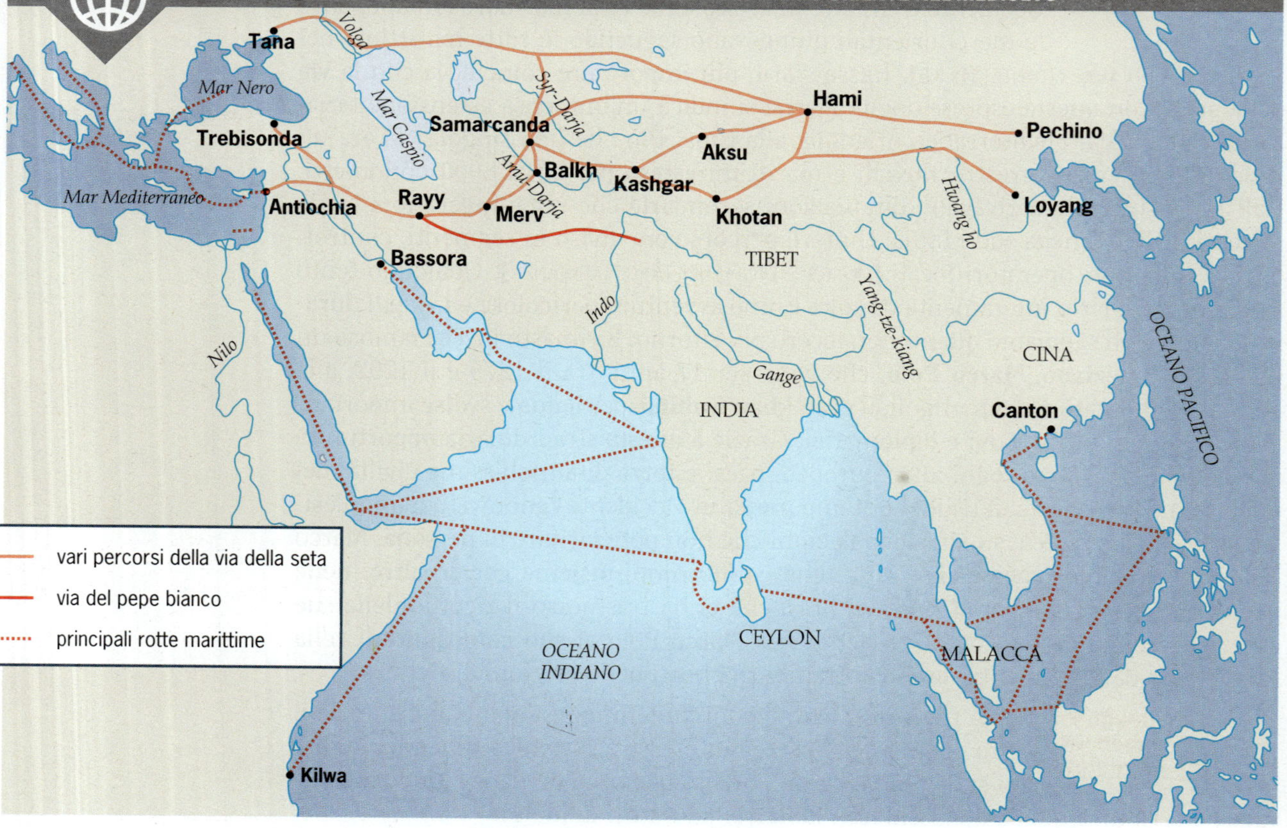

fu diffuso, fin troppo avanti rispetto ai tempi, e infatti fu a lungo considerato un libro di favole, opera di un geniale millantatore. I racconti di Marco Polo non furono valutati giustamente perché la cultura europea e quella cinese vivevano ancora in un reciproco isolamento, in cui i rari incontri aprivano più le porte della fantasia che quelle della conoscenza sistematica. Non sorprende quindi che un **letterato cinese** contemporaneo di Marco Polo inserisse questa breve e impressionante descrizione della **Sicilia**, e in particolare dell'Etna, in una sezione della sua opera dedicata alle «isole leggendarie»: l'isola delle femmine, le Andamane, popolate da feroci cannibali, il Madagascar dove si diceva vivesse un gigantesco grifone. Ecco la descrizione della Sicilia:

> Il paese di SSi-kia-li-ye [la Sicilia] è vicino ai confini della terra di Lu-mei [forse Roma]. È un'isola nel mare, larga un migliaio di miglia [...]. In questo paese c'è una montagna con una caverna molto profonda. Nelle quattro stagioni ne esce un fuoco. Visto da lontano, di mattina, sembra fumo, di sera fiamma. Osservato da vicino è come un fuoco fortemente rumoreggiante. La gente di questo paese porta su una pertica una grossa pietra del peso di cinquecento libbre, la getta dento la caverna e quindi, dopo un'esplosione, ne escono pietruzze come pietra pomice. Ogni cinque anni ne escono fuoco e pietre che scorrono fino alla costa e poi ritornano indietro. Gli alberi dei boschi attraverso ai quali scorrono non si bruciano, mentre le pietre che incontrano sono arse in cenere.

Questi contatti e questi racconti reciproci erano dunque incerti perché inserivano dati autentici in un universo popolato di meraviglie, ma da essi sarebbe derivata nei secoli successivi una conoscenza sempre più approfondita. Il mondo sarebbe diventato progressivamente più piccolo proprio perché più conosciuto.

GUIDA ALLO STUDIO

❶ Che cos'era la via della seta? ❷ Chi fu Marco Polo e quali furono le sue imprese più importanti? ❸ Come fu valutato, dai contemporanei di Marco Polo, *Il Milione*?

Creature mostruose delle Terre d'Oriente
XV sec
[miniatura da un'edizione illustrata del *Milione* di Marco Polo]

Nelle edizioni illustrate del *Milione* sono spesso rappresentate alcune delle fantastiche creature di cui Polo parla descrivendo le meraviglie dell'Estremo Oriente o riportando i racconti a lui riferiti. La scarsa conoscenza del mondo abitato alimentò a lungo la credenza che sulla faccia della Terra, in regioni lontane e sperdute, vivessero mostri di ogni genere: uomini senza testa, monopodi con l'enorme piede che fa loro ombra, ciclopi, ecc.

8 Il Giappone

Influenze esterne e originalità del Giappone

Il Giappone fa parte di un'area geografica e culturale che gli occidentali chiamano abitualmente **Estremo Oriente**, vale a dire l'Oriente più lontano dall'Europa. Ma anche i paesi asiatici lo hanno considerato il limite estremo, come rivela il suo stesso nome. Giappone è infatti la forma italianizzata del cinese *Jihpen*, abbreviazione di *Jih pen kuo*, **'il paese dell'origine del Sole'**.

Il Giappone attuale è composto da quattro isole maggiori e da circa 3000 isole minori, che si estendono a forma di arco da nord-est a sud-ovest per circa 3000 chilometri. Per comprendere che cosa questo significhi esattamente basta un paragone: se il Giappone si trovasse nel nostro emisfero i suoi territori, pur essendo appena un quinto più grandi di quelli del nostro paese, si dislocherebbero dall'Italia settentrionale al centro del Sahara. La sua popolazione attuale è più del doppio di quella italiana ed è uno dei paesi più ricchi, industrializzati e civili del mondo.

La posizione geografica dell'arcipelago giapponese ha sempre condizionato, prima dei moderni mezzi di trasporto, i contatti del Giappone con il resto del mondo. Da est non sono pervenuti influssi significativi, perché l'Oceano Pacifico è stato a lungo una distesa troppo vasta e pericolosa per essere attraversata dalla marineria tradizionale. A ovest i rapporti sono stati invece molto più intensi, soprattutto tramite la penisola coreana, che era la regione più facilmente raggiungibile. Attraverso lo stretto che separa i due paesi transitavano uomini, merci, conoscenze, idee. La **Corea**, a sua volta, era una sorta di anello di trasmissione che metteva in contatto il Giappone con i paesi del Sud-est asiatico e soprattutto con la **Cina**.

L'influsso cinese sulla cultura giapponese fu fortissimo. Dalla Cina i giapponesi importarono la scrittura, il buddismo e molte usanze della vita quotidiana. Per altri aspetti, tuttavia, il modello cinese non fu seguito: mentre l'**imperatore** cinese, pur essendo «mandato dal cielo» poteva essere deposto se si allontanava dalla retta via, quello giapponese era legittimato unicamente dal fatto di essere considerato di origine divina, e non rispondeva al giudizio del popolo; i posti più importanti non venivano assegnati secondo il merito, se si esclude il sistema degli esami, ma in base ai privilegi sociali; le leggi giapponesi erano più tolleranti di quelle cinesi.

La corte del sovrano aveva rituali molto sofisticati, che si mantennero intatti per secoli. La capitale si trovava nella città di Heian, l'attuale **Kyoto**, e vi sarebbe rimasta per circa mille anni, prima di essere sostituita, nel XIX secolo, dalla capitale attuale, Tokyo.

Le mura difensive nella baia di Hakata
1293
[dalla pergamena Mōko Shūrai Ekotoba; Museo delle Collezioni Imperiali, Palazzo Imperiale Giapponese, Kyoto]
Il nome Mōko Shūrai Ekotoba indica due rotoli di pergamena realizzati tra il 1275 e il 1293 su commissione del samurai Takezaki Suenaga, sui quali è illustrata l'invasione mongola del Giappone. In questo particolare è evidente il lungo muro di pietra, alto due metri, fatto costruire nel 1276 in seguito alla prima invasione per difendere alcune zone "sensibili", come la baia di Hakata.

L'economia si basava quasi esclusivamente sull'agricoltura e in particolare sulla coltivazione del **riso**, che impiegava gran parte della popolazione. A causa della scarsa disponibilità di pianure, i giapponesi hanno sempre lottato contro la natura per estendere le coltivazioni per mezzo di grandi opere come terrazzamenti nelle alture e impianti idraulici che portavano acqua nei suoli aridi. Questo richiedeva grandi investimenti economici e una continua manutenzione, che non sempre poteva essere assicurata. La **fragilità del sistema agricolo** esponeva di conseguenza le popolazioni contadine a frequenti carestie.

▶ 51 K.G. Henshall *Il vento divino*

Verso la fine del XII secolo iniziò un nuovo periodo della storia giapponese, in cui ebbero un ruolo importante gli **shogun**. Questo termine, che significa 'generalissimo' veniva tradizionalmente conferito al capo di una spedizione bellica, per la sola durata della campagna. Con l'ascesa di un potente signore di nome **Minamoto Yorimoto**, che lo ricevette dall'imperatore nel 1192, il titolo divenne ereditario. Vari shogun si trovarono così a governare di fatto il paese mentre l'imperatore, in quanto discendente degli dèi, rappresentava l'unità del Giappone, era una figura divina e si occupava quasi esclusivamente di cose religiose. Questo sistema si perpetuò fino al 1867.

L'invasione mongola e il 'vento divino'

L'Impero mongolo, che si estendeva dalla penisola coreana alla Cina, alla Russia, all'Europa orientale e al Mediterraneo, finì inevitabilmente per concepire mire anche sull'arcipelago giapponese. Nell'autunno del **1274** una potente armata di 40 mila uomini, mista di mongoli e coreani, sferrò il suo attacco sbarcando in Giappone. Malgrado la mobilitazione generale contro gli invasori, la vittoria di questi ultimi sembrava inevitabile. A cambiare le carte in tavola intervenne la natura: una **tempesta** di eccezionale violenza distrusse quasi completamente circa 200 navi degli invasori, privando questi ultimi della loro base strategica e obbligandoli a un rapido ritorno sul continente. Per scongiurare una nuova invasione, i giapponesi costruirono un poderoso sistema di fortificazioni e rafforzarono l'esercito. Nel **1281** un nuovo assalto mongolo, ben più consistente del precedente, mosse simultaneamente dalla Corea e dalla Cina, ma un altro **tifone** distrusse la flotta degli invasori, che ebbero circa 140 mila vittime. Questo evento ebbe un'importanza enorme nella storia giapponese, che entrò in un **periodo di isolamento rispetto alla Cina**, destinato a durare fino al XIV secolo. La vittoria alimentò inoltre un forte sentimento di orgoglio nazionale, e il ***kamikaze***, il 'vento divino' che annientò gli aggressori, diede ai giapponesi la convinzione che essi fossero un paese protetto dalla divinità.

GUIDA ALLO STUDIO

❶ Quale fu l'influsso cinese sul Giappone? ❷ Quali erano le fragilità del sistema agricolo giapponese? ❸ Chi erano gli shogun? ❹ Quale fu l'esito delle incursioni mongole? E perché?

9 Le Americhe

Mondi sconosciuti Abbiamo finora parlato di mondi lontani e lontanissimi con i quali i paesi mediterranei aveva rapporti diretti e, più frequentemente, indiretti. Abbiamo anche visto quali fossero gli orizzonti spaziali, culturali ed economici di questi mondi, e i loro contatti reciproci. Esistevano però anche **«mondi a parte»**, dei quali in Europa, in Asia e in Africa s'ignorava completamente l'esistenza. L'**Australia**, un continente situato nell'emisfero australe, era ignoto, e sarebbe stato scoperto soltanto nel XVII secolo, circa quattro secoli dopo il viaggio di Marco Polo in Cina. Delle **Americhe**, che occupano una superficie grande quanto quella dell'intera Asia, nessuno aveva sentito parlare. L'Australia aveva un popolamento esiguo, distribuito tra comunità che vivevano ancora in gran parte allo stadio della caccia e della raccolta. La situazione dell'America del Nord presentava per molti aspetti caratteristiche simili: popolamento rado, comunità aggregate in organizzazioni tribali, economia basata sulla caccia, la raccolta e forme semplici di agricoltura. Nelle parti centrali e meridionali del continente esistevano però anche grandi civiltà.

L'origine degli aztechi e il loro impero Quando la prima nave europea approdò sulle coste del nuovo continente, la popolazione dell'America centrale e meridionale contava circa 80 milioni di persone [ATLANTE_35]. Alcune tra le **civiltà locali** – che gli storici moderni chiamano **precolombiane**, cioè stanziate nel continente americano da prima dell'arrivo di Colombo, nel XV secolo –, pur essendo tecnologicamente quasi all'età della pietra, presentavano forme di organizzazione politica ed economica alquanto evolute, una cultura per tanti aspetti raffinata, uno sviluppo urbano intenso: la capitale azteca **Tenochtitlán-Mexico**, con i suoi 300 mila abitanti, era tra le città più grandi del mondo.

ATLANTE 35_ GLI IMPERI PRECOLOMBIANI

Verso l'anno Mille gli aztechi erano una popolazione nomade che percorreva le pianure semidesertiche del Messico settentrionale e le steppe sud-occidentali del Nord America; da questi luoghi inospitali essi si spinsero verso l'altopiano del Messico, una regione dal clima temperato e abitata da popolazioni di sedentari che praticavano l'agricoltura da almeno 4000 anni. Agli inizi del XV secolo incominciò la loro inarrestabile ascesa, che li portò a sottomettere una per una le comunità della regione e a organizzare un vasto impero che si estendeva su quasi tutto il Messico, dall'Atlantico al Pacifico, e su parte del Guatemala.

L'**Impero azteco**, organizzato in decine di **distretti**, era dominato da un potere centrale molto forte, impersonato dall'**imperatore**; quest'ultimo era affiancato da un nutrito apparato amministrativo e da un **consiglio supremo** dotato di funzioni amministrative e giudiziarie. Le cariche civili e religiose erano riservate alla **nobiltà**; gli appartenenti a questa casta ereditaria erano inoltre gli unici a possedere privatamente la terra; i **contadini** la ricevevano invece in usufrutto dalla comunità. I **mercanti** e gli **artigiani** rappresentavano un ceto intermedio di privilegiati e si trasmettevano il mestiere di padre in figlio. Alla base di questa piramide sociale stavano i **servi** e gli **schiavi** (prigionieri di guerra o colpevoli di delitti gravi).

Il pianeta Venere in un calendario azteco
XVI sec.
[dal codice *Borgiano Messicano 1*; Biblioteca Vaticana, Roma]

Questa rappresentazione del pianeta Venere fa parte di uno dei libri sacri dell'antico Messico. Si tratta di un codice composto di 39 tavole dipinte su pelle in cui divinità e pianeti si susseguono con coerente continuità e costituiscono così una sorta di calendario rituale. Attraverso di esso i sacerdoti aztechi elaboravano le loro predizioni per gli avvenimenti futuri e indicavano i giorni nefasti, in cui bisognava astenersi da ogni impresa.

La religione, la cultura, le tecniche azteche

La concezione azteca del mondo era dominata da una autentica ossessione della **precarietà cosmica**. Quattro «soli» avevano preceduto l'età moderna e per quattro volte l'umanità aveva subìto terribili cataclismi che l'avevano annientata: la prima volta era stata divorata dai giaguari, la seconda era stata trasformata in scimmie da un vento magico, la terza era stata sommersa da una pioggia di fuoco, la quarta dal diluvio. Per ritardare l'avvento della quinta catastrofe non restava altro che nutrire di sangue umano il **Sole**, signore della Terra, celebrando periodicamente sacrifici umani.

Questa angosciosa concezione del mondo si univa alla convinzione che la vita di ogni uomo fosse rigorosamente predestinata, giorno dopo giorno, in ogni particolare. Essa era scritta nel ***Libro dei destini***, un complicatissimo calendario di 260 giorni che veniva letto e interpretato da un indovino specializzato. L'osservanza di questo calendario era fondamentale per gli aztechi e chi non si adeguava alle regole prefissate – non solo vivere in un certo modo, ma anche morire in un certo modo – finiva in quello che può essere definito l'inferno azteco: il ***Miotlán***, l'ultimo dei nove mondi che stanno sotto la Terra.

Gli **aspetti materiali** della cultura azteca presentano alcune singolari "contraddizioni". Questo popolo, per tanti aspetti molto raffinato, **non conosceva per esempio l'applicazione pratica della ruota**, che pure era presente nei giocattoli dei bambini; non conosceva nemmeno gli **utensili di metallo**, nonostante l'oro e il rame, importati dal Perù fin dal XIII secolo, fossero molto usati in oreficeria (i capolavori dell'oreficeria azteca sono purtroppo conosciuti in rarissimi esemplari, dal momento che i conquistatori spagnoli avevano l'abitudine di fonderli in lingotti).

L'**architettura** delle città azteche, in particolare della capitale Tenochtitlán, affascinò gli europei per l'ordine dell'impianto, la cura e l'eleganza dei palazzi, le splendide piramidi. L'arte azteca raggiunse però i suoi livelli massimi nella **scultura**, che rivela un gusto particolare per i volumi pieni e le dimensioni monumentali.

Grande importanza nella vita azteca avevano la **musica** e la **danza**, eseguite da una casta di specialisti; essi erano istruiti con una disciplina severissima nella «dimora del canto» e un loro minimo errore durante una cerimonia sacra era punito con la morte. La religione permeava infatti drammaticamente la vita privata e collettiva di questo popolo.

La civiltà maya

Nella penisola dello Yucatán, e nelle terre del Guatemala e dell'Honduras, era fiorita la civiltà maya, una delle più antiche

Rovine maya di Palenque in Chiapas, Messico
VII sec.
[© Steve McCurry/Contrasto]

Sulla destra, la piramide del Tempio delle Iscrizioni, al cui interno è stata rinvenuta la grande camera sepolcrale del sovrano Pacal, ricca fonte di documentazione per la conoscenza della civiltà maya. A sinistra il cosiddetto "Palazzo", forse il luogo di rappresentanza delle autorità locali.

del Nuovo Mondo: i primi insediamenti risalivano alla metà del II millennio a.C., quando l'Italia era ancora avvolta nella protostoria e in Grecia la civiltà micenea era nella sua piena maturità. L'urbanesimo aveva cominciato a diffondersi nel III secolo a.C., l'uso della scrittura nel IV secolo d.C.

I maya erano organizzati in una miriade di **città-Stato** – se ne contavano più di 300 – dotate di completa autonomia; non si trattava però di veri e propri centri urbani abitati da una popolazione stabile, ma piuttosto di luoghi di culto dove avevano sede i templi e le abitazioni del clero; la popolazione viveva nelle campagne circostanti e vi si recava quasi esclusivamente per le cerimonie religiose e per il mercato. Il capo della città era il **sommo sacerdote**, che deteneva anche i poteri politici e giudiziari. Il clero era affiancato da un potente **ceto nobiliare** che aveva il privilegio della proprietà privata della terra. La massa della popolazione coltivava i campi in comune ed era sottoposta a gravose prestazioni di lavoro, soprattutto per la costruzione e la manutenzione degli edifici urbani. L'agricoltura, alquanto primitiva, era praticata secondo il sistema del **taglia-fuoco**: vaste zone di foresta vergine venivano bruciate e dissodate; il terreno, così preparato e fertilizzato, veniva coltivato per un certo numero di anni e poi abbandonato.

La **scrittura** maya è la più ricca, ma anche la più complicata tra quelle delle civiltà precolombiane; oltre alle numerose iscrizioni ci sono pervenuti tre preziosissimi codici geroglifici, unici superstiti tra le centinaia che gli spagnoli bruciarono ritenendoli libri demoniaci. Essi gettano una pallida luce sulla religione e la cultura di quel popolo. **Anche i maya, come gli aztechi, avevano una visione pessimistica della storia cosmica.** La storia del mondo era una **successione di generazioni**: dopo gli uomini di creta erano venuti gli uomini di legno; a questi erano seguiti gli uomini di mais; la generazione attuale sarebbe stata prima o poi distrutta da un terribile diluvio. La terra poggiava sopra un rettile gigantesco che nuotava nell'oceano; sotto di essa stavano nove sfere infernali, sopra tredici sfere celesti. Anche qui la divinità suprema era un **dio solare**, circondato da divinità minori come quelle della pioggia, della luna, della morte, del mais. Il **calcolo del tempo** aveva tra i maya un'importanza enorme ed erano in uso diversi calendari; grazie alle loro ottime conoscenze astronomiche, i maya riuscirono a calcolare l'**anno solare** di 365 giorni.

L'Impero inca Nel XII secolo gli inca erano una tribù indigena stabilmente installata nella valle del Cuzco a circa 3400 metri di altezza nell'odierno Perù. La loro provenienza è incerta anche se è probabile che essi vi si fossero trasferiti dal Nord del continente. Già nel XIII secolo essi appaiono come la potenza egemone nella regione, e iniziano un processo espansivo che li avrebbe portati a fondare uno degli imperi più vasti

Veduta dell'antica città inca di Machu Picchu, Perù
XV sec.
Machu Picchu, in Perù, scoperta solo nel 1911, è l'unica cittadella inca scampata alla sistematica devastazione dei conquistatori spagnoli. Eretta in una singolare posizione, su un picco dominante uno stretto canyon, la città resta un mistero per i molti studiosi che se ne sono occupati. Non è, infatti, chiara la sua funzione: convento per le «Vergini del Sole»; luogo di difesa contro possibili attacchi diretti a Cuzco; centro consacrato alla Luna; complesso agricolo.

dell'epoca precolombiana, che si estendeva per oltre 4000 chilometri dall'**Ecuador** settentrionale al **Perù**, alla **Bolivia** occidentale, al **Cile** settentrionale. Un territorio tanto sterminato era controllato per mezzo di un esercito agguerrito, di una struttura amministrativa efficiente, di una rete stradale ben organizzata. Gli inca, inoltre, erano soliti trasferire le comunità sottomesse in luoghi lontani, anche se climaticamente simili, e assegnare le loro terre a tribù fedeli. L'Impero era suddiviso in **circoscrizioni** rette da **governatori**; i re delle popolazioni sottomesse venivano mantenuti

STORIA • SOCIETÀ • CITTADINANZA

La libertà di movimento

L'art. 13 della *Dichiarazione universale dei diritti umani*, proclamata dall'Onu nel 1948, sancisce: «ogni individuo ha diritto alla libertà di movimento e di residenza entro i confini di ogni Stato. Ogni individuo ha diritto di lasciare qualsiasi paese, incluso il proprio, e di ritornare nel proprio paese». La libertà di movimento è quindi un diritto universalmente riconosciuto e inalienabile, il cui significato va inquadrato nel contesto molto ampio delle relazioni tra Stati sovrani (che hanno il potere di vietare l'ingresso ai cittadini di altri Stati) e del rapporto tra il cittadino e il proprio Stato (che può decidere se e come i propri cittadini possano allontanarsi dal territorio nazionale).

Il **controllo sociale** operato dagli Stati è così "messo in discussione" dalla libertà di movimento e la storia di quest'ultima può essere in parte osservata ripercorrendo le vicende di un documento a tutti noto: il **passaporto**.

Nel Medioevo, le cause principali che potevano portare qualcuno a intraprendere un viaggio non erano molte: i pellegrinaggi religiosi, il commercio, la partecipazione a una campagna militare erano i motivi per i quali più spesso si lasciava il proprio villaggio o la propria città.

I confini dipendevano dal controllo militare, spesso fluttuante, che i vari signori riuscivano a imporre sul territorio; inoltre, i sudditi non potevano abbandonare il territorio senza il permesso del signore. Spostarsi non era comunque cosa facile: sulla via si incontravano innumerevoli dogane e, se non godeva di particolari "privilegi" (esenzioni accordate dalle autorità), il viaggiatore doveva pagare i pedaggi per l'ingresso nelle città, per il passaggio su strade e ponti e per l'attraversamento dei valichi (solo nel 1215 la *Magna Charta Libertatum* consentirà ai mercanti di spostarsi liberamente in Inghilterra).

La ripresa del commercio a largo raggio che si verificò intorno al Mille vide l'intensificarsi degli scambi tra il Sud e il Nord dell'Europa e il fiorire di numerose fiere [👁 3.5]. Mercanti provenienti da ogni luogo rappresentavano una risorsa per le economie locali e anche per i signori, che fornivano a pagamento i **salvacondotti**, ovvero garanzie di protezione sui beni e sulle persone per tutto il periodo delle fiere. Intorno al XIII secolo l'istituto del salvacondotto – che poteva essere utilizzato per qualsiasi spostamento (compresi i pellegrinaggi) e non solo in caso di fiere – prese il nome di ***guidaticum*** (probabilmente dal provenzale *guidar*, 'guidare, indirizzare'). Solitamente considerato come il precursore del passaporto, il *guidaticum* era una lettera che riportava il nome del portatore, il motivo del suo viaggio e la minaccia della punizione che avrebbe colpito eventuali aggressori.

Il *guidaticum* divenne lo strumento generalizzato di controllo degli spostamenti e, nel XVI secolo, assunse una forma molto simile in tutti gli Stati europei. L'uso e l'importanza del salvacondotto crebbero tra il XVII e il XVIII secolo e nel 1670 fece la sua prima comparsa, in un trattato stipulato tra la Gran Bretagna e la Danimarca, il termine "passaporto", inteso come prova dell'identità e della nazionalità degli individui.

Durante la **Rivoluzione francese** (1789), con l'espulsione degli stranieri dal suolo nazionale e la chiamata alle armi di tutti i cittadini, l'identificazione delle persone assunse un'importanza fondamentale: tutti i cittadini dovevano essere controllati attraverso documenti di riconoscimento e il passaporto divenne a tutti gli effetti un documento di identità e uno strumento con il quale le autorità controllavano la popolazione.

Per tutto il XIX secolo (a partire dal Congresso di Vienna del 1814-15) il passaporto cadde sostanzialmente in disuso e le frontiere nazionali poterono nuovamente essere attraversate con una certa libertà. È solo agli inizi del XX secolo, con la **prima guerra mondiale**, che si comincia ad affermare, sull'esempio della Gran Bretagna, l'uso del passaporto vero e proprio. In precedenza sul territorio britannico il passaporto non era del tutto assente, però: *a*) era valido per un singolo viaggio; *b*) il cittadino veniva identificato per conoscenza personale da parte di un membro dell'aristocrazia.

Come già accadde durante la Rivoluzione francese, il conflitto mondiale rese nuovamente necessario il controllo della popolazione e delle frontiere. Fu così che il 22 dicembre del 1916 la Gran Bretagna emise il primo passaporto moderno: un documento concesso a qualsiasi cittadino e valido per tutti gli spostamenti, nel quale l'identità veniva accertata sulla base di un certificato (l'atto di nascita).

Un vero rinnovamento si ebbe nel secondo dopoguerra, quando la neocostituita Organizzazione delle Nazioni Unite (fondata nel 1945) incluse la libertà di movimento tra i diritti umani fondamentali, contemplati nella *Dichiarazione universale dei diritti umani*, e la libertà di circolazione delle persone – sia dentro sia fuori dai confini nazionali – fu riconosciuta nelle varie carte costituzionali (art. 16 della **Costituzione italiana**).

In Europa, dove già nell'immediato secondo dopoguerra gli Stati avevano dato vita a un programma di cooperazione economica (nel 1948 nasce l'Organizzazione Economica per la Cooperazione Europea), durante gli anni '80 prese piede il dibattito sul significato effettivo del diritto di circolazione sancito dalle diverse costituzioni nazionali. In assenza di un accordo comune, nel 1985 Francia, Germania, Belgio, Lussemburgo e Paesi Bassi abolirono

al loro posto con compiti di amministrazione locale, ma erano subordinati ai governatori e dovevano recarsi periodicamente nella capitale Cuzco a prestare atto di fedeltà. Un corpo di **ispettori imperiali** effettuava controlli minuziosi. Il capo supremo era l'**imperatore**, coadiuvato nella sua opera da quattro alti funzionari e dalla potentissima aristocrazia inca: in lui si sommavano i poteri religiosi, politici e militari.

GUIDA ALLO STUDIO

❶ Quali civiltà popolavano l'America centrale e meridionale quando la prima nave europea approdò su quelle coste? ❷ Com'era organizzato l'Impero azteco? ❸ Quale concezione del mondo avevano gli aztechi? ❹ Com'era strutturata la civiltà maya e chi era a capo delle città?

le frontiere che li separavano e diedero vita ai cosiddetti Accordi di **Schengen** (dal nome della città del Lussemburgo dove avvenne l'incontro tra i capi di Stato europei), ratificati dall'Italia nel 1990 ed entrati in vigore nel 1995. Fu questo un notevole passo in avanti verso il riconoscimento concreto della libertà di movimento; dalla metà degli anni '90 i viaggiatori di qualsiasi nazionalità possono infatti spostarsi liberamente nei paesi aderenti senza dover esibire il passaporto.

Nonostante l'apertura delle frontiere, un problema difficilmente risolvibile e un ostacolo all'effettiva libertà di movimento è oggi rappresentato dalle politiche sull'immigrazione (un problema che riguarda molti Stati europei: l'Italia è uno dei paesi più interessati). Le ondate migratorie pongono infatti delle necessità obiettive di controllo sociale, alle quali spesso i governi rispondono con la limitazione degli ingressi dai paesi extraeuropei a tutto discapito della libertà di movimento.

Il controllo passaporti dell'aeroporto di Dusseldorf (Germania)
luglio 2005
[© Vincenzo Tersgni/Eidon]

In seguito agli Accordi di Schengen in base ai quali numerosi Stati europei hanno eliminato i controlli alle frontiere comuni per i viaggiatori, negli aeroporti internazionali ci sono due sportelli separati, uno per il check-in dei passeggeri degli Stati membri e uno per i cittadini degli Stati non aderenti all'accordo.

STORIA • SOCIETÀ • CITTADINANZA

1 Visioni del pianeta Terra

A differenza del tempo attuale, in età medievale la conoscenza concreta del mondo era assai ridotta: gli uomini, piuttosto, il mondo se lo immaginavano. Secondo la concezione tolemaica, risalente al II secolo d.C., la Terra era sferica e immobile e il Sole le girava attorno. Questa teoria poneva problemi ai cristiani instillando il dubbio che vi fossero esseri umani anche nell'altra metà della sfera, con i quali non si era mai venuti in contatto, e che probabilmente non discendevano da Adamo. Sant'Agostino in particolare ammetteva la sfericità terrestre, ma pensava che gli "antipodi" fossero inabitati. Secondo un'altra interpretazione influenzata dall'errata lettura di antiche carte geografiche (del tipo O-T) e molto diffusa, la Terra era un disco piatto. Così la pensavano gli europei e in larga parte i geografi islamici.

2 L'Africa, un continente aperto

Il deserto del Sahara, nel cuore dell'Africa settentrionale, è il più vasto del mondo. Intorno al Mille era ancora popolato dai beduini, nomadi e dediti ai traffici, e attraversato da vie carovaniere. Era da questo deserto che passavano molti dei traffici commerciali tra l'Occidente e l'Oriente. A sud del Sahara sorgevano alcuni regni e continuavano a proliferare i commerci in alcune aree. L'Impero del Mali sorse nel XII secolo, nell'Africa occidentale, e divenne la principale potenza dell'area permettendo un'efficace integrazione dei traffici. Anche l'Africa orientale si integrò nei commerci sulla lunga distanza: le sue coste erano il naturale punto di approdo e scambio delle merci preziose che attraverso l'Oceano Indiano Africa e Asia si scambiavano.

3 L'India: i "regni combattenti" e l'invasione islamica

Il subcontinente indiano è una vastissima regione distinta, per motivi geografici ma anche culturali e per popolamento, dal resto del continente asiatico. Fino al X secolo era costellato di regni di piccole dimensioni guidati da signori locali che riconoscevano tributi al re. Tra i segni più importanti della potenza del sovrano c'erano le costruzioni templari, la cui magnificenza manifestava quanto stretto fosse il legame fra concezione del potere politico e religione. Quest'epoca fu definita dei "regni combattenti" per l'aspra conflittualità fra i signori locali. Ma tra X e XI secolo il sultano Mahmud aprì la via per la conquista turca dell'area: il subcontinente fu conquistato in ondate successive fino al XII secolo. Il regime turco-musulmano più importante dell'epoca fu il sultanato di Delhi, che rimase in vita dal XIII al principio del XVI secolo. La religione musulmana non fu imposta agli indiani, i turchi non procedettero a conversioni forzate.

4 L'induismo e il buddismo

Quando i musulmani conquistarono l'India, vi erano già diffuse due delle principali religioni del mondo contemporaneo: induismo (89% dei fedeli in India oggi), e buddismo (400 milioni di fedeli nel mondo). L'induismo affonda le sue radici nell'antichissima conquista del subcontinente indiano da parte degli Arii (II millennio a.C.). La cultura degli Arii si mescolò con quelle locali dando vita nel tempo all'induismo. Non è semplice definire l'induismo una religione poiché esso è piuttosto una realtà religiosa tollerante cui aderiscono correnti e scuole diverse. Rivela tuttavia caratteristiche unificanti, in particolare, l'idea che il divino sia onnipresente e che alla morte seguano successive reincarnazioni. Tra gli induisti vige una rigorosa divisione in caste la più importante delle quali è quella dei brahmani, i sacerdoti depositari del sapere rituale. Origini più recenti ha invece il buddismo (IV secolo a.C.), che nasce sempre in India sulla scia della predicazione del principe Siddharta Gautama, detto il Budda, l'Illuminato. Il buddista tende all'allontanamento dalle passioni e dalle sofferenze durante il doloroso ciclo di vite e reincarnazioni cui è sottoposto. Quando desiderio e sofferenza sono stati allontanati, l'uomo trova una condizione di beatitudine, il nirvana. Uno stato difficile da raggiungere: i monaci si sottopongono a questo scopo a una dura disciplina.

5 La Cina, la più grande potenza mondiale

Tra il 960 e il 1279 in Cina si impose la dinastia Song, che unificò il paese e lo dotò di un'amministrazione centrale molto articolata ed efficiente che supportava attivamente l'imperatore nelle decisioni e nelle azioni di governo. Particolarmente efficaci erano poi le amministrazioni provinciali centrate attorno all'istituto delle prefetture. Il personale amministrativo era altamente specializzato e colto, scelto dopo una selezione rigorosa e fondata sul merito. Tra il X e il XIII secolo in Cina era già diffuso il buddismo, ma soprattutto il confucianesimo, evolutosi a partire dalle dottrine di Confucio (vissuto molto tempo prima, tra il VI e il V secolo a.C.). Secondo il confucianesimo tra gli uomini si distinguono i santi, la cui eccellenza è tale per natura, e i superiori, sotto il profilo morale e culturale, che diventano tali per studio e applicazione: a questi ultimi occorre affidare il compito di guidare le masse. L'imperatore invece era considerato un rappresentante delle autorità divine deputato al governo delle questioni terrestri. La Cina dei Song era la maggiore potenza del tempo: l'economia cresceva, gli scambi commerciali erano floridi, la navigazione marittima e la tecnologia navale molto avanzate. Con i Song fu introdotta la cartamoneta, si fece uso della polvere da sparo e si inventarono i caratteri mobili per la stampa.

6 L'epoca dei mongoli

Tra il XII e il XIII secolo, l'Impero mongolo raggiunse dimensioni straordinarie, estendendosi dal Pacifico all'Ungheria e dalle steppe del Nord al Golfo Persico. Il successo dell'espansione mongola fu dovuto a numerosi fattori, tra cui l'abilità politica e strategica di Temudjin e l'eccezionale forza del suo esercito, la cui fama terrorizzava i nemici. L'unificazione dei territori asiatici ebbe in ogni caso conseguenze positive per l'Europa: la cosiddetta «pace mongolica» consentiva ai missionari cristiani e ai mercanti di avventurarsi con maggiore libertà lungo le grandi vie di comunicazione internazionali che conducevano nel lontano Oriente.

7 La via della seta e Marco Polo

Durante la «pace mongolica» i rapporti commerciali fra Oriente e Occidente si fecero più stretti. Gli scambi e i viaggi si svolgevano lungo la via della seta, che correva dalle regioni asiatiche sul Pacifico fino all'Asia centrale e al Vicino Oriente, addentrandosi, grazie a diramazioni secondarie, nel cuore del continente a nord e a sud. Le merci orientali giungevano poi nei porti delle principali città marinare italiane dopo aver attraversato anche il Mediterraneo. Nel XIV secolo si avventurò in Oriente un mercante veneziano, Marco Polo, compiendo un viaggio ventennale durante il quale svolse incarichi per il gran khan Kubilai e fu ospite presso la sua corte. Delle meraviglie ammirate negli anni di viaggio è rimasta traccia nel *Milione*, un'opera molto importante sotto il profilo geografico ed etnografico, e successiva al ritorno di Marco Polo in Occidente.

8 Il Giappone

La posizione geografica della grande isola del Giappone e delle sue isole minori, circa 3000 – dislocata lungo la costa asiatica cinese e coreana e, a ovest, isolata dalla terraferma dall'imponente distesa d'acqua del Pacifico –, ha condizionato in modo importante la civiltà giapponese. Il Giappone era incluso dagli occidentali nel cosiddetto Estremo Oriente, ma gli stessi asiatici ne riconoscevano la posizione liminale: il suo nome in cinese significa 'il paese dell'origine del Sole'. I giapponesi sentirono molto forte l'influenza della civiltà cinese, anche nelle forme dell'organizzazione del governo e nella concezione del potere supremo. Tuttavia, differenze, anche notevoli, vi furono: l'imperatore, per esempio, a differenza di quello cinese, non poteva essere deposto, né rispondeva al popolo.

Verso la fine del XII secolo, l'organizzazione del potere si centrò sul sistema degli shogun, che si passavano la carica per via ereditaria, gestendo nei fatti il potere mentre l'imperatore si dedicava alla sfera religiosa. Questo sistema restò tale fino al 1867.

Nel XIII secolo i mongoli tentarono due volte la conquista dell'isola, fallendo ma determinando l'avvio di un periodo di chiusura nei confronti della Cina durato fino al XIV secolo.

9 Le Americhe

Nelle Americhe, in particolare quelle centro-meridionali, fiorivano in questo stesso periodo le civiltà cosiddette precolombiane (precedenti cioè alla scoperta dell'America da parte di Colombo). Benché tecnologicamente arretrate, esse presentavano una vita politica ed economica assai evoluta e una cultura spesso raffinata.

Gli aztechi, che abitavano il Messico, avevano sottomesso da poco le popolazioni della regione costituendovi un vasto impero, dominato da un potere centrale molto forte. I maya, raccolti intorno a una miriade di centri culturali, vivevano nella penisola dello Yucatán e rappresentavano una delle più antiche civiltà del continente. Partendo dalla regione di Cuzco, nel Perù, gli inca avevano fondato un impero vastissimo, retto per mezzo di un forte esercito e di un'efficiente struttura amministrativa.

SVILUPPARE LE COMPETENZE

❶ Approfondisci, in testi scritti di 4 righe ciascuno, i seguenti argomenti:

a. Il sistema astronomico tolemaico
b. Gli antìpodi
c. Le tribù beduine del Sahara
d. L'Impero del Mali

❷ Spiega, in un testo di 20 righe, l'organizzazione del potere in India, ovvero i regni dei rajas; il potere dei re e dei brahmani; la rivalità tra i diversi regni indiani e l'aggressione dei turchi musulmani fino alla costituzione del sultanato di Delhi.

❸ Definisci, in brevi testi di massimo 2 righe ciascuno, i seguenti termini o concetti:

a. Arii
b. *Hindu*
c. Tolleranza
d. Caste
e. *Guru*
f. Buddismo
g. Nirvana

❹ Rispondi ai quesiti impiegando il numero di righe indicato tra parentesi:

a. Come era organizzato centralmente e perifericamente il potere della dinastia Song? (6 righe)
b. Quando nacque la religione del confucianesimo e quali erano i precetti più importanti su cui si basava il suo credo? (5 righe)
c. Quale fu il sistema di governo introdotto da Gengis Khan e quali le sue conquiste più importanti? (6 righe)

❺ Utilizza la scaletta proposta di seguito per scrivere un testo di 10 righe dal titolo *Il paese dell'origine del sole*:

a. Il Giappone e l'influenza cinese
b. L'agricoltura, le coltivazioni di riso e le debolezze di questo settore
c. L'epoca degli shogun
d. Il pericolo mongolo e il «vento divino»

❻ Descrivi, in un testo di 12 righe, le caratteristiche delle più importanti civiltà delle Americhe: aztechi e maya. Soffermati sull'organizzazione del potere nell'Impero azteco: distretti, imperatore e consiglio supremo; sulle loro credenze cosmiche e sulle contraddizioni pratiche che caratterizzavano il loro modo di vivere. Spiega poi l'organizzazione della civiltà maya e il suo pessimismo.

1 FARE STORIA

Regni

Il tardo Medioevo vide il lento declino dei due poteri che rivendicavano aspirazioni universali, il papato e l'impero. Il papato, tuttavia, aveva una maggiore presa sulla vita degli uomini e una maggiore capacità di condizionare gli altri poteri, accompagnate, come mostra **Walter Ullmann** [1], da un'organizzazione burocratica e finanziaria all'avanguardia, che prefigurava anche alcune caratteristiche degli Stati moderni.
Contemporaneamente al declinare del papato e dell'impero, nel tardo Medioevo si rafforzò decisamente il potere delle monarchie feudali, in particolare in Francia, in Inghilterra e nell'Italia meridionale, dove esse riuscirono a superare la concorrenza degli altri poteri locali mediante un'efficace opera di centralizzazione amministrativa: **Jacques Le Goff** [2] ne analizza le caratteristiche principali. Queste caratteristiche si ritrovano in tutti i regni dell'epoca, ma appaiono particolarmente forti ed evidenti nella più matura ed evoluta monarchia europea, quella di Francia.
La grande novità dell'epoca fu tuttavia il rafforzamento dei regimi comunali, che si affermano come poteri alternativi a quelli tradizionali. La nuova mappa politica era molto più complicata di quella dell'alto Medioevo, e impose alle varie entità politiche chiari segni di identificazione. I simboli acquistarono un'importanza enorme e si precisarono nella loro duplice funzione: valorizzare lo spirito di appartenenza e di comunanza, sottolineare la distinzione rispetto all'esterno. Tra i simboli monarchici, il più famoso ed evocativo era senza dubbio il giglio di Francia: **Michel Pastoureau** [3] ne esamina le caratteristiche, con particolare riferimento alle sue importanti implicazioni religiose.
Le autorità centrali furono costrette a trovare un modo di convivere con i poteri emergenti e a stabilire le norme destinate a regolare i nuovi rapporti, come per esempio leggiamo nella ***Magna Charta Libertatum*** [4DOC], che il re inglese Giovanni Senza Terra fu costretto a cedere ai baroni suoi feudatari nel 1215, all'indomani della sconfitta di Bouvines [👁 4.6 e 4.6 EVENTI]. Nel discorso di apertura del ***Liber Augustalis*** [5DOC], del 1231, che rappresentava il *corpus* costituzionale del Regno di Sicilia, invece, l'imperatore Federico II espose, nelle sue linee essenziali, l'ideologia dell'autorità imperiale e proclamò l'assoluta autorità del sovrano sui baroni, sui comuni e sulla Chiesa.
Il crescente indebolimento del papato e dell'impero era dimostrato anche dalle tensioni che si verificavano al loro interno e dalle opposizioni che vi prendevano corpo. Il papato, per contrastare la sua subalternità rispetto al potere politico e la sua perdita di prestigio e autorevolezza nei confronti dei fedeli, difese con ogni mezzo l'unità del mondo cristiano, e la lotta contro gli eretici, rappresentati in un documento del IV concilio lateranense [6DOC] come "serpi nel seno della Chiesa", fu considerata addirittura più importante di quella contro gli infedeli. La repressione delle eresie si perfezionò e si affinò, sia sotto il profilo organizzativo sia sotto quello dottrinale, come testimonia il frate **Bernard Gui** [7DOC]. Ma l'unità del mondo cristiano non si poteva preservare soltanto con i processi, le torture, le condanne a morte. La ritrovata coesione dei fedeli passava anche attraverso movimenti e gruppi che interpretavano le diffuse esigenze di rinnovamento dei sentimenti religiosi e di risanamento morale della Chiesa: un passo importante in questa direzione fu la creazione di nuovi ordini religiosi, come dimostra la ***Regola*** [8DOC] di san Francesco. In generale, comunque, la sensibilità religiosa era dominata, in tutti gli strati sociali, dalla presenza minacciosa del diavolo e da quella consolatoria degli angeli: il contrasto tra il Bene e il Male, come racconta **Jacques Le Goff** [9], popolava i sogni e le fantasie

collettivi. Le deviazioni rispetto alla linea ufficiale della Chiesa furono tuttavia accompagnate da sussulti autoritari e da tentativi irrealistici d'imporre il dominio indiscutibile della teocrazia: essi, tuttavia, assunsero più che altro le sembianze di un "canto del cigno" del papato medievale, quali appaiono nella bolla ***Unam Sanctam*** **[10DOC]**.
Anche l'Impero, indebolito dalle spinte autonomistiche dei grandi feudatari, si configurò sempre più come uno Stato tra gli altri: parallelamente si cominciò quindi a delineare una situazione specifica nell'Italia meridionale. La Sicilia, per esempio, fu sottomessa al dominio angioino, che si caratterizzò come un regime oppressivo malvisto dalla popolazione, come emerge dal testo di **Giovanni Villani** **[11DOC]** sul Vespro siciliano.

1

W. Ullmann
I fondamenti del potere pontificio

W. Ullmann, *Principi di governo e politica nel Medioevo*, il Mulino, Bologna 1972, pp. 26-34

Il papato medievale aveva una duplice caratteristica, solo apparentemente contraddittoria. Per un verso, era l'istituzione più "arcaica" e tradizionalista, poiché traeva la propria legittimazione giuridica e politica direttamente dal Nuovo Testamento. Per altro verso, era anche uno Stato all'avanguardia – quasi moderno – per i suoi archivi, i suoi apparati burocratici, la sua organizzazione finanziaria. Come ha spiegato lo storico austriaco Walter Ullmann (1910-1983), illustre studioso del diritto e delle istituzioni medievali, il primato del pontefice romano si basava sulla concezione della comunità cristiana come insieme unico e indivisibile (principio medievale della totalità) e sugli effetti celesti, e non solo terreni, delle decisioni da lui prese. Questa caratteristica lo rendeva assolutamente unico tra i sovrani del mondo.

L'autoritratto del papato

Lo storico che indaghi sui princìpi ispiratori del papato medievale deve guardare questa istituzione dall'interno, partendo dalle sue stesse premesse. [...]
Soltanto l'autoritratto del papato, quale ci appare attraverso il suo ricco patrimonio letterario, epistolare, simbolico, può servire come base per tale indagine. [...] Siffatta testimonianza, raccolta in massima parte dai papi stessi, è uno strumento indispensabile, in quanto autoritratto del papato, per la ricostruzione delle dottrine fondamentali da esso sostenute. [...]

Una miniera ideologica

[...] Questo materiale venne accumulato, in senso letterale ed allegorico, negli archivi del papato [...]. Gli archivi offrivano una vera miniera ideologica: non soltanto gli stessi papi, ma le persone che direttamente li circondavano, lavoravano e vivevano nell'ambiente offerto dagli archivi. Molti dei pontefici medievali si formarono nel clima intellettuale degli archivi [...]. Si potrebbe giungere ad affermare che essi plasmarono la mentalità di generazioni di papi. Inoltre, se questo materiale accumulato è di valore inestimabile per lo studioso moderno, esso lo fu in misura anche maggiore per lo stesso papato medievale, poiché, essendo facilmente accessibile, indirizzava i papi verso il pensiero e le azioni dei loro predecessori. Costituiva un patrimonio a portata di mano nel senso stretto della parola, sempre accessibile alla consultazione, ed ebbe quindi una parte decisiva nel plasmare la mentalità di generazioni di papi. [...]

Il principio medievale della totalità

[...] Il tema espresso o implicito nelle migliaia di comunicazioni papali nel medioevo è quello del primato della chiesa romana, concepito sia sotto l'aspetto dottrinale sia sotto quello giurisdizionale. Questa dottrina del primato romano caratterizzava nella concisa teoria costituzionale romana l'idea del *principatus* ovvero, vista da un diverso angolo, era l'espressione classica della tesi discendente del governo e della legge. La somma di ogni potere era concentrata nel papa.
Orbene, questo principio basilare si fondava su *Matt*. 16, 18-19:

> *Tu es Petrus et super hanc petram aedificabo ecclesiam meam... et tibi dabo claves regni coelorum, et quodcumque ligaveris super terram, erit ligatum et in coelis, et quodcumque solveris super terram, erit solutum et in coelis*[1].

L'esegesi papale ha in tutti i tempi ritenuto che questo passo – unico – significasse due cose: prima, la fondazione della chiesa come il corpo di tutti i fedeli, sacerdoti e laici insieme, e seconda l'istituzione del governo di questo corpo. Entrambi quindi, il governo e il corpo sul quale tale governo avrebbe dovuto esercitarsi, venivano considerati istituiti con un unico e medesimo atto.
Consideriamo in primo luogo la *ecclesia*, basata sul mandato di Pietro. Essa rappresentava, secondo il costante pensiero papale, l'intera società di tutti i cristiani senza distinzione di sorta. Cioè la chiesa era concepita come un'istituzione creata per intervento divino, non risultante da un qualche istinto o

[1] Tu sei Pietro e su questa pietra edificherò la mia chiesa [...]. A te darò le chiavi del regno dei cieli, e tutto ciò che legherai sulla terra sarà legato nei cieli, e tutto ciò che scioglierai su la terra sarà sciolto nei cieli.

impulso naturale, ma fatta sorgere da Cristo stesso. La chiesa incorporava il grande e l'umile, il patriarca e il villano, il re, l'imperatore e lo schiavo, in breve chiunque fosse stato validamente battezzato. Il battesimo era considerato un atto eminentemente giuridico, per mezzo del quale soltanto si diventava membri della chiesa. [...] L'uomo e il cristiano – *homo* e *christianus* – erano due concetti diversi. Il primo seguiva i suoi appetiti e le sue inclinazioni naturali, delle quali si riteneva invece che il secondo si fosse liberato, apparendo come una «nuova creatura»: egli era l'«uomo rigenerato» (I *Piet*. 1, 23), sì che il suo orientamento, la sua prospettiva, le sue massime e norme di vita erano ora guidati da postulati derivanti dalla partecipazione agli attributi divini, ottenuta mediante il battesimo.

Per conseguenza, il papato, in accordo con la dottrina e la letteratura medievali, riteneva che le attività dell'individuo non potevano venir distinte in categorie più o meno ben definite. L'atomizzazione delle nostre attività in religiose, politiche, morali, culturali, economiche e altre era ignota al medioevo. L'oggetto era il cristiano e questi, in virtù del suo battesimo, doveva vivere secondo la norma cristiana e non secondo altre norme. Il cristianesimo si impadroniva di tutto l'uomo: l'uomo era un tutto unico ed indivisibile, ognuna delle sue azioni era considerata suscettibile di giudizio in base alle norme e ai modelli cristiani.

GUIDA ALLA LETTURA

❶ A che cosa servivano gli archivi papali? Che funzione ricoprono oggi per gli storici? ❷ Su quali fondamenti si reggeva l'idea del primato della Chiesa romana? ❸ Quale atto giuridico sanciva l'ingresso nell'*ecclesia*? ❹ In che cosa consiste il principio medievale della totalità?

2

J. Le Goff
Un re monarca, cristiano, nobile

J. Le Goff, *Il re nell'Occidente medievale*, Laterza, Roma-Bari 2006, pp. 5-11

■ Il re medievale traeva alcuni elementi caratterizzanti la sua figura dalle prerogative dei sovrani romani e altri da quelle dei sovrani germanici, ma – come spiega lo storico Jacques Le Goff (1924-2014) – esso deve essere considerato soprattutto un personaggio nuovo, che entrò nella storia con caratteristiche proprie. Tre caratteristiche, in particolare, qualificavano questa novità: l'unicità del potere, la cristianità, la nobiltà.

Il re medievale mi appare essenzialmente come un re *monarca*, un re *cristiano* ed un re *nobile*.

1. Mi sembra che nell'Occidente medievale si dia una sostanziale unicità del potere regale. I regni del Medioevo hanno al loro vertice un solo re ed in ogni caso un unico potere supremo. La regalità medievale rimane indivisa [...]. Simile unicità del potere regale di fronte alle strutture della *stirps*[1] regia provoca talvolta, dall'Inghilterra alla Castiglia, gravi conflitti tra il re ed i suoi figli o tra fratelli eredi al trono. [...]

2. Il carattere di re cristiano è indubbiamente l'aspetto più nuovo e significativo del re medievale. Il suo fondamento ideologico risiede in ultima analisi nel passaggio dall'antico politeismo al monoteismo. Il re è immagine di Dio: *rex imago Dei*. [...] Ma è soprattutto con il Cristo che il re medievale intesse relazioni particolari, derivanti in primo luogo dal carattere regale riconosciuto molto presto al Cristo dal cristianesimo. Questo *Christus rex* è un *rex gloriae*, ma, come sottolinea il Nuovo Testamento quando parla del regno offerto ai desideri dei fedeli, regno e regalità non sono di questo mondo. Ne deriva una delle ambivalenze fondamentali della regalità cristiana medievale: la tensione tra i regni terrestri ed il regno celeste. Simile tensione ha sostanziato l'immagine di taluni re medievali, considerati alla stregua di re *messianici*. Secondo Walter Ullmann[2] il sovrano carolingio esercita una «coreggenza con Cristo». D'altra parte il carattere cristiano del re medievale arricchirà la sua immagine di importanti riferimenti biblici che troveranno spesso espressione in temi iconografici. È innanzitutto una prospettiva di simbolismo tipologico che fa designare i re della storia medievale come doppi dei re dell'Antico Testamento. Il modello più utilizzato è quello di Davide: Carlo Magno, ad esempio, è un nuovo Davide [...]. Il re medievale eredita dall'Antico Testamento una duplice immagine: da una parte quella del re o anche del gran sacerdote che indossa abiti di tipo regale, di cui il re medievale fa proprie alcune caratteristiche, ad esempio il colore *giacinto* del suo manto, che ispirerà nella Francia capetingia l'azzurro, colore legato alla regalità; dall'altra quella dei Re Magi, i *magi reges*, che deriva dal Nuovo Testamento e diventa uno dei modelli dei re medievali. Dall'immagine dell'ingresso del Cristo a Gerusalemme il giorno delle Palme trarrà ispirazione alla fine del Medioevo la cerimonia delle entrate regali nelle città, mentre alla base della credenza nel re taumaturgo[3] sta la figura tradizionale del Cristo medico. [...]

Tuttavia, [...] benché ad immagine di Dio, il re è soggetto ad obblighi e limiti. A partire dall'epoca carolingia è un re ministeriale vincolato dal suo ufficio, e la sua funzione gli impone di essere un

[1] Stirpe.

[2] 1.

[3] Cfr. immagine a p. 106 e **Il libro** Marc Bloch, *I re taumaturghi*.

difensore della fede e del suo popolo ma rispettoso della Chiesa e da essa dipendente [...].
Alcuni re, d'altra parte, cercheranno di acquisire stabilmente questo attributo cristiano. Il re di Francia, insistendo sul carattere miracoloso dell'olio con il quale viene consacrato a Reims, rivendica una superiorità sugli altri re cristiani facendosi chiamare *christianissimus*, titolo che diventa ufficiale e di uso diplomatico nel Quattrocento. [...]
3. Occorre altresì sottolineare come il re medievale sia un re nobile. [...] Il re medievale raccoglie così l'eredità romana del buon governo ed in particolare la funzione di *regere sacra*, definire un potere sacro, e di *regere fines*, tracciare il territorio regio che sarà il territorio nazionale. Una seconda linea si sviluppa invece a partire dal termine *kuni*, che in gotico significa «stirpe», «famiglia», da cui deriveranno le parole *king* e *König* e che si apparenta al termine *gens*. È l'uomo ben nato, l'uomo nobile, e il re medievale raccoglie pure questa eredità germanica del sangue. Egli è definito non soltanto dagli alti natali ma anche in termini di aristocrazia e di nobiltà. [...]
Nel Medioevo il re è re di tutto il popolo, ma rimane sempre legato in modo particolare alla nobiltà, di cui deve rispettare i privilegi. A partire dal Trecento la stessa regalità si afferma come regalità di sangue nella quale i discendenti diretti dei re costituiscono la categoria superiore dei *principi del sangue*. [...] Nell'aristocrazia medievale è al contempo presente una tendenza che vorrebbe sminuire il re, ridurlo a nient'altro che ad un *primus inter pares*[4]. Ma è soltanto il re ad aver avuto un carattere sacro.

[4] Primo tra uguali.

GUIDA ALLA LETTURA

❶ Quali erano le caratteristiche principali del re medievale? ❷ In che cosa consisteva l'unicità del potere regale? ❸ Che cosa si intendeva con l'espressione «rex imago Dei»? ❹ In che modo l'eredità romana e quella germanica concorrevano a definire la «nobiltà» del sovrano?

3

M. Pastoureau
La forza dei simboli: il giglio di Francia

M. Pastoureau, *Medioevo simbolico*, Laterza, Roma-Bari 2005, pp. 87-98

■ I poteri hanno bisogno di emblemi – cioè di un repertorio di simboli – che facciano conoscere l'identità, la natura, le aspirazioni di chi li detiene: solitamente questi segni sono immagini. Nel tardo Medioevo, in coincidenza con il rafforzamento dei pubblici poteri (impero, monarchie, papato, comuni, ecc.), gli emblemi si moltiplicano e si stabilizzano. Uno specialista di questo campo di ricerca, lo storico francese Michel Pastoureau (nato nel 1947), analizza il lento processo di elaborazione di uno dei più famosi simboli medievali, il giglio dei re di Francia. A questo simbolo la monarchia francese affidò il messaggio della propria originalità, che si manifestava in un rapporto privilegiato con il mondo soprannaturale e in particolare con la figura della santa Vergine.

Gli storici diffidano forse del giglio di Francia? È lecito chiederselo, tanto povera è la letteratura scientifica ad esso dedicata. [...]
I documenti tuttavia non mancano: dal XII al XIX secolo, il giglio di Francia è presente dappertutto, su oggetti, opere d'arte e monumenti di ogni tipo, ponendo allo storico questioni difficili e varie. [...] L'essenziale sta nel sottolineare che si tratta di una figura stilizzata, certamente un fiore o un motivo vegetale, e che questa figura è stata utilizzata come tema ornamentale o come attributo emblematico in numerose società. Lo si incontra infatti tanto sui cilindri mesopotamici, i bassorilievi egiziani e le ceramiche micenee quanto sulle monete galliche, le stoffe sassanidi[1], gli abiti amerindi[2] e gli «stemmi» giapponesi. Al contrario, il significato simbolico di questo fiore è diverso dall'una all'altra cultura. A volte si tratta di un simbolo di purezza o di verginità, altre volte di una figura fertile e feconda, altre ancora di una insegna di potere o di sovranità. Tre dimensioni simboliche che si fonderanno nel fiore medievale, insieme virginale, fecondante e sovrano [...].
Pur mantenendo il suo valore di attributo regale, il giglio si carica durante l'alto Medioevo, di una forte dimensione religiosa, principalmente cristologica. L'origine è da rintracciarsi in un versetto del *Cantico dei Cantici*, innumerevoli volte ripreso e glossato[3] dai Padri e dai teologici: «Io sono il fiore dei campi e il giglio delle convalli» (2,1). [...] Tuttavia, dopo l'anno mille, su questo contenuto cristologico si innesta progressivamente una simbologia mariana, legata allo sviluppo del culto della Vergine, alla quale si accostano ormai il versetto del *Cantico* «Come il giglio tra le spine, così l'amata mia tra le fanciulle» (2,2), come pure i numerosi passi delle Scritture e dei commentatori dei Padri dove il giglio è presentato come un simbolo di purezza e verginità. [...].
Sotto l'influenza di Sigiero[4] e di san Bernardo[5], due prelati che avevano una devozione personale per la Vergine e che si sono sforzati di porre il regno di Francia sotto la sua protezione, Luigi VI prima

[1] Persiane.
[2] Le popolazioni indigene delle Americhe.
[3] Commentato.
[4] Filosofo cristiano del XIII secolo.
[5] Bernardo di Chiaravalle, santo e pensatore cristiano del XII secolo.

Il re Luigi IX regge lo scettro e la mano di giustizia, 1320
[dal *Registre des ordonnances de l'Hôtel du roi*, Archives Nationales, Parigi]
Lo scettro, come anche la veste del re, presenta il giglio, simbolo della purezza e della monarchia di Francia.

(1108-1137), Luigi VII poi (1137-1180) hanno progressivamente introdotto il giglio nel repertorio delle insegne e degli attributi della monarchia francese. [...] Non ancora veramente araldico, è tuttavia già pienamente mariano e regale. Il re di Francia lo impiega ormai più di tutti gli altri sovrani. Infine, quando due o tre decenni dopo, intorno al 1180, si cerca nell'*entourage* del giovane Filippo Augusto un emblema araldico da inserire nelle arme[6] regie allora in gestazione, si pensa naturalmente a questa figura che già da due regni intrattiene con la monarchia capetingia strette relazioni, sottolineando la relazione privilegiata che la regina dei cieli accorda al regno di Francia. [...] Grazie a questo emblema floreale che ha ormai in comune con la madre di Cristo, il re capetingio, a partire dal regno di Filippo Augusto[7], appare sul suo sigillo e sulle sue arme come un mediatore tra il cielo e la terra, vale a dire tra Dio e i sudditi del suo regno. Il suo prestigio dinastico ne esce rafforzato e il suo programma monarchico già tracciato.
Nel corso di parecchi secoli, infatti, tutta la propaganda regia costruita sui gigli di Francia si articolerà attorno a quest'idea: il re di Francia, responsabile della salvezza dei suoi sudditi, ha ricevuto da Dio una missione; i gigli che adornano il suo sigillo e il suo scudo testimoniano di questa missione sottolineando la dimensione religiosa della funzione regale. Con la cerimonia dell'incoronazione – nella quale, a partire dal XIII secolo, i gigli compaiono abbondanti su numerosi supporti – e l'unzione con olio consacrato, il re di Francia riceve delle grazie particolari, cessando in tal modo d'essere un puro laico. Dio gli conferisce persino il potere di fare miracoli guarendo gli scrofolosi[8]. Non è affatto un re come gli altri. [...]
Non soltanto il re di Francia è uno dei rari sovrani della cristianità che non abbia un animale nelle sue arme, ma è pure quello che trae dal regno vegetale la maggior parte dei suoi emblemi e dei suoi simboli. In primo luogo il giglio. [...] Poi la palma – attributo cristologico ed insegna di potere. [...] Infine la corona, che può essere decorata con vari fiori o gigli in mille modi, ma che può essere ornata di altri motivi vegetali.

[6] L'arme è il complesso di determinate figure, effigiate e disposte secondo certe norme, che costituiscono il contrassegno stabile di persone, famiglie, istituzioni.

[7] Vissuto dal 1165 al 1223.

[8] Sull'olio consacrato e sui poteri miracolosi dei re di Francia, cfr. immagine a p. 106 e **Il libro** Marc Bloch, *I re taumaturghi*.

GUIDA ALLA LETTURA
❶ In quali culture è presente il simbolo del giglio? Con quali diversi significati? ❷ Spiega la simbologia «mariana» del giglio. ❸ Chi «inventò» il legame tra l'emblema del giglio e la monarchia francese? ❹ Secondo l'autore, il re di Francia è da considerarsi un laico o un religioso?

4DOC

La *Magna Charta Libertatum*

da *Documenti storici*, antologia a c. di R. Romeo e G. Talamo, vol. I, *Il Medioevo*, Torino 1972, pp. 96-99

■ Concessa da Giovanni Senza Terra nel 1215 **[👁 4.6** EVENTI e **4.8]**, poi confermata con alcune modifiche da Enrico III nel 1225 (ed è la versione qui riprodotta) e da Edoardo I nel 1297, la *Magna Charta Libertatum* fu pensata ed elaborata come punto di equilibrio nella competizione tra potere baronale e potere regio e, soprattutto, come garanzia delle specifiche «libertà» baronali. Tuttavia, alcuni articoli – come il 9 sulla città di Londra, o il 30 sui mercanti, o altri ancora sulle prerogative degli uomini liberi in genere – allargano il raggio dei privilegi politici a soggetti non aristocratici e non ecclesiastici, immettendo così nelle maglie del compromesso feudale un richiamo alle nuove realtà politiche destinate a svilupparsi. I numeri indicati in parentesi rimandano agli articoli della *Magna Charta* del 1215, mentre le parole e le frasi in corsivo mancano nel testo primitivo.

1 (1). Abbiamo, in primo luogo, accordato a Dio e confermato con la presente Carta, per noi e i nostri eredi in perpetuità, che la Chiesa d'Inghilterra sia libera, abbia integri i suoi diritti e le sue libertà non lese [...]. Abbiamo anche accordato a tutti gli uomini liberi del nostro regno, per noi e i nostri eredi in perpetuo, tutte le libertà specificate qui sotto, per essere possedute e conservate da essi e dai loro eredi come provenienti da noi e dai nostri eredi *in perpetuo*. [...]
8 (9). Né noi né i nostri balivi[1] ci impadroniremo delle terre e delle rendite di chiunque per debiti, finché i beni mobili *presenti* del debitore saranno sufficienti a pagare il suo debito *e que-*

[1] Alti magistrati con poteri legali.

sto debitore sarà pronto a dare soddisfazione su questi beni; i garanti del debitore non saranno escussi[2] finché egli stesso sarà in stato di pagare. Se il debitore non paga, per causa di insolvibilità, *o di cattiva volontà*, i garanti saranno allora tenuti a pagare, ma, se essi lo vogliono, potranno impadronirsi e godere delle terre e rendite del debitore fino al rimborso del debito, che essi avranno pagato per lui, a meno che il debitore non provi che egli ha pagato i suoi debiti ai detti garanti.

9 (13). La Città di Londra godrà di tutte le sue antiche libertà e libere consuetudini. Noi vogliamo anche che tutte le altre città borghi villaggi, *i baroni dei cinque porti* e tutti i porti godano di tutte le loro libertà e libere consuetudini. [...]

14 (20). Un uomo libero non potrà essere colpito da ammenda per un piccolo delitto che proporzionalmente *a questo* delitto; non potrà esserlo per un grande delitto che proporzionalmente alla gravità di questo delitto, ma senza perdere il suo feudo. Ugualmente sarà per i mercanti ai quali si lascerà il loro negozio. I villici dei signori *altri da noi stessi* saranno nello stesso modo colpiti da ammenda, senza perdere i loro strumenti di lavoro, e ognuna di queste ammende sarà imposta dietro giuramento di uomini probi e a ciò legalmente idonei del vicinato.

(21). I conti e i baroni non potranno essere colpiti da ammenda che dai loro pari, e proporzionalmente al delitto commesso.

15 (23). Nessun villaggio o uomo libero potrà essere costretto a costruire ponti sui passaggi dei fiumi, a meno di esservi obbligato giuridicamente o in virtù di una usanza immemorabile. [...]

29 (39). Nessun uomo libero sarà arrestato, imprigionato, spossessato *della sua dipendenza, della sua libertà o libere usanze*, messo fuori della legge, esiliato, molestato in nessuna maniera, e noi non metteremo né faremo mettere la mano su lui, se non in virtù di un giudizio legale dei suoi pari e secondo la legge del paese.

30 (41). Tutti i mercanti potranno, *se non ne avranno anteriormente ricevuto pubblico divieto*, liberamente e in tutta sicurezza uscire dall'Inghilterra e rientrarvi, soggiornarvi e viaggiarvi, sia per terra che per acqua, per comprare e per vendere, seguendo le antiche e buone consuetudini, senza che si possa imporre su loro alcuna esazione indebita, eccettuato in tempo di guerra o qualora essi fossero di una nazione in guerra con noi. E, se si trovano di questi mercanti nel regno al principio di una guerra, saranno internati, senza alcun danno alle loro persone e alle loro mercanzie, fino che noi o il nostro gran giustiziere siamo informati della maniera con cui i nostri mercanti sono trattati presso il nemico; e, se i nostri sono ben trattati, quelli del nemico lo saranno anche sul nostro territorio. [...]

Per questa concessione e donazione delle libertà suddette così come delle libertà contenute nella nostra Carta delle foreste, gli arcivescovi, vescovi, priori, conti, baroni, uomini d'armi, liberi livellari e tutti gli altri del nostro regno ci hanno dato la quindicesima parte di tutti i loro mobili. Noi abbiamo accordato loro ugualmente, in nostro nome e in nome dei nostri eredi, che né noi, né i nostri eredi esigeremo da essi qualche cosa per cui le libertà contenute nella presente Carta vengano distrutte o diminuite. E tutto ciò che potrà essere esatto da uno di essi contrariamente a questa disposizione sarà nullo e non avvenuto.

---

[2] Sottoposti ad azione legale.

GUIDA ALLA LETTURA
❶ Quali diritti vengono assicurati alle città? ❷ A chi è affidata l'amministrazione della giustizia? ❸ Vi sono libertà specifiche garantite al ceto dei mercanti? ❹ Qual è il «prezzo» dei diritti elencati? Chi è tenuto a pagarlo?

5DOC

Il *Liber Augustalis*

da *Die Konstitutionen Friedrichs II von Hohenstaufen für sein Königreich Sizilien*, a c. di H. Conrad, T. von der Lieck-Buyken, W. Wagner, Böhlau Verlag, Köln-Wien 1973, pp. 2-4

■ Il discorso con cui Federico II apre la raccolta di leggi del *Liber Augustalis* esprime l'ideologia dell'autorità imperiale che già in precedenza Federico I Barbarossa aveva fatta propria [👁 4.3]. Questa ideologia è fortemente influenzata dalla concezione di origine bizantina che vede l'autorità del sovrano come trasmessa direttamente da Dio. L'azione politica non prevede dunque nessuna mediazione da parte dei sudditi e della Chiesa: solo a Dio il sovrano rende conto del suo operato. Tradotta nella pratica e applicata alla realtà del Regno di Sicilia, la concezione assolutistica del *Liber Augustalis* dovette adattarsi a una società in cui era forte la posizione di privilegio dell'aristocrazia feudale, che veniva fatalmente a scontrarsi con l'idea di un potere slegato da ogni condizionamento al di fuori di quello divino.

Comincia il primo Libro delle Costituzioni del signore Federico II santissimo imperatore romano, re serenissimo di Gerusalemme e Sicilia, felice trionfatore e sempre Augusto.

Proemio

Dopo che la macchina del mondo fu strutturata dalla Provvidenza divina e la materia primordiale della natura fu distribuita nelle forme delle cose in funzione di una migliore condizione, Colui che a ciò aveva provveduto, considerando le cose fatte e giudicando buone le cose considerate, dispose, con una decisione ponderata, di mettere a capo delle altre creature al di sotto della sfera del circolo lunare l'uomo, la più degna fra le creature, formata a propria immagine e somiglianza che Egli aveva creato di poco inferiore agli angeli; dopo avergli dato forma con il fango della terra gli diede vita nello spirito, lo coronò con il diadema dell'onore e della gloria e gli mise a fianco una moglie come compagna, parte del suo corpo, [...] sottoponendoli tuttavia a una certa legge.

Poiché essi non si curarono di osservarla rigorosamente li condannò per la trasgressione e li privò dell'immortalità che prima aveva loro donato.

Tuttavia la divina clemenza, per non distruggere così nel nulla e all'improvviso ciò che prima aveva formato [...] dal seme di entrambi popolò di esseri mortali la terra e la sottomise ad essi; questi erano consapevoli della colpa paterna, ma poiché il vizio della disubbidienza dai padri si era trasmesso fino a loro, cominciarono a odiarsi fra loro, divisero la proprietà delle cose, comune per diritto naturale [...].

E così, per una necessità imposta dalle cose stesse, e nondimeno per ispirazione della divina Provvidenza, furono creati i principi delle genti, dai quali la licenza di commettere crimini potesse essere repressa. Detentori del diritto di vita e di morte, essi avrebbero stabilito per i popoli, quasi come esecutori degli ordini divini, quale sorte e quale condizione ciascuno dovesse ricevere, così che poi, dalle loro stesse mani, essi potessero restituire un rendiconto completo dell'amministrazione loro affidata. Al re dei re e al principe dei principi[1] viene richiesto soprattutto di non consentire che la Chiesa sacrosanta, madre della religione cristiana, venga macchiata dalle nascoste perfidie dei calunniatori della fede e di difenderla con il potere delle armi terrene dagli attacchi dei nemici pubblici, ed inoltre di conservare, per quanto in suo potere, ai popoli la pace e, una volta che questi siano pacificati, la giustizia: l'una e l'altra sono strettamente intrecciate come due sorelle.

Noi dunque, che solo la mano del potere divino innalzò, superando le speranze umane, alla più alta carica dell'Impero romano e agli onori degli altri regni, volendo restituire raddoppiati al Dio vivente i talenti che ci furono affidati, abbiamo stabilito – in onore di Gesù Cristo dal quale ricevemmo tutto ciò che abbiamo – nell'ambito della tutela della giustizia e dell'istituzione delle leggi, di fare un'offerta di ringraziamento prendendoci cura in primo luogo di quella parte dei nostri territori che attualmente è riconosciuta più bisognosa della nostra cura in rapporto alla giustizia.

Poiché dunque il Regno di Sicilia, preziosa eredità della Maestà nostra, in gran parte a causa della debolezza della nostra giovane età, in gran parte anche a causa della nostra assenza, ha subìto fino ad ora i colpi dei passati rivolgimenti[2], abbiamo ritenuto giusto prenderci cura con il massimo impegno della sua pace e della sua giustizia, poiché lo abbiamo trovato sempre pronto ad ossequiare la nostra serenità e sempre devoto, ad eccezione di alcuni oppositori che tuttavia non provenivano né dal territorio del suddetto Regno né dal nostro.

Vogliamo pertanto che le presenti disposizioni che portano il nostro nome siano valide soltanto nel nostro Regno di Sicilia. Abrogate nel suddetto Regno le leggi[3] e le consuetudini di epoca precedente che contrastano con le nostre Costituzioni, ordiniamo che queste d'ora in poi vengano rispettate da tutti senza possibilità di violazione. In esse abbiamo disposto che siano riversati gli ordinamenti precedenti, dei re di Sicilia e nostri, in modo che non sia possibile arrogarsi nessuna forza e nessuna autorità, all'interno o al di fuori delle azioni giudiziarie, sulla base di ciò che non è contenuto nella presente raccolta delle nostre Costituzioni.

[1] Cioè l'imperatore.

[2] La prima fase del regno di Federico II, tra il 1196 e il 1220, fu caratterizzata da una gravissima crisi politica dovuta alla giovane età del sovrano e alla sua lunga permanenza in Germania.

[3] Il riferimento è alle leggi dei re normanni, molte delle quali, però, vennero incorporate nel *Liber Augustalis*.

GUIDA ALLA LETTURA

❶ Quali sono i passaggi in cui è evidente il richiamo all'origine divina dell'autorità di Federico II? ❷ Quali sono gli obblighi dell'imperatore verso i popoli e verso la Chiesa? ❸ A che cosa imputa Federico II la debolezza del Regno di Sicilia? ❹ In quali territori dell'Impero il *Liber Augustalis* aveva valore giuridico?

6 DOC

"Serpi nel seno della Chiesa"

da *Decisioni dei concili ecumenici*, a c. di G. Alberigo, Utet, Torino 1978, pp. 226-28

■ Il IV concilio lateranense (1215) **[👁 4.1]** ribadì le verità di fede messe in dubbio dalle eresie e proclamò che la lotta contro gli eretici era dovere di ogni cristiano, esattamente come lo era quella contro gli infedeli. Poiché interni alla Chiesa, infatti, gli eretici potevano essere paragonati alla serpe rappresentata in una favola dello scrittore greco Esopo (VI secolo a.C.), serpe che morse e uccise il contadino che se l'era posta in seno per scaldarla durante l'inverno. Quanti erano indulgenti verso gli eretici, quindi, contribuivano a rafforzare un nemico interno alla Chiesa, che si sarebbe rivoltato contro di essa. Il concilio, inoltre, coinvolse direttamente in questa lotta i sovrani, i principi e tutti i signori della Cristianità, minacciando coloro che si fossero mostrati troppo concilianti con gli eretici non solo di sanzioni spirituali (la scomunica) ma anche di pesanti ritorsioni di carattere materiale: l'occupazione dei loro territori, la liberazione dei loro vassalli dal vincolo di fedeltà, la confisca dei beni.

Scomunichiamo e anatematizziamo[1] ogni eresia che si erge contro la santa, ortodossa e cattolica fede [...]. Condanniamo tutti gli eretici, sotto qualunque nome [...]. Gli eretici con-

[1] L'anatèma era una scomunica solenne.

dannati siano abbandonati alle potestà secolari o ai loro balivi[2] per essere puniti con pene adeguate [...]. I beni di questi condannati siano confiscati.
Quelli che fossero solo sospetti, a meno che non abbiano dimostrato la propria innocenza con prove che valgono a giustificarli, siano colpiti con la scomunica, e siano evitati da tutti fino a che non abbiano degnamente soddisfatto. Se perseverano per un anno nella scomunica, dopo quel tempo siano condannati come eretici. Siano poi ammonite e, se necessario, costrette con censura le autorità civili, di qualsiasi grado, perché, se desiderano essere stimate e credute fedeli, prestino giuramento di difendere pubblicamente la fede: che esse, cioè, cercheranno coscienziosamente, nei limiti delle loro possibilità, di sterminare dalle loro terre tutti quegli eretici che siano stati dichiarati tali dalla Chiesa. D'ora innanzi, chi sia assunto ad un ufficio spirituale o temporale, sia tenuto a confermare con giuramento il contenuto di questo capitolo.
Se poi un principe temporale, richiesto e ammonito dalla Chiesa, trascurasse di liberare la sua terra da questa eretica infezione, sia colpito dal metropolita[3] e dagli altri vescovi della stessa provincia con la scomunica; se poi entro un anno trascurasse di fare il suo dovere, sia informato di ciò il sommo pontefice, perché sciolga i suoi vassalli dall'obbligo di fedeltà e lasci che la sua terra sia occupata dai cattolici, i quali, sterminati gli eretici, possano averne il possesso senza alcuna opposizione e conservarla nella purezza della fede, salvo, naturalmente, il diritto del signore principale, purché questo non ponga ostacoli in ciò, né impedimenti [...].
I cattolici che, presa la croce, si armeranno per sterminare gli eretici, godano delle indulgenze e dei santi privilegi, che sono concessi a quelli che vanno in aiuto della Terrasanta. Decretiamo, inoltre, che quelli che prestano fede agli eretici, li ricevono, li difendono, li aiutano, siano soggetti alla scomunica [...].
Tutti quelli cui sia stato proibito, o che senza essere stati mandati dalla Sede Apostolica o dal vescovo cattolico del luogo, presumessero di usurpare in pubblico o in privato l'ufficio di predicare, siano scomunicati, e, qualora non si ravvedessero al più presto, siano puniti con altra pena proporzionata [...].
Il vescovo convochi gli accusati alla sua presenza; e se questi non si saranno giustificati dalla colpa loro imputata, o, se dopo l'espiazione, ricadranno nella loro primitiva perfidia, siano puniti secondo i canoni. Chi rifiutasse il carattere sacro del giuramento e con riprovevole ostinazione non volesse giurare, per questo stesso motivo sia considerato eretico.

[2] La Chiesa si occupava di istruire e svolgere processi per eresia, ma affidava l'esecuzione delle condanne alle autorità civili; i balivi erano alti magistrati con poteri locali.

[3] Il vescovo che presiede una provincia ecclesiastica composta da più diocesi, con i loro vescovi dipendenti da lui.

GUIDA ALLA LETTURA

❶ Di che documento si tratta? Quando è stato scritto? A chi era rivolto? ❷ Che cosa erano le eresie? ❸ Quale autorità poteva dichiarare eretico un individuo? A chi era affidato il compito di debellare le eresie? ❹ Quali pene spettavano agli eretici e ai sospetti di eresia? Quali sanzioni spettavano, invece, ai signori che non perseguitavano gli eretici?

7DOC

Bernard Gui
Istruzioni per gli inquisitori

B. Gui, *Practica inquisitionis heretice pravitatis*, in G. Mollat (a c. di), *Manuel de l'inquisiteur*, Paris 1926, vol. I, pp. 118-20

I giudici dell'Inquisizione svolgevano un lavoro delicato e complesso, che richiedeva precise competenze. Il frate domenicano Bernard Gui (1261-1323) fu un modello di competenza e di "professionalità" in questo campo. Dalla sua lunga esperienza di inquisitore egli trasse vasta e approfondita materia per un manuale destinato ai suoi colleghi. In esso furono descritti in modo particolareggiato, tra l'altro, le tesi e le caratteristiche di tutti i gruppi eretici del tempo, i metodi per condurre le inchieste, le formule giuridiche per redigere le sentenze. A proposito dei valdesi [👁 4.1], per esempio, egli fornì indicazioni pratiche sul modo di condurre i loro interrogatori e di aggirare le astuzie delle loro risposte elusive.

Bisogna distinguere fra di loro due categorie[1]. Ci sono i perfetti[2], cioè i valdesi propriamente detti [...]. I loro discepoli o credenti provvedono alle loro necessità [...]. I perfetti non rivelano subito i segreti dei loro errori [...]. Di solito i valdesi espongono da principio, di fronte ai loro credenti, idee che sembrano buone e morali [...].
È molto difficile interrogare ed esaminare i valdesi; non si riesce a strappare loro la verità sui loro errori, tanto bene sanno dissimulare sotto la duplicità e l'inganno delle parole, per non essere sorpresi [...]. «Io credo tutto ciò che crede un buon cristiano» dichiara l'interrogato. Cercate di sapere cosa intende per buon cristiano. Ed egli risponde: «È colui che crede ciò che insegna la Santa Chiesa». Ma voi proseguite: «Questa è la Chiesa Romana governata dal papa e dagli altri prelati sotto la sua autorità». «E anch'io lo credo», assicura egli, ma vuole intendere solo di essere persuaso che questa è appunto la vostra credenza [...]. Se que-

[1] Nel testo che precede la parte qui riportata sono dettagliatamente elencati i fondamenti e le pratiche dell'eresia valdese.

[2] Nel contesto *perfetti* indica gli eretici che avevano compiuto un percorso ascetico più compiuto.

sti eretici vengono messi con le spalle al muro, riflettono a lungo, cercano scappatoie, per non rispondere direttamente quando temono di essere scoperti; non rispondono alla vera domanda, dicono di essere gente semplice, incapace di rispondere con intelligenza [...]. Un altro sofisma[3] da loro usato consiste nell'introdurre nelle risposte una condizione. Se voi chiedete: «Credi in questo o quello?», essi rispondono: «Se piace a Dio, io lo credo bene», ma intendono che a Dio non piace quella certa credenza.

[3] Un ragionamento apparentemente coerente, ma logicamente ingannevole.

GUIDA ALLA LETTURA

❶ Su quali temi venivano interrogati gli eretici? ❷ Quali accorgimenti doveva utilizzare un inquisitore? ❸ In che modo, secondo l'autore, i valdesi cercavano di eludere gli interrogatori? ❹ Quale immagine dei valdesi emerge dal testo?

8 DOC

La *Regola* di san Francesco

da F. d'Assisi, *Gli scritti e la leggenda*, a c. di G. Petrocchi, Rusconi, Milano 1983, pp. 103-12

■ La rapida e prorompente crescita della sua confraternita [👁 4.2] spinse Francesco [👁 4.2 PERSONAGGI] a comporre una *Regola* – cioè un complesso di norme con le quali si organizzava la vita individuale e collettiva per il raggiungimento dei più alti gradi di perfezione spirituale – che ne disciplinasse l'attività. Quello che era stato fino ad allora un movimento spirituale spontaneo si trasformò così in un vero e proprio "ordine". Nella Chiesa cattolica, gli ordini erano società di vita comune, approvate dall'autorità ecclesiastica, i cui membri tendevano alla perfezione evangelica mediante il rispetto dei tre voti di povertà, castità e obbedienza. Dopo una prima stesura, che non ottenne l'approvazione papale, Francesco elaborò un nuovo testo, che fu approvato solennemente dal pontefice Onorio III nel 1223. Ecco alcuni capitoli della *Regola*, da cui emergono bene il fondamento teorico francescano e le attuazioni pratiche che ne derivavano. Altrettanto evidente è la sottomissione dell'ordine alla suprema autorità della Chiesa di Roma.

Capitolo I *Nel nome del Signore incomincia la vita dei frati minori*

La regola e la vita dei frati minori è questa, cioè osservare il santo Vangelo del Signore nostro Gesù Cristo, vivendo in obbedienza, senza nulla di proprio e in castità. Frate Francesco promette obbedienza e ossequio al signor papa Onorio e ai suoi successori canonicamente eletti e alla Chiesa romana. E gli altri frati siano tenuti a obbedire a frate Francesco e ai suoi successori.

Capitolo II *Di coloro che vogliono intraprendere questa vita e come devono essere ricevuti*

Se alcuni vorranno intraprendere questa vita e verranno dai nostri frati, questi li mandino dai loro ministri provinciali, ai quali soltanto e non ad altri sia concesso di ricevere i frati. I ministri poi diligentemente li esaminino intorno alla fede cattolica e ai sacramenti della Chiesa. E se credono tutte queste cose e le vogliono fedelmente professare e osservare fino alla fine; e non hanno moglie o, qualora l'abbiano, essa sia già entrata in monastero o abbia dato loro il permesso con l'autorità del vescovo diocesano, dopo aver fatto voto di castità; [...] dicano ad essi la parola del santo Vangelo, che *vadano* e *vendano*[1] tutto quello che hanno e procurino di *darlo ai poveri*. Se non potranno farlo, basta ad essi la buona volontà.

[...] Poi concedano loro i panni della prova, cioè due tonache senza cappuccio e il cingolo e i pantaloni e il capperone fino al cingolo[2], se ai ministri non sembrerà diversamente secondo Dio. Terminato l'anno della prova siano ricevuti all'obbedienza promettendo di osservare sempre questa vita e la Regola. E in nessun modo sarà lecito di uscire da questa Religione secondo il decreto del signor Papa [...].

E quelli che hanno già promesso obbedienza, abbiano una tonaca con il cappuccio e un'altra senza, coloro che la vorranno avere. E coloro che sono costretti da necessità possano portare calzature. E tutti i frati si vestano di abiti vili che possono rattoppare con sacco e altre pezze con la benedizione di Dio. [...]

Capitolo III *Del divino ufficio e del digiuno, e come i frati debbono andare per il mondo*

[...] E digiunino dalla festa di tutti i santi fino alla Natività del Signore. La santa Quaresima invece, che incomincia dall'Epifania e dura ininterrottamente per quaranta giorni e che il Signore santificò con il suo digiuno, coloro che volontariamente la passano nel digiuno siano benedetti dal Signore, e coloro che non vogliono non vi siano obbligati. Ma l'altra, fino alla Resurrezione del Signore, la passino digiunando.

Negli altri tempi non siano tenuti a digiunare, se non il venerdì. Nei casi di manifesta necessità i frati non siano tenuti al digiuno corporale.

Consiglio poi, ammonisco ed esorto i miei frati nel Signore Gesù Cristo che, quando vanno per il mondo, non litighino, ed *evitino le dispute di parole*, né giudichino gli altri; ma siano miti, pacifici e modesti, mansueti e umili, parlando onestamente con tutti, così come conviene. [...]

[1] Le parole e le frasi in corsivo sono citazioni dalle Sacre Scritture.

[2] Il capperone è un cappuccio provvisto di una mantellina che copre le spalle fino all'avambraccio; il cingolo è il cordone con cui si ferma alla vita la tonaca del frate.

Capitolo IV *Che i frati non ricevano denari*
Ordino fermamente a tutti i frati che in nessun modo ricevano denari o pecunia direttamente o per interposta persona. Tuttavia per le necessità dei malati e per vestire gli altri frati, i ministri soltanto e i custodi per mezzo di amici spirituali, abbiano sollecita cura secondo i luoghi, la circostanza, il clima delle regioni, così come sembrerà convenire alla necessità, salvo sempre, come è stato detto, che non ricevano in nessuna maniera denaro o pecunia.

Capitolo V *Del modo di lavorare*
Quei frati ai quali il Signore ha concesso la grazia di lavorare, lavorino con fedeltà e con devozione, così che, allontanato l'ozio, nemico dell'anima, non *spengano lo spirito* della santa orazione e devozione al quale devono servire tutte le altre cose temporali. [...]

Capitolo IX *Dei predicatori*
I frati non predichino nella diocesi di alcun vescovo qualora dallo stesso vescovo fosse loro proibito. E nessun frate osi predicare al popolo se prima non sia stato esaminato e approvato dal ministro generale di questa Fraternità e non abbia ricevuto dal medesimo l'ufficio della predicazione. [...]

Capitolo XI *Che i frati non entrino nei monasteri delle monache*
Ordino fermamente a tutti i frati di non avere vicinanza o colloqui con donne tali da ingenerare sospetto, e di non entrare in monasteri di monache, eccetto quelli ai quali è stata data dalla Sede apostolica una speciale licenza. Né si facciano padrini di uomini o di donne, affinché per questa occasione non sorga scandalo tra i frati e dai frati.

GUIDA ALLA LETTURA

❶ Chi era a capo dell'ordine dei frati minori? Quali altre cariche sono menzionate nel testo? ❷ A quali prove doveva sottoporsi chi intendeva entrare nell'ordine? ❸ Quali erano le principali regole di condotta di un frate minore? ❹ Che rapporti vi erano tra l'ordine francescano e l'autorità ecclesiastica?

9

J. Le Goff
Vivere con Satana

J. Le Goff, *La civiltà dell'Occidente medievale*, Einaudi, Torino 1981, pp. 176-81

■ Secondo il grande medievista francese Jacques Le Goff **[2]**, il demonio è stato «la grande creazione del cristianesimo durante il Medioevo». Nonostante nel Nuovo Testamento il diavolo non avesse un ruolo così importante, nel Medioevo esso divenne una figura pervasiva, nell'arte come nel pensiero e nella mentalità, che la si chiamasse appunto "diavolo" (letteralmente 'colui che si mette di traverso', dal greco *diabàllo*), Satana (dall'ebraico *satan*, 'avversario, nemico'), oppure Belzebù (dall'ebraico *Ba'alzebub*, 'il Signore delle Mosche'). Ma l'esistenza umana era accompagnata anche da altre presenze soprannaturali, più vicine e raggiungibili dei santi: gli angeli, che con la loro assiduità garantivano ai buoni fedeli un'adeguata protezione dalle insidie del demonio.

Come creazione della società feudale, [Satana] è con i suoi seguaci, gli angeli ribelli, il tipo stesso del vassallo «fellone», del traditore. Diavolo e Dio buono, ecco il dualismo che domina la vita della Cristianità medievale: questa lotta spiega agli occhi degli uomini del Medioevo tutto il dettaglio degli avvenimenti. [...]
Gli uomini del Medioevo sono dunque costantemente divisi fra Dio e Satana. Questo non è meno reale di quello, è perfino meno avaro di incarnazioni e di apparizioni. Certamente, l'iconografia può raffigurarlo sotto una forma simbolica: è il serpente del peccato originale, si mostra fra Adamo e Eva, è il Peccato, peccato della carne o dello spirito separati o uniti, simbolo dell'appetito intellettuale o dell'appetito sessuale. Ma soprattutto appare sotto aspetti diversi più o meno antropomorfi. Ad ogni istante rischia di manifestarsi agli uomini del Medioevo. È il contenuto di quella terribile angoscia che li stringe continuamente: vederlo apparire! [...]
Appare sotto due specie, residuo probabile di una duplice origine. Da seduttore riveste ingannevoli apparenze allettanti. Da persecutore si mostra sotto un aspetto terrificante.
Come seduttore, si presenta perlopiù agli uomini di cui non può vincere la forza altro che con l'astuzia [...].
Il travestimento più corrente del Diavolo è quello di prendere le sembianze di una giovinetta di grande bellezza, ma la *Legenda aurea*[1] abbonda di racconti di pellegrini ingenui o colpevoli che soccombono al Diavolo apparso sotto la falsa veste di san Giacomo.
Il Diavolo persecutore in generale disdegna di travestirsi. Appare alle sue vittime sotto un aspetto ripugnante. Il monaco Rodolfo il Glabro lo vide «una notte prima dell'uffizio del mattutino» [...], all'inizio dell'XI secolo. «Vidi sorgere ai piedi del mio letto una specie di omino orribile alla vista. Era, per quanto potei capire, di media statura, con il collo esile, il viso emaciato, gli occhi nerissimi, la fronte rugosa e contratta, le narici strette, la bocca prominente, le labbra grosse, il mento sfuggente e molto stretto, una barba da caprone, le orecchie pelose e affilate, i capelli ritti incolti, denti di cane, il cranio a punta, il petto gonfio,

[1] La *Legenda aurea* è una compilazione agiografica redatta verso il 1265 dal domenicano Jacopo da Varagine. Rappresenta uno dei più importanti monumenti della cultura cristiana medievale.

una gobba sul dorso, le natiche frementi, gli indumenti sordidi». [...]
Le sventurate vittime femminili di Satana sono spesso preda dello scatenamento sessuale dei demoni: demoni incubi e succubi.
Le vittime preferite subiscono i ripetuti assalti di Satana, che adopera tutte le astuzie, tutti i travestimenti, tutte le tentazioni, tutte le torture. [...]
Conteso quaggiù fra Dio e Diavolo l'uomo è, infine, alla sua morte, la posta di un'ultima disputa decisiva. L'arte medievale ha rappresentato a sazietà la scena finale dell'esistenza terrena, in cui l'anima del morto è dilaniata fra Satana e san Michele prima di essere condotta dal vincitore in paradiso o all'inferno. [...]
In questa società gli uomini hanno, a dire il vero, protettori più vigili e assidui dei santi o dei re guaritori, che non hanno la fortuna di poter incontrare ad ogni istante. Questi aiutanti instancabili sono gli angeli. [...] Alla coorte dei demoni, che si precipitano sugli uomini richiamati dai loro peccati, si oppone il coro vigile degli angeli. [...]
Ognuno ha il suo angelo, e la Terra nel Medioevo ha una duplice popolazione, gli uomini e i loro compagni celesti, o piuttosto una triplice popolazione, poiché alla coppia dell'uomo e dell'angelo si aggiunge il mondo dei demoni in agguato.
È questa allucinante compagnia che ci presenta l'*Elucidarium*[2] di Onorio di Autun[3]:
«Gli uomini hanno degli angeli custodi?»
«Ogni anima, nel momento di essere mandata in un corpo, è affidata a un angelo che deve incitarla sempre al bene e riferire tutte le sue azioni a Dio e agli angeli nel Cielo.»
«Gli angeli sono continuamente sulla Terra con coloro che essi custodiscono?»
«Se c'è bisogno, vengono in aiuto, soprattutto se sono stati invitati con preghiere. La loro venuta è immediata, poiché possono in un istante passare dal Cielo alla Terra e ritornare in Cielo.» [...]
«Ci sono dei demoni che spiano gli uomini?»
«A ogni vizio comandano dei demoni che ne hanno altri, innumerevoli, ai loro ordini e che incitano senza posa le anime al vizio e riferiscono i misfatti degli uomini al loro principe...».
Così gli uomini del Medioevo vivono sotto questo doppio spionaggio costantemente. Non sono mai soli. Nessuno è indipendente. Tutti sono presi in una rete di dipendenze terrene e celesti.

[2] *Elucidarium* significa libro che 'illumina' l'oscurità di molte cose.

[3] Celebre teologo del XII secolo proveniente da Autun, importante centro della Borgogna.

GUIDA ALLA LETTURA

❶ Quale dualismo domina, secondo Le Goff, la Cristianità medievale? ❷ Sotto quali sembianze il Diavolo «appariva» agli uomini del Medioevo? Chi erano le sue vittime? ❸ Che funzione ricoprivano gli angeli? ❹ In che cosa consiste il «doppio spionaggio» sotto il quale vivevano, secondo lo storico francese, gli uomini del Medioevo?

10DOC

Il "canto del cigno" del papato medievale

da *Chiesa e Stato attraverso i secoli*, a c. di S.Z. Ehler e J.B. Morral, Vita e Pensiero, Milano 1958, pp. 123 sgg.

■ Quando nel 1302 gli Stati generali, convocati dal re di Francia Filippo il Bello, proclamarono che i poteri del sovrano discendevano direttamente da Dio, senza la mediazione papale, Bonifacio VIII reagì con la bolla *Unam Sanctam* [👁 4.6], in cui affermò un'audace ed estrema giustificazione della teocrazia. Proprio nel momento in cui il quadro politico della Cristianità si arricchiva con l'affermazione prorompente delle monarchie nazionali, che superavano il vecchio schema dei poteri universali (l'impero, il papato), il pontefice riaffermava, in dissidio con la realtà del tempo, le pretese della Chiesa a dirigere non solo spiritualmente, ma anche temporalmente, tutto il mondo cristiano. Già l'immediato successore di Bonifacio VIII, Clemente V, annullò nel 1306 la bolla, dichiarando apertamente che essa recava un danno inammissibile al re di Francia, con cui aveva trovato un'intesa [👁 4.7]. La *Unam Sanctam* è stata quindi giustamente considerata come il "canto del cigno" del papato medievale.

Che ci sia una ed una sola Santa Chiesa Cattolica e Apostolica noi siamo costretti a credere e a professare, spingendoci a ciò la nostra fede, e noi questo crediamo fermamente e con semplicità professiamo, e anche che non ci sia salvezza e remissione dei nostri peccati fuori di lei [...]. Al tempo del diluvio invero una sola fu l'arca di Noè, raffigurante l'unica Chiesa; era stata costruita da un solo braccio, aveva un solo timoniere e un solo comandante, ossia Noè, e noi leggiamo che fuori di essa ogni cosa sulla terra era distrutta [...].
In questa unica e sola Chiesa ci sono un solo corpo e una sola testa, non due, come se fosse un mostro, cioè Cristo e Pietro, vicario di Cristo e il successore di Pietro[1]; perché il Signore disse a Pietro: «Pasci il mio gregge». «Il mio gregge», Egli disse, parlando in generale e non in particolare di questo o di quel gregge; così è ben chiaro che Egli gli affidò tutto il suo gregge. Se perciò i Greci[2] o altri affermano di non essere stati affidati a Pietro e ai suoi succes-

[1] Il papa di Roma.

[2] I bizantini.

sori, essi confessano di conseguenza di non essere del gregge di Cristo, perché il Signore dice in Giovanni[3] che c'è un solo ovile, un solo e unico pastore.
Noi sappiamo dalle parole del *Vangelo* che in questa Chiesa e nel suo potere ci sono due spade, una spirituale, cioè, e una temporale, perché quando gli Apostoli dissero: «Ecco qui due spade» – che significa nella Chiesa, dato che erano gli Apostoli a parlare – il Signore non rispose che erano troppe, ma che erano sufficienti. [...] Quindi ambedue sono in potere della Chiesa, la spada spirituale e quella materiale; una invero deve essere impugnata per la Chiesa, l'altra dalla Chiesa; la prima dal clero, la seconda dalla mano di re o cavalieri, ma secondo il comando e la condiscendenza del clero, perché è necessario che una spada dipenda dall'altra e che l'autorità temporale sia soggetta a quella spirituale. [...]
Perciò, se il potere terreno erra, sarà giudicato da quello spirituale; se il potere spirituale inferiore[4] sbaglia, sarà giudicato dal superiore[5]; ma se erra il supremo potere spirituale, questo potrà essere giudicato solamente da Dio e non dagli uomini; del che fa testimonianza l'Apostolo: «L'uomo spirituale giudica tutte le cose; ma egli stesso non è giudicato da alcun uomo», perché questa autorità, benché data agli uomini ed esercitata dagli uomini, non è umana, ma senz'altro divina, essendo stata data a Pietro per bocca di Dio e fondata per lui e i suoi successori su una rocca, quando il Signore disse allo stesso Pietro: «Qualunque cosa tu legherai...». Perciò chiunque si oppone a questo potere istituito da Dio, si oppone ai comandi di Dio.

[3] Nel Vangelo di Giovanni.
[4] Il clero.
[5] Il papa.

GUIDA ALLA LETTURA
❶ Quali fonti vengono citate nel testo? Con quale intenzione? ❷ Con quali tesi si afferma l'unicità della Chiesa cattolica? ❸ In che modo viene legittimato l'esercizio del potere temporale da parte della Chiesa? ❹ Quale autorità poteva giudicare l'operato del papa?

11 DOC

Giovanni Villani
Il Vespro siciliano

G. Villani, *Cronica*, a c. di G. Porta, Guanda, Parma 1991

■ Nel raccontare l'episodio del Vespro siciliano (XII, 61) – l'insurrezione di Palermo che scatenò la rivolta contro gli angioini in tutta la Sicilia [👁 4.4 e 4.4 EVENTI] – il cronista Giovanni Villani (1280 ca.-1348) attribuiva la responsabilità non tanto al comportamento dei francesi, quanto invece a quello dei baroni fautori degli svevi, che avevano ordito la congiura. L'opinione di Villani è certo spiegabile con la sua posizione politica – egli era fiorentino e Firenze, città di parte guelfa, era in buoni rapporti con gli angioini –, ma non c'è dubbio che la sommossa popolare innescata dal Vespro fu l'esito di un piano che mirava a favorire la nobiltà siciliana, ancora legata alla casa sveva e al sovrano d'Aragona.

Negli anni di Cristo MCCLXXXII[1], il lunedì di Pasqua di Risoresso[2], che fu a dì XXX di marzo, sì come per messer Gianni di Procita[3] era ordinato, tutti i baroni e' caporali che teneano mano al tradimento, furono nella città di Palermo a pasquare[4]. E andandosi per gli Palermitani, uomini e femmine per comune a cavallo e a piè alla festa di Monreale fuori della città[5] per tre miglia (e come v'andarono quelli di Palermo, così v'andavano i Franceschi[6], e il capitano del re Carlo a diletto) avenne, come s'adoperò per lo nimico di Dio, ch'uno Francesco per suo orgoglio prese una donna di Palermo per farle villania; ella cominciando a gridare, e la gente era tenere[7], e già tutto il popolo commosso contra i Franceschi, per famigliari de' baroni dell'isola si cominciò a difendere la donna, onde nacque grande battaglia tra' Franceschi e' Ciciliani[8], e furonne morti e fediti assai d'una parte e d'altra; ma il peggiore n'ebbono quegli di Palermo.
Incontanente tutta la gente si ritrassono fuggendo alla città, e gli uomini ad armarsi, gridando: «muoiano i Franceschi». Si raunaro in su la piazza, com'era ordinato per gli caporali del tradimento, e combattendo al castello il giustiziere che v'era per lo re, e lui preso e quanti Franceschi furono trovati nella città furono morti per le case e nelle chiese, sanza misericordia niuna. E ciò fatto, i detti baroni si partiro di Palermo, e ciascuno in sua terra e contrada feciono il somigliante, d'uccidere tutti i Franceschi ch'erano nell'isola [...]. E trovarsene morti in Cicilia più di IIIIm[9], e non potea nullo scampare [...].
Questa pestilenzia andò per tutta l'isola, onde lo re Carlo e sua gente ricevettono dammaggio grande di persone e d'avere.

[1] 1282.
[2] Resurrezione.
[3] Giovanni (1210 ca.-1298), signore di Procida, seguace di Manfredi, rimase fedele agli svevi, congiurando poi sempre contro gli angioini.
[4] A celebrare la Pasqua.
[5] Cittadina situata a 8 km da Palermo, era sede del duomo e del monastero benedettino fatto costruire nel 1174 da Guglielmo II re di Sicilia.
[6] I francesi.
[7] Sensibili.
[8] I siciliani.
[9] 4000.

GUIDA ALLA LETTURA
❶ In quali circostanze di tempo e di luogo avvenne la sommossa? ❷ Quale episodio fu pretesto per la «grande battaglia» contro i «Franceschi»? ❸ Che responsabilità attribuisce l'autore ai baroni siciliani?

SVILUPPARE LE COMPETENZE

Comprendere e Analizzare

❶ **Scrivi un breve testo (max 40 righe), dal titolo *La stratificazione dei poteri nell'Europa medievale*, diviso nei seguenti paragrafi:**

a. Le autorità religiose (Ullmann, *"Serpi nel seno della Chiesa"*, Gui, *Regola* francescana, bolla *Unam Sanctam*);

b. La monarchia (Le Goff **[2]**, Pastoureau);

c. I poteri feudali (*Magna Charta Libertatum*, *Liber Augustalis*, Villani).

❷ **Dopo aver letto la *Magna Charta Libertatum* [4DOC] e il brano di Le Goff [2] sulle caratteristiche della regalità, rispondi alle seguenti domande, citando opportunamente i testi:**

a. Qual è lo scopo del documento redatto dai sovrani inglesi?

b. Quali gruppi sociali o istituzioni politiche vi sono citati espressamente? Quale significato attribuisci alla loro presenza nel documento?

c. Individua nel brano di Le Goff tutti gli aspetti della regalità riferibili alla situazione inglese. Con quali articoli del documento possono essere messi in relazione?

d. La scelta della monarchia inglese di emanare la *Magna Charta Libertatum* rivela, a tuo avviso, un potere "forte" o "debole"? Per quali ragioni?

❸ **Confronta la concezione del potere che sta alla base della *Magna Charta Libertatum* [4DOC] con quella contenuta nel *Liber Augustalis* [5DOC] ed evidenzia le differenze e le analogie.**

Rielaborare e Argomentare

❹ **Redazione di un articolo di giornale. *I simboli del potere nel tardo Medioevo***

Sviluppa l'argomento scelto in forma di articolo di giornale, utilizzando i documenti e i testi che lo corredano. Individua nei documenti e nei testi forniti uno o più elementi che ti sembrano rilevanti e costruisci intorno a essi il tuo "pezzo". Da' all'articolo un titolo appropriato e indica il tipo di giornale sul quale ne ipotizzi la pubblicazione (quotidiano, rivista divulgativa, giornale scolastico, altro). Se lo ritieni opportuno, organizza la trattazione suddividendola in paragrafi, cui potrai dare eventualmente uno specifico titolo.

Immagini: pp. 14, 17, 23, 26, 30-31, 55, 89, 95, 96, 97, 103, 106, 107, 112
Brani storiografici: Ullmann **[1]**, Le Goff **[2]**, Pastoureau **[3]**, Le Goff **[9]**
Capitoli: **1**, **2** e **4**

❺ **Dopo aver letto il brano di Ullmann [1] e i documenti 6-8DOC e 10DOC, scegli, tra le seguenti posizioni storiografiche sul ruolo della Chiesa nel basso Medioevo, quella che ti convince maggiormente; argomenta la tua risposta in un breve testo (max 20 righe):**

a. L'emergere delle monarchie nazionali mise in crisi il primato teocratico della Chiesa, che conservò invece il potere sulla popolazione, attraverso vecchi e nuovi strumenti di controllo dei comportamenti e della mentalità collettiva.

b. Per mezzo delle bolle papali e delle decisioni dei concili ecumenici, il papato affermava il primato del potere spirituale su tutte le altre forme di sovranità temporali, sia universali (imperatore) sia di ambito locale (monarchi, nobili e città).

Il mondo dei comuni

Uno degli aspetti più caratterizzanti del basso Medioevo è costituito dagli importanti mutamenti avvenuti nel mondo urbano, paralleli all'affermazione della realtà comunale. Intorno alla città, a cui furono attribuite fondamentali funzioni propagandistiche, fiorirono una serie di rappresentazioni mentali, che **Jacques Le Goff** [12] ha sintetizzato nell'espressione «immaginario urbano». Le pagine di **Giuseppe Sergi** [13], invece, ripercorrono il rapporto tra i miti e la realtà dell'esperienza comunale.
Il mondo comunale fu anche fatto di simboli, che rendevano tangibile lo spirito di appartenenza e di comunanza tra tutti i cittadini: uno di essi, tra i più importanti di questo periodo, fu il carroccio, di cui **Ernst Voltmer** [14] ricostruisce storia e funzioni.
Malgrado questo spirito comunitario, tuttavia, nel XIII secolo i comuni italiani furono attraversati da tensioni sociali, che spesso esplosero violentemente. Ne fu un esempio la città di Firenze, dove il conflitto tra «popolo grasso» e «popolo magro» portò alla vittoria del primo e all'emanazione degli *Ordinamenti di giustizia*, la cui genesi è qui ricordata da **Dino Compagni** [15DOC].
Nel tardo Medioevo nacquero anche nuove istituzioni culturali, destinate a svolgere un ruolo decisivo nei secoli successivi. La più significativa fu senza dubbio l'università: il risveglio della vita cittadina e l'accresciuta domanda di cultura da parte dei protagonisti delle attività economiche, infatti, determinarono un ampio fenomeno di riorganizzazione e di potenziamento delle strutture dell'istruzione superiore. Come chiarisce **Jacques Verger** [16], già dalle origini l'istituzione universitaria si presentava con caratteristiche peculiari che ne valorizzavano l'autonomia rispetto ai poteri civili e religiosi.
Alcuni comuni prosperavano più di altri ed emersero come centri di attrazione in una dimensione regionale o più ampia: era questo il caso di Milano, di cui il cronista **Bonvesin de la Riva** [17DOC] celebra l'esuberanza economica e culturale.

12

J. Le Goff
Le due facce della città

J. Le Goff, *Storia d'Italia, Annali*, 5, Einaudi, Torino 1982, pp. 7-13; 36-41

■ Il dialogo tra la città e la sua immagine è il tema centrale del saggio *L'immaginario urbano nell'Italia medievale* dello storico francese Jacques Le Goff **[2]**. Le Goff pone l'accento sia sui caratteri di originalità dell'immaginario urbano italiano (il peso dell'eredità antica; il rapporto conflittuale con il potere imperiale; la presenza della nobiltà l'assoggettamento del contado), sia sulla funzione propagandistica svolta dall'architettura e dall'urbanistica in quanto strumenti di espressione dell'autonomia e della potenza politica delle città.

L'immaginario urbano è quell'insieme di rappresentazioni, di immagini e d'idee, attraverso le quali una società urbana [...] costruisce per se stessa e per gli altri un autopersonaggio, un autoritratto. [...]
A partire dai secoli X e XI nasce la città propriamente medievale, molto diversa dalla città antica. La sua prima funzione non è più amministrativa o militare, ma economica: la città è anzitutto luogo di produzione, di scambi, di consumi. [...] Questa attività economica è il prodotto di nuovi cittadini che conquistano ben presto il primo posto nella città: i borghesi. Essi s'impadroniscono a poco a poco del potere nella città, che viene da loro rimodellata a immagine della loro potenza economica, sociale, politica: costruzione individuale delle case delle grandi famiglie nobili o borghesi e soprattutto erezione collettiva dei monumenti comunali e di un nuovo centro preponderante, la piazza. [...]
All'interno di questo fenomeno urbano, che si produce e crea il proprio immaginario in tutta la cristianità medievale, le città italiane affermano la loro originalità. Essa è legata anzitutto dal peso dell'eredità antica. La presenza di antichi monumenti è, nelle città italiane del Medioevo, quantitativamente e qualitativamente impressionante, quasi ossessionante. [...]
La seconda originalità dell'immaginario urbano italiano è legata alla funzione svolta in Italia [...] dagli imperatori germanici. Per la verità, [...] l'azione imperiale ha segnato la coscienza e l'immaginario delle città italiane in modo negativo, con la traumatizzazione provocata dalla distruzione delle mura, come avvenne a Milano per ordine di Barbarossa o a Napoli per volere di Enrico VI.
La terza peculiarità che ha colpito fin dal Medioevo gli uomini del Nord europeo [...] è la presenza massiccia della nobiltà, mentre altrove questa classe sociale rimane per lo più lontana dalle città, arroccata nei suoi castelli, al centro delle signorie rurali. [...]
Finalmente la più importante peculiarità italiana è che la città si è impadronita quasi dappertutto di un proprio territorio rurale, di estensione maggiore o minore, il contado, e ha conquistato la propria autonomia politica, fondando su queste due conquiste un fenomeno originale, la città-stato. [...]
Il secolo XIII vede il sorgere di un nuovo monumento centrale nelle città italiane, collegato con la piazza: il palazzo comunale. Esso rivela il nuovo potere laico di fronte al potere episcopale. [...]
L'esempio di Siena [...] mostra l'ossessione per l'immagine urbana esistente nel Tre-Quattrocento. Vi troviamo quasi un tentativo di presa di possesso magica dello spazio urbano attraverso l'immagine, un programma ideologico e un vero e proprio narcisismo urbano. Ecco anzitutto nel Palazzo Pubblico, sede della Signoria e del Podestà, [...] l'immensa composizione di Ambrogio Lorenzetti: il Buon Governo, gli effetti del Buon Governo in città e in campa-

Ambrogio Lorenzetti, *Allegoria del Buon Governo*, 1337-39
[Sala dei Nove, Palazzo Pubblico, Siena]

Ambrogio Lorenzetti, *Gli Effetti del Buon Governo in campagna*, 1337-39
[Sala dei Nove, Palazzo Pubblico, Siena]

gna, il Mal Governo e gli effetti del Mal Governo. L'opera fu eseguita fra il 1337 e il 1340, sotto il governo dei Nove, emanazione della ricca oligarchia mercantile. [...]

Il Buon Governo, rappresentato da un vegliardo (*Vetus Sena*), con le insegne della città, lo scettro e il sigillo, ha sopra di sé le tre virtù teologali (in segno di reverenza verso la religione) ed è circondato dalle virtù civili: la pace, la forza, la prudenza, la magnanimità, la temperanza, la giustizia. Ai suoi piedi, la lupa e i gemelli ricordano il mito originario: Siena, fondata da Senio, figlio di Remo, e dunque seconda Roma. Più importanti ancora i particolari alla sinistra e nel basso dell'affresco: a sinistra ritroviamo esaltata la giustizia, sovrastata dalla sapienza (la cultura, ricordata dalla presenza di un maestro di scuola e dai suoi allievi nella città, è un elemento essenziale del potere nella città, centro culturale), reca in mano la bilancia con due piatti (giustizia distributiva e commutativa); mentre in basso vediamo l'allegoria del bene civico per eccellenza: la concordia, rappresentata da ventiquattro cittadini riccamente abbigliati, e da uomini d'arme a piedi e a cavallo. È la città dell'ordine, di cui i ricchi borghesi sono i garanti e i beneficiari.

Gli effetti del Buon Governo esprimono quattro aspetti essenziali della coscienza civica: anzitutto l'immagine della città, con le sue mura, i monumenti, le case, la cattedrale, l'attività edilizia; poi la dialettica della città e del contado per il tramite della porta, che stabilisce un'armoniosa comunicazione fra la città e la campagna, soprattutto nel senso che va dalla campagna produttrice verso la città consumatrice, per affermare la terza funzione di prosperità e felicità, accanto alla prima del potere e del diritto (il Buon Governo) e alla seconda della forza (Guidoriccio da Fogliano[1]). Vediamo così l'agricoltura e l'allevamento nel contado, l'artigianato delle botteghe cittadine e il commercio, rappresentato dalle some delle bestie nella città; in altra parte gli svaghi, nella forma aristocratica della cultura urbana (canti e danze); finalmente, l'allegoria della sicurezza, alta sul contado recando in mano un patibolo, immagine della città repressiva, spesso illustrata nei dipinti con prigioni, gogne e forche.

[1] Guidoriccio da Fogliano (1290 ca.-1352) fu un celebre capitano di ventura, che per un certo periodo militò al servizio di Siena.

GUIDA ALLA LETTURA
❶ Che cosa intende Le Goff per «immaginario urbano»? ❷ Quali sono i quattro elementi che, secondo Le Goff, conferiscono originalità alle città medievali italiane? ❸ Qual è la funzione del palazzo comunale? ❹ Perché Le Goff, a proposito di Siena, parla di «narcisismo urbano»?

13

G. Sergi
L'esperienza comunale tra costanti e diversità

G. Sergi, *L'idea di Medioevo*, Donzelli, Roma 1998, pp. 63-69

■ Secondo il medievista Giuseppe Sergi (nato nel 1946), molti storici hanno contribuito, con le loro interpretazioni, ad appiattire tutto il millennio medievale sulle caratteristiche della sua parte finale (i secoli XIV-XV): ciò avrebbe dato vita a una serie di stereotipi che avrebbero reso difficile la giusta comprensione delle permanenze e delle trasformazioni in atto. Per esempio, per quanto riguarda l'esperienza comunale, spesso si è individuata la sua origine nell'affermazione cittadina della borghesia mercantile: questa interpretazione viene rifiutata da Sergi, che invece sottolinea tanto la continuità col passato quanto la complessità della situazione italiana all'interno di un «movimento comunale europeo».

Per tutta l'Europa si può parlare di comuni, ma solo per l'Italia e, in parte, per la Francia meridionale si può parlare di città-Stato. I *cives* di questi comuni non si accontentavano dell'autonomia entro le proprie mura (come le città imperiali tedesche o i grandi comuni borghesi delle Fiandre), ma assoggettavano in modo più o meno ampio il contado circostante, di cui il comune diventava signore collettivo.

In un mondo in gran parte rurale – in cui quasi solo presso le coste settentrionali e, soprattutto, presso quelle del Mediterraneo, c'erano grandi città – le regole della convivenza erano prevalentemente quelle del mondo rurale: e non deve stupire se gli organismi politici e sociali più innovativi, i comuni cittadini, si collocavano in una rete collaudata che era feudale verso l'alto (i comuni come vassalli collettivi del re) e signorile verso il basso (i comuni come signori collettivi del contado). [...]

La città era il mercato, il luogo d'inurbamento delle famiglie aristocratiche, la sede in cui si diventava vassalli del vescovo. La convivenza urbana, poi, filtrava e riproiettava all'esterno esperienze rivisitate nella convivenza entro le mura di ceti diversi e modelli politico-sociali diversi, anche se di antica provenienza rurale. L'innovazione, insomma, aveva nella città il centro propulsore, ma quell'innovazione rielaborava materiali che erano pur sempre quelli [...] dall'incontro latino-germanico. [...]

Non si può dare una spiegazione tutta «borghese-mercantile» delle origini dei comuni italiani perché contrasterebbe con i casi, tutt'altro che rari, in cui il ceto promotore dell'organismo comunale era stata l'aristocrazia: è frequente che l'iniziativa sia dovuta alla clientela vassallatica di vescovi potenti, una clientela quasi sempre reclutata tra i maggiori *milites* del contado. Non si deve tuttavia operare un rovesciamento completo, e non si deve generalizzare una teoria «signorile» delle origini comunali [...]. Ciò consente di evitare inoltre il continuo errato ricorso a scansioni nette, che postulano un ricambio sociale anche quando non c'è: nel delineare il passaggio dall'«età feudale» all'«età comunale» si immaginavano accelerazioni forti di un progresso fatale e unidirezionale (la storia non è mai così) di cui si riconoscevano, al massimo, possibili rallentamenti.

L'opportunità di un giudizio più complesso sui comuni italiani è confermata dalle vicende relative alla lotta dei comuni contro Federico I Barbarossa[1] [...]: molti comuni della Lega Lombarda avevano ceti dirigenti più aristocratici che borghesi, e tutti – anche quelli che erano borghesi – erano ben lontani dall'avere un'idea di Italia o di Lombardia. [...]

Lo stesso comune più maturo, più potente e più organizzato conquistò il contado comportandosi da «signore collettivo», e usò strumenti non nuovi di assoggettamento delle campagne. Nella maggior parte dei casi i comuni sostituirono i poteri temporali dei vescovi nell'area circostante la città. [...] Tra la fine del secolo XI e la prima metà del XII tra i dirigenti comunali si sviluppò la coscienza del loro essere potere pubblico e legittimo per eccellenza. E a ciò contribuì la cultura: molti dei primi consoli erano giudici e notai, che accelerarono la valorizzazione del comune come *res publica*. [...]

Nel resto dell'Europa si trovano scansioni paragonabili all'evoluzione comunale italiana soltanto nella Francia meridionale. In alcune regioni (Francia e Germania settentrionale, Fiandre) il carattere spiccatamente artigiano-mercantile dei ceti dirigenti comunali giustifica la connessione «comune=borghesia», mentre nella Germania centro-meridionale non mancano casi di ceti dirigenti consolari di estrazione aristocratica. [...] Si può dunque parlare di un movimento comunale europeo. Ma di questi sviluppi comunali sono da sottolineare due differenze dall'Italia. La prima, decisiva, è che ogni comune puntava al massimo di autogoverno entro le proprie mura e non aveva ambizioni di costruire un dominio territoriale. La seconda è l'assenza di forti mutamenti politici nel corso del Duecento: forse anche perché non era cittàstato, ognuno di quei comuni si sviluppò gradualmente, fortemente condizionato dalle sue origini – ora borghesi, ora più raramente aristocratiche – senza essere teatro né di forti ricambi sociali né di decisivi rivolgimenti istituzionali.

[1] 👁 1.9.

GUIDA ALLA LETTURA

❶ Perché, secondo Sergi, la formula «città-Stato» è applicabile quasi esclusivamente ai comuni italiani?
❷ Perché, secondo Sergi, è riduttivo dare una spiegazione tutta «borghese-mercantile» delle origini dei comuni italiani?
❸ In che misura lo scontro tra i comuni della Lega lombarda e Federico I è sintomatico della complessità della vicenda comunale?

14

E. Voltmer
Il carroccio, simbolo dell'unità comunale

E. Voltmer, *Il carroccio*, Einaudi, Torino 1994, pp. 201-36

■ I nuovi poteri che si affermavano in età tardomedievale richiedevano nuovi simboli: stendardi, bandiere, emblemi **[3]** si affermarono ovunque, esprimendo la potenza e l'identità dei sovrani, dei principi, dei governi comunali. Uno dei più famosi simboli cittadini fu il carroccio, diffuso in Italia e, anche se in misura minore, nel resto dell'Europa. Come spiega lo storico tedesco Ernst Voltmer (nato nel 1946), il carroccio era un oggetto a metà tra la macchina da guerra e il vessillo blindato: una cassa solidissima posta su quattro ruote, che serviva come veicolo per trasportare gli emblemi comunali, come protezione per i feriti sul campo di battaglia, come punto di orientamento per i soldati; esso ospitava anche i trombettieri che ordinavano la marcia e le fermate. Durante le battaglie, il carroccio infondeva coraggio ai soldati e cementava i loro sentimenti di appartenenza. In periodo di pace, era custodito nella chiesa maggiore.

Il carroccio fu una presenza effettiva nella storia europea tra il XII e il XIII secolo, l'epoca in cui le città lottavano contro i poteri tradizionali e competevano per affermare la propria egemonia. Nei secoli successivi, esso divenne soprattutto un mito, adoperato in vario modo. Il Risorgimento italiano ne fece il simbolo della libertà italiana dal giogo straniero (l'Impero austriaco); in epoca recente, è stato usato come emblema del federalismo settentrionale contro il governo nazionale.

Tra i principali effetti dell'irruzione delle città nell'ambito bellico, sino a quel momento monopolio dell'aristocrazia, fu un cambiamento della guerra stessa del modo in cui veniva concepita e combattuta. [...]

I comuni italiani e, con altre ambizioni, anche le città marinare sembrano avere sin dalle loro origini una forte vocazione militare, al contrario dei loro «fratelli» sorti successivamente a nord delle Alpi, che, data la diversa situazione politico-militare, avevano minori spazi d'azione, sfruttati in ogni caso come in Italia quand'era possibile. Le città italiane infatti ci appaiono sempre in guerra l'una contro l'altra, soprattutto se vicine, e avevano delle truppe ben organizzate e preparate, munite di armi moderne e macchine da guerra escogitate dai loro «ingenieri» [...].

L'uso del carroccio, soprattutto in Italia, si accompagnò anche a una rivalutazione della fanteria. [...] L'avvento del carroccio andò di pari passo con il diffondersi di un nuovo tipo di esercito «misto» in cui *milites* e *pedites*[1] combattevano assieme in una guerra sentita come cosa di «tutti», un nuovo tipo di esercito reso possibile solamente da un mutamento nelle strutture del potere cittadino. E proprio questo stretto rapporto tra esercito e vita comunale ribadisce ancora una volta come sia impossibile separare nettamente nel carroccio la sua duplice funzione di insegna militare e di simbolo del potere.

[...] Sicuramente il carroccio era particolarmente adatto per aiutare la fanteria a mantenere una propria coesione interna, senza la quale poteva esser facilmente sgominata. [...] Durante la battaglia molto spesso dal carroccio venivano lanciati segnali tramite i trombettieri o venivano impartiti ordini, come fosse una specie di quartier generale mobile. [...]

La perdita del carroccio in battaglia era particolarmente grave perché, oltre a segnare in modo inequivocabile la sconfitta, determinava soprattutto una perdita di prestigio, di onore da parte del comune nei confronti delle altre città e anche al proprio interno. Quest'esperienza triste, dura, questo danno «immateriale» portava spesso a una grave crisi d'identità e a una messa in discussione della legittimità di coloro che guidavano la città. [...] Nonostante questo rischio, il «preziosissimo» carroccio veniva portato ugualmente sul campo di battaglia dove con la sua presenza doveva servire a mantenere la coesione all'interno della comunità, a spingere ogni singolo soldato a combattere lealmente, a mantenere la propria posizione, a non cedere alla tentazione della fuga. [...]

Il comune, essendo una nuova forma di organizzazione del potere, un «esperimento» di una nuova modalità di socializzazione, aveva bisogno di simboli che potessero essere utilizzati nelle diverse attività rituali, simboli che trasmettessero immediatamente la sua legittimità, che esprimessero il consenso nei suoi confronti [...]. E il carroccio, anche là dove non era «il» simbolo del potere comunale per eccellenza, attraverso il suo uso ci indica in modo chiaro la tensione tra l'idea astratta di comune basata in fin dei conti su un sostrato religioso e la turbolenta realtà politica e sociale delle città italiane del XII e XIII secolo.

L'importanza del carroccio italiano non si esauriva assolutamente con il suo uso in caso di guerra; esso divenne ben presto il simbolo dell'unità di tutti i cittadini ed emblema del principio fondamentale del comune, un principio basato sul concetto di cooperazione.

[1] Cavalieri e fanti.

GUIDA ALLA LETTURA

❶ Perché l'affermazione del carroccio fu parallela a quella di una nuova concezione della guerra, sentita come «guerra di tutti»? ❷ Quali erano le molteplici funzioni materiali e simboliche attribuite al carroccio? ❸ Quali conseguenze aveva la perdita del carroccio in battaglia? ❹ Perché il comune aveva bisogno di nuovi rituali e di nuovi simboli?

15 DOC

Dino Compagni
Leggi contro i potenti: il caso di Firenze

D. Compagni, *Cronica delle cose occorrenti ne' tempi suoi*, a c. di G. Luzzatto, Torino 1968, pp. 25-27

■ Le grandi innovazioni che, attraverso tensioni e contrasti, vennero introdotte negli ordinamenti politici di Firenze furono sottolineate, tra l'altro, dalla testimonianza di uno storico locale, Dino Compagni (1255 ca.-1324), che di quegli anni e di quelle vicende fu non solo testimone diretto ma anche protagonista, avendo ricoperto fino al 1301 alcune delle più importanti magistrature della città (da quella di priore a quella di gonfaloniere di giustizia). Nel brano che qui riportiamo (I, 11) egli ricorda gli avvenimenti del 1293, che diedero compimento alla riforma costituzionale avviata un decennio prima, insieme all'affermarsi della supremazia del «popolo grasso», cioè dei ricchi commercianti [👁 4.5].

Ritornati i cittadini in Firenze, si resse il popolo alquanti anni in grande e potente stato; ma i nobili e grandi cittadini insuperbiti faceano molte ingiurie a' popolani, con batterli e con altre villanie. Onde molti buoni cittadini, popolani e mercatanti, tra' quali fu un grande e potente cittadino – savio, valente e buono uomo, chiamato Giano della Bella, assai animoso e di buona stirpe, a cui dispiaceano queste ingiurie – se ne fe' capo e guida, e con l'aiuto del popolo – essendo nuovamente eletto de' Signori[1] che entrarono a dì XV di febraio 1292[2] – e co' suoi compagni, afforzorono il popolo[3]. E al loro uficio de' Priori aggiunsono uno con la medesima balìa[4] che gli altri, il quale chiamorono Gonfaloniere di Giustizia [...], a cui fusse dato uno gonfalone dell'arme del popolo, che è la croce rossa nel campo bianco, e mille fanti tutti armati con la detta insegna o arme, che avessono a esser presti a ogni richiesta del detto Gonfaloniere, in piaza o dove bisognasse. E fecesi leggi, che si chiamorono Ordini della Giustizia, contro a' potenti che facessono oltraggi a' popolani.

[1] I priori.

[2] Si tratta invece del 1293.

[3] Rafforzarono il potere del popolo.

[4] Con lo stesso potere.

GUIDA ALLA LETTURA

❶ In che maniera Giano della Bella riuscì a rafforzare il potere del popolo fiorentino? ❷ Quali funzioni ricopriva il gonfaloniere di giustizia? ❸ Che cosa garantivano gli Ordinamenti di giustizia?

16

J. Verger
Una grande creazione medievale: l'università

J. Verger, *Università*, in J. Le Goff e J.-C. Schmitt, *Dizionario dell'Occidente medievale*, Einaudi, Torino 2004, vol. II, pp. 1172-80

■ Il termine *universitas*, che nel latino classico indica una 'totalità' o un 'insieme', acquisisce nel Medioevo il valore di un termine giuridico che indica una corporazione o una comunità. Esso fu usato per la prima volta nel 1221, in un testo parigino, per designare la comunità dei professori e degli studenti (*universitas magistrorum et scholarium*). Il termine si diffuse rapidamente in quasi tutta Europa, qualificando una nuova istituzione preposta all'insegnamento superiore. La nozione medievale di "università" comporta altri aspetti importanti: l'autonomia rispetto al potere civile e a quello spirituale, la solidarietà tra i membri della comunità, la vocazione "universale" dello studio e dell'insegnamento **[👁 2.6]**. Anche se nel corso dei secoli l'università avrebbe subìto molte trasformazioni, i suoi caratteri originali, esposti in queste pagine dallo storico francese Jacques Verger (nato nel 1943), rimasero a lungo elementi peculiari di questa "invenzione" trasmessa dal Medioevo al mondo moderno.

L'università è una delle grandi creazioni del Medioevo. Si stabilizzò in una istituzione di tipo corporativo legata allo sviluppo urbano e destinata a ciò che oggi chiamiamo l'insegnamento superiore. Si è evoluta fino ai nostri giorni conservando tratti importanti della sua origine medievale. Anche limitandosi all'Occidente cristiano, non si possono ricondurre sotto l'unica voce «università» tutti gli aspetti dell'educazione e della scuola nel Medioevo, che ha conosciuto, anteriormente o parallelamente alle università, molte altre istituzioni d'insegnamento. Ma benché apparse tardivamente (nel XIII secolo le più antiche, nel XIV e XV le altre), le università sono state certamente la più completa ed elaborata di queste istituzioni, in cui meglio si sono espressi i valori e le speranze della civiltà medievale in ambito educativo. [...]

L'originalità risiedeva innanzitutto nell'autonomia o, come si diceva, nelle «libertà e privilegi» di cui godevano maestri e studenti (a Bologna, solo gli ultimi). [...] Come ogni corporazione, l'università poteva promulgare degli statuti per fissare la disciplina interna e stabilire le regole di funzionamento; programmi, corsi, esami, conferimento dei gradi successivi (baccellierato, licenza, dottorato) erano liberamente decisi in ogni facoltà dall'assemblea dei maestri. L'università organizzava anche il reciproco e fraterno aiuto fra i membri, assicurava la loro difesa e li rappresentava di fronte alle autorità esterne. Infine, l'università si occupava del reclutamento, sia per l'immatricolazione dei nuovi studenti sia per l'elezione o la cooptazione dei nuovi maestri. In breve, l'autonomia universitaria era reale e garantiva, allo stesso tempo, un funzionamento interno abbastanza democratico e l'esercizio d'una libertà orientata esclusivamente all'attività intellettuale.

L'altra principale caratteristica dell'università medievale era la sua vocazione universalistica. Questo universalismo era proprio anche del sapere trasmesso dall'università. Attinto alla duplice fonte della scienza antica (eventualmente arricchita dagli Arabi) e della rivelazione cristiana, questo sapere era comune a tutti. Insegnato in una lingua anch'essa universale (il latino), fondato ovunque sulle stesse *auctoritates*[1] [...], estraneo dunque a ogni particolarità nazionale o regionale, lo si ritrova in modo uniforme in tutte le università della cristianità. Almeno in teoria, questa uniformità comportava la validità universale dei titoli universitari, nel caso fossero stati conseguiti, e il diritto per gli studenti di scegliere liberamente l'università.

Al tempo stesso, a causa e in conseguenza di questa vocazione universalistica, le università si ricollegano direttamente al potere universale per eccellenza, il papato. Il papa confermava i loro privilegi, attraverso il cancelliere conferiva la licenza *ubique docendi*[2], proteggeva maestri e studenti contro gli «abusi» delle autorità locali, laiche o ecclesiastiche. In cambio, il papa si aspettava che le università fossero sostenitrici dottrinali fedeli e ortodosse del magistero romano [...].

Naturalmente questa definizione dell'università medievale è molto generale e un po' teorica. In pratica, l'istituzione universitaria ha rivestito nel Medioevo forme assai diverse e questa diversità non ha fatto che crescere man mano che, dal XIII al XV secolo, sono apparse nuove università. C'era una forte opposizione fra le università dei paesi mediterranei, di tipo bolognese, cioè le «università di studenti» (sebbene l'esclusione dei professori dalla comunità universitaria sia stata di rado sostenuta, anche a Bologna), relativamente laicizzate, a carattere predominante giuridico e medico, e le università della parte settentrionale dell'Europa, di tipo parigino, «università di maestri» a carattere filosofico e teologico. C'era anche un'evidente sfaldatura fra le grandi università – a volte superavano di gran lunga il migliaio di studenti, avevano un reclutamento internazionale, godevano di un'autorità dottrinale riconosciuta in tutta la cristianità, capaci di conseguenza d'affermare effettivamente la loro autonomia nei confronti dei poteri – e le università più piccole – riunivano solo qualche centinaio di studenti, la cui fama era unicamente nazionale, persino regionale, [...], molto più sottomesse, di conseguenza, al controllo e alle pressioni delle autorità locali.

---

[1] Queste 'autorità' erano autori e testi dell'Antichità e del Medioevo

[2] Il permesso di insegnare ovunque.

GUIDA ALLA LETTURA

❶ In che cosa consisteva l'autonomia universitaria? ❷ Perché, secondo l'autore, l'università aveva una vocazione universalistica? ❸ Quali relazioni intercorrevano tra università e Chiesa? ❹ Spiega la differenza tra le università «mediterranee» e quelle di tipo «parigino».

17DOC

Bonvesin de la Riva
Le meraviglie di Milano

B. de la Riva, *De magnalibus urbis Mediolani*, a c. di M. Corti, trad. di G. Pontiggia, Bompiani, Milano 1974, pp. 39-47

L'orgoglio cittadino era molto forte nell'età della rinascita urbana e del rafforzamento dei governi comunali. Un'espressione significativa di questo sentimento si trova nel trattato scritto nel 1288 dal maestro di grammatica Bonvesin de la Riva (1240-1315) per celebrare Milano. Anche se esagerato (si tratta infatti di un vero e proprio panegirico), il quadro proposto dall'autore esprime efficacemente la vivacità culturale ed economica di molte città del tardo Medioevo. In particolare, Bonvesin dà un quadro particolareggiato della vita sociale in città, offrendo un'istantanea di tutte le varie professioni e di tutti i vari mestieri che vi si svolgevano: un caso esemplare, quello milanese, tuttavia rappresentativo delle dinamiche sociali e mentali che si affermarono, in generale, nel mondo urbano.

Le case con porte che danno sulle pubbliche vie arrivano, secondo gli accertamenti, al numero di 12.500 circa. In moltissime di esse più famiglie coabitano con una moltitudine di servi; da ciò si deduca la mirabile densità della popolazione. [...] Questa stessa città ha forma circolare, a modo di un cerchio; tale mirabile rotondità è il segno della sua perfezione. [...] Anche le porte principali della città sono solidissime e arrivano al numero di sei. Le porte secondarie sono invece dieci, si chiamano «pusterle»[1]. [...] Le chiese, degne di tanta e tale città, sono, soltanto entro le mura, circa 200, con 480 altari [...].
Nel contado vi sono località amene, deliziose, e cinquanta borghi fiorenti, tra i quali Monza, che dista dieci miglia da Milano ed è degna di essere chiamata col nome di città più che di borgo. Sono altresì 150 le ville con castelli soggette alla giurisdizione del nostro comune, fra le quali moltissime sono quelle abitate da più di 500 uomini valenti in guerra. [...]
I nativi di Milano di entrambi i sessi sono di giusta statura; hanno aspetto sorridente e piuttosto benevolo; non ingannano; non usano malizia con i forestieri [...]. Vivono con decoro, ordine, larghezza, dignità, indossano vesti onorevoli; dovunque si trovino, in patria e fuori, sono piuttosto liberi nello spendere, onorano e fanno onore, e sono urbani[2] nel loro modo di comportarsi e di vivere. [...]
Tanto nella città quanto nel contado, ogni giorno diventa più grande la già grande popolazione e la città si estende con i suoi edifici. E perché, dove si vive splendidamente, la popolazione non dovrebbe essere feconda? Perciò, contando cittadini e gente di fuori, d'ogni condizione, si calcolano, in totale, più di duecentomila gli uomini che si ritengono ciascuno in grado di essere valente come singolo combattente in guerra. [...]
Vi sono nella sola città 120 giureconsulti. I notai sono più di 1500 [...]. I periti medici, che vengono chiamati comunemente fisici, sono 28. I chirurghi delle diverse specialità sono più di 150 [...]. I professori di grammatica sono otto; ciascuno di essi tiene sotto la propria bacchetta una numerosa scolaresca [...]. Quattordici sono i dottori espertissimi in canto ambrosiano[3]; da ciò si può dedurre quanto siano numerosi in questa città i chierici. I maestri elementari superano il numero di 70. I copisti superano il numero di 40. Trascrivendo ogni giorno libri con le loro mani, essi provvedono al pane e alle altre spese.
I forni che in città, come si sa dai registri del comune, cuociono il pane a uso dei cittadini sono 300. [...] I bottegai, che vendono al minuto un numero incredibile di mercanzie, sono sicuramente più di mille. I macellai sono più di 440 [...]. I pescatori che quasi ogni giorno pescano in abbondanza nei laghi del nostro contado pesci di ogni tipo, sono più di 18; quelli che pescano nei fiumi sono più di 60; quelli che portano in città pesce pescato nei ruscelli innumerevoli dei monti assicurano di essere più di 400. Gli albergatori che a pagamento danno albergo a gente che viene di fuori sono circa 150. I fabbri che attaccano zoccoli di ferro ai quadrupedi sono circa 80; da questo si può dedurre l'abbondanza dei cavalieri e dei cavalli. Quanti siano i fabbricanti di selle, di freni, di sproni e di staffe, non sto a dirlo [...].
Se volessi elencare ordinatamente anche il numero degli artigiani di ogni tipo, dei tessitori di lana, di lino, di cotone, di seta, dei calzolai, dei conciatori di pelli, dei sarti, dei fabbri di ogni genere e così via; e poi dei mercanti che girano ogni parte della terra per i loro mercati e sono parte importante nelle fiere delle altre città; e infine dei merciai ambulanti e dei venditori all'asta: io credo che quanti mi leggono e mi ascoltano ammutolirebbero dallo stupore.

[1] Le *pusterle* erano piccole porte mimetizzate nelle mura di cinta delle città o delle fortezze, per consentire le sortite in caso di assedio. In periodo di pace erano adoperate per il transito pedonale.

[2] Cortesi, civili.

[3] Il canto della liturgia milanese, risalente all'epoca dell'episcopato di sant'Ambrogio (IV secolo d.C.).

GUIDA ALLA LETTURA

❶ Quali aggettivi l'autore utilizza per descrivere le caratteristiche di Milano e dei suoi abitanti? ❷ Che idea della città di Milano emerge dal brano? ❸ In che modo si misurava la prosperità di una città? ❹ Quali attività economiche urbane si ricavano dall'interrogazione del documento?

SVILUPPARE LE COMPETENZE

Comprendere e Analizzare

❶ **Le Goff [12] e Sergi [13], partendo da due distinti campi di indagine, hanno posto in rilievo l'originalità dell'esperienza comunale italiana rispetto al resto d'Europa. Spiega e argomenta, servendoti di esempi tratti dai due brani, in che maniera la specificità italiana si è manifestata sia nel campo dell'immaginario urbano sia in quello più strettamente istituzionale.**

❷ **Il documento di Bonvesin [17DOC] costituisce un caso particolarmente felice di costruzione dell'immaginario urbano, così come essa è intesa da Le Goff [12]. Spiega il perché, citando opportunamente il documento.**

Rielaborare e Argomentare

❸ **Redazione di un saggio breve. *L'affermazione del comune cittadino in Europa***

Sviluppa l'argomento scelto in forma di "saggio breve", utilizzando i documenti e i dati che lo corredano. Interpreta e confronta i documenti e i dati forniti e su questa base svolgi, argomentandola, la tua trattazione, anche con opportuni riferimenti alle tue conoscenze ed esperienze di studio. Da' al saggio un titolo coerente con la tua trattazione e ipotizzane una destinazione editoriale (rivista specialistica, fascicolo scolastico di ricerca e documentazione, rassegna di argomento culturale, altro). Se lo ritieni opportuno, organizza la trattazione in paragrafi, cui potrai eventualmente assegnare un titolo.

Documenti: Compagni [15DOC], Bonvesin de la Riva [17DOC]
Immagini: pp. 29, 33, 51, 55
Brani storiografici: Le Goff [12], Sergi [13], Voltmer [14] Verger [16]
Capitoli: **1.8-9**, **2.6**, **4.5**

❹ **Scrivi un breve testo (max 25 righe), dal titolo *Le istituzioni civiche*, in cui dar conto delle trasformazioni, all'interno del mondo comunale, nell'esercito e nelle università. Evidenzia, in particolare, le caratteristiche di queste istituzioni che più le legano all'ambiente comunale.**

Orgoglio e pregiudizio: dinamiche sociali e mentali nel mondo urbano

Le città del basso Medioevo erano dei centri economici e sociali dinamici e vivaci, al cui interno si affermarono nuove classi sociali e nuovi mestieri. A livello di mentalità, come spiega **Jacques Le Goff** [18], l'evoluzione delle attività lavorative acuì la distinzione tra mestieri "leciti" e mestieri "illeciti". Tra questi ultimi, c'era sicuramente la pratica dell'usura, che veniva duramente condannata tanto dal mondo ecclesiastico quanto da quello laico [19DOC].
I mercanti, protagonisti della nuova economia urbana, si insediarono al vertice di molti governi cittadini. Essi erano l'espressione evidente dei cambiamenti economici, sociali e politici in corso, ma lo stile di vita più prestigioso restava sempre quello della nobiltà: come spiega **Aron J. Gurevič** nei due brani che presentiamo [20-21], tra i nobili e il nuovo ceto in ascesa dei mercanti c'era una contrapposizione di fondo, anche se i secondi cercavano di imitare lo stile dei primi, riproducendolo nelle loro dimore, nel loro abbigliamento, nei loro comportamenti. I mercanti avevano la ricchezza, ma non il decoro, che apparteneva ancora ai nobili.
Al polo opposto della piramide sociale si trovavano i cittadini poveri, che rappresentavano, anche nelle città più vivaci e opulente, la grandissima maggioranza della popolazione. Come mostra **Jacques Rossiaud** [22], tuttavia, nonostante l'ampia diversificazione delle attività urbane e dei ceti sociali che vivevano all'interno delle mura cittadine, a prevalere era comunque la mentalità mercantile, per quanto rappresentativa di un settore minoritario della popolazione.
Un aspetto caratterizzante del mondo urbano è lo sviluppo di riti, espressioni di una cultura popolare ricca, come ha osservato **Jean-Claude Schmitt** [23], di influssi pagani e rurali, ma in grado anche di elaborare proprie forme di evasione dalla realtà quotidiana, come il carnevale e le feste dei folli. Infatti, queste occasioni furono, per largo tratto del Medioevo, momenti speciali in cui era possibile esprimere libertà di comportamenti e di satira contro le imposizioni della vita quotidiana e contro le sue gerarchie: essi erano momenti di rottura, di sovvertimento del quotidiano, di trionfo del "mondo alla rovescia", come messo in luce da **Sebastian Brant** [24DOC].
Le città, dunque, si evolvevano, accentuando il loro distacco culturale e mentale dal mondo delle campagne, che appariva attardato e "primitivo". La satira del villano, che leggiamo in un *fabliaux* [25DOC] e che mette in evidenza la supposta "brutalità del

contadino", esprimeva appunto questa crescente lontananza.
Malgrado questa supponenza nei confronti delle campagne, comunque, anche in città la vita rimaneva difficile. La preoccupazione fondamentale e più diffusa era sempre la sopravvivenza: la penuria alimentare e le improvvise crisi, causate da guerre, carestie ed epidemie, erano fedeli compagne dell'uomo medievale e stimolavano in esso vere e proprie fantasie, come leggiamo in un altro *fabliaux* **[26 DOC]**.

18

J. Le Goff
Le frontiere del disprezzo sociale

J. Le Goff, *Tempo della Chiesa e tempo del mercante*, Einaudi, Torino 1977, pp. 53-68

■ Partendo dalle ragioni proprie dell'ideologia cristiana del lavoro (diffidenza per le attività che, favorendo il piacere e il divertimento, potevano moltiplicare le occasioni di peccato, come quelle dei mercanti, dei giullari, delle prostitute, ecc.), cui si intrecciano sopravvivenze di tabù assai più antichi relativi alla divisione tra attività pure e impure (il tabù del sangue e dello sporco coinvolse, per esempio, chirurghi, macellai, cuochi, lavandai, tintori), Jacques Le Goff **[2]** ha osservato l'evoluzione dal lavoro come penitenza – quello della Bibbia e dell'alto Medioevo – al lavoro riabilitato che, alla fine, diventa strumento di salvezza. Questa promozione, provocata e giustificata dai lavoratori urbani delle città dei secoli XI-XIII e, infine, dai lavoratori intellettuali delle università, produsse dialetticamente nuovi sviluppi.

Mestieri nobili, mestieri vili, mestieri leciti, mestieri illeciti; queste categorie ricoprono realtà economiche e sociali, e più ancora mentalità. [...]
Certo vi sono sfumature, giuridiche o pratiche, tra i mestieri proibiti [...] e le occupazioni semplicemente disoneste o vili [...]. Ma gli uni e le altre formano insieme quella categoria delle professioni disprezzate che ci occupa qui in quanto fatto di mentalità. [...] Citiamo quelli che ritornano più spesso: locandieri, macellai, giullari, istrioni, maghi, alchimisti, medici, chirurghi, soldati, protettori, prostitute, notai, mercanti, in prima linea. Ma anche follatori[1], tessitori, sellai, tintori, pasticcieri, beccai[2], calzolai; giardinieri, pittori, pescatori, barbieri; balì, guardie campestri, doganieri, cambisti, sarti, profumieri, trippaioli, mugnai, ecc.[3]... sono messi all'indice.
Sullo sfondo di queste proibizioni, troviamo le sopravvivenze di mentalità primitive molto vivaci negli animi medievali: i vecchi tabù delle società primitive.
Tabù del sangue anzitutto. Se opera soprattutto contro i macellai e i carnefici, tocca anche i chirurghi, i barbieri o gli speziali che praticano i salassi – tutti più duramente trattati dei medici – e finalmente colpisce i soldati. [...]
Vi è poi il tabù dell'impurità, della sporcizia, che ricade sui follatori, sui tintori, sui cuochi. [...]
Vi è il tabù del denaro, che ha giocato un ruolo importante nella lotta delle società collocate in un quadro di economia naturale contro l'invasione dell'economia monetaria. Questo indietreggiare panico di fronte alla moneta di metallo prezioso anima le maledizioni contro il denaro dei teologi medievali – d'un san Bernardo per esempio – e stimola l'ostilità nei confronti dei mercanti, attaccati soprattutto in quanto usurai o cambisti, e più generalmente nei confronti di tutti i maneggiatori di capitali, come di tutti i salariati compresi sotto il nome di mercenari [...].
A questo vecchio fondo atavico, il cristianesimo ha aggiunto le proprie condanne. [...] Sono così condannati i mestieri che si possono difficilmente esercitare senza cadere in uno dei peccati capitali.
La lussuria, per esempio, sarà il motivo della condanna dei locandieri e dei tenutari di stufe[4], le cui case erano spesso malfamate, dei giullari che incitano a danze lascive e oscene [...], dei tavernieri che vivono della vendita della triplice voluttà maledetta del vino, del gioco e della danza [...].
L'avarizia – cioè la cupidigia – non è forse il peccato, in qualche modo professionale, tanto dei mercanti quanto degli uomini di legge – avvocati, notai, giudici?
La condanna del goloso comporta naturalmente quella del cuoco. [...]
Più specificamente ancora, l'uomo deve lavorare a immagine di Dio. Il lavoro di Dio è la creazione. Ogni professione che non sia creativa è dunque infame o inferiore. [...] Non potendo creare, bisogna trasformare – «mutare» –, modificare – «emendare» –, migliorare – «meliorare». Perciò è condannato il mercante, in quanto non crea nulla. [...] L'ideologia medievale è materialista nel senso stretto. Ha valore solamente la produzione di materia. [...]
Questo contesto, tra il secolo XI e il XIII, cambia. Nell'Occidente cristiano avviene una rivoluzione economica e sociale, di cui lo sviluppo urbano è il sintomo più lampante, e la divisione del lavoro l'aspetto più importante. Nuovi mestieri nascono o si sviluppano, nuove categorie professionali appaiono o prendono corpo, gruppi socio

[1] La follatura è il procedimento mediante il quale un tessuto acquisisce maggiore resistenza e compattezza attraverso una compressione meccanica che salda le varie fibre: in questo processo spesso veniva utilizzata l'urina come agente chimico.

[2] Macellai.

[3] Un testo della metà del secolo XIV vi aggiunge: birrai, balestrieri, monetieri, fabbri, carpentieri, conciatori, panettieri.

[4] Locali attrezzati per prendere bagni caldi.

professionali nuovi, forti del loro numero, del loro ruolo, reclamano e conquistano una stima, ossia un prestigio adeguati alla loro forza. Essi vogliono essere considerati e ci riescono. Il tempo del disprezzo è finito.

[...] Il numero delle professioni proibite o screditate decresce, mentre si moltiplicano le giustificazioni all'esercizio di questo o quel mestiere, fino ad allora condannato.

[...] Due giustificazioni ancora più solide s'impongono a partire dalla fine del secolo XII.

La prima è la preoccupazione dell'utilità comune – nozione che spicca in primo piano con la crescita dell'amministrazione pubblica, comunale o del principe, e che riceve la sua consacrazione dalla filosofia aristotelica. [...] Così, soprattutto, è giustificato il mercante, grazie al quale i prodotti introvabili in un paese vi sono portati dall'estero – caso particolare dell'utilità comune [...].

La seconda è la fatica, il lavoro. Lungi dal rimanere motivo di disprezzo, segno d'inferiorità, il lavoro diventa merito. L'impegno profuso giustifica non solo l'esercizio di un mestiere, ma il guadagno che ne consegue. [...]

Fra i mezzi di questa promozione, ricordiamo solo l'utilizzazione della religione, strumento necessario per qualsiasi ascesa materiale e spirituale nel mondo medievale. Così ogni mestiere ha il suo santo patrono, più d'uno talvolta, e le corporazioni, che fanno rappresentare i loro santi protettori nell'esercizio della loro professione o almeno con gli attrezzi, i simboli del loro mestiere, magnificano le loro occupazioni, allontanano una diffidenza ormai sconveniente nei confronti di un'attività illustrata da così potenti e venerabili rappresentanti.

GUIDA ALLA LETTURA

❶ Quali mestieri nell'alto Medioevo erano maggiormente disprezzati o proibiti? Perché? ❷ In che misura il cristianesimo arricchì la lista delle professioni disprezzabili o proibite? ❸ Quali importanti mutamenti si verificarono tra l'XI e il XIII secolo nell'Occidente cristiano, tali da mettere fine al disprezzo nel campo dei mestieri? ❹ Qual è la differenza di fondo tra la concezione del lavoro in età feudale e la concezione del lavoro nel tardo Medioevo?

19DOC

Contro l'usura

da *Decisioni dei concili ecumenici*, a c. di G. Alberigo, Utet, Torino 1978, pp. 314-15; P. da Certaldo, *Libro di buoni costumi*, a c. di A. Schiaffini, Le Monnier, Firenze 1945, pp. 185-88

■ Riportiamo di seguito due documenti in cui da diversi punti di vista, l'uno ecclesiastico e l'altro laico, viene espressa la condanna dell'usura. Il primo documento è tratto dalle *Decisioni* del II concilio di Lione del 1274, durante il quale la Chiesa di Roma ribadì la validità della costituzione contro gli usurai approvata dal III concilio lateranense (1179). Il secondo documento, invece, è tratto dal *Libro di buoni costumi* del mercante fiorentino Paolo da Certaldo (1320 ca.-1370) [36DOC]. Composto nella seconda metà del XIV secolo il *Libro di buoni costumi* è una sorta di trattato morale, con proverbi, sentenze e avvertimenti relativi alla vita spirituale, pratico-domestica, sociale e mercantesca. Riguardo all'usura Paolo da Certaldo informa il lettore dei mali, sia sociali sia morali, che da essa scaturiscono.

Decisioni del II concilio di Lione: «Dell'usura»

Desiderando impedire la voragine degli interessi, che divora le anime ed esaurisce quanto si possiede, vogliamo che venga osservata inviolabilmente la costituzione del concilio Lateranense, emessa contro gli usurai: ciò sotto minaccia della divina maledizione.

E poiché quanto minore sarà per gli usurai la possibilità di prestare ad usura, tanto maggiormente verrà tolta la libertà di esercitarla, con questa generale costituzione stabiliamo che né un collegio, né altra comunità o singola persona, di qualsiasi dignità, condizione o stato, permetta a dei forestieri o ad altri non oriundi delle loro terre, che esercitassero o volessero esercitare pubblicamente l'usura, di prendere in affitto, a questo scopo, case nelle loro terre, o di tenerle, se già le hanno prese in affitto, o, comunque, di abitarle; devono, invece, entro tre mesi, scacciare tutti questi usurai manifesti dalle loro terre, senza ammettere più nessuno, mai, in avvenire.

Nessuno dia in affitto, a scopo di usura, una casa; neppure sotto qualsiasi altro pretesto (o colore). Chi facesse il contrario, se fossero persone ecclesiastiche, patriarchi, arcivescovi, vescovi, sappiano che incorreranno nella sospensione; persone minori, ma singole, nella scomunica; se fosse un collegio o altra comunità, incorrerà nell'interdetto[1]. [...]

Se si trattasse di laici siano costretti dai loro ordinari con la censura ecclesiastica ad astenersi da questo eccesso, venendo meno ogni privilegio. Ancorché gli usurai manifesti abbiano stabilito nelle loro ultime volontà di soddisfare, per quanto riguarda gli interessi che avevano percepito, o determinando la quantità (del denaro da restituire), o in modo indeterminato, sia negata ad essi, tuttavia, la sepoltura ecclesiastica, fino a che non si sia completamente soddisfatto – nei limiti delle loro possibilità – per gli interessi stessi, o finché non sia stata data assicurazione della restituzione (e ciò nel modo dovuto) a coloro, cui dev'essere fatta la restituzione, se sono

[1] Censura o pena ecclesiastica spirituale, con cui sono vietati ai fedeli i divini uffici, l'uso di taluni sacramenti e la sepoltura ecclesiastica.

presenti essi stessi, o altri che possano ricevere in loro nome [...].
E stabiliamo che tutti i religiosi od altri, che contro la presente disposizione osassero ammettere alla sepoltura ecclesiastica degli usurai manifesti, debbano andar soggetti alla pena stabilita dal concilio Lateranense contro gli usurai.
Nessuno assista ai testamenti di pubblici usurai o li ammetta alla confessione o li assolva, se non avranno soddisfatto per gli interessi, o non avranno dato la debita assicurazione, come abbiamo premesso, che soddisferanno secondo le loro possibilità. I testamenti degli usurai manifesti redatti in modo diverso non abbiano alcun valore, ma siano *ipso iure*[2] invalidi.

Paolo da Certaldo: «Quelle cose che molto guasta...»

Quella cosa che molto guasta [...] questa si è l'usura; e come guasta l'avere e l'onore del mondo, così guasta l'anima e 'l corpo. E à questa propietà[3] in sé l'usura, che non si lascia conoscere né a que' che la fa, cioè a que' che presta[4], né a que' ch'accatta[5], se non quando ti mostra la coda e quando con essa ti trafigge: allora conosci ciò ch'ella è e ciò che ti fa; che se tu la fai, ti toglie al da sezzo[6] in questo mondo l'onore e la buona fama, e ne l'altro l'anima: dunque vedi com'ài ben guadagnato co lei! E se tu accatti danari a usura sopra terra o casa o altro pegno, non t'avvedi mai del danno tuo se non al da sezzo, al fare de la ragione[7], quando di fiorini cento che tu accatti ti conviene pagare fiorini dugento d'oro e tutte le spese, che montano per più di diece per centinaio talotta[8]: allora t'avvedi del danno che ti fa, quando rimani povero e mendico, e quando ti caccia fuori de le tue case e de le tue terre, o pigliati e metteti in pregione, e fatti morire in pregione di fame e di vitiperio[9]. Così ti toglie anche il corpo in questo mondo; e morendo a questo modo, l'anima corre grande rischio per l'offesa che ti pare ricevere, e per lo dolore, e perché muori malvolentieri. E però ti guarda quanto puoi di non prestare e di non accattare a usura né piccola somma né grande, ché se l'userai, te ne diserterai[10] per lo modo che t'ò detto.
Se vuoi che mai non ti manchi d'avere [danari da vivere, fa ch'abbi] una bottega di qualche mestiere che sia[11]; e non tenere mai l'altrui merito[12]: innanzi[13] fa col tuo poco, che co l'altrui assai, in però che tu de sapere che neuna mercatantia[14] non può avanzare[15] l'usura; sì che non tenere danari a usura, come detto di sopra.

---

2 Immediatamente, per il diritto stesso.
3 Proprietà.
4 Al mutuante.
5 Al mutuatario.
6 Da ultimo.
7 Col senno di poi.
8 Che ammontano talora a più del 10%.
9 Vituperio.
10 Rovinerai.
11 Una bottega in cui tu possa esercitare qualsiasi arte.
12 Non valerti di mutui a interesse.
13 Piuttosto.
14 Commercio, traffico.
15 Superare.

GUIDA ALLA LETTURA

❶ Che cosa stabilisce la costituzione generale del II concilio di Lione in materia di usura? ❷ Qual era per gli usurai moribondi la condizione indispensabile per essere assistiti nei testamenti e per essere ammessi alla confessione e alla sepoltura ecclesiastica? ❸ Qual è, secondo Paolo da Certaldo, la proprietà che «ha in sé l'usura»? ❹ Che genere di consigli Certaldo dispensa a quanti versano in uno stato di bisogno?

20

A.J. Gurevič
Lo scialacquatore e il fannullone

A.J. Gurevič, *La nascita dell'individuo nell'Europa medievale*, Laterza, Roma-Bari 1996, pp. 212-23

■ Nel volume *La nascita dell'individuo nell'Europa medievale* lo storico russo Aron J. Gurevič (1924-2006) mette in discussione le interpretazioni storiografiche che attribuivano al Rinascimento la "scoperta dell'uomo". La filosofia, l'arte, la letteratura del Medioevo sono, secondo Gurevič, ricche di segnali che indicano il precoce emergere dell'uomo come individuo. Nel passo seguente l'autore mette a confronto i due tipi sociali che nel Medioevo hanno rivelato tendenze individualistiche più chiare: il nobile e il mercante, il cavaliere e il cittadino. Benché lontani dal possedere le medesime qualità, il loro modo di vivere e lo stile del loro pensiero erano orientati «verso il principio personale».

Se il cavaliere era armato di spada e di lancia, l'«armamentario» del mercante erano l'abaco-pallottoliere[1] e il libro dei conti. Questi accessori già di per sé testimoniano orientamenti di vita e sistemi di condotta per principio diversi. Le occupazioni militari e i tornei richiedevano audacia personale, abilità e forza fisiche, mentre il commercio e le operazioni monetarie presupponevano intelligenza negli affari, capacità di pensare logicamente e preveggenza. Lo stile di vita dei nobili era unito ad una generosità prodiga e indifferente alle spese, alla teatralizzazione, alla ostentazione del ruolo sociale svolto dal cavaliere. Al mercante, invece, si richiedeva parsimonia, accortezza e scrupolosità. All'impulsività irrazionale del cavaliere si contrapponevano la razionalità e la metodicità del mercante.
I nobili non avevano bisogno di libri; anche se erano in grado di leggere e scrivere (le donne più spesso che gli uomini), ciò non rientrava tra i requi-

---

1 👁 3.2.

siti indispensabili alla vita. Il mercante non poteva gestire con successo le sue operazioni se non conosceva l'aritmetica e non era in grado d'intrattenere una corrispondenza commerciale. I nobili, d'altra parte, educavano i loro figli alla guerra, e l'epos eroico, le tradizioni familiari, le genealogie e il romanzo cavalleresco gli offrivano modelli da imitare; i ricchi commercianti, invece, si preoccupavano che i loro eredi frequentassero la scuola, oppure assumevano per loro dei precettori, mandavano i figli all'università, dove acquisivano le conoscenze che avrebbero potuto essere loro utili nella vita del mercante oppure per entrare nell'ordine degli avvocati.

Tutto ciò portò al fatto che il cavaliere e il mercante si formarono come due tipi psicologici assai diversi e sotto molti aspetti opposti, con una mentalità differente e con proprie visioni del mondo. [...]

I due sistemi, difficilmente compatibili, di mentalità esistenziale sono raffigurati nel poema allegorico anonimo *A Good Short Debate between Winner and Waster*[2]. L'Accumulatore, l'Avido è innanzitutto il mercante; lo Scialacquatore, il Fannullone è il cavaliere. L'Accumulatore loda colui che spende poco e in modo oculato e vive modestamente, secondo i suoi mezzi; la contemplazione delle ricchezze accumulate rallegra il suo cuore. La stravaganza dello Scialacquatore, che si manifesta negli abiti e nei banchetti, rasenta la follia e suscita l'indignazione dell'Accumulatore. [...] L'Avido è sbalordito dalle persone che, pur non avendo un soldo in tasca, tuttavia acquistano pellicce rare, tessuti pregiati e altri costosi oggetti di lusso. [...]

L'Accumulatore tuttavia tenta invano di convincere lo Scialacquatore a ridurre le spese, a guardarsi dal fallimento e ad abituare al lavoro se stesso e i suoi familiari. D'altronde, egli comprende che ciò che muove lo Scialacquatore è la «presunzione». L'Accumulatore stesso ha costruito la sua ricchezza grazie alla capacità di vivere moderatamente e di combinare affari.

Lo Scialacquatore a sua volta accusa l'Accumulatore perché i tesori da lui accumulati non arrecano a nessuno né vantaggio né soddisfazione [...].

Questo poema fu composto probabilmente attorno al 1352 [...]. Il *Winner* e il *Waster* personificano non tanto tipi sociali definiti, quanto opposti princìpi esistenziali e sistemi di valori, due stili di vita e di condotta. Non è molto difficile tuttavia riconoscere da un lato il mercante, l'uomo danaroso, e dall'altro il fannullone nobile e il cavaliere prodigo.

Il XIV secolo, periodo in cui venne composto questo poema allegorico, già conosceva i ricchi mercanti, i banchieri e gli usurai, i quali avevano saputo accumulare considerevoli sostanze e organizzavano solide imprese. Essi prestavano enormi somme di denaro ai sovrani e ai prìncipi, senza preoccuparsi dello sfruttamento del popolo minuto. Grazie all'operosa attività dei mercanti e degli artigiani le città si svilupparono, diventando in quel periodo i focolai della civiltà, che cambiarono l'intero volto dell'Europa occidentale.

[2] *Una buona e breve disputa fra l'Avido e lo Scialacquatore.*

GUIDA ALLA LETTURA

❶ Quali erano i diversi valori a cui si ispiravano, nel loro stile di vita, i nobili e i mercanti? ❷ Quali erano i loro differenti approcci nei confronti dell'istruzione? ❸ Che tipo di rapporti intercorrevano tra i mercanti e i cavalieri? ❹ Con quali figure sociali, valori e mentalità si possono identificare il *Winner* e il *Waster*?

21

A.J. Gurevič
L'ascesa sociale dei mercanti

A.J. Gurevič, *Il mercante nel mondo medievale*, in A. Giardina e A.J. Gurevič, *Il mercante dall'Antichità al Medioevo*, Laterza, Roma-Bari 1994, pp. 63-99

■ Nell'Europa dell'alto Medioevo l'agricoltura aveva un ruolo assolutamente dominante mentre il commercio consisteva soprattutto di piccoli traffici a breve distanza. La rilevanza sociale dei mercanti era modesta, il loro mestiere oggetto di diffidenze e di condanne. Tuttavia, nel tardo Medioevo, con la ripresa dell'economia e la crescita delle attività commerciali, mutò anche il loro ruolo sociale e politico, ed essi si insediarono spesso al vertice delle loro città [👁 3.1-2]. S'indebolì, parallelamente, il potere delle antiche aristocrazie nobiliari. Come spiega lo storico russo Aron J. Gurevič [20], questi «uomini nuovi» tendevano ad assumere lo stile di vita della nobiltà, l'unico che potesse dare credibilità e rispetto alla loro ascesa, non priva di resistenze e di contrasti.

La strada percorsa dal ceto mercantile dell'Europa occidentale nel corso dei secoli XI-XV riflette le modificazioni di straordinaria importanza che in quel periodo si produssero nell'economia, nella struttura sociale e nella cultura. Da elemento notevole, ma pur tuttavia secondario di una società in prevalenza agraria, qual era il mercante all'inizio del Medioevo, egli si trasformò gradualmente in una figura di primo piano, nel portatore di nuovi rapporti che minavano i fondamenti tradizionali del feudalesimo. [...] La mentalità dei mercanti si distingueva sotto molti aspetti in modo sostanziale da quella dei cavalieri, del clero o dei contadini. Il quadro del mondo, formatosi a poco a poco nella coscienza del ceto mercantile via via che esso andava sviluppandosi, entrava in contrasto con la visione del mondo degli altri strati e ceti della società feudale. La professione e il modo di vita degli uomini d'affari favorirono

il formarsi di nuovi orientamenti etici, di un tipo diverso di condotta. [...]
Il XIII e il primo terzo del XIV secolo sono il periodo della fioritura del ceto commerciale. In molte città dell'Europa il vertice mercantile, che concentrava nelle sue mani enormi ricchezze, forma lo strato dirigente delle città, il patriziato, che esercita un'influenza decisiva sul governo cittadino. [...]
La nobiltà del cavaliere poggiava innanzi tutto sulla sua origine. In determinati casi anche il mercante poteva appellarsi ai suoi operosi e fortunati antenati o genitori [...], ma in generale egli doveva contare sulla propria intraprendenza. [...] Non l'origine, ma le capacità e il loro intelligente uso costituivano la principale virtù del mercante. Il mercante è un *self-made man*[1].
[...] Gli «uomini nuovi» fattisi avanti nell'attività commerciale e finanziaria, si distinguevano per l'energia, lo spirito d'iniziativa, la prontezza, ma anche la sfrontatezza, l'egoismo, l'atteggiamento disinvolto nei confronti di tutte le norme patriarcali del tempo. Il possesso della sola ricchezza mobiliare non assicurava però ancora stima e prestigio nella società feudale. [...]
È comprensibile, perciò, che il patriziato urbano aspirasse ad attenuare le barriere di ceto che lo separavano dall'aristocrazia. A una parte dei mercanti la strada «verso l'alto» veniva aperta dall'acquisto di vaste proprietà terriere e dai matrimoni misti cui ricorrevano i cavalieri impoveriti, che desideravano rimettere in sesto gli affari attraverso il matrimonio con le figlie di mercanti abbienti. A qualche cittadino riusciva anche di acquistare la dignità cavalleresca. Caratteristica dei mercanti-patrizi è l'aspirazione a vivere nel lusso. Per elevare il proprio prestigio e fare impressione sulla società, essi si costruiscono case di pietra e palazzi cinti da torri. Gli edifici tardo-gotici del patriziato della Germania meridionale e i palazzi rinascimentali dei mercanti italiani avrebbero potuto suscitare l'invidia dell'aristocrazia. Alle finestre delle case patrizie compaiono i vetri, le stanze sono riccamente arredate, le pareti vengono ornate di arazzi. Seguendo l'esempio della nobiltà i mercanti si danno alla caccia, lo «sport dei nobili». Con l'aristocrazia essi rivaleggiano nelle vesti e negli ornamenti nonché nelle cerimonie funebri che allestiscono con la massima pompa. [...]
In nessun altro posto in Europa il ceto mercantile raggiunse altrettanta potenza economica e politica come nelle città italiane. In nessun altro posto uno strato tanto vasto di popolazione fu coinvolto nell'attività mercantile. Un viaggiatore passato per Venezia poco prima della Grande Peste del 1348, giunse alla conclusione: «tutta gente sono mercatanti»[2]. Dei Genovesi si diceva: «genovese, dunque mercante». [...]
Nel XIII secolo e più tardi non pochi furono i mercanti che intrapresero lontani e arrischiati viaggi per mare. Basta ricordare il celebre Marco Polo. [...] Erano l'India, la Cina, i paesi dell'Africa, il Vicino Oriente ad attrarre questi coraggiosi scopritori e viaggiatori che combinavano la caccia al lucro con la curiosità di conoscere e lo spirito d'avventura. [...]
Gradualmente, però, si verifica una modificazione del tipo dominante del grande mercante: dall'imprenditore che peregrina per terra e per mare, sottoposto a tutti i pericoli, al mercante che sta nella sua azienda e svolge gli affari soprattutto attraverso gli agenti e la corrispondenza. Questa trasformazione ebbe conseguenze di lunga portata per l'intera figura del mercante, la sua psiche e la sua cultura.

[1] Un uomo che si è fatto da solo.
[2] Sono tutti mercanti.

GUIDA ALLA LETTURA

❶ In che modo i mercanti cominciarono, tra XIII e XIV secolo, a «controllare le città»? ❷ Attraverso quali strategie il patriziato urbano poteva ridurre la distanza che lo separava dall'aristocrazia? ❸ Come apparivano le città italiane agli occhi dei viaggiatori? ❹ Descrivi la trasformazione graduale della figura del mercante nel basso Medioevo.

22

J. Rossiaud
Il denaro, sangue della città

J. Rossiaud, *Il cittadino e la vita di città*, in J. Le Goff (a c. di), *L'uomo medievale*, Laterza, Roma-Bari 1987, pp. 157-71

■ Nel tardo Medioevo si accentuò la separazione tra la città e la campagna. In un'Europa che si apriva sempre più ai traffici, la città era il luogo dove si addensavano le merci e circolava il denaro. Il denaro, scrive lo storico francese Jacques Rossiaud (nato nel 1931), era «il sangue della città». In poco tempo si crearono grandi fortune, ma i rischi del commercio erano alti e la rovina era sempre una possibilità concreta. Anche se le case dei ricchi sorgevano in mezzo a quelle dei poveri e i miserabili vivevano spesso accanto ai cittadini benestanti, le società urbane si basavano su rigorose distinzioni di censo (oltre che di lignaggio), e i poveri rappresentavano la grandissima maggioranza della popolazione. Le nuove occasioni di guadagno, inoltre, si scontravano con la morale tradizionale, e ponevano seri problemi di coscienza.

Se la città comincia «al limite della sua periferia come una casa rispetto all'ingresso del suo giardino» (A. Lombard Jourdan) le mura costituiscono senz'altro la frontiera decisiva che separa due spazi. In Occidente – a parte l'Inghilterra – ogni città ha la sua cinta di mura; simbolo dell'unità realizzata oppure opera del principe, la cinta protettrice identifica la città. [...]
L'anello di pietra, oggetto d'orgoglio ma divoratore di denari, segna della sua impronta il complesso della vita urba-

na: struttura la popolazione stabile che si divide per settori la custodia delle porte, scandisce il tempo quotidiano – le porte si chiudono sul far della notte –, conferisce carattere sacro a ciò che sta dentro, ma soprattutto dà una nuova forma allo spazio e, in gran parte, determina l'originalità del paesaggio.

Non che oltrepassate le porte tutto subisca un capovolgimento: la vicina campagna è dominata dalla proprietà e dai capitali cittadini, punteggiata di residenze borghesi; i suoi contadini frequentano regolarmente il mercato, incrociano sul loro cammino gli agricoltori sempre numerosi nelle metropoli, traversando *intra muros*[1] giardini e vigneti, scostano dai loro passi volatili e porci uguali a quelli del loro villaggio, ma nati e ingrassati all'ombra delle mura. Tuttavia una differenza c'è, ed è una differenza di dimensioni: una città agricola è più di un grande villaggio e la città occidentale non è caratterizzata dalla sua produzione agricola [...].

Abitare in città, se si è poveri, significa in primo luogo occupare in due o tre una camera in alto, una tana senza luce o una soffitta che dà su un cortile posteriore; stabilirsi alla locanda, se si ha qualche soldo; disporre di una o due stanze se si ha famiglia, ma sempre dover dividere con altri l'uso di un pozzo e di una cucina; l'artigiano, certo, abita la propria casa, dove ha il suo focolare, la sua cantina e il suo granaio, ma coi servi e gli apprendisti. Bisogna dunque abituarsi, solo una minoranza fa eccezione, a vivere circondati da vicini di condizioni e mestieri molto diversi.

Essere cittadino è anche, per due abitanti su tre, dipendere dal mercato, del tutto o per una parte dell'anno: comprare il pane, il vino, il companatico. [...]

Sarebbe risibile e vano pretendere di descrivere in poche righe la straordinaria diversità delle attività e delle società cittadine. Tutti sappiamo bene che dietro le mura stavano gomito a gomito, secondo proporzioni sempre diverse, canonici e studenti, nobili e vignaioli, patrizi e proletari, mercanti all'ingrosso e rigattieri, artigiani altamente qualificati e manovali sballottati, secondo il destino individuale e le circostanze, tra il lavoro e la mendicità. Tutti sappiamo anche che i proletari erano più numerosi degli imprenditori e che i patrizi si contavano sulle dita di una mano. [...]

Le funzioni cittadine possono essere molteplici (si diversificano sempre di più) ma prende il sopravvento la mentalità mercantile che modella la sensibilità e i comportamenti. Come ha sottolineato R. Lopez, molti artigiani sono dei commercianti a *part time*; l'artigiano salariato vende la propria capacità, il possidente una camera o un terreno, il giurista la sua scienza del diritto, il professore la sua cultura, il manovale la sua forza fisica, il giocoliere la sua abilità, la prostituta il suo corpo. I loro *ministeria*, i loro mestieri, sono ordinati in funzione di un sistema di reciproci scambi che gli uni (i teologici) chiamano il bene comune, e gli altri (i borghesi) il mercato, secondo un giusto prezzo fissato giorno per giorno in denaro sul mercato o sul posto di reclutamento. Perché il denaro è il sangue della città, il suo fluido vitale e il suo principio organizzatore.

[1] Dentro le mura.

GUIDA ALLA LETTURA

❶ Quale funzione pratica e simbolica svolgevano le porte della città? ❷ Sotto quali aspetti una città medievale si differenziava da un villaggio agricolo? ❸ Chi abitava in città? ❹ Perché Rossiaud afferma che il denaro era il sangue della città»?

23

J.-C. Schmitt
La città e le sue «superstizioni»

J.-C. Schmitt, *Medioevo superstizioso*, Laterza, Roma-Bari 1992, pp. 172-81

■ In *Medioevo superstizioso* Jean-Claude Schmitt (nato nel 1946) indaga le diverse figure dell'immaginario e dell'inconscio collettivo nel momento in cui presero forma: fate benefiche, visioni di fantasmi, raduni di streghe nelle notti di plenilunio, riti magici, folletti dell'abbondanza e della miseria, ecc. Una sintesi storica che fa luce sulle origini di quella cultura alternativa del "sacro" condannata dalla Chiesa come "superstiziosa". Nelle pagine seguenti, lo storico descrive riti e usanze cittadini di chiara derivazione pagana e rurale – in questo senso, il termine "superstizione" viene utilizzato, senza alcun giudizio di valore negativo, come sinonimo di "permanenza folklorica" del passato – come la festa dei folli e il carnevale, che avevano acquistato in città una nuova dimensione e una diversa organizzazione.

Benché i contadini abbiano concentrato su di sé molto a lungo le accuse d'ignoranza e di rozzezza che si completavano a vicenda, la nascita delle città all'alba del secondo millennio e la nascita di una cultura cittadina aprirono per la Chiesa un secondo fronte di lotta contro le «superstizioni». Per parecchie ragioni questa cultura cittadina era una cultura rurale urbanizzata. [...] In questo contesto la Chiesa si è preoccupata di «superstizioni» che le sembravano a un tempo continuare gli antichi riti celebrati a data fissa, esaltare il corpo, il riso e la crapula[1] contro l'austerità morale che intendeva promuovere, e provocare dei disordini che davano occasione a peccati e delitti.

A lungo si è ritenuto che la festa dei Pazzi, celebrata contemporaneamente alla festa dei Santi Innocenti (28 dicembre) e della Circoncisione (1° gennaio), fosse solo una sopravvivenza del-

[1] Eccesso nel mangiare e nel bere.

le feste pagane del solstizio d'inverno e delle calende di gennaio. [...]
In realtà la festa dei Pazzi fa la sua comparsa solo nel secolo XII e in un contesto cittadino affatto nuovo: quello dei capitoli[2] della cattedrale i cui membri, i canonici soggetti tutto l'anno all'autorità del vescovo, si abbandonavano una volta l'anno a festeggiamenti collettivi in chiesa, eleggevano un falso vescovo e, in corteo, lo scortavano fino alla cattedrale. [...]
Dal secolo XIII si vede la festa estendersi ad altri gruppi di organizzatori: le *abbayes* della gioventù[3], le *bachelleries*[4] dei giovani artigiani, [...] ecc. eleggono, a loro volta, il loro «re», il loro «abate», o il loro «principe degli stolti», si abbandonano a giostre o mascherate, fanno delle sfilate il 1° dell'anno. Un po' alla volta arrivano a organizzare la vita festiva delle città, specialmente all'epoca del carnevale. La loro funzione è allora riconosciuta e addirittura sostenuta con aiuti finanziari dalle autorità municipali, che si preoccupano soltanto degli eventuali disordini ed eccessi. Quanto alla disapprovazione morale del clero, che non può sperare di vietare dei gruppi festivi così gelosi dei loro privilegi, resta tacita o deve contentarsi di rinnovare ritualmente delle ordinanze incapaci di modificare il corso delle cose...
Queste ordinanze mirano anche al carnevale, che, in febbraio marzo (a una data che varia in funzione di quella di Pasqua), si scatena proprio prima del gran digiuno di quaresima. Quali che siano le tradizioni antiche che sono alla base della sua nascita, il carnevale è, come la festa dei Pazzi, un'innovazione della città medievale. [...]
Il carnevale è nato in opposizione alla quaresima. Nell'Alto Medioevo [...] il digiuno era limitato alle quattro domeniche di quaresima; nel secolo IX la Chiesa decise di rendere il digiuno ininterrotto per quaranta giorni e di riportare al principio della quaresima, per quattro giorni, la possibilità di mangiar grasso. La contrapposizione dei due periodi, del grasso e del magro, divenne più netta; favorì una specie di personificazione di questi tempi contrastanti e quasi nemici [...].
Che la Chiesa abbia visto nelle città il terreno dove le vecchie «superstizioni» potevano ancora rivivere sotto forme inedite non ha impedito alle *élites* cittadine, laiche e anche ecclesiastiche, e al popolo stesso di concepire la città come il nuovo punto di riferimento della cultura e della religione. Da sempre il ricordo della «romanità» aveva identificato la contrapposizione della «religione» alla «superstizione» con quella dell'«urbanità» alla «rozzezza»; ma il ripiegamento della società medievale sulla terra aveva per lunghi secoli reso molto teorica questa doppia identificazione. Essa, al contrario, poté ritrovare tutta la sua forza dopo il secolo XII e lo sviluppo della città medievale.
Da allora la condanna delle «superstizioni» non mirò più soltanto alla salvaguardia della fede o alla conformità a una norma clericale dei comportamenti religiosi. Si trattò, in altrettanta misura, di dare un giudizio culturale e di esprimere, con la derisione o con l'anatema, un sentimento di superiorità. [...]
Le «superstizioni» stavano perdendo il loro statuto propriamente religioso; la buona cultura, laicizzata e cittadina, le poneva sempre più sul piano delle «stolte credenze», «sopravvivenze» dell'oscurantismo popolare e campagnolo più che del paganesimo. Esse tradivano una deficienza culturale e non più una mancanza di fede.

[2] Costituivano il gruppo dei canonici, i sacerdoti della cattedrale.

[3] Gruppi giovanili che organizzavano feste, giochi e rituali collettivi.

[4] Associazioni che riunivano i giovani scapoli di età compresa tra i 16 e i 25 anni.

GUIDA ALLA LETTURA
❶ A che periodo risale la festa dei folli? In che cosa consisteva? ❷ A che cosa si contrapponeva il carnevale? Perché è un'innovazione della città medievale? ❸ Perché la condanna delle superstizioni conteneva, a partire dal XII secolo, un giudizio culturale?

24 DOC

Sebastian Brant
La nave dei folli

S. Brant, *La nave dei folli*, a c. di F. Saba Sardi, Spirali Edizioni, Milano 1984, pp. 305-7

■ Numerose erano le analogie e le consuetudini che legavano il carnevale e le feste dei folli, così come si evince dai versi dell'umanista tedesco Sebastian Brant (1457-1521), autore del celebre poema didattico satirico *Das Narrenschiff* ('La nave dei folli', 1494), in cui denunciò i vizi e le follie del suo secolo. Brant descrive il fantastico viaggio di una barca piena di pazzi verso il paese di Narragonien, la visita al Paese di Cuccagna e il finale naufragio. Nei versi che presentiamo Brant polemizza contro quel rituale pagano con cui si concludeva il carnevale e che, al pari di tanti altri, era stato accettato dalla Chiesa. Si tratta di un rito di purificazione consistente nell'ardere un fantoccio oppure nel finto funerale di un omaccione disteso su una barella e accompagnato da un corteo durante la parata di mezzanotte, nell'ultima sera di carnevale. Secondo Brant, l'ultima sera di carnevale avrebbe dovuto essere dedicata alla meditazione, non alla baldoria.

Matti conosco assai carnevaleschi
Cui togliere i sonagli – eh, state
[freschi!
Quando comincia Quaresima santa[1],
Ancora voglia in corpo ne hanno tanta
Di far baldoria, di tutti scocciare:
C'è chi si vuole la faccia annerare,
Chi mascherar di stracci tutto quanto,
E fanno balzi per strada alti tanto,
Sgambettando, facendo piroette,

[1] Alla vigilia della Quaresima, cioè al martedì che precede il mercoledì delle Ceneri.

Che per rompersi il naso son perfette,
Se fatte sopra il ghiaccio soprattutto.
Che non lo riconoscan s'è costrutto
Travestimento uno, che lui stesso
Non sa chi sia; faccia finta s'è messo
Oscena un altro per essere notato
E dican: «Arlecchin mirate innamorato
Che vien portando al braccio la sua ganza!
Tra noi poveri viene, e di esultanza
È cagione, e ne siamo compiaciuti!».
Voglion sol divertirsi, i dissoluti,
E a Carneval uovi deporre tanti
Benché il cucù solo in maggio ricanti[2].
[...]
Che di Quaresima possa la vigilia
Esser di festa, è tra le mirabilia
Che Follia solo ha potuto inventare;
Quando si deve all'anima pensare,
Ecco che la benedizion la danno i *matti*
Dall'idea della festa sempre attratti.
[...]
Per le strade si danno essi d'attorno,
Quasi inseguir dovessero uno sciame
D'api fuggiasco, e quando le sue brame
Han reso uno di lor proprio demente[3],
A *lui* crede che spetti, e giustamente,
Di Re del Carnevale la corona.
Da questa a quella casa va la buona
Compagnia, per potersi l'epa enfiare[4]
Senza dover nulla affatto pagare,
E *questo* dura fino a mezzanotte:
Il diavolo guida gli scannapagnotte
Invece di cercare la salvezza
Dell'anima, si danza nell'ebbrezza,
Legati alla catena di follia,
Dando prova perfetta di idiozia.
C'è chi a pacchiare si perde talmente,
Quasi nell'anno non mangiasse niente,
E non è il suo appetito ancor saziato
Quando alla prima messa hanno suonato
Quaresimale[5], e di carne proibita
Si empie fin del giorno all'apparita[6].
Questo posso ben dire in verità:
Giudei, gitani né paganità
Si sono visti portarsi empiamente
Come noi, che ci diamo indegnamente
Titolo di Cristiani, e lo proviamo
Così di rado con quel che facciamo.
[...]
E ben sparuta è di color la frotta[7]
Che piamente presentano la fronte
Per ricever le ceneri[8] ormai pronte.
Temono gli altri che cenere bruci,
E preferiscon quindi farsi truci,
I volti lor col carbone annerando:
Il segno del Signore dispregiando,
Preferiscono del *diavolo* l'insegna;
Risorgere col Cristo non è degna
Cosa per loro. Anche le donne vanno
Volentier per le strade, e pur si fanno
Il volto col carbone insudiciare;
La stessa chiesa allor più non appare
Un santuario, e ci van fuori e dentro
Ad acchiappar le donne ogni momento
Per annerirle, e degna costumanza
La si ritiene[9]. [...]
Ed ancor finti tornei[10]
Mettono in scena, e spezzan questi rei
Molte lance, e assai matti son sconfitti:
A queste cerimonie gruppi fitti
Vedi partecipare di artigiani,
Di contadini e tanti altri baggiani
Che mai hanno saputo cavalcare;
E li vedi tra lor botte menare
Tali da fracassarsi schiena e testa:
E sarebbe *cortese* questa festa!
Poi ci si riempie la pancia di vino –
E di digiuno neppure un pochino!
Due settimane dura la ribotta[11],
Ed è già molto se a tale condotta
La Settimana Santa mette fine
[...]
Qui posso finalmente terminare
A costo qualcheduno di irritare,
Ché qui ci carneval si fa parola
E di vera pietà non una sola.
Ma tal quali a Dio dinnanzi
[ci atteggiamo,
Egli ci lascia fare, e noi restiamo
Spesso fino alla morte. I sonaglietti
Portano angosce e pene, e gli effetti
Sono che pace mai si può trovare:
Si può forse in Quaresima cessare
Il berretto asinino di portare?

---

[2] Il cuculo va in amore in maggio ed è un simbolo dei folli.

[3] Privo di ragione.

[4] Riempire la pancia, il ventre.

[5] La prima messa del mercoledì delle Ceneri.

[6] Dell'apparizione, della Risurrezione.

[7] Il gruppo.

[8] Nelle chiese, il mercoledì delle Ceneri si distribuiva ai fedeli la cenere con cui si segnavano la fronte.

[9] La caccia alle donne per tinger loro la faccia di nero e scansarle ricorda antiche usanze, la più nota delle quali è quella dei Lupercali, una festività romana che si celebrava in febbraio in onore del dio Fauno.

[10] I finti tornei si svolgevano sui sagrati e spesso nelle chiese stesse.

[11] Riunione all'osteria per mangiare e bere insieme, senza scrupoli di temperanza.

GUIDA ALLA LETTURA

❶ Che cosa fanno i folli il giorno della vigilia di Quaresima? ❷ In che modo l'allegra brigata trascorre il mercoledì delle Ceneri? Che cosa significa l'espressione «preferiscono del diavolo l'insegna»? ❸ Fino a quando dura la baldoria? ❹ Qual è, secondo te, il punto di vista di Sebastian Brant? Da cosa lo deduci?

25DOC

La brutalità del contadino, ovvero le spezie contro il letame

da *Fabliaux. Racconti francesi medievali*, a c. di R. Brusegan, Einaudi, Torino 1980, pp. 71-73

■ Anche se la dottrina cristiana insisteva sull'uguaglianza di tutti gli esseri umani rispetto a Dio, era diffusa negli ambienti nobiliari ed ecclesiastici la convinzione che i contadini fossero comunque individui inferiori. Questa convinzione è ampiamente testimoniata dall'arte e dalla letteratura medievali. Particolarmente significativo è un genere letterario che gli studiosi moderni hanno definito «satira del villano» perché in esso la figura del contadino viene messa in ridicolo e caratterizzata in modo fortemente negativo. In questo *fabliaux* (racconti comico-fantastici composti da chierici e da giullari della Francia settentrionale tra la fine del XII e l'inizio del XIV secolo), le spezie marcano tutta la distanza culturale che separa l'evoluto mondo cittadino dal mondo rurale, che ignora le novità dei commerci e dei gusti urbani. Il contadino è sconvolto dall'odore delle spezie e si trova a suo agio soltanto a contatto con il letame.

Ci fu un tempo a Montpellier[1]
un contadino che era solito
raccogliere e ammassare letame
con due asini, e concimar terra.
Un giorno carica i suoi asini
e ora, senza perdere tempo,
entra nel borgo con le sue bestie;
le spinge avanti a gran fatica,
spesso deve gridare: «Ihiee, ihiee!».
Tanto ha fatto che è entrato
nella strada degli speziali.
I garzoni battono i mortai.
Appena sente l'odore di spezie,
chi gli desse cento marchi d'argento
non lo farebbe avanzare di un passo,
anzi, cade a terra di botto,
proprio come se fosse morto.
Grande fu lo smarrimento lì
della gente: «Dio, pietà!», esclama,
«guardate qui quest'uomo ch'è morto!».
Ma non ne sa dire la ragione.
Gli asini intanto se ne stettero immobili
e volentieri in mezzo alla strada,
perché l'asino è fatto così:
non si muove se non è spinto.
Un brav'uomo, che s'era trovato
di passaggio per quella strada,
si avvicina e domanda alla gente
che vede raccolta intorno a lui:
«Signori», dice, «se qualcuno volesse
far guarire questo buonuomo,
mi dia un compenso e lo faccio io».
Ecco che un abitante del borgo
dice: «Guaritelo subito adesso;
vi darò venti soldi dei miei denari».
«Ben volentieri», risponde quello.
Allora prende la forca che l'altro
portava per pungolare gli asini,
raccoglie una palata di letame
e gliela porta fin sotto il naso.
Sentendo l'olezzo di letame
e svanendo l'odore delle spezie,
il villano apre gli occhi, balza in piedi
e si proclama del tutto guarito.
Non sta più in sé dalla gioia
e dice che in quel posto non verrà
più se potrà passare da un'altra parte.
Per questo ho voluto insegnarvi
che non ha senno né misura
chi si snatura per presunzione.

---

[1] Città della costa mediterranea della Francia.

GUIDA ALLA LETTURA

❶ Chi è il protagonista del brano? Che cosa provoca il suo temporaneo malore? In che modo "guarisce"? ❷ In che cosa consiste il contrasto "olfattivo" tra città e campagna? ❸ Che giudizio del mondo contadino emerge dal documento? ❹ Il brano si conclude con una morale esplicita. A chi è rivolta?

26DOC

Le fantasie della fame: il Paese di Cuccagna

da *Fabliaux. Racconti comici medievali*, a c. di G.C. Belletti, Herodote, Ivrea 1982, pp. 95-101

Il mito del Paese di Cuccagna, sorta di "mondo alla rovescia" in cui i desideri vengono soddisfatti senza nessuna fatica, ha dominato per lungo tempo l'immaginazione alimentare dei poveri. La più antica attestazione della leggenda è contenuta nei *fabliaux* **[25DOC]**. Leggiamo la descrizione del mitico paese dove più si dorme e più si guadagna, dove i campi di grano sono recintati di carne arrosto e dal cielo piovono sformati.

Una volta andai a Roma dal papa
per chiedere penitenza,
e lui mi invitò in pellegrinaggio in un [paese
ove ho visto molte cose meravigliose:
sentite ora come vive la gente
che abita in quella regione.
Io penso che Dio e tutti i suoi santi
l'abbiano benedetta e consacrata
più d'ogni altra contrada.
Il paese è quello di Cuccagna[1],
dove più si dorme più si guadagna;
chi dorme sino a mezzogiorno,
guadagna cinque soldi e mezzo.
Di spigole, di salmoni e di aringhe
sono fatti i muri di tutte le case;
le capriate[2] sono di storioni,
i tetti di prosciutti
e i correnti[3] di salsicce.
Il paese ha molte attrattive,
perché di pezzi di carne arrosto e [di spalle di maiale
sono circondati tutti i campi di grano;
per le strade si rosolano
grasse oche e si girano da sole
su se stesse e da vicino
sono seguite da candida agliata,
e vi dico che in ogni dove
per i sentieri e per le vie
si possono trovare tavole imbandite,
con sopra candide tovaglie:
tutti quelli che ne hanno voglia possono
mangiare e bere liberamente;
senza divieto e senza opposizione
prende ognuno ciò che desidera,
pesce o carne,
e chi volesse portarsene via un carro,
potrebbe farlo a suo talento;
carne di cervo o di uccelli
chi vuole l'arrosto chi il lesso,
senza pagare alcuno scotto,
e senza fare il conto dopo che [s'è mangiato
secondo la consuetudine di questo paese:
ed è sacrosanta verità
che in quella contrada benedetta
scorre un fiume di vino.
[...]
Il fiume di cui parlo
è per metà di vino rosso
del migliore che si possa trovare
a Beaune[4] e oltremare;
per l'altra metà è di vino bianco
del più generoso e prelibato
che mai sia stato prodotto a Auxerre[5],
a La Rochelle[6] o a Tonnerre[7].
[...]

---

[1] Dal latino medievale *Cocania*, probabilmente composto da una voce germanica indicante i dolciumi e dalla terminazione *-ania* tipica dei nomi di regione.

[2] Le strutture portanti delle coperture degli edifici.

[3] Le travature del tetto.

[4] Città della Francia occidentale.

[5] Nella Francia settentrionale.

[6] Nella Francia occidentale.

[7] Nella Francia centro-settentrionale.

Un mese conta sei settimane
e quattro Pasque ci sono in un anno,
e quatto feste di san Giovanni,
e quatto vendemmie,
ogni giorno è festa o domenica,
quatto Ognissanti, quattro Natali,
e quattro Candelore per anno,
e quattro Carnevali,
la Quaresima cade ogni vent'anni,
ed è così piacevole digiunare,
che tutti lo fanno di buon grado.
[...]
Non pensate che dica per scherzo,
ma là non c'era persona di alto o basso
[lignaggio,
che dovesse penare per guadagnarsi
[la vita:
tre volte la settimana ci piove
un rovescio di sformati caldi
e quella pioggia cade tanto sui capelluti
che sui calvi, lo so per certo,
e tutti ne prendono a volontà;
e il paese è tanto ricco
che borse piene di denari
si trovano ad ogni angolo di strada;
di marabottini e di bisanti[8]
ognuno può prenderne per niente,
ma nessuno compra e nessuno vende.

[8] Monete d'oro: le prime arabe, le seconde coniate a Bisanzio.

GUIDA ALLA LETTURA

❶ In che modo l'autore giunge al Paese di Cuccagna? Quale impressione ne riceve immediatamente? ❷ Quali sono gli alimenti predominanti nel Paese di Cuccagna? Si tratta di cibi poveri o pregiati? ❸ Quali erano gli eventi più importanti del calendario medievale? ❹ Chi erano, secondo te, i destinatari del documento?

SVILUPPARE LE COMPETENZE

Comprendere e Analizzare

❶ **Dopo aver letto i brani degli storici Gurevič [20-21] e Rossiaud [22], confronta la definizione di «uomini nuovi» data dal primo con la «mentalità mercantile» descritta nel brano del secondo e riassumi brevemente il conflitto tra i gruppi sociali nell'Europa del XIV secolo.**

❷ **L'usura, grande piaga sociale e morale già dal Medioevo, era condannata sia dal mondo religioso sia da quello laico. Confronta il brano di Le Goff [18] con le posizioni espresse dal II concilio di Lione [19DOC] e con gli ammonimenti di Paolo da Certaldo [19DOC], mettendo in evidenza le cause di tale condanna e le misure preventive e punitive proposte per contrastare il fenomeno.**

❸ **Sebastian Brant [24DOC] nei suoi versi denuncia l'assimilazione da parte della Chiesa del rituale pagano dell'ultimo martedì grasso prima della Quaresima. Qual è invece la posizione della Chiesa nei confronti del carnevale che emerge dalla lettura di Schmitt [23]?**

❹ **Alcuni generi letterari hanno dato voce ai contrasti e agli antagonismi presenti in seno alla società dell'Occidente medievale. Dopo aver riletto attentamente i brani di Gurevič [20-21] e il *fabliaux* sulla brutalità del contadino [25DOC], rispondi alle seguenti domande:**

a. Che genere di antagonismi sono presentati in questi scritti?
b. Quali tipologie sociali e psicologiche sono prese di mira?
c. Con quali aggettivi sono qualificate?

Rielaborare e Argomentare

❺ **Redazione di un saggio breve. *Le élite sociali ed economiche nelle città italiane tra XIII e XIV secolo***

Sviluppa l'argomento scelto in forma di "saggio breve", utilizzando i documenti e i dati che lo corredano. Interpreta e confronta i documenti e i dati forniti e su questa base svolgi, argomentandola, la tua trattazione, anche con opportuni riferimenti alle tue conoscenze ed esperienze di studio. Da' al saggio un titolo coerente con la tua trattazione e ipotizzane una destinazione editoriale (rivista specialistica, fascicolo scolastico di ricerca e documentazione, rassegna di argomento culturale, altro). Se lo ritieni opportuno, organizza la trattazione in paragrafi, cui potrai eventualmente assegnare un titolo.

Documenti: *La brutalità del contadino* [25DOC]
Immagini: pp. 51, 60, 61, 63, 65
Brani storiografici: Le Goff [18], Gurevič [20-21], Rossiaud [22]
Capitoli: **2.6-7**, **3.1-5**

❻ **Scrivi un breve testo (max 50 righe) in cui delinei la posizione della Chiesa rispetto ai mestieri proibiti (Le Goff, *Contro l'usura*) e alle tradizioni popolari (Schmitt, Brant).**

La natura, la ragione, le macchine

Il tardo Medioevo fu un'epoca di grandi trasformazioni, che prepararono la nascita del mondo moderno. Ma questi cambiamenti si verificarono lentamente e tra molte resistenze. Persino nei grandi processi storici, quelli che ai nostri occhi assumono un carattere "epocale", non tutti gli aspetti variano infatti allo stesso modo e secondo i medesimi tempi: alcuni settori, come

la politica e le istituzioni, mutano solitamente con maggiore velocità, mentre altri appaiono come frenati, e si trasformano in modo meno netto e con notevole ritardo. Quest'ultimo è solitamente il caso della sensibilità collettiva, in cui i condizionamenti delle antiche abitudini mentali e dei valori tradizionali agiscono con notevole pesantezza. **Aron J. Gurevič** [27] esplora il concetto medievale di spazio e mostra come l'uomo, in quel periodo, fosse ancora profondamente inserito nella natura.
Il mondo rurale era quello più di ogni altro caratterizzato dalla "lunga durata", cioè da un ritmo talmente lento delle trasformazioni da dare ai suoi abitanti la sensazione, come spiega ancora **Aron J. Gurevič** [28] nel brano successivo, di vivere un eterno presente: di stare cioè dentro una dimensione scandita unicamente dalle fasi naturali del giorno e della notte, delle stagioni, della semina e del raccolto.
Anche la dimensione dello spazio assumeva, nell'ambiente della società rurale, connotazioni proprie di un mondo dominato direttamente dalla natura, come messo in luce da **Vito Fumagalli** [29].
Tuttavia fu questo il periodo, come spiega **Alexander Murray** [30], dell'affermazione faticosa ma inarrestabile di una nuova mentalità razionale, rappresentata soprattutto dalla diffusione della matematica, strettamente legata al mondo degli affari e del commercio.
Infine, alcune testimonianze dell'epoca mostrano ammirazione e meraviglia di fronte al progresso delle tecniche, tra le quali spiccava la macchina più complessa allora esistente, il mulino ad acqua [31 DOC].

27

A.J. Gurevič
Immersi nella natura

A.J. Gurevič, *Le categorie della cultura medievale*, Einaudi, Torino 1983, pp. 55-58

■ Il moderno concetto di «spazio», come spiega lo storico Aron J. Gurevič [20], è molto diverso da quello medievale. L'uomo era, infatti, intimamente inserito nella natura [👁 2.5]: anche per questo, essa non veniva misurata sulla base di criteri fissi e astratti (come per esempio il sistema metrico-decimale), ma in riferimento all'essere umano e al suo corpo, e in rapporto a circostanze empiriche. Questa concezione cominciò a mutare con il tardo Medioevo, in coincidenza con la crescita delle attività commerciali e delle manifatture, con la diffusione di macchine quali il mulino [31 DOC] e con l'affermazione di una nuova mentalità matematica [30].

L'incompleta separazione dell'uomo dalla natura dura finché la stragrande maggioranza dei membri della società conduce un tipo di vita fondato sull'economia naturale, e trova nello scambio con la natura la principale fonte di soddisfacimento dei suoi fondamentali bisogni. A questa relazione indifferenziata degli uomini e dei gruppi umani con la terra è legata la figura del «corpo grottesco», che trovò la sua espressione nelle forme iperboliche dell'arte figurativa, della letteratura e del folclore, nelle feste popolari e nei carnevali del tardo Medioevo e del Rinascimento. L'uomo viene assai spesso rappresentato congiunto alla natura: figure di uomini-bestie, di uomini-piante, per esempio, di alberi con teste umane, di monti antropomorfi, di esseri cefalopodi[1] e dalle molte braccia si ripetono con insistenza nel corso dell'antichità e del Medioevo [...].
Questa percezione del mondo era generata dal rapporto che l'uomo aveva con la natura come con un prolungamento del proprio «io» [...]. Questo rapporto con il mondo gradualmente svanisce con il passaggio all'epoca moderna, quando lo sviluppo dell'industria crea le condizioni per la comparsa di un diverso approccio dell'uomo nei riguardi della natura, che diviene semplice oggetto della sua attività tecnica. Nel Medioevo un simile rapporto soggettivo-oggettivo tra l'uomo e il mondo esterno era impossibile. [...] Gli strumenti agricoli medievali non surrogavano l'uomo e la sua forza muscolare, lo integravano soltanto. Di conseguenza l'uomo di quell'epoca non si proponeva il compito di trasformare la natura. I suoi obiettivi erano soprattutto quelli di utilizzarla. [...] L'uomo del Medioevo [...] si confronta con il resto del mondo e lo misura con il proprio metro, trovando però questa misura in se stesso, nel proprio corpo, nella propria attività.
In queste condizioni nulla poteva essere più naturale che commisurare lo spazio con l'aiuto del corpo umano, del suo movimento, della capacità dell'uomo d'influire sulla materia. Qui l'uomo era fisicamente «misura di tutte le cose»; e innanzitutto della terra. Estensione e superficie della terra non venivano determinate per mezzo di misure e standard assoluti, astratti dalla situazione concreta. Il percorso veniva calcolato dal numero dei passi (da qui il *foot*[2]). [...] Il braccio, il palmo, il pollice erano le misure più naturali e diffuse. Il tempo di lavoro dell'uomo stava alla base del suo calcolo della quantità di terra da lui coltivata. Le misure dell'appezzamento da arare erano il *journal* e

[1] Con i piedi direttamente congiunti alla testa.
[2] Il *foot* ('piede') inglese corrisponde attualmente a 0,3048 metri.

il *morgen*, l'area che si poteva lavorare in un giorno. [...]
Nei documenti del tempo per descrivere la «grandezza» di un possedimento si ricorreva abitualmente all'indicazione del reddito che se ne poteva ricavare, o del numero di aratri necessari per la sua coltivazione (ovvero del numero di buoi che andavano aggiogati agli aratri), o della quantità di semenza occorsa per seminare il campo. Veniva data un'accuratissima descrizione dei confini del possedimento, con l'elenco di tutti i suoi elementi caratteristici (ruscelli, fossati, colline, cespugli, alberi, croci, strade, ecc.) e l'indicazione dei possedimenti confinanti, ma nei documenti medievali non troveremo mai una misura precisa della superficie agraria, espressa in unità pienamente confrontabili e ovunque equivalenti. Ogni misura agraria medievale è concreta, legata a un determinato appezzamento e alla sua coltivazione. [...]
L'imprecisione, l'approssimazione sono un tratto caratteristico non delle sole misure spaziali. [...] Ancora più incerta era la definizione del tempo. In genere per quanto riguardava tutto ciò che si doveva esprimere attraverso indici quantitativi – misure di peso, di volume, numero di persone, date ecc. – regnavano un grande arbitrio ed indeterminatezza. Influiva qui un particolare atteggiamento verso il numero: si tendeva a vedere in esso in primo luogo non una misura di conto, ma la manifestazione dell'armonia divina regnante nel mondo, un mezzo magico.
Così, nel Medioevo l'atteggiamento dell'uomo verso la natura non è l'atteggiamento del soggetto verso l'oggetto, quanto piuttosto la ricerca di sé nel mondo esterno, la percezione del cosmo come soggetto. L'uomo vede nell'universo le qualità che egli stesso possiede. Non esistono limiti precisi tra l'individuo e il mondo. Trovando in esso il proprio prolungamento, egli nel contempo rinviene l'universo in sé: è come se si guardassero l'un l'altro.

GUIDA ALLA LETTURA

❶ Che cos'è il «corpo grottesco»? Di quale rapporto era espressione? ❷ Quale idea di natura caratterizzava il mondo medievale? ❸ Come veniva misurato lo spazio nel Medioevo? ❹ Quali effetti produceva, secondo Gurevič, la concezione medievale del numero come «mezzo magico»?

28

A.J. Gurevič
Il tempo nelle società agrarie

A.J. Gurevič, *Le categorie della cultura medievale*, Einaudi, Torino 1983, pp. 100-4

■ La percezione ciclica della temporalità che caratterizzava il mondo rurale medievale faceva sì che il passato risultasse assorbito e rivissuto di continuo nel presente: gli eventi non trascorrevano mai definitivamente, ma potevano tornare, mentre l'ordine universale che li conteneva era stabilito una volta per tutte e non era soggetto a possibili rivolgimenti. Questa ciclicità, descritta da Aron J. Gurevič **[20]**, era una condizione mentale decisamente anteriore a ogni condizionamento di matrice cristiana. Ma non si deve credere che la concezione cristiana del tempo, fondata su un ferreo orientamento evolutivo e finalistico della storia degli uomini, abbia cancellato ogni altra percezione del movimento temporale. La cristianizzazione della mentalità fu un fenomeno disomogeneo, a volte superficiale, che lasciò a lungo relativamente inalterati aspetti significativi della psicologia collettiva "tradizionale" anche in zone molto interne all'Europa cristiana.

Il fatto che nelle società agricole il tempo venisse regolato dai cicli naturali, determinava non solo la dipendenza dell'uomo dall'avvicendarsi dei periodi dell'anno, ma anche la struttura specifica della sua coscienza. Nella natura non c'è sviluppo; in ogni caso esso si cela allo sguardo degli uomini di questa società. Essi vedono nella natura solo una regolare iterazione, non sono in grado di superare la tirannia del suo ritmico movimento ciclico, e tale eterno ritorno non poteva non trovarsi al centro della vita spirituale nell'antichità e nel Medioevo. Non il cambiamento, ma la ripetizione era il momento determinante della loro coscienza e della loro condotta. L'unico, il mai accaduto prima non aveva valore autonomo; solo gli atti consacrati dalla tradizione, che si ripetevano regolarmente, potevano farsi autentica realtà. La società arcaica negava l'individualità e la condotta innovatrice. Era norma e persino virtù comportarsi come tutti, come gli uomini si sono comportati da che mondo è mondo. [...] Inevitabilmente si forma un modello, un prototipo di comportamento attribuito ai primi uomini, a una divinità, a un «eroe culturale». [...] Tutta l'attività degli uomini, la vita produttiva sociale, familiare, intima ricevono un senso e una sanzione in quanto partecipi del sacrale, secondo un rituale fissato all'«inizio dei tempi». Perciò il tempo profano viene privato del suo valore intrinseco e del suo carattere autonomo, e l'uomo viene proiettato in un tempo mitologico. [...]
Il nuovo non presenta motivi di interesse in questo sistema di coscienza, in cui si cerca solo la ripetizione di ciò che è stato, di ciò che riporta all'inizio dei tempi. Considerando tale atteggiamento nei confronti del tempo, bisogna accettare la sua «atemporalità». Manca qui una chiara differenza tra il passato e il presente, poiché il passato rinasce e ritorna continuamente, diventando contenuto reale del presente. Ma, perdendo il proprio valore autonomo, il presente si riempie allo stesso tempo di un contenuto più profondo e perenne, poiché esso è direttamente legato al passato mitico, che è non solo passato, trascorso, ma anche eterna durata. La vita perde il suo carattere di casualità e

fugacità. Essa si inscrive nell'eternità e assume un senso più alto.
Aspetto essenziale del tempo era il conto delle generazioni. Definendo l'appartenenza di una persona all'una o all'altra generazione o stabilendo la loro successione, si aveva un'idea pienamente soddisfacente del nesso tra gli avvenimenti, del corso delle cose e della fondatezza delle pretese giuridiche. [...] Attraverso l'enumerazione degli antenati si rilevava non la generale cronologia del popolo, della tribù, dello Stato, ma i nessi di continuità nell'ambito della parentela, della famiglia, spesso senza stabilire la loro correlazione con il corso del tempo al di fuori della cerchia parentale. [...]
Il culto degli antenati, che aveva un ruolo primario nella vita dei barbari, era collegato con il loro rapporto con il tempo. L'antenato poteva rinascere in uno dei suoi discendenti: i nomi e con essi le qualità personali dei loro titolari venivano trasmessi nella cerchia dell'etnia. Il passato ricominciava, personificato in colui che reiterava il carattere e gli atti dell'antenato. Perciò le tombe e i tumuli degli antenati erano disposti accanto alle dimore dei vivi: non costituivano due mondi diversi ma un unico mondo nel quale il passato, il presente e il futuro erano affiancati e realmente coesistenti. Da qui anche la possibilità di cui si e detto di esercitare un'influenza sul corso del tempo, non solo presente ma anche futuro. In un certo senso per il barbaro esiste solo il presente, ma un presente molto capace e ampio, che non si riduce al momento ma comprende passato e futuro e non è separato da essi da alcun netto confine. In effetti, se il tempo è ciclico e il passato si ripete, anche il futuro altro non è che il presente o il passato che ricomincia. Tutti e tre i tempi sono come disposti su uno stesso piano. [...]
Per mezzo della magia è possibile tornare ai tempi passati ed esercitare un'influenza sul corso futuro degli avvenimenti. Si può predire il futuro [...] e vederlo in sogno (nelle saghe i sogni profetici hanno un ruolo non indifferente). Dunque, come si è detto, il tempo non rappresenta per la coscienza barbarica una vuota estensione astratta; esso è la vita stessa degli uomini e muta qualitativamente con essa. Il tempo è la solidarietà delle generazioni umane che si avvicendano e ritornano alla pari delle stagioni dell'anno. Il futuro è anche il destino.

GUIDA ALLA LETTURA

❶ Perché nell'Antichità e nel Medioevo l'idea di cambiamento non faceva parte della coscienza dell'uomo? ❷ Qual era il rapporto con la tradizione e con i suoi modelli? ❸ Perché non c'era una differenza netta tra passato e presente? ❹ Perché era fondamentale il conto delle generazioni?

29

V. Fumagalli
Lo spazio nelle società agrarie

V. Fumagalli, *Terra e società nell'Italia padana*, Einaudi, Torino 1976, pp. 3-8

■ La sfera dei fenomeni naturali, degli eventi ciclici come dei cataclismi improvvisi, sembrava condizionare pesantemente la capacità di insediamento dell'uomo nel territorio: le comunità rurali strinsero, quindi, un rapporto forte e simbiotico con l'ambiente circostante. Il cosmo del contadino diventò sede di forze eterogenee che l'immaginazione temeva o sollecitava a manifestarsi, e con le quali comunque rimaneva sempre in relazione, come la luna e gli astri evocati da Vito Fumagalli (1938-1997). Anche in questo caso le credenze e la mentalità tradizionali molto spesso resistettero tenacemente di fronte agli interventi di cristianizzazione.

Ancora nel '300 Piero de' Crescenzi[1] indica nella Luna l'astro al quale si deve tenere l'occhio per un buon andamento delle pratiche della terra. [...] Alla Luna, più che al Sole, contrariamente ad ogni buona norma agronomica, si doveva prestare attenzione [...]. La casistica che veniva a complicare l'osservazione delle quattro fasi mensili dell'astro, distinguendone i numerosi effetti sulle colture, inchiodava i rustici [...] ad antichissime pratiche agrarie, di forte contenuto magico. I sinodi dell'alto Medioevo, che condannano l'osservazione degli astri per fissare le modalità delle operazioni agricole, non manifestano volontà di contrastare veramente tali pratiche maturate e irrigidite da secoli di civiltà contadina. La preoccupazione è principalmente di ordine religioso e ingiunge la proibizione, giustificata dalla lotta al paganesimo, a scambiare la luna e le stelle per altrettante divinità, senza, tuttavia, scendere ad argomentazioni scientifiche che infirmino le loro capacità regolatrici delle vicende della terra.
[...] La realtà di una vita stretta alla terra ed alle sue evoluzioni naturali, a tutte le sue vicende, dai trapassi di proprietà ai cicli agrari e vegetativi, coinvolgeva tutta l'esistenza dell'uomo e impregnava di se stessa le istituzioni, che si presentavano alle menti vigorosamente radicate nel possesso fondiario. [...]
A rivelarci una più concreta dimensione del profondo legame degli uomini del tempo con il mondo della natura, un rapporto che si faceva via via più esclusivo nei gradini più bassi della scala sociale, stanno i nomi dei servi mutuati spesso dagli animali, domestici e selvatici. E questo anche a significare una immaginazione tutta presa dalle forze naturali, con predilezione per quelle che incute-

[1] Giudice bolognese, vissuto tra il 1233 e il 1321, scrisse nei primi anni del XIV secolo un trattato di agronomia che ebbe grande fortuna fino a tutta l'età moderna.

vano timore o impressionavano, comunque, gli animi. Di questo tenore è un elenco di nomi nativi di coloni di condizione servile, proprietà del conte Bonifacio, scritto nel 936 [...].
I nomi *Lupo*, *Leo*, *Leopardo*, *Urso*, con i loro derivati, sono presenti nella lista [...] in modo massiccio. La tradizione onomastica tardoantica, ricca, come è noto, di nomi cosiffatti, fu, dunque, accettata e continuata con una adesione non estranea alla mentalità ed ai costumi, con una scelta, ovviamente, semantica, in un'epoca che attribuiva particolare significato alle denominazioni, non solo personali. Spesso, a nostro avviso, si ricorreva a nomi di animali ritrovandosi in essi i simboli di certe caratteristiche del temperamento umano, che, allora, la vicinanza alla natura sollecitava a ricercare, a identificare ed a cogliere come espressi nel modo più esaustivo nelle forze che la componevano. Il nome Lupo venne attribuito per molti secoli del Medioevo soprattutto ad uomini liberi, ad indicare, crediamo, un temperamento misto di coraggio e ferocia, prescindendo o no dai casi specifici, con una scelta forse quasi sempre predeterminata all'atto del battesimo. [...]
La stretta vicinanza dei rustici alla natura, la loro consuetudine con le vicende della terra, voluta, certo, anche dal fatto che essa, con piante, animali e colture, era condizione inderogabile alla loro sopravvivenza, non significava, però, la ricerca di un razionale metodo di sfruttamento delle sue risorse. Ancora alla fine del XIII secolo il volto gelido della Luna incombeva alla fantasia e alla dottrina dello stesso Crescenzi e ipotecava seriamente i suoi impegni di agronomo empirista [...]. Ma la credenza nella straordinaria forza magica dell'astro, che polarizzava la convinzione profonda che leggi insormontabili dall'uomo presiedessero all'andamento delle semine e dei raccolti, non era che un aspetto di quella mentalità, più dotta e disincantata in alto, materiale e fatalmente incombente nelle classi più umili. Il paesaggio, mai, in vaste zone d'Italia, per tutto l'alto Medioevo, organizzato sistematicamente e regolato artificialmente nella sua evoluzione vegetale, anche all'interno delle più sane ed efficienti aziende curtensi, era al di sopra dell'uomo, si imponeva come forza invalicabile, arrestava in lui e complicava qualsiasi slancio aggressivo, qualsiasi iniziativa marcatamente originale. Soprattutto, dove la terra non aveva antica storia, dove una somma lunghissima di interventi non aveva alla fin fine mutato radicalmente la sua faccia, la presenza degli elementi naturali, le acque e la vegetazione, assediavano i coloni, i cui poderi erano disseminati come isole in un ambiente assai vicino allo stato selvaggio.

GUIDA ALLA LETTURA

❶ Qual era la posizione dei sinodi altomedievali nei confronti della convinzione che la luna e le stelle potessero influenzare le colture e i raccolti? ❷ Perché spesso si ricorreva all'attribuzione di nomi di persona che richiamavano animali? ❸ Perché, nonostante l'immersione nella natura, non si cercava di sfruttare razionalmente le sue risorse?

30

A. Murray
La forza della ragione

A. Murray, *Ragione e società nel Medioevo*, Editori Riuniti, Roma 1986, pp. 214-16

■ Nel tardo Medioevo, la crescita dei traffici commerciali si svolse parallelamente a un nuovo interesse per la matematica: entrambi i fenomeni si verificarono con maggiore precocità in Italia. La stessa propagazione della moneta nell'intera società implicava una sollecitazione a calcolarla in modo preciso attraverso i numeri. Un ulteriore impulso alla diffusione dell'aritmetica venne dal rafforzamento delle pubbliche amministrazioni, che cominciarono a reclutare individui esperti nella contabilità complessa. Il fenomeno, come indica lo storico inglese Alexander Murray (nato nel 1934), ebbe tuttavia grande diffusione a tutti i livelli della società, influenzando la mentalità comune e determinando il destino degli individui. Egli analizza per esempio, sotto questo profilo, il successo crescente del gioco degli scacchi, inteso come gioco razionale per eccellenza, e la convinzione, diffusa in tutti i ceti, che la conoscenza dell'arte dei numeri fosse molto vantaggiosa per l'ascesa sociale.

L'aritmetica era la più pura manifestazione della ragione. L'aritmetica medievale può avere avuto i suoi limiti, che però non la privarono del suo peculiare carattere razionale, che venne di fatto riconosciuto in tutto il Medioevo da coloro che entrarono in contatto con essa. Tale carattere fu riconosciuto, prima di tutto, dalle persone colte. Gli studiosi che scrissero sulla prima arte del *quadrivium*[1] si dimostrarono in qualche modo consapevoli della straordinaria autonomia logica di quest'arte; della sua conseguente diversità da tutte le altre, anche dalla sua gemella minore, la geometria; e infine della sua esigenza di un potere specificamente intellettuale. [...]
Quel che forse più importa nel nostro contesto è che questo status logico fu riconosciuto anche dai meno colti. Tale riconoscimento è rivelato, non a chiare lettere, ma in maniere tipicamente indirette, e in due in particolare. Una attraverso un gioco [...], l'altra, attraverso una parola.
Gli scacchi cominciarono la loro ascesa verso la popolarità in Europa giusto

[1] Nel Medioevo il termine "quadrivio" (letteralmente 'luogo a cui fanno capo quattro strade') indicava quattro delle sette arti liberali: aritmetica, musica, geometria e astronomia. Queste arti erano così chiamate perché si addicevano agli uomini liberi.

prima dell'anno Mille. Benché sussista qualche dubbio circa le prime regole degli scacchi europei (dove erano forse usati i dadi), il gioco si stabilizzò ben presto sostanzialmente nella forma che ancora possiede, come un gioco che esclude il caso. Il suo carattere puramente razionale veniva ammesso da tutti. Gli scacchi erano tollerati dal diritto romano «perché si fondano sulla ragione naturale e non dipendono dalle forze del caso» [...]. Non solo si pensava che gli scacchi fossero particolarmente razionali, ma si credeva anche che fossero strettamente correlati all'aritmetica. [...] Una leggenda assegnava agli scacchi e all'aritmetica lo stesso inventore (un greco, Attalus Asiaticus), e tali genealogie erano un modo normale di esprimere la credenza in una parentela concettuale [...].

Scacchi e ragione; scacchi e aritmetica: questa associazione aiuta già di per sé a giustificare l'alto grado intellettuale generalmente attribuito all'aritmetica. Quel che giochi e leggende dimostrano può essere dimostrato anche dall'etimologia. Nella metropoli del calcolo individuale, l'Italia, dal XIII secolo in poi, la parola «ragione» venne normalmente usata, fuori dell'ambito della ricerca, con il significato di «conto». «Ragionare» significava «calcolare»; e il *Libro della ragione* non significava «Libro della logica» ma «Libro mastro»[2].

L'aritmetica, dunque, era una funzione della ragione pura. Nel campo dei numeri era quel che l'arte della dialettica era nel regno meno puro delle parole [...]. Non poteva mancare una conseguenza in campo psicologico. Se la ragione conduceva al potere, al potere doveva condurre anche e specialmente l'aritmetica. [...] Le due sfere in cui l'aritmetica soprattutto prosperava, il commercio e il governo, erano, tra le molte altre cose, due delle principali scale di ascesa sociale. In una parola: la conoscenza dei numeri poteva elevare l'uomo.

I contemporanei consideravano la cosa un luogo comune. Il figlio di un «borghese» doveva saper contare e misurare per diventare «maggiorenne» nell'Inghilterra di Enrico II[3]. Nella competitiva Firenze di Villani[4] gli alunni affluivano a frotte nelle scuole di algoritmo[5]. Questi e altri fatti analoghi confermano al di là d'ogni dubbio che il mondo del commercio percepiva le virtù prudenziali dell'aritmetica. L'equazione di aritmetica e opportunità restava valida anche a un livello più alto della scala sociale, la pubblica amministrazione. Quella ricetta classica per l'intelligenza politica che era il *Secretum secretorum*[6], poneva in effetti l'aritmetica al vertice delle scienze che i re dovevano cercare in un ministro. Egli doveva essere «abile in tutte le scienze, ma specialmente nell'aritmetica, perché è una vera scienza, e una buona prova di acume intellettuale» [...].

Questo potere di promozione sociale dell'aritmetica non era una questione di pura speranza, o teoria. La gente riusciva veramente ad elevarsi per il suo tramite.

[2] «Mastro» è sinonimo di "principale". Il libro mastro è dunque, in contabilità, il registro nel quale si raccolgono tutti i conti di un dato sistema di scritture.

[3] Regnò dal 1154 al 1189.

[4] **11** DOC.

[5] Nel Medioevo il termine indicava i procedimenti di calcolo numerico basati sull'uso delle cifre cosiddette arabiche.

[6] Si tratta di un trattato della metà del XII secolo, che traduce in latino un testo enciclopedico arabo (che pretende di discendere a sua volta da un originale aristotelico); vi è dedicato ampio spazio all'arte del governo.

GUIDA ALLA LETTURA

❶ Quale posizione occupava l'aritmetica all'interno del sapere medievale? ❷ Che cosa rivela, secondo Murray, la popolarità del gioco degli scacchi nel Medioevo? ❸ Con quale accezione la parola «ragione» cominciò a essere usata nell'Italia del XIII secolo? ❹ Quale potere derivava, secondo l'autore, dalla conoscenza dei numeri?

31 DOC

La grande macchina

da J. Le Goff, *La civiltà dell'Occidente medievale*, Einaudi, Torino 1981, pp. 240-41

■ Nel tardo Medioevo e nella prima età moderna il mulino fu la macchina per eccellenza, come lo sarà la macchina a vapore nell'epoca della rivoluzione industriale (XVIII secolo). Esso era impiegato in molteplici attività connesse con l'agricoltura e con l'industria e i suoi continui perfezionamenti esprimevano i livelli più alti dell'ingegneria contemporanea [👁 2.3]. La sua potenza era oggetto di grande meraviglia e appariva come un dono del Signore: la diffusione del suo utilizzo influì sulla mentalità tradizionale dell'uomo medievale, modificando il suo rapporto esclusivo con il mondo naturale [27]. Nel XIII secolo, un monaco dell'abbazia cistercense di Clairvaux (Francia settentrionale) scrisse questo straordinario elogio del mulino, che testimonia, al tempo stesso, la mirabile organizzazione produttiva del monastero.

Un braccio dell'Aube[1], attraversando i numerosi laboratori dell'abbazia, si fa benedire ovunque per i benefici che rende. L'Aube vi sale con grande fatica; e se non ci arriva tutta intera, per lo meno non vi rimane oziosa. Un letto le cui curve tagliano in due la valle nel mezzo è stato scavato non dalla natura, ma dall'industria dei monaci. Attraverso questa via l'Aube trasmette una metà di se stessa all'abbazia, come per salutare i religiosi e scusarsi di non essere arrivata tutta intera, poiché non ha potuto trovare un canale abbastanza largo per contenerla.

Quando talvolta il fiume straripato precipita fuori dei suoi limiti abituali un'acqua troppo abbondante, è respinto da un muro che gli sta di fronte e sotto il quale è costretto a scorrere; allora ritorna su se stesso, e l'onda che seguiva il suo vecchio corso accoglie nei

[1] Un affluente della Senna.

suoi amplessi l'onda che rifluisce. Tuttavia, ammessa nell'abbazia tanta acqua quanto consente il muro, che svolge le funzioni di portiere, il fiume si slancia dapprima con impeto nel mulino, dove è molto indaffarato e produce grande movimento, tanto per triturare il frumento, quanto per agitare il vaglio che separa la farina dalla crusca.

Eccolo già nell'edificio vicino, riempie la caldaia e si abbandona al fuoco che lo riscalda per preparare una bevanda ai monaci [...]. Ma il fiume non si ritiene libero. Le gualchiere[2], poste vicino al mulino, lo chiamano presso di loro. Nel mulino il fiume si è occupato di preparare il nutrimento dei frati; ci sono quindi tutte le buone ragioni per esigere che egli pensi ora al loro vestiario. Il fiume non si oppone, e non rifiuta nulla di quello che gli si chiede. Alza e abbassa alternativamente quei pesanti pestelli, quei magli, se preferite, o per meglio dire quei piedi di legno – poiché questa immagine esprime esattamente il lavoro saltellante delle gualchiere –, e risparmia ai follatori[3] una grande fatica. Buon Dio! Quante consolazioni accordate ai vostri servitori per impedire che siano afflitti da troppa tristezza! Come alleggerite le fatiche dei vostri figli che fanno la penitenza, e come evitate loro il sovraccarico del lavoro! Quanti cavalli si sfinirebbero, quanti uomini si stancherebbero le braccia nei lavori che fa per noi, senza alcun lavoro da parte nostra, questo fiume così gentile, al quale dobbiamo i nostri vestiti e il nostro nutrimento! Combina intanto i nostri sforzi con i suoi, e dopo aver sopportato il caldo terribile del giorno, si aspetta dal suo lavoro solo una ricompensa: il permesso di andarsene libero dopo aver accuratamente compiuto tutto quello che gli è stato chiesto. Quando fa girare con movimento accelerato tante ruote veloci, esce fuori schiumando; si direbbe che è stato macinato anche lui, e che diventa più molle.

Uscendo di là, entra nella conceria, dove, per preparare i materiali necessari alle calzature dei frati, mostra grande attività e altrettanta cura; si divide poi in un grande numero di bracci, e nella sua corsa servizievole va a vedere i diversi lavori, cercando diligentemente dappertutto quelli che hanno bisogno del suo servizio per qualsiasi cosa, che si tratti di cuocere, setacciare, girare, stritolare, annaffiare, lavare o macinare. Offre il suo aiuto e mai lo rifiuta.

[2] La gualchiera era una macchina con la quale, mediante l'energia del mulino, si eseguiva la follatura della lana (👁 nota 3).

[3] La follatura è il procedimento mediante il quale il tessuto subisce una compressione meccanica che salda le varie fibre per far loro acquisire maggiore resistenza e compattezza.

GUIDA ALLA LETTURA

❶ Quali attività produttive venivano svolte nell'abbazia di Clairvaux? ❷ Qual era la principale fonte di energia utilizzata dai monaci dell'abbazia? ❸ Che funzione aveva il mulino? ❹ Di quali altre macchine si parla nel brano?

SVILUPPARE LE COMPETENZE

Comprendere e Analizzare

❶ **Scrivi un breve testo (max 40 righe) dal titolo *L'uomo medievale tra natura e scienza*, seguendo la scaletta di argomentazione:**

a. L'uomo medievale e la natura: corpo grottesco e personificazione (Gurevič, Fumagalli, *La grande macchina*);

b. Lo spazio e il tempo nel Medioevo (Gurevič, Fumagalli);

c. La scienza dei numeri (Gurevič, Murray).

Da un lato l'uomo del Medioevo sembra ancora inserito in un'economia e in una cultura "naturale", dall'altro scopre e perfeziona tecnologie che gli permettono di dominare la natura. Da prolungamento del proprio "io" essa diviene, progressivamente, semplice oggetto del lavoro e della riflessione speculativa. Rifletti su tale ambivalenza, illustrandone gli aspetti più significativi.

Documenti: *La grande macchina* **[31 DOC]**
Immagini: pp. 39, 42, 44, 46, 48
Brani storiografici: Gurevič **[27-28]**, Fumagalli **[29]**, Murray **[30]**
Capitoli: **2**

Rielaborare e Argomentare

❷ **Redazione di un tema di ambito storico-politico. *Natura e tecnica nel tardo Medioevo***

L'universo familiare

I radicali cambiamenti dell'età tardomedievale non si diffusero troppo oltre la sfera economica e sociale e investirono solo marginalmente la sfera morale: i rapporti tra i sessi, per esempio, cambiarono in misura minore di quelli tra i ceti.

La condizione della donna, ricostruita da **Claudia Opitz** **[32]**, rimase quella tradizionale: esclusione dai diritti politici, subordinazione all'uomo, scarsa libertà di movimento, valorizzazione del ruolo di madre e nutrice.

In questo periodo si affermò la cosiddetta famiglia "ristretta", composta cioè essenzialmente dal padre, dalla madre e dai figli, mentre tramontava la vecchia famiglia "allargata", che comprendeva nuclei appartenenti a più generazioni. Al contrario di quanto spesso affermato negli studi sociologici, infatti, a partire dal Medioevo la famiglia nucleare è stata la forma caratteristica dell'Occidente, con significative eccezioni solo nell'Europa mediterranea, dove la famiglia estesa permase più a lungo.
In generale, il matrimonio era un rapporto di natura prevalentemente economica, produttivo e riproduttivo, destinato a trasmettere la proprietà di generazione in generazione: per questo motivo, nelle relazioni coniugali e familiari trovavano poco spazio le emozioni e, come evidenzia il documento di **Giovanni di Pagolo Morelli** [33DOC], era consigliabile lasciarsi guidare, più che dai sentimenti, da criteri ben definiti su come scegliere una buona moglie e generare dei figli maschi, sani e robusti. Il saggio di **Silvana Vecchio** [34] analizza bene i ruoli di moglie e di madre, le virtù e i modelli di comportamento che, secondo l'opinione corrente, maggiormente convenivano alle donne.
Al polo opposto delle brave mogli e madri c'erano le prostitute: la prostituzione, mestiere illecito perché fonte di moltiplicazione delle occasioni di peccato, continuava a essere condannata senza appello, come dimostra il documento del frate predicatore **Umberto da Romans** [35DOC].
All'interno dell'universo familiare cominciò a rivestire grande importanza anche l'educazione dei figli, come mostrano i consigli contenuti nel documento di **Paolo da Certaldo** [36DOC]. Per i bambini, tuttavia, la situazione non era facile. Nel tardo Medioevo, infatti, crescere era un'impresa difficile: la condizione infantile, esaminata da **Egle Becchi** [37], era segnata da una precoce separazione dalla famiglia e dall'esposizione a sofferenze e pericoli di ogni genere.

32

C. Opitz
Il potere del padre di famiglia

C. Opitz, *La vita quotidiana delle donne nel Tardo Medioevo*, in G. Duby e M. Perrot, *Storia delle donne in Occidente. Il Medioevo*, Laterza, Roma-Bari 1990, pp. 330-64

■ Le società europee del tardo Medioevo, come ci ricorda la storica tedesca Claudia Opitz (nata nel 1955), erano centrate sull'uomo. La donna non aveva diritti politici e solitamente non godeva nemmeno di autonomia economica. Il suo destino, fin dalla tenera infanzia, era determinato dal padre o dagli altri membri maschi della famiglia. L'amore coniugale era una circostanza rara e a esso erano anteposti altri valori: l'ubbidienza, la concordia, la riservatezza. Alle donne si richiedeva anzitutto che mettessero al mondo figli e il ripudio per motivi di sterilità era una circostanza frequente.

È incontestabile che nel Medioevo la società fosse una società maschile, o per meglio dire, una società improntata all'uomo; le sue espressioni culturali portano il marchio di un predominio maschile, di lotte per il potere e di pregiudizi maschili [...].
Le donne restano comunque dominate dall'egemonia maschile non solo in campo culturale ma in tutti i campi della società; le loro esperienze quotidiane si imbattono ancora faticosamente [...] nella tendenza maschile all'idealizzazione e alla sottovalutazione; spesso i loro desideri e aspirazioni possono essere intuiti solo dietro il velo della tutela e della regolamentazione esercitata da padri, genitori, mariti e confessori: le loro azioni continuano a essere limitate da norme e da controlli sociali. [...]
«Unitevi nel timore di Cristo, le mogli ubbidiscano ai mariti come al Signore» (*Efesini*, 5, 31). [...] La comunione tra marito e mogli era considerata un buon matrimonio anche secondo la dottrina morale della Chiesa solo quando il marito «regnava» e la moglie obbediva incondizionatamente. [...]
Per la vita quotidiana delle donne e per la loro posizione nella società medievale il concetto di maternità aveva un'importanza analoga a quella del matrimonio e della famiglia. Nelle famiglie degli artigiani in città, così come nella nobiltà, mettere al mondo dei figli e allevarli era uno dei compiti principali delle mogli, un vero e proprio «mestiere». [...]
Per tutte le attività più basse, come la pulizia, il bagno e la fasciatura del bambino, ma anche per la sua alimentazione e assistenza, le classi più elevate avevano a disposizione personale di servizio e balie, cosa che, assieme alla giovane età in cui le donne nobili si sposavano, portava ad un gran numero di gravidanze e di nascite [...].
Nelle famiglie di artigiani e di contadini erano le domestiche, i parenti e le sorelle più grandi che davano una mano quando si trattava di assistere e sorvegliare poppanti o bambini; [...] qui l'allattamento, la fasciatura e l'igiene del bambino gravavano assai di più sulle madri (per questo tra gli artigiani e i contadini il numero dei figli era minore che tra i nobili) e si scontrava talvolta con gli altri doveri, dato che, in generale, il lavoro veniva prima della cura dei figli. [...]
Erano soprattutto i bambini dai due ai quattro anni che subivano incidenti,

magari quando cominciavano ad avventurarsi in cucina, in casa, in cortile o in giardino, oppure cadevano per disattenzione nel fuoco, nei pozzi o annegavano. Quando le madri si allontanavano lasciandoli al confine del campo dove lavoravano per essere pronte ad allattare, i bambini più piccoli correvano il rischio di imbattersi in animali selvatici [...]. Generalmente il dilemma di conciliare il lavoro con la cura dei figli andava a pesare sui bambini piccoli.

D'altra parte i bambini più grandi, a partire più o meno dai quattro anni, potevano già essere chiamati a collaborare nei lavori di casa o di giardinaggio[1], ambito specifico delle donne, cosicché esse potevano facilmente contare su un alleggerimento del lavoro. Per le donne del tardo Medioevo, in cui la solidarietà della famiglia «allargata» aveva perso terreno in favore della famiglia «nucleare»[2] – quantomeno nell'Europa centro-occidentale –, i figli dovevano rappresentare non solo un temporaneo alleggerimento del lavoro, ma soprattutto una garanzia per la vecchiaia [...].

Il lavoro femminile contribuì in larga misura allo sviluppo economico delle città medievali. [...] La coppia, ad un tempo famiglia e forza lavoro, costituiva il nocciolo della nuova organizzazione dell'attività economica. Essa si strutturava in aziende familiari autosufficienti, di artigiani, commercianti e contadini, e la famiglia, dal canto suo, si riduceva al suo proprio cosiddetto «nucleo», genitori e figli [...]. Si svilupparono tuttavia ben presto specifici «campi di competenza» per uomini e donne. Queste ultime erano preposte a mansioni «interne»: casa, cortile, giardino, cura dei bambini, dei lavoranti, del bestiame minuto e infine il settore della produzione tessile e alimentare e del commercio al dettaglio. [...]

Perno dell'economia familiare era la ricerca del massimo incremento dei guadagni – guadagni che nelle famiglie di medio e basso ceto bastavano appena alla sopravvivenza. A esso tutti i componenti della famiglia, e in particolare la coppia, erano tenuti a contribuire, secondo le proprie forze.

[1] Si intende la coltivazione dell'orto.

[2] Ossia "ristretta".

GUIDA ALLA LETTURA

❶ Descrivi la condizione della donna nel matrimonio secondo l'etica religiosa e quella laica. ❷ Come era vissuta la maternità dalle donne di differenti ceti sociali? ❸ In che cosa consiste la famiglia «nucleare»? Quando e dove iniziò ad affermarsi? ❹ Con quali modalità le donne partecipavano alla vita economica nel tardo Medioevo?

33 DOC

Giovanni di Pagolo Morelli
Regole per trovare una buona moglie e avere figli maschi e sani

G. di Pagolo Morelli, *Ricordi*, a c. di V. Branca, Le Monnier, Firenze 1969, pp. 208-13

■ Giovanni di Pagolo Morelli (1371-1444), mercante fiorentino, scrisse a partire dal 1393 i *Ricordi*, storia della propria famiglia dalle origini (XII secolo) al 1421. Nel corso della narrazione l'autore mostra l'appartenenza alla vivace borghesia fiorentina dei secoli XV-XVI, della quale espone valori e ragioni ideali. Leggiamo di seguito alcune considerazioni a proposito del matrimonio e dei figli. I motivi su cui il mercante insiste maggiormente sono: la scelta della moglie, che deve essere fatta tenendo presenti i vantaggi sociali che ne possono derivare; le qualità personali e fisiche da richiedere in una fanciulla; i rapporti sessuali tra coniugi, che devono essere regolati dalla temperanza e dalla misura: solo non eccedendo sarebbe stato possibile generare figli robusti, sani e soprattutto maschi, diversamente si sarebbe rischiato di ammalarsi e di generare figli malati o di sesso femminile.

E a questo abbi riguardo primamente: di non ti avvilire[1], ma piuttosto t'ingegna d'innalzarti, non però per modo che ella volesse essere il marito e tu la moglie; ma guarda d'imparentarti con buoni cittadini, i quai non sieno bisognosi e sieno mercatanti e non usino maggiorie[2]. Sieno antichi nella città tua, sieno onorati dal Comune e sieno Guelfi, e non abbino alcuna macula, come di traditore o di ladro o di micidio[3] o di bastardo discesi, o d'altri cose che sono di rimprovero e di vergogna. Sieno netti e sanza macula, e abbino nomea di buoni parenti e amorevoli; e che non sieno cani del danaio[4] ma usino cortesia temperatamente, come s'usa pe' savi uomini e buoni cittadini. Appresso, abbi riguardo ch'ella sia bene nata, di madre di gente da bene e di parentado onorevole, e ch'ella sia istata onesta donna e di buona fama; e simile sia istata onesta e netta donna la madre della madre, cioè l'avola della fanciulla, e di buone e care donne abbino fama per tutti. E arai riguardo ch'ella sia donna pacefica e non altiera o superba, e ch'ella sia, secondo donna[5], ragionevole e intendente[6]; e se pure di queste cose non ti potessi bene chiarire, guarda alla radice del fatto, cioè ch'ella sia gentile donna nata di buono uomo, e così conversata, cioè col marito[7], che sia istato o sia uomo che temi vergogna. Appresso, togli fanciulla che tu ti contenti, ch'ella sia sana

[1] Di non cercar moglie inferiore a te.

[2] Prepotenza.

[3] Omicidio.

[4] Avari e avidi.

[5] Secondo la sua qualità di donna.

[6] Intelligente.

[7] Che sia vissuta con un marito buono e gentile come il padre.

e 'ntera e ch'ella sia grande[8] [...]; ch'ella abbia poco tempo, cioè non sia punto trasandata[9], ché diventono viziose quando non hanno quello che la natura richiede: non si intende per quelle che sono perfette, ma comunemente intendi. Guarda ch'ella sia onesta e non troppo baldanzosa, e ch'ella non sia troppo vana, come di vestimenti, d'ire a tutte le feste e a nozze e ad altre cose vane; ché al dì d'oggi vi s'usa gran disonestà, e di gran bottoni[10] vi s'attacca, tali che non ne vanno se non col pezzo: e non è niuna sì buona che usi le predette cose non diventi viziata. Della dota non volere per ingordigia del danaio affogarti, però che di dota mai si fece bene niuno; e se l'hai a rendere, ti disfanno. Sia contento a questo: avere quello ti si richiede secondo te e secondo la donna togli[11].

E perché la giovanezza è malagevole a raffrenare[12], se fai quello che di sopra si consiglia, e tu voglia farlo a quel fine il perché tu se' consigliato[13], cioè d'avere figliuoli tosto[14], acciò te gli possa allevare tu istessi, ti conviene usare il senno in questo: cioè usa temperatamente con lei, e non ti lasciare punto trasandare[15]. E se vuoi potere fare questo, ti conviene ammaestrare lei che non si dimestichi troppo teco[16]; come che s'ella vede tu voglia trasandare[17], ella ti fugga dinanzi, eschi del letto, s'ella v'è[18], e vada da piè e per un poco di spazio si cansi[19]. E simile ti conviene fare a te, levarti dinanzi alla furia[20]; istà poco in casa, vattene in contado, datti a qualche esercizio, acciò t'esca di mente; e simile, con ciò che tu puoi ti raffrena[21]. E facendo questo tu arai prestamente figliuoli: tu gli arai bene granati[22] e forti e grandi, tu gli arai maschi, tu ti manterrati giovane e fresco, tu istarai sano e allegro, tu farai ogni bene[23]. Se tu tieni il contradio modo, tu ti guasterai della persona[24], tu infermerai[25], tu ti guasterai lo stomaco e le reni; e se ti venisse punto di febbre, istarai a rischio di morire[26]. Tu guasterai ancora[27] lei, ma non come te[28], tu non n'arai figliuoli se none a stento, tu l'arai femmine, tu l'arai tisichi[29] e mai non parrà che vadino innanzi[30] tu viverai tedioso e ontoso e maninconico e tristo[31], non ti darai piacere né in detti né in fatti, e parrà che ogni cosa ti sia una trave: tu non arai mai bene[32].

---

[8] Che non sia gracile.

[9] Che sia giovane, cioè non sia andata avanti con gli anni.

[10] Attaccar bottone stava per 'parlar male di qualcuno'; dunque si sparla molto del prossimo, e si dicono cattiverie da levar la pelle.

[11] Secondo la condizione tua e della donna che prendi in moglie.

[12] Da tenere a bada.

[13] E lo fai per lo scopo per cui ti si consigliano queste cose.

[14] In fretta.

[15] Esagerare, eccedere.

[16] Ti conviene insegnarle a non avere con te, nell'intimità, troppa confidenza.

[17] Non appena si accorga che vuoi esagerare.

[18] Se si trova a letto.

[19] Si alzi in piedi e si allontani un poco dal letto.

[20] Alzarti dal letto quando ti pare di non riuscire più a controllarti.

[21] Tienti a bada con occupazioni di questo genere, e con quello che puoi.

[22] Gagliardi.

[23] La fortuna ti sarà propizia.

[24] Se manterrai una condotta opposta, ti rovinerai il corpo.

[25] Ti ammalerai.

[26] E ti basterebbe un poco di febbre per correre il rischio di morire.

[27] Anche.

[28] Tua moglie ne risentirà meno di te.

[29] Malaticci.

[30] E sembrerà che non crescano mai.

[31] Stanco e insofferente, insoddisfatto e meschino.

[32] Non troverai sollievo né in discorsi né in azioni, e ogni cosa ti sembrerà un peso gravosissimo, non sarai mai felice.

GUIDA ALLA LETTURA

❶ Secondo quali criteri Morelli consiglia di scegliere la propria moglie? ❷ Perché suggerisce di «avere figliuoli tosto»? ❸ Quali sono le motivazioni per cui Morelli esorta a «usare temperanza»? Cosa accadrebbe in caso contrario?

34

S. Vecchio
Il mestiere di moglie

S. Vecchio, *Storia delle donne in Occidente. Il Medioevo*, a c. di G. Duby e M. Perrot, Laterza, Roma-Bari 1990, pp. 129-53

■ Tra il XIII e il XIV secolo predicatori, moralisti, pedagoghi e autori di trattati di economia domestica hanno offerto alle donne europee precisi modelli di comportamento. L'influenza del pensiero aristotelico sulla pedagogia di fine Medioevo ha indubbiamente giocato un ruolo determinante nella spartizione degli spazi e delle funzioni che vi si svolgevano: alle donne spettava la sfera domestica, mentre agli uomini quella pubblica e politica. La storica Silvana Vecchio (nata nel 1950) analizza le virtù e i modelli di comportamento femminili propagandati dalla letteratura pastorale tardomedievale. Alla donna sposata si chiedeva di ispirarsi a Sara, una delle figure femminili delle Sacre Scritture, presentata nel *Libro di Tobia*, un testo apocrifo redatto nel III secolo a.C.

«I genitori, dopo aver abbracciato e baciato la figlia, la lasciarono andare, esortandola ad onorare i suoceri, amare il marito, reggere la famiglia, governare la casa [...].» Tra le molte figure femminili della Sacra Scrittura, la letteratura pastorale del XIII secolo ha mostrato una particolare predilezione per Sara, personaggio minore della storia sacra [...]. Obbediente, casta, devota, [...] nuora rispettosa, moglie fedele, madre premurosa, oculata padrona di casa, donna ineccepibile sotto ogni profilo – Sara incarna e rappresenta la rete di doveri entro la quale i chierici hanno pensato e descritto la vita delle donne sposate. [...]

Il primo dei doveri ricordati a Sara è quello di onorare i suoceri. [...] Reverenza, dolcezza, sostentamento: sono le stesse forme di rispetto che il quarto comandamento del decalogo («onora il padre e la madre») impone nei confronti dei genitori. Onorare i suoceri vuol dire allora estendere ai genitori del marito le attenzioni dovute ai propri, assimilare ai vincoli del sangue i nuovi legami che il contratto matrimoniale istituisce. [...]

Il marito è, per definizione, la figura centrale nell'universo della donna sposata. [...]

Non c'è alcun dubbio che marito e moglie si debbano amare reciprocamente ed intensamente, aiutandosi l'un l'altro a raggiungere la salvezza; tuttavia all'amore perfetto della moglie il marito deve contrapporre un amore moderato [...]. La moglie ama perfettamente quando, accecata da questo sentimento, perde la dimensione della verità e ritiene «che nessuno sia più sapiente, nessuno più forte, nessuno più bello del suo sposo» [...]. L'accecamento e la mancanza di misura che viene proposto alla moglie è esattamente quanto viene vietato al marito: il suo amore non deve essere mai troppo ardente, ma misurato e temperato. [...]

Giustificato dalla necessità di evitare la fornicazione, il matrimonio deve garantire ad entrambi i coniugi la possibilità di esercitare legittimamente la sessualità: il debito coniugale rimane dunque tanto per il marito quanto per la moglie l'unico oggetto di scambio reciproco e paritario, l'unico ambito nel quale ciascuno dei due ha uguale facoltà di chiedere (per evitare il peccato) e uguale diritto di rifiutare (quando non siano garantite le condizioni di legittimità). [...]

Ma soprattutto il reciproco possesso dei corpi implica l'esclusività del rapporto e quindi mutua ed assoluta fedeltà. [...] Alla fedeltà quasi obbligata e «fisiologica» della donna, finalizzata alla riproduzione legittima, corrisponde una fedeltà meno obbligante ma più virtuosa da parte dell'uomo. [...]

Preliminare al discorso sugli obblighi familiari è spesso l'analisi dei criteri sui quali fondare la scelta del coniuge. Alle indicazioni scarse e generiche date alle donne (ricercare nel marito non ricchezza ma buoni costumi e saggezza) corrisponde una più ampia analisi del problema visto da parte maschile. Saper scegliere una buona moglie appare il primo presupposto per impostare correttamente la vita matrimoniale. [...] Quasi del tutto irrilevante è la ricchezza della dote, [...] che è comunque da posporre, anche in un'ottica laica e mondana, ad altri e più importanti beni esteriori, quali buona famiglia, abbondanza di amicizie, buona reputazione. Essenziali sono i costumi onesti, per i quali la migliore garanzia è costituita dal comportamento della madre [...] o [...] della nonna [...].

Il marito ha innanzitutto l'obbligo di mantenere la moglie, la quale, tagliata fuori da ogni rapporto di produzione, svolge [...] una funzione domestica di pura conservazione e riceve dal coniuge tutti i mezzi di sussistenza. [...]

Custodire la moglie vuol dire eminentemente sorvegliarne i costumi, circondarla di attenzioni repressive che sopperiscano alla sua debolezza fisica e leggerezza morale, escluderla da ogni occasione di peccato, correggerne gli atteggiamenti fatui e reprensibili. [...]

Il terzo dovere di Sara è quello di reggere la famiglia, di prendersi cioè cura dei figli e dei servi. [...]

Procreazione ed educazione della prole costituiscono [...] uno dei beni del matrimonio ed uno degli elementi fondanti della dignità e stabilità del vincolo. [...] Obbligo primo della madre verso la prole è dunque quello di metterla al mondo [...].

In questo rapporto puramente fisico con la prole qual è lo spazio riservato all'affettività materna e quale ruolo gioca la madre nell'educazione dei figli? Nella letteratura pastorale l'amore materno più che un dovere è un fatto [...]. Ma proprio questo amore così intenso e viscerale appare colpevole agli occhi dei chierici; [...] è amore carnale, passionale, che, privilegiando i corpi, cioè salute e benessere dei figli, rischia di perderne le anime. [...]

Il compito dell'istruzione morale e religiosa dei figli può essere assolto dalla madre a patto che essa riesca a controllare e temperare l'amore carnale che nutre per loro, accompagnandolo con un atteggiamento di timore spirituale. Costantemente preoccupata per la salvezza dei figli, la madre esercita una funzione che è più di controllo dei comportamenti morali e delle pratiche religiose che non di vera e propria istruzione. [...] Ma quando l'iniziativa pedagogica va al di là della semplice custodia per riempirsi di contenuti propriamente educativi, non può più essere appannaggio femminile e si sposta decisamente sulla figura paterna. [...]

Se c'è un punto sul quale chierici e laici sono unanimemente concordi nel costruire il modello della buona moglie è che la casa rappresenta lo spazio femminile per eccellenza. Buona moglie è colei che sta in casa e che della casa si prende cura. [...] La contrapposizione di uno spazio interno, chiuso, custodito in cui si colloca la donna ad uno spazio esterno e aperto in cui l'uomo si muove liberamente si precisa nella contrapposizione di due fondamentali attività economiche, la produzione, compito del maschio e la conservazione, tipicamente femminile. [...] Ma neppure la gestione della casa è per la donna un'attività da svolgere in piena autonomia; [...] all'interno delle mura domestiche il padrone resta il marito, responsabile delle persone e proprietario dei beni.

GUIDA ALLA LETTURA

❶ Che cosa rappresentava la figura di Sara per la letteratura pastorale del XIII secolo? ❷ Com'era considerato il matrimonio? Qual era la funzione della moglie? ❸ Quali sono le funzioni dell'uomo all'interno della coppia? ❹ In quale misura la casa si presenta come spazio dell'attività femminile?

35DOC

Umberto da Romans
Le «incendiarie del mondo»

da *Prediche alle donne del secolo XIII*, a c. di C. Casagrande, Bompiani, Milano 1978, pp. 29-32

■ La Chiesa medievale, con la sua schiera di teologi e predicatori, ha più a lungo condannato e insistito sui peccati delle adultere e la fornicazione delle mogli, delle vedove e delle fanciulle, che non sulle prostitute. Tuttavia, come dimostra il seguente brano del domenicano Umberto da Romans (1200 ca.-1277), le meretrici erano considerate delle donne particolarmente «detestabili», perché – con la loro condotta morale deprecabile – non nuocevano solo a loro stesse ma, come «incendiarie del mondo», portavano il peccato nelle anime degli uomini, corrompendoli. Per esse, tuttavia, era auspicabile il pentimento: davanti a esso, Dio le avrebbe perdonate.

Di queste donne che dovunque si espongono al peccato, per primo bisogna notare che commettono un peccato grave. Secondo, che quelle che hanno perseverato in questi peccati sono detestabili. Terzo, quali sono gli argomenti che dovrebbero persuaderle al pentimento. Rispetto al primo punto si noti che vi sono alcuni peccati che nuocciono solo a chi li commette, come la superbia e alcuni altri simili; invece la fornicazione[1] della donna non nuoce solo a lei. Queste donne sono infatti le incendiarie del mondo; così sta scritto al capitolo IX dell'Ecclesiastico[2]: *La sua conversazione è come fuoco ardente*. [...] Con questo peccato si nuoce alle anime, che è la cosa peggiore, come si legge al capitolo VI dei Proverbi[3]: *La donna si impadronisce della preziosa anima dell'uomo*, e non solo alle anime di uomini qualsiasi, ma anche a quelle dei potenti. Leggi a questo proposito il capitolo VII dei Proverbi: *I più forti*, come Davide e Salomone, *sono stati rovinati da questa donna*. Queste donne poi non accolgono presso di sé solo pochi uomini, anzi moltissimi, corrotti e puri, liberi e sposati, chierici e laici, consanguinei e persino religiosi. *La donna accoglie qualunque maschio* [...]. E poi, non solo una volta ogni tanto, ma di continuo fanno del male, poiché gli uomini vengono presi e trattenuti nelle reti di queste donne. Si legge al capitolo VII dei Proverbi: *E ignora lo stolto che viene condotto in prigione*, si parla qui di quello che segue queste donne *fino a che la sua gola non viene trafitta da una freccia*, cioè fino alla sua morte. Sono molti infatti quelli che non si allontanano da questi peccati fino alla morte. [...]

Rispetto al secondo punto va notato che di tutti i generi di peccati la fornicazione è il più vergognoso. Molti si astengono spesso per vergogna degli uomini da tanti peccati dai quali non si asterrebbero pensando a Dio. Poi è il peccato più vile che una donna può commettere. Una simile donna è la latrina delle più turpi abiezioni. *Ogni prostituta sarà calpestata da tutti i passanti come sterco nella via* (Eccli. IX). [...] Quanto sono dunque detestabili queste infelici donne, a cui né tanta vergogna, né tanta viltà, né il timore di tanta punizione impedisce di commettere sempre e ostinatamente tale peccato?

Rispetto al terzo punto si noti che tre sono le cose che dovrebbero persuadere queste donne al pentimento. Primo, la benignità di un Dio che perdona sempre, perché dice Geremia[4] al capitolo III: *Tu ti sei prostituita con molti amanti, tuttavia ritorna da me e io ti accoglierò*. Secondo, la paura della futura condanna di cui si legge al capitolo XVII dell'Apocalisse[5]: *Vieni e ti mostrerò la punizione della grande meretrice e poi ancora e le dieci corna che hai visto nella bestia, proprio loro odieranno la prostituta, la renderanno deserta e nuda e ne mangeranno le carni*. Terzo, la considerazione della grazia della Santa Maddalena che fu una meretrice ma che dopo che si convertì a una vita di penitenza, fu così ricompensata dal Signore che dopo la Beata Vergine non si trova una donna a cui in terra si mostri più rispetto e che si creda avere in cielo più gloria. *Dove il peccato si moltiplicò, sovrabbondò la grazia*, secondo quanto sta scritto al capitolo VI della lettera ai Romani[6].

---

[1] Rapporti sessuali avvenuti fuori dal matrimonio e, per questo, considerati illeciti dalla teologia cattolica.

[2] Il libro dell'*Ecclesiastico* (o *Siracide*) è uno dei libri deuterocanonici dell'Antico Testamento, cioè accolti nel canone dalla Chiesa cattolica e da quella ortodossa (ma non dalle confessioni protestanti).

[3] Il libro dei *Proverbi* è un testo contenuto nell'Antico Testamento, ebraico e cristiano, contenente poemi di contenuto religioso e morale.

[4] Profeta biblico vissuto tra il 650 e il 586 a.C., ritenuto autore del libro di *Geremia*, contenuto nell'Antico Testamento, ebraico e cristiano.

[5] L'*Apocalisse* è l'ultimo libro del Nuovo Testamento, attribuito all'apostolo Giovanni o ai circoli che a lui facevano riferimento.

[6] La *Lettera ai Romani* è un testo in greco contenuto nel Nuovo Testamento, scritto da Paolo di Tarso (5/10-64/67 d.C.) e indirizzato ai cristiani di Roma.

GUIDA ALLA LETTURA

❶ Perché le prostitute commettono un peccato grave? ❷ Perché la fornicazione, di tutti i peccati, è il più detestabile e vergognoso? ❸ Perché le prostitute si dovrebbero pentire?

36DOC

Paolo da Certaldo
Svezzare, amare, punire

P. da Certaldo, *Libro di buoni costumi*, a c. di A. Schiaffini, Le Monnier, Firenze 1945, pp. 126-28; 233-34; 228-29; 171-72

■ Per gli uomini del X e XI secolo l'infanzia era priva di interesse e persino di realtà. Nell'ambito della vita vissuta essa era semplicemente un periodo di transizione, che passava presto e di cui si perdeva facilmente il ricordo. Ciò che impediva di considerare il bambino come un essere in cui c'era già tutta la persona umana, come riteniamo oggi, era l'alto tasso di mortalità. A partire dal '200, tuttavia, si assiste – soprattutto nel ceto borghese-mercantile – alla nascita di una nuova attenzione per i bambini, alla graduale scoperta del sentimento dell'infanzia. Nel passo che presentiamo, il mercante fiorentino Paolo da Certaldo **[19DOC]** insiste sulle modalità di svezzamento dei bambini, dispensa consigli su come scegliere la balia e sulla diversità di educazione da impartire a seconda che il figlio sia maschio o femmina e riflette sull'opportunità di amare tutti i bimbi alla stessa maniera e sugli eventuali rimproveri e castighi da infliggere.

Lo fanciullo si vuole tenere bene netto e caldo, e spesso cercarlo e provederlo[1] tutto a membro a membro; e no gli si vuole dare il primo anno altro che la poppa, e poi cominciargli a dare co la poppa insieme de l'altre cose a mangiare a poco a poco. E poi, ne' sei o ne' sette anni, porlo a leggere; e poi, o fallo[2] studiare o pollo[3] a quella arte che più gli diletta: e veranne buono maestro. El s'ell'è fanciulla femina, polla a cuscire[4], e none a leggere, ché non istà troppo bene a una femina sapere leggere se già no la volessi fare monaca. Se la vuoi fare monaca, mettila nel munistero anzi ch'abbia la malizia di conoscere le vanità del mondo, e là entro imparerà a leggere. Il fanciullo maschio pasci bene, e vesti come puoi, intendi a giusto modo e onesto[5], sì[6] fia forte e atante[7]; e se 'l vestirai bene, userà co' buoni[8]. La fanciulla femina vesti bene, e come la pasci no le cale[9], pur ch'abbia sua vita[10] no la tenere troppo grassa. E 'nsegnale fare tutti i fatti de la masserizia di casa, cioè il pane, lavare il cappone, abburattare[11] e cuocere e far bucato, e fare il letto, e filare, e tessere borse francesche[12] recamare seta con ago, e tagliare panni lini e lani e rimpedulare[13] le calze, e tutte simili cose, si che quando la mariti non paia una decima[14] e non sia detto che venga dal bosco. E non sarai bestemmiato[15] tu che l'avrai allevata.

Se t'avviene[16] che tu abbi figliuoli, uno o più, molto guarda di dargli a nudrire[17] a buona baglia[18], e che sia di natura savia, e sia costumata e onesta, e che non sia bevitrice né ubriaca[19], però che molto spesso i fanciulli ritraggono e somigliano da la natura del latte che poppano; e però ti guarda[20] le baglie de' tuoi fanciulli non sieno superbie[21] né con altri mali vizi. Anche, abbi molto guardia, se tu non tieni il fanciullo tuo e la baglia sua in casa teco, di darlo a baglia ch'abbia abbondanza di latte acciò che la detta baglia per nicessità[22] di latte no gli desse a bere latte di capra o di pecora o d'asina o d'altra bestia. Ché il fanciullo o fanciulla che si nudrisce a latte di bestia non à[23] sua ragione perfetta come quello ch'è nodrito a latte de femina, anzi sempre pare ne la sua vista[24] balordo e vano e non con compiuta ragione. E però sempre visita i fanciulli che dai fuori di casa tua a baglia, spesso, acciò che tu vegghi come stanno, e s'anno[25] disagio, mutagli subitamente a altra baglia; e non lasciare per prezzo.

Se tu ài[26] figliuoli, amagli tutti quanti, maschi e femine, piccoli e grandi, come te medesimo; e non mostrare d'amare più l'uno che l'altro, e no l'amare, in però che[27] metteresti tra loro astio e invidia, e non s'amerebbro[28] mai perfettamente insieme. Simile, l'altra tua famiglia[29] ama tutta, catuno[30] nel caso suo[31] e onora catuno secondo che si conviene e ch'è più degno.

L'uomo che non gastiga[32] lo suo figliuolo no l'ama. E però s'ài figliuoli, sempre gli gastiga e ammunisci temperatamente e a modo[33], secondo il fallo suo[34]; ché vo' che tu sappi che chi non gastiga il suo figliuolo, no l'ama, anzi gli dà materia[35] che faccia mala fine.

---

[1] Controllarlo attentamente.
[2] Farlo.
[3] Porlo.
[4] Cucire.
[5] Decoroso.
[6] Così, pertanto.
[7] Aitante.
[8] Frequenterà buone compagnie.
[9] Non importa.
[10] Abbia quantità sufficiente a mantenersi in vita.
[11] Separare con lo staccio la farina dalla crusca.
[12] Francesi.
[13] Rifare la soletta.
[14] Scimunita.
[15] Maledetto.
[16] Se ti capita di avere.
[17] Nutrire.
[18] Balia
[19] Ubriacona.
[20] Ravvediti che.
[21] Superbe
[22] Penuria.
[23] Ha.
[24] Nel suo aspetto, per quel che mostra.
[25] Hanno.
[26] Hai.
[27] Perché.
[28] S'amerebbero.
[29] Gli altri tuoi familiari all'infuori dei figli.
[30] Ciascuno.
[31] Come si conviene.
[32] Corregge.
[33] Con garbo.
[34] Lo sbaglio commesso.
[35] Gli dà occasione.

GUIDA ALLA LETTURA

❶ Che tipo di cure e di attenzioni richiede un neonato? **❷** Quali virtù sono da ricercare in una balia? **❸** In che misura il padre deve manifestare il proprio affetto in famiglia? **❹** Perché Paolo da Certaldo sottolinea l'importanza di un'educazione severa?

37

E. Becchi
I bambini di fronte alla vita

E. Becchi, *Medioevo*, in E. Becchi e D. Julia (a c. di), *Storia dell'infanzia*, I, *Dall'Antichità al Seicento*, Laterza, Roma-Bari 1996, pp. 71-83

■ Anche se nel tardo Medioevo la famiglia "ristretta" aveva una struttura sostanzialmente identica a quella oggi diffusa in molti paesi del mondo, compresa l'Italia, molto diversi dai nostri erano i rapporti tra uomo e donna, il ruolo materno e quello paterno, le relazioni tra genitori e figli. Come mostra la storica della pedagogia Egle Becchi (nata nel 1940), la condizione infantile si trovava in una inquietante zona di ambiguità: nei primi anni di vita, i bambini trovavano spesso all'interno delle loro famiglie cure, affetto e protezione; ma per molti di loro sorgeva presto la necessità di affrontare altri contesti sociali e affettivi. Numerosi bambini finivano inoltre nei monasteri o erano costretti a vagabondare e a vivere di elemosine. In una società ancora perturbata da troppe incertezze (guerre, carestie, epidemie, oltre alle croniche difficoltà dell'esistenza), la condizione infantile era particolarmente insicura.

È alla madre che compete la cura del bambino. [...] Col passar dei secoli si esplicita infatti la sua funzione educativa, distinta per età e sesso dei figli: fino ai sette anni il maschio, per un tempo molto più lungo la bambina sono nelle mani della madre, che ha non solo un ruolo espressivo, ma anche istruzionale, in quanto avvia a una prima alfabetizzazione e soprattutto sovrintende all'educazione religiosa dei figli maschi, oltre che delle femmine. Successivamente la figura forte della pedagogia domestica diventa il padre. [...]

E se la prima infanzia ha costantemente come suo luogo deputato la casa, e il bambino – maschio o femmina – è nelle mani delle donne, successivamente, se si tratta di una famiglia dell'aristocrazia, viene istruito nell'ambiente domestico, sotto la guida di maestri e precettori, molto spesso viene affidato a una famiglia dello stesso ceto, perché vi impari le buone maniere e l'arte di essere cavaliere e gentiluomo. Da una famiglia all'altra, dunque; e questo vale anche per le bambine che sovente trascorrono l'infanzia nella famiglia del fidanzato. Non basta: analogamente ai piccoli affidati precocemente al monastero [...], per quelli che a partire dal Trecento sono consegnati al mastro e alla sua famiglia nella bottega la vita familiare non si svolge necessariamente nell'ambito domestico biologico. Il che implica certamente, per il bambino dell'età di mezzo, rotture di legami di attaccamento – [...] esperienza di relazioni affettive plurime e forse concorrenziali – la madre vera e quella della famiglia che ospita, la madre biologica e la moglie del mastro, la madre e una figura di attaccamento maschile – e la necessità di ancorarsi ad altri bambini. [...].

Affetto, tenerezza, ma anche indifferenza: alla base di tali atteggiamenti positivi e negativi ci sono anche fatti strutturali. [...]

L'indifferenza si traduce sovente in cure inappropriate, in trascuratezza, in abbandono.

È questo, dell'abbandono, un fatto complesso, eterogeneo nelle configurazioni sociali del passato, spiegabile sulla base di molti elementi non sempre nitidamente identificati. [...] Certo si è che se l'abbandono risulta in calo fra il 1000 e il 1100, periodo di ripresa demografica, aumenta in misura massiccia nel Duecento. Bambini esposti in luoghi in cui sono destinati a morte sicura, oppure in posti dove possono venir trovati e accolti, soprattutto sulle soglie delle chiese e dei monasteri e, dopo il 1300, negli ospizi per trovatelli che in quel tempo incominciano a esser istituiti [...]. Tuttavia, anche bambini oblati, cioè offerti alla chiesa; affidati ad altre persone e adottati da queste; direttamente richiesti e adottati; venduti; infine – estrema modalità del rifiuto – uccisi. [...]

Di questa infanzia estromessa dalla casa si sa qualcosa di più relativamente agli oblati: «L'oblazione era l'offerta di un bambino a un monastero come dono permanente»[1]. Le condizioni di questi bimbi sono probabilmente migliori di quelle che avrebbero avuto nelle loro famiglie, incapaci di farli sopravvivere, e anche negli ospizi di trovatelli, dove la mortalità è elevatissima. Ma non va sottovalutato che talora questi oblati sono i figli minori di famiglie nobili che non intendono dividere il loro patrimonio fra una prole troppo numerosa [...]. Progressivamente e soprattutto a partire dal XII secolo si sottolineano i pericoli di una «vocazione» coatta ed eccessivamente precoce e si richiamano i genitori e soprattutto i monaci a consentire l'assunzione dei voti solo a una certa età – l'inizio dell'adolescenza [...]. Nel 1215 il IV Concilio laterano decreta la fine dell'oblazione, che però continua fino agli inizi del Cinquecento.

Accanto ai bimbi che stanno in famiglia e ne ricevono le cure, quelli che vivono in convento, quelli che vanno a scuola, ci sono, in numero elevatissimo, dei bimbi dall'infanzia più breve, quelli che non conoscono una *pueritia* e meno ancora un'adolescenza, perché per loro a sette anni – forse anche prima – si diventa adulti, si sta con le persone grandi non solo in chiesa, nelle processioni, ma anche e soprattutto nella fatica. [...]

Alla fine del Trecento, soprattutto in ambiente urbano e per bambini di famiglia indigente e piccoli orfani, il lavoro nelle botteghe degli artigiani – dei maschi a partire dai sette anni, delle femmine dai sei – viene regolamentato e preparato attraverso forme di apprendistato, con accordi tra mastro e famiglia, dove al piccolo apprendista vengono garantiti cibo, vestiario, insegnamento.

---

[1] Sono parole di J. Boswell in *L'abbandono dei bambini in Europa occidentale*, Rizzoli, Milano 1991, p. 150.

GUIDA ALLA LETTURA

❶ Quali compiti spettavano alla madre nell'educazione dei figli? Quali erano le altre «figure pedagogiche»? ❷ Che cosa intende l'autrice con l'espressione «da una famiglia all'altra»? ❸ Chi erano i bambini «oblati»? A quale ceto sociale appartenevano? ❹ Quali lavori spettavano ai bambini «dall'infanzia più breve»?

SVILUPPARE LE COMPETENZE

Comprendere e Analizzare

❶ **Dopo aver letto i testi di Vecchio [34], Becchi [37] e il documento di Paolo da Certaldo [36DOC], rispondi alle seguenti domande:**

a. Quali elementi presenti nel documento lasciano intravedere il nascente sentimento dell'infanzia?

b. A quale delle due figure genitoriali è attribuita una funzione educativa? Perché?

❷ **Dopo aver letto il testo di Vecchio [34] e il documento di Giovanni di Pagolo Morelli [33DOC], evidenzia, dove possibile, le differenze e/o analogie tra quanto proposto dalla letteratura pastorale dei secoli XIII-XV e il punto di vista di Morelli in materia di rispetto, amore coniugale e sessualità della coppia.**

Rielaborare e Argomentare

❸ **Redazione di un saggio breve. *Donne e morale nel basso Medioevo***

Sviluppa l'argomento scelto in forma di "saggio breve", utilizzando i documenti e i dati che lo corredano. Interpreta e confronta i documenti e i dati forniti e su questa base svolgi, argomentandola, la tua trattazione, anche con opportuni riferimenti alle tue conoscenze ed esperienze di studio. Da' al saggio un titolo coerente con la tua trattazione e ipotizzane una destinazione editoriale (rivista specialistica, fascicolo scolastico di ricerca e documentazione, rassegna di argomento culturale, altro). Se lo ritieni opportuno, organizza la trattazione in paragrafi, cui potrai eventualmente assegnare un titolo.

Documenti: Morelli [34], Romans [35DOC]
Immagini: pp. 11, 17
Brani storiografici: Opitz [32], Vecchio [34]

❹ **Scrivi un breve testo (max 25 righe), dal titolo *L'infanzia nel basso Medioevo*, in cui dar conto della considerazione di cui godevano i bambini e dei rischi a cui andavano incontro.**

La società islamica

Il termine arabo "Islam" significa 'dedizione a Dio' e indica, contemporaneamente, tanto la religione islamica quanto l'intera comunità di credenti. L'obiettivo terreno dell'Islam, ovvero ciò che costituisce la sua tensione ideale, risiede nella realizzazione della legge di Dio sulla Terra, attraverso uno Stato islamico che abbracci la comunità dei credenti.
Sin dal VII secolo, la piena affermazione dell'Islam come religione e come modello di società si fondò sulla tradizione guerriera delle tribù nomadi arabe, alle quali il messaggio predicato dal profeta Maometto e fissato nel Corano, il libro sacro dell'Islam, fornì un potente elemento di aggregazione, basato sulla condivisione del comune credo monoteistico e sul dovere di diffondere la nuova fede. Come conseguenza di questa attitudine, per tutto il Medioevo i musulmani estesero le loro conquiste fino ai confini occidentali del Mediterraneo.
I fondamenti dell'Islam trovano espressione definitiva nel Corano, qui commentato da **Alessandro Bausani** [38]. Secondo la tradizione musulmana, esso contiene la rivelazione trasmessa da Dio al profeta Maometto attraverso l'arcangelo Gabriele. Anche se dal Corano derivano alcune regole fondamentali, alle quali si ispirano i *cinque pilastri* della religione islamica – la Professione di Fede, la Preghiera, il Digiuno, il Pellegrinaggio e la Decima –, il culto rimane soprattutto un fatto individuale e la religione islamica è caratterizzata da una relativa povertà di elementi rituali e dall'assenza di un vero e proprio clero. Dall'interpretazione del Corano e della *Sunna* – la raccolta di detti e comportamenti che la tradizione attribuisce a Maometto – scaturisce la *Shari'a* ('la via maestra', indicata da Dio per raggiungere la salvezza), la legge sacra che deve guidare il credente in tutti i suoi atti: la sua affermazione è analizzata da **Ira M. Lapidus** [39].
Uno dei precetti fondamentali dell'Islam è il *jihad*, lo 'sforzo' che deve condurre alla vittoria di Dio, spesso tradotto erroneamente in Occidente come 'guerra santa'. Come messo in luce da **Andrew Wheatcroft** [40], questo 'sforzo' non assume necessariamente una connotazione bellicosa e violenta, ma può essere anche limitato alla sfera spirituale.
Il Corano, per quanto a tratti di difficile comprensione, influenza globalmente la sfera della vita privata dei credenti: **Michael Cook** [41] analizza, per esempio, i rapporti tra uomini e donne nelle società islamiche, anche alla luce delle difficoltà interpretative del testo sacro. Controverso è anche il passo del Corano in cui viene sancita la liceità della poligamia maschile: secondo **Giorgio Vercellin** [42], tuttavia, essa non ha mai avuto nelle società

islamiche una diffusione rilevante a causa dei suoi alti oneri economici.
Investita dall'espansione islamica, l'Europa identificò nell'Islam il nemico per antonomasia e, fino al definitivo declino dell'Impero ottomano nel XIX secolo, musulmani e cristiani si confrontarono in un rapporto di reciproca diffidenza e ostilità, come evidenziato da **Franco Cardini** [43]. Alla sufficienza dei primi, che – come spiega **Bernard Lewis** [44] – per molti secoli guardarono gli "infedeli" occidentali dall'alto di una società e di una cultura sicuramente più evolute e raffinate, si contrapponeva una percezione dell'Islam da parte degli europei costantemente filtrata da mistificazioni e pregiudizi, dovuti anche alla scarsa conoscenza del Corano e della religione musulmana.

38

A. Bausani
Il Corano

A. Bausani, Introduzione a *Il Corano*, Rizzoli, Milano 1988, pp. LVII-LXI

■ Alessandro Bausani (1921-1988) è stato uno dei maggiori arabisti italiani, nonché traduttore e commentatore del Corano. Nella breve introduzione che precede il testo coranico, Bausani si sofferma sinteticamente sulla genesi e sulle caratteristiche principali del Libro sacro dell'Islam, analizzandone anche le maggiori tradizioni interpretative e le modalità di diffusione. Nel brano che presentiamo viene evidenziato in particolare il carattere assoluto e onnipotente del Dio descritto dal Corano.

Riassumendo il Corano contiene l'abbozzo di una teologia, di una giurisprudenza, di una liturgia, di una morale, ma è ben lungi dall'essere sufficiente alla comprensione dell'attuale sistema teologico, giuridico e liturgico musulmano come alcuni profani a questi studi credono. La teologia coranica è forse fra le più radicali formulazioni di teismo personalistico di tutta la storia delle religioni. L'Iddio coranico è persona assolutamente libera e le sue azioni sono totalmente arbitrarie: nulla gli si può chiedere, non è tenuto a darne ragione agli uomini. È continuamente attivo, la sua creazione non è esaurita, egli aggiunge alla sua creazione ciò che vuole. L'idea greca di un universo fisso, regolato da leggi naturali è profondamente estranea al Corano: tutto è opera diretta del Dio-Persona [...]. Abbondano, riferiti ad attività umana, i verbi passivi e neutri: nel linguaggio coranico "tornerete" è "sarete fatti ritornare". Ma poiché un Dio pur così onnipotente è sentito, con robusto antropomorfismo, come *persona*, il concetto impersonale di Fato è estraneo al Corano. Il Dio coranico può anche cambiare idea, abrogare quel che aveva detto poc'anzi; anzi, generalmente, quasi tutte le prescrizioni coraniche, quasi a voler sempre rammentare questa libertà di Dio, sono corrette da frasi che suonano "a meno che Dio non voglia altrimenti" e simili. Quindi è inesatto parlare di "fatalismo coranico": sì bene bisogna parlare di libertà assoluta di Dio e di dipendenza totale dell'uomo dall'unico e vero motore ed attore dell'universo.

[...] La giurisprudenza coranica è anch'essa teocentrica. La "comunità" non è sentita come originata né da un contratto sociale, né da vincoli naturali e razziali [...]. La comunità è un complesso d'uomini oggetto di un piano personale di Dio e a Lui uniti da un Patto. Se Dio avesse voluto, avrebbe fatto degli uomini una nazione sola: ma così non ha voluto, per certi suoi fini. L'idea di una separazione fra politica e religione, fra sacro e profano è nettamente estranea al Corano. Dio è il capo dello Stato. Quindi tutti i membri della comunità di Dio sono fratelli ed uguali. Quello che è nella tradizione giuridica occidentale, greco-romana, *civitas*, *polis*, è nel linguaggio coranico tradotto con *AllÇh*, Dio: in seguito ma in modo perfettamente aderente al Corano, il tesoro pubblico si chiamerà "il tesoro di Dio", l'esercito è "l'esercito di Dio", "diritto pubblico" sono "i diritti di Dio". La legge non è la norma di diritto sancita dal popolo, ma è la parola di Dio. Le norme sull'eredità, per esempio, non sono che un altro aspetto delle esortazioni alla purità morale o alla fede. Dio governa la comunità senza intermediari. [...] Nel Corano c'è molto chiaro il senso della debolezza dell'uomo, che non saprebbe sopportare una morale "eroica" ed "ascetica", e della relativa indulgenza di Dio: "misericordioso", "indulgente" e simili sono gli attributi divini più frequentemente citati nel Libro Sacro. Un bel riassunto dei precetti morali del Corano si può leggere nella sura II, 177 «La pietà non consiste nel volger la faccia verso l'oriente o verso l'occidente, bensì la vera pietà è quella di chi crede in Dio e nell'Ultimo Giorno e negli Angeli, e nel Libro e nei Profeti e dà dei suoi averi per amor di Dio ai parenti e agli orfani e ai poveri e ai viandanti e ai mendicanti e per riscattar prigionieri, di chi compie la Preghiera e paga la decima, di chi mantiene le proprie promesse quando le ha fatte, di chi nei dolori e nelle avversità è paziente e nei dì di strettura [nei giorni di ristrettezze]; questi sono i sinceri, questi i timorati di Dio!». L'ascetismo e il monachesimo sono sconsigliati, le differenze sociali sono accettate come dati di fatto senza che questo intacchi il principio della assoluta eguaglianza dei credenti e la loro fratellanza nella fede.

GUIDA ALLA LETTURA

❶ Qual è il rapporto tra Dio e il credente musulmano? Come si lega ciò alle caratteristiche della divinità? ❷ Perché il concetto di fato è estraneo al Corano? ❸ Perché l'idea di separazione tra religione e politica è estranea al Corano? Che conseguenze ha questa concezione? ❹ Che cosa è la «pietà» secondo il Corano?

39

I.M. Lapidus
La legge islamica e la sua applicazione

I.M. Lapidus, *Storia delle società islamiche*, vol. I, *Le origini dell'Islam*, Einaudi, Torino 1993, pp. 205-7

■ La formazione della *Shari'a* e la sua successiva codificazione vengono qui delineate da uno dei maggiori studiosi della storia dell'Islam, lo statunitense Ira M. Lapidus (nato nel 1937), autore di una monumentale *Storia delle società islamiche*. Lapidus traccia a grandi linee l'evoluzione storica della Legge attraverso la progressiva affermazione delle principali scuole interpretative, sottolineando sia i complessi meccanismi che ne regolano l'applicazione, sia il suo ruolo fondamentale nella definizione dei comportamenti del singolo e dell'intero corpo sociale.

Oltre al Corano e agli *hadith*[1], le scritture islamiche comprendevano anche la legge musulmana. Nella metà del X secolo le scuole di diritto avevano già sviluppato le loro procedure giuridiche basilari e avevano elaborato un corpo considerevole di materiali giurisprudenziali. A quel tempo era generalmente ammesso che le principali scuole di giurisprudenza fossero quattro, nonostante esistessero numerosi eruditi indipendenti e piccole scuole personali. Nel 1300 soltanto le quattro scuole principali, hanafita, shafiita, malikita e hanbalita, erano sopravvissute. Dopo il 950, nonostante il consolidamento delle scuole di diritto, il campo degli studi giuridici vide ancora notevoli sviluppi. Mentre le scuole hanafita, malikita e shafiita convenivano che la «porta dello *ijtihad*», ossia del pensiero indipendente, era ormai chiusa e che gli studiosi delle generazioni future non sarebbero stati liberi di dare interpretazioni personali o indipendenti della legge, gli hanbaliti e una minoranza di shafiiti non accettarono mai il principio dell'obbedienza al canone tradizionale (*taqlid*) e sostennero che ogni dotto giurista era autorizzato a giudicare in maniera razionale e indipendente le questioni legali. Anche le scuole più conservatrici accettavano che si adattassero flessibilmente i principî giuridici alla consuetudine e alla tradizione. Anche l'applicazione della legge alle situazioni concrete e la pratica di consultare i dotti per averne dei pareri legali favorivano l'ulteriore evoluzione della legge. [...]

Le possibilità di dare interpretazioni personali e di scegliere entro il vasto repertorio creato dai numerosi giuristi, sommata alla discrezionalità dei giudici nell'applicazione della legge conferì alla pratica giuridica islamica una flessibilità pressoché illimitata.

Ne conseguì una contraddizione peculiare: la legge aveva un'autorità assoluta, ma in pratica veniva disattesa. In teoria si riteneva che la vita del buon musulmano consistesse nell'osservanza di tutti i comandamenti di Dio, espressi in forma di determinate norme e di esempi concreti da imitare. Le scuole che si attenevano all'interpretazione puramente letterale, come quella hanbalita, sottolineavano la necessità di aderire a ogni dettaglio della legge. Eppure la maggior parte dei musulmani riconosceva che la legge non era necessariamente formulata con precisione. I precetti legali erano frammisti a ingiunzioni morali e i giuristi musulmani distinguevano parecchie categorie di norme giuridiche. Talune azioni erano obbligatorie; altre, raccomandate; talune erano vietate; altre, sconsigliate. A proposito di certe questioni la legge era agnostica. In molti casi la legge non prevedeva sanzioni e la sua applicazione era un caso di coscienza. Spesso, inoltre, era la consuetudine a stabilire se certi aspetti della legge dovessero essere applicati oppure no; esistevano persino degli espedienti legali che consentivano di eludere la sostanza della legge, pur attenendosi alla sua lettera.

Questa flessibilità nell'applicazione della legge era accettabile poiché essa non era soltanto un atto legislativo, ma anche un simbolo del significato che il mondo acquisiva in congiunzione con Dio. Il problema dell'aderenza rivela una profonda tensione spirituale in seno all'Islam, una tensione fra gli ideali etici e le norme giuridiche, fra la fedeltà allo spirito e l'aderenza alla lettera, fra la legge in quanto paradigma di verità e in quanto sistema normativo. Inoltre il problema dell'aderenza alla legge racchiudeva quello delle sue fonti. Qual era il ruolo svolto dall'autorità divina manifestatasi nelle scritture, dal giudizio dei dotti e dai valori della comunità, nella creazione delle norme secondo le quali ogni buon musulmano doveva vivere? Ciò che fondava la legge era il rispetto dell'autorità, il giudizio razionale o la fedeltà alla tradizione e il consenso della comunità? Lo sforzo di vivere secondo la *shari'a* poneva a ogni credente il problema del ruolo che la ragione, il consenso e la tradizione dovevano avere nella formulazione dei suoi giudizi religiosi. Accettare le scritture voleva dunque dire aver fede nella rivelazione, impegnarsi a vivere in un determinato modo e coltivare nella propria persona le qualità morali e spirituali, nonché pratiche, implicite nella rivelazione musulmana. Nel Corano, negli *hadith* e nella legge si trovano non solo delle norme imperative, ma anche il lessico di una ricerca religiosa aperta.

---

[1] Dall'arabo, 'tradizione, narrazione, racconto, testimonianza' di un detto, di un comportamento, di un episodio della vita di Maometto.

GUIDA ALLA LETTURA

❶ All'interno di quali istituzioni è stata codificata la legge islamica? ❷ Quali diverse posizioni contrapponevano le scuole di diritto? ❸ Perché la pratica giuridica islamica era molto flessibile? Quali conseguenze aveva questa flessibilità? ❹ Perché Lapidus parla di «ricerca religiosa aperta»?

40

A. Wheatcroft
Guerra santa

A. Wheatcroft, *Infedeli. 638-2003: il lungo conflitto fra cristianesimo e islam*, Laterza, Roma-Bari 2007, pp. 210-13

■ Autore di un ampio studio sui rapporti tra Europa e Islam nell'arco di tempo compreso tra il VII secolo e gli inizi del XXI, lo storico contemporaneo Andrew Wheatcroft (nato nel 1944) indaga soprattutto le distorsioni della comunicazione che hanno portato alla creazione di stereotipi opposti, sia da parte cristiana e occidentale, sia da parte musulmana. Nelle pagine che presentiamo, Wheatcroft si sofferma sulla trasformazione subita dai concetti di "guerra santa" e di *jihad* in seguito alla radicalizzazione dello scontro determinata dalle crociate **[👁 3.9]**.

«Crociata» è stato fin dall'inizio un termine oscillante, molto mobile e adattabile, con una denotazione precisa molto ristretta e carico di connotazioni. È sempre stata una teoria volubile. I papi sostennero un'utile concezione che consentiva loro di dichiarare una guerra santa contro un individuo o un gruppo, bollandoli come nemici di Cristo. Ci furono guerre sante contro gli infedeli musulmani; contro eretici come gli albigesi di Provenza; contro monarchi cristiani recalcitranti; persino contro modeste città che rifiutavano di conformarsi alla linea del papa. Ma la prima categoria, la guerra contro l'infedele musulmano, fu sempre guardata a livello popolare come la vera guerra «per e in nome della Croce».
La guerra dichiarata santa era una innovazione dentro la Chiesa cristiana, la quale per secoli aveva lottato per imporre la pace di Dio sugli avversari. [...]
L'islam aveva sviluppato molto prima una coerente teoria della guerra santa. I giuristi musulmani avevano presentato un mondo diviso in due parti – una era la Casa della Pace (*Dar al-Islam*), dove governava un vero sovrano islamico, e l'altra era la Casa della Guerra (*Dar al-Harb*), dove l'islam non aveva il controllo. I musulmani dovevano fare ogni sforzo per assicurare che la Pace prendesse il posto della Guerra. La radice araba della parola per «sforzarsi» o «lottare», -J-H-D, generò la parola *jihad*, che significava ogni tipo di battaglia per una buona causa. Nell'uso quotidiano si riferiva alla lotta interiore contro il male o la tentazione ed era chiamata il «grande *jihad*», un po' come più tardi alcuni autori cristiani avrebbero parlato di una guerra santa contro il peccato. Ma la stessa parola era usata anche per significare una «guerra santa» in senso propriamente militare, che la maggior parte dei musulmani consideravano come un «*jihad* minore», derivato dal processo di purificazione interiore. La maggior parte degli autori occidentali hanno concentrato successivamente la loro attenzione sul secondo significato [...].
La teoria del *jihad* fu ricavata da poche occorrenze della parola nel Corano e in misura maggiore nei commenti di carattere giuridico alle tradizioni orali (*hadith*) del Profeta Muhammad. [...]
In teoria, per l'islam così come per la cristianità, la guerra era un male. Perché la battaglia e l'assassinio potessero essere santificati doveva trattarsi di una lotta per una causa buona e devota. Col tempo, quindi, tutt'e due le comunità svilupparono idee all'apparenza del tutto simili della guerra giusta per una buona causa. Ma ci furono differenze fra i processi di sviluppo, paralleli ma indipendenti. In ambito cristiano, la dottrina della guerra santa fu vivacemente dibattuta e si divise col tempo in molti filoni ideologici diversi, perlopiù in risposta a mutamenti sociali e politici. La terminologia della «crociata» fu estremamente mutevole: pellegrinaggio, viaggio, lotta nel segno della Croce, e così via, furono altri modi di indicarla. Nell'islam, esistevano due termini che venivano usati comunemente – *jihad* e, nel turco ottomano, *ghaza* – e non c'era molto da discutere circa il loro significato, e ci fu scarsa indagine teorica sui loro limiti e confini. [...]
Ma gli studiosi musulmani continuarono ad adeguare l'applicazione di questi princìpi immutabili, nel loro «compito di interpretare verità eterne e di applicare leggi eterne». Non era un sistema sclerotizzato e monolitico, e se la teoria era fissata, la sua applicazione non lo era affatto. Non tutte le guerre contro gli infedeli erano dichiarate guerre sante, e la resistenza ai franchi nel 1097-1099 certamente non fu vista all'epoca come un *jihad*. Ma nel corso dei due secoli durante i quali i *franj*[1] occuparono il Levante, il linguaggio del *jihad* divenne sempre più esplicito e frequente. Come l'appello alla crociata, la chiamata rivolta ai musulmani serviva a uno scopo particolare. La chiamata cementò insieme una comunità che altrimenti si presentava disunita. Il nuovo linguaggio della guerra santa fornì uno stile retorico straordinariamente potente. Prima di quell'incontro fatale in Palestina, la cristianità era centrata sull'idea della Pace di Dio, e la maggior parte del mondo islamico aveva opportunamente abbandonato sia la tradizione retorica sia la pratica del «*jihad* minore». A seguito del loro scontro nel Levante, entrambe le culture si ritrovarono con una ben affilata ideologia della guerra per una causa giusta.

[1] Franchi. Era il nome con cui erano conosciuti i crociati in Oriente.

GUIDA ALLA LETTURA

❶ Che cosa viene considerata dai cristiani la vera guerra «in nome della croce»? ❷ Quali sono le differenze cronologiche nello sviluppo dell'idea di guerra santa nell'Islam e nel Cristianesimo? ❸ Perché nell'Islam la guerra santa è legata all'instaurazione di uno status di pace? ❹ Perché il richiamo retorico alla guerra santa era straordinariamente potente?

41

M. Cook
Uomo e donna nel Corano

M. Cook, *Il Corano*, Einaudi, Torino 2001, pp. 39-44

■ Lo storico e islamista britannico Michael Cook (nato nel 1940) è autore di un agile studio sul Corano che introduce ai contenuti e alle problematiche connesse alla genesi, alla diffusione e all'interpretazione del Libro sacro. Nel brano che riportiamo Cook analizza il problema cruciale dell'uguaglianza tra uomo e donna nell'ambito dell'Islam alla luce di quanto prescritto dal Corano, considerando sia il testo originale del Libro sacro, sia le diverse letture che tuttora ne vengono date dalle principali scuole interpretative.

Per mille anni, prima dell'impatto occidentale, i musulmani (come i romani prima di loro) sapevano che i maschi europei del nord avevano atteggiamenti singolari nei confronti delle loro donne. Non le infagottavano dalla testa ai piedi e prestavano un'eccessiva attenzione alle loro opinioni. [...] Prima dell'epoca moderna però, i musulmani non avevano motivo di considerare questa stravaganza nordeuropea nulla più di una curiosità etnografica, paragonabile forse ai comportamenti devianti verso le donne riscontrabili presso alcune tribù meno civilizzate del mondo islamico. A partire dall'Ottocento, però, la situazione è drasticamente cambiata e i ruoli maschili e femminili in Europa si sono ancora più discostati dai modelli tradizionali islamici. Allo stesso tempo, tale modello nordeuropeo ha ottenuto un certo grado di prestigio normativo nella cultura globale in generale, e un raduno internazionale di donne svoltosi in Cina nel 1995 fu un'esperienza scomoda per diversi governi islamici, per non parlare della nazione ospite. [...]
Dato che la modernità è storicamente un prodotto dell'Occidente, non c'è da stupirsi che un versetto come il seguente abbia scatenato infinite discussioni:

> Gli uomini sono preposti alle donne, perché Dio ha prescelto alcuni esseri sugli altri e perché essi donano dei loro beni per mantenerle; le donne buone sono dunque devote a Dio e sollecite della propria castità, così come Dio è stato sollecito di loro; quanto a quelle di cui temete atti di disobbedienza, ammonitele, poi lasciatele sole nei loro letti, poi battetele; ma se vi ubbidiranno, allora non cercate pretesti per maltrattarle; ché Iddio è grande e sublime. (Cor. 4:34)

Come vedremo, nel mondo islamico tradizionale hanno trovato spazio varie interpretazioni di questo versetto. Ma due fatti sono difficili da negare: qui la supremazia maschile è affermata e sanzionata con la concessione al marito del diritto, tra l'altro, di picchiare la moglie ribelle. [...] La preoccupazione principale dei commentatori tradizionali consisteva nel distinguere la punizione corporale legittima dall'aggressione e dalla violenza; ma quanto per loro era semplice buonsenso, suona oltraggioso alle orecchie moderne. Di conseguenza, nessun commentatore moderno può esimersi dal commentare questo versetto.
Sentiamo innanzitutto che cosa hanno da dire i moderni sulla supremazia maschile. Nessuno di loro mette in discussione il fondamentale principio in questione e nessuna delle loro osservazioni funzionerebbe nell'Occidente moderno: gli uomini hanno un più bell'aspetto e pensano meglio delle donne; le donne hanno reazioni intuitive e spontanee mentre quelle degli uomini sono contraddistinte da serietà e riflessione; i grandi risultati in ogni campo sono ottenuti da uomini, con eccezioni così rare da confermare la regola, e via dicendo.
Tuttavia i commentatori dicono anche cose che vanno nella direzione opposta, facendo emergere aspetti che i loro predecessori non indicavano e, in molti casi, non avrebbero indicato. Così, possono rimarcare che il versetto riguarda soltanto i rapporti tra marito e moglie, non tra uomo e donna in generale. E anche nel contesto coniugale, si sforzano di limitare l'autorità del marito. [...]
Una volta stabilito il principio, tutti i commentatori si preoccupano di evidenziare i limiti del diritto del marito a picchiare la moglie, limiti che trovano fissati nella letteratura musulmana tradizionale. Rilevano, per esempio, che l'esercizio di tale diritto è «l'ultima spiaggia». Maghniyya sostiene, con qualche esagerazione, che secondo tutti gli studiosi tradizionali è meglio non picchiare la propria moglie. Qutb, in un brano fortemente espressivo, afferma che il versetto non dà licenza di trattare una donna come un cane alla catena; se i musulmani si sono comportati in un modo simile è per degenerazione dei loro costumi, non per volontà di Dio. [...]
I commentatori moderni si dividono in due grandi gruppi. Quelli del primo sono in genere fortemente condizionati dai valori dell'Occidente e a volte cercano di adeguare le Scritture a essi: sono i modernisti islamici nella tradizione di Muḥammad ʻAbduh. I commentatori del secondo gruppo respingono i valori occidentali e si impegnano a non piegare le Scritture per adeguarle: sono i fondamentalisti islamici di questi ultimi decenni. Il primo gruppo tende maggiormente a seguire la corrente occidentale, il secondo ad andare contro corrente; ma in realtà entrambi i gruppi sono acutamente consapevoli di questo.

GUIDA ALLA LETTURA
❶ Che cosa pensavano, prima dell'800, i musulmani dei rapporti tra i generi nell'Europa settentrionale? ❷ Come sono presentati i rapporti tra i generi nel Corano? ❸ Che cosa affermano in merito i commentatori?

42

G. Vercellin
La poligamia nelle società musulmane

G. Vercellin, *Tra veli e turbanti. Uomini e donne nei mondi dell'Islam*, Marsilio, Venezia 2000, pp. 152-56

■ Giorgio Vercellin (1950-2007), studioso della lingua e della cultura islamiche oltre che profondo conoscitore della questione femminile nelle società musulmane, analizza nelle pagine che seguono la questione della poligamia – un aspetto del mondo islamico che ha sempre suscitato particolare curiosità e scandalo agli occhi degli europei, diventando spesso oggetto di mistificazione e travisamento. Partendo dalle radici coraniche di questo antico costume, Vercellin ne analizza le implicazioni e la reale portata storica all'interno delle società musulmane.

In tutto il Corano esiste un unico, isolato versetto (IV, 3) che autorizza la poligamia, a fronte di una quantità a dir poco ridondante di passi che espongono precise norme relative al *nikah*[1] e soprattutto a ciò che è lecito o meno in relazione ad esso, ai legami di parentela ammessi e proibiti, alle disposizioni per le donne mestruate, vedove, gravide, infedeli ecc. Non bastasse ciò, il versetto in questione è piuttosto complesso per non dire confuso: «Se temete di non essere equi con gli orfani, sposate allora di fra le donne che vi piacciono, due o tre o quattro, e se temete di non essere giusti con loro, una sola, o le ancelle in vostro possesso; questo sarà più atto a non farvi deviare». [...]

Interessa ora evidenziare che a proposito della poligamia storicamente intesa e attuata il punto decisivo sta in quell'inciso «e se temete di non essere giusti con loro, una sola». [...]

In passato comunque la poligamia veniva per così dire tranquillamente accettata nel *dar al-islam*[2], anche se esistevano una serie di vincoli teorici e soprattutto pratici tali da renderne la pratica complicata e onerosa. Una prima osservazione che si impone è che la presenza contemporanea di più mogli per un unico marito sembra essere stata rara e soprattutto limitata alle classi agiate. Purtroppo non abbiamo ancora molte informazioni né dati numerici e statistici sufficienti a valutarne l'effettiva incidenza nelle società storiche. [...]

Svariati altri viaggiatori europei che furono nel *dar al-islam*, per esempio nella Aleppo del Settecento [...] menzionano a loro volta la poligamia come un fenomeno raro, mentre uno studio recente sulla Turchia del Seicento riporta solo venti casi di poligamia in documenti che fanno riferimento a duemila proprietà terriere [...].

Acquisito questo panorama, sembra lecito ipotizzare che nel mondo musulmano la forma più diffusa di poligamia sia stata la bigamia, ossia un unico marito sposato contemporaneamente con due donne conviventi. Ma a questo punto bisogna evidenziare un ulteriore aspetto: di solito si trattava di due mogli sposate a grande distanza di tempo. In effetti sembra succedesse abbastanza di frequente che un uomo si prendesse una seconda sposa quando la prima era ormai anziana, molto spesso con l'autorizzazione e l'approvazione di quest'ultima che poteva così liberarsi di una serie di incombenze casalinghe. [...]

Quell'immagine di sfrenata lussuria proposta più o meno esplicitamente da quasi tutti i viaggiatori occidentali e da molti studiosi [...] risulta a dir poco distorta se basata sulla poligamia.

In conclusione si può affermare che nonostante la morbosa attenzione di molti, questa istituzione nel *dar al-islam* sembra essere stata storicamente limitata a piccoli segmenti della società, quelli più abbienti e potenti. [...]

L'affermazione coranica secondo cui l'uomo non è in grado di «agire con equità» con le spose è l'elemento privilegiato da un secolo a questa parte dai modernisti islamici per sostenere che è di fatto impossibile per un marito essere giusto ed imparziale con più di una sposa. Di conseguenza secondo la maggior parte degli *'ulama*[3] contemporanei la poligamia, se non può essere negata o soppressa in quanto è pur sempre prevista e ammessa dalla Parola di Dio, va ritenuta accettabile solo in rarissimi casi di estrema necessità [...].

Simili posizioni, che tengono forse in qualche misura conto della sensibilità moderna in materia di parità dei sessi, non sono tuttavia un'assoluta novità nel mondo musulmano: per esempio erano già state sostenute da al-Mu'izz li-Din Allah (935-975) [...]. E soprattutto erano state teorizzate da filosofi come Ibn Sina (Avicenna) e al-Farabi (872-950) [...].

Ben più importante però per il controllo sociale della poligamia è che alcune scuole giuridiche prevedevano norme che consentivano alla donna di inserire nel contratto di *nikah* clausole cautelative, come quelle che proibivano al marito di prendere altre mogli fintanto che durava la prima unione, oppure che trasferivano alla donna il diritto al ripudio previsto dalla *shari'a* solo per l'uomo [...].

A questo proposito bisogna considerare che agli albori dell'islam le donne appartenenti alle élites erano in grado di negoziare i termini dei propri contratti matrimoniali (al solito, nulla sappiamo delle classi popolari e degli abitanti delle campagne o dei nomadi), e quindi anche di pretendere la monogamia dei mariti. Man mano però che il nuovo ordine patriarcale prendeva piede, gli aumentati mezzi economici permisero agli uomini di acquisire sul mercato schiave, non di rado giovani squisitamente e addirittura appositamente educate. Di conseguenza i maschi appartenenti ai ceti dominanti cominciarono a respingere i termini contrattuali limitativi, giungendo fino a rifiutare il *nikah*.

---

[1] Matrimonio.

[2] La 'Casa dell'Islam', ovvero i territori sottoposti all'Islam.

[3] Nel mondo islamico, i dotti nelle scienze religiose, depositari e tutori della legge religiosa islamica (*Sharī'a*).

GUIDA ALLA LETTURA

❶ Che cosa afferma il Corano sulla poligamia? ❷ Qual è l'effettiva portata numerica della poligamia nel mondo islamico? ❸ In quali casi, in generale, la poligamia viene ritenuta accettabile? ❹ Che cosa dimostrano le clausole cautelative delle donne nei contratti matrimoniali?

43

F. Cardini
Cristiani e musulmani

F. Cardini, *L'invenzione del nemico*, Sellerio, Palermo 2006, pp. 38-45

■ Lo storico Franco Cardini (nato nel 1940) evidenzia in queste pagine alcuni atteggiamenti culturali di fondo che hanno caratterizzato l'incontro tra la Cristianità medievale e il "nemico" musulmano. Avvalendosi di numerose fonti di carattere diverso (dalla trattatistica medievale alle *chansons de geste* alle tradizioni folkloriche), l'autore sottolinea come, da una conoscenza molto lacunosa e approssimativa dell'Islam e dei musulmani, la cultura europea abbia elaborato un insieme di credenze, interpretazioni ed equivoci destinati a forgiare per secoli l'immaginario europeo.

Che cos'ha recato la crociata all'Europa? La lebbra, rispondeva il signor di Voltaire[1]. Qual è stato il frutto migliore della crociata? L'albicocca, ha risposto Jacques Le Goff[2].

Queste risposte, al di là del loro carattere ironico, enucleano le crociate come fatto politico-militare (e magari «coloniale») dal loro contesto storico, lo stretto dialogo economico e culturale fra Europa e Islam; dallo stabilirsi di rapporti serrati che avrebbero permesso lo sviluppo economico, finanziario, tecnologico, scientifico e intellettuale del Duecento, uno dei secoli più prosperi e illuminati dell'intera storia euromediterranea.

All'interno di questi risultati positivi, conseguiti grazie a un complesso di ragioni e di eventi dei quali le crociate furono l'aspetto militare non disgiunto tuttavia da caratteristici elementi sociali e religiosi, dev'esser considerata la progressiva scoperta dell'"Altro" da parte dei cristiani occidentali.

Fu una scoperta reciproca? Per correttamente rispondere a una domanda del genere, bisogna premettere che Cristianità e Islam non partivano affatto alla pari sul piano della conoscenza l'una dell'altro. Lo stesso Profeta aveva avuto alcuni rapporti con monaci cristiani, e i primi musulmani – a parte la cerchia delle tribù beduine uscite dal sincretismo pagano delle origini – erano in gran parte dei cristiani convertiti. [...] Al contrario, gli europei occidentali non avevano alcuna chiara né sicura nozione sulla quale appoggiarsi per comprender chi fossero e che cosa pensassero quei nuovi arrivati. Nella tradizione latina antica, che avevano in larga per quanto non diffusa misura conservato, gli *Arabes* erano *molles*, effeminati e corrotti [...]. Qualche decennio più tardi le cose erano in parte senza dubbio cambiate: le razzie saracene sulle coste europee e nel Mediterraneo occidentale non erano certo le più appropriate occasioni per una conoscenza reciproca, tuttavia dovevano esser state tramiti di cognizioni e informazioni. [...]

Siamo insomma di fronte a una serie di notizie che non sono neppur tanto poche, ma che hanno un carattere troppo labile, disperso e disordinato per poter davvero consentire di renderci conto che cosa sul serio si sapesse sull'Islam nell'Europa occidentale [...].

La conoscenza che gli europei occidentali dell'XI secolo avevano dell'Islam si propone in altri termini come scarsa, confusa e lacunosa, ma soprattutto come scandita in differenti livelli di consapevolezza e di fruizione e oggetto di un'articolata mediazione che ne gestiva e ne manipolava i contenuti a seconda degli ambienti e degli scopi cui essi erano destinati. [...]

I testi di molte *chansons de geste* in cambio, narrando di guerre contro gli infedeli – anche se essi erano piuttosto i mori di Spagna che non i turchi del Vicino Oriente –, si diffondevano in descrizioni somatiche, fisiche, caratteriali, comportamentali e anche religiose. Si tratta di testi non facili a datarsi con precisione, ma la fissazione dei quali per iscritto è situabile comunque a cavallo tra XI e XII secolo: testi cioè che hanno influenzato direttamente prima crociata e guerre spagnole o che ne sono stati a loro volta influenzati.

Nell'epica più antica, l'aggettivo che di solito indica la religione di quelli che secondo i casi (e con molte varianti) sono detti saraceni, arabi, mori, berberi, turchi, persiani, azopard (etiopi), o designati con nomi più fantasiosi, è «pagano». [...] Il loro aspetto raramente è connotato come soltanto umano, sia pure d'un'umanità feroce e stravolta: prevalgono i connotati sovrumani-disumani-antiumani. Sovente il pagano è un gigante [...] (va ricordato che il gigantismo è un tratto demoniaco, e comunque collegato alla superbia e alla riottosità). Quando non sono giganti, i saraceni hanno tratti diabolici: sono neri, cornuti, digrignano i denti (atteggiamenti che resteranno a lungo anche attestati a livello iconico). [...]

L'etica «pagana» era a sua volta immaginata come il rovesciamento di quella cristiana, specie per quanto riguardava i piaceri carnali, a proposito dei quali si diceva che i saraceni erano tenuti dal loro credo a ogni sorta di abuso e di libidine e che ciò era dovuto ai pessimi costumi del fondatore della loro dottrina il quale – per fuggire alla vergogna – li aveva resi obbligatori trasferendoli nella sua legge. [...] Tommaso d'Aquino [...] giunse a esprimere un parere tanto perentorio quanto basato su calunnie e pregiudizi: il Profeta avrebbe adescato gli uomini con la promessa di sfrenati piaceri carnali e avrebbe concesso loro una legge che rendeva lecito qualunque atto di libidine.

---

[1] Filosofo francese (1694-1777).

[2] 2.

GUIDA ALLA LETTURA

❶ Che cosa conoscevano l'una dell'altra la civiltà cristiana e quella musulmana prima delle crociate? ❷ Qual è il rapporto tra le descrizioni degli infedeli contenute nelle *chansons de geste* e le crociate? ❸ Come vengono rappresentati i saraceni nell'epica più antica? ❹ Quale giudizio si dava sulla loro morale?

B. Lewis
Musulmani e cristiani

B. Lewis, *Europa barbara e infedele. I musulmani alla scoperta dell'Europa*, Mondadori, Milano 1983, pp. 169-72

■ Uno dei massimi specialisti di storia dell'Islam, lo studioso inglese Bernard Lewis (1916-2018), analizza in queste pagine il modo in cui, tra il Medioevo e la prima età moderna, i musulmani vedevano e definivano la Cristianità. Molti elementi di questa visione erano speculari a quelli cristiani (anche i cristiani definivano "infedeli" i musulmani), ma l'atteggiamento islamico aveva caratteristiche peculiari.

Gli autori musulmani erano consapevoli del fatto che al di là del confine settentrionale vivevano altri popoli, chiamati romani, franchi, slavi e altro, che parlavano una sbalorditiva varietà di lingue, ma questo era di per sé irrilevante: l'ecumene islamico era composto di numerose razze e nazioni diverse fra loro e, sebbene i musulmani avessero preferito ridurre al minimo il numero di lingue da usarsi nelle sfere politica, culturale e commerciale, la profusione di idiomi e dialetti locali da essi parlati non aveva nulla da invidiare a quella riscontrata nel continente europeo.

Il vero elemento di demarcazione era la religione: coloro che professavano la religione islamica erano detti musulmani ed erano membri della comunità di Dio, indipendentemente dallo stato in cui vivevano e dal sovrano di cui erano sudditi; coloro che rifiutavano l'Islam erano infedeli. La parola araba che designa tale rifiuto è *kàfir*, forma derivante da una radice che significa non credere o negare, e viene generalmente usata per indicare soltanto quelli che non credono nel messaggio dell'Islam e ne disconoscono la verità.

In senso stretto, il termine *kàfir* è da riferirsi a tutti coloro che non sono musulmani; tuttavia, nell'uso che ne fecero gli arabi, i persiani e i turchi, esso divenne praticamente sinonimo di cristiano e, parimenti, la Casa della Guerra venne a identificarsi sempre più con quella fede religiosa e con quell'ordinamento politico rivale, che si definì dapprima cristianità e successivamente Europa. Naturalmente i musulmani conoscevano altri infedeli oltre ai cristiani; ma alcuni, come gli indù e i buddisti dell'Asia, vivevano in regioni troppo lontane per poter influire in misura apprezzabile sulla mentalità e sulle consuetudini delle comunità islamiche mediorientali e mediterranee, mentre altri, come gli abitanti non musulmani dell'Africa nera, per quanto si trovassero in più stretti rapporti con i musulmani, venivano considerati innanzi tutto politeisti e idolatri ed erano generalmente designati con questi termini. [...]

Il *kàfir* per eccellenza era il cristiano e gli Stati che si sentivano parte integrante dell'Europa erano noti ai musulmani come «le terre degli infedeli», ossia la cristianità. Questa definizione in termini religiosi tanto dell'identità quanto delle differenze tra i popoli è comune a quasi tutti gli Stati musulmani. Mentre coloro che si recavano dall'Europa al mondo musulmano si consideravano inglesi, francesi, italiani, tedeschi e così via, tra i mori o i turchi o i persiani, i visitatori musulmani che si recavano in Europa – sia che provenissero dal Marocco o dalla Turchia o dall'Iran – si sentivano, invece, musulmani nella cristianità e non erano soliti riferire a se stessi o ai loro ospiti denominazioni di carattere nazionale, territoriale o etnico: quasi sempre, infatti, designano la loro regione di provenienza come «le terre dell'Islam» e il loro sovrano come «il sovrano dell'Islam» o per mezzo di espressioni analoghe. [...]

L'europeo è diverso, non perché appartiene a un'altra nazione, è suddito di un altro sovrano, vive in un altro luogo o parla un'altra lingua, bensì perché è seguace di un'altra religione. Proprio in virtù di questa differenza, il musulmano lo ritiene ostile e lo considera, senza dubbio, inferiore. Ricorrendo a un metodo ampiamente utilizzato dalla propaganda e dalla pubblicità moderne, gli autori musulmani che trattano della cristianità usano sempre le stesse espressioni, reiterandole all'infinito, per sottolineare e inculcare al lettore questi concetti; salvo rare eccezioni, nei loro scritti non viene mai fatta menzione di alcun popolo, gruppo o perfino individuo europeo senza il termine «infedele», usato come sostantivo o come aggettivo. Talvolta risulta necessario, sia negli atti ufficiali sia negli scritti storici, fare delle distinzioni tra i diversi stati o popoli della cristianità: in tal caso, si ricorre a espressioni come «gli infedeli inglesi», «gli infedeli francesi», «gli infedeli russi» e così via. Non di rado il concetto viene ulteriormente sottolineato con l'aggiunta di qualche epiteto ingiurioso o qualche imprecazione, che solitamente assume la forma di una rima o di una allitterazione[1]. Per esempio, tra gli ottomani, ve n'è una per ogni nazione: *Ingiliz dinsiz* (inglese senza religione), *Fransiz jansiz* (francese senz'anima), *Engurus menhus* (malaugurato ungherese), *Rus ma'kus* (perverso russo), *Alman biaman* (spietato tedesco) eccetera.

[1] Ripetizione di suoni o di sillabe uguali in due o più parole successive.

GUIDA ALLA LETTURA

❶ Che significato attribuiscono gli autori musulmani alla diversità linguistica e culturale? ❷ Chi erano i *kàfir*? ❸ In che cosa si differenzia, secondo Lewis, il senso d'identità dei musulmani da quello degli europei? ❹ Come erano definiti linguisticamente, dagli scrittori musulmani, i diversi "infedeli" europei?

SVILUPPARE LE COMPETENZE

Comprendere e Analizzare

❶ **Scrivi un breve testo (max 40 righe) dal titolo *La religione islamica: principi e interpretazioni di una grande religione monoteista.* Segui questa scaletta di argomentazione:**

a. I testi islamici e la loro interpretazione (Bausani, Lapidus);
b. Il concetto di guerra santa (Wheatcroft);
c. I rapporti tra generi (Cook, Vercellin).

❷ **Dopo aver letto i testi di Cook [41] e Vercellin [42], rispondi alle seguenti domande citando opportunamente i testi:**

a. Quali versetti del Corano prescrivono le caratteristiche del rapporto tra sessi e del matrimonio?
b. Quale immagine della sessualità islamica era diffusa in Occidente? Corrisponde alla realtà?
c. Quali ambiti di autonomia e di potere erano riservati alle donne islamiche?
d. Come erano codificati i rapporti matrimoniali?

Rielaborare e Argomentare

❸ **Redazione di un tema storico. *Musulmani e cristiani: un confronto lungo secoli***

Il confronto – e lo scontro – tra cristiani e musulmani ha caratterizzato la storia euromediterranea per secoli e, ancora oggi, non si può dire concluso. Esso è stato caratterizzato da pregiudizi, visioni distorte e mistificazioni generatesi da entrambe le parti. Rifletti su tali rapporti evidenziandone gli aspetti più significativi.

Immagini: pp. 74, 77, 79, 82, 83
Brani storiografici: Wheatcroft [40], Cook [41], Vercellin [42], Cardini [43], Lewis [44]
Capitoli: **3**

Storie di viaggiatori, di navi e di oceani

Il mondo più dinamico successivo alla svolta dell'anno Mille favorì la circolazione degli individui, che nell'alto Medioevo si era enormemente ridotta. La maggior parte degli uomini dell'alto Medioevo trascorreva la propria esistenza senza muoversi dal luogo in cui era nata o spostandosi soltanto per le normali ricorrenze e le necessità della vita quotidiana (il mercato, una visita ai parenti, una festa). Nel basso Medioevo, oltre ai pellegrini, ai vagabondi e ai soldati, furono i mercanti coloro i quali iniziarono a intraprendere viaggi avventurosi seguendo rotte a largo raggio che li tenevano a lungo lontani da casa. Il Mediterraneo si aprì, infatti, sempre più ai traffici e l'afflusso di merci da paesi lontani crebbe intensamente: le città portuali iniziarono a rappresentare spazi più dinamici e aperti e i nuovi bastimenti, con le loro dimensioni imponenti e le loro immense vele, a suscitare l'ammirazione dei contemporanei.
Navi veloci e slanciate come le "galee" (o galere) impegnate nella guerra e nei trasporti di merci preziose, o tozze e pesanti come le "navi tonde", più adatte al trasporto di merci ingombranti, dominavano le rotte mediterranee: le une e le altre sono descritte nei due passi di **Marco Tangheroni** [45-46].
Le principali vie marittime dei traffici commerciali attraversavano il Mediterraneo orientale, dominato dalle città marinare italiane di Venezia, Pisa, Genova e, almeno inizialmente, Amalfi, che controllavano gli scambi delle merci provenienti dall'Estremo Oriente attraverso il Mar Nero, il Golfo Persico, il Mar Rosso. Venezia, intorno all'anno Mille, aveva affermato il suo primato nell'alto Adriatico, imponendo il proprio controllo sulla costa dalmata: il suo porto era caratterizzato da un'atmosfera di grande vitalità e, come mostra la lettera di **Francesco Petrarca** [47DOC], le navi che vi attraccavano erano grandi e imponenti.
Navi e viaggiatori giunsero anche nelle zone più remote dell'Oriente. L'iniziativa di questo incontro con le zone più lontane dell'Asia toccò alle città marinare italiane: mercanti in cerca di fortuna e di avventure, come il famoso **Marco Polo** [48DOC], si avventuravano lungo le vie carovaniere che dalla Crimea portavano in Cina, risalivano i valichi interminabili della Persia e dell'Afghanistan, si affidavano al ritmo dei monsoni e sbarcavano sulle coste dell'India, proseguendo poi per l'Estremo Oriente. Ebbero così modo, tra l'altro, di sottoporre a verifica quelle immagini e quelle rappresentazioni favolose sulle popolazioni che vivevano intorno all'Oceano Indiano, rappresentazioni che, come ci mostra **Jacques Le Goff** [49], erano molto diffuse tra gli occidentali.
I viaggiatori, tuttavia, non erano soltanto europei. Come spiega **Niall Ferguson** [50], infatti, anche alcuni imperatori della Cina – allora la civiltà più evoluta del pianeta – finanziarono viaggi e spedizioni, fino alla scelta della chiusura definitiva e dell'isolamento del loro paese fatta al termine del XV secolo.
Altrettanto dinamici erano anche i mongoli che, nel corso del XIII secolo, provarono due volte a invadere e a conquistare il Giappone: tentativi che non ebbero successo anche a causa, ci dice **Kenneth G. Henshall** [51], di una buona dose di sfortuna.

45

M. Tangheroni
Navigare nel Mediterraneo: le galee

M. Tangheroni, *Commercio e navigazione nel Medioevo*, Laterza, Bari 1966, pp. 197-99

■ Per molti secoli la marineria mediterranea – sia quella mercantile sia quella militare – fu dominata da una nave elegante e slanciata, la galea. Il nome dice tutto: esso deriva infatti dal greco *galèos*, che indicava lo 'squalo'. Questa imbarcazione veloce, che fendeva le onde come un pesce, fu per molti secoli il mezzo di trasporto più rapido ed efficiente. Come afferma lo storico Marco Tangheroni (1946-2004), tante cose sono note sulle galee, ma molte altre restano oscure, malgrado i tentativi degli studiosi di ricostruire un modello autentico di questa straordinaria imbarcazione.

La galea, derivata nel nome e, con trasformazioni, anche nella forma, dalla marineria bizantina, era caratterizzata da un rapporto assai elevato tra lunghezza e larghezza massime; questo rapporto (L/l), definito tecnicamente coefficiente di finezza, era, infatti, pari a 7 e anche a 8 [...], pure se con una tendenza alla sua progressiva diminuzione, fino ad arrivare a 6 o a qualcosa di meno. Essa, inoltre, era alquanto bassa rispetto al livello del mare, pure se l'evoluzione fu nella direzione di scafi un po' più alti, oltre che un po' più grossi, in modo da renderla capace di affrontare mari più agitati.

I documenti ci attestano una sua forte attitudine alla velocità. Questa, infatti, è data, oltre che dalla forza motrice utilizzata, anche dalla forma dell'imbarcazione, dal coefficiente di finezza e dalla lunghezza al galleggiamento. Naturalmente, però, la forma allungata, fine e bassa dello scafo, se permetteva di guadagnare in velocità, restringeva la stazza, cioè la capacità di carico della galea. Inoltre, essa doveva imbarcare un numero notevole di rematori; ingombrata dai banchi ad essi destinati e obbligata ad adeguati quantitativi di scorte solide e liquide, aveva uno spazio utile ben più ridotto di quello disponibile nei velieri. Si è calcolato che una ciurma di 150 uomini occupava quasi 250 metri quadrati.

Se le grandi navi da guerra dell'antichità erano state caratterizzate dalla sovrapposizione di più ordini di rematori, nelle galee i banchi erano disposti su un unico ordine, a file di un banco per ogni lato, con in mezzo uno stretto corridoio di passaggio. Fino al XIII secolo i rematori erano due per banco, ma dalla fine di esso si passò a tre per banco. Poiché ognuno di essi muoveva un proprio remo, si può comprendere che la relativa tecnica non era delle più semplici; soltanto nel XVI secolo si diffonderà l'uso di un solo grosso remo per banco, mosso a più mani. [...]

Le galee, in una certa misura, continuano a costituire, per alcuni versi, un enigma e la stessa ricostruzione della tecnica di voga o della disposizione dei remi resta parzialmente ipotetica e, forse, approssimativa. Tanto la modellistica quanto taluni tentativi di ricostruzione, coronati da fallimentari prove pratiche, hanno pagato i limiti dell'oscurità delle fonti scritte e delle incertezze delle rappresentazioni iconografiche. La competenza necessaria per remare era non soltanto non elementare, ma pure differenziata a seconda delle posizioni occupate, come puntualmente ci mostrano i conti di esercizio delle galee arrivati sino a noi. Notevolissimo era poi lo sforzo fisico richiesto ai rematori, i quali manovravano remi di otto metri di lunghezza e del peso di circa sessanta chili. In ragione di questo sforzo la tecnica di voga normalmente adottata era quella detta «a monta e casca», in quanto gli uomini si alzavano e si risiedevano, appoggiandosi ad un'apposita pedana; e il ritmo era lento, «a lunga e tarda», onde consentire loro di riprendere fiato tra una palata e l'altra.

Comunque, le galee, quando le condizioni di vento erano favorevoli e non c'erano necessità di particolare urgenza, ricorrevano all'energia eolica per risparmiare quella umana; esse infatti montavano uno o due alberi dotati di vele triangolari. Ma si è forse troppo insistito, per correggere l'immagine di una galea che va sempre a remi, sulla «supremazia del vento»; anche nella navigazione normale le occasioni di ricorso ai rematori non erano rare, giacché era possibile navigare contro vento, sia pure a fatica, e non preoccuparsi dei periodi, a volte lunghi, di bonaccia, almeno per tratti brevi. Vi sono testimonianze secondo le quali una galea percorreva, in un viaggio, da un terzo a un quarto del suo tragitto ricorrendo alla propulsione a remi. Questa, poi, era esclusiva in diverse occasioni: le manovre nei porti, i combattimenti singoli e le battaglie navali di grandi flotte militari, le quali erano costituite, quasi sempre, da sole galee, con l'ausilio di qualche nave appoggio.

Le galee avevano dei posticci esterni lungo le fiancate, i quali costituivano dei camminamenti su cui, al momento dello scontro, prendevano posto balestrieri ed arcieri. La tecnica militare consisteva, essenzialmente, nello speronamento, preceduto dal lancio di frecce e proiettili, nonché, spesso, dal getto di sostanze incendiarie o scivolose. Allo speronamento seguiva, in genere, l'abbordaggio ed un combattimento corpo a corpo, all'arma bianca. [...]

Nonostante le ridotte capacità di carico, la galea continuò per secoli, ben oltre il Medioevo, a costituire la nave da guerra per eccellenza, anche quando si ebbe l'introduzione dell'artiglieria, di più difficile collocazione e di più problematico impiego sul livello del mare. Lepanto, nel 1571[1], fu ancora lo scontro tra due enormi flotte di galee [...].

Per le sue caratteristiche la galea non era molto adatta alla navigazione oceanica; tuttavia, furono convogli di galee

1 👁 11.5.

a garantire i collegamenti commerciali tra Venezia, Genova e, nel XV secolo, anche Firenze, e l'Inghilterra e le Fiandre. [...] L'impiego della galea apparve insostituibile sia nelle occasioni belliche, quando si imponeva per manovrabilità e velocità, nell'attacco come nella fuga, sia in quei viaggi commerciali in cui il trasporto di merci preziose e di poco ingombro, come il pepe o le spezie, richiedeva piuttosto velocità e puntualità di arrivo che non capacità di carico.

GUIDA ALLA LETTURA

❶ Perché la galea era particolarmente adatta alla velocità? Perché ciò riduceva la capacità di carico? ❷ Come erano disposti i rematori? Qual era la tecnica di voga? ❸ Qual era la tecnica militare usata sulle galee in caso di scontro? ❹ In quali attività la velocità delle galee era insostituibile?

46

M. Tangheroni
Navigare nel Mediterraneo: i velieri

M. Tangheroni, *Commercio e navigazione nel Medioevo*, Laterza, Bari 1966, pp. 202-4

■ L'altra protagonista della navigazione mediterranea – ci racconta sempre lo storico Marco Tangheroni **[45]** – fu la "nave tonda", un tipo d'imbarcazione opposto alla galea, perché privilegiava il carico rispetto alla velocità, e la velatura rispetto ai remi. Con una lunghezza pari ad appena 2,5 volte la larghezza, questo veliero tozzo e alto, grazie alla capienza della sua stiva, era particolarmente adatto a trasportare merci ingombranti come i cereali, il sale, l'olio e il vino.

Passando all'altro tipo fondamentale, quello della nave tonda, a sola propulsione eolica, il progresso fondamentale avvenuto tra la fine del XII e l'inizio del XIII secolo fu la capacità acquisita dai costruttori di realizzare buoni velieri di dimensioni crescenti, a due e anche a tre ponti, con un castello di poppa, un castello di prua e una coffa[1] da combattimento. L'espressione «nave tonda», che si trova pure nelle testimonianze medievali, coglie bene l'impressione morfologica essenziale; in effetti la *navis* privilegiava la capacità di carico sulla velocità ed era perciò tozza [...], panciuta e alta sul mare. Per quanto scarse siano le nostre informazioni sulle tecniche costruttive, è certo che un loro perfezionamento fu il presupposto della capacità di risposta del trasporto marittimo alle esigenze di un commercio che veniva sempre di più allargandosi a merci povere ed ingombranti come i cereali, il vino usuale e il sale; d'altra parte, il fatto è, al tempo stesso, una prova anche delle sollecitazioni che alle tecnologie nautiche venivano dagli sviluppi, quantitativi e qualitativi, dei traffici, in un rapporto di vicendevoli influenze ben definite dallo Heers[2]: «Le tipologie navali evolvono continuamente e quest'evoluzione ha la sua importanza: essa è conseguenza di nuove condizioni economiche, di nuove forme di traffico, ed innesca a sua volta ulteriori esigenze e, spesso, tutto un ciclo di trasformazione dei metodi commerciali». La documentazione veneziana, ed in particolare le successive deliberazioni del Senato, consentono di seguire la tendenza duecentesca alla costruzione di imbarcazioni sempre più grandi. [...] Gli ordinamenti del 1229 avevano fissato soltanto misure minime; in quelli degli ultimi decenni del secolo la preoccupazione era quella opposta, di fissare, cioè, dei limiti massimi. Alla fine del Duecento, c'erano velieri tanto grandi da non poter entrare nel porto di Venezia. Alcuni cronisti rimasero così impressionati da paragonare queste navi a castelli galleggianti. Un'impressione che troviamo, per così dire, giustificata dal nome attribuito a una nave veneziana del Duecento, la *Roccaforte*, che, peraltro, era all'epoca considerata grande, ma non grandissima. Di essa conosciamo, fortunatamente, le misure: più di 38 metri di lunghezza, più di 14 metri di larghezza, per un'altezza di 9,3 metri al centro dello scafo e di quasi 14 metri sotto i due alti castelli di prora e di poppa; il tutto, secondo calcoli effettuati, per una stazza netta di 600 tonnellate e un dislocamento (peso in assetto di navigazione) di 1.200 tonnellate.

[...]

Verso la metà del Duecento le navi grandi come la *Roccaforte* erano poche tanto a Venezia come a Genova. Conosciamo casi eccezionali, dei decenni successivi, con stazze anche superiori; ma la maggior parte dei velieri si collocava allora tra le 150 e le 500 tonnellate. Tuttavia, si tratta quasi più di un'impressione che di una vera e propria statistica, perché nei documenti notarili, come, per esempio, gli atti di compravendita, venivano indicati soltanto alcuni elementi caratteristici della nave in questione, come il numero dei ponti o, anche, quello degli alberi; l'oggetto della compravendita era ben presente alle parti contraenti il contratto. Naturalmente, non dobbiamo valutare queste cifre alla luce delle stazze odierne, che vanno dalle 10.000 tonnellate di un mercantile medio alle 200.000 di certe superpetroliere. Meglio, piuttosto, un confronto con i tonnellaggi attribuibili alla nave, 120 tonnellate, e alle due caravelle, forse non più di 70, con cui Colombo arrivò per la prima volta nel Nuovo Mondo.

[1] La coffa era una piattaforma sopraelevata destinata ad accogliere uomini di vedetta, strumenti di segnalazione, armi leggere, ecc.

[2] Jacques Heers (1924-2013), storico francese specialista del Medioevo.

GUIDA ALLA LETTURA

❶ Quali erano le caratteristiche della "nave tonda"? ❷ Quali furono i progressi a cui fu interessata tra XII e XIII secolo? ❸ Qual è il rapporto tra l'evoluzione della tecnica navale e i cambiamenti nel settore del commercio? ❹ Quali furono le caratteristiche che valsero a una nave veneziana del '200 il soprannome di «Roccaforte»?

47 DOC

Francesco Petrarca
Un monte galleggiante

F. Petrarca, *Res seniles*, Libri I-IV, a c. di S. Rizzo, con la collaborazione di M. Berté, Le Lettere, Firenze 2006, p. 157

■ L'atmosfera del porto di Venezia [👁 3.5] rivive in questa lettera scritta nel 1363 dal poeta e umanista Francesco Petrarca (1304-1374) [👁 10.1]. Le navi, grandi come palazzi, sono il simbolo di un mondo nuovo, in cui le merci e gli uomini si muovono freneticamente. Nulla sembra impossibile per chi percorre le rotte dell'Oriente e dell'Occidente. Situazioni come questa erano osservabili in tutte le grandi città portuali europee, che rappresentavano senza dubbio i contesti più dinamici e aperti di una società in rapida trasformazione. Nelle riflessioni di Petrarca, l'ammirazione per l'ingegno e l'operosità degli uomini è tuttavia increspata dal turbamento per la loro cupidigia, che li porta ad agitarsi senza posa.

Ti costringerò[1] a vegliare un'ora insieme a me. Mentre ti scrivevo oppresso dal sonno era notte fonda e il cielo era nuvoloso. La mia stanca penna era giunta a questo punto quando all'improvviso mi colpì le orecchie un così grande clamore di voci di marinai che mi alzai e, dopo aver messo, come sono solito, un segno per la memoria nel punto a cui ero arrivato, salii nella parte superiore della casa, che dà sul porto. Guardo: buon dio, che spettacolo, che orrore pio, tremendo, piacevole! Qui, davanti alla porta, legate con gomene al lido marmoreo, hanno passato l'inverno alcune navi così grandi che eguagliano l'alto palazzo datomi in uso da questa libera e liberale città e con la cima degli alberi superano di molto le sue due torri angolari. Di queste la più grande proprio in questo momento, mentre le nuvole coprono le stelle, i venti squassano muri e tetti e il mare manda un muggito infernale, si mette in viaggio, un viaggio che le auguro felice. [...]

L'avresti detta non una nave, ma una sorta di monte galleggiante sul mare; eppure per il peso del carico buona parte della chiglia era nascosta dai flutti. È diretta verso il Don[2] – la navigazione del nostro mare non si spinge oltre –, ma alcuni di coloro che trasporta dopo essere sbarcati laggiù non si fermeranno finché, superato il Gange[3] e il Caucaso[4], non avranno raggiunto gli Indiani e gli ultimi fra i Cinesi e l'oceano orientale. Ecco dove trascina l'uomo l'ardente e insaziabile brama di guadagno! Ho avuto compassione, lo confesso, ed ho capito che non senza motivo i naviganti sono commiserati dai poeti. Quando ormai non potevo più seguirli con gli occhi a causa delle tenebre, tornai turbato alla penna, rigirando in silenzio fra me e me questo unico pensiero: «Ahimè quanto cara e al tempo stesso quanto vile è la vita per i mortali!».

[1] Il destinatario è il segretario apostolico Francesco Bruni.

[2] Fiume della Russia meridionale.

[3] Fiume indiano.

[4] La grande catena montuosa dell'Eurasia, tra il Mar Nero e il Mar Caspio.

GUIDA ALLA LETTURA

❶ Quali aspetti della nave hanno colpito maggiormente l'interesse dell'autore? ❷ Quali rotte seguivano i mercanti che salpavano dal porto di Venezia? ❸ Com'erano considerati i mercanti dai letterati del tardo Medioevo?

48 DOC

Marco Polo
Marco Polo e i cinocefali

M. Polo, *Il Milione*, a c. di D. Ponchiroli, Einaudi, Torino 1974, pp. 173-75

■ Uno dei racconti più famosi del *Milione* di Marco Polo (1254-1324) [👁 5.7] riguarda gli spaventosi «cinocefali» (uomini con la testa di cane). Questa gente avrebbe popolato le isole Andamane (che Marco chiama Angaman), le quali costituiscono oggi un vasto arcipelago situato nella parte meridionale del Golfo del Bengala. Vaste regioni dell'India erano ancora sconosciute ai viaggiatori occidentali e islamici e oggetto quindi di leggende di ogni genere. Marco Polo non visitò personalmente queste isole, e il suo racconto riferisce quindi una leggenda diffusa nelle regioni che egli attraversò nelle sue peregrinazioni in Oriente. È probabile che l'aspetto terrifico di questi uomini-cane derivasse dalla confusione con una particolare specie di scimmie. Non meno favolosa è la descrizione della grande isola di Seilan, da identificarsi con l'odierno Sri Lanka.

Agama (Angaman) è una isola; e non hanno re, e sono idoli. E sono come bestie salvatiche; e tutti quegli di questa isola hanno capo di cane, e denti e naso a simiglianza di gran mastino. Egli hanno molte ispezie. E sono mala gente, e mangiano tutti gli uomeni che possono pigliare, da quegli della contrada in fuori. Loro vivande sono latte e riso, e carne d'ogni fatta mangiano; hanno frutti diversi da' nostri. Or ci partiamo di quinci, e diremo d'un'altra isola chiamata Siellam (Seilan)[1].

Quando l'uomo si parte dell'isola di Gama (Angaman), e va per ponente mille miglia e per gherbino[2] egli truova l'isola di Seilla (Seilan), ch'è la miglio-

[1] Ceylon, l'attuale Sri Lanka.

[2] Era il nome di un vento.

re isola del mondo di sua grandezza. E dirovvi come ella gira du' milia quattrocento miglia, secondo che dice lo mappamundo. E sì vi dico che anticamente ella fu via maggiore, ché girava tremilia seicento miglia; ma il vento alla tramontana vien sì forte, che una gran parte n'ha fatto andare sott'acqua. Questa isola si ha re che si chiama Sedemai (Sendeman). E sono idoli, e non fanno trebuto a neuno; e vanno tutti ignudi, salvo la natura[3]. Non hanno biada, ma riso; e hanno sosimai, onde fanno l'olio, e vivono di riso e di carne e di latte; e 'l vino fanno degli alberi ch'hoe detto di sopra. Or lasciamo andare questo, e conterovvi delle più preziose cose del mondo. Sappiate che in questa isola nascono i buoni e nobili rubini, e non nascono in niuno luogo del mondo piue; e qui nascono zaffiri e topazi e amatisti, e alcune altre pietre preziose. E sì vi dico che i' re di questa isola hae il piue bello rubino del mondo e che mai fosse veduto, e dirovvi com'è fatto. Egli è lungo presso ch'un palmo, ed è grosso bene altrettanto come sia un braccio d'uomo. Egli è la piue isprediente cosa del mondo, egli non ha niuna tacca, egli è vermiglio come fuoco, ed è di sì grande valuta che non si potrebbe comperare. E 'l Gran Cane[4] mandò per questo rubino, e gliene voleva dare la valuta d'una buona città; ed egli disse che nol darebbe per cosa del mondo, peroch'egli fue degli uoi antichi. Ora la gente che v'è si è vile e cattiva; e, se gli bisogna gente d'arme, hanno gente d'altra contrada, e spezialmente saracini[5].

[3] Le parti intime.

[4] Il Gran Khan [👁 **5.6** PERSONAGGI].

[5] Mercenari saraceni.

GUIDA ALLA LETTURA

❶ Come vengono descritti gli abitanti dell'isola di Andamane? ❷ Quali sono i prodotti tipici di Ceylon? ❸ Che cosa colpisce particolarmente Marco Polo? ❹ Chi viene assoldato come mercenario dagli abitanti di Ceylon?

49

J. Le Goff
Il mito dell'Oceano Indiano

J. Le Goff, *L'Occidente medievale e l'Oceano Indiano: un orizzonte onirico*, in Id., *Tempo della Chiesa e tempo del mercante*, Einaudi, Torino 1977, pp. 269-72

■ Secondo lo storico Jacques Le Goff [**2**], nel Medioevo l'Oceano Indiano, prima di essere uno spazio geografico, era uno spazio mentale, un luogo dove collocare sogni e fantasie. Quell'orizzonte oceanico ospitava uomini e creature mostruose, che incutevano paura, ma i costumi liberi che si attribuivano alle sue genti esercitavano al tempo stesso un fascino fortissimo perché rappresentavano la cancellazione dei limiti e del rigore della vita quotidiana.

Il primo sogno indiano dell'Occidente medievale è quello di un mondo della ricchezza. Nel contesto indigente della cristianità occidentale [...], l'Oceano Indiano sembra traboccare di ricchezze, appare come la sorgente di un fiume di lusso. Sogno legato in particolare alle isole, le innumerevoli «isole fortunate», isole felici e opulente che costituiscono il pregio dell'Oceano Indiano, mare disseminato di isole: «In questo mare indiano – dice Marco Polo – vi sono dodicimila settecento isole... Non esiste uomo al mondo che di tutte le isole dell'India, possa raccontare la realtà... È (tutto) il meglio e il fiore dell'India». [...] Isole produttrici delle materie di lusso: metalli preziosi, pietre preziose, legni preziosi, spezie. L'abbondanza è tale che, da maggio a luglio, secondo Marco Polo, nel regno di Coilum, che è la costa indiana a sud-ovest di Malabar, non si fa altro che raccogliere pepe «lo caricano alla rinfusa sulle navi, come da noi si carica il frumento». Il regno di Malabar è ricco di tali «grandissime quantità» di perle pescate in mare che il suo re va tutto nudo, coperto solo di perle dalla testa ai piedi, «centoquattro delle più grosse e delle più belle» solo al collo. Isole intere che altro non sono talvolta che oro puro o argento puro, come le isole Crisa e Argira... Di tutte queste isole, la «migliore», cioè la più grande e la più ricca, è Taproban, cioè Ceylon. Orizzonte semireale, semifantastico, in parte commerciale, in parte mentale, legato alla struttura stessa del commercio dell'Occidente medievale, importatore di prodotti preziosi lontani, con le sue risonanze psicologiche.
A questo sogno di ricchezza è legato un sogno di esuberanza fantastica. Le terre dell'Oceano Indiano sono popolate di uomini e di animali fantastici, sono un universo di mostri delle due categorie. [...] Per loro tramite, l'Occidente sfugge alla realtà mediocre della sua fauna, ritrova l'inesauribile immaginazione creatrice della natura e di Dio. Uomini dai piedi girati all'indietro, cinocefali che abbaiano, vivono ben oltre la normale durata dell'esistenza umana e il loro pelo, invecchiando diventa nero invece che bianco, monopodi che si riparano all'ombra del loro piede alzato, ciclopi, uomini senza testa che hanno degli occhi sulle spalle e due buchi sul petto a mo' di naso e di bocca, uomini che vivono solo dell'odore d'una sola specie di frutto e muoiono se non possono più respirarlo. [...] Accanto a questi uomini mostruosi, pullulano le bestie fantastiche, quelle fatte di tanti pezzi disparati come la «bestia leucocroca» che ha un corpo d'asino, il didietro di cervo, petto e cosce di leone, piedi di cavallo, un grande corno biforcuto, una larga bocca tagliata fino alle orecchie da cui esce una voce

quasi umana; e quelle che hanno faccia umana come la *mantichora*, con tre file di denti, dal corpo di leone, la coda di scorpione, gli occhi azzurri, la carnagione sanguigna, la cui voce sibila come quella d'un serpente, più veloce nella corsa d'un uccello volante, e anche antropofaga. Sogno di abbondanza e di stravaganza, di giustapposizioni e di confusioni sconcertanti, forgiato da un mondo povero e limitato. Mostri che spesso sono anche uno schermo tra l'uomo e la ricchezza intravista, sognata, desiderata: i draghi dell'India vegliano sui tesori, sull'oro e l'argento e impediscono all'uomo di avvicinarsi. Sogno che si dilata nella visione di un mondo dove la vita è diversa, in cui i tabù sono distrutti o sostituiti da altri, in cui la sensazione di estraneità produce un'impressione di liberazione, di libertà. Di fronte alla rigida morale imposta dalla Chiesa si dispiega la seduzione conturbante di un mondo [...] dell'innocenza corporale in cui l'uomo, liberato dal pudore degli indumenti, ritrova il nudismo, la libertà sessuale, in cui l'uomo, disfattosi dell'indigente monogamia e dalle barriere familiari, si dà alla poligamia, all'incesto, all'erotismo.

GUIDA ALLA LETTURA

❶ Perché, secondo Le Goff, le rappresentazioni europee dell'Oceano Indiano sono legate alla ricchezza e all'abbondanza? ❷ Come venivano descritte la fauna e le popolazioni delle terre che si affacciavano sull'Oceano Indiano? Perché? ❸ Come erano caratterizzate le popolazioni orientali dal punto di vista della morale, soprattutto sessuale?

50

N. Ferguson
La Cina alla scoperta del mondo

N. Ferguson, *Occidente. Ascesa e crisi di una civiltà*, Mondadori, Milano 2011, pp. 50-53

■ Nella prima età moderna, quella cinese era la civiltà più evoluta e ricca del pianeta. La sua tecnologia, la sua vita materiale, la grandezza delle città, i mezzi di trasporto non avevano termini di paragone nell'intero pianeta. Come sappiamo, toccò all'Europa "scoprire il mondo", dopo il primo avventuroso viaggio di Cristoforo Colombo. Ma in un certo periodo l'impero cinese fu sul punto di realizzare quella rivoluzione geografica che avrebbe invece consacrato il primato dell'Occidente. Per motivi sui quali gli storici continuano a interrogarsi, questo processo fu tuttavia improvvisamente interrotto, e la Cina si ritirò in un isolamento destinato a durare vari secoli.

Non sappiamo con certezza chi progettò il primo orologio ad acqua. Potrebbero essere stati gli egizi, oppure i babilonesi o anche gli stessi cinesi. Ma nel 1086 Su Song inventò un meccanismo di scappamento e creò il primo orologio meccanico del mondo, un congegno alto dodici metri, che segnava non soltanto il tempo, ma anche i movimenti del sole, della luna e dei pianeti. Marco Polo vide una torre con un orologio di questo tipo quando visitò la città di Dadu, nella Cina settentrionale, poco dopo la sua costruzione (1272). Nulla di anche lontanamente paragonabile esisteva allora in Inghilterra né esistette per ancora un secolo, quando furono costruiti i primi orologi astronomici per le cattedrali di Norwich, St Alban e Salisbury.

L'invenzione della stampa a caratteri mobili viene tradizionalmente attribuita alla Germania del XV secolo, ma in realtà è da situare nella Cina dell'XI secolo. Anche la carta fu inventata e utilizzata in Cina ben prima della sua introduzione in Occidente. Lo stesso vale per le banconote, la carta da parati e la carta igienica.

Si asserisce spesso che il pioniere dell'agricoltura inglese Jethro Tull abbia inventato la seminatrice di precisione nel 1701. In realtà era già stata inventata in Cina duemila anni prima. L'aratro di tipo Rotherham, con il suo versoio ricurvo di ferro, strumento di fondamentale importanza per la Rivoluzione agricola inglese nel XVIII secolo, era stato anch'esso anticipato da un'invenzione cinese. Il *Trattato sull'agricoltura* di Wang Zhen (pubblicato nel 1313) citava un'infinità di strumenti allora del tutto sconosciuti in Occidente. Anche la Rivoluzione industriale era già stata prefigurata in Cina. Il primo altoforno per la fusione del ferro non fu costruito a Coalbrookdale nel 1709 ma in Cina prima del 200 a.C. Il più antico ponte sospeso in ferro al mondo non è britannico ma cinese: risalente al 65 d.C., se ne possono ancora ammirare alcuni resti vicino a Ching-tung nella provincia dello Yunnan.

Ancora nel 1788 i livelli di produzione di ferro erano in Gran Bretagna nettamente più bassi rispetto a quelli raggiunti dalla Cina nel 1078. Sono stati i cinesi a rivoluzionare la produzione tessile con innovazioni come il filatoio a mano e il telaio per la seta, poi importati in Italia nel XIII secolo. E non è affatto vero che i cinesi usavano la loro più celebre invenzione, la polvere da sparo, soltanto per farne fuochi d'artificio. Il libro di Jiao Yu e Liu Ji, *Houlongjing* (Manuale del drago di fuoco), pubblicato alla fine del XIV secolo, descrive mine di terra e di mare, razzi e palle di cannone riempite di esplosivo.

Altre innovazioni cinesi sono gli insetticidi chimici, il mulinello per le canne da pesca, i fiammiferi, la bussola magnetica, le carte da gioco, lo spazzolino da denti e la carriola. Tutti sanno che il golf è stato inventato in Scozia. Tuttavia, gli Atti di Dongxuan, dell'epoca della dinastia Song (960-1279), descrivono un gioco chiamato *chuiuwan*: lo si giocava con dieci mazze, tra cui il *cuanbang*, il *pubang* e il *shaobang*, che corrispondono grosso modo ai nostri attuali *driver*, *two-wood* e *three-wood*. Queste mazze erano decorate con intarsi di giada e d'oro, a dimostrare che, allora come oggi, il golf era uno sport da ricchi.

E questo non è tutto. All'alba di un nuovo

secolo, nel 1400, la Cina sembrava destinata a realizzare ancora un'altra innovazione tecnologica, che offriva la possibilità di rendere l'imperatore Yongle padrone non soltanto del Regno di Mezzo ma del mondo intero, di «tutto quanto sta sotto il cielo».
Oggi a Nanchino[1] si può ammirare una replica della nave dell'ammiraglio Zheng He[2], il più famoso navigatore della storia cinese. È lunga 120 metri, quasi cinque volte la *Santa Maria*, una delle caravelle sulle quali Cristoforo Colombo attraversò l'Atlantico nel 1492. Ed era soltanto la nave ammiraglia di una flotta composta da più di trecento enormi vascelli oceanici. Fornite di due alberi e di camere di galleggiamento separate per evitare che affondassero nel caso di una falla nella chiglia, queste navi erano ben più grandi di qualsiasi imbarcazione costruita in Europa nel XV secolo. Con un equipaggio complessivo di 28.000 uomini, la flotta di Zheng He era più consistente di qualsiasi forza navale schierata dall'Occidente fino alla prima guerra mondiale.
Il comandante di questa flotta era un uomo di straordinarie qualità. All'età di undici anni, era stato catturato sul campo di battaglia dal fondatore della dinastia ming, Hongwu. Come d'abitudine, il prigioniero fu castrato e poi assegnato come servitore al quarto figlio dell'imperatore, Zhu Di, l'uomo che sarebbe in seguito salito al trono con il nome di Yongle. A ricompensa dei suoi leali servizi, Yongle affidò a Zheng He la missione di esplorare gli oceani del pianeta.
In sei epici viaggi, effettuati tra il 1405 e il 1424, la flotta di Zheng He percorse distanze immense. L'ammiraglio sbarcò in Thailandia, a Sumatra, a Giava e nell'allora grande porto di Calicut (odierna Kozhikode, nel Kerala); a Temasek (successivamente Singapore), Malacca e Ceylon; a Cuttack, nell'Orissa, nello Stretto di Hormuz, a Aden e a Gedda, nel Mar Rosso. Ufficialmente, questi viaggi furono compiuti per cercare il predecessore di Yongle, che era misteriosamente scomparso, nonché il sigillo imperiale che era svanito insieme a lui. (Yongle cercava forse di espiare in questo modo le violenze compiute per conquistare il trono, o di nasconderle?) Ma la ricerca dell'imperatore scomparso non era il vero motivo.
Prima del suo ultimo viaggio, a Zheng He fu ordinato di «recarsi per missione imperiale nello Stretto di Hormuz e in altri paesi, con sessantun navi di diverso cabotaggio, con un carico di sete colorate... e con il compito di acquistare tessuti di canapa». I suoi ufficiali ricevettero l'ordine di «comprare porcellane, calderoni di ferro, doni, munizioni, carta, olio, cera, ecc.». Questo sembrerebbe indicare una motivazione commerciale, e senza dubbio i cinesi possedevano merci particolarmente bramate dai mercanti indiani (porcellana, seta e muschio), così come c'erano molti altri prodotti che i cinesi stessi desideravano portare in Cina (pepe, perle, pietre preziose, avorio e corna di rinoceronte, che si riteneva avessero poteri curativi). In realtà, comunque, l'imperatore cinese non era interessato principalmente al commercio, come in seguito ritenne Adam Smith. Per citare le parole di un'iscrizione contemporanea, la flotta doveva «recarsi nei paesi [dei barbari] e consegnare loro doni per trasformarli attraverso l'esibizione della nostra potenza». Ciò che Yongle pretendeva in cambio di questi doni era che i sovrani stranieri gli rendessero tributo nello stesso modo in cui glielo rendevano gli immediati vicini della Cina, riconoscendone quindi la supremazia. E chi poteva rifiutare di inchinarsi davanti a un imperatore che possedeva una flotta così imponente?
In tre diversi viaggi, le navi di Zheng He raggiunsero la costa orientale dell'Africa. Ma non si fermarono a lungo. Gli inviati di circa trenta regni africani furono invitati a bordo per riconoscere la «supremazia cosmica» dell'imperatore ming. Il sultano di Malindi (nell'odierno Kenya) mandò una delegazione con doni esotici, tra i quali figurava anche una giraffa. Yongle ricevette personalmente l'animale presso il portale del palazzo imperiale di Nanchino. La giraffa fu salutata come se fosse il mitico *qilin* (unicorno), «simbolo di perfetta virtù, perfetto governo e perfetta armonia nell'impero e nell'universo».
Poi, nel 1424, quest'armonia si spezzò. Yongle morì e le ambizioni oceaniche della Cina furono sepolte insieme a lui. I viaggi di Zheng He vennero immediatamente interrotti, fatta eccezione per un'ultima spedizione nell'Oceano Indiano nel 1433. [...] Si proibirono definitivamente i viaggi oceanici. Dal 1500 in poi, chiunque fosse stato scoperto a costruire una nave con più di due alberi poteva essere condannato a morte; nel 1551 divenne un crimine andare per mare con una nave di questo tipo. I giornali di bordo dei viaggi di Zheng He furono distrutti. Lo stesso Zheng morì poco dopo e fu quasi certamente sepolto in mare.
Che cosa si celava dietro questa fatale decisione? Era forse il frutto di problemi finanziari e di controversie politiche all'interno della corte imperiale? O la si doveva al fatto che il costo della guerra in Annam (regione dell'odierno Vietnam) si stava dimostrando inaspettatamente elevato? Oppure dipendeva soltanto dalla sospettosa diffidenza dei sapienti confuciani nei confronti delle «strane cose» che Zheng He aveva riportato dai suoi viaggi, come, non ultima, la giraffa? Non possiamo saperlo con certezza. Ma le conseguenze per la Cina appaiono estremamente chiare.
Come le missioni lunari dell'Apollo, i viaggi di Zheng He erano stati una formidabile dimostrazione di ricchezza e di sviluppo tecnologico. Far sbarcare un eunuco cinese sulle coste dell'Africa orientale nel 1416 era, per molti aspetti, un'impresa paragonabile all'atterraggio di un astronauta americano sulla luna nel 1969. Abolendo bruscamente ogni tipo di esplorazione oceanica, i successori di Yongle neutralizzarono quasi completamente i vantaggi economici di questa formidabile impresa.

---

[1] Nanchino è stata capitale della Cina per molto tempo. Oggi è una delle più importanti e grandi città cinesi.
[2] 👁 12.2.

GUIDA ALLA LETTURA
❶ Quali furono le invenzioni cinesi che ebbero un grande successo in Occidente? ❷ Chi fu il più famoso navigatore della storia cinese? Da che cosa e da chi era composta la sua flotta? ❸ Quali paesi furono visitati da Zheng He? ❹ Qual era l'intento di Yongle nel progettare questi viaggi? Che risultati raggiunse? Furono duraturi?

51

K.G. Henshall
Il vento divino

K.G. Henshall, *Storia del Giappone*, Mondadori, Milano 2013, pp. 62-64

Nel 1281 il sovrano mongolo Kubilai Khan inviò una gigantesca flotta per sottomettere il Giappone. Le forze delle due parti contrapposte erano impari e il destino del Giappone sembrava irrimediabilmente segnato. Ma la storia militare insegna che gli eventi climatici sono spesso imprevedibili e determinanti. Così fu anche in quelle circostanze. Un tifone si abbatté violentemente sulla flotta mongola e la distrusse. Nella tradizione giapponese questo tifone è rimasto con il nome di *kamikaze*, ovvero 'vento divino'. L'evento, nel quale è difficile distinguere gli elementi storicamente autentici da quelli leggendari, ebbe un'enorme importanza nella coscienza collettiva dei giapponesi, perché alimentò l'idea che la loro terra fosse imprendibile in quanto protetta dalla divinità. Nella seconda guerra mondiale *kamikaze* furono chiamati i piloti giapponesi che si immolavano abbattendosi con i loro aerei carichi di esplosivo sulle navi statunitensi. Nel linguaggio corrente il termine ha un'applicazione diffusa per indicare i terroristi suicidi.

Quando il nipote di Genghis Khan, Kublai (1215-1294), diventò sovrano della Grande Mongolia[1], nel 1260, il suo impero includeva già la Corea, la Cina settentrionale e gran parte dell'Eurasia. L'obiettivo seguente di Kublai era la Cina meridionale, base delle forze Sung (Song), ma questo non significa che non fosse interessato al Giappone. Nel 1268 inviò una lettera al «Re del Giappone», minacciando di invadere il paese se questi non avesse riconosciuto la sovranità della Mongolia, acconsentendo a versare dei tributi. Le autorità giapponesi [...] ignorarono questa e le lettere successive [...].

Il primo tentativo di invasione avvenne nel novembre del 1274 e, come previsto, arrivò dalla zona nordoccidentale di Kyūshū. Kublai mandò circa 900 navi dalla Corea, che trasportavano 40.000 uomini. Sbarcati a Hakata, gli invasori costrinsero subito i giapponesi ad arretrare. Tuttavia, invece di continuare ad avanzare, quella notte le truppe mongole ritornarono alle navi, che furono seriamente danneggiate da un violento uragano nel quale molti uomini persero la vita. Gli invasori si ritirarono in Corea, ma il loro numero si era ridotto di un terzo.

I giapponesi si resero conto della propria inferiorità, in termini di armi e tattiche di combattimento della cavalleria, e intensificarono i preparativi in vista di un secondo attacco.

Le forze d'invasione, nel giugno del 1281, sbarcarono di nuovo a Hakata, ma questa volta erano assai più ingenti, e contavano 4400 navi da guerra e 140.000 uomini. Nel frattempo Kublai si era assicurato la vittoria sui Sung, nel 1279, diventando il fondatore di una nuova dinastia di sovrani in Cina. Inoltre, aveva subìto un affronto enorme, quando i messaggeri che aveva inviato in Giappone erano stati decapitati, nel 1275, e poi una seconda volta, nel 1279. Ora faceva sul serio.

Tuttavia, nonostante le eccezionali dimensioni, le forze mongole incontrarono una resistenza impenetrabile e non riuscirono a conquistare una posizione sicura. Qualche settimana più tardi arrivarono i rinforzi dalla Cina meridionale ma, proprio quando gli invasori stavano programmando un massiccio assalto congiunto, la maggior parte della loro flotta venne distrutta da un tifone. Di nuovo furono costretti a ritirarsi, e questa volta avevano perso più di metà degli uomini.

Le due sconfitte mongole furono dovute da un lato all'agguerrita resistenza giapponese, dall'altro al fatto che Kublai si era affidato a truppe cinesi e coreane, soggiogate di recente, le quali avevano ben poco interesse nella causa mongola. Tuttavia, anche i due uragani ebbero innegabilmente un'influenza notevole sull'esito delle battaglie. Quei venti provvidenziali furono battezzati *shinpū* o *kamikaze*, letteralmente «vento divino»: i giapponesi credevano infatti che la propria fosse la terra degli dèi, e godesse della loro protezione. [...]

Kublai non rinunciò mai a invadere il Giappone, e programmò una serie di attacchi successivi, ma ogni volta veniva distolto dall'intento da problemi di instabilità all'interno dell'impero. I giapponesi, conoscendone le intenzioni, mantennero lo stato di allerta almeno fino alla sua morte, nel 1294, in seguito alla quale l'interesse dei mongoli per il Giappone parve svanire.

Le vittorie e la sopravvivenza del Giappone sono il risultato della combinazione di una combattiva resistenza, da un lato, e dalla mancanza di organizzazione e convinzione da parte del nemico, dall'altro, il tutto associato a una buona dose di fortuna. Non ci sono dubbi sul fatto che si possa dire lo stesso della maggior parte delle vittorie militari, a prescindere dal luogo e dal tempo, ma nel caso del Giappone bisogna ammettere che la sorte e le circostanze ebbero un merito particolare.

---

[1] 👁 5.6.

GUIDA ALLA LETTURA

❶ Quale fu l'esito del primo attacco mongolo contro il Giappone? ❷ Che cosa accadde ai messaggeri mongoli mandati in Giappone nel 1275 e nel 1279? ❸ Quale fu l'esito del secondo tentativo di invasione? ❹ A quali fattori può essere attribuita la sopravvivenza del Giappone?

SVILUPPARE LE COMPETENZE

Comprendere e Analizzare

❶ **Scrivi un breve testo (max 40 righe), dal titolo *La navigazione nel basso Medioevo*, seguendo la scaletta di argomentazione:**

a. Tipi di navi (Tangheroni, Petrarca);
b. Immagini mentali delle navi (Petrarca).

❷ **Dopo aver letto il documento di Marco Polo [48DOC] e il brano di Le Goff [49], rispondi alle seguenti domande, citando opportunamente i testi:**

a. In quali parti del documento è evidente una rappresentazione delle isole come «mondo della ricchezza», secondo la definizione di Le Goff?

b. In quali passaggi del documento emerge una raffigurazione degli abitanti dell'isola come di «animali fantastici»?

c. Secondo te, dal documento emerge una rappresentazione positiva o negativa degli abitanti delle isole?

Rielaborare e Argomentare

❸ **Redazione di un saggio breve. *Nuovi viaggi e nuovi incontri al tramonto del Medioevo***

Sviluppa l'argomento scelto in forma di "saggio breve", utilizzando i documenti e i dati che lo corredano. Interpreta e confronta i documenti e i dati forniti e su questa base svolgi, argomentandola, la tua trattazione, anche con opportuni riferimenti alle tue conoscenze ed esperienze di studio. Da' al saggio un titolo coerente con la tua trattazione e ipotizzane una destinazione editoriale (rivista specialistica, fascicolo scolastico di ricerca e documentazione, rassegna di argomento culturale, altro). Se lo ritieni opportuno, organizza la trattazione in paragrafi, cui potrai eventualmente assegnare un titolo.

Documenti: Petrarca [47DOC], Polo [48DOC]
Immagini: pp. 65, 67, 68, 70, 119, 132, 138, 141
Brani storiografici: Tangheroni [45-46], Le Goff [49], Ferguson [50], Henshall [51]
Capitoli: **3** e **5**

MODULO

2 L'EUROPA FRA TARDO MEDIOEVO E RINASCIMENTO

1337-1453
Guerra dei Cent'anni tra Francia e Inghilterra

1347
Repubblica romana di Cola di Rienzo

1347-50
Epidemia di peste nera nel Mediterraneo e in Europa

1358
La *jacquerie* in Francia

1378
Rivolta dei Ciompi a Firenze

1378-1418
Grande Scisma nella Chiesa d'Occidente. Papato di Avignone

***Il Trionfo e la Danza della Morte*, part.**
1485
[Oratorio dei Disciplini, Clusone (Bergamo)]

ANTEPRIMA

Una storia non rettilinea

È convinzione diffusa tra gli studiosi che il '300 abbia segnato una cesura nella storia europea, a causa di una grave crisi che colpì l'intero continente. Alcune regioni subirono conseguenze più pesanti, altre meno, ma nel complesso il fenomeno ha un carattere generale che serve a periodizzare la storia d'Europa. Il Medioevo non può essere concepito in modo rettilineo, come un progresso ininterrotto che avrebbe portato dalle devastazioni connesse con la caduta dell'Impero romano e con le invasioni germaniche alla crescita dei secoli XI e XII (che abbiamo analizzato nel modulo precedente), per poi culminare nella nascita del mondo moderno. Questa rappresentazione sarebbe completamente falsa. La storia medievale ha infatti un **ritmo diverso**, e gli indubbi progressi materiali e culturali che la caratterizzano dovettero confrontarsi con battute di arresto, depressioni economiche, sconvolgimenti sociali. La **crisi del '300** ci appare come un intreccio di vari fattori: *a*) il decremento della produzione agraria e lo squilibrio tra il numero degli uomini e la quantità delle **risorse** alimentari necessarie a mantenerli; *b*) una sequenza serrata di epidemie di **peste**, che decimarono la popolazione; *c*) la **ribellione** di masse contadine e urbane in varie regioni europee; *d*) il proliferare di **conflitti** bellici sanguinosi e di lunga durata, che falcidiarono non solo i combattenti, ma anche la popolazione civile, vittima dei saccheggi e delle devastazioni. Fame, malattie e guerre furono per molto tempo le protagoniste indiscusse della storia europea.

Come intendere una crisi?

Nel linguaggio comune il termine "crisi" ha un significato esclusivamente negativo, sia che lo si applichi a situazioni individuali o di coppia (crisi di nervi, crisi matrimoniale) sia che lo si applichi a condizioni diffuse (crisi economica, sociale, morale, ecc.). Per gli storici, che devono necessariamente prendere in considerazione anche fenomeni di lungo periodo, che hanno la possibilità di ragionare sui secoli e sui millenni, e che ricorrono alla comparazione storica mettendo a confronto situazioni lontane nel tempo e nello spazio per intenderle meglio, la valutazione degli effetti di una crisi è un'operazione più complicata. Molti studiosi hanno osservato che nel periodo precedente la crisi, anche se il quadro complessivo può dare l'impressione di un'Europa in crescita, era già evidente uno **squilibrio**

1454
Pace di Lodi. Sancita la politica dell'equilibrio nella Penisola italiana

1455-85
Guerra delle Due Rose in Inghilterra

1457
Gutenberg realizza il primo libro a stampa, la Bibbia in latino

1469
Unione delle corone di Castiglia e di Aragona

1482-99
Leonardo da Vinci presso Ludovico il Moro a Milano

1486
Sulla dignità dell'uomo di Pico della Mirandola

1511
Elogio della follia di Erasmo da Rotterdam

1513
Pubblicazione del *Principe* di Machiavelli

1537-40
La storia d'Italia di Guicciardini

1545
Pubblicazione della prima Bibliografia universale

tra il prorompente aumento della popolazione e le risorse disponibili al suo mantenimento. In una prima fase questo squilibrio non fu avvertito perché furono messe a coltura terre incolte e marginali, ma con il passare del tempo la produttività dei suoli (la terra non è ovunque ugualmente fertile) aveva cominciato a diminuire, rendendolo sempre più grave. In un contesto così compromesso sopravvenne l'epidemia di peste provocando in pochi decenni milioni di morti, ma ristabilendo l'equilibrio tra il numero dei vivi e la capacità produttiva europea. In questo senso la peste dovrebbe essere valutata come un **evento complessivamente positivo** per la storia economica dell'Europa.

Una storia totale

Per molto tempo la storiografia moderna, tranne alcune eccezioni, si è interessata prevalentemente ai grandi fenomeni politici, militari e sociali. Si riteneva che il motore della storia si trovasse racchiuso soprattutto in questi fenomeni, e che tutto il resto fosse secondario, se non addirittura di scarso interesse. Nei campi ritenuti di maggiore rilevanza si sono scritte opere fondamentali, in molti casi autentici capolavori che tuttora sono oggetto di studio e indirizzano le ricerche. Ma da alcuni decenni si è imposta una prospettiva più generale, orientata allo **studio globale** delle società umane. Si indagano con pari impegno le **condizioni materiali** dell'esistenza, l'alimentazione, le condizioni abitative, gli oggetti di uso comune, gli strumenti di lavoro e tanti altri argomenti simili. I **modi di pensare**, i sentimenti, le emozioni sono ormai oggetti di ricerca consolidati, che ci offrono una conoscenza più profonda del nostro passato.
Restando nella prospettiva di questa "storia totale", la crisi del '300 rappresenta, per gli storici, una sorta di **laboratorio** per approfondire la storia degli uomini del Medioevo. Ma per fare questo è necessario, in via preliminare, **non separare la storia dell'uomo da quella della natura**. In quella crisi ebbe infatti un ruolo fondamentale l'aggressione di una terribile pestilenza proveniente dall'Asia centrale. Nel modulo precedente abbiamo visto come, tra l'XI e il XII secolo, il continente europeo e l'area mediterranea fossero in contatto, diretto o indiretto, con altri grandi spazi del pianeta: l'Africa, l'India, la Cina, il Sud-est asiatico. Gli uomini, gli animali e le merci viaggiavano per terra e per mare per lunghissime distanze. Ma insieme con gli uomini viaggiavano i loro **parassiti.** Per le sue terribili conseguenze e per l'angoscia diffusa che ne derivò, la grande pestilenza che raggiunse l'Europa nel '300 fu chiamata dai contemporanei **«la Morte Nera»**, e l'espressione è talmente efficace da essere ancora in uso. La *Yersinia pestis*, il batterio della peste, scoperto soltanto poco più di un secolo fa, è un agente patogeno trasportato dalle pulci. Prima di essere una malattia degli uomini la peste è una malattia dei ratti. Il batterio vive nelle pulci, e le pulci trovavano un habitat favorevole nei miliardi di esemplari di ratti che popolano il pianeta. Oggi il ratto, nei paesi dove l'igiene pubblica è più elevata e diffusa, è praticamente scomparso alla vista degli uomini, perché prolifera nel sottosuolo delle città ed è continuamente sottoposto a campagne di disinfestazione. Ma nel Medioevo lo si trovava dappertutto, per le strade, nei magazzini, nelle case, nelle stive delle navi. Quando il batterio della pulce stermina intere colonie di ratti, l'insetto cerca un altro essere vivente a sangue caldo, a cominciare dall'uomo. La mortalità degli uomini colpiti dal morbo è altissima e, secondo calcoli attendibili, nel '300 **l'Europa perse un terzo della sua popolazione**. Fino alla scoperta degli antibiotici nel '900 per i malati di peste si poteva fare molto poco: alcuni individui, particolarmente resistenti, riuscivano a sopravvivere ma per la grandissima maggioranza non c'era alcuna possibilità di salvezza.
Inoltre, di fronte all'infuriare delle epidemie di peste, non avendo a disposizione spiegazioni scientifiche e razionali, i contemporanei dettero sfogo alla loro angoscia nei modi più vari. Se per un verso l'umanità indifesa cercava speranza e soccorso nella **fede religiosa**, per l'altro, spinti dalla cieca disperazione, moltissimi videro la radice del male nella presunta azione malefica di quei gruppi che per la loro fede, per le loro pratiche di vita, per le loro stesse malattie, apparivano **diversi** e quindi pericolosi. La maggioranza si scagliava periodicamente contro questi "diversi", che si trattasse degli ebrei, degli eretici o dei lebbrosi.

Asimmetrie dei processi storici

Altri aspetti della crisi trecentesca. Le società non si trasformano in modo simmetrico: una fase di crescita economica può associarsi a una crescita culturale, oppure può essere accompagnata da una modesta originalità nella produzione culturale; al contrario, una fase di crisi economica e demografica può essere accompagnata da una grande creatività letteraria, artistica, filosofica. La crisi del '300 rientra in questa seconda tipologia. All'**angoscia sociale** e alle **miserie materiali** si accompagnò infatti un importante **sviluppo delle attività intellettuali**. Nel '300 nacque una nuova fase della storia dell'arte, inaugurata dall'opera di Giotto, e furono attivi scrittori del livello di Giovanni Boccaccio. Sono solo alcuni esempi tra i tanti, e valgono a esemplificare un fenomeno vastissimo che diede l'avvio alla grande fioritura dell'Umanesimo e del Rinascimento. I motivi che possono portare a una grande creatività culturale in un momento di crisi non sono sempre spiegabili con esattezza. Alcuni hanno certamente a che fare con la **psicologia collettiva**: spesso i grandi drammi collettivi hanno un effetto stimolante sul pensiero e sulle arti, perché suscitano interrogativi e riflessioni e perché acuiscono la sensibilità e le emozioni. Ma ci sono anche cause specifiche che andranno ricercate caso per caso. Riguardo alla crisi del '300, la produzione artistica fu certamente incentivata anche dalla **concentrazione della ricchezza** in un numero più ristretto di persone. Gli individui che disponevano di ingenti capitali patrocinavano i poeti, gli scrittori, gli artisti, gli architetti, diventavano committenti di opere d'arte. E così mentre la peste decimava intere generazioni e la violenza dilagava ovunque, in Europa, e soprattutto in Italia, nel XIV secolo germogliava l'**Umanesimo**, che grazie alla riscoperta della cultura antica e alla sua esaltazione elaborava nuove forme di pensiero e di espressione letteraria e artistica. Innestandosi su questi cambiamenti, nel XV e nel XVI secolo il **Rinascimento** avrebbe fatto dell'Italia il paese dove si manifestò una delle più grandi rivoluzioni culturali di tutti i tempi. Per il solo fatto di conferire un valore primario alla **dignità dell'uomo** e al suo agire, per le sue acquisizioni in tutti i campi dello scibile e per i suoi effetti sulla mentalità diffusa (non si trattò, come alcuni sostengono, soltanto di un fenomeno riguardante i ceti alti), il Rinascimento è considerato l'epoca in cui **l'Europa cominciò a diventare moderna**.

Guerre e Stati

Tuttavia, la prima età moderna non fu caratterizzata soltanto da fenomeni culturali. In essa si manifestarono infatti le prime forme dello **Stato moderno**. Queste ultime furono in larga parte una conseguenza dei conflitti che contrapponevano senza sosta le grandi monarchie e coinvolgevano i principati e le città. I costi crescenti del **reclutamento su larga scala** – è in questo periodo che si affermano i primi eserciti permanenti –, il costo dell'artiglieria basata sulla polvere da sparo e sui cannoni, e delle opere difensive, comportarono un aumento della pressione fiscale e degli apparati amministrativi necessari a un prelievo tributario capillare. Le monarchie si rafforzavano, il potere si centralizzava, le **strutture burocratiche** si consolidavano. Questi fenomeni riguardavano principalmente l'Inghilterra, la Francia, la Penisola iberica. L'**Italia**, al contrario, restò ai margini del processo: divisa in piccoli Stati, era soggetta a frequenti tentativi di occupazione da parte delle potenze straniere: forte culturalmente ed economicamente, debole politicamente. I suoi staterelli, le sue città, cambiavano alleanze in rapporto al mutare delle pressioni esterne, i cambiamenti di fronte erano frequenti, l'instabilità interna rimaneva un aspetto costante. Nasceva già in questo periodo una **rappresentazione del carattere degli italiani** ancora oggi diffusa nel nostro paese e ancor più all'estero: l'italiano come individuo geniale e creativo ma ingovernabile, restio alla disciplina, inaffidabile e astuto.

ONLINE

Il libro
J. Huizinga
L'autunno del Medioevo

Il laboratorio dello storico
La storia della mentalità

CAPITOLO

6 LA CRISI DEL TARDO MEDIOEVO

1 La grande epidemia di peste in Europa

L'abbandono degli insediamenti

L'espansione demografica ed economica iniziata nell'XI secolo si arrestò verso la fine del XIII. L'aumento della popolazione aveva portato a vasti dissodamenti e migliaia di contadini si erano insediati in terre marginali, dove da tempo immemorabile regnavano la foresta e l'incolto. Tuttavia, in mancanza di adeguate concimazioni e di miglioramenti delle tecniche agricole, su queste terre, che erano state per secoli a riposo, i raccolti si susseguivano sempre più scarsi e non bastavano nemmeno a sfamare i coltivatori.
A causa dello squilibrio fra il numero degli uomini, elevato, e la produttività agricola, non proporzionata, le carestie si ripetevano con una frequenza martellante. **Carestie** ed **epidemie** formavano un tragico binomio, perché le malattie si diffondevano velocemente tra le popolazioni indebolite dalla fame. La situazione si aggravò ulteriormente a causa di una fase di inasprimento del **clima**: inverni molto piovosi trasformavano i campi in acquitrini.
La manifestazione più evidente di questa inversione di tendenza fu l'abbandono di molti insediamenti, in misura più o meno consistente, in tutta Europa. Interi villaggi scomparvero dal paesaggio lasciando il posto al pascolo e alla foresta, secondo un'evoluzione inversa a quella che, dopo il Mille, aveva determinato i grandi dissoda-

◂ **Monaci appestati vengono benedetti da un prete**
1360-80
[dal codice *Omne Bonum*; British Library, Londra]

▸ **Due malati di peste**
1411
[dalla Bibbia di Toggenburg; Musei Statali, Berlino]
Il sintomo più evidente della peste erano i bubboni, ben raffigurati in molte rappresentazioni dell'epoca.

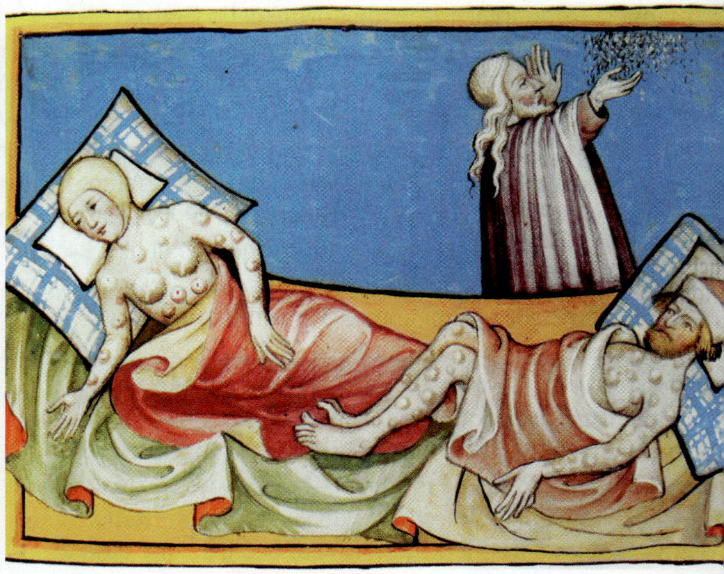

menti [👁 2.1]. **Prime a essere abbandonate furono le terre marginali.** Il popolamento dei terreni più fertili e più vicini ai grossi centri urbani non subì, invece, flessioni di rilievo: qui i vuoti lasciati dalle carestie e dalle epidemie venivano riempiti rapidamente da nuove nascite e da nuove immigrazioni.

Alcuni dati L'abbandono dei villaggi fu un fenomeno di proporzioni imponenti. Le descrizioni di sciagure come questa nelle fonti contemporanee hanno sempre un forte margine di esagerazione, ma sono in molti casi confortate dai dati a disposizione degli storici: in Germania scomparve il 40% circa dei villaggi [👁 ATLANTE_36], in Inghilterra il 25%, in Sardegna e in Sicilia il 50%, nel Lazio il 25%, in Toscana il 10%. Questa **tendenza regressiva** si arrestò nel volgere di qualche anno.

ATLANTE 36_LA DIFFUSIONE DELLA PESTE

La città di Messina, nel cui porto le galere genovesi avevano attraccato ai primi di ottobre del 1347, fu la prima a essere contagiata: da qui la peste si propagò prima per tutta l'isola (Catania, Agrigento, Siracusa e Trapani), per poi raggiungere, in dicembre, Reggio Calabria; all'inizio della primavera del 1348 l'epidemia colpì Amalfi e Napoli. Dalla Sicilia la peste si diffuse in Nord Africa attraverso Tunisi, mentre la Sardegna e l'Elba erano state colpite, via mare, già nel mese di dicembre. Nel gennaio 1348 le galere genovesi, facendo scalo nei porti di Pisa e Genova, inaugurarono un nuovo itinerario di contagio: di qui, infatti, la peste si diffuse in tutta l'Italia settentrionale. Contestualmente, anche Venezia ne fu colpita attraverso la Dalmazia. A metà del 1348 la peste aveva raggiunto la Francia e la Spagna, mentre a fine anno giunse in Inghilterra. Successivamente il contagio colpì Paesi Bassi, Svizzera, Germania, Austria e Ungheria. A metà del 1349 giunse in Scandinavia e, nel 1350, in Svezia.

52
W.H. McNeill
Dall'Asia all'Europa

53 DOC
Il morbo in Italia

L'epidemia di peste Le carestie e le epidemie che aggravarono questa tendenza segnarono un nuovo periodo di sciagure e catastrofi culminato nella riapparizione, in Europa, di una grande protagonista: la peste. Nel '300 erano trascorsi più di cinque secoli dall'ultima manifestazione del morbo. Sulle **cause** della sua riapparizione si discute molto ed è possibile formulare soltanto ipotesi. Si possono tuttavia individuare gli agenti che permisero il diffondersi del contagio e si può anche ricostruire la via seguita dal morbo per giungere in Europa.

■ **Una malattia del ratto** Oggi sappiamo che la causa patogena della peste era (ed è) un bacillo dal nome ***Yersinia pestis***, parassita del ratto ma non dell'uomo. Questa scoperta della scienza moderna – il bacillo fu isolato nel 1894 dallo scienziato svizzero Alexandre Yersin – ha messo in luce un fenomeno che nel Medioevo nessuno avrebbe sospettato: lo *Yersinia pestis* viene trasmesso agli esseri umani dalle pulci del ratto, le quali, infettatesi succhiando il sangue di un topo malato, trasmettono il bacillo all'uomo, provocando epidemie dalle conseguenze terribili. Il **tasso di mortalità** determinato dalla peste si attesta infatti, secondo il tipo di bacillo, tra il 60 e il 100%.

Tasso di mortalità / natalità
Numero delle morti rilevate in un determinato luogo in un arco di tempo. Il tasso o indice di mortalità indica il rapporto fra il numero dei morti e la popolazione totale. Il tasso o indice di natalità invece indica il rapporto fra il numero dei nati e la popolazione totale.

■ **L'origine dell'epidemia** È probabile che l'epidemia trecentesca abbia avuto origine da un focolaio permanente di peste situato ai piedi dell'**Himalaya**, fra l'India, la Cina e la Birmania; qui il bacillo trovò condizioni climatiche e biologiche ideali, che gli consentirono d'impiantarsi stabilmente nelle colonie di roditori che popolavano la regione. Dall'Himalaya la peste fu portata in **Cina**, dove è attestata nel 1331. Dalla Cina il morbo impiegò quindici anni per raggiungere la colonia genovese di **Caffa** in Crimea, nel 1346. Da Caffa le navi genovesi sparsero il contagio in tutto il Mediterraneo. Nel **1347** il bacillo è attestato a Costantinopoli e di lì a Messina, Marsiglia, Genova, Spalato, Ragusa (Dubrovnik), Venezia [ATLANTE_36]. Nel **1348** dilagò con una velocità impressionante in Africa del Nord, in Egitto, in Palestina, in Anatolia, in Siria, in Toscana, nella Val Padana, in Francia, Spagna, Inghilterra, Germania. Nel **1349** toccò la Carinzia, la Stiria, l'Ungheria, la Danimarca, la Scandinavia.

Un male ricorrente Nei due anni successivi al 1349 l'epidemia si attenuò fino a spegnersi, ma la peste non scomparve e restò per secoli un male ricorrente, che gli uomini subirono indifesi. A **intervalli di circa 9-12 anni** il bacillo ricomparve ora in un luogo ora in un altro, con le solite micidiali conseguenze. I motivi di questo carattere ciclico sono ignoti e nessuna delle spiegazioni proposte (fattori climatici, bellici, carestie, spostamento dei ratti, ecc.) può considerarsi del tutto soddisfacente. In Europa essa cessò di essere una malattia endemica nel corso del XVIII secolo, probabilmente in conseguenza della **diffusione di un'efficiente politica sanitaria**. Nel mondo essa è ancora presente con apparizioni sporadiche, ma solo la diffusione degli **antibiotici** (dal 1943) ha fortemente limitato le sue terribili conseguenze [6.6 STORIA • SOCIETÀ • CITTADINANZA].

GUIDA ALLO STUDIO
❶ Quali caratteristiche avevano le terre marginali? ❷ Quali insediamenti furono abbandonati? Perché? ❸ Ricostruisci la catena del contagio del bacillo *Yersinia pestis*. ❹ Qual era il tasso di mortalità fra i malati di peste? ❺ Dov'era situato il focolaio della peste del '300? Come giunse in Europa?

2 Impotenza e disperazione di fronte al morbo

Mortalità e classi sociali Le vittime dell'epidemia di peste furono in Europa **più di 30 milioni**: circa un terzo degli abitanti del continente. Come tutte le malattie di ogni tempo e di ogni epoca, la peste del Medioevo aveva soprattutto un carattere **classista**: vittime principali ne erano i **poveri**. Certamente anche ai ricchi e ai potenti capitava di morire per quell'orribile malattia – lo sperimentarono anche alcuni appartenenti alle casate reali e gli stessi sovrani, come il re Edoardo di Portogallo nel 1438 –, ma la mortalità tra le classi dominanti era notevolmente più bassa rispetto al resto della popolazione.

I **motivi di questa mortalità selettiva** erano molteplici: anzitutto l'alimentazione, ma anche le condizioni ambientali.

▶ 56
M. Mollat
Una malattia selettiva

■ **Alimentazione insufficiente e squilibrata** Nell'alimentazione dell'epoca il pane e i farinacei in genere occupavano un posto fondamentale (circa 700 grammi al giorno), seguiti dal vino (circa 3/4 di litro al giorno) che forniva un'altra quota di calorie a buon mercato e da un "companatico" a base prevalentemente vegetariana. Carne, pesce, uova, formaggi erano consumati raramente. Un'alimentazione così insufficiente e squilibrata – **altissima percentuale di carboidrati, bassissima di proteine e vitamine** – generava vari danni organici – rachitismo, cecità, cretinismo, gastriti, ecc. – e, soprattutto, indeboliva le resistenze dell'organismo all'aggressione delle malattie.

■ **Condizioni ambientali insalubri** Ma anche l'ambiente svolgeva una funzione nefasta. Le **città** medievali, rapidamente ingranditesi in seguito alla forte urbanizzazione dei secoli precedenti **[👁 2.6]**, erano malsane e inospitali. Strade strette e umide, vere e proprie fogne a cielo aperto, nelle quali si accumulavano i rifiuti e razzolavano i maiali, case prive di **servizi igienici**, di acqua, di aria, dove la gente viveva accalcata e l'unico arredamento era un ruvido pagliericcio, cucine sporche e maleodoranti: condizioni di vita come queste, che rappresentavano un regresso

TABELLA 1_DURATA MEDIA DELLA VITA NEL MEDIOEVO

ETÀ	CITTÀ		CONTADO	
	POPOLAZIONE ALL'ETÀ X E OLTRE	SPERANZA DI VITA ALL'ETÀ X	POPOLAZIONE ALL'ETÀ X E OLTRE	SPERANZA DI VITA ALL'ETÀ X
0	4319	30,9	11.456	28,5
5	3471	31,8	9014	30,5
10	3118	30,1	8030	28,8
15	2769	28,5	7138	27,1
20	2498	26,4	6373	25,0
25	2193	24,6	5530	23,4
30	1953	22,3	4828	21,4
35	1713	20,0	4156	19,5
40	1482	17,8	3569	17,4
45	1234	16,0	2900	15,9
50	1044	13,5	2457	13,5
55	795	12,2	1836	11,8
60	650	9,6	1544	9,4
65	418	8,9	934	8,8
70	318	6,2	742	6,1
75	158	5,8	361	6,1
80	89	3,8	249	3,0
85	24	5,0	54	4,2
90	14	2,7	25	2,3
95	2	8,0	4	3,5
100	2	3,0	2	1,0

La durata media della vita nel tardo Medioevo era di circa 35 anni. Sulla base dei catasti della città di Pistoia del 1427, lo storico americano D. Herlihy ha potuto compilare alcune statistiche riguardanti la mortalità e la speranza di vita della popolazione delle città e delle campagne.
Le cifre contenute nella tabella, solo apparentemente aride, esprimono una realtà impressionante. La mortalità infantile – che più di ogni altro dato riflette le condizioni igienico-sanitarie di una popolazione – raggiungeva punte altissime. Ogni famiglia normale aveva il suo carico di bambini morti prima dell'adolescenza: secondo calcoli compiuti dagli specialisti, nell'Europa pre-industriale, su 1000 nati, da 150 a 350 morivano nel primo anno, da 100 a 200 prima del decimo anno. A causa della morte dei genitori e della dissoluzione delle famiglie, i bambini sopravvissuti erano spesso costretti a vagabondare

▶ 63 DOC
Marsilio Ficino
I consigli del medico

▶ 64
J. Agrimi
Accogliere e (forse) guarire

rispetto alla stessa Antichità romana, furono tipiche di tutte le città dell'Europa preindustriale. Il loro **stretto rapporto con le malattie e la mortalità** è evidente: dalle strade alle case, ai vestiti, tutto concorreva a determinare un habitat ideale per la diffusione di parassiti e bacilli **[**👁 TABELLA_**1]**.

La medicina medievale: teoria miasmatica e teoria astrologica

La medicina del tempo non aveva gli strumenti per spiegare e quindi debellare la malattia. Le teorie più accreditate in campo epidemiologico erano contenute negli antichi trattati greci e romani, i quali interpretavano le pestilenze come **malattie dell'aria** che si trasmettevano all'uomo. Le malattie dell'aria erano dette "miasmatiche" perché si supponeva che l'aria fosse intrisa di esalazioni malsane, i miasmi appunto.

A questa teoria si aggiunsero, nel corso dei secoli, altri elementi attinti alla medicina araba che tendeva a spiegare le malattie umane facendo ricorso alle **influenze degli astri**.

La teoria miasmatica, di origine antica, e quella astrologica, di origine araba, si ritrovano puntualmente nelle interpretazioni che i medici del XV e XVI secolo avanzarono sulla peste. Corruzione dell'aria e influenza degli astri ritornano in tutti i numerosi trattati che furono scritti nei secoli successivi.

Quali rimedi?

La molteplicità delle spiegazioni avanzate dai medici sull'origine e sulla natura della peste si accompagnava a una grande varietà di suggerimenti circa il trattamento cui sottoporre gli appestati. Dobbiamo comunque considerare che nel tardo Medioevo **i medici veri e propri erano molto rari**, e che la maggior parte degli ammalati era costretta ad affidarsi alle cure di personaggi che avevano ben poco in comune con il mondo della medicina. Lo stesso discorso vale per gli **ospedali**, molto diversi dai nostri: erano strutture generiche destinate ad accogliere (ospedale viene da "ospitalità") non solo i malati ma anche i poveri, i vecchi e chiunque si trovasse in una condizione di grave sofferenza materiale. I medici medievali dunque si limitavano a suggerire **rimedi preventivi**. La prevenzione della peste consisteva

Francesco da Milano
***San Sebastiano e san Rocco*, part.**
1512

Contro i macabri personaggi che popolavano l'immaginario medievale segnato dall'epidemia, gli uomini invocavano la protezione dei santi, soprattutto quelli specializzati nella lotta contro le pestilenze. Questo spiega l'enorme successo di san Sebastiano, il cui corpo, che secondo la leggenda sarebbe stato trafitto da molte frecce senza morirne, offriva un'identificazione all'umanità trafitta dal morbo. Fin dall'Antichità, infatti, la simbologia della pestilenza si era fondata sull'elemento della freccia scagliata da una divinità imperscrutabile. Il fervore popolare si riversò anche su san Rocco, il quale, durante l'epidemia del 1348, avrebbe curato gli appestati di varie città italiane, restando a sua volta contagiato. Abbandonato da tutti sarebbe stato soccorso da un angelo e da un cane. Ai due santi furono dedicate chiese e cappelle in tutta Europa e migliaia di quadri li rappresentavano per essere mostrati ai fedeli.

nella purificazione del corpo e dell'aria circostante: tappati in casa, sottoposti a purghe e salassi (per estrarre forzosamente umori e sangue dal corpo), avvolti dall'incenso e da nubi aromatiche, gli uomini del tardo Medioevo dovevano seguire una dieta ferrea e mantenersi in un riposo quasi assoluto; l'esercizio fisico era infatti sconsigliato perché si riteneva che dilatando i pori facesse respirare una maggiore quantità d'aria, aggravando i rischi del contagio.

57
J. Delumeau
Morte e apocalisse

58 DOC
Giovanni Boccaccio
Convivere con la morte

60
G. Fourquin
Punirsi per la salvezza: i flagellanti

61
A. Foa
La ricerca del colpevole: l'ebreo

62 DOC
Interesse e pregiudizio

Le reazioni collettive La diffusione della malattia suggestionò profondamente la **mentalità collettiva** alimentandone le fantasie: "l'immaginario della peste" comprendeva un repertorio ricchissimo, popolato di personaggi terrificanti o rassicuranti, portatori di morte o di salvezza, nel quale confluivano e si annodavano elementi tratti dalla religione ufficiale e dalle antiche, per noi quasi del tutto perdute, credenze popolari. L'inspiegabilità della malattia e l'impotenza della medicina scatenarono, come si può prevedere, ansie e paure collettive. Sentendosi indifesi, gli uomini facevano ricorso ai rimedi dei maghi: amuleti, talismani, sortilegi e ogni sorta d'incantesimo alimentavano la fiducia in una **protezione soprannaturale**.

Penitenza e intolleranza Come spesso avviene in queste situazioni, l'impotenza e il terrore provocavano nella folla comportamenti isterici. Una delle manifestazioni di questo **isterismo collettivo** fu rappresentata da bande di penitenti che andavano di città in città mortificandosi per **placare la collera divina**. Famosi divennero i **flagellanti** che dall'Italia dilagarono in Germania e in Francia, e rappresentarono uno dei più vasti movimenti religiosi del tardo Medioevo. Le loro pubbliche esibizioni si concludevano solitamente con una **caccia agli ebrei**.

Perché proprio gli ebrei? L'incapacità di spiegare razionalmente il meccanismo del contagio e il terrore derivante dalla misteriosità del fenomeno portavano l'angoscia a livelli insostenibili. Per placare l'angoscia era **necessario individuare a ogni costo un colpevole**, qualcuno da identificare come causa del male. Questo qualcuno non poteva che essere un individuo **"diverso"** rispetto alla grande maggioranza dei membri della comunità, un individuo che per la religione, il modo di vestire, di mangiare, di comportarsi appariva anomalo rispetto al gruppo. Il diverso per eccellenza, nella storia d'Europa, era sempre stato l'ebreo: accusati dei peggiori misfatti, gli ebrei erano i primi bersagli dell'aggressività popolare. Le vittime di queste reazioni incontrollabili furono molte migliaia in tutto il continente.

GUIDA ALLO STUDIO
❶ Quali erano le principali teorie diffuse nel tardo Medioevo per spiegare l'origine della peste? ❷ Quali erano i rimedi e le misure preventive contro la peste? Chi se ne occupava? ❸ Perché le epidemie di peste incisero profondamente sulla mentalità medievale? ❹ Perché proprio gli ebrei furono bersaglio dell'odio collettivo?

3 La crisi del '300

Coincidenze negative La grande peste che dilagò nella prima metà del '300 s'innestò in un quadro economico caratterizzato da un andamento negativo. Già prima dell'arrivo della pestilenza, l'economia europea aveva perduto, infatti, lo slancio che l'aveva caratterizzata dopo il Mille [👁 3.1]. L'inversione di tendenza fu accelerata fortemente dall'epidemia. Gli storici la chiamano abitualmente «crisi del '300», anche se il fenomeno ebbe inizio dalla fine del secolo precedente e si protrasse fino alla metà del successivo.

I contemporanei non mancarono d'interrogarsi sulla natura dei mali che li affligge-

Parola chiave
Crisi

vano, e sulle loro cause. Al primo posto essi ponevano le **guerre**, al secondo le **pestilenze**, al terzo i cambiamenti del **clima**. Tutti e tre questi fenomeni ebbero indubbiamente il loro peso nella crisi del '300, anche se, dopo decenni d'indagini e dibattiti, la visione che ne hanno gli storici moderni è inevitabilmente più complessa.

L'aumento della piovosità

Cominciamo dal **clima**. Contrariamente a quanto alcuni storici hanno ritenuto in passato, oggi si tende a escludere che nel '300 si sia verificato un eccessivo raffreddamento del clima. Sembra piuttosto che ci sia stato – cosa ben più grave – un cospicuo aumento della piovosità:

EVENTI

Il primo ghetto

«Se ci pungete non diamo sangue noi? Se ci fate solletico non ridiamo? Se ci avvelenate non moriamo? E se ci offendete non dovremmo vendicarci? Se siamo come voi in tutto e per tutto, anche in questo vogliamo assomigliarvi»: a pronunciare queste drammatiche parole è Shylock, un usuraio ebreo creato dalla fantasia di William Shakespeare, la cui storia, ambientata nella Venezia del '300, si ispirava a sua volta a una novella italiana medievale. Shylock incarna le ambiguità e le difficoltà del rapporto tra la **Repubblica di Venezia**, che accoglieva intellettuali, mercanti e perseguitati di ogni nazionalità, e la comunità ebraica vivace e cosmopolita che vi risiedeva, sfociate nel 1516 nell'istituzione del primo ghetto ebraico. Già dal '200 iniziarono a formarsi i primi quartieri riservati agli ebrei in Germania, Spagna e Portogallo, dove le tensioni razziali erano più acute. **Gli ebrei erano sempre percepiti come diversi ed erano appena tollerati. Spontaneamente quindi tendevano a vivere in gruppo**: l'isolamento dai cristiani li faceva sentire più protetti. Era loro proibito possedere e coltivare terre, e quindi la città era un approdo inevitabile. Il tipico quartiere ebraico comprendeva, oltre alle case, sinagoga, scuola, macelleria (l'ebraismo prescrive un diverso modo di macellazione ed esclude dal consumo maiale, coniglio e cavallo). Gli ebrei erano appartati ma liberi. Il ghetto era invece chiuso da cancelli sorvegliati e il suo accesso era rigidamente regolamentato negli orari. Per comprendere come il governo veneziano arrivò a questa soluzione è necessario partire da lontano.

Nella seconda metà del '300 Venezia era in un momento difficile: a causa delle guerre con Verona, Genova e Chioggia e dell'**epidemia di peste del 1348** il commercio aveva subito una battuta d'arresto, la circolazione monetaria era diminuita e il numero dei poveri aumentato. Il Senato, per rivitalizzare gli scambi e l'economia e ripristinare gli equilibri sociali, approvò una legge che autorizzava il **prestito a interesse**, fino ad allora bandito per motivi religiosi. Il governo imponeva tasse ai prestatori e controllava il tasso di interesse, che era fisso: era un meccanismo economico innovativo e promettente, tutto da sperimentare.

In breve tempo i prestatori furono quasi esclusivamente ebrei: l'usura era infatti una delle pochissime attività che fosse loro concessa, insieme all'esercizio della medicina. Tra governo e usurai iniziò una lunga trattativa. Agli ebrei era offerto il permesso di soggiorno e **si prospettava l'organizzazione di un quartiere riservato** (nel 1386 ricevettero un terreno incolto da destinare a cimitero) ma in cambio erano costretti a pagare tasse molto alte e a fornire sia alla popolazione sia al governo stesso qualsiasi tipo di prestito, anche piccolo e quindi poco redditizio. A ogni contrasto o protesta il governo ritardava la concessione del quartiere che aveva promesso e che gli ebrei desideravano. Il governo veneziano proteggeva però la loro **completa libertà di culto** e questo spiega il continuo afflusso di ebrei a Venezia da tutta Europa.

Nel corso degli anni la situazione economica e sociale di Venezia migliorò e le tensioni con gli ebrei divennero più aspre e frequenti: dopo aver accumulato ricchezze prestando denaro a interesse, gli ebrei sembravano ormai troppo influenti e il governo decise di proibire loro l'acquisto di beni immobili e li costrinse a **indossare un distintivo giallo**. Il gesto più risoluto fu l'espulsione dalla città nel 1426 (annullata cinquant'anni dopo) ma gli ebrei si trasferirono nella vicina **Mestre** continuando a recarsi a Venezia per i loro affari.

Nel frattempo montava una polemica ideologica e religiosa contro il prestito a interesse, promossa dai francescani, che portò all'istituzione dei cosiddetti **Monti di pietà** in molte città italiane: era una soluzione di tipo assistenziale, che prevedeva la formazione di un capitale grazie alle donazioni dei cittadini più ricchi, da cui si erogavano prestiti senza interesse in cambio di un "pegno" che, se non riscattato entro sei mesi, veniva messo all'asta. Gli ebrei, sempre più malvisti e odiati, continuavano però la loro attività di usura, solida e professionalmente organizzata.

Nel 1502 il Senato varò un nuovo provvedimento, che dimostrava quanto gli ebrei fossero ormai importanti nell'equilibrio dell'economia veneziana: fu loro concesso di abitare a Venezia e di circolare liberamente senza distintivo. Inoltre, in caso di guerra o pericolo, anche gli ebrei residenti in terraferma potevano trasferirsi in città. Nel **1508-9** la situazione si complicò a causa della guerra mossa contro Venezia dalla Lega di Cambrai promossa da papa Giulio II [👁 9.3], che vedeva schierati Francia, Sacro romano Impero, Regno di Napoli. Nella sconfitta di Agnadello Venezia perse molte città dell'entroterra e dovette accogliere tutti gli ebrei fuggiti da lì. Ma soprattutto si diffuse un clima di paura e odio: **i predicatori cristiani insinuavano che la sconfitta fosse un castigo divino per la tolleranza mostrata dal governo veneziano verso gli ebrei** e che la città, se voleva ritrovare pace e benessere, dovesse correggere il proprio orientamento. Gli ebrei erano guardati con ostilità e sospetto e venivano percepiti come doppiamente estranei, da un punto di vista religioso ed etnico: nella tollerante Venezia erano convenuti infatti i fuggitivi dalla Germania, dall'Europa dell'est, dall'Oriente e dalla Spagna (dopo l'espulsione del 1492).

Due anni dopo il Senato, bisognoso di entrate, concesse loro di aprire nove **negozi di merce usata nel mercato di Rialto** dietro versamento di una somma molto elevata. Il malcontento della popolazione veneziana crebbe e l'anno dopo si discusse in Senato la possibilità di confinare tutti gli ebrei nell'isola di Giudecca ma non si giunse ad alcun accordo. L'anno dopo, però, nel **1516**, arrivò la drastica decisione: gli ebrei sarebbero stati mandati nel cosid-

piogge troppo abbondanti, soprattutto in coincidenza con le semine autunnali e primaverili e nei periodi che precedono immediatamente il raccolto, ebbero probabilmente **conseguenze negative sulla produttività agricola**. Non è tuttavia possibile attribuire ai fattori climatici un effetto determinante sull'andamento dell'economia. Essi furono tutt'al più, in alcune circostanze, un **ulteriore elemento negativo** entro un quadro economico già deteriorato.

Le guerre e i saccheggi Meno sfuggenti per noi, e certamente ben più gravi per i contemporanei, furono le conseguenze delle **guerre** che afflissero

detto **Ghetto Novo**, denominato così perché sede di una fonderia (*gheto*, da "gettare") ormai in disuso: «Li Giudei debbano tutti abitar unidi in la Corte de Case, che sono in Ghetto [...] ed acciocché non vadino tutta la notte attorno [...] siano fatte due Porte, le qual se debbino aprir la mattina alla Marangona [la campana più grande del campanile di San Marco] e la sera siano serrate a ore 24 per quattro Custodi Cristiani a ciò deputati e pagati da loro Giudei a quel prezzo che parerà conveniente al Collegio Nostro». Le **pene per gli ebrei che fossero stati sorpresi fuori dal ghetto** negli orari proibiti oscillavano dalla multa alla reclusione per due mesi. Di maggiore libertà godevano i medici ebrei, autorizzati a uscire dal ghetto per chiamate notturne dei loro pazienti.
La vita nel ghetto veneziano scorreva, nonostante tutto. I **gruppi di diverse nazionalità** convivevano pacificamente: l'etnia tedesca era la più numerosa, seguita da quella italiana, quella levantina (che comprendeva gli ebrei provenienti da Oriente) e quella spagnola. Costruirono le loro **sinagoghe**, o "Scole", per un totale di nove. In un certo senso erano ora protetti dall'ostilità o, peggio, dalle persecuzioni. Si adattarono. Le case del ghetto sono tra le più alte di Venezia perché man mano che la comunità cresceva si edificavano nuovi piani nelle case preesistenti.
Dopo Venezia l'istituzione si diffuse in tutta Italia (soprattutto negli anni della Controriforma: 👁 14.7) e in Europa e dovunque fu chiamata "ghetto". I ghetti ebraici furono soppressi poco a poco dopo la Rivoluzione francese. Quello veneziano fu eliminato da Napoleone, che conquistò la Repubblica nel 1797 ed equiparò gli ebrei agli altri cittadini, annullando ogni forma di segregazione. L'annessione di Venezia al Regno d'Italia confermò questa disposizione. Nel primo '900, però, la storia dei ghetti conobbe una nuova fase, connessa con il genocidio nazista.
Oggi il Ghetto veneziano è un luogo sereno e tranquillo. Ospita le cinque sinagoghe rimaste, un ricchissimo Museo Ebraico e un Monumento all'Olocausto, realizzato nel 1980 per non dimenticare le vittime ebree della persecuzione e dello sterminio perpetrati dal regime nazista durante il secondo conflitto mondiale.

Il ghetto di Venezia in una fotografia contemporanea

EVENTI

54
L. Del Panta
Tifo e vaiolo, i compagni della peste

55
M.S. Mazzi
Morti viventi: i lebbrosi

59DOC
Antonio da Romagno
Contabilità macabra

l'Europa nello stesso periodo. I contadini erano abituati da secoli a subire la **violenza dei soldati**: incendi, devastazioni, saccheggi facevano parte dell'esperienza consueta dell'uomo medievale. Ma si trattava quasi sempre di episodi saltuari che, per quanto gravi, non impedivano, superato il momento critico, una rapida ripresa. Quello che accadde nel '300 fu invece abbastanza fuori del comune: da una parte molte regioni europee, soprattutto in Fiandra e in Francia, furono teatro di **operazioni militari praticamente ininterrotte** [7.1]; dall'altra, ciò avvenne proprio nel momento in cui la diffusione di eserciti mercenari rendeva abituali i saccheggi sistematici con i quali i soldati integravano la loro paga e le scorte di cibo.

La gravità delle pestilenze

L'ultimo elemento di questa spirale di fattori negativi è la **peste**, di cui abbiamo già analizzato il meccanismo del contagio, l'impatto psicologico sulle popolazioni, i riflessi medici e sanitari. Malgrado avesse assunto in Europa un carattere endemico, essa non fu l'unica causa di mortalità: altre infezioni epidemiche, infatti, vi si accompagnarono. Dobbiamo a questo punto domandarci quali furono, sul lungo periodo, le conseguenze demografiche ed economiche delle epidemie. L'umanità ha sempre dovuto affrontare epidemie più o meno gravi, pestilenze a carattere locale, malattie. Normalmente il brusco calo demo-

La peste falcia l'umanità
Nel XIV secolo si diffusero diverse rappresentazioni iconografiche della morte. Questa poteva prendere le sembianze di una donna anziana bendata o di uno scheletro a cavallo, o ancora, come in questo caso, di un diavolo. In tutti i casi l'immagine era molto eloquente: uomini, donne e bambini cadevano sotto i colpi di una falce, simbolo stesso del suo potere distruttivo.

GRAFICO 1_LA POPOLAZIONE EUROPEA NEL 1350 E NEL 1450

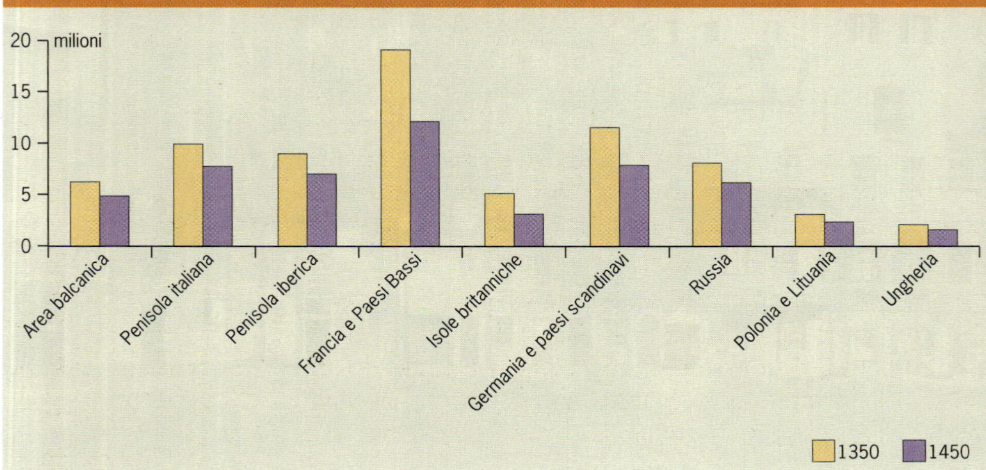

Il grafico fornisce per alcune grandi aree del continente europeo le stime presumibili – in assenza di dati certi – circa l'ammontare della popolazione, elaborate dallo studioso J.C. Russell. Come si vede, i livelli della popolazione raggiunti prima della peste non erano ancora stati recuperati a un secolo di distanza dalla grave crisi demografica.

grafico determinato dall'aumento della mortalità viene recuperato in tempi abbastanza brevi: nuovi matrimoni tra i vedovi, abbassamento dell'età di matrimonio, nuove nascite tendono a ristabilire l'equilibrio perturbato. Le epidemie del '300, tuttavia, si susseguirono **a breve scadenza**, non solo ostacolando la possibilità di recupero, ma riducendo via via ulteriormente la popolazione. Sommandosi agli effetti determinati dalle guerre, da probabili difficoltà climatiche e dalle carestie, le epidemie provocarono un duraturo **regresso demografico** che ebbe gravi **ripercussioni di carattere economico e sociale**. Soltanto alla metà del '400 – e non dappertutto – la popolazione riprese a crescere. Tuttavia dovette passare molto tempo prima che l'Europa raggiungesse nuovamente i livelli demografici toccati agli inizi del '300 **[**GRAFICO_**1****]**.

GUIDA ALLO STUDIO

❶ Quali furono i fattori principali della crisi del '300? ❷ Quali caratteristiche avevano le guerre del '300? ❸ Perché nel '300 le epidemie impedirono alla popolazione europea di tornare a crescere?

4 I problemi dell'economia e la crisi della rendita signorile

La diminuzione del prezzo dei cereali

Il crollo demografico determinò un'accentuata diminuzione del prezzo dei cereali, perché si ridusse drasticamente il numero dei consumatori, caduti vittime della peste, e di conseguenza la richiesta di questo alimento base dell'alimentazione. Alla fine del '300 il calo del prezzo risultò del 63% in Inghilterra, del 76% in Germania, del 59% in Polonia.
Il fenomeno interessò tutta l'Europa, con la sola **eccezione** dell'**Italia settentrionale**, Lombardia in particolare, e dei **Paesi Bassi**, dove il prezzo dei cereali continuò a salire, anche se di poco, lungo tutto il secolo. La particolare situazione di questi due paesi si deve a uno **slancio di investimenti e di attività produttive** che non subì battute di arresto: in Lombardia l'espansione agricola e pastorale fu sostenuta da un ceto di imprenditori tra i più vivaci del continente e da un adeguato afflusso di manodopera dalle regioni vicine; nei Paesi Bassi, la crescita delle attività mercantili, il recupero di nuove terre strappate al mare, i progressi dell'allevamento garantirono la conservazione di uno slancio che si era già consolidato nel secolo precedente.
A parte queste eccezioni la crisi ebbe una diffusione generale e in tutto il continente si verificò un serio **ristagno dei traffici** su lunga distanza. Notevoli furono, dunque, le ripercussioni sui prezzi di tutti i beni di consumo.

La condizione dei contadini

Mentre in precedenza l'espansione demografica aveva garantito un'abbondanza di manodopera nelle campagne e quindi una certa stabilità dei **salari**, ora il crollo demografico rese più rari i lavoratori dei campi e più care le loro prestazioni. L'esodo di manodopera dalle grandi aziende non fu provocato soltanto da un accresciuto numero dei decessi, ma anche dal fatto che i lavoratori si trasferivano, come **coltivatori indipendenti**, su altre terre, lasciate libere dalle famiglie falcidiate dal morbo. Inoltre i contadini che effettuavano prestazioni di lavoro e versavano affitti ai proprietari aumentarono il loro **potere contrattuale** e riuscirono a strappare condizioni più favorevoli.

Salario
Dal latino *salarium*, letteralmente 'razione di sale', il termine passò a indicare il soldo concesso all'esercito per l'acquisto di sale e di altri generi alimentari o l'indennità concessa ai funzionari. Nel latino imperiale, assunse il significato di 'stipendio, retribuzione' del militare. In senso esteso esso indica la retribuzione per qualsivoglia prestazione lavorativa a pagamento.

Le condizioni della grande impresa agricola

La crisi del '300 ebbe effetti molto gravi anche sulle sorti della grande impresa agricola. Il crollo del prezzo dei cereali si sommava all'aumento di quelli della manodopera e degli attrezzi agricoli, il ristagno dei traffici faceva diminuire gli introiti derivanti dai pedaggi, mentre i mulini, dal cui affitto i signori traevano un discreto ricavo, restavano inoperosi o cadevano in rovina.

Le **guerre**, infine, oltre a provocare danni alle attrezzature agrarie, obbligavano i signori a restare per lunghi anni lontani dalle loro aziende e ad affidare, pertanto, le terre ad amministratori spesso disonesti e inefficienti, quasi sempre avidi.

Aumento dei costi e calo dei profitti provocarono la caduta delle rendite signorili: tra il 1351 e il 1425 le rendite signorili a Pistoia diminuirono del 40% rispetto al periodo 1275-1350; tra il 1342 e il 1364 le entrate dell'abbazia francese di Saint-Denis diminuirono di oltre il 50%. I signori di una regione della Sassonia, che nel 1394 ricevevano dai loro contadini 30 misure di segale, 54 di avena e 33 monete, nel 1421 ricevevano appena 5 misure di segale, 9 di avena e 5 monete. Crollò, di conseguenza, anche il valore della terra, con un'inversione di tendenza rispetto agli incrementi dei secoli precedenti.

Le reazioni dei signori

La nobiltà reagì in vario modo alla crisi delle rendite. Cercò anzitutto d'**intensificare lo sfruttamento dei contadini** aumentando i canoni d'affitto, introducendo nuove imposte, pretendendo nuove *corvées* [👁 1.7]. In vaste zone orientali della **Germania** e nei paesi dell'**Est**, dove il potere centrale – dell'imperatore o dei re – era molto debole e lasciava ampio spazio al rafforzamento dei poteri locali, questa reazione fu coronata da un facile successo e portò al consolidamento e all'espansione dei domìni signorili, alla diffusione della servitù della gleba, all'inasprimento dei canoni e delle *corvées*. Altrove, però, questa pressione si scontrò con l'accanita **resistenza dei lavoratori**: il '300 è anche il secolo delle grandi rivolte contadine [👁 6.5].

Un altro espediente per mezzo del quale i signori cercarono di fronteggiare la crisi fu il passaggio **dalla conduzione diretta alla conduzione indiretta**. Le imprese agricole di vaste dimensioni furono divise in vari lotti e date in affitto a contadini che li coltivavano in proprio.

L'abbandono della conduzione diretta, reso in molti casi inevitabile dall'aumento vertiginoso dei costi e dal crollo dei profitti, e soprattutto dalla mancanza di mano-

Giovanni di Paolo
Paesaggio rurale nei pressi di Siena
1432 ca.
[part. da *La Madonna dell'Umiltà*, Pinacoteca Nazionale, Siena]

In alcune regioni italiane, come la Toscana, le Marche e l'Umbria, la conduzione mezzadrile dei terreni creò nel tempo un paesaggio caratteristico e riconoscibile con piccoli centri urbani e porzioni di terreno ben delimitate e scrupolosamente curate.

dopera, assunse anche altre forme: per esempio la **mezzadrìa**, un contratto in base al quale i proprietari, detentori di capitali, affidavano ai contadini, oltre alla terra, anche una casa dove abitare, nonché le sementi, il bestiame e gli attrezzi da lavoro, ottenendo in cambio ogni anno la metà del raccolto, oltre ad aggiunte in natura come polli, maiali, uova. La mezzadria si diffuse prevalentemente nelle regioni dell'Italia centro-settentrionale, e in particolare in Toscana e in Emilia, dove il crollo demografico determinò una razionalizzazione della gestione della terra e un aumento degli investimenti produttivi.

67
B. Geremek
Nel mondo dei ladri

68
W.P. Gerritsen • A.G. van Melle
Realtà e leggenda di Robin Hood

I contadini che assumevano tramite affitto la gestione delle terre signorili provenivano in larga parte da gruppi che possiamo considerare relativamente agiati rispetto alle masse rurali: gente che possedeva spesso animali da tiro, aratri, un minimo di capitali.

I nobili portarono anche un **attacco massiccio alle ricchezze della Chiesa**, le uniche in costante aumento in seguito a lasciti e donazioni e non soggette a frammentazione a causa di spartizioni per via ereditaria. Si trattò di un attacco duplice: da una parte i nobili si accaparravano le funzioni ecclesiastiche più prestigiose e quindi più lucrative, dall'altra usavano la forza e s'impadronivano dei beni ecclesiastici. Non era raro, infine, il caso di nobili che si davano al **brigantaggio** e alle rapine. In generale, il passaggio alla condizione di fuorilegge divenne un fenomeno sociale diffuso.

Riconversioni produttive

Una risposta veramente efficace al grave problema della crisi delle rendite signorili poteva darsi però soltanto a cominciare da trasformazioni che incrementassero la produttività delle aziende, collegandole meglio alle **mutate esigenze del mercato**. Fu così che alcuni grandi proprietari decisero di organizzare la produzione secondo criteri più razionali. Vi fu chi si orientò verso una **produzione specializzata di pregio** e quindi altamente costosa come quella del vino, dell'olio, della canna da zucchero, della frutta o delle piante industriali (canapa, lino, piante coloranti); chi, invece, decise di produrre soltanto quei generi che avrebbero trovato una facile collocazione sui mercati: primi fra tutti i **prodotti dell'allevamento** (latte, burro, carne, lana) i cui valori erano in continua ascesa e che richiedevano una manodopera poco numerosa.

Questa seconda tendenza si manifestò in maniera significativa soprattutto in **Inghilterra**, dove si diffusero le ***enclosures***, le **recinzioni** con cui i proprietari delimitarono gli ***openfields***, i **campi aperti**, adiben-

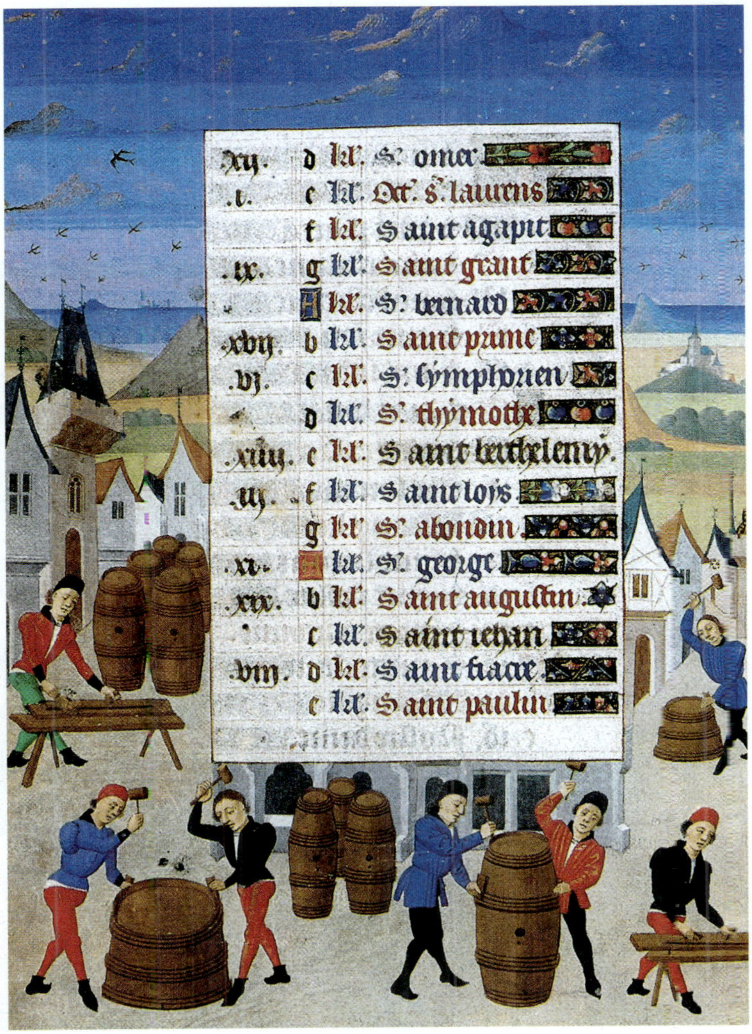

La costruzione delle botti
[Musée Condé, Chantilly]
Di pari passo con la produzione e il commercio del vino, rimase redditizio anche il settore della fabbricazione di botti per il suo trasporto e la sua conservazione, un settore artigianale altamente specializzato e molto attivo in epoca medievale.

❶ Perché, durante il '300, il prezzo dei cereali diminuì? ❷ Che cosa caratterizzava l'economia dei Paesi Bassi e dell'Italia settentrionale? ❸ Che cosa provocò il calo delle rendite signorili? ❹ In che modo i proprietari terrieri affrontarono la crisi? Che cos'è la mezzadria? ❺ Quali modi di riconversione produttiva furono applicati nelle campagne?

GUIDA ALLO STUDIO

doli all'allevamento dei propri capi di bestiame e allontanando da essi i contadini che da tempo immemorabile vi esercitavano i diritti di pascolo.

Altre misure messe in atto dai signori per compensare il decremento delle loro rendite riguardarono interventi sul diritto di **caccia**, che tradizionalmente forniva un significativo apporto di carne alla dieta dei contadini.

5 Le rivolte

L'origine delle rivolte

I mali della **guerra** e l'inasprimento delle **tasse** richieste dal potere centrale per finanziare gli eserciti e gli apparati amministrativi, la **pressione esercitata dai signori sui contadini** per arginare l'erosione delle rendite furono alla base di gravissimi conflitti sociali, che insanguinarono molti paesi europei. A ciò si aggiunse la **crisi delle manifatture urbane** causata dal calo della domanda di beni di consumo e dalla riduzione dei traffici commerciali. Le difficoltà del settore provocarono, anche nelle città, duri scontri tra i datori di lavoro, che cercavano di scaricare sui lavoratori i costi della crisi, e i lavoratori stessi, la cui lotta era in molti casi una vera e propria lotta per la sopravvivenza.

La *jacquerie* del 1358 in Francia

Nel 1358 migliaia di **contadini** della Francia settentrionale, nelle regioni prossime a Parigi, si ribellarono in massa per protesta contro le devastazioni provocate dalla guerra dei Cent'anni tra

◂ **Il sacerdote John Ball incoraggia i ribelli di Wat Tyler**
fine XIV sec.
[da un manoscritto delle *Cronache* di Jean Froissart; British Library, Londra]

▸ **La morte di Wat Tyler per mano di William Walworth, con Riccardo II d'Inghilterra che osserva**
fine XIV sec.
[da un manoscritto delle *Cronache* di Jean Froissart; British Library, Londra]

L'agitazione dei contadini in Inghilterra ebbe inizio nella regione dell'Essex con un carattere strettamente locale. Ciononostante si diffuse rapidamente nel sud-est dell'Inghilterra mentre un gruppo di rivoltosi, guidati da Wat Tyler (un artigiano su cui si hanno poche notizie attendibili) e incoraggiati dalle prediche di altri leader fra cui il prete John Ball, puntavano verso Londra mettendo a ferro e fuoco le città che incontravano sul loro cammino. Giunti nella capitale, i ribelli, sempre più numerosi, presentarono una petizione al giovane Riccardo II con richieste di carattere economico e sociale. Dopo un primo cedimento alle pressioni dei contadini, il re riuscì a far uccidere il capo dei rivoltosi da William Walworth, lord sindaco di Londra (capo della Corporazione della City di Londra), facendo così scemare la carica rivoluzionaria.

Francia e Inghilterra [👁 8.1], contro le prevaricazioni dei nobili, contro le pretese della fiscalità regia. Il movimento fu chiamato *jacquerie*, da "Jacques Bonhomme" ("buonuomo"), soprannome del capo dei rivoltosi, Guillaume Charles; i signori chiamavano **"Jacques"**, dileggiandoli, i contadini, e *jacqueries* furono chiamate a lungo tutte le rivolte contadine, cosa che indica chiaramente quanto l'episodio rimase impresso nella memoria dei francesi. Come spesso in questi casi, la rivolta fu furiosa ma breve: l'assalto alle case dei ricchi, il saccheggio dei magazzini, l'incendio dei castelli si esaurirono in pochi giorni. Il 28 maggio la rivolta era esplosa, il 9 giugno era stata già soffocata: i nobili, organizzatisi, misero in atto una repressione violenta, che non risparmiò le donne e i bambini e provocò circa 20 mila morti.

La rivolta dei contadini del 1381 in Inghilterra

Un'altra celebre rivolta si verificò nel 1381 in due regioni dell'Inghilterra sudorientale, il Kent e l'Essex. Da decenni la situazione sociale di quelle campagne era aggravata dalle accese controversie che opponevano i signori, intenzionati a compensare il decremento dei loro profitti inasprendo le prestazioni e gli obblighi dei **contadini**, e questi ultimi, che contrastavano il tentativo con una tenace resistenza.

L'episodio culminante della rivolta si verificò nel mese di giugno del 1381, quando decine di migliaia di **contadini marciarono su Londra** e la occuparono, accolti con favore dalla maggioranza degli abitanti: dalla torre della città, il re Riccardo II, appena quattordicenne, guardò impaurito le case dei ricchi in preda alle fiamme. In questa difficile situazione al re e ai suoi consiglieri parve opportuno accogliere tutte le **richieste** dei rivoltosi: abolizione della servitù, alleggerimento delle prestazioni, amnistia generale. Queste ampie concessioni attenuarono le tensioni e molti conta-

▶ 65
F. Graus
Tanti modi di essere povero

▶ 66 DOC
Jean Froissart
La criminalizzazione del povero

▶ 69
G. Duby
L'oppressione statale

▶ 70 DOC
Anatomia di una rivolta

dini, soddisfatti, tornarono ai loro poderi. Fu facile, a questo punto, per i soldati del re e per le truppe messe in campo dai nobili, procedere alla **repressione** delle frange più radicali dei rivoltosi, che fu inesorabile e sistematica.

La rivolta dei Ciompi del 1378 a Firenze

Tra i casi di rivolte urbane, invece, drammatico fu il tumulto dei Ciompi a Firenze, in Italia. A Firenze era particolarmente grave la situazione degli operai della manifattura più importante della città, l'**Arte della lana.** I **Ciompi** (termine dall'etimologia incerta), così erano chiamati gli operai della manifattura laniera, erano duramente sfruttati dai maestri delle

EVENTI

La rivolta dei Ciompi

La vicenda dei Ciompi, gli operai tessili che dal luglio al settembre del 1378 sperimentarono a Firenze l'organizzazione, la ribellione, la vittoria e la rovina, suscitò grande impressione nei contemporanei, che scrissero un'**ampia quantità di cronache** in cui trapelavano la simpatia per gli insorti e la pietà per il triste epilogo della loro rivolta. Gli storici delle generazioni seguenti presentarono spesso l'avvenimento con toni tali da ammonire le classi dirigenti troppo tolleranti verso il popolo minuto (composto da bottegai e artigiani). **Machiavelli e Guicciardini**, che nel primo '500 scrissero due storie di Firenze, furono concordi nell'interpretare il tumulto dei Ciompi come una pagina oscura e pericolosa, che aveva messo seriamente a repentaglio il buongoverno della città.

Il motore più o meno esplicito dell'episodio fu il **controllo del governo comunale**, aspramente conteso da guelfi e ghibellini: nel giugno del 1378 il violento scontro tra le due fazioni, basato su concreti interessi economici e di preminenza sociale, era arrivato al punto di massima tensione a causa della dura sconfitta di Firenze nella guerra degli Otto Santi, voluta dai ghibellini, al potere, e contrastata dai guelfi, che ora premevano a loro volta per insediarsi al governo soppiantando i rivali. Il nuovo gonfaloniere di Giustizia, il ghibellino Salvestro dei Medici, pensò quindi di procurarsi l'appoggio delle fasce popolari più provate dal conflitto e dalle ingiustizie sociali ed economiche, promettendo di attuare un vasto programma di riforme che avrebbero migliorato le drammatiche condizioni di vita in cui versavano. Si rivolse così ai Ciompi, il cui malcontento, aggravato dalle nuove e pesanti esazioni fiscali dovute al conflitto appena concluso, era molto profondo.

Subalterni all'Arte della Lana, a cui non potevano iscriversi e che era composta dai loro datori di lavoro, gli imprenditori e i mercanti, i Ciompi non erano minimamente tutelati ed erano completamente esclusi dalla rappresentanza politica. Era anzi fatto loro divieto di associarsi in gruppi, per arginare il potenziale pericolo che avrebbe potuto creare il numero assai elevato di iscritti. Lavoravano per ore in ambienti malsani ricevendo salari irrisori, che li costringevano a contrarre **debiti con i loro datori di lavoro**, e non avevano neanche la libertà di cambiare professione perché la legge li obbligava a lavorare per il datore fino al saldo dei debiti. In caso di controversie con il padrone della bottega, erano giudicati da un ufficiale eletto dai membri dell'Arte della Lana, che aveva persino il diritto di punirli con il **taglio della mano** o il **carcere** in caso di insolvenza dei debiti.

Questa drammatica situazione fu esasperata dalla decisione del governo di ridurre la produzione della lana: era la fase iniziale della crisi dell'industria laniera toscana che, prima fiorentissima, fu oscurata nel giro di qualche decennio da quella della

Luca Della Robbia
Stemma dell'arte della lana
XV sec.
[Museo dell'Opera del Duomo, Firenze]

botteghe, che li remuneravano con paghe da fame per giornate lavorative anche di 18 ore. Erano molto numerosi (circa 10 mila divisi in 279 botteghe) e rappresentavano circa un terzo della manodopera fiorentina impiegata in attività manifatturiere. A metà del '300 i Ciompi avevano provato a organizzarsi autonomamente contro l'oppressione dei padroni di bottega, ma questi ultimi, troppo potenti, avevano annientato qualsiasi loro iniziativa.
Il conflitto permase nei decenni successivi, fino a quando la situazione precipitò nel **1378** con una **rivolta di vaste proporzioni.** Alla sua base, come fattore scatenante, fu

▶ 71
J. Le Goff
Il tempo è denaro

▶ 72 DOC
Philippe de Maizières
Il signore degli orologi

Michele di Lando
XIX sec.
[Loggia del Mercato Nuovo, Firenze]

seta. **Una nuova società, nuovi stili di vita erano alle porte**.
In una notte di luglio esplose la rivolta: i Ciompi bruciarono case e palazzi dei padroni. Il loro portavoce, come ricorda una cronaca contemporanea, disse chiaramente a un esponente della Signoria che essi non volevano più essere «sottoposti» né all'ufficiale (che «per ogni piccola cosa li martoria») né all'Arte, e reclamavano equità, rispetto del loro lavoro e un proprio ruolo politico. La reazione non si fece attendere: il portavoce fu torturato e il governo ordinò la **repressione armata** dei Ciompi che però, informati tempestivamente, si prepararono alla difesa: «la gente si cominciò ad armare [...] e così, di campana in campana, tutta Firenze sonava a martello».
Al grido di «Viva il popolo!» i Ciompi, che erano più di trecento, si impadronirono del gonfalone di Giustizia e, dopo aver messo in fuga l'ufficiale in carica e aver ucciso un funzionario, giunsero al Palazzo della Signoria. In testa al gruppo c'era **Michele di Lando**, che aveva patito qualche mese di carcere per non essere riuscito a pagare un debito contratto con il datore di lavoro. I cronachisti ricordano che «in iscarpette sanza calze [...] entrò in palazzo con tutto il popolo che 'l volle seguitare, e su per le scale n'andò infino nella udienza de' priori e quivi si fermò ritto». I Priori, sovrintendenti delle Arti, si arresero e autorizzarono la fondazione di tre nuove Arti del popolo minuto per le manifatture tessili – Farsettai, Tintori e Ciompi – e legittimarono la presenza dei loro rappresentanti nel governo per un terzo; infine, nominarono Michele di Lando gonfaloniere di Giustizia.
Questa svolta, però, intrapresa solo per paura, acuì i conflitti sociali. I padroni delle botteghe e delle materie prime reagirono bloccando la produzione e chiudendo gli stabilimenti. La disoccupazione e la miseria esasperarono i Ciompi: a fine agosto elessero **otto nuovi rappresentanti** che chiesero di rimuovere dal governo gli attuali componenti e di formarne uno nuovo, su cui volevano esercitare un controllo praticamente totale dandosi potere di veto sulle future proposte legislative. Era troppo, e la tensione si aggravò ulteriormente quando due portavoce degli otto intimarono a Michele di Lando e agli altri rappresentanti del governo di approvare tutte le proposte presentate. Da questo scaturì una dura reazione politica: il giorno dopo si insediò a Palazzo Vecchio una nuova Signoria, che cancellò tutte le conquiste ottenute dai Ciompi e privò Michele del suo incarico di gonfaloniere. I Ciompi furono assaliti e dispersi in Piazza della Signoria e la notte stessa un gruppo di cittadini armati fece irruzione nel loro quartiere obbligandoli alla fuga. Due degli otto rappresentanti furono **decapitati pubblicamente**.
Le rivendicazioni dei Ciompi avevano un contenuto serio e innovatore: trasformare i rapporti tra imprenditori e salariati e allargare ai lavoratori il governo della cosa pubblica. L'**inesperienza** però portò i Ciompi a sopravvalutare le proprie forze e a incorrere in errori fatali: in primo luogo, si erano **alleati con potenziali rivali**, i Farsettai e i Tintori costituitisi nelle altre due Arti del popolo minuto, che erano però lavoratori autonomi e non dipendenti, come gli operai della lana; inoltre, **non possedevano i mezzi di produzione**, di proprietà degli imprenditori, che ben presto chiusero le botteghe stroncando l'iniziativa dei lavoratori.
I Ciompi avevano raggiunto un potere troppo grande in un tempo troppo breve, usando la forza e **privi della lungimiranza politica e del pragmatismo necessari** a mantenerlo e consolidarlo. Non volevano rovesciare il sistema delle Arti ma farne parte, senza cogliere l'effettivo squilibrio a loro svantaggio: di questo sistema facevano parte lavoratori autonomi e non dipendenti. Le forze in campo erano impari, né l'alleanza con i lavoratori autonomi poteva durare perché gli obiettivi erano in comune solo fino a un certo punto. Impreparati, ingenui, più di tutto i Ciompi pagarono il prezzo di una frettolosa alleanza con gli esponenti delle Arti minori, che all'inizio avevano assicurato al movimento un sostegno sufficientemente intimidatorio nei confronti della parte avversa e in seguito, una volta ottenuta l'istituzione delle Arti dei Farsettai e dei Tintori, si ritirarono lasciandoli ormai isolati.
Nei quattro anni seguenti il tumulto, i Ciompi tentarono di riorganizzarsi ma non trovarono più lo spazio che avevano avuto nell'estate del 1378: il governo fiorentino accentuò le tendenze repressive e conservatrici, mentre l'industria laniera era in crisi. Di loro non si sentirà più parlare.

una crisi politica. Nel conflitto tra le fazioni dei **guelfi** e dei **ghibellini** [👁 1.4], che si contendevano il governo comunale, Salvestro dei Medici, gonfaloniere di parte ghibellina, cercò di far prevalere i ghibellini chiedendo l'appoggio popolare. L'appello al popolo, accompagnato da promesse di riforme, mise in moto una reazione a catena che sfociò nella rivolta degli operai. Mentre i palazzi signorili e i monasteri venivano dati alle fiamme, i Ciompi s'impadronirono del palazzo del podestà.

Grazie all'appoggio dei rappresentanti delle quattordici Arti minori, che vedevano nella rivolta l'occasione per assumere più influenza delle Arti maggiori (in tutto sette), i Ciompi ottennero la creazione di tre nuove **Arti del popolo minuto**, tra cui l'Arte dei Ciompi: all'organizzazione dei datori di lavoro si affiancavano così quelle dei lavoratori salariati. Il gruppo dei cittadini eleggibili alle cariche pubbliche passò da un giorno all'altro da 3000 a 16 mila. Fu un evento importante perché fino ad allora gli operai non avevano potuto godere del diritto di esprimere una loro **rappresentanza politica per il governo cittadino**.

La **grande borghesia** (il "popolo grasso") guardò con disprezzo e con timore a questo sovvertimento che innalzava a posti di responsabilità individui sconosciuti e di umili origini. Gli imprenditori dell'Arte della lana proclamarono la serrata, lasciando chiuse e inattive le loro botteghe, mentre i rifornimenti scarseggiavano provocando il malcontento popolare.

La svolta decisiva avvenne quando le Arti minori ruppero la solidarietà con i Ciompi, nel desiderio di ridare fiato alle attività produttive e ai traffici. In seguito a nuovi **scontri armati** l'Arte dei Ciompi fu sciolta e i suoi capi con i loro seguaci furono imprigionati o giustiziati. Tutte le conquiste dei rivoltosi furono abrogate.

GUIDA ALLO STUDIO

❶ Quali cause determinarono le rivolte del XIV secolo? ❷ Qual è l'origine del termine *jacquerie* e quale significato assunse? ❸ Quali richieste avanzarono i contadini inglesi in rivolta nell'Essex e nel Kent? Quali strategie furono messe in atto per reprimere queste rivolte? ❹ Perché i Ciompi scatenarono la rivolta a Firenze? Perché si allearono con le Arti minori?

6 Una lettura della crisi e dei suoi effetti

Negli ultimi decenni gli storici hanno discusso molto sulla cosiddetta "crisi del '300", e sono emerse due le scuole di pensiero prevalenti. La prima, "depressionista", sostiene che, a prescindere dall'epidemia di peste del 1347-50, l'Europa del '300-400 fu colpita da una generale **depressione economica** che durò circa un secolo e mezzo. La seconda sostiene invece che la sofferenza dei settori produttivi non fu generalizzata e insiste piuttosto sull'importanza dell'ampio processo di **riconversione** innescato dalla crisi trecentesca, dal momento che alle difficoltà di un settore produttivo corrispose lo sviluppo di un altro.

Un'età di trasformazioni

La crisi del '300 rappresentò l'occasione per un grandioso processo di trasformazione della società e dell'economia. Secondo

Guelfi e ghibellini
Dopo la morte di Enrico V nel 1125 l'impero venne conteso tra la casa degli Hohenstaufen (duchi di Svevia), ostile alla supremazia papale, i cui sostenitori si dissero ghibellini, e i duchi di Baviera (eredi di Guelfo, 1070-1101), più inclini a un accordo con i pontefici. Durante la lotta fra Federico Barbarossa e il papato, i termini "guelfo" e "ghibellino" assunsero il significato di schieramento antimperiale (guelfo) e antipapale (ghibellino). In seguito, durante l'età di Federico II, in tutta l'Italia centro-settentrionale, finirono per indicare due schieramenti che tendevano a cercare l'appoggio imperiale, i ghibellini, e pontificio, i guelfi. Ciascuno schieramento era composto da famiglie, fazioni o intere città, in lotta per interessi particolari (politici, religiosi, economici).

Depressione economica
Nel ciclo economico, fase discendente della produzione, associata ad altri fenomeni. La depressione è dunque una congiuntura economica caratterizzata da un rallentamento della produzione, dall'aumento della disoccupazione, dal decremento dei prezzi e del potere di acquisto (il valore di scambio della moneta, cioè la quantità di merci che si può ricavare con la sua cessione), nonché dal deterioramento delle condizioni di vita generali.

alcuni studiosi il calo demografico determinò effetti benefici che si tradussero in una **migliore relazione tra popolazione e risorse**, con conseguente miglioramento del tenore di vita anche degli strati sociali medio-bassi; parallelamente, il declino di vecchi centri e vecchie industrie trovava un contrappeso nella nascita di **nuovi centri** e di **nuove industrie**. Se è vero, per esempio, che alla fine del XIV secolo la produzione di panni di lana di qualità era in forte calo a Firenze come nelle città fiamminghe di Gand, Bruges e Ypres, è anche vero che nello stesso periodo in tanti centri minori delle Fiandre e dell'Italia settentrionale era in forte crescita la produzione di tessuti meno costosi.

La ripresa demografica che si ebbe a partire dalla seconda metà del '400 non interessò tutte le regioni e non si manifestò dovunque con la stessa intensità. Ciò provocò in non pochi casi sconvolgimenti più o meno forti nella gerarchia dei **centri abitati**, dal momento che, per circostanze varie, alcune città si ritrovarono a essere più popolose di altre. Nelle **campagne**, la crisi delle rendite signorili aveva costretto i proprietari terrieri a operare una scelta: orientarsi verso la produzione specializzata e di pregio, oppure optare per una produzione facilmente collocabile sul mercato.

Una nuova geografia economica

Complessivamente, l'Europa del '300-400 continuò a progredire, accentuando però le differenze economiche tra i ceti sociali e tra le diverse aree del continente; un'Europa, quindi, modifi-

Paramento liturgico in velluto, seta e oro
XV sec.
[Parrocchia di Santa Maria Assunta, Vertova (Bergamo)]

Se è vero che fra XIV e XV secolo la produzione della lana in Italia subì una battuta d'arresto, è anche vero che altri prodotti, come la seta, conobbero un'imponente crescita. A partire dal '400, infatti, nel campo dell'abbigliamento la seta prese progressivamente il posto dei velluti fiamminghi e toscani. Nel 1442, Filippo Maria Visconti impiantò in Lombardia alcune seterie e chiamò a Milano una colonia di artigiani fiorentini affinché insegnassero agli artigiani locali l'arte di questa lavorazione. Sostenuta da un'accorta politica economica, la produzione serica lombarda conobbe un rapido sviluppo, tanto che nel 1462 alcune disposizioni ducali vietarono l'importazione di drappi di seta forestieri. In particolare, i setaioli lombardi si specializzarono nella produzione di stoffe di lusso tessute con filati di seta e fili d'oro.

cata nella sua geografia economica e con una **ricchezza distribuita in maniera più squilibrata**. La crisi non aveva colpito tutte quante le piazze commerciali: mentre alcune decadevano, altre ne prendevano il posto. Se nel XIV secolo i mercanti italiani detenevano ancora il monopolio del commercio mediterraneo, nel '400 cominciarono a cedere il passo agli iberici e agli inglesi.

Per motivi interni ai mondi asiatico e islamico [👁 11.5], tra XIV e XV secolo ebbe inizio un lento ma inesorabile declino del commercio con l'Oriente. Le spezie giungevano con sempre maggiore difficoltà nei mercati del Mar Nero e negli empori di Costantinopoli, da secoli in mano ai genovesi e ai veneziani, mentre era divenuto più facile approvvigio-

STORIA • SOCIETÀ • CITTADINANZA

Epidemie e controllo sociale

Quando una qualsiasi malattia si diffonde in modo tale da colpire gran parte della popolazione stanziata su di un territorio, si parla di «epidemia» (dall'aggettivo greco *epidèmios*, 'che è nel popolo'). Le epidemie erano diffuse maggiormente nel passato a causa delle carenti condizioni igieniche, ma ancora oggi, nonostante i progressi della medicina, si possono verificare sia nel mondo occidentale – si pensi alle epidemie stagionali di influenza e alla diffusione dell'Aids, "sindrome di immunodeficienza acquisita" – sia, soprattutto, nei paesi più poveri (specialmente in Africa), dove gravi disagi economici e la mancanza di adeguate strutture ospedaliere rendono la cura delle malattie e l'assistenza degli infermi molto difficile.

In **Europa** le malattie storicamente più diffuse a livello epidemico sono state la **peste**, il **vaiolo**, la **lebbra** e il **tifo**, ciclicamente ricorrenti e presenti soprattutto durante il **Medioevo** e la **prima età moderna**. A queste si aggiunsero la **tubercolosi**, subentrata nel **XV secolo** in Europa a un'epidemia di lebbra, la **sifilide**, che fece la sua comparsa nel **XV secolo**, e la **poliomielite** che, nonostante fosse probabilmente già conosciuta dagli antichi Egizi, si diffuse a livello epidemico solo dal **XVIII secolo**.

Nei secoli queste malattie hanno avuto sorti differenti: alcune di esse, come il vaiolo, il tifo e la poliomielite, sono state debellate tra il XIX e il XX secolo nel mondo occidentale grazie alla somministrazione di vaccini; altre (la lebbra, la tubercolosi e la peste) vengono contrastate con lunghi trattamenti antibiotici. Per quanto curabili, tutte queste malattie non cessano di mietere vittime nei paesi più poveri, soprattutto nelle aree rurali, dove i medicinali sono più difficili da reperire e malattie come il colera, il tifo e la tubercolosi hanno ancora una discreta diffusione.

Un caso a parte è rappresentato dall'**Aids**, un male ancora non guaribile, che da anni dilaga soprattutto nel **continente africano**, colpendo in alcuni paesi (Botswana e Zimbabwe) addirittura il 30% della popolazione. Negli ultimi anni i progressi della medicina hanno consentito di curare i malati di Aids, riducendo molto la mortalità. Ma le cure sono molto costose e possono essere sostenute soltanto dai paesi più ricchi.

Il più delle volte la causa dell'insorgere di una nuova epidemia è da attribuirsi agli **spostamenti degli uomini e delle merci**. Così fu infatti per la peste del XIV secolo, proveniente dall'Asia orientale, ma anche per le popolazioni indigene americane, sterminate dai virus influenzali, dal vaiolo e dal morbillo importati nel Nuovo Mondo dai *conquistadores* europei.

Il diffondersi di una epidemia ha un **impatto sulla società** che può essere analizzato da più punti di vista: prima di tutto ci sono gli **aspetti medici ed epidemiologici** (l'epidemiologia è la scienza che studia la distribuzione e la frequenza delle malattie nelle popolazioni); in secondo luogo c'è la **componente psicologica, individuale e di massa**, ovvero la reazione dell'individuo e della popolazione di fronte al morbo; infine c'è un aspetto particolare (parzialmente connesso al precedente) che riguarda l'**organizzazione della società** e la **risposta** che essa può dare al dilagare della malattia.

Le epidemie, infatti, hanno da sempre avuto conseguenze importanti sul piano del **controllo sociale**. Non solo le conoscenze mediche, ma anche l'idea di salute pubblica e il controllo, da parte delle autorità, delle condizioni di vita dei cittadini hanno ricevuto grande impulso dalla lotta alle epidemie. Ciò è avvenuto in vari modi; al diffondersi delle epidemie si devono per esempio i primi **censimenti** sulle condizioni di vita dei cittadini e sui decessi. Quando, nei primi anni del **1400**, a **Milano** ci fu una recrudescenza della peste, il duca Filippo Maria Visconti istituì un organismo di controllo sulle morti per contagio, sull'affollamento delle abitazioni e sugli scarichi degli edifici; l'organismo di controllo ben presto avrebbe ampliato le sue ricognizioni fino a comprendere tutti i decessi e le relative cause. Nel 1440 a **Venezia** fu realizzato il primo censimento dell'età moderna e nella stessa città, molto esposta al contagio per il suo trafficatissimo porto, nel **XV secolo** nacque il primo **lazzaretto** (il termine deriva probabilmente da san Lazzaro, protettore degli appestati) con funzioni di quarantena per le merci e le persone. I lazzaretti erano prima di tutto luoghi di segregazione dei malati ma anche, grazie alla quarantena, di controllo dei soggetti a rischio e rappresentavano una difesa della società sana rispetto alle possibili fonti di contagio.

In occasione delle epidemie, molti Stati in età moderna adottarono dei provvedimenti per tutelare la salute pubblica: per esempio, in **Italia** nel **XVI secolo** nacquero gli **Uffici di sanità**, con funzioni di controllo delle condizioni igieniche delle città, delle reti fognarie e dell'acqua. Verso la fine del **'700** si giunse persino a parlare di «polizia medica»: Johann Peter Frank, professore di Fisiologia dell'Università di Gottinga, la descrisse come «un'arte di difesa, una dottrina, che insegna a difendere gli uomini e gli animali», attività che comprende, oltre la cura dei malati e il controllo delle sepolture, anche l'igiene matrimoniale, la tutela della maternità e dell'infanzia, l'educazione fisica dei bambini.

Nei periodi critici, in special modo durante l'esplodere delle epidemie, il controllo sociale può prevedere l'**inasprimento delle norme** e la spinta all'**esclusione dei "diversi"**. Prima dell'avvento della medicina moderna, mancando una spiegazione sull'insorgere e il propagarsi dei morbi, le malattie venivano spiegate ricorrendo alle teorie più disparate: il movimento degli

narsi di prodotti orientali nei porti commerciali della Siria, dell'Egitto, dell'Africa nord-occidentale, frequentati dai mercanti iberici. Negli ultimi due secoli del Medioevo, quindi, **il baricentro commerciale si spostò progressivamente verso il Mediterraneo occidentale e l'Europa atlantica** per via della frequentazione delle rotte atlantiche e dell'espansione delle attività tessili [👁 13.5, 13.4].

Nel passaggio dal Medioevo all'età moderna l'Italia, le Fiandre, le città tedesche dell'Hansa mantenevano ancora un ruolo importante, ma via via **meno centrale**.

GUIDA ALLO STUDIO

❶ In che modo gli storici hanno interpretato la crisi del '300? ❷ Quali trasformazioni si innescarono nel corso della crisi del '300? ❸ In quali regioni si spostò il baricentro commerciale europeo?

astri, l'influenza di spiriti e forze malefiche, le colpe personali. Spesso si finiva per interpretare ciò che accadeva chiamando in causa il **concetto di "peccato"** e addossando la colpa al malato stesso (punito per i suoi peccati) o a membri della società che mostravano delle **differenze rispetto alla norma**: come gli ebrei, macchiatisi, secondo una cultura antisemita che ha resistito fino al XX secolo, del peccato più grande, la morte di Gesù.

L'aberrante fenomeno della **"caccia agli ebrei"**, attraverso cui le popolazioni europee cercarono di contrastare il diffondersi delle epidemie – gli ebrei erano accusati di propagare il morbo avvelenando i pozzi –, testimonia in modo drammatico il rapporto tra paura e repressione della diversità.

Simili modalità non sono scomparse purtroppo nell'**età contemporanea**. Il diffondersi dell'Aids negli ultimi decenni del XX secolo, per esempio, ha rinnovato atteggiamenti simili: visto che l'Aids si manifestava maggiormente tra i **tossicodipendenti** e gli **omosessuali**, ci fu chi diede la colpa del male ai trasgressori della morale (gli omosessuali) o a individui «asociali» che facevano uso di droghe.

Nel mondo contemporaneo, malgrado la persistenza di alcuni pregiudizi come quelli relativi alle «colpe» dei malati di Aids, le epidemie (e le malattie in generale) sono considerate prima di tutto dal punto di vista medico e terapeutico. Le attuali istituzioni ospedaliere sono preposte non all'esclusione ma alla guarigione e all'assistenza del malato. L'**Organizzazione Mondiale della Sanità** (Oms), fondata nel 1948, ha il compito di monitorare il propagarsi a livello mondiale delle varie epidemie e di intervenire organizzando l'operato dei vari paesi. Il controllo della società avviene sia con la **prevenzione**, il **controllo delle merci e delle persone alle frontiere**, sia con la predisposizione di **interventi mirati** e **protocolli di azione** nel caso si verifichi una qualche epidemia. I sistemi sanitari nazionali dei paesi più sviluppati sorvegliano costantemente la popolazione e il suo stato di salute, comunicano tra di loro e riescono talvolta a prevedere l'evoluzione e gli spostamenti delle epidemie, predisponendo **vaccini** e altre misure di protezione.

Sensibilizzazione pubblica sull Aids a Washington

L'11 ottobre 1992, le associazioni per la lotta contro l'Aids distesero a Washington D.C. una coperta gigantesca, formata da 20 mila riquadri ognuno dei quali commemorava una vittima del virus dell'Hiv.

SINTESI

1 La grande epidemia di peste in Europa

Alla fine del XIII secolo si arrestò l'espansione demografica ed economica dell'Europa iniziata nell'XI secolo. La scarsa fertilità delle nuove terre che erano state messe a coltura provocò la scomparsa di moltissimi centri abitati. A partire dal '300 la vita europea fu a lungo segnata dagli effetti nefasti di carestie – conseguenza di uno squilibrio tra popolazione e produttività agricola – ed epidemie, anzitutto di peste. Tra il 1348 e il 1351 un'epidemia di peste colpì l'Europa. Il contagio partì dall'Asia provocando la morte di circa un terzo della popolazione del continente europeo. Responsabile della peste era (ed è) un bacillo dal nome *Yersinia pestis*, parassita del ratto ma non dell'uomo. Il bacillo viene trasmesso all'uomo dalle pulci del ratto, le quali, infettatesi succhiando il sangue di un topo malato, trasmettono il bacillo all'uomo.

2 Impotenza e disperazione di fronte al morbo

La peste provocò, in Europa, circa 30 milioni di morti. Come molte altre malattie dell'epoca colpì in primo luogo i poveri, per la scarsa resistenza del loro organismo dovuta a un'alimentazione insufficiente e squilibrata. La medicina del tempo non possedeva gli strumenti per combattere la malattia: le pestilenze erano attribuite alla corruzione dell'aria e all'influenza degli astri. I medici si limitavano pertanto a suggerire rimedi preventivi. L'inspiegabilità della malattia e l'impotenza della medicina scatenavano paure collettive. L'impotenza di fronte alla peste favoriva manifestazioni di isterismo collettivo, come le durissime penitenze cui si sottoponevano i "flagellanti" e la caccia agli ebrei, i "diversi" per antonomasia, sospettati di diffondere il contagio.

3 La crisi del '300

Le cause generali della crisi del '300, che si protrasse in realtà fino alla metà del secolo successivo, furono tre: la frequenza delle guerre – che provocavano sistematici saccheggi e alimentavano la diffusione delle epidemie –, le pestilenze – che si susseguirono a breve scadenza impedendo la ripresa demografica –, il peggioramento del clima – che non ebbe però, a quanto pare, un effetto determinante. Questi tre fattori, combinandosi, favorirono un duraturo regresso demografico e una crisi delle attività economiche.

4 I problemi dell'economia e la crisi della rendita signorile

Il crollo demografico determinò una forte diminuzione del prezzo dei cereali. Il fenomeno interessò tutta l'Europa, eccetto l'Italia settentrionale e i Paesi Bassi dove le attività produttive non subirono una battuta d'arresto. Un'altra conseguenza della crisi demografica fu la scarsità di manodopera agricola, circostanza che permise l'aumento del potere contrattuale dei contadini, i quali riuscirono a strappare condizioni di lavoro più favorevoli rispetto al passato. I redditi signorili diminuirono a causa dell'aumento dei costi e del calo dei profitti: i signori reagirono aumentando lo sfruttamento dei contadini, passando alla conduzione indiretta delle terre e accaparrandosi funzioni o beni ecclesiastici. In qualche caso, tuttavia, i grandi proprietari reagirono convertendo la produzione secondo le mutate esigenze del mercato. In Inghilterra ciò si accompagnò alla recinzione dei "campi aperti", fino ad allora a disposizione dei contadini.

5 Le rivolte

La pressione esercitata dai signori sui contadini, le devastazioni prodotte dalle guerre, l'inasprimento fiscale furono tra i motivi delle rivolte contadine del '300. Le principali avvennero in Francia (*jacquerie*) e in Inghilterra. Il loro esito fu ovunque fallimentare: esse furono infatti duramente represse nel sangue. Il fallimento delle rivolte dipese dal carattere eterogeneo del fronte contadino. Anche nelle città si verificarono agitazioni sociali, legate alle conseguenze negative che la crisi del '300, con la contrazione dei commerci, ebbe sulle manifatture urbane. La più grave rivolta urbana – di cui furono protagonisti gli operai dell'Arte della lana, i Ciompi – scoppiò a Firenze (1378), inserendosi nello scontro per il controllo del comune che opponeva i guelfi ai ghibellini e le Arti minori alle maggiori.

6 Una lettura della crisi e dei suoi effetti

La "crisi del '300" diede avvio a un grandioso processo di trasformazione della società e dell'economia europea. L'Europa dei secoli XIV-XV progredì, accentuando le differenze economiche tra i ceti sociali e tra le diverse aree del continente: la ricchezza si distribuì in maniera più squilibrata, in alcune regioni la produzione agricola subì conversioni per andare incontro a nuove esigenze di mercato, alcune piazze commerciali subentrarono ad altre, che invece decaddero. La ripresa demografica che si ebbe a partire dalla seconda metà del '400, inoltre, non interessò tutte le regioni europee e non si manifestò dovunque con la stessa intensità.

SVILUPPARE LE COMPETENZE

❶ **Leggi le affermazioni qui di seguito riportate e metti una crocetta su quelle corrette. Ad ogni affermazione giusta corrisponde una lettera, la cui combinazione con le altre ti fornirà l'argomento del testo di 15 righe che dovrai comporre approfondendone i motivi e lo sviluppo:**

a. ☐ L'aumento della popolazione tra XI e XIII secolo fu seguito da un adeguato sviluppo dell'agricoltura. (A)

b. ☐ A causa dello squilibrio tra il numero degli uomini e la produttività agricola le carestie si ripeterono con frequenza. (E)

c. ☐ Le malattie si diffusero velocemente tra le popolazioni indebolite dalla fame. (E)

d. ☐ Le prime terre ad essere abbandonate furono quelle più vicine ai grossi centri urbani. (E)

e. ☐ Il numero dei villaggi scomparsi a causa della peste fu molto basso. (L)

f. ☐ Lo *Yersinia pestis* veniva trasmesso all'uomo dal topo. (S)

g. ☐ Gli studiosi credono che la peste trecentesca abbia avuto origine da un focolaio situato in Afghanistan. (G)

h. ☐ Vittime della peste furono soprattutto i ceti abbienti. (F)

i. ☐ La medicina medievale credeva che le pestilenze fossero epidemie di natura miasmatica. (T)

j. ☐ L'impotenza di fronte alle epidemie causò reazioni di isterismo collettivo di cui furono esempio le bande di flagellanti. (P)

❷ **Il '300 fu un secolo di crisi. Quali furono le cause? Gli elementi principali della risposta alla domanda sono elencati di seguito. Sviluppa ognuno dei punti in brevi testi di 3 righe ciascuno:**

a. Aumento della piovosità

b. Aumento delle guerre e dei saccheggi

c. Susseguirsi di gravi epidemie a breve scadenza

d. Diminuzione brusca della popolazione

❸ **Quali conseguenze ebbe la diminuzione della popolazione causata dall'epidemia di peste? Scegli tra gli argomenti seguenti quelli corretti e poi organizzali in un testo di 12 righe dal titolo *I problemi economici del Trecento*:**

a. Crollo del prezzo dei cereali

b. Aumento dei prezzi dei beni di consumo

c. Ristagno dei traffici

d. Diminuzione del costo del lavoro dei contadini

e. Aumento delle rendite signorili

f. Crollo dei prezzi di tutti i beni di consumo

g. Diminuzione del numero dei lavoratori dei campi

h. Aumento del prezzo dei cereali

i. Aumento del costo del lavoro dei contadini

j. Aumento del numero dei coltivatori indipendenti

k. Aumento degli scambi a livello internazionale

l. Caduta delle rendite signorili

m. Diffusione del contratto di mezzadria

n. Diminuzione del numero dei coltivatori indipendenti

o. Attacco alle proprietà della Chiesa

p. Riconversione produttiva delle terre

❹ **Organizza tutti gli argomenti elencati di seguito, senza cambiarne l'ordine, per scrivere un testo di 12 righe. Tema e titolo del componimento non ti sono dati perché li dovrai desumere:**

a. Aumento della pressione dei signori sui contadini

b. Crisi delle manifatture urbane

c. *Jacquerie*

d. Migliaia di contadini inglesi marciano su Londra

e. Tumulto dei Ciompi

CAPITOLO

7 L'EUROPA DEGLI STATI

1 La guerra dei Cent'anni

Una cesura nella storia europea

Durante tutto il '200 il declino delle potenze che aspiravano all'egemonia universale – l'Impero e il papato – si era manifestato parallelamente al rafforzamento delle monarchie che in Inghilterra e in Francia avevano gettato le basi di un potere più solido e accentrato. Nel corso del '300 e dei primi decenni del '400 questa tendenza si accentuò ulteriormente. L'elemento di fondo che la accelerò, portandola a maturazione, fu la **guerra tra Francia e Inghilterra**: una guerra lunga ed estenuante, interrotta da brevi pause e da fragili accordi, che durò per più di un secolo, **dal 1337 al 1453**, anno in cui terminò con la vittoria della Francia. Gli storici la chiamano guerra dei Cent'anni, con un'espressione imprecisa, ma che serve, comunque, a qualificarne il carattere eccezionale, la funzione di cesura nella storia del continente.

Da secoli il pensiero cristiano si interrogava sulla natura della guerra e tentava di definire i caratteri della guerra giusta. Ma questo conflitto, per la sua durata e la sua violenza, mostrò chiaramente quanto fosse ormai **impossibile disciplinare la violenza all'interno della Cristianità**.

Motivi di contrasto

Molteplici furono le cause che portarono al conflitto. C'era anzitutto la **vecchia questione dei feudi** che il re d'Inghilterra deteneva oltre la Manica: pur vassallo del re di Francia **Filippo VI di Valois** (1328-50), il sovrano inglese **Edoardo III** (1327-77) si rifiutava di prestargli il dovuto omaggio feudale **[👁 ATLANTE_37]**. Il re di Francia, da parte sua, vedeva con molta ostilità la presenza straniera sul suolo francese e non perdeva occasione per interferire nelle vicende che contrapponevano da sempre il Regno d'Inghilterra al Regno di Scozia, sostenendo quest'ultimo. Altro motivo di attrito tra i due sovrani era costituito dalla **Fiandra**, una regione legata economicamente all'Inghilterra – nelle città fiamminghe si lavoravano le lane inglesi –, ma dipendente dal punto di vista politico dal re di Francia, che intendeva rafforzarvi la propria presenza.

La tensione sfociò in aperto conflitto nel 1337, quando Edoardo III, dopo essersi proclamato legittimo re di Francia – sua madre era infatti figlia del defunto sovrano francese Filippo IV il Bello –, attraversò la Manica e aprì le ostilità.

La prima fase della guerra e i successi inglesi

La prima fase della guerra fu favorevole agli inglesi, che riportarono numerosi successi: vinsero a Crécy (1346), occuparono la piazzaforte di Calais (1347) e catturarono nella battaglia di Poitiers (1356) il nuovo sovrano francese **Giovanni II**, succeduto a Filippo VI. Con la **pace di Brétigny** (1360) l'Inghilterra rinunciava alla corona francese, ottenendo in cambio vastissime regioni della Francia sud-occidentale, la città di Calais e un enorme riscatto per la libertà del re prigioniero.

Il **segreto dei successi inglesi** consisteva nell'impiego di una nuova tecnica di combattimento, basata sulla **fanteria di arcieri**, che gli inglesi opponevano alla cavalleria francese. Quando la cavalleria si lanciava alla carica secondo la tradizionale usanza della guerra medievale, gli arcieri rispondevano con una fittissima pioggia di frecce, che scompaginava lo schieramento nemico seminando il terrore. La velocità degli arcieri inglesi era impressionante e garantiva una continuità di tiro praticamente ininterrotta.

Focus
La guerra giusta

ONLINE

Il rafforzamento delle fanterie

La prima fase della guerra dei Cent'anni mise pertanto in luce un fatto nuovo: la cavalleria, arma dei nobili, che contava unicamente sull'impeto eroico e sulla forza d'urto e che non teneva in gran conto esigenze più complesse di ordine tattico, poteva essere annientata da uno schieramento di fanti, armati di arco, ben ordinati sul terreno e sottoposti a un **addestramento accuratissimo**, che veniva effettuato periodicamente nelle piazze di ogni villaggio.

73 DOC
Jean Froissart
Gli arcieri inglesi e la crisi della cavalleria

Ai due modi di combattere corrispondevano due tipi diversi di **reclutamento**. I cavalieri francesi erano guerrieri di tipo feudale, impetuosi ma indisciplinati. Gli arcieri inglesi erano invece contadini, selezionati e assoldati da speciali commissioni di leva in ogni singola contea.

Il rafforzamento delle fanterie fu comunque un fenomeno che interessò tutti i paesi europei, associandosi anche alla diffusione di armi più potenti, come la **balestra**, portatile e usata per scoccare frecce in grado di perforare anche spesse corazze.

INVENZIONE

ATLANTE 37_LA GUERRA DEI CENT'ANNI (1339-60)

La battaglia di Crécy durante la guerra dei Cent'anni
XIV sec.
[dalle *Croniques* di Jean Froissart; Bibliothèque de l'Arsenal, Parigi]
Nella battaglia di Crécy, la prima importante battaglia della guerra dei Cent'anni, gli inglesi ottennero la vittoria grazie alla loro superiorità tattica: le prime file del loro esercito, infatti, erano formate da fanti armati di lunghi archi, a destra nella miniatura durante uno scontro contro i balestrieri francesi (a sinistra).

Cinema e Storia
Giovanna d'Arco

La seconda fase della guerra: la vittoria francese La ripresa delle ostilità tra Francia e Inghilterra, agli inizi del '400, coincise con una grave crisi dinastica, determinata dall'incapacità di governare del re di Francia **Carlo VI** (1380-1422), affetto da turbe mentali, e dalla guerra civile scoppiata in seno alla nobiltà francese, divisa in due fazioni. Della situazione approfittarono gli inglesi che, grazie all'appoggio dei borgognoni, ad Azincourt (1415) sconfissero l'esercito francese e occuparono la Normandia e Parigi **[**👁 ATLANTE_**38]**. Con il **trattato di Troyes** (1420), l'inetto Carlo VI diseredò il figlio Carlo VII e riconobbe come suo successore il re d'Inghilterra. Intanto Carlo VII organizzava la resistenza a sud della Loira. Ma quando ormai il destino della Francia sembrava segnato, i francesi trovarono la forza di reagire in nome di un rinnovato **spirito nazionale**.

78
F. Cardini
Giovanna d'Arco: una fanciulla tra Dio e la patria

Giovanna d'Arco Il simbolo della loro ripresa fu Giovanna d'Arco (1412-31), una fanciulla di umili origini contadine, che **si diceva chiamata dal Signore a una missione**: rivelare al re e ai francesi la via della riscossa. Nel clima di entusiasmo suscitato da questa figura fu possibile ai francesi liberare l'importante città di Orléans, occupata dai nemici (maggio 1429). Subito dopo, a Reims, Carlo VII (1429-61) fu consacrato re di Francia. La fine di Giovanna d'Arco fu tragica: caduta in mano degli inglesi, la fanciulla fu accusata di stregoneria e mandata al rogo (1431). Ma ormai si era messo in moto il meccanismo della **rinascita nazionale**, e la stessa

ATLANTE 38_LA GUERRA DEI CENT'ANNI (1369-1429)

territori controllati dagli inglesi al 1429
possedimenti francesi
territori controllati dal duca di Borgogna
Azincourt 1415 battaglie

ATLANTE 39_LA GUERRA DEI CENT'ANNI (1429-53). LA FRANCIA NEL 1453

domini e feudi dei re d'Inghilterra
territori sotto il dominio diretto dei re di Francia
feudi dei re di Francia
feudi ecclesiastici
parte della Borgogna in territorio francese
domini o feudi trasmessi ai figli o ad altri componenti della famiglia reale

drammatica sorte di Giovanna d'Arco accrebbe la volontà di rivincita dei francesi. Carlo VII, infatti, riorganizzato l'esercito sul modello inglese, sconfisse ripetutamente gli inglesi, riconquistando Parigi e la Francia settentrionale. Nel 1453, dopo la caduta di Bordeaux, il re d'Inghilterra abbandonò la Francia, mantenendo la sola città di Calais [ATLANTE_39].

GUIDA ALLO STUDIO

❶ Perché la guerra dei Cent'anni rappresenta una cesura nella storia europea? ❷ Quali furono le cause della guerra tra Francia e Inghilterra? ❸ Che cosa distingueva gli eserciti dei due Stati rivali? ❹ Chi era Giovanna d'Arco? Perché divenne il simbolo della riscossa francese?

2 Le origini dello Stato moderno. Esercito e fisco

Il potenziamento delle monarchie

Nell'età della guerra dei Cent'anni e nel periodo immediatamente successivo si confermò, nei paesi più direttamente coinvolti nel conflitto (Francia e Inghilterra), la tendenza al potenziamento delle monarchie, un fenomeno che andava manifestandosi ormai anche altrove (soprattutto in Spagna). La possiamo cogliere a vari livelli: nell'indebolimento del vecchio potere nobiliare, nel ridimensionamento dei centri di potere locale, nell'ascesa di nuovi ceti emergenti quali la borghesia e la piccola nobiltà di recente origine, nell'ampliamento della base territoriale della corona, nella direzione centralizzata degli affari pubblici, nella creazione di apparati fiscali e di forme di prelievo tributario stabili e capillari. Questo insieme di fenomeni porterà, circa due secoli dopo, alla piena affermazione dello Stato moderno.

L'impulso decisivo verso il potenziamento ebbe origine dalla formazione degli eserciti permanenti e dal gigantesco aumento dei costi della guerra. L'aumento dei **costi bellici** comportò infatti una maggiore **pressione fiscale**; quest'ultima provocò il potenziamento degli apparati amministrativi; i risultato fu una pervasiva **presenza dello Stato** nella vita economica e sociale, a diversi livelli.

Il reclutamento degli eserciti

Le esigenze militari delle città, dei signori e dei sovrani venivano soddisfatte, secondo una tradizione che si perpetuava da molti secoli, da un **reclutamento occasionale**, effettuato secondo esigenze contingenti di attacco o di difesa. I vari detentori del potere a vari livelli tenevano in servizio stabile un numero ridotto di guerrieri, impiegati soprattutto per il mantenimento dell'ordine pubblico. Quando sopravvenivano necessità di più alto livello, si procedeva a forme di reclutamento più estese e diversificate: mercenari, volontari, individui arruolati coattivamente, venivano raccolti per costituire veri e propri eserciti. Le truppe a disposizione dei sovrani erano fornite dai feudatari. Il passaggio da questo sistema a quello degli eserciti permanenti, che restavano stabilmente a disposizione dei pubblici poteri, rappresentò una svolta importante nella storia europea.

I **primi eserciti permanenti** furono istituiti in Francia per le necessità del conflitto contro l'Inghilterra. Terminato il conflitto le truppe non furono congedate, anzi, la tendenza fu rafforzata, tanto che alla fine del XV secolo la monarchia francese poteva contare su un esercito permanente di circa 25 mila uomini. Questa cifra corrispondeva a circa l'1% dei maschi adulti compresi tra i 18 e i 45 anni, ma rappresentava uno sforzo economico e organizzativo enorme per l'epoca. La medesima scelta fu seguita anche da altre potenze europee poiché l'esercito permanente, che non dipendeva dalla disponibilità dei feudatari, era prontamente schierabile in campo e garantiva una professionalità non inferiore a quella dei mercenari, che pure continuarono a essere largamente impiegati.

▶ 74
Ph. Contamine
Gli eserciti permanenti

▶ 76
W.H. McNeill
Tuoni di guerra

▶ 77DOC
Ludovico Ariosto
Nostalgia degli antichi duelli

L'adozione e i progressi dell'artiglieria

L'aumento dei costi della guerra fu anche determinato dall'adozione di nuovi armamenti, e soprattutto dall'**artiglieria**, che esordì in grande stile proprio durante la guerra dei Cent'anni.
Il primo ricordo della **polvere da sparo** si trova in un'opera cinese della metà dell'XI secolo, e, in effetti, essa era conosciuta in Siria col nome di «neve cinese» e in Persia con quello di «sale di Cina».
La prima raffigurazione occidentale del **cannone** – un vaso rudimentale posto orizzontalmente su un cavalletto, dalla cui bocca esce una freccia – risale invece al 1326. Impiegata sporadicamente in varie circostanze, in Italia come in Francia, in Germania come in Inghilterra, la nuova artiglieria fece sentire il suo boato terrificante all'inizio della guerra dei Cent'anni, durante la battaglia di Crécy e durante l'assedio di Calais. I francesi non restarono a guardare e nella seconda fase del conflitto poterono contare anche loro su una discreta artiglieria, composta di decine di pezzi: il suo uso fu determinante nello sbriciolare le fortezze con cui gli inglesi presidiavano i loro territori d'oltre Manica.
I primi cannoni avevano molti inconvenienti (costavano moltissimo, erano poco maneggevoli e poco precisi), ma i condottieri e i sovrani ebbero subito chiaro che in futuro nessuna politica di potenza sarebbe stata possibile senza l'artiglieria. Bisognava migliorarne le prestazioni: così si passò dai **proiettili** a forma di freccia alle palle di pietra, e da queste a quelle di bronzo; la vecchia forma vascolare fu sostituita dal modello tubolare, che aumentò notevolmente la gittata e la velocità; la rapidità di tiro fu aumentata, passando da un solo colpo al giorno dei primi esemplari ad alcuni colpi l'ora.

Artiglieria
Il termine, in uso in Europa fin dal XV secolo, indica le armi da fuoco pesanti, che si sviluppano nel nostro continente a partire dal XIV secolo con l'impiego della polvere da sparo. L'italiano "artiglieria" deriva dal francese *atillier* 'adornare'; *atil* 'ornamento' indicava l'equipaggiamento, mentre *atillement* l'armamentario. Via via le prime armi pesanti si diversificarono fino alla distinzione fra cannoni (armi a tiro teso), obici (a tiro curvo), bombarde e mortai (a tiro molto curvo).

Le conseguenze politiche della diffusione dell'artiglieria

Le conseguenze politiche della diffusione di queste nuove armi furono notevoli: in primo luogo i signori, che fino a qualche tempo prima, disponendo appena di poche centinaia di soldati e di un buon castello, potevano permettersi l'audacia di contrastare un re, ora non avevano alcuna possibilità di opporsi ai colpi dei cannoni, né avevano i mezzi per procurarsi quelle armi. **Il costo dei cannoni, quindi, rafforzava i re e indeboliva i signori**. In secondo luogo, e per lo stesso motivo, gli Stati grandi e dotati di mezzi riuscivano, più facilmente, grazie ai cannoni, a imporre la loro volontà agli Stati piccoli e privi di mezzi. La diffusione dell'artiglieria obbligava inoltre a modificare e potenziare le **fortificazioni**, con un ulteriore accrescimento delle spese militari.

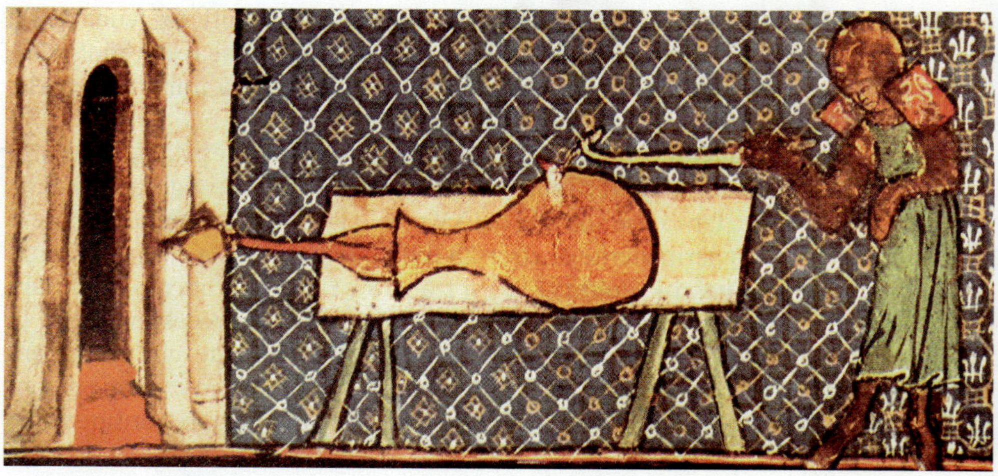

La più antica raffigurazione occidentale del cannone
1326
[dal *De Nobilitatibus Sapientii Et Prudentiis Regum* di Walter de Milemete; Musèe de l'Armee, Parigi]

Le risorse dello Stato

Per far fronte a spese di questa entità, le monarchie avevano bisogno di incrementare le proprie fonti di finanziamento. Assunsero allora con maggiore decisione il controllo esclusivo del **diritto di battere moneta** (più volte usurpato dai potentati locali nei secoli precedenti). Con le emissioni monetarie, il sovrano poteva trarre guadagno in vari modi, ma soprattutto attraverso il **signoraggio** e la **svalutazione**. Il primo consisteva nel profitto – ritenuto lecito da tutti – che il principe traeva dalla fabbricazione dei pezzi, il cui valore legale era sempre superiore alla loro quantità di metallo pregiato contenuta. La svalutazione si attuava, invece, attraverso la diminuzione della quantità di oro e di argento contenuta in ciascuna moneta, mantenendosi parallelamente immutato il valore legale della moneta stessa.
Rientrava nella strategia del reperimento risorse anche il crescente investimento nel **settore minerario**.
Un altro mezzo immediato per incrementare le finanze pubbliche era la manovra del **fisco** che, a partire dalla fine del XIII secolo, raggiunse un'intensità e un peso sconosciuti ai secoli precedenti dell'età medievale [👁 7.8 STORIA • SOCIETÀ • CITTADINANZA]. In primo piano erano le **imposte indirette** (che incidono sullo scambio dei beni di consumo). In Inghilterra come in Francia, a Genova come a Firenze le autorità imposero **diritti doganali** sulle merci importate ed esportate e tasse sui prodotti di prima necessità, quali il grano, l'olio, il vino e il sale (insostituibile per la conservazione degli alimenti).
Ma soprattutto, nel corso del XV secolo cominciò ad affiancarsi all'imposizione indiretta, l'**imposizione diretta**, che gravava sulla ricchezza posseduta. Questa pratica fiscale, sconosciuta in età medievale, si diffuse quasi ovunque in Europa, anche se da paese a paese variavano i criteri di applicazione: in un luogo si tassavano i **capitali**, per esempio il denaro liquido detenuto da mercanti e banchieri, in un altro le **rendite**, per esempio i canoni di affitto riscossi dai proprietari terrieri, in un altro ancora entrambi. Il fenomeno è di grande importanza perché segna un mutamento qualita-

Focus
La nuova architettura militare
Le miniere
ONLINE

82 DOC
Philippe de Commynes
Memorie di corte

84 DOC
Giovanni Cavalcanti
Gli uomini e i loro beni: il catasto di Firenze

La città francese di Rouen assediata dall'artiglieria delle truppe inglesi
XV sec.
[Bibliothèque Nationale, Parigi]

tivo nell'evoluzione dello Stato: il principio secondo il quale tutti sono teoricamente obbligati a contribuire in ragione delle loro possibilità, o secondo altri criteri, è, infatti, una manifestazione evidente della presenza dello Stato nella società e dei vincoli che legano l'uno all'altro i membri di quest'ultima.

Naturalmente, in questa politica di rafforzamento del prelievo fiscale erano avvantaggiati gli Stati che si trovavano più avanti nel processo di centralizzazione e che erano quindi in grado, grazie ai mezzi di cui disponevano, di consolidare ulteriormente le proprie strutture organizzative. Nel caso invece delle compagini più deboli e caratterizzate da forti presenze feudali il problema delle risorse finanziarie si presentava spesso come un problema non risolvibile.

GUIDA ALLO STUDIO

❶ In che modo, tra XIV e XV secolo, le monarchie si rafforzarono? ❷ Quali erano i vantaggi di un esercito permanente? ❸ Quali progressi furono compiuti dall'artiglieria? Chi li finanziò? ❹ Come si poteva trarre vantaggio dall'emissione di moneta? ❺ Qual è il principio che sta alla base dell'imposizione diretta?

3 L'emergere delle nazioni

Guerra e sentimento nazionale

La guerra dei Cent'anni iniziò come **guerra feudale** e si concluse come **guerra nazionale**. Da alcuni storici essa viene anzi considerata come la «prima guerra nazionale» nella storia d'Europa.

Come conseguenza della guerra e soprattutto del suo esito negativo si ebbe, **tra gli inglesi**, una forte accentuazione di un sentimento insulare, nutrito dall'orgogliosa e superba consapevolezza della propria diversità – intesa come superiorità – rispetto ai popoli del continente. In **Francia**, invece, l'emergere della coscienza nazionale fu provocato direttamente da più di un secolo di occupazione straniera e da avvenimenti gravissimi come il trattato di Troyes che, per un certo periodo, cancellò addirittura l'esistenza autonoma della monarchia francese [👁 6.1]. La lunghezza e l'asprezza del conflitto accelerarono pertanto nei due paesi il processo di formazione di una coscienza nazionale, ma il fenomeno ebbe presto una portata più vasta, abbracciando la gran parte delle popolazioni europee.

La lingua come elemento distintivo della nazione

Fino alla guerra dei Cent'anni la lingua parlata dalle classi elevate inglesi, usata a corte e nei tribunali, era **il francese**: gli antichi legami di parentela tra le dinastie regnanti aveva infatti reso omogenei, dal punto di vista culturale e linguistico, i ceti dirigenti dei due paesi. Durante la guerra, però, il francese fu avvertito inevitabilmente come **la lingua dei nemici** e alcune ordinanze regie intervennero ad abolirne l'uso. In un'Europa che assomigliava sempre più a una torre di Babele, a un groviglio di idiomi incomprensibili, la lingua era, in effetti, il carattere che prima e meglio di ogni altro serviva a distinguere una nazione.

La Cristianità e le comunità nazionali

Il fenomeno della diffusione di una coscienza nazionale si colorò anche di elementi religiosi. Permaneva, in quest'epoca, la consapevolezza dell'unità della ***Christianitas*** rispetto agli «infedeli» e, in un mondo permeato di religiosità come quello tardomedievale, questa consapevolezza era in contraddizione con la formazione di una piena coscienza nazionale. L'enfasi attribuita al **culto dei santi nazionali** funzionò da antidoto a questa situazione: come i singoli individui, le associazioni di mestiere, le città avevano i loro santi patroni, così interi regni affidavano le loro sorti alla protezione di un santo. La Francia attribuì un culto particolare a san Dionigi, primo vescovo di Parigi; eclissato per breve tempo da Michele, il santo prediletto da Giovanna d'Arco, Dionigi tornò stabilmente in auge dopo la guerra. L'Inghilterra – dove tuttavia questo elemento religioso era molto meno importante – era legata da un rapporto particolare a san Giorgio, il santo cavaliere uccisore del drago. La Polonia si riconosceva in san Stanislao, vescovo martire; la Boemia in san Venceslao; l'Ungheria nel suo primo re, santo Stefano; la Repubblica di Venezia in san Marco, e così via.

88 F. Chabod *L'idea di nazione*

87 DOC *Il mondo degli ambasciatori*

L'ascesa delle lingue volgari e la volontà di parlare direttamente a grandi masse di fedeli portò inoltre alle **traduzioni della Bibbia in lingue locali**: ben prima che i tedeschi leggessero la Bibbia tradotta da Martin Lutero [👁 15.2], John Wycliffe aveva tradotto le Sacre Scritture in **inglese** e in Boemia si leggeva una Bibbia tradotta in **lingua ceca** [👁 7.8].

Inoltre, la crisi vissuta dal papato tra il 1378 e il 1418, durante il Grande scisma (sul quale 👁 7.8) favorì la **formazione delle Chiese nazionali**: al concilio di Costanza, convocato per riunire tutti i cristiani dell'Occidente sotto un unico papa e risolvere la crisi, i padri votarono non più individualmente, ma divisi per «nazione» (italiani, spagnoli, inglesi, francesi, tedeschi). Si prese così ufficialmente atto che la Cristianità, unica in teoria, era in pratica frammentata in Stati e divisa in comunità nazionali con cui l'organizzazione ecclesiastica doveva confrontarsi: si cominciò così a parlare di una Chiesa anglicana (inglese), di una Chiesa gallicana (francese), tedesca, ceca e così via, ognuna legata alla Santa Sede da rapporti più o meno stretti.

GUIDA ALLO STUDIO

❶ Come nacque il sentimento nazionale in Francia e in Inghilterra? ❷ In che modo la religione contribuì alla formazione delle coscienze nazionali?

Una pagina della Bibbia tradotta in inglese da John Wycliffe
1382
[British Library, Londra]
Convinto che il messaggio divino dovesse essere divulgato nella lingua parlata dai fedeli, il teologo John Wycliffe fu il primo a tradurre la Bibbia dal latino all'inglese. Se ne conservano più di 250 manoscritti. Anche se illegale e non autorizzata dalla Chiesa, la Bibbia di Wycliffe ebbe enorme successo fra le popolazioni anglofone.

4 L'ascesa della monarchia francese

La politica espansionistica

Il processo di rafforzamento della monarchia francese intrapreso all'indomani della guerra dei Cent'anni da Carlo VII (1429-61) e da suo figlio Luigi XI (1461-83) proseguì con il nuovo re di Francia **Carlo VIII** (1483-98) che si dedicò all'opera di espansione territoriale a spese dei Ducati di Borgogna, d'Angiò e Bretagna.

■ **Le sorti del Ducato di Borgogna** Il ducato più potente tra questi era il borgognone. La crisi della monarchia francese durante la guerra dei Cent'anni aveva permesso infatti al Ducato di Borgogna, pur legato da vincoli feudali al re di Francia, di inserirsi nel gioco della grande politica europea e aveva fatto addirittura intravedere ai duchi la possibilità di inglobare la debole monarchia francese, umiliata dall'occupazione inglese. Collocato lungo il confine fra l'Impero e il Regno di Francia, il Ducato si era progressivamente ingrandito arrivando a controllare territori discontinui [👁 ATLANTE_40]. Inoltre, conclusosi il conflitto tra Francia e Inghilterra, l'ambizioso duca Carlo il Temerario (1467-77) tentò di unificare e ampliare ulteriormente i territori borgognoni allarmando tutta l'Europa continentale e scatenando l'intervento dell'Impero e dello stesso Regno di Francia. Tuttavia, nel 1477 il duca morì in battaglia in un conflitto con la Confederazione svizzera che andava affermandosi come potenza militare [👁 8.6]. Morto Carlo il Temerario, l'Impero e il Regno di Francia finirono per scontrarsi e infine nel 1493 spartirsi i suoi territori. Con il **trattato di**

ATLANTE 40_I TERRITORI DEL DUCATO DI BORGOGNA

Sconfitto Carlo il Temerario, il re di Francia e l'imperatore si spartirono le terre del Ducato. I territori affacciati sul Mare del Nord (la Fiandra, l'Olanda e il Brabante) andarono all'imperatore. Tra '500 e '600 queste regioni diventeranno le più ricche in Europa.

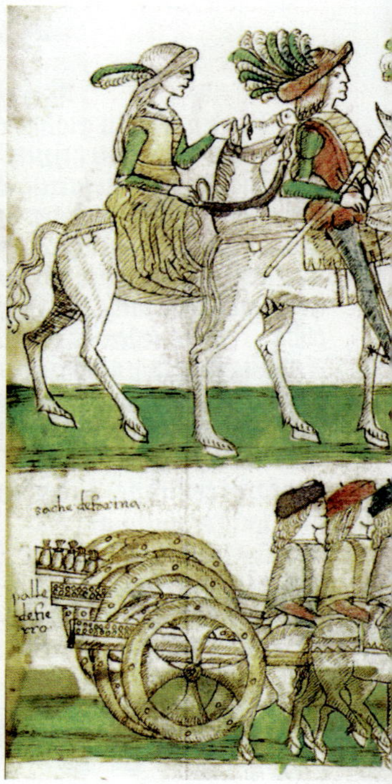

Senlis, Carlo VIII rinunciava, in favore dell'Impero, alla Franca Contea, all'Artois e a parte della Fiandra, mantenendo però il controllo della Borgogna, che nel 1497 fu annessa definitivamente alla Francia.

L'annessione dei Ducati d'Angiò e di Bretagna Il consolidamento territoriale della monarchia francese proseguì con l'assorbimento di quei Ducati che erano riusciti a mantenersi autonomi dalla Corona: i Ducati di Angiò – comprendente l'Anjou e la Provenza – e di Bretagna. Il primo fu annesso nel **1480** in conseguenza di un complesso meccanismo dinastico; il secondo nel **1491** con il matrimonio di Carlo VIII e Anna, erede dell'ultimo duca di Bretagna **[👁 ATLANTE_41]**.
Alla fine del '400 la Francia era uno **Stato territorialmente imponente e compatto**, di grandi potenzialità economiche e dotato di un forte esercito. Carlo VIII poteva dunque affacciarsi sullo scenario europeo con grandi propositi. Affiancando alla politica espansionistica l'obiettivo di rinverdire i fasti cavallereschi e lo spirito di crociata, Carlo VIII tentò l'**avventura italiana**.
La rivendicazione dei propri diritti sul Regno di Napoli, in quanto legittimo erede della dinastia angioina spodestata dagli aragonesi nel 1442, gli offrì il pretesto per intervenire nella penisola. La discesa di Carlo VIII in Italia, iniziata nel settembre del 1494, fu rapidissima. Nel febbraio 1495 era già a Napoli, ma l'ostilità degli Stati italiani fu tale da spingerlo a tornare in Francia in quello stesso 1495 (sulla campagna di Carlo VIII in Italia: 👁 **9**.3).

GUIDA ALLO STUDIO

❶ Descrivi le fasi principali del consolidamento territoriale della monarchia francese. ❷ Quali erano gli intenti politici di Carlo il Temerario?

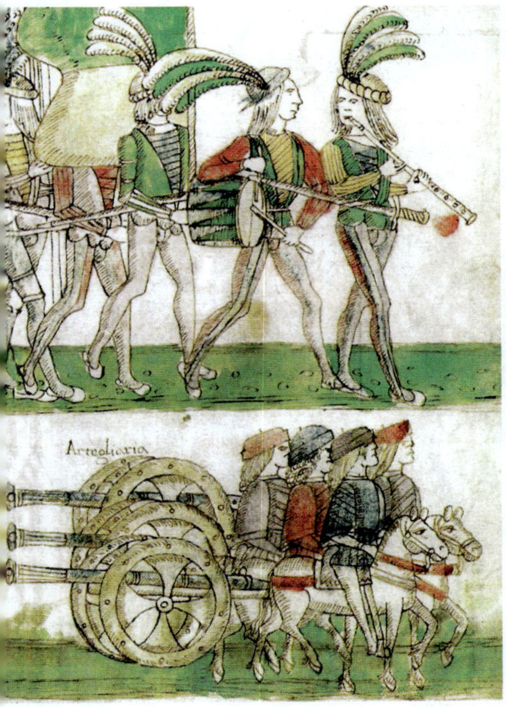

Le truppe di Carlo VIII entrano a Napoli, 22 febbraio 1495
1498
[dalla *Cronaca della Napoli aragonese* di Melchionne Ferraiolo; Pierpont Morgan Library, New York]

ATLANTE 41_ IL REGNO DI FRANCIA NEL XV SECOLO

5 L'Inghilterra dalla guerra delle Due Rose all'affermazione della dinastia Tudor

Lancaster contro York: una contesa dinastica

La conclusione fallimentare della guerra dei Cent'anni ebbe gravi ripercussioni in Inghilterra, dove aggravò un'aspra contesa dinastica tra la casata dei Lancaster e quella degli York, contesa che nel **1455** assunse i toni di una vera e propria guerra civile. Fu chiamata **guerra delle Due Rose** dagli emblemi, rosa bianca e rosa rossa, delle fazioni nemiche, che si combatterono per trent'anni con raro accanimento, in un susseguirsi di stragi, di distruzioni, di confische. Il ritorno in Inghilterra di tanti nobili e avventurieri – che si erano abituati da troppo tempo, in terra di Francia, all'ebbrezza delle battaglie e dei saccheggi – contribuì notevolmente a inasprire la contesa. Questa guerra, straordinariamente priva di ideali e di motivazioni che non fossero gli interessi immediati dei contendenti e del loro seguito, si concluse nel **1485** con la vitto-

La battaglia di Tewkesbury durante la guerra delle Due Rose
XV sec.
[Bibliothèque Centrale, Gand (Belgio)]

Combattuta il 4 maggio 1471, la battaglia di Tewkesbury si risolse in una pesante sconfitta per la casata dei Lancaster che, tuttavia, trionfò nelle fasi finali della guerra.

ria dei Lancaster, che posero sul trono **Enrico VII** (1485-1509), fondatore della dinastia dei **Tudor**. L'anno dopo, in segno di pacificazione, il nuovo re sposò Elisabetta, della casata di York.

Enrico VII e il rafforzamento della Corona

Enrico VII comprese lucidamente che per l'Inghilterra non era più tempo di grandi guerre e di avventure, ma di ordine e di rispetto della legge. L'obiettivo prioritario divenne ripristinare l'autorità della Corona contro le fazioni aristocratiche: i nobili più irrequieti, che non si rassegnavano alla nuova situazione, furono condannati a morte e i loro beni confiscati. Per scardinare il potere locale dei nobili, che spesso mantenevano nei propri territori piccoli eserciti personali e che commettevano abusi di ogni genere nei confronti delle popolazioni locali, il re utilizzò un apposito **tribunale**, la **Camera stellata** – così chiamata dal luogo di riunione, una sala dal soffitto azzurro tempestato di stelle dorate –, che impose alle fazioni aristocratiche il rispetto della legge. L'attività normalizzatrice della Camera stellata si riverberò positivamente sull'intero apparato della giustizia e anche i tribunali ordinari cominciarono a operare senza subire le intimidazioni dei potenti. Senza gesti grandiosi, ma con **la pratica di una buona amministrazione**, l'autorità dello Stato cominciò a farsi sentire nel paese.
Enrico VII convocò molto raramente il Parlamento e diede invece grande risalto al ruolo del **Consiglio regio**, dal quale escluse tutti i nobili tranne quelli da lui scelti per particolari meriti di fedeltà e di competenza. Tra i consiglieri del sovrano furono chiamati soprattutto esperti di diritto e funzionari pubblici. Nell'**amministrazione locale** il sovrano evitò di utilizzare un apparato costoso di funzionari e impiegati e si servì di **giudici di pace** scelti tra la piccola nobiltà di provincia – la ***gentry*** –, non pagati e quindi indipendenti. L'appoggio della *gentry* fu decisivo per la politica di ridimensionamento della grande nobiltà intrapresa dal fondatore della dinastia Tudor. Numericamente indebolita dalle stragi della guerra delle Due Rose, impoverita per le confische, esclusa dai posti di responsabilità, l'antica aristocrazia inglese entrò in un periodo di inarrestabile declino.

GUIDA ALLO STUDIO

❶ Che cosa caratterizzò la guerra delle Due Rose? Come si concluse? ❷ Quali furono gli ostacoli principali al rafforzamento della monarchia inglese? ❸ Che cos era la Camera stellata? ❹ A chi fu affidata l'amministrazione del Regno?

6 La Spagna di Ferdinando e Isabella

Il processo di rafforzamento delle grandi monarchie europee verificatosi nel XV secolo interessò anche la Penisola iberica. Dopo la Francia e l'Inghilterra, il XV secolo conobbe, infatti, un terzo grande Stato: la **Spagna**. Anche qui la formazione di una forte monarchia si espresse attraverso un **processo di semplificazione e concentrazione territoriale**.

L'unione delle Corone di Aragona e Castiglia

Agli inizi del secolo esistevano nella penisola ben cinque Stati [👁 ATLANTE_42], alla fine soltanto due: nel 1469 il matrimonio tra **Isabella di Castiglia** (1474-1504) e **Ferdinando, principe ereditario di Aragona** (1479-1516), sancì l'unione personale delle due Corone, cui sarebbe seguita di lì a poco l'unione territoriale; nel 1492 fu conquistato il piccolo **Regno di Granada**, ultimo residuo dell'antico dominio musulmano; nel 1512 fu annesso il **Regno di Navarra**. Nella Penisola iberica restarono pertanto due sole potenze: il Regno di Aragona-Castiglia (Spagna) e il Regno del Portogallo [👁 ATLANTE_42]. Quest'ultimo aveva rischiato più volte, in passato, di essere assorbito dalla potente Castiglia, ma era riuscito a contrastarne i tentativi grazie all'appoggio dei ceti mercantili, interessati al potenziamento dei traffici oceanici [👁 12.1].

L'unione personale di Aragona e Castiglia diede alla Corona i mezzi e il prestigio sufficienti a reprimere l'eccessivo potere dei nobili. Con l'aiuto delle borghesie cittadine, la monarchia riuscì a ripristinare l'ordine, a far rispettare la legge, a ristabilire la propria autorità. Nel Consiglio regio e negli organismi centrali di governo furono inseriti in maggioranza – come in Francia – **individui di estrazione borghese**. Dal punto di vista territoriale l'Aragona e la Castiglia unite formavano una compagine imponente, che fondeva le tradizioni continentali e atlantiche della Castiglia con quelle mediterranee dell'Aragona, il cui dominio si estendeva sulle Baleari, sulla Sardegna, sulla Sicilia, sul Regno di Napoli. Le forze congiunte dei due regni diedero inoltre impulso all'**espansione economica**: Ferdinando e Isabella, infatti, promossero viaggi di esplorazione marittimi, alla ricerca di nuove rotte commerciali verso Oriente. È in questo contesto che si inserisce la spedizione verso le Indie guidata da Cristoforo Colombo [👁 12.3].

La sorte degli ebrei con Ferdinando e Isabella

I «cattolicissimi» Ferdinando e Isabella utilizzarono la **religione come collante per la costruzione di una coscienza nazionale spagnola**: essi sostennero infatti la lotta contro le eresie, perseguitarono gli ebrei, ridiedero vigore allo spirito di crociata con la **Reconquista** [👁 3.8] del Regno musulmano di Granada.

In Spagna, gli ebrei erano molto numerosi e largamente inseriti nel tessuto economico e sociale fin dai tempi della dominazione musulmana. Ma dal tardo XIV secolo si era imposta, in alcuni regni della penisola, una politica di conversioni forzate accompagnata dalle accuse, ricorrenti in tutto il mondo cristiano (gli ebrei avevano ucciso dio, erano dunque "deicidi", praticavano usanze immonde, rapivano i bambini, ecc.), e da violenze popolari. Si era diffuso così il fenomeno dei **marrani** (termine spregiativo che in spagnolo significava 'maiali'), ebrei formalmente convertiti al cattolicesimo che continuavano segretamente a coltivare la fede e le prescrizioni originarie.

ATLANTE 42_LA PENISOLA IBERICA PRIMA DELL'UNIFICAZIONE

Nel '400 nella Penisola iberica si verifica un processo di concentrazione politica che pone le basi del futuro predominio spagnolo nel continente.

Nel 1478, su istanza di Ferdinando e Isabella papa Sisto IV introdusse in Spagna il tribunale dell'Inquisizione che volse le sue attività contro eretici, ebrei, marrani e *moriscos* (ex musulmani convertiti con la forza al cattolicesimo). Nel 1492, infine, i sovrani spagnoli giunsero a imporre l'espulsione dai Regni di Castiglia e d'Aragona di tutti gli ebrei che non intendessero convertirsi. I provvedimenti si estesero anche ai domìni italiani, alla Sicilia (1493) e in seguito al Regno di Napoli. Gli espulsi dalla Spagna furono almeno 80 mila. In precedenza gli ebrei erano stati espulsi dall'Inghilterra (alla fine del '200) e dalla Francia (salvo la Provenza, alla fine del '300), accusati di praticare l'usura, ossia il prestito su interesse, una delle poche attività loro consentite. Ma quelle inglesi e francesi erano comunità ristrette.

Gli ebrei spagnoli, **sefarditi** (dal termine ebraico che indicava la Spagna) si rifugiarono in Portogallo, nell'Impero ottomano, in Italia. Tuttavia di lì a poco, nel 1497, il re portoghese adotterà le stesse misure di conversione forzata e di espulsione. Saranno in seguito marrani di origine portoghese, soprattutto mercanti, a rialimentare, tornando all'ebraismo, la presenza ebraica in Francia, in Inghilterra e particolarmente in Olanda, ad Amsterdam.

GUIDA ALLO STUDIO

❶ Da quali Stati era formata la Penisola iberica, prima dell'unificazione? ❷ Quali effetti scaturirono dal matrimonio tra Isabella di Castiglia e Ferdinando d'Aragona? ❸ Che ruolo ebbe la borghesia urbana nel processo di consolidamento dello Stato spagnolo? ❹ Su quali fattori fu costruita la coscienza nazionale spagnola?

Philippe de Vigarny
Ferdinando e Isabella entrano a Granada
1502 ca.
[Cappella regale, Granada]
Alla conquista di Granada seguì, come segno del grandioso trionfo dei "re cattolicissimi" Ferdinando e Isabella, la conversione forzata dei musulmani del regno.

7 La geografia politica dell'Europa

Mentre in Francia, in Inghilterra e nella Penisola iberica emergevano le monarchie nazionali, nel resto dell'Europa il processo restò incompiuto. Nell'Europa settentrionale e orientale, in Germania, in Italia non riuscirono a formarsi Stati con una base territoriale tanto ampia da assumere connotati "nazionali" e, anche laddove l'obiettivo sembrò quasi raggiunto, le monarchie non furono in grado di dar vita a un potere centralizzato e unificante. In molti casi ciò dipese dalla incapacità o impossibilità dei regnanti di arginare la forza della grande e piccola nobiltà.
In questo stesso periodo nuovi assetti si delinearono soprattutto nell'Europa orientale, mentre nel cuore del continente si confermò e ampliò una realtà politica, la Confederazione svizzera, in grado di sfuggire al dominio di monarchie e impero.

ATLANTE 43_LA SITUAZIONE POLITICA DELL'EUROPA OCCIDENTALE AL 1450

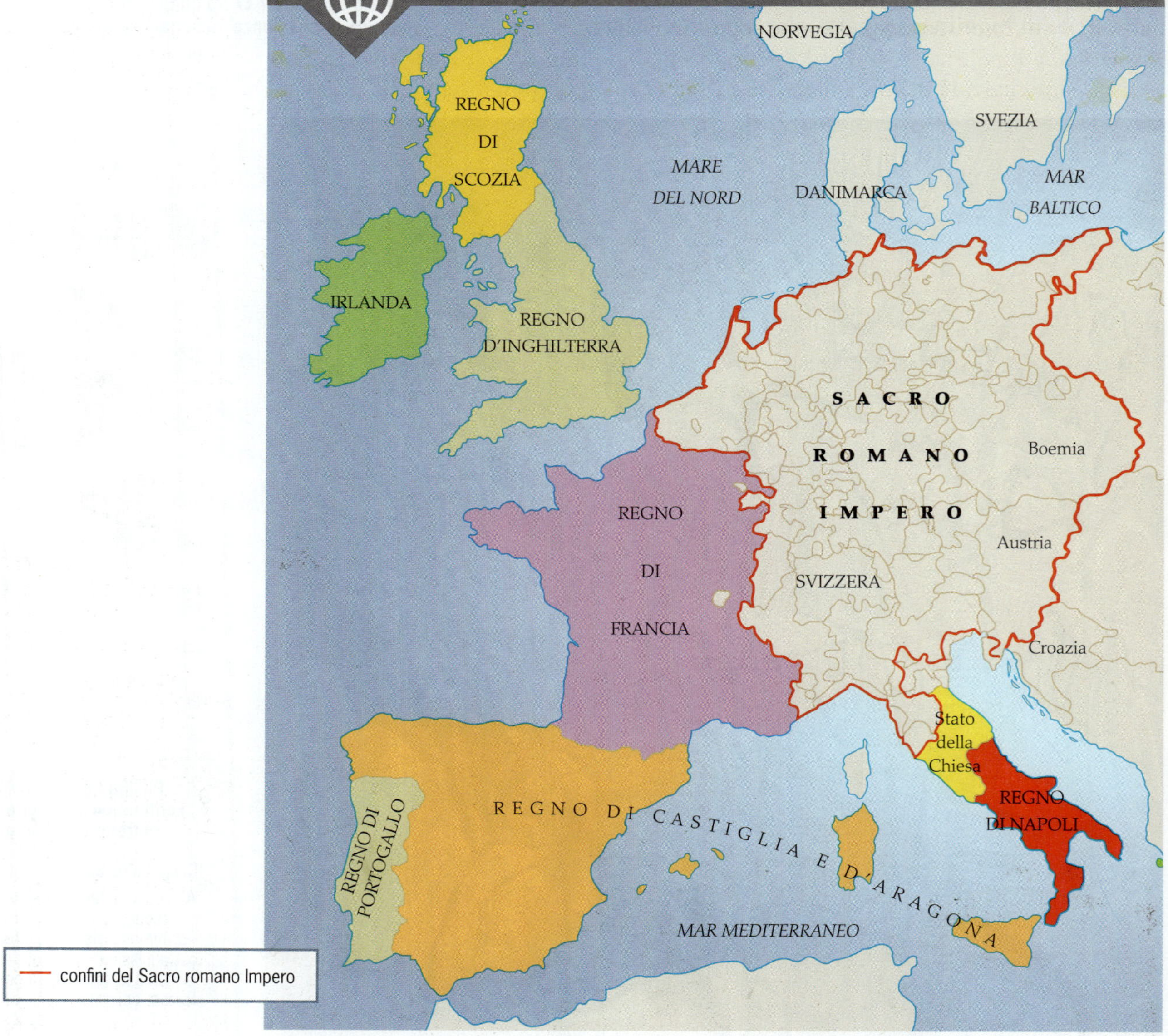

La debolezza dell'Impero

Il declino dell'Impero era proseguito lungo tutto il '300 e non si interruppe nel corso del '400. Singole figure di rilievo non furono in grado di ricondurlo al prestigio e al ruolo di un tempo. La **Germania**, ossia il cuore dell'Impero, a differenza dei grandi Regni accentrati dell'Europa occidentale, era **frammentata in una miriade di Stati** – in massima parte di piccole dimensioni –, di città libere, di domìni ecclesiastici retti da un vescovo-principe. I rapporti tra queste realtà politiche, gelose della propria autonomia, e l'Impero erano regolati da un intricato sistema di privilegi, di prerogative, di attribuzioni.

Nel 1437 si estinse la casata dei Lussemburgo e fu eletto al trono imperiale **Alberto II d'Austria** (1437-39): la corona imperiale ritornò dunque agli **Asburgo**. Per motivi dinastici Alberto si trovò a cingere anche la corona dei **regni di Boemia e Ungheria** (quest'ultimo verrà definitivamente annesso alla Casa d'Austria nel 1526; ATLANTE_**43**).

Il titolo imperiale acquisì nuovo prestigio durante il regno di **Massimiliano I** (1493-1519), il quale, sul piano interno, riuscì ad accrescere il peso del potere imperiale nella **Dieta** o ***Reichstag***, che divenne il più importante organo decisionale per tutte le questioni di politica interna ed estera. Sul piano estero, grazie a un'accorta politica matrimoniale, Massimiliano riuscì ad ampliare i possedimenti di Casa d'Austria [**16.1**].

Dieta
Dal latino *dies*, 'giorno', la Dieta era un'assemblea rappresentativa di tutti i principi tedeschi – elettori e no – e delle città libere, nella quale si coordinava l'attività politica e si discutevano le controversie tra le singole realtà politiche presenti sul territorio dell'Impero.

Albrecht Altdorfer
Il trionfo dell'imperatore Massimiliano
1513-15
[Museo Albertina, Vienna]

Dopo aver ereditato una parte dei territori di Borgogna in seguito alla morte della moglie, Massimiliano I poté controllare tutti i possedimenti degli Asburgo. Per rafforzare l'autorità imperiale, tentò di ampliare il suo potere con accordi dinastici e matrimoniali, assicurandosi così la Spagna, la Boemia e l'Ungheria. Il dipinto si riferisce alle vicende relative alla riconquista di Milano, con gli stemmi dell'aquila imperiale degli Asburgo a destra e il biscione del Ducato a sinistra.

Il Regno di Polonia-Lituania La crescita del Regno di Polonia si attuò in contrapposizione allo "Stato" dei Cavalieri teutonici, un ordine cavalleresco istituito al tempo delle crociate [👁 3.9]. Lo "Stato" teutonico occupava un vasto territorio lungo le sponde del Mar Baltico precludendo alla Polonia lo sbocco sul mare e rappresentava una forza militarmente temibile.

La svolta si verificò nel 1386 quando, dopo un periodo di dodici anni (1370-82), sul trono polacco salì il granduca di Lituania, **Ladislao II** (1386-1434), fondatore della dinastia degli **Jagelloni**, destinata a regnare sul paese per altri due secoli. Lo Stato polacco-lituano aveva ora le forze sufficienti per affrontare i soldati dell'Ordine teutonico, che furono sconfitti nella battaglia di **Tannenberg** (1410). Nel 1466 il re di Polonia, **Casimiro IV** (1447-92), sconfisse nuovamente l'Ordine e riuscì a strappargli la Prussia occidentale e la Pomerania con l'importante porto di Danzica, che consentiva finalmente alla Polonia l'**accesso al Baltico** [👁 ATLANTE_44].

Malgrado questo rafforzamento territoriale, la Corona non riuscì mai a imporre sul paese un'autorità paragonabile a quella dei sovrani di Francia, d'Inghilterra o di Spagna, né a coagulare intorno a sé uno stabile sentimento nazionale. In Polonia il

Zar
Titolo imperiale usato in Russia e nei paesi slavi. Esso deriva dalla contrazione in lingua slava (*czar*) del termine latino *Caesar*, 'cesare', da cui deriva anche il termine tedesco *Kaiser*.

ATLANTE 44_L'EUROPA CENTRALE E ORIENTALE INTORNO ALLA METÀ DEL XV SECOLO

potere della grande e della piccola nobiltà fu sempre, per la monarchia, un ostacolo insormontabile.

Le sorti dei regni di Bulgaria e Serbia A sud-est, nel XIII secolo si erano affermati il Regno di Bulgaria e quello di Serbia: il primo rendendosi indipendente dall'Impero bizantino nel 1202, il secondo vedendo riconosciuto il titolo di re al suo sovrano, Stefano II, da parte del pontefice, nel 1221. Entrambi i regni avevano avviato una politica espansionistica. Il Regno di Bulgaria, nel corso del XIII secolo, era riuscito a estendere il proprio dominio su un vasto territorio – comprendente le attuali Romania e Macedonia e le coste albanesi –, e a resistere alle invasioni mongole. La Serbia, invece, aveva raggiunto l'apice della potenza nel XIV secolo con la conquista della Macedonia, dell'Albania e della Bosnia. Entrambi questi regni, tuttavia, furono assorbiti nei domìni turco-ottomani insieme alla penisola balcanica nella seconda metà del XIV secolo [👁 11.2].

La Russia Un nuovo Stato si era affermato nel XIV secolo ancora più a oriente, nelle sconfinate distese della Russia, dominata ancora dai mongoli dell'Orda d'oro. All'ombra di questo dominio prosperò il **Principato di Mosca**, sotto la guida di **Ivan I** (1328-40). A partire dall'inizio del '400 i principi moscoviti estesero il proprio dominio sugli altri principati russi e procedettero nell'opera di consolidamento del potere grazie anche all'appoggio della Chiesa russa ortodossa. Ancora tributario dei mongoli, il principato non tardò a ribellarsi, fin quando **Ivan III il Grande** (1462-1505), nel 1480, non liberò definitivamente il paese dal controllo straniero, proclamandosi **zar di tutte le Russie**. Ivan III avviò un'opera di centralizzazione dello Stato appoggiandosi alla piccola nobiltà, a lui legata da rapporti di tipo vassallatico, e limitando il potere dell'alta aristocrazia dei boiari. Il suo matrimonio con una principessa appartenente alla dinastia bizantina dei Paleologi, dopo la caduta di Costantinopoli nel 1453, offrì il pretesto per l'elaborazione della teoria della **terza Roma**: «La prima Roma è caduta, la seconda Roma – Costantinopoli – è caduta, la terza Roma è Mosca e non cadrà mai». Con queste parole i teologi moscoviti candidavano Mosca nella successione alla dignità imperiale e alla guida della Cristianità.

La nascita della Confederazione elvetica Nel cuore dell'Europa centrale, invece, una vicenda politica abbastanza particolare fu quella che accomunò le popolazioni delle vallate e delle montagne svizzere. La vittoriosa opposizione alle mire espansionistiche del borgognone Carlo il Temerario fu, per gli svizzeri, un momento decisivo nel **processo di rafforzamento** della loro Confederazione. Quest'ultima si era formata in seguito a un **patto difensivo perpetuo**, giurato nel 1291 dai cantoni rurali di Uri, Schwyz e Unterwalden, contro le pretese di dominio degli Asburgo che già avevano assunto il controllo di quasi tutta l'Austria. La spinta decisiva alla costituzione del patto era giunta dunque

La battaglia di Morgarten 1484-85 [dalla *Spiezer Cronik* di Diebold Schilling il Giovane; Burgerbibliotek, Berna]

Nel 1315 la battaglia di Morgarten segnò l'avvio del processo di indipendenza della Svizzera dagli Asburgo e sancì la potenza della fanteria elvetica. Armati di alabarde e di lunghe picche, i fanti svizzeri formavano falangi impenetrabili in grado di scompaginare la cavalleria pesante dei nemici e di chiudersi a istrice quando occorreva difendersi. La loro fama di guerrieri terribili ed efficienti li rese molto richiesti dai principi e dai sovrani, che li assoldavano come mercenari.

dalla volontà di resistere a un aggressore esterno, ma affondava le radici nell'organizzazione peculiare delle comunità alpine, vincolate da comuni interessi economici nello sfruttamento collettivo dei pascoli e nel controllo dei passi alpini.
Dopo numerosi successi militari, la Confederazione, ampliatasi con l'associazione di altri cantoni e di città come Lucerna, Zurigo e Berna – Ginevra ne sarebbe rimasta fuori fino al XIX secolo –, aveva ottenuto, nel corso del XIV secolo, il riconoscimento da parte del potere imperiale e dagli Asburgo.

PERSONAGGI

Guglielmo Tell

Guglielmo Tell era un giovane padre di famiglia, un onesto contadino e un abilissimo cacciatore, imbattibile nell'uso dell'arco e della balestra. Era nato alla fine del '200 a Bürglen, un piccolo borgo nel Cantone di Uri, nell'attuale Svizzera centrale, all'ombra del monte San Gottardo. In quel tempo, però, la Svizzera non esisteva. I piccoli borghi montani e le città più importanti erano sottomessi all'autorità dell'imperatore Alberto I d'Asburgo. Questi aveva imposto un'amministrazione capillare delle risorse e un sistema di tassazione pesante, mal tollerato dagli abitanti dei cantoni alpini.
Il 18 novembre 1307 Guglielmo stava attraversando la piazza centrale di Altdorf, capoluogo della regione dove viveva. In quella piazza, però, Gessler, il balivo degli Asburgo, funzionario al quale i signori avevano affidato l'amministrazione della giustizia e la riscossione delle imposte, aveva fatto piantare nel terreno un'asta sulla quale era fissato un cappello; ogni persona che passava di lì avrebbe dovuto inchinarsi a quel simbolo, come segno di sottomissione all'autorità dei signori feudali. Se qualcuno non lo avesse fatto sarebbe stato punito con la confisca dei beni.
Ma Guglielmo era solo un giovane padre, un contadino e cacciatore, un uomo semplice. Non conosceva le regole dei signori: viveva in un piccolo borgo di montagna, fuori città, e si era recato nel capoluogo insieme a suo figlio Gualtiero solo per sbrigare delle commissioni. Ignaro del cappello e del suo significato, non si fermò in segno di riverenza e fu immediatamente richiamato a giustificare il suo atto davanti al balivo Gessler e a tutta la piazza cittadina. Guglielmo provò a spiegare che non lo aveva fatto apposta, che non conosceva il significato di quel cappello, che non avrebbe mai voluto offendere il balivo né, tantomeno, il signor imperatore, Alberto d'Asburgo. Poiché era conosciuto per essere un brav'uomo, il balivo gli credette. Tuttavia, per ottenere il perdono completo, Gessler gli impose una prova durissima: **avrebbe dovuto centrare con una freccia la mela posta sulla testa del figlio**. Se avesse sbagliato, centrando il ragazzo, sarebbe stato a sua volta giustiziato per omicidio, ma se avesse centrato la mela ogni reato gli sarebbe stato perdonato.
Guglielmo accettò. Non è possibile sapere cosa possa passare per la testa di un giovane padre dalle cui mani dipenda la vita del proprio figlio. Ma Guglielmo era un abile arciere, il migliore delle Alpi. Sapeva che sarebbe riuscito a centrare la mela ma, pronto al peggio, aveva deciso che a pagare, se avesse sbagliato mira, sarebbe stato anche il balivo. Così, nascose una seconda freccia sotto la sua giacca, pronto a scagliarla contro Gessler se le cose fossero andate male. Guglielmo, tuttavia, centrò la mela con un unico colpo. I soldati del balivo si accorsero tuttavia della seconda freccia nascosta e Guglielmo fu costretto a confessare l'intenzione di uccidere il balivo se avesse sbagliato mira e suo figlio fosse morto. Il balivo lo fece immediatamente arrestare e lo spedì alla prigione di Kussnacht, costruita su un isolotto del lago di Zugo. Ormai rassegnato alla carcerazione, Guglielmo attendeva l'arrivo alla prigione. Ma durante il tragitto in barca sul lago, scoppiò una violenta tempesta e i suoi carcerieri decisero di liberarlo per ricevere l'aiuto necessario a condurre in salvo la barca. Una volta raggiunta la riva, però, Guglielmo, con uno stratagemma, riuscì a scappare nei boschi circostanti dove, nascosto ai lati di una strada lungo la quale sapeva essere solito passare il balivo, lo attese per tre giorni, armato di arco e freccia e, al suo arrivo, lo uccise.
Ci volle pochissimo perché la notizia dell'impresa di Guglielmo facesse il giro del paese, passando di bocca in bocca tra le vallate delle Alpi svizzere. Spinto dall'odio verso l'oppressore, **il popolo si rivoltò e iniziò la propria battaglia per la libertà** assediando i castelli, simbolo del potere degli Asburgo. Il 1° agosto 1308 fu, infine, dichiarata la liberazione della Svizzera.
La vicenda di Gugliemo Tell è una leggenda popolare molto importante e conosciuta perché è parte fondamentale del **mito fondativo della Confederazione Svizzera**. Essa è rimasta radicata nella memoria degli svizzeri poiché fu alla base della loro lotta per l'indipendenza, iniziata nel 1291 con il patto di unità stipulato da tre cantoni della Svizzera centrale, quelli di Uri, Switto e Unterwaldo, i quali si promisero reciproco aiuto in caso di conflitto, iniziando la lotta contro gli Asburgo.
Ma lo sfondo della leggenda di Guglielmo Tell ha una sua autenticità storica riscontrabile, per esempio, nel sentimento di ribellione delle comunità delle vallate svizzere nei confronti di un sistema di amministrazione che era loro estraneo e che, invece, gli Asburgo volevano imporre. **La figura del balivo**, infatti, fu molto diffusa nell'Europa del tempo. Ufficiali incaricati di amministrare la giustizia e di riscuotere le tasse esistevano nei maggiori regni europei: in Francia, nel Regno di Sicilia, nell'Impero germanico e nell'Inghilterra dei Plantageneti, dove un personaggio simile, anch'egli simbolo di oppressione, è identificabile nello sceriffo di Nottingham della leggenda di Robin Hood. In tutti i casi nei quali il popolo si ribella contro queste cariche esistono ragioni profonde, la maggior parte delle quali riguardano la volontà dei sudditi di un grande regno di non perdere le proprie consuetudini, spesso antichissime, in favore di un nuovo modello di Stato. Ciò avvenne anche in Svizzera, dove i cantoni si unirono per combattere contro Alberto d'Asburgo per mantenere le proprie autonomie economiche e politiche. In breve tempo, tra il 1291 e il 1315, una grande parte della Svizzera centrale riuscì a ottenere l'indipendenza dai signori austriaci.
La leggenda di Guglielmo Tell è, comunque, antichissima, e viveva nella memoria degli svizzeri sin dal '400 quando, probabilmente, fu ripresa da vecchie storie di origine scandinava. Alcuni racconti scrit-

Al periodo in cui la Confederazione aveva dovuto lottare per affermare la propria esistenza e la propria autonomia era seguita una fase di espansione a spese della Savoia, dell'Austria e del Ducato di Milano, al termine della quale la Confederazione – malgrado i ricorrenti contrasti tra i vari cantoni e tra i cantoni e le città – si era proposta come una **potenza militare** di tutto rispetto.

GUIDA ALLO STUDIO

❶ Quali erano le cause della debolezza imperiale? Quali territori furono annessi ai domìni degli Asburgo? ❷ Quali furono le forze emergenti e quelle in declino nell'Europa orientale? ❸ Quali Stati furono annessi all'Impero ottomano? ❹ Perché i teologi russi chiamarono Mosca la «terza Roma»? ❺ Come si costituì la Confederazione elvetica?

ti, infatti, forse raccolti dalla voce degli anziani contadini del tempo o da ballate popolari, narrano la vicenda di Guglielmo sin dal 1470.
Ma la storia di Guglielmo divenne conosciuta in tutto il mondo grazie ai versi del poeta e drammaturgo tedesco **Friedrich Schiller** (1759-1805), il quale ne narrò la vicenda nel poema in versi intitolato *Guglielmo Tell*. Guglielmo fu descritto come il rappresentante di un popolo virtuoso, integro, che seppe opporsi agli intrighi della civiltà feudale decadente e prepotente del tempo, e divenne la personificazione stessa della Svizzera e della sua capacità di difendere le proprie virtù civiche. In molte piazze del paese, dopo la pubblicazione dell'opera di Schiller, furono eretti monumenti dedicati a Guglielmo che divenne, e lo è ancora oggi, l'eroe nazionale svizzero. Ma è alla musica di **Gioacchino Rossini** (1792-1868) che si deve la definitiva esaltazione del mito del Tell. A lui il compositore italiano dedicò la sua ultima opera, rappresentata per la prima volta a Parigi nel 1829 e intitolata proprio *Guglielmo Tell*. Famosissima, contiene alcune delle pagine musicali più belle del patrimonio operistico internazionale; celeberrime sono l'*Ouverture*, *La tempesta* e l'aria *Tutto cangia il ciel s'abbella*, a lungo sigla di apertura dei programmi Rai.

Jules Marre
Bozzetto per i costumi di scena del *Guglielmo Tell* di Rossini
1829
[Département Arts du spectacle, Bibliothèque Nationale de France, Parigi]

PERSONAGGI

Parola chiave
Conciliarismo

ONLINE

8 La Chiesa durante il Grande scisma e le eresie tardomedievali

Il Grande scisma Nel 1377, malgrado l'opposizione del re di Francia e dei cardinali francesi, papa Gregorio XI (1370-78) decise il ritorno della **sede papale a Roma** da Avignone (dove era stata trasferita nel 1309). Alla sua morte, nel 1378, i cardinali elessero papa **Urbano VI**, ma la scelta fu effettuata in mezzo al clamore del popolo di Roma che reclamava l'elezione di un pontefice italiano. Subito dopo i cardinali francesi denunciarono il clima di intimidazione entro il quale si era svolta l'elezione e la dichiararono nulla. Dal nuovo conclave, tenutosi a Fondi, uscì eletto il francese **Clemente VII**, che pose la sua **sede ad Avignone**.
La Chiesa si ritrovò, dunque, con due papi, tra i quali i vari Stati europei fecero la loro scelta: la Germania, l'Inghilterra, la Fiandra, la Polonia, l'Ungheria, gli Stati italiani – con l'eccezione del Regno di Napoli, dove dominavano gli Angiò – si schierarono dalla parte di Urbano VI; la Francia, il Regno di Napoli, la Scozia, i Regni iberici riconobbero come pontefice Clemente VII. Iniziò così il cosiddetto Grande scisma, una divisione che lacerò la Cristianità occidentale per circa quarant'anni, **dal 1378 al 1418**.
Di fronte allo sbando in cui versava il mondo cattolico, cominciò a porsi con urgenza la necessità di una soluzione. Nel 1409 i cardinali delle due parti presero l'iniziativa e si riunirono in concilio a Pisa. In questa occasione essi dichiararono decaduti sia il papa di Roma sia quello di Avignone ed elessero al loro posto un nuovo papa, con il risultato che ora si ebbero tre papi. La soluzione definitiva si raggiunse solo alcuni anni dopo, con il **concilio di Costanza** (1414-18), che riuscì a far abdicare i tre papi ed elesse al loro posto **Martino V** (1417-31). Roma tornò a essere l'unica **«capitale della fede»** e i pellegrini ripresero ad affluirvi in gran numero.
La conclusione del Grande scisma segnò anche il successo del **conciliarismo**, cioè di quella dottrina che, affermando la superiorità del concilio sul papato, poneva l'esigenza di un governo della Chiesa collegiale e più equilibrato.

Le eresie tardomedievali Durante il periodo avignonese lo sfarzo della Curia e il rafforzamento dei suoi poteri temporali avevano generato tra i fedeli un malessere diffuso [👁 4.7], aggravato dal trauma del Grande scisma. La Chiesa offriva di sé un'immagine deteriorata e nessuna riforma di ampio respiro aveva rilanciato la sua presenza nella società. Ne scaturì una contestazione ereticale dai caratteri nuovi rispetto ai movimenti del passato, che giunse a interferire nei processi di costruzione delle identità nazionali e a prefigurare per alcuni aspetti la Riforma protestante [👁 14.1]. Queste peculiari eresie di epoca tardomedievale sorsero in Inghilterra e in Boemia, per iniziativa rispettivamente di John Wycliffe e Jan Hus.

Wycliffe e i lollardi in Inghilterra L'attacco rivolto alla Chiesa da **John Wycliffe** (1330 ca.-1384) fu di una violenza senza precedenti. Teologo dell'Università di Oxford, Wycliffe predicava che tutti i cristiani dovessero vivere in povertà secondo le regole evangeliche, che **la vera Chiesa era invisibile** e che essa era composta da tutti i fedeli predestinati alla salvezza. La **Chiesa visibile, corrotta e incapace**, doveva essere privata dei suoi beni materiali. Idee come questa venivano diffuse in tutta l'Inghilterra da un gruppo di predicatori appositamente istituito da Wycliffe, i **lollardi** (da *lollen*, 'pregare'). Questi predicatori itineranti facevano uso, soprattutto tra i contadini, della **Bibbia tradotta in inglese dallo stesso Wycliffe**, che i fedeli erano chiamati a interpretare direttamente, senza la mediazione sacerdotale.

Guardati in un primo momento con simpatia dal potere politico che vedeva nella loro predicazione un gradito incoraggiamento a impadronirsi delle ricchezze ecclesiastiche, i lollardi furono in seguito duramente perseguitati a causa del carattere profondamente sovversivo delle loro idee. Nonostante ciò, il movimento non si estinse del tutto.

Jan Hus in Boemia Un movimento analogo a quello dei lollardi, ma dalle conseguenze ben più gravi, si diffuse in Boemia, alla frontiera orientale della Cristianità cattolica. Lo animò la forte personalità di **Jan Hus** (1369-1415), un sacerdote che era rimasto molto suggestionato dalle idee di Wycliffe. In Boemia la critica alle autorità ecclesiastiche si saldò però al **"movimento nazionale"**. Il Regno di Boemia faceva parte dell'Impero sin dall'XI secolo, ma aveva sempre goduto di ampia autonomia. Tuttavia, la situazione era cambiata in seguito all'inclusione del regno fra i possedimenti della dinastia tedesca dei conti di Lussemburgo (1310), e più in particolare dal 1355, quando il re di Boemia Carlo IV di Lussemburgo aveva assunto anche la corona imperiale, trasferendo la sua residenza nella città boema di Praga. Si era posto allora per il paese il problema del **massiccio afflusso dei tedeschi**

Il concilio di Costanza
1460-65
[dalle *Chronique du concile de Constance* di Ulrich Richental; Rosgartenmuseum, Costanza]

Tra il 1414 e il 1418 si tenne nella cattedrale di Costanza, in Germania, il concilio che pose fine allo scisma d'Occidente. Tra i primi atti che vescovi e cardinali stilarono vi fu la condanna per eresia di Jan Hus, bruciato vivo sul rogo il 6 luglio del 1415.

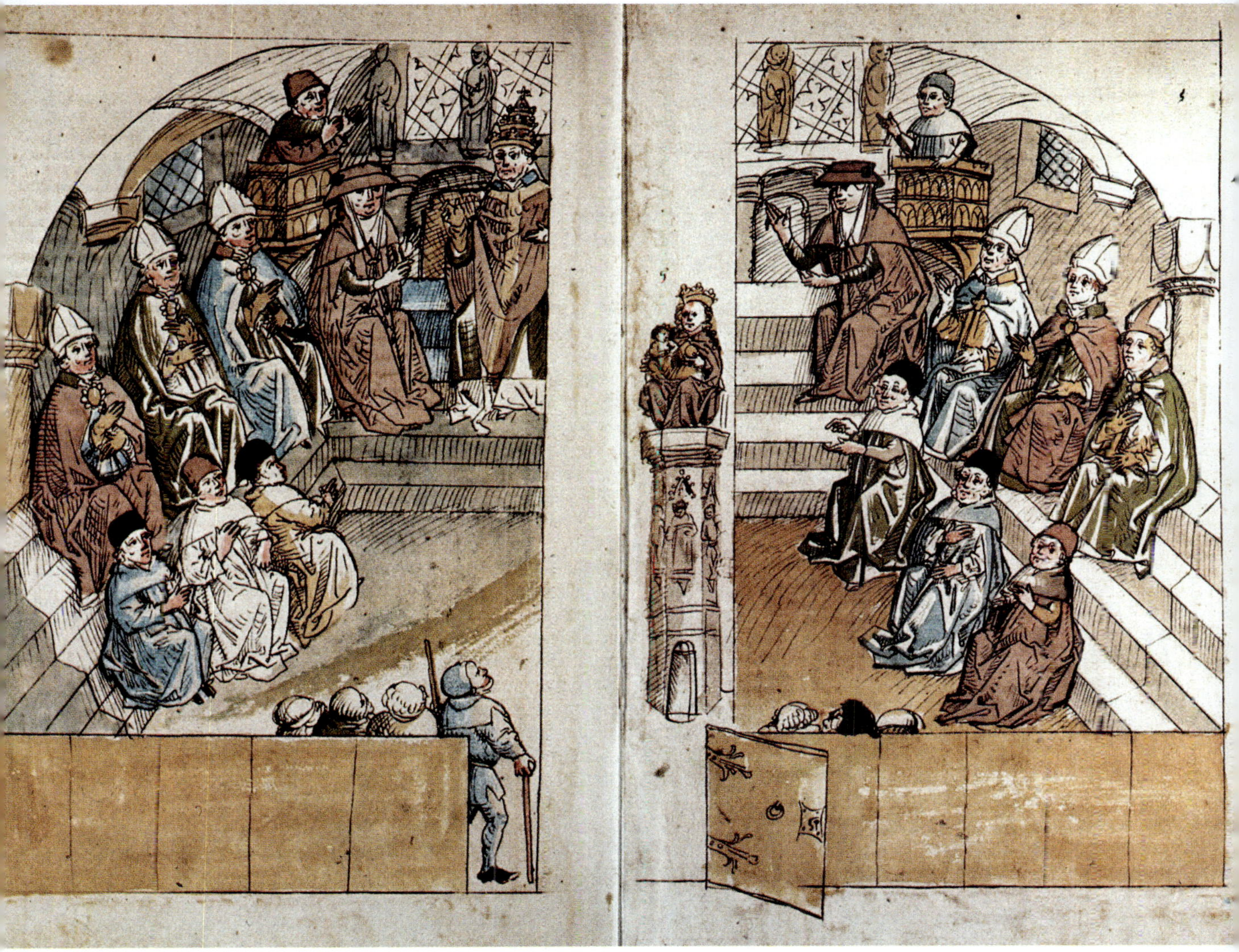

PERSONAGGI

Caterina da Siena

La sera del carnevale 1367, la giovane penitente Caterina pregava con intensità. Invocava Dio: «Sposami nella fede». Improvvisamente, il Signore apparve: «Ora che gli altri si divertono, io stabilisco di celebrare con te la festa dell'anima tua». Il cielo si aprì e si manifestò tutta la corte celeste. La Vergine Maria prese le mani di Caterina e di Cristo e le unì l'una all'altra. Il Signore infilò al dito di Caterina un anello luminoso, invisibile al mondo ma non a lei e disse: «Ecco, io ti sposo a Me nella fede».

Il racconto delle **nozze mistiche** con Cristo, narrate da Raimondo di Capua nella prima agiografia di Caterina (*Legenda maior*), rappresenta forse il momento più intenso della vita della giovane donna senese, santa (1461), dottore della Chiesa (1970), **patrona d'Italia (1939) e compatrona d'Europa (1999)**. Nacque a Siena nel 1347, alla vigilia della Peste Nera, e sin dall'età di sei anni iniziarono le sue visioni. La prima fu quella di Cristo seduto in trono circondato dai santi, proprio come la bimba ogni giorno aveva modo di osservare nei tanti dipinti delle chiese di Siena, già al tempo tra le capitali dell'arte europea. Da allora Caterina iniziò a vivere come una mistica: usciva di rado da casa, mangiava poco e pregava molto. Determinata a non sposarsi e a restare vergine, si oppose alla famiglia quando il padre decise di maritarla e nel 1364, a soli sedici anni, vestì l'abito delle **mantellate** terziarie (laiche che avevano sposato la Regola dell'ordine domenicano). La sua vita giovanile fu claustrale: non usciva quasi mai dalla sua cella, pregava di continuo e faceva vita di penitenza. Dopo il 1370 iniziò a frequentare i numerosi ospedali senesi accompagnata da un gruppo di persone a lei devote che costituirono la sua «famiglia», la sua «allegra brigata». Questi consideravano Caterina come una madre spirituale e la affiancavano ovunque andasse.

La giovane Caterina assisteva gli ammalati, frequentava i lebbrosari, soccorreva i poveri, aiutava i carcerati, sempre con l'intento di portare loro il messaggio evangelico, avvicinandoli al cuore di Cristo tramite la conversione anche in punto di morte. Accompagnò per esempio al patibolo un condannato a morte, convertendolo e lasciando che il sangue della sua testa decapitata la bagnasse completamente (*Lettere*, 273). Caterina desiderava il **martirio, massima aspirazione di santità**. Le sue **visioni** erano continue: nel 1370 vide Cristo abbracciarla e strapparle il cuore per sostituirlo con il suo, facendo avverare, così, la profezia che recitava «io vi darò un cuore nuovo» (Ezechiele, 36, 26). Nel 1375 ricevette le stigmate mentre pregava in una chiesetta vicino Pisa. La sua fama divenne enorme in tutta Europa e la sua stanza si trasformò in un luogo di pellegrinaggio per aristocratici e popolani, ma anche per i religiosi dei diversi ordini. Tutti costoro furono detti **"caterinati"**, perché, attratti dal suo carisma, le divennero devoti e le chiedevano consigli e preghiere.

Caterina da Siena è annoverata tra le donne laiche che, nel tardo Medioevo, iniziarono **una silenziosa riforma della Chiesa** attraverso la pratica di **vita penitenziale e mistica**. Margherita da Cortona, Umiliana de' Cerchi o Brigida di Svezia, morta nel 1373 quando Caterina era nel pieno della sua attività, sono solo alcune di esse. Alla metà del '300 la Chiesa stava vivendo un periodo di grande difficoltà. Nel 1309 la sede dei papi era stata trasferita ad Avignone e la contesa tra i vescovi italiani e quelli francesi, sostenuti dalla Corona di Francia, non consentiva il ritorno della sede pontificia a Roma. Molti erano i movimenti ereticali sparsi per l'Europa e alcune tendenze millenariste avevano iniziato ad annunciare la fine del mondo. Caterina soffriva molto per questo; desiderava aiutare i papi a tornare nella capitale della Cristianità e spingerli a bandire una crociata contro gli infedeli. La fama della sua santità cominciò a produrre conseguenze politiche quando iniziò il suo **lungo epistolario con papa Gregorio XI**. Caterina sollecitava il papa, lo spronava, lo spingeva perché «nel giardino della Santa Chiesa voi ne traggiate [ne eliminiate] li fiori puzzolenti, pieni di immondizia e cupidità, cioè li mali pastori e rettori che attossicano e imputridiscono questo giardino» (*Lettere*, 206); lo invitava a essere «uomo virile, senza veruno timore», e a seguire la volontà di Cristo (*Lettere*, 185 e 239). Pregava, durante le sue orazioni, perché il papa si convincesse, e chiedeva al Signore: «se la tardanza sua ti dispiace, punisci per quella il corpo mio che io te lo offro e rendo» (*Oratio*, III). Fece di più: nel 1375 raggiunse il papa ad Avignone e riuscì a convincerlo a tornare a Roma. Pochi anni dopo, allo scoppio del Grande scisma d'Occidente (1378-1409), sostenne papa Urbano VI contro l'antipapa francese Clemente VII. Caterina non si dava pace; non riusciva a capire come la sua Chiesa potesse essere così lacerata e divisa. Iniziò a **scrivere ai grandi del tempo** che sostenevano l'antipapa francese. A Bernabò Visconti minacciò la dannazione eterna; al re di Francia intimò di fare la volontà di Dio e la sua. Con Giovanna I d'Angiò, regina di Napoli, fu spietata: «Ohimé pianger si può su di voi come morta, morta nell'anima e morta nel corpo, se non uscite da tanto errore» (*Lettere*, 317).

Nel 1378 Urbano VI la chiamò a Roma,

desideroso di ricevere conforto nel ristabilire l'unità della Chiesa dopo il ritorno da Avignone. Caterina, anche se ancora giovane, camminava con fatica. Nonostante ciò, fece voto di recarsi ogni mattina nella basilica di S. Pietro. Lì, osservando il mosaico di Giotto che adornava il frontone dell'antica basilica paleocristiana, sul quale era rappresentata la navicella della Chiesa che resiste alla tempesta e conduce a porto sicuro, pregava e meditava. Ma Caterina, ormai stanca e provata, non poté fare molto per evitare l'ulteriore divisione della Chiesa. Morì a Roma il 27 aprile 1380, all'età di 33 anni, esclamando «dolce Gesù» e «sangue sangue sangue» (*Legenda maior*).

Caterina da Siena sapeva leggere ma imparò a scrivere solo in età avanzata; eppure la sua produzione letteraria è sconfinata. La santa senese, infatti, era solita dettare i propri pensieri ai suoi collaboratori. Pare, anzi, che col tempo si fosse dotata di una vera e propria cancelleria. Dettò **381 lettere**, destinate a papi, principi e signori ma anche alla povera gente che le chiedeva aiuto. A lei è attribuito un trattato, il *Dialogo della divina provvidenza*, scritto in forma di dialogo mistico con Cristo. Caterina elaborò una vera e propria interpretazione teologica al centro della quale era posto Cristo, «albero dell'amore», «ponte» donato dal Padre per consentire ai suoi figli, gli uomini, di passare indenni il fiume tempestoso della vita. Inoltre le sue *Orationes*, vere e proprie preghiere e dialoghi con Cristo, furono trascritte dai suoi collaboratori durante le sue visioni e poi controllate dalla santa stessa, prima di essere divulgate.

Appassionata, lucida e forte nel perseguire la sua idea di riforma religiosa, questa figura di santa è venerata dalla Chiesa cattolica tra i maggiori esempi di vita cristiana. Ancora oggi la reliquia della sua testa, esposta nella basilica di S. Domenico a Siena, è oggetto di venerazione da parte dei senesi e dei fedeli provenienti da tutto il mondo.

Giovanni di Paolo
Il matrimonio mistico di Santa Caterina da Siena
1460 ca.
[Metropolitan Museum of Art, New York]

PERSONAGGI

che avevano occupato posizioni politiche ed economiche di primo piano. Lottare contro la Chiesa cattolica significava pertanto lottare anche contro l'invadenza germanica.

Con grande ingenuità **Hus si recò al concilio di Costanza** cercando di convincere i cardinali della giustezza delle proprie idee, ma fu immediatamente **arrestato e bruciato vivo**. La morte del predicatore suscitò grande emozione in tutta la Boemia e

STORIA • SOCIETÀ • CITTADINANZA

Lo Stato e la fiscalità

Il fisco è il sistema per mezzo del quale lo Stato preleva dai cittadini e dalle imprese **obbligatoriamente**, **periodicamente** e **sistematicamente** il denaro con cui finanziare la spesa pubblica (sanità, istruzione, difesa, ordine pubblico, assistenza, ecc.). Genericamente definiti come **tributi**, i versamenti nelle casse dello Stato si distinguono in imposte, tasse e contributi, in relazione alla loro destinazione nell'ambito della spesa pubblica e al tipo di obbligatorietà (alcuni tributi sono obbligatori per tutti i cittadini, altri lo sono solo per quelli che usufruiscono di un dato bene o servizio). L'**imposta** è un prelievo obbligatorio di denaro al quale non corrisponde una specifica prestazione dello Stato nei confronti del singolo contribuente. Il beneficiario dell'imposta è la collettività nel suo insieme. Le imposte si distinguono in **dirette** e **indirette**. Le prime sono dei prelievi calcolati sulla ricchezza effettiva del cittadino (la «base imponibile») secondo un criterio di progressività (ai redditi più alti viene applicata un'«aliquota» maggiore). L'imposta indiretta colpisce invece il contribuente nel momento in cui compie una data attività indipendentemente dalla sua effettiva ricchezza (l'Iva – Imposta sul valore aggiunto –, per esempio, viene pagata nella stessa misura da ogni cittadino nel momento in cui acquista un qualsiasi bene).

Le **tasse** sono dei tributi che il cittadino paga per usufruire di un servizio richiesto (per esempio le tasse scolastiche o quelle sui rifiuti) mentre i **contributi** sono prelievi imposti ai cittadini che fruiscono di un particolare servizio pubblico fornito nell'interesse collettivo (i contributi previdenziali, per esempio, sono versati da ogni lavoratore per ottenere successivamente una pensione).

L'obbligatorietà, la regolarità e la progressività dei tributi sono caratteristiche di un sistema elaborato nel corso dei secoli, e sono il frutto di un lungo percorso che ha subìto molte evoluzioni nel corso della storia.

Nel **Medioevo**, oltre al re, vi era una moltitudine di **poteri locali** (laici ed ecclesiastici) che potevano imporre alle popolazioni stanziate sui propri territori il pagamento di tributi di qualsiasi tipo (sotto forma di denaro, di giornate di lavoro, di beni in natura). I beni che venivano accumulati arricchivano in primo luogo i signori e solo indirettamente il re, che impiegava buona parte di tali tributi per il mantenimento del suo esercito.

Con la **crisi del sistema feudale**, venne meno il decentramento dei poteri e i sovrani avviarono un processo di **accentramento** delle funzioni pubbliche nelle proprie mani. Ciò comportò conseguenze importanti per le finanze regie. Il sovrano aveva bisogno di un flusso costante e regolare di denaro per pagare i costi dell'amministrazione pubblica, dell'esercito pemanente, ecc. Fu necessario ricorrere quindi all'aumento dell'imposizione fiscale. Dal punto di vista organizzativo, però, i sistemi di prelievo dei tributi rimasero sostanzialmente disordinati e differenziati: l'imposizione fiscale riguardava ancora le sole classi subalterne e non la nobiltà. Inoltre, i tributi venivano riscossi prevalentemente nella forma di **imposte dirette**, pedaggi e dazi. Tutte queste forme continuavano a colpire i cittadini indipendentemente dalla loro ricchezza effettiva e solo molto più tardi si affermerà il concetto di progressività dell'imposizione fiscale. Un esempio classico di tassazione diretta e regolare introdotta nel XIV secolo fu il cosiddetto **focatico**, ovvero l'imposta sui focolari (le famiglie) che veniva pagata ogni primavera.

Con la nascita dello **Stato moderno**, la necessità dei sovrani di disporre regolarmente di grandi quantità di denaro richiese il perfezionamento del sistema fiscale. Per migliorare la loro efficienza, i nascenti Stati dovettero conoscere più profondamente la vita quotidiana ed economica della società: furono quindi creati appositi organismi e avviate iniziative come, nel 1427, la redazione di un «catasto» sulla capacità contributiva dei cittadini toscani. Questo processo si tradusse nello sviluppo degli **apparati burocratici** e in un aumento del controllo sociale.

Malgrado questi cambiamenti, il sistema fiscale rimase sostanzialmente ingiusto e oneroso nei confronti della popolazione. All'aumento delle imposte non corrisposero miglioramenti per la società. Un salto qualitativo si realizzò nel XVIII secolo, durante l'**Illuminismo**, quando gli intellettuali cominciarono a riflettere sulla necessità di un cambiamento dei sistemi fiscali. Essi criticavano il carattere iniquo del prelievo fiscale e dei privilegi e ritenevano necessario puntare invece sulla capacità contributiva del singolo, stabilendo una relazione tra la ricchezza individuale e l'ammontare delle imposte dovute. Gli illuministi s'interrogarono anche sul significato e sulla ragione della tassazione. Se fino ad allora le imposte erano state giustificate con il diritto del sovrano in quanto proprietario di tutte le terre, il pensiero illuminista interpretò la tassazione come un momento di partecipazione del cittadino al funzionamento dello Stato e del suo assetto economico. Con la **Rivoluzione francese** (che comportò l'abolizione della vecchia struttura di stampo feudale) questa visione cominciò ad affermarsi concretamente: l'individuo non era più il semplice componente di una classe sociale o di una associazione di mestiere, ma il membro di una società al cui benessere poteva attivamente partecipare (attraverso la politica e il pagamento di imposte eque).

I princìpi formulati dall'Illuminismo si realizzarono concretamente in Gran Bretagna con l'economista scozzese **Adam Smith** (1723-1790), il quale formulò i criteri gene-

provocò la formazione di una lega di 500 nobili sostenuta da ampi settori della borghesia cittadina e del mondo contadino. Ne nacque una vera e propria **guerra**, con massacri ripetuti di cattolici e di hussiti. La frangia estrema del movimento, rappresentata dai **taboriti** (dal nome della città boema di Tabor) tenne testa agli eserciti imperiali per quasi un ventennio.

GUIDA ALLO STUDIO

❶ Chi furono i protagonisti del Grande scisma? Che cosa si decise al concilio di Costanza? ❷ Che cosa si intende con il termine "conciliarismo"? ❸ In che cosa consisteva la novità dei movimenti ereticali del XV secolo? ❹ Chi erano i lollardi? ❺ Qual era il significato politico della predicazione di Jan Hus?

rali ai quali si sarebbero dovuti attenere i sistemi fiscali, primi tra tutti la non arbitrarietà e la proporzionalità dell'imposta alla ricchezza individuale. Dalla Gran Bretagna vennero inoltre le prime applicazioni del **moderno modello di tassazione**: nel 1798 fu istituita l'*Income tax*, primo esempio di imposizione fiscale **proporzionale** sul reddito, in seguito adottata anche in Austria (1849) e negli Stati Uniti (1862). Nel 1894 fu poi introdotta la prima imposta sul reddito con **aliquota progressiva** al crescere della ricchezza: la differenza tra proporzionalità e progressività è molto rilevante, poiché una imposta sul reddito è proporzionale quando la percentuale prelevata a fini fiscali è sempre la stessa indipendentemente dall'aumentare del reddito; si parla invece di progressività quando all'aumentare della base imponibile aumenta anche la percentuale del prelievo. Da questo momento la progressività dell'imposizione fiscale divenne un elemento cardine di molti ordinamenti. Attualmente, per esempio, in Italia l'imposizione fiscale è regolamentata a livello costituzionale dall'articolo 53 della Costituzione repubblicana («Tutti sono tenuti a concorrere alle spese pubbliche in ragione della loro capacità contributiva. Il sistema tributario è informato a criteri di progressività») e dall'articolo 23, secondo il quale «Nessuna prestazione personale o patrimoniale può essere imposta se non in base alla legge» (l'iter legislativo prevede più controlli da parte del Parlamento e quindi una maggiore difesa contro eventuali arbitri).

Home page del sito internet dell'Agenzia delle Entrate

L'Agenzia delle Entrate è una delle quattro Agenzie fiscali istituite nel 1999 per svolgere compiti che prima erano del Ministero delle Finanze. Attivo dal 2001, questo ente pubblico svolge servizi connessi all'esazione e al contenzioso dei tributi diretti e dell'imposta sul valore aggiunto. Un compito importante dell'Agenzia delle Entrate è informare e assistere i contribuenti, accertare i casi di evasione fiscale e gestire il contenzioso tributario.

1 La guerra dei Cent'anni

All'origine della guerra dei Cent'anni (1337-1453) furono i profondi contrasti tra la monarchia inglese e quella francese, dovuti alla presenza in territorio francese dei feudi del re d'Inghilterra, alle interferenze del re di Francia nelle vicende scozzesi, alla rivalità per il controllo della Fiandra. La guerra scoppiò quando il re d'Inghilterra si proclamò sovrano di Francia. La pace di Brétigny (1360) sancì la vittoria inglese, dovuta in larga misura all'impiego di un'efficientissima fanteria di arcieri. La riscossa della Francia avvenne grazie a Giovanna d'Arco, la quale suscitò nei francesi un sentimento di identità comune. Il nuovo re Carlo VII organizzò l'esercito e nel 1453 gli inglesi si ritirarono dalla Francia, dove conservarono, quale unico possedimento, Calais.

2 Le origini dello Stato moderno. Esercito e fisco

Durante la guerra dei Cent'anni il potenziamento delle grandi monarchie, come Francia e Inghilterra, si consolidò e il fenomeno si diffuse anche in Spagna. Esso si manifestò attraverso il ridimensionamento del potere nobiliare, l'ascesa di nuovi ceti – borghesia e piccola nobiltà –, l'ampliamento della base territoriale della Corona, la centralizzazione amministrativa, il potenziamento dell'organizzazione fiscale. Una funzione decisiva ebbero la formazione di eserciti permanenti e l'aumento delle spese militari, dovuto all'impiego massiccio dell'artiglieria che, a partire dalla guerra dei Cent'anni, divenne un elemento insostituibile in ogni guerra. Secondo la tradizione medievale, il re poteva trarre i propri mezzi finanziari solo dalle terre di sua diretta proprietà, ma l'aumento dei costi delle guerre e il rafforzamento degli apparati amministrativi determinarono la necessità di nuove fonti di finanziamento: le monarchie raggiunsero il controllo esclusivo del diritto di battere moneta, riscossero imposte indirette – diritti doganali, tasse sui prodotti di prima necessità – e introdussero anche forme di imposizione diretta.

3 L'emergere delle nazioni

Le vicende della guerra dei Cent'anni si legarono all'emergere di una coscienza nazionale: il fenomeno, evidente dapprima in Francia e in Inghilterra, interessò presto gran parte d'Europa. Elementi di questa nuova coscienza furono il processo di consolidamento di una lingua nazionale e l'affacciarsi – entro l'idea di Cristianità – del riconoscimento delle singole realtà nazionali.

4 L'ascesa della monarchia francese

Il processo di consolidamento della monarchia francese portò alla formazione di uno Stato territorialmente imponente e compatto. Terminata la guerra dei Cent'anni la monarchia francese dovette affrontare il problema del Ducato di Borgogna, che aveva acquisito forza e autonomia notevoli. La minaccia borgognona si fece particolarmente forte alla fine del XV secolo con Carlo il Temerario che puntò, senza successo, a costituire una terza potenza tra la Francia e l'Impero. L'acquisizione dei territori del duca di Borgogna (morto nel 1477) da parte della monarchia francese fu seguita dall'annessione dei Ducati d'Angiò e di Bretagna. Alla metà del XV secolo la Francia era la più forte monarchia europea, come dimostra la vicenda della discesa di Carlo VIII in Italia (1494). La spedizione fu rapidissima e allarmò gli Stati italiani e le potenze europee a tal punto da convincere il sovrano a rientrare in Francia.

5 L'Inghilterra dalla guerra delle Due Rose all'affermazione della dinastia Tudor

La sconfitta nella guerra dei Cent'anni aggravò in Inghilterra la contesa tra le casate di Lancaster e York, che nel 1455 si trasformò in una guerra civile – la guerra delle Due Rose –, conclusasi nel 1485 con la vittoria dei primi, che posero sul trono Enrico VII, fondatore della dinastia Tudor. L'obiettivo principale del nuovo re fu di ripristinare l'autorità della Corona contro le fazioni aristocratiche: istituendo il tribunale della Camera stellata, escludendo dal Consiglio regio la maggior parte dei nobili e appoggiandosi alla piccola nobiltà di provincia, cui affidò compiti nell'amministrazione locale, la monarchia riuscì a ridimensionare definitivamente il potere della grande aristocrazia.

6 La Spagna di Ferdinando e Isabella

Il processo di rafforzamento territoriale delle grandi monarchie vide protagoniste, nella Penisola iberica, le Corone di Castiglia e Aragona, riunite dal matrimonio di Isabella e Ferdinando. I due sovrani portarono a termine il processo di *Reconquista* nel 1492, annettendo il Regno arabo di Granada. Con l'incorporazione del Regno di Navarra, nel 1512, compirono infine l'unificazione territoriale. Il Regno di Castiglia-Aragona includeva anche Baleari, Sardegna, Sicilia e il Regno di Napoli. L'azione politica dei due sovrani fu caratterizzata dall'avvio del processo di centralizzazione amministrativa. La politica religiosa fu orientata a consolidare la coscienza nazionale. In essa si innestarono la Riconquista cattolica e l'istituzione dell'Inquisizione spagnola, il tribunale che perseguitò ebrei e marrani (ebrei che continuavano segretamente a coltivare la fede), musulmani e *moriscos* (i musulmani convertiti). In conseguenza dell'espulsione disposta dai sovrani spagnoli nel 1492, gli ebrei si rifugiarono in Portogallo, nell'Impero ottomano, in Italia.

7 La geografia politica dell'Europa

Il processo di formazione delle monarchie nazionali che avvenne in Francia, Inghilterra e Penisola iberica non si verificò nel resto d'Europa. La situazione politica in Europa settentrionale e orientale continuava a presentare i caratteri di una marcata frammentazione del potere. Il declino dell'Impero, frammentato in una miriade di Stati, ai quali si aggiunsero la Boemia e l'Ungheria, proseguì lungo tutto il '300 e il '400. Singole figure di rilievo non furono in grado di ricondurlo al prestigio e al ruolo di un tempo. Il titolo imperiale riacquisì prestigio durante il regno di Massimiliano I d'Asburgo (1493-1519), che accrebbe il peso del potere imperiale all'interno della Dieta e, grazie a un'accorta politica matrimoniale, ampliò i possedimenti asburgici. Nel corso del XV secolo la dinastia polacco-lituana degli Jagelloni sconfisse l'Ordine teutonico. Alla fine del XIV secolo, la conquista ottomana della penisola balcanica mostrò la debolezza dei Regni slavi di Bulgaria e di Serbia. Intanto in Russia, fra '300 e '400, i principi moscoviti intrapresero un'opera di espansione territoriale e di rafforzamento del potere. Ma il vero fondatore dello Stato russo fu Ivan III il Grande, che nel corso del '400 sottrasse la Russia alla sovranità tartara e avviò un processo di consolidamento delle strutture statali. Nel XIV secolo si rafforzò, infine, la Confederazione elvetica, affermandosi come potenza militare di tutto rispetto.

8 La Chiesa durante il Grande scisma e le eresie tardomedievali

Nel 1378, alla morte di Gregorio XI, il pontefice cui si deve il ritorno della sede papale a Roma, i cardinali romani elessero papa Urbano VI. L'elezione fu però contestata dai cardinali francesi che gli contrapposero un altro papa, Clemente VII; i vari Stati europei scelsero tra l'uno e l'altro. Iniziò così il Grande scisma, che lacerò la Chiesa sino al 1417. La soluzione dello scisma, con il concilio di Costanza che elesse un unico papa, segnò il successo del conciliarismo – la dottrina che affermava la superiorità del concilio sul papato. Di fronte allo spettacolo di una Chiesa sempre più mondanizzata e lacerata al suo interno ripresero vigore i movimenti ereticali. La contestazione eretica tardomedievale presentava caratteri nuovi rispetto al passato. Le eresie di Wycliffe in Inghilterra e Hus in Boemia si espressero al di là del piano puramente evangelico, interferendo nei processi di costruzione delle identità nazionali e anticipando questioni poste tempo dopo dalla Riforma protestante.

SVILUPPARE LE COMPETENZE

❶ Completa la tabella sottostante inserendo le date relative agli avvenimenti elencati nella colonna di sinistra. Scrivi poi un testo di 12 righe che metta in relazione e descriva tutti i fatti ricordati:

Avvenimenti	Date
Edoardo III si proclama legittimo re di Francia, attraversa la Manica e apre le ostilità con i francesi.	
Gli inglesi vincono la battaglia di Crécy.	
Gli inglesi vincono a Poitiers e catturano il nuovo sovrano francese Giovanni II.	
Francesi e inglesi firmano la pace di Brétigny.	
Gli inglesi vincono ad Azincourt, occupano la Normandia e Parigi.	
Firma del trattato di Troyes.	
Grazie a Giovanna d'Arco i francesi liberano dagli inglesi la città di Orléans.	
Carlo VII è consacrato re di Francia.	
Giovanna d'Arco catturata dagli inglesi e mandata al rogo.	
L'esercito francese riconquista anche Bordeaux cacciando definitivamente gli inglesi.	

❷ Di seguito vengono ricordati i passaggi fondamentali attraverso i quali, nell'età della guerra dei Cent'anni, le monarchie si potenziarono gettando le basi per la nascita, due secoli dopo, dello Stato moderno. Descrivi, in un testo di 15 righe, la relazione esistente tra questi fenomeni e l'importanza che ciascuno di loro ebbe per le radici dello Stato moderno:

a. Formazione degli eserciti permanenti
b. Aumento dei costi della guerra
c. Aumento della pressione fiscale
d. Assunzione, da parte delle monarchie, del diritto esclusivo di battere moneta
e. Diffusione dell'idea di una lingua nazionale
f. Formazione delle Chiese nazionali

❸ Di seguito trovi elencati eventi relativi a tre differenti argomenti di studio: l'ascesa della monarchia francese, l'Inghilterra della guerra delle Due Rose e la Spagna di Ferdinando e Isabella. Attribuisci correttamente ad ogni argomento gli eventi pertinenti realizzando uno schema per ogni argomento. Scrivi infine tre testi di 10 righe l'uno a partire da ciascuno schema:

a. Nel 1492 la Corona conquista il Regno di Granada e nel 1512 quello di Navarra.
b. Nel 1480 Carlo VIII annette il Ducato d'Angiò, mentre nel 1491, attraverso il matrimonio con Anna, erede dell'ultimo duca di Bretagna, conquista proprio il Ducato di Bretagna.
c. Per scardinare il potere locale dei nobili, Carlo VII crea la Camera stellata.
d. Con il trattato di Senlis Carlo VIII mantiene il controllo sulla Borgogna.
e. Il matrimonio tra Isabella di Castiglia e Ferdinando d'Aragona sancisce l'unione dei due territori.
f. Tra 1455 e 1485 le due casate degli York e dei Lancaster si danno battaglia in una guerra lunga e sanguinosa.

❹ Rispondi ai quesiti impiegando il numero di righe indicato tra parentesi:

1. Mentre in Francia, Inghilterra e nella Penisola iberica nascevano le monarchie nazionali cosa accadde nel resto d'Europa? (15 righe)
2. Che cosa fu il Grande scisma? Quale origine ebbe e come si risolse? (5 righe)
3. Chi erano e perché sono ricordati John Wycliffe e Jan Hus? (7 righe)

CAPITOLO

8 L'ITALIA DEGLI STATI

Con la morte di Federico II e la successiva crisi del potere imperiale era tramontata, in Italia, la possibilità di dar vita a uno Stato unitario [👁 5.8], sull'esempio della monarchia francese o di quella inglese. Le principali forze che avevano ostacolato il tentativo dell'imperatore di estendere il suo dominio nella penisola erano state – come si ricorderà – il papato e i comuni. Nel corso della seconda metà del XIII secolo e durante tutto il XIV, ambedue queste forze apparvero a loro volta colpite da un accentuato declino che le rendeva incapaci di esprimere alti livelli di aggregazione politica. Il papato, umiliato dallo scontro tra Filippo il Bello e Bonifacio VIII, aveva trovato ad Avignone una culla dorata sotto la protezione dei re di Francia [👁 6.3] e non appariva nemmeno in grado di tenere sotto controllo le terre dello Stato della Chiesa in Italia: piccoli e grandi signori locali si contendevano queste terre in un brulicare di lotte e di scontri, come se sopra la loro testa non ci fosse alcuna autorità alla quale render conto. Quanto ai comuni, si può dire che la loro situazione di crisi politica fosse addirittura congenita al proprio assetto interno.

1 Dal comune alla signoria

Il problema della partecipazione politica

La principale debolezza del comune stava nella sua incapacità di ampliare la partecipazione del popolo, inteso come insieme degli abitanti, alla vita politica. Si pensi che in una città come Firenze, alla metà del XIV secolo, su un insieme di 80 mila abitanti, quelli teoricamente eleggibili alle cariche pubbliche non superavano il numero di 3500, mentre quelli che effettivamente avevano un ruolo di qualche peso nella vita politica erano solo **poche centinaia**. In altri comuni questa proporzione era ancora più ristretta. Conseguenze particolarmente gravi ebbe la **mancata integrazione della popolazione del contado**, considerata dalla legge quasi come inferiore per natura ed esclusa, quasi ovunque, dai diritti politici.

La lotta tra fazioni

La mancata evoluzione del comune verso forme di più completa organizzazione statuale si deve anche alla forza che nelle città avevano altri **gruppi di potere**, nei quali i rapporti tra i membri erano prevalenti su qualunque altro vincolo, compreso quello esistente tra i cittadini del comune stesso. Anzitutto i **vincoli familiari**: in ogni città italiana grandi famiglie di antica tradizione nobiliare, o famiglie più recenti, affermatesi tramite un rapido successo economico, costituivano tante cellule dirompenti del tessuto politico. Intorno alle loro dimore gravitava la massa dei clienti, composta da piccoli artigiani e da poveri che vivevano all'ombra dei potenti. Altri centri di potere erano le **corporazioni**, che richiedevano ai loro appartenenti giuramenti di fedeltà e disponevano talvolta di vere e proprie milizie private.

L'esistenza di questi centri di potere, che conferivano al comune l'aspetto di un **mosaico di interessi e di sentimenti contrapposti**, configurava una pluralità di fazioni, l'una in lotta contro l'altra. Certamente i motivi economici e sociali non erano assenti nella lotta tra le fazioni, ma essi non erano gli unici, né quelli prevalenti: le tradizioni familiari, le simpatie personali, le clientele, l'**appartenenza** a una determinata contrada o a una determinata Arte erano tanti fattori che contribuivano a dividere e a contrapporre i cittadini.

La conflittualità radicata nella vita politica comunale portò a situazioni di vera e propria **ingovernabilità**. Conseguenza diretta di questa situazione fu la diffusione del fenomeno del **fuoriuscitismo**, ossia l'espulsione dalla città degli esponenti della fazione perdente, con relativa confisca dei beni; la successiva rivalsa degli sconfitti scatenava fatalmente la vendetta, in un gioco a catena che sembrava senza fine.

▶ 86
D. Hay • J. Law
Pubblico e privato nello Stato rinascimentale

Dal podestà al signore

La prima risposta ai problemi di conflittualità interna ai comuni era stata rappresentata dall'introduzione della figura del podestà [👁 4.5]. Essa servì a far abbassare la tensione in situazioni particolarmente gravi, ma non poté sanare la conflittualità permanente che divideva le famiglie magnatizie tra loro, né le tensioni sociali, spesso dirompenti, che l'ascesa

ATLANTE 45_ IL QUADRO POLITICO ITALIANO TRA '200 E '300

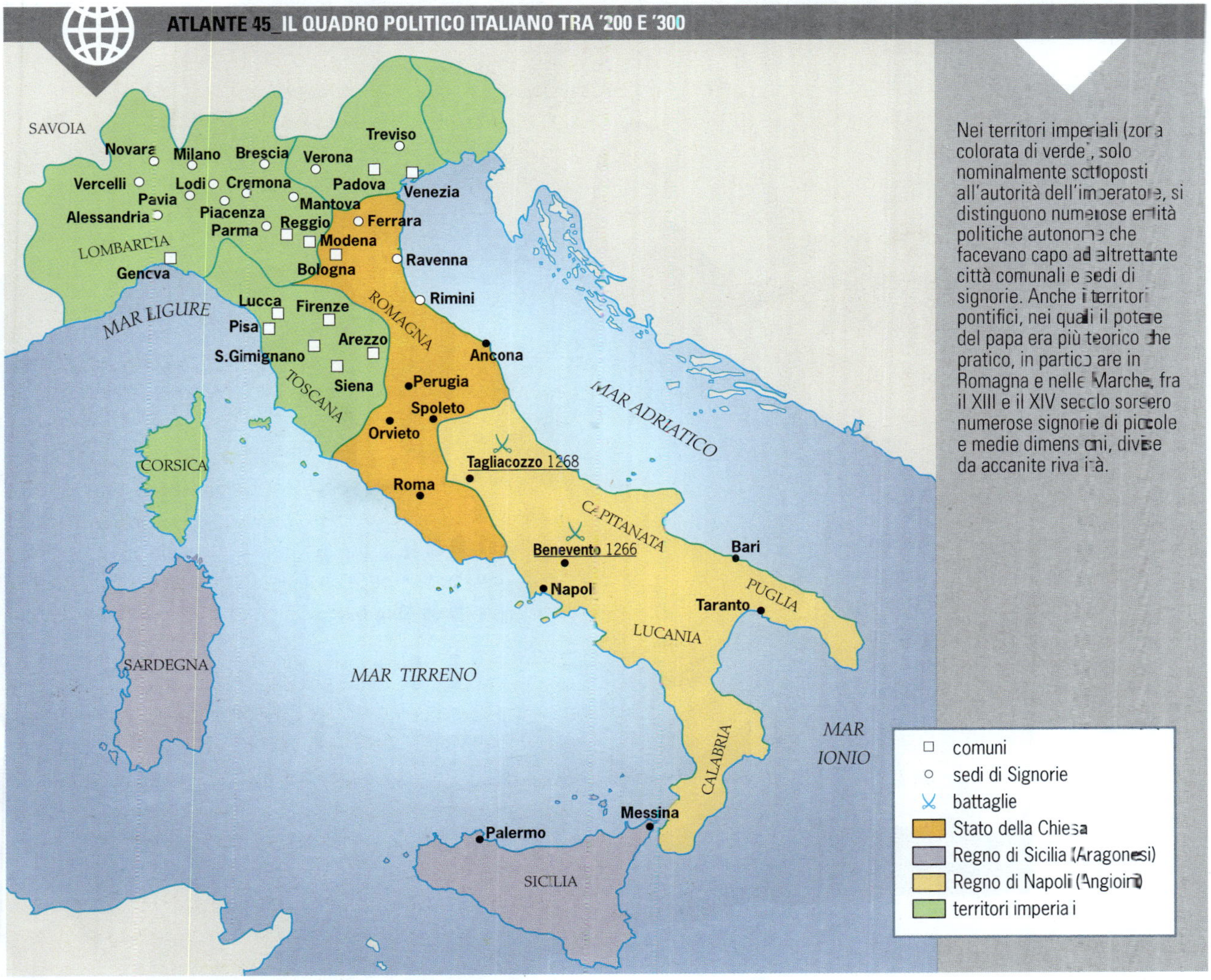

Nei territori imperiali (zona colorata di verde), solo nominalmente sottoposti all'autorità dell'imperatore, si distinguono numerose entità politiche autonome che facevano capo ad altrettante città comunali e sedi di signorie. Anche i territori pontifici, nei quali il potere del papa era più teorico che pratico, in particolare in Romagna e nelle Marche, fra il XIII e il XIV secolo sorsero numerose signorie di piccole e medie dimensioni, divise da accanite rivalità.

La cacciata del Duca d'Atene
1343
[Palazzo Vecchio, Firenze]
Tra il 1342 e il 1343, in seguito a una forte crisi economica e alle continue lotte interne fra le famiglie cittadine, i fiorentini proclamarono a furor di popolo Gualtieri VI di Brienne, duca d'Atene, "signore a vita". Dieci mesi dopo, però, le pur efficaci misure anti-crisi adottate dal duca lo resero intollerabile alla parte più ricca della città che lo costrinse alla fuga. L'affresco descrive la restituzione dei gonfaloni, e quindi dei pieni poteri, alla guardia civica della città da parte di Sant'Anna (al centro) che con una mano protegge Palazzo Vecchio, sede del consiglio cittadino, mentre il duca fugge.

di nuovi ceti mercantili e imprenditoriali aveva esasperato. L'istituzione podestarile fu ben presto superata da una tendenza nuova che, a partire dal XIII secolo, portò all'insediamento di **signorie** al vertice del governo cittadino, in particolare nell'Italia centro-settentrionale **[👁 ATLANTE_45]**.
I signori furono figure assai diverse tra loro e poterono insediarsi al governo grazie alle circostanze più varie: alcuni furono podestà che erano riusciti a imporre un dominio duraturo; altri furono esponenti di famiglie prestigiose o individui che si erano impadroniti del governo con un colpo di mano **[👁 TABELLA_2]**. In tutti i casi, però, il signore otteneva sempre, dagli organismi del comune, una delega più o meno ampia. Così, egli veniva **investito dal basso** di un'autorità che aveva, di fatto, ottenuto diversamente, mentre le forme della libertà comunale, nella sostanza, risultavano annientate. Era questo il prezzo che molti cittadini pagavano comunque volentieri

per il raggiungimento della pace interna. Per completare, dal punto di vista formale, la legittimazione del potere signorile, a questa delega dal basso si aggiungeva solitamente un **riconoscimento dall'alto**, da parte dell'imperatore (nelle terre sottoposte all'imperatore) o del papa (nelle terre sottoposte al papa). Le signorie si trasformavano così in **principati**. Questi riconoscimenti non significano tuttavia che i signori e i principi dovessero rispondere del loro operato alle istituzioni (i Consigli comunali, l'imperatore o il papa) che li avevano legittimati.

Nella sostanza, il potere signorile era un **potere quasi assoluto**, che operava in totale autonomia esprimendo un'ulteriore evoluzione della crisi del sistema comunale. La stessa origine di questo potere obbligava tuttavia il signore a presentarsi come un **mediatore** tra gli interessi contrapposti della cittadinanza.

Tutte le signorie ebbero **vita più o meno breve**, ma sempre tormentata, e non riuscirono a creare entità territoriali stabili e di grandi dimensioni. Diversa fu la vicenda di Milano, che per alcuni decenni sembrò addirittura in grado di dar vita a un processo di unificazione di gran parte dell'Italia centro-settentrionale.

GUIDA ALLO STUDIO

❶ Chi partecipava alla vita politica nei comuni? ❷ Come influivano le parentele e le corporazioni sulla politica comunale? ❸ Come si poteva diventare signore di una città? ❹ In quali circostanze le signorie si trasformavano in principati?

TABELLA 2_LE PRINCIPALI SIGNORIE NELL'ITALIA CENTRO-SETTENTRIONALE

SIGNORIE	FAMIGLIE
Valle d'Aosta e Piemonte	Savoia → dalla fine del XII secolo
Saluzzo (Piemonte)	Del Vasto → metà del XII-XVI secolo
Monferrato (Piemonte)	Paleologi → fine XIII-prima metà XVI secolo Gonzaga → 1536-1708
Milano	della Torre → principio del XIV secolo Visconti → XIV-prima metà del XV secolo Sforza → 1450-1535
Padova	da Carrara → 1318-1405
Mantova	Gonzaga → XIV-principio del XVIII secolo
Verona	della Scala → XIII-XIV secolo
Treviso, Vicenza, Feltre	Ezzellino da Romano → 1236-59
Ferrara	Este → 1240-1597
Modena	Este → dal XIII secolo
Bologna	Bentivoglio → 1401-1506
Ravenna	da Polenta → seconda metà XIII-prima metà XV secolo
Forlì	Ordelaffi → 1370-1480
Rimini, Cesena, Fano	Malatesta → XIII-XV secolo
Lunigiana	Malaspina → dal XIII secolo
Lucca	Castruccio Castracani degli Antelminelli → 1320-28
Urbino	Montefeltro → XIII-XVI secolo
Camerino	da Varano → XIV-prima metà del XV secolo
Perugia	Baglioni → 1424-1540

2 Il Ducato di Milano e le repubbliche di Firenze e Venezia

Delle tre più importanti città italiane di questo periodo, Milano divenne una signoria, Firenze una signoria mascherata dietro parvenze repubblicane, Venezia, invece, conservò saldamente la costituzione repubblicana sotto la direzione di una ristretta oligarchia di mercanti e di armatori navali.

La signoria dei Visconti a Milano

Nel XIII secolo la città di **Milano** si era ormai da tempo affermata come uno dei centri più attivi e popolosi dell'Europa occidentale: un'agricoltura avanzata, una fitta ed efficiente rete di canali navigabili, la floridezza dei commerci e delle manifatture conferivano alla città un primato difficilmente contrastabile. Questo primato s'impose anche sotto il profilo militare con un'espansione che le altre città della penisola faticarono a contenere.
La grande avventura di Milano si identifica con la dinastia dei Visconti, la potentissima famiglia ghibellina che affermò la propria signoria sulla città dopo aspre lotte. Il **fondatore della dinastia** può essere considerato **Matteo Visconti** (1311-22), che governò Milano e il suo distretto con il titolo di **vicario dell'imperatore** Enrico VII di Lussemburgo [👁 6.6] ottenuto pagando somme ingenti alla Corona imperiale. Matteo Visconti intensificò quella **politica di conquiste e di annessioni** in Italia settentrionale verso la quale Milano sembrava già da tempo fortemente incline. Proseguita dai suoi successori (Azzone, signore dal 1329 al 1339, e Luchino, nei dieci anni successivi), questa politica portò alla creazione di un vasto dominio, che dal territorio milanese si estendeva in Lombardia, in Piemonte, in Emilia, in Svizzera,

ATLANTE 46_ESPANSIONE TERRITORIALE DI MILANO

Nella prima metà del XIV secolo ha inizio l'espansione territoriale di Milano, che estende la sua influenza su diverse città lombarde, emiliane e piemontesi, quali Lodi, Cremona, Brescia, Bergamo, Como, Parma, Bologna, Novara, Alessandria e Asti, nonché Lugano e Bellinzona (in Svizzera) e Genova. Ma è alla fine del XIV secolo che Milano raggiunge il culmine della sua espansione territoriale, con la conquista di Verona, Vicenza, Treviso, la protezione di Lucca, Pisa e Siena, il controllo su Perugia, Spoleto e Assisi.

in Liguria [ATLANTE_46]. Ma Milano raggiunse il suo culmine sotto **Gian Galeazzo** (1378-1402), che portò il dominio milanese nel Veneto, in Toscana, e in Umbria. Gian Galeazzo divenne così uno dei più importanti signori d'Europa e si comportò come tale: sposò Isabella, figlia del re di Francia Giovanni II, e ottenne dall'imperatore Venceslao il titolo di **duca di Milano** (1395), **trasformando in tal modo la sua signoria in principato.** Il Ducato di Milano sembrava avviato a espandersi ulteriormente verso sud, rafforzando le basi di un dominio suscettibile di inglobare l'Italia intera, o gran parte di essa, e di portare a compimento quel processo di unificazione che in altri paesi europei era già una realtà. Ma l'**improvvisa morte di Gian Galeazzo**, nel 1402, e le reazioni che essa scatenò all'interno e all'esterno della città di Milano rimisero in discussione l'intera impalcatura costruita dai Visconti, fino a minacciare l'esistenza stessa del Ducato. Sotto il successore di Gian Galeazzo, **Giovanni Maria** (1402-12), la dinastia viscontea non fu in grado di conservare le grandi dimensioni raggiunte dal Ducato di Milano. Una dopo l'altra franarono le precedenti acquisizioni territoriali e **il potere dei Visconti si ridusse quasi esclusivamente a Milano e alla Lombardia.**

79 DOC
Pier Candido Decembrio
La solitudine dei potenti

Perché crollò il dominio visconteo?

Il rapido crollo del dominio visconteo esprime l'**intrinseca debolezza delle compagini signorili**, costruite da individui dotati di grande talento politico e militare, ma prive delle caratteristiche tipiche di uno Stato accentrato e organizzato: le signorie – anche le più potenti come quella viscontea – erano più un **coacervo di territori** che un insieme compatto capace di aggregare, valorizzandone le potenzialità, le terre e le città soggiogate. Alla morte di Gian Galeazzo, infatti, non erano state ancora edificate, nei territori dominati da Milano, le opportune strutture amministrative centralizzate, né era stata intrapresa un'opera legislativa e questo impedì il normale trapasso del potere al successore.

Bergognone
Gian Galeazzo Visconti, con i suoi tre figli, presenta alla Vergine il modello della Certosa
1490-95
[Certosa di Pavia]

Oltre ad essere un abile condottiero e uomo politico, Gian Galeazzo Visconti fu un grande mecenate. A lui si devono l'avvio dei lavori di edificazione del Duomo di Milano e il completamento del Palazzo di Pavia, in cui fece sistemare la sua celebre biblioteca e la grande collezione di reliquie sacre. Come ricordato da questo affresco, fece anche costruire la Certosa di Pavia, completata nei secoli successivi.

L'ascesa dei Medici a Firenze A Firenze le istituzioni repubblicane resistettero molto più a lungo che a Milano. Dalla seconda metà del '300 la città toscana concretizzò la sua supremazia militare nella regione con una serie di importanti annessioni [ATLANTE_47], ma nemmeno il dominio fiorentino si tramutò in un'organica struttura statuale. Sul piano della politica interna, malgrado alcuni tentativi, peraltro falliti, di rivolgimento dell'ordine costituito, a Firenze l'egemonia politica era saldamente nelle mani di alcune delle famiglie più ricche. Nel 1434, **Cosimo dei Medici**, un personaggio di origini umili, proprietario, però, della banca più importante d'Europa, mise a frutto la sua immensa ricchezza, unita all'ap-

PERSONAGGI

Cosimo dei Medici

La famiglia Medici governò Firenze dal '400 al '700. Già dal '200 alcuni Medici iniziarono a distinguersi per ricchezza e prestigio: di origine popolare, provenienti dalle colline del Mugello toscano, furono prima mercanti poi banchieri e si occuparono con successo di investimenti, depositi e prestiti a interesse. In qualche caso arrivarono a ricoprire cariche cittadine. Nel 1397 Giovanni, uomo esperto e intraprendente, spostò da Roma a Firenze la sede principale del **Banco Medici**, su cui si fondò la straordinaria ascesa sociale ed economica della famiglia. In pochi anni il Banco ebbe innumerevoli filiali e **Giovanni** diventò il principale amministratore delle entrate pontificie. Quando morì, nel 1429, era uno degli uomini più ricchi d'Europa. **Suo figlio Cosimo** (1389-1464), efficiente e brillante collaboratore nelle attività del Banco, aveva già 40 anni e si era distinto nella vita pubblica di Firenze come priore e ambasciatore. Era **pio, austero, prudente e colto**. Amava le arti, parlava tedesco, francese, latino e arabo e aveva una ricca collezione di libri. I suoi contemporanei lo giudicavano un uomo serio e «grave», che – scrisse il suo libraio di fiducia Vespasiano da Bisticci – «aveva in odio tutti i buffoni, istrioni et tutti quegli che ispendevano [perdevano] il tempo disutilmente. Sempre era volto a ragionare di cose grandi, delle altre non si curava. [...] Pochi furono che lo vedessino mai alterato et in tutte le sue risposte istava sospeso per non offendere persona».
Le sue qualità fecero di lui un uomo molto in vista e stimato. I suoi **pareri equilibrati e lungimiranti sulla politica interna ed estera** di Firenze erano tenuti in grande considerazione e influenzavano sempre più le decisioni finali degli esponenti del governo. Cosimo riuscì a procurarsi un ruolo dominante pur non ricoprendo alcuna carica ufficiale. Il delicato equilibrio della repubblica fiorentina era salvaguardato: il potere non era concentrato nelle mani di uno solo.
Il suo prestigio lo rese inviso alla fazione nobiliare guidata dalle antiche famiglie fiorentine Albizzi e Strozzi, che già quando Giovanni era in vita avevano messo in atto una campagna denigratoria contro i Medici, né nobili né fiorentini, invitando Firenze a seguire l'esempio di Venezia, la cui nobiltà deteneva il potere da più di mille anni. Nel 1433 si verificò la prova di forza: Cosimo fu invitato con un pretesto a recarsi in Palazzo Vecchio ma fu aggredito e imprigionato. Un amico aveva intercettato la notizia e mentre Cosimo era ancora per strada riuscì a raggiungerlo e informarlo, ma egli non volle disobbedire a un ordine del governo e andò ugualmente incontro al suo destino. Lo condannarono a morte. Furono giorni tetri e angosciosi. Cosimo riuscì a comprare la salvezza e fu mandato in esilio, con altri membri della famiglia, a Padova e Venezia per un periodo compreso tra i cinque e i dieci anni: fu questa la cosiddetta **"prima cacciata dei Medici"**. Avrebbe potuto tornare a Firenze con la forza (aveva tanti sostenitori e alleati importanti in Italia e Europa, pronti a far guerra a Firenze per aiutarlo), ma non volle. Disse ai suoi amici che sarebbe tornato solo se fosse stato richiamato dal governo. In **Veneto** fu accolto con grandi onori dal doge di Venezia Francesco Foscari e alloggiò nel monastero benedettino di S. Giorgio, a cui donò per riconoscenza una splendida collezione di manoscritti e il progetto dell'**architetto fiorentino Michelozzo**, che viaggiava con lui, per edificare una biblioteca, tuttora attiva. Fu, insomma, un esilio dorato.
A Firenze intanto la situazione cambiava: i sostenitori di Cosimo riuscirono a prendere il potere e il nuovo governo lo richiamò in patria ed esiliò gli Strozzi e gli Albizzi. Era passato soltanto un anno dalla sua partenza. **Il ritorno in patria fu trionfale**: giunse scortato da un corteo spettacolare di trecento soldati veneziani. Davanti alla sua villa di Careggi, presso Firenze, si erano raccolti i contadini festanti, e il popolo lo acclamava ovunque, quasi fosse reduce da una grande battaglia vinta. Era il 1434: Cosimo resterà alla guida di Firenze fino alla morte, avvenuta nel 1464. Ricoprì incarichi ufficiali importanti (fu più volte gonfaloniere di giustizia) ma sempre evitando di apparire il signore di Firenze, come di fatto era. Controllava le cariche pubbliche del governo facendo in modo che fossero assegnate ai suoi sostenitori, e ciò gli consentiva di esercitare una pressione costante sulle decisioni prese all'interno delle istituzioni comunali, che però furono sempre formalmente preservate.
Nei suoi trent'anni di attività, Cosimo operò **sagaci scelte politiche** e promosse la straordinaria stagione artistica del Rinascimento fiorentino. Nonostante la tradizionale amicizia tra Firenze e Venezia e l'ostilità decennale verso Milano, formò una nuova **alleanza con Francesco Sforza**, nuovo duca della città lombarda dal 1450 [9.1]. Insieme collaborarono per arrivare alla pace di Lodi che, stipulata nel 1454 tra Firenze, Milano, Venezia, Napoli e il papato, garantì per quarant'anni un assetto equilibrato all'Italia. Due prestigiosi successi personali gli vennero inoltre dal **legame di stima e affetto con il papa Eugenio IV**, di cui era banchiere. Il pontefice consacrò personalmente nel 1436 il Duomo di Firenze dopo l'edificazione della cupola di Filippo Brunelleschi e nel 1439, secondo il desiderio di Cosimo, spostò **da Ferrara a Firenze il concilio tra la Chiesa d'Oriente e quella d'Occidente** indetto per aiutare Costantinopoli, minacciata dai Turchi [11.3]. Era speranza diffusa che l'evento fosse anche l'occasione giusta per porre

poggio del popolo e di alcune famiglie potenti, per sconfiggere la famiglia degli Albizzi, da tempo alla guida della città, e impadronirsi del potere, che detenne fino al 1464.
Un potere che assomigliava molto a una signoria, anche se Cosimo si guardò bene dal farsi chiamare signore: egli comprese, infatti, con grande lucidità, che i suoi concittadini erano troppo attaccati alla vecchia **tradizione repubblicana** e vivevano ancora con troppo orgoglio i sentimenti della libertà cittadina per rinunciarvi senza pentimenti. Egli, pertanto, non introdusse modifiche istituzionali, né assunse cariche eccezionali, ma esercitò un **ferreo controllo** di fatto sulla vita politica della città,

85
G. Chittolini
La città e il contado

fine alle secolari ostilità tra le due grandi Chiese cristiane, e infatti, in Santa Maria Novella, fu sancita la loro nuova alleanza. Il concilio, seguito con intensa partecipazione, rilanciò il prestigio di Firenze in Italia e in Europa e consolidò ulteriormente l'autorevolezza di Cosimo, che ospitò nelle sue case il papa, il patriarca di Costantinopoli e le loro folte corti.
Instancabile e appassionata fu la sua attività di **mecenate e protettore degli artisti** che lavoravano a Firenze. Fece ornare la sua città e i dintorni di architetture sublimi, tra cui il convento di S. Marco, realizzato da Michelozzo e affrescato dal Beato Angelico; il completamento del corredo ornamentale della Sagrestia Vecchia di S. Lorenzo, portato a termine da Donatello; la chiesa di S. Lorenzo, progettata da Brunelleschi e soprattutto Palazzo Medici, la nuova residenza di famiglia posta su via Larga, realizzata da Michelozzo nella metà degli anni '40, meraviglioso prototipo dello stile sobrio ed elegante dell'architettura civica rinascimentale. A Firenze, scrisse ancora Vespasiano da Bisticci, «non si murava o faceva nulla sanza parere et giudicio suo, et alcuni che avevano edificare andavano per parere et consiglio a lui».
Commissionò a **Donatello**, il suo prediletto, un capolavoro come il **David**, che ornava il cortile di Palazzo Medici. Fu committente anche per artisti della statura di Lorenzo Ghiberti, Filippo Lippi, Paolo Uccello. La sua attività di mecenate varcò i confini di Firenze: la sede del Banco Medici a **Milano** fu ristrutturata da Michelozzo, mentre a **Parigi** fece restaurare il Collegio degli Italiani ormai distrutto, e a **Gerusalemme** fece edificare l'Ospizio dei Pellegrini.
Segni di gratitudine e rispetto non mancarono da parte della sua città e dalla sua famiglia. Nel 1465, un anno dopo la sua morte, il governo di Firenze fece apporre sulla sua tomba, nella cripta della chiesa di S. Lorenzo, la scritta ***pater patriae***, 'padre della patria'. Nella seconda metà del '500, suo nipote il granduca di Firenze Cosimo I fece realizzare dal pittore Giorgio Vasari un ciclo di affreschi a lui dedicato, le *Storie di Cosimo il Vecchio*. Accanto a lui riposa l'amato Donatello.

Giorgio Vasari
Cosimo va in esilio
1556-58
[Sala di Cosimo il Vecchio, Palazzo Vecchio, Firenze]

PERSONAGGI

collocando uomini di sua fiducia nei posti chiave e agendo in modo spregiudicato sui meccanismi elettorali. Anche con Cosimo Firenze restò dominata da un'**oligarchia ristretta**.

La politica espansionistica di Venezia Da secoli la Repubblica si era concentrata in una capillare espansione verso oriente che l'aveva portata a edificare un vasto impero, esteso lungo la costa dalmata e in decine di isole, porti,

ATLANTE 47_ESPANSIONE TERRITORIALE DI FIRENZE

Tra fine '300 e primi del '400, Firenze diventa una grossa potenza territoriale, grazie all'espansione del suo dominio sulla regione: nel 1384 conquista Arezzo, nel 1390 Montepulciano, nel 1406 è la volta di Pisa, mentre nel 1411 e nel 1421 vengono annesse rispettivamente Cortona e Livorno.

ATLANTE 48_ESPANSIONE TERRITORIALE DI VENEZIA

Nel corso del XIV secolo la Repubblica di Venezia, proiettata fino a quel momento verso il mare, volge i propri interessi verso la terraferma. Tra il 1308 e il 1313 prende sotto la propria sovranità Ferrara; negli anni 1404-5 ingloba Treviso, Vicenza, Padova, Verona, Belluno, Feltre e Bassano; nel 1420 il Patriarcato di Aquileia, l'Istria e il Friuli; nel 1425 Brescia; nel 1428 Bergamo.

avamposti militari e commerciali in tutto l'arcipelago greco, fino al Mar Nero. Durante il '300 Venezia proseguì in questa politica di espansione marittima. La rivale di sempre era **Genova**, una città che conservava un'imponente rete di traffici e una flotta temibile. Dopo una serie di scontri durante tutto il '200 **[👁 3.6]**, si aprì una fase di conflittualità permanente che, tra il 1351 e il 1355, sfociò in un vero e proprio conflitto e si concluse con un nulla di fatto. Seguì un secondo conflitto, che prese il nome di **guerra di Chioggia** e durò dal 1378 al 1381. A scatenarlo fu l'estensione del **controllo veneziano in Oriente** (sulle isole di Cipro e Tenedo, quest'ultima all'imbocco dello stretto dei Dardanelli).

La politica espansionistica di Venezia seminava preoccupazione un po' dovunque e Genova fu molto abile a far coalizzare contro la città rivale tutte le forze contrarie alla sua espansione istituendo una **Lega antiveneta**. Vi aderirono il re d'Ungheria, che voleva aprirsi uno sbocco sull'Adriatico, il duca d'Austria, il patriarca di Aquileia e la città di Padova, preoccupati dell'espansione veneziana nell'entroterra; il re di Napoli, che si sentiva minacciato dall'egemonia di Venezia nel basso Adriatico. Mentre Venezia era minacciata da tutti i lati, Genova riuscì a occupare l'isola di Chioggia, nel cuore della laguna veneta, lasciando temere l'assalto finale alla Repubblica. Nel 1381, infine, Venezia firmò la **pace di Torino** riuscendo a evitare il prolungarsi di uno scontro che avrebbe anche potuto esserle fatale. Fu costretta però a rinunciare alle sue pretese e a riconoscere i diritti dei suoi nemici.

Nei primi anni del '400 la città riprese la sua espansione, ma concentrando i suoi interessi sull'entroterra in primo luogo a causa della nascita del potente Impero ottomano che chiudeva alle navi italiane le vie dell'Oriente **[👁 12.3]**. In questa fase acquisì ampie zone della Pianura padana e delle colline venete, dove i ricchi veneziani investirono i proventi dei loro traffici in fiorenti aziende agricole. L'**economia della città**, fino ad allora caratterizzata fortemente in senso commerciale, ebbe in tal modo anche una larga base agraria **[👁 ATLANTE_48]**.

GUIDA ALLO STUDIO

❶ Su quali territori si estendeva il dominio di Milano nel 1400? Perché il potere acquisito da Gian Galeazzo crollò rapidamente? ❷ Perché a Firenze Cosimo dei Medici non istituì formalmente una signoria? Come agì politicamente una volta conquistato il potere? ❸ Quale politica estera perseguì Venezia tra XIII e XIV secolo e perché ne adottò una diversa nel XV?

Venezia
1493
[dalle *Cronache di Norimberga* di Hartmann Schedel]

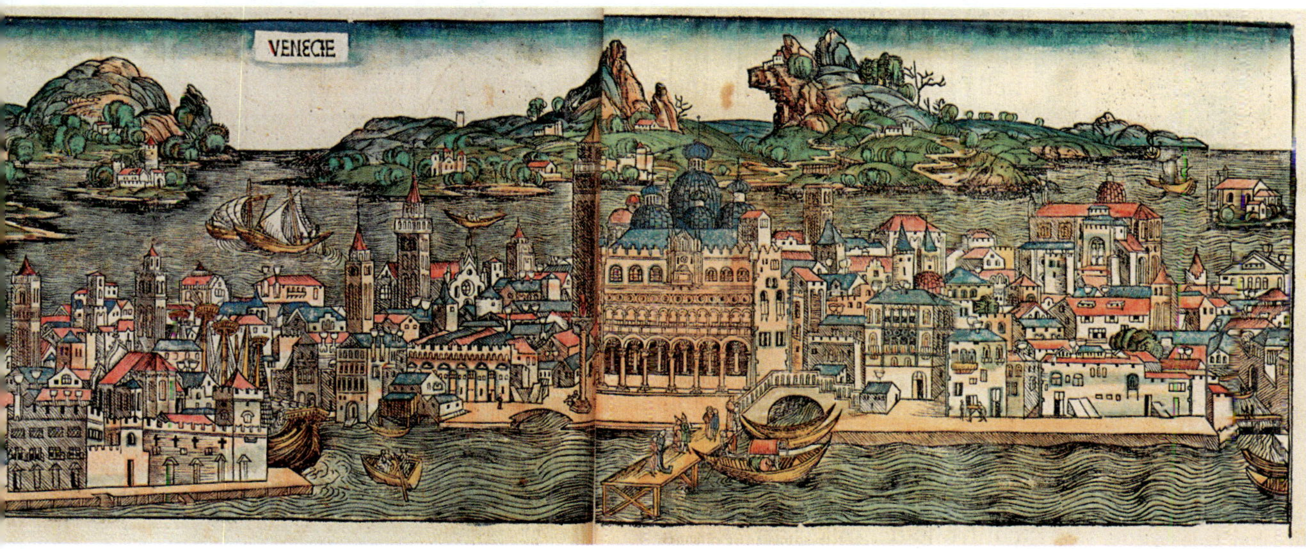

3 I Regni di Napoli e di Sicilia

Il Regno di Napoli tra arretratezza e crisi dinastiche

Il Regno di Napoli era il più vasto Stato della penisola, ma a questa grandezza territoriale non corrispondeva un'adeguata forza economica e militare, in primo luogo perché restavano ancora saldamente radicate le **strutture feudali** mentre le grandi attività commerciali e bancarie rimanevano in mano a stranieri (soprattutto fiorentini e catalani), poco interessati a reinvestire sul luogo i loro guadagni. Nel regno **l'urbanizzazione era molto debole** e, se si esclude Napoli – della quale Roberto d'Angiò fece un grande centro culturale –, mancavano città di livello europeo.

Sul piano della gestione dello Stato, inoltre, si verificò nel regno una situazione diametralmente opposta a quella delle grandi monarchie di Francia e Inghilterra [👁 7.4, 7.5]: qui i re, appoggiandosi alla borghesia, riuscivano a indebolire i feudatari e a costruire compagini statali autorevoli e accentrate; nel Regno di Napoli, invece, in mancanza di una forte borghesia, il re era isolato e inerme rispetto ai **baroni**, che dominavano enormi latifondi e contrastavano ogni tentativo di dar vita a un governo maggiormente centralizzato [👁 8.4 STORIA•SOCIETÀ•CITTADINANZA].

Resto d'Europa

Questa grave situazione politica e sociale si accentuò a causa di una lunghissima **crisi dinastica** che per decenni portò il regno allo sbando. Essa ebbe inizio nel 1343, alla morte di re Roberto d'Angiò, sovrano di grande prestigio, e sembrò concludersi dopo un decennio circa. Ma terminata la prima crisi, se ne aprì immediatamente un'altra quando, in occasione del Grande scisma (1378-1418; 👁 7.8), Giovanna I d'Angiò (1343-48), alla guida del regno, si schierò incautamente dalla parte del papa di Avignone, e fu subito scomunicata da papa romano Urbano VI, che offrì la Corona di Napoli a **Carlo III di Durazzo**, erede al trono ungherese. Il Regno di Napoli, infatti, era giuridicamente vassallo del papato e quindi il pontefice era legittimato nella sua azione. Entrato a Napoli nel 1381, Carlo III catturò Giovanna e la fece uccidere.

Alla morte di Carlo III, il trono napoletano passò al figlio **Ladislao** (1386-1414), che mise in atto una politica espansionistica di successo estendendo il proprio dominio a Roma, in Toscana, nelle Marche e in Romagna.

Salita al trono sua sorella Giovanna II (1414-35), tuttavia, il regno cadde nel caos e l'irrequietezza dei baroni raggiunse l'apice. Giovanna non aveva eredi legittimi e la successione fu pertanto oggetto di una nuova contesa tra il **re d'Aragona e di Sicilia** Alfonso V e **Renato d'Angiò-Valois**. Firenze, Venezia, Milano e Genova parteggiavano apertamente per quest'ultimo temendo che il successo del re di Aragona creasse nella penisola una compagine troppo forte e pericolosa.

La contesa si chiuse però con un autentico colpo di scena di cui fu artefice il duca di Milano, Filippo Maria Visconti. Questi voleva evitare un eccessivo rafforzamento degli angioini, ma soprattutto della loro strettissima alleata, la monarchia francese, che accampava diritti su Milano. Perciò liberò Alfonso d'Aragona, che era stato catturato da Genova nel 1435 e tradotto a Ponza, permettendogli di insediarsi, nel 1442, sul trono di Napoli.

La Sicilia da regno a viceregno della Corona d'Aragona

Nonostante la pace di Caltabellotta del 1302 avesse stabilito che alla morte di Federico III d'Aragona la Sicilia dovesse tornare in mano angioina [👁 5.10], le cose andarono diversamente e la Sicilia rimase al ramo **cadetto** della dinastia aragonese. Per buona parte del XIV secolo, la Corona siciliana versò in una condizione di forte debolezza a causa dello strapotere dei baroni, per giunta in continua combutta fra loro per il controllo dei maggiori uffici dello Stato.

Cadetto
Figlio maschio non primogenito di una famiglia aristocratica, il quale, secondo il diritto di primogenitura, non eredita il patrimonio familiare. Il ramo cadetto di una famiglia aristocratica è quello che discende appunto da un figlio cadetto.

L'ascesa al trono di **Martino I il Giovane** d'Aragona pose fine a questo stato di cose. Questi infatti, procedette alla riorganizzazione del Regno che fu dotato anche di un **Parlamento** modellato sulle *Cortes* iberiche [👁 6.5]. Si trattava di un'assemblea rappresentativa della nobiltà feudale, del clero e delle città, che aveva il compito di coadiuvare il re nella funzione legislativa. La prematura scomparsa di Martino I, nel 1409, determinò il passaggio del Regno di Sicilia nelle mani di suo padre, **Martino il Vecchio**, nel frattempo asceso anche al trono d'Aragona. Questo evento segnò la **fine dell'indipendenza della Sicilia** che, in qualità di viceregno, divenne parte integrante della Corona d'Aragona.

La breve unione dei Regni di Napoli e di Sicilia

Nel 1416 salì al trono di Sicilia **Alfonso V**, detto **il Magnanimo**, che vi rimase fino al 1458 e, come abbiamo visto, nel 1442 assunse anche la Corona di Napoli. Re Alfonso fissò la propria residenza a Napoli, facendone il centro di un sistema politico – la Corona d'Aragona – che era anche un impero commerciale [👁

Francesco Laurana
Arco Trionfale di Alfonso di Aragona, part. del *Trionfo di Alfonso*
1458-66
[Castel Nuovo, Napoli]

Ripreso il trono di Napoli, Alfonso d'Aragona elesse la città partenopea a residenza ufficiale. Il nuovo re riunì i migliori ingegni di cui disponeva il suo regno nell'Accademia Pontaniana e chiamò a Napoli diversi artisti fra cui lo scultore e architetto dalmata Francesco Laurana, per rinnovare l'aspetto del cosiddetto «Maschio Angioino», Castel Nuovo, che divenne la sede della corte. All'ingresso del castello fu realizzato un imponente Arco Trionfale in marmo bianco che si richiama alle architetture trionfali romane. I rilievi ricordano l'entrata di Alfonso nella città nel febbraio del 1443 insieme a un fastoso corteo.

11.1]. Si impose, inoltre, come uno dei protagonisti della scena politica italiana di quegli anni, facendo della sua **corte napoletana uno dei principali centri del Rinascimento**. Egli rinnovò profondamente le strutture politiche e amministrative del regno, mediante un'ampia circolazione di personale politico iberico, e si impegnò anche in una dispendiosa politica estera che però non portò a risultati concreti.

L'unione dei Regni di Napoli e di Sicilia ebbe vita breve: Alfonso, infatti, al momento dell'insediamento sul trono napoletano, aveva stabilito che alla sua morte il Regno di Napoli fosse separato dagli altri domìni aragonesi e destinato al figlio naturale Ferdinando, detto Ferrante. Durante il suo lungo governo, re Ferrante (1458-94) proseguì l'opera di **ammodernamento dello Stato** intrapresa da suo padre e inaugurò una politica economica volta a favorire lo sviluppo dell'industria e del commercio [👁 9.1].

GUIDA ALLO STUDIO

❶ Che rapporti esistevano tra re, borghesia e baroni nel Regno di Napoli? ❷ Quali dinastie si scontrarono per la corona del regno tra XIV e XV secolo? ❸ Perché la Sicilia divenne un viceregno d'Aragona? ❹ Quale fu la politica interna di Alfonso V, il Magnanimo?

4 Lo Stato della Chiesa

Roma allo sbando

In conseguenza del trasferimento della corte papale ad Avignone [👁 4.7], Roma decadde al rango di un modesto centro urbano. La partenza dei papi ebbe, infatti, conseguenze gravissime sulla città, perché fece scomparire da un giorno all'altro tutta l'economia gravitante intorno alla Curia, al seguito del pontefice, ai visitatori della sede pontificia. Sottratti al controllo papale, i nobili si combattevano con ogni mezzo facendo della città un'arena in cui lottare per la supremazia.

La Repubblica romana

In questa Roma immiserita e priva di un governo stabile il popolo trovò la forza per ribellarsi. L'esponente di primo piano della sommossa fu **Cola di Rienzo**, che il 20 maggio 1347 s'impadronì del governo della città con il titolo di «tribuno della libertà, della pace e della giustizia, liberatore della Sacra repubblica romana». In pochi mesi Cola ristabilì la situazione: ripristinò l'ordine pubblico, calmierò i prezzi, alleggerì le imposte, rese più equa la giustizia [👁 8.4 PERSONAGGI].

Cola era un personaggio di umili origini, che era tuttavia riuscito a migliorare la propria condizione lavorando da apprendista presso uno studio notarile. Intelligente e amante della cultura coltivò il grandioso sogno di riportare Roma alla guida dell'Italia e raccogliere intorno a sé tutti gli italiani che aspiravano alla libertà.

L'idea di una **libera Repubblica romana** estesa a tutta la penisola allarmò il pontefice. Intanto Cola cominciava a evidenziare sempre più apertamente un carattere eccentrico e violento: si circondò di un lusso sfrenato, organizzò cerimonie fastose in proprio onore, si rivelò crudele e dispotico. Abbandonato dai suoi stessi seguaci, fu costretto a fuggire dalla città. Ne restò lontano due anni. Quando riuscì a riprendere il potere, il suo prestigio non era più quello di una volta. L'ostilità dei nobili, che non perdevano occasione per screditarlo presso la cittadinanza, e alcuni errori politici – il più grave fu l'imposizione di una tassa sul sale che colpiva duramente il popolo – ne determinarono la definitiva rovina ed egli fu massacrato nel corso di una sommossa popolare l'8 ottobre 1354.

Le Costituzioni egidiane

Il compito di ristabilire la normalità e di ricondurre la città sotto il controllo del papato avignonese fu affidato al più abile dei suoi cardinali, lo spagnolo **Egidio di Albornoz** (1310-67). Nella sua qualità di legato papale, l'Albornoz riuscì a ridimensionare il potere dei signori locali, riordinò gli uffici ecclesiastici, ricostituì il potere papale nei territori circostanti. Cosa ancor più importante, egli emanò nel 1357 le cosiddette "Costituzioni egidiane", con le quali venivano formulati alcuni **princìpi fondamentali del governo papale e del suo rapporto con i poteri locali** (signori, comuni, ecc.); esse prevedevano anche norme sulla convocazione di **parlamenti**, composti da rappresentanti locali, con potere consultivo in campo fiscale o militare. In queste Costituzioni e nell'ordinamento dato dal cardinale Albornoz alla Chiesa romana si riconosce un ulteriore importante contributo alla formazione dello **Stato della Chiesa**.

30
J.-C. Maire Vigueur
Cola di Rienzo: il tribuno di Roma

La costruzione di uno Stato regionale

Il ritorno dei papi a Roma e il superamento del Grande scisma (nel 1417; 👁 7.8) consentirono al papato di riprendere il controllo sulle terre del proprio dominio e di dare piena attuazione alle Costituzioni di Albornoz. Abbandonate le velleità di supremazia universalistica, i pontefici si dedicarono alla costruzione di un solido Stato regionale nel Centro Italia. Al pari dei coevi Stati italiani ed europei, anche quello pontificio investì molte delle sue risorse nella creazione di un **apparato burocratico-amministrativo efficiente**. Per prima cosa, fu creato un nuovo sistema di prelievo fiscale che consentì di incrementare le entrate dello Stato, mentre riprendeva vigore l'antica consuetudine della vendita dei benefìci ecclesiastici e la riscossione delle decime nei paesi in cui ciò era ancora possibile. La disponibilità di ingenti risorse finanziarie consentì ai pontefici sia di assoldare truppe mercenarie, indispensabili per i loro progetti di politica di potenza, sia di intraprendere una grandiosa opera di rinnovamento edilizio e urbanistico di Roma, che si abbellì di magnifici edifici e di splendide opere d'arte che ancora oggi ci è dato di ammirare.

Il nepotismo

Parallelamente prendeva piede il fenomeno del nepotismo, ovvero la prassi, da parte dei singoli pontefici, di **affidare ai membri della propria famiglia le signorie locali e le più alte cariche ecclesiastiche**, come, per esempio, l'ingresso nel collegio cardinalizio. I papi, infatti, provenendo dalle più eminenti famiglie dell'aristocrazia italiana e romana cercavano in tutti i modi di rendere stabile nel tempo il potere della propria casata, comportandosi al pari dei

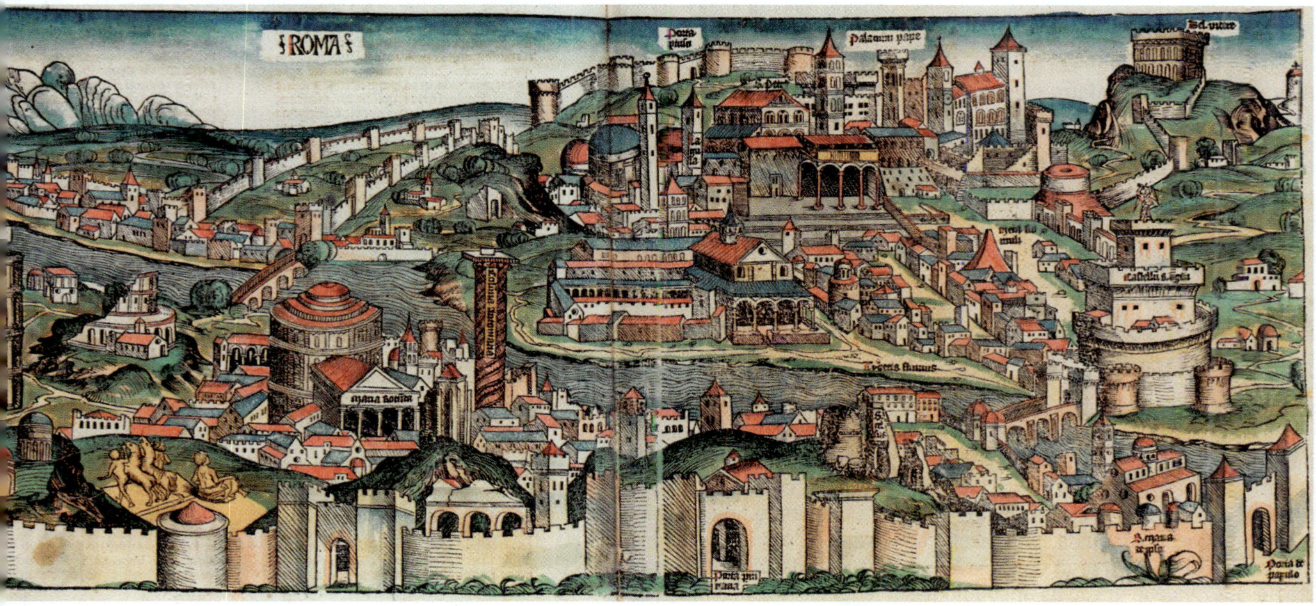

Roma
1493
[dalle *Cronache di Norimberga* di Hartmann Schedel]
Sono ben visibili a sinistra il Colosseo, in mezzo il fiume Tevere e a destra Castel Sant'Angelo.

principi territoriali italiani. Tra i casi più celebri di nepotismo ricordiamo quello di papa **Sisto IV Della Rovere** (1471-84), il quale per soddisfare le ambizioni dei suoi nipoti mise a repentaglio la pace in Italia appoggiando la congiura dei Pazzi [👁 9.1].

PERSONAGGI

Cola di Rienzo

Spesso capita che la fama di alcune personalità divenga leggenda. Quella di Cola di Rienzo (1313-1354) ci è giunta nel racconto di un **cronista anonimo** suo contemporaneo e forse suo sostenitore. Nulla resta delle sue poesie, dei discorsi pronunciati in tante cerimonie pubbliche, dei dipinti voluti per accattivarsi il consenso del popolo. Tuttavia, la lotta contro la feudalità romana e il suo sogno neoimperiale contribuirono nel tempo ad alimentarne il mito. La sua figura sarebbe stata esaltata dagli artisti romantici – tra i quali Byron e Wagner – che nell'800 avrebbero visto nel tribuno del popolo romano un eroe della libertà.

Cola era di umili origini, come scrive l'Anonimo romano, ma per il suo amico Francesco Petrarca era uno «spirto gentil», «signor valoroso, accorto et saggio» (*Canzoniere*, LIII), conoscitore e interprete sottile dei **grandi classici dell'Antichità**. Le letture avevano contribuito alla sua formazione, rendendo quasi leggendaria la sua **capacità oratoria** ammirata anche da papa Clemente VI, che lo ebbe caro. Studiò da notaio e nei due anni nei quali visse ad Avignone entrò in contatto con i raffinati ambienti del papato francese e con alcuni degli intellettuali del tempo. Conobbe **Petrarca** con il quale condivise la nostalgia per l'età repubblicana e imperiale romana e la sollecitudine verso i più deboli, i marginali, i poveri, tipica dell'umanesimo nascente.

Si può dire che il mito di Cola di Rienzo, però, inizi quando fu mandato a Roma dal papa come **notaio della Camera apostolica**, nel 1344. Audace, seppe sfruttare la visibilità e il peso del suo ruolo per alimentare la lotta di notai, giudici, artigiani, commercianti, membri delle famiglie popolari, contro i baroni capitolini che nel '300 dominavano la città di Roma. Anzi, divenne un vero capopopolo, guida indiscussa del movimento che, nel giorno della Pentecoste del 1347, anche grazie all'appoggio del papa, prese il Campidoglio. Cola aveva trascorso la notte di vigilia della Pentecoste partecipando a 13 messe consecutive dette "dello Spirito Santo" per il loro carattere di funzioni prepentecostali. La dimensione spirituale di Cola di Rienzo inizia da questo momento a divenire preponderante. Il tribuno non la nascose, anzi, seppe brandirla come una spada per perseguire i suoi intenti riformatori. Cola era un uomo astuto ma al contempo realmente animato da buoni propositi. Iniziò quindi a riformare gli statuti comunali: impedì che si potesse girare armati, provò a ridistribuire le ricchezze attraverso la costruzione di **granai pubblici**, semplificò le procedure giudiziarie fino a creare una **"casa della pace e della giustizia"** dove i romani potessero regolare pacificamente le proprie inimicizie. L'intento principale di Cola era quello di indebolire il potere feudale dei baroni, soprattutto nel contado. Iniziò la sua **personale guerra ai nobili** facendo condannare a morte quanti si erano macchiati di omicidio. Scrive ancora l'Anonimo: «In questo tiempo orribile paura entrao l'animi delli latroni». Cola ebbe un'intelligenza visionaria, da molti scambiata per follia, tanto che **i romani iniziarono a chiamarlo «fantastico pazzo»**. Per rafforzare il consenso popolare organizzò imponenti cerimonie pubbliche e processioni solenni. Fece collocare dipinti allegorici su alcuni palazzi del potere in modo da mostrare in ogni momento al popolo le eventuali conseguenze che avrebbe avuto sulle loro vite una egemonia dei baroni. Cola voleva parlare alla gente umile, agli analfabeti, convincere i suoi concittadini sia con la parola sia con il potente fascino delle immagini. Aveva compreso che i simboli del passato potevano contribuire a **costruire o rafforzare l'identità di un popolo**. Per questo ne fece ampio uso. Recuperò, per esempio, la tavola della *Lex de imperio Vespasiani* con la quale nel 69 d.C. il senato romano aveva definito le prerogative degli imperatori. L'amore per la storia antica fece di Cola un grande interprete letterario, capace di leggere criticamente i classici di Seneca, Cicerone, Sallustio, interpretandoli e attualizzandoli con l'intento di ravvivare la coscienza politica dei romani del suo tempo e volgerla a proprio vantaggio.

Oratore affascinante e comunicatore sottile, Cola era però lunatico, apatico e alcuni lati torbidi del suo carattere divennero presto preponderanti. Si abbandonò al lusso e a comportamenti degni di un tiranno. Affermava di essere il **tramite divino tra il potere spirituale e quello temporale**, tra il papa e l'imperatore, vagheggiando l'arrivo dell'età dello Spirito Santo profetizzata nelle visioni millenariste del tempo. Il 31 luglio 1347 compì un gesto sacrilego: profanò la vasca nella quale si raccontava che l'imperatore Costantino fosse stato purificato dalla lebbra, compiendo egli stesso un bagno prima di essere addobbato cavaliere. Fu forse proprio in quei giorni che **Cola perse il sostegno del papa**.

Clemente VI aveva iniziato a temere il potere crescente del tribuno, inizialmente sottovalutato, e decise di sostenere i baroni nella lotta al regime popolare. Il mutato atteggiamento del pontefice costrinse il tribuno a lasciare Roma. Si rifugiò a Napoli e poi tra i fraticelli spirituali della Maiella abruzzese, nelle montagne dove gruppi di eremiti francescani vivevano in povertà assoluta. La sua spiritualità si radicalizzò quando divenne seguace delle teorie di un frate eretico, Angelo di Monte Vulcano, il quale vedeva nell'imperatore Carlo IV [👁 4.4] lo strumento attraverso il quale sarebbe giunta la restaurazione del regno di Dio sulla Terra. Con questa convinzione Cola si recò alla sua corte, a Praga, per convincerlo a scendere in Italia e attuare la profezia millenaristica, dando inizio alla terza età del mondo, quella dello Spirito Santo.

Cola, probabilmente convinto di quanto affermava, non aveva mai smesso di preparare il suo ritorno a Roma dove ancora esistevano sacche di resistenza pronte a sostenerlo. L'imperatore lo sapeva bene e, pur trattandolo con rispetto, lo fece arrestare. Clemente VI lo scomunicò e lo condannò al rogo come eretico e chiese a Carlo IV di far trasferire Cola ad Avignone.

o, ancor più eclatante, quello di **Alessandro VI Borgia** (1492-1503), il quale fece addirittura cardinale suo figlio Cesare, detto il Valentino [👁 18.2].

GUIDA ALLO STUDIO

❶ Quali conseguenze ebbe su Roma il trasferimento della sede papale? ❷ Perché la Repubblica romana durò solo pochi anni? ❸ Che cosa sono le Costituzioni egidiane? ❹ Descrivi il fenomeno del nepotismo.

Il tribuno vi arrivò nel 1352 ma nel frattempo, la sua situazione si era fatta meno rischiosa. Cola aveva fama di letterato. Furono proprio alcuni importanti uomini della cultura umanista, e tra essi Petrarca, a convincere il papa che Cola era cambiato. L'abiura delle teorie eretiche lo riabilitò agli occhi del nuovo pontefice, **Innocenzo VI**, il quale vide in lui il possibile artefice della riaffermazione dell'autorità papale su Roma e sullo Stato pontificio e del ritorno dei papi in Laterano. Per questo fu **rimandato a Roma nel 1354, come senatore** e collaboratore del Legato pontificio.
I partigiani che lo attendevano da quando era stato esiliato si resero presto conto che Cola era cambiato davvero. Il condottiero letterato che avevano conosciuto era scomparso. Di fronte a loro c'era un uomo ingrassato, rammollito, amante del lusso e del vino, diffidente, dispotico e, ormai, servo devoto del papa. A Roma Cola non ebbe la forza necessaria per combattere la fazione dei baroni che, durante la sua assenza, si era rafforzata. Bastò un tumulto, a soli tre mesi dal suo arrivo, per spaventarlo e convincerlo alla fuga vestito da contadino. Riconosciuto, fu lapidato e mutilato; il suo cadavere, esposto per due giorni davanti alla chiesa di S. Marcello, fu **bruciato sulla piazza del mausoleo di Augusto** dove «per la moita grassezza da sé ardeva volentieri» (*Cronica*).

La statua di Cola di Rienzo a Roma
1887
Durante l'800 Cola di Rienzo fu considerato un eroe della libertà e come tale fu raffigurato in questa statua, mentre arringa il popolo dall'alto di un basamento realizzato con elementi architettonici di età romana.

PERSONAGGI

L'Italia delle Regioni

Ciò che siamo abituati a chiamare "regione" appare di per sé un oggetto sfuggente, esito dell'intreccio e della sovrapposizione di una **molteplicità di variabili**, dovute sia alla natura sia all'azione dell'uomo, che nel tempo hanno dato vita alla formazione di una **coscienza storica e territoriale** in cui confluiscono caratteristiche ambientali, vicende storiche, tradizioni e dialetti, attività economiche.

Sotto Augusto, nel I secolo d.C., l'Italia fu suddivisa in **undici regioni** per agevolare censimenti e altre rilevazioni di carattere quantitativo. Queste ripartizioni territoriali presentavano già una fisionomia abbastanza precisa e consentono di tracciare un quadro di fondo che resterà

ATLANTE 49_L'ITALIA E LE SUE REGIONI

Delle venti regioni italiane cinque sono a statuto speciale, approvato dal Parlamento nazionale con legge costituzionale. Tali regioni dispongono di notevoli poteri legislativi e amministrativi, in settori quali scuola, sanità, infrastrutture, e di conseguenza debbono provvedere al relativo finanziamento principalmente con le proprie risorse, mentre nelle regioni a statuto ordinario le spese sono principalmente a carico dello Stato.

grosso modo quello di riferimento per le epoche successive.
Dopo la dissoluzione dell'unità romana e, in particolare, tra il **VII** e l'**VIII secolo**, si affermò nella penisola una **tripartizione** formata dal regno longobardo (corrispondente all'Italia centro-settentrionale), dai possedimenti bizantini a sud e infine dal Patrimonio di San Pietro nelle regioni centrali (che si assesterà come Stato della Chiesa nei territori corrispondenti a Lazio, Marche, Umbria e Romagna), dando vita a un ordinamento territoriale che sarebbe rimasto quasi immutato anche sotto i Franchi.
A partire dall'**XI secolo** la fioritura dei **comuni** segnò lo sviluppo delle regioni centro-settentrionali, che avrebbero così assunto caratteristiche destinate a protrarsi nel tempo al di là delle differenti articolazioni locali. Nel Meridione, invece, il rafforzamento del regime feudale dopo l'unificazione dei territori sotto i normanni avrebbe portato a un'evoluzione completamente diversa segnando in negativo lo sviluppo economico di quelle regioni, che non videro la nascita di un analogo fenomeno urbano. Al conseguente divario tra il Nord e il Sud certamente contribuì anche la configurazione territoriale della penisola: infatti, «la vasta pianura padana [...] era assai più propizia e ricca delle aspre dorsali dell'Appennino meridionale, dove le risorse sono scarse e la sopravvivenza difficile» (C. De Seta, voce «Regione», in *Enciclopedia*, Einaudi, Torino 1982, vol. XV "Sistematica", p. 524).
Nel Medioevo si persero in parte le denominazioni classiche delle regioni, che vennero sostituite da altre, variabili, a cui corrispondevano limiti territoriali altrettanto incerti. I nomi classici (Umbria, Liguria, Emilia, Puglia) finirono comunque per coesistere nell'uso comune con quelli di origine medievale (Piemonte, Lombardia, Toscana, Marche, Abruzzo, Basilicata).
Con il superamento delle istituzioni comunali e l'affermazione delle signorie a partire dal **XIII secolo**, vennero a crearsi nell'Italia centro-settentrionale le condizioni per la formazione degli **Stati regionali**.
Nell'età moderna la geografia politica dell'Italia appariva ormai caratterizzata da una pluralità di organismi, privi di un punto di riferimento unitario: prevalse così la dimensione cittadina e regionale. Di tale **localismo** erano specchio la mancanza di una vera e propria unità linguistica e il **proliferare dei dialetti**, che a loro volta contribuivano alla individuazione delle aree regionali e al radicamento delle identità locali.
Nel Meridione i poteri feudali continuarono a esercitare il proprio dominio in ambito locale a scapito del potere centrale. Le aree del Mezzogiorno saranno dominate dal **latifondo** fino alla metà del XX secolo, mentre le regioni settentrionali e centrali continueranno a beneficiare della centralità della Pianura padana, caratterizzata da un maggior dinamismo sociale, economico e politico. In questo caso la convergenza tra caratteristiche ambientali e modalità dell'insediamento umano permise la concentrazione di attività manifatturiere, vie di comunicazione, nuclei urbani, che trasformarono l'**area padana** in **territorio di collegamento** non solo fra le grandi città settentrionali (Milano, Venezia, Genova), ma anche fra queste e le grandi capitali europee. Le regioni meridionali rimasero invece in una condizione di marginalità, favorita anche dalla natura impervia e poco favorevole dell'ambiente naturale, dalla scarsità delle strade e dalla conseguente difficoltà delle comunicazioni.
Le disparità tra le regioni d'Italia si andranno ampliando progressivamente, per emergere in forma drammatica in occasione del processo di unificazione nazionale, ormai in pieno '800.
Di fronte al problema dell'assetto del nuovo **Regno d'Italia**, le regioni rappresentavano un nodo cruciale, perché fino ad allora erano state, insieme con le città, il principale punto di riferimento per la definizione di identità e appartenenze: accettarne la centralità nella storia d'Italia e valorizzarne il ruolo avrebbe forse consentito un trapasso meno traumatico allo Stato unitario, ma di fronte alle diversità e ai forti squilibri, in virtù dei quali l'Italia appariva unita soltanto sulla carta, si preferì procedere con un deciso **accentramento**, considerato più funzionale al processo di unificazione.
Ipotesi federaliste, che implicavano un ruolo diverso e più importante delle regioni, si erano comunque affacciate a più riprese all'interno del dibattito risorgimentale sulla forma dello Stato, che vide un ampio ventaglio di posizioni (espresse, tra gli altri, da Carlo Cattaneo, Vincenzo Gioberti, e anche da Giuseppe Mazzini). Lo stesso Cavour (1810-1861) propendeva per un moderato decentramento e la sua posizione, condivisa da altri liberali, trovò espressione nel progetto di legge regionale presentato dal ministro Minghetti nel 1863: in Parlamento prevalse però un modello fortemente centralizzato.
Le **ipotesi regionaliste** si riaffacciarono dopo la prima guerra mondiale, nell'ambito di un più ampio dibattito sulla riforma della struttura statale, e in particolare nelle posizioni del Partito popolare e del suo fondatore **Luigi Sturzo** (1871-1959), ma l'avvento del fascismo e della sua politica di rigido centralismo chiuderanno ogni sviluppo in tal senso. Una nuova considerazione della natura e del ruolo delle regioni nell'ambito della compagine statale si riproporrà veramente soltanto nel **1946**, quando l'**Assemblea Costituente** riconoscerà le Regioni come organi costitutivi dello Stato, con propri statuti e poteri amministrativi stabiliti dalla stessa Costituzione. All'interno della Costituente, durante il dibattito, il numero delle regioni fu fissato a venti, di cui cinque a statuto speciale (Sicilia, Sardegna, Valle d'Aosta, Trentino-Alto Adige e Friuli-Venezia Giulia, dove erano già presenti precedenti forme di autonomia: ATLANTE_49). Da allora gli squilibri tra le regioni per molti aspetti si sono ulteriormente accentuati e al termine degli **anni '80** il dibattito sull'introduzione del **federalismo** e sul ruolo degli organismi regionali all'interno dello Stato è ripreso con forza, sotto la spinta di pressioni economiche e sociali di cui si sono fatte interpreti, soprattutto al Nord, forze politiche di stampo regionale che manifestano apertamente la propria insofferenza verso il centralismo dello Stato e la sua fiscalità.
Affrontato dalle forze politiche con una gamma di posizioni molto diverse, il dibattito parlamentare sul federalismo ha portato nel **2001** al varo di una legge, precedentemente sottoposta a referendum, che stabilisce una **redistribuzione dei poteri tra Stato e Regioni** (il ricorso al referendum si rende necessario quando le modifiche costituzionali non sono supportate da una maggioranza parlamentare adeguata). Questa legge è stata tuttavia ritenuta insufficiente da quanti propendono per l'attuazione di un pieno federalismo, ed è stata seguita da una successiva proposta di revisione costituzionale per un assetto federalista (2005) che però non è stata confermata in sede referendaria. Il dibattito sulle forme e sull'attuazione di una maggiore autonomia regionale resta pertanto ancora aperto.

SINTESI

1 Dal comune alla signoria

La debolezza del comune italiano risiedeva nella sua incapacità di ampliare la partecipazione del popolo: non solo la vita politica era controllata da un numero ristretto di persone, ma esistevano anche gruppi di potere (famiglie, corporazioni) in cui i vincoli interni erano prevalenti sull'appartenenza al comune, così che la lotta tra fazioni caratterizzava stabilmente la vita comunale. L'introduzione nei governi comunali della figura del podestà non eliminò la conflittualità permanente nei comuni. Si giunse presto, perciò, all'insediamento di signorie, che trassero origine dalle circostanze più varie ma ottennero sempre una delega dagli organismi del comune. Ciò comportava, di fatto, una distruzione delle libertà comunali, ma questo era un prezzo che i cittadini pagavano volentieri in cambio della pace interna. Di solito le signorie ottenevano anche un riconoscimento da parte dell'imperatore o del papa, trasformandosi così in principati. Comunque il potere signorile era nella sostanza autonomo e quasi assoluto. A partire dal XIII secolo le signorie si diffusero in tutta l'Italia centro-settentrionale: se si esclude il caso di Milano, nessuna riuscì però a creare entità territoriali stabili e di grandi dimensioni.

2 Il Ducato di Milano e le repubbliche di Firenze e Venezia

Nel XIII secolo Milano aveva raggiunto una posizione di predominio economico e militare. Con Matteo Visconti, che divenne signore della città, iniziò al principio del '300 un'espansione che, proseguita dai suoi successori, portò alla creazione di un vasto dominio nell'Italia centro-settentrionale. Alla fine del secolo, con Gian Galeazzo (che ebbe il titolo di duca di Milano), la potenza viscontea raggiunse il culmine, controllando importanti città del Veneto, della Toscana e dell'Umbria. Sotto il successore di Gian Galeazzo il potere dei Visconti si ridusse a Milano e alla Lombardia. Questo rapido crollo esprimeva l'intrinseca debolezza delle signorie, incapaci di trasformare i propri domìni in un'organica struttura statale. A partire dalla seconda metà del '300 la Repubblica di Firenze conquistò varie città toscane – ma anche questa espansione non si concretizzò in un assetto stabile e in una struttura centralizzata. Nel 1434 Cosimo dei Medici si impadronì del potere, grazie alla sua immensa ricchezza e all'appoggio del popolo e di alcune potenti famiglie. Non vi furono modifiche istituzionali, nonostante il suo potere fosse assai simile a una signoria. Infine, nel corso del '300 Venezia proseguì l'espansione marittima verso oriente in cui era impegnata da secoli. Dopo una battuta di arresto, dovuta a due guerre contro i genovesi, l'espansione riprese nel 400, ma ora verso la terraferma, a causa della nascita dell'Impero ottomano che chiudeva le vie dell'Oriente.

3 I Regni di Napoli e di Sicilia

Il Regno di Napoli era lo Stato più vasto della penisola, ma vi restavano saldamente radicate le strutture feudali. Il potere della Corona era fortemente indebolito da quello dei baroni, e questa situazione si accentuò con la lunga crisi dinastica che ebbe inizio alla morte di Roberto d'Angiò (1343) e che terminò un secolo dopo con l'insediamento di Alfonso V di Aragona, il quale pose fine temporaneamente alla frattura tra Regno di Napoli e di Sicilia. Alfonso V avviò un'opera di ammodernamento dello Stato e si impose come uno dei protagonisti della scena politica italiana di quegli anni, facendo della sua corte napoletana uno dei principali centri del Rinascimento. Alla sua morte il Regno di Napoli tornò a separarsi da quello di Sicilia passando nelle mani del figlio naturale Ferrante che proseguì l'opera riformatrice del padre.

4 Lo Stato della Chiesa

Trasferita ad Avignone la sede papale, Roma si impoverì e divenne arena delle lotte tra i nobili. Capeggiando una rivolta popolare, Cola di Rienzo si impadronì del governo della città. Personaggio di umili origini, egli sviluppò un utopistico progetto secondo il quale Roma avrebbe dovuto guidare la lotta di tutti gli italiani per la libertà. Le preoccupazioni papali di fronte a tale progetto, unite agli aspetti eccentrici e dispotici del nuovo governo repubblicano, provocarono la fine di Cola, massacrato nel corso di una sommossa popolare. Il compito di ristabilire l'autorità papale fu affidato a Egidio di Albornoz: alla sua opera e alle Costituzioni da lui emanate si fa risalire il fondamento dello Stato della Chiesa. Tornati a Roma, dopo la cattività avignonese, i pontefici avviarono un'opera di consolidamento del loro Stato.

SVILUPPARE LE COMPETENZE

❶ Ordina gli argomenti elencati di seguito disponendoli in una sequenza di cause ed effetti. Usa dunque la sequenza come scaletta per scrivere un testo di 10 righe e stabilisci un titolo adatto all'esposizione:

a. Affermazione della figura del signore
b. Introduzione della figura del Podestà
c. Legittimazione imperiale o papale del potere del signore: i principati
d. Conflitti tra gruppi di potere nei comuni
e. Ingovernabilità dei comuni

❷ Ordina gli argomenti elencati di seguito dividendoli in tre gruppi: ognuno è riferito a una città, quale? Scrivi, quindi, tre testi di 6 righe, uno per ciascuna città, rielaborando gli argomenti ordinati in precedenza:

a. Guerra di Chioggia
b. Visconti
c. Pace di Torino
d. Famiglia ghibellina
e. Vicario dell'imperatore
f. Cosimo dei Medici
g. Gian Galeazzo
h. Albizzi
i. Giovanni Maria
j. Lega antiveneta
k. Dominio di una oligarchia ristretta

❸ Rispondi ai quesiti impiegando il numero di righe indicato tra parentesi:

1. Perché il Regno di Napoli, tra '300 e '400, si trovava in una grave situazione politica e sociale? (5 righe)
2. Come cambiarono le sorti del Regno di Sicilia con l'ascesa al trono di Martino I d'Aragona? (3 righe)
3. Cosa successe a Roma nel periodo in cui la sede papale fu stabilita ad Avignone? (8 righe)

9 L'ITALIA NEL '400. DIVISA E MINACCIATA DALLE GRANDI POTENZE

CAPITOLO

1 Gli Stati italiani e la politica dell'equilibrio

Nel '400 l'Italia restava divisa tra **cinque potenze principali**: Milano, Firenze, Venezia, lo Stato della Chiesa e il Regno di Napoli. Nessuna di esse riuscì a prevalere sulle altre e, quando una di esse assumeva una posizione più forte, le altre si accordavano per contrastarla.

Le vicende del Ducato di Milano

Alla morte di Filippo Maria Visconti [👁 8.3], alcune famiglie aristocratiche milanesi tentarono di abbattere il regime signorile e il predominio visconteo: fu così proclamata la **Repubblica ambrosiana**. Ma si trattò di un progetto utopistico, che non teneva conto della irreversibile crisi del sistema comunale, né della difficile situazione esterna. Di fronte alla minaccia degli eserciti veneziani, sempre più aggressivi e insidiosi, i milanesi furono infatti costretti a chiedere l'aiuto e l'intervento del condottiero **Francesco Sforza**, che aveva sposato una figlia di Filippo Maria. Francesco colse al volo l'occasione e nel **1450** si proclamò **signore della Lombardia**.

La pace di Lodi e la politica dell'equilibrio

I successi militari di Venezia avevano intanto allarmato la sua vecchia alleata Firenze, che passò dalla parte di Milano. La guerra riprese con un susseguirsi di battaglie mai decisive, di scontri senza vincitori né vinti e finì stancamente per reciproco logoramento. Si arrivò così alla **pace di Lodi del 1454**, cui fece seguito, un anno dopo, la costituzione della **Lega italica**, sottoscritta da Venezia, Firenze, Roma, Napoli e da tutti i numerosi staterelli gravitanti intorno alle principali potenze. Gli aderenti s'impegnarono a mantenere l'equilibrio esistente e a combattere qualsiasi tentativo di alterarlo. Parallelamente si andarono rafforzando quelle esperienze di politica estera che avrebbero portato alla nascita della **diplomazia** moderna. La politica dell'equilibrio, che derivò dalla costituzione della Lega italica, rappresentò il tentativo di **conservare il quadro politico italiano** sia sul fronte esterno – in previsione della minaccia d'interventi stranieri nella penisola –, sia sul fronte interno – in risposta alla frammentazione dei centri di potere italiani e alle continue lotte intestine negli Stati, che parevano altrimenti drammaticamente senza rimedio [👁 ATLANTE_50]. Esaminiamo più nel dettaglio la questione.

■ **La minaccia esterna** L'accordo tra gli Stati italiani doveva servire a evitare che lo straniero trovasse pretesti per intervenire. Infatti, esso nacque anche da una preoccupazione: nel 1453 era terminata la guerra dei Cent'anni e il grande potenziale bellico della **monarchia francese** era diventato una minaccia incombente sulla penisola [👁 7.1].

■ **La frammentazione politica interna** La politica dell'equilibrio fu però anche la conseguenza della **mancata costituzione di un'Italia unita**. Si era preso atto dell'in-

Diplomazia
Conduzione delle relazioni internazionali attraverso negoziati affidata ad ambasciatori e inviati. A favorire la nascita della diplomazia furono per un verso il declino dei grandi poteri medievali – Impero e papato –, per l'altro la politica dell'equilibrio che si affermò in Italia nel 1450 rendendo necessario un nuovo sistema di gestione delle relazioni tra i numerosi Stati della penisola, circa una ventina. Nel '500 la pratica delle ambascerie, nata in Italia, si diffuse nel resto d'Europa.

Parola chiave
Diplomazia

ONLINE

capacità degli Stati regionali di assurgere al ruolo di centri di unificazione a livello nazionale. Rapide espansioni e altrettanto rapidi crolli, guerre, trattative interminabili avevano rivelato, lungo una vicenda secolare, un inequivocabile dato di fatto: l'Italia era una realtà frammentata.

Le lotte intestine All'interno degli Stati la dialettica politica languiva, mentre il confronto delle posizioni e la **lotta per il potere** tendevano ad assumere fatalmente il carattere della congiura. Il primo articolo del trattato che sancì la Lega italica del 1455 prevedeva l'impegno dei contraenti anche nel caso che «dai loro sudditi venisse offesa». Emergeva chiaramente, in questa preoccupazione, un senso di radicata **debolezza e incertezza** che caratterizzava ormai la vita politica.

L'Italia nell'età delle congiure La politica dell'equilibrio non fu però risolutiva. Come vedremo, la Lega non funzionò a garanzia dei singoli governi al pote-

ATLANTE 50_IL QUADRO POLITICO ITALIANO INTORNO AL 1454

L'equilibrio tra le cinque potenze principali (Milano, Firenze, Venezia, Napoli, Stato della Chiesa) e l'esistenza di una moltitudine di poteri locali, signorili o cittadini, impediscono l'unificazione della penisola.

re, né si riuscì a evitare l'intervento francese. Gli **ultimi decenni del '400** furono, nella penisola, un'età di congiure.

La congiura dei Pazzi a Firenze A Firenze il malessere interno alla classe dirigente sfociò in un episodio drammatico. Signore della città era, dal 1469, **Lorenzo dei Medici**, detto **il Magnifico**, nipote di Cosimo e figura fra le più rappresentative del Rinascimento italiano, protettore delle arti e delle lettere e poeta egli stesso. Nel 1478 una congiura guidata dalla famiglia Pazzi, rivale dei Medici e appoggiata dal papa **Sisto IV** della Rovere (1471-84), che voleva estendere il suo potere sulla città, culminò in un attentato nella chiesa di S. Maria del Fiore: ne restò vittima **Giuliano dei Medici**, fratello di Lorenzo; quest'ultimo, invece, fu leggermente ferito. Alla base della congiura dei Pazzi stava il progetto di sobillare il popolo contro il "tiranno" che lo dominava. Fu subito evidente, tuttavia, che questo appello alla libertà era solo un pretesto per far prevalere **interessi di parte**. Il popolo preferì mantenersi fedele ai Medici e si scatenò contro i congiurati. Jacopo dei Pazzi fu linciato dalla folla, mentre suo fratello Francesco e il cardinale Salviati, l'arcivescovo di Pisa complice della congiura, furono impiccati a una finestra del Palazzo della Signoria.

Firenze contro lo Stato Pontificio Da questo drammatico episodio ebbe origine una guerra tra Firenze e le sue alleate Venezia e Milano da un lato, il pontefice, la Repubblica di Siena e il Regno di Napoli dall'altro. Durante il conflitto **Lorenzo** il Magnifico meravigliò i contemporanei con una mossa a sorpresa: si recò personalmente a Napoli e convinse il **re Ferrante** che l'eccessivo rafforzamento di un papa come **Sisto IV** – nepotista, ambizioso, assetato di potere – sarebbe stato fatale per tutti. Ferrante abbandonò il pontefice e si alleò con Firenze, obbligando Sisto IV a concludere la **pace**, che fu stipulata nel **1480**.

81 DOC
Coluccio Salutati
La libertà repubblicana

83 DOC
Francesco Guicciardini
La politica dell'equilibrio

Giorgio Vasari
Lorenzo il Magnifico incontra i suoi alleati nella Dieta di Cremona
1556-58
[Palazzo Vecchio, Firenze]

Durante la guerra tra Venezia e Ferrara, Lorenzo il Magnifico (seduto a destra) si schierò dalla parte di Ferrara e il 28 febbraio 1483 incontrò a Cremona gli alleati: il re di Napoli, il duca di Milano e quello di Urbino, il marchese di Mantova e i signori di Bologna

■ **La guerra di Ferrara** Fu una pace di breve durata. Causa scatenante del nuovo conflitto furono le ambizioni territoriali di Venezia, che mirava a impadronirsi del **Ducato di Ferrara**, feudo del papa. Sisto IV, che cercava un'occasione di rivincita procurandosi un potente alleato, accettò volentieri di cedere il Ducato alla Repubblica veneta. A questa manovra si oppose fermamente una **lega** composta da Firenze, Napoli, Milano, Bologna e Mantova. La guerra di Ferrara (1482-84) si concluse con la **pace di Bagnolo**, un compromesso in base al quale Ferrara restava indipendente ma cedeva a Venezia il Polesine.

■ **La congiura dei baroni a Napoli** Un'altra crisi interna, la cosiddetta "congiura dei baroni" del 1485, scosse questa volta il Regno di Napoli. Il re Ferrante [👁 8.3] sosteneva, in funzione antifeudale, lo sviluppo delle autonomie comunali determinando una dura reazione della **nobiltà feudale** che, nel 1485, si ribellò apertamente al sovrano. I ribelli potevano contare sull'appoggio del nuovo pontefice **Innocenzo VIII** (1484-92), che mandò un esercito in loro aiuto. L'intervento di **Lorenzo** il Magnifico provocò tuttavia il richiamo delle truppe pontificie e **Ferrante** fu quindi libero di impegnare tutte le sue forze contro i ribelli, che furono annientati.
Sul finire del secolo la situazione generale era ormai ampiamente deteriorata e l'intero quadro politico della penisola sull'orlo del collasso.

La morte di Lorenzo il Magnifico, "l'uomo dell'equilibrio"

A pochi anni dalla congiura dei baroni, nel 1492, moriva il signore di Firenze, il Magnifico, il **principale protagonista** della storia italiana della seconda metà del '400: Lorenzo aveva saputo interpretare la situazione politica italiana e si era mosso con estrema abilità nell'equilibrio della penisola per consolidare il ruolo di primo piano di Firenze e il proprio potere personale su di essa.

GUIDA ALLO STUDIO

❶ Illustra gli equilibri regionali in Italia settentrionale ai tempi di Francesco Sforza. ❷ Che cosa sancì la pace di Lodi del 1454? ❸ Quali preoccupazioni internazionali indussero i contendenti a sottoscrivere la pace? ❹ Quali limiti rivelò la politica dell'equilibrio? ❺ Quale ruolo politico svolse Lorenzo il Magnifico?

2 Le compagnie di ventura

In un periodo di continui contrasti politici e militari, un ruolo decisivo svolgevano le formazioni militari. Anche nella Penisola italiana esse avevano subito cambiamenti decisivi, ma, come vedremo, molto diversi da quelli che portarono, in Francia e Inghilterra, alla formazione di eserciti permanenti.

Perché nascono le compagnie di ventura?

Le formazioni militari tipiche del Medioevo erano state due: la cavalleria feudale, nella quale svolgevano un ruolo fondamentale i signori e il loro seguito, e l'esercito comunale, reclutato tra i cittadini e talvolta anche nel contado. Tutte e due queste formazioni presentavano gravi inconvenienti. Anzitutto esse non potevano garantire un **servizio prolungato nel tempo**: i signori feudali non potevano restare troppo a lungo lontani dalle loro terre, che dovevano essere governate e sorvegliate; le milizie comunali, dal canto loro, erano in massima parte reclutate tra i lavoratori, gli artigiani e i mercanti, che non potevano sospendere per mesi la loro attività. I continui progressi della guerra tardomedievale richiedevano inoltre **soldati altamente specializzati** e tenuti in **costante addestramento**, cosa che era impossibile sia nel caso delle milizie feudali sia in quello delle milizie cittadine. A questi inconvenienti se ne aggiungeva un altro, di natura politica: sia i principi sia le oligarchie che governavano i comuni non gradivano **affidare ai cittadini armi** che potevano essere utilizzate, eventualmente, per sovvertire l'ordine politico.

In risposta a questi problemi, mentre tra '300 e '400 nel Regno di Francia si erano andati affermando i primi eserciti permanenti al servizio del sovrano, in un quadro di generale potenziamento della monarchia [👁 7.2], in questa Italia, frammentata politicamente, oltre che divisa e lacerata da guerre e conflitti continui, prese corpo il fenomeno delle compagnie di ventura, **formazioni di mercenari specializzati al servizio di condottieri** [👁 9.3 STORIA•SOCIETÀ•CITTADINANZA].

La figura del condottiero

I condottieri (così chiamati dalla Condotta, il contratto mediante il quale venivano assoldati insieme ai loro soldati) erano spesso piccoli nobili caduti in rovina, ma non mancavano casi di **nobili** che si dedicavano a questa attività per spirito di avventura o per pura bramosia di potere. Audaci, violenti e spregiudicati, ma al tempo stesso imbevuti di antichi ideali cavallereschi, i condottieri divennero **figure dominanti** nel quadro militare della penisola.

In un primo momento (all'incirca tra il 1340 e il 1380) i condottieri furono soprattutto stranieri, ma nel '400 – in conseguenza del secolare conflitto tra Francia e Inghilterra che richiamava al Nord gli specialisti della guerra – i più famosi condottieri furono principalmente italiani. Spiccano tra questi i nomi di Alberico da Barbiano, Muzio Attendolo Sforza, Braccio da Montone. Alcune casate nobili rivelarono una particolare inclinazione per questa attività (segno che il mestiere del condottiero era fonte di prestigio e di potenza): **il 60% dei condottieri italiani proveniva da appena 13 famiglie**, tra le quali compaiono casate illustri come i Colonna, gli Orsini, gli Sforza. I condottieri guadagnavano **somme enormi**: si è calcolato che le somme pagate mensilmente dalla Repubblica di Firenze a Micheletto degli Attendoli corrispondevano agli introiti medi di una bottega artigiana per due secoli e mezzo.

75
M. Mallett
Il fascino dei condottieri

Donatello
Monumento equestre a Erasmo da Narni detto il Gattamelata
1447-53
[Piazza del Santo, Padova]

Tra i più famosi condottieri italiani vi fu Erasmo da Narni, detto il Gattamelata, capitano di ventura al servizio di Venezia durante la guerra contro i Visconti di Milano. A lui lo scultore Donatello dedicò una statua equestre, che fu collocata in uno dei luoghi più importanti e rappresentativi di Padova, la Piazza del Santo.

I condottieri e la rifeudalizzazione della penisola

Poiché il denaro liquido da versare ai condottieri e i loro soldati come compenso non era sufficiente, si faceva ricorso a **concessioni di terre e di feudi**. Si compì così un passo importante nel processo di rifeudalizzazione della penisola; con l'obiettivo di legittimare questi domìni, costituiti per diritto di conquista, furono anche fatte rivivere istituzioni e usanze, come l'investitura e l'omaggio.

Talvolta il successo delle armi apriva ai condottieri una fulgida **ascesa politica**: Braccio da Montone divenne nel 1416 signore della sua città natale, Perugia; **Alessandro Sforza** signore di Pesaro; **Francesco Sforza** addirittura signore di Milano.

Il flagello delle compagnie di ventura

I soldati delle compagnie di ventura venivano reclutati soprattutto tra le popolazioni contadine più povere; erano individui che speravano di trarre dalla guerra un rapido arricchimento e che vedevano nel **saccheggio** e nella **rapina** l'occasione per porre fine a una vita di stenti. Anche per questo le compagnie di ventura seminavano il terrore al loro passaggio: stragi, devastazioni, rapine, **taglieggiamenti** erano le conseguenze inevitabili della loro presenza. Alle città e ai paesi che volevano evitare conseguenze più gravi non restava che comprare la propria incolumità pagando cifre enormi, che dissanguavano le finanze locali. Ai mali dell'Italia in questo periodo della sua storia va dunque aggiunta anche la presenza delle compagnie di ventura: una presenza che gli stessi contemporanei avvertirono come un flagello, e che già Petrarca aveva giudicato una pestilenza più orrenda della stessa peste, una sciagura più grave del terremoto.

GUIDA ALLO STUDIO

❶ Da dove deriva il termine condottiero? ❷ Quali erano gli effetti del passaggio delle compagnie di ventura sulla popolazione civile? ❸ Quale fu il rapporto tra le compagnie di ventura e il processo di rifeudalizzazione?

3 Francia e Spagna all'assalto della penisola. Le guerre d'Italia

L'appello di Ludovico il Moro a Carlo VIII di Francia

Nel 1494, a due anni dalla morte di Lorenzo il Magnifico, la situazione italiana precipitò in conseguenza di una crisi interna del Ducato di Milano in mano agli Sforza [👁 8.2]. Dal 1476 era **duca di Milano Gian Galeazzo II**, ma il vero detentore del potere era suo zio **Ludovico il Moro**. In attesa di assumere il potere anche formalmente, Ludovico teneva il nipote, incapace e malato, in una condizione di isolamento e di emarginazione. Ma Gian Galeazzo aveva sposato una nipote del re di Napoli Ferrante e ne aveva avuto un figlio. Così Ferrante poté protestare per il trattamento cui era sottoposto il giovane duca, senza nascondere le sue mire sul Ducato. Ludovico il Moro chiamò in soccorso il re di Francia Carlo VIII (1483-98), invitandolo a far valere le pretese angioine sul Regno di Napoli (gli angioini ne erano stati cacciati nel 1442). L'appello rivolto al re di Francia fu **una mossa carica di gravi conseguenze**. Carlo VIII, infatti, non era il signore di uno Stato di medie o piccole dimensioni come quelli italiani, un alleato da liquidare successivamente con qualche modesta concessione territoriale o cambiando bruscamente schieramento. Era il sovrano di un potentissimo Stato europeo e la sua discesa inaugurò le cosiddette **guerre d'Italia**, un lunghissimo periodo di conflitti tra le grandi potenze europee per il controllo della penisola, che divenne **il paese più tormentato d'Europa**.

La discesa di Carlo VIII in Italia

La discesa di Carlo VIII in Italia, iniziata nel settembre del 1494, fu rapidissima [👁 7.4]. Ricevuto a Milano con onori trionfali da Ludovico il Moro, il re di Francia raggiunse Firenze, dove il figlio

del Magnifico **Piero dei Medici** (1492-94) lo accolse con un atteggiamento di sottomissione che scatenò l'ostilità dei fiorentini e la caduta della signoria. L'armata francese proseguì poi per Napoli dove giunse nel febbraio del 1495, mentre il nuovo sovrano aragonese **Ferdinando II** (1495-96), nipote di Ferrante, si rifugiava in Sicilia.
La presenza di un re tanto potente nella penisola determinò un capovolgimento delle alleanze. Ludovico il Moro, che dopo la morte di Gian Galeazzo II era diventato duca di Milano, costituì una **Lega antifrancese**, cui aderirono Venezia, il papa, Massimilia-

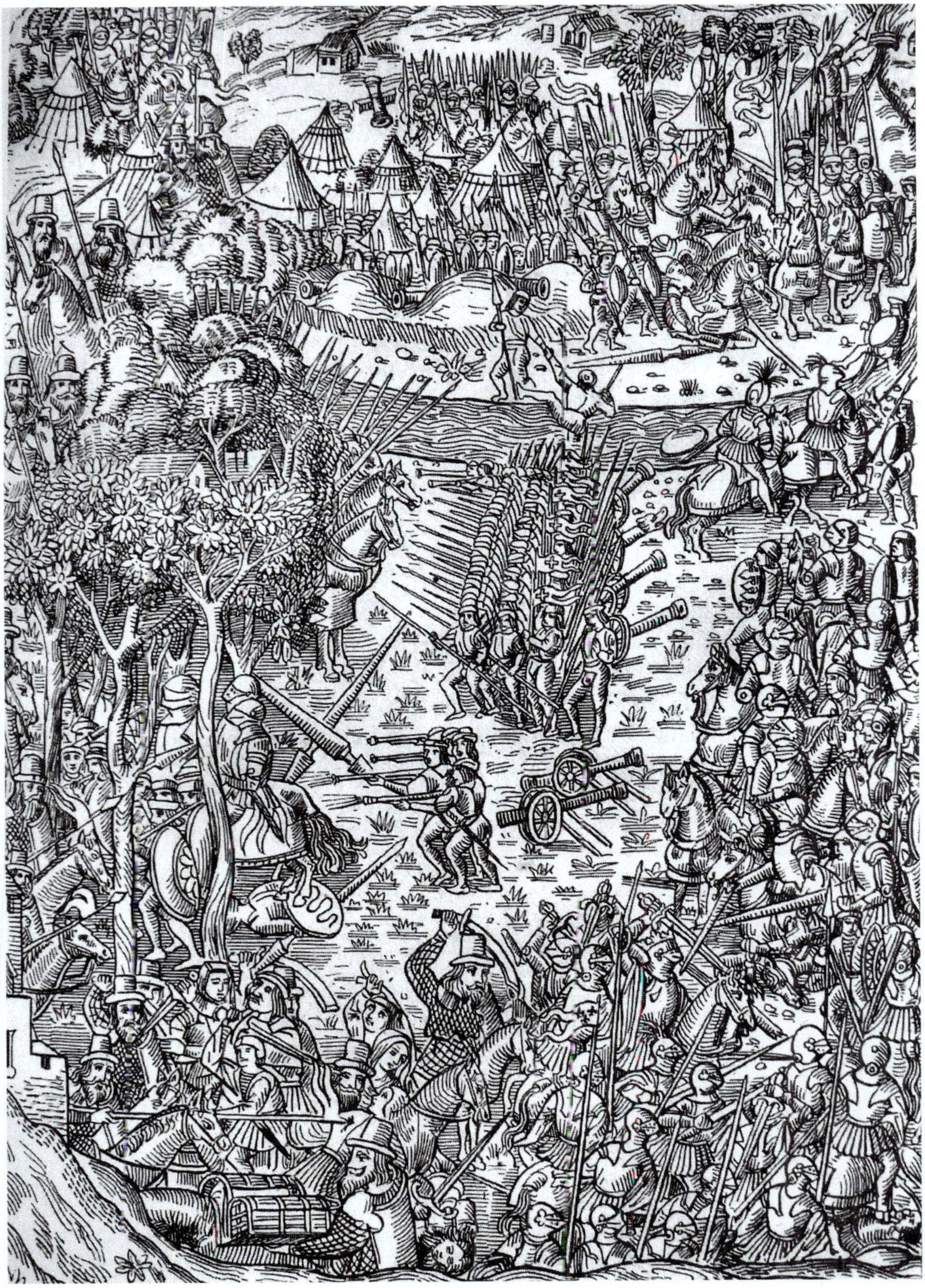

Lo scontro fra Carlo VIII e la Lega antifrancese a Fornovo
inizi XVI sec.

Il 6 luglio 1495, mentre faceva rientro in Francia, l'esercito di Carlo VIII si scontrò nei pressi di Fornovo sul Taro (in Emilia) con le truppe messe in campo dagli Stati italiani. Nonostante la superiorità numerica, i soldati della Lega antifrancese non riuscirono a infliggere una sconfitta decisiva a Carlo VIII, che riuscì a rientrare nel suo regno.

no d'Asburgo e i re di Spagna Ferdinando II di Aragona, detto il Cattolico, e Isabella di Castiglia [👁 7.6]. Di fronte a tanta ostilità, Carlo VIII decise di rientrare in Francia.

Progressività dell'imposta
La progressività nella tassazione comporta l'aumento di una imposta in ragione dell'imponibile su cui è calcolata. Aumentando dunque il reddito del contribuente, aumenta anche il valore dell'imposta. Più si è ricchi, più si paga.

Il tentativo di Savonarola a Firenze

A Firenze la **cacciata di Piero dei Medici** portò alla restaurazione della repubblica. Il potere passò a un movimento popolare capeggiato da Girolamo Savonarola, un **frate domenicano** che si era creato un largo seguito nella città predicando con grande vigore contro il **lusso** della signoria medicea e la **politica nepotista** del corrotto pontefice Alessandro VI Borgia. Savonarola, sostenuto dai suoi seguaci, detti **"piagnoni"** per il loro moralismo intransigente, istituì un governo popolare e propose riforme che spinsero le famiglie patrizie (gli "arrabbiati") e i sostenitori dei Medici a isolarlo: pesarono soprattutto l'imposta fondiaria e l'**imposta progressiva** sul reddito, che allora era considerata un provvedimento rivoluzionario. Nel 1498 Savonarola fu condannato a morte come eretico.

La spedizione di Luigi XII di Francia

La spedizione di Carlo VIII in Italia aveva aperto la strada a un sempre più intenso coinvolgimento delle potenze europee nella penisola, bloccando ogni eventuale processo di unificazione. Mentre la Francia e la Spagna erano ormai Stati a carattere nazionale, territorialmente compatti e militarmente potenti, l'Italia rimaneva frammentata e debole. Non sorprende quindi che il successore di Carlo VIII, Luigi XII (1498-1514), imparentato con la dinastia dei Visconti, che gli Sforza avevano spodestato dal **Ducato di Milano**, decidesse di rivendicare il possesso della Lombardia. Prima di scendere in Italia, però, Luigi XII preparò bene il terreno: a Venezia concesse Cremona e la Ghiara d'Adda, agli svizzeri la Contea di Bellinzona (corrispondente al Canton Ticino), a Cesare Borgia la Romagna. Nel 1500 Ludovico il Moro fu catturato e condotto in Francia (dove sarebbe morto nel 1508).

Il re di Francia progettava ora la conquista del **Regno di Napoli**, ma anche in questo caso agì con cautela, cercando l'accordo con il re di Spagna Ferdinando il Cattolico. Il **trattato di Granada**, stipulato segretamente nel 1500, prevedeva la spartizione del Regno di Napoli: alla Francia sarebbero toccate la Campania e l'Abruzzo, alla Spagna la Calabria e la Puglia. L'accordo comportava la liquidazione, da parte di un Aragona, del ramo cadetto della dinastia aragonese insediata a Napoli. Venuto a conoscenza dell'accordo ai suoi danni, l'allora re di Napoli **Federico III** (1496-1501) reagì nell'unico modo possibile: abdicò a favore del re di Francia, ottenendo in cambio il Ducato

TABELLA 3_ LE LEGHE DURANTE LE GUERRE D'ITALIA (1495-1511)

LEGA	ALLEATI	AVVERSARI	ESITO
1495 Lega antifrancese	Ducato di Milano (Ludovico il Moro) Stato della Chiesa (Alessandro VI) Repubblica di Venezia Spagna (Ferdinando il Cattolico) Impero (Massimiliano d'Asburgo)	Francia (Carlo VIII)	Napoli torna a Ferdinando II d'Aragona Venezia ottiene porti in Puglia
1508 Lega di Cambrai	Stato della Chiesa (Giulio II) Francia (Luigi XII) Spagna (Ferdinando il Cattolico) Impero (Massimiliano I d'Asburgo)	Venezia	Venezia perde gran parte della terraferma e i porti in Romagna e in Puglia
1511 Lega santa	Stato della Chiesa (Giulio II) Repubblica di Venezia Spagna (Ferdinando il Cattolico) Impero (Massimiliano I d'Asburgo) Inghilterra Confederazione svizzera	Francia (Luigi XII)	Milano torna agli Sforza A Firenze tornano i Medici

di Angiò. Questa mossa fece saltare l'intesa tra Francia e Spagna, che entrarono in guerra. La Francia, sconfitta dalle truppe spagnole, fu costretta a sottoscrivere l'**armistizio di Lione** (1504), con il quale il Regno di Napoli veniva assegnato alla Spagna. La Francia manteneva il controllo del Ducato di Milano.

La Lega di Cambrai in funzione antiveneziana

Intanto, con la morte del pontefice Alessandro VI, nel 1503, crollava il dominio che suo figlio Cesare Borgia, con il consenso della Francia, si era costruito nelle Marche e in Romagna. Il nuovo papa Giuliano della Rovere, che prese il nome di **Giulio II** (1503-13), era infatti un accanito nemico dei Borgia; Cesare – detto anche il **Valentino** – era apparso per qualche anno come il personaggio emergente nella scena politica italiana. Ma la sua fortuna era troppo legata alla protezione di suo padre. Venuto meno quest'ultimo, il Valentino fuggì in Spagna, dove morì qualche tempo dopo.

Venezia approfittò della caduta del Valentino per occupare la **Romagna**. Si costituì allora una lega antiveneziana, la Lega di Cambrai (1508), comprendente il **papa Giulio II** (che ne fu promotore), il re di Francia Luigi XII, l'imperatore Massimiliano d'Asburgo, il re di Spagna Ferdinando il Cattolico. Attaccata da queste forze preponderanti, Venezia subì una durissima sconfitta nella battaglia di **Agnadello** nei pressi del fiume Adda (1509: TABELLA_**3**). Si temette che la Repubblica avesse i giorni contati. La città mantenne la sua autonomia, ma le conseguenze finali del conflitto furono pesanti: andarono perduti gran parte dei possedimenti sulla terraferma e i porti in Romagna, nel Polesine (veneziani dal 1484), in Puglia (occupati fin dalla conclusione della discesa di Carlo VIII).

La Lega santa in funzione antifrancese

Tuttavia, spaventato all'idea che il crollo di Venezia rafforzasse troppo la presenza straniera in Italia, Giulio II uscì precipitosamente dall'alleanza. La veemente reazione del re di Francia, portò alla costituzione di una Lega santa (1511), che raccolse intorno al pontefice, in funzione antifrancese, Venezia, l'Inghilterra, la Spagna, l'Impero e gli svizzeri. La temibile fanteria svizzera invase la **Lombardia** e cacciò i francesi, consegnando il

Urs Graf
Il campo di battaglia di Marignano
1521
[Kunstmuseum, Basilea]

Urs Graf, pittore e incisore svizzero, combatté come mercenario nello scontro di Marignano contro i francesi e immortalò in questo realistico disegno a inchiostro il campo di battaglia. Centinaia di uomini armati di lunghe picche e alabarde si affrontano nel combattimento mentre in primo piano i corpi martoriati e profanati dei soldati testimoniano l'atrocità della guerra.

Cinema e Storia
Ettore Fieramosca

ONLINE

Ducato a Massimiliano Sforza. Ma il successore di Luigi XII, **Francesco I** (1515-47), riconquistò immediatamente la Lombardia sconfiggendo gli svizzeri nella grande battaglia di **Marignano** (1515) poco a sud di Milano. Quanto alla Repubblica di **Firenze**, alleata dei francesi, fu abbattuta dagli spagnoli, che ripristinarono la signoria dei **Medici**.

La pace di Noyon La morte dell'irruento Giulio II e la nomina a suo successore di Giovanni dei Medici, figlio di Lorenzo il Magnifico, che prese il nome di **Leone X** (1513-21), favorì la distensione. Il nuovo papa cercò infatti di pro-

PERSONAGGI

Il Valentino

Cesare Borgia (1475-1507) visse solo 32 anni, ma gli bastarono per entrare nella leggenda. Folgorante protagonista di gesta clamorose ed efferate, compiute per costruire uno Stato unitario nell'Italia centrale frazionata in signorie ed esposta alle mire delle monarchie europee, Cesare perse in pochi mesi tutto ciò che aveva conquistato. Audace, lucido e calcolatore fino al raggiungimento del successo, alle prime congiunture sfortunate cadde e non riuscì a risalire la china; conobbe un oscuro declino e morì in terra straniera.
La sua fulminea parabola attirò l'attenzione dei contemporanei: ammirato, odiato, temuto, sei anni dopo la morte fu **rappresentato da Machiavelli come l'incarnazione del principe perfetto** dell'età moderna, laica e libera, in cui l'uso della forza è lecito pur di perseguire il bene dei sudditi – «Era tenuto Cesare Borgia crudele; non di manco quella sua crudeltà aveva racconcia ['riordinata'] la Romagna, unitola, ridottola in pace et in fede» (scriveva Machiavelli) – e l'audacia dell'avventura personale conta più dell'esito finale. Inviato dal governo fiorentino presso Borgia come ambasciatore, Machiavelli visse infatti per vari mesi a stretto contatto con lui e ne fu affascinato, tratteggiandone vividi ritratti: «molto splendido e magnifico, e nelle armi è tanto animoso che non è sì gran cosa che gli paia piccola [...] mai si riposa né conosce fatica o periculo».
Secondo dei quattro figli del potente cardinale spagnolo **Rodrigo Borgia**, Cesare era destinato a una grande carriera nella Chiesa; il padre riuscì a farlo nominare vescovo di Pamplona a soli 16 anni. Ma egli non aveva alcuna vocazione per la vita ecclesiastica: amava lo sfarzo, le feste, le cacce, voleva impugnare le armi e conquistare il potere, era ambizioso e desiderava l'avventura.
Nel 1492, quando aveva 17 anni, suo padre fu eletto papa con il nome di **Alessandro VI** e lo nominò subito arcivescovo di Valenza e poi cardinale. Cesare divenne il suo consigliere più fidato. Tra padre e figlio si creò una forma di inquietante complicità, che mirava apertamente a consolidare il potere della famiglia con i mezzi più spregiudicati: «Era nato comune proverbio – scrisse Guicciardini – che il papa non faceva mai quello che diceva e il Borgia non diceva mai quello che faceva». Erano potentissimi e temuti, forse percepiti sempre un po' come stranieri per la loro origine e la tendenza a circondarsi di collaboratori spagnoli.
Quando due anni dopo Carlo VIII scese in Italia per conquistare il regno di Napoli, Cesare, costretto dal padre ad accompagnare il re da Roma a Napoli, fuggì durante la prima notte di viaggio travestito da stalliere, dimostrando così un temperamento ribelle e risoluto. Ma Alessandro continuava a volerlo nella Chiesa preferendo piuttosto procurare una splendida carriera politica e militare al figlio minore, Giovanni.
Nel 1497 Giovanni fu assassinato a Roma in un'imboscata. Presto iniziò a serpeggiare la prima leggenda nera intorno alla figura di Cesare, considerato il principale indiziato per i vantaggi che avrebbe ricevuto dalla morte del fratello; ma ciò che successe davvero quella notte rimase nel mistero. Certo, dalla morte di Giovanni in poi la vita di Cesare ebbe una svolta: disse chiaramente a suo padre che voleva abbandonare lo stato ecclesiastico e fu finalmente ascoltato. Nel giro di due anni, grazie all'azione diplomatica del papa **presso il nuovo re di Francia Luigi XII**, Cesare divenne **duca di Valentinois** (la regione francese da cui derivò il soprannome di Valentino) e sposò una dama scelta per lui dal re. Era il 1499 e aveva appena 24 anni: tutta la vita davanti, sembrava.
Dopo due soli mesi di matrimonio Cesare lasciò la Francia per tornare in Italia, al seguito di Luigi XII: era uno dei suoi uomini, ormai. Non rivide mai più la moglie, incinta, né conobbe mai la figlia. Era legato al re da un doppio filo, di cui avvertiva l'ambiguità e i rischi, senza però poterli arginare: da un lato sperava di ottenere con l'appoggio francese **un suo personale dominio in Italia**, dall'altro la sua indipendenza d'azione era limitata. Le sue mire dovevano necessariamente appuntarsi sui territori italiani a cui la Francia non era interessata. Cosa rimaneva per Cesare Borgia, escludendo Napoli, Milano e il vasto raggio di influenza di Venezia, Siena e Firenze, momentaneamente alleate con la Francia? Soltanto i piccoli centri romagnoli e marchigiani dello Stato pontificio.
Con il suo esercito personale, finanziatogli dal padre, conquistò in soli tre mesi **Imola e Forlì** strappandole a Caterina Sforza, signora delle due città, che fece imprigionare a Castel Sant'Angelo dopo una resistenza eroica che le valse l'ammirazione generale. Tornò a Roma trionfante, accolto da una solenne sfilata di carri allegorici dedicati a Giulio Cesare, la cui celebre frase *Aut Caesar, aut nihil* ('O Cesare o nulla') divenne il suo motto.
In questi mesi il Valentino compì l'azione forse più truce della sua vita. **Fece uccidere il marito della sorella Lucrezia**, figlio illegittimo del re di Napoli, per motivi di convenienza politica: l'unione di una Borgia con un nemico di Luigi XII era una macchia che doveva essere cancellata. Il delitto fece scalpore: Lucrezia era infatti una dama famosa, colta, amica di intellettuali e artisti prestigiosi, e Cesare apparve a tutti come un uomo spietato e terribile. All'orrore verso i suoi delitti si accompagnava però una sinistra fascinazione esercitata dalla sua persona: era energico, rapido nelle decisioni ma sempre imprevedibile, anche perché abituato a dissimulare i suoi piani. Tacere fino a

muovere un accordo tra le potenze che si contendevano i territori della penisola. Si giunse così alla pace di Noyon del **1516**, che confermò l'attribuzione alla Spagna del Regno di Napoli e alla Francia del Ducato di Milano. Ma anche questa volta, alla prima occasione il conflitto tra le due principali potenze europee per il controllo della penisola sarebbe riesploso più aspro che mai, aprendo un nuovo capitolo di quelle che Guicciardini chiamò le guerre «horrende de Italia» **[👁 15.2]**.

GUIDA ALLO STUDIO

❶ Con quali motivazioni Carlo VIII intervenne nelle dispute italiane? ❷ Da chi era promossa la Lega antifrancese? ❸ Chi erano i "piagnoni" e gli "arrabbiati"? ❹ Chi controllava il Regno di Napoli prima e dopo il 1504? ❺ La Lega di Cambrai raggiunse il suo scopo?

che tutto non fosse compiuto faceva parte della sua strategia.
Nel 1502 Cesare aveva già conquistato **Pesaro**, **Rimini**, **Urbino** (dove chiamò presso di sé Leonardo da Vinci in qualità di ingegnere militare per modernizzare le fortificazioni dei suoi nuovi domìni), **Faenza e Camerino**, uccidendo senza pietà tutti i signori che gli resistevano. Da lui bisognava guardarsi le spalle, come impararono a spese della propria vita quattro signori di piccoli potentati che avevano ordito una congiura contro di lui, che egli definì sprezzantemente **«dieta di falliti»**: li radunò a Senigallia prospettando un accordo amichevole e li fece uccidere tutti. Machiavelli era lì con lui e, ammirato, raccontò la strage in un'operetta, definendola un «bellissimo inganno». Spietato con i nemici, diffidente verso gli amici, non arretrava di fronte al delitto e al tradimento, ma nel suo Ducato di Romagna si impegnò a realizzare **un governo equo**: combatté corruzione e abusi e il popolo pian piano lo prese a benvolere.
Ma nel 1503 la fortuna girò: Alessandro VI morì e Cesare, a sua volta, si ammalò gravemente. Aveva 28 anni e iniziò a perdere tutto ciò che aveva conquistato: il suo destino era troppo legato a quello del potente padre. Nei giorni del conclave per l'**elezione del nuovo pontefice, Giulio II** confidò a Machiavelli «che aveva pensato a ciò che potessi nascere morendo el padre, et a tutto aveva trovato remedio, eccetto che non pensò mai, in su la sua morte, di stare ancora lui per morire».
Giulio II lo costrinse a restituire tutti i territori conquistati alla Chiesa e al suo rifiuto lo fece imprigionare. Cesare si arrese, fu rilasciato e dopo qualche peregrinazione a vuoto decise di cambiare strada: partì per la Spagna. Il re spagnolo però lo trattò come un nemico, per la sua trascorsa alleanza con il re di Francia. Fuggì ancora e attraversando le montagne raggiunse suo cognato, il re di Navarra, mettendo al suo servizio l'esperienza e le abilità guadagnate in tante battaglie. La morte arrivò presso Pamplona durante la difesa del re da un gruppo di vassalli ribelli. I suoi fuggirono e rimase solo contro tutti: **il suo ultimo atto di eroismo**, velleitario come la sua vita.

Dosso Dossi
Ritratto d'uomo*, altrimenti detto *Ritratto di Cesare Borgia
1518-20
[Musée du Louvre, Parigi]

PERSONAGGI

STORIA • SOCIETÀ • CITTADINANZA

I mercenari

I mercenari sono **professionisti nel mestiere delle armi** che compiono azioni militari al soldo di governi o di privati, con i quali hanno stipulato appositi contratti. Estranei solitamente a qualsiasi ideologia – spirito patriottico, desiderio di libertà, anelito rivoluzionario –, i mercenari sono specialisti che combattono esclusivamente per un utile economico, secondo l'accordo stabilito con il committente. Nel periodo che precede la nascita dello Stato moderno e degli eserciti regolari, i mercenari hanno per lungo tempo rappresentato un'importante componente dei vari eserciti. Tuttavia, il fenomeno non è mai scomparso del tutto e ancora oggi essi sono attivi in vari scenari bellici, soprattutto in Africa.

Esempi storici di eserciti mercenari sono stati le compagnie di ventura italiane, le Guardie svizzere e i lanzichenecchi (la fanteria mercenaria tedesca), nati nel **XV secolo** in antitesi alle truppe mercenarie svizzere alle quali, tuttavia, si ispirarono per l'organizzazione e le tecniche militari. Tra queste compagnie, la più famosa e longeva è stata quella delle **Guardie svizzere**, specializzata nella protezione dei sovrani, che nacque nel 1497 con l'istituzione dei Cento Svizzeri della Guardia da parte del re francese **Carlo VIII**. Sul suo modello furono organizzate le milizie (anch'esse svizzere) al servizio dei Savoia, dei sovrani austriaci e del papa. Divenute simbolo di fedeltà, le Guardie svizzere rimasero al servizio dei re di Francia fino al 1792 quando, durante la Rivoluzione francese, furono sterminate nel tentativo di impedire l'arresto della famiglia reale. Oggi la **Guardia svizzera pontificia**, assoldata nel 1506 da papa Giulio II, con le sue 110 unità, si occupa della sorveglianza degli alloggi papali e del mantenimento dell'ordine nella Città del Vaticano.

L'importanza dei mercenari cominciò a diminuire, attraverso lente trasformazioni, con l'avvento dell'**età moderna**, quando intervennero cambiamenti nell'organizzazione generale del sistema delle milizie. Il ruolo dei mercenari negli eserciti rimase fondamentale (nel XVI secolo si stima che essi costituissero circa un terzo dei vari eserciti europei), ma a subire le prime trasformazioni fu la «cornice» entro la quale il mercenariato si poneva. I principali cambiamenti furono due: il primo fu connesso all'esigenza degli Stati moderni di dotarsi di eserciti permanenti organizzati su base nazionale. Parallelamente anche il servizio dei mercenari divenne stabile, con l'importante effetto che il loro impiego cessava di essere temporaneo e finalizzato a singole campagne militari. Il secondo cambiamento si verificò verso la **fine del XVI secolo**, quando gli eserciti, pur sempre ancora composti in parte da mercenari, furono sottoposti al comando di ufficiali di nomina regia (facendo così decadere il ruolo del «condottiero»).

Un ruolo importante in questo processo fu svolto, in Francia, dal segretario di Stato per la guerra **François-Michel le Tellier**, marchese di Louvois (1641-1691), che avviò una profonda **riforma dell'esercito** e del mestiere delle armi. Sostenitore della necessità di costituire un'armata numerosa, ben equipaggiata e addestrata, basata su una ferrea disciplina e sul merito dei singoli soldati, il marchese pose le basi organizzative per la nascita dell'esercito moderno. In particolare, egli dettò nuove regole per il reclutamento dei soldati e introdusse, nel 1688, il reclutamento regolare per sorteggio. Nonostante i mercenari continuassero a farne parte, il sistema generale della guerra e degli eserciti aveva ormai intrapreso un percorso nuovo e assunto un aspetto completamente diverso rispetto al tardo Medioevo.

Il passo definitivo verso il cambiamento del sistema si ebbe tra la fine del **XVIII** e l'inizio del **XIX secolo** con l'istituzione generalizzata del servizio militare obbligatorio, introdotto nel 1733 in **Prussia** dal re Federico II, mediante il *Kantonsystem* ('sistema cantonale'). Si trattava di un sistema di reclutamento su base regionale: ad ogni reggimento dell'esercito prussiano veniva assegnata una regione (*Kanton*) e gli ufficiali potevano scegliere tra la popolazione i bambini di dieci anni da arruolare in futuro. Trascorsa l'adolescenza, al compimento del ventesimo anno, i ragazzi erano tenuti a svolgere un servizio presso l'esercito dapprima di due anni e poi, allo scadere del termine, di tre mesi ogni anno per quindici anni. In principio si trattò evidentemente di una forma ibrida, perché, malgrado la leva fosse obbligatoria, i mercenari costituivano una parte non trascurabile del contingente. Il momento cruciale si ebbe invece con la **Rivoluzione francese** e la **leva obbligatoria di massa** (estesa ai ragazzi tra i diciotto e i venticinque anni), che mise fine al reclutamento sistematico dei mercenari.

È nella **seconda metà del XX secolo** che si ha una ripresa del fenomeno del mercenariato su scala relativamente ampia (per quanto non paragonabile al periodo tardomedievale e alla prima Età moderna).

SINTESI

1 Gli Stati italiani e la politica dell'equilibrio

Nel '400 l'Italia restò divisa tra cinque potenze – Milano, Firenze, Venezia, Stato della Chiesa, Napoli –, nessuna delle quali riusciva a prevalere sulle altre – anche perché, quando ciò sembrava avvenire, le altre si coalizzavano per contrastare i tentativi egemonici della rivale. La pace di Lodi (1454) sancì la "politica dell'equilibrio" come l'unica possibile per gestire le conseguenze della frammentazione politica italiana. Gli ultimi decenni del '400 videro un susseguirsi di congiure nei vari Stati e un inasprimento delle tensioni tra Stato e Stato che spesso sfociò in conflitto. Quando, nel 1492, morì Lorenzo il Magnifico, signore di Firenze e grande interprete della politica italiana nella seconda metà del '400, la situazione politica nella penisola appariva al collasso.

2 Le compagnie di ventura

Nell'Italia lacerata da continue guerre si diffusero le compagnie di ventura, formazioni di mercenari specializzati al servizio di condottieri. A partire dal '400 i più famosi condottieri furono soprattutto italiani, spesso provenienti da casate nobili: sovente ricevevano in pagamento terre e feudi, il che favorì il processo di rifeudalizzazione della penisola. I mercenari, reclutati per lo più nelle campagne italiane, si lasciavano andare spesso a saccheggi, rapine, stragi: Petrarca li definì più orrendi della peste.

3 Francia e Spagna all'assalto della penisola. Le guerre d'Italia

La situazione italiana precipitò quando Ludovico il Moro, per contrastare le minacciose aspirazioni degli aragonesi che

In occasione delle **guerre di indipendenza degli Stati africani**, numerose bande mercenarie (spesso costituite da reduci di guerra) parteciparono ai conflitti al servizio delle varie forze in campo.
Chiamati spesso *contractors*, i mercenari sono oggi degli specialisti nell'arte della guerra e nelle relative tecnologie (anche le più avanzate), forniscono consulenza in materia di sicurezza, possono curare la preparazione militare di nuovi eserciti, operano come guardie del corpo e prendono talvolta parte ai conflitti bellici. I loro guadagni sono notevoli e attirano individui provenienti da ogni parte del mondo. Un esempio molto recente si è avuto nella **seconda guerra del Golfo** (2003-10), durante la quale il governo degli Stati Uniti ha fatto ricorso in modo massiccio alle società private di sicurezza reclutando 30.000 mercenari (che di fatto hanno rappresentato la seconda forza militare in campo dopo gli Stati Uniti e prima di quella britannica). Nella situazione attuale, il fenomeno della sicurezza privata e dei mercenari rappresenta un fenomeno economico in rapida e fiorente espansione.
Dal punto di vista giuridico, ai mercenari non vengono riconosciuti i diritti spettanti ai soldati regolari. In realtà il loro ruolo non è regolamentato dal diritto bellico internazionale ma solo «descritto» nell'articolo 47 del Protocollo addizionale alle **Convenzioni di Ginevra** (1977). L'articolo precisa anzitutto che il mercenario non ha diritto allo statuto di combattente né al riconoscimento come prigioniero di guerra, e prosegue con la descrizione dei criteri che definiscono il moderno mercenario.
In aggiunta alle Convenzioni di Ginevra, nel 1989 la **Convenzione internazionale di New York** sotto l'egida dell'Onu (recepita in Italia nel 1995) ha condannato il reclutamento dei mercenari dichiarando che: «Chiunque, avendo ricevuto un corrispettivo economico o altra utilità o avendone accettato la promessa, combatte in un conflitto armato nel territorio comunque controllato da uno Stato estero di cui non sia né cittadino né stabilmente residente, senza far parte delle forze armate di una delle Parti del conflitto o essere inviato in missione ufficiale quale appartenente alle forze armate di uno Stato estraneo al conflitto, è punito, se il fatto non costituisce più grave reato, con la reclusione da due a sette anni». Tuttavia, tali provvedimenti non hanno frenato la diffusione attuale del mercenariato.

***Contractors* americani in Libia**
Nei recenti conflitti bellici, in Medio Oriente come in Africa, numerose società private di sicurezza hanno inviato propri mercenari, chiamati *contractors*, che hanno operato come guardie del corpo e talvolta in vere e proprie azioni di guerra, d'intesa con le forze militari occupanti.

ostacolavano le sue mire sul Ducato di Milano, chiamò in aiuto Carlo VIII, re di Francia. La discesa di Carlo VIII (1494) in Italia fu rapidissima e provocò la formazione di una Lega antifrancese che convinse il sovrano a rientrare in Francia. Degli avvenimenti interni innescati dall'invasione francese il più importante fu la restaurazione della repubblica a Firenze, dove il potere passò temporaneamente a un movimento popolare capeggiato da Girolamo Savonarola. Il Regno di Napoli – dopo la fallita intesa tra Francia e Spagna per la sua spartizione e la guerra che ne seguì – passò alla Spagna (1504), mentre la Francia conservava il Ducato di Milano. Con la morte del papa Alessandro VI crollò il potere del figlio Cesare Borgia nelle Marche e in Romagna (quest'ultima regione fu occupata dai veneziani). La Lega di Cambrai inflisse una dura sconfitta a Venezia (1509) che perse, tra l'altro, gran parte della terraferma. La dura reazione della monarchia francese all'uscita del papa dalla Lega portò alla costituzione di una Lega santa contro la Francia, che perse il Ducato di Milano, riacquistandone il controllo con una nuova guerra. Nel 1516, con la pace di Noyon promossa da Leone X, si giunse a una fase di distensione temporanea confermando che il destino della penisola sarebbe stato a lungo diverso da quello delle grandi monarchie.

SVILUPPARE LE COMPETENZE

❶ Segui le istruzioni date per la soluzione di ogni punto:

a. Rispondi alla seguente domanda: fu stipulata per prima la pace di Lodi o l'accordo della Lega italica? ....

b. Rispondi alla seguente domanda: qual era l'obiettivo degli Stati che stipularono l'accordo della Lega italica?..

c. Scegli, sottolineandoli, gli argomenti corretti per rispondere alla seguente domanda: quali obiettivi aveva la politica dell'equilibrio?

difesa da minacce esterne • superamento della crisi economica • riduzione delle lotte intestine interne agli Stati • aumento del potere di Firenze e Milano.

d. Stabilisci il giusto abbinamento tra i seguenti personaggi e fatti storici. Scrivi poi brevi testi di 5 righe ciascuno per contestualizzare e spiegare storicamente l'abbinamento.

Famiglia Pazzi • Giuliano dei Medici • Lorenzo il Magnifico • re Ferrante • Sisto IV • pace di Bagnolo

Organizza infine le risposte date in un testo di 12 righe sugli Stati italiani e la politica dell'equilibrio. Se credi, aggiungi altri dettagli.

❷ Completa l'esercizio scrivendo le domande di cui hai le risposte di seguito. Utilizza quindi le risposte come scaletta per comporre un testo di 12 righe dal titolo *Le compagnie di ventura*:

a. ....
La cavalleria feudale e l'esercito comunale.

b. ....
Non potevano garantire un servizio prolungato nel tempo.

c. ....
Erano formazioni di mercenari specializzati al servizio di condottieri.

d. ....
Erano spesso piccoli nobili caduti in disgrazia.

e. ....
Alberico da Barbiano, Murzio Attendolo Sforza, Brazzio da Montone.

f. ....
Erano spesso ricompensati con terre e feudi.

❸ Completa la tabella sottostante, poi scrivi brevi testi di 4 righe ciascuno per descrivere ognuno dei fatti ricordati:

Personaggi o Stati protagonisti	Date	Avvenimenti
Carlo VIII	1494	
		L'armata francese giunge a Napoli
Savonarola	1498	
Ludovico il Moro	1500	
Luigi XII e Ferdinando il Cattolico	1500	
		Abdica a favore del re di Francia
		Firmano l'armistizio di Lione
Giulio II, Luigi XII, Massimiliano d'Asburgo, Ferdinando il Cattolico		
		Lega santa
Francesco I	1515	

10 L'UMANESIMO E IL RINASCIMENTO

CAPITOLO

1 Cultura classica e Umanesimo

Il ritorno degli antichi

Il termine "Umanesimo" deriva da **umanista**, un neologismo che indica in particolare il cultore delle lingue e delle letterature classiche, le *humanae litterae*, o degli *studia humanitatis* (il complesso delle discipline tese a promuovere la dignità dell'uomo). Con il termine "Umanesimo" si designa quel vasto processo di rinnovamento culturale che cominciò a manifestarsi in Italia sul finire del '300 e nei primi decenni del '400 e che dall'Italia si irradiò in Europa. Alla base della formazione intellettuale umanistica stava il primato della **cultura classica**, espressa dai letterati, dai filosofi, dagli artisti, dai giuristi e dagli scienziati dell'**Antichità greca e romana**.

Nel Medioevo "cultura classica" significava sostanzialmente "studio del latino", la lingua della comunicazione colta e soprattutto la lingua della Chiesa, impiegata dagli ecclesiastici per la comunicazione istituzionale e la riflessione teologica. Negli *scriptoria*, i laboratori dei monasteri dell'Occidente medievale, nei quali venivano copiati i manoscritti, le grandi opere della cultura latina erano state riprodotte e conservate senza valorizzarne il contenuto.

Con l'Umanesimo, invece, l'insieme della cultura classica diventò la fonte ideale per una **rottura intellettuale con l'eredità del Medioevo**, in particolare con il primato della religione e della Chiesa cattolica, in ogni campo del sapere e delle attività umane, aprendo così la strada a una concezione del mondo più laica e moderna.

Inoltre, in questo periodo, numerosi eruditi greci, come **Giorgio Gemisto** detto il **Pletone** (1355-1450) e **Giovanni Bessarione** (1403-1472), vennero in Italia spinti dalla minaccia turca che incombeva su Costantinopoli [👁 11.3]: tutti trovarono nel nostro paese una forte domanda di cultura greca, cui risposero con il loro insegnamento. Grandi progressi registrò così anche la conoscenza della lingua e della letteratura greca antiche, all'epoca pressoché sconosciute.

La caccia ai testi perduti

Conseguenza del nuovo clima culturale fu la corsa a recuperare i testi antichi. **Francesco Petrarca** (1304-1374), considerato l'iniziatore dell'Umanesimo, fu il primo a proporre con forza e chiarezza la necessità di un ritorno allo studio degli autori antichi, dai quali attingere non solo modelli preziosi di stile e di eleganza, ma anche esempi di virtù morale. Si aprì quindi una **nuova fase**: furono letti e riletti con avidità i classici che circolavano in rare copie manoscritte, ma si andò anche a frugare nei monasteri di tutta Europa, dove molte opere giacevano abbandonate.

La filologia

Insieme con la riscoperta dei classici greci e latini, nacque la filologia, la scienza che (in assenza di un autografo) consente di

92 DOC
Poggio Bracciolini
Caccia ai classici

93
G.M. Vian
La critica del testo e la donazione di Costantino

ricostruire un testo il più possibile vicino all'originale d'autore, sanando, nei limiti del possibile, gli errori, le aggiunte, le modifiche, le omissioni accumulati nei secoli attraverso le trascrizioni successive effettuate dai copisti. Il fondatore di questa disciplina è considerato l'umanista romano **Lorenzo Valla** (1405-1457). Il nome di Valla è legato anche alla celebre questione della **donazione di Costantino**, un documento con il quale si autorizzava la cessione delle province occidentali alla Chiesa di Roma e che si diceva risalisse appunto a Costantino, il primo imperatore cristiano. Basandosi su prove di carattere filologico e storico, Valla dimostrò in modo inoppugnabile che il documento era una clamorosa falsificazione. Il colpo per l'immagine della Chiesa e per le sue aspirazioni politiche fu duro: senza la donazione di Costantino, infatti, veniva meno un importante sostegno giuridico a giustificazione di quelle stesse aspirazioni.

GUIDA ALLO STUDIO

❶ Che cosa si intende con il termine Umanesimo? Da dove deriva? ❷ Perché Petrarca è considerato l'iniziatore dell'Umanesimo? ❸ Con quale approccio gli umanisti studiarono i testi classici? A quali risultati giunsero? ❹ Che cosa rese possibile, nel '400, la riscoperta della lingua greca in Europa?

Il papa Sisto IV visita la nuova Biblioteca Vaticana
[Ospedale di Santo Spirito, Roma]

Alla metà del '400, papa Niccolò V fondò la moderna Biblioteca Vaticana, incrementando il fondo vaticano, costituito da 350 codici latini, greci ed ebraici con l'acquisto di manoscritti su tutti i mercati europei e orientali e la copiatura di molti altri. Dall'inventario, redatto poco dopo la sua morte, nel 1455, e da altre fonti risulta che i codici da lui lasciati furono circa 1500, un totale che rese la raccolta pontificia, in quel momento, la maggiore d'Europa. Per mettere ordine in questa immensa ricchezza, il suo successore, Sisto IV della Rovere, diede forma giuridica alla Biblioteca con la bolla *Ad decorem militantis ecclesiae* (15 luglio 1475). Allo stesso tempo nominò *custos et gubernator* della Biblioteca Bartolomeo Sacchi, detto il Platina, personaggio di grande rilievo che si prodigò affinché la Biblioteca divenisse un'istituzione pubblica aperta agli studiosi.

2 Un nuovo sistema di valori

▶ 89 DOC
Giovanni Pico della Mirandola
Dio e libertà dell'uomo

Universalismo della cultura umanistica

L'Umanesimo fu legato, fin dalle sue origini, al mondo della **borghesia cittadina italiana**, quindi a un ambiente geografico e storico ben definito. I valori che questo movimento espresse ebbero però un carattere universale: l'affermazione della dignità dell'individuo, per esempio, altro non era che l'affermazione del valore universale dell'umanità. Questo carattere aperto della cultura umanistica, questo suo proporsi come **sistema di valori condivisibili da tutti**, sta alla base della sua rapida diffusione in Europa.

Dignità e libertà dell'uomo

La dignità e libertà dell'uomo sono i temi centrali nell'Umanesimo. Il manifesto della cultura umanistica sotto questo profilo è il discorso *Sulla dignità dell'uomo* (1486) di **Pico della Mirandola** (1463-1494) il quale individua nella libertà la **caratteristica fondamentale dell'uomo**, garantita dal non essere egli di una natura determinata, ma capace di darsi la natura che vuole, dal non aver limite né chiusura, dal suo essere **aperto a tutto**, capace di diventare tutto, fino ad arrivare con il suo intelletto al sommo vertice della congiunzione con Dio. L'Umanesimo abbandona gli ideali medievali della rinuncia e della povertà e mette **in discussione l'idea della salvezza eterna**, da raggiungersi principalmente attraverso il rifiuto dei beni e dei piaceri di questo mondo. Al tempo stesso rivaluta l'impegno civile e l'operosità in ogni campo. In questa nuova concezione dell'umanità intesa come libertà, l'uomo celebrava sé stesso. La nuova immagine umanistica della società si fondava pertanto su una profonda laicizzazione.

Laicizzazione

Laicizzazione non vuol dire, ovviamente, ripudio di qualsiasi forma di reli-

Antonello da Messina
Annunziata
1476
[Galleria Regionale della Sicilia, Palermo]

Come gli intellettuali umanisti si impegnarono nel recupero dei testi antichi, allo stesso modo, gli artisti rinascimentali si appropriarono del linguaggio classico per eguagliare l'armonia raggiunta dall'arte del passato. Lo studio dell'arte classica portò con sé un nuovo interesse per la prospettiva e le proporzioni, concetti-chiave della cultura artistica antica, e a porre l'uomo, misura di tutte le cose, al centro del loro lavoro. Anche in opere dal soggetto religioso, artisti come Antonello da Messina costruirono uno spazio reale, abitabile, al cui interno i personaggi esprimono la propria eroica umanità. In questo suo capolavoro, l'*Annunziata* di Palermo, la Vergine è sola, colta nel suo lato umano dopo aver ricevuto la visita dell'angelo che le annuncia la prossima maternità. Il dipinto non presenta alcuna forma di idealizzazione: Maria ha l'aspetto di una donna meridionale che si chiude con pudore dignitoso dentro il velo che le copre la testa e con la mano quasi allontana lo spettatore dando così il senso dello spazio che la separa da noi.

giosità (esamineremo in seguito gli aspetti religiosi dell'Umanesimo: 👁 10.6), ma affermazione dell'autosufficienza e del **valore autonomo delle attività umane**, considerate in sé stesse, con un riferimento alla loro funzione in seno alla società e non più in connessione determinante con una vita futura, ultraterrena. L'opera d'arte come la politica, la scienza come la storia, venivano ora valutate per sé stesse, indipendentemente da qualsiasi considerazione religiosa. Si frantumava in tal modo, e **veniva meno, quella concezione totalizzante delle attività umane che era stata tipica della mentalità medievale.**

GUIDA ALLO STUDIO

❶ In che cosa consiste il carattere universale dell'Umanesimo? ❷ Quale concezione dell'uomo si affermò con l'Umanesimo? ❸ Quale concezione del sapere emerse?

3 La nuova pedagogia

▶ 96
P. Burke
Le vie della formazione

▶ 99DOC
Leon Battista Alberti
Il tempo di Dedalo

Educazione umanistica

Il progetto intellettuale umanistico entrò rapidamente nelle scuole e trasformò i programmi e i metodi di insegnamento. Il problema del fanciullo e della sua educazione divenne centrale nella prospettiva degli umanisti, che sapevano bene quanto fosse difficile formare uomini completi, dotati di una piena coscienza dei propri mezzi e profondamente consapevoli della dignità umana. Nacque una nuova pedagogia che, attraverso metodi non repressivi, mirava a plasmare negli allievi le **capacità critiche e dialettiche**, attraverso un **confronto libero** con i maestri e la **lettura diretta** delle opere più importanti realizzate in ogni campo del sapere: il nuovo metodo educativo cercava di suscitare e potenziare le energie e la creatività degli allievi senza bloccarle entro schemi prefissati. Questa nuova pedagogia si accompagnava, inoltre, all'**abbandono dei metodi repressivi** (castighi, percosse, privazioni) tipici delle scuole medievali e proponeva l'esigenza del convincimento, della persuasione, della dolcezza: in altre parole, un maggiore rispetto per la condizione dei fanciulli.

Integrazione fra le discipline

Al rinnovamento dei metodi si accompagnava quello dei contenuti. Nelle prime grandi scuole umanistiche, come quella mantovana creata da **Vittorino da Feltre** (1378-1446), considerato uno dei fondatori della pedagogia moderna, si affermò l'esigenza di evitare una formazione puramente letteraria e retorica. Questa era sì considerata fondamentale, ma nell'ambito di un **programma educativo integrato**, che comprendesse anche le scienze naturali. Del resto, figure poliedriche come quelle di **Leon Battista Alberti** (1404-1472), umanista e scrittore raffinatissimo, ma anche architetto, ingegnere, matematico e teorico dell'arte, e **Leonardo da Vinci** (1452-1519), pittore tra i più grandi, ma anche studioso geniale di ottica, meccanica e anatomia, non fanno altro che confermare la centralità, nella formazione umanistica, di questa stretta integrazione tra discipline diverse, che si configura come un **progetto di conoscenza globale della realtà**: la riscoperta dell'uomo e il valore attribuito alla sua dignità si uniscono alla volontà di conoscere e dominare la natura.

Discriminazione femminile

Questo discorso sull'istruzione dei fanciulli riguardava soltanto i maschi. Le femmine, infatti, ne erano escluse, a meno che non si trovassero in monastero. Non era raro che una giovane donna, sebbene di nobili natali, non sapesse leggere o scrivere. Certamente vi furono casi di donne istruite che, come vedremo oltre, assursero agli onori letterari, ma si trattava di una élite ristretta e privilegiata: è stata la loro eccezionalità a rendercele note.

GUIDA ALLO STUDIO

❶ Quali erano le finalità della nuova pedagogia? ❷ In che modo si trasformarono i metodi e i contenuti dell'educazione? ❸ Che cosa si intende per "formazione integrata"? ❹ Quali categorie erano escluse dall'istruzione?

4 Il Rinascimento

90 DOC
Leon Battista Alberti
L'armonia dello spirito e del corpo

91 DOC
Flavio Biondo • Lorenzo Valla
Gli antichi e i moderni

97
P. Rossi
Sapere scientifico e sapere artigianale

L'idea di rinascita e il rifiuto del Medioevo

L'Umanesimo, inteso appunto come nuova concezione della dignità dell'uomo e profondo processo di trasformazione della cultura e dei metodi di formazione intellettuale, si accompagnò, da un certo periodo in poi, a una straordinaria fioritura delle arti e del pensiero, cui si dà il nome di «Rinascimento». Il termine stesso contiene in sé l'idea di una rinascita dopo le tenebre medievali, della quale gli uomini di cultura dell'epoca si mostravano consapevoli. Anzi, vale la pena di ricordare che i concetti di Medioevo e Rinascimento sono nati insieme: i pensatori del '300 e del '400 avevano la consapevolezza vivissima che il loro ***praesens tempus*** (l'età a loro contemporanea) si distaccasse nettamente dalla ***media aetas***, l'età di mezzo che li separava dall'età classica. Il Medioevo era visto come un'epoca barbara e oscura, che aveva interrotto lo sviluppo della civiltà. Ma ora questo sviluppo «rinasceva» e la coscienza di vivere un'età nuova alimentava un senso di liberazione.

Una straordinaria concentrazione di ingegni

Nell'**Italia** di questo periodo – e soprattutto a Firenze – si ebbe una straordinaria concentrazione di ingegni quale forse mai si è verificata nella storia dell'umanità: Masaccio, Mantegna, Raffael-

Fra i più celebri artisti rinascimentali va citato sicuramente Sandro Botticelli. Figlio di un conciapelli, ebbe la fortuna di entrare, nel 1473, al servizio della famiglia dei Medici e di partecipare alla fervente vita culturale della corte fiorentina, animata dalle più eminenti personalità dell'Umanesimo (fra questi il filosofo Marsilio Ficino e il poeta Angelo Poliziano). Il risultato di queste frequentazioni furono due grandi tele, ormai universalmente ritenute opere-simbolo del Rinascimento italiano, la *Primavera* e la *Nascita di Venere*. I contemporanei e i posteri vi hanno infatti colto il trionfo di una nuova visione dell'uomo e della natura, un'espressione incantevole della grazia e dell'eleganza, un mirabile senso dell'armonia, una ritrovata bellezza fondata sulla riscoperta dell'arte classica.

Botticelli
Nascita di Venere
1482-85
[Galleria degli Uffizi, Firenze]

Leonardo da Vinci

Una fama mondiale che attraversi i secoli è forse il sogno di ogni artista, e certamente il nome di Leonardo da Vinci (1452-1519) è tra i più celebri della storia del genere umano. **Prototipo del genio universale**, eccellente in ogni campo dell'arte e della scienza, sembra aver prefigurato il futuro con le sue intuizioni stupefacenti. La sua *Gioconda* è stata spesso rivisitata da numerosi artisti nel '900 – Duchamp, Dalí, Warhol tra gli altri –, e la sua figura ha ispirato pochi anni fa *Il Codice da Vinci*, romanzo e film fantasy di grande successo commerciale.

Eppure, dietro il velo della leggenda, Leonardo ci sfugge. Le 6000 pagine dei suoi *Codici* giunte fino a noi, zeppe di disegni e appunti annotati con la bizzarra scrittura orientata da destra a sinistra, ci parlano del suo lavoro incessante; ma tante sue opere sono andate perdute, poche di quelle arrivate fino a noi sono compiute, i suoi progetti più arditi non si sono realizzati. Amava la solitudine perché gli dava il pieno dominio di sé e la libertà totale di lavorare: «Se tu sarai solo, tu sarai tutto tuo». Sapeva essere amabile e cortese ma manteneva un profondo distacco dai sentimenti e dalle passioni che potessero distoglierlo dagli studi. Appariva ai contemporanei **stravagante, eccentrico**. Spesso era controcorrente. In un'epoca in cui sensibilità di questo genere erano quasi sconosciute, Leonardo era vegetariano, per il rispetto profondo che provava per ogni essere vivente: «[l'uomo è] sepoltura d'animali, albergo de' morti», diceva.

La Chiesa deprecava la profanazione dei defunti ma Leonardo, che era **ateo**, sezionò oltre 30 cadaveri per conoscere l'anatomia umana, lasciandoci circa **800 straordinari disegni anatomici**. Leonardo fu il primo a studiare, dopo tanti secoli, la natura con il metodo sperimentale, perché solo **l'esperienza è «madre di ogni certezza»** e «chi disputa allegando l'autorità, non adopera lo ingegnio, ma piutosto la memoria». Scorgeva i rischi dell'impressione soggettiva: «ogni nostra cognitione principia da' sentimenti», che ci allontanano dal vero. Prima di lui, si era posta scarsa attenzione allo studio scientifico del mondo inanimato. Leonardo invece indaga l'aria, le rocce, l'acqua: per lui l'uomo è parte del tutto, in armonia con l'ambiente. Studia per tutta la vita il volo, sognando di realizzare una macchina che consenta all'uomo di volare («Una volta che abbiate conosciuto il volo, camminerete sulla terra guardando il cielo, perché là siete stati e là desidererete tornare»).

A differenza di altri grandi artisti, come Michelangelo, Leonardo rifiutava l'idealizzazione e la celebrazione della bellezza fisica: per lui ogni aspetto della realtà era meritevole di essere rappresentato, anche il brutto, il grottesco, il deforme, come dimostra la sua meravigliosa serie di caricature. Ciò che conta è la verità della vita e la sua reale varietà di forme e moti interiori ed esteriori che solo la **pittura** può rappresentare, se intesa come **scienza basata sullo studio della natura e sulla prospettiva matematica lineare**. Elaborata intorno al 1416 da Brunelleschi per ricreare illusionisticamente la terza dimensione del mondo reale, la prospettiva ha rivoluzionato l'arte, sostituendo all'imitazione empirica lo

Leonardo da Vinci
Autoritratto
dopo il 1515
[Biblioteca Reale, Torino]

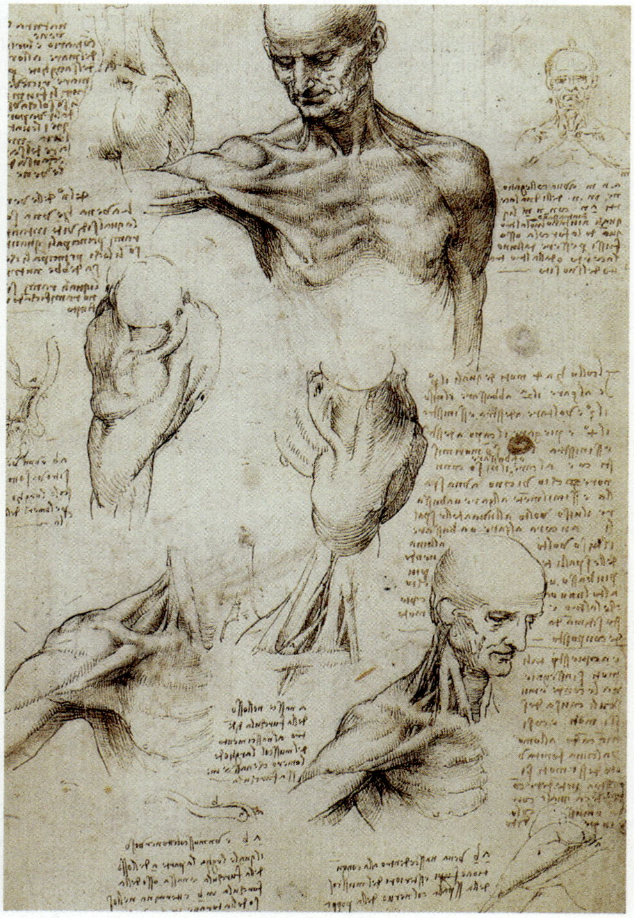

Leonardo da Vinci
Studi anatomici di una spalla maschile
1509-10 ca.
[Castello di Windsor, Windsor]

studio scientifico della percezione visiva e delle proporzioni. Quando Leonardo inizia il suo apprendistato artistico, la teoria è ben consolidata nella pratica comune ma egli ne svolge una personalissima interpretazione: la prospettiva aerea e cromatica. Studiando i fenomeni atmosferici e la loro resa ottica, nota che lo spessore dell'aria interposta tra noi e l'immagine modifica la nostra percezione: gli oggetti più lontani e le parti più basse di quelli alti sono meno distinti e la loro gamma cromatica vira verso l'azzurro. Con Leonardo il solido diventa atmosferico, il cielo e l'acqua acquistano consistenza fluida, torbida, come nei paesaggi delle due opere mature: la *Gioconda* e *Sant'Anna*. Mentre la pittura a Venezia e Firenze sviluppa colori chiari e squillanti, i suoi sono spenti, bruni: egli crea l'effetto della **luce** tramite la forma, scolpendola con l'ombra. **Sopra ogni cosa lo affascina il contrasto, il dinamismo**: ogni elemento della realtà emerge dalla dialettica con il suo opposto. La sua vita, la sua arte si svolgono nel segno del moto: tanti i suoi viaggi, tanti gli ambienti diversi in cui ha vissuto e lavorato, reinventando il suo ruolo di intellettuale e i suoi talenti, ricominciando da capo ogni volta.

Figlio naturale del notaio Pietro e di una contadina, visse liberamente i primi anni in campagna con la mamma, poi fu adottato dal padre e si trasferì a Firenze. A 17 anni entrò nella bottega del pittore, orafo e scultore **Andrea Verrocchio**, che formò artisti come Botticelli, Ghirlandaio, Perugino e Signorelli, e qui apprese la pittura, la scultura, l'architettura. La figura dell'**artista enciclopedico e universale** era parte integrante della cultura rinascimentale, quindi il genio multiforme di Leonardo non è un caso isolato. Ciò che lo distingue è il rigore scientifico della riflessione teorica, l'infinita gamma dei progetti, la genialità di tante intuizioni innovative. Curiosità insaziabile e alte aspirazioni lo spingevano a volte oltre i confini del possibile, verso delusioni e sconfitte, come l'idea di una statua equestre per Francesco Sforza a Milano, in cui il solo cavallo sarebbe dovuto essere alto ben 7 metri.

A **Firenze** vive negli anni sereni che seguono la pace di Lodi del 1454 **[👁 9.1]** con i Medici e riceve la prima commissione importante, l'*Adorazione dei Magi*. Ma è insoddisfatto. È inviato da **Lorenzo dei Medici**, appassionato esportatore del genio fiorentino, a **Ludovico il Moro**, cui si offre quale ingegnere edile e idraulico. Nel 1482 parte per **Milano**. Vivrà anni intensissimi: dipinge la *Vergine delle rocce*, l'*Ultima cena*, la *Dama con l'ermellino* e la *Belle Ferronnière* rivoluzionando la storia dell'arte; migliora il sistema dei Navigli, gli antichi canali che connettevano Milano al basso Ticino e ai laghi di Como e Maggiore, disegna costumi, suona la lira e realizza macchine per le feste sfarzose del duca. Ma nel 1499 parte ancora, dopo la fuga di Ludovico e l'ingresso a Milano del re di Francia Luigi XII. Si reca a **Mantova** da Isabella d'Este, a **Venezia** dove mette a punto un piano per difendere il Friuli dai turchi, a **Roma** e poi nel 1501 ancora a Firenze, dopo 20 anni di assenza.

Ma tutto è cambiato: la Signoria è diventata Repubblica e la scena artistica è dominata da Michelangelo. Trascorre un anno al servizio di Cesare Borgia, per il quale crea una miscela di polvere da sparo e progetta macchine da guerra sottomarine e volanti, e nel 1503 è ancora a Firenze. Riceve due importanti incarichi da Pier Soderini, allora gonfalone: deviare il corso dell'Arno contro la ribelle Pisa e affrescare il Salone di Palazzo Vecchio con una *Battaglia di Anghiari*, celebrativa della *virtus* fiorentina insieme alla *Battaglia di Cascina* di Michelangelo. Fallisce in entrambi, nel primo per un errore di calcolo, nel secondo per aver sperimentato una tecnica sbagliata: due gravi frustrazioni, da cui si risolleva dipingendo la *Gioconda* e scrivendo l'incompiuto *Trattato delli uccelli*. Chiamato da Luigi XII, torna a Milano dal 1508 al 1513. Ritrova il fervore creativo dipingendo la seconda versione della *Vergine delle rocce* e la *Sant'Anna* e continuando gli studi di matematica, anatomia, geologia, idrografia, urbanistica. Scopre l'ebbrezza di una parziale scalata al Monte Rosa. La guerra della Lega di Cambrai rompe la sua serenità **[👁 9.3]**, cacciando i francesi da Milano. Si reca a Roma presso Giuliano dei Medici e suo fratello papa Leone X e lavora per la bonifica delle pianure pontine e il porto di Civitavecchia. Riprende gli studi di anatomia ma viene accusato di stregoneria e, morti i suoi protettori, fugge, anziano e stanco. I suoi ultimi tre anni presso il re di Francia Francesco I sono finalmente sereni e chiudono una vita vissuta negli infiniti spazi dello scibile umano e del sogno di possederlo.

Leonardo da Vinci
La Vergine, Sant'Anna, il Bambino e l'agnello
1510 ca.
[Musée du Louvre, Parigi]

94
A. Forcellino
L'arte sepolta torna alla luce

lo, Botticelli, Leonardo, Michelangelo, Tiziano, Tintoretto, e decine di altri grandi maestri nel campo della pittura; Donatello e Michelangelo nella scultura; Brunelleschi, Bramante e Palladio nell'architettura; Bandello e Pietro Aretino (1492-1556) nella prosa; Poliziano e Ariosto nella poesia; Bruni, Alberti, Machiavelli e Guicciardini nel pensiero storico e politico; Ficino e Pico della Mirandola nella filosofia; Paolo da Venezia nella fisica; Fracastoro nella medicina.

Questi sono, ovviamente, soltanto alcuni dei nomi – i più celebri – di un lunghissimo elenco di talenti eccezionali, molti dei quali non si limitarono a creare capolavori, ma rivoluzionarono spesso dalle fondamenta le loro discipline. Le innovazioni in campo artistico, stimolate dalla scoperta e dallo studio delle opere d'arte antiche, praticamente non si contano: è questa l'epoca in cui nella pittura rinascono la **prospettiva**, il **ritratto**, il **paesaggio**, la **natura morta**, nella scultura si afferma il **busto-ritratto**, la **statua equestre**, in campo musicale nasce il madrigale. È questa anche l'epoca in cui si hanno le prime rappresentazioni teatrali di contenuto profano in italiano – rinascono la **tragedia**, la **commedia** e la **pastorale** – e in cui si sviluppano le prime teorie moderne dell'arte, della letteratura, della poesia, della filologia, della politica.

Perché in Italia? Causa unica e fenomeni complessi

Se procediamo ad analizzare i vari fattori che possono aver favorito la straordinaria fioritura rinascimentale nelle città italiane e soprattutto a Firenze, osserviamo subito alcune caratteristiche comuni ai centri di propulsione della nuova cultura. Nelle **città italiane** e soprattutto in quelle, come Firenze, dove le **libertà repubblicane** ri-

ATLANTE 51_I CENTRI, LE ISTITUZIONI CULTURALI E I PROTAGONISTI DELL'UMANESIMO

Nelle diverse realtà politiche della penisola, tra XV e XVI secolo, si ospitano e si incoraggiano artisti, intellettuali, filosofi, scienziati, mentre, in qualche caso, si organizzano istituzioni culturali che favoriscono l'incontro tra gli intellettuali, oltre che lo studio e la discussione di questioni filosofiche e teologiche.

masero più a lungo in vita, esistevano condizioni maggiormente favorevoli alla competizione, al confronto, all'ascesa di individui intraprendenti e capaci. In altre parole, come già sottolineò Leonardo Bruni, la libertà comunale fu propizia all'inventiva, alla creatività, al rinnovamento culturale. Certo, sappiamo bene che questa "libertà" può essere riferita solo a un **gruppo minoritario della popolazione** – quello che effettivamente contava dal punto di vista politico perché partecipava alle assemblee e accedeva agli organi di governo –, ma questo gruppo minoritario era sempre più vasto e aperto di quello che si riscontrava in altre situazioni politiche europee. Un altro elemento importante fu l'alta concentrazione di attività artigianali e "industriali", che a **Firenze** raggiungevano la punta massima. Poiché **gli artisti provenivano in grandissimo numero dallo strato degli artigiani**, è evidente che tanto più ampio era questo strato, tanto maggiori erano le possibilità che esso producesse artisti di talento. Inoltre, come vedremo, tra gli artigiani il talento artistico era molto meno ostacolato che negli altri gruppi sociali.

La spinta alla produzione artistica provenne anche dalla **committenza**, pubblica e privata, che agì anche seguendo una strategia di distinzione sociale. I committenti istituzionali – le chiese, i monasteri, le corporazioni cittadine, e naturalmente le corti principesche [👁 10.8] – investivano in edifici e opere d'arte di pregio che avrebbero testimoniato la loro ricchezza, l'eleganza e la potenza. Dal canto loro, anche i privati facoltosi furono committenti importanti di quadri, affreschi, gruppi scultorei.

Un ulteriore motivo per il quale la rinascita poté fiorire prima in Italia che altrove fu il fatto che in nessun paese d'Europa lo **studio del diritto romano** aveva raggiunto un livello così alto come nelle facoltà giuridiche delle università italiane. E fu proprio lo studio approfondito del diritto romano a rendere familiare, agli uomini di cultura italiani – già dalla piena età medievale –, la frequentazione del mondo antico e della sua lingua.

Infine, le **biblioteche** italiane dislocate presso le cattedrali, i monasteri, le università contenevano copie manoscritte delle opere degli autori antichi in misura molto superiore a quella delle biblioteche degli altri paesi europei, e questo facilitò enormemente la conoscenza della cultura classica [👁 ATLANTE_51].

GUIDA ALLO STUDIO

❶ Quando fu elaborato il concetto di Rinascimento? ❷ Quali caratteristiche distinguevano il *praesens tempus* dalla *media aetas*? ❸ In che cosa consiste il carattere «eccezionale» del Rinascimento? ❹ Quali fattori hanno reso possibile la fioritura rinascimentale?

5 L'"élite creativa"

Masse ed élite

Tra il '400 e il '500 l'Italia contava circa 10 milioni di abitanti, la maggior parte dei quali era costituita da contadini analfabeti; la loro unica preoccupazione quotidiana era la sopravvivenza. Queste masse, ovviamente, erano del tutto estranee alla civiltà del Rinascimento, che fu la creazione di un gruppo ristretto di individui, il cui numero non superava le mille unità: una "élite creativa", una **qualificata minoranza di creativi**. Sul lungo periodo, la creatività di questa élite ebbe però un'importanza enorme anche sui destini di intere popolazioni, influendo sullo sviluppo culturale delle classi dirigenti e rinnovando le basi intellettuali di intere generazioni di scienziati, di politici, di ecclesiastici.

Provenienza geografica ed estrazione sociale

L'élite creativa, considerata nel suo complesso, rivela precise caratteristiche geografiche e sociali. Il divario tra l'apporto numerico che le singole regioni hanno dato all'élite creativa e la rispettiva percentuale di popolazione nei confronti dell'insieme della penisola

▶ 105
M.L. King
Le donne del Rinascimento: anonime e protagoniste

mette in luce un fenomeno estremamente significativo: il Rinascimento italiano fu creato soprattutto da quattro regioni – la **Lombardia**, il **Veneto**, la **Toscana**, i **territori pontifici** [👁 TABELLA_4].

Non meno importante della provenienza geografica è il problema dell'estrazione sociale dell'élite creativa. Per la maggior parte dei personaggi (57%) questo elemento è ignoto. Quanto sappiamo sul resto dei componenti consente, tuttavia, di delineare un quadro sufficientemente attendibile. Se si divide la popolazione in cinque gruppi principali – ecclesiastici, nobili, mercanti e professionisti (vale a dire notai, avvocati, medici, ecc.), artigiani e bottegai, contadini – si rileva subito che il contributo degli ecclesiastici fu praticamente nullo: il segnale è della massima importanza perché fa comprendere quanto la nuova cultura fosse praticata da ceti diversi da quelli che avevano monopolizzato la cultura medievale. L'estrazione sociale dei rimanenti casi noti nei primi decenni del '500 è la seguente: 114 figli di artigiani e bottegai, 84 figli di nobili, 48 figli di mercanti e professionisti, 7 figli di contadini.

Se procediamo a un'analisi ulteriore e teniamo presenti le svariate occupazioni dei membri dell'élite creativa, suddividendole in due raggruppamenti – da un lato pittori, scultori e architetti, dall'altro scrittori, scienziati e umanisti – scopriamo anche che l'origine sociale dei due raggruppamenti era molto diversa: **tra pittori, scultori e architetti, prevalgono i figli di artigiani e bottegai** che non potevano permettersi l'accesso agli studi superiori; **tra scrittori, scienziati e umanisti prevalgono nettamente i figli di nobili, mercanti e professionisti** per i quali l'attività di artista era considerata comunque un lavoro manuale e dunque indegno del loro rango sociale. Quanto ai figli dei contadini, la loro debolissima presenza nell'élite non deve sorprendere. Per loro il mondo delle arti e della cultura umanistica era un pianeta sconosciuto e, anche se avessero voluto entrarvi, non ne avrebbero avuto i mezzi economici.

Artisti e artigiani Sul lavoro dell'artista pesavano da secoli due pregiudizi: si trattava di un **lavoro manuale** come quello dell'artigiano (un'Arte meccanica) e quindi **indegno di un individuo di condizione elevata**. L'artista, inoltre, vendeva le sue opere e questo lo rendeva simile al venditore al dettaglio; in quanto tale, egli era assimilabile, per esempio, a un ciabattino o a un droghiere. Combattere contro questi argomenti non era facile ed essi non furono mai veramente sconfitti

TABELLA 4_PROVENIENZA GEOGRAFICA DELL'"ÉLITE CREATIVA" UMANISTICA

REGIONE	CONTRIBUTO REGIONALE ALL'"ÉLITE CREATIVA"	CONTRIBUTO REGIONALE ALLA POPOLAZIONE ITALIANA
Piemonte	1,5%	10%
Liguria	1%	5%
Lombardia	11%	10%
Veneto	23%	20%
Toscana	26%	10%
Territori pontifici	18%	15%
Italia meridionale	7%	30%
Fuori d'Italia	7%	
Ignota	5,5%	

durante il Rinascimento. Eppure anche sotto questo profilo qualcosa cominciava a cambiare; la posizione sociale dell'artista conobbe, almeno nei casi di maggiore successo, una notevole ascesa. Alle accuse di ignoranza si obiettava che anche i pittori dovevano studiare materie come la geometria e la storia.

Di maggior peso nella riabilitazione sociale degli artisti furono l'**ammirazione** che le loro opere suscitavano negli ambienti nobili e benestanti e gli **altissimi compensi** che gli artisti più affermati – non certo i più – richiedevano e ottenevano. Alcuni di loro, come Perugino, Mantegna, Raffaello e Tiziano, divennero ricchissimi. Alla ricchezza si accompagnava spesso la concessione, da parte dei signori e dei principi, di **titoli e cariche**: Mantegna fu nominato conte dall'imperatore Carlo V, e anche Tiziano divenne conte per volontà del pontefice Innocenzo VIII.

Anche la **considerazione sociale** riservata agli artigiani conobbe un'evoluzione positiva come sembra dimostrato da alcune novità: prima fra tutte la nascita del **brevetto**, che assicurava all'ideatore di una determinata invenzione i diritti di sfruttamento da essa derivanti. Queste invenzioni pratiche protette dal brevetto nascevano quasi sempre nel mondo modesto delle botteghe, che ora cominciava a scrollarsi di dosso il disprezzo di sempre e assumeva una nuova dimensione sociale.

Condizione femminile e creatività

Tra le diverse centinaia di pittori, scultori, architetti, musicisti, umanisti, scienziati, scrittori di questo periodo le donne sono pochissime e in gran parte poetesse: ci sono note le personalità di **Vittoria Colonna** (1490-1547), la «divina» celebrata da Michelangelo, **Veronica Gambara** (1485-1550), **Tullia d'Aragona** (1508-1565), **Gaspara Stampa** (1520-1554). Al fenomeno si possono anche dare diverse spiegazioni, ma il dato di fondo è sociale: in una **società dominata dagli uomini**, che escludeva l'accesso delle donne sia agli studi e anche all'apprendistato artistico, il talento femminile è inevitabilmente depresso.

Sofonisba Anguissola
Autoritratto al cavaletto
1556
[Muzeum Zamek, Lancut (Polonia)]

Fra i pochissimi nomi femminili legati al mondo dell'arte nel '500 spicca quello di Sofonisba Anguissola, nobildonna piacentina che si cimentò con l'arte del dipingere inizialmente solo per completare la sua cultura estremamente raffinata. Incoraggiata dal padre, che mandò alcuni suoi disegni a Michelangelo, frequentò la scuola di un pittore lombardo minore, puntando la propria attenzione sui ritratti. Grazie anche alla sua competenza letteraria e musicale, Sofonisba fu chiamata in diverse corti italiane fino ad approdare nel 1559 alla corte di Filippo II di Spagna, dove fu ritrattista della famiglia reale. Negli anni raggiunse una certa notorietà e fu apprezzata da molti artisti di fama fra cui Michelangelo e il pittore fiammingo Antoon van Dyck, che ne realizzò un ritratto nel 1624.

GUIDA ALLO STUDIO

❶ Che cosa si intende con l'espressione "élite creativa"? ❷ Da quali regioni e classi sociali proveniva quella del Rinascimento? ❸ Quali pregiudizi pesavano sul lavoro dell'artista? ❹ Attraverso quali strumenti si realizzò la riabilitazione sociale dell'arte? ❺ Quali erano gli sviluppi possibili del talento femminile all'epoca?

6 Nuove visioni del mondo

Storia e politica Il fallimento della politica dell'equilibrio e l'invasione dell'Italia da parte di potenze straniere provocarono, nella riflessione degli storici e dei pensatori più attenti al corso delle vicende umane, una forte inclinazione al **pessimismo**. Nei pensatori di più alto livello, come i due fiorentini **Niccolò Machiavelli** (1469-1527) e **Francesco Guicciardini** (1483-1540) questo pessimismo portò a una lucida indagine sui veri moventi che – al di là di qualsiasi illusione e di qualsiasi ideale – guidano, in politica, l'operare degli uomini.

■ **Machiavelli e le leggi della storia** Sistematica e di ampio respiro è la visione storica di Niccolò Machiavelli. Egli cercò di individuare alcune **leggi immutabili** che a suo avviso governano da sempre la storia umana. La storia è chiusa entro una serie di percorsi obbligati determinati dal carattere ciclico delle forme politiche e degli avvenimenti e dalla perennità di alcuni comportamenti umani: in politica, **gli uomini sono guidati soltanto dal proprio interesse** e, anche quando lo ammantano dei più alti ideali, non conoscono la generosità, sono corrotti e «tristi». Dall'agire umano è escluso ogni intervento divino e allo storico, come al politico, non resta altro che prenderne atto. Ma prenderne atto non significa rinunciare alla lotta e all'azione: forte della comprensione delle leggi che presiedono all'agire umano, il politico deve comportarsi in modo coerente, mirando in primo luogo al **bene dello Stato**. Egli riesce in tal modo a opporsi efficacemente persino alla **fortuna**, un termine che ricorre spesso in Machiavelli e in altri autori dell'epoca per indicare le imprevedibili contingenze che contrastano l'azione dell'uomo.

***Cesare passa il Rubicone*, part., arazzo rinascimentale**
[Museo di Storia, Berna]
Da buon umanista, Machiavelli cercò i suoi modelli nell'Antichità, e la storia di Roma – da lui analizzata in particolare nei *Discorsi sopra la prima deca di Tito Livio* – gli apparve come una specie di laboratorio entro il quale si riassumono le infinite esperienze che vennero dopo Roma. L'esperienza del politico, la riflessione dello storico, lo spirito scientifico di chi cerca nei comportamenti umani la presenza di leggi «naturali» si saldavano, nell'opera di Machiavelli, in una visione di grande coerenza, che è alla base della riflessione politica moderna.

La **virtù del politico** non consiste per Machiavelli in una morale astratta e irrealizzabile, o in princìpi di ordine religioso, che lo porterebbero diritto al fallimento, ma in questa intelligenza dei comportamenti umani, che gli consente di anticipare le azioni altrui e quindi di prevalere. Il politico dovrà essere, a seconda della circostanza, «golpe» e «lione», volpe e leone, astuto e forte, dissimulatore e crudele, moderato e violento, pur di difendere lo Stato. Non è vero, come spesso si ritiene, che la visione machiavelliana, il cosiddetto **"machiavellismo"**, sia priva di valori etico-sociali. Machiavelli si limitò a constatare l'assenza di regole morali nelle leggi perenni che regolano l'agire politico dell'uomo. Al tempo stesso egli esaltò tuttavia la «virtù» intesa come **capacità di un capo politico di difendere e far prosperare lo Stato**. Questa concezione emerge chiaramente nella sua opera più famosa, *Il Principe* (1513), in cui la figura del principe – cioè la figura del signore, che dominava allora la scena politica italiana ed europea – è delineata come quella più adatta ad assicurare il migliore svolgimento della vita associata: non più responsabile di fronte a Dio, e svincolato dagli obblighi di una morale estranea alle leggi della politica, il principe era però impegnato nel fine supremo di assicurare il bene dello Stato.

95 DOC
Niccolò Machiavelli
L'immaginazione e la «verità effettuale»

100
F. Chabod
Un ritmo diverso: l'economia

■ **Guicciardini** La *Storia d'Italia* (1537-40) di Francesco Guicciardini, ambasciatore della Repubblica fiorentina e politico di altissimo livello, mostra la grandissima maturità raggiunta dal pensiero storico rinascimentale. L'autore esamina ogni fatto e ogni circostanza alla luce di una prospettiva critica complessa, che non tralascia mai di connettere il particolare al quadro d'insieme. Per lui la storia non è – come era stata nel Medioevo – elencazione di fatti ed esaltazione di uomini e città, ma spiegazione intellegibile delle vicende umane. La sua convinzione di fondo è che gli uomini siano inevitabilmente preda del male e che i loro comportamenti siano dominati da motivazioni non ragionevoli: da qui il suo frequente ricorrere a spiegazioni psicologiche. Secondo Guicciardini, **la realtà umana non è interpretabile in base a regole generali**, perché il suo carattere di fondo è una **perenne mutevolezza**: allo storico come al politico resta solo la possibilità di esaminarla caso per caso.

Copernico. Una nuova visione dell'universo

L'evento più importante del pensiero scientifico rinascimentale fu l'opera dell'astronomo polacco **Niccolò Copernico** (1473-1543), con la quale nacque una nuova visione dell'universo. Riprendendo le teorie elaborate, già nell'Antichità, da Eraclide Pontico (IV secolo a.C.) e da Aristarco di Samo (III secolo a.C.), Copernico propose un **modello cosmologico eliocentrico** fondato sul movimento della Terra intorno al Sole e quindi opposto alla **teoria geocentrica** di matrice aristotelica, che da circa duemila anni dominava la cultura occidentale e che era considerata dalla Chiesa l'unica valida, perché nella Bibbia si legge che la Terra è immobile e il Sole gira intorno a essa. Non mancavano, nella teoria copernicana, imprecisioni, insufficienze, contraddizioni; essa, inoltre, non riusciva a spiegare in modo convincente la causa dei moti degli astri e conservava al suo interno troppi elementi della vecchia cosmologia. La forza dirompente della teoria copernicana rappresentava tuttavia un **fattore di notevole modernizzazione del pensiero scientifico**: nel momento stesso in cui faceva del Sole, e non più della Terra, il centro dell'universo ribaltava infatti la posizione dell'uomo nell'ordine cosmico. L'uomo stesso, in sostanza, non si trovava più al centro dell'universo. **La rivoluzione copernicana, quindi, fu anche una rivoluzione filosofica e delle mentalità.**

Nuova cultura e religione

La cultura umanistica affermò in quasi tutti i campi, dalla politica all'etica, dalla scienza al pensiero storico, l'autonomia del sapere e dei valori umani rispetto alla religione. Ma per altro verso essa, considerata nel suo complesso, non fu affatto atea né pagana, come pure hanno sostenuto alcuni storici: i protagonisti della fioritura umanistico-rinascimentale non intendevano rinunciare alle loro credenze di cristiani, o a quello che ritenevano essere il nucleo essenziale della religione: l'esistenza di Dio, l'immortalità dell'anima, la fede nella virtù morale. Inoltre, a ben guardare, lo stesso rapporto, così forte e profondo, che la cultura rinascimentale aveva con l'Antichità classica rivela una forma mentale molto vicina alla mentalità del Medioevo cristiano. I rapporti tra problema religioso e cultura umanistica furono molto stretti soprattutto al di fuori dell'Italia, e si ritrovano già, alla fine del '300, per esempio nel movimento religioso della ***Devotio moderna***, diffusosi in Olanda, nelle Fiandre e in parte della Germania, animato da grandi personalità quali **Gerard Grote** e il suo allievo **Tommaso di Kempis**: il riferimento diretto alla vita di Cristo diventava il modello costante della vita quotidiana, in una forma di **Umanesimo cristiano** che saldava strettamente esperienza intellettuale e misticismo.

Irradiamento dell'Umanesimo in Europa

I rapporti tra problema religioso e cultura umanistica rappresentano anche l'aspetto più significativo, e più carico di conseguenze storiche, dell'irradiamento dell'Umanesimo italiano in Europa.

Nell'opera di **Erasmo da Rotterdam** (1466-1536), il massimo rappresentante degli studi umanistici d'Oltralpe, si ritrovano, applicati ai testi sacri e, più in generale, religiosi, i metodi della filologia umanistica. Egli affermò la necessità di leggere i **testi sacri nella loro lingua originale** e non soltanto nella traduzione latina accettata ufficialmente dalla Chiesa, e per questo preparò l'edizione critica dell'originale greco del Nuovo Testamento; si dedicò inoltre all'edizione, rinnovata su basi filologiche, dei testi dei Padri della Chiesa. L'attività erudita di Erasmo era strettamente collegata alla sua iniziativa di **sostenitore del rinnovamento e della riforma della Chiesa** [👁 14.1], alla ricerca di una religiosità e di una morale più profonde e intense (Erasmo, infatti, fu influenzato dalla *Devotio moderna*). Nel suo celebre *Elogio della follia* (1511), dispiega tutto il suo temperamento ironico e polemico, attaccando e demolendo i più consolidati luoghi comuni e qualsiasi forma di bigotteria, le vane elucubrazioni dei teologi e la stoltezza dei superstiziosi, la corruzione del clero.

Questa corrente di pensiero ricca di fiducia nella ragione e nei valori della libertà di

◀ **Strumenti astronomici usati al *Collegium Maius* al tempo in cui vi studiava Copernico**
[Collegium Maius, Cracovia]

▶ **La mappa copernicana dell'universo**
[da Andreas Cellarius, *Atlas coelestis seu Harmonia macrocosmica*, Amsterdam 1660, British Library, Londra]

Nella sua fondamentale opera del 1543, il *De revolutionibus orbium coelestium*, Copernico espose la teoria eliocentrica, che rivoluzionava la tradizionale tesi della Terra come centro del cosmo. La proposta di Copernico suscitò sdegno e lotte accanite. Le si contrapponevano argomenti scientifici e religiosi, ma non mancavano argomenti che si richiamavano a quello che si riteneva il più evidente buonsenso; ancora cinquant'anni dopo la pubblicazione della teoria copernicana, Jean Bodin (che pure fu uno dei più grandi pensatori della sua epoca) poteva affermare: «Nessun uomo nel pieno possesso delle sue facoltà mentali, oppure dotato delle più elementari nozioni di fisica, potrà mai credere che la Terra, greve e tarda per il suo proprio peso e per la sua massa, si agiti su e giù attorno al suo centro e a quello del Sole; giacché alla minima scossa della Terra noi vedremmo crollare città e fortezze, paesi e montagne».

pensiero toccò livelli altrettanto alti nel libro *Utopia* del filosofo inglese **Tommaso Moro** (1478-1535), nel quale si descrive quella città umana che non si trova da nessuna parte e che pure vive nella fantasia e nelle aspirazioni degli intellettuali. *Utopia* è un luogo felice, dove gli uomini vivono, modestamente e semplicemente, nell'armonia della mitica età dell'oro. Ma essa è anche uno specchio rovesciato del disordine, della corruzione, dell'insensato affannarsi dell'età contemporanea, di tutti quei mali, insomma che la ragione umanistica rifiutava di accettare.

GUIDA ALLO STUDIO

❶ Perché la riflessione storica rinascimentale fu caratterizzata dal pessimismo? ❷ Che cosa caratterizza l'agire dell'uomo, secondo Guicciardini? In che cosa consiste la modernità della riflessione politica di Machiavelli? ❸ In che cosa consisteva la teoria eliocentrica di Copernico e quale visione del mondo metteva in crisi? ❹ In quali regioni d'Europa si diffusero forme di Umanesimo cristiano? ❺ In che cosa consisteva l'attività erudita di Erasmo da Rotterdam? Che cos'è l'*Utopia* di Tommaso Moro?

7 Una rivoluzione per lo studio: la stampa

La stampa a caratteri mobili

Le nuove visioni del mondo prodotte dalla rivoluzione culturale dell'Umanesimo e dalla fioritura del Rinascimento si accompagnarono a una vera e propria **rivoluzione delle comunicazioni.** Questo fenomeno, che rappresentò una delle più radicali trasformazioni nella storia intellettuale dell'umanità, ebbe inizio con l'invenzione della stampa a caratteri mobili, con la quale avvenne il **passaggio dal libro manoscritto al libro stampato.**
L'invenzione fu realizzata verso la metà del '400 da **Johann Gutenberg**, uno stampatore di Magonza che ebbe la semplice e geniale idea di costruire dei caratteri mobili incidendo le singole lettere dell'alfabeto su blocchetti di legno (poi sostituiti da blocchetti di metallo) in modo da poter comporre rapidamente le pagine dei libri e riprodurle in più copie per mezzo di semplici torchi [👁 10.8 STORIA•SOCIETÀ•CITTADINANZA]. In realtà, i caratteri mobili erano stati inventati dai cinesi nell'XI secolo [👁 5.5]. Anche in questo caso si trattava di blocchetti di legno incisi, ma i cinesi non ne fecero un grande uso perché gli ideogrammi (di cui si compone il loro sistema di scrittura) rendevano difficile la composizione della pagina.
Il primo libro realizzato da Gutenberg con il suo nuovo sistema fu la **Bibbia** in latino, nel 1457. Da questo momento in poi la diffusione della stampa fu rapida: stamperie sorsero qua e là nei più importanti centri urbani della Germania e dell'Europa intera. In Italia l'arte tipografica si impose subito con caratteristiche di grande eleganza: il suo massimo esponente fu il libraio ed editore veneziano **Aldo Manuzio**, che rese celebri e apprezzate ovunque le sue raffinate edizioni (le cosiddette "aldine").
La stampa a caratteri mobili provocò una serie di ripercussioni a catena. **Aumentò, anzitutto, il numero dei libri in circolazione e diminuì il loro costo di produzione.** Dunque, rispetto all'epoca degli amanuensi, un lettore poteva adesso acquistare un numero di libri più elevato a un costo minore e leggerli tranquillamente a casa propria. Prima dell'invenzione della stampa, per consultare libri diversi, uno studioso doveva invece affrontare lunghe peregrinazioni di biblioteca in biblioteca, di città in città, oppure doveva intrattenere pazienti corrispondenze con altri eruditi. Con un po' di fortuna, molta fatica e molto denaro egli avrebbe avuto infine la copia del libro desiderato, sempre che quest'ultimo non fosse andato perduto per sempre. Ora bastava invece consultare i cataloghi degli stampatori e fare l'ordinazione.

L'allargamento degli orizzonti culturali

Si allargarono, di conseguenza, gli orizzonti culturali degli studiosi, e cambiò il loro modo di lavorare. Disponendo contemporaneamente di più libri sul proprio tavolo, gli eruditi, come gli studenti universitari, presero l'abitudine di confrontare un libro con l'altro e di paragonare le opinioni e le informazioni. Le contraddizioni tra i vari testi divennero più visibili e più evidenti le discordanze tra le varie tradizioni: l'accettazione dell'opinione comune, che in precedenza dipendeva anche dalla mancanza d'informazioni parallele, fu sostituita da un modo di pensare maggiormente critico. Questa nuova **"attività intellettuale combinata"**, resa più facile dalla maggiore quantità di libri disponibili, fu dunque un incentivo alla creatività.

Le stamperie Questo ampliamento dell'accesso all'informazione nasceva dall'attività di centri, le stamperie, **esterni agli antichi poli della cultura accademica**. In queste **"imprese editoriali"** si concentrava l'esperienza di competenze professionali diverse: fonditori di caratteri, correttori, traduttori, curatori, estensori di indici, commercianti operavano nella stessa impresa, scambiandosi opinioni e informazioni. Gli autori stessi si aggiravano per le stamperie, portandovi sollecitazioni personali e gli stimoli delle loro competenze disciplinari: nacquero così nuovi luoghi e occasioni d'incontro tra generi culturali e linee di pensiero diverse.

Conservazione e standardizzazione Si sa che i libri trascritti dagli amanuensi presentavano – come tutte le opere trascritte tramite dettatura o ricopiatura – errori, imprecisioni e lacune. Un qualsiasi autore che si fosse trovato a

Una stamperia
XVI sec.
[Museo delle Belle Arti, Dole (Francia)]

1. Tipografi che compongono il testo con i caratteri mobili; **2.** tavolette di inchiostro con cui si impregnano i caratteri mobili; **3.** torchio per la stampa; **4.** fogli stampati lasciati ad asciugare; **5.** correttori che rileggono il testo composto.

scrivere nell'età degli amanuensi sapeva fin troppo bene due cose: che il suo testo sarebbe presto circolato in esemplari alterati e corrotti e che esso rischiava, prima o poi, di scomparire per sempre. L'umidità, i parassiti, gli incendi e la stessa usura derivante da ripetute letture provocavano la distruzione di esemplari di cui spesso esistevano solo poche unità in tutto il mondo, o addirittura una sola copia. La conservazione dei testi era dunque un problema molto arduo. Con l'avvento della stampa, ambedue questi rischi vennero meno. **Da quando esiste la stampa è difficile che un libro vada perduto per sempre** e gli stessi inconvenienti derivanti dalle successive ricopiature sono scomparsi. Certo, anche un libro a stampa può contenere errori di composizione e di stampa, ma esso è sottoposto a una preventiva **correzione delle bozze** (cioè delle prove di stampa) da parte dell'autore e dell'editore, e le **successive edizioni** di solito migliorano la qualità del testo, consentendo all'autore di intervenire tanto sulla forma quanto sul contenuto e all'editore di correggere eventuali errori di stampa sfuggiti alla prima edizione.

▶ 93 H.-J. Martin *La via della stampa*

Un'altra importante conseguenza dell'invenzione della stampa fu la standardizzazione, cioè l'effetto determinato dall'**esistenza di copie tutte identiche (o quasi) di uno stesso libro**. Per la prima volta nella storia dell'umanità, gli studiosi di una stessa epoca, in città e regioni diverse dell'Europa, poterono lavorare e discutere su copie di opere che sapevano uguali a quelle possedute dai loro colleghi: veniva meno il dubbio che un passo preso in esame e ritenuto fondamentale per una determinata interpretazione non fosse contenuto nell'esemplare a disposizione di un altro studioso o vi fosse presente sotto forma diversa.

Questo vale tanto per i trattati filosofici, teologici e scientifici e le opere letterarie quanto per altri prodotti della stampa, che contenevano informazioni di carattere più direttamente pratico: calendari, dizionari, guide di consultazione, carte geografiche, piante topografiche, ecc. Anche in campo musicale o matematico, l'esatta ripetibilità dei contenuti e dei sistemi d'espressione pose fine al caos e all'imprecisione dell'età degli amanuensi, facilitando l'accesso alle conoscenze, la loro comunicazione, il loro confronto.

Mentalità sistematica

La diffusione della stampa favorì, inoltre, il rafforzamento di una mentalità sistematica. Dilagò, anzitutto, l'uso dell'ordine alfabetico, certo non ignoto alla cultura medievale, ma non adeguatamente diffuso. La **diffusione dell'ordine alfabetico** fu imposta universalmente dai cataloghi di libri, che gli stampatori diffondevano per propagandare i propri prodotti, dai criteri di schedatura nelle biblioteche, dove i libri affluivano ora in misura sempre più consistente, dagli stessi indici dei libri, ai quali gli stampatori prestavano grande cura. Questa tendenza alla classificazione e alla sistemazione non era affatto ignota all'erudizione medievale, ma la stampa ne fece un'esigenza basilare per l'accesso alla cultura, basata su criteri uniformi e facilmente riconoscibili.

La volontà degli stampatori, che volevano vincere la concorrenza mediante **prodotti sempre più accurati e facilmente consultabili**, e la nuova mentalità che questi libri a stampa diffusero tra gli intellettuali provocarono la fioritura di una grande massa di pubblicazioni dove la materia veniva scomposta e classificata per nomi e per temi. Nacque presto l'esigenza di redigere **bibliografie**, cioè raccolte di titoli pertinenti a un determinato ambito disciplinare. Il progetto di redigere bibliografie universali, contenenti cioè tutti i libri stampati, doveva essere invece vanificato dalla stessa intensa diffusione della stampa. La prima bibliografia universale, pubblicata nel 1545 dallo svizzero Conrad Gesner, fu anche l'ultima: la prima edizione conte-

EVENTI

L'invenzione della stampa

La storia della stampa in Europa iniziò con un processo e con la violazione di un giuramento di segretezza. A Mainz (Magonza), in Germania, Johann Gutenberg (1400-1468), orefice e incisore, perfezionò dopo anni di tentativi un sistema per **produrre libri in serie**: comporre il testo su una pagina di piombo con i caratteri mobili, ottenuti fondendo una lega metallica in stampi a forma di lettere; cospargerla di inchiostro e poggiarla sulla base di un torchio su cui far cadere dall'alto un foglio di carta. Risultato: la pagina di un libro, leggibile, ben composta, rapida da ottenere, moltiplicabile in un numero infinito di copie.

Gutenberg combinò ben 6 invenzioni: la carta e i caratteri mobili (inventati in Asia, rispettivamente nel III secolo a.C. e nel '200), la metallurgia di precisione (molto evoluta in Germania), i torchi, comunemente usati per ottenere olio e vino, l'inchiostro, di cui elaborò una versione più densa per evitare sbavature, e l'alfabeto europeo, perfetto grazie ai suoi pochi e semplici caratteri.

Il progetto era troppo costoso per le possibilità di Gutenberg, che ebbe bisogno di **chiedere un cospicuo finanziamento all'orafo Fust**. I tempi erano maturi: intellettuali, politici, mercanti, artisti, chierici costituivano ormai in tutta Europa un gruppo folto e avrebbero potuto creare un vivace mercato di massa. Fust acquistò tutto il necessario per allestire la prima tipografia e Gutenberg, insieme a una ventina di collaboratori, **tra il 1452 e il 1455** riuscì a stampare 180 copie di 1282 pagine ciascuna, in carta italiana e in pergamena, di una splendida Bibbia in latino. Nello stesso tempo, un amanuense tradizionale avrebbe potuto realizzarne una sola copia. Il modello era la tipica Bibbia manoscritta: grande formato, caratteri gotici, divisione di ogni pagina in due colonne di 42 righe. Gli stampatori, componendo, avevano lasciato ampi spazi bianchi per i capilettera (le vocali o consonanti iniziali dei singoli capoversi, dopo il punto a capo, grandi e riccamente decorate): come nel libro manoscritto sarebbero stati aggiunti in seguito da miniaturisti specializzati, scelti dagli acquirenti secondo il loro gusto e le loro possibilità economiche. Ogni libro, quindi, continuava a essere, almeno in parte, un pezzo unico.

La Bibbia di Gutenberg fu commercializzata a Francoforte e suscitò immediato scalpore. I costi di produzione però erano stati più elevati del previsto e Fust accusò Gutenberg di appropriazione indebita chiedendogli la restituzione del prestito. Vinse il **processo** e riottenne i materiali acquistati. Gutenberg perse tutto. Fust impiantò una nuova tipografia, che ebbe tra i suoi clienti papa Sisto IV. Il debito di Gutenberg fu cancellato solo dopo la sua morte e il giuramento di segretezza con cui aveva vincolato i suoi collaboratori fu immediatamente infranto di fronte al successo dell'invenzione: una folla di stampatori tedeschi, con un set di caratteri mobili come bagaglio, si propagò ovunque e la diffusione delle tipografie fu capillare.

Sembrava che l'Europa intera non aspettasse altro. Nel giro di pochi decenni si verificò una straordinaria esplosione di idee e di saperi: dapprima si stamparono soprattutto libri religiosi (Bibbie, messali, vite di Cristo) e testi universitari di teologia e di diritto; poi arrivarono i primi libri scientifici, particolarmente complessi nell'assemblaggio di lettere, linee, cifre e simboli, e quelli letterari (grammatiche, poemi e novelle). E ben

La prima pagina della *Genesi* dalla cosiddetta "Bibbia di Gutenberg"
1454
[Staatsbibliothek, Berlino]

presto i temi non ebbero più confini: arte della guerra, libri di musica, genealogie, storie, erbari, almanacchi, trattati di architettura, diari di viaggio. Qualsiasi contenuto poteva essere comunicato e sollecitava a sua volta dialoghi e confronti impensabili fino a pochi anni prima.

Accanto al **latino**, codice linguistico internazionale per i dotti, si affermarono le **lingue nazionali**, cui la stampa conferì i caratteri della standardizzazione grammaticale e stilistica. Fu recuperato il **greco antico**, che si stava perdendo, e data voce all'**ebraico** e all'**arabo** con la realizzazione di Bibbie e Vangeli poliglotti. Università, ordini religiosi e autorità politiche utilizzarono immediatamente la stampa per i loro obiettivi: l'educazione e la formazione dei cittadini e dei giovani e la diffusione delle leggi municipali o statali, che nel tempo favorì la promulgazione di leggi uniformi nei vari paesi europei. Nel 1470, per prima, l'**Università di Parigi** chiamò tre tipografi tedeschi per avviare un'attività autonoma di produzione di manuali per i propri studenti.

I testi antichi furono ben presto affiancati e superati, in quantità, dai prodotti della cultura contemporanea, che nascevano nel vivo delle questioni dibattute in quegli anni, e si affermarono nuovi gruppi dediti alla cultura: le donne (soprattutto le poetesse romane e veneziane) e i poligrafi, che scrivevano su qualsiasi argomento di attualità.

Nel tempo si modificò anche l'oggetto stampato: fino al '500 il libro (detto in questa prima fase della sua storia *incunabolo* dal latino *in cuna*, 'in culla', da cui il significato originario "primo inizio") imitò la fisionomia del manoscritto, che continuava a circolare in parallelo. In seguito si diversificò sempre più nei formati, negli stili dei caratteri e nell'aspetto delle rilegature e dei fermagli. Ma furono anche stampati, all'occorrenza, in singoli fogli, volantini e almanacchi a cui erano affidati comunicazioni estemporanee e messaggi di propaganda. **Martin Lutero** invase la Germania di libri, opuscoli e foglietti per propagare le sue idee riformiste («La parola stampata è potente» scrisse: 👁 14.2).

Man mano che il peso della stampa aumentava, nella vita quotidiana europea si rafforzò negli addetti ai lavori il senso orgoglioso dell'appartenenza a una **casta professionale di prestigio** e iniziarono a comparire sui frontespizi i nomi di autori, stampatori, curatori, illustratori. L'altra faccia della medaglia fu il problema delle **contraffazioni** e delle **edizioni pirata** che presto pullularono: già nel 1515 Ariosto chiese al doge di Ferrara pene severe per gli stampatori del *Furioso* non autorizzati da lui, rivendicando i diritti d'autore.

L'**Italia** diede un grande contributo all'arte tipografica: qui furono realizzati per la prima volta il **frontespizio**, la **numerazione delle pagine**, la **stampa della musica**, i **caratteri mobili greci ed ebraici**. La prima stamperia nacque nel 1465 nel monastero benedettino di Subiaco, a opera di due chierici tedeschi che poi si spostarono a Roma, ma il primo grande centro editoriale italiano ed europeo fu **Venezia**, che detenne il primato fino alla seconda metà del '500, forte della ricca presenza di artisti stranieri e di un'intensa attività portuale che consentiva l'abbattimento dei costi di trasporto. Figura luminosa di editore e intellettuale fu Aldo Manuzio (1450-1515), che nelle sue elegantissime produzioni introdusse il **corsivo italico**, base dei nostri attuali caratteri tipografici, l'uso moderno della punteggiatura e il formato tascabile, che favorì l'allargamento del pubblico dei lettori ed ebbe subito un immenso successo in tutta Europa, con abbondanza di imitazioni. Manuzio, avvalendosi della collaborazione di studiosi del calibro di Pietro Bembo, mise in atto un ambizioso progetto culturale, proponendosi da una parte di recuperare i testi fondanti della cultura greca (tanto più necessari, scrisse, in «tempi tumultuosi e tristi in cui è più comune l'uso delle armi che quello dei libri») e dall'altra di proporre modelli nazionali moderni in volgare, con la pubblicazione del *Canzoniere* petrarchesco e della *Commedia* di Dante nel 1501-2, a cura di Bembo.

In Europa e nel mondo l'invenzione della stampa ha inciso profondamente, promuovendo la **diffusione della conoscenza** dal grado minimo dell'alfabetizzazione fino alla circolazione di tutti i saperi. Come scrisse nel 1620 il filosofo inglese Francis Bacon, la stampa insieme alla polvere da sparo e alla bussola «ha trasformato la faccia del mondo»: dopo, niente è stato come prima.

La "Bibbia poliglotta" di Christophe Plantin
[Musée Plantin-Moretus, Anversa]

A partire dal 1550 circa, il tipografo-editore Christophe Plantin pubblicò ad Anversa oltre 1500 opere. Nel 1568, aiutato da numerosi umanisti e traduttori, e sostenuto economicamente dal re di Spagna Filippo II, Plantin pubblicò una Bibbia poliglotta che presenta il testo originario in ebraico (1), in greco (2) e la traduzione in latino (3). La sua stamperia, l'*Officina Plantiniana*, rimasta intatta nei secoli, è oggi stata trasformata in museo.

neva circa 10 mila titoli di 3000 autori, vale a dire tutto il pubblicato in circa un secolo di stampa; trent'anni dopo, la terza edizione, postuma, di quest'opera raccoglieva un numero tre volte superiore di titoli e la crescita continuò successivamente a ritmi troppo intensi per consentire inventari completi e, soprattutto, consultabili. L'avvento della stampa, dunque, non fu soltanto una trasformazione tecnologica, ma un fenomeno che modificò in profondità le condizioni in cui i testi venivano prodotti, distribuiti e consumati [👁 ATLANTE_**52**].

GUIDA ALLO STUDIO

❶ Perché l'invenzione della stampa favorì la diffusione del sapere? ❷ Che cosa distingueva un libro a stampa da un manoscritto? ❸ Che cos'erano le stamperie? ❹ Quali furono i principali prodotti della mentalità sistematica del '500?

ATLANTE 52_LA DIFFUSIONE DELLA STAMPA IN EUROPA

L'emigrazione di operai dalle stamperie di Magonza favorisce la diffusione della stampa nei più importanti centri urbani della Germania e del resto d'Europa.

- prima del 1481
- 1481-90
- 1491-1500

8 I luoghi della cultura

Le università. Istituzioni in trasformazione

L'università dei secoli XV-XVI conservava ancora molti elementi in comune con quella delle origini [👁 2.6], sia per il **ruolo** che svolgeva – luogo di produzione delle idee e di formazione professionale degli intellettuali (medici, giuristi, funzionari, ecc.) – sia per la sua **struttura organizzativa**: essa infatti mantenne inalterati la divisione per facoltà, i programmi di studio e i metodi di insegnamento. La graduale introduzione di modifiche e innovazioni, tuttavia, ne stava determinando una lenta trasformazione. Molteplici furono le vicende che interessarono le singole sedi universitarie, variamente impegnate a mantenere proprie tradizioni o a introdurre discipline, metodi e programmi nuovi.

Innanzitutto mutò la geografia universitaria dell'Europa: **crebbe il numero dei centri universitari**, non solo nei paesi in cui esistevano già da tempo (Italia, Francia, Inghilterra), ma anche nell'Europa centrale e settentrionale, dove furono fondate nuove sedi. Parallelamente **le libertà universitarie subirono drastiche limitazioni.** Ovunque infatti principi e signori tesero ad acquisire un controllo maggiore sulle istituzioni universitarie, con conseguente riduzione della loro autonomia. Non solo, sempre più spesso essi ne erano oltre che fondatori, anche supremi regolatori (attraverso organismi di governo da loro dipendenti), fatta salva l'approvazione del papato, cui spettava il diritto di concedere **la licenza per l'insegnamento.** Parallelamente alla moltiplicazione del numero delle sedi, le università assunsero anche una fisionomia meno internazionale. Rispetto ai secoli passati, quando in esse si concentrava un gran numero di studenti provenienti dalle più disparate regioni europee, tra XIV e

La cosiddetta *Domus Wilhelmina* a Heidelberg, in Germania
[foto Beckstet]

Fra le università nate nell'Europa centrale nel XIV secolo, quella di Heidelberg è la più antica in Germania e la terza (dopo Praga e Vienna) all'interno del Sacro romano Impero. Fondata nel 1386 con tre facoltà – Teologia, Diritto e Filosofia (cui si aggiunse Medicina pochi anni dopo) –, visse due secoli di grande prosperità fino alla fine del '600, quando fu distrutta, insieme con buona parte della città, dalle truppe di Luigi XIV, impegnate nella guerra di Successione al Palatinato (1688-97). L'istituzione fu riaperta nel 1712, quando fu avviata la costruzione della *Domus Wilhelmina*, sede di quella che oggi viene chiamata Alte Universität ("Vecchia Università"). L'edificio, che ancora oggi ospita gli uffici del rettore e un antico *auditorium* è stato trasformato in museo alla fine del XX secolo.

XVI secolo si verificò una diminuzione della mobilità della popolazione studentesca e, parallelamente, una riduzione dell'università a dimensioni localistiche.

L'istituzione universitaria si trovò presto a fare i conti con la nuova cultura umanistica e, soprattutto, con la **nuova figura di intellettuale, l'umanista**. L'Umanesimo, infatti, investì gli ambienti di vita e di lavoro degli intellettuali, e i luoghi della loro formazione: le scuole e le università. Queste ultime in alcuni casi resistettero all'impatto con la nuova cultura, entrando in polemica con essa e difendendo le proprie tradizioni; in altri casi – specie le università di nuova fondazione – si fecero promotrici di un rinnovamento in senso umanistico degli studi.

Le corti. Centri della cultura rinascimentale

Tra il XV e il XVI secolo nuovi luoghi si affiancarono all'università nella produzione della cultura. Primo fra tutti la corte, che cessò di essere esclusivamente il centro della vita politica per divenire anche **centro di elaborazione culturale**. Principi, signori e pontefici si circondarono, oltre che di gentiluomini, dignitari e funzionari, anche di scrittori, pittori, architetti,

Andrea Mantegna
Il Parnaso
1497
[Musée du Louvre, Parigi]

Alla metà del '400 la vita culturale di Mantova fu dominata dalla sposa di Francesco II, Isabella d'Este, mecenate raffinata, che contribuì ad arricchire enormemente le collezioni artistiche dei Gonzaga. Nel Palazzo Ducale, Isabella fece allestire per sé un ambiente privato, lo studiolo, riservato ai suoi passatempi, alla lettura e allo studio, per il quale ordinò alcuni dipinti di carattere mitologico ai più famosi artisti del periodo. Mantegna eseguì per Isabella due tele, una delle quali rappresenta *Il Parnaso* dove Marte e Venere si abbracciano su un arco roccioso, mentre ai loro piedi, in primo piano, le Muse danzano sulle note della cetra di Apollo.

musicisti, filosofi, scienziati, ai quali accordarono la loro protezione per ragioni di prestigio oltre che di gusto. La pratica del mecenatismo, infatti, svolgeva una precisa funzione politica: dare lustro e prestigio alla propria casata e allo Stato, sia agli occhi dei sudditi, per ottenerne il consenso, sia agli occhi degli altri signori, a fini di potenza. A loro volta, artisti, intellettuali e scienziati contraccambiavano la protezione e il mantenimento di cui godevano con l'elogio della magnificenza della corte e delle virtù del signore.

Oltre che luogo di produzione, la corte rinascimentale fu al tempo stesso luogo di consumo della cultura. Il pubblico cui questa cultura si rivolgeva era composto essenzialmente da **cortigiani**, frequentatori delle corti con qualche incarico di fiducia o grado onorifico, verso i quali la corte esercitava una crescente attrazione, proponendo modelli di comportamento e ideali artistici e culturali.

Presso le corti di Milano, Ferrara, Mantova, Urbino, Firenze, Roma, Napoli operarono i più celebri intellettuali e artisti del Rinascimento italiano [ATLANTE_51]. A **Firenze**, presso la corte di Lorenzo dei Medici, prestarono servizio uno stuolo di poeti, pittori, scultori e architetti tra cui Angelo Poliziano, Luigi Pulci, Filippo Brunelleschi, Leon Battista Alberti, Masaccio, Botticelli, il Ghirlandaio, Ghiberti, Donatello. A **Milano** l'eclettico Leonardo da Vinci svolse per conto di Ludovico il Moro funzioni di ingegnere oltre che di pittore. Nella **Roma** dei papi lavorarono alla ricostruzione della basilica di **S. Pietro** architetti quali l'Alberti, il Bramante e Michelangelo, mentre attesero alla decorazione degli interni dei palazzi vaticani pittori quali Luca Signorelli, Botticelli, il Ghirlandaio, Pinturicchio, Raffaello e lo stesso Michelangelo. Un **ruolo guida** la corte papale lo mantenne pure in campo musicale: i più celebri **musicisti**, cantori e strumentisti del tempo furono impiegati non solo nelle solennità liturgiche, ma anche negli intrattenimenti privati mondani. Anche le corti di **Mantova** e **Ferrara**, grazie al patronato di Isabella d'Este e Lucrezia Borgia, donne tra le più colte e raffinate dell'epoca, svolsero un ruolo preminente in campo musicale, divenendo centri propulsori della nascente musica polifonica sacra e profana. Intensa fu anche l'attività artistica delle città-Stato, come la **Repubblica di Venezia**, dove lavoravano pittori del calibro di Giovanni Bellini e poi Giorgione e Tiziano.

L'accademia. Nuovo centro di elaborazione intellettuale

Parallelamente all'affermazione delle corti si svilupparono le accademie, sorta di cenacoli dove gli studiosi si incontravano per conversare, discutere e scambiarsi conoscenze. Nate dal libero incontro di intellettuali o poste sotto la **protezione di principi e signori**, le accademie svolsero un ruolo centrale nell'elaborazione e nella diffusione della cultura umanistica. Tra le più famose ricordiamo l'**accademia platonica**, fondata dal filosofo Marsilio Ficino e patrocinata dalla famiglia dei Medici, e l'**accademia di Napoli**, creata da Giovanni Pontano e posta sotto la protezione del re Alfonso I d'Aragona. Il sostegno che principi e signori accordarono alle accademie dipendeva non soltanto da ragioni di prestigio, ma anche dall'esigenza di controllare da vicino l'attività degli intellettuali, adattandola alle **esigenze del potere**.

Luogo d'**incontro libero e paritario**, l'accademia differiva profondamente dall'università: essa infatti non proponeva un corso di studi rigidamente regolamentato, ma aveva lo scopo di favorire gli incontri fra studiosi di diverse discipline, dando regolarità alle sedute e favorendo la produzione di testi che testimoniassero delle loro conversazioni. Nel corso del XVI secolo, tuttavia, **l'accademia si trasformò in un'istituzione ufficiale**, regolata da norme e statuti, destinata a divenire uno dei centri fondamentali della cultura italiana nei secoli successivi.

GUIDA ALLO STUDIO

❶ Come si manifestò l'ingerenza del potere politico all'interno delle università? ❷ Perché nel '500 le università assunsero una dimensione localistica? ❸ Quale funzione avevano le corti rinascimentali? Quali erano le principali corti italiane nel '500? ❹ In che cosa le accademie differivano dalle università?

ONLINE

Parola chiave
Mecenatismo

Letteratura e Storia
Il signore e l'intellettuale: Lorenzo il Magnifico e Poliziano

101
P. Rossi
L'ascesa sociale degli artisti

102 DOC
Baldassarre Castiglione
L'uomo come opera d'arte: il cortigiano

103
R. Sarti
La civiltà delle buone maniere

104
A. Tenenti
Il ruolo sociale del mercante

Le rivoluzioni della comunicazione e la libertà di stampa

A seguito dell'invenzione della **stampa a caratteri mobili** nel 1438, a opera del tedesco di Magonza Johann Gutenberg [👁 10.7 EVENTI], in poco meno di un secolo il numero delle copie di libri stampate e diffuse in Europa entrò nell'ordine dei milioni. Il continuo aumento del numero e della varietà di volumi in circolazione, e il progressivo abbassamento dei prezzi, accompagnarono il graduale innalzamento del livello di istruzione della popolazione. Tale processo fu agevolato anche dalla stampa di testi non più solo in latino, lingua conosciuta da pochissimi, ma anche in **volgare**, cosa che rese la cultura fruibile a un numero molto più elevato di persone. Ma la diffusione della cultura, e quindi della **capacità critica** dei lettori, indusse nelle autorità la preoccupazione di controllarla e limitarla.

Nel periodo della Riforma luterana – prima metà del XVI secolo –, la diffusione dei testi scritti in volgare garantiva l'aumento del numero dei fedeli che potevano apprendere i contenuti della nuova dottrina. Per contrastare questo fenomeno le autorità cattoliche reagirono con la **censura**, che consisteva nel controllo sistematico dei libri che ai fedeli era permesso leggere e possedere. La censura diventò quindi un'operazione preventiva, atta a impedire o quantomeno frenare la diffusione di testi invisi alle autorità, perché contrari ai principali assunti della dottrina cattolica, o perché ritenuti causa della corruzione morale dei fedeli. A partire dal papato di Paolo IV (1476-1559), l'attenzione delle **autorità ecclesiastiche** si rivolse principalmente ai testi di contenuto religioso o dottrinale. Una volta individuate le opere sgradite o ritenute pericolose si procedeva al loro inserimento nell'*Index librorum prohibitorum*, l'**Indice dei libri proibiti**, che compare ufficialmente nel **1558** e che verrà aggiornato continuamente fino al 1966, anno della sua abolizione. La libera circolazione era garantita soltanto ai testi che avevano ricevuto l'*imprimatur*, ovvero l'autorizzazione ecclesiastica alla stampa, dopo aver superato un minuzioso controllo da parte del Santo Uffizio (l'attuale Congregazione per la Dottrina della Fede) istituito da papa Paolo III nel 1542, formato da un collegio di cardinali e prelati.

Oltre alle opere religiose, in particolare alcune edizioni in volgare della Bibbia, i testi di autori non cattolici, tutti i trattati di magia e astrologia, anche molti altri libri celebri subirono il destino dell'iscrizione all'Indice. Basti ricordare, tra l'altro, il trattamento riservato a Galileo Galilei che, oltre a veder proibiti i suoi rivoluzionari scritti di astronomia, fu imprigionato e costretto ad abiurare le sue teorie, o ancor di più il filosofo Giordano Bruno, che per le sue concezioni ritenute eretiche fu condannato e messo al rogo nell'anno 1600. Tra gli autori e i titoli messi all'Indice alcuni spiccano più di altri: il *De Monarchia* di Dante Alighieri, il *Decameron* di Giovanni Boccaccio, *Il Principe* di Niccolò Machiavelli, e in epoche successive filosofi come Cartesio o Kant; gli Enciclopedisti; poeti come Leopardi nell'800 e d'Annunzio e Montale nel '900.

Soprattutto a partire dal XVII secolo il controllo della stampa diventò una priorità non soltanto per la Chiesa, ma anche per le autorità civili. Le **autorità laiche**, oltre a eliminare testi ritenuti dannosi per il potere attraverso la rigida regolamentazione statale della stampa, utilizzarono questo strumento in senso propagandistico: la stampa assunse un ruolo di supporto e rafforzamento del potere assolutistico del sovrano. Nonostante si fossero parallelamente sviluppate diverse forme di resistenza al controllo e alla censura, come la stampa e la diffusione clandestina dei testi proibiti, o l'importazione illegale, si dovette attendere la Rivoluzione francese, in particolare la ***Dichiarazione dei diritti***

SINTESI

1 Cultura classica e Umanesimo

A partire dalla fine del '300 iniziò in Italia, con l'Umanesimo, una delle più grandi rivoluzioni culturali della storia. La cultura classica era servita nel Medioevo a esprimere contenuti che le erano estranei, ma ora lo studio diretto dei testi antichi permise una rottura ideale e intellettuale con l'eredità del Medioevo e, fatto particolarmente importante, con il primato della religione e della Chiesa cattolica. Era stato Petrarca a proporre per primo la necessità di un ritorno agli autori antichi come esempi di virtù morale. Si rintracciarono testi che si ritenevano perduti, si fecero grandi progressi nella conoscenza della lingua e della letteratura greca antiche, nacque con Valla (che dimostrò la falsità della donazione di Costantino) la filologia.

2 Un nuovo sistema di valori

Un tema centrale dell'Umanesimo era quello della dignità dell'uomo e della rivalutazione dell'attività umana. La centralità della figura umana e il sistema di valori ad essa connesso, aperto a tutti, permise all'umanesimo di diffondersi rapidamente in Europa. La visione umanistica si fondava su una profonda laicizzazione: le attività umane venivano ora valutate per sé stesse, indipendentemente da considerazioni metafisiche.

3 La nuova pedagogia

L'Umanesimo permeò programmi e metodi d'insegnamento: una nuova pedagogia, fondata sullo sviluppo delle capacità critiche, portò all'abbandono dei metodi repressivi. Sul piano dei contenuti si affermò il carattere unitario della formazione, che comprendeva sia le discipline letterarie sia le scienze della natura. L'istruzione restò tuttavia prerogativa maschile: alle donne era preclusa, salvo che non fossero in monastero.

4 Il Rinascimento

All'Umanesimo si accompagnò la straordinaria fioritura delle arti e del pensiero cui si dà il nome di Rinascimento (termine che contiene l'idea di una «rinascita» dopo un Medioevo visto come epoca barbara e oscura). Nell'Italia di questo periodo, e soprattutto a Firenze, vi fu una straordinaria concentrazione di ingegni, molti dei quali rivoluzionarono dalle fondamenta le loro discipline.
È impossibile spiegare il Rinascimento, in Italia, con una causa unica, ma occorre rifarsi a un insieme di fattori: le condizioni di libertà delle città italiane, la concentrazione di attività artigianali e "industriali", lo sviluppo dello studio del diritto romano, che aveva reso familiari il latino e il mondo antico, nonché la ricchezza di opere di autori antichi nelle biblioteche.

5 L'"élite creativa"

La civiltà del Rinascimento fu opera di un gruppo assai ristretto di individui, la cui attività ebbe però importanza generale. Quasi unicamente maschile, questa

dell'uomo e del cittadino (agosto 1789), perché si sancisse formalmente la libertà di stampa, e quindi il diritto dei cittadini di essere liberamente informati. Per la prima volta lo Stato garantiva la libertà di informarsi ed esprimersi su qualsiasi questione, e questo principio si diffuse, anche se non con la stessa facilità a seconda dei paesi, nel resto d'Europa.

Negli ultimi duecento anni, nei paesi governati da **regimi autoritari** o dittatoriali vi sono state – e in alcuni casi si verificano ancora – gravi violazioni del principio della libertà di stampa, ma oggi le Costituzioni contemporanee di tutti i **paesi democratici** del mondo, hanno fatto proprio il principio sancito dalla *Dichiarazione* del 1789, definendo la libertà di stampa e la pluralità dell'informazione requisiti fondamentali per la vita democratica. Anche la **Costituzione italiana** del 1948 ha recepito pienamente il principio sancendolo nell'articolo 21, che recita: «Tutti hanno diritto di manifestare liberamente il proprio pensiero con la parola, lo scritto e ogni altro mezzo di diffusione. La stampa non può essere soggetta ad autorizzazioni o censure».

L'importanza attribuita alla libertà d'informazione è dimostrata anche dal fatto che quest'ultima è diventata un parametro indicativo del tasso di democrazia interna ad ogni paese e, per questo, viene costantemente monitorata. Le stesse libertà sono state ribadite fermamente anche dal Trattato che istituisce l'**Unione europea** (1992), tanto da farne uno dei criteri per decretare l'ingresso nell'Unione degli Stati che ne fanno richiesta.

Un'immagine di una pagina del motore di ricerca Google per utenti cinesi
[© David Brabyn/Corbis]
Chi vive nella nostra epoca può attingere in ogni momento ad una mole pressoché infinita di opportunità per informarsi. L'immagine riproduce la schermata internet relativa al massacro di piazza Tienanmen (1989) a Pechino, nel quale perse la vita un numero imprecisato di giovani che protestavano contro il regime cinese. Le autorità cinesi hanno sempre cercato di censurare qualsiasi informazione su quell'avvenimento.

élite proveniva sostanzialmente da quattro regioni italiane: Toscana, Veneto, territori pontifici, Lombardia. L'estrazione sociale dei suoi membri era varia anche se marcatamente medio-alta – di fatto erano assenti gli ecclesiastici e i figli di contadini –; inoltre, si affermava una parziale rivalutazione del lavoro dell'artigiano e dell'artista, sicché durante il Rinascimento – se non scomparvero antichi pregiudizi – la posizione sociale dell'artista conobbe una notevole ascesa.

6 Nuove visioni del mondo

Il fallimento della politica dell'equilibrio e l'invasione dell'Italia portarono, con Machiavelli e Guicciardini, a una lucida indagine sui moventi che guidano l'operare degli uomini. Per Guicciardini la storia è una spiegazione intellegibile degli eventi umani – condotta alla luce della convinzione che il comportamento dell'uomo sia dominato da motivazioni non ragionevoli. Machiavelli – la cui opera è alla base della riflessione politica moderna – cercò di individuare alcune leggi immutabili, constatò l'assenza della morale nelle leggi che governano le azioni politiche ed esaltò la «virtù» del politico come capacità di far prosperare lo Stato.

Nel corso del Rinascimento si verificarono alcuni dei progressi fondamentali della scienza moderna. In particolare, la teoria eliocentrica di Copernico, ribaltando la posizione dell'uomo nell'universo, comportò anche una rivoluzione filosofica e mentale. Sebbene impregnata di valori laici, la cultura del Rinascimento non fu estranea alle problematiche religiose e rimase, nel complesso, all'interno di una concezione cristiana. Soprattutto nei paesi del Nord Europa, i rapporti fra religione e cultura umanistica furono molto stretti. Nelle opere dell'olandese Erasmo da Rotterdam e dell'inglese Tommaso Moro si avverte l'esigenza di una conciliazione fra ragione e fede e di una nuova e più profonda religiosità.

7 Una rivoluzione per lo studio: la stampa

Il Rinascimento fu una rivoluzione culturale tanto più incisiva in quanto si accompagnò a una rivoluzione delle comunicazioni; questa ebbe inizio alla metà del '400 con l'invenzione della stampa (da parte di Gutenberg), che aumentò enormemente il numero dei libri in circolazione facendone calare i costi (rispetto ai testi copiati dagli amanuensi). L'avvento della stampa trasformò profondamente le condizioni in cui i testi venivano prodotti e utilizzati: scomparvero gli errori nella versione di un testo dovuti alle ricopiature, come si ridusse sostanzialmente la possibilità che un'opera andasse perduta per sempre; fu rafforzata l'introduzione di una mentalità sistematica (con la diffusione dell'ordine alfabetico); la possibilità di disporre contemporaneamente e agevolmente di libri diversi favorì il confronto dei testi e dunque un modo di pensare più critico.

8 I luoghi della cultura

L'università dei secoli XV-XVI conservava ancora molti elementi in comune con quella delle origini: in continuità con il passato erano il suo ruolo e la sua struttura organizzativa. Tuttavia, rispetto ai secoli precedenti si registrano alcune differenze: muta la geografia universitaria, per via della moltiplicazione dei centri universitari che ne determina una riduzione a dimensioni localistiche; le libertà universitarie subiscono drastiche limitazioni, a causa delle continue ingerenze di principi e signori territoriali.
Tra XV e XVI secolo la corte cessò di essere esclusivamente il centro della vita politica per divenire anche centro di elaborazione culturale. Principi, signori e pontefici, per ragioni di prestigio oltre che di gusto, si circondarono di letterati, artisti, musicisti e intellettuali. Presso le corti di Milano, Ferrara, Mantova, Urbino, Firenze, Roma, Napoli prestarono servizio i più celebri intellettuali e artisti del Rinascimento italiano.
Contestualmente, si assiste alla nascita delle accademie, sorta di cenacoli dove gli studiosi si incontravano per conversare, discutere e scambiarsi conoscenze e che divennero presto istituzioni ufficiali importanti per i secoli futuri.

SVILUPPARE LE COMPETENZE

❶ Spiega, in un testo di 15 righe, il significato e il legame esistente tra i seguenti termini: umanesimo, filologia, laicizzazione.

❷ Di seguito hai tre affermazioni sull'educazione umanistica. Usale come spunto per scrivere un testo di 10 righe, al quale dovrai dare anche un titolo:

a. La pedagogia umanistica era basata su metodi non repressivi e sulla valorizzazione delle capacità critiche e dialettiche degli allievi, nonché su un confronto libero con i maestri.
b. Centrale era per la formazione umanistica l'integrazione tra discipline diverse che si configurava come un progetto di conoscenza globale della realtà.
c. Il progetto educativo umanistico escludeva, tranne rarissimi casi, le donne.

❸ Quando nacque, quali furono i contenuti teorici e chi furono i protagonisti del Rinascimento? Spiega caratteristiche e significato di quest'epoca scrivendo un testo di 12 righe. Per facilitare il tuo compito usa le domande seguenti come spunti di riflessione:

a. Quale significato fu attribuito, dai pensatori dell'epoca, al termine "Rinascimento"?
b. I motivi per cui l'Italia fu la culla del Rinascimento sono sostanzialmente cinque. Quali?
c. Da dove venivano, per lo più, e quale estrazione sociale avevano gli uomini che facevano parte della cosiddetta élite creativa?
d. Per quali motivi la considerazione che si aveva di artigiani e artisti migliorò durante il Rinascimento?

❹ Attribuisci correttamente ognuna delle seguenti affermazioni al suo autore, associando opportunamente le lettere dell'alfabeto, che individuano le citazioni *a-d*, con i successivi nomi dei quattro autori. Scrivi infine quattro testi di 3 o 4 righe ciascuno cercando di approfondire i temi principali del pensiero dei quattro umanisti:

a. Il politico dovrà essere volpe e leone, astuto e forte, dissimulatore e crudele, moderato e violento.
b. La Terra gira intorno al Sole.
c. La realtà umana non è interpretabile in base a regole generali poiché essa è profondamente e perennemente mutevole.
d. I testi sacri devono essere letti nella loro lingua originale.

Niccolò Copernico • Francesco Guicciardini • Erasmo da Rotterdam • Niccolò Machiavelli

❺ Gli argomenti elencati di seguito sono tutti conseguenza di un unico fenomeno, quale? Scrivi un testo di 12 righe che correli causa e conseguenze:

a. Aumento del numero dei libri in circolazione e diminuzione del loro costo.
b. Allargamento degli orizzonti culturali degli studiosi.
c. Rafforzamento di una mentalità sistematica.

❻ Approfondisci, in testi di 4 righe ciascuno, i seguenti argomenti:

a. La trasformazione delle università.
b. Il mecenatismo e le corti come luoghi di elaborazione culturale.
c. Le accademie come nuovi centri di elaborazione intellettuale. Differenze rispetto alle università.

FARE STORIA 2

L'assalto delle epidemie

L'Europa del tardo Medioevo elaborava nuove esperienze economiche, assisteva alla nascita di nuove istituzioni, si trasformava culturalmente. Tuttavia restava un mondo fragile, esposto al rischio di terribili minacce. La catastrofe giunse inattesa nel 1348: a recarla furono insetti minuscoli, ma le sue conseguenze furono di enorme portata. Gli scienziati moderni la designano col nome di peste bubbonica e ne conoscono perfettamente i meccanismi di contagio, mentre per i contemporanei quel morbo era semplicemente un male misterioso e terribile.
Grazie alla crescente apertura dei traffici internazionali, l'epidemia di peste bubbonica si diffuse con rapidità – come descritto efficacemente da **William H. McNeill** [52] nel testo che apre la sezione – dalla Cina all'Europa, dove la malattia giunse per la prima volta nel 1347, trasportata dalle navi genovesi provenienti dal Mar Nero. Il contagio si propagò rapidamente in molti paesi e, primo tra tutti, l'Italia: nel testo ***Il morbo in Italia*** [53DOC] sono analizzate le tappe di questa diffusione.
La peste, tuttavia, non fu l'unica malattia a mietere vittime e a essere fonte di angoscia collettiva nel tardo Medioevo: la popolazione, in questo periodo, fu infatti colpita anche da altre infezioni, come il tifo petecchiale e il vaiolo, analizzate da **Lorenzo Del Panta** [54], e la lebbra.
Gli uomini dell'epoca consideravano le epidemie come un castigo divino. Questa convinzione non riguardava soltanto la peste, ma anche altre gravi malattie, quali la lebbra. **Maria Serena Mazzi** [55] ci ricorda che il carattere ripugnante di questa malattia alimentava la convinzione che i lebbrosi fossero dei grandi peccatori. Ciò giustificava la loro esclusione dalla vita civile e le persecuzioni di cui erano periodicamente vittime.
Come molte altre malattie, la peste colpiva sia i poveri sia i ricchi, sia gli umili contadini sia i principi e i re. Ma come spiega **Michel Mollat** [56], era una malattia socialmente selettiva: le condizioni della vita materiale (alimentazione, abitazioni, vestiti, ecc.) incidevano sulle probabilità di contrarre il morbo e, soprattutto, sulle risposte dell'organismo al contagio. I poveri morivano in misura maggiore dei ricchi. Questi ultimi venivano curati nelle loro dimore e i medici migliori si recavano al loro capezzale. Per il resto della popolazione l'assistenza era quasi inesistente.

52

W.H. McNeill
Dall'Asia all'Europa

W.H. McNeill, *La peste nella storia*, Einaudi, Torino 1981, pp. 148-51

■ In Europa la peste, a parere di diversi storici, non era nuova nel XIV secolo: celebri erano state le epidemie al tempo dell'Atene di Pericle (V secolo a.C.) e durante il periodo dell'imperatore Giustiniano (VI secolo d.C.). Lo storico statunitense William H. McNeill (nato nel 1917), nel suo libro dedicato all'argomento, dimostra che la peste bubbonica non era mai giunta prima del XIV secolo in Europa e che la pandemia del 1348 giunse dalla Cina, grazie a una maggiore apertura dei commerci tra i due continenti.

Dopo il 1331, e più particolarmente dopo il 1353, la Cina iniziò un periodo disastroso della propria storia

La peste coincise con la guerra civile nel periodo in cui iniziò a svilupparsi una reazione della popolazione cinese contro la dominazione mongola, che culminò col rovesciamento dei sovrani stranieri e con l'instaurazione di una nuova dinastia Ming[1] nel 1368. La combinazione di guerra e pestilenza compì una devastazione tra la popolazione cinese. Secondo le valutazioni più attendibili vi fu una diminuzione di popolazione dai centoventitre milioni intorno al 1200 [...] a soli sessantacinque milioni nel 1393 [...]. Questa interpretazione delle documentazioni cinesi ben si adatta a quanto gli osservatori contemporanei meglio informati, sia in Europa che nel Vicino Oriente, sono stati in grado di scoprire sulle origini della peste. Uno scrittore musulmano, Ibn al-Wardi, che sopravvisse al furioso assalto iniziale della peste ad Aleppo[2], osservò che la malattia aveva avuto origine nella «Terra delle Tenebre» e si era diffusa per tutta l'Asia settentrionale prima di invadere il mondo civile, incominciando dalla Cina e procedendo di qui verso l'India e il regno dell'Islam. [...]

Sembra quindi probabile che la *Pasteurella pestis*[3] avesse invaso la Cina nel 1331 [...]. Poi l'infezione deve aver percorso le vie carovaniere dell'Asia nel corso dei successivi quindici anni raggiungendo la Crimea nel 1346, dopo di che il bacillo salì a bordo e procedette alla penetrazione di quasi tutta l'Europa e del Vicino Oriente lungo le vie che dai porti si irradiano nell'entroterra. [...]

Ciascun luogo in cui le carovane sostavano regolarmente deve aver dato di che vivere a un insieme di ratti e pulci attratti dalla quantità, relativamente ingente, di provviste necessarie al mantenimento di varie decine o anche di qualche centinaio di uomini e di bestie in viaggio. Queste popolazioni di ratti e pulci, al pari delle analoghe concentrazioni di ratti intorno ai mulini nelle zone interne dell'Europa occidentale, erano pronte a ricevere e a diffondere la *Pasteurella pestis* [...].

È molto probabile che la diffusione dei ratti infetti nell'Europa settentrionale fosse di per sé una conseguenza dei più intensi contatti marittimi fra il Mediterraneo e i porti settentrionali. Questi si fecero regolari a partire dal 1291, quando per la prima volta un ammiraglio genovese aperse lo Stretto di Gibilterra alle flotte cristiane sconfiggendo le forze del Marocco che fino ad allora ne avevano impedito il libero attraversamento. I miglioramenti apportati nel XIII secolo al disegno delle navi resero per la prima volta normale la navigazione in qualsiasi periodo dell'anno, e il tempestoso Atlantico divenne abbastanza sicuro per i navigatori europei da poter essere attraversato anche durante i mesi invernali. [...]

Tutte queste circostanze coincisero nella metà del XIV secolo a gettare le basi della sconvolgente esperienza della peste nera. La malattia scoppiò nel 1346 fra le truppe di un principe mongolo che stringeva d'assedio la città mercantile di Caffa, in Crimea. Ciò lo costrinse a ritirarsi, ma non prima che l'infezione fosse penetrata nella stessa Caffa da cui, per via di mare, si diffuse per tutto il Mediterraneo e di qui anche verso le regioni dell'Europa settentrionale e occidentale.

Il primo assalto della malattia (1346-50) fu violento. [...] L'effetto letale della peste potrebbe essere stato acuito dal fatto che essa venne propagata non solo dalla puntura delle pulci, ma anche attraverso il contatto interpersonale, in conseguenza dell'inalazione delle particelle contenenti i bacilli messe in circolazione dalla persona infetta che tossisce o starnutisce. [...]

La mortalità media restava fra il 60 per cento e il 70 per cento dei colpiti. [...] Complessivamente, la miglior valutazione della mortalità dovuta alla peste, dal 1346 al 1350, nell'insieme dell'Europa, è quella di un terzo dell'intera popolazione.

[1] Dinastia che governò la Cina dal 1368 al 1644 [👁 **12.2**].

[2] Importante città della Siria nord-occidentale.

[3] Bacillo portatore della peste. Isolato nel 1894 dal medico svizzero Alexandre John-Émile Yersin (1863-1943), fu inizialmente chiamato in questo modo in onore di Louis Pasteur (1822-1895), il biologo che, con le sue teorie sui microrganismi, aveva dato origine alla moderna medicina infettiva. In seguito assunse il nome *Yersinia pestis* in onore del suo scopritore.

GUIDA ALLA LETTURA

❶ Quali sono le fonti che individuano nella Cina l'origine della peste? ❷ Perché le carovane costituivano un ambiente idoneo alla proliferazione dei ratti? ❸ Quale novità rese possibile la diffusione dei ratti infetti nell'Europa settentrionale? ❹ Qual era la mortalità media della peste bubbonica?

53 DOC

Il morbo in Italia

da O. Capitani (a c. di), *Morire di peste: testimonianze antiche e interpretazioni moderne della «peste nera» del 1348*, Pàtron, Bologna 1995, pp. 137-43

Il cammino della peste in Italia e in Europa è uno degli eventi più documentati del tardo Medioevo. Il testo che presentiamo raccoglie alcune testimonianze d'epoca sulla diffusione della peste in Italia, chiarendo le date e le circostanze di entrata dell'epidemia nel nostro paese.

Furono i genovesi a portare l'epidemia in Italia dal vicino Oriente ed a diffonderla poi per buona parte d'Europa. Le fonti forniscono datazioni abbastanza sicure dell'inizio della pestilenza e della sua penetrazione nel continente. Da Costantinopoli l'epidemia giunse in Italia. Prima tappa fu la Sicilia, in particolare

Messina, dove le navi genovesi giunsero nell'ottobre del 1347.

Michele da Piazza[1]: «Al principio di ottobre dell'anno dell'incarnazione del figlio di Nostro Signore, 1347, dodici galee genovesi... entrarono nel porto di Messina. Le loro ossa portavano una malattia così virulenta che chiunque avesse parlato con loro era afferrato da un morbo mortale che in nessuna maniera poteva evitare la morte... [...] Quando la catastrofe ebbe raggiunto il suo culmine i messinesi decisero di emigrare. [...] Così la peste di Messina si disperse su tutta l'isola di Sicilia e con essa il male, cosicché morirono innumerevoli persone».

Dalla Sicilia la peste si diffuse nel Nord Africa per la via di Tunisi; certamente raggiunse la Corsica e la Sardegna, le Baleari, Almeria, Valencia, Barcellona, e in particolar modo l'Italia meridionale. [...]

Il primo bersaglio della peste furono le città costiere. [...]

Dopo la cacciata delle navi dal porto di Messina, queste raggiunsero Pisa. [...]

Cronaca di Pisa di Ranieri Sardo[2]: «Negli anni 1348, alla entrata di gennaio, venne a Pisa due galee di genovesi le quali vennero di Romani, et chome furono giunte alla piaza del pesce, qualunque persona favellò a quelli delle decte due galee, di subito si era amalato et morto».

Poco dopo la mortalità giunse anche a Genova: [...] la data più attendibile dell'arrivo della peste è il gennaio del 1348.

Per Venezia la datazione è più discussa. La peste vi avrebbe fatto la sua apparizione direttamente, per via marittima, come a Genova, nel gennaio del 1348. Tale data, però, non corrisponde a quella risultante dalle cronache del tempo [...]. Pertanto, nel datare l'inizio della peste a Venezia, potremmo oscillare tra marzo e aprile.

Agli inizi del 1348 si può, dunque, dire che l'epidemia è penetrata in Italia da tre porti, Pisa, Genova, Venezia, si diffonde nella parte centro-settentrionale della penisola e in buona parte d'Europa. Pisa è il principale centro di diffusione della peste per l'Italia centro-settentrionale. Anche Roma, come la Toscana, sarebbe stata colpita dal morbo giunto da Pisa [...]. È presumibile [...] che la pestilenza scoppiasse a Roma verso maggio, e che perdesse la sua virulenza verso l'ottobre, dato che in questo mese venne edificato un monumento alla Vergine, come ringraziamento per lo scampato pericolo.

In Toscana, il morbo infuriò con violenza inaudita. Lucca, Pistoia, Firenze, Siena [...] ed altre città, per lunghi mesi soffrirono di questo orribile flagello. La pestilenza, iniziata nell'ottobre-novembre, fu rallentata, nella sua diffusione, dai rigori dell'inverno. Infatti il clima influisce in modo determinante sulla moltiplicazione delle pulci. Ma, nella primavera, quando il clima si mitiga, la peste scoppiò con nuovo vigore.

Firenze fu colpita tra la fine del marzo e l'inizio dell'aprile. [...] Per Pistoia mancano testimonianze dirette dei cronisti del tempo. Ci possiamo valere soltanto degli ordinamenti sanitari, già menzionati, contro la pestilenza, ma da questi documenti non è possibile ricavare una data esatta; per questa città, tuttavia, il termine post quem può essere posto non oltre marzo-aprile, perché sappiamo che, tra le città vicine, Lucca era contaminata fin dal febbraio e Firenze cominciava già ad esserlo verso la fine di marzo. [...]

Per le altre città italiane le notizie sono più frammentarie, ma ci permettono di ricostruire ugualmente le date dello scoppio della pestilenza. Per Bologna abbiamo due diverse datazioni, in base alle quali la data d'inizio della peste oscilla fra il marzo e il maggio 1348. [...] Per l'arrivo della peste a Rimini, possiamo avvalerci della *Cronaca Malatestiana*[3], che ci fornisce una data ben precisa: «1348... die XV de magio cominzoe in Arimino una grandissima mortalità, e poi per lo contado, e durò infina a dì primo de decembre». [...]

Le città minori ed i luoghi più remoti sono trascurati dalle fonti, che spesso, anche per quanto riguarda le grandi città, rivelano delle incongruenze e discordanze, da attribuire o ad una scarsa conoscenza da parte dei cronisti, o alla precisa volontà di sottovalutare scientemente il problema.

[1] Frate e storico medievale, è stato a lungo considerato autore della *Historia Sicula* – in realtà anonima – che narra le vicende, contemporanee alla sua estensione, della regione siciliana dal 1337 al 1361. Oggi questa attribuzione è messa in discussione.

[2] Autore di una nota cronaca pisana del XIV secolo. Proveniente da una famiglia di mercanti e giudici, Sardo conosceva bene gli avvenimenti che riguardavano Pisa in quanto ricoprì diverse cariche pubbliche nel comune pisano.

[3] Cronaca anonima scritta tra il XIV e il XV secolo che narra le vicende coeve della casata dei Malatesta, signori di Rimini e di altre zone della Romagna e delle Marche.

GUIDA ALLA LETTURA

❶ Quali furono le reazioni dei messinesi all'arrivo della peste in città? Perché agevolarono la diffusione del morbo?
❷ Perché furono colpite per prime le città costiere?
❸ Quale fu il principale centro di diffusione per l'Italia centrosettentrionale?

54

L. Del Panta
Tifo e vaiolo, i compagni della peste

L. Del Panta, *Le epidemie nella storia demografica italiana (secoli XIV-XIX)*, Loescher, Torino 1980, pp. 54-56; 63-65

■ La peste nera non fu la sola malattia epidemica durante l'età preindustriale. Altre epidemie, dovute soprattutto alle scadenti condizioni igieniche della città, si alternavano al morbo che falcidiò la popolazione europea nel XIV secolo. Il demografo storico Lorenzo Del Panta (nato nel 1944) ci parla di due altri morbi piuttosto diffusi e della loro notevole letalità da un punto di vista demografico: il tifo petecchiale e il vaiolo, che saranno debellati solo nel XIX secolo.

Il tifo petecchiale

Anche se molto meno letale della pe-

ste, il tifo ha rappresentato certamente, per la frequenza delle sue epidemie, uno dei flagelli più gravi dei secoli passati.
In realtà, il termine «tifo» può riferirsi a due forme morbose ben distinte: il *tifo addominale*, e quello *esantematico*[1] o *petecchiale*[2]. Il primo si propaga attraverso l'acqua inquinata ingerita direttamente o tramite gli alimenti. Il suo meccanismo di trasmissione è dunque simile a quello di altre malattie dell'apparato digerente, come ad esempio la dissenteria. [...]
Il tifo esantematico o petecchiale è invece una malattia trasmessa dai pidocchi: essendo gli indumenti (specialmente se sudici) l'habitat naturale del pidocchio, le epidemie di tifo petecchiale scoppiano più frequentemente nei mesi invernali, quando le persone, oltre a restare maggiormente al chiuso e quindi a stretto contatto nelle abitazioni, si lavano meno e si coprono abbondantemente. [...]
Anche se non è affatto certo che questa forma epidemica non esistesse già nel Medioevo, essa fu chiaramente descritta per la prima volta nel XVI secolo dal celebre medico Gerolamo Fracastoro, che è ancor oggi considerato il padre della moderna epidemiologia. [...]
Il tifo petecchiale era in realtà generalmente riconoscibile anche prima delle moderne scoperte batteriologiche dalle petecchie o esantemi (soffusioni emorragiche provocate dalle tossine delle *rickettsie*[3], i coccobacilli responsabili della malattia) che compaiono per lo più dopo 4-8 giorni. [...] La letalità del tifo petecchiale è assai variabile: essa dipende sia dalla virulenza del microbo che dalle condizioni fisiche, dallo stato immunitario, e dall'età del paziente. Mediamente, essa si aggira attorno al 20 per cento, ma può raggiungere, specialmente per le persone anziane, anche il 30-40 per cento. [...]

Il vaiolo

Dopo la peste e il tifo, il flagello epidemico più temuto nei secoli passati, fino almeno alla diffusione della vaccinazione, è stato senza dubbio il vaiolo. Anche se la mortalità provocata dalle epidemie di vaiolo non è in genere eccezionale, per la caratteristica di questa malattia di colpire quasi esclusivamente le classi di età più giovani, i suoi effetti di lungo periodo sulle capacità riproduttive della popolazione sono aggravati proprio dal fatto di incidere su classi non ancora entrate in età feconda.
Il vaiolo è causato da un virus che si trasmette da persona a persona attraverso minute gocce di escreato emesse dalla bocca o dal naso. Circa 10-12 giorni dopo l'inalazione del virus la persona si ammala, con febbre elevata e sensazioni dolorose simili a quelle dell'influenza. Ma dopo 2-4 giorni si manifesta una eruzione cutanea sul viso che si diffonde poi a tutto il corpo. Dal decimo giorno cominciano a formarsi croste, che cadono nella terza settimana, lasciando nella pelle di chi sopravvive – aree depigmentate che divengono poi cicatrici infossate e sfiguranti. Tra gli individui colpiti dalla forma asiatica più grave del virus, detta *variola major*, la letalità può oscillare fra il 20 e il 40 per cento. [...]
Dato che non esistono animali o insetti che possano ospitare il virus del vaiolo umano, perché si sviluppi un'epidemia in una popolazione occorre che una persona ammalata trasmetta il virus per contatto, e che lo stesso contatto efficace si abbia con un altro soggetto e così via. [...] Nelle località meno densamente popolate, quando le persone che possono contagiarsi (non immunizzate) sono ridotte a pochi casi isolati, le infezioni a catena si interrompono. In questi territori il vaiolo si estingue (dato che l'uomo è l'unico ospite del virus) e non ricompare a meno che non venga reintrodotto dall'esterno.
È probabile che anticamente il vaiolo fosse endemico solo nelle regioni più densamente popolate dell'India e della Cina. La lentezza dei viaggi e la rarità di spostamenti a vasto raggio nell'epoca precristiana potrebbero aver contribuito al confinamento del vaiolo in Asia durante questo periodo. [...] Sembra poi che il vaiolo giungesse in Europa con le invasioni degli Arabi. Nel 1520, infine, i conquistatori spagnoli portarono la malattia in America.

---

[1] Che si manifesta con macchioline, pustole, vesciche, bolle sulla pelle.

[2] Caratterizzato da petecchie, piccole macchioline sulla pelle.

[3] Microrganismi parassiti obbligati di artropodi (zecche, pidocchi, acari) e di vertebrati, comprendenti agenti patogeni per l'uomo.

GUIDA ALLA LETTURA
❶ Quali sono le principali cause di diffusione del tifo petecchiale? ❷ Quali sono gli effetti maggiormente dannosi del vaiolo? ❸ Quali sono le zone maggiormente contagiate dal vaiolo?

55

M.S. Mazzi
Morti viventi: i lebbrosi

M.S. Mazzi, *Salute e società nel Medioevo*, La Nuova Italia, Firenze 1978, pp. 52-57

■ Insieme alla peste, la lebbra fu il morbo che per secoli terrorizzò maggiormente la popolazione in tutte le aree del pianeta comprese tra la Cina e l'Europa. Il contagio avviene tra gli individui o tramite la mediazione di alcuni insetti: dopo un lungo periodo di incubazione, la malattia si manifesta esteriormente con ulcere diffuse su tutto il corpo, che portano alla decomposizione delle parti colpite e quindi alla morte. Come dimostrato dalla storica Maria Serena Mazzi (nata nel 1945), nel Medioevo e nell'età moderna, i lebbrosi erano oggetto di pregiudizi e di emarginazione, poiché la loro malattia era considerata la punizione divina per peccati gravissimi. Essi erano obbligati a vivere in luoghi appartati e poiché apparivano come dei "diversi", alla stessa stregua degli ebrei o degli eretici, come questi ultimi erano periodicamente vittime di persecuzioni.

La società medievale era abituata ai «toni crudi della vita», come sono stati definiti da uno storico famoso: lo spettacolo della miseria, della malattia, della morte era uno spettacolo pubblico, sfarzoso e crudele. [...] Un mondo, tangibile, di sofferenza umana che rischia persino di passare inosservata tale è la sua fusione con gli elementi della vita quotidiana. Al lebbroso della vita medievale invece non ci si abituerà mai. Verso di lui si esercitò una ripugnanza invincibile che coinvolgeva la sua immagine fisica e morale e che aveva oscure radici di ordine psicologico e religioso. Il suo terribile male scavò abissi profondi di separazione fra lui e gli altri. [...] Egli è l'escluso, il reietto, a volte anche il perseguitato. L'esistenza del lebbroso, più di ogni altro, manifesta Dio, indica al tempo stesso la sua collera e la sua bontà. Mostrando col terribile castigo della lebbra la sua ira per i peccati del mondo, egli concede al lebbroso il privilegio e la grazia di scontare nella propria carne la pena. [...]

Gli statuti cittadini fin dal XIII secolo vietavano la presenza di lebbrosi in città e ne prevedevano con severità l'isolamento negli istituti appositamente edificati: i lazzaretti. Il lebbroso scacciato dalla comunità conduceva vita solitaria e randagia, aggregandosi in comunità spontanee che spesso finivano col diventare veri e propri villaggi. Ma le nuove misure legislative non permisero che fosse affidato al caso o all'associazione spontanea l'isolamento del lebbroso e a questo scopo si previdero ospedali speciali da costruirsi fuori delle mura cittadine. [...]

L'internamento vero e proprio prevedeva un cerimoniale complesso, assai simile a un rito funebre, col quale si intendeva simboleggiare il distacco definitivo del malato dalla comunità. Ogni atto di questo rito macabro, di una crudeltà inaudita, tendeva a riaffermare la morte civile dell'individuo: la celebrazione della messa contemplava spesso l'officio dei defunti; la distruzione col fuoco di oggetti e vesti appartenuti al lebbroso mirava non solo ad eliminare ogni traccia di lui ma anche a purificare i segni del suo passaggio fra gli altri. I beni venivano confiscati, teoricamente protetti, in realtà si trattava di ruberie legalizzate. [...]

I divieti che venivano imposti al lebbroso, di entrare in chiesa o nel mulino, nel forno, al mercato, nelle taverne, includevano tutte le occasioni di vita collettiva dalle quali egli doveva ormai astenersi. Se gli era concesso di entrare in città per elemosinare gli era altresì imposto di rendere manifesta la propria presenza perché gli altri potessero scansarsi o fuggirlo. I colori degli abiti, grigio o nero, che era obbligato a portare, ulteriormente segnati da vistosi contrassegni – due mani intrecciate sul petto o un segno rosso – il cappello a larghe falde con un nastro bianco o una coccarda, testimoniati da numerose fonti iconografiche, sono ancora niente a paragone del suono agghiacciante della campanella col quale il malato doveva annunciarsi. Nonostante queste precauzioni, che rendevano percepibile il suo passaggio anche da lontano, gli era fatto esplicito e severo divieto di inoltrarsi per vie strette, di intrattenersi con donne, di toccare i bambini e di bere alle fonti. [...]

Non è raro che si arrivi a stravolgere completamente il significato di questa esclusione al punto che ci si senta non persecutori ma perseguitati dai lebbrosi. Carestie, epidemie, momenti difficili e di panico scatenarono reazioni collettive di inaudita paura e di violenza. Ci si convinceva che fossero i lebbrosi a cospirare, a tramare nell'ombra per la distruzione della comunità civile: appestando l'aria, avvelenando le acque, distruggendo i raccolti, d'accordo spesso con gli ebrei, che rappresentavano un'altra categoria di reietti-persecutori, essi si sarebbero accaniti nello sterminio. [...] Malattia, carestia, povertà, ordine costituito e repressione si saldano in un nodo strettissimo.

GUIDA ALLA LETTURA

❶ Che cosa prevedevano per i lebbrosi gli statuti cittadini a partire dal XIII secolo? ❷ Come si svolgeva il cerimoniale dell'internamento? ❸ Quali erano i segni esteriori dell'esclusione? ❹ Di quali reati venivano accusati i lebbrosi?

56

M. Mollat
Una malattia selettiva

M. Mollat, *I poveri nel Medioevo*, Laterza, Roma-Bari 1982, pp. 221-26

■ Lo storico Michel Mollat (1911-1996), uno dei massimi specialisti di storia della povertà, spiega in queste pagine per quali motivi la peste fosse una malattia «selettiva». Come notarono già i contemporanei, il morbo colpiva infatti soprattutto i più poveri: la malnutrizione e le cattive condizioni ambientali (case, vestiti, ecc.) li rendevano più esposti al contagio; per gli stessi motivi, inoltre, le loro possibilità di sopravvivere alla malattia erano molto minori. Talvolta, i poveri erano accusati di propagare intenzionalmente il morbo e subivano terribili violenze.

Pur non risparmiando nessuno, la peste trovò nei poveri un magnifico terreno per attecchire, predisposto da una prolungata sequenza di carestie: «dopo la fame, domina la peste» ripete un detto popolare. L'insistenza dei cronisti nel mostrare, come gli artisti delle danze macabre, un'eguale vulnerabilità del ricco e del povero, è corretta dalle testimonianze del triste primato della povertà. La malattia colpì dapprima i quartieri poveri, per esempio a Rimini, a Orvieto – dove i ricchi beneficiarono di una tregua di tre mesi –, a Narbonne[1], tra i tintori delle rive dell'Aude. Altrove la peste accentuava i suoi danni

[1] Importante città della Francia nella regione della Linguadoca-Rossiglione.

fra i poveri: a Lincoln[2] i notabili furono praticamente risparmiati, a Lubecca la media della mortalità fra i possidenti (25%) è inferiore del 50% alla media generale (50%) nelle città tedesche. Sembra che nella Francia del Nord siano morti, nel 1348-1349, due poveri per ogni ricco: si può parlare così di «epidemia proletaria». [...]

Il regime alimentare dei poveri, a Firenze, per esempio, mostra gravi carenze energetiche e vitaminiche: carenze di proteine e di lipidi, di calcio e di vitamine antiscorbuto (A, C) e antirachitiche (D). Un artigiano negli anni 1340-1347 a malapena poteva aggiungere al pan bigio, fatto essenzialmente di orzo e spelta, un quantitativo sufficiente di carne, formaggio, latte e legumi. Un'intera popolazione urbana affrontò la peste in uno stato di grave deperimento. Il caso di Firenze non è isolato e sembra condiviso dalla vicina Orvieto; gli indizi raccolti in altre città dell'Occidente non smentiscono questi dati. Nella campagna la malnutrizione superava la sottoalimentazione, grazie a cereali poveri, a una proporzione eccessiva di salumi rispetto alla carne fresca, di legumi ricchi di fecola (piselli, fave, farinate), di vino acetato e di acqua malsana. Dovunque si era lontani, soprattutto fra i poveri, dal regime sofisticato prescritto dalla Facoltà[3] per sfuggire la peste: pane di buon frumento, carni bianche, agnelli d'un anno, pochi legumi, evitando porri, cipolle e rape, «che provocano gran ventosità», in breve alimenti «fini e leggeri». Così i soggetti asciutti e sani avrebbero resistito meglio agli assalti della malattia.

I precetti profilattici della Facoltà non erano alla portata dei poveri più di quanto lo fosse il regime alimentare. Erano tuttavia soltanto dei consigli d'igiene, pomposamente formulati, banali e inadatti, e per lo più inefficaci. [...]

Sarebbe servita una certa igiene dei vestiti e della pelle per tener lontana la pulce, autentico vettore della peste, data la sua stretta simbiosi con il ratto. Solamente i ricchi potevano permettersi le novità della moda verso il 1340. Quanti contadini e salariati di città portavano una camicia di tela – e soprattutto la cambiavano – sotto i panni di grossa lana, spesso comprati da un rigattiere, o sotto le pellicce comuni (coniglio, gatto, volpe o montone) sempre più diffuse nel XIV secolo? L'uso di indossare le pelli con il pelo all'esterno non era sufficiente per eliminarne i parassiti. Inoltre non ci si lavava e i consigli medici di non bagnarsi erano per molti superflui; tutt'al più, sconsigliando la frequentazione dei bagni pubblici, si poteva evitare occasioni di contagio; ma i contadini non vi andavano mai. Delle altre indicazioni della Facoltà i poveri non sapevano che farsene: lavorare meno, accontentarsi di sforzi moderati, dormire con la testa sollevata da drappi «buoni e ben odorosi», usare disinfettanti aromatici costosi, incenso, mirra, aloé di Socotra[4], irrorare la propria camera d'acqua di rose. [...]

Il sentimento popolare ha trasposto a sua volta i sospetti, dei quali i poveri erano stati fatti oggetto. [...] Un rapporto del vicario di Narbonne del 17 aprile 1348 riporta confessioni di «poveri e mendicanti di ogni nazione» accusati dall'opinione pubblica e incolpati di aver «gettato nelle acque, nelle case, nelle chiese e nei viveri, con lo scopo di uccidere», pozioni in polvere, ricevute da sconosciuti, che avevano dato loro del denaro; già nove di questi infelici erano stati squartati. In mancanza di poveri, la vendetta «popolare» se la prese soprattutto con gli Ebrei in Catalogna e nella valle del Reno. Per il loro tramite, l'obiettivo erano i prestatori, gli usurai, i ricchi.

---

[2] Città inglese dove nel Medioevo si combatterono importanti battaglie.

[3] La Facoltà di Medicina di Parigi, che nel 1348 pubblicò un *Compendium de Epidemia*.

[4] Isola dell'Oceano Indiano.

GUIDA ALLA LETTURA

❶ In che modo Mollat dimostra la tesi del carattere selettivo della peste? ❷ A chi erano destinati i precetti profilattici della Facoltà di Medicina di Parigi? ❸ Contro chi era diretta la vendetta popolare, durante le epidemie?

SVILUPPARE LE COMPETENZE

Comprendere e Analizzare

❶ Dopo aver riflettuto sui brani di McNeill [52] e Del Panta [54], completa il seguente schema:

a. mortalità delle malattie: ....

b. periodo di maggiore diffusione: ....

c. possibilità di pandemie generalizzate: ....

❷ Quali sono le accuse contro i poveri e i lebbrosi che ricorrono tanto nel testo di Mazzi [55] quanto in quello di Mollat [56]? Di quale senso comune diffuso tra la popolazione europea sono il risultato?

Rielaborare e Argomentare

❸ Tema di argomento storico. *Il mondo tardomedievale di fronte alle epidemie*

Uno degli elementi che caratterizzarono la cosiddetta «crisi del '300» furono le epidemie di peste che decimarono la popolazione di molte città europee. La peste, tuttavia, non era l'unica malattia a terrorizzare la popolazione: tifo, vaiolo e, soprattutto, lebbra colpivano moltissime persone, con pesanti conseguenze sotto il profilo demografico, sociale e psicologico. Sviluppa questa traccia, seguendo la scaletta di argomentazione:

a. l'origine e la diffusione della peste;
b. i meccanismi del contagio della peste e delle altre malattie;
c. mortalità delle malattie e incidenza sociale;
d. la condizione dei malati.

La paura in Occidente

In Europa, più di 30 milioni di persone rimasero vittime delle epidemie di peste che si propagarono a partire dalla metà del XIV secolo. Una mortalità tanto diffusa quanto improvvisa suggestionò profondamente la mentalità collettiva degli europei, che si sentivano soli e indifesi davanti al grande male: l'inspiegabilità della malattia e l'impotenza della medicina, infatti, scatenarono ansie e paure collettive, mentre, in campo artistico, si moltiplicarono le rappresentazioni della morte, soprattutto negli edifici religiosi. La vera e propria protagonista dell'epoca, come ci spiega **Jean Delumeau** [57], fu dunque la paura, che si annidava in tutti gli angoli dell'Europa medievale.
Per gli studiosi, le grandi catastrofi rappresentano uno straordinario laboratorio di storia sociale: esse consentono di analizzare dinamiche complesse che coinvolgono sia le condizioni materiali dell'esistenza sia la cultura e gli aspetti psicologici. Le reazioni collettive di fronte al diffondersi del morbo sono testimoniate, per esempio, in alcune famose pagine di **Giovanni Boccaccio** [58DOC], mentre l'umanista **Antonio da Romagno** [59DOC] attesta la "contabilità macabra" dell'effetto devastante che l'epidemia di peste poteva provocare su una singola famiglia, sterminando in breve tempo intere generazioni.
L'angoscia collettiva favoriva anche la diffusione di comportamenti isterici e di pratiche religiose estreme. Una delle più tipiche era quella dei cosiddetti «flagellanti», ricostruita da **Guy Fourquin** [60].
La peste, inoltre, provocava violenza. Il terrore causato dal mistero del contagio e dall'altissima mortalità stimolava infatti la ricerca e la punizione dei "colpevoli", che serviva a far sfogare la paura, a uscire da una condizione passiva recuperando margini di azione, a ripristinare l'ordine sconvolto. Quando le comunità umane sono assalite da mali oscuri, tendono a cercare i responsabili soprattutto tra i "diversi" che vivono al loro interno. Nell'Europa di quel tempo i diversi erano soprattutto gli ebrei. Come spiega **Anna Foa** [61], risale proprio all'epoca della grande peste il rafforzamento e la diffusione di stereotipi antisemiti che avrebbero caratterizzato a lungo la storia europea. Questi pregiudizi, come mostrato nel documento tratto dalla ***Cronaca di Erfurt*** [62DOC], si accompagnavano ad azioni violente e ad autentici massacri.
Le epidemie di peste e il clima di insicurezza in cui cadde la popolazione diedero risalto alla figura del medico. Anche se la medicina era impotente di fronte a un fenomeno la cui causa era ignota e per il quale non esistevano terapie sicure, la gente ricorreva più che mai all'aiuto dei medici. Il termine "medico", riferito alla società tardomedievale, è tuttavia molto ambiguo, e copre un ampio spettro di figure sociali, dal ciarlatano al professore universitario. Le medicine che essi somministravano erano spesso del tutto inutili, ma potevano comunque produrre un beneficio sul paziente per effetto di suggestione. Persino i migliori esperti dell'epoca, come **Marsilio Ficino** [63DOC], non potevano fare altro che consigliare rimedi generici, che avevano un impatto più psicologico che pratico. Del resto, anche gli ospedali, come afferma **Jole Agrimi** [64], svolgevano soprattutto una funzione di sostegno generico ai bisognosi, anche se cominciava ad affermarsi l'esigenza di un'assistenza medica specifica.

57

J. Delumeau
Morte e apocalisse

J. Delumeau, *La paura in Occidente*, Sei, Torino 1979, pp. 324-28

■ Si è già accennato come la peste e gli altri fattori della crisi portassero anche a delle modificazioni dei comportamenti collettivi, a una paura del futuro che sembrava sempre più incerto. È proprio nel XIV secolo vi è un rifiorire di considerazioni sulla morte e sulla venuta dell'apocalittico Anticristo: talvolta identificato nel papa, talaltra negli eretici, esso rappresentava l'avversario per eccellenza di Cristo, che sarebbe apparso nell'imminenza della fine del mondo e che era, comunque, destinato a soccombere. Lo storico francese Jean Delumeau (nato nel 1923), nella sua opera dedicata alla paura in Occidente, descrive quest'ansia e il modo in cui si venne a creare.

Molteplici indizi permettono di datare dalla seconda metà del XIV secolo questo aumento dell'angoscia escatologica[1]. La sua diffusione in questo spazio temporale si può spiegare con la coincidenza o la rapida successione delle sciagure [...]: installazione in Avignone di un

[1] Che riguarda i destini ultimi dell'uomo e dell'universo. Dal greco *éskhatos* ('ultimo') e *loghìa* ('discorso').

papato sempre più dedito all'amministrazione e preoccupato del guadagno[2]; Grande Scisma[3] (con tutti gli europei che si trovarono allora scomunicati da quello dei due papi al quale non obbedivano); riapparizione disastrosa della peste; guerra dei Cento anni; avanzata turca ecc. Galienne Francastel[4] annotava: «In tutta l'Europa del XIV secolo [...] l'illustrazione dell'Apocalisse è un grande soggetto di moda [...]». E sembrerebbe certo, tenendo conto dell'azione dei predicatori, che il timore della fine del mondo abbia largamente prevalso a quell'epoca sulla speranza di un *millennium* felice [...]. Giovanni XXII, pontefice ad Avignone dal 1316 al 1334, nemico di Luigi di Baviera[5] e dei francescani «spirituali»[6], fustigato da Marsilio da Padova[7] nel *Defensor pacis*[8] e contro il quale si levò un antipapa dal 1323 al 1330, aveva già avuto la qualifica di Anticristo. Questo genere di accusa ritornò con nuova insistenza ai tempi del Grande Scisma (1378-1417), ciascun partito rimproverando all'altro d'aver per capo l'Anticristo. Prendiamo, ad esempio, Mattia de Janos, canonico di Praga [...]: egli sviluppa e fa conoscere una tipologia dell'Anticristo, negativo tratto per tratto del Redentore e che non poteva essere che un cattivo pastore insinuato in mezzo ai cristiani, che esercitava l'autorità religiosa suprema, che avrebbe goduto delle ricchezze della terra e utilizzato sfacciatamente – e per il male – i beni propri di Gesù Cristo: la Scrittura e i sacramenti. Questo odioso ipocrita, questa menzogna incarnata, questo veleno iniettato dal demonio nel sangue della Chiesa era il falso papa Clemente VII[9], che aveva osato elevarsi contro Urbano VI, vero e apostolico pontefice. [...] Ma, traendo spunto dalle lacerazioni della Chiesa, alcuni spiriti categorici andarono oltre. Nella stessa Praga, alla fine del XIV secolo e al principio del XV secolo, [...] avevano reso popolare l'idea che l'Anticristo era il papa come tale. [...] La Chiesa gerarchica era divenuta la sinagoga di Satana: l'elezione papale era un'invenzione diabolica; le scomuniche proclamate da un papa e dai vescovi non erano altro che censure dell'Anticristo. Tali accuse lanciate e ripetute da un capo all'altro dell'Occidente – e sempre più di frequente in lingua volgare – non potevano che suscitare un'atmosfera da fine del mondo. [...] San Vincenzo Ferrer[10], un altro domenicano [...], annunciava instancabilmente che il Giudizio Universale avrebbe avuto luogo *cito, bene cito ac valde breviter* («presto, senza tardare, in pochissimo tempo»). [...] Ferrer si convinse di essere l'angelo annunciato dal XIV capitolo dell'Apocalisse, che volava alla sommità del cielo, portando l'eterno Vangelo a tutte le nazioni, gridando a voce alta: «temete Dio e glorificatelo, perché è questa l'ora del suo Giudizio». [...] E poiché san Paolo, nella epistola ai Romani (XI, 25-32) predice la conversione di Israele prima della fine dei tempi, san Vincenzo Ferrer si sforzava in modo particolare di toccare gli Ebrei con le sue prediche e di condurli in seno alla Chiesa, salvo consigliare ai cristiani di rompere qualsiasi contatto con coloro che si ostinavano nei loro errori. È necessario insistere nel ruolo che gli Ebrei sembrano aver rappresentato nella crescita dei timori e delle speranze apocalittiche vissuti a quei tempi dai popoli occidentali. Sempre più perseguitati a partire dalla Peste Nera, vittime di *pogrom*[11], invidiati dal popolino, additati alla vendetta delle folle da predicatori fanatici, essi avevano a sperare la prossima venuta dell'Anticristo – il Turco – che avrebbe vendicato Israele offeso e avrebbe fatto delle chiese cristiane «stalle per le bestie». Ma, d'altra parte, un certo numero di Giudei spagnoli si convertirono sinceramente al cristianesimo e divennero addirittura membri influenti della Chiesa. Non c'è da meravigliarsi ch'essi abbiano portato con loro una tradizione messianica profondamente radicata nell'anima del loro popolo, rafforzando così l'atmosfera apocalittica che gravava allora nell'Europa.

---

[2] 👁 4.7.

[3] La crisi dell'autorità papale che dal 1378 al 1417 divise la Chiesa occidentale: essa fu caratterizzata dallo scontro fra papi e antipapi per il controllo del soglio pontificio [👁 7.8].

[4] Storica dell'arte (1911-1992), tra i fondatori della sociologia dell'arte.

[5] Ludovico IV, detto il Bavaro (1282-1347). Fu duca di Baviera dal 1294, *Rex Romanorum* dal 1314 e imperatore del Sacro romano Impero dal 1328. Il papa Giovanni XXII si rifiutò di riconoscere la sua elezione imperiale, per non prendere posizione nelle lotte tra i principi tedeschi. Per questo, Ludovico assunse una posizione avversa al papato.

[6] Movimento interno ai francescani che prese vita negli anni '70 del XIII secolo nelle città occitane della Francia meridionale e sulle montagne dell'Italia centrale. Gli spirituali auspicavano per i francescani uno stile di vita eremitico ed erano caratterizzati da una forte attesa apocalittica dell'arrivo dell'Anticristo e del rinnovamento della Chiesa e dalla critica contro le autorità della Chiesa (come il papa) e dell'ordine.

[7] Medico, filosofo e teologo nato a Padova tra il 1275 e il 1280 e morto a Monaco di Baviera tra il 1342 e il 1343.

[8] Il difensore della pace.

[9] Papa avignonese che aveva giurisdizione in Francia, poi considerato come antipapa, nato nel 1342 e morto nel 1394.

[10] Predicatore domenicano nato nel 1350 e morto nel 1419. Si adoperò per la ricomposizione dello scisma d'Occidente [👁 7.8].

[11] Il termine russo *pogrom* significa 'distruzione, devastazione'. Esso indica le violente aggressioni popolari contro le comunità ebraiche e, per estensione, qualunque azione di persecuzione esercitata contro minoranze etniche o religiose.

GUIDA ALLA LETTURA

❶ Che cos'è l'«angoscia escatologica» di cui parla Delumeau? Quali erano i suoi segni esteriori? ❷ Con chi veniva identificata la figura apocalittica dell'Anticristo? ❸ Che cosa alimentava, secondo l'autore, l'atmosfera da fine del mondo? ❹ Quale ruolo avevano gli ebrei all'interno dello scenario apocalittico del '300?

58 DOC

Giovanni Boccaccio
Convivere con la morte

G. Boccaccio, *Il Decameron*, a c. di G. Petronio, Einaudi, Torino 1963, pp. 11-18

■ Le prime pagine del *Decameron* di Giovanni Boccaccio (1313-1375) contengono una memorabile descrizione dell'epidemia che si abbatté su Firenze nel 1348: colpisce anzitutto la precisione con cui sono descritti non solo gli aspetti fisici del contagio, ma anche i suoi effetti psicologici. I modi di reagire alla catastrofe erano vari, ma tutti esprimevano un identico smarrimento di fronte al misterioso meccanismo dell'epidemia.

Dico adunque che già erano gli anni della fruttifera Incarnazione del Figliuolo di Dio al numero pervenuti di milletrecentoquarantotto, quando nell'egregia città di Firenze, oltre ad ogni altra italica nobilissima, pervenne la mortifera pestilenza [...]. Nascevano nel cominciamento d'essa a' maschi ed alle femine parimente o nell'anguinaia o sotto le ditella[1] certe enfiature[2], [...] le quali li volgari nominavan «gavoccioli»[3]. E dalle due parti predette del corpo infra brieve spazio di tempo cominciò il già detto gavocciolo mortifero indifferentemente in ogni parte di quello a nascere ed a venire; ed appresso questo, si cominciò la qualità della predetta infermità a permutare in macchie nere o livide [...]. E fu questa pestilenza di maggior forza per ciò che essa dagl'infermi di quella per lo comunicare insieme s'avventava a' sani, non altramenti che faccia il fuoco alle cose secche o unte quando molto vi sono avvicinate. E più avanti ancora ebbe di male: ché non solamente il parlare e l'usare con gl'infermi dava a' sani infermità o cagione di comune morte, ma ancora il toccare i panni e qualunque altra cosa da quegli infermi stata tòcca o adoperata pareva seco quella cotale infermità nel toccator trasportare. [...] Dalle quali cose e da assai altre a queste simiglianti o maggiori nacquero diverse paure ed imaginazioni in quegli che rimanevano vivi; e tutti quasi ad un fine tiravano[4] assai crudele, ciò era di schifare e di fuggire gl'infermi e le lor cose; e così faccendo, si credeva ciascuno a se medesimo salute acquistare. [...]. Ed in tanta afflizione e miseria della nostra città era la reverenca autorità delle leggi, così divine come umane, quasi caduta e dissoluta tutta per li ministri ed esecutori di quelle, li quali, sì come gli altri uomini, erano tutti o morti o infermi [...]. Alcuni erano di più crudel sentimento, come che per avventura più fosse sicuro, dicendo niuna altra medicina essere contro alle pestilenze migliore né così buona come il fuggir loro davanti; e da questo argomento mossi, non curando d'alcuna cosa se non di sé, assai ed uomini e donne abbandonarono la propria città, le proprie case, i lor luoghi ed i lor parenti e le lor cose [...]. E lasciamo stare che l'un cittadino l'altro schifasse, e quasi niun vicino avesse dell'altro cura, ed i parenti insieme rade volte o non mai si visitassero e di lontano, era con sì fatto spavento questa tribulazione entrata ne' petti degli uomini e delle donne, che l'un fratello l'altro abbandonava, ed il zio il nepote, e la sorella il fratello, e spesse volte la donna il suo marito, e, che maggior cosa è e quasi non credibile, li padri e le madri e figliuoli, quasi loro non fossero, di visitare e di servire schifavano. [...] Quasi di necessità, cose contrarie a' primi costumi de' cittadini nacquero tra coloro li quali rimanean vivi. [...] Per ciò che, non solamente senza aver molte donne da torno morivan le genti[5], ma assai n'eran di quegli che di questa vita senza testimonio trapassavano; e pochissimi erano coloro a' quali i pietosi pianti e l'amare lagrime de' suoi congiunti fossero concedute [...]. Della minuta gente, e forse in gran parte della mezzana, era il ragguardamento di molto maggior miseria pieno[6]; per ciò che essi, il più o da speranza o da povertà ritenuti nelle lor case, nelle lor vicinanze standosi, a migliaia per giorno infermavano, e non essendo né serviti né aiutati d'alcuna cosa, quasi senza alcuna redenzione tutti morivano. Ed assai n'erano che nella strada publica o di dì o di notte finivano, e molti, ancora che nelle case finissero, prima col puzzo de' lor corpi corrotti che altramenti facevano a' vicini sentire sé esser morti; e di questi e degli altri che per tutto morivano, tutto pieno[7]. [...] Alla gran moltitudine de' corpi mostrata, che ad ogni chiesa ogni dì e quasi ogni ora concorreva portata[8], non bastando la terra sacra alle sepolture, [...] si facevano per li cimiteri delle chiese, poi che ogni parte era piena, fosse grandissime nelle quali a centinaia si mettevano i sopravvegnenti; ed in quelle stivati, come si mettono le mercantìe nelle navi a suolo a suolo, con poca terra si ricoprieno infino a tanto che della fossa al sommo si pervenia.

[1] All'inguine e sotto le ascelle.

[2] Bubboni.

[3] Gonfiori, bubboni, da *gaba* ('gozzo').

[4] Tendevano.

[5] Il riferimento è alle veglie funebri di donne che, solitamente, precedevano i funerali.

[6] La visione che offriva la povera gente, e forse in gran parte anche i ceti medi, era assai più miserabile.

[7] Tutto lo spazio sembrava pieno di cadaveri: quelli che morivano nelle proprie case e gli altri, che morivano dappertutto.

[8] Veniva raccolta.

GUIDA ALLA LETTURA

❶ Con quali sintomi si manifestava la peste? Come si trasmetteva? ❷ Vi erano rimedi efficaci contro la malattia? ❸ Che tipo di reazioni suscitava il diffondersi dell'epidemia nella mentalità collettiva? ❹ Come cambia l'atteggiamento nei confronti della morte? E nei confronti degli affetti familiari?

59 DOC

Antonio da Romagno
Contabilità macabra

da *Venezia e la peste, 1348/1797*, Catalogo della Mostra, Venezia 1979, p. 83

■ Sull'ultimo foglio di un codice di testi classici, l'umanista Antonio da Romagno di Feltre registrò le nascite e le morti nella sua famiglia e in quella di suo fratello Bianchino. La peste arrivò a Feltre tra l'estate e l'autunno del 1400 e falcidiò entrambe le famiglie. La prima vittima fu un neonato, morto il 9 agosto. Da quel momento, come risulta dall'elenco che qui riportiamo, in sole sette settimane morirono cinque dei sei figli e la moglie di Antonio, e tutti e quattro i figli di Bianchino. Non si potrebbe davvero trovare una testimonianza più drammatica dell'impatto devastante di un'epidemia di peste.

Nome	Padre	Data di nascita	Data di morte	Età
Franceschina	Antonio	1387, 23 agosto	1400, 26 agosto	13
Mutius	Bianchino	1389, 4 febbraio	1400, 11 agosto	11,1/2
Lia	Antonio	1389, 3 marzo	1400, 16 agosto	11,1/2
Argia	Antonio	1393, 19 giugno	1400, 1 settembre	7
Magdalena	Bianchino	1395, 22 luglio	1400, 18 agosto	5
Tullio e Giuditta (gemelli)	Antonio	1396, 21 marzo	1398, ...	2
Vaira	Bianchino	1397, 21 febbraio	1400, 27 settembre	3,1/2
Fabio	Antonio	1398, 17 febbraio	sopravvissuto	
Giovanni	Bianchino	1400, 28 marzo	1400, 9 agosto	4,1/2 mesi
Agostino	Antonio	1400, 5 maggio	1400, 26 agosto	3,1/2 mesi
Bartolomea moglie di Antonio	–	?	1400, 9 settembre	?

GUIDA ALLA LETTURA

❶ Quali soggetti sono elencati nella tabella? ❷ In che ordine procede l'elenco? ❸ Quali informazioni quantitative possiamo trarre sulla famiglia del '300?

60

G. Fourquin
Punirsi per la salvezza: i flagellanti

G. Fourquin, *Le sommosse popolari nel Medioevo*, Mursia, Milano 1972, pp. 102-6

■ La flagellazione – un atto di punizione corporale mediante una frusta chiamata «flagello» – era una pratica diffusa nei monasteri e tra gli asceti del Medioevo. Già in questo periodo, l'usanza si diffuse dalle confraternite religiose ai laici, nella convinzione che essa fosse particolarmente efficace per allontanare o far cessare i malanni (epidemie, carestie, guerre, violenze e discordie civili). Durante le grandi epidemie del '300, il movimento dei flagellanti acquisì particolare vigore. Esso fu all'origine di attacchi e massacri ai danni degli ebrei e dei lebbrosi [**55-56**, **61-62**DOC], ma assunse anche una forte carica eversiva, rivolgendosi contro i ricchi e le autorità ecclesiastiche. Per questo fu a sua volta oggetto di persecuzioni.

Apparsa verso l'inizio dell'XI secolo, la pratica dell'autoflagellazione aveva il potere, nel pensiero dei cristiani dell'Occidente, di incitare Dio ad allontanare da loro i suoi castighi, a perdonare i loro peccati e anche a risparmiar loro più crudeli punizioni in questo e nell'altro mondo. [...] I flagellanti, a poco a poco radunatisi in sette, interpretavano la loro penitenza come un'imitazione di Gesù Cristo: la flagellazione assicurava la salvezza del flagellato, ma anche degli altri uomini, aveva quindi un valore escatologico[1].

Non è un puro caso se la prima processione di flagellanti ebbe luogo in Italia e specialmente a Perugia in quell'anno 1260 di cui è ben nota l'importanza secondo le profezie gioachimite[2]. Come una scia di polvere, il movimento si estese dalla Lombardia a Occidente, a Roma, nel Sud. All'inizio sembra che non contenesse nulla di eterodosso o di messianico: sotto la guida di ecclesiastici, i flagellanti sfilavano nelle città, si fustigavano davanti alle chiese. [...] Alcuni capi di origine italiana attraversarono le Alpi e nel 1261-1262 questi flagellanti riuscirono a reclutare numerosi discepoli nelle città della Germania meridionale e della Renania, man mano che essi le attraversavano. [...]

Ciò che differenzia dai loro contemporanei italiani i flagellanti dell'impero è il fatto che questi ultimi ben presto si volsero contro la Chiesa. [...] I flagellanti tedeschi proclamarono ben presto il

[1] **57**, nota 1.

[2] I gioachimiti erano i seguaci del monaco Gioacchino da Fiore (1145 ca.-1202), che inquadrò le inquietudini del suo tempo in un'ampia prospettiva profetica. Secondo lui, nel 1260 sarebbe iniziata l'«età dello Spirito», che avrebbe seguito quella «del Padre» (dalla creazione alla nascita di Gesù) e quella «del Figlio».

loro diritto a ottenere da soli la propria salvezza, in quanto il solo fatto di partecipare a qualcuna delle loro processioni li mondava da tutti i peccati. Da questa affermazione derivò la scomunica che subito li colpì [...]. Al contrario, in Italia e nella Francia meridionale, il movimento rimase nei limiti dell'ortodossia e fu abbastanza appoggiato dalle autorità secolari e dalla stessa Chiesa.
Quanto più si verificano catastrofi immani e brutali tanto più il mito messianico risorge vigorosamente. Nulla di più favorevole quindi a un suo scatenarsi della spaventosa pandemia che si abbatté, a partire dal 1348, su quasi tutto l'Occidente. La peste fu interpretata [...] come una punizione divina per i peccati del mondo e le processioni dei flagellanti vennero spiegate, anche se in modo parziale, come un tentativo per placare l'ira divina. [...]
La «radicalizzazione» del mito fu opera delle trasformazioni sociali nel corpo dei gruppi dei flagellanti: i nobili e i borghesi, che vi avevano aderito al momento delle sue origini, sovente lo avevano abbandonato precocemente e il movimento non si componeva ormai quasi più che di contadini e artigiani. Ma a questi si erano mescolati in prosieguo di tempo (come del resto anche nei movimenti precedenti) vagabondi, fuorilegge, che diedero a questi gruppi un'intonazione antisociale. E vi si aggregarono anche alcuni ecclesiastici in situazione irregolare. [...]
Il movimento dei flagellanti dei paesi germanici [...] si scontrò violentemente contro la Chiesa e si impadronì dei suoi beni temporali, trattò brutalmente gli ecclesiastici che osarono contraddirlo, cosa considerata inammissibile dagli inviati di Dio. Ma i demoni non erano soltanto i preti, erano anche gli ebrei[3]. Il grande massacro di israeliti dell'Occidente, che incrudelì in occasione della grande peste, fu responsabilità, in buona parte, dei flagellanti. A Francoforte, a Magonza, a Colonia in particolare, si verificarono, come già altre volte nel passato, saccheggi e ogni sorta di violenze. Ma questa volta ne avvennero anche nei Paesi Bassi (per esempio a Bruxelles), dove i flagellanti bruciarono o annegarono tutti gli ebrei che riuscirono a trovare «perché essi pensavano di compiacere a Dio agendo in tal modo» [...]. Tutto ciò che avvenne specialmente negli ultimi sei mesi del 1349 portò a una riduzione numerica delle comunità ebraiche della Germania e dei Paesi Bassi e le costrinse alla segregazione, al ghetto. [...]
Sembra che alcuni adepti del Libero Spirito[4] avrebbero voluto sterminare ogni forma di opulenza [...]. Il loro anarchismo violento servì a far coalizzare contro di loro tutte le autorità. Clemente VI [...] rimproverò ai settari, oltre alle loro violenze, anche un certo numero di errori dottrinali e bandì la repressione contro la «setta». Questa repressione non tardò a verificarsi e minacciò del rogo i «maestri dell'errore».

---

[3] 61-62 DOC.

[4] Setta ereticale sorta dalla metà del '200 e diffusasi nella Germania meridionale, nei Paesi Bassi e in Umbria. I seguaci di questa eresia sostenevano che l'uomo, quando si trovava in uno spirito di libertà, non era più soggetto al pericolo di peccare, né tanto meno ai precetti ecclesiastici.

GUIDA ALLA LETTURA

❶ Perché Fourquin parla di «valore escatologico» della flagellazione? ❷ Chi erano i flagellanti? ❸ Quali relazioni vi erano tra il movimento dei flagellanti e la Chiesa ufficiale? ❹ Chi erano i «demoni» per i flagellanti?

61

A. Foa
La ricerca del colpevole: l'ebreo

A. Foa, *Ebrei in Europa. Dalla peste nera all'emancipazione, XIV-XIX secolo*, Laterza, Roma-Bari 1999², pp. 10-15

■ La diffusione delle epidemie di peste fu accompagnata spesso da persecuzioni e da massacri a danno degli ebrei che, per dimensioni e durata, furono in alcune regioni europee di eccezionale gravità. Gli ebrei erano accusati di diffondere intenzionalmente la peste tra i cristiani. Tale diceria, unita ai fenomeni di isterismo collettivo che un po' ovunque accompagnarono la comparsa del morbo, scatenò un'ondata di violenze che la Chiesa cattolica cercò invano di arginare. Il fatto che l'ampio uso della tortura spingesse gli accusati a confessare i crimini più assurdi alimentava nell'opinione pubblica la convinzione che gli ebrei fossero effettivamente colpevoli. Come spiega la storica italiana Anna Foa (nata nel 1944), in questo stesso periodo si delinearono compiutamente tutti quegli stereotipi antisemiti che avrebbero caratterizzato fino ai giorni nostri la storia della mentalità e della cultura occidentale.

Il percorso della peste e i massacri
Fin dalla primavera del 1348, il percorso della peste fu accompagnato dai *pogrom*[1] contro gli ebrei [...]. I primi massacri avvennero nell'aprile 1348 a Tolone, dove il quartiere ebraico fu saccheggiato e quaranta ebrei massacrati nelle loro case. Lo stesso avvenne poco dopo a Barcellona e in altre città della Catalogna colpite dall'epidemia. In simili episodi, che possono essere descritti come vere e proprie crisi di panico collettivo, quella che si scatena nei quartieri ebraici è una violenza popolare spontanea e incontrollata. Ma non è un caso che il primo massacro sia avvenuto proprio nella notte della domenica delle Palme, ossia all'inizio della Settimana Santa, che è, nel mondo cristiano, un periodo tradizionalmente segnato dalla manifestazione – sia pur ritualizzata e codificata – dell'ostilità religiosa contro gli ebrei. [...]
La Chiesa si pronunciò in difesa degli ebrei. In una prima bolla, emana-

---

[1] 57, nota 11.

ta nel luglio da Avignone, Clemente VI espresse la posizione ufficiale della Chiesa: la peste – si sosteneva – non era dovuta all'azione degli uomini. Essa poteva derivare solo da cause naturali – cioè soprattutto da congiungimenti astrali – oppure dalla volontà divina. A Narbonne, a Carcassonne e ad Avignone[2], però, la tesi della peste manufatta aveva trovato credito tra le autorità già al primo apparire dell'epidemia, causando processi e roghi. Ma in quella fase i responsabili erano stati individuati tra mendicanti e marginali, non tra gli ebrei. È nel luglio del 1348, nel Delfinato[3], che gli ebrei furono accusati per la prima volta di aver avvelenato i pozzi e le fontane per spargere la peste tra i cristiani. Dal Delfinato, l'accusa si sparse rapidamente in Savoia, dove il conte d'Aosta Amedeo VI[4] ordinò un'inchiesta [...]: dodici ebrei furono arrestati e posti alla tortura. Molti confessarono [...], delineando l'immagine di un vero e proprio complotto degli ebrei contro la cristianità che implicava una loro responsabilità generale, collettiva: tutti gli ebrei, compresi i bambini di età superiore ai sette anni, vi avrebbero partecipato [...]. L'immagine degli ebrei avvelenatori si diffuse insieme alla peste, suscitando processi, esecuzioni, massacri. [...]

La costruzione dello stereotipo antisemita

Il Trecento rappresenta una soglia significativa non solo per la storia della presenza ebraica, ma anche per quella della costruzione e del consolidamento dello stereotipo antisemita [...]. È in questo periodo, infatti, che giungono a maturazione tutte le fantasie della cristianità che attribuivano agli ebrei l'assassinio rituale di bambini cristiani e la dissacrazione dell'ostia, carne del Cristo, come pure l'avvelenamento dei pozzi e delle sorgenti. Ciò che accomuna queste accuse, collegando l'immagine dell'ebreo avvelenatore a quella dell'ebreo intento al sacrificio rituale di un bambino, è il fatto che l'ebreo viene definito in base non più alla sua credenza religiosa, ma alla sua natura fisica. [...]

Nell'XI secolo, gli ebrei erano stati attaccati come deicidi[5] e massacrati come uccisori di Cristo [...]. Connesso a questa ideologia era naturalmente il fatto che, nell'XI secolo, gli ebrei avevano avuto la scelta tra la conversione o la morte, anche se essi scelsero per lo più il martirio [...]. Ma nel Trecento, gli ebrei non furono posti davanti alla scelta della conversione [...]. Nel 1348 gli ebrei erano massacrati per restaurare un ordine violato – la violazione che aveva scatenato il morbo – e non in quanto ebrei che rifiutavano la conversione. Il male da loro rappresentato non poteva in realtà essere cancellato nemmeno dal battesimo. Questo indica una trasformazione dello stereotipo, una sua accentuazione negativa e l'insistenza su una sorta di naturale malvagità dell'ebreo, che era fonte di perturbamento dell'ordine naturale, di contaminazione del mondo cristiano. [...] In tempi recenti, l'idea che gli ebrei fossero esseri diversi, per natura inferiori, in grado di contaminare in quanto ebrei chi li avvicinava è stata definita con il termine di antisemitismo. Antisemitismo e antigiudaismo, cioè l'odio teologico verso gli ebrei da parte del mondo cristiano, hanno così una storia comune e intrecciata.

[2] Città della Francia meridionale.

[3] Antica provincia della Francia sud-orientale, estesa dalla dorsale alpina alla Valle del Rodano.

[4] Amedeo VI (1334-1383) promosse l'espansione dello Stato sabaudo attraverso importanti campagne militari e una saggia politica.

[5] Assassini di Dio.

GUIDA ALLA LETTURA

❶ Quali relazioni è possibile cogliere tra le epidemie di peste e i *pogrom* anti-ebraici del '300? ❷ Quali erano le accuse più frequenti di cui gli ebrei erano vittima? ❸ In che cosa consiste lo stereotipo antisemita? ❹ Perché Foa considera il '300 un momento significativo nella sua costruzione?

62 DOC

Interesse e pregiudizio

da J. Glennison e J. Day, *Textes et documents d'Histoire du Moyen Âge, XIVe-XVe siècles*, Paris 1979, I, pp. 33-34

■ Questo documento, tratto dalla *Cronaca di Erfurt*, un racconto anonimo sui fatti avvenuti in Turingia tra la fine dell'XI e il XV secolo, narra le violenze e le condanne che nel 1349 colpirono gli ebrei residenti in Germania, accusati di aver contaminato le fontane e i pozzi **[61]**. Al cronista, tuttavia, l'autentica ragione del massacro appare un'altra: la causa andava ricercata nelle ingenti somme di denaro che la popolazione – dai semplici cittadini ai baroni – doveva ai prestatori ebrei.

Lo stesso anno[1], fra la festa della Purificazione della benedetta Vergine Maria[2] e la Quaresima, gli Ebrei furono messi a morte in tutte le città, castelli e villaggi di Turingia[3] [...], perché la voce pubblica li accusava di aver contaminato le fonti ed i pozzi: ed in questi furono trovati numerosi sacchi riempiti di sostanze avvelenate. Lo stesso anno, il giorno di San Benedetto[4], che cadde il sabato precedente la domenica delle palme, gli abitanti di Erfurt uccisero cento e più Ebrei, nonostante l'opposizione dei consoli della città. Altri Ebrei, in numero di oltre tremila, rendendosi conto che non potevano sfuggire dalle mani dei cristiani, si dettero la morte incendiando le proprie

[1] Il 1349.

[2] Il 2 febbraio.

[3] Regione della Germania centrale.

[4] Il 21 marzo.

case, in cerca di purificazione. In capo a tre giorni furono caricati su dei carri e condotti al loro cimitero [...]. Possano riposare all'inferno! [...] La mia impressione è che il principio delle loro disgrazie derivasse piuttosto dalle somme considerevoli ed esorbitanti che erano loro dovute da baroni e cavalieri, cittadini e contadini. Grazie siano rese comunque a Dio, che, nella sua grande misericordia, ha vegliato con sollecitudine sulla città di Erfurt e sul popolo cristiano, in mezzo a tanti incendi ed omicidi.

Lo stesso anno e lo stesso giorno altri Ebrei furono uccisi a Mulhausen[5] nello stesso modo che a Erfurt e in quasi tutta la Germania, e altri Ebrei si dettero la morte con il fuoco.

[5] Mühlhausen/Thüringen, città della Turingia.

GUIDA ALLA LETTURA

❶ Dove si svolgono gli eventi narrati? ❷ Quali accuse la «voce pubblica» rivolgeva agli ebrei? Qual è invece l'«impressione» dell'autore? ❸ In che modo l'autore giudica il massacro degli ebrei?

63DOC

Marsilio Ficino
I consigli del medico

M. Ficino, *Consilio contro la pestilentia*, a c. di E. Musacchio, Cappelli, Bologna 1983, pp. 56-58

■ La scienza medica, nel '300, era ancora poco sviluppata. I semplici guaritori ricorrevano spesso a pratiche magiche. I veri e propri medici non si discostavano, in molti casi, dai metodi impiegati dai mestieranti e suggeriti dal comune buonsenso: un misto di norme igieniche più o meno corrette, di prescrizioni di farmaci derivati dalle piante officinali (cioè dotate di capacità terapeutiche) e di rimedi legati alla credenza popolare. Di questo genere erano i consigli che ancora suggeriva, più di un secolo dopo la grande peste del '300 (di seguito a una nuova epidemia che aveva colpito Firenze nel 1479), il celebre medico e filosofo Marsilio Ficino (1433-1499).

Insomma, la umidità è madre di putrefazione[1]. Et la cosa che fuori di noi si conserva poco in sua natura, difficilmente si conserva drento a noi. Fuggi adunque e' pesci quanto puoi – intra e' quali nuocino meno e' piccoli di fiume chiaro, petroso et corrente, fricti in olio con salina, dipoi messi in agresto[2] o aceto o melarance con sale et un poco di pepe o cennamo[3] –. Ancora schifa el lacte et ricotte, et se l'usi sia pel primo cibo, et poco et con zucchero. Fuggi le fructe, excepto le mandorle [...]. Puoi usare più sicuramente le fructe et erbe secche et agre ovvero alquanto amarette [...].

Guardati dall'aria strecta, molto rinchiusa et umida [...]. Abstienti da' bagni, dal sonno di mezzogiorno, dalla stretta conversazione[4] et dalla turba[5] [...]. Insomma, schifa per ogni tempo le cose che fanno sangue o troppo o acquidoso o focoso o grosso et torbido et qualunque cosa t'offenda lo stomaco [...].

Afumiga la casa spesso con buoni odori. Similmente le veste. Tieni al naso et in bocca della tiriaca[6] [...]. Spesso ti lava la bocca, el viso et mani con aceto, et qualche volta con vino potente [...].

Et non dica[7] che chi è liberato dal morbo una volta non ne possa più perire, perché uno nostro fiorentino, in questo anno tre volte ammorbò: le due volte si liberò in tucto[8]; la terza volta non poté liberarsi. Ancora, in questo anno, [...] io liberai una donna dal morbo; poi, sendo sana come qualunche altra persona, conversò con ammorbati et rammorbò doppo giorni diciocto, et perì [...].

Nessuno si fidi dell'essere più sano et forte che gli altri. Perché el veleno uccide e' forti come e' deboli; et questo veleno più offende quegli che sono sanguigni et robusti, perché hanno le vie del pecto aperte, el cuore molto caldo, assai sangue et umido [...].

Se tu mi dimandi per quali vie entra questo veleno, rispondo: per tucti e' pori del corpo, maxime pe' più aperti. Et, quando entra per bocca et naso et polsi, offende presto, spezialmente trovando le vie aperte drento, gli omori caldi et umidi et soctili, et se viene da umori simili et coll'influenzia di Marte. Ma, quando viene per contrario modo et con l'unfluenzia di Saturno, si dimostra più tardi [...].

Finalmente, tieni a mente che la persona tiene el veleno due mesi, le mura et ferri et legnami, se non si correggono con lavande et profummi et fuochi per tucta l'abitazione, lo tengono un anno. E' panni, spezialmente e' lani, se non si sciorinono[9] e suffumigano spesso, et lavinsi o ponghinsi al fuoco et vento et sole, tengono el veleno più che tre anni. [...] Sappi che la lana è nutrimento di questo veleno, come l'olio del fuoco; in modo che, non solamente lo conserva, ma l'augmenta et fortifica.

Non si debbe mangiare o bere con vasi da' morbati, né toccare cosa che tocchino loro [...].

Due cose singulari do, per conservare: a' ricchi, lo smeraldo per bere, per toccare et per tenere in bocca et al collo

[1] Anche Ficino sostiene la teoria della corruzione dell'aria come causa scatenante delle pestilenze: queste sarebbero costituite da un «vapore velenoso», che si genera nelle correnti d'aria calde e umide e nei luoghi umidi.

[2] Un succo acido ricavato da uve non mature.

[3] La cannella.

[4] Dal parlare troppo vicino a un'altra persona.

[5] Luoghi affollati.

[6] La tiriaca, o triaca, era un farmaco – il cui componente principale era la carne di vipera – molto diffuso: era, infatti, considerato un rimedio buono per ogni male e raccomandato dalla medicina ufficiale come una soluzione contro la peste e come antidoto contro i veleni.

[7] Si rivolge a chi si prende cura dei malati di peste.

[8] Del tutto.

[9] Se non vengono stesi all'aria e battuti.

[...]. A' poveri do el rafano salvatico[10] [...], un poco per volta, acciocché non infiammi el sangue [...].

Le regole principali in questa materia: che tu fugga le conversazioni, maxime a digiuno; et quando conversi, stia discosto dal compagno due braccia almeno, et a luogo aperto; et quando è di sospecto, stia eziam più di lungi, almeno sei braccia, et allo scoperto. Et fa ch'el vento non venga da lui inverso te. [...]

La mensa et el lecto et luoghi strecti, et molti fiati insieme, sono di gran pericolo.

Ancora ti dichiaro che, ove è procinto di mura o case continuate, multiplica la contagione.

Sopra tucto fuggi dal luogo pestilenziale presto et di lungi, et torna tardi.

[10] Un'erba delle zone a clima temperato, di cui si mangiavano le foglie cotte.

GUIDA ALLA LETTURA

❶ Che tipo di consigli l'autore rivolge al lettore? ❷ Quali conoscenze mediche e scientifiche circa la natura del contagio emergono dal testo? ❸ Qual era, secondo l'autore, il rimedio migliore contro la malattia?

64

J. Agrimi
Accogliere e (forse) guarire

J. Agrimi e [C. Crisciani], *Carità e assistenza nella civiltà cristiana medievale*, in M.D. Grmek (a c. di), *Storia del pensiero medico occidentale*, I, *Antichità e Medioevo*, Laterza, Roma-Bari 1993, pp. 235-49

■ Gli ospedali medievali non erano strutture specializzate nella cura delle malattie, ma luoghi indifferenziati che fornivano gratuitamente ospitalità e assistenza a tutti coloro che ne avevano bisogno: la parola medievale *hospitale* deriva appunto dal latino *hospes*, 'forestiero, ospite'. Negli ospedali si accoglievano i pellegrini e i viandanti privi di ricovero, si fornivano cibo e indumenti ai poveri, si allevavano i bambini abbandonati, si ospitavano anziani soli. Naturalmente vi erano ricoverati anche gli ammalati, a esclusione dei lebbrosi e degli appestati, per i quali s'imponeva l'isolamento [55]. Come evidenzia Jole Agrimi (1943-1999), solo nel XIV secolo gli ospedali cominciarono a essere trasformati gradualmente in strutture specifiche, destinate esclusivamente al ricovero e alla cura dei malati.

L'ospedale medievale occidentale non si connota né originariamente né principalmente – come invece accade nel medesimo arco di tempo in Oriente per l'ospedale bizantino e poi soprattutto per quello islamico – come spazio sociale specificamente terapeutico [...].

Universale e indifferenziato al pari dei luoghi religiosi nel cui perimetro per lungo tratto si situa (santuario, casa vescovile, cattedrale, monastero); idealmente destinato ad accogliere e curare ogni uomo [...] presto l'ospedale medievale diventa anche uno spazio percorso da differenze economiche e materiali e generatore di differenziazione sociale anche tra i malati. Luogo in cui la carità pubblica e privata si viene istituzionalizzando con sempre maggiore determinazione nei confronti dei più poveri e dei più deboli, esso assume tra le finalità [...] quella di assistere gli infermi: non malati e infermi in quanto tali, bensì malati poveri e poveri vecchi infermi. L'ospedale opera cioè una prima importante distinzione nello spazio sociale della malattia: uno spazio «domestico e familiare», o comunque privato, dei più abbienti, che consente di individuare il malato come paziente e in cui può instaurarsi un processo terapeutico governato dallo sguardo e dal sapere del medico, e uno spazio «pubblico», in cui il malato è innanzitutto l'indigente, bisognoso al pari di altri marginali di aiuto materiale e soprattutto di conforto spirituale, non di terapie specifiche [...].

Alla fine del Medioevo, tuttavia, sia pure a stento e con difficoltà e ritardi in certe regioni, comincia a farsi strada un'immagine nuova di ospedale impegnato anche a curare, se non a guarire, oltre che a consolare e preparare alla buona morte [...]. Due eventi principali introducono nel processo di istituzionalizzazione dell'assistenza riorientamenti decisivi: la rinascita urbana, religiosa, culturale del XII secolo e l'entrata nella storia dell'Occidente della peste. [...]

In un contesto di espansione economica e demografica e di maggiore stabilità politica è evidente che gli ospedali urbani conoscano uno sviluppo senza precedenti e assumano una funzione sociale sempre più rilevante. L'antica immagine «precaria» di *hospitale* come centro di accoglienza temporanea, «di strada», è sostituita dall'esigenza di una struttura più salda e permanente. Certo essi restano sostanzialmente luoghi di ricovero, di assistenza generica (*accogliere* e *ristorare*) e conservano una forte connotazione religiosa, anche quando la loro origine è laica e la direzione da parte delle autorità municipali è fin da subito più incisiva. [...]

Tuttavia, anche se lentamente e difformemente sui diversi territori nazionali e regionali, alla fine del XIII secolo si assiste in alcune città, soprattutto in regioni – come certe zone della Francia e dell'Italia – dove la società urbana è più avanzata, a un primo tentativo di riorganizzazione dell'assistenza che preveda risposte un po' più articolate e diversificate nei confronti dei bisognosi: da una parte marginali, in genere da *ospitare* e *nutrire*, dall'altra vecchi infermi e malati poveri da *ricoverare* e *curare*. [...]

Ma i confini tra assistenza e cura restano labili: nella più parte dei casi essi accolgono indiscriminatamente ogni tipo di malati, anche se non manca-

no eccezioni. Alcuni statuti escludono esplicitamente non solo malati ritenuti contagiosi e pericolosi come i lebbrosi, ma anche ergotici, che la malattia nella forma cancrenosa amputa orribilmente, storpi, monchi, malfattori con arti mozzati o membra marchiate, ciechi. [...]
Il progetto spesso si riduce a una serie di prescrizioni igieniche e a un'alimentazione più ricca. La predisposizione di un regime speciale riservato «ai poveri che sono malati» costituisce a nostro avviso una precondizione alla successiva medicalizzazione degli ospedali. Proprio attraverso la dieta, foss'anche spersonalizzata, che il meno abbiente non potrebbe altrimenti seguire, [...] anche lo spazio sociale del malato povero può aprirsi alle regole della medicina, assimilandosi in parte, almeno in via di principio, a quello domestico del malato ricco. E se la chirurgia è presto praticata negli ospedali, sia pure quella più semplice e di routine del medicare piaghe e ferite (spesso per guarire membri della comunità e del personale piuttosto che i poveri ospiti), anche la *potio*, la somministrazione di sciroppi, unguenti e altri farmaci, non è assente.

GUIDA ALLA LETTURA

❶ Da chi erano gestiti gli ospedali nel Medioevo? ❷ Chi erano i soggetti dell'ospedalizzazione? ❸ Quali eventi determinarono la trasformazione dell'antico *hospitale*? ❹ In che cosa consisteva il regime riservato «ai poveri che sono malati»?

SVILUPPARE LE COMPETENZE

Comprendere e Analizzare

❶ **Dopo aver letto il documento *Interesse e pregiudizio* [62DOC] e i brani di Foa [61], Fourquin [60] e Delumeau [57], rispondi alle seguenti domande citando opportunamente i testi:**

a. Quale immagine degli ebrei emerge dal documento?
b. Di che cosa venivano accusati gli ebrei?
c. Che cosa distingue le violenze contro gli ebrei da quelle precedenti?
d. Quali sono i fondamenti ideologici dell'antisemitismo? Quali eventi alimentano la costruzione e il consolidamento dello stereotipo antisemita?

Rielaborare e Argomentare

❷ **Redazione di un saggio breve. *Marginali e "diversi" nel Medioevo***

Sviluppa l'argomento scelto in forma di "saggio breve", utilizzando documenti che lo corredano. Interpreta e confronta i documenti e i dati forniti e su questa base svolgi, argomentandola, la tua trattazione, anche con opportuni riferimenti alle tue conoscenze ed esperienze di studio. Da' al saggio un titolo coerente con la tua trattazione e ipotizzane una destinazione editoriale (rivista specialistica, fascicolo scolastico di ricerca e documentazione, rassegna di argomento culturale, altro).

Documenti: Boccaccio [58DOC], *Interesse e pregiudizio* [62DOC]
Brani storiografici: Agrimi [64], Foa [61], Delumeau [57]
Capitoli: **6**
Eventi: Il primo ghetto [**6.3**]

L'emarginazione e le rivolte

Povertà ed emarginazione erano fenomeni assai diffusi nel Medioevo, come afferma **Frantisek Graus** [65]. Questa situazione, unitamente alla crisi latente e – in Francia e in Inghilterra – alle tensioni provocate dalla guerra dei Cent'anni (aumento della tassazione per sostenere le spese degli eserciti, scorribande dei soldati nelle zone in cui si combatteva, ecc.), fomentò numerose ribellioni popolari in Europa, come la famosa rivolta inglese del 1381, descritta da **Jean Froissart** [66DOC] con toni tutt'altro che indulgenti.
Al di là delle rivolte vere e proprie, la povertà e le epidemie determinavano spostamenti di popolazione, soprattutto verso le città, e il conseguente aumento del numero dei vagabondi e degli sbandati. Le grandi città del tardo Medioevo diventarono così, in molti casi, luoghi pericolosi. Accanto alla popolazione che viveva di lavori stabili, che aveva famiglia e che era inserita in una rete di rapporti che svolgevano una funzione di protezione e di controllo, esisteva un grande numero di individui i quali, non potendo (o non volendo) contare su tutto questo, vivevano di espedienti e di crimini, ma che erano comunque membri di gruppi sociali di diversa origine. **Bronislaw Geremek** [67] ci guida, quindi, nel mondo dei ladri, che rappresentavano una società a parte, caratterizzata da vicende umane condivise e da rapporti di solidarietà. Il rigore della legge nei confronti dei ladri esprimeva l'impotenza delle

pubbliche autorità di fronte al dilagare del fenomeno. Molti banditi venivano idealizzati dalla popolazione e intorno a essi fiorivano leggende che li dipingevano come eroi: è questo il caso di Robin Hood, il più famoso bandito medievale, le cui caratteristiche sono descritte da **Willem P. Gerritsen** e da **Anthony G. van Melle** [68].

Questa fu anche l'epoca delle grandi rivolte contadine e urbane, che testimoniano la durezza dei rapporti di lavoro e l'asprezza dello scontro sociale. Le epidemie di peste, infatti, avevano provocato un crollo demografico, che ebbe conseguenze rapide e gravi sui rapporti di lavoro: i lavoratori divennero più rari e le loro prestazioni, di conseguenza, più richieste. In questa situazione, i lavoratori potevano ribellarsi per ottenere salari più alti e condizioni di lavoro migliori. È raro, tuttavia, che gli osservatori dell'epoca colgano le reali motivazioni dei ribelli: quasi sempre essi si limitano a giudizi negativi sull'indole delle masse. Non è dunque paradossale che gli storici contemporanei, come **Georges Duby** [69], riescano, più di quelli dell'epoca, a cogliere le motivazioni e le caratteristiche di queste rivolte. In ambito urbano, la rivolta più famosa fu, a Firenze, il tumulto dei Ciompi, di cui una fonte contemporanea [70DOC] illustra il tipico miscuglio di sovversione e di ricerca di legittimazione.

I padroni tentarono di fronteggiare questa situazione in vario modo, ora cedendo, ora ricercando punti di equilibrio, ora inasprendo le pratiche coercitive. Nel mondo urbano, questa situazione, come mostra **Jacques Le Goff** [71], si manifestò anche nella nascita del tempo "borghese", che scandiva e regolava in modo nuovo i tempi di lavoro. Gli orologi meccanici venivano installati sugli edifici pubblici ed esprimevano l'orgoglio e il prestigio delle città, come entusiasticamente affermato da **Philippe de Maizières** [72DOC].

65

F. Graus
Tanti modi di essere povero

F. Graus, *Poveri delle città e poveri delle campagne*, in *La concezione della povertà nel Medioevo. Antologia di scritti*, a c. di O. Capitani, Pàtron, Bologna 1974, pp. 87-94

■ Nelle città e nelle campagne tardomedievali un gran numero di persone era in bilico tra le condizioni della precarietà e del bisogno, della dipendenza dall'assistenza e dall'elemosina. Lo storico ceco Frantisek Graus (1921-1989) analizza la composizione sociale di questa massa eterogenea di persone che daranno vita alle numerose rivolte popolari degli ultimi secoli del Medioevo, concludendo che i movimenti di rivolta sono tanto più forti quanto più omogenea è l'appartenenza di chi si ribella a una stessa classe sociale.

Quali sono stati i rapporti fra questi due gruppi, fra «poveri» delle campagne e «poveri» delle città? Li univa la miseria comune o era più forte l'opposizione tradizionale fra città e campagna? Non è facile rispondere. Se esaminiamo le sommosse del XIV e XV sec., dalle Fiandre alla Boemia, la resistenza dei «poveri» delle campagne a un certo punto viene a congiungersi con quella dei «poveri» della città. Questa cooperazione non è mai di lunga durata. Però, questo fenomeno si manifestava in diversi posti, così che non si può parlare di caso; le cause dovevano essere più profonde.

Le contraddizioni economiche fra città e campagna si erano accentuate nel XIV sec. in seguito al divario crescente fra prezzi dei prodotti agricoli e prezzi dei prodotti artigianali. I «poveri» delle città dovevano opporsi ad ogni afflusso alquanto rilevante di lavoratori delle campagne, non potendo, l'arrivo di questi lavoratori, che aggravare la loro miseria. I contadini, non soltanto erano inferiori dal punto di vista giuridico ai «poveri» delle grandi città, liberi nella loro persona, ma erano oggetto di disprezzo da parte della popolazione cittadina. [...] Ecco ciò che non rendeva possibile un clima d'intesa fra città e campagna. La cooperazione non è potuta avvenire che eccezionalmente, sotto la forte pressione di circostanze critiche.

Se da questo abbozzo volessi tirare una conclusione, direi che i «poveri» delle città costituivano un gruppo sociale compatto, unito dalla miseria comune. In ciò si distinguono essenzialmente dai futuri proletari. I «poveri» delle campagne, meno dissimili per estrazione, erano sparsi in agglomerati troppo numerosi e non avevano – se è permesso usare il termine moderno – alcuna «coscienza di classe».

Nel basso Medio Evo (e fin nel XVIII sec. avanzato), il tipo corrente di sommossa, in Europa centrale ed orientale, è dunque la rivolta spasmodica: scoppia all'improvviso in diverse regioni e si disgrega ben presto senza arrivare a propagarsi su scala più vasta. Ma un altro tipo di sommossa si venne formando nettamente nel corso della prima metà del XV sec., con il potente movimento ussita in Boemia[1]: si trattava di una rivolta a vasto raggio, un vero movimento rivoluzionario durante il quale i «poveri» e talvolta altri elementi della

[1] È il movimento dei seguaci di Jan Hus (1369-1415), un sacerdote che contestò duramente l'autorità ecclesiastica per la sua avidità e corruzione, ma fu presto arrestato e bruciato vivo.

popolazione si uniscono non soltanto sotto l'insegna della loro comune miseria, ma anche di una stessa ideologia. Questo fenomeno si afferma a diversi gradi di intensità, nel basso Medio Evo, per es. al tempo del tumulto dei Ciompi a Firenze[2], [...] o ancora con la sommossa di Wat Tyler in Inghilterra[3]. In questi casi, i rivoltosi combattono per porre fine a pesanti abusi temporali, appellandosi, dopo molte tergiversazioni, è vero, a qualche «giustizia superiore» concepita ordinariamente sotto l'aspetto religioso. [...]
Nella letteratura e nell'ideologia del basso Medio Evo, la corrente «progressista» è rappresentata dalla letteratura borghese [...]. Per quanto concerne la dottrina dello Stato e della società, questa corrente borghese appoggia il potere del re; e nella lotta sostenuta dai re contro la società feudale e contro la Chiesa che ha fissato l'ideologia di questa società, essa fornisce ai sovrani i teorici più in vista, che si applicano a formulare una dottrina dello Stato, temporale e laica. [...]
Però, i «poveri» non potevano certo unirsi a tale corrente, non trovandovi nulla che rispondesse alle loro vere aspirazioni. [...] Al contrario, il lusso dei ricchi gli appariva come causa della propria miseria [...]. Costoro dovevano guardare a un avvenire in cui tutti sarebbero stati uguali, in cui non ci sarebbe stata più né miseria, né differenza fra maestri e dipendenti, in cui tutti avrebbero vissuto in pace, e non avrebbero avuto più da lavorare ogni giorno per provvedere alla loro sussistenza. La sola dottrina, che corrispondesse a questi desideri, era la dottrina cristiana del Regno di Dio [...]. La dottrina della Chiesa conosceva questo stato di beatitudine, ma lo collocava nel futuro; essa insegnava che dipendeva dalla volontà di Dio e che non era concesso all'uomo di accelerarne la venuta. [...] Il gruppo dei «poveri», senza unità strutturale, non è divenuto, nell'insieme, una forza del domani, una forza capace di una scalata sociale [...]. Non furono capaci di avere una ideologia rivolta all'avvenire, ma continuarono a ricollegarsi alle vecchie correnti tradizionali.

[2] 👁 6.5.
[3] 👁 6.5.

GUIDA ALLA LETTURA

❶ Perché le rivolte contadine non si possono considerare di tipo "progressista"? ❷ Dove veniva collocato un miglior destino per i poveri dalla Chiesa? ❸ Quale fu il limite strutturale delle rivolte dei poveri nel basso Medioevo?

66 DOC

Jean Froissart
La criminalizzazione del povero

da R. Ceserani e L. De Federicis, *Il materiale e l'immaginario*. IV, *La società signorile*, Le Monnier, Torino 1979, pp. 618-22

Le cronache e i resoconti dell'epoca riflettono quasi tutti un atteggiamento ostile nei confronti delle rivolte contadine e urbane. Le drammatiche motivazioni sociali dei tumulti sono molto spesso ignorate, e il tutto viene spiegato con la protervia degli agitatori e con l'instabilità morale e psicologica delle masse popolari. Questo stereotipo si ritrova anche nel modo in cui un testimone contemporaneo, lo storico francese Jean Froissart (1337-1405 ca.), raccontò nelle sue *Cronache* (libro II) la grande rivolta inglese del 1381, che si sviluppò in alcune contee sud-orientali.

Ci furono in Inghilterra molti complotti e agitazioni di popolo minuto, dai quali fatti l'Inghilterra fu sul punto di essere completamente perduta senza riaversi [...].
Fu cosa straordinaria e di modesto inizio che dette avvio a questa pestilenza in Inghilterra; e per dare esempio a ogni sorta di brava gente, ne parlerò e la descriverò secondo quanto del fatto e degli avvenimenti io venni a conoscenza. È uso in Inghilterra [...] che i nobili abbiano grande potere sui loro uomini e li tengano in servitù, ciò vuol dire che essi per legge e costume devono lavorare le terre dei gentiluomini [...]; e specialmente nella contea di Kent, di Essex, di Sussex e di Bedford[1] son più numerosi che in tutta Inghilterra.
Questi cattivi soggetti delle contrade che ho nominato cominciarono a sollevarsi perché dicevano che li si teneva in troppo grande servitù e che all'inizio del mondo nessuno era servo [...]; piuttosto volevano essere tutti uguali e se eseguivano lavori per i loro signori volevano avere il loro salario.
A queste assurdità li aveva da tempo sospinti un folle prete d'Inghilterra, della contea di Kent, che si chiamava John Ball, e per le sue folli parole era stato più volte gettato in prigione dall'arcivescovo di Canterbury; infatti questo John Ball [...] così diceva: «Buona gente, le cose non possono andar bene in Inghilterra, né mai vi andranno finché i beni non saranno tutti in comune e non esisteranno né villani né gentiluomini ma saremo tutti uguali. Perché quelli che noi chiamiamo signori sono più gran maestri di noi? A cosa lo debbono? Perché ci tengono in servitù? [...] E se non abbiamo signore a cui presentare le nostre lagnanze e che voglia udirci e tutelare i nostri diritti, andiamo dal re [...]. Se vi andiamo davvero e tutti insieme, tutti coloro che sono chiamati servi, e obbligati alla servitù, ci seguiranno per essere affrancati [...]».
Dei discorsi, della vita e delle opere di John Ball fu informato un troppo gran

[1] Contee dell'Inghilterra sud-orientale.

numero di gente minuta nella città di Londra: essi invidiavano i ricchi e i nobili e cominciarono a dire tra di loro che il regno d'Inghilterra era troppo mal governato [...]. Così questi cattivi soggetti a Londra cominciarono a diventare pericolosi e ad alzar la testa e a domandare agli abitanti delle contee nominate di venire coraggiosamente a Londra e di condurvi i loro concittadini: essi troverebbero la città aperta e moltissimi d'accordo con loro, e tanto avrebbero fatto presso il re che non vi sarebbe più stato alcun servo in Inghilterra.
A queste promesse si mossero quelli della contea di Kent, d'Essex, di Sussex, di Bedford e dei paesi intorno, si misero in cammino e arrivarono fin nei pressi di Londra; [...] erano ben sessantamila e avevano a capo un capitano che si chiamava Wat Tyler [...].
E sappiate in verità che almeno la terza parte di questa gente non sapeva che cosa domandava né che cosa cercava; ma l'uno seguiva l'altro come bestie [...].
I gentiluomini del paese, cavalieri e notabili, cominciarono a temere, quando sentirono tanto popolo sollevarsi, e ben a ragione perché quando la gente si fa violenta tutti hanno paura. Così cominciarono a riunirsi come meglio poterono. [...]
Il lunedì, primo giorno augurale della settimana del Corpus Domini, nell'anno milletrecentottantuno, questi uomini partirono e lasciarono i loro paesi per venire verso Londra e per parlare chiaramente al re perché volevano che non ci fossero più servi in Inghilterra; così arrivarono a San Tommaso di Canterbury[2] dove si trovava John Ball [...]. Quando essi entrarono a Canterbury tutti fecero loro festa perché la città intiera era della loro setta; e là si riunirono e decisero che sarebbero andati a Londra al cospetto del re [...].
Quelli che si trovavano a Canterbury si introdussero nell'abbazia di San Tommaso, vi fecero gran pandemonio, saccheggiarono e misero sotto sopra la camera dell'arcivescovo [...]. Quando, quel lunedì, ebbero saccheggiato l'abbazia di San Tommaso e quella di San Vincenzo, se ne partirono l'indomani alla mattina, insieme a tutto il popolo di Canterbury, e presero il cammino di Rochester, e conducevano con sé tutta la gente dei villaggi a destra e a sinistra, e facendo il loro cammino mettevano a soqquadro e distruggevano, come una tempesta, case d'avvocati e di procuratori della corte del re e dell'arcivescovo e non avevano alcuna pietà [...].
Immaginate dunque questo grande furore. Se fossero venuti a capo delle loro intenzioni, avrebbero distrutto tutti i nobili d'Inghilterra e, dopo, quelli delle altre nazioni.

[2] A Canterbury.

GUIDA ALLA LETTURA
❶ Quale giudizio sulla condizione di servitù emerge dal documento? ❷ Chi era John Ball? Perché Froissart lo definisce «un folle prete d'Inghilterra»? ❸ Perché i «cattivi soggetti delle contrade» cominciarono a sollevarsi? ❹ Come viene descritta la marcia verso Londra?

67

B. Geremek
Nel mondo dei ladri

B. Geremek, *I bassifondi di Parigi nel Medioevo*, Laterza, Roma-Bari 1990, pp. 98-104

Nelle grandi città del tardo Medioevo, moltissime persone vivevano di microcriminalità, soprattutto furti e rapine. Il mondo dei ladri era inserito in un contesto di legami di gruppo e di solidarietà: rappresentava una società a parte, che le autorità vedevano come una minaccia costante e insidiosa. Il fatto che le pene solitamente inflitte ai ladri fossero particolarmente severe – il patibolo era tutt'altro che raro, soprattutto per i recidivi – si spiega con la diffusione del fenomeno e con la mancanza di mezzi utili a contrastarlo efficacemente. In queste pagine, lo storico polacco Bronislaw Geremek (1932-2008) analizza il problema relativamente alla città di Parigi. Nel tardo Medioevo Parigi era la principale metropoli europea, ma situazioni analoghe si riscontravano in molte medie e grandi città dell'epoca.

Incontri, società

Gran parte della popolazione urbana era costituita da gente che non conduceva una vita stabile. Dare stabilità alle proprie condizioni di vita significava avere famiglia, casa e bottega; ma le piazze e le strade della Parigi medievale erano piene di giovani in cerca di lavoro, che non avevano ancora titoli per diventare mastri. Questi giovani [...] costituivano un numeroso gruppo di gente abitante «ovunque», che così spesso appare sulle pagine dei registri giudiziari. Tra questi si creano in modo spontaneo legami di conoscenza: s'incontrano in piazza, luogo d'ingaggio, nelle chiese o davanti alle chiese, nelle taverne e nei vicoli malfamati. Partono assieme per divertirsi, progettano trasgressioni più o meno innocue all'ordine pubblico.
Questo tipo di rapporto troviamo più di una volta all'origine dei crimini. Bevendo vino in taverna, nascono progetti di scasso, di rapine, di spedizioni ladresche. [...] Nei furti, come in tutte le imprese rischiose, osserviamo la tendenza a creare società. [...]
L'associarsi è per i criminali un imperativo della situazione. Quando il furto assume un carattere più regolare, quando le sue dimensioni si fanno maggiori, è necessario operare insieme.

Storie di ladri

Una vasta rete di rapporti criminosi troviamo nella serie di processi che si svolsero, nel tardo autunno del 1389, allo Châtelet[1] in seguito alle deposizioni di Jean Le Brun. [...]

Sta di fatto che le confessioni di Le Brun, e della gente in mezzo alla quale si muove e che egli ha consegnato alla giustizia, offrono occasione per un'appassionante ricerca sociologica sull'ambiente della malavita alla fine del XIV secolo.

Innanzi tutto la figura stessa del protagonista e delatore ci viene svelata nelle successive deposizioni, fornendoci un quadro ricco di particolari del «curriculum vitae» di Le Brun.

Era un bastardo. [...] Il padre l'aveva affidato, ancora bambino, ad un fabbro di Harfleur[2] perché imparasse il mestiere. Una volta appresa quell'arte, parte [...] per Rouen [...]. Qui lavora in una fucina, ma uno scudiero di appena ventotto anni [...] gli propone di entrare al suo servizio, promettendo di dargli un equipaggiamento da soldato e di portarlo nel Limosino[3]. Da questo momento, per sei anni presta servizio come guardia armata nella guarnigione inglese a La Souterraine, nel Limosino, sia a fianco del detto scudiero, che è una spia degli Inglesi, sia presso il capitano inglese della fortezza di Corbesin. Prende parte alle spedizioni, depredando i sudditi del re di Francia, violentando, catturando gente – cose di ordinaria amministrazione durante la guerra dei Cent'anni. Non ha nel servizio militare una paga stabilita, e si accontenta di quello che gli danno i suoi comandanti. Ma evidentemente questo mestiere lo stufa [...]. Così fugge a Parigi [...]. Poteva guadagnare come fabbro, soldato o brigante, mestieri che aveva esercitato fino a quel momento. Sceglie gli ultimi due. [...] Il resto del tempo lo passa rubando e depredando insieme ad una combriccola che spesso cambia. Il suo racconto è fatto di visite alle prostitute, di incontri nelle taverne e di imprese ladresche fuori Parigi. [...] Ognuna di queste spedizioni lascia impronte di sangue. Da una casa di piacere di rue Tiron conducono al Bois de Vincennes una «ragazza peccatrice» alla quale, anziché dare soldi, tagliano la gola, per poi vendere i suoi vestiti per strada. Un'altra volta, uccidono un mercante di sale, rubando il suo cavallo [...]. Per quest'uomo, avvezzo alla guerra, la vita conta poco, e all'assassinio arriva facilmente: è sufficiente che sulla strada per Parigi ci sia nella sua compagnia qualcuno vestito meglio degli altri, perché venga ammazzato a colpi di bastone e di pietra e spogliato dei suoi abiti; poi la refurtiva verrà dissipata in una taverna parigina.

Di quella quarantina di persone menzionate da Le Brun, le autorità parigine riescono a catturare soltanto un esiguo gruppo: una dozzina. Il 26 ottobre 1389, Le Brun viene condannato ad essere strascinato dai cavalli e quindi decapitato. Ma l'esecuzione viene rimandata in vista dei benefici che egli può recare in qualità di testimone. Dieci giorni dopo, viene emessa la sentenza di morte contro sette suoi compagni (due, come ladri e assassini, vengono condannati allo strascinamento e all'impiccagione; quattro soltanto all'impiccagione, mentre uno, che ha confessato di aver commesso atti di sodomia, finisce sul rogo).

---

[1] Come scrive Geremek, lo Châtelet era la «sede del potere, della polizia, del tribunale e delle carceri».

[2] Cittadina della Francia settentrionale.

[3] Zona de la Francia centrale con capoluogo Limoges.

GUIDA ALLA LETTURA

❶ Che cosa significava, nel tardo Medioevo, avere una vita stabile? ❷ Da quale gruppo sociale provenivano i criminali? ❸ In che cosa consisteva la tendenza dei criminali «a creare società»? ❹ Quali sono le conseguenze del fatto che Le Brun fosse un uomo abituato alla guerra?

68

W.P. Gerritsen • A.G. van Melle
Realtà e leggenda di Robin Hood

W.P. Gerritsen - A.G. van Melle, *Miti e personaggi del Medioevo*, ed. it. a c. di G. Agrati e M.L. Magini, Bruno Mondadori, Milano 1999, pp. 440-43

■ Il leggendario bandito inglese Robin Hood, che ruba ai ricchi per donare ai poveri, è anzitutto un famoso personaggio della letteratura, dell'arte, della musica, del cinema. Ma dietro la sua leggenda esiste un nucleo storico che gli studiosi, e tra essi Willem P. Gerritsen e Anthony G. van Melle, hanno cercato da tempo di approfondire e precisare. Il fatto che la sua leggenda appaia già formata nel '300 è anzitutto un chiaro segno che essa trasse origine dall'atmosfera dei tempi, caratterizzati, in Inghilterra come in molte regioni europee, da forme endemiche di brigantaggio e di ribellismo. Dietro lo stesso personaggio di Robin Hood è possibile inoltre intravedere la figura di uno o più banditi effettivamente esistiti, anche se, nel corso dei secoli, le sue avventure furono oggetto di ripetute elaborazioni.

Ma chi era Robin Hood? Quali racconti ne hanno parlato per primi e perché la sua leggenda è durata così a lungo e ha riscosso tanto successo [...]?

Nel rispondere a queste domande, il primo problema in cui ci si imbatte è il genere di reperti di cui si dispone, e cioè una manciata di riferimenti letterari e di proverbi popolari che [...] parlano di un personaggio famoso di nome Robin Hood, forse un fuorilegge, vissuto all'incirca tra il 1380 e il 1500. Tre storici scozzesi – ma nemmeno uno inglese – ne danno qualche notizia tra la fine del XV e l'inizio del XVI secolo. Poi, in un momento imprecisato dei primi tre decenni del XVI secolo, compare l'edizione a stampa di *A Gest of Robyn Hode*, seguita, a partire dal 1700, da altre (quasi quaranta) ballate. In realtà, quindi, un solo manoscritto medievale

in versi, datato dal 1450 circa, contiene un poema su Robin Hood [...].
Quali sono gli elementi principali della leggenda che risultano da queste prime ballate? Robin Hood è un fuorilegge che vive in una foresta regia, ambiente gelosamente custodito dai re medievali e soggetto alle leggi [...] miranti alla protezione della cacciagione che serviva sia allo svago dei sovrani sia al nutrimento delle loro corti. Ora, un individuo veniva proscritto quando aveva commesso un reato la cui sanzione comportava l'abolizione della protezione da parte della legge – da cui "fuorilegge" – ovvero conduceva l'esistenza del brigante senza legge. Ma Robin Hood è un brigante non solo rifiutato dalla società, ma che si permette anche di mettere in discussione i valori sui quali la società stessa si fonda. Egli, infatti, ruba ai ricchi per aiutare i bisognosi (anche se non dà mai in modo specifico del denaro a un povero), sfidando la giustizia della società, la stessa giustizia che lo ha condannato. [...]
Complessivamente, l'idea di un fuorilegge che ruba ai ricchi per aiutare i poveri è più singolare. Ma non sempre, perché la storia registra casi di individui che scelsero una strada diversa e che, continuando a rispettare il valore della legge, imputarono le proprie sventure a coloro che la amministravano. In questi casi, poteva accadere che finissero per amministrare la legge da soli. Le imprese compiute tra il 1326 e il 1346 dai fratelli Folville e dalla loro banda ne sono una prova: dopo avere ucciso un influente funzionario governativo, Roger Bellers, nel 1332 essi sequestrarono Richard Willoughby, magistrato del re, trascinandolo «di bosco in bosco» fino a quando riscossero 1300 marchi per liberarlo. Anche se le loro altre attività furono di natura squisitamente criminale, in questi due casi i fratelli Folville si vendicarono su due magistrati impopolari. I punti di contatto con i racconti su Robin Hood sono evidenti [...].
Ciò nonostante, è difficile trovare un parallelo calzante con il tema centrale dei racconti fioriti su Robin Hood, cioè le rapine ai danni dei ricchi dirette a fini altruistici. [...] È [..] probabile che le ballate originarie celebrassero un personaggio molto più selvaggio, che si dava alle rapine come logica conseguenza della propria posizione di fuorilegge; per lo stesso motivo, i testi erano permeati di una violenza del tutto gratuita. Ma questo non poteva fare piacere a quanti, in Robin Hood, volevano vedere invece un raddrizzatore di torti. Gli autori cercarono perciò un modo ragionevole per giustificare i crimini commessi dal protagonista e per utilizzarli per condurre una campagna contro la corruzione. [...]
L'altro attributo di Robin Hood, la sua perizia di arciere [...] serve a datare con maggiore precisione i racconti che lo riguardano. L'arco lungo [...] fu adottato dagli inglesi dopo la campagna di Edoardo I nel Galles alla fine del XIII secolo. Nel 1333, armando i propri arcieri con l'arco lungo, gli inglesi vinsero gli scozzesi a Halidon Hill, e poco dopo, nel 1346, conseguirono trionfi ancora più spettacolari sui cavalieri francesi [...]. Fu così che, a partire dalla metà del XIV secolo, in Inghilterra gli arcieri divennero eroi nazionali [...].
A questo punto si può affermare che i dettagli relativi al personaggio di Robin Hood lo collocano nel XIV secolo [...]; il che, tuttavia, non esclude la possibilità che i testi che possediamo siano una rielaborazione di tradizioni più antiche, forse del XIII secolo, cui siano stati apposti dettagli contemporanei all'epoca dei compilatori.

GUIDA ALLA LETTURA
❶ A quali documenti si fa riferimento nel testo? ❷ Qual è la logica sottostante al tema della rapina diretta «a fini altruistici»? ❸ Attraverso quali fonti è possibile datare i racconti su Robin Hood?

69

G. Duby
L'oppressione statale

G. Duby, *L'economia rurale nell'Europa medievale*, Laterza, Bari 1970, vol. II, pp. 512-16

■ Nel seguente brano Georges Duby (1919-1996) analizza i disagi che colpirono le classi rurali nel XIV secolo e che furono all'origine di un fenomeno di rivolta latente presente per tutto il secolo, la cui acme fu raggiunta nel 1358 in Francia. Alle rivolte non parteciparono soltanto contadini ridotti alla povertà e che cercavano disperatamente di che nutrirsi, ma anche i contadini agiati, che si sentivano sempre più vessati dalle tasse governative.

Le crisi accidentali, che nel corso del XIV secolo colpirono tanto duramente le aziende signorili e le scossero fin nelle fondamenta, non risparmiarono le famiglie dei campagnoli. Costoro dovettero in primo luogo subire la pressione costante dei padroni che, per uscire dal disagio, volevano trarre tutto il profitto possibile dai loro diritti e pretendevano sempre di più dai loro dipendenti, che non sempre poterono resistere. [...] D'altra parte i flagelli colpirono direttamente i piccoli coltivatori. I meno tollerabili, quelli che suscitarono le reazioni più vive, sembra fossero le calamità di ordine politico. [...] Incontestabilmente, di tutti i mali che li colpivano, i contadini risentirono più dolorosamente e con più insofferenza il peso della guerra e della fiscalità lontana. Questi oneri suscitarono molto direttamente agitazioni insieme sociali e religiose. Queste sollevazioni rivelano le difficoltà e le tensioni in seno al popolo delle campagne.
Durante tutto il Medioevo, anche nei momenti di grande prosperità, movimenti tumultuosi di resistenza alle esazioni avevano attraversato il mondo contadino. [...] Questi torbidi divennero forse

più profondi nel corso del XIV secolo e, in ogni caso, colpirono più profondamente l'attenzione di un mondo più sensibile ai turbamenti. Furono movimenti puramente sociali e mobilitarono contro di sé i signori coalizzati, tanto più spinti a difendersi in quanto anche la loro posizione economica diventava meno sicura. Sollevazioni contadine chiaramente dirette contro gli oneri fiscali si accesero e si intrecciarono allora attraverso l'Europa. Le più precoci scossero le campagne dell'Italia del Nord che pure appaiono in quel momento in una situazione di grande prosperità. Dal 1300, un'agitazione rurale latente, intimamente connessa con le potenti correnti per la povertà evangelica che in questo paese si diffondevano largamente ai confini dell'ortodossia cristiana, finì per concentrarsi intorno a Vercelli e, confusa con l'eresia, fu presto repressa col fuoco. Dieci anni dopo, i contadini della Fiandra marittima, la maggior parte dei quali viveva nell'agiatezza, si armavano contro le imposte, attaccavano gli agenti del principe [...]. Nel 1358, la *jacquerie*[1], sussulto di resistenza tumultuosa, si diresse anch'essa dapprima contro gli armati insediati dal sovrano. Alcuni contadini, senza un vero capo, in un accesso di collera, avevano cominciato a uccidere; trascinarono in una follia senza speranza folle accecate, compromesse dal loro stesso gesto di rivolta, bruciarono le case dei nobili e furono ben presto sterminati dai cavalieri. [...] Più viva di tutte, la fiammata della grande rivolta dei lavoratori inglesi si accese nel 1381 nella parte orientale del paese – ancora una volta nella parte più popolata, più evoluta, più prospera. [...] Questa sollevazione, come le precedenti, fu determinata anzitutto da una pressione del potere giudicata insopportabile e dall'aggravamento della fiscalità. [...] Uniti contro il potere politico, i «lavoratori» appartenevano in effetti a due categorie economiche i cui interessi divergevano. I più numerosi erano senza dubbio contadini agiati. Ciò che essi desideravano era soltanto l'attenuazione degli ostacoli del regime signorile a favore della libera iniziativa, l'abolizione del servaggio e delle *corvées*[2], una diminuzione dei censi[3]. [...] Ma al loro fianco lottavano dei veri «poveri», uomini senza terra, giornalieri, i *cottiers*[4] del Kent guidati da John Ball[5]. Costoro speravano in una riforma sociale e agraria molto più profonda. Desideravano la soppressione di ogni vincolo alla libertà di lavoro, la confisca delle terre ecclesiastiche e la loro distribuzione a piccoli lotti, la restituzione degli usi civici. [...]

L'importante è vedere che, malgrado l'influenza che su questi rivoltosi e soprattutto sui più umili esercitavano i predicatori erranti, [...] tutte queste rivolte si indirizzarono solo accidentalmente contro la ricchezza dei signori. [...] In realtà miravano meno al regime signorile che a un tipo di sfruttamento condotto dai principi e dai capi di guerra. Più che l'impoverimento e una depressione generale del contadiname, esprimevano lo smarrimento di alcuni cantoni più oppressi dall'imposta e dalle guarnigioni, l'impazienza di fronte a troppe esazioni o a troppe rovine.

[1] 👁 6.5.

[2] Prestazione obbligatoria, consistente in alcune giornate di lavoro, che i coloni della *pars massaricia* dovevano al padrone.

[3] Le imposte sul patrimonio.

[4] Contadini che vivevano nei *cottages* e coltivavano piccoli appezzamenti di terra, spesso in affitto.

[5] **66**DOC.

GUIDA ALLA LETTURA

❶ A quali calamità di ordine politico erano soggetti i contadini? ❷ Dove si verificarono le principali rivolte del '300? ❸ Chi erano i soggetti delle rivolte? Appartenevano alla medesima categoria economica? ❹ Quali erano, secondo Duby, le reali finalità delle rivolte contadine?

70DOC

Anatomia di una rivolta

Cronaca prima d'anonimo (1378-1387), da *Rerum Italicarum scriptores*, XVIII, III, in *Il Tumulto dei Ciompi*, a c. di G. Scaramella, Zanichelli, Bologna 1934, pp. 74-77

■ Un cronista – probabilmente Alemanno Acciaioli, membro del Consiglio dei priori che resse la città di Firenze durante il tumulto dei Ciompi [👁 6.5 EVENTI] – descrive le varie fasi della rivolta. Una prima azione clamorosa fu l'assalto del palazzo del podestà, dove furono esposte le insegne delle varie Arti. Particolare risalto assume, nelle intenzioni dei rivoltosi, l'esibizione del gonfalone. Simbolo del potere pubblico, esso era custodito dal Gonfaloniere di giustizia, alta magistratura del comune di Firenze, istituita nel 1289 dagli *Ordinamenti di giustizia* [👁 4.5] e posta a capo del Consiglio dei priori. Il gonfalone era stato sottratto al gonfaloniere, la cui abitazione era stata data alle fiamme: sottrarre lo stendardo della città ed esporlo accanto ai gonfaloni delle varie Arti significava attribuire alla rivolta un carattere di legalità. In una seconda fase, i rivoltosi presentarono le loro richieste e ottennero la creazione di tre nuove Arti (dei Ciompi, dei Tintori, dei Farsettai).

L'importanza dei simboli

La sera ne venìa; el popolo sì passò il ponte Rubaconte, con esso il confalone della giostizia[1] per accamparsi a San Giorgio. Aveva allora questo confalone Betto di Ciardo di Campo corbolino[2],

[1] Il gonfalone è un simbolo del potere pubblico custodito dal Gonfaloniere di giustizia [👁 4.5]. Il gonfalone era stato sottratto, quello stesso 20 luglio, al gonfaloniere Luigi Guicciardini, la cui abitazione era stata attaccata dalla folla in rivolta e data alle fiamme.

[2] Il Borgo di Campo Corbolini, a Firenze, era il nome del tratto di via Faenza che sboccava sulla porta di Campo Corbolini, costruita con la cinta del 1173, che poi mutò nome in via della Stipa. I Corbolini erano un'antica famiglia e avevano le case nella piazzetta (il *Campo*), oggi chiamata piazza Madonna degli Aldobrandini.

rivenditore, franco giovine e atante[3]. [...] Po' venne la mattina, sì come piacque a Dio; e molti cittadini vi vennono a proferere loro la notte[4], e d'essere con loro a ciò che volessono fare. Allora il popolo si mandò per tutte l'arti minute; e chi venne e chi no. Sendovi questa gente raunata, per numero di sette migliaia d'uomini d'arme, e' si diliberarono che s'andasse a fare di molto male. Piacque a Dio ch'un'acqua fu sì forte diluviata, che persona non poteva andare per via. Sì che si stette la brigata infino a terza[5] anzi che si movesse; poi diliberarono fra loro che s'andasse e sì si pigliasse il palagio del podestà; e così mossoro d'accordo insieme, e sì giunsoro al detto palagio del podestà, e sì lo intorniarono. Allora la famiglia del podestà, ch'erano in sulla torre, si cominciaro a gittare priete e verettoni[6] al popolo ed agli artefici che v'erano.

Allora cominciò il popolo a dire che, se nollo desse, che poi non vorebbono altro che carne di lui[7]. Allora balestrieri si andaro in sullo campanile della Badìa, e sì saettavano a petto a que' del podestà; ma poco facie' loro, che co' sassi non lasciavano apressare niuno al palagio. Allora il popolo recaro deschi[8] da tavernai, e sì v'entraro sotto, e sì gli posono alla porta del detto palagio, e sì affocaro[9] la porta con molte scope. Allora molti cittadini, vicini del podestà, sì accennaro al podestà co' cappucci che non gittassero più giù, e che, se volesse dare il palagio, che sarebbe salvo le persone. Allora rispose ch'era contento di dare loro il palagio, salva la camera del comune; ed e' risposono ch'erano contenti di così fare. E ne venne giuso colla sua famiglia, con gran paura, cheggendo merzede per Dio[10]. Allora il popolo entrò dentro; ed e' si partì, sanza esseregli fatto niuna villania. Giunsoro su nella torre; e 'n sulla torre fu posta una segnia[11] d'arte di fabbri. E tutte l'altre insegne dell'arti, grande e minute, vi furono poste a le finestre del podestà, con esso il confalone della giostizia, salvo che non vi fu quella dell'arte dalla lana. [...]

Sì si mosse il popolo la mattina, e si cavaro fuori il confalone della giustizia, del detto palagio, e sì n'andaro a la Piazza de' signori, tutti armati, gridando: «Viva il popolo minuto». [...]

Allora sì giunse in sulla Piazza uno Michele di Lando pettinatore[12], figliuolo di monna Simona, trecca[13] dalle Stinche, sanza pezzo d'arme a lato o indosso; e sì fu preso, e postogli in mano il confalone della giostizia; ed e' lo prese per le mani, e per salvallo per lo popolo minuto. Allora sì mandò a dire a' signori che iscombrassoro il palagio. [...] Allora entrò suso tutto il popolo, con esso il confalone della giostizia [...]. Andonne suso nella torre molti giovani; e sì sonarono tutte le campane, per vettoria ch'avevano auto il palagio, a onore di Dio. Po' si ordinarono di fare ciò che fosse di bisogno, per loro fortezza e francamento del popolo minuto. [...]

Le richieste dei rivoltosi

Tutto il consiglio ordinò e fece una petizione: che chi fosse istato ammonito[14] per ghibellino, da MCCCLVII in qua, fosse ristuito[15] e fatti guelfi; questa petizione sì si mise e sì si vinse.

Poi ciascuno di questi ristuiti, ch'erano ghibellini, volle il popolo che giurasse ciascuno di non essere contro a parte guelfa, anzi che fossoro accrescitori della cattolica parte guelfa; e così giurarono; e sì vollono che giurassono di non essere mai contro allo stato che reggeva; e così giurarono di non essere contro. [...]

Diedoro fine a queste cose, e contesono di fare altre cose, per forticamento[16] del popolo minuto ed arti.

1378 A' dì XXVIII.

Feceno i signori priori andare un bando, che ciascuno isbandito della città, o contado, o distretto di Firenze, potesse venire sano e sicuro, salvo che rubegli[17], o assassini, o traditori. E che ciascuno potesse farsi cancellare dal suo bando, pagando fiorini II d'oro e soldi XV per isbandito. Ebbono termine a farsi cancellare per tutto agosto che verrà. [...]

E sì diliberarono d'accrescere l'arti minute: là dov'erano XIIII, che le fossono XVII, a ciò che fossino più forti; e così si fece. [...] E così s'accrescerono l'arti minute 13 migliaia d'uomini.

---

[3] Aitante.

[4] A offrire loro la notte, a offrirsi per il cambio.

[5] L'ora terza corrispondeva alle 9 del mattino.

[6] Pietre e grossi dardi.

[7] Che se non lo avesse consegnato si sarebbero impossessati del suo corpo e lo avrebbero ucciso.

[8] Tavoli di quelli in uso nelle taverne.

[9] Diedero fuoco.

[10] Chiedendo grazia in nome di Dio.

[11] Insegna.

[12] Di fibre tessili.

[13] Cioè possedeva una trecca, una piccola rivendita di erbe e legumi.

[14] Fosse stato riconosciuto come ghibellino ed espulso dalla città.

[15] Richiamato dal bando e reintegrato nei diritti politici.

[16] Rafforzamento.

[17] Ladri.

GUIDA ALLA LETTURA

❶ Quale significato aveva il gonfalone per i rivoltosi? Dove fu esposto? ❷ Quali erano le richieste dei rivoltosi? ❸ Quale giudizio sulla rivolta dei Ciompi emerge dal documento?

71

J. Le Goff
Il tempo è denaro

J. Le Goff, *Tempo della Chiesa e tempo del mercante*, Einaudi, Torino 1977, pp. 26-36

■ In questo saggio Jacques Le Goff [2] indaga su chi e come, nella società medievale dell'Occidente in trasformazione, dominasse le nuove forme del tempo. La padronanza del tempo, il potere su di esso appaiono allo storico un punto essenziale nel funzionamento delle società. Oggetto d'indagine è soprattutto il cosiddetto «tempo borghese», nelle sue nuove forme di appropriazione, rese palesi dalla diffusione degli orologi pubblici, dalla divisione del giorno in ventiquattro ore e ben presto dall'orologio personale.

Vorrei [...] attirare qui l'attenzione su uno dei bisogni principali che hanno spinto, nel secolo XIV, la società urbana a cambiare la misura del tempo, cioè il tempo medesimo: la necessità di adattarsi all'evoluzione economica, più precisamente alle condizioni del lavoro urbano. L'unità del tempo di lavoro nell'Occidente medievale è la giornata: agli inizi, giornata del lavoro rurale, che si ritrova nella terminologia metrologica – la «giornata» di terra – e, a sua immagine, giornata del lavoro urbano, definita mediante il riferimento mutevole al tempo naturale, *dal sorgere al tramonto del sole* [...].

Ora, a partire dalla fine del secolo XIII, questo tempo del lavoro è messo in discussione, entra in crisi. Offensiva del lavoro notturno, asprezza soprattutto nella definizione, nella misura, nella pratica della giornata di lavoro, conflitti sociali, infine, intorno alla durata del lavoro: così si manifesta in questo campo la crisi generale del secolo XIV [...]. Come il resto, il tempo del lavoro si trasforma, si precisa, si fa più efficace, non senza fatica.

Curiosamente, prima si vedono gli operai stessi chiedere l'allungamento della giornata di lavoro. [...] Si può legittimamente supporre che, in linea di massima ci troviamo davanti, qui, a un primo espediente cercato dagli operai per porre rimedio alla crisi dei salari, certamente legata al rialzo dei prezzi e al deteriorarsi dei salari reali in seguito alle prime mutazioni monetarie. [...] Ma presto sorge una rivendicazione contraria. I padroni [...] infatti, di fronte alla crisi, cercano dal canto loro di regolamentare quanto meglio possono la giornata di lavoro, lottando contro gli imbrogli degli operai in questo campo. Allora si moltiplicano quelle campane di lavoro già trovate da Bilfinger. [...]

Il problema della durata della giornata di lavoro è soprattutto acuto nel settore tessile, dove la *crisi* è più sensibile e dove la parte dei salari nel prezzo di costo e nei guadagni dei padroni è considerevole. Così la vulnerabilità alla crisi di questo settore di punta nell'economia medievale ne fa il campo di elezione di un *progresso* nell'organizzazione del lavoro. [...]

Così, almeno nelle città produttrici di panni, un tempo nuovo incombe sulla città: il tempo dei drappieri. Perché questo tempo è quello della dominazione di una categoria sociale. È il tempo dei nuovi padroni, il tempo di un gruppo colpito dalla crisi ma in una congiuntura di ascesi sociale.

D'altronde questo tempo nuovo diviene ben presto la posta di aspri conflitti sociali. Tumulti e agitazioni operaie mirano ormai a far tacere la *Werkglocke*[1]. [...] Ma ciò che la campana del lavoro o l'utilizzazione della campana urbana per il lavoro apporta di nuovo è evidentemente [...] un tempo regolare, normale [...]. Tempo non del cataclisma o della festa, ma del quotidiano, rete cronologica che inquadra, racchiude e stringe la vita urbana.

Le esigenze di un lavoro meglio misurato [...] sono dunque un fattore importante del processo di laicizzazione, di cui la scomparsa del monopolio delle campane di chiesa per la misura del tempo è certamente un segno essenziale. [...]

Il progresso decisivo verso le «ore certe» è evidentemente l'invenzione e la diffusione dell'orologio meccanico, del sistema a scappamento, che promuove infine l'ora in senso matematico, come la ventiquattresima parte della giornata. Senza dubbio, proprio il secolo XIV supera questa tappa essenziale. Il principio dell'invenzione è acquisito alla fine del secolo XIII, il secondo quarto del secolo successivo ne vede l'applicazione in quegli orologi urbani, la cui area geografica è appunto quella delle grandi zone urbane: Italia del Nord, Catalogna, Francia settentrionale, Inghilterra meridionale, Fiandre, Germania. [...] Più o meno, le regioni dell'industria tessile in crisi ricoprono l'area di diffusione degli orologi meccanici. Dalla Normandia alla Lombardia s'installa l'ora di sessanta minuti che, all'alba dell'età preindustriale, sostituisce la giornata come unità del tempo di lavoro. [...]

Più che un attrezzo della vita quotidiana, esso [l'orologio urbano] è ancora una meraviglia, un ornamento, un giocattolo di cui la città si inorgoglisce. [...] Più ancora, questo tempo nuovo, nato soprattutto dai bisogni di una borghesia di datori d'opera [...] è presto accaparrato dalle potenze superiori. Strumento di dominazione, esso è per i grandi signori e i principi, oggetto di divertimento, ma anche simbolo di potere. [...] Il tempo nuovo diventa così il tempo dello Stato.

L'automa «Maurizio» dell'orologio della Torre di Orvieto, 1351

A Orvieto, la costruzione della Cattedrale, iniziata nel 1290, si protrasse per alcuni secoli. Alla metà del '300, all'angolo tra via del Duomo e la piazza del Duomo, fu costruita una torre con questo automa detto «Maurizio» che scandiva con i suoi battiti il tempo del cantiere della fabbrica.

[1] Campana di lavoro.

GUIDA ALLA LETTURA

❶ In quale contesto sociale si produsse, secondo l'autore, il passaggio dal tempo medievale al tempo moderno? ❷ Come si misurava il tempo di lavoro nel Medioevo? ❸ Dove avvennero le prime trasformazioni nell'organizzazione del lavoro? Per quali ragioni? ❹ Perché, secondo Le Goff, l'orologio meccanico è contemporaneamente uno strumento di controllo e un «ornamento di cui la città si inorgoglisce»?

72DOC

Philippe de Maizières
Il signore degli orologi

da C.M. Cipolla, *Le macchine del tempo*, il Mulino, Bologna 1976, pp. 28-29

I primi orologi erano macchine straordinarie, autentici prodigi della tecnica che suscitavano stupore e ammirazione. Un vero e proprio capolavoro fu quello costruito intorno al 1350 da Giovanni de' Dondi. Questa macchina per misurare il tempo non indicava le ore ma i moti celesti (del Sole, della Luna e di cinque pianeti) e fungeva da calendario perpetuo. Ne parla con entusiasmo un dotto francese dell'epoca, Philippe de Maizières, consigliere del re francese Carlo V [155DOC].

Vi è oggi in Italia un uomo eccezionalmente versato nella filosofia, nella medicina e nell'astronomia, che per consenso universale è riconosciuto come la più grande autorità nel campo di queste tre scienze. Il suo nome è Giovanni de' Dondi e abita nella città di Padova. Per via del suo immenso sapere in fatto di astronomia, il suo cognome è di solito trascurato ed egli viene chiamato mastro Giovanni degli orologi. Attualmente si trova col conte di Virtù[1] e percepisce un salario di duemila fiorini l'anno.
Mastro Giovanni ha prodotto opere famose nelle tre scienze, opere che sono tenute in grande considerazione dai più valenti studiosi d'Italia, di Germania e d'Ungheria. Fra le altre cose, egli ha costruito una macchina, chiamata da alcuni sfera o orologio dei movimenti celesti, che indica tutti i movimenti dei segni dello zodiaco e i pianeti con le loro orbite ed epicicli, ed ogni pianeta viene mostrato separatamente col suo movimento, di modo che in ogni momento del giorno e della notte si può vedere sotto qual segno e con quale inclinazione appaiono in cielo i pianeti e le stelle maggiori. La sfera è costruita in modo così ingegnoso che nonostante vi siano tanti ingranaggi da non poterli contare senza smontare l'orologio, tutto funziona grazie a un solo peso. Il prodigio è tale che molti grandi astronomi giungono da luoghi remoti per ammirare la sua opera [...]. Per arrivare a produrre la sfera così come la sua mente ingegnosa l'aveva concepita, mastro Giovanni la forgiò con le proprie mani, senza l'aiuto di alcuno, e per sedici anni non fece altro.

Astrarium di Giovanni de' Dondi
[ricostruzione di Luigi Pippa, Museo della Scienza e della Tecnica, Milano]

[1] Gian Galeazzo Visconti [👁 8.2], duca di Milano, principe di Pavia e conte di Vertus.

GUIDA ALLA LETTURA

❶ In che cosa consiste l'orologio dei movimenti celesti? ❷ Perché la «sfera» di mastro Giovanni era un'opera prodigiosa?

SVILUPPARE LE COMPETENZE

Comprendere e Analizzare

❶ Dopo aver letto il documento di Froissart [66DOC] e il brano di Duby [69], rispondi alle seguenti domande citando opportunamente i testi:

a. Quale immagine dei contadini emerge dal documento? Quali paure dovette suscitare la rivolta nei «gentiluomini d'Inghilterra»?
b. Per quali ragioni, secondo Duby, i contadini si sollevarono contro i signori? Quale fu, invece, l'origine della rivolta inglese secondo Froissart?
c. Perché Froissart insiste sulla componente religiosa della rivolta?
d. Nel documento si fa riferimento alle differenze sociali ed economiche presenti nel movimento? Perché, secondo Duby, i lavoratori in rivolta appartenevano a due categorie economiche divergenti?

❷ Dopo aver letto i brani di Gerritsen e van Melle [68] e Geremek [67], scegli fra le seguenti posizioni storiografiche, relative alla figura del "fuorilegge" nella società medievale, quella che ritieni maggiormente condivisibile e argomenta la tua risposta in un breve testo (max 20 righe):

a. Nel Medioevo il "fuorilegge" è principalmente colui che mette in discussione i valori sociali dominanti. Il suo allontanamento, nei boschi o nelle foreste intorno alla città, è sempre volontario: esso è funzionale a sfidare il potere dei signori.
b. La dimensione sociale del criminale, del "fuorilegge" è tutta interna al gruppo di cui fa parte: i furti, le rapine, gli omicidi sono la naturale conseguenza di un'esperienza vissuta "ovunque" nella città, caratterizzata da precarietà e miseria.

Rielaborare e Argomentare

❸ Redazione di un tema di ambito storico-politico. *Il tempo nel tardo Medioevo*

Dal tempo scandito dalla fede e dai ritmi della natura si passa progressivamente, nel corso del XIV secolo, a un tempo meccanico, regolare che inquadra e disciplina ogni aspetto della vita sociale. L'orologio diventa così il simbolo di un nuovo modo di vivere e di lavorare ma è anche oggetto di stupore e di meraviglia collettiva. Rifletti sui caratteri di questa trasformazione, illustrandone gli aspetti più significativi.

Documenti: Maizières [72DOC]
Immagini: pp. 347, 348
Brani storiografici: Le Goff [71]
Capitoli: 6

❹ **Scrivi un breve testo (max 60 righe), dal titolo *Le grandi rivolte del XIV secolo*, seguendo la scaletta di argomentazione**

a. La geografia delle rivolte sociali (Graus, Froissart, Duby, Le Goff, *Anatomia di una rivolta*);
b. Rivolte sociali e crisi del '300: quali relazioni? (Duby);
c. Le cause e gli obiettivi delle grandi rivolte (Graus, Froissart, Duby, *Anatomia di una rivolta*);
d. Rivolte contadine e rivolte urbane: affinità e differenze, nella percezione dei contemporanei (Graus, Froissart, *Anatomia di una rivolta*);
e. I soggetti dei tumulti: "disperati" o "agiati"? (Graus, Geremek, Duby).

Prime prove di grandi guerre

Le innovazioni tecniche, le trasformazioni sociali, il rafforzamento degli Stati determinarono nuovi modi di combattere e stimolarono l'invenzione di nuove armi, più distruttive di quelle tradizionali.
La cavalleria, l'arma dei nobili, considerati in precedenza gli unici veri guerrieri degni di questo nome, cedette gradualmente il passo alla fanteria, arma composta da contadini e borghesi ma molto più efficace se adoperata in modo sapiente, come nel caso – raccontato dal cronista **Jean Froissart** [73DOC] – degli arcieri inglesi alla battaglia di Crécy.
Il reclutamento degli eserciti medievali era incardinato nelle regole del sistema feudale. In tutto l'Occidente, decine di migliaia di uomini, di qualunque età e di qualunque estrazione sociale, erano tenuti a prestare ai loro signori un servizio militare: si andava dalle mansioni più umili e banali al servizio nell'arma più prestigiosa e potente, la cavalleria. Il servizio durava solitamente pochi mesi e l'esercito si scioglieva non appena aveva terminato la sua missione. La possibilità, per un signore, di reclutare truppe adeguate alle sue necessità difensive e offensive dipendeva quindi dall'ampiezza e dalla solidità della sua rete vassallatica. Questa situazione cominciò a mutare nel tardo Medioevo, quando, come illustra **Philippe Contamine** [74], iniziarono a nascere i primi eserciti permanenti, che reclutavano grandi numeri di uomini e mettevano a dura prova le finanze pubbliche.
Entrarono, inoltre, in scena nuovi protagonisti: questa è anche, infatti, l'epoca dei condottieri, figure ambigue e affascinanti, che agivano all'incrocio tra la guerra, gli affari e la politica. La guerra si specializzò sempre più, e per molti individui amanti dell'avventura o privi di altre risorse diventò un vero e proprio mestiere, come emerge dalle pagine di **Michael Mallett** [75].
Con la nascita dell'artiglieria moderna, basata sull'uso combinato della polvere da sparo e del cannone, l'Europa si trovava di fronte a un nuovo tipo di guerra, molto più distruttivo e spietato di quello tradizionale. Inizialmente poco utilizzati, come chiarisce **William H. McNeill** [76], i cannoni diventarono presto terribili strumenti di morte, destinati a influenzare profondamente i rapporti tra Stati europei. L'uso dei cannoni fu condannato da più parti per ragioni umanitarie e perché – si ripeteva – andava contro la morale cristiana e i precetti della Chiesa. La polvere da sparo era infatti considerata un artifizio demoniaco, un espediente escogitato da Satana per distruggere il genere umano. A questi argomenti se ne aggiungevano altri, che esprimevano il rimpianto per un modo più antico e leale di battersi: la polvere da sparo – si diceva – consente ai codardi di colpire da lontano, senza alcun rischio, i nobili e coraggiosi guerrieri desiderosi di duellare nel combattimento ravvicinato, l'unico che faccia veramente risaltare il valore individuale. Come scrisse **Ludovico Ariosto** [77DOC], si trattava di un'arma efficace ma poco cavalleresca.
Parallelamente all'intensificarsi delle proteste, le armi da fuoco diventarono sempre più potenti e micidiali e gli specialisti dell'artiglieria lavorarono a pieno ritmo per perfezionare i loro strumenti. Inoltre, malgrado le critiche, il possesso di cannoni numerosi e potenti era un motivo di orgoglio per i principi e i sovrani. La modernità si misurava anche dal possesso delle più perfezionate bocche da fuoco.

73DOC

Jean Froissart
Gli arcieri inglesi e la crisi della cavalleria

J. Froissart, *Cronache*, in *La guerra dei Cento Anni del duca de Lévis Mirepoix*, De Agostini, Novara 1973, pp. 178-82

■ Ci sono battaglie che segnano svolte improvvise nella storia militare, perché vi appaiono nuove tattiche e nuovi armamenti. Di fronte a esse, già i contemporanei hanno la sensazione che gli eventi subiscano un'accelerazione e che un mondo vecchio stia per tramontare. Una di queste battaglie fu quella combattuta dalle truppe di Edoardo III re d'Inghilterra e da quelle di Filippo VI re di Francia il 26 agosto del 1346 a Crécy (nella Francia settentrionale), qui raccontata dalle parole – tratte dalle sue *Cronache* (libro I) – del cronista francese coevo Jean Froissart [66DOC]. Gli inglesi, il cui esercito si fondava soprattutto sulla forza, la precisione e il coordinamento sincronico degli arcieri [👁 7.2], provocarono circa 25.000 vittime tra i francesi, la cui tattica si basava soprattutto sull'impiego poco coordinato dei guerrieri a cavallo e dei balestrieri genovesi. Un altro chiaro segno del tramonto della cavalleria.

Gli Inglesi, ch'erano schierati in tre battaglie[1] e ch'erano bellamente seduti per terra, tosto che videro avvicinarsi i Francesi s'alzarono assai in ordine, senza nessuno spavento, e si schierarono nelle loro battaglie, quella del principe davanti a tutte, coi loro arcieri messi in maniera di un erpice e la gente d'arme in fondo alla battaglia. [...]

Quando il re Filippo giunse sino al posto in cui gli Inglesi erano in quei pressi fermi e ordinati, e quando li vide, il sangue gli ribollì, giacché egli li odiava; [...] e disse ai suoi marescialli:

«Fate passare i nostri Genovesi davanti e cominciate la battaglia, in nome di Dio e di monsignore san Dionigi».

Là erano di quei detti Genovesi balestrieri[2] circa quindicimila, che avrebbero preferito qualsiasi cosa che non fosse stato cominciare allora la battaglia; giacché erano duramente stanchi e affaticati d'essere andati a piedi quel giorno per più di sei leghe[3], armati di tutto punto, e d'aver portato le loro balestre; e dissero dunque ai loro conestabili[4] di non essere allora in grado di fare grande impresa di battaglia. [...]

Mentre [...] i Genovesi indietreggiavano ed esitavano, dal cielo scese una pioggia così grossa e fitta, ch'era maraviglia, e un tuono e lampi grandissimi e orribilissimi. [...]

Dopo tutte queste cose, l'aria cominciò a rischiararsi e il sole a splendere bello e chiaro. E i Francesi l'avevano diritto negli occhi e gli Inglesi di dietro. Quando furono tutti radunati e messi insieme e dovettero avvicinarsi ai loro nemici, i Genovesi cominciarono a gridare così forte, che fu maraviglia, e lo fecero per sbigottire gli Inglesi: ma gli Inglesi rimasero quieti e non ne fecero mai sembiante. Secondariamente gridarono ancora così e poi fecero un piccolo passo avanti: e gli Inglesi rimanevano del tutto quieti senza muoversi dal loro posto. Ancora una terza volta gridarono altissimo e chiarissimo, e passarono avanti, e tesero le loro balestre e cominciarono a tirare [...]. E quegli arcieri d'Inghilterra, quando videro questo, passarono un passo avanti e poi fecero volare quelle frecce in grande maniera che entrarono e discesero così bene insieme su quei Genovesi da sembrare neve. I Genovesi, che non avevano appreso a trovare arcieri come sono quelli d'Inghilterra, quando sentirono quelle frecce che trafiggevano loro braccia, testa e basse labbra[5], furono sconfitti; e parecchi tagliarono le corde dei loro archi e altri li gettarono a terra; e si misero così al ritorno.

Tra essi e i Francesi c'era una grande siepe d'uomini d'arme, montati e ricchissimamente adorni, che guardavano lo scontro dei Genovesi; sicché quando questi pensarono di tornare indietro, non poterono; giacché il re di Francia, per grande scontento, quando vide il loro meschino contegno e ch'essi così si sconcertavano, comandò e disse: «Orsù, tosto uccidete tutta quella ribaldaglia, giacché ci impediscono il cammino senza ragione». Là avreste visto uomini d'arme da ogni lato gettarsi in mezzo a loro e colpire su di essi, e parecchi tracollare e stramazzare in mezzo a loro che mai non si rialzarono. E sempre gli Inglesi tiravano nella più grande calca e non perdevano niente dei loro quadrelli[6] [...].

Dovete sapere che la sconfitta e la perdita per i Francesi fu grandissima e orribilissima, e che rimasero sui campi molti nobili e valenti uomini, duchi, conti, baroni e cavalieri, per la morte dei quali il regno di Francia fu da allora assai indebolito d'onore, di possa e di consiglio [...].

Allora il re[7] ebbe consiglio di mandare a cercare i morti per sapere quali signori erano rimasti là. Due valentissimi cavalieri furono dunque ordinati per andare là [...].

Ne trovarono così grande copia, che ne furono tutti maravigliati, e cercarono quanto più giustamente poterono in tutti i campi durante quel giorno sino alla sera ben tardi. Alla sera, siccome il re d'Inghilterra doveva andare a cenare, i due sunnominati cavalieri tornarono verso il re e fecero giusto rapporto di tutto ciò che avevano visto e trovato. Dissero che undici capi di principi erano rimasti sul posto, ottanta vassalli, mille duececento cavalieri d'uno scudo[8], e circa trentamila uomini d'altra gente.

---

[1] In tre formazioni.

[2] Le balestre erano armi portatili, costituite da un arco orizzontale, da una corda, da un fusto scanalato che ospitava la freccia, dall'ingranaggio per la ricarica e dal meccanismo per lo scatto.

[3] Unità di misura delle distanze, di diverso valore a seconda dei paesi, oscillante da circa 4 a oltre 6 km.

[4] Capitani.

[5] La parte bassa del volto, non protetta dall'elmo.

[6] Delle loro frecce.

[7] Edoardo III.

[8] Erano cavalieri che servivano di persona, e non avevano nessun séguito.

GUIDA ALLA LETTURA

❶ L'autore del documento è un testimone oculare degli eventi che narra? Da quale punto di vista? ❷ Come erano schierati gli inglesi sul campo di battaglia? ❸ Quale fu l'errore strategico dei francesi? ❹ Come si svolse il combattimento da ambo le parti?

74

Ph. Contamine
Gli eserciti permanenti

Ph. Contamine, *La guerra nel Medioevo*, il Mulino, Bologna 1986, pp. 233-43

■ Nel tardo Medioevo, la crescita demografica, unita alla durata e all'ampiezza dei conflitti, favorì il reclutamento di eserciti stabili, alle dirette dipendenze dei comuni, dei signori, delle monarchie, dell'impero e del papato. La guerra dei Cent'anni [👁 7.1], per la sua eccezionale durata, introdusse i mutamenti più profondi, ma la tendenza alla creazione degli eserciti permanenti fu un fenomeno che interessò quasi tutta l'Europa. Lo esamina in questo brano lo storico francese Philippe Contamine (nato nel 1932), uno dei migliori conoscitori della storia della guerra in età medievale e moderna.

L'espressione «esercito permanente» non è priva di ambiguità ed è quindi opportuno tracciarne una tipologia. Almeno a partire dall'inizio del XIV secolo si può essere certi che, entro un determinato territorio, purché abbastanza vasto, vi erano in permanenza uomini armati, in grado sia di contribuire al mantenimento dell'ordine interno, sia di arrestare i ladri e gli assassini, sia di rendere esecutive le decisioni delle autorità politiche e giudiziarie, sia infine di garantire un presidio minimo al complesso dei luoghi fortificati. [...]
Alcune piazzeforti considerate di «importanza chiave» furono, talvolta per decine d'anni consecutivi, presidiate non da pochi guardiani, ma da vere e proprie guarnigioni. [...]
Nella tipologia delle forze permanenti una particolare importanza va riconosciuta alle guardie del corpo, il cui incremento dopo il 1350 è notevole. Da allora in poi numerosi principi si circondano, per la propria sicurezza, di uno o più corpi scelti che, per la qualità delle cavalcature, il lusso dell'ornamento e dell'uniforme (la livrea), sono destinati anche a esaltare la magnificenza del loro padrone. [...]
Gli eserciti permanenti propriamente detti entrano in scena per lo più in modo tortuoso, indiretto, appaiono un frutto delle circostanze piuttosto che di una chiara e consapevole decisione delle autorità sovrane. Perché si possa parlare di esercito permanente nella piena accezione del termine, devono verificarsi diverse condizioni: 1) l'esistenza di strutture stabili e regolari, vale a dire di corpi militari che sussistono indipendentemente dal rinnovamento degli effettivi al loro interno; 2) la volontà dei pubblici poteri di mantenere in servizio e in attività alcuni reparti dei loro eserciti, anche in tempo di pace, volontà legata alla convinzione diffusa che le truppe permanenti, retribuite sia in tempo di pace che di guerra, assicurano una superiorità indiscutibile, indispensabile, e che in ogni caso esse forniscono un appoggio che le mobilitazioni temporanee non potrebbero fornire; 3) la presenza [...] di giovani che aspirano a fare del mestiere delle armi una vera e propria carriera, con la durata, la continuità, lo sradicamento, la disponibilità e la perdita di libertà che questa carriera può comportare; 4) la disponibilità di entrate regolari e sufficienti per mantenere questo esercito permanente, cioè, in pratica, l'esistenza di prelievi fiscali stabili [...].
Insomma, l'esercito permanente non è da collegare solo all'evoluzione delle istituzioni, a un certo sviluppo dell'economia monetaria, e nemmeno a esigenze propriamente militari; è anche un fatto di mentalità [...].
Durante l'ultimo quarto del XV secolo [...] la monarchia francese mantenne stabilmente in armi, mediamente, da 20.000 a 25.000 uomini, cioè, se si accetta la cifra di cinque milioni di sudditi, circa l'1 per cento dei maschi adulti tra i diciotto e i quarantacinque anni. [...]
Anche in Spagna, sullo scorcio del XV secolo, si giudicò indispensabile la presenza di un esercito regolare [...].
Si potrebbe pensare che le potenze italiane, forti del sistema molto elaborato della *condotta*[1], non sentissero la necessità di dotarsi di veri e propri eserciti permanenti, alle loro dirette dipendenze. La realtà è alquanto diversa: quali che fossero le precauzioni prese, da una parte la fedeltà e la disponibilità dei *condottieri* non potevano mai essere date troppo per scontate; d'altra parte bisognava pure garantire la sicurezza e la guardia delle fortezze. [...] In effetti, soprattutto a partire dalla metà del XV secolo, numerosi Stati italiani (la Serenissima repubblica, Milano e anche il regno di Napoli) mantennero regolarmente forze armate alle loro dirette dipendenze.
La comparsa degli eserciti permanenti [...] provocò l'elaborazione di codici militari sempre più complessi, consentì l'addestramento collettivo sia dei cavalieri che dei fanti (marcia al passo); rese più frequente il ricorso alle uniformi e ai segni distintivi, che palesavano e sottolineavano la gerarchia militare [...]; contribuì alla nascita di tutta una civiltà dei campi militari, con i suoi riti, le sue distrazioni, i suoi spettacoli, le sue miserie e le sue grandezze. Tuttavia, verso il 1500, si era solo all'inizio di un fenomeno che nell'Europa moderna [...] avrebbe conosciuto una grande espansione.

[1] 👁 9.2 e 75.

GUIDA ALLA LETTURA

❶ Per quali compiti si impiegavano nel tardo Medioevo uomini armati in modo permanente? ❷ A quali condizioni, secondo lo storico, si può parlare di un vero e proprio esercito «permanente»? ❸ Descrivi i cambiamenti nel mondo militare dovuti alla comparsa di eserciti permanenti.

75

M. Mallett
Il fascino dei condottieri

M. Mallett, *Il condottiero*, in *L'uomo del Rinascimento*, a c. di E. Garin, Laterza, Roma-Bari 1988, pp. 45-69

■ I condottieri, con le loro compagnie di ventura, sono tra i personaggi più caratteristici ma anche più discussi del periodo umanistico-rinascimentale. Su di loro, osserva lo storico inglese Michael Mallett (1932-2008), pesa il giudizio fortemente negativo degli umanisti, impegnati a difendere la libertà dei loro Stati e a risvegliare il senso civico dei propri concittadini. La figura del condottiero giunge invece a noi circondata da un'aura romantica, come immagine di un'età di individualismo, di ricerca della gloria attraverso gesta eroiche. Mallett cerca un equilibrio tra le due immagini opposte, inserendo i capitani di ventura in un contesto politico-economico che agisce il più delle volte da freno alle loro ambizioni. Lo storico, inoltre, affronta la discussa questione del loro valore militare, difendendo le capacità strategiche dei condottieri e il livello tecnico delle loro compagnie, in un settore che andava allora evolvendosi molto rapidamente.

Ogni figura del Rinascimento è fatta di forti chiaroscuri, con brillanti *flashes* e ombre contrastate; e di nessun gruppo di personalità rinascimentali questo è più vero che dei capitani di ventura italiani. [...] Gli Italiani più eminenti dei secoli XIV e XV furono gli umanisti; dalle opere classiche essi avevano ereditato ammirazione per l'attività militare condotta nell'interesse della comunità in genere, entusiasmo per gli eroi e per le azioni di guerra, ma anche una forte avversione per i mercenari. [...] L'ondata nascente di orgoglio civico locale e di patriottismo che accompagnò l'apparizione del sistema statale italiano portò gli umanisti del XV secolo a deplorare l'impiego di capitani mercenari provenienti da fuori dei confini dello Stato, sia che fossero italiani sia che fossero d'oltralpe. I condottieri costituivano una minaccia potenziale alle libertà civili e la loro utilizzazione privava lo Stato della possibilità di sviluppare le proprie difese naturali e il senso civico dei cittadini. [...]
Ma cosa dire dei condottieri come «uomini del Rinascimento», come rappresentanti di quell'individualismo, di quella ricerca di fama e grandi gesta [...]? Gli storici moderni sono meno inclini a parlare in questi termini che non i loro predecessori del XIX secolo; essi tendono a sottolineare fino a che punto gli uomini del Rinascimento erano ostacolati e limitati dalle istituzioni, dalle strutture e circostanze del loro tempo, piuttosto che a spiegare i modi in cui sembra che abbiano rotto con la tradizione e i preconcetti del passato. [...] Le fortune di un condottiero dipendevano più dalla nascita, dalla appartenenza a una famiglia di soldati, dai capricci del servizio di Stato, dalle oscillazioni dell'economia del Mediterraneo che non dalle qualità personali o dall'abilità militare. [...]
Gran parte dei condottieri era di nobile lignaggio. Le capacità, lo *status* e la base economica richiesta per arruolare e guidare le truppe nel tardo Medioevo erano essenzialmente quelli della classe nobile e solo pochi al di fuori di essa riuscirono ad avere successo nella carriera militare. [...]
Il XIV secolo, e in particolare il tardo XIV secolo, fu un periodo difficile per la nobiltà terriera. Il valore della terra e dei suoi prodotti calò dopo la Peste Nera e dopo che la pratica dell'eredità multipla aveva lasciato la nobiltà dell'Italia settentrionale e centrale con poche risorse se non una manodopera appena sufficiente nei loro possedimenti. Allo stesso tempo le pressioni esercitate dall'espansione delle città avevano minacciato il loro prestigio e il loro tenore di vita. Questi uomini furono spinti ad entrare nel mondo turbolento e soprattutto rischioso delle guerre mercenarie nel tardo XIV secolo. [...]
Cosa possiamo dire allora sul significato militare di questi soldati del Rinascimento? Gli annali del tempo sono pieni delle loro prodezze militari [...]. Ma [...] erano le loro compagnie anacronismi che conservavano una tradizione cavalleresca non più attuale in un periodo in cui la fanteria armata di lance e cannoni stava rivoluzionando la guerra al di là delle Alpi? [...]
È certamente un po' ingiusto accusare i condottieri di arretratezza tecnica. Anche all'inizio del secolo XV quando in Italia mancava ancora una chiara tradizione di fanteria come quella degli arcieri inglesi e degli ussiti, i maggiori condottieri andavano adottando l'uso della fanteria nelle loro compagnie. Questo era in parte una risposta all'uso molto esteso delle fortificazioni da campo durante le guerre in Lombardia tra il 1425 e il 1454. Ma anche nel tardo XIV secolo la prassi di mettere a terra gli uomini per la battaglia e di adoperarli insieme agli arcieri e ai balestrieri fu adottata dai condottieri italiani [...].
Dato questo ruolo ininterrotto della fanteria e lo sviluppo costante dell'artiglieria e delle armi da fuoco sorprende a malapena che la guerra italiana nel XV secolo differisse pochissimo per il grado di gravità e spargimento di sangue dalle guerre d'oltralpe.

GUIDA ALLA LETTURA

❶ Come erano visti i capitani di ventura dagli umanisti italiani? ❷ Quali sono i giudizi contrastanti della storiografia più recente sulla figura dei condottieri? ❸ Di quale gruppo sociale facevano parte i condottieri? Per quali ragioni? ❹ Secondo Mallett, i condottieri erano arretrati sul piano tecnico? Perché?

76

W.H. McNeill
Tuoni di guerra

W.H. McNeill, *Caccia al potere. Tecnologia, armi, realtà sociale dall'anno Mille*, Feltrinelli, Milano 1984, pp. 71-78

■ Con la diffusione dei cannoni nacque l'artiglieria moderna. La parola deriva dal francese *atillier*, che significava 'adornare'; *atil* era l'ornamento, l'equipaggiamento, l'armatura e *atillement* indicava l''armamentario'. I primi cannoni avevano molti inconvenienti: il loro tiro era tutt'altro che preciso, i loro proiettili facevano spesso più rumore che danni, il loro peso enorme li rendeva quasi inamovibili; inoltre esplodevano frequentemente, provocando vittime tra gli stessi artiglieri. I sovrani e i principi europei e ottomani ebbero però subito chiaro che ormai nessuna politica di potenza sarebbe stata possibile senza una buona artiglieria. Come spiega lo storico canadese William H. McNeill **[52]**, la diffusione dell'artiglieria ebbe conseguenze importanti sulla politica europea. Ma conseguenze altrettanto importanti avrebbe avuto la nuova arte delle fortificazioni, escogitata dagli ingegneri italiani per contrastare l'artiglieria delle potenze straniere.

Il declino del primato italiano

Fin tanto che la corsa agli armamenti si era limitata alla maggior efficienza delle balestre e alle armature corazzate sempre più elaborate, il primato era rimasto alle botteghe italiane e ai progettisti artigiani italiani. [...]

Il successivo episodio della corsa tecnologica tra armi d'offesa e armi di difesa si ebbe sul terreno d'impiego delle armi da fuoco. [...]

Non sembra però che gli Italiani conseguissero mai il primato della produzione delle armi da fuoco, almeno non con l'evidenza che aveva caratterizzato la fabbricazione delle balestre e delle armature, forse anche perché in brevissimo volger di tempo le armi da fuoco europee erano diventate tubi giganteschi del peso di oltre una tonnellata. Tale circostanza aveva messo ben presto in minoranza gli Italiani, i quali dovevano importare il metallo dai Paesi del Nord, con tutti i costi che il trasporto imponeva, almeno per via di terra. [...] La cosa più facile consisteva nel raffinare il minerale e nel produrre gli articoli metallici finiti a bocca di miniera o a poca distanza, motivo per cui i metallurgisti italiani non potevano reggere la concorrenza con i fonditori di armi da fuoco operanti in prossimità delle fonti di materia prima. È per questo che, non appena le armi da fuoco divennero lo strumento bellico decisivo, il primato tecnologico italiano nel settore degli armamenti decadde. [...]

Il problema del calibro

La prima importante trasformazione progettuale venne con la sostituzione dei proietti a forma di freccia (saettoni) dei primissimi pezzi con la palla sferica, solitamente in pietra, innovazione che si accompagnava al passaggio dalla vecchia forma vascolare del cannone al modello tubolare [...]. Tale soluzione aveva permesso velocità di gran lunga superiori a quelle mai prima realizzate.

Velocità più elevate stavano a significare, a loro volta, uno stimolo per gli artificieri a sperimentare calibri sempre più grossi [...]. E, poiché bocche da fuoco più grosse, con proiettili più pesanti e cariche di lancio più potenti dovevano essere rese più robuste, [...] si fece ricorso alla più soddisfacente soluzione di impiegare le tecniche di fusione dei metalli [...]. Le bombarde della metà del quindicesimo secolo erano così grosse [...] da non poter essere spostate se non con grandissima difficoltà [...].

A fornire ai regnanti e agli artigiani i mezzi e i motivi per dare soluzione pratica al problema venne, tra il 1465 e il 1477 la corsa agli armamenti tra Francia e Borgogna. I fonditori di cannoni delle Fiandre e della Francia avevano così scoperto che armi molto più piccole potevano arrecare gli stessi danni di bombarde tre volte più grosse se solo si fossero rese le canne abbastanza resistenti da lanciare, invece di pietre, palle in ferro con fuoco di batteria. [...]

A questo punto, con un sostegno adatto e con cavalli sufficientemente robusti, era possibile far viaggiare con relativa facilità, anche su terreni accidentati, potenti cannoni d'assedio della lunghezza di circa due metri e mezzo, destinati a scagliare palle di ferro del peso da undici a ventitré chilogrammi. [...]

L'ingegnosità italiana

In Europa l'effetto principale della nuova tecnologia balistica fu la riduzione, non soltanto delle città-Stato italiane ma anche d'ogni altra signoria minore, a dimensioni insignificanti. [...]

In parte accidentalmente, ma anche forse per la necessità di improvvisare qualcosa con l'acqua alla gola, gli Italiani furono i primi a scoprire che la terra di scavo a minimo compattamento poteva neutralizzare i colpi d'artiglieria grazie all'assorbimento: furono i Pisani, assediati nel 1500 dai Fiorentini, a fare la scoperta, quando si videro costretti a erigere in fretta e furia un vallo d'emergenza in terra all'interno della cinta muraria. [...]

L'idea di partenza, successivamente sviluppatasi in forme a carattere più permanente, con opere murarie a copertura dei fianchi del fossato, servì a risolvere in gran parte il problema della protezione contro i cannoni. Ben presto si aggiunsero bastioni e opere esterne dotati di bocche da fuoco e difesi da fossati in serie [...]. Entro gli anni Venti del 1500 le fortificazioni del nuovo modello italiano erano nuovamente in grado di resistere anche agli assalitori meglio equipaggiati. Comportavano però un costo enorme: soltanto gli Stati più opulenti e le città più ricche potevano permettersi il lusso delle dozzine di bocche da fuoco e degli immani lavori di ingegneria necessari per quella che ormai veniva chiamata al di là delle Alpi la *trace italienne*[1].

[1] La fortificazione italiana.

GUIDA ALLA LETTURA

❶ In che cosa consisteva il «primato italiano» detenuto fino al XIV secolo? Per quali ragioni fu successivamente perso? ❷ Quali furono le trasformazioni tecniche che aumentarono l'efficacia dei cannoni? ❸ Quale fu, secondo McNeill, la conseguenza delle nuove armi sulla geopolitica europea? ❹ Qual è il significato dell'espressione «*trace italienne*»?

77DOC

Ludovico Ariosto
Nostalgia degli antichi duelli

L. Ariosto, *Orlando furioso*, a c. di C. Segre, Mondadori, Milano 1964

■ La diffusione delle armi da fuoco nei campi di battaglia europei suscitò reazioni indignate: fucili e cannoni apparvero armi poco cavalleresche e troppo lontane dall'idea tradizionale di combattimento, che si basava sullo scontro ravvicinato, sul duello personale, faccia a faccia. Una delle più note condanne del nuovo modo di combattere è rimasta nell'*Orlando furioso* (XI, 23-28) del poeta Ludovico Ariosto (1474-1533).

23. La machina infernal[1], di più di cento
passi d'acqua[2] ove stè ascosa molt'anni,
al sommo tratta per incantamento,
prima portata fu tra gli Alamanni[3];
li quali uno et un altro esperimento
facendone, e il demonio a' nostri danni
assuttigliando lor via più la mente,
ne ritrovaro l'uso finalmente.

24. Italia e Francia e tutte l'altre bande[4]
del mondo han poi la crudele arte appresa.
Alcuno il bronzo in cave forme spande,
che liquefatto ha la fornace accesa;
bùgia[5] altri il ferro; e chi picciol, chi grande
il vaso forma, che più e meno pesa:
e qual bombarda e qual nomina scoppio,
qual semplice cannon, qual cannon doppio[6];

25. qual sagra[7], qual falcon[8], qual colubrina[9]
sento nomar, come al suo autor più agrada;
che 'l ferro spezza, e i marmi apre e ruina,
e ovunque passa si fa dar la strada.
Rendi, miser soldato, alla fucina
pur tutte l'arme c'hai, fin alla spada;
e in spalla un scoppio o un arcobugio prendi;
che senza, io so, non toccherai stipendi.

26. Come trovasti, o scelerata e brutta
invenzïon, mai loco in man core?
Per te la militar gloria è distrutta,
per te il mestier de l'arme è senza onore;
per te è il valore e la virtù ridutta,
che spesso par del buono il rio[10] migliore:
non più la gagliardia, non più l'ardire
per te può in campo al paragon venire.

27. Per te son giti et anderan sotterra
tanti signori e cavalieri tanti,
prima che sia finita questa guerra,
che 'l mondo, ma più Italia, ha messo in pianti;
che s'io v'ho detto, il detto mio non erra,
che ben fu il più crudele e il più di quanti
mai furo al mondo ingegni empii e maligni,
ch'imaginò sì abominosi ordigni.

28. E crederò che Dio, perché vendetta
ne sia in eterno, nel profondo chiuda
del cieco abisso quella maledetta
anima, appresso al maladetto Giuda.

---

[1] L'arma da fuoco.
[2] Da una profondità di più di cento passi. L'arma da fuoco era stata gettata da Orlando in fondo al mare.
[3] I tedeschi.
[4] Parti.
[5] Buca, fora.
[6] Ariosto indica qui alcuni tipi di arma da fuoco: la bombarda, il fucile (*scoppio*), il cannone leggero, il cannone pesante.
[7] Il sagro era un cannone da campagna.
[8] Un cannoncino leggero.
[9] Un cannone leggero da lunga gittata.
[10] Il vigliacco.

GUIDA ALLA LETTURA

❶ Quali sostantivi e aggettivi sono utilizzati per designare le armi da fuoco? ❷ Nell'ottava 25 i soldati vengono invitati dall'autore a una sorta di "riqualificazione professionale". Spiegane il significato. ❸ Quali sono le qualità militari soppiantate dalle armi da fuoco? ❹ Chi pagherà, secondo l'autore, le conseguenze derivanti dalla nuova guerra?

SVILUPPARE LE COMPETENZE

Comprendere e Analizzare

❶ **Dopo aver letto il documento di Ariosto [77DOC] e i brani degli storici McNeill [76] e Mallett [75], rispondi alle domande citando opportunamente i testi:**

a. Da chi e quando è stato redatto il documento?

b. A quale gruppo sociale appartiene in prevalenza il pubblico del poema di Ludovico Ariosto?

c. Che cosa prevede l'autore del documento a proposito del futuro della guerra? Quale gruppo sociale sarà particolarmente interessato da queste trasformazioni?

d. Confronta l'epoca di produzione e circolazione del documento con la storia della tecnologia militare tracciata dagli storici: si tratta di un periodo di declino o di ascesa per l'Italia?

e. I timori di Ludovico Ariosto si riveleranno giustificati? Le sue previsioni si realizzarono? Argomenta le tue riposte ricavando informazioni dai brani di McNeill e Mallett.

❷ **Dopo aver letto i brani degli storici McNeill [76] e Mallett [75], scegli, fra le seguenti posizioni storiografiche sulla figura dei capitani di ventura, quale ti convince maggiormente; argomenta la tua risposta in un breve testo (max 20 righe):**

a. I condottieri, durante le guerre in Italia nel XV secolo, mettevano in risalto gli antichi ideali della cavalleria feudale, mostrandosi coraggiosi nelle decisioni tattiche e strategiche, e valorosi sui campi di battaglia, nonostante l'avvento delle armi da fuoco.

b. I capitani di ventura in azione in Italia furono protagonisti essi stessi delle rapide trasformazioni del modo di fare la guerra, promuovendole o adottandole; più che eroi, si dimostrarono spesso saggi amministratori della guerra sul piano economico e politico.

Rielaborare e Argomentare

❸ **Redazione di un saggio breve. *I costi economici della guerra in Europa tra Medioevo ed età moderna***

Sviluppa l'argomento scelto in forma di "saggio breve", utilizzando i documenti e i dati che lo corredano. Interpreta e confronta i documenti e i dati forniti e su questa base svolgi, argomentandola, la tua trattazione, anche con opportuni riferimenti alle tue conoscenze ed esperienze di studio. Da' al saggio un titolo coerente con la tua trattazione e ipotizzane una destinazione editoriale (rivista specialistica, fascicolo scolastico di ricerca e documentazione, rassegna di argomento culturale, altro).

Se lo ritieni, organizza la trattazione suddividendola nei paragrafi sotto elencati, cui potrai eventualmente cambiare titolo:

a. Materie prime e tecnologia delle armi da fuoco;
b. Il soldo e la condotta: l'esercito diventa permanente;
c. Il controllo delle città e le fortificazioni difensive;
d. Le finanze degli Stati nazionali e regionali.

Immagini: pp. 239, 242, 243, 248, 255, 289, 291, 293
Brani storiografici: Contamine [74], McNeill [76], Mallett [75]
Capitoli: **7.1-3**; **9**

❹ **Scrivi un breve testo (max 40 righe), dal titolo *La nuova guerra*, che analizzi le principali trasformazioni nel modo di condurre la guerra in Europa tra XIV e XV secolo, diviso nei seguenti paragrafi:**

a. Gli eserciti: i reparti, le tattiche, le strategie (Froissart, McNeill);
b. Le persone: condottieri, cavalieri, arcieri e fanti (Froissart, Contamine, Ariosto, Mallett);
c. L'armamento: l'artiglieria e le fortificazioni (Froissart, McNeill, Ariosto, Mallett);
d. La politica e l'economia degli Stati in guerra (Contamine, McNeill, Mallett).

Personaggi, osservatori e interpreti della nuova politica

Nel tardo Medioevo, il quadro politico europeo si drammatizzò: mentre i due grandi poteri con aspirazioni universali, l'impero e il papato, incontravano crescenti difficoltà, le monarchie si rafforzarono e i governi cittadini rivendicarono la loro autonomia. Le guerre, incessanti e di dimensioni inedite per l'Europa medievale, complicarono ulteriormente il quadro, provocando tensioni e ripercussioni anche nelle regioni meno coinvolte dai conflitti.
Un'intera fase della guerra dei Cent'anni fu dominata da una straordinaria figura d'eroina, Giovanna d'Arco, assurta da contadinella di uno sperduto villaggio francese a protagonista sfortunata della grande storia, giacché si trovò a sfidare, inerme, poteri e interessi troppo più forti di lei: della sua figura, divenuta emblema patriottico della Francia, si sono impossessati il teatro, la narrativa, la politica, la psicoanalisi, il cinema. Nella sua misteriosa personalità convissero molti elementi contrastanti: fu santa e devota cristiana, e al tempo stesso vittima dell'Inquisizione; modello per le femministe, ma protagonista di un clamoroso rifiuto dell'abito femminile (indossava vestiti virili e portava i capelli corti). La vicenda del processo che portò alla condanna e all'esecuzione di Giovanna è ricostruita in questa sezione da **Franco Cardini** [78]
L'Italia, priva di grandi formazioni statali paragonabili a quelle di Francia, di Spagna e d'Inghilterra, visse una situazione particolare: è questo, infatti, il periodo della nascita degli Stati regionali. La penisola diventò così la terra dei signori, i cui ritratti rimangono, oltre che nella grande pittura dell'epoca, in alcuni racconti contemporanei. Splendide, cupe, avvolte dal lusso e dalla solitudine, queste figure caratterizzarono un'intera epoca della storia italiana, come risulta dalla biografia di Filippo Maria Visconti scritta dall'umanista **Pier Candido Decembrio** [79DOC].
Persino a Roma, la culla del passato, si respirava una nuova aria politica, creata dal rafforzamento del governo comunale. La figura più emblematica della politica romana fu per alcuni anni quella di Cola di Rienzo, che nel 1347 guidò una sommossa popolare e si impadronì della città, istituendovi la Repubblica: la sua complessa personalità è ricostruita da **Jean-Claude Maire Vigueur** [80].
Sul piano generale, l'ideale della libertà repubblicana

esercitava un forte fascino sul pensiero umanista, come testimonia **Coluccio Salutati** [81 DOC] nella sua lode alla città di Firenze, esaltata come continuatrice dell'antica tradizione romana.
I contemporanei non mancarono, inoltre, di registrare il progressivo rafforzamento degli Stati e dei governi centrali, osservando come la crescita degli eserciti e degli apparati burocratici imponesse al tempo stesso una fiscalità di tipo nuovo, capillare ed esigente. Queste trasformazioni comportano anche dei cambiamenti di mentalità riguardo alle competenze necessarie per governare uno Stato: **Philippe de Commynes** [82 DOC], per esempio, insistette sulla necessità che il sovrano fosse assistito non solo da aristocratici ma anche da esperti di diritto e finanze.
Nel contesto italiano, uno di questi esperti fu **Francesco Guicciardini** [83 DOC], che collaborò a Firenze con la signoria medicea: nel brano proposto, egli analizza lucidamente la cosiddetta «politica dell'equilibrio» che, per qualche tempo, garantì all'Italia una situazione più o meno di pace.

78

F. Cardini
Giovanna d'Arco: una fanciulla tra Dio e la patria

F. Cardini, *Giovanna d'Arco. La vergine guerriera*, Mondadori, Milano 1998, pp. 131-58

Figlia di contadini e analfabeta, a 13 anni Giovanna d'Arco cominciò a credersi visitata da messaggeri celesti, che la esortavano a cacciare gli inglesi dal suolo di Francia [👁 7.1]. Si presentò, dunque, alla corte di re Carlo VII e ottenne di poter cavalcare – senza alcun comando – alla testa dell'esercito che andava in soccorso della città di Orléans. La sua presenza entusiasmò le truppe francesi, che conseguirono alcuni importanti successi. Ma per la corte di Francia, Giovanna cominciò ben presto a risultare imbarazzante. Si ritrovò dunque sola e, fatta prigioniera da alcuni vassalli di Giovanni di Lussemburgo, conte di Guisa e di Ligny, fu da esso venduta agli inglesi dietro pagamento di una somma ingente e, poi, consegnata al tribunale ecclesiastico di Rouen. Dopo lunghi interrogatori e minacce di tortura – qui raccontati dallo storico Franco Cardini [43] – fu condannata a morte come «scomunicata ed eretica» e mandata al rogo. Riabilitata quando Carlo VII rioccupò Rouen, fu proclamata santa nel 1920 da papa Benedetto XV.

Il 27 marzo si aprì la seconda fase formale del processo: si lessero a Giovanna i 72 capi d'accusa tratti dalle sue risposte e ai quali essa avrebbe dovuto replicare solo con una formula, una sola parola, di assenso o di negazione.
Secondo il *libellus* accusatorio presentato il giorno dopo al vescovo Cauchon e all'inquisitore Le Maistre, il promotore Jean d'Estivet si augurava che «Giovanna, comunemente detta la Pulzella[1]» fosse dai giudici «giudicata incantatrice e indovina, falsa profetessa, invocatrice e scongiuratrice di malvagi spiriti, superstiziosa, dedita alle arti magiche, malpensante e riguardo all'articolo *Unam Sanctam*[2], scismatica[3], poco ferma e poco sicura nella fede, eccetera. E in diversi altri articoli di fede sacrilega, idolatra, apostata[4], maldicente e malfacente, bestemmiatrice nei confronti di Dio e dei santi, scandalosa, sediziosa, turbatrice e osteggiatrice della pace, incitante alla guerra, crudelmente assetata di sangue umano e incitante a spanderne, del tutto dimentica e svergognata quanto alla decenza e al riserbo consoni al suo sesso, rivendicante spudoratamente l'uso dell'abito infame e dello stato degli uomini d'arme, per questo e per altri motivi ancora abominevole a Dio e agli uomini, prevaricatrice della legge divina, di quella naturale e della disciplina ecclesiastica, seduttrice di principi e di gente semplice; e che ha permesso e consentito, ingiuriando e disprezzando Iddio, di venir venerata e adorata offrendo le sue mani e le sue vesti da baciare; usurpatrice dell'omaggio dovuto solo al culto divino, eretica o quanto meno fortemente sospetta d'eresia». [...]
Alla domanda se volesse una buona volta correggersi, Giovanna rispose [...] affermando di rimettersi «al mio giudice. Che è il Re del cielo e della terra». [...]
Si sarebbe sottomessa al papa? «Portatemici: risponderò a lui.» [...]
Il 9 maggio, di mercoledì, la Pulzella fu condotta nel *donjon*[5] del castello di Rouen alla presenza dei suoi giudici e di numerosi assessori. Le si contestarono di nuovo vari aspetti poco chiari delle sue risposte e la si minacciò di metterla alla tortura mostrandole gli attrezzi già preparati. [...]
A quel punto, «considerando l'indurimento della sua anima e i modi delle sue risposte» i giudici, «temendo che i supplizi delle torture non avessero alcun effetto salutare su di essa», decisero di non procedere nella prova dei tormenti. In verità, può darsi che ci si chiedesse se c'era il rischio che essa riuscisse a sopportare la prova: sarebbe stato imbarazzante. [...]

[1] Fanciulla non maritata, vergine.

[2] Il passo del *Credo* relativo all'unità della Chiesa.

[3] Colui che persegue una separazione, una divisione dalla Chiesa, per motivi prevalentemente disciplinari; il dissidio di carattere dottrinale è definito più propriamente "eresia".

[4] Dalla parola greca *apostasìa*, che significa 'distacco, defezione', indica un individuo che rinnega la propria religione per seguirne un'altra.

[5] Il mastio.

Il 19 successivo i dottori di Rouen si riunirono nella cappella del palazzo arcivescovile, lessero pubblicamente le delibere dell'Università di Parigi[6] e stabilirono di agire di conseguenza. Giovanna sarebbe stata di nuovo pubblicamente e – va da sé – caritatevolmente ammonita affinché si sottomettesse: altrimenti, altro non si sarebbe potuto fare se non rimetterla alla giustizia secolare, dal momento che da una parte i teologi e i giuristi si erano pronunziati sulle sue colpe, dall'altra essa si rifiutava di ammetterle e di farne quindi ammenda onorevole. [...]
Alla ragazza fu presentato un biglietto da firmare, un'«abiura» di poche righe. [...] Tutto si svolse in fretta, in una strana atmosfera di confusione: pare che Giovanna sottoscrivesse quella cedola con mano incerta, che qualcuno teneva ferma ed accompagnava. [...] Fu poi ricondotta nella prigione inglese, dove vestì abiti femminili. [...]
Che cosa poi sia mai successo nei tre giorni successivi resta avvolto anche esso nell'incertezza. [...]
La domenica 27 maggio, festa della Trinità, il vescovo di Beauvais fu avvertito che la ragazza aveva di nuovo indossato gli abiti maschili. [...]
Il vescovo le domandò allora se le «voci» delle sante si erano fatte sentire di nuovo, tra il giovedì e la domenica. Sì. [...]
Ma Giovanna prosegue: «Tutto quel che ho detto e ritrattato, l'ho fatto soltanto per paura del fuoco... Non ho mai detto né inteso dir nulla per rinnegare le mie apparizioni, cioè che si trattava delle sante Caterina e Margherita». [...]
Giovanna [...] sapeva senza dubbio quel che faceva rinnegando la sua abiura di quattro giorni prima. [...] La Chiesa poteva solo abbandonarla al braccio secolare affinché – come eretica, *relapsa*[7], apostata e idolatra – fosse bruciata sul rogo [...].
Giovanna fu condotta al rogo mercoledì 30 maggio sulla piazza del Vieux-Marché di Rouen. [...] Intorno, molti piangevano. Anche i prelati, i gran signori, gli inglesi. Avvolta dalle fiamme, gridò più volte ad altissima voce il nome di Gesù.

---

[6] Gli esperti dell'Università di Parigi, consultati, si erano espressi a favore della colpevolezza di Giovanna.

[7] Caduta nuovamente, recidiva.

GUIDA ALLA LETTURA

❶ Sintetizza i capi d'accusa mossi contro Giovanna al processo di Rouen. ❷ Qual era il principale argomento di difesa di Giovanna? ❸ Spiega che cos'è l'«abiura» e che cosa accadeva agli imputati che la rifiutavano.

79 DOC

Pier Candido Decembrio
La solitudine dei potenti

P.C. Decembrio, *Vita di Filippo Maria Visconti*, a c. di E. Bartolini, Adelphi, Milano 1983, pp. 86-88; 120

■ L'umanista Pier Candido Decembrio (1392-1477), segretario di cancelleria alla corte del duca di Milano Filippo Maria Visconti **[👁 8.3]**, è anche l'autore di un'importante biografia del suo signore. L'opera consiste in un ritratto a tutto tondo, dal quale emergono i tratti fondamentali della vita di un signore italiano dell'epoca: i comportamenti in pubblico e in privato, i gusti, l'abbigliamento, la psicologia, le credenze religiose. Dal punto di vista politico, questa biografia ci mostra aspetti tipici del potere signorile, tra i quali risaltano l'isolamento del signore, la solitudine delle sue scelte, la sua diffidenza verso l'ambiente di corte, la sua paura, l'astuzia come arma di difesa dalle insidie circostanti.

Leggiamo che nessuno gli fu pari per capacità di dissimulare: a tal punto d'astuta sagacia che, giusta il vecchio proverbio, avrebbe potuto regnare in perpetuo. Ovvio allora che, rivelando di rado le sue intenzioni, piuttosto avviluppasse ogni suo progetto in strani modi di dire.
Se gli capitava d'avere meno in considerazione qualcuno dei suoi, magari famoso per determinate qualità, non tralasciava tuttavia d'esaltarlo con lodi ed encomi tanto che i più stupivano che lui, pensandola in un modo, si comportasse in un altro, e invece era un sistema per far sì che l'ascoltatore rimanesse sospeso sul significato di quello che aveva appena sentito. Quelli invece che avesse deciso di colmare di ricchezze e d'onori li faceva segno di continui attacchi. Così, ricorrendo ora alla crudeltà ora alla sciocchezza li incalzava tutti, o come indegni del suo favore o come inutili, sul metro di un unico giudizio. [...]
Desiderando d'avere qualcuno nel giro dei suoi intimi, cominciava col farselo venire davanti e col riempirlo d'ogni lusinga; poi, quando sembrava che se ne fosse dimenticato, lo richiamava. Anche intenzionato a ricompensare coloro che bene avessero meritato di lui, con non ordinaria astuzia lo faceva per mano d'altri, come non fosse al corrente di quanto veniva concesso. In tal modo, sia nel favore che nella disgrazia, giungeva inopinato su tutti, magari elargendo altro da quello che uno s'aspettava da lui, e addirittura per altra mano.
Questo di sicuro, e più di una volta ne abbiamo fatto esperienza diretta, ci sembra stupefacente: desiderando onorare o beneficare qualcuno, parecchi giorni prima soleva interpellarlo a proposito di sciocchezze o allarmarlo con un argomento buttato là o con un'ambigua interpretazione sì che quello stupisse né potesse vedere sufficientemente dentro l'insolita forma del parlare e le inestricabili tortuosità come di una mente vacillante. In tal modo Filippo Maria non rivelava a nessuno le sue riposte intenzioni, magari lagnandosi che venissero beneficati proprio quelli che lui avrebbe voluto beneficare, e che

avessero incontrato la morte quelli che lui, per primo, aveva condannato.
Estremamente pauroso della solitudine e della quiete delle notti, non dormiva se non a condizione di sapersi sotto l'occhio vigile di qualcuno. Ancora da adolescente, una volta coricatosi, per timore dei lemuri e dei fantasmi notturni voleva che tutti i famigli di camera si sistemassero attorno a lui in modo che ogni zona del letto ne fosse presidiata. Una volta duca, datosi a temere ancor più smaniosamente insidie e tranelli, aveva fissato i turni di guardia con sì razionale precisione che, al primo turno, vegliasse la ronda a cui toccava, quindi le altre ad una ad una secondo luogo e tempo, senza mai lasciare intervallo. Segnato dalla stessa suddivisione, alla notte succedeva il giorno, non diversamente che negli accampamenti militari. Così qualcuno vigilava sistemato sopra la camera da letto, altri nelle stanze attigue, i più nella camera stessa. Dalle sentinelle, ogni volta che si destava, voleva sentirsi dire che ore fossero: e gli rispondevano o direttamente o andando a informarsi da altri, rimasti più svegli.
In tali tensioni, Filippo Maria passava insonne quasi tutte le sue notti, mentre il pallore della gente che gli stava accanto era proprio quello della veglia. Come non bastasse, teneva nel castello uccellacci notturni che, vigili, strepitavano allarmati ad ogni rumore.

GUIDA ALLA LETTURA

❶ L'autore del documento ha conosciuto il duca di Milano? In quale circostanza? ❷ Qual è stato, secondo l'autore, il tratto politico-caratteriale più importante di Filippo Maria Visconti? ❸ In che modo il duca esercitava il potere di dispensare premi e punizioni ai suoi sottoposti? ❹ Descrivi la paura della solitudine e i rimedi adottati dal duca per vincerla.

80

J.-C. Maire Vigueur
Cola di Rienzo: il tribuno di Roma

J.-C. Maire Vigueur, *Il comune romano*, in A. Vauchez (a c. di), *Roma medievale*, Laterza, Roma-Bari 2001, pp. 146-51

■ La figura di Cola di Rienzo (1313-1354) [👁 8.4 e 8.4 PERSONAGGI], il tribuno che cercò di combattere i baroni romani e di dare una nuova funzione alla capitale del cristianesimo, è una delle più discusse del tardo Medioevo. Alcuni studiosi sottolineano il carattere velleitario del suo progetto politico, gli errori commessi, l'esaltazione quasi folle che lo portò alla rovina; altri valorizzano la modernità delle sue idee, che miravano a superare la vecchia contrapposizione tra impero e papato, orientando quest'ultimo verso una missione più decisamente spirituale e facendo del primo una compagine che avesse come suo centro il *populus Romanus* (inteso come 'nazione' italiana). Lo storico francese Jean-Claude Maire Vigueur (nato nel 1943) mette anche in luce alcuni aspetti innovativi della politica di Cola di Rienzo sul piano della comunicazione e della propaganda, sottolineando al tempo stesso l'errore compiuto dal tribuno quando abbandonò Roma senza che sussistesse un reale pericolo.

La «fine del libero comune» [...] si consumerà molto velocemente nel corso degli ultimi anni del XIV secolo e troverà la sua conclusione nel 1398, quando i capi di una ribellione contro Bonifacio IX[1] furono arrestati e giustiziati. [...] Nel breve periodo che precede la brutale scomparsa della sua autonomia – meno di cinquant'anni –, il comune romano raggiunge invece il punto più alto della sua parabola: da un lato perché il potere comunale si riappropria pienamente di un'autorità fino ad allora contrastata dallo strapotere dei baroni, dall'altro perché il popolo riesce, dopo qualche esperimento di breve durata, ad imporre stabilmente la sua dominazione [...].
A prima vista, l'arrivo di Cola al potere non differisce molto da quello dei vari leader popolari che lo hanno preceduto nel governo del comune. Sabato 19 maggio 1347, [...] i suoi partigiani si riuniscono sul Campidoglio, ne cacciano le guardie e convocano per il giorno successivo tutti gli uomini, senza armi, per un parlamento destinato a riformare le istituzioni. Come da copione, l'indomani il parlamento riunito conferisce i pieni poteri a Cola, che dopo qualche giorno prenderà il titolo di Tribuno. Ci sono però alcuni particolari che denotano subito, da parte di Cola, la volontà di impressionare e di convincere: passa la notte tra il sabato e la domenica nella chiesa di Sant'Angelo in Pescheria ad ascoltare trenta messe dello Spirito Santo e, per recarsi al Campidoglio, si fa accompagnare da venticinque giovani armati e preceduti da quattro stendardi, i cui colori e simboli sono stati [...] accuratamente predisposti da lui. [...]
Tutto era cominciato con un'ambasceria ad Avignone, dove Cola era stato mandato dai Tredici Buoniuomini[2] al potere nel 1342, per perorare la necessità di certe riforme istituzionali davanti al pontefice. [...] Dotato di una modesta carica di notaio della Camera capitolina, rientrava a Roma nell'estate del 1344 e dava allora inizio alla sua campagna politica. I pochi che lo conoscevano lo apprezzavano per la sua conoscenza dell'Antichità e per le sue doti letterarie, davvero sorprendenti per un uomo di «basso lennaio»[3] [...]. Ed ecco che, nei due-tre anni che seguo-

[1] Papa dal 1389 al 1404.

[2] Così si chiamava il Consiglio che allora reggeva il comune.

[3] Di basso lignaggio, di umili origini.

no [...] rivela la sua vera ambizione: cacciare i baroni, instaurare un regime fondato sull'ordine, la giustizia e la pace. Il programma, di ispirazione tipicamente popolare, di per sé non era molto originale. Nuovi, invece, e di straordinaria abilità i mezzi da lui usati per ottenere consenso e arrivare al potere. [...]
Per diffondere le sue idee presso la gente comune [...] ricorre all'immagine. L'Anonimo[4] ci ha lasciato, per esempio, una descrizione particolarmente dettagliata dei due dipinti allegorici che fece appendere, il primo sulla facciata del Campidoglio che dava sul mercato, il secondo su un muro di Sant'Angelo in Pescheria [...]. L'uno e l'altro illustravano la situazione miserevole di Roma sotto il governo dei baroni e dei loro complici [...] quello del Campidoglio evidenziando con un sottile sistema di allegorie le diverse componenti del regime baronale, il secondo ponendo l'accento sull'aspirazione ad un regime migliore.
Cerca poi di agire sull'immaginario delle folle: organizza grandiose cerimonie dove, alla profusione delle immagini dipinte su varie superfici [...], si aggiunge la scenografia dei luoghi [...], la coreografia dei movimenti, la ricchezza dei vestiti e, *last but not least*[5], la magia del suo verbo [...].
Cola fu un politico di grande lucidità, capace di capeggiare un movimento provvisto di larghe basi sociali e dotato di un programma accuratamente elaborato. [...]
Ed è appunto questo programma che Cola espose sulla piazza del Campidoglio, il giorno 20 maggio, davanti al parlamento che stava per investirlo dei pieni poteri. Lo fece in modo dettagliato e sistematico, elencando uno dopo l'altro i quindici provvedimenti [...] che esprimono [...] una visione perfettamente coerente e globale della società comunale e dei suoi mali, oltre che delle misure atte a porvi rimedio. [...]
La fine del suo regime, dovuta a una sedizione circoscritta al quartiere dei Colonna[6], era tutt'altro che annunciata e Cola disponeva di appoggi sufficienti, soprattutto nel popolo minuto, per placare il tumulto se non avesse ceduto a uno dei suoi momenti di scoraggiamento. Ma Cola non volle combattere e il 15 dicembre 1347, dopo un ultimo discorso, a cavallo e rivestito delle insegne imperiali, si rifugiò in Castel Sant'Angelo, rinunciando a un potere che non era seriamente minacciato da nessuno[7].

---

[4] Il cosiddetto Anonimo Romano è autore di una *Cronica* contemporanea di grande importanza, scritta in volgare romanesco.

[5] Ultimo ma non meno importante.

[6] Antica famiglia nobile romana, ebbe molta importanza nel Medioevo. Era insediata nel centro storico della città, intorno a via Lata (l'odierna via del Corso).

[7] Dopo varie vicissitudini, Cola di Rienzo rientrò a Roma nel 1354, ma il suo governo, accompagnato questa volta da atteggiamenti bizzarri e da una sconcertante esaltazione, gli fece perdere molto presto il favore popolare esponendolo alle insidie dei nemici. Cola fu ucciso lo stesso anno durante un tumulto.

GUIDA ALLA LETTURA

❶ Ricostruisci il cerimoniale attraverso il quale Cola diventò tribuno. ❷ Per quale scopo Cola si era recato ad Avignone nel 1342? ❸ Illustra il programma politico di Cola e i mezzi attraverso i quali lo rese pubblico. ❹ Quali erano, secondo l'autore, i pregi e i difetti della figura politica di Cola di Rienzo?

81 DOC

Coluccio Salutati
La libertà repubblicana

da *Prosatori latini del Quattrocento*, a c. di E. Garin, Ricciardi, Milano-Napoli 1952, pp. 33-35

■ Coluccio Salutati, nato nel 1331, fu cancelliere del comune di Firenze dal 1375 all'anno della sua morte, avvenuta nel 1406, unendo costantemente l'impegno politico alla passione per gli studi letterari. Il brano che segue è un'appassionata difesa della città di Firenze, tratta dalla risposta (scritta nel 1403) all'invettiva lanciata dal cancelliere del Ducato di Milano, Antonio Loschi, sostenitore della politica espansionistica dei Visconti. Salutati esalta le origini romane della sua città, identificando la libertà repubblicana con l'autentica tradizione del popolo romano.

Che cosa significa infatti essere fiorentino, se non essere per natura e per legge cittadino romano, e per conseguenza libero e non schiavo? È infatti proprio della nazione e del sangue romano quel dono divino che si chiama libertà; ed è tanto sua proprietà che chi smette di essere libero non può più ragionevolmente essere chiamato cittadino romano e neppur fiorentino. Tal dono, tal nome glorioso, chi vorrà mai perdere, fatta eccezione per coloro cui non importa diventare da liberi schiavi?
Credimi: noi siamo molto più pronti ad affermare e a difendere la nostra libertà di quanto voi non siate abituati a sopportare una turpe servitù con la vostra ignavia e pusillanimità[1], di cui al mondo non ve n'è maggiore. Ho detto abituati e non disposti, per non sembrar giudice temerario, quale tu sei, del nascosto sentire[2] degli altri. Forse, poiché talora ritorna nei precordi[3] l'antico valore, potrà un giorno tornare anche in voi lo spirito italico, se non siete davvero sangue e stirpe di Vinili, ossia di Longobardi[4]; forse potrete ancora riscuotere in voi il vigore dell'animo, e chiamarvi giustamente liberi e cittadini romani; potrete, se Dio vuole, scuotere il turpe giogo e ricordare la Gallia Cisalpina[5], e la glorio-

---

[1] Salutati si rivolge in termini assai duri agli abitanti di Milano, accusati di sopportare una vergognosa schiavitù (la signoria dei Visconti) per pigrizia morale e viltà.

[2] Sentimenti nascosti.

[3] Parti più profonde dell'animo umano.

[4] Salutati, provocatoriamente, insinua il dubbio che gli abitanti di Milano discendano non dall'antico popolo romano ma dai Longobardi (o Vinili, ossia «guerrieri» nella lingua longobarda) che invasero l'Italia nel VI secolo d.C.

[5] Con «Gallia Cisalpina» si intendeva anticamente l'Italia del Nord, che prima della romanizzazione dell'intera penisola era stata abitata in prevalenza da tribù celtiche, ovvero galliche.

sissima stirpe gallica di cui è proprio il godere di una libertà regia, e odiare i tiranni, e abbominare come qualcosa di orrendo anche il più lieve servaggio. Ma per tornare a noi, se l'animo regge, se soccorran le forze, se ci assista il valore, confidiamo senza esitazione di difendere la nostra terra. Tu soggiungi di non vedere in noi forze bastevoli per opporci a quattro legioni di cavalieri che, come dici, vengono armate contro di noi; ben le vediamo e le sentiamo noi, consapevoli che in guerra il coraggio vale le mura; consapevoli che la vittoria non è nella moltitudine dei soldati ma nelle mani di Dio; consapevoli che per noi combatte la giustizia. Noi ricordiamo quel che tu neghi, di essere di stirpe romana; noi leggiamo che i nostri maggiori[6] hanno spesso resistito contro forze soverchianti di nemici, e con piccole schiere non solo hanno difeso le cose loro, ma hanno anche ottenuto insperata vittoria. [...]

Non posso credere che il mio Antonio Loschi, che ha visto Firenze, o alcun altro, chiunque l'abbia vista, a meno che non sia del tutto folle, possa negare che essa sia davvero il fiore d'Italia e la sua parte più bella. Qual città, non soltanto in Italia ma in tutto il mondo, è più salda nella cinta delle sue mura, più superba di palazzi, più adorna di templi, più bella di edifizi, più splendida di porticati, più ricca di piazze, più lieta di ampie strade, più grande di popolo, più gloriosa di cittadini, più inesauribile di ricchezze, più feconda nei campi? [...] Qual città, priva di porto, ha tanto traffico di merci? Dove maggiore il commercio, più ricco per varietà di scambi, più abile per sottili accorgimenti? Dove uomini più illustri, e per tacer degl'infiniti che sarebbe fastidioso ricordare, così insigni per imprese, valenti nelle armi, potenti per giusti domini, e famosi? dove Dante, dove Petrarca, dove Boccaccio?

[6] Antenati.

GUIDA ALLA LETTURA

❶ Attraverso la lettura del brano descrivi il significato che assume per Salutati il termine «libertà». ❷ Quali sono, per Salutati, i maggiori pregi della città di Firenze? ❸ Quali sono le principali accuse rivolte alla signoria dei Visconti? ❹ Quali sono i riferimenti storici a cui accenna Salutati? A quali città si riferiscono? Quali significati assumono?

82 DOC

Philippe de Commynes
Memorie di corte

Ph. de Commynes, *Memorie*, a c. di M.C. Daviso di Charvensod, Einaudi, Torino 1960, pp. 301-8

■ Philippe de Commynes (1447-1511), influente uomo di corte durante i regni di Luigi XI, Carlo VIII e Luigi XII, lasciò un importante libro di *Memorie*, che è fonte preziosa per la storia politica dell'ultimo '400. L'autore affronta in questo passo uno dei nodi fondamentali del rapporto fra monarchia e sudditi, così come andava emergendo nei regni europei: il diritto del sovrano di imporre l'esazione dei diritti fiscali e la necessità del consenso dei sudditi. La soluzione proposta, pena la rovina dello Stato, risiede nel tener conto in ogni occasione del volere della comunità del regno, espressa attraverso le assemblee rappresentative e la partecipazione al consiglio regio di uomini saggi e prudenti.

C'è forse sulla terra un principe, il quale, fuorché per tirannia o per violenza, possa imporre un solo denaro sui suoi sudditi, fuori del suo dominio[1], se non concesso e consentito da coloro che lo debbono pagare? Si potrebbe rispondere che ci son tempi in cui non si può aspettare l'assemblea, e che andrebbe troppo per le lunghe preparar la guerra e cominciarla. A questo rispondo che non occorre affrettarsi tanto [...] perché io vi dico che i re e i principi sono molto più forti quando cominciano qualche impresa con il consiglio dei loro sudditi e molto più temuti dai loro nemici. [...]

So benissimo che anche quando non c'è guerra occorre non essere sorpresi e aver denaro per difendere le frontiere e custodirle; ma basta far le cose con moderazione. In tutto questo giova il senno di un principe prudente; giacché, se egli è buono, sa chi è Dio, che cos'è il mondo e sa quello che deve fare e non fare. Orbene, a mio modo di vedere, fra tutte le signorie del mondo di cui ho conoscenza l'Inghilterra è quella dove la cosa pubblica è meglio amministrata e dove ci son meno violenze a danno del popolo e nessun edificio è abbattuto e demolito per causa di guerra; e la sventura e il malanno cadono su quelli che fan guerra. [...]

Se il nostro re, o coloro che lo vogliono far apparire grande, dicessero: «I miei sudditi sono tanto buoni e leali che non mi rifiutano cosa che io chieda loro, e da loro io sono più obbedito e temuto che qualunque altro principe vivente sulla terra; e nessuno quanto loro soffre con più pazienza ogni male e ogni traversia e ha meno ricordo dei mali passati», questo, secondo me, sarebbe gran lode e cosa più veritiera che il dire: «Io prendo quel che voglio e ne ho il diritto e bisogna che lo conservi». [...]

Il re Carlo settimo[2] non aveva mai riscosso più di un milione e ottocentomila franchi l'anno, mentre il re Luigi, suo figlio, ne riscuoteva al momento della sua morte quattro milioni e settecentomila [...]. E faceva senza dubbio compassione

[1] Qui si intende: dei suoi possedimenti diretti.

[2] 👁 7.1.

vedere e conoscere la povertà del popolo; ma il nostro buon signore aveva questo di buono che non tesoreggiava, ma tanto prendeva, tanto spendeva. Fece fare grandi costruzioni per fortificare e difendere le città e le piazze forti del reame, e più di quanto avessero fatto tutti i re che c'erano stati prima di lui. [...]

In questo reame così oppresso in tanti diversi modi, ci fu dunque alla morte del nostro re qualche ribellione? Si misero i principi e i sudditi in armi contro il loro giovine re? [...] No certamente. [...] Fu fatto, invece, tutto l'opposto; tutti gli andarono incontro e principi e signori e borghesi delle libere città; tutti lo riconobbero re e gli prestarono giuramento e omaggio; i principi e i signori fecero le loro richieste umilmente, in ginocchio chiedendo quel che desideravano, e stabilirono un consiglio, e i dodici che vi furono nominati vi stettero come colleghi; e da allora il re, che aveva soltanto tredici anni, comandò istruito da questo consiglio.

In quell'assemblea furono fatte con grande moderazione e umiltà alcune richieste e rimostranze per il bene del reame, rimettendo sempre tutto al buon piacere del re e del suo Consiglio, concedendogli quanto a lui piacque domandare e quanto si dimostrò necessario al re, senza nulla dire in contrario. [...] Gli stati pregarono allora di essere riuniti di nuovo in capo a due anni, dicendo che, se il re non avesse avuto abbastanza denaro, gliene avrebbero dato ancora a suo piacere; e che, se avesse avuto guerra o se qualcuno avesse voluto recargli offesa, avrebbero messo per lui le loro persone e i loro beni, senza rifiutar nulla di quanto fosse necessario. [...]

Quando all'interno c'è unione, è agevole difendersi dai nemici esterni, perché non vi sono né intese né aderenze. Ma voi credete, dunque, che un principe poco prudente, circondato da pazzi, si avveda, quando giunga da lontano la mala ventura, di aver discordie fra i suoi? E credete che pensi che questo possa nuocergli? E che esso venga da Dio? Egli non dormirà per questo meno bene e non avrà meno vesti e meno cavalli; anzi avrà miglior corteggio, perché attirerà la gente promettendo di spartir le spoglie e le signorie di coloro che avrà cacciato e donerà forse anche il suo per accrescere la propria fama. Ma, quando meno se lo aspetterà, Dio gli susciterà contro un nemico cui forse mai egli non avrà badato. Allora i pensieri gli faran ressa alla mente, comincerà a sospettare di coloro che avrà offeso ed avrà timore di molti che non gli vogliono fare alcun male. E non cercherà rifugio in Dio, ma preparerà le sue forze.

GUIDA ALLA LETTURA

❶ Quali cariche politiche ricoprì l'autore del documento? ❷ In quale paese, secondo l'autore, «la cosa pubblica è meglio amministrata»? Perché? ❸ Quali sono i vantaggi politici, per la monarchia, di una giusta tassazione?

83DOC

Francesco Guicciardini
La politica dell'equilibrio

F. Guicciardini, *Storia d'Italia*, a c. di E. Mazzali, Garzanti, Milano 1988

■ Negli ultimi anni della sua vita Francesco Guicciardini (1483-1540) redasse il principale monumento della storiografia italiana del '500, la *Storia d'Italia*, che descrive l'*escalation* del predominio straniero in Italia e lo sfaldamento della compagine politica consolidatasi alla fine del '400. In queste pagine (tratte dal libro I, cap. 1), Guicciardini scrive che l'Italia era in quel momento quanto mai prospera e pacifica. La ragione di questa stabilità risiedeva nella politica dell'equilibrio perseguita nella seconda metà del secolo da Lorenzo il Magnifico e accettata con maggior o minor entusiasmo dagli Sforza di Milano e dal re di Napoli. A causare l'inizio delle «calamità d'Italia» saranno la politica espansionistica della Repubblica veneziana, e i contrasti fra i tre alleati, che, dopo la morte di Lorenzo il Magnifico, sfociano nel 1494 nella guerra e poi nella discesa in Italia dei francesi.

Ma le calamità d'Italia (acciocché io faccia noto quale fusse allora lo stato suo, e insieme le cagioni dalle quali ebbero l'origine tanti mali) cominciorono con tanto maggiore dispiacere e spavento negli animi degli uomini quanto le cose universali erano allora più liete e felici. [...] Non aveva giammai sentito Italia tanta prosperità, né provato stato tanto desiderabile quanto era quello nel quale sicuramente si riposava l'anno della salute cristiana mille quattrocento novanta, e gli anni che a quello e prima e poi furono congiunti. Perché, ridotta tutta in somma pace e tranquillità, coltivata non meno ne' luoghi più montuosi e più sterili che nelle pianure e regioni sue più fertili, né sottoposta ad altro imperio che de' suoi medesimi, non solo era abbondantissima d'abitatori, di mercatanzie e di ricchezze; ma illustrata sommamente dalla magnificenza di molti prìncipi, dallo splendore di molte nobilissime e bellissime città, dalla sedia[1] e maestà della religione, fioriva d'uomini prestantissimi nella amministrazione delle cose pubbliche, e di ingegni molto nobili in tutte le dottrine e in qualunque arte preclara e industriosa; né priva secondo l'uso di quella età di gloria militare e ornatissima di tante doti, meritamente appresso a tutte le nazioni nome e fama chiarissima riteneva.

Nella quale felicità, acquistata con varie occasioni, la conservavano molte cagioni: ma tall'altre, di consentimento comune, si attribuiva laude non piccola alla industria e virtù di Lorenzo de' Medici[2], cittadino tanto eminente sopra 'l

[1] La dignità e la carica del pontefice.

[2] 9.1.

grado privato nella città di Firenze che per consiglio suo si reggevano le cose di quella repubblica, potente più per l'opportunità del sito, per gli ingegni degli uomini e per la prontezza de' danari, che per grandezza di dominio. E avendosi egli nuovamente congiunto con parentado e ridotto a prestare fede non mediocre a' consigli suoi Innocenzo ottavo pontefice romano[3], era per tutta Italia grande il suo nome, grande nelle deliberazioni delle cose comuni l'autorità. E conoscendo che alla repubblica fiorentina e a sé proprio sarebbe molto pericoloso se alcuno de' maggiori potentati ampliasse più la sua potenza procurava con ogni studio che le cose d'Italia in modo bilanciate si mantenessino che più in una che in un'altra parte non pendessino: il che, senza la conservazione della pace e senza vegghiare[4] con somma diligenza ogni accidente benché minimo, succedere non poteva. Concorreva nella medesima inclinazione della quiete comune Ferdinando d'Aragona re di Napoli[5], principe certamente prudentissimo e di grandissima estimazione; con tutto che molte volte per l'addietro avesse dimostrato pensieri ambiziosi e alieni da' consigli della pace. [...] E nondimeno Ferdinando, avendo più innanzi agli occhi l'utilità presente che l'antica inclinazione o la indegnazione del figliuolo, benché giusta, desiderava che Italia non si alterasse; o perché, avendo provato pochi anni prima, con gravissimo pericolo, l'odio contro a sé de' baroni e de' popoli suoi, e sapendo l'affezione che per la memoria delle cose passate molti de' sudditi avevano al nome della casa di Francia, dubitasse che le discordie italiane non dessino occasione a' franzesi di assaltare il reame di Napoli, o perché, per fare contrapeso alla potenza de' viniziani, formidabile allora a tutta Italia, conoscesse essere necessaria l'unione sua con gli altri, e specialmente con gli stati di Milano e di Firenze. Né a Lodovico Sforza[6], benché di spirito inquieto e ambizioso, poteva piacere altra deliberazione, soprastando non manco a quegli che dominavano a Milano che agli altri il pericolo dal senato viniziano, e perché gli era più facile conservare nella tranquillità della pace che nelle molestie della guerra l'autorità usurpata. E se bene gli fussino sospetti sempre i pensieri di Ferdinando e di Alfonso d'Aragona[7], nondimeno, essendogli nota la disposizione di Lorenzo de' Medici alla pace e insieme il timore che egli medesimamente aveva della grandezza loro, e persuadendosi che, per la diversità degli animi e antichi odii tra Ferdinando e i viniziani, fusse vano il temere che tra loro si facesse fondata congiunzione, si riputava assai sicuro che gli Aragonesi non sarebbero accompagnati da altri a tentare contro a lui quello che soli non erano bastanti a ottenere.

[3] 9.1.

[4] Vegliare, al fine di evitare.

[5] 9.1.

[6] Ludovico il Moro (1452-1508: 9.3).

[7] Alfonso II, re di Napoli tra il 1494 e il 1495. Era il figlio di Ferdinando.

GUIDA ALLA LETTURA

❶ Di che tipo di documento si tratta? ❷ Perché, secondo Guicciardini, negli anni '90 del XV secolo vi era in Italia «tanta prosperità»? ❸ Quali erano le qualità politiche attribuite a Lorenzo de' Medici? ❹ Quali erano gli interessi di Ferdinando d'Aragona nella politica regionale italiana?

SVILUPPARE LE COMPETENZE

Comprendere e Analizzare

❶ Dopo aver letto i brani di Maire Vigueur [80] e i documenti di Salutati [81DOC], di Decembrio [79DOC] e di Guicciardini [83DOC], scegli tra le seguenti considerazioni storiografiche sulla figura del signore, negli Stati italiani nel tardo Medioevo, quella che ritieni più condivisibile; argomenta la tua risposta in un breve testo (max 20 righe):

a. Gli Stati italiani furono deboli a causa delle loro dimensioni ridotte e i loro signori si dimostrarono incapaci di rappresentare un'alternativa all'intervento militare delle grandi nazioni europee, che avevano forti interessi nella penisola.

b. L'Italia del basso Medioevo può considerarsi un vero e proprio "laboratorio politico", in cui si svilupparono molte differenti esperienze di governo, da una parte rivolte alla tradizione antica e dall'altra verso la nascita dello Stato moderno.

Rielaborare e Argomentare

❷ Redazione di un articolo di giornale. *Giovanna d'Arco, eroina nazionale o vittima folle dell'ardore religioso?*

Sviluppa l'argomento scelto in forma di "articolo di giornale", utilizzando i documenti e i dati che lo corredano. Interpreta e confronta i documenti e i dati che ti sembrano rilevanti e costruisci su di essi il tuo "pezzo". Da' all'articolo un titolo appropriato e indica il tipo di giornale sul quale ne ipotizzi la pubblicazione (quotidiano, rivista divulgativa, giornale scolastico, altro). Se lo ritieni, organizza la trattazione suddividendola in paragrafi, cui potrai dare eventualmente uno specifico titolo.

Brani storiografici: Cardini **[78]**
Capitoli: **7.1**; **14.10**

❸ Scrivi un breve testo (max 40 righe), dal titolo *Gli Stati europei fra tradizione e innovazione*, seguendo la scaletta di argomentazione:

a. Il signore: re e principi fra innovazione e tradizione (Decembrio, Maire Vigueur, Commynes, Guicciardini);
b. La politica interna: i rapporti con il ceto baronale (Decembrio, Maire Vigueur, Commynes);
c. La politica estera: le relazioni tra Stati (Salutati, Guicciardini);
d. L'ideologia (Cardini, Salutati, Guicciardini).

Le trasformazioni degli Stati e della politica

In Italia, al contrario che in Francia e in Inghilterra, non si formò uno Stato nazionale: la dimensione degli Stati italiani, infatti, rimase regionale. Questa sezione è dedicata al passaggio dai comuni tardomedievali alle signorie e ai principati regionali, che a partire dalla fine del XIII secolo si diffusero in tutta l'Italia centrosettentrionale. La prerogativa di prendere le decisioni più importanti – in genere riguardanti la guerra e la tassazione – passò così dai magistrati, espressione delle istituzioni comunali – la cui carica durava un tempo prestabilito –, ad alcuni "signori", che mantenevano questo potere a vita e, in alcune occasioni, lo trasmettevano agli eredi. Era la nascita degli Stati regionali italiani, che concentrarono alcune importanti funzioni come l'imposizione delle tasse e l'organizzazione dell'esercito. Ciò rendeva necessario un miglioramento delle funzioni amministrative, che cominciarono a essere gestite in modo più accurato. Già a partire dai primi decenni del '300, infatti, molte città-Stato italiane si dotarono di efficaci strumenti di accertamento dei patrimoni dei cittadini, sui quali calcolare l'esazione fiscale. Conosciuti con diverse denominazioni («tavola», «lira», «estimo», «catasto»), essi si basavano su valutazioni degli ufficiali pubblici, o su dichiarazioni dei cittadini. Lo storico coevo **Giovanni Cavalcanti** [84DOC] illustra il funzionamento del catasto di Firenze che, già nel 1427, mostrava con molta accuratezza la condizione patrimoniale delle famiglie fiorentine. Lo storico **Giorgio Chittolini** [85], invece, descrive il sofisticato sistema di controllo territoriale costruito dallo Stato fiorentino.
Gli storici **Denys Hay** e **John Law** [86] analizzano nei particolari lo Stato rinascimentale italiano, evidenziando i limiti che ancora permanevano nella struttura amministrativa.
Caratterizzata da una moltitudine di Stati e di rapporti politici, l'Italia è anche la patria della diplomazia che, come dimostrato nel documento ***Il mondo degli ambasciatori*** [87DOC], elaborò le sue regole e la sua organizzazione. Come sottolinea **Federico Chabod** [88], infine, si ebbe in questo periodo la prima affermazione dell'idea di nazione: non si tratta ancora delle vere e proprie nazioni, che saranno un aspetto tipico del XIX secolo, ma il fenomeno esprime comunque un processo significativo nella formazione delle varie identità europee.

84DOC

Giovanni Cavalcanti
Gli uomini e i loro beni: il catasto di Firenze

G. Cavalcanti, *Istorie fiorentine*, a c. di G. Di Pino, Milano 1944, pp. 107-8

■ Nel 1427 lo Stato fiorentino introdusse il sistema delle «dichiarazioni», in cui dovevano essere analiticamente descritti la configurazione del nucleo familiare, i beni mobili e quelli immobili, i crediti e i debiti. Riportiamo qui una pagina di Giovanni Cavalcanti (1381-1451 ca.), cronista fiorentino che interpreta l'adozione del catasto come un provvedimento di equità fiscale, illustrando le resistenze cui andò incontro da parte dei più abbienti. Al di là di tale giudizio positivo, il sistema era un potente mezzo per estendere la base dell'imposizione fiscale di fronte alle crescenti esigenze finanziarie dello Stato.

Essendo per insino dal ventidue al ventisette durata la guerra[1], si erano poste tante gravezze[2] che i potenti e gl'impotenti[3] erano di pari quasi già stanchi di pagare. Ciascuno gridava che più non si poteva resistere a tanti pagamenti; e non era però che la gente patrizia non avesse ancora di che pagare, e' pareva loro tanto malagevole, quanto pareva a coloro che non avevano di che pagare: e questo facevano con arte di malvagio inganno; e volevano mostrare il possibile in luogo dell'impossibile, acciocché la plebe si assettasse sotto gl'incomportabili pesi delle loro ingiuste poste. Ed ancora erano indotti a sì fatte cautele per lo stimolo di tutta l'avarizia ch'era in loro: imperocché[4] questo è conceduto dalla insaziabilità della cupidigia; conciossia cosa che[5] colui che guadagna la ricchezza, l'ama più che non fa quello che la trova guadagnata. Questo tutto giorno vedete ne' giovani, che sempre dispandono le ricchezze per altri acquistate. Dico che, essendo assai della gente patrizia i quali avevano in mano i freni della Repubblica, ed avevano i loro tesori dal Comune guadagnati, e poi aperte le botteghe con sembianti di mercatanti, che mostravano di essere stracchi più che non erano, perché gl'impotenti stessino pazienti. Ma pure, per la impossibilità che era nel popolo, per tutto si gridava che le gravezze si mutassero, acciocché le

[1] Si tratta della guerra col Ducato di Milano.
[2] Carichi fiscali.
[3] Abbienti e non abbienti.
[4] Per il fatto che.
[5] Infatti.

poste de' ricchi e de' potenti si conguagliassero[6]: e per niun modo si potevano più le gravezze giustamente agguagliare, se non che gli uomini non le ponessino, ma una legge, misurata dal parere de' buoni uomini. A questo così giusto modo ciascuno si accordò: ma ai patrizii era molto ostica, se non[7] al preclaro cittadino di Giovanni de' Medici[8], che molto confortò il bene esaminato modo. Fecesi il Catasto; del quale la natura e il modo fu questo: che chi avesse cento fiorini di valsente[9], d'avanzo alla vita[10], pagasse mezzo fiorino; e chi ne avesse mille, ne pagasse cinque[11]; e che questa sustanza si misurasse con la rendita: io dico che chi avesse di rendita fiorini sette di valsente, s'intendesse avere fiorini cento[12], e così de singulis. Volle il Comune che per ogni bocca si lasciasse di rendita fiorini quattordici e questi non si accatastassero[13]; e ogni bocca, da diciotto anni in su, si potesse porre da soldi uno per insino a soldi sei; ma questa così fatta divarità si misurasse con la varietà dell'industria di quella così fatta bocca[14]. Questo così misurato modo montò in somma di tutta la città venticinque migliaia di fiorini e cinquecento.

[6] Eguagliare; ma in questo contesto il significato, come per il successivo *agguagliare*, è piuttosto quello di 'proporzionare, rendere lo sforzo contributivo proporzionale' alle ricchezze dei cittadini.

[7] Eccetto che.

[8] Nato nel 1360 e morto nel 1429. Padre di Cosimo, iniziatore della fortuna politica della famiglia, ricoprì numerose cariche nel Comune popolare fiorentino.

[9] Di reddito.

[10] Oltre il necessario per vivere (stimato, come si desume di seguito, in 14 fiorini di rendita).

[11] L'imposta ammontava allo 0,5% della ricchezza.

[12] Si calcolava dunque che un capitale (mobile o immobile) producesse una rendita del 7%.

[13] Non fossero computati all'imponibile.

[14] Fosse commisurata al tipo di attività produttiva.

GUIDA ALLA LETTURA

❶ Qual era la causa del malcontento diffuso tra la popolazione fiorentina durante gli anni '20 del '400? ❷ In che modo la gente patrizia pensava di sottrarsi all'esazione fiscale? ❸ Quando fu istituito il catasto fiorentino? Quale illustre personaggio aveva caldeggiato la sua istituzione? ❹ In termini economici, quali vantaggi trasse la città di Firenze dall'introduzione del catasto?

85

G. Chittolini
La città e il contado

G. Chittolini, *La formazione dello stato regionale e le istituzioni del contado*, Einaudi, Torino 1979, pp. 309-17

■ In queste pagine Giorgio Chittolini (nato nel 1940) illustra nei dettagli sia i meccanismi, spesso molto complessi, dell'ordinamento territoriale dello Stato fiorentino del '400, sia i suoi scopi, essenzialmente fiscali; al tempo stesso mette in luce quanto il nuovo sistema si differenziasse dagli antichi rapporti esistenti nell'organizzazione del contado delle città comunali.

Dietro il nuovo tracciato della geografia giurisdizionale della regione, la redistribuzione delle competenze, la creazione di organismi locali, vi è l'obiettivo di introdurre un nuovo modo di governare il territorio, non più attraverso la città [...], ma attraverso magistrature e offici dipendenti direttamente dal centro. Inoltre, per dare la necessaria robustezza e consistenza alle esili articolazioni periferiche del governo della repubblica, ci si appoggia ai comuni rurali, e agli organismi federativi di lega e di vicariato. L'assegnazione alle comunità rurali di responsabilità amministrative, o fiscali, o di polizia, era del resto prevista anche dall'ordinamento della città-Stato: e molte delle magistrature a cui il governo fiorentino assegna ora tali compiti, erano previste, per le comunità rurali, anche dagli statuti cittadini. Il fatto nuovo tuttavia è che ora tali magistrature sono inserite negli ordinamenti dello Stato regionale, allo stesso modo di quelle nuove che si costituiscono: e vengono rese responsabili di fronte al governo centrale di Firenze, e non più verso le città, così come da Firenze, e non dai consigli cittadini, vengono designati i giusdicenti[1] nelle nuove circoscrizioni.

In questi provvedimenti, mi pare, si ha chiaro il senso dell'instaurarsi di uno Stato diverso, si avverte il superamento del vecchio Stato cittadino, cresciuto via via per semplice aggregazione di «paesi tributari», le cui istituzioni si lasciavano in larga misura immutate. [...] Firenze toglie alle città i loro contadi: si sottraggono ai ceti urbani quegli strumenti legislativi (lo statuto cittadino, prima valido per tutto il distretto), giurisdizionale (il diritto di designare i podestà rurali), via via anche amministrativi e fiscali, che avevano consentito di esercitare un forte controllo politico sul territorio, o su quelle parti di esso più largamente penetrate dai loro interessi economici, soprattutto fondiari.

Si delinea ora un assetto dei rapporti città-contado ben diverso da quello dell'età comunale. La città avverte dolorosamente la portata dei nuovi provvedimenti: complementare e opposto è l'atteggiamento dei comitatini[2]. [...] Iniziava un nuovo dominio, quello di Firenze, che avrebbe mandato i suoi officiali, imposto carichi, e ai cui cittadini sarebbero state riservate le stesse condizioni di privilegio previste, nell'ordi-

[1] Giudici.

[2] Gli abitanti del contado, da cui il termine "contadino".

namento comunale, agli abitanti delle città. Tuttavia il nuovo governo veniva avvertito come meno oppressivo, era il «buon reggimento» della magnifica comunità di Firenze [...]. Anzi, nella regolamentazione dei rapporti fra cittadini e rurali, nelle numerose e continue liti che sorgevano a proposito della conduzione di proprietà fondiarie, per motivi fiscali, per crediti e usure, i nuovi governanti sembravano offrire la garanzia di un atteggiamento più obiettivo e imparziale, o addirittura più favorevole ai comitatini. La stessa creazione di corti di giustizia nei centri del contado, con ampia competenza civile e criminale, oltre a rispondere all'esigenza di impiantare un ordinamento più funzionale, assumeva per le comunità rurali un significato di grande autonomia nei confronti della città [..].

Lo stesso spirito di autonomia si manifesta in materia fiscale, nella rivendicazione del diritto di tassare i beni posseduti dai cittadini nel territorio [...].

Firenze è intervenuta a modificare i rapporti città-contado ereditati dall'età comunale, con lo scopo di affermare la presenza dei propri organi giurisdizionali e amministrativi, creando comunità e federazioni rurali che fossero in grado di integrarne le funzioni; con grave danno della città che deve consentire a una forte diminuzione delle sue prerogative di governo diretto del territorio: ma non fino al punto da accettare che siano intaccati i princìpi fondamentali della tutela, giurisdizionale e fiscale, della proprietà fondiaria urbana nelle campagne. La battaglia aperta su questa materia nei primi decenni del Quattrocento fa riguadagnare ai cittadini molte posizioni.

GUIDA ALLA LETTURA

❶ Come avvertivano i comitatini il nuovo governo fiorentino? Perché? ❷ In quali campi l'ordinamento territoriale dello Stato fiorentino del '400 lasciava un largo margine di autonomia alle comunità rurali? ❸ Quali erano i meccanismi di governo territoriale adottati dallo Stato fiorentino nel XV secolo?

86

D. Hay • J. Law
Pubblico e privato nello Stato rinascimentale

D. Hay - J. Law, *L'Italia del Rinascimento*, Laterza, Roma-Bari 1991, pp. 130-34

■ Le pagine che seguono, tratte dal volume *L'Italia del Rinascimento*, frutto della collaborazione tra due autorevoli storici anglosassoni, Denys Hay (1915-1994) e John Law (nato nel 1945), tracciano un quadro della struttura amministrativa degli Stati italiani rinascimentali, sulla base di una più approfondita conoscenza degli archivi e dei documenti. Il quadro che emerge suggerisce una certa cautela nel definire «moderne» le strutture statali, che appaiono ancora precarie e fortemente compromesse dall'ingerenza di interessi privati.

Utili indicazioni circa la struttura precaria dello Stato rinascimentale si desumono dalla sua organizzazione amministrativa. Alcuni storici, in base ai documenti, sono stati indotti a vederlo come un'istituzione che sviluppa metodicamente i congegni di governo, e si serve per deliberato proposito di un personale amministrativo più preparato e di carattere più professionale. In effetti, la documentazione amministrativa del nostro periodo è non solo più abbondante, ma più diversificata e specialistica. [...] I governi, inoltre, dedicano cure maggiori ai loro archivi. Bartolomeo Scala, cancelliere di Firenze, fece riordinare i documenti del Comune, e nel 1484 fece redigere copie dei principali provvedimenti legislativi. La stessa attenzione si riscontra nelle città soggette, gelose delle loro libertà; verso la fine del XV secolo i Comuni del Regno cominciarono a raccogliere in «Libri rossi» i privilegi loro concessi dai precedenti regnanti [...].

Connessi con questi sviluppi della registrazione documentale sono la crescente specializzazione dell'attività governativa e il moltiplicarsi degli uffici pubblici. Un settore in cui avvennero cambiamenti importanti fu quello dei rapporti diplomatici, con lo sviluppo di un servizio diplomatico più professionale in tutti i principali Stati italiani. Recentemente gli storici hanno rilevato un cambiamento analogo nel personale civile incaricato del pagamento, alloggiamento e sopraintendenza generale delle truppe mercenarie [...]. Le nomine diventarono più rigorosamente selettive, nell'intento di creare una burocrazia più fedele e omogenea. [...] Infine le cancellerie della maggior parte degli Stati italiani diedero sempre maggiore importanza al grado di preparazione del loro personale [...].

Ma tutti questi elementi, presi troppo alla lettera, possono dare un'immagine esagerata della competenza, efficienza e chiarezza di propositi dello Stato; e indurre lo storico ad assimilare anacronisticamente gli amministratori di Venezia, Firenze, Napoli o Milano ai moderni funzionari o burocrati. In primo luogo, non dappertutto si riscontra la stessa cura metodica nel raccogliere e ordinare archivisticamente i documenti di governo. [...] Secondariamente, una più abbondante documentazione archivistica non è sempre né soltanto conseguenza di una maggiore efficienza governativa. [...] Là dove l'attività di governo è ben documentata, i documenti, più che essere una precisa testimonianza della volontà e iniziativa dello Stato, tendono a mettere in luce le difficoltà e gli ostacoli che questo incontrava.

Inoltre la moltiplicazione degli uffici poteva a volte non solo generare confusione di competenze, ma essere stimolata da motivi estranei al desiderio di efficienza. [...] Le cariche pubbliche potevano altresì essere considerate una forma di premio o di soccorso per sudditi fedeli o bisognosi; e probabilmente crebbe il desiderio di cariche in quanto mezzo per integrare o sostituire altre forme di ricchezza. Ciò non solo poteva abbassare il livello qualitativo dell'amministrazione, [...] ma anche appesantire il clima politico, generando tensioni e gelosie riguardo alla distribuzione delle cariche. [...]

Frequenti furono i tentativi di acquetare il malcontento per la distribuzione delle cariche pubbliche, ma di rado il problema ebbe soluzioni durevoli. Nel gennaio 1437 il Comune di Orvieto chiese a papa Eugenio IV suo signore di delegare a Stefano Porcari – a quella data rinomato come amministratore imparziale – il compito di riformare il metodo e di assegnare le cariche. Ma le regole minuziose istituite il 18 febbraio accettarono l'esistenza delle fazioni all'interno del Comune, e cercarono solo di spartire le cariche in modo equilibrato fra di esse. Come suggerisce questo esempio, le iniziative di riforma spesso mettono in luce le formidabili difficoltà con cui i governi erano alle prese, più che i successi dei governi medesimi. [...]

Sarebbe tuttavia un errore concludere che i difetti delle amministrazioni degli Stati rinascimentali derivavano soltanto dalla lotta per accaparrarsi le cariche pubbliche. Altre difficoltà nascevano dalla tendenza contraria: dalla riluttanza ad accettare nomine, specie se esse comportavano le spese, i pericoli e gli incomodi inerenti al prestar servizio fuori dalla patria. [...] La duplice tendenza a fuggire e a ricercare le cariche pubbliche indica fino a che punto l'amministrazione dello Stato rinascimentale fosse compromessa e condizionata dagli interessi privati.

GUIDA ALLA LETTURA

❶ Quali sono i settori dell'amministrazione statale che, secondo Hay e Law, sono soggetti di importanti evoluzioni? ❷ Perché non si possono esagerare gli effetti modernizzatori di queste novità? ❸ Quali elementi indicano quanto l'amministrazione degli Stati rinascimentali fosse ancora compromessa con gli interessi privati?

87 DOC

Il mondo degli ambasciatori

da *Ambasciatori veneti in Inghilterra*, a c. di L. Firpo, Utet, Torino 1977, pp. 4-36

■ Gli ambasciatori della Repubblica veneta erano tenuti a presentare alle pubbliche autorità, al termine del loro mandato, relazioni analitiche sul lavoro svolto. Queste relazioni, che il Senato della Repubblica volle fossero consegnate per iscritto e registrate negli archivi della Serenissima, abbracciano un arco di tre secoli di storia veneziana e internazionale: lo storico vi trova informazioni di carattere politico, economico, sociale, ma anche sulla vita materiale, sulle abitudini e sui comportamenti dei popoli presso i quali gli ambasciatori veneti svolsero la loro attività. Il documento che qui si riproduce è tratto dalla relazione scritta da un gentiluomo facente parte del seguito dell'ambasciatore di Venezia in Inghilterra Andrea Trevisan.

L'aere come sa Vostra Magnificenzia[1], è molto salubre e manca di molte egritudini[2], delle quali l'Italia è tribolata [...]. Né li mancano fontane d'acque calde, buone e salutifere a diverse infirmità; abbondano eziandio d'ogni sorte d'alberi, ma, come scrive Cesare, non patiscono fago e abietto[3]: hanno lauri e mirti e ogni nostra pianta fruttifera, eccetto però l'olive e spezie di naranci[4]; non sono senza viti e io ha gustato dell'uva matura, e in le parti australi[5] fariano del vino, ma saria[6] forse austero[7]. Ma alla naturale desidia[8] del paese sopragiunge gran copia d'ottimi vini candiotti[9], di Germania, di Francia e Spagna, se bene i paesani fanno due bevande di frumento, orzo e vena[10], l'una delle quale è nominata «birra» e l'altra «ala»[11], e tale bevanda molto piace loro [...].

L'agricoltura in quell'isola non è esercitata, se non tanto quanto basta al mangiare e al bevere de' paesani, perché, volendo arare e seminare quello che potriano, avrebbono grano in quantità da vendere alle circunstanti regioni. Ma tanta negligenzia viene aiutata da una grandissima abondanzia d'ogni animale commestibile, come sono cervi, caprioli, daini, lepori, conigli, porci e una infinità di bovi [...]. Ma sopra tutto hanno grandissima quantità di pecore, delle quali cavano infinita e ottima qualità di lana. [...]

Nasce ancora in detta isola ferro e argento assai, piombo e stagno infinito; e di quel purissimo stagno fanno vasi non manco[12] lucidi che se fossero di fino argento, e questi sono di grande stima. [...]

Son per lo più gl'Inglesi, così li maschi come le femmine d'ogni età, assai ben proporzionati e belli, ma non però tanto quanto, a mio giudizio, mi era stato affermato avanti che Vostra Magnificenzia andasse in quel regno; e ho anco inteso da persone pratiche in quei paesi, che li Scozzesi sono molto più bel-

---

1 «Vostra Magnificenzia» è l'ambasciatore Andrea Trevisan.

2 Malattie.

3 Cesare aveva detto nel *De bello Gallico* che in quelle terre non ci sono né faggi (*fago*) né abeti (*abietto*).

4 Aranci.

5 Meridionali.

6 Farebbero del vino ma sarebbe.

7 Asprigno.

8 Scarsità.

9 Di Candia, nell'isola di Creta.

10 Avena.

11 Si tratta di un tipo di birra più leggero.

12 Non meno.

li e che gl'Inglesi sono molto amatori di sé medesimi e d'ogni loro cosa, né credono che si trovino altri uomini che loro, né altro mondo che l'Inghilterra; e quando pur veggono qualche bel forestiero, usano di dire che e'[13] pare uno Inglese e che gli è gran peccato che egli non sia inglese [...]; e stimano di non poter fare né ricevere maggiore onore che o convitar altri o essere essi convitati: anzi, che per convitare una persona sola spenderanno cinque e sei ducati, che per aiutarlo in qualche sua necessità non gli doneriano neanco un grosso[14].
Vestono tutti di lungo di finissimi panni e nel loro parlare sono costumatissimi. Il quale benché sia tedesco alquanto alterato, come è il fiammingo, pure, tassata quella naturale durezza[15], usano ora la loro pronunzia assai soave. Al quale mansueto parlare aggiungono incredibile cortesia di stare con la testa discoperta quando ragionono l'uno con l'altro, con una mirabile grazia. E sono dotati di buon ingegno, molto atti ad ogni cosa dove applicano l'animo. Ma però pochissimi, eccetto li preti, attendono all'esercizio delle lettere, e perciò qualunque sia litterato, ancora che laico, viene da loro domandato «clerico». E con tutto ciò hanno gran commodità di studiare, essendo nel regno due studii generali, Oxonia e Cantabrigia[16], ne' quali studii vi sono fondati molti collegii per nutrimento delli scolari poveri. [...]
Al presente tutta la bellezza di quell'isola è ridotta[17] in Londonia, cioè Londra, la quale benché sia sessanta miglia lontana dal mare, nondimeno ha tutte le comodità maritime che si possono desiderare. È situata sopra il fiume Tamisa, il quale sopra Londra parecchie miglia (la contezza[18] non so) sente largamente la diminuzione e l'accrescimento di sei ore in sei ore dell'oceano[19]. E a la città di Londra viene tanto benefizio di questa reciprocazione[20], che fino alla città vengono navi di cento botti e apresso a Londra a cinque miglia viene ogni gran nave; ma tuttavia l'acqua di quel fiume è dolce fino sotto Londra venti miglia. E benché la città non abbia edifizii all'usanza italiana, ma alla franzese, di legnami e terra, pure abitano i Londresi comodamente, e a me pare che non abbiamo meno abitatori che Fiorenza e Roma.

[13] Egli.
[14] Una moneta di valore molto inferiore al ducato.
[15] Perduta l'originaria durezza della lingua.
[16] Oxford e Cambridge.
[17] È concentrata.
[18] Il numero preciso.
[19] All'altezza di Londra il Tamigi risente dell'influsso delle maree.
[20] Dall'alternanza delle acque provocata dalle maree.

GUIDA ALLA LETTURA

❶ A chi è rivolto il documento? ❷ Quali sono, secondo l'autore, i punti forti e quelli deboli dell'agricoltura inglese? ❸ Con quale significato gli inglesi utilizzano il termine «clerico»? ❹ Qual era, secondo te, l'utilità politica di questo documento?

88

F. Chabod
L'idea di nazione

F. Chabod, *L'idea di nazione*, a c. di A. Saitta ed E. Sestan, Laterza, Roma-Bari 1979, pp. 17-26

■ Uno dei più grandi storici italiani del secolo scorso, Federico Chabod (1901-1960), analizza in queste pagine l'origine dell'idea di nazione nell'Europa tardomedievale. Di nazione in senso proprio si può parlare soltanto a partire dall'800, e in particolare dall'epoca romantica, quando si affermò il principio di nazionalità come valore supremo della vita dei popoli e le nazioni furono viste come entità non solo geografiche, politiche, etniche, linguistiche, ma anche culturali e spirituali (Chabod parla appunto di «anima nazionale»). Al tempo di Dante, di Petrarca e di Machiavelli si affermano certamente alcuni princìpi che si ritroveranno poi nell'idea compiuta di nazione, ma essi non hanno carattere sistematico e appaiono troppo condizionati da elementi naturalistici.

Dire senso di nazionalità, significa dire senso di individualità storica. [...] Per questo, l'idea di nazione sorge e trionfa con il sorgere e il trionfare di quel grandioso movimento di cultura europeo, che ha nome Romanticismo: affondando le sue prime radici già nel secolo XVIII, appunto nei primi precorrimenti del modo di sentire e pensare romantico, trionfando in pieno con il secolo XIX, quando il senso dell'individuale domina il pensiero europeo. [...]
Non è che il termine *nazione* fosse ignoto per l'innanzi. Lo troviamo sin dal Medioevo: basti pensare all'uso di esso sia nelle Università, divise appunto per nazioni (Bologna, Padova, Parigi) [...]. Ma, anzitutto, nazione non è affatto il termine esclusivo per designare il concetto che per noi moderni è dalla parola indissolubile: generalmente, anzi, gli scrittori si valgono più del termine «provincia» che di quello «nazione», per designare la nazione. [...] La «nazione» del basso Medioevo non è ancora quella che esalterà il Romanticismo. Se ne parla, senza dubbio: e basti, per noi, rammentare Dante e Petrarca, prima ancora di Machiavelli. Ma, anzitutto, salvo appunto queste eccezioni, grandi ma eccezioni, l'idea di nazione non ha ancora alcun influsso sul pensiero complessivo europeo [...]. È proprio il caso di Dante, il cui senso, tanto vantato, di «italianità» non impedisce che il suo miraggio politico sia, ancora e sempre, l'impero universale, anche se accentrato nell'Italia, nel giardino dello «imperio» [...].
Col Machiavelli, senza dubbio, le cose mutano, nel senso che egli dell'impero universale non si cura minimamente, e che il suo sguardo è già fermo sulle grandi unità singole, Francia, Spagna.

Ma si deve notare che il suo interesse è per l'unità «statale», più che per la «nazione»: vale a dire, il problema che lo assilla è puramente politico [...]; quindi la nazione per lui esiste in quanto sia organizzata o stia per organizzarsi in corpo politico, in unità statale, con un governo regolare. Cioè, ancora, è lo «Stato» che lo preoccupa, e questo solo.
Col Romanticismo ci fu «anche» [...] la tendenza a convertire il riconoscimento, teorico, dell'esistenza di una nazione italiana e di una nazione tedesca, con proprie caratteristiche inconfondibili, nella organizzazione pratica di uno «Stato nazionale» italiano e tedesco. [...] Ma non tutto il significato e il valore della nazione si esaurirono in questo: anzi, tali conseguenze politiche si poterono trarre soltanto in quanto, prima, si era scoperta e riconosciuta la «individualità» morale e culturale della nazione. Cioè: si disse, l'Italia deve essere una e indipendente, deve costituire uno «Stato», in quanto l'Italia è una «nazione», è una individualità storica, che ha proprie caratteristiche, non soltanto etniche e linguistiche, ma di tradizione e di pensiero, in quanto ha un'anima sua [...].
Ma è precisamente nella scoperta di quest'*anima* nazionale che consiste la grande novità dell'idea di nazione della fine del Settecento e dell'Ottocento; è nel riconoscimento delle peculiarità incancellabili, morali e spirituali, di ogni popolo, che sta il frutto dell'esperienza preromantica e romantica.
Anche qui, si deve avvertire che, senza dubbio, negli scrittori del Rinascimento, v'erano accenni al «carattere» dei vari popoli, alla loro «natura». Ma si tratta, quasi sempre, di una formula che tiene conto essenzialmente di elementi naturalistici [...]. Ovunque, si può notare che le presunte caratteristiche di un popolo sono essenzialmente fisiche, dipendono da fattori naturalistici (aria, suolo), o da misteriosi influssi delle stelle [...].
Ma le caratteristiche delle «nazioni» saranno dal '700 in poi cercate su tutt'altra base; [...] l'elemento clima-terreno perde quasi completamente quella nota di necessità causale che prima aveva avuto. [...] Il carattere di una nazione non è più consistito «soltanto» nell'ingegno «sottile» dei suoi componenti, sì nella tradizione storica e nelle tendenze morali e politiche e religiose e nei costumi e nelle usanze, e, a sua volta, l'ingegno sottile non è più stato semplice conseguenza dell'aere fino.
L'idea di nazione è, anzitutto, per l'uomo moderno, un fattore spirituale; la nazione è, innanzi tutto, anima, spirito, e soltanto assai in subordine materia corporea; è «individualità» spirituale, prima di essere entità politica, Stato alla Machiavelli, e più assai che non entità geografico-climatico-etnografica, secondo le formule dei cinquecentisti.
Ecco perché si può parlare dell'idea di nazione come di una idea nuova, propria dell'età moderna[1].

---

[1] Cioè del '700 e dell'epoca romantica.

GUIDA ALLA LETTURA

❶ In che epoca nasce il concetto moderno di «nazionalità»? ❷ Come si spiega, secondo lo storico, l'uso o l'assenza del termine «nazione» negli scritti di Dante e di Machiavelli? ❸ Quale significato attribuisce Chabod ai termini «individualità storica» e «anima» nazionale?

SVILUPPARE LE COMPETENZE

Comprendere e Analizzare

❶ Alla luce del brano di Hay e Law [86], come puoi considerare il giudizio nettamente positivo espresso da Cavalcanti [84DOC] a proposito del catasto di Firenze?

Rielaborare e Argomentare

❷ Redazione di un tema di argomento storico. *La "modernità" degli Stati italiani regionali*

Tra il XIII e il XIV secolo, in tutta l'Italia centro-settentrionale, le signorie sostituirono man mano le istituzioni comunali. Molte ebbero una vita breve e tormentata, mentre altre riuscirono a creare entità territoriali stabili e di grandi dimensioni. Queste ultime si dovettero così dotare di strumenti politici, burocratici e archivistici più efficienti per poter amministrare e controllare meglio territori molti estesi. Individua in queste trasformazioni i caratteri di modernità e le persistenze del sistema precedente.

Documenti: Cavalcanti **[84DOC]**, *Il mondo degli ambasciatori* **[87DOC]**
Immagini: pp. 268, 271, 273, 281
Brani storiografici: Chittolini **[85]**, Hay e Law **[86]**, Chabod **[88]**
Capitoli: **8**

❸ Dopo aver letto i documenti e i brani proposti, prova a elaborare un breve testo (max 30 righe) in cui spieghi gli organi politici e amministrativi, i sistemi di controllo del contado e la partecipazione alla politica degli Stati rinascimentali.

L'uomo al centro del mondo

Con l'affermazione della dignità dell'uomo – come recita il titolo di un celebre trattato di **Pico della Mirandola** [89DOC] – prese avvio una nuova epoca, che modificò profondamente la cultura, la mentalità, la politica e, di conseguenza, i sistemi educativi: l'uomo cominciò a essere considerato libero di conquistarsi il proprio posto nel mondo, che quindi non veniva più considerato predeterminato dalla natura. In questo contesto, assumeva una grande importanza la formazione culturale di ogni individuo: **Leon Battista Alberti** [90DOC], per esempio, propose un nuovo modello pedagogico capace di armonizzare nei giovani attività intellettuale e attività fisica.
Già i contemporanei, come **Flavio Biondo** e **Lorenzo Valla** [91DOC], percepirono il cambiamento e gli attribuirono un valore epocale: la "rinascita", secondo loro, avveniva attraverso un dialogo ravvicinato con la civiltà antica e la cultura classica, alle quali ci si accostava con una sensibilità e una percezione del tempo diverse da quelle medievali.
Il dialogo con il passato assunse infinite modalità. Era anzitutto ricerca, era volontà di riscoprire i tesori sommersi della cultura antica. Si trattava di libri, come quelli che **Poggio Bracciolini** [92DOC] e tanti altri umanisti scoprirono nelle varie biblioteche, soprattutto monastiche, dell'Europa: ciò diede un grande impulso alla filologia che, ormai sicura dei suoi mezzi, fu in grado di svelare i documenti falsi. **Giovanni Maria Vian** [93] racconta il procedimento seguito da Lorenzo Valla nel dimostrare la falsità della cosiddetta «Donazione di Costantino», sulla quale si erano basate per secoli le aspirazioni temporali dei pontefici.
Ma insieme con i libri riaffiorarono i capolavori dell'arte antica, che gli artisti contemporanei cercavano di imitare e di sfidare. Due episodi della vita di Michelangelo, raccontati da **Antonio Forcellino** [94], ci restituiscono quella straordinaria atmosfera culturale.
La nuova cultura politica è invece rappresentata in sommo grado da **Niccolò Machiavelli** [95DOC] che, distinguendo le astratte leggi morali dalla considerazione della «verità effettuale», aprì nuove prospettive alla scienza della politica e all'arte del governo.

89DOC

Giovanni Pico della Mirandola
Dio e libertà dell'uomo

G. Pico della Mirandola, *De hominis dignitate*, a c. di E. Garin, Vallecchi, Firenze 1942, pp. 105-9

■ Giovanni Pico della Mirandola (1463-1494) fu uno dei più grandi pensatori dell'epoca umanistica: profondo conoscitore della filosofia antica e dell'aristotelismo arabo, della tradizione platonica, delle speculazioni dei Padri della Chiesa e della mistica ebraica, Pico insistette sulla "concordia" delle varie filosofie, accomunate dall'unico principio di verità da esse ricercato. Nel suo trattato *De hominis dignitate* ('La dignità dell'uomo'), uno dei massimi testi dell'Umanesimo italiano, egli formulò una celebre esaltazione della dignità dell'uomo, che è ricordata come una sorta di manifesto della nuova epoca. L'uomo è libero perché non è stato creato con una natura determinata, ma è in grado di darsi la natura che vuole; egli è in grado di divenir tutto, poiché ha potenzialità infinite, fino ad ascendere con il suo intelletto al termine ultimo, la congiunzione con Dio, che rappresenta la sua meta finale e insieme la sua felicità.

Già il Sommo Padre, Dio creatore, aveva foggiato secondo le leggi di un'arcana sapienza questa dimora del mondo quale ci appare, tempio augustissimo della divinità. Aveva abbellito con le intelligenze la zona iperurania, aveva avvivato di anime eterne gli eterei globi, aveva popolato di una turba di animali d'ogni specie le parti vili e turpi del mondo inferiore. Senonché, recato il lavoro a compimento, l'artefice desiderava che ci fosse qualcuno capace di afferrare la ragione di un'opera sì grande, di amarne la bellezza, di ammirarne la vastità. Perciò, compiuto ormai il tutto, come attestano Mosè e Timeo[1], pensò da ultimo a produrre l'uomo. Ma degli archetipi[2] non ne restava alcuno su cui foggiare la nuova creatura, né dei tesori uno ve n'era da largire in retaggio al nuovo figlio, né dei posti di tutto il mondo uno rimaneva in cui sedesse codesto contemplatore dell'universo. Tutti erano ormai pieni, tutti erano stati distribuiti nei sommi, nei medî, negli infimi gradi. Ma non sarebbe stato degno della paterna potestà venir meno, quasi impotente, nell'ultima fattura; non della sua sapienza rimanere incerto in un'opera necessaria per mancanza di consiglio; non del suo benefico amore, che colui

[1] *Timeo* è il titolo di un importante dialogo di Platone, nel quale, dopo un ampio discorso cosmologico, si affronta il problema della formazione dell'uomo.

[2] Modelli.

che era destinato a lodare negli altri la divina liberalità fosse costretto a biasimarla in se stesso. Stabilì finalmente l'ottimo artefice che a colui cui nulla poteva dare di proprio fosse comune tutto ciò che aveva singolarmente assegnato agli altri. Perciò accolse l'uomo come opera di natura indefinita e postolo nel cuore del mondo così gli parlò: «non ti ho dato, o Adamo, né un posto determinato, né un aspetto proprio, né alcuna prerogativa tua, perché quel posto, quell'aspetto, quelle prerogative che tu desidererai, tutto secondo il tuo voto e il tuo consiglio ottenga e conservi. La natura limitata degli altri è contenuta entro leggi da me prescritte. Tu te la determinerai da nessuna barriera costretto, secondo il tuo arbitrio, alla cui potestà ti consegnai. Ti posi nel mezzo del mondo perché di là meglio tu scorgessi tutto ciò che è nel mondo. Non ti ho fatto né celeste né terreno, né mortale né immortale, perché di te stesso quasi libero e sovrano artefice ti plasmassi e ti scolpissi nella forma che avresti prescelto. Tu potrai degenerare nelle cose inferiori che sono i bruti; tu potrai, secondo il tuo volere, rigenerarti nelle cose superiori che sono divine». O suprema liberalità di Dio padre! o suprema e mirabile felicità dell'uomo! a cui è concesso di ottenere ciò che desidera, di essere ciò che vuole. I bruti nel nascere seco recano dal seno materno tutto quello che avranno. Gli spiriti superni o dall'inizio o poco dopo furono ciò che saranno nei secoli dei secoli. Nell'uomo nascente il Padre ripose semi d'ogni specie e germi d'ogni vita. E secondo che ciascuno li avrà coltivati, quelli cresceranno e daranno in lui i loro frutti. E se saranno vegetali sarà pianta; se sensibili, sarà bruto; se razionali, diventerà animale celeste; se intellettuali, sarà angelo e figlio di Dio. Ma se, non contento della sorte di nessuna creatura, si raccoglierà nel centro della sua unità, fatto uno spirito solo con Dio, nella solitaria caligine del Padre colui che fu posto sopra tutte le cose starà sopra tutte le cose.

GUIDA ALLA LETTURA

❶ Perché, secondo l'autore, Dio avrebbe creato l'uomo? ❷ Che cosa distingue la natura umana da quella degli altri esseri del creato? ❸ In che cosa consiste la libertà dell'uomo?

90 DOC

Leon Battista Alberti
L'armonia dello spirito e del corpo

L.B. Alberti, *Opere volgari*, vol. I, *I libri della famiglia*, Laterza, Bari 1960, pp. 68-72

■ L'esigenza di riformare i sistemi educativi fu avvertita con particolare urgenza nel Rinascimento, come strumento essenziale per un rinnovamento dell'individuo e della società. Tra i grandi protagonisti del periodo, Leon Battista Alberti (1404-1472) è noto soprattutto per le sue opere teoriche su pittura, scultura e architettura e per la sua attività pratica come architetto, ma egli contribuì in maniera significativa anche al dibattito morale e pedagogico con i suoi *Libri della famiglia* (1433-41). Nelle pagine che seguono, la formazione ideale viene fondata sullo studio dei classici, in piena sintonia con i progetti educativi umanistici, ma oltre all'aspetto culturale si presta attenzione anche alla formazione fisica, esortando i giovani a impegnarsi in «virili e nobili giochi». La personalità così armonicamente sviluppata potrà dare il suo contributo al governo dello Stato, che rimane l'obiettivo di fondo del sistema pedagogico.

E chi non sa la prima cosa ne' fanciugli utile debbono essere le lettere? Ed è in tanto la prima, che per gentiluomo che sia, sanza lettere sarà mai se non rustico riputato. E vorrei io vedere e' giovani nobili più spesso col libro in mano che collo sparviere[1]. Né mai mi piacque quella commune usanza d'alcuni, e' quali dicono assai basta sapere iscrivere il nome tuo, e sapere asommare quanto a te resti di ritrarre. [...] Adunque[2] a una famiglia, massime alla nostra la quale in ogni cosa, imprima e nelle lettere sempre fu eccellentissima, mi pare necessario allevare e' giovani per modo che insieme coll'età crescano in dottrina e scienza [...] e godano e' padri rendere i giovani suoi molto eruditi e dotti. E voi, giovani, [...] siate assidui; piacciavi conoscere le cose passate e degne di memoria; giovivi comprendere e' buoni e utilissimi ricordi; gustate el nutrirvi l'ingegno di leggiadre sentenze; dilettivi d'ornarvi l'animo di splendidissimi costumi; cercate nell'uso civile abondare di maravigliose gentilezze; studiate conoscere le cose umane e divine, quali con intera ragione sono accomandate alle lettere. [...]
Facciano adunque e' padri ch'e' fanciulli si dieno alli studi delle lettere con molta assiduità, insegnino a' suoi intendere e scrivere molto corretto, né stimino averli insegnato se none veggono in tutto e' garzoni fatti buoni scrittori e lettori. E sarà forse quasi simile qui mal sapere la cosa e nolla sapere. Apprendano dipoi l'abaco[3], e insieme, quanto sia utile, ancora veggano geometria, le quali due sono scienze atte e piacevoli a' fanciulleschi ingegni, e in ogni uso ed età non poco utile. Poi ritornino a gustare e' poeti, oratori, filosofi, e soprattutto si cerchi d'avere solleciti maestri, da' quali e' fanciulli non meno imparino costumi buoni che lettere. E arei io caro che e' miei s'ausassero[4] co' buoni autori, imparassino grammatica da Prisciano

[1] I falchi che venivano addestrati alla caccia.

[2] Perciò.

[3] La matematica.

[4] Diventassero familiari.

e da Servio[5], e molto si facessino familiari, non a cartule e gregismi[6], ma sopra tutti a Tullio, Livio, Sallustio[7], ne' quali singularissimi ed emendatissimi scrittori, dal primo ricever di dottrina attingano quella perfettissima aere d'eloquenza con molta gentilezza della lingua latina. Allo intelletto si dice interviene[8] non altrimenti che a uno vaso: se da prima tu forse vi metti cattivo liquore, sempre da poi ne serba in sé sapore. Però si vogliono fuggire tutti questi scrittori crudi e rozzi, seguire que' dolcissimi e suavissimi, averli in mano, non restare mai di rileggerli, recitarli spesso, mandarli a memoria. [...] Cerchisi la lingua latina in quelli e' quali l'ebbono netta e perfettissima; negli altri toglianci l'altre scienze delle quali e' fanno professione.

E conoscano e' padri che mai le lettere nuocono, anzi sempre a qualunque si sia essercizio molto giovano. Di tanti litterati quanti nella casa nostra sono stati certo singulari, niuno per le lettere mai all'altre faccende fu se none utilissimo. E quanto la cognizione delle lettere sia a tutti sempre nella fama e nelle cose giovata, testé non bisogna proseguire. Né credere però, Adovardo, che io voglia ch'e' padri tengano e' figliuoli incarcerati al continuo tra' libri, anzi lodo ch'e' giovani spesso e assai, quanto per recrearsi basta, piglino de' sollazzi. Ma sieno tutti e' loro giuochi virili, onesti, senza sentire di vizio o biasimo alcuno. Usino que' lodati essercizii a' quali e' buoni antichi si davano. Gioco ove bisogni sedere quasi niuno mi pare degno di uomo virile. Forse a' vecchi se ne permette alcuno, scacchi e tali spassi da gottosi[9], ma giuoco niuno senza essercizio e fatica a me pare che a' robusti giovani mai sia licito. Lascino e' giovani non desidiosi, lascino sedersi le femmine e impigrirsi: loro in sé piglino essercizii, muovano persona e ciascuno membro; saettino, cavalchino e seguano gli altri virili e nobili giuochi.

---

[5] Prisciano e Servio furono due grammatici latini.

[6] Con *carte* e *grecismi* l'autore si riferisce, in senso spregiativo, a scritti di pura erudizione, senza l'impegno politico-morale dei tre personaggi citati subito appresso.

[7] Tullio sta per Marco Tullio Cicerone (106 a.C.-43 a.C.), qui citato per le sue opere di carattere storico-politico; Tito Livio (59 a.C.-17 d.C.) fu l'autore della grande storia di Roma in 142 libri; Sallustio (I secolo a.C.) compose opere di carattere storico.

[8] Accade.

[9] Passatempi da anziani.

GUIDA ALLA LETTURA

❶ Quali sono le discipline letterarie e scientifiche ritenute fondamentali dall'Alberti per una formazione culturale completa? ❷ Quali autori classici sono considerati riferimenti indispensabili per la formazione culturale? ❸ Quali sono le finalità principali dell'educazione? ❹ Quali attività devono accompagnare lo studio per completare la formazione dei giovani?

91 DOC

Flavio Biondo • Lorenzo Valla
Gli antichi e i moderni

da E. Garin, *Il Rinascimento italiano*, Istituto per gli studi di politica internazionale, Milano 1941, pp. 63-68

■ I letterati del XIV e XV secolo, comunemente definiti "umanisti", testimoniano con i loro scritti la consapevolezza di un rinnovamento culturale in atto e l'aspirazione a una rinascita della società in genere. Sono spesso brevi ma significativi accenni, come nel testo di Flavio Biondo (1392-1463) tratto dalla prefazione al suo studio sulla storia e geografia dell'Italia, *In Italiam illustratam*. Nella sua attività di storico Flavio Biondo è guidato dall'idea di una fase antica della civiltà seguita da una decadenza che viene a concludersi con il suo tempo. È una delle prime chiare formulazioni della tripartizione tra antico, medievale e moderno, presente anche nel testo di Lorenzo Valla (1407-1457), *Elegantiae linguae latinae*, dove più che la grandezza militare dell'antica Roma si esalta la sua funzione civilizzatrice, passata attraverso la diffusione della lingua latina.

Biondo: la «brama di meglio conoscer la storia»

Essendo stata sottomessa Roma da varî popoli, pur essendo interrotti gli studi delle arti liberali, cessò soprattutto e scomparve la storia e avvenne che, mentre i barbari tutto travolgevano e nessuno tramandava ai posteri con monumenti letterari gli eventi del tempo, di quei mille anni non solo non conosciamo gli avvenimenti, ma ignoriamo in gran parte dove fossero le regioni dell'Italia, le città, i paesi, i laghi, i fiumi, i monti, i cui nomi ritornano negli antichi scrittori. Inoltre, cosa anche più strana, di molti paesi e città potentissime, che nel frattempo vediamo essere grandemente cresciute, ignoriamo quando furon fondate e non sappiamo chi ne siano stati i fondatori.

Perciò, poiché il tempo nostro per la benevolenza di Dio è in condizioni migliori, poiché rinacquero gli studi così delle altre arti come, soprattutto, dell'eloquenza[1], e i nostri contemporanei sono stati presi dalla brama di meglio conoscer la storia, ho voluto tentare, con la conoscenza che ho ottenuto delle vicende d'Italia, di dare novità di nomi agli antichi luoghi e popoli ai nuovi autorità, agli scomparsi vita nel ricordo, e, infine, di illuminare l'oscurità delle vicende italiche.

Valla: la lingua latina

Coloro che per quasi tutto l'occidente, in non piccola parte del setten-

---

[1] L'arte del parlare al fine di persuadere gli uditori. Qui può essere intesa in generale come arte di parlare e scrivere con stile elaborato.

trione e dell'Africa[2], resero celebre e quasi regina la lingua romana e, in tutte quelle terre, la dettero agli uomini come un'ottima messe per fare sementa, compirono un'opera certamente molto più bella e più illustre che non l'estendere lo stesso impero. Quelli infatti che accrescono l'impero sogliono essere molto onorati e vengono chiamati imperatori; ma coloro che recarono agli uomini benefici vengono celebrati con lode non umana, ma divina. Essi, infatti, non pensano solo alla grandezza e alla gloria della propria città, ma anche all'utilità e alla salvezza in genere di tutti gli uomini. Perciò se i nostri antichi in guerra e in molte imprese superarono gli altri, nella diffusione della loro lingua furono superiori a se stessi e, quasi lasciato l'impero terrestre, raggiunsero in cielo il consorzio degli dei. O forse, mentre Cerere[3], perché inventrice del grano, Bacco[4] del vino, Minerva[5] dell'olio e molti altri per benefici del genere, sono stati collocati fra gli dei, l'aver distribuito ai popoli la lingua latina, messe ottima e puramente divina, cibo non del corpo ma dell'anima, sarà ritenuto minor merito? Fu essa, infatti, che educò quelle genti e tutti i popoli nelle arti liberali, fu essa, che insegnò loro ottime leggi, che preparò la strada a ogni sapienza, che, infine, fece sì che non fossero detti barbari. Perciò, qual giusto estimatore non preferirà coloro che si resero illustri nel culto delle lettere a quanti condussero orride guerre? Quelli infatti chiamerai uomini regi, ma questi giustamente divini, che non aumentarono solo, come fanno gli uomini, lo stato e la maestà del popolo Romano, ma, come fanno gli dei, provvidero anche alla salvezza del mondo. [...] Grande è dunque il sacramento della lingua latina, grande senza dubbio la divina potenza che presso gli stranieri, presso i barbari, presso i nemici, piamente e religiosamente vien custodita da tanti secoli, sì che noi Romani dobbiamo non dolerci, ma rallegrarci e gloriarci anche davanti al mondo. Perdemmo Roma, perdemmo il regno, perdemmo il dominio, e non per colpa nostra ma dei tempî; eppure con questo più splendido impero regnamo ancora in tanta parte del mondo. [...] Poiché ivi è l'impero romano, dove domina la lingua romana. [...]

Ma quanto tristi furono i tempi passati, in cui non si trovò nessun uomo dotto, tanto maggiormente dobbiamo compiacerci con i tempi nostri, nei quali, se ci sforzeremo un poco di più io confido che rinnoveremo presto, più che la città, la lingua di Roma e, con essa, tutte le discipline.

[2] Valla allude ai territori che avevano fatto parte dell'Impero romano.

[3] Antica dea italica del grano, identificata generalmente con Demetra.

[4] Dio del vino e della viticoltura.

[5] Dea della sapienza, della guerra e dell'artigianato.

GUIDA ALLA LETTURA

❶ Che idea di storia emerge dai testi? In quali fasi viene suddivisa? ❷ In che modo i due autori percepiscono il loro tempo? Che cosa caratterizza, invece, i «tempi passati»? ❸ Quali sono i segni di decadenza di una civiltà? Quali, al contrario, quelli della rinascita? ❹ A quale tradizione, culturale e politica, i due autori fanno riferimento? Per quali ragioni?

92 DOC

Poggio Bracciolini
Caccia ai classici

da *Prosatori latini del Quattrocento*, a c. di E. Garin, Einaudi, Torino 1976, vol. II, pp. 241-47

Tra il 1414 e il 1418 Poggio Bracciolini (1380-1459) fu a Costanza, al seguito di papa Giovanni XXIII (1410-19), per il concilio riunito in quella città. Da qui visitò il famoso monastero di S. Gallo dove ebbe la fortuna di scoprire alcuni preziosi manoscritti di autori classici; scrisse così all'amico Guarino Veronese, in una lettera perfettamente strutturata secondo i dettami dello stile epistolare, e gli comunicò la novità. Qui non c'è ancora "filologia": lo studio critico delle testimonianze contenute nei codici medievali e la ricostruzione dei testi dei classici attraverso complesse tecniche di confronto tra quelle testimonianze verrà poco dopo, soprattutto con Lorenzo Valla [91 DOC]. Tuttavia, già il contributo di Poggio fu enorme: da lui furono scoperti in varie circostanze molte orazioni ciceroniane e poi Lucrezio, Manilio, Ammiano Marcellino, Stazio, Petronio. La filologia si sviluppò proprio sulla base di queste e altre prodigiose acquisizioni.

Poggio fiorentino segretario apostolico saluta il suo Guarino veronese

So che nonostante le tue molte occupazioni quotidiane, per la tua gentilezza e benevolenza verso tutti, ricevi sempre con piacere le mie lettere; e tuttavia ti prego nel modo più vivo di prestare a questa una particolare attenzione, non perché la mia persona possa destar l'interesse anche di chi ha molto tempo da perdere, ma per l'importanza di quanto sto per scriverti. So infatti con assoluta certezza che tu, colto come sei, e gli altri uomini di studio, avrete una grandissima gioia. Infatti, o Dio immortale, che cosa può esservi di più piacevole, caro, gradito a te e agli altri uomini dotti che la conoscenza di quelle cose per la cui familiarità diventiamo più colti e, ciò che più conta, più raffinati? La natura, madre di tutte le cose, ha dato al genere umano intelletto e ragione, quali ottime guide a vivere bene e felicemente, e tali che nulla possa pensarsi di più egregio. Ma non so se non siano veramente eccellentissimi, fra tutti i beni che a noi ha concesso, la capacità e l'ordine del dire, senza cui la ragione stessa e l'intelletto nulla potrebbero valere. [...] Bisogna quindi essere sommamente grati sia agli inventori delle altre arti liberali, sia soprattutto a coloro che, con le loro ricerche e con la loro cura, ci tramandarono i precetti del dire e una norma per esprimerci con perfezione. Fecero infatti in modo che, proprio in ciò in cui gli uomini sovrastano specialmente gli altri esseri animati, noi fossimo capaci di oltrepassare gli stessi limiti umani. E, molti essendo stati gli autori latini, come sai, egregi nell'arte di perfezionare e adornare il discorso, fra tutti illustre ed eccellente fu M. Fabio Quintiliano[1], il quale così chiaramente e compiutamente, con diligenza somma, espone le doti necessarie a formare un oratore perfetto, che non mi sembra gli manchi cosa alcuna, a mio giudizio, per raggiungere una somma dottrina o una singolare eloquenza. [...] Ma egli presso di noi italiani era così lacerato, così mutilato, per colpa, io credo, dei tempi, che in lui non si riconosceva più aspetto alcuno, abito alcuno d'uomo. [...]

Era penoso, e a mala pena sopportabile, che noi avessimo, nella mutilazione di un uomo sì grande, tanta rovina dell'arte oratoria; ma quanto più grave era il dolore e la pena di saperlo mutilato, tanto più grande è ora la gioia, poiché la nostra diligenza gli ha restituito l'antico abito e l'antica dignità, l'antica bellezza e la perfetta salute. [...] E infatti, per Ercole, se non gli avessi recato aiuto, era ormai necessariamente vicino al giorno della morte. Poiché non c'è dubbio che quell'uomo splendido, accurato, elegante, pieno di qualità, pieno di arguzia, non avrebbe più potuto sopportare quel turpe carcere, lo squallore del luogo, la crudeltà dei custodi. [...] Ma, come dice il nostro Terenzio[2], quanto inopinatamente avvengono spesso le cose che non oseresti sperare!

Un caso fortunato per lui, e soprattutto per noi, volle che, mentre ero ozioso a Costanza, mi venisse il desiderio di andar a visitare il luogo dove egli era tenuto recluso. V'è infatti, vicino a quella città, il monastero di S. Gallo, a circa venti miglia. [...] Ivi, in mezzo a una gran massa di codici che sarebbe lungo enumerare, ho trovato Quintiliano ancor salvo ed incolume, ancorché tutto pieno di muffa e di polvere. Quei libri infatti non stavano nella biblioteca, come richiedeva la loro dignità, ma quasi in un tristissimo ed oscuro carcere, nel fondo di una torre in cui non si caccerebbero neppure dei condannati a morte. [...]

Trovai inoltre i tre primi libri e metà del quarto delle *Argonautiche* di Caio Valerio Flacco[3], ed i commenti a otto orazioni di Cicerone, di Quinto Asconio Pediano[4], uomo eloquentissimo, opera ricordata dallo stesso Quintiliano. Questi libri ho copiato io stesso, ed anche in fretta, per mandarli a Leonardo Bruni e a Niccolò Niccoli, che avendo saputo da me la scoperta di questo tesoro, insistentemente mi sollecitarono per lettera a mandar loro al più presto Quintiliano. Accogli, dolcissimo Guarino, ciò che può darti un uomo a te tanto devoto. Vorrei poterti mandare anche il libro, ma dovevo contentare il nostro Leonardo. Comunque sai dov'è, e se desideri averlo, e credo che lo vorrai molto presto, facilmente potrai ottenerlo. Addio e voglimi bene, ché l'affetto è ricambiato. Costanza, 15 dicembre 1416.

[1] Vissuto fra il 35 e il 96 d.C. ca., Quintiliano fu avvocato e professore di retorica. Fra le opere pervenute sotto il suo nome, l'unica sicuramente autentica è la *Institutio oratoria* in 12 libri, il più ampio manuale di retorica dell'Antichità.

[2] Terenzio Afro, vissuto nella prima metà del II secolo a.C., fu legato al raffinato ed ellenizzante circolo culturale degli Scipioni.

[3] Autore, nel I secolo d.C., di un poema epico in 8 libri, rimasto incompiuto, sul mito degli Argonauti.

[4] Di questo grammatico e antiquario vissuto nel I secolo d.C. è stato tramandato il commento a cinque orazioni di Cicerone.

GUIDA ALLA LETTURA

❶ Quale scoperta l'autore afferma di aver compiuto? ❷ Da quali considerazioni l'autore fa precedere la descrizione del suo ritrovamento? Che funzione svolgono nel discorso? ❸ Quali informazioni è possibile trarre sui luoghi e sullo stato di conservazione dei libri, nel Medioevo? ❹ Qual è l'atteggiamento degli "umanisti" di fronte ai "classici"?

93

G.M. Vian
La critica del testo e la donazione di Costantino

G.M. Vian, *La donazione di Costantino*, il Mulino, Bologna 2004, pp. 117-26

■ La donazione di Costantino è giustamente considerata il più famoso falso della storia occidentale. Con questo atto, il primo imperatore cristiano, Costantino (306-337), avrebbe donato l'Italia e l'intero Occidente a papa Silvestro e ai suoi successori, riservando per sé il governo della parte orientale dell'impero. In realtà, il documento fu composto oltre quattro secoli dopo la morte dell'imperatore con lo scopo di fornire un'inoppugnabile base legale al potere temporale del papato. Sospetti sulla sua autenticità furono avanzati periodicamente, ma fu solo con il celebre trattato *De falso credita et ementita Constantini donatione* ("Sulla falsamente creduta e smentita donazione di Costantino"), scritto nel 1440 dall'umanista italiano Lorenzo Valla [91 DOC], che la questione fu risolta [👁 10.1]. Il trattato è tuttora considerato come uno dei primi, sistematici esempi di applicazione dell'analisi linguistica alla critica storica

Primavera del 1440: al seguito di Alfonso V di Aragona[1], a Gaeta o a Capua, un brillante umanista romano, Lorenzo Valla, scrive di getto [...] un'operetta in latino che intitola *De falso credita et ementita Constantini donatione*. [...] Da oltre mezzo secolo si erano da più parti levate voci sempre più convincenti a sostenere la falsità del celebre documento [...]. Ma ora per la prima volta alla «falsamente creduta e smentita donazione di Costantino» [...] era dedicato un intero scritto, che si estende per centoventi pagine [...] nella più recente edizione critica. [...] Autore dello scritto era un intellettuale ancora giovane ma già molto conosciuto. [...]

Al servizio del sovrano [Alfonso V di Aragona], che proprio allora avviò una politica di contrapposizione al papa rivolta alla conquista del regno di Napoli, Valla compose una serie di opere che consolidarono la sua fama. Tra queste, il *De falso credita et ementita Constantini donatione*, scritto in uno scoppiettante latino durante una delle fasi più acute dello scontro tra Alfonso V ed Eugenio IV[2]. Significativamente l'umanista romano esordisce con l'esibizione, insistita in prima persona, dei suoi intenti (e meriti) critici, vera e propria chiave di lettura dell'opera: «Molti, anzi moltissimi sono i libri da me scritti in quasi tutti i campi del sapere dove io dissento da quanto hanno affermato alcuni autori, grandi e ormai da lungo tempo apprezzati» [...]. Stavolta l'obiettivo è addirittura il papa [...]. Colpa dei romani pontefici è l'ignoranza o l'avidità o il desiderio di potenza: la donazione di Costantino è infatti un falso che è stato confezionato dagli stessi papi o che da loro è stato difeso come vero, disonorando la maestà del pontificato, la memoria degli antichi pontefici e la religione cristiana. Lo scritto dimostrerà quindi [...] che la donazione, sconosciuta sia a Silvestro che a Costantino, non è plausibile, è contraddetta dai dati storici successivi, non concorda con gli avvenimenti coevi, non è sostenuta dalla storia del testo ma anzi smentita dal suo contenuto, dimostrata inesistente da altri provvedimenti imperiali, e infine impossibile anche nella fattispecie giuridica della prescrizione.

La complessa argomentazione di Valla inizia sottolineando l'inverosimiglianza della donazione: quale sovrano, al posto di Costantino, l'avrebbe fatta, rinunciando a Roma e a tutto l'Occidente? [...] Torna qui uno degli argomenti della tradizione giuridica sull'incapacità del sovrano a disporre dell'impero, del quale poi egli si è impossessato con la forza. Ma a intervenire subito dopo è lo stesso Silvestro che dichiara come la donazione macchierebbe l'innocenza e la santità papali e ostacolerebbe chi ricerca la verità: «come resterà indenne tra le ricchezze l'innocenza dei sacerdoti?» si chiede enfaticamente il pontefice [...]. Inimmaginabile giuridicamente e psicologicamente, la donazione è anche insostenibile dal punto di vista storico: per diversi secoli nessun papa [...] ha mai preteso obbedienza da alcun sovrano, perché Roma e l'Italia erano sotto il dominio imperiale, come risulta tra l'altro da un'ampia e inoppugnabile documentazione numismatica. [...]

Agli argomenti generali di ordine giuridico, psicologico e storico Valla fa seguire una lunga parte dedicata all'esame del documento [...]. L'implacabile e serrata analisi filologica, condita anche di pittoreschi insulti nei confronti del falsario, è costellata di efficaci invettive, come quella che accosta i pontefici romani agli scribi e ai farisei evangelici rimproverando loro [...] il fasto imperiale indegno dei vicari di Cristo e addirittura più esibito di quello dei Cesari [...].

Lo scritto di Valla, brillante e polemico quanto il suo autore, risale a uno dei momenti più tesi del conflitto che per anni oppose Alfonso V di Aragona a Eugenio IV, quando nel concistoro del 15 aprile 1440 il papa e i cardinali decisero di appoggiare militarmente Renato di Angiò, rivale del re aragonese. [...]

Il momento favorevole offrì a Valla l'occasione per affrontare con una polemica distruttiva e nel modo che gli era più congeniale – tra religione, retorica e filologia – un tema tradizionalmente importante e dibattuto come quello della donazione costantiniana.

---

[1] [→ 8.3].

[2] Papa tra il 1431 e il 1447. Lo scontro con Alfonso V d'Aragona era dovuto al rifiuto del pontefice di riconoscerne le pretese su Napoli [→ 8.3].

GUIDA ALLA LETTURA

❶ In quale ambiente politico-culturale Valla scrisse il *De falso credita et ementita Constantini donatione*? ❷ Quali erano gli intenti dichiarati dell'opera? ❸ Con quali argomenti di ordine giuridico, psicologico e storico, Valla dimostra la falsità della donazione di Costantino? ❹ Quali verità emergono dall'analisi filologica del testo?

94

A. Forcellino
L'arte sepolta torna alla luce

A. Forcellino, *Michelangelo. Una vita inquieta*, Laterza, Roma-Bari 2005, pp. 53-55; 108-11

■ Lo storico dell'arte Antonio Forcellino (nato nel 1955) racconta due episodi della vita di Michelangelo che sono emblematici dell'atmosfera determinata dalla riscoperta degli antichi capolavori artistici dell'Europa rinascimentale. Il primo si colloca nella Firenze dove il frate Savonarola [→ 9.3] conduceva una folle battaglia contro le opere d'arte: il giovane Michelangelo scolpì la statua di un Cupido dormiente, e finse che si trattasse di un reperto antico, ricavandone un ingente guadagno. L'orgoglio dell'artista fece svelare l'inganno, ma Michelangelo ne ricavò comunque un'ottima reputazione. Il secondo episodio è ambientato invece nella Roma di Giulio II, dove era in corso una vera e propria caccia alle statue antiche, destinate ad arricchire le collezioni papali: quando venne fortuitamente alla luce il gruppo del Laocoonte, l'ammirazione dei contemporanei per la maestria degli scultori antichi raggiunse l'acme. Ma Michelangelo, per nulla intimidito, colse nell'evento quasi una sfida alla propria abilità.

Un Cupido degno degli antichi

La Firenze dove l'artista fece ritorno nel Natale del 1495 era una città ancora fortemente instabile sul piano politico, incendiata dalle prediche di un Savonarola sempre più potente e sempre più intransigente verso le debolezze degli uomini[1]. [...]

Savonarola odiava a tal punto l'arte non devozionale da rifiutare anche una somma consistente offerta da un mercante veneziano che intendeva acquistare tutte le opere destinate a bruciare nella pubblica piazza. Nella sua mente, soltanto il fuoco poteva purificare definitivamente l'indegnità degli uomini. Nella coscienza del popolo fiorentino, i toni cupi delle sue prediche stavano sostituendo gradualmente la fierezza con cui la città aveva accolto lo sviluppo dell'arte e della civiltà.

Ma Michelangelo non si perse d'animo e riprese la sua ricerca esattamente da dove l'aveva interrotta: dalla competizione con quella scultura classica tanto odiata dal nuovo padrone della città. Realizzò un *Cupido dormiente*, un soggetto molto frequentato dagli artisti greci e romani. La scultura riuscì così bene da sembrare in tutto identica ad una statua antica. Al punto che a Michelangelo o a qualcuno a lui molto vicino venne in mente di organizzare una truffa ai danni dei ricchi collezionisti di antichità, spesso accecati dal desiderio di possesso. La scultura venne interrata e contraffatta in maniera da apparire come se fosse rimasta sepolta per lunghissimo tempo. Lo scopo era venderla come un oggetto antiquario. [...] La truffa doveva puntare a Roma, dove le «anticaglie» suscitavano una febbre altissima nella ricca corte pontificia, presa di mira per le sue dissolutezze proprio da fra Girolamo, che alla città del papa opponeva la sua Firenze in via di costruzione, tutta virtù e necessità morale.

Sapientemente affumicato e sporcato di terreno appiccicoso, il *Cupido* venne dunque portato a Roma e offerto a uno dei più ricchi collezionisti italiani, il cardinale di San Giorgio Raffaele Riario. La somma concordata per la vendita era spropositata: 200 ducati, a fronte dei 15 pagati correntemente per una statua moderna e dei 18 che erano stati pagati a Michelangelo per la statua del *San Petronio* a Bologna. Fu questa la cifra effettivamente pagata dal mediatore della truffa a Michelangelo. Il successo fu però troppo grande perché l'artista non decidesse di uscire allo scoperto rivendicando per sé la differenza del guadagno. Sdegnato, il cardinale richiese indietro i suoi soldi. Ma era a tal punto uomo di mondo da cogliere perfettamente [...] l'eccezionalità di quel giovane talento.

Recuperati i suoi soldi, Riario invitò senz'altro Michelangelo a Roma nella sua raffinatissima corte. Il giovane artista non aspettava altro.

La meraviglia del Laocoonte

Una giornata fredda e tersa del gennaio 1506, in una vigna dalle parti del Colosseo, comparvero due grossi serpenti risvegliati da un letargo millenario. Erano i serpenti di marmo che avevano stritolato il vecchio Laocoonte e i suoi due giovani figli per essersi opposti al regalo mortifero fatto da Ulisse ai Troiani[2]. [...] La statua riemergeva dal suolo quasi come un segno premonitore dell'eccellenza che l'arte stava nuovamente raggiungendo sotto il regno di Giulio II. Questi si affrettò ad offrire al fortunato proprietario del terreno una somma favolosa (più di 600 ducati) per poter collocare la statua in una cappella appositamente fatta costruire nel Belvedere, quasi si trattasse di una reliquia di Cristo. I poeti più colti di Roma, tra cui il Sadoleto[3], composero versi per celebrare l'avvenimento. [...]

Quel giorno freddo e asciutto di gennaio, Michelangelo si trovava a casa di Giuliano da Sangallo[4] [...]. Quando vennero ad informare l'architetto del ritrovamento, corse anche lui entusiasta alla vigna per assistere alle operazioni di recupero. Certo doveva avere ben chiaro che quella scultura poneva a lui e al mondo intero un nuovo altissimo traguardo da superare, soprattutto perché, accanto alla perfezione delle anatomie, Laocoonte e i suoi figli mostravano un'espressione di *pathos* così convincente quale non si conosceva ancora a quella data in Italia. Ma Michelangelo era più che certo del suo talento e non si lasciò avvilire dalla scoperta proprio in quei giorni di fervida contrattazione con il papa. Non esitò anzi a promettergli la più grande opera di scultura che il mondo avesse mai visto [...]. Neanche di fronte a quella terribile testimonianza di eccellenza l'autostima di Michelangelo vacillò.

1 👁 9.3.

2 Il cavallo di Troia.

3 Iacopo Sadoleto (1477-1547), umanista e cardinale, autore di carmi e poemetti eleganti.

4 Grande architetto fiorentino (1443-1516).

GUIDA ALLA LETTURA

❶ Perché Firenze, alla fine del '400, non era una città «accogliente» per Michelangelo? ❷ Che immagine dell'artista emerge dal brano? ❸ Che cosa rappresentava l'arte classica per gli uomini del '500? E per Michelangelo? ❹ Esisteva un mercato dell'arte antica? Chi erano i principali finanziatori delle opere d'arte?

95 DOC

Niccolò Machiavelli
L'immaginazione e la «verità effettuale»

N. Machiavelli, *Il Principe*, nuova edizione a c. di G. Inglese, Einaudi, Torino 2013, pp. 109-11

L'opera più famosa di Niccolò Machiavelli [👁 10.6] è senza dubbio il trattatello intitolato *De principatibus* ('Sui principati'), meglio noto con il titolo della prima edizione a stampa (postuma) del 1532: *Il Principe*. L'autore vi discusse le caratteristiche che rendevano un principe degno di lode o di biasimo, sostenendo la posizione, assolutamente anticonformistica, secondo la quale il valore supremo era la «verità effettuale», cioè la necessità di affrontare gli altri uomini per quello che erano e non per quello che avrebbero dovuto essere. Machiavelli non prospettava al suo principe ideale il valore di un'etica pubblica riferita a "come si dovrebbe vivere", ma le crude leggi dell'operare politico secondo la «verità effettuale della cosa». Presentiamo il cap. XV, dedicato alle qualità che rendono i principi degni di lode o di biasimo.

Resta ora a vedere quali debbino essere e' modi e governi di uno principe o co' sudditi o con li amici. E perché io so che molti di questo hanno scritto, dubito, scrivendone ancora[1] io, non essere tenuto prosuntuoso, partendomi maxime[2] nel disputare questa materia da li ordini delli altri. Ma sendo l'intenzione mia stata scrivere cosa che sia utile a chi la intende, mi è parso più conveniente andare dreto alla verità effettuale della cosa che alla immaginazione di essa. E molti si sono immaginati republiche e principati che non si sono mai visti né conosciuti in vero essere. Perché gli è[3] tanto discosto da come si vive a come si doverrebbe vivere che colui che lascia quello che si fa per quello che si doverrebbe fare[4] impara più presto[5] la ruina che la perservazione sua: perché uno uomo che voglia fare in tutte le parte professione di buono, conviene[6] che ruini in fra tanti che non sono buoni. Onde è necessario, volendosi uno principe mantenere, imparare a potere essere non buono e usarlo[7] e non usarlo secondo la necessità.

Lasciando adunque addreto le cose circa uno principe immaginate e discorrendo quelle che sono vere, dico che tutti li uomini, quando se ne parla, e maxime e' principi per essere posti più alti, sono notati di[8] alcune di queste qualità che arrecano loro o biasimo o laude. E questo è[9] che alcuno è tenuto liberale, alcuno misero – usando uno termine toscano, perché avaro in nostra lingua è ancora[10] colui che per rapina desidera di avere: misero chiamiamo noi quello che si astiene troppo di usare il suo –; alcuno è tenuto donatore, alcuno rapace; alcuno crudele, alcuno piatoso; l'uno fedifrago, l'altro fedele; l'uno effeminato e pusillanime, l'altro feroce e animoso; l'uno umano, l'altro superbo; l'uno lascivo, l'altro casto; l'uno intero[11], l'altro astuto; l'uno duro[12], l'altro facile; l'uno grave, l'altro leggeri; l'uno religioso, l'altro incredulo, e simili. E io so che ciascuno confesserà[13] che sarebbe laudabilissima cosa uno principe trovarsi[14], di tutte le soprascritte qualità, quelle che sono tenute buone. Ma perché le non si possono avere tutte né interamente osservare per le condizioni umane che non lo consentono, è necessario essere tanto prudente ch'e' sappi fuggire la infamia di quegli vizii che gli torrebbono lo stato e da quegli che non gliene tolgono guardarsi[15], s'egli è possibile: ma, non possendo, vi si può con meno respetto[16] lasciare andare. Et etiam[17] non si curi di incorrere nella infamia di quelli vizi sanza e' quali possa difficilmente salvare lo stato; perché, se si considerrà bene tutto, si troverrà qualche cosa che parrà virtù, e seguendola sarebbe[18] la ruina sua, e qualcuna altra che parrà vizio, e seguendola ne nasce la sicurtà e il bene essere suo.

---

[1] Anche.
[2] Soprattutto perché io mi allontano.
[3] Egli è, con pronome pleonastico.
[4] Trascura i fatti reali per considerare le prescrizioni della morale.
[5] Piuttosto, più probabilmente.
[6] Bisogna, è forza.
[7] Usare l'essere non buono, la malizia.
[8] Di tutti gli uomini... si notano, si rilevano.
[9] Ciò è a dire.
[10] Anche.
[11] Schietto, leale.
[12] Severo, il contrario che condiscendente.
[13] Ammetterà.
[14] Che un principe si trovi ad avere.
[15] Retto da *sappi*.
[16] Scrupolo.
[17] E anche.
[18] Se la seguisse, se vi si attenesse sarebbe.

GUIDA ALLA LETTURA

❶ Che cos'è la «verità effettuale», che l'autore afferma di voler perseguire? A che cosa è contrapposta? ❷ Quali sono i rischi connessi a un comportamento ispirato esclusivamente al bene? ❸ Quali sono le qualità che deve possedere un principe? ❹ In che cosa consiste, secondo l'autore, la finalità ultima dell'operare politico?

SVILUPPARE LE COMPETENZE

Comprendere e Analizzare

❶ Alla luce dei documenti di Bracciolini [92DOC], di Biondo e Valla [91DOC] e del testo di Vian [93], secondo te, il rapporto che gli uomini del Rinascimento avevano con l'Antichità è di pura imitazione? O essa viene vista come un modello da cui partire per nuove avventure del pensiero e dell'arte? Rispondi alle domande citando opportunamente i testi.

❷ Quali sono i riferimenti culturali che emergono tanto dal testo di Alberti [90DOC] quanto da quello di Bracciolini [92DOC]?

Rielaborare e Argomentare

❸ **Redazione di un tema di ambito storico-politico. *Il Rinascimento: inizio di una nuova epoca?***

La riscoperta dei testi classici, la straordinaria fioritura delle arti, il nuovo valore attribuito alla scienza della politica sono solo alcuni degli innumerevoli elementi di una rivoluzione culturale senza precedenti: il Rinascimento. Ma quali soggetti coinvolse veramente? E quali conseguenze produsse nella mentalità e nei comportamenti collettivi? Rifletti sui caratteri di questa trasformazione, illustrandone gli aspetti più significativi.

Documenti: Pico della Mirandola [89DOC], Biondo e Valla [91DOC], Bracciolini [92DOC], Alberti [90DOC], Machiavelli [95DOC]

Immagini: pp. 300, 301, 303
Brani storiografici: Forcellino [94]
Capitoli: **10**

❹ **Scrivi un breve testo (max 30 righe), dal titolo *L'uomo del Rinascimento*, seguendo la scaletta di argomentazione:**

a. La natura e la libertà dell'uomo nuovo (Pico della Mirandola);
b. L'uomo del Rinascimento e i suoi modelli (Biondo e Valla; Bracciolini; Alberti; Forcellino);
c. La percezione di sé (Biondo e Valla; Forcellino);
d. La formazione e la cultura (Bracciolini; Alberti);
e. Le virtù e le qualità dell'uomo moderno (Bracciolini; Machiavelli).

Nuovi saperi, nuove tecniche

Nella sua ricerca della totalità, la cultura del Rinascimento cercò di unificare i vari campi del sapere e dell'esperienza, superando le vecchie barriere che li tenevano rigidamente separati: in questo fenomeno rientra anche il maggiore contatto fra il sapere scientifico e il sapere tecnico-artigianale. Lo storico **Peter Burke** [96] traccia un quadro sintetico della cerchia di intellettuali, artisti e scienziati che furono protagonisti del Rinascimento, soffermandosi sui modi e sui luoghi in cui avveniva la loro formazione culturale. **Paolo Rossi** [97] valorizza la fine del disprezzo per il mondo della tecnica come un evento decisivo del pensiero moderno. **Henri-Jean Martin** [98] ricostruisce invece gli antecedenti di una delle scoperte più sensazionali dell'epoca – la stampa a caratteri mobili – e li individua nel perfezionamento della produzione della carta: la nuova tecnica favorì una vera e propria rivoluzione culturale. **Leon Battista Alberti** [99DOC] appare pienamente consapevole della convergenza tra arte e scienza e vede nell'architettura il luogo privilegiato di tale incontro.
Alcuni settori, tuttavia, si mostrano più restii di altri ad accettare il cambiamento nella mentalità portato dal Rinascimento. **Federico Chabod** [100], per esempio, illustra le resistenze della mentalità tradizionale di fronte al problema del rapporto tra morale ed economia.

96

P. Burke
Le vie della formazione

P. Burke, *Cultura e società nell'Italia del Rinascimento*, Einaudi, Torino 1984, pp. 57-69

■ Lo storico inglese Peter Burke (nato nel 1937) analizza i due principali sistemi di apprendimento diffusi nell'Italia rinascimentale: quello delle botteghe, dove si formavano pittori e scultori, e quello universitario, nel quale crescevano scienziati e pensatori (nonché medici e giuristi). L'Università rimane certamente un luogo di resistenza della vecchia organizzazione del sapere e, non a caso, gran parte della cultura umanistica cresce fuori dai suoi confini. Del tutto inedita è poi l'esperienza degli architetti, i quali, non essendo riuniti in corporazioni, non conoscono itinerari consolidati di apprendistato: nella loro formazione si assiste alla convergenza di saperi diversi, fino all'Umanesimo classificati in ambiti disciplinari scarsamente comunicanti.

L'educazione, così come il reclutamento, dimostra che in effetti artisti e scrittori rappresentavano culture diverse. I pittori e gli scultori, così come gli altri artigiani, si formavano attraverso l'apprendistato. [...] Gli scienziati, gli umanisti e (in misura minore) gli scrittori, tendevano invece a frequentare l'università. [...] Gli architetti e gli scultori non appartengono propriamente a nessuna delle due culture [...].
Il processo di apprendimento nella bottega di un pittore fu descritto all'inizio

del nostro periodo da Cennini[1]. A suo parere avrebbe dovuto durare tredici anni [...]. Gli artisti non avevano quindi tempo per passare molti anni a scuola, anche se è probabile che alcuni di essi abbiano frequentato la scuola dell'abbaco[2]; Brunelleschi, Luca della Robbia, Bramante e Leonardo quasi certamente. In genere gli apprendisti entravano a far parte della famiglia del maestro, vivendo nella sua casa e ricevendo da lui vitto e vestiario. A volte il maestro veniva pagato per ciò che insegnava. [...]

Nel caso dei pittori una parte importante della formazione consisteva nello studio e nella copiatura della raccolta di disegni di cui era dotata la bottega, il che serviva ad unificare lo stile della scuola e a mantenerne vive le tradizioni. [...] È comunque possibile che il valore sempre maggiore attribuito ad un intenzionale individualismo stilistico ne diminuisse l'importanza. [...]

L'equivalente dell'apprendistato per umanisti e scienziati (e in misura minore per gli scrittori [...]), oltre che per gli avvocati, era l'educazione universitaria. Per entrare a far parte della corporazione dei giudici e dei notai nella Firenze quattrocentesca si doveva dimostrare di aver studiato giurisprudenza all'Università per cinque anni o più. [...]

Gli studenti che entravano all'Università erano in genere più giovani che al giorno d'oggi. [...] Iniziavano studiando le «arti», cioè le sette arti liberali, suddivise tra le più elementari – grammatica, logica e retorica (il *trivium*) – e le più complesse – aritmetica, geometria, musica e astronomia (il *quadrivium*). [...] Tuttavia ciò che effettivamente viene insegnato in un'Università [...] non sempre corrisponde a quanto risulta dal curriculum ufficiale. [...] Si può sospettare che la storia, la poesia e l'etica, tre «umanità» che non rientravano tra le sette arti liberali, fossero studiate almeno quanto le materie del *quadrivium*. Dopo le arti si poteva proseguire sino ai livelli superiori: teologia, diritto o medicina. [...]

Gli architetti [...] vanno considerati a parte. L'architettura non era ritenuta un'arte in sé, per cui non esistevano corporazioni di architetti, né alcun sistema di apprendistato. Gli uomini quindi che in questo periodo disegnavano progetti per edifici [...] erano tutti preparati a qualcosa di diverso. Brunelleschi aveva studiato da orafo, Alberti aveva frequentato l'Università ed era umanista [...]. Palladio era stato apprendista presso uno scalpellino. [...] Altri famosi architetti vennero educati da uomini che, si definissero scultori, muratori od altri, avevano progettato edifici in stile rinascimentale. [...]

Riassumendo si può dire che esistevano allora in Italia due culture, due sistemi di apprendimento, l'apprendistato e l'Università, il manuale e l'intellettuale, l'italiano e il latino. [...]

[Un] problema posto dalla coesistenza in quel periodo di due sistemi educativi separati è quello dell'uomo universale, reale o fittizio che sia. Non v'è dubbio che all'epoca l'idea dell'uomo universale esistesse. [...] La più famosa formulazione di quest'idea è senz'altro nel *Cortegiano* di Castiglione[3] (edito nel 1528), in cui gli interlocutori esigono dal perfetto cortigiano che sappia combattere e danzare, dipingere e cantare, scrivere poesie e consigliare il suo principe. Alberti, Leonardo, e Michelangelo seppero produrre risultati spettacolari in diverse arti [...]. Nell'ambito dell'élite creativa diciotto persone praticarono tre arti o più [...]; non meno di quindici di essi erano, fra le altre cose, architetti. L'architettura dunque o attirava a sé gli uomini universali, o li creava. Non è cosa che debba sorprendere, in quanto l'architettura costituiva il ponte tra la scienza (l'architetto doveva conoscere la meccanica), la scultura (doveva lavorare con la pietra), e l'umanesimo (gli si richiedeva di conoscere il lessico classico dell'architettura rinascimentale).

[1] Cennino Cennini (1370-1440), pittore e scrittore d'arte toscano e autore di un *Libro d'arte*, nel quale illustra i precetti tecnici ai quali si ispirava l'attività di bottega.

[2] Le scuole per la formazione dei tecnici (artigiani, mercanti, ecc.). Il loro insegnamento era basato sulla matematica: gli studenti imparavano a utilizzarla secondo le necessità del mestiere che stavano imparando.

[3] **102**DOC.

GUIDA ALLA LETTURA

❶ Quali erano i diversi itinerari di formazione di pittori e scultori, umanisti e scrittori, architetti? ❷ Che cosa intende Burke per «uomo universale»? ❸ Perché gli architetti ne rappresentano l'idealtipo?

97

P. Rossi
Sapere scientifico e sapere artigianale

P. Rossi, *I filosofi e le macchine (1400-1700)*, Feltrinelli, Milano 1971², pp. 15-24

■ Fin dall'Antichità, il mondo delle tecniche era considerato con disprezzo dai filosofi e dagli scienziati. Si riteneva infatti che occuparsi di cose pratiche non fosse degno di un vero pensatore. Il rifiuto di questa visione, sostenuto decisamente, tra gli altri, da autori come Vives, Rabelais e Vesalio, fu alla base del progresso scientifico e tecnologico dell'età moderna. Il tema è analizzato in queste pagine dal filosofo della scienza Paolo Rossi (1923-2012).

Contadini e artigiani operano nella natura e sulla natura e, a differenza dei filosofi, non si sono costruiti una serie di entità immaginarie cui attribuire un nome oltremodo dignitoso: «Arrabbiati contro la natura, che essi ignoravano, i dialettici[1] se ne sono co-

[1] Qui l'espressione ha valore spregiativo e si riferisce a coloro che praticavano filosofie astruse.

struita un'altra: cioè quella delle formalità, delle ecceità, delle relazioni, delle idee platoniche[2] e di altre mostruosità che gli stessi che le hanno inventate non possono capire. A tutte queste cose essi attribuiscono un nome pieno di dignità e le chiamano *metafisica*. Se qualcuno ha un'intelligenza del tutto ignara della natura, o che ha orrore di essa, una mente che è invece propensa a cose astruse e a sogni pazzeschi, dicono che costui possiede un'intelligenza metafisica»[3].

Il testo di Vives è del 1531. Due anni più tardi, nella *Vie treshorrificque du grand Gargantua*, Rabelais[4] poneva lo studio dell'opera degli artigiani fra gli elementi indispensabili a un'educazione completa. Sotto la guida di Ponocrates[5], il giovane Gargantua studiava scienze naturali, aritmetica, geometria e musica alternando lo studio con i più vari esercizi fisici. Nei giorni di freddo o di pioggia l'allievo si dedicava alla scultura e alla pittura, e maestro e allievo si recavano poi a vedere all'opera i fonditori di metalli e di bocche da fuoco, gli orefici e i tagliatori di pietre, gli alchimisti e gli orologiai, gli stampatori, gli organisti e i tintori. [...]

Vives e Rabelais [...] avevano dato espressione all'esigenza, assai diffusa nella cultura del Cinquecento, di un sapere nel quale l'osservazione dei fenomeni, l'attenzione per le opere, la ricerca empirica fossero preminenti rispetto alle evasioni retoriche, ai compiacimenti verbali, alle sottigliezze logiche, alle costruzioni apriori. Questa stessa esigenza – accompagnata da una precisa consapevolezza storica e da una cruda diagnosi dei pericoli impliciti in ogni cultura aristocratica ed esclusivamente libresca – troviamo presente in uno dei grandi testi della nuova scienza: il *De corporis humani fabrica* di Andrea Vesalio (1543)[6]. La protesta, la polemica, l'esortazione si riferiscono alla particolare situazione di un determinato ramo del sapere. La degenerazione della teoria, l'abbassamento di livello della dottrina appaiono collegati alla separazione, che si è progressivamente rafforzata, fra la tecnica e la scienza, fra il lavoro delle mani e l'elaborazione delle teorie scientifiche: «Dopo le invasioni barbariche tutte le scienze, che prima erano gloriosamente fiorite e praticate a dovere, andarono in rovina. A quel tempo, e prima di tutto in Italia, i dottori alla moda, imitando gli antichi romani, cominciarono a disprezzare l'opera della mano. Essi affidavano agli schiavi le cure manuali che ritenevano necessarie per i loro pazienti e personalmente si limitavano a sovraintendere. [...] Quando tutto il procedimento dell'operazione manuale fu affidato ai barbieri, i dottori non soltanto persero ben presto la vera conoscenza delle viscere, ma ben presto finì anche la pratica anatomica. Ciò dipese senza dubbio dal fatto che i dottori non si arrischiavano ad operare, mentre quelli cui era affidato quest'incarico erano troppo ignoranti per leggere gli scritti dei maestri di anatomia [...]».

Vesalio lottava per la convergenza, nella medicina, della teoria e dell'osservazione diretta; polemizzava, contemporaneamente, contro la figura del professore la cui sapienza si risolve tutta in parole, e contro quella di un sezionatore abbassato al rango di macellaio.

Negli scritti [di Vives, Rabelais, Vesalio e di altri autori del tempo] abbiamo riscontrato la presenza di una serie di temi comuni: i procedimenti degli artigiani, degli ingegneri, dei tecnici hanno valore ai fini del progresso del sapere; a tali procedimenti viene riconosciuta la dignità di fatti culturali e gli uomini colti devono quindi rinunciare al loro tradizionale disdegno per le «operazioni» e per la «pratica», abbandonare ogni concezione meramente retorica o contemplativa del sapere, volgersi allo studio e all'osservazione delle tecniche e delle arti.

---

[2] Tutti questi termini indicano vari concetti filosofici sostenuti da pensatori che tendevano a situare la realtà nel mondo ipotetico delle idee.

[3] La citazione è presa dal trattato *De causis corruptarum artium* ('Le cause della corruzione delle arti') pubblicato nel 1531 dall'umanista spagnolo Juan Luis Vives (1492-1540), che condusse una vigorosa polemica contro l'aristotelismo, accusato di promuovere una cultura dogmatica e vuota, perché priva di riferimento alla realtà.

[4] *La molto orrifica vita del grande Gargantua* è il titolo del primo capitolo di *Gargantua e Pantagruel*, il celebre romanzo in cui lo scrittore francese François Rabelais (1494-1553) racconta i viaggi e le avventure del gigante Gargantua e di suo figlio Pantagruel.

[5] Nel libro di Rabelais, Ponocrates è il maestro del gigante Gargantua.

[6] *La fabbrica del corpo umano*. Andrea Vesalio è la forma italiana del nome del grande anatomico belga André Vésale (1514-1564).

GUIDA ALLA LETTURA

❶ Quali aspetti della filosofia vengono criticati nel testo di Vives? ❷ Che cosa aveva determinato, secondo Vesalio, la rovina delle scienze? ❸ Che valore fu attribuito, nel '500, alla conoscenza tecnico-artigianale? ❹ Su che cosa doveva basarsi il sapere dell'uomo moderno?

98

H.-J. Martin
La via della stampa

H.-J. Martin, *L'invenzione della stampa*, Laterza, Roma-Bari 1990, pp. 219-22

■ Lo storico francese Henri-Jean Martin (1924-2007), autore di numerose opere sulla storia e la sociologia del libro, analizza la diffusione e il perfezionamento, in Europa, di un'invenzione che fu alla base della scoperta della stampa a caratteri mobili e della nascita del libro moderno [👁 10.7 EVENTI]: la carta. In questo, come in altri campi, la penisola italiana svolse un ruolo di avanguardia.

La storia del procedimento attribuito a Gutenberg non può prescindere dalle invenzioni che lo hanno preceduto o accompagnato, e la cui genesi suscita domande del medesimo ordine. In primo luogo, dunque, la carta. Nata in Cina, adottata dagli Arabi nell'VIII secolo, si era diffusa con l'Islam lungo la costa meridionale del Mediterraneo fra il IX e l'XI [...]. Era penetrata nella Spagna musulmana attraverso Cordova e Toledo. Xativa, nei pressi di Valenza, era diventata un attivo luogo di produzione al più tardi dal secolo XII. La Catalogna, regione industriale che intratteneva relazioni con l'Italia, diventava allora un importante centro d'esportazione.

Resterebbe da sapere come si fabbricavano la carta araba e quella spagnola [...]. La materia prima utilizzata era la canapa o il lino, sia allo stato naturale, sia sotto forma di vecchio cordame e, certamente, di vecchi stracci. Ritagliata con le forbici, dopo che il cordame era stato sbrogliato, veniva messa a macerare nel latte di calce, sciacquata nell'acqua corrente e asciugata al sole. Veniva poi collocata in un mortaio, pestata con cura, e trasferita in una vasca di dove il cartaio andava a tirarla fuori mediante uno stampo il cui fondo era fatto di fusti di canna legati talvolta con fili di crine di cavallo. Dopodiché il foglio così ottenuto veniva spalmato di una colla di farina e amido, perché non assorbisse la scrittura.

Il prodotto ottenuto, molto bianco e d'aspetto lanuginoso, doveva la sua qualità soprattutto alla cura e alla «mano» di chi l'aveva preparato [...].

In questo medesimo periodo l'uso dello scritto conosceva una crescita spettacolare in tutta Europa e specialmente in Italia. Vi si utilizzò della carta, prima nelle regioni a contatto col mondo arabo – in Sicilia, dove le cancellerie normanne e poi tedesche ripresero un uso che risaliva forse all'occupazione musulmana (fine dell'XI secolo). Altrettanto fecero i notai di Genova, dal secolo XII in poi. Gl'industriali italiani si misero allora al lavoro. Nei dintorni di Genova, dal 1210 in poi, imitarono la carta araba. Tuttavia la tecnica cartaria occidentale si sviluppò partendo da Fabriano. Situata non lontano dall'Adriatico, vicino ad Ancona, in una cinta di colline lungo le quali dei ruscelli venivano ad alimentare il fiume del luogo, il Giano, questa piccola città aveva dovuto la sua prima fortuna alle fucine che s'innalzavano lungo questo corso d'acqua. [...] Non si può non essere colpiti dalla quantità d'innovazioni realizzate in questo microcosmo fra il 1240 e il 1280.

Le innovazioni che si possono attribuire a Fabriano concernono:

1 La triturazione della stoffa. I cartai di Fabriano utilizzarono la forza idraulica (ruote a pala) per azionare mediante assi munite di leve (alberi a camme) delle batterie di pile rinforzate da chiodi di forme diverse a seconda dell'azione che dovevano esercitare sulla stoffa. Considerando che questo centro era celebre per i suoi chiodi, si può ritenere che si trattasse proprio di un'innovazione locale.

2 Lo stampo. Il bambù orientale e la canna degli Arabi furono sostituiti dal filo d'ottone di cui occorreva una decina di metri per il fondo di ciascuno stampo, il che comportava un procedimento di trafilatura[1] perfezionato.

3 La filigrana. Non sappiamo se i tratti di zigzag che si osservano in certi tipi di carta spagnoli corrispondessero di già a marchi di fabbrica. In ogni caso, la prima filigrana propriamente detta (piccolo disegno fatto con un filo di ottone attaccato allo stampo) che si conosca compare in carta prodotta a Bologna nel 1282 da un artigiano originario di Fabriano.

4 L'incollatura della carta, a Fabriano, si fa, non con colla vegetale (farina e amido) ma con colla animale (gelatina), il che assicura una maggior resistenza della carta.

Molto presto gli affari dei fabbricanti di carta di Fabriano raggiunsero una notevole estensione.

Non si potrebbe esagerare l'importanza di questo moto. Prima di allora la realizzazione di un solo in-folio[2] esigeva le pelli di un vero e proprio gregge, e i migliori fogli e le più fini pergamene erano quelli di animali morti giovani. Dal secolo XIV in poi, invece, l'Occidente dispone di un supporto di cui nulla sembrerà per un pezzo dover limitare la produzione. La via della stampa era aperta.

[1] Trasformazione della forma di un materiale grezzo utilizzando attrezzature meccaniche e matrici.

[2] Edizione in cui il foglio viene piegato una sola volta.

GUIDA ALLA LETTURA

❶ Dove fu inventata la carta? In che modo giunse in Europa? ❷ Come si fabbricavano la carta araba e quella spagnola? ❸ Quali furono le più importanti innovazioni realizzate, nel '200, nella produzione della carta? ❹ Perché, secondo Martin, la diffusione su vasta scala della carta aprì la «via della stampa»?

99DOC

Leon Battista Alberti
Il tempo di Dedalo

L.B. Alberti, *L'architettura*, a c. di G. Orlandi, Il Polifilo, Milano 1966, pp. 1-10

■ Con Leon Battista Alberti [90DOC] assume massima evidenza il processo di apertura e comunicazione fra le discipline, e la trasformazione di molti artigiani delle arti meccaniche in intellettuali e scienziati; la sua esperienza si propone infatti nel modo più esplicito, insieme con tante altre, come sintesi unitaria di impegno di pensiero, di attività letteraria, di esercizio attivo nella pittura e nell'architettura. Non sorprende pertanto che le pagine del proemio al suo *De re aedificatoria* – un trattato che unisce all'esposizione delle tecniche di costruzione una teoria di sviluppo urbanistico che è anche un piano di ordinamento politico della città – accolgano l'esaltazione delle tecniche e quindi delle capacità pratiche di tutti coloro che riescono con la loro abilità a migliorare la vita dell'uomo.

Molte e svariate arti, che contribuiscono a render felice la vita, furono dai nostri antenati indagate con grande accuratezza ed impegno, e tramandate a noi. E benché tutte quasi a gara dimostrino di perseguire lo stesso fine, di giovare quanto più possibile all'umanità, non di meno risulta esservi in ciascuna di esse una caratteristica intrinseca e naturale, tale da indicare come propria una finalità particolare e diversa dalle altre. Talune arti infatti sono coltivate per la loro necessità; altre si raccomandano per i vantaggi che presentano; altre ancora si apprezzano soltanto perché riguardano argomenti piacevoli a conoscersi. [...] Se si tengono presenti le più importanti, non se ne troverà una sola che non si rivolga a certi suoi particolari scopi, escludendone tutti gli altri. O se pure qualcuna se ne trovasse, tale da non potersene in alcun modo far senza, e tale al tempo stesso da conciliare la convenienza pratica con la gradevolezza e il decoro, a mio giudizio in questa categoria è da includere l'architettura; giacché essa [...] è quanto mai vantaggiosa alla comunità come al privato, particolarmente gradita all'uomo in genere e certamente tra le prime per importanza. [...]

Architetto chiamerò colui che con metodo sicuro e perfetto sappia progettare razionalmente e realizzare praticamente, attraverso lo spostamento dei pesi e mediante la riunione e la congiunzione dei corpi, opere che nel modo migliore si adattino ai più importanti bisogni dell'uomo. [...]

All'architetto [...] dobbiamo riconoscenza non soltanto perché ci fornisce un accogliente e gradito riparo dagli ardori del sole e dal gelo dell'inverno (benché ciò costituisca non piccolo merito), ma anzitutto per i suoi innumerevoli ritrovati che riescono di indubbia utilità, sia privata che pubblica, e tali da rispondere ai bisogni della vita in frequenti occasioni. [...]

Dedalo[1] fu altamente lodato dai contemporanei per aver costruito a Selinunte[2] una grotta dove sgorgando si raccoglieva un vapore tiepido e sottile, che faceva sudare in modo gradevolissimo, sottoponendo i corpi a una piacevole cura. Molte opere del genere, utili alla salute, furono escogitate da altri: viali da passeggio, piscine, terme e simili. Si possono pure menzionare i mezzi di trasporto, i forni, gli orologi e altri minori ritrovati, che pure hanno grande importanza nella vita d'ogni giorno. E ancora, i mezzi per condurre in superficie le acque sotterranee, adibite ad usi tanto diversi e indispensabili; così pure i monumenti commemorativi, i santuari, i templi, i luoghi sacri in genere, creati dall'architetto a scopi religiosi o ad uso dei posteri. Infine, mediante il taglio delle rupi, il traforo delle montagne, il livellamento delle valli, il contenimento delle acque marine e lacustri, lo svuotamento delle paludi, la costruzione delle navi, la rettificazione del corso dei fiumi, lo scavo di sbocchi alle acque, la costruzione di ponti e di porti, egli non solo risolse problemi di opportunità temporanea, bensì aprì la strada verso ogni regione della terra. [...]

Si aggiungano le armi da lancio, gli ordigni bellici, le fortezze, e tutti gli strumenti utili a conservare e a rafforzare la libertà della patria, patrimonio e vanto della comunità, e ad estenderne e consolidarne i domini. [...] Se poi si richiamano alla memoria le campagne di guerra condotte in passato, risulterà probabilmente che le vittorie vanno attribuite in maggior numero alle arti e alla valentia dell'architetto che alla guida e agli auspici del comandante; e il nemico più frequentemente fu sconfitto dall'acume dell'uno senza le armi dell'altro, che dal ferro di questo senza l'intelligenza di quello. [...]

Quanto poi l'attività costruttiva sia gradita e profondamente radicata nel nostro animo, risulta tra l'altro da ciò, che chiunque possa permetterselo, sente sempre in sé fortissima l'esigenza di edificare qualcosa [...]. Quante volte ci è avvenuto, pur frammezzo ad altre occupazioni, di sentire la necessità di concepire nella mente una qualche costruzione! [...] Se invece si ha davanti agli occhi una costruzione perfetta e bene eseguita in ogni sua parte, come non provarne piacere e gioia? E chi non sa come i cittadini sia in patria che altrove abbiano tratto dall'architettura non solo diletto e soddisfazioni, ma anche gloria? Chi non trae vanto dall'aver realizzato qualche architettura?

[1] Dedalo viene ricordato come uomo di ingegno straordinario, allievo del dio Hermes, al quale vengono attribuite le invenzioni del trapano, della scure e della livella.

[2] Antica città greca nella Sicilia sud-occidentale.

GUIDA ALLA LETTURA

❶ Quali sono le finalità delle diverse arti? ❷ Come è descritta da Alberti la figura dell'architetto? ❸ Quali sono le finalità pubbliche dell'architettura? E quelle private? ❹ Qual è il rapporto tra l'architettura e la guerra?

100

F. Chabod
Un ritmo diverso: l'economia

F. Chabod, *Il Rinascimento*, in *Scritti sul Rinascimento*, Einaudi, Torino 1967, pp. 98-100

■ Il Rinascimento portò a una rivalutazione delle attività umane, considerate ognuna per sé stessa e non subordinate a considerazioni di carattere metafisico e religioso. Maggiori persistenze della vecchia etica medievale si registrano invece nel campo economico, che resta ancora largamente dominato da considerazioni di carattere etico. A questi aspetti contraddittori della mentalità rinascimentale si riferisce, nelle pagine che seguono (tratte da un saggio del 1942), il grande storico italiano Federico Chabod **[88]**.

Di solito, si pensa al Rinascimento come all'età d'inizio dello spirito capitalistico: ma se già capitalistico appare il metodo nel condurre gli affari, se di stampo capitalistico è già la struttura finanziaria-commerciale almeno dell'economia italiana, in verità l'anima degli stessi grandi uomini d'affari resta gravata da preoccupazioni che saranno ignote al capitalista dell'età moderna. È almeno caratteristico il fatto che molti commercianti e finanzieri ad un certo momento della loro vita [...] sentano sorgere improvvisi scrupoli di coscienza i quali li obbligano a far pubblica confessione di aver male agito e a restituire, sotto una forma o un'altra, parte delle somme guadagnate. Ma più caratteristico ancora è lo scrupolo che assale in pieno '400 Alessandra Macinghi Strozzi, madre e suocera di mercanti-finanzieri, donna dunque bene al corrente degli affari, e che assale anche Marco Parenti, mercante di seta e nel contempo amico degli umanisti [...]; Alessandra Macinghi Strozzi e Marco Parenti, dunque (e siamo nel 1465), ritengono non lecito, anzi *peccato*, vendere titoli del Monte di Firenze quando nella quotazione di mercato siano saliti ad alto prezzo, per ricomprarne poi quando per avventura siano ribassati: ritengono dunque *peccato* (e si noti l'espressione, che comporta un giudizio non più economico, bensì di natura schiettamente e puramente morale!) quel che è diventato, invece, prassi corrente – e che nessuno si sognerebbe più di condannare – nel mondo moderno!

In pieno '400, si ha dunque il permanere di un atteggiamento moralistico di fronte alla vita economica, ch'era già stato caratteristico nel Villani: il quale, mercante, uomo di soda esperienza pratica, pronto a celebrare un particolare evento economico – quale la creazione del fiorino d'oro – era poi stato incapace, non appena si fosse soffermato a considerare e valutare l'agire economico in genere, di giustificare la sua stessa pratica, lasciandosi invece riavvolgere dagli scrupoli che di fronte al commercio e alla finanza aveva nutrito – in linea di principio – la mentalità medievale! Eccolo condannare [...] la vita troppo agiata, la vita dei ricchi, a cui s'accompagna «morbidezza» mentre la «grossa vita e povertà» vuol dire «buona fe' e bontà tra loro e al loro comune» [...].

Permane ancora nel Villani, come in donna Alessandra, l'eco tenace dell'avversione teorica alla ricchezza che non sia frutto della terra e del lavoro della terra: avversione ben radicata nei secoli di mezzo e fondata, concettualmente sul precetto aristotelico della sterilità del denaro in sé, moralmente sul versetto del *Vangelo di Luca*: «Mutuum date nihil inde sperantes»[1].

Nel campo storico-politico, al Dio e al diavolo del Villani, il Machiavelli sostituisce l'uomo, solo; ma nel campo del pensare economico, nessuno sopravviene – sino al trionfo della mentalità calvinistica – a mutare il vecchio modo di vedere, a spazzar via gli scrupoli e le perplessità di fronte al problema della ricchezza. [...]

Che è, oltre a tutto, un nuovo assai significativo esempio della profonda diversità che può intercorrere [...] fra realtà di fatto e vita di pensiero, tra azione e sistemazione concettuale dell'azione stessa. Gli uomini del Rinascimento, come già d'altronde i loro predecessori dell'età di mezzo, hanno amato la ricchezza, hanno fatto affari – e in qual maniera! – hanno robustamente edificato grandi aziende: ma, in fondo all'animo loro, quando si facevano a considerare i grandi problemi della vita e della morte, della attività terrena e del mistero ultraterreno, hanno sempre avvertito un che di almeno dubbio nel loro agire, e si sono allora ributtati nelle braccia del confessore, per averne l'assoluzione da quel che pure, per tanti anni, era stata tutta la loro vita.

All'arte per l'arte dell'Alberti, alla politica per la politica del Machiavelli, non corrisponde certo un'affermazione di principio che dica «l'agire economico per l'agire economico», che possa, sia pure *in nuce*, preludere a quel principio della produzione per la produzione, del fare per il fare, che è caratteristico del capitalismo moderno.

[1] Prestate senza sperarne nulla.

GUIDA ALLA LETTURA

❶ Quali erano, secondo Chabod, le contraddizioni che affliggevano gli uomini d'affari del Rinascimento? ❷ In che cosa consistevano gli «scrupoli» di mercanti e finanzieri? ❸ Quale giudizio morale investiva la ricchezza che non proveniva dalla terra? Su quali elementi, storici e teorici, era fondato? ❹ Che cosa distingue, secondo Chabod, l'agire economico del Rinascimento da quello proprio del capitalismo moderno?

SVILUPPARE LE COMPETENZE

Comprendere e Analizzare

❶ **Attraverso i brani di Burke [96], Rossi [97] e Alberti [99DOC] individua i punti di convergenza tra arte, scienza e tecnica nel Rinascimento:**

a. Attività artigianali e artistiche: ....

b. Tecniche e strumenti impiegati: ....

c. Discipline scientifiche: ....

d. Rapporti tra arte, scienza e tecnica: ....

Rielaborare e Argomentare

❷ **Redazione di un saggio breve. *Scienza e tecnica nel Rinascimento, tra persistenze del passato e nuova mentalità***

Sviluppa l'argomento scelto in forma di "saggio breve", utilizzando i documenti e i dati che lo corredano. Interpreta e confronta i documenti e i dati forniti e su questa base svolgi, argomentandola, la tua trattazione, anche con opportuni riferimenti alle tue conoscenze ed esperienze di studio. Da' al saggio un titolo coerente con la tua trattazione e ipotizzane una destinazione editoriale (rivista specialistica, fascicolo scolastico di ricerca e documentazione, rassegna di argomento culturale, altro). Se lo ritieni, organizza la trattazione suddividendola in paragrafi, cui potrai eventualmente assegnare un titolo.

Documenti: Alberti [99DOC]
Immagini: pp. 309, 312, 314, 316, 317
Brani storiografici: Burke [96], Rossi [97], Martin [98], Chabod [100]
Capitoli: **10.3**, **10.5-7**

❸ **Scrivi un breve testo (max 30 righe), dal titolo *L'ideale quattrocentesco di "uomo universale": l'architetto*, seguendo questa scaletta di argomentazione:**

a. Un nuovo rapporto tra scienza e tecnica (Rossi);
b. La formazione degli architetti (Burke);
c. Funzioni e utilità dell'architettura (Alberti);
d. Aderenza degli architetti all'ideale di uomo universale (Burke, Alberti).

In società

Artisti, cortigiani, mercanti: sono queste le figure centrali della stagione rinascimentale, che vide un riconoscimento della loro dignità e del loro posto in società. Il riconoscimento della dignità dell'artista è al centro della riflessione dello storico della scienza **Paolo Rossi** [101], per il quale l'incontro tra arte, tecnica e scienza rappresentò un evento decisivo del pensiero moderno.
Insieme con la cultura, cambiarono i costumi. La vita politica, sociale e culturale del Rinascimento si espresse anche attraverso una particolare istituzione, la corte. Il fenomeno non era del tutto nuovo, ma in questo periodo esso assunse dimensioni e qualità peculiari, che lo designarono appunto come una caratteristica specifica dell'Europa rinascimentale.
La corte era un'istituzione mobile: coincideva infatti con il luogo dove risiedeva il principe, ma i principi rinascimentali (tranne quelli che governavano Stati di piccole dimensioni) si spostavano molto spesso, per controllare meglio i loro territori o, più semplicemente, per ragioni di piacere. Anche se il luogo fisico dove risiedeva era molto importante, la corte era costituita più che altro da un insieme di persone, il cui numero variava in base all'importanza e alla ricchezza del signore. Nel corso del '500, nella vita di corte si affermarono nuovi comportamenti, consoni a un'epoca che pretendeva di essere più civile e raffinata di quella che l'aveva preceduta. La vita di corte era scandita da numerosi rituali, oltre che da un certo numero di feste e di ricevimenti. Muoversi bene in questo mondo non era facile, e chi sapeva farlo con grazia ed eleganza era apprezzato più degli altri. Cominciarono quindi a circolare i primi manuali dedicati alla vita di corte: il più celebre fu scritto da **Baldassarre Castiglione** [102DOC], che formulò le regole di comportamento del perfetto gentiluomo. Parallelamente, nel corso della prima età moderna, si diffuse in tutta Europa quella che è stata definita come la «civiltà delle buone maniere». Il fenomeno è strettamente connesso con la formazione dello Stato moderno: la pressione disciplinatrice e coercitrice dello Stato, infatti, mirava a tenere sotto controllo, mediante gli strumenti della legge e della punizione, le spinte contrarie dei vari ceti, al vertice come alla base della piramide sociale. Come la nascita degli eserciti permanenti attribuiva allo Stato il monopolio della violenza, arginando e canalizzando l'aggressività dei nobili, allo stesso modo la civiltà delle buone maniere imponeva un sistema uniforme di regole di comportamento cui attenersi, per garantire l'armonia nei rapporti umani e diffondere l'ordine anche nella vita quotidiana. Le deviazioni da questo codice non comportavano ovviamente sanzioni penali, ma sanzioni sociali (critiche, disprezzo, esclusione), non meno gravi delle prime. La storica **Raffaella Sarti** [103] analizza l'emergere di questa «civiltà», con particolare riferimento agli usi della tavola.
Gli artisti e i cortigiani non furono, però, gli unici protagonisti di questo periodo: l'Umanesimo, infatti, impose anche un nuovo modo di concepire le attività umane, permettendo l'affermazione di quella che è stata definita come la «cultura del mercante». **Alberto Tenenti** [104] descrive mercanti e banchieri che, in modo meno eclatante ma altrettanto incisivo, cambiarono il mondo dell'economia. Infine la storica **Margaret L. King** [105] illustra i diversi ruoli delle donne rinascimentali, generalmente costrette entro una rigida gerarchia sociale ma a volte protagoniste della vita culturale e politica.

101

P. Rossi
L'ascesa sociale degli artisti

P. Rossi, *I filosofi e le macchine, 1400-1700*, Feltrinelli, Milano 1980[3], pp. 26-32

■ La nuova dignità dell'artista e la sua stessa promozione sociale maturarono in un contesto nel quale le funzioni del pittore, dello scultore, dell'architetto furono integrate da competenze scientifiche che a Leon Battista Alberti, a Piero della Francesca, al Filarete – come evidenzia Paolo Rossi **[97]** – apparivano ormai elementi costitutivi della propria identità. Così l'universo delle tecniche (orafe e ottiche, idrauliche e poliorcetiche, anatomiche e farmacologiche), al quale appartenevano gran parte di coloro che affollavano le botteghe artistiche del '400, entrò di fatto in stretta comunicazione con il mondo della riflessione scientifica e letteraria.

Nonostante le importanti ricerche di Leonardo Olschki[1] sui «mastri sperimentatori» del secolo XV, conosciamo in realtà assai poco sulla trasmissione delle conoscenze tecniche durante il Quattrocento. Certo è che proprio in questo secolo, e proprio in Italia ebbe a verificarsi quella unione fra le concezioni scientifiche e la vita attiva alla quale si è fatto sopra riferimento. [...]

Fu un umanista come Leon Battista Alberti a dare inizio a quella «concezione scientifica dell'arte» in base alla quale la matematica (teoria delle proporzioni e teoria della prospettiva) è il terreno comune all'opera del pittore e a quella dello scienziato [...]. La pittura è scienza, ed è scienza la visione prospettica, propria dei pittori, sulla quale essa è fondata: «sarà adunque pictura non altro che intersegatione della piramide visiva, secondo data distantia, posto il centro et constituti i lumi in una certa superficie con linee et colori artificioso rappresentata». La «ragione» e la «regola», il «divisamento[2] della mente e dell'animo» si congiungono con l'«opera» nel lavoro dell'architetto. Suo compito è di «recare a fine tutte quelle cose le quali, mediante movimenti di pesi, congiungimenti e ammassamenti di corpi, si possono con gran dignità accomodare benissimo allo uso degli huomini». L'elogio della figura dell'architetto-ingegnere diventava subito dopo, non a caso, un elogio della tecnica, che è in grado di spostare enormi masse d'acqua e di roccia, di traforare i monti e riempire le valli, di prosciugare le paludi e deviare le acque, di regolare il corso dei fiumi, di costruir navi e ponti e macchine da guerra e fortezze, di aprire infine nuove strade e nuovi traffici verso tutti i popoli della terra. [...]

Nel corso del Quattrocento la mentalità e insieme la posizione sociale degli artisti avevano subìto modificazioni profonde. [...] L'arte era ancora considerata, nel Trecento, come un'abilità manuale. All'artista si dava del tu come ai domestici, e cittadini benestanti e nobili avrebbero considerato umiliante la posizione dell'artista. Quasi tutti gli artisti del primo Quattrocento escono da ambienti artigiani, contadini e piccolo-borghesi. [...] Nei primi anni del secolo gli scultori e gli architetti, a Firenze, erano membri della corporazione minore dei muratori e carpentieri, mentre i pittori erano classificati nell'ambito della corporazione maggiore dei medici e speziali, come sottoposti dell'arte, insieme agli imbianchini e ai macinatori di colori. Proprio con lavori manuali iniziava infatti il tirocinio nelle botteghe e solo dopo aver macinato colori e preparato tavole e tele si passava alla esecuzione di panneggi o di parti secondarie del quadro. Dalle botteghe [...] non uscivano solo quadri insigni, ma stemmi, bandiere, intarsi, modelli per tappezzieri e ricamatori, lavori in terracotta e oggetti di oreficeria. Il mestiere dell'orafo era comune a pittori e a scultori: dall'oreficeria provengono Brunelleschi e Donatello, Ghiberti e il Ghirlandaio. Gli architetti non erano solo costruttori di edifici ma si occupavano di strumenti meccanici e di macchine da guerra, della preparazione dei palchi e degli apparati per le feste. Il «mutamento delle idee sull'arte» è legato al carattere sempre più profano della produzione artistica, al peso sempre maggiore dell'opinione dei laici, in definitiva al passaggio degli artisti dal rango di *artigiani* a quello di *borghesi*. Nell'età del Vasari, a metà del Cinquecento, incarichi di tipo artigianale non appaiono già più conciliabili con la dignità dell'artista. È l'età in cui Carlo V si piega a raccogliere il pennello caduto a Tiziano.

Ma prima che la figura dell'artista venisse identificata con quella del «genio», proprio nelle botteghe fiorentine del Quattrocento, [...] si era attuata [...] la fusione di attività tecniche e scientifiche, di lavoro manuale e di teoria. [...] In questi laboratori, che sono insieme officine e botteghe d'arte, e non nelle scuole, si formano i pittori e gli scultori, gli ingegneri e i tecnici, i costruttori di macchine. Qui, accanto all'arte di tagliare le pietre e di colare il bronzo, accanto alla pittura e alla scultura, venivano insegnati i rudimenti dell'anatomia e dell'ottica, il calcolo, la prospettiva e la geometria, venivano progettati la costruzione di volte e lo scavo dei canali. Il sapere empirico di «uomini senza lettere» come Brunelleschi e Leonardo ha alle spalle un ambiente di questo tipo.

[1] Filologo tedesco (1885-1961), figlio del grande editore e bibliofilo Leo Olschki.

[2] L'immaginazione, la progettazione.

GUIDA ALLA LETTURA

❶ Che cosa intende Rossi con l'espressione «concezione scientifica dell'arte» e a quali trattati teorici rinascimentali fa riferimento? ❷ Quale mutamento avviene durante il Rinascimento nel rapporto tra attività teorico-manuali e attività teorico-scientifiche? ❸ Descrivi l'evoluzione della figura dell'artista attraverso il confronto tra le attività artigianali e le attività tecnico-scientifiche.

102 DOC

Baldassarre Castiglione
L'uomo come opera d'arte: il cortigiano

B. Castiglione, *Il libro del Cortegiano*, a c. di B. Maier, Utet, Torino 1955, pp. 103-6; 113-14; 342-45

Il più famoso fra tutti i trattati di buone maniere scritti tra il XV e il XVI secolo fu il *Cortegiano* di Baldassarre Castiglione (1478-1529), figura complessa di letterato, uomo di corte, diplomatico, uomo d'armi, che ebbe una notevole influenza sulla cultura e sui costumi della sua epoca. Secondo Castiglione, il cortigiano non era soltanto paragonabile a un artista che si esibiva, era egli stesso un'opera d'arte umana. In un simile ideale si esprimevano gran parte dei valori morali ed estetici del Rinascimento. In queste pagine (I, 14 e 19; III, 5) Castiglione delinea il ritratto ideale del cortigiano e del suo corrispettivo femminile, la dama di corte.

Il gentiluomo

Quivi facendo un poco di pausa il Conte, disse ridendo messer Bernardo Bibiena[1]: «Ricordomi che dianzi diceste che questo nostro cortegiano aveva da esser dotato da natura di bella forma di volto e di persona, con quella grazia che lo facesse così amabile. La grazia e 'l volto bellissimo penso per certo che in me sia[2] [...]; ma della forma del corpo sto io alquanto dubbioso[3], e massimamente per queste mie gambe, che in vero non mi paiono così atte[4] com'io vorrei; del busto e del resto contentomi pur assai bene. Dichiarate adunque un poco più minutamente questa forma del corpo, quale abbia ella da essere, acciò che io possa levarmi di questo dubbio e star con l'animo riposato[5]». Essendosi di questo riso alquanto, suggiunse il Conte: «Certo quella grazia del volto, senza mentire, dir si po esser in voi, né altro esempio adduco che questo, per dechiarire che cosa ella sia; ché senza dubbio veggiamo il vostro aspetto esser gratissimo e piacere ad ognuno, avvenga che i lineamenti d'esso non siano molto delicati; ma tien del virile, e pur è grazioso; e trovasi questa qualità in molte e diverse forme di volti. E di tal sorte voglio io che sia lo aspetto del nostro cortegiano, non così molle e feminile come si sforzano d'aver molti, che non solamente si crespano i capegli[6] e spelano le ciglia, ma si strusciano[7] con tutti que' modi che si faccian le più lascive e disoneste femine del mondo; e pare che nello andare, nello stare ed in ogni altro lor atto siano tanto teneri e languidi, che le membra siano per staccarsi loro l'uno dall'altro; e pronunziano quelle parole così afflitte[8], che in quel punto par che lo spirito loro finisca; e quanto più si trovano con omini di grado, tanto più usano tai termini[9]. Questi, poiché la natura, come essi mostrano desiderare di parere ed essere, non gli ha fatti femine, dovrebbono non come bone femine esser estimati, ma, come publiche meretrici, non solamente delle corti de' gran signori, ma del consorzio[10] degli omini nobili esser cacciati».

La gentildonna

«Lassando[11] adunque quelle virtù dell'animo che le[12] hanno da esser communi col cortegiano, come la prudenzia, la magnanimità, la continenzia[13] e molte altre; e medesimamente quelle condizioni che si convengono a tutte le donne, come l'esser bona e discreta, il saper governar le facultà[14] del marito e la casa sua e i figlioli quando è maritata, e tutte quelle parti che si richieggono ad una bona madre di famiglia, dico che a quella che vive in corte parmi convenirsi sopra ogni altra cosa una certa affabilità piacevole, per la quale sappia gentilmente intertenere[15] ogni sorte d'omo con ragionamenti grati ed onesti, ed accommodati al tempo e loco ed alla qualità di quella persona con cui parlerà, accompagnando coi costumi placidi[16] e modesti e con quella onestà che sempre ha da componer[17] tutte le sue azioni una pronta vivacità d'ingegno, donde[18] si mostri aliena da ogni grosseria; ma con tal maniera di bontà, che si faccia estimar non men pudica, prudente ed umana, che piacevole, arguta e discreta; e però le bisogna tener una certa mediocrità difficile[19] e quasi composta di cose contrarie, e giunger a certi termini a punto, ma non passargli. Non deve adunque questa donna, per volersi far estimar bona ed onesta, esser tanto ritrosa e mostrar tanto d'aborrire e le compagnie e i ragionamenti ancor un poco lascivi[20] che ritrovandovisi se ne levi[21]; perché facilmente si poria pensar ch'ella fingesse d'esser tanto austera per nascondere di sé[22] quello ch'ella dubitasse che altri potesse risapere; e i costumi così selvatichi son sempre odiosi. Non deve tampoco[23], per mostrar d'esser libera e piacevole, dir parole disoneste, né usar una certa domestichezza intemperata e senza freno e modi da far creder di sé quello che forse non è; ma ritrovandosi a tai ragionamenti, deve ascoltargli con un poco di rossore e vergogna. [...] Non è omo tanto procace ed insolente, che non abbia riverenzia a quelle che sono estimate bone ed oneste; perché quella gravità temperata di sapere e bontà è quasi un scudo contra la in-

[1] Bernardo Dovizi da Bibbiena, letterato e futuro cardinale, domanda scherzosamente al suo interlocutore, il conte Ludovico di Canossa (1476-1532), se i suoi difetti fisici (in particolare la debolezza delle gambe) siano un ostacolo insormontabile nel farlo apparire un vero cortigiano.

[2] Sono sicuro di possederli.

[3] Ho dubbi riguardo al mio aspetto fisico.

[4] Efficienti, adatte.

[5] Tranquillo.

[6] Si arricciano i capelli.

[7] Si lisciano.

[8] A voce molto bassa.

[9] Questi modi.

[10] Dalla compagnia.

[11] Il personaggio che parla è Giuliano dei Medici (1479-1516), figlio di Lorenzo il Magnifico.

[12] Alla gentildonna.

[13] La temperanza.

[14] I beni.

[15] Intrattenere.

[16] Modi gentili.

[17] Da infondere in.

[18] Per cui.

[19] Una via di mezzo, difficile da raggiungersi.

[20] Di contenuto amoroso un po' spinto

[21] Se ne vada.

[22] Sul proprio conto.

[23] Inoltre.

solenzia e bestialità[24] dei prosuntuosi; onde si vede che una parola, un riso, un atto di benivolenza, per minimo ch'egli sia, d'una donna onesta, è più apprezzato da ognuno, che tutte le demostrazioni[25] e carezze di quelle che così senza riservo mostran poca vergogna; e se non sono impudiche, con que' risi dissoluti, con la loquacità, insolenzia e tai costumi scurili fanno segno d'essere».

[24] Brutalità.

[25] Azioni.

GUIDA ALLA LETTURA

❶ Quali sono le qualità pubbliche che un perfetto cortigiano deve possedere? ❷ Come deve comportarsi una donna che «vive in corte»? ❸ Che cosa accomuna i ritratti ideali del gentiluomo e della gentildonna?

103

R. Sarti
La civiltà delle buone maniere

R. Sarti, *Vita di casa. Abitare, mangiare, vestire nell'Europa moderna*, Laterza, Roma-Bari 1999, pp. 174-78

■ Nella civiltà delle buone maniere ha un ruolo importante il galateo da seguire a tavola. Per tutte le società umane, il valore culturale («identitario») dei cibi che si consumano è fondamentale, ma non lo è meno il modo in cui i cibi sono divisi e consumati: in piedi, seduti, o sdraiati, e con quali gesti; su mobili di legno o su tappeti e cuscini; con le mani o con le posate, e con quali posate; in silenzio o producendo rumori; con o senza le donne, con o senza i bambini; per non parlare dell'aspetto, assolutamente fondamentale, del rapporto tra la gerarchia sociale (nella famiglia, nel gruppo, ecc.) e i posti occupati a tavola. La storica italiana Raffaella Sarti (nata nel 1963) racconta la lenta ma inesorabile diffusione dell'uso delle posate. L'uso attuale di posate, tovaglie, tovaglioli, piatti e bicchieri è, in quanto «sistema», un'acquisizione relativamente recente, che risale alla prima età moderna.

Soffermiamoci brevemente anche noi sulla storia delle posate, elemento importante nella trasformazione del rapporto degli occidentali con il cibo e dunque anche rispetto ai mutamenti delle capacità di controllo degli istinti, delle pulsioni, del corpo e della gestualità. [...] Chiunque mangi con le posate [...] non può avventarsi sul cibo come un animale. Deve imparare a maneggiare degli strumenti, a coordinare le mani e la bocca, ad aspettare di aver predisposto un boccone prima di ingollarlo... [...]

Il cucchiaio Il cucchiaio, che deriva il suo nome da *cochlea*, cioè conchiglia, è in uso già presso gli antichi Egizi. Roma ne conosce di due tipi, realizzati in osso, bronzo o argento: uno, definito appunto *cochlear* o *cochleare*, viene usato soprattutto per mangiare molluschi, uova o per somministrare medicinali; l'altro, detto *ligula*, piatto [...] è forse impiegato soprattutto per infilzare i cibi, tanto che di recente è stato considerato antenato della forchetta più che del cucchiaio. Durante il Medioevo pare che il cucchiaio [...] sia tutto sommato di impiego abbastanza raro. Verso la fine del periodo ha tuttavia larga diffusione e se ne producono in materiali ricchi e preziosi (avorio, cristallo, oro e argento). [...]

Il coltello Anche il coltello ha una lunga storia. Lame più o meno rudimentali risalgono, ovviamente, alla notte dei tempi. Ma il coltello piccolo per uso in senso lato «domestico» [...] pare sia stato portato dai «barbari» invasori. Mano a mano che la società diviene meno bellicosa, l'uso del coltello, la cui vista può [...] ricordare situazioni di violenza, a tavola verrà limitato. [...] Ma durante il Rinascimento l'affinarsi delle buone maniere comporta la nascita del coltello da tavola dalla punta arrotondata. Esso si diffonde parallelamente all'uso di tagliare le carni sul piatto. Ma la sua crescente fortuna è connessa anche al declino dell'abitudine di infilzare i cibi con la punta della lama per prenderli e portarli alla bocca. Tale declino è in buona parte legato all'imporsi della forchetta.

La forchetta Gli antichi Romani impiegavano forchettoni e forse anche una sorta di forchetta, ma soprattutto per maneggiare le vivande in cucina. Inventate forse a Bisanzio, le forchette vere e proprie, quelle usate per portare il cibo alla bocca, sono presenti in area bizantina e in Italia già nel X-XI secolo. [...] Associate al mondo bizantino, nella situazione di tensione creatasi con lo scisma tra la Chiesa ortodossa e la Chiesa di Roma (1054) le forchette verranno presentate dal clero cattolico come simbolo del demonio e il loro uso sarà bollato come peccato. [...]

In Italia è dal Tre-Quattrocento che le forchette cominciano a comparire in modo un po' meno sporadico. Così a Napoli già ai tempi di Roberto d'Angiò (1309-1343) c'è chi consiglia di mangiare la pasta, calda e scivolosa, infilzandola con una sorta di punteruolo di legno, antenato della forchetta di metallo. Certo allora si trattava di un cibo costoso e di uno strumento il cui uso era limitato agli ambienti di corte. [...] È dall'Italia pertanto che la forchetta passa negli altri paesi europei nel corso dell'Età moderna. Ma la sua diffusione è piuttosto lenta. [...]

Il piatto Ben più rapida, almeno tra i ceti elevati, è stata la diffusione del piatto, che dal Cinquecento sostituisce i taglieri lignei in uso nel Medioevo. [...]

«Un tempo la minestra la si mangiava dal piatto comune, senza cerimonie» e «nello spezzatino si intingevano dita e pane», recitano i versi di una canzone

francese del Seicento. «Oggi ciascuno mangia la zuppa dal suo piatto e bisogna servirsi con garbo di cucchiaio e forchetta». A partire dal XVI secolo, nella buona società si diffonde in effetti la tendenza a fornire a ogni convitato un piatto, un bicchiere, un cucchiaio, un coltello (più lentamente, come detto, una forchetta), uno o più tovaglioli, non di rado cambiati più volte dalla servitù durante i banchetti, così come si faceva con le tovaglie. Si abbandona poi l'uso di passare al vicino questo o quell'utensile. Solo le posate di servizio restano comuni. Ma portarle alla bocca diviene segno di maleducazione e inciviltà. Insieme alle sedie, anche piatti, bicchieri e posate individuali, isolando ogni commensale dai suoi vicini, contribuiscono pertanto a por fine a quella che un autore ha definito come «promiscuità conviviale».
Tovaglie, tovaglioli, piatti e posate individuali sono insomma divenuti di uso davvero pressoché universale, almeno nel mondo occidentale, solo di recente.

GUIDA ALLA LETTURA

❶ Perché, secondo Sarti, l'uso delle posate ha modificato il rapporto degli occidentali con il cibo? ❷ In che cosa consiste l'autocontrollo dell'alimentazione? ❸ Quando si diffuse, sulle tavole europee, l'uso di cucchiai, coltelli e forchette? ❹ Quali effetti produsse, sul piano sociale, l'uso individuale di piatti e posate, a partire dal XVI secolo?

104

A. Tenenti
Il ruolo sociale del mercante

A. Tenenti, *Il mercante e il banchiere*, in *L'uomo del Rinascimento*, a c. di E. Garin, Laterza, Roma-Bari 1988, pp. 214-19

■ Tra le molte pubblicazioni che hanno reso noto Alberto Tenenti (1924-2002) a livello internazionale, spicca l'ampio volume *Il senso della morte e l'amore della vita nel Rinascimento* (1957), dove indagine storica e analisi psicologica si intrecciano nel tentativo di ricostruire la percezione di sé e della realtà dell'uomo rinascimentale. Nelle pagine seguenti, tratte da un saggio sulla figura del mercante, ritroviamo una medesima impostazione: l'analisi si concentra sulla concezione della vita di persone che svolgevano un'attività particolare entro una società ancora gerarchica e tradizionalista. Ma, nonostante la condanna ecclesiastica e nobiliare dell'attività del mercante, emerge una figura sempre più salda nella concezione della vita come programmazione di sé e del proprio tempo, certa della legittimità e utilità sociale del suo agire.

Conscio della utilità non solo personale del suo operare e convinto della sostanziale legittimità e congruenza etica del suo agire, il mercante rinascimentale si sente sempre più a proprio agio nella dimensione della propria attività. Egli procede tuttavia in modo quanto mai pragmatico, come se non fosse in grado – e verosimilmente in genere non lo era – di enucleare lucidamente le proprie esigenze e i propri scopi ideali. [...] Egli si limita a forgiare con tenacia la propria autosufficienza, appagandosi di una sempre più robusta inserzione di prestigio in una società nella quale aveva da tempo affondato potentemente le sue radici. Esso diviene d'altronde uno dei fattori determinanti dell'evoluzione stessa della società europea, se pur in maniera disparata a seconda delle zone e anche delle congiunture. La sua formazione culturale e professionale, peraltro cospicua, è tuttavia strutturata in modo da non ricercare, e di fatto da evitare, le prese di posizione teoriche e lo scontro intellettuale. Due ulteriori elementi concorrono in modo indiretto ma sensibile a questo profilarsi apparentemente modesto delle esigenze mercantili. L'arcaico disconoscimento di lunga durata – o il troppo attenuato e reticente riconoscimento successivo – delle attività economiche, in particolare commerciali e finanziarie. Ma anche l'atmosfera di relativo stallo che, prima del venire a galla dei conflitti cinquecenteschi, domina abbastanza largamente il secolo XV, ove le tensioni covano ma sono dominate dalla ricerca del compromesso, dalla tendenza a una sorta di armonia e dal desiderio della pacifica coesistenza. [...]
È un *leit-motiv*[1] ricorrente che la cultura laica si è imposta a mano a mano rivalutando sempre più i valori della vita attiva rispetto a quelli della vita contemplativa o dedicata alla religione. In questo processo i mercanti hanno recato molto presto un loro apporto di notevole entità, anche se meno ideologicamente pronunciato. È infatti ormai un *leit-motiv* storiografico quello di contrapporre il tempo del mercante a quello della Chiesa. Tale contrapposizione vale però molto meno di quanto si creda sul piano della misura vera e propria del tempo quotidiano. [...] Quello che c'è di più vigoroso nella visione mercantile sul piano della coscienza del tempo si situa piuttosto altrove e ha un senso più profondo. Mentre ancora nel corso del Trecento e del Quattrocento gli ecclesiastici insistono sulla inconsistenza della durata umana e sulla radicale labilità della sua dimensione temporale, i mercanti non solo credono alla preziosità di ogni suo istante ma costruiscono su tale ordito

[1] Motivo dominante.

le loro concrete fortune ed elaborano il loro canone di vita. [...] Più completa e densa è l'utilizzazione del tempo, più ciascuno si realizza, fornendo appunto il massimo e il meglio di sé. [...]
Innanzitutto non appare loro più perdonabile che si facciano dei conti senza corredarli delle date esatte delle corrispondenti operazioni [...] perché la cosa essenziale è cogliere subito il rapporto fra i mesi che scorrono e il guadagno che si realizza [...]. Un altro rapporto che ci si esercita sempre meglio ad afferrare è quello tra il movimento delle merci e delle navi nello spazio e i tempi richiesti da tali spostamenti: il profitto vi è strettamente connesso, come pure il reinvestimento dei capitali ricavati via via. Il mancato sfruttamento del tempo utile e opportuno per concludere un nuovo affare equivale infatti alla sterilizzazione della somma investita, questo eventuale tempo morto generando una perdita secca, l'arresto del guadagno. [...] Con il suo trascorrere inesorabile il tempo gli appare quindi come ciò che divora il profitto, quando si fa attendere oltre misura il risultato positivo dell'investimento. [...]
Come è noto che i profitti dei traffici erano sovente assai elevati nell'epoca rinascimentale, così sarebbe quanto mai ingenuo dedurne che i guadagni fossero pressoché regolari se non addirittura automatici. La vita dell'operatore economico è invece assai drammatica: la fiducia nelle proprie energie e l'ardito impiego dei capitali sono ben lungi dall'assicurare il successo. [...] Si è certo consapevoli che l'abilità propria e dei soci è una delle migliori garanzie per la riuscita [...]. Ma inventando e soprattutto ricorrendo sempre più largamente all'assicurazione il mercante di quest'epoca dimostra la propria acquisita maturità, poiché fa nascere dalla logica stessa del profitto assicurativo una solida garanzia contro la diminuzione dei suoi guadagni.

GUIDA ALLA LETTURA

❶ Come è descritto da Tenenti il rapporto tra il mercante e la dimensione temporale della vita? ❷ Come è spiegata la mancanza di grandi opere teoriche sull'economia di autori rinascimentali? ❸ In quale modo i mercanti riuscirono a dominare il rischio delle loro attività, oltre che il tempo?

105

M.L. King
Le donne del Rinascimento: anonime e protagoniste

M.L. King, *La donna del Rinascimento*, in *L'uomo del Rinascimento*, a c. di E. Garin, Laterza, Roma-Bari 1988, pp. 273-74; 288-89; 309-12

■ Il fascino del Rinascimento è legato alle molte ed eccezionali personalità nei vari campi della cultura e della vita politica di un'epoca che appare particolarmente feconda di opportunità espressive per l'uomo. La storica statunitense Margaret L. King (nata nel 1947) si chiede se anche per le donne di allora si siano aperte nuove possibilità di esprimersi e cerca una risposta ripercorrendo i ruoli che esse ricoprivano nella società di allora. Dall'analisi emerge il quadro di una struttura sociale rigida, dove alle donne spettano ruoli gravosi nella gestione della casa, nel lavoro e nella maternità che, in proporzione al livello sociale, tende a divenire dovere di assicurare eredi alla casata. La donna del Rinascimento è protagonista in modo indiretto, quasi occulto, e solo eccezionalmente sale alla ribalta dando vita a grandi figure di donne guerriere e regine che assumono ruoli tradizionalmente maschili tra lo stupore e la diffidenza dei contemporanei.

Un uomo può essere principe o guerriero, artista o umanista, mercante o ecclesiastico, saggio o avventuriero. La donna assume solo raramente tali ruoli, e, se lo fa, non sono questi i ruoli che la definiscono, ma altri: è madre o figlia o vedova; vergine o prostituta, santa o strega, Maria o Eva o Amazzone. Queste identità [...] la sommergono completamente ed estinguono qualsiasi altra personalità cui ella aspira. La donna, per tutto il periodo del Rinascimento, combatte per esprimere quel sé. Ma è una lotta destinata all'insuccesso, dato che, dalla fine del Rinascimento, la fissità dei ruoli sessualmente definiti della donna è stata riaffermata a ogni livello della società e della cultura, e la condizione femminile non è avanzata ma si è avviata a un progressivo declino. [...]
La gran parte delle donne del Rinascimento divennero madri, e la maternità ha costituito la loro professione e la loro identità. La loro vita adulta [...] era un ciclo continuo di parti, allattamenti e ancora parti. [...] Questa fertilità [...] era richiesta nell'interesse della famiglia, che aveva bisogno almeno di un erede maschio sopravvissuto se voleva assicurare la propria continuità. [...]
La donna che aveva appena partorito, come una sposa novella il giorno delle nozze, occupava per un momento transitorio una posizione di onore che non conosceva confronti. Essere incinte costituiva comunque un segno di onore. [...]
In ogni momento della storia la sorte della donna è stata non solo quella di mettere al mondo i figli, ma anche quella di lavorare. Le mogli e le figlie appartenenti a tutte le classi sociali salvo che a quelle più elevate, svolgevano un qualche lavoro all'interno dell'unità familiare. In campagna, esse partecipavano a tutti i lavori agricoli. [...]
Le donne di città, come le loro colleghe di campagna, eseguivano e sorvegliavano i lavori di casa. [...] Ma nella casa in cui erano confinate, alcune donne seppero impegnarsi in un genere di lavori produttivi di alto livello e che richiedevano una certa abilità; ciò consentì loro

di godere i frutti di un considerevole sentimento di autostima. Tra le donne lavoratrici del Rinascimento le più privilegiate erano probabilmente le mogli e le vedove impegnate nella produzione o nel commercio nel settore tessile. In queste manifatture di famiglia queste donne dirigevano spesso altri lavoratori – figlie, apprendisti, giornalieri – e acquisivano in tal modo una certa abitudine all'autorità. [...]
Quella civiltà che con ammirazione definiamo del Rinascimento consiste nelle realizzazioni dell'alta cultura dal XIV sino al XVII secolo. A questa cultura elevata del potere, della bellezza e delle idee partecipò un ristretto numero di uomini e una quantità ancor minore di donne. Le poche che ebbero successo si guadagnarono la fama attraverso l'esercizio del potere o del mecenatismo, o in virtù del loro sapere e dei loro scritti (o per altre capacità). Nel conseguire questa fama, comunque, esse dovettero scontrarsi con la visione profondamente negativa delle capacità femminili che era propria delle figure maschili più autorevoli. Esse si guadagnarono un riluttante rispetto da parte di questi severi giudici che crearono, per definirle, un nuovo modello di esistenza femminile [...]: questo modello è quello della virago asessuata, un ibrido di vergine e vecchia, un uomo-femmina pericolosamente abile: l'amazzone.
Questo modello può esser visto con maggior chiarezza in quelle donne che esercitarono il potere, militare o politico, antica prerogativa dell'altro sesso. Rivestita con armature mascoline, la vergine e mistica contadina Giovanna d'Arco[1] combatté per il suo re suscitando stupore e paura nei suoi contemporanei. [...] Onorata nelle età successive, nel suo secolo Giovanna venne condannata a morire sul rogo come una strega. [...]
Era raro per una donna ereditare il potere [...]. Ciò richiedeva, in effetti, che morissero a tempo opportuno tutti i pretendenti maschi. Però se la maggior parte delle donne delle classi dominanti non conquistarono mai il potere, alcune di loro riuscirono a condividere qualcuna delle prerogative della sovranità. Nel vibrante clima artistico e intellettuale del Rinascimento, e particolarmente in Italia, ciò vuol dire in concreto che esse esercitarono il potere del mecenatismo. Quelle donne che non governavano effettivamente né dirigevano con i loro eserciti le forze della distruzione, potevano tuttavia con la loro autorità e il loro denaro incentivare il pensiero e la cultura.

---

[1] 👁 7.1.

GUIDA ALLA LETTURA

❶ Quali erano i ruoli affidati alle donne nel Rinascimento? ❷ Quale funzione hanno avuto alcune donne nell'ambito della cultura rinascimentale? ❸ Perché King giudica la società rinascimentale ancora fortemente tradizionale?

SVILUPPARE LE COMPETENZE

Comprendere e Analizzare

❶ Dopo aver letto il documento di Castiglione [102DOC] e il brano di Sarti [103], rispondi alle seguenti domande, citando opportunamente i testi:

a. Quale immagine della società cinquecentesca emerge dal documento?
b. Che cosa stabilivano le regole di comportamento? A quali ambiti della condotta umana si applicavano?
c. Quale funzione sociale, secondo Sarti, era contenuta nelle «buone maniere»?
d. In che modo venivano sanzionate le deviazioni dal codice?

❷ I testi di Rossi [101] e Tenenti [104] mettono in luce un profondo cambiamento della mentalità o della considerazione di due delle figure professionali che costituiscono gli emblemi della nuova stagione rinascimentale: l'artista e il mercante. Analizza in un breve testo (max 30 righe) le tappe di questo cambiamento, sottolineando le novità ma anche le permanenze del passato.

Rielaborare e Argomentare

❸ Redazione di un saggio breve. ***La società del Rinascimento tra "buone maniere" e laicizzazione***

Sviluppa l'argomento scelto in forma di "saggio breve", utilizzando i documenti e i dati che lo corredano. Interpreta e confronta i documenti e i dati forniti e su questa base svolgi, argomentandola, la tua trattazione, anche con opportuni riferimenti alle tue conoscenze ed esperienze di studio. Da' al saggio un titolo coerente con la tua trattazione e ipotizzane una destinazione editoriale (rivista specialistica, fascicolo scolastico di ricerca e documentazione, rassegna di argomento culturale, altro). Se lo ritieni, organizza la trattazione suddividendola in paragrafi, cui potrai eventualmente assegnare un titolo.

Documenti: Castiglione [102DOC]
Immagini: p. 309
Brani storiografici: Rossi [101], Sarti [103], Tenenti [104], King [105]
Capitoli: **10**.2-3, **10**.5

❹ Dopo aver riflettuto sul documento di Castiglione [102DOC] e sul testo di King [105], scrivi un testo (max 40 righe) sull'argomento ***La donna nel Rinascimento.*** **Evidenzia in particolare, il rapporto tra la permanenza di una visione tradizionalista (le numerose maternità, l'esclusione delle donne dal potere politico, il valore dell'«onestà» ecc.) e le novità del periodo (il «potere del mecenatismo», l'«affabilità piacevole» da dimostrare in società, ecc.).**

MODULO

3 MODERNITÀ: L'ERA DELLE SCOPERTE E DELLE CONQUISTE

1326
Unificazione dell'Anatolia da parte di Otman

1453
I turchi ottomani conquistano Costantinopoli

1487
Il portoghese Bartolomeo Diaz doppia il Capo di Buona Speranza in Africa

1492
Colombo raggiunge le coste dell'America centrale

1494
Trattato di Tordesillas tra Spagna e Portogallo

1500
Pedro Cabral giunge sulle coste del Brasile

1502
Amerigo Vespucci esplora le coste meridionali del continente americano

1503
A Siviglia viene creata la *Casa de l Contratación* per gestire i commer con i domini spagnoli americani

Theodor de Bry
L'arrivo degli spagnoli a San Salvador
1594
[Bibliothèque Nationale, Parigi]

ANTEPRIMA

Dove comincia la modernità?

Le periodizzazioni, come sappiamo, sono uno strumento inventato dagli storici per inquadrare gli avvenimenti, definire i problemi, dare un adeguato risalto sia ai processi di continuità sia alle grandi trasformazioni che assumono ai loro occhi un carattere epocale. Gli eventi o i fenomeni individuati di volta in volta per segnare il passaggio da un'epoca all'altra sono spesso oggetto di accese discussioni. Le periodizzazioni, come abbiamo già visto a proposito del concetto di Medioevo, sono infatti il risultato di interpretazioni e in quanto tali discutibili.

Non ci sorprendiamo quindi se il momento in cui collocare il **passaggio dall'età medievale all'età moderna** sia un argomento dibattuto e caratterizzato da un dibattito intenso, che tuttora vede gli storici schierati su posizioni diverse.

Secondo alcuni l'età moderna ebbe inizio con la **caduta di Costantinopoli nell'anno 1453**. Questo evento pose infatti fine a un impero millenario, che rappresentava la diretta continuazione dell'Impero romano d'Oriente; segnò una frattura profonda negli equilibri tra le potenze mediterranee, aprendo la strada all'egemonia turca (per un certo periodo il Mediterraneo poté addirittura apparire come un «lago turco»); determinò la diffusione della religione islamica su vaste aree di antichissima tradizione cristiana; propagò nel mondo cristiano la convinzione che il nemico fosse alle porte e la paura di un'invasione dalle conseguenze devastanti; ebbe ripercussioni importanti sull'economia europea.

Secondo altri studiosi sarebbe stata invece decisiva la **diffusione della polvere da sparo e dei cannoni** (non dimentichiamo che la stessa capitale bizantina Costantinopoli crollò sotto i colpi dell'artiglieria di Maometto II). Con queste nuove armi cambiò radicalmente una delle attività che da sempre avevano occupato la vita degli uomini: la guerra. Questi nuovi mezzi di distruzione ebbero conseguenze decisive non solo sulla storia d'Europa e del bacino mediterraneo, ma del mondo intero. Procurarsi un'artiglieria competitiva richiedeva risorse enormi per l'acquisto dei cannoni e delle munizioni; ma ciò non bastava, perché i costi di trasporto, di manutenzione e di esercizio erano non meno gravosi. I cannoni erano strumenti preziosi, come oggi un caccia militare di ultima generazione, e come oggi solo pochi paesi al mondo possono permettersi un'aviazione da guerra adeguata, così allora pochi stati potevano permettersi un'artiglieria degna di questo nome. Grandi potenze come la Spagna, il Portogallo, la

1510
I portoghesi si impadroniscono della cittadina indiana di Goa

1519-21
Circumnavigazione del globo da parte del portoghese Magellano

1522
Cortés nominato «imperatore» della Nuova Spagna

1526
Solimano I sconfigge l'esercito slavo a Mohàcs

1533
Gli spagnoli conquistano l'Impero inca. I portoghesi dividono il Brasile in *capitanie* amministrate da coloni portoghesi

1557
I portoghesi creano in Cina la base commerciale di Macao

1571
Battaglia di Lepanto. La Lega santa sconfigge la flotta ottomana

Francia, l'Inghilterra, l'impero turco, che avevano finanze pubbliche adeguate, acquisirono dunque un vantaggio incolmabile sui piccoli Stati, che furono costretti ad adeguarsi alla nuova situazione cedendo spesso quote significative della loro sovranità: o venivano semplicemente annessi, oppure finivano per ruotare, da Stati satelliti, intorno a questa o a quella grande potenza. La diffusione delle armi da sparo leggere (fucili e pistole) avrebbe inoltre rappresentato un progressivo tramonto delle armi tradizionali (archi, lance, spade, mazze ferrate, pugnali, ecc.).

La polvere da sparo applicata a usi bellici sconvolse anche gli **equilibri mondiali**. Aperte sui mari, dotate di imbarcazioni come le caravelle, in grado di affrontare la navigazione oceanica, e di armi da fuoco, le grandi potenze europee si avviarono alla conquista del mondo, sottomettendo e sterminando con facilità, in tutti i continenti, popoli che non erano in grado di opporre un'adeguata resistenza. S'impiantarono così le basi dei grandi imperi coloniali europei che avrebbero contrassegnato la storia del pianeta fino al XX secolo.

Altri storici vedono invece la nascita del mondo moderno nella **Riforma protestante**, che ebbe inizio nel 1517 e spaccò la Cristianità sottraendo all'influenza della Chiesa cattolica grandi masse cristiane del nostro continente, animò le «guerre di religione», che sono considerate una delle fasi più tragiche dell'intera storia europea, portò all'affermazione di nuovi princìpi morali e di nuovi valori sociali. Questi ultimi ebbero a loro volta notevoli influssi sull'economia e sulla politica. La reazione della Chiesa cattolica a questo trauma ebbe anche aspetti creativi, nella morale come nel pensiero e nelle arti.

Ci sono inoltre studiosi che preferiscono individuare la nascita dell'età moderna nell'**invenzione della stampa a caratteri mobili**, che provocò una vera e propria rivoluzione culturale. Il passaggio dal libro manoscritto al libro stampato ebbe infatti effetti straordinari sulla diffusione della cultura. Anche se l'alfabetizzazione rimase ristretta a una fascia minoritaria della popolazione, grandi masse ebbero per la prima volta accesso alla scrittura e alla lettura, che fino a quel momento erano rimaste privilegio di un'élite.

L'evento epocale

Non c'è dubbio, tuttavia, che tra tutti questi eventi, la **scoperta dell'America nel 1492** sia quello che ha avuto conseguenze di più ampio respiro. Dopo l'impresa di Cristoforo Colombo, come ha scritto uno storico dei giorni nostri, «gli uomini hanno scoperto la totalità di cui fanno parte, mentre – fino a quel momento – essi erano una parte senza il tutto». A partire da quella data, il mondo, i cui limiti in precedenza erano indefiniti e sfumavano verso immensi spazi oceanici nei quali – a causa dei limiti della tecnologia navale e di un blocco mentale – era impossibile avventurarsi, apparirà chiuso, definito, circoscritto: «il mondo è piccolo» scrisse Cristoforo Colombo in una celebre lettera. Quella frase segna davvero un cambiamento epocale.

L'impatto della scoperta dell'America sulla sensibilità collettiva non ha paragoni nella storia universale, ed è stato certamente più forte di quello suscitato dallo sbarco del primo uomo sulla luna. Quando, il 20 luglio del 1969, gli astronauti americani Armstrong e Aldrin sbarcarono sulla luna, il nostro satellite era già conosciuto da tempo grazie ai telescopi e alle sonde spaziali: si sapeva che non era abitato, qual era la sua morfologia, quali le sue dimensioni. Quando invece l'ammiraglio genovese Cristoforo Colombo fece i primi passi sul suolo delle Americhe, gli esseri umani non sapevano nemmeno che quel pianeta esistesse. Scoprirono immense terre e popolazioni sconosciute e mai raggiunte dalla predicazione del Vangelo, presero contatto con una natura difficile e meravigliosa, conobbero animali strani, piante e fiori diversi, grandi giacimenti d'oro da sfruttare, nuovi cibi che avrebbero sconvolto le loro abitudini alimentari. Gli europei entrarono in contatto con il «diverso» e questo sconvolse la loro visione del mondo. Da questa esperienza la loro mentalità uscì trasformata per sempre.

Sulle popolazioni americane la conoscenza degli europei ebbe conseguenze catastrofiche. Allo

sterminio sistematico degli indigeni, frutto di una deliberata politica di genocidio, si aggiunse quello involontario: malattie che in Europa erano considerate banali colsero le popolazioni locali prive di difese immunitarie, provocando in poco tempo milioni di morti.
L'impresa di Cristoforo Colombo diede inizio a una vera e propria esplosione degli spazi mondiali e alla successiva nascita del colonialismo europeo. Bisogna tuttavia tener conto che questi effetti si verificarono tempo dopo, in modo inarrestabile ma non fulmineo, e che di conseguenza l'anno fatale 1492 è solo il **simbolo convenzionale** di un movimento storico molto più ampio, che si dispiegò lungo molte generazioni. Comunque, in conseguenza delle scoperte geografiche e della dimensione oceanica dei traffici, prese forma un nuovo assetto economico del pianeta (un'**economia-mondo**, com'è stata definita), avente come centro l'Europa e come periferie le regioni dell'America, dell'Africa e dell'Asia sottoposte al dominio delle grandi potenze europee. Questo fenomeno rappresentava il preludio al declino della centralità del Mediterraneo, un tempo lo spazio dove gli scambi economici e culturali erano più attivi, e ora ridotto a una progressiva marginalizzazione.

ONLINE

Il libro
T. Todorov
La conquista dell'America. Il problema dell'"altro"

Il laboratorio dello storico
La storia delle tecniche

CAPITOLO

11 IL MEDITERRANEO DIVISO

1 Il Mediterraneo nel '400

Mamelucchi
Dall'arabo *mamluk*, 'schiavo'. Casta di schiavi-guerrieri del potere in Egitto [👁 ATLANTE_**17**].

Geopolitica
La "geopolitica" studia i rapporti tra la politica e lo spazio, ovvero l'influenza della posizione geografica nella formazione e nello sviluppo degli Stati e del sistema delle relazioni internazionali.

L'egemonia aragonese Nel corso dei secoli XIV-XV, crebbe nel Mediterraneo occidentale l'importanza della Corona d'Aragona che, estromesse le due rivali italiane, Pisa e Genova, si affermò definitivamente come potenza marittima, sia per la crescente attività dei mercanti catalani, sia per la sua espansione politica. Durante il regno di **Alfonso d'Aragona**, detto il **Magnanimo** (1416-58), si venne a creare una sorta di **mercato comune** tra i vari domìni aragonesi. Alfonso, infatti, promosse una politica economica a sostegno dell'industria tessile catalana e aragonese, proteggendola dalla concorrenza straniera e riservando a essa la penetrazione nei suoi possedimenti sia iberici (Aragona, Valencia, Catalogna, Maiorca) sia italiani (Regno di Napoli, Sicilia, Sardegna). A questi ultimi, invece, riservò la produzione di derrate agricole che venivano poi importate nei domìni iberici.

Il ruolo dell'Egitto Sul versante arabo-musulmano, lacerato ormai da secoli da divisioni interne, l'**Egitto** manteneva inalterato il suo ruolo di potenza egemone islamica gravitante sul Mediterraneo. Sotto i **mamelucchi** l'Egitto estese il suo dominio alla Siria e alla Cirenaica e attraversò un periodo di ordine interno e di prosperità commerciale, grazie soprattutto alle relazioni con i mercanti cristiani. Quello di **Alessandria** era infatti uno dei più importanti porti del Mediterraneo occidentale. La sua importanza crebbe ulteriormente in conseguenza dei mutamenti **geopolitici** che investirono il continente asiatico alla metà del XIV secolo e

I porti di Alessandria d'Egitto e Venezia
1578
[dal *Voyages et aventures de Ch. Magius*; département Estampes et photographie, Bibliothèque Nationale de France, Parigi]
Verso la fine del XIV secolo il porto di Alessandria d'Egitto divenne uno scalo importantissimo per i commerci di Genova e di Venezia, costituendo un vero e proprio ponte commerciale tra l'Oriente e l'Europa. Grazie alle intense attività mercantili, che aumentarono nel XV secolo, la città si arricchì e proliferò, per poi iniziare il suo declino dopo la scoperta di più veloci rotte per le Indie e la conquista del paese da parte dei turchi.

che influirono profondamente sulle vie commerciali che univano l'Oriente all'Occidente. Il crollo dei principati mongoli, infatti, ponendo fine alla cosiddetta ***Pax Mongolica***, provocò una brusca interruzione delle relazioni commerciali tra l'Europa e la Cina, e il conseguente declino della Via della Seta. Si impose allora una nuova organizzazione delle vie di comunicazione, che andò a tutto vantaggio dell'Egitto mamelucco: la via più sicura era quella che attraversava l'Oceano Indiano e proseguiva poi per il Mar Rosso, finendo ad Alessandria e ai porti della Siria. Alessandria, quindi, rafforzò il suo ruolo di crocevia tra Oriente e Occidente.

Venezia e Genova Per tutto il Medioevo Venezia e Genova erano state le intermediarie privilegiate dei traffici fra l'Europa continentale e il Levante. Nonostante le gravi difficoltà legate alle vicende della grande peste, al declino della Via della Seta e ai conflitti militari che la opponevano a Genova per il controllo del Mediterraneo orientale (**guerra di Chioggia**, 1378-81), Venezia godeva ancora alla fine del XIV secolo di una salda preminenza nei commerci con l'Oriente [👁 ATLANTE_53]. Nel Levante, e in particolare a Costantinopoli, i mercanti veneziani acquistavano merci di varia provenienza: sete, spezie, lana, lino, cotone, allume, cera, carta, zucchero, vini, dolci, grano, schiavi. Esportavano invece tessuti e manufatti metallici, vetro, olio e vino. Tuttavia, a partire dalla seconda metà del XV secolo, l'affermazione nel Mediterraneo della potenza ottomana [👁 11.3] rappresentò per Venezia un duro colpo che ridimensionò per sempre le sue ambizioni di potenza mediterranea. Dopo la sconfitta nella guerra di Chioggia, scoppiata in seguito all'occupazione ve-

ATLANTE 53_ LE PRINCIPALI CORRENTI DI TRAFFICO MARITTIMO NELL'EUROPA DEL XV SECOLO

neziana delle isole di Cipro e di Tenedo, Genova ridimensionò la propria presenza in Oriente. Il declino dei traffici con il Levante spinse i genovesi a volgere maggiormente la loro attenzione al Mediterraneo occidentale, dove comunque erano sempre stati presenti. Fu così che i mercanti genovesi diedero vita a un'intensa attività di trasporto e vendita – nei porti iberici, francesi, inglesi e fiamminghi – di prodotti mediterranei quali lo zucchero, il sale, l'olio, il vino, la frutta. Questo spostamento verso occidente degli interessi di Genova rese i suoi operatori economici pronti a entrare nelle nuove prospettive aperte dall'espansione europea nell'**Atlantico** **[👁 12]**.

GUIDA ALLO STUDIO

❶ Quale fu la politica economica di Alfonso d'Aragona? ❷ Quando e perché crebbe l'importanza di Alessandria d'Egitto? ❸ Quando e perché Venezia dovette ridimensionare il proprio ruolo di potenza mediterranea? ❹ Quale causa costrinse Genova a ridimensionare la sua presenza in Oriente?

2 I turchi ottomani all'assalto dell'Europa

L'ascesa degli ottomani

Alla metà del XIII secolo, in Asia Minore, l'Impero dei turchi selgiùchidi cadde sotto i colpi dell'espansione mongola. Sulle sue rovine si formarono vari potentati locali: gli emirati turchi. Da uno di questi emirati, quello di Bitinia, partì verso la fine del XIII secolo il processo di unificazione politica dell'Anatolia (attuale Turchia), a opera di **Othman** (o Osman, 1259-1326), fondatore dell'Impero che da lui prenderà il nome di ottomano. L'avanzata degli ottomani fu irresistibile: dal 1301 al 1337 i turchi ottennero una serie di vittorie sui bizantini e sugli emirati circostanti. Nel 1326 Othman pose la sua capitale a **Bursa**, sul Mar di Marmara, un importante centro commerciale a 250 km da Costantinopoli. Nel 1354, sotto la guida del nuovo emiro **Bayazid**, gli ottomani superarono lo Stretto dei Dardanelli, dando inizio all'invasione della penisola balcanica: Tracia, Tessaglia, Bulgaria e Macedonia caddero nelle mani dei turchi; nel 1361 conquistarono l'importante città di Adrianopoli; nel 1389, con la grande vittoria nella **battaglia di Kossovo** (ricordata anche come Battaglia della Piana dei Merli), abbatterono il Regno di

Tamerlano entra a Samarcanda alla testa delle sue truppe
XV sec.
[Museo d'arte turca e islamica, Istanbul]
In pochi decenni Tamerlano costruì un enorme impero, conquistando i territori tra l'India e il Mar Nero. Tra il 1360 e il 1370 conquistò l'attuale Uzbekistan e fece di Samarcanda la capitale del suo regno.

Serbia, minacciando i confini dell'Ungheria. Il re di questo paese, il futuro imperatore Sigismondo di Lussemburgo, cercò di frenare la loro avanzata ma fu duramente sconfitto nella **battaglia di Nicopoli** del 1396.

Sembrava che nulla potesse fermare l'avanzata ottomana, che puntava inesorabilmente verso Costantinopoli, e che il destino di quest'ultima fosse ormai segnato. Ma almeno per il momento non fu così. La penetrazione ottomana in Occidente, infatti, fu bloccata dalla nascita di un grande impero orientale, che sembrò rinnovare gli antichi successi di Gengis Khan.

L'Impero di Tamerlano

L'artefice di questa impresa fu **Tamerlano** – Timur Lenk, cioè «Timur lo zoppo», a causa di una ferita riportata in combattimento –, il capo di una tribù mongola turchizzata di Samarcanda che guidò il suo popolo alla conquista di un enorme impero, che si estendeva fino all'India, al Mediterraneo, al Mar Nero [ATLANTE_54]. Lo scontro decisivo tra le armate di Tamerlano e quelle ottomane avvenne ad **Ankara** nel 1402: gli ottomani subirono una vera e propria disfatta e il loro dominio si disgregò rapidamente.

Gli imperi nati troppo in fretta sono insieme potenti e fragili: potenti per l'entusiasmo che trascina i vincitori a sempre nuove imprese, fragili per la mancanza di organizzazione. Tamerlano, che era un guerriero valente e coraggioso, non aveva tuttavia la tempra dell'uomo di governo. Così alla sua morte, avvenuta nel 1405, l'impero da lui edificato si sfasciò rapidamente.

GUIDA ALLO STUDIO

❶ Perché l'Impero dei turchi si chiamò ottomano? ❷ In quali direzioni si espanse l'Impero ottomano nel XIV secolo? ❸ Chi era Tamerlano?

ATLANTE 54_L'IMPERO DI TAMERLANO

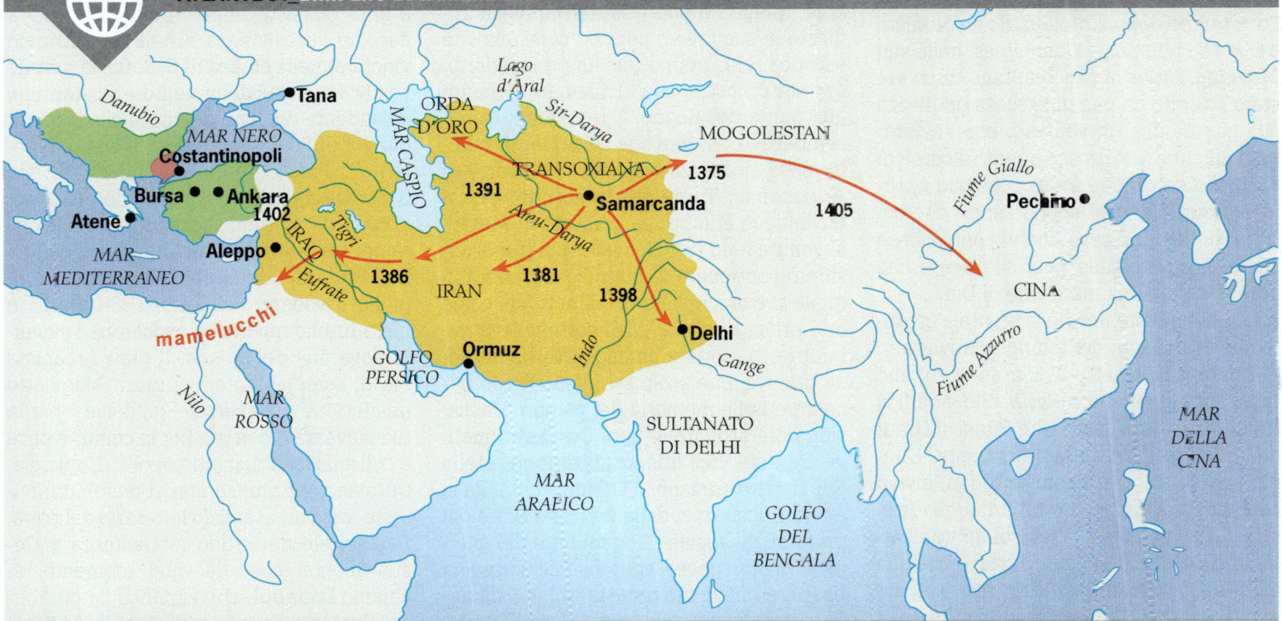

Grazie alla potenza e all'efficienza del suo esercito, Tamerlano lanciò una serie di vittoriose campagne di conquista in direzione sia delle regioni nord-orientali sia di quelle occidentali. Nel giro di pochi decenni Tamerlano si ritrovò a controllare un vastissimo territorio – che egli non trasformò mai in un vero e proprio Impero – che si estendeva dall'Eufrate all'Indo.

ONLINE

Parola chiave
Jihad

3 La caduta di Costantinopoli

Ripresa dell'avanzata ottomana

Della morte di Tamerlano seppero approfittare gli ottomani che, sotto la guida di **Murad II** (1421-51), riedificarono dalle ceneri la loro potenza. Ora essi potevano riprendere l'espansione verso l'Europa.

Era opinione dei più che Costantinopoli non avrebbe potuto resistere ancora a lungo. L'imperatore **Giovanni VIII Paleologo** (1425-48), infatti, nel 1438 si recò in Italia a chiedere l'aiuto dei cristiani d'Occidente, offrendo in cambio la sottomissione della Chiesa di Costantinopoli al papa di Roma. Il popolo di Costantinopoli non condivideva affatto la scelta del suo sovrano ed erano molti quelli che si dicevano pronti a morire per mano degli «infedeli» piuttosto che sottomettersi ai cattolici. Malgrado ciò, nel 1439, durante il **concilio di Firenze**, fu proclamata l'unione tra la Chiesa di Costantinopoli e quella di Roma. L'evento, tuttavia, non servì a salvare Costantino-

PERSONAGGI

Maometto II

Nell'autunno del 1481, anno della morte di Maometto II, una delle spie di Francesco Sforza, duca di Milano, riferiva al suo signore che il sultano era ormai sopraffatto dalla gotta e dai reumatismi che gli provocavano intense fitte alle gambe «come se un lupo gli avesse addentato il polpaccio». Poco tempo dopo il diplomatico e cronista francese Philippe de Commynes, nelle sue *Memorie*, scriveva che il sultano turco era stato «colpito da una mostruosa gonfiezza alle gambe che gli veniva verso l'estate: esse diventavano grosse quanto il corpo di un uomo senza che fosse possibile aprirle. Nessun chirurgo seppe capire che cosa fosse, ma si diceva che vi contribuisse molto il suo bestiale gozzovigliare e che poteva essere una punizione di Dio».

A leggere queste notizie si stenta a credere che i testimoni del tempo si trovassero di fronte a Maometto II, il grande sultano turco soprannominato ***Fatih***, che significa **il Conquistatore**, ma anche *Bujuk*, il Grande, e *Hukmar*, l'assetato di sangue. L'uomo che, in soli trent'anni di regno, aveva conquistato l'Impero bizantino, preso Atene, il Peloponneso, Trebisonda (nell'attuale Turchia), l'Albania, tutta l'Anatolia orientale, spingendosi fino alle colonie genovesi della Crimea e giungendo sulle coste del Danubio serbo.

Ma, alla fine del 1481, Maometto era in effetti molto malato. Era un uomo dal fisico stremato dagli eccessi vissuti nei decenni passati nelle lunghe campagne di guerra, nei mari del Mediterraneo e nei deserti mediorientali, affaticato dalla dissolutezza della vita di corte dove, nonostante le attività della sua settimana fossero rigidamente programmate e scandite dal lavoro, Maometto non rinunciava a nessuno dei piaceri che un uomo tanto potente era in grado di permettersi.

Maometto – che era nato nel 1430 ad Adrianopoli (l'odierna Edirne), capitale dell'Impero – aveva avuto una breve esperienza alla guida del Regno a soli tredici anni, quando il padre Murad II aveva abdicato in suo favore per dedicarsi alla vita ascetica. Ma, troppo giovane e inesperto, era stato costretto a richiamare il padre alla guida del Regno. Turco impetuoso e combattivo, il giovane Maometto crebbe nella ricchezza sfrenata della corte di Adrianopoli. Tornò sul trono ottomano a diciannove anni, dopo la morte di Murad, avvenuta nel 1451. Una volta sul trono, desiderò continuare le imprese del padre, il quale aveva ampliato i confini turchi come mai prima di allora. Maometto voleva superarne la gloria e immaginava un'impresa titanica, che scolpisse il suo nome per sempre nella memoria del mondo. L'occasione era arrivata subito. **Costantinopoli**, la capitale dell'Impero bizantino erede dell'Impero romano d'Oriente, città dalle enormi ricchezze, dalle cupole d'oro e dai profumi di spezie, frequentata dai mercanti di ogni paese, cantata e celebrata da poeti e cronisti, era rimasta isolata, abbandonata dalle potenze cristiane dell'Europa occidentale. I turchi, infatti, l'avevano ormai circondata e controllavano quasi tutti gli antichi territori bizantini, conquistati nelle lunghe campagne di guerra seguitesi l'una all'altra tra la fine del '300 e i primi anni del '400. La zona intorno alla città, all'inizio del 1453, poteva considerarsi saldamente in mano ottomana; ma Costantinopoli era ancora bizantina.

Maometto decise di tentare l'ardua impresa di espugnare la città. I preparativi furono meticolosi: egli chiamò a corte i più bravi e conosciuti ingegneri del tempo e affidò loro la costruzione di **nuove macchine d'assedio**, grandi **navi** e potenti **cannoni** in grado di abbattere le mura della città. L'assedio iniziò nel maggio 1453 e durò quasi tre mesi. Il sultano riuscì a fiaccare la resistenza bizantina, entrando vincitore nella **chiesa di S. Sofia**, la grande basilica eretta dall'imperatore Costantino, splendente degli ori dei mosaici e protetta dal volto del Pantocràtore ('il Dio onnipotente'), l'immagine bizantina del Cristo benedicente raffigurato sull'enorme cupola centrale. **I turchi saccheggiarono la città per tre giorni**, violentando e uccidendo. La caduta di Costantinopoli generò scompiglio e sdegno nell'Europa del tempo e molti furono quelli che evocarono l'avvento della fine del mondo. Il papa umanista Pio II, scandalizzato, scrisse a Maometto una lettera: «convertiti – gli disse – per la tua salvezza e gloria e per la comune pace e consolazione di molti popoli». L'epistola, tuttavia, non giunse mai al destinatario e restò forse un esercizio letterario del papa. La capitale del regno fu trasferita a Costantinopoli che, da quel momento, si chiamò **Istanbul**, che significa 'la città' in assoluto, quella talmente famosa da essere considerata la città per antonomasia. **Maometto trasformò la città in un immenso cantiere**; fece edificare moschee, tra le quali una a lui dedicata, e palazzi. Fu iniziata la costruzione del grande palazzo **Topkapi**, nel quale fu ospitata una biblioteca, un ospizio e un ospedale, ma anche

poli dai turchi. Le potenze europee, infatti, non attraversavano un momento felice: Francia e Inghilterra erano spossate a causa della guerra dei Cent'anni, l'Italia era divisa, e così pure la Germania. Quanto al papa, la sua autorità non era più quella di una volta.

L'attacco finale Nel 1444 l'esercito di Murad II sconfisse, nella **battaglia di Varna**, un'armata composta di serbi, ungheresi, polacchi. Nello scontro perse la vita anche il re di Polonia **Ladislao III**. Nel 1453 il sultano turco **Maometto II** (1451-81) [👁 PERSONAGGI] attaccò dalla terra e dal mare la capitale dell'Impero bizantino con un esercito di circa 200 mila uomini. Gli assediati erano quindici volte di meno. L'esercito ottomano disponeva di un'artiglieria moderna e potente, che sbriciolava le antiche mura risalenti al V secolo d.C., mentre i bizantini si difendevano con armi antiquate. Costantinopoli cadde la mattina del 29 maggio 1453. L'ultimo imperatore bizantino, **Costantino XI**, morì combattendo. Gli abitanti furono massacrati. La chiesa di S. Sofia fu trasformata in moschea. Costantinopoli fu

Focus
Il fuoco greco e i cannoni dei turchi

ONLINE

106 DOC
Jacopo Tedaldi
La caduta di Costantinopoli: un testimone cristiano

107 DOC
La caduta di Costantinopoli: una Cronaca turca

PERSONAGGI

un grande harem, un *hammam* (complesso termale), un mercato e un cimitero. A Topkapi visse Maometto fino alla sua morte e dopo di lui quasi tutti i sultani dell'Impero ottomano.
Contrariamente a quanto sostenuto dalla propaganda cristiana dell'Europa occidentale, che demonizzava gli "abominevoli turchi", Maometto fu benevolo con i non musulmani che vivevano nei confini dell'Impero. Concesse ai cristiani europei e agli ebrei di professare liberamente la propria fede e fece tradurre in arabo i testi sacri del cristianesimo. Persino l'esercito, che per almeno due secoli sarebbe stato considerato come il più potente apparato militare del tempo, era formato tanto da musulmani quanto da cristiani. Costruì uno **Stato multietnico e multireligioso**, costituito da una *élite* amministrativa erede della tradizione bizantina che gareggio per ottenere i favori del sultano.
Solo un anno prima della sua morte l'esercito di Maometto aveva iniziato l'invasione della Penisola italiana. Il sultano voleva completare l'ultima delle sue imprese che, se riuscita, lo avrebbe consacrato come il nuovo signore del mondo occidentale: la conquista di Roma. Nel 1480 la flotta ottomana sbarcò in Puglia con un esercito di 15 mila uomini sotto il comando di Gedik Amhet Pascià. Presa e saccheggiata **Otranto**, l'esercito turco avrebbe proseguito la sua penetrazione nella penisola se da Costantinopoli non fosse arrivata la notizia dell'aggravarsi delle condizioni di salute del sultano. Maometto morì nel 1481 all'età di 49 anni e alcuni dei suoi più fidati consiglieri, tra i quali il figlio Bayazid, furono sospettati di averlo avvelenato. Alla sua morte, accolta in Occidente con un sospiro di sollievo, nell'Impero esplose la guerra civile tra le fazioni fedeli ai suoi figli, Cem e lo stesso Bayazid. La tomba del sultano, situata nella moschea Fatih a Istanbul, è ancora oggi luogo di grande venerazione.

Gentile Bellini
Ritratto di Maometto II
1480
[National Gallery, Londra]

▶ **108DOC**
Enea Silvio Piccolomini
La caduta di Costantinopoli: l'eco in Italia

▶ **109**
J. Goodwin
L'Asia entra in Europa

ora chiamata **Istanbul** e divenne la base sulla quale gli ottomani costruirono la loro potenza marittima.

Scomparve così l'Impero bizantino, diretto erede dell'Impero romano d'Occidente, e scomparve con esso una delle più grandi civiltà della storia, mentre si consolidava l'**Impero ottomano**, destinato anch'esso a lunga vita (cessò di esistere solo nel 1922, dopo la prima guerra mondiale).

Le direttrici dell'espansionismo turco

Con la conquista ottomana di Costantinopoli si determinò, quindi, uno sbarramento alla penetrazione veneziana e genovese nel Mediterraneo orientale e nel Mar Nero. Venezia, in realtà, avviò immediatamente trattative con i nuovi padroni del Bosforo. Già nel 1454 riuscì a ottenere alcuni vantaggi commerciali e il permesso di tenere un ambasciatore a Istanbul. Tuttavia, malgrado queste piccole aperture, le **città italiane** non furono più in grado di muoversi nel Mediterraneo orientale con la stessa libertà di prima: ciò segnò l'**inizio del loro declino**.

Del resto Maometto II non nascondeva il sogno di nuove conquiste nel Mar Nero e nel Mediterraneo, come mostrava l'aggressività della sua flotta. Nel 1461 fu conquistata Trebisonda sulla costa del Mar Nero; fu poi la volta delle isole del Mar Egeo, di Atene e dell'Attica, del Peloponneso, dell'Albania, della Valacchia e della Crimea meridionale. L'intero Mediterraneo orientale era controllato dagli ottomani, che minacciavano sempre più da vicino l'Ungheria, l'Austria, la Dalmazia e la stessa Venezia. Quest'ultima, infatti, fu lasciata sola dagli altri Stati europei a fronteggiare l'avanzata turca per terra e per mare. In queste condizioni la Serenissima fu costretta a stipulare col sultano, nel 1479, la **pace di Istanbul**, che le costò la perdita di alcuni possedimenti greci; in cambio, però, ottenne la restituzione dei territori occupati in Albania e Dalmazia. Nel 1480 i turchi sbarcarono addirittura in Puglia e occuparono la città di **Otranto**,

Assedio di Costantinopoli
1537
[Monastero di Moldovita, Vatra Moldoviţei (Romania)]
In questa miniatura è raffigurato l'assedio di Costantinopoli da parte dei turchi ottomani nel 1453: il 29 maggio, dopo una serie di tentativi falliti, la città bizantina cadde sotto l'attacco dell'armata del sultano Maometto II. Sulle rovine del millenario Impero bizantino sorse la nuova potenza dell'Impero ottomano, la cui spinta espansionistica nel Mediterraneo e nei Balcani avrebbe ben presto minacciato l'Europa cristiana.

massacrandone gli abitanti. L'evento suscitò apprensione in Italia meridionale ma sollievo nel resto della penisola: a Firenze come a Venezia, infatti, non dispiaceva che il re di Napoli avesse qualche preoccupazione in più [👁 10.6]. La morte di Maometto II, nel 1481, e la lotta di successione che si aprì alla corte ottomana alleggerirono tuttavia la pressione sull'Italia.

GUIDA ALLO STUDIO

❶ Come avvenne la caduta di Costantinopoli nel 1453? ❷ Come reagì Venezia alla caduta di Costantinopoli? ❸ Che cosa ratificava la pace di Istanbul del 1479?

4 I poteri nell'Impero ottomano

Stabilito il loro dominio anche sulla Grecia e sui Balcani, gli ottomani non fecero nulla per "turchizzare" le popolazioni sottomesse, le quali mantennero le loro tradizioni religiose e linguistiche. I turchi, infatti, si dimostrarono eredi della tradizione bizantina in questa loro capacità di governare un **impero multietnico** (greci, albanesi, bulgari, serbi, bosniaci, ebrei, armeni, ecc.).

Il potere del sultano Il sultano dell'Impero ottomano deteneva un **potere assoluto** e indiscusso: nelle sue mani era concentrato il potere sia politico sia religioso. Il sultano era coadiuvato nelle funzioni di governo da un personale amministrativo e militare ben addestrato e, soprattutto, da lui direttamente dipendente. Spesso, infatti, i funzionari venivano reclutati tra gli schiavi del sultano: si trattava di giovani cristiani catturati nel corso delle conquiste o delle razzie, convertiti alla fede islamica e poi arruolati nell'esercito o inseriti nei quadri amministrativi. Tra essi venivano scelti i **visir** – i primi ministri – e venivano reclutati i **giannizzeri** (da una parola turca che significava 'nuovi soldati'), le truppe scelte del sovrano; questi ultimi erano sottoposti a una ferrea disciplina e obbligati al celibato e alla vita in comune.

Una società tollerante La società ottomana era relativamente aperta e tollerante. Come abbiamo appena visto, l'accesso ai gradi più elevati del potere militare e amministrativo era consentito anche a uomini di umili origini, purché ambiziosi e di talento. I turchi avevano un atteggiamento tollerante nei confronti dei sudditi seguaci di altre religioni. La maggioranza delle popolazioni sottomesse era di fede cristiana ortodossa: in cambio del pagamento della tradizionale tassa che in tutti i paesi musulmani gravava sugli «infedeli», i cristiani erano liberi di praticare il loro culto. L'unica interferenza turca in campo religioso fu la richiesta di revoca dell'unione tra la

Giannizzeri turchi
1590 ca.
[dal *Codex Vindobonensis* 8626; Österreichische Nationalbibliothek, Vienna]

Organizzato a partire dal '300, il corpo militare dei giannizzeri era composto da giovani di origine cristiana, allontanati dalle famiglie fin da piccoli per essere educati rigorosamente nell'osservanza della religione musulmana, tanto da divenirne i più fanatici difensori. Lo spirito di corpo era incoraggiato da bandiere e da emblemi particolari per ogni reggimento.

❶ Chi erano i visir? E i giannizzeri? ❷ Come si comportarono i turchi con le popolazioni sottomesse? ❸ Quale fu la politica religiosa degli ottomani?

GUIDA ALLO STUDIO

Chiesa ortodossa e quella di Roma sancita dal concilio di Firenze del 1439. I capi religiosi ortodossi accolsero prontamente la richiesta e l'unione venne sciolta nel 1472. La tolleranza degli ottomani, inoltre, favorì l'afflusso nei territori dell'Impero sia degli ebrei spagnoli espulsi dai Regni iberici nel 1492, sia delle frange più radicali del movimento protestante.

5 Il dominio turco nel Mediterraneo

Solimano il Magnifico

Dopo la prorompente espansione del XV secolo che li aveva portati al dominio del Mediterraneo orientale, gli ottomani avevano dovuto ritirarsi in Asia minore a causa dell'affermarsi della vicina potenza persiana. All'inizio del XVI secolo essi ripresero però la loro penetrazione verso occidente: sotto la guida di **Selim I** (1512-20), infatti, conquistarono l'Egitto, la Siria, l'Arabia. Fu poi **Solimano I il Magnifico** (1520-66) ad ampliare il controllo ottomano sull'entroterra balcanico: nel 1521 conquistò Belgrado; nel 1526 sconfisse e uccise nella **battaglia di Mohàcs** il re d'Ungheria e di Boemia **Luigi II Jagellone**; nel 1529 cinse d'assedio **Vienna** e, nel 1532, giunse a minacciarla nuovamente. Con la caduta di Budapest (1541) la frontiera ottomana si attestò a un centinaio di chilometri da Vienna [ATLANTE_55].

ATLANTE 55_L'ESPANSIONE DELL'IMPERO OTTOMANO

L'Impero ottomano circondava e minacciava da più parti la Cristianità. La paura dei turchi restò a lungo una delle costanti della storia europea e soprattutto dei paesi territorialmente più esposti. La minaccia turca non si concretizzò mai, tuttavia, in un effettivo pericolo per la sopravvivenza dell'Occidente cristiano.

- primo nucleo dell'Impero ottomano al tempo di Othman (prima metà del XIV secolo)
- situazione nella seconda metà del XIV secolo
- situazione nel XV secolo
- situazione nel XVI e nel XVII secolo

Durante il regno di Solimano il Magnifico l'Impero ottomano raggiunse il suo apogeo: la sua potenza non aveva nulla da invidiare a quella dell'Impero asburgico. I sudditi di Solimano erano circa 14 milioni, mentre la Spagna aveva solo 5 milioni di abitanti. La capitale Istanbul, con i suoi 400.000 abitanti, era una delle più grandi città del mondo e lo splendore dei suoi edifici pubblici, delle moschee, delle abitazioni private stupiva e incantava i viaggiatori.

I pirati barbareschi Nei primi decenni del '500, l'ampliamento più significativo dell'Impero ottomano si registrò in direzione del Mediterraneo occidentale dove, lungo le coste dell'Africa settentrionale, pirati e corsari turchi [👁 STORIA•SOCIETÀ•CITTADINANZA] diedero vita a una serie di **Stati satelliti**. La loro presenza contribuì a rendere particolarmente insicura e pericolosa la navigazione mediterranea. Molto temuta era la flotta dei pirati algerini, detti **barbareschi** dal termine «Barberìa» con il quale gli europei indicavano molto approssimativamente la terra dei berberi, vale a dire il Nord Africa islamizzato. Li guidava **Khair-ad-din**, soprannominato **Barbarossa**, il quale, insediatosi ad Algeri nel 1529 e conquistata Tunisi nel

Giorgio Vasari
La battaglia di Lepanto
1572-73
[Sala Reale del Vaticano, Roma]

Per commemorare la sconfitta turca a Lepanto [👁 **16.3** EVENTI] papa Pio V commissionò a Vasari un ciclo di affreschi nella Sala Regia in Vaticano. Alla raffigurazione delle navi che si fronteggiano in assetto da guerra, Vasari affianca, in primo piano, una rappresentazione allegorica delle tre potenze cristiane (Spagna, Venezia e papato) unite nella Lega santa.

1534, effettuava continue incursioni e razzie lungo le coste italiane e spagnole. In seguito alle sue fortunate imprese, Barbarossa ottenne da Solimano il Magnifico il titolo di ammiraglio della flotta ottomana.
In questi anni, la politica degli Stati cristiani dell'Europa mediterranea, in particolare Spagna e Venezia, fu profondamente condizionata dal «pericolo turco». L'imperatore Carlo V, infatti, si lanciò nella controffensiva con un vero e proprio spirito di crociata e nel 1535 riuscì a riconquistare Tunisi, importante piazzaforte prospiciente la Penisola iberica e il dominio spagnolo della Sicilia. Ma si trattò di un successo effimero: tre anni dopo, il Barbarossa annientò infatti a **Prevesa**, nel Mar Ionio, una flotta cristiana organizzata dal papa, dall'imperatore e da Venezia.

STORIA • SOCIETÀ • CITTADINANZA

Pirati di ieri e di oggi

La pirateria (dal greco *peiratès*, derivato dal verbo *peirào*, 'assaltare, tentare') ha origini antiche. Il Mediterraneo ha conosciuto questo fenomeno sin dall'intensificarsi degli scambi commerciali via mare tra i popoli che vivevano sulle sue sponde.
Nel **Medioevo**, a partire dall'XI secolo, i pirati del Mediterraneo erano ben organizzati, disponevano di navi agili e veloci e di equipaggi esperti, formati da uomini liberi che decidevano volontariamente di imbarcarsi in cambio di buone paghe e di parte dei bottini. I più noti e temuti pirati dell'epoca provenivano soprattutto dalla Liguria e dalla Francia meridionale, e, sull'altra sponda del Mediterraneo, dall'Africa del Nord, in particolare dalle zone costiere di Tunisia, Algeria e Libia. Questi ultimi erano conosciuti come pirati **barbareschi** (così chiamati perché a quel tempo la regione nordafricana era nota agli europei come Barberìa, e i suoi abitanti come berberi). Essi erano particolarmente temuti perché una delle loro principali attività consisteva nei rapimenti, specialmente di cristiani, da destinare al mercato degli schiavi o al riscatto. In tutte le regioni del Mediterraneo, i pirati avevano sviluppato una tecnica per così dire 'anfibia': le scorribande avevano luogo non solo sul mare, ma anche sulle coste e nell'entroterra.
Il corsaro (in inglese *privateer*), a differenza del pirata in senso stretto, era un uomo fedele al proprio paese e al proprio sovrano, era in un certo senso un suo dipendente. Intraprendeva le sue spedizioni con la **lettera di corsa**, cioè un'autorizzazione ufficiale del sovrano, contenente precise disposizioni. La differenza stava nella logica di guerra che sorreggeva le loro azioni.
In **epoca moderna**, dopo la scoperta dell'America e la conseguente apertura di nuove rotte commerciali, crebbe anche la competizione tra le principali potenze marittime europee per il dominio dei mari. Per questa ragione l'Inghilterra e la Francia si servirono frequentemente dei corsari per contrastare i loro avversari. Alle lotte tra l'Inghilterra di Elisabetta I (1533-1603) e la Spagna di Filippo II (1527-1598) partecipò anche il corsaro più noto dell'epoca: **Francis Drake** (1540-1596). La vittoria dell'Inghilterra, ottenuta in battaglia con la sconfitta dell'*Invincibile Armata* spagnola da parte degli inglesi nell'agosto del 1588, fu possibile anche grazie agli ingenti quantitativi di metalli e pietre preziose che Drake aveva raccolto in anni di spedizioni sull'oceano. Elisabetta I ricompensò il corsaro per i servizi resi alla Corona con denaro e prestigio, attribuendogli il titolo di *sir*.
La guerra di corsa fu definitivamente abolita dall'ordinamento giuridico internazionale nel 1856, quando il diritto di intraprendere azioni di guerra fu riservato alle sole navi delle marine militari degli Stati.
Dal Mar Mediterraneo al Mar dei Caraibi, ai mari del Sud-est asiatico, la presenza dei pirati è stata una costante. Dopo i secoli d'oro della pirateria, tra il **XVI e** il **XVIII secolo**, il fenomeno si è ridotto ma non è scomparso.
Oggi la pirateria è tornata a essere una minaccia specialmente in alcune parti del mondo: Somalia, Nigeria, Indonesia, Malesia e parte dei Caraibi sono le zone più colpite. I metodi sono rimasti pressoché gli stessi, anche se con alcune peculiarità dipendenti dalle zone di provenienza: assalti con scafi e armi di ultima generazione, rapine sia ai danni di piccole imbarcazioni da diporto, sia di grosse unità mercantili, ma soprattutto rapimenti di equipaggi stranieri, per la liberazione dei quali vengono richiesti cospicui riscatti. In Somalia, in particolare, il fenomeno è in espansione anche a causa dell'instabilità politica che caratterizza il paese, dilaniato da più di due decenni da una sanguinosa guerra civile. Negli ultimi vent'anni il ritorno della pirateria ha assunto dimensioni allarmanti, specie per l'alto numero di rapimenti e di sequestri di imbarcazioni, tanto da indurre gli Stati coinvolti a intensificare notevolmente i controlli istituendo organismi *ad hoc*, con il compito di monitorare e combattere il fenomeno. Dal 1992 un'apposita struttura si occupa del problema della pirateria a livello internazionale: il **Piracy Reporting Centre**, istituito dalla Camera di Commercio Internazionale. Questo organismo integra in parte le attività di una struttura preesistente, l'International Maritime Organization, l'agenzia delle Nazio-

Fallito l'ennesimo tentativo di Carlo V di conquistare Algeri (1541), per più di vent'anni la flotta navale ottomana dominò incontrastata il Mediterraneo, divenuto ormai un «lago turco». Tuttavia, il confronto militare tra la Spagna asburgica e l'Impero ottomano non si interruppe mai. Nel 1560 i turchi sconfissero a **Ceuta** la flotta spagnola; nel 1565 misero a dura prova la resistenza di **Malta**, con un assedio durato vari mesi; nel 1571 invece subirono una clamorosa sconfitta nella battaglia, in acque greche, di **Lepanto** a opera della flotta della **Lega santa** comandata da Giovanni d'Austria, fratello naturale del re di Spagna Filippo II. La battaglia di Lepanto segnò la fine dell'espansione ottomana nel Mediterraneo occidentale [👁 16.3 EVENTI].

GUIDA ALLO STUDIO

❶ In quali direzioni si espanse l'Impero turco nella prima metà del XV secolo? ❷ Chi erano i pirati barbareschi? ❸ In che senso il Mediterraneo era diventato un «lago turco»? ❹ Che cosa accadde a Lepanto nel 1571?

ni Unite competente sul tema della sicurezza sui mari, istituita nel 1948. Il compito di questi organismi è quello di collaborare con i governi (che già sostengono spese ingenti nel tentativo di tutelare le proprie unità navali dagli attacchi) nella lotta alla pirateria, attraverso la condivisione delle informazioni, l'adozione di misure preventive comuni e l'intervento tempestivo in caso di necessità.

Pirati somali
2009
[© Ho/Reuters/Contrasto]
Negli ultimi anni gli assalti dei pirati somali si sono moltiplicati. Nell'immagine si vede il sequestro dello yacht francese Tanit, durante il quale è stato ucciso un ostaggio; altri quattro passeggeri sono stati poi liberati dalle forze speciali francesi.

STORIA • SOCIETÀ • CITTADINANZA

SINTESI

1 Il Mediterraneo nel '400

Nel corso del XIV-XV secolo, nel Mediterraneo occidentale crebbe l'importanza commerciale e politica della corona d'Aragona e dell'Egitto mamelucco. Sul versante orientale del bacino, Venezia manteneva saldo il suo primato commerciale con il Levante, mentre Genova, ridotta la propria presenza in Oriente, si inseriva a pieno titolo nei traffici commerciali del Mediterraneo occidentale. Tuttavia, il primato veneziano era destinato a essere offuscato dall'ascesa della potenza ottomana.

2 I turchi ottomani all'assalto dell'Europa

Le invasioni mongole del XIII secolo posero fine all'Impero dei turchi selgiùchidi. Dalle sue ceneri prese forma l'Impero ottomano. Gli ottomani, superati i Dardanelli, diedero avvio alla conquista della penisola balcanica. Sconfitti gli Stati cristiani danubiani, gli ottomani estesero il loro dominio territoriale su buona parte dell'Europa orientale, stringendo in una morsa Costantinopoli, capitale dell'Impero bizantino, che ormai aveva i giorni contati. L'avanzata ottomana, tuttavia, venne arrestata dalla rapida ma effimera nascita dell'Impero di Tamerlano.

3 La caduta di Costantinopoli

Alla morte di Tamerlano gli ottomani ripresero la loro avanzata e nel 1453, sotto la guida di Maometto II, conquistarono Costantinopoli. La caduta dell'Impero bizantino – che fu un duro colpo per i traffici di Genova e, soprattutto, di Venezia – lasciava il posto al nuovo Impero ottomano, destinato a durare fino ai primi decenni del XX secolo. Maometto II ben presto si lanciò in nuove conquiste: in ordine di tempo, furono turche la Grecia, la Crimea e gli Stati balcanici non ancora sottomessi. Venezia, lasciata sola a fronteggiare l'avanzata turca, fu costretta a firmare un pesante accordo con Maometto II, che ridimensionò le sue ambizioni di potenza mediterranea. Nel 1480 i turchi sbarcarono addirittura in Puglia, seminando terrore sulle coste dell'Italia meridionale.

4 I poteri nell'Impero ottomano

Gli ottomani diedero vita a un saldo impero multietnico. Essi infatti riuscirono a imporsi sulle popolazioni ortodosse della Grecia e dei Balcani, consentendo loro libertà di culto. A capo dell'Impero vi era il sultano, detentore di un potere assoluto. Questi era coadiuvato nelle funzioni governative da un personale amministrativo e militare preparato e di fiducia.

5 Il dominio turco nel Mediterraneo

Con Solimano il Magnifico gli ottomani raggiunsero il cuore dell'Europa conquistando Belgrado, assediando Vienna e portando la frontiera del loro Impero a pochi chilometri dalla capitale asburgica. Contestualmente i turchi estesero la loro sfera di influenza alle coste dell'Africa settentrionale, dove formarono una serie di Stati satelliti. Per svariati decenni il Mediterraneo fu un «lago turco», le cui acque furono infestate dal fenomeno della pirateria. L'espansione ottomana nel Mediterraneo subì una battuta d'arresto solo nel 1571, in seguito alla sconfitta riportata a Lepanto a opera della flotta della Lega santa.

SVILUPPARE LE COMPETENZE

1 Utilizza la scaletta proposta di seguito per scrivere un testo di 8 righe a cui dovrai dare un titolo appropriato:

a. La fine della *Pax Mongolica* e il predominio commerciale dell'Egitto mamelucco
b. La fine del predominio commerciale veneziano
c. Lo spostamento dei traffici genovesi dal Mediterraneo orientale a quello occidentale

2 Spiega, in testi di 3 righe ciascuno, le azioni di cui furono protagonisti i seguenti personaggi:

a. Othman
b. Bayazad
c. Tamerlano

3 Ricostruisci l'esatto ordine cronologico dei seguenti avvenimenti e poi scrivi un testo di 10 righe che li comprenda tutti e ne spieghi l'importanza:

a. La città di Costantinopoli cade
b. L'esercito di Murad II sconfigge, nella battaglia di Varna, un'armata di serbi, ungheresi e polacchi
c. L'imperatore Giovanni VIII Paleologo va in Italia per chiedere l'aiuto dei cristiani d'Occidente
d. Viene conquistata Trebisonda sulla costa del Mar Nero
e. Venezia è costretta a stipulare, con il sultano, la pace di Istanbul
f. Maometto II attacca, con un esercito di 200.000 uomini, la capitale dell'Impero bizantino
g. Al concilio di Firenze viene sancita l'unione della Chiesa di Costantinopoli e di quella di Roma

4 Spiega, in un testo di 8 righe, l'organizzazione del potere nell'Impero ottomano e il comportamento dei turchi sulle popolazioni conquistate.

5 Approfondisci, in testi di 4 righe ciascuno, i seguenti argomenti:

a. Il regno di Solimano il Magnifico
b. Barbarossa e i suoi pirati

CAPITOLO

12 LA CONQUISTA DEL NUOVO MONDO E GLI IMPERI COLONIALI

1 I portoghesi nell'Atlantico

Una nuova via per l'Oriente?

Mentre nel Mediterraneo orientale si fronteggiavano il mondo cristiano e il mondo islamico [👁 11], in altre aree geografiche cominciava l'epopea delle grandi scoperte. Lo **sbarramento ai traffici tra Oriente e Occidente frapposto dall'Impero ottomano** spinse infatti gli europei a cercare nuove vie di comunicazione. Si trattava, anzitutto, di verificare la possibilità di circumnavigare l'Africa e di raggiungere l'Oceano Indiano, e di lì l'Asia, unicamente per via di mare.

Nel corso del XV secolo, le rotte atlantiche, fino a quel momento battute prevalentemente dai convogli genovesi e, in misura ridotta, veneziani, cominciarono a essere frequentate sempre più intensamente anche dai **mercanti portoghesi**, i quali riuscirono a inserirsi nella rete commerciale fra Mediterraneo e Atlantico, esportando vini, olio e sale e importando cereali, tessuti e metalli. L'assalto portoghese alla

Lisbona e il suo porto
1500-10
[dalla *Crónica de El-Rei Dom Alfonso Henriques* di Duarte Galvão; Biblioteca e Museo Castro Guimarães, Cascais (Portogallo)]

Base di partenza per tutti i viaggi di esplorazione portoghesi fu Lisbona. Dal suo porto le navi partivano alla volta delle coste africane e di quelle orientali, per rientrare cariche di merci pronte per essere vendute. La miniatura è la più antica raffigurazione nota della città e del suo porto.

Focus
La galea, la nave tonda, la caravella

ONLINE

frontiera atlantica fu sostenuto dalla dinastia regnante degli Aviz; in particolare, il principe **Enrico**, detto **il Navigatore** (1394-1460), dedicò all'iniziativa larghi mezzi e fondò anche un'importante scuola di navigazione. Enrico infatti promosse una serie di viaggi di esplorazione in direzione delle coste dell'Africa settentrionale, cui non erano estranei interessi di carattere economico. La prima di queste imprese fu la conquista, nel 1415, della piazzaforte di Ceuta, in Marocco, cui fecero seguito la scoperta e la colonizzazione degli arcipelaghi di Madeira (1419) e delle Azzorre (1427), dove Enrico fece impiantare piantagioni di canna da zucchero.

L'esplorazione delle coste africane

Alla base dei viaggi di esplorazione portoghesi vi era la volontà di aggirare le costose intermediazioni commerciali dei veneziani, che detenevano il monopolio delle spezie, e degli arabi, che controllavano il mercato dell'oro e degli schiavi. La maggior parte dell'oro che circolava in Occidente, infatti, proveniva dall'Africa subsahariana, attraverso l'intermediazione dei mercanti berberi e arabi. Il miraggio delle miniere d'oro dell'Africa subsahariana, unitamente al bisogno di manodopera schiavile per le piantagioni di canna da zucchero, spinsero Enrico il Navigatore a proseguire le spedizioni lungo le coste occidentali dell'Africa. Dopo una serie di tentativi falliti per via del diverso re-

ATLANTE 56_ESPLORAZIONI E BASI COMMERCIALI PORTOGHESI IN AFRICA NEL XV SECOLO

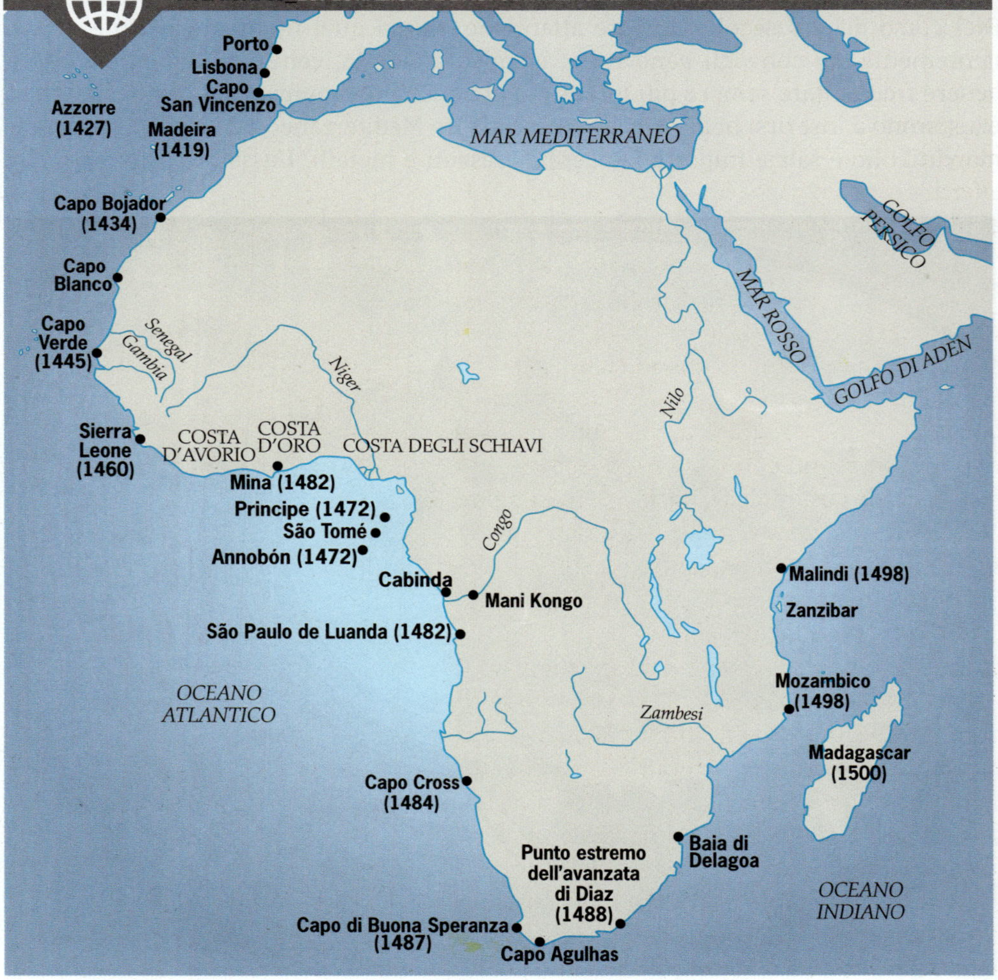

gime di venti dell'emisfero australe, nel 1434, i portoghesi doppiarono il **Capo Bojador** (nell'odierno Marocco); nel 1445 furono scoperte le Isole di Capo Verde e tra il 1445 e il 1460 furono esplorate le coste del Senegal, del Gambia, della Sierra Leone e della Guinea. Man mano che procedevano nelle esplorazioni, i portoghesi fondavano lungo le coste africane **basi fortificate**, che servivano sia come punti d'appoggio per le navi, sia per svolgere attività commerciali con le popolazioni delle zone circostanti [👁 ATLANTE_**56**]. Addirittura, nel 1455, il Portogallo ottenne dal papa Niccolò V il monopolio dell'esplorazione dell'Africa.

GUIDA ALLO STUDIO

❶ Che cosa spinse gli europei a cercare nuove vie di comunicazione per l'Oriente? ❷ Lungo quali direttrici si svolsero i viaggi di esplorazione portoghesi? ❸ Chi deteneva il monopolio dei commerci oceanici agli inizi del XV secolo? ❹ Qual era la funzione delle basi fortificate portoghesi?

2 La navigazione d'alto mare: rinuncia cinese e primato europeo

La nave delle grandi scoperte fu la **caravella** portoghese, che fece la sua apparizione verso il 1430: questo piccolo veliero aveva doti di estrema maneggevolezza, determinate dalla possibilità di usare simultaneamente le vele quadrate, motrici, e la vela latina, per la manovra; la sua velocità fu superata soltanto dagli enormi velieri del XIX secolo, i *clippers*. Importanti innovazioni si verificarono anche nel campo delle **tecniche di navigazione**, le quali facevano riferimento non più all'osservazione della costa, bensì al calcolo astronomico, grazie al quale era possibile seguire una rotta anche in alto mare. Fu così che tra il XV e il XVI secolo si affermò, nella navigazione, l'uso di strumenti di bordo sempre più perfezionati.

Le navi dell'*armada* portoghese nel 1507
1565
[da *Livro de Lisuarte de Abreu*; de *Coureurs des mers*, Pierpont Morgan Library, New York]

Il primato europeo La **conquista dell'alto mare** ha dato all'Europa un privilegio che sta alla base della sua espansione mondiale. Tutte le grandi civiltà marittime del mondo avevano la possibilità teorica di lanciarsi in questa impresa, ma soltanto l'Europa vi s'impegnò con tutti i suoi mezzi, e lo fece in modo così rapido e deciso da mantenere per secoli il primato. Questo successo può essere spiegato in maniera adeguata soltanto tenendo presenti le condizioni politiche e le necessità economiche dell'epoca.

La formazione delle grandi monarchie nazionali si era accompagnata alla costituzione di grandi eserciti, di un'amministrazione complessa e articolata, di una politica edilizia monumentale: tutte esigenze vitali, che non potevano essere soddisfatte dal normale prelievo fiscale. S'imponeva così la necessità di procurarsi in altro modo le ricchezze indispensabili al mantenimento di un'organizzazione statale e di forze armate efficienti; soltanto una **politi-**

ca di potenza e di conquista avrebbe assicurato il controllo di rotte commerciali da sfruttare in esclusiva, scardinando, sostituendo e ampliando il monopolio delle città italiane; oppure, più semplicemente, avrebbe consentito di mettere le mani su nuove miniere d'oro o d'argento. Premessa e conseguenza di questa politica di potenza furono i grandi **viaggi di esplorazione**. Viaggi dunque molto diversi dai precedenti: imprese come quelle di Marco Polo o di altri mercanti erano il frutto dell'iniziativa individuale; alla loro base stava certamente l'attivismo commerciale delle Repubbliche marinare, da cui venivano stimoli e suggestioni, ma non un apparato statale in grado di utilizzare quelle esperienze per una politica di espansione su scala mondiale. Cosa che, come vedremo, avvenne soltanto nel XVI secolo.

La rinuncia Ming all'espansionismo marittimo

Tra le condizioni che consentirono l'affermarsi del primato europeo nella navigazione d'alto mare fu la decisione dei cinesi di rinunciare al controllo dei traffici nell'Oceano Indiano e sulle coste dell'Africa, nonché a una politica di esplorazione e di conquista.

Nei primi decenni del '400, **al tempo della dinastia Ming**, che governò l'impero cinese dal 1368 al 1644, l'imperatore Yongle aveva affidato a un eunuco di corte, **Zheng He** (di nascita musulmana), il compito di armare e guidare una grande flotta per espandere la potenza cinese sui mari. L'obiettivo era quello di controllare i commerci e imporre tributi agli Stati costieri dall'Asia sud-orientale, all'Indonesia, al Golfo Persico e alle coste orientali dell'Africa. Dal 1405 al 1433 Zheng He rimase al comando di questa flotta forte di **numerose grandi navi** e di **migliaia di uomini armati** (si calcola che la nave ammiraglia fosse cinque volte più grande di una caravella). Ma

◂ **La nave di Zheng He a confronto con la *Santa Maria* di Cristoforo Colombo**

▸ **Il modellino della nave di Zheng He** [Quanzhou Maritime Museum, Quanzhou]

Agli inizi del 1400 l'ammiraglio Zheng He compì spedizioni navali diplomatiche e commerciali nei mari occidentali su ordine dell'imperatore cinese. La flotta era costituita da 300 navi, grandi giunche tra cui le cosiddette *Bao-Chuan*, 'navi dei tesori', le navi più grandi che avessero mai salpato i mari. Lunghe 125 metri, larghe 51 e dotate di 12 vele, potevano trasportare 7000 tonnellate di carico, ben oltre la capacità delle navi europee, che avevano una capacità massima di carico di circa 600 tonnellate.

la morte dell'imperatore (1424) ridusse via via le operazioni su larga scala che vennero improvvisamente interrotte nel 1433, quando si riaffacciarono timori di invasioni dalle frontiere settentrionali dell'Impero, come era stato alla fine della dinastia Song. La Cina si chiuse allora in una **politica di difesa territoriale** cedendo gradatamente il dominio dei mari orientali agli europei e in primo luogo ai portoghesi.

GUIDA ALLO STUDIO

❶ Che cosa era la caravella? ❷ Perché gli Stati europei si lanciarono in una politica di potenza e di conquista? ❸ Perché l'Impero cinese rinunciò all'espansionismo marittimo?

3 I viaggi di Cristoforo Colombo

Tra le grandi scoperte geografiche la più importante di tutte fu certamente quella dell'America, la cui impresa è legata al nome del navigatore genovese **Cristoforo Colombo** (1451-1506).

Ostilità al progetto di Colombo

Colombo cominciò giovanissimo a navigare al servizio di mercanti genovesi. Nel 1477 si stabilì in Portogallo e qui cominciò a elaborare l'**idea di raggiungere l'Oriente navigando verso occidente**. La teoria della sfericità della Terra era infatti ampiamente diffusa nella cultura dell'epoca **[👁 5.1]**. Colombo, come due secoli prima Marco Polo, non era un erudito; egli apparteneva al mondo spregiudicato dei navigatori dell'epoca, un po' avventurieri e affaristi, un po' esploratori e scienziati. Nel suo progetto confluirono

Il 3 agosto 1492, al comando di tre imbarcazioni, Colombo lasciò il porto di Palos per intraprendere il primo dei quattro viaggi che lo avrebbero condotto alla scoperta del Nuovo Mondo. A sostegno del progetto di Colombo erano scesi in campo autorevoli personaggi del monastero della Rapida, situato a sei chilometri da Palos, che il navigatore genovese aveva spesso frequentato dopo il suo trasferimento in Spagna. Il sostegno fornito all'impresa di Colombo dal padre francescano Antonio de Marchena testimonia il generale interesse dei monaci del convento per l'astronomia e per le sue applicazioni alla navigazione.

◀ **Repliche delle due caravelle Pinta e Niña**
[Fort Smith Park, Arkansas (Usa); foto Doug Wertman]

▶ Sebastiano del Piombo
Ritratto di Cristoforo Colombo
1519
[Metropolitan Museum of Art, New York City]

elementi teorici e pratici, oltre a echi leggendari: notizie che egli aveva raccolto a Madeira sui materiali ritrovati al largo da altri naviganti (legni, canne, ecc.); voci sull'esistenza di terre misteriose al di là dell'Atlantico, già indicate da mappe medievali e suffragate dagli studi di geografi arabi e dalle ricerche dei contemporanei. Anche se l'ipotesi di fondo era sostanzialmente giusta, le premesse scientifiche del viaggio di Colombo si fondavano su presupposti sbagliati: per esempio, egli aveva sottovalutato la distanza fra le coste occidentali della Penisola iberica e quelle orientali dell'Asia, pensando che si potesse giungere in Giappone con un viaggio di circa 5000 km invece degli effettivi 20.000. Soprattutto, Colombo non aveva previsto l'esistenza di un nuovo continente sulla rotta occidentale per l'Asia.
Il progetto di Colombo fu respinto dal re del Portogallo **Giovanni II** (1481-95), che lo ritenne non sufficientemente fondato; d'altra parte, come abbiamo visto, il Portogallo era impegnato in una politica espansionistica lungo le coste africane **[👁 12.1]** e non aveva quindi energie e risorse da impiegare in nuove direzioni.
Colombo decise allora di trasferirsi in Spagna; qui, dopo anni di estenuanti tentativi, egli ottenne infine dalla regina Isabella di Castiglia la tanto sospirata approvazione.

EVENTI

La scoperta dell'America

Il 1492 fu un anno importante nella storia della Spagna. I sovrani Ferdinando d'Aragona e Isabella di Castiglia riuscirono a espugnare Granada, ultima roccaforte islamica, ponendo fine alla *Reconquista*, la lunga guerra mossa dai cristiani ai musulmani. Fu un trionfo epocale, che suscitò un'ondata di emozione in tutta Europa. La Spagna ritrovò finalmente la sua unità territoriale e politica. Obiettivo dei sovrani diventò ora l'unità religiosa: dopo la cacciata degli arabi decretarono, sempre nel 1492, l'espulsione di tutti gli ebrei che non si fossero convertiti. Iniziò per la Spagna una fase propulsiva: tutto sembrava possibile.
Nello stesso anno il navigatore genovese Cristoforo Colombo propose ai sovrani un ambizioso progetto, già tentato dal Portogallo: approdare direttamente alle Indie per procurarsi le preziose spezie orientali (pepe, chiodi di garofano, noce moscata, cannella, efficaci conservanti usati anche in medicina e cucina) saltando le mediazioni dei mercanti arabi e veneziani che le importavano a caro prezzo. Nel corso del '400 i **navigatori portoghesi** erano riusciti a raggiungere le Indie percorrendo gli oceani Atlantico e Indiano. Avevano imparato a sfruttare la spinta degli alisei e avevano affiancato alla caracca, grande veliero mercantile e da guerra, la caravella, nave leggera con due vele quadre e una triangolare per la **navigazione a bolina**, in direzione quasi opposta a quella del vento. I portoghesi andavano a est, la novità proposta da Colombo era invece navigare verso ovest.
Il progetto era ardito, ma i re spagnoli accettarono di finanziarlo e rischiare: se l'impresa fosse riuscita i guadagni sarebbero stati immensi. Oltre alle spezie c'era infatti il **miraggio dell'oro**, che iniziava a scarseggiare nelle miniere nordafricane. Ma non solo: Ferdinando e Isabella, che con la presa di Granada avevano già ricevuto dal papa il titolo di "re cattolici", avrebbero potuto ulteriormente rafforzare il loro prestigio diffondendo il cristianesimo nelle Indie e utilizzando nella lotta contro gli infedeli le ricchezze incamerate.
Così, Colombo salpò da Palos il 3 agosto 1492 con un piccolo equipaggio: una caracca, due caravelle, 90 marinai.
All'alba del 12 ottobre 1492, quando ormai disperavano di concludere felicemente il loro viaggio, scorsero una costa verdeggiante: era un'incantevole isola caraibica. «La bellezza di queste isole – scriveva – con i loro monti e le loro sierre, le loro acque e le loro vallate solcate da grandi fiumi è uno spettacolo tale che nessun'altra terra sotto il sole può sembrare più splendida».
Il successo di Colombo e della Spagna destò grande scalpore e **accese la competizione tra le monarchie europee**, allettate dalla prospettiva di ricchezze immediate. Negli anni seguenti il re del Portogallo inviò nel Nuovo Mondo il fiorentino Amerigo Vespucci; il genovese Caboto partì al servizio del re d'Inghilterra, mentre la Corona francese mandò il toscano Verrazzano.
Ai navigatori era necessaria una **profonda conoscenza di geografia**, **cartografia** e **astronomia**. Le stelle visibili dal nostro emisfero, che per millenni avevano aiutato i viaggiatori a orientarsi, sono infatti in buona parte diverse da quelle visibili nell'emisfero australe. Man mano gli esploratori riuscirono a decifrare la mappa celeste creando nuovi punti di riferimento. Vespucci individuò la splendente Croce del Sud e «l'iride, cioè l'arco celeste – scrisse – quasi bianco a mezzanotte che prendeva i colori dei quattro elementi». Furono anche migliorati i tradizionali strumenti per navigare, bussola, astrolabio e sfera armillare (presente nell'attuale bandiera portoghese).
La scoperta dell'America ebbe un **impatto straordinario sulla civiltà europea**. Le spedizioni ebbero subito immensa risonanza, anche grazie alla **stampa** che diffuse a velocità inaudite i racconti dei viaggiatori imponendo una seria revisione delle carte geografiche. Con la scoperta dell'America mutò infatti l'immagine antica di una Terra divisa nella triade Europa-Asia-Africa. Vespucci scrisse nel *Mundus Novus* (1501) che ciò che aveva trovato Colombo era la **«quarta parte»**: «Capimmo che quella terra non era isola ma continente poiché si estende per lunghissime spiagge che non la circondano e ha [...] una moltitudine di popoli e animali, più della nostra Europa, dell'Asia e della stessa Africa». Nel **1507** fu stampata in Lorena la **prima carta geografica** che riportava la sagoma delle nuove terre chiamandole America in suo onore. Mille copie inondarono le biblioteche di mezza Europa: due secoli prima il *Milione* di Marco Polo aveva impiegato decenni per diventare noto.
L'afflusso d'oro e d'argento dall'America e lo sfruttamento intensivo delle sue risorse umane e naturali ebbero una **potente ricaduta sull'economia**, gettando le basi della futura potenza spagnola. La ricchezza improvvisa creò nuove povertà e squilibri sociali. Il tabacco, le piante medicinali e i cibi

La **Convenzione di Santa Fé**, firmata il 17 aprile del 1492, concesse a Colombo il titolo di ammiraglio, viceré e governatore delle terre eventualmente scoperte.

▶ **110** DOC
Cristoforo Colombo
L'Europa approda in America

La scoperta dell'America

La **prima spedizione**, al cui finanziamento parteciparono anche alcuni banchieri fiorentini, comprendeva, una caracca, la *Santa Maria*, di 200 tonnellate, comandata da Colombo, e due caravelle, la *Pinta*, di 140, e la *Niña*, di 100; queste ultime erano comandate da due spagnoli, i fratelli Alonso e Yañez Pinzón. Lo scopo dell'impresa era esclusivamente commerciale e mirava ai ricchissimi mercati della Cina e del Giappone, di cui aveva parlato Marco Polo.

Partito il 3 agosto 1492 da Palos, dopo molte difficoltà e dopo aver sfidato più volte il malcontento della ciurma, esasperata per un viaggio tanto più lungo del previsto, Colombo avvistò finalmente terra il **12 ottobre 1492**: non era né il Catai (Cina) né il Cipango (Giappone), come credeva il navigatore genovese, ma probabilmente l'isola di **Watling** nelle **Bahama** (chiamata Guanahani dagli indigeni). L'avvenimento era tuttavia sensazionale e al suo ritorno a Palos, il 15 marzo 1493, Colombo fu accolto con grandissimi onori.

(mais, cacao, patate, peperoni, pomodori, fagioli, peperoncino, tacchino) rivoluzionarono lo **stile di vita europeo**.

Ma soprattutto, per la prima volta nella storia, cambiò la **percezione dello spazio fisico** del mondo: prima l'uomo si spostava entro la geografia conosciuta, ora si muoveva nell'ignoto e sapeva di poterlo dominare. «Voglio vedere e scoprire più terre possibili» scrisse Colombo una settimana dopo il suo primo approdo.

Il mondo non aveva più confini e si offriva alla sete di conoscenza e avventura, ogni luogo esisteva non perché conosciuto dai libri ma perché raggiunto da un posto appena scoperto. Esplosero l'entusiasmo, la curiosità. Fiorirono i racconti che descrivevano gli avventurosi viaggi oceanici, i misteriosi indigeni, gli splendidi paesaggi e le favolose città, ed erano prontamente tradotti e stampati, da soli o in raccolte accattivanti per un pubblico desideroso di conoscere e fantasticare. Colombo descrisse le sirene ma si trattava probabilmente dei lamantini, grandi mammiferi marini («Ho visto tre sirene emergere dall'acqua ma non sono così belle come le dipingono»), Vespucci parlò di giganti e uomini con un piede solo e il Rio delle Amazzoni fu così chiamato nel 1541 dopo lo scontro con indigene guerriere armate di «archi e frecce», a somiglianza delle leggendarie Amazzoni di cui favoleggiavano gli antichi Greci.

Gli europei entrarono in **contatto con popoli sconosciuti**, di cui non comprendevano la lingua né i costumi, e che non avevano mai sentito parlare di Cristo. Questo mise in discussione certezze secolari: si può essere uomini ignorando Dio, il bene, il paradiso? Gli indigeni erano rappresentati dai viaggiatori come creature semplici e buone («Mostrai loro delle spade – scrisse Colombo –, le afferrarono per la lama e si tagliarono [...] sono il miglior popolo del mondo, il più dolce») o come feroci cannibali: due modi di percepire etnie diverse senza indagarne la verità storico-culturale. Con la scoperta dell'America iniziò una nuova pagina nella storia dell'uomo e della sua percezione di sé e degli altri nel mondo; arrivò un tempo, secondo il missionario Las Casas, «così nuovo e così diverso da ogni altro».

Ferdinando II, re di Spagna, addita Cristoforo Colombo che dall'altra parte dell'Atlantico approda nel Nuovo Mondo
1493
[da Giuliano Dati, *Lettera delle isole novamente trovata*; Library of Congress, Washington]

EVENTI

111 DOC
Alessandro VI
Il papa spartisce il mondo

Trascorsero appena pochi mesi e Colombo ripartì al comando di una **seconda grande spedizione**, comprendente 17 navi e 1500 uomini; lo affiancavano i fratelli Giacomo (detto Diego) e Bartolomeo; furono esplorate le **Antille** secondo una rotta più meridionale, ma non si trovarono quelle enormi ricchezze di cui si cominciava a favoleggiare in Europa e soprattutto alla corte spagnola. Bisogna tener presente che il risvolto culturale e scientifico di queste esplorazioni interessava poco i monarchi europei, che si aspettavano unicamente che le somme investite nelle spedizioni dessero buoni frutti. Si comprende dunque la delusione della regina Isabella quando si vide recapitare, da parte di Colombo, un modesto carico di schiavi invece che interi convogli d'oro come le era stato promesso.

Tornato in Spagna per giustificarsi (giugno 1496), Colombo riuscì con grande fatica a ottenere il comando di una nuova spedizione – la **terza** – che partì il 30 maggio 1498 con appena sei navi. Questa volta Colombo approdò nel **delta dell'Orinoco**, dove trovò oro e perle in quantità. Ma intanto la situazione a Santo Domingo (o Hispaniola, la principale base nel Nuovo Mondo) precipitava e alla corte spagnola giungevano voci allarmate sui disordini e le violenze seminate dalla cattiva amministrazione di Colombo e sulle epidemie che andavano distruggendo le popolazioni locali. L'inviato della corte, presa conoscenza delle atrocità di cui veniva incolpato l'ammiraglio, lo incarcerò insieme con i fratelli e lo spedì in catene in Spagna (1500).

L'ultima spedizione Liberato per intervento della regina, Colombo riuscì ancora una volta a ottenere il comando di un piccolo convoglio di quattro

ATLANTE 57_I GRANDI VIAGGI DI ESPLORAZIONE DEL MONDO

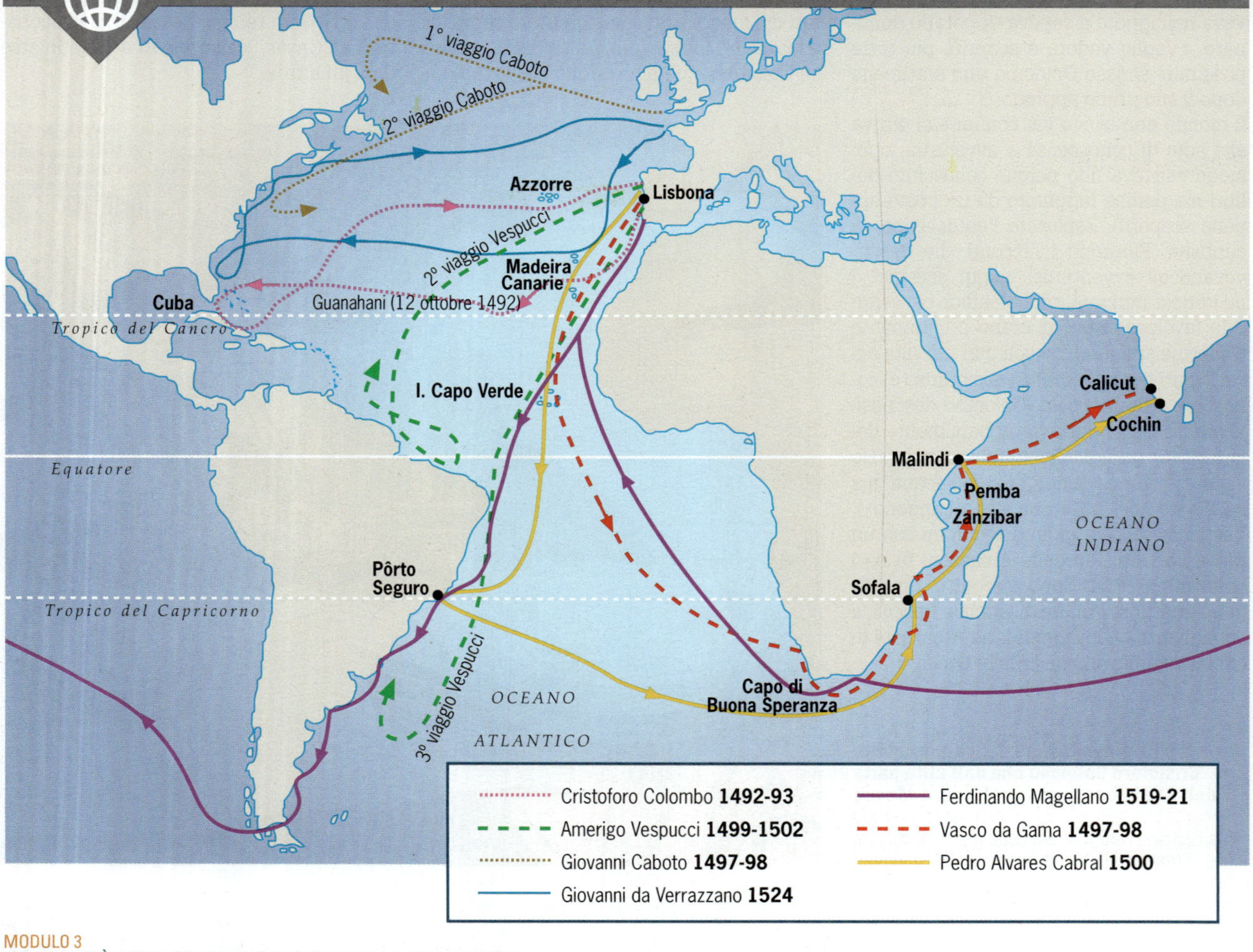

navi (9 maggio 1502). La **quarta spedizione** costeggiò l'**Honduras**, che Colombo identificò con le foci del Gange, ma non ebbe fortuna. Privo delle navi, arenatesi sulle coste della Giamaica, Colombo tornò in Spagna nel 1504. Intanto la regina Isabella, unica sua protettrice, era morta e la nuova situazione a corte era ostile al navigatore genovese. Cristoforo Colombo morì il 20 maggio 1506, dimenticato da tutti.

GUIDA ALLO STUDIO

❶ Chi era Cristoforo Colombo? Su quale ipotesi si fondava il suo progetto? ❷ Chi finanziò il viaggio di Colombo? Per quale scopo? ❸ Quanto durò e come si concluse la prima spedizione? Quante ne seguirono?

4 L'età delle scoperte geografiche

La spartizione dell'Oceano

La scoperta di Cristoforo Colombo cambiò la storia del pianeta, e per questo con essa si fa solitamente iniziare, in modo convenzionale, la **storia moderna**. I viaggi di Colombo avevano avuto fin dall'inizio uno scopo prevalentemente economico: l'apertura di una rotta più breve per le Indie, terra delle spezie e di tante altre ricchezze. Al ritorno di Colombo dal suo primo viaggio, la Spagna si affrettò quindi a ottenere dal papa Alessandro VI il riconoscimento dei propri diritti su tutte le terre d'Occidente, cosa che avvenne con la bolla ***Inter caetera*** del 1493. Questo riconoscimento provocò la pronta reazione del Portogallo, che si vedeva preclusi i mari d'Occidente. Il 7 giugno 1494 Spagna e Portogallo firmarono pertanto il **trattato di Tordesillas**, che regolava le rispettive sfere di espansione: l'Oceano, dall'Artico all'Antartico, fu "diviso" da un meridiano (la ***raya***), distante 370 leghe dalle isole di Capo Verde. Alla Spagna sarebbero toccate tutte le terre a occidente del meridiano, al Portogallo quelle a oriente.

Altri viaggi, altre scoperte

I viaggi di Colombo verso quelle che egli riteneva le estreme propaggini dell'Asia furono seguiti, qualche anno dopo, da altri viaggi e da altre scoperte [👁 ATLANTE_**57**]. Già nel 1487 il portoghese **Bartolomeo Diaz** (1450-1500) aveva doppiato la punta estrema del continente africano, che prese il nome di **Capo di Buona Speranza**, aprendo in tal modo la via

Sebastiano Cantino
Carta detta "Cantino", con il trattato di Tordesillas
1502
[Biblioteca Estense e Universitaria, Modena]

La necessità di garantirsi la libertà di navigazione nell'Atlantico e la speranza di trovare altre isole nel Nuovo Mondo – da utilizzare come scali verso il Capo di Buona Speranza – spinsero Giovanni II a firmare il trattato di Tordesillas. La linea meridiana immaginaria (detta "raya apostolica") che, in pieno Oceano, tagliava il globo da un Polo all'altro era stata fissata a 100 leghe a ovest delle isole Azzorre e di Capo Verde. Il nuovo trattato stabilìva, invece, che la raya passasse a 370 leghe a ovest di Capo Verde (la linea nera verticale sulla sinistra della carta), attribuendo così al Portogallo il possesso del Brasile. L'imprecisione di tale delimitazione fu fonte di nuovi contrasti tra le due Corone e con le altre potenze europee che contestarono il trattato.

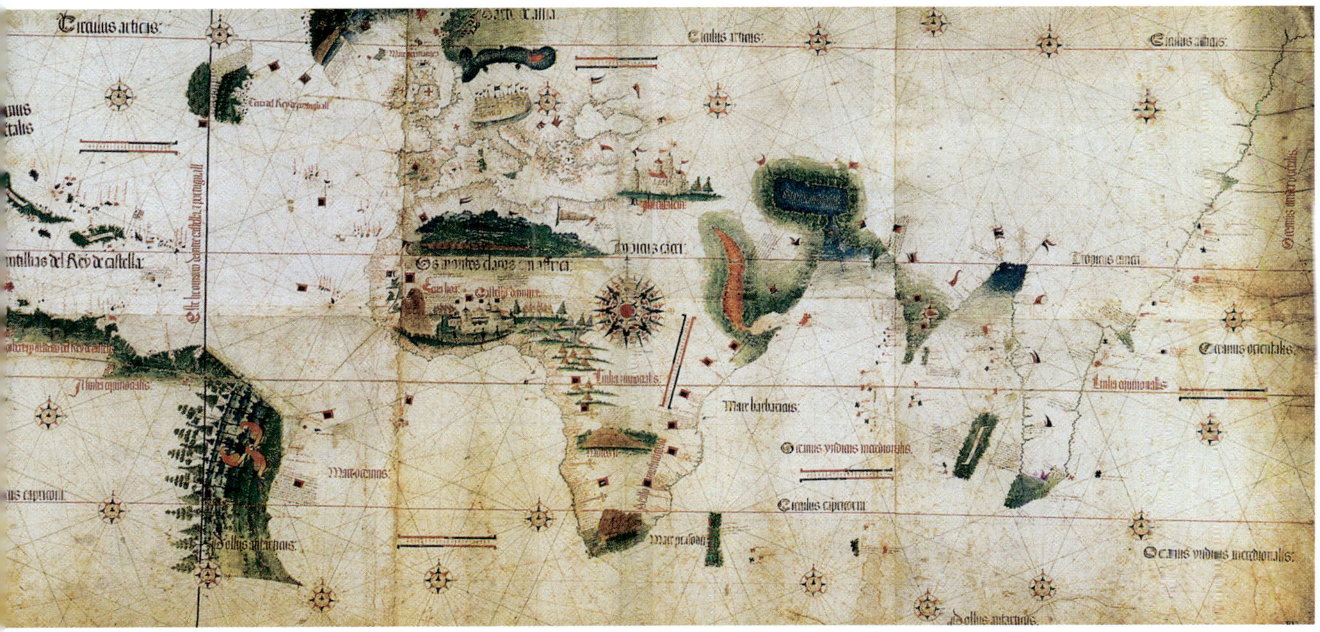

Geografia e Storia
Mappamondi

ONLINE

oceanica all'Oriente. Un decennio più tardi, nel 1498 il navigatore portoghese **Vasco da Gama** (1468-1524) doppiò il Capo di Buona Speranza e si spinse fino a **Calicut**. Nel 1500 un altro navigatore portoghese, **Pedro Alvarez Cabral**, mentre viaggiava alla volta di Calicut, fu spinto da una tempesta verso occidente, scoprendo casualmente una nuova terra, che chiamò **Brasile** dal nome di un legno tintorio di colore rosso. Al fiorentino **Amerigo Vespucci** toccò il compito di esplorare, nel 1502, le coste meridionali del Nuovo Mondo – che **da lui prese successivamente il nome di America** – e di rivelare che Colombo non aveva scoperto la via più breve per le Indie ma un nuovo, gigantesco continente.

Inglesi e francesi in America settentrionale

Notizie e resoconti sulla vastità e le ricchezze delle terre occidentali scoperte da Colombo giungevano intanto alle corti europee. Gli inglesi, ignorando il trattato di Tordesillas, si dedicarono alle regioni settentrionali dell'America, che sarebbero più tardi divenute una delle zone privilegiate della loro espansione coloniale. Due italiani al servizio della corona inglese, **Giovanni** e **Sebastiano Caboto**, padre e figlio, esplorarono nel 1497 e nel 1498 le coste del Labrador e la Baia di Hudson, prendendone possesso a nome del sovrano Enrico VII. Nel 1585 l'inglese **Walter Raleigh**, sbarcò con i suoi coloni in una terra che chiamò **Virginia** in onore della regina Elisabetta I. Nel frattempo **Giovanni da Verrazzano**, un toscano al servizio del re di Francia, aveva completato, nel 1524, il rilevamento delle coste dell'America settentrionale. Sarà soltanto nel XVII secolo che la Francia avvierà l'esplorazione e l'insediamento nel Canada, oltre alla costruzione di un impero commerciale e coloniale in Oriente.

La circumnavigazione del globo

Circa trenta anni dopo la scoperta dell'America fu effettuato il primo viaggio intorno al mondo. Ne fu protagonista il portoghese **Ferdinando Magellano**. Salpato da Siviglia nel 1519, Magellano giunse in Patagonia nell'ottobre del 1520. Individuato uno stretto e tortuoso passaggio – cui diede il proprio nome – che si inoltrava nella Terra del Fuoco, lo attraversò, sfociando nell'Oceano Pacifico e sbarcando nelle Filippine. Il costo umano della spedizione fu altissimo: dei 265 partecipanti ne sopravvissero meno di una ventina e lo stesso Magellano fu ucciso dagli indigeni filippini.

Tra il 1577 e il 1580, il celeberrimo corsaro inglese sir **Francis Drake** [👁 19.7] compì la seconda circumnavigazione del globo, ripetendo l'impresa di Magellano e portando le navi inglesi nei mari dell'Estremo Oriente, dove fino ad allora erano penetrati soltanto i portoghesi.

GUIDA ALLO STUDIO

❶ A quale istituzione si rivolse la Spagna per ottenere il riconoscimento dei propri diritti sulle terre d'Occidente? ❷ In che modo il trattato di Tordesillas regolava la nuova geografia del pianeta? ❸ Quali altre terre furono scoperte dopo il viaggio di Colombo? ❹ In che modo Francia e Inghilterra si inserirono nel nuovo scenario coloniale?

5 La conquista del Nuovo Mondo

Caduta dell'Impero azteco

Le civiltà precolombiane [👁 5.9], dopo aver conosciuto gli esploratori, conobbero i conquistatori. Nel 1519 sbarcò in Messico una spedizione di 400 soldati spagnoli, guidata da **Hernán Cortés**, un avventuriero astuto e spregiudicato che seppe sfruttare abilmente tutte le circostanze a lui favorevoli. Rafforzate le sue truppe con il reclutamento di guerrieri provenienti dalle popolazioni sottomesse agli aztechi, Cortés penetrò in profondità nel paese, conquistò la capitale **Tenochtitlán** (oggi Città del Messico) e catturò l'imperatore **Montezuma**, che fu giustiziato qualche tempo dopo [👁 12.5 PERSONAGGI]. Il massacro sistematico dei principi aztechi, le feroci ritorsioni a ogni minimo cenno di rivolta, i bombardamenti della capitale azteca con artiglierie fatte giungere appositamente dalla Spagna seminarono tra gli indigeni il terrore e con esso la convinzione che gli spagnoli non potessero essere sconfitti. Nel 1522 Cortés fu nominato dal re di Spagna Carlo V [👁 15] «imperatore» della **Nuova Spagna**, come furono chiamati gli enormi territori da lui conquistati in così breve tempo.

Focus
Tenochtitlán

ONLINE

Caduta dell'Impero inca Terra di avventura e di violenza, il Nuovo Mondo era anche un'occasione unica per far fortuna, per raggiungere dal nulla la gloria e la potenza: nel 1529 due sconosciuti spagnoli, **Diego de Almagro** e **Francisco Pizarro**, investirono tutti i loro beni in una spedizione e ottennero dalle autorità, in cambio del 50% dei guadagni derivanti dallo sfruttamento dei territori, il grado di capitano e l'autorizzazione ad attaccare l'Impero degli incas. La spedizione di Almagro e Pizarro si risolse in una catena di stragi, devastazioni, crudeltà; le popolazioni furono sterminate o ridotte in schiavitù; per la libertà dell'imperatore **Atahualpa**, caduto prigioniero, gli spagnoli chiesero una gigantesca quantità d'oro. La ottennero, ma giustiziarono ugualmente il prigioniero. Poco dopo, nel 1533, fu conquistata la capitale inca Cuzco.

112 DOC
Hernán Cortés
Relazione a Carlo V

113 DOC
João de Barros
L'Impero di Monomotapa

I portoghesi in Brasile La colonizzazione portoghese, invece, riguardò principalmente il **Brasile**, in conseguenza della spartizione stabilita dal trattato di Tordesillas [👁 12.4]. Molto più interessato alle ricche colonie africane e asiatiche, il Portogallo non s'impegnò a fondo nella conquista e si limitò a occupare le coste del **Nordeste**, dove vennero fondate le città di **San Paolo** e di **Bahia**. Le zone meridionali furono colonizzate molto tempo dopo.

Una conquista molto rapida La facilità con cui il Nuovo Mondo cadde nelle mani dei conquistatori non ha mancato di far riflettere gli storici: come mai poche migliaia di uomini riuscirono in pochi anni a sottomettere milioni di indigeni, a conquistare terre sconfinate, a rapinare ricchezze immense? Non c'è dubbio che i portoghesi e gli spagnoli potevano contare su un **armamento decisamente superiore**: armi da fuoco leggere e pesanti, spade d'acciaio, balestre, cani feroci addestrati alla guerra, cavalli. Tuttavia la superiorità militare non basta, da sola, a spiegare il successo dei conquistatori.

La battaglia di Tenochtitlán
1579
[miniatura dalla *Historia de las Indias* di Diego Durán; Biblioteca Nacional, Madrid]
La battaglia di Tenochtitlán vide l'esercito dei *conquistadores* annientare quello azteco.

Focus
Lo shock microbico

A favore di questi ultimi giocarono anche alcune **circostanze politiche** particolarmente propizie: le popolazioni sottomesse dagli aztechi o dai maya decisero infatti ben presto di sottrarsi al vecchio giogo e passarono dalla parte dei nuovi e più potenti padroni. Proprio quest'ultima considerazione ci fa comprendere il ritardo della conquista nel Cile centro-meridionale, in Argentina, nel Messico settentrionale: tutte regioni in cui una popolazione indigena compatta trovò il modo di organizzare una resistenza efficace allo straniero. In alcuni casi questa resistenza durò addirittura fino ai primi decenni del XX secolo.

La distruzione delle popolazioni indigene Le conquiste furono mantenute per mezzo di massacri e decimazioni, mentre le epidemie distruggevano intere comunità. Gli europei provocarono nelle Americhe un vero e proprio trauma biologico, uno **shock microbico**, introducendo virus e malattie scono-

PERSONAGGI

Montezuma

Quando, nel 1517, un contadino giunse a Tenochtitlán, capitale dell'impero azteco (o mexica), affermando di aver visto una montagna muoversi dal mare verso la terra – questo sembravano le navi spagnole agli occhi di chi aveva visto solo canoe –, il *tlatoani* ('imperatore') **Moctezuma Xocoyotzin**, conosciuto nel mondo occidentale come Montezuma II, dubitando delle sue parole, lo fece imprigionare: non poteva probabilmente immaginare che in pochi anni coloro che viaggiavano su quelle "montagne" avrebbero conquistato il suo Impero.

Montezuma era nato probabilmente intorno al 1466. Figlio del sesto imperatore azteco, dopo aver ricevuto un'educazione militare e religiosa (era, infatti, un sacerdote), nel 1502 fu scelto per succedere come ottavo *tlatoani* a suo zio Axayacatl.

Le cronache sulla sua vita sono molto contraddittorie e, verosimilmente, influenzate dagli eventi successivi: i suoi connazionali, dipingendolo come debole e pauroso, trovarono nella sua figura un capro espiatorio per la loro sconfitta, mentre i cronisti spagnoli la utilizzarono per giustificare le loro azioni. Da un'analisi attenta delle fonti storiche, Montezuma emerge tuttavia come un **sovrano capace e intelligente**, impegnato nel consolidamento del suo Impero.

Descritto dagli spagnoli come mite, cortese e gentile, secondo cronache successive alla sua morte appariva invece al suo popolo come un uomo arrogante e superbo, spietato e fanatico. La sua gestione dell'Impero viene descritta come caratterizzata dall'inflessibilità nel punire, dall'imposizione di tributi molto alti, dal rifiuto di impiegare come funzionari quanti non avevano nobili origini: fu, tuttavia, un imperatore giusto e ostile alla corruzione, intelligente e coraggioso sul terreno militare e profondamente devoto – quasi fino alla superstizione – sul piano religioso.

Condusse personalmente molte **campagne militari**: cercò, infatti, di consolidare la grande espansione territoriale dei suoi predecessori, assoggettando i territori ancora autonomi. Alcune aree importanti, come la valle di Tlaxcala, tuttavia, non furono mai conquistate, nonostante i numerosi tentativi.

Aveva due mogli e moltissime concubine, tutte di nobili origini: dalle prime ebbe diciannove figli, undici maschi e otto femmine (tra cui Isabel Montezuma, che in seguito ebbe una bambina dal conquistatore Hernán Cortés), dalle seconde un centinaio.

Secondo le cronache spagnole successive alla conquista, nei dieci anni precedenti all'arrivo del *conquistador* Hernán Cortés, si ebbero otto **presagi nefasti**, che avrebbero fatto pensare che presto l'Impero azteco avrebbe attraversato periodi difficili: Montezuma, terrorizzato, avrebbe fatto imprigionare e uccidere i sacerdoti che non erano in grado di interpretare questi segni. Intanto, dalla costa orientale dell'Impero giungevano sempre più spesso voci dell'avvistamento di visitatori dalla pelle chiara che viaggiavano su «torri alate». In effetti, nel marzo 1519, Hernán Cortés sbarcò nei pressi dell'odierna Veracruz: Montezuma aveva fatto mandare dei messaggeri, tutti scelti tra i funzionari di più alto rango, per ricevere cordialmente i misteriosi visitatori. Essi portavano ricchi doni e omaggiarono Cortés con le insegne del dio Quetzalcóatl. Secondo i racconti successivi, gli aztechi, e Montezuma per primo, avrebbero identificato gli europei con alcune divinità e, in particolare, Cortés proprio con Quetzalcóatl, un dio bianco e barbuto che, sparendo sopra l'oceano, aveva promesso di tornare per reclamare il suo regno.

Cortés, dopo aver dato fuoco alle sue navi per non permettere ai suoi uomini di obbedire all'ordine del viceré di tornare indietro, il 16 agosto 1519, alla testa di un piccolo esercito di 300-350 uomini armati di moschetti e cannoni e di sedici cavalli (animale sconosciuto agli aztechi), partì verso Tenochtitlán. In sole due settimane sconfisse la resistenza indigena della zona di Tlaxcala: Montezuma non ci era riuscito neanche in dieci anni.

Anche ammesso che l'imperatore avesse inizialmente creduto all'identificazione di Cortés col dio Quetzalcóatl, probabilmente, a questo punto, aveva ormai capito che si trattava di un nemico del tutto umano, per quanto fortissimo militarmente. Tra massacri, saccheggi e tentativi di ingraziarsi i capi locali in un'alleanza anti-azteca, l'avanzata degli spagnoli continuò senza sosta e Montezuma e Cortés si incontrarono nei pressi della capitale l'8 novembre 1519.

L'imperatore azteco omaggiò Cortés con ricchi doni e, secondo le cronache, gli offrì il suo regno rivolgendoglisi come se fosse Quetzalcóatl: non sappiamo se lo fece davvero, ma è certo che nella cultura azteca la cortesia era un modo per dimostrare il proprio potere e la propria superiorità e non implicava alcuna identificazione del *conquistador* con una divinità.

L'atteggiamento di Montezuma verso gli spagnoli, tuttavia, fu effettivamente molto remissivo: verosimilmente, egli aveva semplicemente paura di uomini che sembravano invincibili militarmente. Probabilmente, infatti, furono proprio il senso pratico e considerazioni militari a suggerire all'imperatore di **far entrare gli spagnoli in città senza opporgli resistenza**: sfidarli in campo aperto avrebbe significato essere sconfitti. Montezuma e i suoi consiglieri, comprendendo l'interesse dei

sciute, contro le quali gli indigeni non avevano alcuna immunizzazione; non solo il **vaiolo**, ma anche malattie che in Europa erano considerate relativamente banali (l'**influenza**, il **morbillo**, ecc.) si trasformarono nel Nuovo Mondo in terribili flagelli.

La conquista non si limitò a sostituire vecchi padroni con nuovi padroni: da essa ebbe origine un rapido e inarrestabile **processo di destrutturazione**, che sconvolse l'organizzazione sociale, il sistema produttivo, i modi di vita, la cultura delle popolazioni indigene. Per i conquistatori gli indigeni erano energia da consumare come il legno o il carbone: nelle miniere e nei campi si lavorava a ritmi insostenibili, che stroncavano i lavoratori in breve tempo. Intere popolazioni morirono dopo essere state trasportate senza alcuna precauzione da regioni fredde a regioni calde, e viceversa. Il consumo di bevande alcoliche, che prima dell'arrivo degli europei era seve-

118
M. Livi Bacci
La catastrofe di Hispaniola

119
N. Wachtel
La visione dei vinti

conquistatori per l'oro, sperarono invece di potersela cavare concordando il pagamento di un tributo, ma Cortés e i suoi missionari chiedevano anche l'abbandono della pratica dei sacrifici umani, la demolizione delle immagini delle divinità locali e la loro sostituzione con quelle della Vergine e dei santi, la conversione al cattolicesimo.

L'uccisione di sette spagnoli, sulla costa, fornì a Cortés il pretesto per fare **prigioniero Montezuma**, assicurandosi l'obbedienza dei suoi sudditi. Il *tlatoani* fu «invitato» a traferirsi «come ospite» nei quartieri spagnoli: egli, capendo che gli spagnoli non avrebbero tollerato un rifiuto, accettò, sacrificando l'impero per avere salva la vita. Da allora, infatti, **fu Cortés il vero sovrano**.

Durante il periodo di prigionia, Montezuma e Cortés trascorsero molto tempo insieme, giocando a bocce e facendo battute di caccia. L'imperatore azteco era tuttavia un prigioniero: lo stesso Cortés non esitava a ricordarglielo, imponendogli in alcune occasioni i ceppi. Montezuma, ormai asservito, accettò persino di consegnare all'imperatore Carlo V tutti i suoi domini, di regalare ai conquistatori il contenuto della stanza del tesoro e di far mettere un altare della Vergine Maria nel tempio principale della città, accanto agli dei aztechi. Cortés, però, non si accontentò e distrusse di persona alcune immagini di divinità locali, alienandosi definitivamente le simpatie degli aztechi.

Gli animi si accesero ulteriormente quando Pedro de Alvarado, che governava la capitale mentre Cortés era fuori città per domare una ribellione tra i suoi uomini, sentendosi minacciato dalla superiorità numerica degli indigeni, ordinò il massacro di centinaia di nobili nel tempio. La popolazione azteca, furiosa, insorse e cominciò l'**assedio del palazzo che ospitava gli spagnoli e Montezuma**. Cortés rientrò immediatamente per placare la ribellione, ma l'assedio durò una settimana. Ormai privo di ogni potere, **Montezuma morì** proprio in quei giorni, il 29 giugno del 1520.

Le circostanze della sua morte rimangono poco chiare. Secondo le cronache spagnole, il *tlatoani* si era affacciato da uno dei balconi del palazzo per cercare di calmare la folla ma il popolo, ostile alla sua sudditanza verso gli spagnoli, gli aveva lanciato pietre e frecce: sarebbe morto per le conseguenze delle ferite pochi giorni dopo, rifiutando le cure. Secondo altri racconti, Montezuma fu ucciso dagli stessi spagnoli: non considerandolo più utile, lo avrebbero costretto a ingerire oro fuso e avrebbero poi utilizzato la versione della lapidazione per autorappresentarsi come agenti di pacificazione in un contesto di guerra civile. La guerra tra spagnoli e aztechi, tuttavia, era inevitabile e il destino degli aztechi prevedeva ormai solo sofferenze, morte, malattie sconosciute e schiavitù.

Montezuma osserva una cometa che attraversa il cielo da occidente a oriente
XVI sec.
[da Diego Durán, *Storia delle Indie*]
L'avvistamento della cometa fu uno dei tanti presagi manifestatisi al signore degli aztechi negli anni precedenti l'arrivo di Cortés.

PERSONAGGI

❶ Chi era Hernán Cortés? ❷ Come si concluse la spedizione di Almagro e Pizarro? ❸ Quali circostanze, non solo politiche, favorirono la veloce colonizzazione del Nuovo Mondo? ❹ In che cosa consistette il processo di destrutturazione attuato sulle popolazioni conquistate?

GUIDA ALLO STUDIO

ramente vietato dalle autorità locali, dilagò senza freni, mentre le malattie importate dal Vecchio Mondo mantenevano il loro carattere epidemico e mortale tra individui non immunizzati. Questo complesso di fattori negativi provocò un **crollo demografico** senza precedenti nella storia dell'umanità: tra il 1492 e il 1620 gli abitanti del Messico scesero da 25 milioni circa ad appena 2 milioni.

6 L'impero coloniale spagnolo

I conquistatori spagnoli insediatisi nelle Americhe vi trasferirono inevitabilmente forme di organizzazione politica e sociale che avevano molto in comune con il sistema feudale ancora diffuso, anche se in declino in quasi tutta Europa.

Le *encomiendas* Le terre e i popoli assoggettati nel Nuovo Mondo pur essendo considerati proprietà della Corona spagnola furono dati in affidamento provvisorio ai ***conquistadores***, i quali dovevano occuparsi del governo politico e religioso degli indigeni. Nacque così l'istituto giuridico dell'***encomienda***, che indicava l'affidamento di un territorio e dei suoi abitanti a un affidatario di origine spagnola, l'*encomendero*, il quale poteva richiedere agli indigeni prestazioni di lavoro illimitate: in quelle terre di nuova acquisizione nessuna legge, nessuna consuetudine tutelava i sudditi. Fu così che migliaia di indios furono mandati a morire nelle miniere d'argento boliviane mentre altre migliaia venivano stremati nelle sabbie aurifere dei fiumi, nel lavoro dei campi, nei laboratori di tessitura. Questo sistema si diffuse in modo capillare nei territori spagnoli: interi villaggi indigeni furono affidati in *encomienda* agli spagnoli, secondo i meriti e il potere di ciascuno di essi. Potentissimi nel Nuovo Mondo grazie ai privilegi del regime signorile da loro «esportato», i *conquistadores* erano tuttavia costretti a rimanervi, se volevano mantenere il loro status sociale. Da una parte, infatti, le aristocrazie della madrepatria ostentavano disprezzo verso quei nuovi ricchi la cui ascesa sociale era maturata in terre lontane a contatto con i selvaggi; dall'altra, le terre americane non erano facilmente convertibili in altri beni commerciabili in Europa.
Sin dalla sua comparsa, l'*encomienda* fu oggetto di contrasto tra la Corona spagnola e i *conquistadores*, perché i lavori forzati cui erano sottoposti gli indios, che, ribadiamo, a tutti gli effetti erano sudditi della Corona, rischiavano di annientarli. Sia Ferdinando d'Aragona sia il suo successore Carlo V, imperatore e re di Spagna, tentarono di opporsi a questo stato di cose riaffermando l'autorità regia in America attraverso la promulgazione di leggi, che però vennero sistematicamente disattese dagli *encomenderos*. La pratica dell'*encomienda* si esaurì alla fine del XVI secolo, in conseguenza del crollo demografico delle popolazioni indigene.

Agricoltura Lo sfruttamento della manodopera indigena era ampiamente praticato anche nelle ***haciendas***, unità produttive dedite all'agricoltura e all'allevamento. Quest'ultimo era praticato soprattutto nelle aree scarsamente popolate e riguardava specialmente gli animali importati dall'Europa (ovini, bovini, equini), mentre l'agricoltura era sviluppata nelle zone più popolose. I contatti tra Vecchio e Nuovo Mondo incisero profondamente sui rispettivi paesaggi agrari. Molte delle tradizionali colture indie – pomodoro, patata, mais, peperoni, fagioli (in una variante molto più produttiva di quella diffusa nell'area mediterranea), ananas, cacao, manioca, china, coca – furono abbandonate per fare spazio a quelle

Focus
L'encomienda
ONLINE

importate dagli spagnoli – il banano, il caffè, la canna da zucchero – che potevano trovare un mercato conveniente in Europa. Queste piante, infatti, attecchirono facilmente sul suolo americano, garantendo alte rese a costo zero, dal momento che la manodopera non era remunerata. Viceversa, **molte furono le piante che dall'America giunsero in Europa**, incidendo profondamente sulle abitudini alimentari dei suoi abitanti: si pensi al **mais**, al **pomodoro**, alla **patata**, ai **fagioli**.

Miniere L'attività economica americana più integrata all'economia europea era l'**industria mineraria**, in particolare quella dell'**argento.** Esauritisi i giacimenti d'oro in seguito allo sfruttamento intensivo praticato dai conquistatori nella prima metà del XVI secolo, la loro attenzione si spostò verso le miniere d'argento, in particolare quelle del Potosí (attuale Bolivia). La produzione d'argento decollò soprattutto dopo il 1570, in seguito all'adozione di una nuova tecnica di raffinazione del minerale, basata sull'impiego di un amalgama di mercurio (di cui esistevano giacimenti in Perù). Anche nelle miniere la manodopera era costituita da indigeni, sfruttati in maniera disumana. Il lavoro coatto degli indigeni infatti assicurava un'estrazione sufficiente a basso costo, in grado di soddisfare la richiesta europea di metalli. A questa esportazione di metalli corrispondeva un'importazione di beni di consumo e di lusso per i dominatori locali: l'economia delle colonie consisteva dunque in uno **sfruttamento di rapina**, che sottraeva risorse senza creare investimenti. Il commercio con le colonie americane era sottoposto al monopolio regio: nel 1503, infatti, fu creata a Siviglia la ***Casa de Contratación de Indias***, un ufficio che si occupava dell'organizzazione dei traffici commerciali con i domìni americani **[👁 13.5]**

Theodor de Bry
Indigeni lavorano in una miniera d'oro in Brasile
1596
[Academia de Scientias, Lisbona]

I colonizzatori costringevano gli indios a lavorare nelle miniere d'oro e d'argento in condizioni disumane e a ritmi insostenibili. Tutto ciò provocò la morte di migliaia di indios, incapaci di reagire e convinti che quello spaventoso trattamento fosse da attribuire a un imperscrutabile disegno divino.

Il commercio triangolare In tutte le attività produttive sin qui elencate, alla richiesta di manodopera, resa sempre più impellente dal tracollo demografico delle popolazioni indigene, si rispose con una capillare organizzazione della **tratta degli schiavi neri** dalle coste atlantiche dell'Africa al Nuovo Mondo. In questo commercio si distinsero in particolare i portoghesi, i quali, in cambio di armi e manufatti di poco valore acquistavano lungo le coste dell'Africa occidentale schiavi neri, che venivano poi condotti e venduti nel Nuovo Mondo. Con il ricavato, i portoghesi acquistavano zucchero e melassa da trasportare e rivendere sui mercati europei. Questo **commercio**, detto **triangolare** perché coinvolgeva tre continenti – Africa, America, Europa – era destinato a divenire il fondamento del sistema mercantile atlantico dei secoli XVI-XIX.

GUIDA ALLO STUDIO

❶ In che cosa consisteva l'istituto dell'*encomienda*? ❷ Che cosa si produceva nelle *haciendas*? ❸ Quali bisogni erano soddisfatti dall'attività estrattiva? ❹ In che cosa consisteva il commercio triangolare?

7 Scoperta ed evangelizzazione dei «selvaggi»

Il rifiuto del diverso In tutti i popoli si è affermata, prima o poi, la tendenza a ritenere inferiori i gruppi umani che apparivano «diversi». Anche i Romani avevano condiviso questa concezione, attenuandola però fortemente per il solo fatto di aver fondato un Impero «supernazionale», in cui, a partire dal 212 d.C. (editto di Caracalla) quasi tutti gli abitanti erano cittadini di pieno diritto. La caduta dell'Impero romano e le grandi migrazioni dei popoli germanici che s'insediarono in Europa avevano poi dato origine a una civiltà in gran parte nuova, cui i «barbari» avevano contribuito in misura determinante. Durante il Medioevo il confronto con la civiltà araba aveva messo inoltre in luce, accanto alle diversità, forti somiglianze. Non va dimenticato che gran parte della scienza d'età classica fu trasmessa al Medioevo cristiano proprio dagli arabi.

Ma ora, a contatto con le popolazioni americane, gli europei si trovavano di fronte a una **situazione completamente nuova**. Scrive Rosario Romeo:

> Il fatto più nuovo delle scoperte, sul piano delle realtà umane e sociali è per gli europei l'apparizione del "selvaggio". Durante il Medioevo, infatti, i contatti con le popolazioni extraeuropee si erano limitati quasi esclusivamente a quelli con arabi e turchi, che nessuno poteva pensare di definire "selvaggi" e anche le popolazioni dell'Estremo Oriente e dell'Asia Centrale raggiunte da qualche solitario viaggiatore erano qualcosa di assai diverso da quelle di cui ora si veniva a conoscenza. E si tratta, per di più, di un fatto constatato quasi esclusivamente in America, giacché fra i paesi apertisi agli europei nell'età delle scoperte, solo alcune zone dell'Africa e le isole del Pacifico meridionale erano abitate da popolazioni definibili come "selvagge".

▶ 114
T. Todorov
La modernità della conquista

▶ 115
E.J. Leed
L'immagine scissa degli indigeni

▶ 116 DOC
Juan Ginés de Sepúlveda
La guerra giusta

▶ 117 DOC
Bartolomé de Las Casas
Il genocidio degli indios

L'atteggiamento degli europei nei confronti delle popolazioni americane fu caratterizzato, fin dall'inizio, da un **totale rifiuto**. Il frate domenicano Tommaso Ortiz manifestò in questi termini, nel 1524, la sua convinzione che gli indigeni americani dovessero essere ridotti tutti in schiavitù:

> Gli uomini di terra ferma delle Indie mangiano carne umana [...] più di qualunque altra popolazione. Tra di loro non esiste alcuna giustizia, vanno in giro nudi, non provano né amore né vergogna, son come asini, stupidi, dementi, insensati; non gli importa nulla di uccidere o di essere uccisi; non osservano la verità se non quando è a loro vantaggio; sono incostanti, non sanno cosa sia una decisione, sono molto ingrati e amici delle novità; ama-

no ubriacarsi, ed hanno vini di diverse erbe, frutta, radici, grano; si ubriacano anche col fumo e con certe erbe che fanno loro perdere il senno; sono bestiali nei vizi; i giovani non hanno alcuna obbedienza o riguardo verso i vecchi, né i figli verso i padri; sono incapaci di apprendimento e di correzione; sono traditori, crudeli, vendicativi al punto da non perdonare mai; ostilissimi alla religione, pigri, ladri, bugiardi, gretti e limitati nel giudizio, non osservano né fede né ordine; i mariti non serbano fedeltà alle mogli né le mogli ai mariti; sono stregoni, indovini, negromanti; sono codardi come lepri, osceni come porci.

Focus
I sacrifici umani
Cannibali
I diritti degli indios

ONLINE

Valutazioni come questa, comuni alla grandissima maggioranza degli europei che per primi conobbero il Nuovo Mondo, offrivano una **giustificazione** alle guerre di rapina, alle deportazioni, al genocidio che i conquistatori avevano appena cominciato a mettere in pratica. La distruzione degli indigeni rientrava dunque in un piano provvidenziale; tra gli altri delitti, si riteneva che praticassero riti mostruosi in onore del diavolo, che sembrava aver posto la sua dimora in quelle terre rigogliose e incantevoli.

Voci discordi

Non mancarono tuttavia voci discordi. La più significativa di tutte è quella di **Bartolomé de Las Casas**. Figlio di un compagno di viaggio di Cristoforo Colombo, nel 1502 egli si recò nei Caraibi per prendere possesso delle piantagioni lasciategli dal padre. Qui, a contatto con le atrocità della dominazione spagnola, decise di farsi frate e di dedicare la propria vita alla causa degli indios. Nella sua lunga attività, che lo portò alla carica di vescovo di Chiapa in Guatemala, Las Casas descrisse gli indios come gente paziente, pacifica e poverissima e non risparmiò le denunce e le accuse contro i metodi dei *conquistadores*. L'opera di Las Casas fu particolarmente apprezzata dalla corona di Spagna, che trovò in essa argomenti solidi per contrastare l'iniziativa privata dei *conquistadores* che cercavano di trarre dalle nuove terre un rapido e facile guadagno.

Le modalità della evangelizzazione

Il problema del **recupero** delle popolazioni amerinde e della loro **conversione al cristianesimo** [👁 12 STORIA • SOCIETÀ • CITTADINANZA] fu avvertito molto presto dalla Chiesa cattolica. All'inizio i missionari dovettero affrontare innumerevoli difficoltà, dal momento che agli indigeni la croce del missionario apparve insieme alla spada del conquistatore e la distinzione, soprattutto in un primo momento, non dovette essere facile. La religione cattolica era inoltre diversissima dai culti locali a carattere prevalentemente magico-animistico, e non era facile tradurre la teologia cristiana nel lessico e negli schemi concettuali degli indios.

Nel 1531 il vescovo Zumarraga si vantava di aver distrutto 500 templi aztechi e 20 mila idoli. Intanto lo stesso imperatore Carlo V consigliava di utilizzare le pietre dei templi per edificare nuove chiese. Migliaia di indios furono battezzati a viva forza sotto la minaccia della prigione o della tortura; in moltissimi

Il battesimo degli indios
[dal *Codex Azcatitla*; Bibliothèque Nationale, Parigi]

Uno dei primi interventi dei missionari cattolici nei territori sudamericani fu quello di battezzare le popolazioni native, spesso attraverso l'uso della forza e della violenza.

casi si procedette a condanne a morte. In questa secolare opera di evangelizzazione vanno tuttavia distinte **due fasi**:

- nella prima, caratterizzata dall'attività degli **ordini francescano e domenicano**, emerse la preoccupazione di collegare in qualche modo l'emancipazione spirituale delle masse indigene alla **tutela** delle loro condizioni materiali;
- nella seconda, contrassegnata dall'attività del **clero secolare**, vennero in luce un'avidità e una **crudeltà** che non avevano nulla da invidiare a quelle degli stessi *conquistadores*.

In queste condizioni si comprende bene come la cristianizzazione degli indios sia rimasta a lungo superficiale; i vecchi culti sopravvissero identificandosi nei nuovi: le divinità solari furono assimilate al Cristo, le dee-madri, come la divinità peruviana della Terra, furono assimilate alla Vergine.

I gesuiti Un contributo importante all'opera di evangelizzazione degli indios fu certamente dato dall'esperimento portato avanti un po' in tutta l'America, ma soprattutto nella zona del Paraguay, nei primi decenni del XVII secolo, dai **missionari gesuiti**. Questi infatti crearono le cosiddette **riduzioni**, ovvero comunità indie che vivevano esclusivamente di agricoltura, organizzate sui princìpi dell'uguaglianza sociale e della comunità dei beni.

GUIDA ALLO STUDIO
❶ Quale fu la reazione degli europei al contatto con le popolazioni indigene? ❷ Chi era Bartolomé de Las Casas? ❸ In quante e quali fasi si può suddividere l'opera di evangelizzazione compiuta dai cattolici?

8 L'impero coloniale portoghese

Il paese che più s'impegnò nella conquista e nello sfruttamento dei territori americani fu la Spagna, mentre il Portogallo, eccezion fatta per il Brasile, concentrò le proprie forze soprattutto nella colonizzazione dell'Oriente.

Le *capitanìe* brasiliane I territori brasiliani furono divisi nel 1533 dal re del Portogallo in dodici ***capitanìe*** affidate ad altrettanti responsabili chiamati ***donatários***, cui spettava il compito di amministrare e difendere il proprio territorio, di favorire la colonizzazione di nuove terre, di proteggere l'opera dei missionari.

Organizzazione dell'impero orientale In Oriente, il Portogallo non procedette all'annessione pura e semplice di enormi territori che non avrebbe mai potuto controllare efficacemente, a causa dell'enorme distanza e, soprattutto, della carenza di uomini. Costruì invece un imponente sistema di fortezze e di

L'arrivo dei portoghesi in Giappone
1593
[part. di un paravento giapponese; Museu Nacional de Arte Antiga, Lisbona]

basi navali fra le coste dell'Africa orientale e quelle dell'India occidentale, volte ad assicurare il controllo del traffico delle spezie. Penetrando nell'Oceano Indiano, i portoghesi entrarono inevitabilmente in conflitto con i mercanti arabi e, in particolare, con i mamelucchi d'Egitto, che da tempo dominavano i traffici su quei mari. Ne nacque una guerra che culminò, nel 1509, nella **battaglia di Diu** (in India occidentale): i portoghesi ebbero la meglio grazie alla soverchiante potenza di fuoco delle loro navi, che utilizzavano decine di cannoni disposti su più ordini. Nel 1510 i portoghesi si impadronirono di **Goa**, una cittadina indiana sulla costa del Mar Arabico, destinata a diventare la capitale dell'impero commerciale portoghese.
Consolidata la loro presenza nell'Oceano Indiano, i portoghesi si spinsero più a oriente. Le spezie più pregiate – noce moscata, chiodi di garofano, macis –, infatti, provenivano dall'arcipelago indonesiano. Fu così che nel 1511 fu conquistata la città di **Malacca**, sulla costa occidentale della Malesia, crocevia dei traffici fra l'Oceano Indiano e il Mar della Cina. Malacca rappresentò per i portoghesi anche la porta verso la Cina e il Giappone. Nel 1513, infatti, alcune imbarcazioni portoghesi giunsero a Canton, mentre, nel 1557, fu creata la base commerciale di **Macao**, sulla costa meridionale della Cina. Il sistema portoghese di controllo del traffico delle spezie fu completato dalla conquista, nel 1515, del porto di **Hormuz** sullo stretto che chiude il Golfo Persico [👁 ATLANTE_58].

La *Casa de India* A capo dell'impero commerciale portoghese vi era un viceré, il cui compito era quello di garantire un sistema regolare di viaggi marittimi tra il Portogallo e l'India. Anche il Portogallo, come la Spagna, applicò il principio del monopolio e del controllo diretto dello Stato sullo sfruttamento delle colonie. L'organismo che controllava gli enormi, e sempre crescenti, traffici con l'Asia e con l'Africa era la ***Casa de India***, che aveva la propria sede a Lisbona e che vantava la presenza di propri rappresentanti ad Anversa, la maggior piazza commerciale europea del XVI secolo [👁 13.5].

GUIDA ALLO STUDIO
❶ Quali elementi caratterizzavano il sistema coloniale portoghese? ❷ Elenca i porti strategici del commercio intercontinentale portoghese. ❸ Chi gestiva la *Casa de India*?

ATLANTE 58_L'IMPERO COMMERCIALE PORTOGHESE (XVI SECOLO)

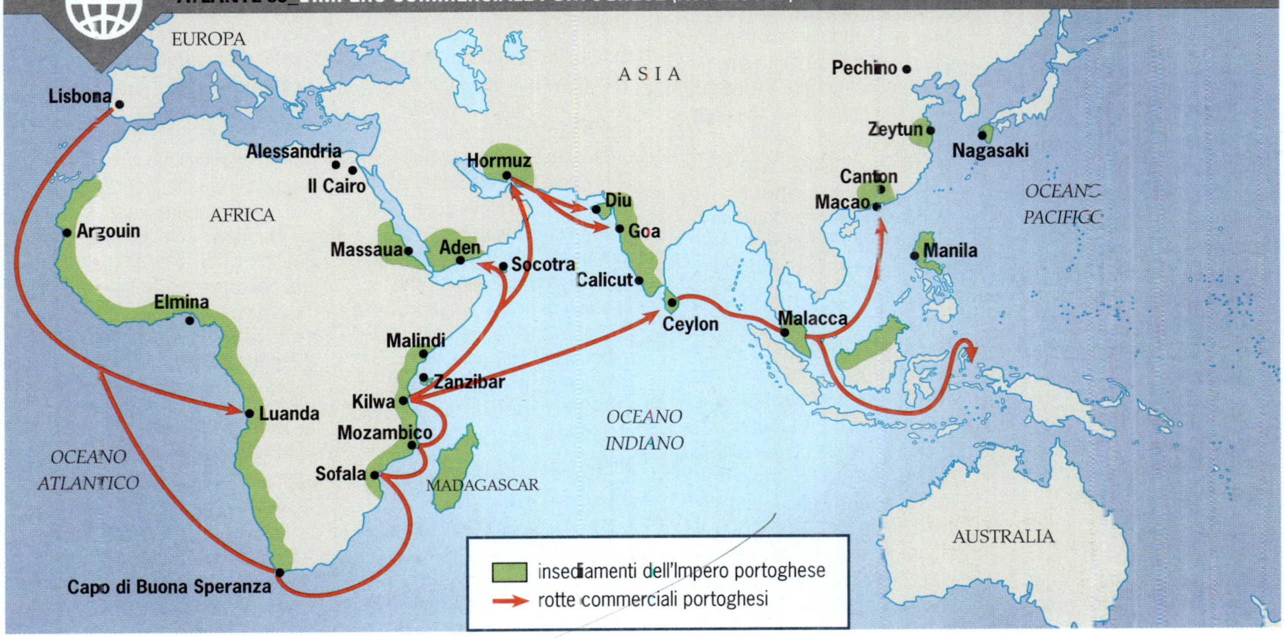

La politica delle conversioni

La conversione, in ambito religioso, è un profondo cambiamento spirituale che porta a credere in una religione diversa da quella fino a quel momento professata, oppure a passare dall'ateismo ad una determinata fede. Il cambiamento può essere spontaneo e rappresentare il culmine di un lungo processo interiore, oppure può essere indotto da pressioni psicologiche esterne o da minacce fisiche.

Quando uno Stato o un gruppo religioso impone la propria fede a una popolazione, la conversione forzata assume un significato politico e diventa, al pari delle armi, uno strumento di conquista. Le più imponenti conversioni forzate dell'**età moderna** ebbero luogo nei paesi del Nuovo Mondo conquistati dagli spagnoli. Nel XVI secolo moltissimi indios furono battezzati contro la loro volontà e, costretti dalla minaccia delle armi, dovettero abbandonare i loro culti originari e accogliere la religione cristiana [👁 14.9]. Così facendo, gli indigeni d'America persero anche gran parte della propria identità e la conversione forzata si rivelò un efficace strumento di penetrazione culturale.

Nel **mondo contemporaneo**, un esempio di conversione forzata è rappresentato dall'esperienza coloniale britannica in Africa e in India nel XIX secolo. Fino ai primi anni dell'800, gli interessi dell'Impero britannico erano stati prevalentemente commerciali, ma in seguito si aggiunse il desiderio di evangelizzare, cioè di portare la «buona novella» alle popolazioni indigene e convertirle. Tra i maggiori ispiratori e artefici di questo progetto furono i missionari protestanti. I loro obiettivi erano molto ambiziosi: esportare e impiantare nelle colonie il cristianesimo e la cultura britannica in tutti i suoi aspetti. Aprire le porte alla «civiltà», al commercio e al cristianesimo in Africa furono, ad esempio, gli scopi che si propose anche il missionario ed esploratore del continente africano David Livingstone (1813-1873).

Numerose società missionarie britanniche si stanziarono in **Africa** e in **India** con il dichiarato scopo di liberare quei luoghi dalle «tenebre morali» e dalle «più abominevoli e degradanti superstizioni» – come si esprimevano i sostenitori delle società missionarie britanniche. Le cose non andarono tuttavia come ci si aspettava. Infatti le popolazioni indiane si opposero tenacemente ai tentativi di conversione, e percepirono l'operato dei missionari come un'intollerabile intrusione nella loro millenaria cultura, inducendo i missionari ad abbandonare il progetto di evangelizzazione. L'auspicata cristianizzazione dell'India non ebbe mai luogo e, ancora oggi, il cristianesimo rappresenta una religione assolutamente minoritaria: poco più del 2% della popolazione indiana è cristiana, a fronte di una forte maggioranza induista (80%) e di una significativa presenza islamica (13%).

In Africa la situazione si sviluppò in modo differente. Durante tutto il XIX secolo questo continente fu l'obiettivo delle mire imperialistiche di molti Stati europei, divenendo una vera e propria terra di conquista. Il risultato finale fu la spartizione del continente tra Gran Bretagna, Francia, Belgio, Germania, Portogallo e Italia. Nei primi anni del XX secolo, circa un terzo del continente si trovava sotto il dominio britannico. Le popolazioni indigene non ebbero modo di resistere e le missioni si moltiplicarono senza ostacoli integrando le culture locali nel cristianesimo e soppiantando le religioni dei nativi.

Tale politica di conquista, per quanto condotta con metodi brutali, si rivelò molto efficace: ancora oggi, insieme alla religione

SINTESI

1 I portoghesi nell'Atlantico

Nel XV secolo i portoghesi, sostenuti dal principe Enrico il Navigatore, si dedicarono all'esplorazione delle rotte atlantiche con l'obiettivo di aggirare l'intermediazione commerciale dei mercanti veneziani e arabi e, soprattutto, di trovare una nuova via marittima per le Indie. Nel corso delle loro navigazioni i portoghesi scoprirono e occuparono le isole di Madeira e delle Azzorre e crearono lungo le coste dell'Africa occidentale una serie di basi commerciali fortificate.

2 La navigazione d'alto mare: rinuncia cinese e primato europeo

La nave delle grandi scoperte fu la caravella portoghese, che fece la sua apparizione verso il 1430. Importanti innovazioni si verificarono anche nel campo delle tecniche di navigazione, che facevano riferimento al calcolo astronomico. La conquista dell'alto mare ha dato all'Europa un privilegio che sta alla base della sua espansione mondiale. Questo successo può essere spiegato soltanto tenendo presenti le condizioni politiche e le necessità economiche dell'epoca, che imponevano la ricerca di ricchezze indispensabili al mantenimento dell'organizzazione statale e di forze armate efficienti.
Tra le condizioni che consentirono l'affermarsi del primato europeo nella navigazione d'alto mare anche la decisione dei cinesi di rinunciare al controllo dei traffici nell'Oceano Indiano e sulle coste dell'Africa, nonché a una politica di esplorazione e di conquista, che pur era stata intrapresa, all'inizio del XV secolo da Zheng He, sotto l'imperatore Yongle.

3 I viaggi di Cristoforo Colombo

L'era delle grandi scoperte geografiche si aprì con la più importante di tutte, quella dell'America, a opera di Cristoforo Colombo (1492). Nell'impresa di Colombo si mescolavano nuove cognizioni scientifiche e spirito di avventura. Ottenuto il sostegno della regina di Spagna, che sperava di ricavare dall'impresa grandi ricchezze, egli navigò verso occidente pensando di giungere in Asia. In realtà Colombo giunse in una delle isole Bahama.

4 L'età delle scoperte geografiche

I sovrani spagnoli e portoghesi nel 1494 firmarono il trattato di Tordesillas, con il quale si stabilivano le rispettive sfere di influenza economica e politica relativamente alle terre scoperte. Attirati dalle prospettive economiche dei viaggi di Colombo, Spagna, Portogallo e Inghilterra promossero altri viaggi che portarono a ulteriori scoperte. Il fiorentino Amerigo Vespucci esplorò, nel 1502, le coste meridionali del Nuovo Mondo – che da lui prese successivamente il nome di America – rivelando che Colombo non aveva scoperto la via più breve per le Indie ma un nuovo continente.
Nel 1519-20 Ferdinando Magellano compì la prima circumnavigazione del globo.

5 La conquista del Nuovo Mondo

Con lo sbarco in Messico dello spagnolo Cortés (1519) iniziò la conquista delle terre del Nuovo Mondo e la sottomissione delle civiltà indigene. Oltre ai domìni aztechi, gli spagnoli

islamica, il cristianesimo è tra le confessioni più diffuse del continente.

Dopo la seconda guerra mondiale la situazione cambiò, poiché molti paesi del mondo hanno riconosciuto il **diritto alla libertà religiosa** e abbandonato l'uso della forza come mezzo per indurre alla conversione. Nel 1948 la *Dichiarazione universale dei diritti umani* ha proclamato la libertà di religione in tutti i suoi aspetti, compreso il diritto alla scelta di un nuovo culto: «Ogni individuo ha il diritto alla libertà di pensiero, di coscienza e di religione; tale diritto include la libertà di cambiare religione o credo» (art. 18). Anche la Costituzione italiana garantisce esplicitamente la libertà di culto: «Tutti hanno diritto di professare liberamente la propria fede religiosa in qualsiasi forma» (art. 19).

Di grande importanza storica è stata la dichiarazione del Concilio Vaticano II, *Dignitatis Humanae* (1965), con la quale la Chiesa cattolica ha preso apertamente posizione sulla questione della conversione forzata. Al secondo punto della dichiarazione si legge infatti: «Questo Concilio Vaticano dichiara che la persona umana ha il diritto alla libertà religiosa. Il contenuto di una tale libertà è che gli esseri umani devono essere immuni dalla coercizione da parte dei singoli individui, di gruppi sociali e di qualsivoglia potere umano, così che in materia religiosa nessuno sia forzato ad agire contro la sua coscienza».

La conversione di un uomo all'Islam nella moschea di Lisbona
[©Fernando Mendes/Demotix/Corbis]
Per convertirsi all'Islam è necessario affermare di fronte a testimoni musulmani che «Allah è l'unico Dio e Maometto è il suo profeta» e tale dichiarazione è detta *shahada*; non esistono, invece, pratiche formali per l'inserimento nella comunità. La dottrina islamica afferma che la conversione libera da ogni peccato.

conquistarono l'Impero inca, mentre la colonizzazione portoghese riguardò principalmente il Brasile. La facilità delle conquiste si spiega con la sola superiorità degli europei nell'armamento ma un ruolo decisivo ebbero anche questioni politiche, come l'appoggio delle popolazioni sottomesse dagli aztechi e dai maya. Le conquiste furono mantenute per mezzo di massacri, e la mancanza di difese immunitarie nelle popolazioni indigene fece sì che esse venissero falcidiate da malattie, anche banali, introdotte dagli europei; il lavoro coatto fece il resto. Ne derivò un crollo demografico senza precedenti.

6 L'impero coloniale spagnolo

L'organizzazione politica e sociale introdotta dagli spagnoli era strutturata secondo modelli feudali, per di più particolarmente esasperati (l'*encomienda*). Lo sfruttamento della manodopera india era praticato anche nelle *haciendas*, unità produttive in cui si praticavano l'agricoltura e l'allevamento. L'attività economica più collegata a quella europea era l'industria mineraria, basata sul lavoro coatto degli indigeni, che permetteva ai dominatori locali di importare beni di consumo e di lusso dall'Europa. Per controllare i commerci con le colonie americane la corona istituì nel 1503 la *Casa de Contratación de Indias*.

7 Scoperta ed evangelizzazione dei «selvaggi»

Con la conquista del Nuovo Mondo gli europei scoprirono il «selvaggio». Di fronte alle popolazioni indigene l'atteggiamento generale fu di totale rifiuto, con giudizi che fornivano giustificazioni alla violenza esercitata dagli europei.

Non mancarono voci discordi, come quella di Bartolomé de Las Casas: nella sua lunga attività, che lo portò alla carica di vescovo di Chiapa in Guatemala, descrisse gli indios come gente paziente e pacifica e denunciò i metodi dei *conquistadores*. L'opera di Las Casas fu apprezzata dalla corona di Spagna, che cercava di contrastare l'iniziativa privata dei *conquistadores*. La Chiesa cattolica avvertì presto il problema della conversione al cristianesimo delle popolazioni indigene. In una prima fase l'evangelizzazione fu compiuta soprattutto dagli ordini monastici preoccupati di collegare l'emancipazione spirituale degli indios alla tutela delle loro condizioni materiali. In una seconda fase, contrassegnata dall'attività del clero secolare, all'opera di evangelizzazione si accompagnò spesso una crudeltà non minore di quella dei conquistatori. Nei primi decenni del XVII secolo i missionari gesuiti impegnati nell'opera di evangelizzazione diedero vita a comunità indie basate sull'uguaglianza sociale e sulla comunione dei beni.

8 L'impero coloniale portoghese

Mentre la Spagna si impegnò nella conquista e nello sfruttamento dei territori americani, il Portogallo puntò alla colonizzazione dell'Oriente, costruendo un sistema di fortezze e di basi navali grazie al quale riuscì a imporre il suo controllo sul commercio delle spezie. Consolidate le proprie posizioni nell'Oceano Indiano, i portoghesi si spinsero più a oriente, penetrando anche in Cina, dove crearono la base commerciale di Macao.

SVILUPPARE LE COMPETENZE

❶ Stabilisci l'ordine causa effetto che lega gli argomenti ricordati di seguito e poi spiegane l'interconnessione in un testo di 6 righe:

a. I portoghesi ottengono il monopolio dell'esplorazione dell'Africa

b. I portoghesi riescono ad inserirsi nella rete commerciale fra Mediterraneo e Atlantico

c. L'Impero ottomano sbarra i traffici tra Oriente e Occidente

❷ Le premesse della stagione dei grandi viaggi di esplorazione furono, sostanzialmente, tre. Scegli, dal seguente elenco, quelle corrette e poi scrivi un testo di 8 righe che descriva tutti gli elementi selezionati:

a. La messa a punto della caravella

b. La messa a punto dei *clippers*

c. L'iniziativa di alcuni individui stimolati dall'attivismo delle Repubbliche marinare

d. La crescita delle grandi monarchie e il conseguente bisogno di nuove ricchezze da sfruttare

e. La decisione cinese di rinunciare al controllo sui traffici nell'Oceano Indiano e sulle coste dell'Africa

f. La competizione ingaggiata dall'eunuco di corte Zheng He

❸ Completa la cronologia aggiungendo i passaggi mancanti e poi usala come scaletta per scrivere un testo di 12 righe che racconti i fatti:

a. Il progetto di Cristoforo Colombo è respinto da Giovanni II

b. ...

c. Colombo parte da Palos

d. Colombo arriva, probabilmente, nell'isola di Watling nelle Bahamas

e. ...

f. La terza spedizione parte con appena sei navi e giunge al delta dell'Orinoco

❹ Collega correttamente viaggiatori e scoperte e poi scrivi un testo di 8 righe che comprenda tutte le imprese ricordate:

Viaggiatori	Scoperte
a. Bartolomeo Diaz	**1.** Scopre il Brasile
b. Vasco da Gama	**2.** Scopre la Virginia
c. Pedro Alvarez Cabral	**3.** Esplorano le coste del Labrador e della Baia di Hudson
d. Amerigo Vespucci	**4.** Doppia, per primo, il Capo di Buona Speranza
e. Giovanni e Sebastiano Caboto	**5.** Compie il primo viaggio intorno al mondo
f. Walter Raleigh	**6.** Riesce ad arrivare fino a Calicut
g. Ferdinando Magellano	**7.** Esplora le coste meridionali dell'America

❺ La conquista del Nuovo Mondo fu compiuta da spregiudicati avventurieri. Di seguito ne trovi elencati tre (il secondo e il terzo vanno considerati insieme). Spiega, in 2 testi di 6 righe ciascuno, i fatti salienti di cui furono protagonisti.

- Hernán Cortés
- Diego de Almagro e Francisco Pizarro

❻ Descrivi brevemente, in testi di 5 righe ciascuno, gli argomenti di seguito elencati:

a. Le *encomiendas*

b. Le *haciendas*

c. Lo sfruttamento di rapina

d. La vicenda di Bartolomé de Las Casas

e. L'opera di evangelizzazione cattolica nel Nuovo Mondo

f. L'impero orientale del Portogallo

13 L'EUROPA NEL '500. ECONOMIA, POPOLAZIONE, SOCIETÀ

CAPITOLO

1 La crescita demografica

Il secolo che iniziò all'indomani della scoperta dell'America portò grandi trasformazioni nella storia d'Europa: il quadro politico, i modi di pensare, la fede religiosa, la vita materiale, tutto, alla fine del '500, appariva diverso rispetto al suo inizio.

La demografia e il problema delle fonti

Il dato più significativo della storia economica e sociale di questo periodo è un vistoso **aumento della popolazione** [TABELLA_5 e TABELLA_6]. In linea di massima, gli studiosi concordano nel ritenere che alla base dell'aumento demografico del XVI secolo vi furono più fattori concomitanti: innanzitutto una riduzione del tasso di mortalità, in conseguenza della minore incidenza, rispetto al '300-400, delle epidemie di peste e di altre malattie; l'aumento del tasso di natalità e, strettamente connesso a esso, l'abbassamento «dell'età al matrimonio», ovvero l'abbassamento dell'età media in cui le donne si sposavano, ampliando in tal modo l'arco di tempo in cui potevano generare figli.

TABELLA 5_L'ANDAMENTO DELLA POPOLAZIONE EUROPEA DAL 1500 AL 1600 (IN MILIONI DI ABITANTI)

	1500	1550	1600
Spagna	6,8	7,4	8,1
Portogallo	1	1,2	1,1
Italia	10,5	11,51	13,2
Francia	16,4	19	19
Paesi Bassi meridionali	1,4	1,6	1,6
Paesi Bassi settentrionali	0,9	1,2	1,5
Scandinavia	1,5	1,7	2,0
Inghilterra e Galles	2,6	3,2	4,4
Germania	12	14	16
Svizzera	0,6	0,8	1
Polonia	2,5	3	3,4
Austria e Boemia	3,5	3,6	4,3

I dati di questa tabella non devono essere intesi come valori assoluti, bensì come stime della popolazione di alcune aree del continente. Va inoltre tenuto presente che i dati sono suddivisi non sulla base delle entità politico-territoriali esistenti nel XVI secolo, ma su quella delle realtà statali del XIX e del XX secolo.

TABELLA 6_L'AUMENTO DELLA POPOLAZIONE NELLA PENISOLA ITALIANA (XVI SECOLO)

	1550	1600	TASSO D'INCREMENTO
Italia settentrionale	4.746.000	5.412.000	+14%
Italia centrale	2.542.000	2.915.000	+14,6%
Italia meridionale	3.053.000	3.320.000	+8,8%
Isole	1.253.000	1.625.000	+29,6%
Totale	11.591.000	13.272.000	+14,5% (media)

Anche nella Penisola italiana, come nel resto del continente, si verifica una notevole crescita demografica, più pronunciata nelle aree centro-settentrionali. Il dato relativo alle isole (Sicilia e Sardegna) risulta più che doppio della media della penisola perché esse partono da una situazione di spopolamento.

Come al solito, lo storico deve confrontarsi con la lacunosità e l'imprecisione dei documenti: i governi dell'epoca erano ben consapevoli della necessità di tenere un registro completo e aggiornato della popolazione, che consentisse di pianificare il prelievo fiscale e il reclutamento militare, ma i **censimenti** venivano effettuati solo saltuariamente e non venivano aggiornati con regolarità. Lo stesso può dirsi per i **registri parrocchiali**: in alcune circoscrizioni essi erano tenuti con cura ma nella maggior parte dei casi erano piuttosto disordinati e imprecisi. La quantità e qualità dei dati non consente, dunque, un'analisi particolareggiata ed esauriente; permette, però, di stabilire ordini di grandezza e linee di tendenza generali sufficientemente affidabili.

L'insieme delle testimonianze a nostra disposizione indica che nel XVI secolo la popolazione di quasi tutte le regioni europee aumentò considerevolmente: nel complesso essa passò dai 55-60 milioni del 1450 ai 100-105 milioni del 1600. La crescita demografica fu risentita in misura particolarmente notevole nelle città, interessate

Peter Bruegel il Vecchio
Il censimento a Betlemme
1566
[Musées Royaux des Beaux Arts de Belgique, Bruxelles]

In questa famosa tela, il pittore fiammingo Peter Bruegel il Vecchio attualizza il tema biblico del censimento a Betlemme ambientando la scena in un villaggio delle Fiandre coperto di neve. La Madonna sull'asinello trainato da san Giuseppe (in primo piano al centro) quasi si perde nella moltitudine di soggetti rappresentati. Una folla si sta radunando nei pressi della locanda della "corona verde", dove gli agenti imperiali stanno provvedendo da un lato a censire la popolazione dall'altro a incassare la decima dovuta. Altre piccole "scenette" animano il quadro e ci restituiscono uno scenario quotidiano del '500.

anche da un movimento migratorio dalle campagne, tanto che alcuni centri si estesero fino a raddoppiare o triplicare i loro abitanti.

Aumento della urbanizzazione

L'impetuoso aumento delle popolazioni urbane [TABELLA_7] – dovuto agli effetti congiunti della crescita demografica in quanto tale e dell'emigrazione dalle campagne – modificò notevolmente, ma non capovolse, il **rapporto demografico città-campagna**. Mentre nelle società industrializzate odierne la maggioranza della popolazione vive nei centri urbani, nel 1500 il rapporto era inverso: l'80% in media degli abitanti risiedeva in campagna; nelle zone di più antico e vivace urbanesimo, come l'Italia settentrionale, la popolazione rurale non superava però il 65%.

Intorno al 1600 le aree più densamente abitate erano l'Olanda, con 50 abitanti per km^2, e l'Italia settentrionale, con 40 abitanti per km^2; seguivano la Francia (34 abitanti), la Germania centrale (20 abitanti), la Castiglia (18 abitanti).

Durata della vita

La popolazione aumentava, ma la durata media della vita, malgrado lievi miglioramenti rispetto alla situazione di età medievale, restava a livelli bassissimi, a causa soprattutto dell'elevata **mortalità infantile**. I dati disponibili riguardano in larga misura famiglie nobili e borghesi agiate, le uniche ad aver lasciato documenti scritti sulle loro vicende. Tra le famiglie nobili inglesi, nell'arco di tempo compreso tra il 1575 e il 1674 circa, le possibilità medie di vita erano di 32 anni per i maschi, di 35 circa per le femmine. Cifre non lontane (30 anni per i maschi, 35 per le femmine) si sono ricavate dallo studio delle più importanti famiglie borghesi di Ginevra. Quando parliamo di nobili e di borghesi, parliamo di persone che si nutrivano bene, che vivevano in ambienti igienicamente confortevoli e che quindi erano meglio difese dalle malattie. Se ne deduce che la durata media della vita della gente comune era notevolmente più bassa: intorno ai 23 anni circa. La mortalità infantile toccava livelli altissimi. In Spagna e in Francia il 50% dei bambini moriva prima di aver raggiunto i sette anni.

La conseguenza di questo discorso è che la società dell'epoca era molto più giovane della nostra. È noto che le società odierne dell'Europa occidentale hanno subìto, negli ultimi decenni, un notevole processo d'invecchiamento: l'allungamento della durata media della vita e la limitazione delle nascite hanno infatti portato uno squilibrio nel rapporto tra le differenti classi di età, con un numero sovrabbondante di persone anziane e un numero scarso di giovani e di bambini. La società del XVI secolo aveva, da questo punto di vista, caratteristiche opposte alla nostra – s'intende dell'Europa occidentale –: la brevità della vita e l'alto numero di figli per famiglia ci lasciano intravedere un'Europa popolata prevalentemente da giovani e da bambini.

126
P.M. Hohenberg • L.H. Lees
Città e campagna: la Fiandra e il Brabante dal 1300 al 1750

127 DOC
Giorgio Vasari
Come rappresentare una città

128 DOC
Ottavio Beltrano
Una celebrazione di Napoli

129
A. Tenenti
La nascita delle piazze urbane

TABELLA 7_L'ITALIA DEL 1550: CITTÀ CON PIÙ DI 15.000 ABITANTI

Napoli	200.000	Vicenza	30.000
Venezia	150.000	Catania	25.000
Milano	90.000	Lucca	25.000
Genova	70.000	Piacenza	25.000
Bologna	65.000	Siena	25.000
Firenze	60.000	Bergamo	20.000
Palermo	55.000	Parma	20.000
Roma	55.000	Perugia	20.000
Verona	50.000	Trapani	20.000
Messina	45.000	Taranto	20.000
Brescia	40.000	Modena	15.000
Ferrara	40.000	Pavia	15.000
Mantova	40.000	Torino	15.000
Cremona	35.000	Nicosia	15.000
Lecce	35.000	Udine	15.000
Padova	30.000	Castrogiovanni (Enna)	15.000

GUIDA ALLO STUDIO

❶ Quali fattori fecero aumentare la popolazione nel corso del XV secolo? ❷ Crebbe di più la popolazione delle campagne o quella delle città? ❸ Qual era la durata media della vita? ❹ Perché la società contemporanea è invecchiata?

▶ 131
E. Le Roy Ladurie
Sviluppo demografico e dissodamenti

2 Il costo della vita e la produzione agricola

La «rivoluzione dei prezzi»

Tra gli effetti dell'incremento demografico del XVI secolo il più evidente è la crescita del costo della vita, che già i contemporanei segnalavano con preoccupazione: per circa cento anni i prezzi dei generi di largo consumo aumentarono costantemente e spesso in modo brusco, intaccando pesantemente il potere d'acquisto delle popolazioni. L'ondata degli aumenti non riguardò tutti i paesi contemporaneamente, ma il fenomeno fu così rilevante che gli storici moderni lo hanno definito, non del tutto a torto, come una **rivoluzione dei prezzi**.

La spiegazione tradizionale del fenomeno, risalente a un contemporaneo, il giurista e scrittore politico francese Jean Bodin (1530-1596), collegava l'aumento dei prezzi al massiccio **afflusso di metalli preziosi** provenienti dalle Americhe [GRAFICO_2]: l'accresciuta offerta di metalli, aumentando la circolazione della moneta e innescando un processo di **inflazione**, avrebbe provocato il rincaro dei generi di prima necessità. Gli storici dell'economia hanno però constatato che i prezzi cominciarono a salire diversi decenni prima che i metalli americani affluissero in quantità significativa in Europa. Oggi si ritiene, pertanto, che la «rivoluzione dei prezzi» vada piuttosto spiegata con l'**aumento della popolazione** e che l'afflusso di metalli abbia avuto incidenza solo in un secondo momento, come fattore che aggravò una tendenza già in atto.

Il nesso tra l'aumento della popolazione e l'aumento dei prezzi emerge con chiarezza da una circostanza: le più alte impennate dei prezzi riguardarono i generi alimentari, e soprattutto l'alimento di base, i cereali, che veniva maggiormente richiesto da una popolazione in continua crescita: il costo del grano, dell'orzo, della segale aumentò anche di quindici volte nel giro di pochi decenni. Ne derivò un vasto processo di riconversione delle colture, una **cerealizzazione** dell'agricoltura che riguardò

Inflazione
Col termine «inflazione» (dal latino *inflatio*, ossia 'gonfiamento') si intende la perdita di potere d'acquisto della moneta che si verifica quando la moneta stessa circola in quantità, e con velocità, superiore a quella richiesta dai bisogni del mercato.

GRAFICO 2_ IMPORTAZIONI SPAGNOLE DI ORO E ARGENTO AMERICANO

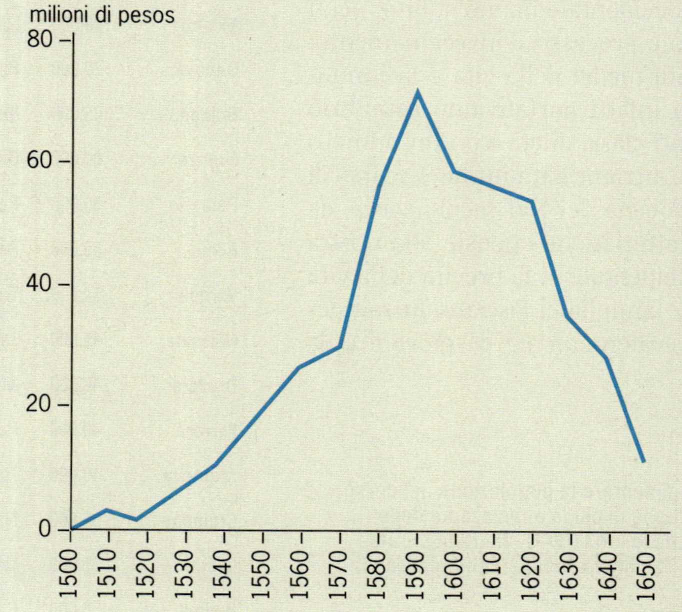

L'afflusso di metalli preziosi dalle Americhe fu modesto nei primi decenni a ridosso della scoperta di Cristoforo Colombo, toccò le punte massime negli ultimi decenni del '500 e diminuì progressivamente nel secolo seguente.

tutte le regioni europee: si ararono i pascoli, si sradicarono i vigneti, si distrussero le foreste per impiantare campi coltivati a cereali. L'aumento dei prezzi dei generi alimentari dipendeva dal fatto che la produzione di questi generi non teneva il passo con l'aumento della popolazione. In altre parole: il numero degli uomini aumentò più velocemente della produzione dei beni necessari a sfamarli. Anche se non si riuscì a tenere in equilibrio il rapporto produzione-popolazione, gli uomini del XVI secolo s'impegnarono in una dura lotta per accrescere la quantità delle loro risorse. Questa crescita non fu dovuta, tranne che in casi e in situazioni eccezionali, a un miglioramento delle rese agricole, cioè del rapporto tra semente e raccolto. In gran parte dell'Europa le rese rimasero infatti complessivamente stabili dal 1300 fino alla metà del XIX secolo.

▶ **121**
F. Braudel
Vita materiale, economia di mercato e capitalismo

Aumento della superficie coltivata

L'aumento della produzione si ottenne piuttosto estendendo gli spazi coltivati. In alcune regioni fu perfezionato e modificato il vecchio sistema della rotazione triennale dei campi [👁 2.2], cercando di ridurre, attraverso **cicli di rotazione pluriennali** (anche di sei anni) e attraverso il massiccio impiego della **concimazione** (laddove c'era disponibilità di animali), la quantità di suolo destinata al maggese (cioè lasciata a riposo perché recuperasse la sua fertilità naturale). Il fenomeno della riduzione del maggese esprime un'importante tendenza dell'agricoltura, ma ebbe un'incidenza assai limitata in questo periodo. Ben più importante fu la **messa a coltivazione di nuove terre**. Si tratta prevalentemente di terreni che erano stati già coltivati prima del 1300, al momento della grande espansione demografica ed economica tardomedievale, e che erano stati abbandonati

Abel Grimmer
Paesaggio estivo con mietitura e una veduta di Anversa
1579
[Collezione privata]

In questo dipinto, braccianti di entrambi i sessi sono al lavoro durante la mietitura. In questo periodo dell'anno le campagne si riempivano di lavoratori stagionali, provenienti dalle zone più povere, in genere dalle aree montane, attratti dalla possibilità di un reddito migliore.

Parola chiave
Capitale / Capitalismo

ONLINE

130
P. Malanima
Le campagne europee nel XVI secolo

in conseguenza della crisi del '300. Nel 1500 le popolazioni contadine ripercorsero dunque un cammino che secoli prima era stato già compiuto e interrotto: furono coltivati i pascoli, si diboscarono le foreste, si prosciugarono gli acquitrini, si dissodarono le sterpaglie.
Progressi considerevoli furono raggiunti nel settore dell'**irrigazione**, che rese coltivabili nuovi campi. In Lombardia fu realizzata un'opera d'avanguardia, che suscitò lo stupore e l'ammirazione dei contemporanei: una rete fittissima di canali e di opere idrauliche che consentì l'irrigazione di quasi tutta la regione pianeggiante compresa tra Milano, Pavia, il Ticino e l'Adda.

I capitali e la terra L'accresciuta richiesta di generi alimentari determinò l'aumento dei profitti derivanti dall'agricoltura e degli investimenti agricoli da parte dei detentori dei capitali. La terra interessava sempre più gli speculatori e gli affaristi, e le grandi aziende venivano gestite con un'accresciuta attenzione per il calcolo economico: si cercava di farne imprese produttive e razionali, fondate su un attento computo delle entrate, delle uscite e degli utili. Si seguiva anche con maggiore attenzione l'andamento dei prezzi, cercando di trarne il maggiore vantaggio possibile. Documenti di questo fenomeno, certamente non nuovo, ma nel '500 molto più diffuso, sono i numerosi **registri contabili** di aziende agricole dell'epoca giunti fino a noi, che rappresentano una preziosa fonte per lo storico dell'economia. Gli investimenti agricoli rispondevano alle richieste del mercato: grandi tenute cerealicole furono create in Sicilia, in Calabria, in Puglia, nell'entroterra veneziano come nelle pianure d'Ungheria, di Polonia, di Russia. Si trattava di una produzione destinata prevalentemente all'esportazione, anche su grande distanza. S'impiantarono **colture specializzate** che richiedevano alti investimenti iniziali, ma che consentivano alti profitti: i banchieri genovesi incentivarono la produzione del gelso nel Regno di Napoli, su terre offerte dall'imperatore Carlo V in pagamento dei suoi debiti; l'olivo, la vite, lo zafferano si diffusero in tutta la penisola, le risaie in Val Padana.

GUIDA ALLO STUDIO
❶ In che modo Jean Bodin spiegava l'aumento dei prezzi dei generi alimentari?
❷ Illustra il rapporto tra aumento della popolazione e aumento dei prezzi.
❸ Come cambiò l'agricoltura tra XV e XVI secolo?

3 Salari e profitti

Prezzi e salari La prima conseguenza dell'aumento della popolazione fu, come abbiamo visto, l'aumento del prezzo dei cereali e un'accresciuta – anche se non sufficiente – produzione agricola. Un'altra conseguenza fu la **diminuzione del potere d'acquisto** dei lavoratori [👁 TABELLA_8].
In verità, i salari medi dei lavoratori europei nel XVI secolo aumentarono in misura considerevole, anche di due o tre volte. Come mai allora il potere d'acquisto dei lavoratori diminuì? La risposta è semplice: perché i prezzi aumentarono più dei salari. I lavoratori guadagnavano di più ma, con i loro salari, potevano acquistare una minore quantità di merci.
Si è constatato, per esempio, che nella città tedesca di Speyer, tra il 1520 e il 1621, i salari aumentarono da due a tre volte, ma che parallelamente il prezzo della segale aumentò di quindici volte, quello del grano di tredici, quello dei piselli di quattordici, quello della carne di sei. Il fenomeno della divaricazione tra salari e prezzi fu analogo in altre città europee e il livello di vita delle classi lavoratrici fu duramente colpito ovunque, nelle campagne come nelle città, in Italia come in Francia, in Spagna come in Germania o in Inghilterra.

Le conseguenze sull'alimentazione La qualità dei consumi alimentari peggiorò e le calorie di origine animale, più costose, furono sostituite dalle calorie vegetali. I contemporanei erano consapevoli del fenomeno e non mancarono di confrontare il proprio tenore di vita con quello delle generazioni che li avevano preceduti: «All'epoca di mio padre – scrisse verso il 1560 un proprietario terriero di Normandia – vi era carne ogni giorno, il cibo era abbondante, gli uomini bevevano vino come fosse acqua. Ma ora tutto è cambiato: ogni cosa è più cara [...] e il cibo dei contadini più prosperi è molto più povero di quello che un tempo mangiavano i servi».

Abel Grimmer
L'autunno
1607
[Musée Royal des Beaux Arts, Anversa]

Nella seconda metà del '500, la dieta contadina era ancora composta essenzialmente da alimenti di origine vegetale. La macellazione di un animale, come un maiale o un manzo, non era un evento di tutti i giorni. Quando questo accadeva tutte le famiglie coinvolte prestavano la propria opera: l'animale veniva ucciso e tutte le sue parti venivano utilizzate senza sprechi.

TABELLA 8_REDDITI ANNUI IN ALCUNE CITTÀ ITALIANE, 1450-1550

Grande mercante, Venezia, 1500 ca.	77.000	Trombettiere di corte, Milano, 1470 ca.	200
Grande ecclesiastico, Venezia, 1500 ca.	73.500	Giovane commesso di banca, Firenze, 1450 ca.	200
Doge di Venezia, 1500 ca.	21.000	Soldato, Venezia, 1500 ca.	150
Ambasciatore, Venezia, 1500 ca.	12.500	Tessitore di seta, Milano, 1450 ca.	125
Capitano di fanteria, Milano, 1520 ca.	3750	Falegname o carpentiere, Milano, 1450 ca.	120
Noto professore, Venezia, 1500 ca.	2500	Operaio, Venezia, 1500 ca.	75
Segretario in cancelleria, Venezia, 1500 ca.	900	Ragazzo di bottega, Firenze, 1450 ca.	70
Mastro carpentiere (navale), Venezia, 1500 ca.	900	Operaio, Milano, 1450 ca.	60
Ingegnere, Venezia, 1500 ca.	700	Servo, Venezia, 1500 ca. (inclusi vitto e alloggio)	50
Direttore di filiale, banca Medici, Firenze, 1450 ca.	600	Apprendista carpentiere navale, Venezia, 1550 ca.	50
Tessitore di seta, Firenze, 1450 ca.	400	Operaio, Firenze, 1500 ca.	50
Commesso di banca, Firenze, 1450 ca.	300	Servo, Firenze, 1450 ca. (inclusi vitto e alloggio)	40
Soldato, Milano, 1520 ca.	250	Cappellano, Milano, 1500 ca.	40

Questa tabella elenca alcuni dati relativi ai redditi dei diversi gruppi sociali in tre importanti città italiane: Firenze, Milano, Venezia. I redditi indicati (espressi in lire, la moneta di conto usata in quell'epoca) sono tutt'altro che precisi, perché non considerano la possibilità che a essi si aggiungessero altre gratifiche e perché pongono a confronto situazioni di epoche talvolta distanti. Essi esprimono però ordini di grandezza complessivamente non lontani dalla realtà. La differenza tra il reddito più basso (quello del cappellano milanese verso il 1500) e quello più alto (il grande mercante veneziano) è enorme. Ma bisogna tener conto che nell'Italia di quel periodo esistevano redditi ancora più bassi e più alti.

La **diminuzione del consumo di carne** – vale a dire l'abbassamento del livello qualitativo della dieta delle popolazioni cinquecentesche – aveva molte cause: la conquista turca dell'Ungheria, che provocò una diminuzione delle importazioni da quelle regioni; la riduzione delle foreste dove venivano allevati i suini; la bonifica di vasti territori incolti, dove in precedenza veniva praticato l'allevamento; infine, e soprattutto, la diminuzione del potere d'acquisto delle popolazioni, che abbiamo già analizzato.

Crollo delle rendite fondiarie

L'aumento dei prezzi mise in seria difficoltà anche quei proprietari che non gestivano direttamente le loro terre e che le avevano date in conduzione, prima dell'aumento dei prezzi, a canoni fissi, o che, per antica consuetudine, ricevevano dai loro contadini prestazioni in denaro. Nell'arco di pochi decenni questa categoria si vide decurtati i propri redditi e reagì di conseguenza.

In alcuni casi, i nobili fronteggiarono la situazione passando dalla condizione di redditieri a quella di amministratori diretti delle proprie tenute, cercando in tal modo di sfruttare pienamente le loro risorse per trarre vantaggio dall'aumento dei prezzi agricoli. In altri, fecero anche ricorso a mezzi più semplici, per esempio aumentando i fitti. Se i fitti erano stati fissati da contratti feudali scritti e non modificabili unilateralmente, questi aumenti erano, almeno in teoria, illegali, ma i nobili non esitavano, quando le circostanze lo consentivano, a recuperare i vantaggi perduti per mezzo della violenza e della coercizione. Nei paesi dell'Europa a est del fiume Elba (Germania orientale, Polonia, Russia, ecc.) dove la signoria era ancora molto radicata e potente, la situazione determinò un pesante aumento delle *corvées*.

Il rinnovato interesse dei grandi proprietari (nobili e no) per la terra si concretizzò pertanto in una forte pressione di carattere politico, sociale ed economico. I piccoli coltivatori indipendenti, che avevano scarse possibilità di opporsi giuridicamente a questa pressione e che non disponevano di risorse economiche tali da migliorare la loro produzione e renderla competitiva, cadevano facilmente preda degli usurai e si ridussero considerevolmente di numero, andando a ingrossare le file dei disoccupati urbani e rurali. Le conseguenze della «rivoluzione dei prezzi» sui redditi possono essere, dunque, riassunte in tre punti:

- abbassamento del valore reale dei salari;
- diminuzione della rendita fondiaria;
- trionfo del profitto.

GUIDA ALLO STUDIO

❶ I redditi dei salariati aumentarono con lo stesso ritmo di crescita dei prezzi? ❷ Perché la dieta alimentare peggiorò? ❸ Perché le rendite fondiarie persero valore? ❹ Come reagirono i proprietari al calo delle rendite?

4 Le miniere e le industrie

Incremento dell'attività estrattiva

In campo industriale il '500 non registrò alcun cambiamento significativo nel settore fondamentale, quello dell'**energia**. La produzione industriale di quest'epoca, infatti, continuava a utilizzare le tradizionali fonti di energia: quella umana, quella animale, l'acqua, il vento, la legna. L'uso del **carbone** minerale, inizialmente limitato al riscaldamento domestico, aumentò progressivamente e ciò provocò lo sfruttamento di vene sempre più profonde e il perfezionamento delle **tecniche estrattive**: trivelle più potenti, sistemi di ventilazione, di pompaggio, di sollevamento, nastri trasportatori azionati da cavalli, sistemi di armatura per puntellare le gallerie, ecc. L'estrazione del carbone fu intensa nei bacini carboniferi inglesi, dove aumentò progressivamente durante tutto il secolo, passando dalle circa 200 mila tonnellate all'anno verso la metà del '500 al milione di tonnellate del 1620. Il massiccio impiego di carbone nelle manifatture e nelle abitazioni fece di Londra la più sporca delle città europee, anticipando di qualche tempo il destino di tante altre città moderne. Il ritmo incessante dell'attività estrattiva richiedeva inoltre nuove forme di organizzazione del lavoro: sappiamo che nelle miniere tedesche la giornata era divisa in tre turni di sette ore ciascuno, con sole tre ore di pausa, e che gli stessi minatori venivano talvolta impiegati anche per due turni.

Anche altri minerali erano estratti in misura rilevante: il **ferro**, nelle importanti miniere spagnole di Biscaglia e del Guipuzcoa, oltre che in Germania, in Stiria, in Inghilterra, in Francia, in Svezia e nel Principato di Liegi; il **rame**, proveniente in larga parte dai giacimenti svedesi e ungheresi; l'**argento**, estratto soprattutto in Ger-

Focus
Il carbone fossile

ONLINE

Alla fine del XV secolo l'attività mineraria in Germania era in forte sviluppo e gli esperti tedeschi erano particolarmente richiesti all'estero. Nel 1530, Georg Bauer (docente di greco, medico e borgomastro di Chemnitz in Sassonia), noto come Georgius Agricola, nel suo *Bermannus sive de re metallica dialogus* scrive: «il minatore deve possedere nella sua arte la più vasta esperienza, sì da sapere con certezza quale monte o collina, quale luogo di valle o di pianura possa venir utilmente scavato. [...] Gli debbono esser noti i percorsi del minerale, le spaccature e i ricoprimenti delle pietre [...], i molti e diversi tipi de terreno [...], la specie e il modo di ogni opera che sia da farsi sottoterra [...], l'arte di esaminare ogni sorta di materiali».

Herri Met de Bles
Le miniere di rame
1550-55
[Galleria degli Uffizi, Firenze]

mania e in Ungheria, che fu oggetto di una richiesta sempre più intensa. L'argento europeo fu però soppiantato, verso la metà del secolo, dall'argento americano, più abbondante e a buon mercato: come si ricorderà, nelle miniere americane veniva impiegata, in condizioni durissime, manodopera indigena, che non costava quasi nulla [👁 12.5]. Molto richiesto era anche l'**allume**, utilizzato, tra l'altro, per la concia dei pellami, per dissalare il baccalà, per la lavorazione di alcuni vetri, e soprattutto come materiale indispensabile all'industria tessile: serviva infatti come mordente prima della tintura, e la sua funzione era insostituibile. Tradizionalmente l'allume veniva importato a basso prezzo dall'Oriente, ma l'espansione ottomana [👁 11.3] rese il suo costo proibitivo. Si cercarono quindi nuovi giacimenti, e nella nostra penisola ne furono individuati di importanti a Tolfa, nel Lazio. Un'importanza sempre fondamentale aveva il **sale**, prodotto indispensabile per conservare derrate deperibili come il pesce, il burro, la carne. Le saline, sparse in tutta Europa, erano di due tipi: saline marittime, dove il minerale si produceva per evaporazione e miniere di salgemma.

Fonderie e altiforni Alla intensificata attività estrattiva corrispondeva l'espansione delle **fonderie** e degli **altiforni**. L'altoforno, inventato in Germania nel XV secolo, consisteva in un forno interamente murato in cui il minerale veniva deposto su strati di carbone di legna acceso e attizzato da giganteschi mantici, solitamente di cuoio, azionati dall'energia idraulica. In questo modo, mediante fusione, si otteneva la ghisa. Il minerale passava poi nelle fonderie, dove i magli o i martelli idraulici battevano i lingotti e le sbarre di ferro incandescente. I maggiori produttori di ferro erano la Spagna, la Germania, la Francia, la Svezia e l'Inghilterra. Per alimentare gli altiforni occorrevano enormi quantitativi di legna, e di conseguenza intere regioni europee persero i loro manti boschivi. In Inghilterra il diboscamento estesissimo portò a un uso sempre maggiore del carbon fossile.
L'accresciuta produzione di ferro consentì l'impianto e lo sviluppo di numerose industrie metallurgiche di trasformazione, a cominciare da quelle di materiale bellico. In questo settore erano molto apprezzate le fabbriche tedesche e italiane.
Dal punto di vista quantitativo la metallurgia era ancora un'attività modesta e la maggior parte delle unità produttive forniva soltanto alcune decine di tonnellate di metallo lavorato all'anno, mentre il numero degli addetti non ammontava, in tutta Europa, che ad alcune decine di migliaia. Ma la sua espansione nel corso del '500 ha una sua rilevanza qualitativa. La metallurgia aveva infatti bisogno di personale specializzato e stimolava l'acquisizione di nuove tecnologie. Cosa ancora più importante, essa richiedeva enormi investimenti di capitali, quanto nessuna altra industria. Proprio per questo alcuni storici vedono nelle industrie metallurgiche cinquecentesche i lontani albori dell'industria moderna.

Industria tessile La più grande industria dell'epoca era sempre l'**industria tessile**: cardatori, follatori, tessitori, filatrici, setai, drappieri e tintori si contavano in centinaia di migliaia e rappresentavano la manodopera industriale più numerosa e organizzata, anche se molti di loro erano soltanto contadini-operai, che dedicavano una parte della loro giornata al lavoro dei campi e la rimanente alla tessitura. Quella dei contadini-operai era infatti una manodopera a basso costo e utilizzabile in modo elastico, le cui dimensioni potevano essere ampliate o ridotte in rapporto alla domanda del mercato. Quasi sempre la lavorazione dei tessuti veniva effettuata a **domicilio**: gli imprenditori consegnavano la materia prima presso il domicilio dei lavoranti e passavano poi a ritirare il prodotto semilavorato e finito. I tessuti erano il prodotto maggiormente commercializzato – più ancora dell'alimento di base, il grano – e non c'era paese europeo che non ne producesse [👁 ATLANTE_59].

Alcune regioni erano però più specializzate e rinomate di altre. Nell'**industria laniera** primeggiava sempre l'**Italia**: Milano, Como, Bergamo, Pavia, Brescia e Firenze ne erano i centri maggiori. I due sistemi di produzione – nell'opificio o a domicilio – coesistevano, oppure si integravano.

L'altro grande centro della produzione tessile erano i **Paesi Bassi**, e particolarmente la **Fiandra.** Si trattava di una produzione di altissima qualità, che manteneva intatte le antiche tradizioni corporative. L'attaccamento a queste tradizioni e il rifiuto di ammodernarsi provocarono tuttavia seri danni alla produzione della Fiandra, duramente colpita dalla vivace concorrenza inglese [👁 13 STORIA • SOCIETÀ • CITTADINANZA]. Ma le trasformazioni, alla lunga, s'imposero e le guidarono i commercianti di Anversa: una nuova organizzazione di tipo **capitalistico** fu impiantata nelle campagne e in piccole città, dove le vecchie pastoie dei regolamenti corporativi erano assenti o meno forti. La nuova produzione, che rilanciò l'industria tessile dei Paesi Bassi, non si basava

124
M. Aymard
Le attività manifatturiere nell'Italia centro-settentrionale

ATLANTE 59_I PRINCIPALI CENTRI DELLA PRODUZIONE TESSILE NELL'EUROPA DEL '500

Nel XVI secolo l'industria tessile conobbe una fase di ulteriore espansione. Nuove manifatture infatti si svilupparono nella Penisola iberica (Toledo, Segovia), in Francia e in Germania, in conseguenza dell'incremento della domanda di tessuti. Il primato nella produzione tessile era ancora detenuto dai Paesi Bassi meridionali e dall'Italia centro-settentrionale.

- panno, lana
- tela, fustagno
- seta
- lino

più su tessuti di alta qualità e quindi costosi, ma su tessuti leggeri e a buon mercato, destinati a un pubblico molto vasto. L'integrazione politica dei Paesi Bassi alla Spagna consentiva inoltre un **ciclo produttivo integrato** su lunga distanza: la lana prodotta dagli allevatori iberici veniva convogliata a Burgos, poi trasferita sul mare e inviata nei Paesi Bassi, dove veniva lavorata ed esportata come prodotto finito.

L'Italia era all'avanguardia anche nella produzione della **seta**. Il Regno di Napoli produceva grandi quantità di seta grezza che in parte veniva lavorata sul posto, in parte esportata verso altri centri. Le più importanti seterie si trovavano a Genova, Firenze, Venezia, Milano, Como, Lucca, dove si producevano tessuti raffinatissimi richiesti in tutta Europa. La produzione di seta era notevole anche in Spagna, dove eccellevano gli artigiani ***moriscos*** **[👁 7.6]** e in Francia, dove la seteria conobbe nel '500 una diffusione rapidissima. La Germania si specializzò invece nei tessuti di **fustagno**, che sostituirono quelli di lana, divenuti troppo costosi.

GUIDA ALLO STUDIO

❶ Quali conseguenze ebbe l'aumento dell'uso del carbone? ❷ Dove erano situate le miniere più importanti in Europa? ❸ Come funzionava un altoforno? ❹ Quali erano i settori industriali trainanti? ❺ Come si trasformò l'industria laniera nelle Fiandre?

5 Il commercio internazionale e l'economia-mondo

Mercanti, banchieri, industriali

L'aumento dei prezzi danneggiò i salariati e tutte le categorie a reddito fisso **[👁 13.3]**, ma arricchì le categorie che operavano dinamicamente nel tessuto economico. Solo esse, infatti, erano in grado di muoversi nel meccanismo complesso dei mercati traendone grandi vantaggi.

È questa l'epoca in cui si affermano i banchieri-mercanti-industriali, che uniscono le speculazioni finanziarie alle attività commerciali e industriali. In prima fila sono i banchieri tedeschi **Welser**, **Höchstaetter** e soprattutto **Fugger**. La grande ascesa dei Fugger si deve a **Jakob** detto ***il Ricco***, che finanziò principi e sovrani in cambio della concessione di monopoli **[👁 13.5 PERSONAGGI]**. Ottenne così dal principe del Tirolo i diritti di sfruttamento di importanti miniere d'argento e con lo stesso sistema impose il proprio controllo sulle miniere di rame dell'Ungheria e della Slovacchia. Con la vendita di questi minerali i Fugger costruirono una fortuna senza pari, basata su molteplici attività: gestivano il trasferimento del denaro inviato dagli ecclesiastici transalpini alla Curia romana, finanziavano il commercio portoghese delle spezie, fabbricavano fustagno. In un'epoca in cui un patrimonio di alcune centinaia di migliaia di fiorini era considerato enorme, i Fugger potevano contare (secondo un dato del 1547) su una fortuna di ben 7 milioni di fiorini.

La potenza economica e politica dei Fugger (in quanto finanziatori di principi e sovrani) non aveva pari, ma la loro esperienza non era isolata **[👁 ATLANTE_60]**. Si nota infatti in quest'epoca una più accentuata tendenza all'investimento di grandi capitali in attività produttive (abbiamo già visto il caso degli investimenti in campo agricolo, minerario e industriale) e alla loro circolazione internazionale. Il carattere fondamentale dell'economia dell'epoca resta l'agricoltura, mentre la grande attività finanziaria, commerciale e industriale coinvolge solo una parte minima della popolazione: ma questa tendenza è comunque un importante segno di novità.

I governi e i traffici internazionali

Un'altra caratteristica del periodo è il coinvolgimento dei governi nei grandi traffici internazionali. I regni maggiormente impegnati nella conquista coloniale organizzarono uno stretto con-

trollo sul commercio oceanico. In Spagna lo strumento di questo controllo fu la ***Casa de la Contratación***, creata nel 1503, che deteneva il monopolio commerciale con le Americhe in cambio della cessione di un quinto degli utili alla corona. La Casa percepiva inoltre i diritti doganali, rilasciava licenze d'imbarco per le Indie e fungeva da tribunale per le vertenze commerciali. Essa favorì anche lo sviluppo delle conoscenze e delle tecniche relative alla navigazione: istituì una scuola per piloti e una scuola di cartografia (vi lavorò, tra gli altri, Amerigo Vespucci), fondò cattedre di cosmografia, arte nautica e idrografia, creò laboratori per la fabbricazione di strumenti nautici. La sua sede era a **Siviglia**, la città andalusa sulla foce del Guadalquivir prescelta come base obbligatoria dei collegamenti e degli scambi con le Indie.
La corona portoghese scelse invece la via del controllo diretto dei traffici coloniali, che

120
C.M. Cipolla
Conseguenze delle esplorazioni transoceaniche

122 DOC
Filippo Sassetti
Il commercio oceanico portoghese

ATLANTE 60_LA COMPAGNIA DEI FUGGER NELL'EUROPA DEL '500

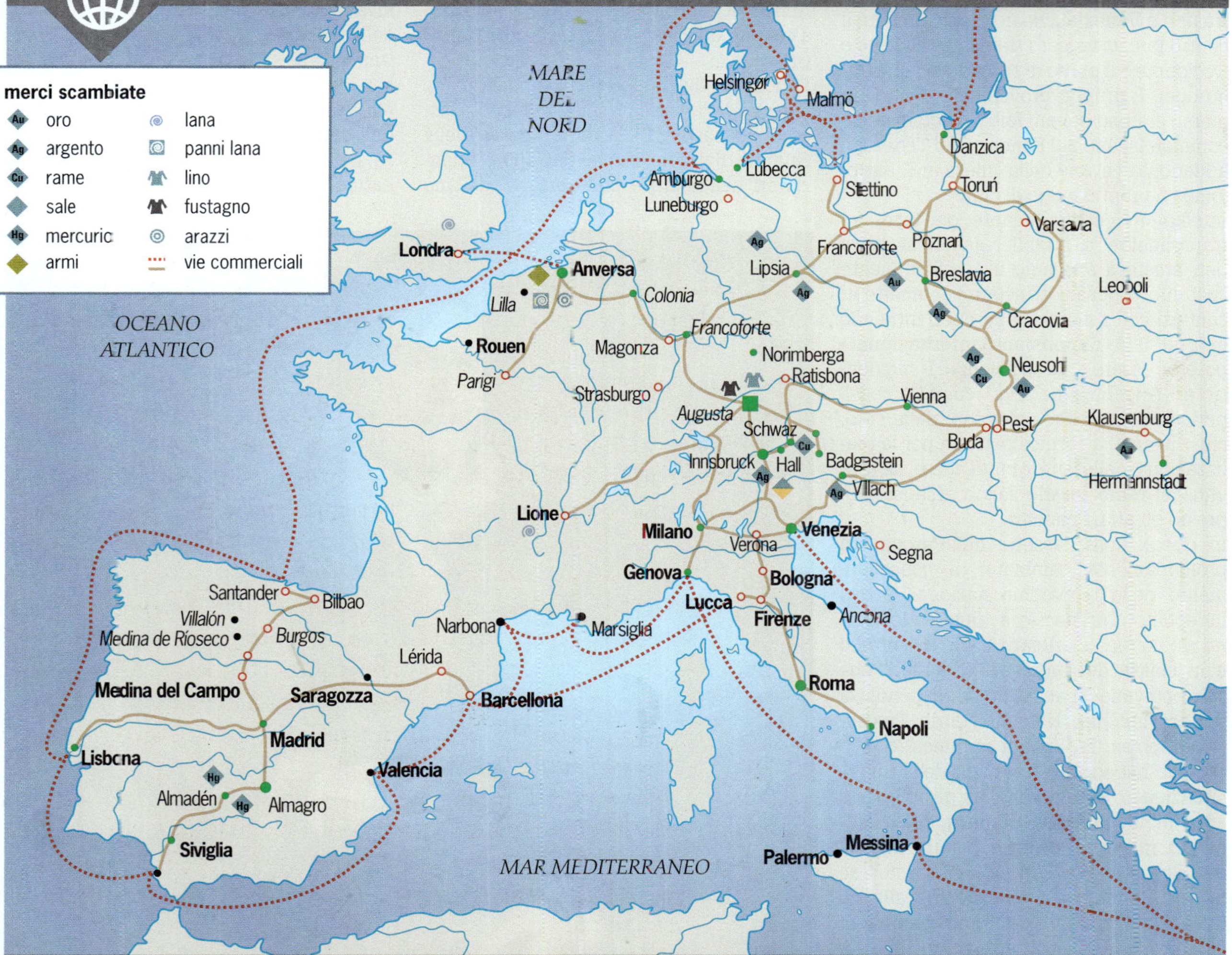

La cartina registra la rete di agenzie e filiali autonome della compagnia bancaria dei Fugger in Europa. Sono inoltre indicate le principali attività commerciali e industriali in cui i Fugger erano impegnati.

■ sede centrale
●● filiale principale e secondaria
○ agenzia

piazze di cambio
Messina principali
Villalón secondarie

PERSONAGGI

Jakob Fugger

È stato uno degli uomini più ricchi di tutti i tempi e ha manovrato i destini di papi e imperatori, eppure era destinato alla carriera ecclesiastica. **Jakob Fugger** (1459-1525), ottavo dei dieci figli di un ricco mercante tedesco di tessuti, aveva preso gli ordini minori in un monastero francescano quando le tragiche morti del padre e dei fratelli maggiori nel giro di pochi anni lo costrinsero a lasciare il convento per aiutare la madre e altri due fratelli nella gestione dell'azienda di famiglia, ad Augsburg, in Baviera. Aveva vent'anni e il mondo del commercio gli era estraneo. Si trasferì a **Venezia**, che in quegli anni era il centro più attivo per i traffici tra Oriente e Occidente e il punto di ritrovo dei mercanti europei. Il gruppo proveniente dalla Germania era uno dei più folti: alloggiavano e commerciavano nel Fondaco dei Tedeschi, a Rialto, e avevano nella chiesa di S. Bartolomeo il proprio luogo di culto.

Intelligente, colto, amante dell'arte, intraprendente e affabile, Jakob si trovò ben presto a suo agio in quell'ambiente così nuovo per lui e instaurò promettenti contatti con i mercanti europei, intuendo quanto una **dimensione internazionale** potesse essere utile all'azienda. Il suo rientro ad Augsburg nel 1481 coincise con il periodo di massimo splendore della città, che divenne la cornice perfetta per la realizzazione delle sue grandi idee: all'attività nel **ramo tessile** Jakob affiancò ben presto gli **affari bancari**.

In quegli anni l'assetto dell'Europa era profondamente cambiato: il consolidamento delle monarchie nazionali aveva indebolito l'aristocrazia favorendo una nuova forma di **alleanza tra il sovrano e la classe dei mercanti-banchieri**, che soli potevano finanziarne la dispendiosa politica militare. Nata nel tardo Trecento, l'impresa dei Fugger si dimostrò molto abile nel cogliere i segnali della nuova situazione e si trasformò nel giro di pochi anni in un'immensa potenza capitalistica. La grande occasione per un audace decollo arrivò a Jakob nel 1487, e non se la lasciò sfuggire: prestò denaro all'arciduca Sigismondo d'Asburgo ottenendo in cambio il diritto allo sfruttamento delle miniere d'argento tirolesi. Fu l'inizio di una fortuna straordinaria: in pochi anni riuscì a dominare il **mercato metallurgico europeo**, conquistando il monopolio del rame d'Ungheria e del mercurio di Spagna.

Ma non bastava ancora: la sua intraprendenza si impose sulla scena europea quando iniziò a **finanziare i papi** Giulio II, Leone X e Clemente VII **e gli imperatori d'Asburgo** Massimiliano I e Carlo V. Due episodi suscitarono eccezionale scalpore, attestando definitivamente il suo potere in Europa: la partecipazione nel 1517 alla cosiddetta *vendita delle indulgenze*, la pietra dello scandalo che suscitò lo sdegno di Martin Lutero dando l'avvio alla Riforma protestante [👁 14], e l'ingente prestito che consentì a Carlo di comprare i voti dei principi elettori tedeschi conquistando il trono del Sacro romano Impero nel 1519, a scapito del rivale Francesco I di Francia [👁 15].

Banchieri dell'imperatore e del papa, gestori della zecca romana fino al Sacco di Roma del 1527, organizzatori della Guardia Svizzera attiva dal 1506, finanziatori dell'impresa che portò Magellano a circumnavigare il globo terrestre nel 1519-22, Jakob e la sua impresa familiare sembravano occupare capillarmente tutta l'Europa: le filiali Fugger erano diffuse dalla Scandinavia a Napoli e dalla Russia al Portogallo, estendendosi poi, tramite Lisbona, fino alle Molucche e al Brasile. Innumerevoli erano i beni materiali smerciati, di prima necessità e di lusso: da Svezia e Russia importavano fustagno, rame e ottone; a Venezia acquistavano tessuti ricercati, gioielli, cristalli e spezie orientali vendendo a loro volta oro, argento e rame; dalle miniere della Polonia e della Carinzia estraevano il piombo; si procuravano sete e drappi di pregio a Milano, Bologna, Lucca e Firenze, mentre a Genova si rifornivano di preziosa argenteria proveniente dalla Spagna.

Una fortuna senza precedenti, che rese Jakob l'uomo più ricco del mondo.

Ma basta guardare oltre l'immagine irrigidita del genio degli affari e dell'alta finanza per scoprire uno spessore di diversa natura. Jakob Fugger, soprattutto, era un

Dosso Dossi
Ritratto di Jakob Fugger
1538
[Szépmûvészeti Múzeum, Budapest]

fervente cattolico. Prima di firmare qualsiasi contratto passava qualche minuto in raccoglimento davanti al Crocifisso e i suoi libri di contabilità e le cambiali riportavano la scritta *Deo gratias*. In quegli anni di esplosione dei commerci e di rapidi arricchimenti molti riflettevano sui modi in cui il benessere materiale si potesse inserire in una visione cristiana della vita dell'uomo. Fugger appoggiò le controverse teorie esposte dal teologo Johannes Eck (che di lì a poco diverrà il principale oppositore di Lutero), il quale sosteneva che i profitti tratti dal capitale investito potessero legittimamente per un cristiano, superare il 5%. Nel 1515 Fugger lo inviò presso l'Università di Bologna, la più alta autorità nel diritto canonico, per sottoporre la questione ai professori. Dopo una lunga discussione, la teoria di Eck sui profitti fu da loro approvata, rasserenando Fugger.

Al rispetto dell'autorità Jakob univa la pratica della **carità**. Nel 1511 stabilì di riservare 30.000 fiorini ai bisogni degli indigenti e nel 1514 pose le basi di un nuovo, grandioso progetto: la ***Fuggerei*** di Augsburg, il **primo esempio di edilizia popolare europea**. Composto da 53 graziose casette distribuite in modo simmetrico e ordinato secondo le nuove teorie dell'urbanistica cinquecentesca, il quartiere si presentava al visitatore con questa scritta incisa in una lastra di marmo su una porta che reca lo scudo della famiglia: «Nel 1519 i fratelli carnali Ulrich, Georg e Jakob Fugger di Augsburg, essendo nati per il benessere comune e dovendo i loro grandissimi beni di fortuna prima di tutto all'Altissimo e Clemente Signore a cui devono renderli, per pietà e particolare liberalità, ché debba servire d'esempio, hanno dato, regalato e consacrato questa fondazione ai loro concittadini poveri, ma probi». Le abitazioni erano riservate agli indigenti cattolici e privi di debiti, che pagavano soltanto un fiorino all'anno, impegnandosi a recitare ogni giorno tre preghiere per i donatori. E ancora oggi la *Fuggerei* è abitata da 150 persone, che versano 88 centesimi di affitto annuo e pregano tre volte al giorno per Jakob e i suoi fratelli.

Al successo nella vita pubblica non corrispose una vita privata altrettanto felice. A 39 anni aveva sposato l'aristocratica diciottenne Sybille Artzt, ma non fu un matrimonio riuscito: i suoi affari lo portavano lontano troppo spesso. Ricopriva la moglie di doni preziosi, come i costosissimi gioielli del tesoro di Borgogna, illudendosi forse di alleviarne la solitudine, aggravata dalla mancanza di figli. Trent'anni di matrimonio non servirono a unirli: a due mesi appena dalla sua morte Sybille si risposò. Ironia della sorte, con un protestante. E si convertì.

L'immensa fortuna ereditata dal nipote Anton portava in sé il germe della sua fragilità: il legame di stretta dipendenza con il destino degli Asburgo esponeva i Fugger al rischio della catastrofe in caso di dissesto finanziario dello Stato. Già nel 1550 Anton, presentendo il pericolo, avrebbe voluto liquidare la società ma i debiti contratti dall'imperatore erano troppo alti per poter essere rimborsati. La situazione si trascinò fino alla prima e alla seconda bancarotta della Spagna, nel 1557 e nel 1575, per insolvenza. Tutti i debiti contratti da Carlo V e da suo figlio Filippo II furono azzerati. Con la terza, nel 1607, la fortuna dei Fugger ricevette il colpo decisivo. Nel 1630 rimaneva soltanto la proprietà fondiaria, oppressa dai debiti.

Era la fine del grande impero di Jakob, dell'uomo che, come scrisse un contemporaneo, «il papa ha salutato e abbracciato come figlio carissimo».

Un'immagine contemporanea del quartiere Fuggerei di Augsburg in Germania
[foto di Heinz-Josef Lücking]

123 DOC
Federico Badoero
I Paesi Bassi: centro dell'economia-mondo cinquecentesca

avevano il loro fulcro a **Lisbona**, capitale mondiale del pepe e delle spezie. Gli incaricati di tre istituzioni, la ***Casa de India***, la ***Casa de Guinea*** e la ***Casa da Mina***, riscuotevano i diritti doganali, finanziavano a nome del re i contratti con i commercianti e gli esploratori, armavano le flotte, controllavano il carico e lo scarico delle merci, tenevano il registro degli equipaggi e dei passeggeri imbarcati. A Lisbona, come a Siviglia, fiorirono le attività scientifiche e di ricerca tecnologica connesse alla navigazione. Grazie a questo controllo diretto sul grande commercio (che fu mantenuto fino al 1570), il re portoghese si trovò a essere il maggiore «capitalista» del suo impero.

Anversa Siviglia e Lisbona rappresentano due città che dovettero la loro fortuna a una scelta governativa. In altre circostanze il successo di una città fu dovuto a motivi più complessi. Fu questo il caso del maggior centro finanziario e commerciale d'Europa, **Anversa**. Favorita dalla sua posizione geografica alla foce della Schelda e dall'unione politica dei Paesi Bassi con la Spagna, questa città divenne il crocevia della finanza internazionale. Qui avevano le loro agenzie non solo i Welser e i Fugger, ma anche banchieri italiani come gli Affaitadi di Cremona e i Bonvisi di Lucca; qui avevano la loro sede gli agenti della corona del Portogallo e di quella d'Inghilterra e le grandi compagnie spagnole. Attivissimi erano anche i commercianti locali, che erano presenti dappertutto – dalla Svezia alle coste del Brasile, dove possedevano piantagioni di zucchero. Lo sviluppo di Anversa fu rapido e fra il 1505 e il 1545 i proventi della sua dogana raddoppiarono: Anversa smistava le spezie portoghesi, i vini spagnoli e francesi, lo zucchero americano, i drappi inglesi, il legno svedese, l'allume italiano e così via.

Le Borse Un altro segno della più forte dimensione internazionale degli scambi è la diffusione delle Borse. La Borsa era il luogo d'incon-

Place de Meir ad Anversa nel giorno del mercato
inizi XVII sec.
[Musée royaux des Beaux-Arts de Belgique, Bruxelles]
Grazie alla sua felice posizione geografica – sulla foce della Schelda, nel Mare del Nord – Anversa divenne uno dei centri nevralgici degli scambi commerciali e finanziari tra le potenze europee.

tro fisso di banchieri, mercanti, agenti di cambio e altri individui coinvolti a vario titolo nel mondo degli affari, dove si trattavano insieme operazioni sulle merci, cambi, partecipazioni, assicurazioni marittime, ecc. Secondo un'ipotesi non accettata da tutti, il nome deriverebbe dall'Hôtel des Bourses della città di Bruges, così chiamato dal nome della nobile famiglia van der Bourse, presso il quale si tenevano stabilmente riunioni di affari. Nel '500 le Borse si diffusero praticamente in tutte le città in cui i traffici prosperavano, ma la loro origine risale probabilmente all'Italia di qualche secolo prima: «Borse» esistevano infatti nel XIV secolo a Pisa, Venezia, Firenze e Genova, mentre è documentato che a Lucca, addirittura dall'inizio del XII secolo, cambiavalute, mercanti e notai si riunivano in un luogo determinato.

▶ 125
I. Wallerstein
Il sistema mondiale dell'economia moderna

L'economia-mondo La dimensione internazionale degli scambi economici e commerciali del XVI secolo ha indotto lo storico dell'economia Immanuel Wallerstein ad applicare all'economia europea di questo periodo il concetto di **economia-mondo**. Il concetto indica l'insieme di aree geografiche, ognuna caratterizzata da diversi modi di produzione e di organizzazione del lavoro, collegate da relazioni commerciali. In questa divisione spaziale del lavoro esistono un **centro** (una città, una regione) e delle **periferie** (altre aree e città) collegate in forma subordinata. L'economia-mondo non va tuttavia confusa con l'economia mondiale: mentre quest'ultima comprende l'economia del mondo globalmente inteso, l'economia-mondo consiste nell'economia di una parte del mondo. Secondo Wallerstein, quindi, nella prima età moderna, in conseguenza delle scoperte geografiche, delle conquiste e dell'espansione oceanica dei traffici commerciali europei prese forma un'economia-mondo avente come centro l'Europa – mediterranea prima, atlantica poi – e come periferie le regioni dell'America e dell'Asia sottoposte al dominio europeo.

Il Mediterraneo e le rotte oceaniche La scoperta delle rotte oceaniche per le Indie, nel XV secolo, ebbe come conseguenza il **declino della centralità economica del Mediterraneo**. Fu questo, tuttavia, un processo lento e graduale. Nonostante la rotta aperta dai portoghesi nell'Oceano India-

Quentin Metsys
Il cambiavalute e sua moglie
1514
[Musée du Louvre, Parigi]

Nel '500 si intensificano le attività bancarie e commerciali. I grandi mercanti assumono sempre più lo stile di vita dei signori nell'abbigliamento come nei comportamenti, cercando di consolidare il proprio prestigio sociale. In questo dipinto il cambiavalute e sua moglie sono ritratti intenti alle proprie attività quotidiane. La coppia di coniugi può essere considerata espressione della ricca società olandese, in cui anche la vita sociale era regolata da relazioni d'affari e il matrimonio era gestito su basi contrattuali. Si noti che tra marito e moglie vi è un rapporto pressoché paritetico: la moglie rappresentava l'importanza della morale e della religione nella vita familiare. Non è casuale, infatti, che sia stata ritratta nell'atto di distogliere lo sguardo da un libro di preghiere per dare consiglio al marito.

no avesse rivoluzionato il commercio delle spezie tra Oriente e Occidente [👁 12.1], almeno fino alla metà del '500 il ***Mare Nostrum*** mantenne inalterato il suo primato nel campo dei commerci a lungo raggio. Gli scambi commerciali mondiali imperniati sulle rotte oceaniche, infatti, si svilupparono piuttosto lentamente. Ancora nella seconda metà del '500, il commercio mediterraneo e quello atlantico versavano in una situazione di sostanziale **equilibrio**, sia perché i portoghesi non erano riusciti a monopolizzare il commercio delle spezie nell'Oceano Indiano, a causa dell'ostilità dei mercanti arabi, sia perché Anversa e gli altri poli del commercio oceanico – Sivi-

STORIA • SOCIETÀ • CITTADINANZA

La concorrenza economica internazionale

La «concorrenza» (dal latino *cum currere*, letteralmente «correre insieme») è un elemento fondamentale dei sistemi economici contemporanei. In termini molto generali, si ha concorrenza quando all'interno dello stesso mercato, nazionale o internazionale, sono presenti più imprese che producono liberamente lo stesso bene e i consumatori possono scegliere altrettanto liberamente i beni che ritengono più convenienti. Il tipo di concorrenza dipende dalle **dimensioni del mercato**. Nel caso della concorrenza internazionale, il mercato è tendenzialmente mondiale e riguarda in linea di massima tutti i produttori e tutti i consumatori che sono interessati a un dato bene. In una situazione di concorrenza internazionale i beni disponibili possono provenire da ogni parte del globo, purché il loro acquisto risulti conveniente per i consumatori.

La circolazione dei prodotti – sia agricoli sia manifatturieri – aveva, già nell'Antichità e nel Medioevo, una dimensione mediterranea ed europea. Con la scoperta del Nuovo Mondo, i traffici su lunga distanza cominciarono a coinvolgere terre immense, prima sconosciute, e le navi mercantili ad attraversare i grandi oceani del pianeta. Mentre però in passato (tra XVII e XIX secolo) gli Stati, per favorire i produttori locali, potevano difendersi dalla concorrenza estera ricorrendo al **protezionismo** (con l'imposizione di dazi alle frontiere o proibendo l'ingresso nei loro territori di beni prodotti altrove), con la diffusione del **capitalismo** (dalla seconda metà del XIX secolo) questa politica economica cominciò a rivelare i suoi limiti. Gli Stati che subivano queste limitazioni, infatti, reagivano allo stesso modo, e ciò si traduceva in uno svantaggio sia per le imprese che avevano interesse a esportare, sia per i cittadini, che vedevano l'offerta limitata solo ai prodotti nazionali. Tuttavia, in alcuni casi, gli Stati potevano stipulare accordi internazionali che prevedevano lo scambio di determinati beni.

Dopo la seconda guerra mondiale si ebbe infine una vera e propria rivalutazione della concorrenza nel mondo occidentale. Con l'affermarsi del principio della libertà economica, l'Europa e gli Stati Uniti eliminarono progressivamente i dazi alle frontiere e inaugurarono una nuova fase dell'economia mondiale incentrata sulla **competizione internazionale** e la **libera concorrenza**.

Nella seconda metà del '900, in Europa, da una politica di difesa si passò ad una politica di cooperazione. Nel 1957 il Trattato di Roma sancì la nascita della **Comunità economica europea** (Cee) e di un **mercato comune** basato sulla libera circolazione di persone, beni, servizi e capitali tra i sei paesi firmatari (Belgio, Francia, Germania, Italia, Lussemburgo e Paesi Bassi). La concorrenza internazionale divenne così allo stesso tempo un obiettivo da raggiungere e un principio da tutelare. Infatti, il primo articolo della cosiddetta «Costituzione economica europea» prevedeva, tra i compiti della Cee, quello di «promuovere, mediante l'instaurazione di un mercato comune [...], uno sviluppo armonioso delle attività economiche nell'insieme della Comunità, un'espansione continua ed equilibrata» e «la creazione di un regime inteso a garantire che la concorrenza non sia falsata nel mercato comune» (art. 3). Cooperazione tra gli Stati, apertura dei mercati, libera circolazione delle merci e concorrenza furono così tra i princìpi ispiratori della nascente Comunità economica europea che nel corso degli anni, e soprattutto dopo la grave crisi economica verificatasi in Occidente negli anni '70 del '900, si allargò progressivamente e perfezionò gli aspetti organizzativi con il Trattato di Maastricht (1992) e il Trattato di Nizza (2001).

Una spinta importante verso l'allargamento dei mercati si è avuta in tempi molto recenti (dalla fine degli anni '80 dello scorso secolo) con la cosiddetta **globalizzazione**, un fenomeno complesso e ancora in atto, reso possibile dalle nuove tecnologie della comunicazione (come internet, abbreviazione delle parole inglesi *interconnected networks*, letteralmente «reti interconnesse») e dal conseguente aumento a livello mondiale degli scambi di informazioni (rivoluzione telematica). L'aumento della comunicazione su scala mondiale ha reso possibile in breve tempo la nascita di una cultura comune, globale, cioè condivisa da moltissime persone in tutto il mondo, determinando, dal punto di vista economico, una crescente **uniformità dei consumi**.

Nella cultura globale le relazioni sociali e culturali si intrecciano strettamente, mentre gli stili di vita, i modi di pensare tendono a uniformarsi: si consumano le stesse cose, si mangiano cibi molto simili, si vestono gli stessi abiti, si guidano le stesse auto. I mercati si ingrandiscono notevolmente rispetto al passato grazie all'aumento della richiesta dei beni più diffusi. Di conseguenza, dal punto di vista economico, il termine «globalizzazione» fa riferimento a un mercato mondiale fortemente concorrenziale.

Nel mercato globale la concorrenza è maggiore rispetto a un mercato locale o comunque più ristretto. Se infatti in una piccola economia le aziende concorrenti sono poche e vicine tra loro, in un mercato mondiale la singola azienda può potenzialmente trovare concorrenti in tutto il mondo. Inoltre, dato che il costo delle materie prime e gli stipendi dei lavoratori non sono ovunque uguali, un bene prodotto in un dato luogo potrà costare molto meno dello stesso bene prodotto altrove e risultare più conveniente per il consumatore.

In un mercato mondiale non tutte le imprese riescono a sopportare la concorrenza, e sopravvivere può essere anzi molto difficile. Le aziende che hanno maggiori possibilità di successo sono i grandi **grup-**

glia e Lisbona – erano comunque in collegamento con i porti mediterranei di Venezia e Genova. Nel XVI secolo, quindi, i traffici mediterranei somigliavano ancora molto, in quantità e qualità, a quelli di un secolo prima. Soltanto a partire dai primi decenni del '600, quando i mercanti olandesi e inglesi conquisteranno l'egemonia nei traffici marittimi, l'importanza del Mediterraneo nello scacchiere mondiale degli scambi sarà ridimensionata in modo irreversibile.

GUIDA ALLO STUDIO

❶ In che cosa consisteva l'attività dei Fugger? ❷ In che modo gli Stati spagnolo e portoghese controllavano l'economia nazionale? ❸ Spiega l'importanza della città di Anversa nel XVI secolo. ❹ Che cosa accadeva nelle Borse del '500? ❺ Che cosa è una economia-mondo? ❻ Quali erano le nuove rotte e centri dell'economia mondiale? ❼ Quando entrò in crisi il commercio nel Mediterraneo?

pi multinazionali, imprese che spostano la produzione dove le condizioni sono più favorevoli e vendono le proprie merci in tutto il mondo. Al giorno d'oggi le distanze non rappresentano un grande problema e il più delle volte le migliori condizioni di produzione si trovano nei paesi poveri, dove il costo della manodopera è molto basso (spesso pochi euro al giorno) e i vantaggi per le imprese possono essere quindi enormi. Questo sistema di produzione solleva seri problemi dal punto di vista etico, perché spesso le più favorevoli condizioni per la produzione si realizzano a scapito dei diritti dei lavoratori, che vengono sfruttati, costretti a turni di lavoro lunghissimi e non sono adeguatamente remunerati. Strettamente correlato a questo è anche il fenomeno dello sfruttamento minorile, legato alla delocalizzazione del lavoro, da parte delle multinazionali, nei paesi del Terzo Mondo.

L'esistenza di grandi imprese multinazionali rischia però anche di compromettere la libertà stessa dei mercati e di vanificare il principio della libera concorrenza. Perché ci sia una reale concorrenza, le varie aziende che operano in un dato settore non possono detenere una parte eccessiva del mercato relativo (non possono cioè essere troppo grandi). Quando ciò accade, il mercato non è più libero ma dominato da una sola impresa (**monopolio**) o da poche (**oligopolio**), che impongono la propria politica economica ai piccoli produttori e ai consumatori. Questi ultimi non sono più liberi di scegliere in base a ciò che ritengono essere più conveniente, devono invece consumare ciò che la grande azienda produce a un prezzo non di mercato, ma imposto dall'azienda stessa. Per contrastare questi fenomeni nel 1890 gli Stati Uniti promulgarono la prima **legge antitrust** (il *trust* è la fusione di più imprese che producono lo stesso bene con il fine di controllare una parte maggiore del mercato) successivamente adottata dalla nascente Comunità economica europea nel 1957.

L'Antitrust (l'Autorità garante della concorrenza e del mercato) è stata istituita anche in Italia nel 1990, nonostante la nostra Costituzione non facesse alcun riferimento alla concorrenza. Fino al 2001, anzi, il termine stesso era assente dalla Costituzione, e solo con la modifica dell'art. 117 la tutela della concorrenza è stata menzionata tra le materie su cui lo Stato ha legislazione esclusiva.

Donna della Namibia che fa la spesa
[Hegenbart Stern/Studio X]
Nemmeno i paesi del Terzo Mondo, dove persistono paurose sacche di povertà, sono stati risparmiati dall'invasione dei supermercati, simbolo della civiltà dei consumi. I modelli di sviluppo creati nei paesi dell'Occidente industrializzato hanno una presa e un'efficacia che vanno ben al di là della originaria area di riferimento.

SINTESI

1 La crescita demografica

Il '500 fu un secolo di grandi trasformazioni nella storia europea. Si verificò un notevole aumento della popolazione, che tra l'altro, unendosi a una forte emigrazione dalle campagne, portò a un assai rilevante incremento degli abitanti delle città. La durata della vita restava però a livelli bassissimi – di conseguenza la società europea aveva un'alta percentuale di giovani e bambini.

2 Il costo della vita e la produzione agricola

La crescita della popolazione fu causa di un rilevante aumento dei prezzi dei generi di prima necessità (chiamato dagli storici «rivoluzione dei prezzi»); tale aumento stimolò a sua volta quello della produzione agricola, soprattutto con la messa a coltura di nuove terre – da ricordare in particolare, per l'Italia, le numerose bonifiche e i progressi nell'irrigazione. L'accresciuta richiesta di generi alimentari determinò un aumento dei profitti e degli investimenti in agricoltura.

3 Salari e profitti

Un'altra conseguenza dell'aumento della popolazione fu la diminuzione del potere d'acquisto dei lavoratori – giacché i prezzi aumentarono più dei salari; questa fu la causa principale del peggioramento dei consumi alimentari. Inoltre l'aumento dei prezzi mise in difficoltà i percettori di rendite fondiarie, spingendoli ad amministrare direttamente le loro terre o ad aumentare i fitti.

4 Le miniere e le industrie

Nel corso del '500 l'accresciuta richiesta di carbone – utilizzato per lo più nel riscaldamento domestico – provocò il perfezionamento delle tecniche estrattive.
A un generale incremento dell'attività estrattiva corrispose l'espansione delle fonderie e degli altiforni; l'accresciuta produzione di ferro consentì lo sviluppo delle industrie metallurgiche di trasformazione.
L'industria tessile, che era sviluppata soprattutto in Italia e in Fiandra, era la maggiore dell'epoca e quella che contava la manodopera più numerosa – impiegata negli opifici o nel lavoro a domicilio.

5 Il commercio internazionale e l'economia-mondo

Se da un lato l'aumento dei prezzi danneggiò le categorie a reddito fisso, dall'altro favorì l'affermazione dei banchieri-mercanti-industriali (anzitutto tedeschi). Essi ebbero una parte importante nel processo di internazionalizzazione degli scambi che caratterizzò il '500. La diffusione delle Borse testimonia in modo evidente questa accentuata dimensione internazionale delle attività commerciali e finanziarie, il cui maggior centro fu Anversa. Gli stessi governi spagnolo e portoghese, impegnati nella conquista coloniale, furono più o meno direttamente coinvolti nello sviluppo del commercio oceanico. Nell'Europa del '500 prese forma l'economia-mondo, ossia un'economia integrata e basata sulla divisione del lavoro e delle aree produttive.
Le scoperte geografiche del XV secolo determinarono un lento e graduale declino della centralità economica del Mediterraneo. Tuttavia, ancora per tutto il '500 i traffici mediterranei rimasero tali e quali ai secoli precedenti. L'importanza economica del Mediterraneo si ridimensionerà in modo irreversibile soltanto a partire dai primi decenni del '600.

SVILUPPARE LE COMPETENZE

❶ Di seguito sono elencate cause e conseguenze della crescita demografica verificatasi nel '500. Suddividile in due gruppi facendo una crocetta su CA se pensi si tratti di una causa oppure su CO se ritieni sia una conseguenza, e poi usa gli elementi raccolti come spunto per scrivere un testo di 15 righe dal titolo: *Fattori ed effetti della crescita demografica*

a. Aumento dei prezzi soprattutto dei generi di prima necessità
CA CO

b. Riduzione del tasso di mortalità
CA CO

c. Aumento della popolazione urbana
CA CO

d. Aumento del tasso di natalità
CA CO

e. Abbassamento dell'età al matrimonio
CA CO

f. Diminuzione del potere d'acquisto dei consumatori
CA CO

❷ Spiega, in un testo di 10 righe, quali furono le conseguenze dell'aumento dei prezzi. Organizza il testo in tre parti dedicate rispettivamente alla riconversione delle colture, all'estensione degli spazi coltivati e all'aumento dei profitti e degli investimenti agricoli.

❸ Stabilisci se le seguenti affermazioni siano vere o false, motivando in un testo scritto lungo da 3 a 5 righe la tua risposta:

a. I salari dei lavoratori europei aumentarono in maniera considerevole. **V F**

b. La qualità dei consumi alimentari migliorò poiché era aumentato il potere d'acquisto dei lavoratori. **V F**

c. Tra i motivi che portarono ad una diminuzione del consumo di carne ci fu la conquista turca dell'Ungheria. **V F**

d. I proprietari terrieri che avevano dato la terra in gestione subirono, senza opporsi, grandi perdite. **V F**

e. I piccoli coltivatori ebbero la forza di opporsi alla pressione esercitata dai grandi proprietari terrieri riuscendo, così, ad arricchirsi. **V F**

❹ Approfondisci, in testi di 5 righe ciascuno, i seguenti argomenti:

a. L'intensificazione dello sfruttamento ed estrazione del carbone
b. L'aumento della produzione di ferro
c. L'organizzazione del lavoro nell'industria tessile
d. Le differenze tra l'organizzazione portoghese e quella spagnola del commercio oceanico
e. La diffusione delle Borse

FARE STORIA 3

L'espansione turca

Il XV secolo fu un periodo di grandi e straordinarie trasformazioni negli equilibri mondiali: antichissime civiltà caddero, nuovi imperi sorsero, popolazioni che non si erano mai conosciute entrarono in contatto. Insieme con gli spazi culturali, si dilatarono quelli geografici: le civiltà si incontrarono e si scontrarono. La comparsa sullo scenario politico mediorientale dell'Impero ottomano pose fine al predominio commerciale delle città marinare italiane nel Mediterraneo. A partire dal XIV secolo, i turchi ottomani cominciarono a premere sia lungo i confini dell'Europa orientale, minacciando l'impero germanico, sia nel Mediterraneo, dove si scontrarono a più riprese con Venezia e con la Spagna. Essi, inoltre, assalivano i convogli cristiani ed effettuavano incursioni e razzie lungo le coste.
In questo contesto si verificò uno dei più gravi drammi della storia della Cristianità: nel 1453 i turchi, anche grazie all'uso di una moderna artiglieria, conquistarono Costantinopoli e la islamizzarono, provocando la caduta dell'Impero bizantino e la rottura dell'unità del Mediterraneo. Nei racconti dei testimoni oculari e nelle cronache contemporanee rivive, con accenti diversi a seconda delle opposte prospettive, la portata storica di quell'evento, come dimostrano il brano di **Jacopo Tedaldi** [106DOC] e una ***Cronaca*** turca coeva [107DOC]. Il crollo del secolare Impero bizantino (erede diretto di quello romano) per mano degli "infedeli" – come venivano considerati in Occidente i turchi, che erano musulmani – destò un'enorme impressione nella Cristianità, suscitando un diffuso senso di colpa: di fronte alla catastrofe annunciata, i paesi cattolici erano, infatti, rimasti inerti, abbandonando i cristiani bizantini al loro destino. La caduta di Costantinopoli ebbe anche una forte eco in Italia, dove il grande umanista **Enea Silvio Piccolomini** [108DOC] condannò l'inerzia dei sovrani cristiani e auspicò una rivincita. Si trattava, tuttavia, di una mera illusione.
Da parte ottomana, la conquista di Costantinopoli rese necessarie – oltre alla ricostruzione della città, distrutta dopo decenni di conflitti – una riorganizzazione politica e una serie di riforme, anche nel settore dell'accesso alle carriere pubbliche, descritte nel brano di **Jason Goodwin** [109].

106DOC

Jacopo Tedaldi
La caduta di Costantinopoli: un testimone cristiano

da A. Pertusi (a c. di), *La caduta di Costantinopoli*, I, *Le testimonianze dei contemporanei*, Fondazione Lorenzo Valla-Mondadori, Milano 1976, pp. 175-85

■ La caduta di Costantinopoli nelle mani dei turchi suscitò una profonda impressione in tutto l'Occidente. Dell'evento ci sono rimasti anche racconti di testimoni scampati al disastro. Uno di questi fu il mercante fiorentino Jacopo Tedaldi. Dopo aver strenuamente combattuto sugli spalti, Jacopo fuggì a nuoto dalla città mentre vi entravano i nemici, trovando salvezza su una nave veneziana. Egli raccontò la sua esperienza a un francese di nome Jean Blanchin, che la trascrisse nella sua lingua. Successivamente il testo fu tradotto in latino.

Il giorno 4 di aprile di questo stesso anno[1] i Turchi mossero verso Costantinopoli e il giorno seguente, il 5,

[1] Il 1453.

la loro armata prese posizione di fronte alla città.

All'assedio c'erano in tutto duecentomila uomini, di cui forse sessantamila erano soldati, essendo trenta o quarantamila di essi cavalieri. [...]

All'assedio c'erano parecchie grosse bombarde e un gran numero di colubrine[2] e altri strumenti per il lancio dei proiettili. Tra l'altro c'era un'enorme bombarda di metallo, tutta d'un pezzo, che lanciava una pietra di undici spanne[3] e tre dita di circonferenza, pesante millenovecento libbre[4]. Ogni giorno la bombarda era caricata tra le cento e le centoventi volte; e l'assedio durò per cinquantacinque giorni. [...]

La flotta turca all'interno e all'esterno del porto consisteva di un numero che variava tra le sedici e le diciotto grandi galere[5], tra sessanta e ottanta galiotte[6] con ciascuna dai diciotto ai venti banchi per remi e tra i sedici e i venti vascelli più piccoli fatti apposta per trasportare i cavalli di un tipo detto «palendins», e un numero di altre piccole imbarcazioni di vario genere. [...]

Così Costantinopoli, assediata per terra e per mare e così duramente colpita dentro e fuori dalle frecce, dalla bombarda e da altre armi, si difese per cinquantaquattro giorni. [...]

Ogni giorno avvenivano scontri selvaggi in cui c'erano morti da ambo le parti. Ma per ognuno dei difensori che veniva ucciso, moriva un centinaio dei Turchi che assalivano dal di fuori la città.

All'assedio dalla parte dei Turchi c'erano molti cristiani della Grecia e di molte altre nazioni. Sebbene essi siano soggetti al sultano, egli non li aveva costretti ad abiurare la loro fede, ed essi potevano adorare e pregare come desideravano. [...] Questi uomini avvisavano i difensori per mezzo di lettere che essi spedivano nella città in ogni modo possibile informandoli di ogni cosa che era stata fatta dagli assedianti e dal consiglio del sultano. [...]

I Turchi iniziarono l'assalto gradualmente la sera del 28 maggio. [...] L'assalto iniziò e i difensori diedero buona prova di se stessi in tutti i punti. La porta di San Romano era il luogo più vulnerabile, e le mura erano le più deboli, da quando i Turchi avevano all'inizio distrutto una gran parte di esse. La bombarda era stata piazzata là, ed essi avevano raso al suolo una torre e la metà superiore delle mura per una lunghezza di duecento braccia come minimo.

Nel frattempo i difensori cercavano di ostruire le brecce nelle mura, riempiendo le duecento braccia che erano state distrutte con botti e con terra e altri materiali e resistendo agli attacchi fino al limite delle loro capacità.

Il signor Giovanni Giustiniani, un genovese al servizio dell'imperatore, si trovava in questo punto e fu colui che qui si comportò più valorosamente. La città intera aveva fiducia in lui e nel suo coraggio.

Ora in questo luogo, per compiere il suo ultimo sforzo, il sultano si avvicinò con due compagnie di diecimila uomini scelti appositamente per proteggere la sua persona e molti altri con castelli di legno, ponti, scale altri strumenti. Essi cominciarono a riempire i fossati e a gettare ponti e scale e a scalare le mura. Là Giustiniani fu ferito da una colubrina, ed egli se ne andò per cercare le cure di un medico. Prima di fare ciò egli affidò la difesa del suo posto a due gentiluomini genovesi. Durante questo tempo i Turchi scalavano le mura sempre più in alto, e al vedere ciò i soldati che stavano difendendo all'interno della città vedendoli già dentro le mura in così gran numero e vedendo che Giustiniani si allontanava, credettero che egli stesse fuggendo, così abbandonarono i loro posti e fuggirono anch'essi. Con tali mezzi i Turchi entrarono in Costantinopoli il 29 di maggio mettendo a morte a fil di spada chiunque opponesse loro resistenza. [...]

Comunque, un gran numero di uomini e di donne si imbarcarono su una nave genovese per fuggire. [...]

L'imperatore di Costantinopoli[7] fu ucciso. Alcuni dissero che gli fu tagliata la testa, e altri che morì nella mischia presso la porta: ambedue le storie possono essere benissimo vere.

---

[2] Pezzo di artiglieria a canna lunga e sottile.

[3] Misura corrispondente all'apertura della mano.

[4] Una libbra corrispondeva grosso modo a 300 g.

[5] La galera, o galea, era una tipica nave mediterranea, veloce e leggera.

[6] Piccole galee.

[7] Costantino XI.

GUIDA ALLA LETTURA

❶ L'autore è stato testimone oculare degli eventi che narra? ❷ Secondo l'autore, su quali forze e armamenti poterono contare gli assedianti? ❸ In che modo l'esercito turco fece breccia nelle mura della città? ❹ Quali notizie riporta l'autore sulla morte dell'imperatore di Costantinopoli?

107 DOC

La caduta di Costantinopoli: una Cronaca turca

da B. Lewis, *Europa barbara e infedele. I musulmani alla scoperta dell'Europa*, Mondadori, Milano 1983, p. 21

■ Se nel mondo cristiano la caduta di Costantinopoli fu vissuta come una terribile catastrofe, paragonabile solo alla caduta dell'Impero romano d'Occidente, avvenuta circa mille anni prima, nel mondo musulmano fu salutata come un evento glorioso, che segnava il primo grande trionfo delle armate islamiche sugli infedeli. È questo il tono di un resoconto contemporaneo, scritto da un cronista turco.

A Edirne[1] si fusero bocche di fuoco grandi come draghi e si prepararo-

---

[1] Nome turco della città di Adrianopoli, situata in Tracia, ovvero nella Turchia europea.

no moschetti. Il sultano Mehmed[2] lasciò Edirne per Istanbul[3], portando con sé questi cannoni. Una volta predisposti, questi cominciarono a fare fuoco da ogni parte, distruggendo le torri e le mura delle fortificazioni di Istanbul, e gl'infedeli che vi si trovavano non poterono ottenere la vittoria sperata. Il principe sovrano di Istanbul[4] fu coraggioso e non chiese grazia. I sacerdoti dicevano che, secondo quanto era scritto nei vangeli, la città era inespugnabile. Confidando nelle loro parole, fece sistemare cannoni e moschetti su ogni lato per difendere le torri. Asserragliandosi all'interno della torre, i suoi uomini vaneggiavano. Dio non voglia, bestemmiarono il riverito nome del profeta e pronunciarono parole inverecconde. Per punire il loro orgoglio, Dio onnipotente portò su di loro la rovina. Con sommo ardore il sultano Mehmed, figlio del sultano Murad, gridò «per la causa del Signore» e ordinò il saccheggio. I ghazi[5] assalirono la città da ogni parte penetrandovi attraverso le brecce aperte nella fortezza dai cannoni e passarono a fil di spada gl'infedeli che vi si trovavano. Poi aprirono la via al resto dei soldati. Questi attraversarono le trincee e, innalzate delle scale, vi si arrampicarono fino a raggiungere le torri. Trucidati gl'infedeli che le occupavano, penetrarono nella città. La misero a ferro e fuoco. S'impadronirono del denaro e dei possedimenti dei nemici e ridussero in schiavitù i loro figli. Il sultano Mehmed diede anche ordine di saccheggiare le case. In tal modo fu preso quanto si poteva prendere. I musulmani fecero un bottino tanto ingente che tutte le ricchezze accumulate a Istanbul in 2400 anni di storia finirono nelle mani dei ghazi. Saccheggiarono la città per tre giorni, al termine dei quali fu proibito il saccheggio.

---

[2] Maometto II.

[3] Istanbul è il nome turco di Costantinopoli.

[4] L'imperatore bizantino Costantino XI.

[5] Questo vocabolo arabo significa 'combattente', in particolare contro gli infedeli.

GUIDA ALLA LETTURA

❶ Da quale punto di vista l'autore narra la vicenda dell'assedio? ❷ Come si comportò, secondo l'autore, l'imperatore della città assediata? ❸ Quale colpa attribuisce il cronista agli assediati per giustificare la loro sorte? ❹ Come si comportano, secondo il racconto, i turchi con i soldati, i civili e le ricchezze della città?

108 DOC

Enea Silvio Piccolomini
La caduta di Costantinopoli: l'eco in Italia

da A. Pertusi (a c. di), *La caduta di Costantinopoli*, II, *L'eco nel mondo*, Fondazione Lorenzo Valla-Mondadori, Milano 1976, pp. 45-49

■ Nel momento in cui scrisse questa lettera, Enea Silvio Piccolomini (1405-1464), il più grande scrittore umanista del '400, destinato a diventare pontefice con il nome di Pio II, svolgeva le mansioni di segretario della cancelleria dell'imperatore Federico III d'Asburgo. Dalle sue parole emerge, insieme con lo sgomento alla notizia della caduta di Costantinopoli, un profondo rammarico per l'inerzia della Cristianità di fronte a una catastrofe assolutamente prevedibile. L'autore invita inoltre il papa Niccolò V, cui la lettera è indirizzata, a promuovere una grande spedizione, con il concorso di tutti i principi cristiani, per respingere l'aggressione turca. Considerati la potenza dell'esercito turco e i rapporti di forza, si trattava di un auspicio palesemente irrealistico.

Enea, vescovo di Siena, si raccomanda a Nicolò V, papa universale, nostro signore santissimo.

[...] Ma che dire della notizia terribile or ora giunta su Costantinopoli? La mia mano, mentre scrivo, trema, l'animo mio inorridisce; lo sdegno non mi permette di tacere, il dolore non mi concede di parlare. Povera cristianità! Io mi vergogno di vivere: almeno fossi io morto per mia fortuna prima che ciò accadesse! L'Italia, la Germania, la Gallia e la Spagna sono in buona parte sane e salve, e purtroppo – che vergogna! – abbiamo permesso che l'illustre città di Costantinopoli cadesse preda dei Turchi effeminati! Credo che questa notizia sia già giunta alle vostre orecchie pietose: [...] l'imperatore dei Turchi ha cinto d'assedio per terra e per mare nei giorni passati Costantinopoli con un gran numero di soldati e dopo aver accostato le sue macchine da guerra l'ha espugnata con tre assalti, ha passato a fil di spada tutta la popolazione, ha sottoposto a ogni sorta di tortura i sacerdoti, non ha risparmiato alcuno, né per il sesso né per l'età: si dice che siano state uccise quarantamila e più persone. Coloro che ci hanno portato la notizia [...] raccontano che il loro imperatore Paleologo[1] ha avuto il capo tagliato [...].

La città che dopo Costantino aveva resistito per più di mille e cento anni e che non era mai caduta in potere degli infedeli, è andata incontro ora, in quest'anno infausto, alla distruzione da parte dei Turchi, gente quanto mai spregevole. [...] Soffro al pensiero che il tempio di Santa Sofia, famosissimo in tutto il mondo, sia stato distrutto o profanato [...].

Che dire poi dei libri, che si trovavano in essa in grandissimo numero, non ancor noti a noi latini? Ahi, quanti nomi di grandi scrittori ora scompariranno? Questa è una seconda morte per Omero, un secondo trapasso per Platone: dove potremo ora ricercare le opere

---

[1] L'ultimo imperatore bizantino, Costantino XI, apparteneva alla dinastia dei Paleòloghi.

geniali dei filosofi e dei poeti greci? La fonte della poesia è scomparsa. [...]
Tutto ciò turba e affligge profondamente il mio cuore, santissimo Padre, poiché vedo che esser distrutte ad un tempo la fede e la cultura, e perché questo è avvenuto per nostra incapacità di agire, di noi che guardiamo soltanto alle cose immediate; ché se avessimo animi più pronti a servire la comunità cristiana, non ci sarebbe stata inferta certo una disfatta tanto vergognosa. Sono sicuro che vostra Santità sarà in preda ad un grande dolore e che deplora un evento di tal genere, anche se non imprevedibile nella realtà. La notizia di così grande disgrazia porterà un danno enorme, più a voi che ad altri. Infatti, tutti gli scrittori occidentali che narreranno le gesta dei pontefici romani, quando arriveranno al vostro tempo scriveranno così di voi: Nicolò V papa, [...] regnò tot anni, rivendicò il patrimonio della Chiesa dalle mani dei tiranni, riunì la Chiesa divisa, inserì nel numero dei santi Bernardino da Siena, costruì il palazzo di san Pietro, restaurò in modo stupendo la basilica, celebrò il giubileo, incoronò Federico III. Si diranno cose belle e splendide di voi, ma ciò che verrà detto alla fine rovinerà tutto: al suo tempo però la città imperiale di Costantinopoli fu presa e saccheggiata dai Turchi o, si potrà forse anche dire, distrutta e incendiata. [...]
Anche se vostra Santità ha cercato in ogni modo di venir in aiuto della misera città, non è riuscita, ciò malgrado, a persuadere i re cristiani a prendere insieme le armi e a collaborare in favore della comune necessità della fede. Essi affermavano che il pericolo non era così grande come si diceva, che i Greci mentivano, che dovevano ritenersi gente in cerca di soldi: pensavano che tutto ciò fosse un'invenzione e una menzogna. Vostra Beatitudine ha fatto ciò che ha potuto. Non c'è nulla che possa esser posto a carico di vostra Clemenza; ciò malgrado i posteri, ignari della situazione, ve ne faranno carico, quando leggeranno che Costantinopoli fu presa durante il vostro regno. [...] È vostro dovere ormai muovervi, scrivere ai re, inviare legati, ammonire, esortare i principi ed i comuni perché si riuniscano o inviino i loro rappresentanti in un luogo comune. Ora che la ferita è ancor fresca, si affrettino a venire in aiuto della comunità cristiana, in nome della fede facciano pace o tregua tra alleati e, unite le forze, muovano contro i nemici della croce salvifica.

Graz di Stiria, 12 luglio 1453

GUIDA ALLA LETTURA
❶ Di quale tipo di documento si tratta? A chi è rivolto? ❷ Riporta le notizie provenienti da Costantinopoli e le preoccupazioni espresse dall'autore. ❸ Quale invito formula l'autore nei confronti del destinatario del suo scritto?

109

J. Goodwin
L'Asia entra in Europa

J. Goodwin, *I signori degli orizzonti. Una storia dell'impero ottomano*, Einaudi, Torino 2009, pp. 54-57; 64-66

■ La figura di Maometto II – Mehmed secondo la denominazione turca [👁 11.3 PERSONAGGI] – fu centrale per la storia politica dell'Impero ottomano. Principe poco amato, tale rimase anche dopo la presa di Costantinopoli, il grande successo politico e militare che gli valse il prestigio internazionale. La poca simpatia che riscuoteva era probabilmente da attribuire anche alle nuove regole che emanò per l'accesso alle cariche pubbliche – qui analizzate dallo storico britannico e scrittore di romanzi Jason Goodwin (nato nel 1964) –, che esclusero le famiglie nobili dell'Anatolia fino ad allora assegnatarie di alti incarichi.

Mehmed era stato un ragazzo cocciuto, e aveva dovuto imparare con le cattive. [...] Quando Murad[1] nell'inverno del 1451 morì, Mehmed balzò vigorosamente in sella al grido di «chi mi ama mi segua!», ma l'esortazione non servì, non erano in molti ad amarlo, e Mehmed divenne il primo soldato a dover distribuire alle truppe un donativo per l'ascesa al trono.
La caduta di Costantinopoli cambiò ogni cosa. Tutti – i veneziani, i genovesi, i ragusani – si affrettarono a fargli le congratulazioni e, laddove pareva opportuno, si accordarono per aumentare il tributo che già pagavano. [...] Mehmed si crogiolò nel prestigio che aveva acquisito nel mondo islamico, e per maggiore sicurezza mandò in giro per i potentati islamici la presunta testa di Costantino. È probabile che il sultano fosse stato scoraggiato dallo sfacelo in cui aveva trovato la città; ma sapeva guardare oltre le apparenze, e sotto la fuliggine e le macerie i tratti di Costantinopoli erano ancor vigorosi. Costantinopoli era ancora la città più bella del mondo. I cristiani avevano dilaniato se stessi e la città nella loro brama di possederla: crociati, pretendenti, ambiziosi principi serbi, *khan* bulgari con remoti e amari ricordi che bevevano dai crani indorati dei loro nemici. Nel corso di mille anni Costantinopoli aveva subito ventinove attacchi. Ne aveva respinti ventuno. [...]
Era come se una qualche predilezione della geografia o della politica la destinasse da sempre a essere la prima città della terra. [...] «Che città! – scrisse

[1] Murad II (1404-1451), sultano dell'Impero ottomano dal 1421 al 1444 e dal 1446 al 1451, padre di Mehmed.

Tursun Bey[2]. – Con un aspro[3] ci si paga il passaggio dall'Asia all'Europa».

L'Asia venne in Europa, la chiesa divenne una moschea; e alle donne turche fu chiesto di indossare il velo bizantino al posto del cappuccio di lino con i buchi sugli occhi. Le ambizioni di conquista mondiale di Mehmed erano cristallizzate nella nuova capitale imperiale. Bastò che entrasse a cavallo in Hagia Sofia e che l'*imam* chiamasse i fedeli alla preghiera perché, nello sbrigativo spirito di conquista della fede, l'edificio fosse consacrato a moschea. [...]

Nel frattempo le truppe lavoravano nella calura estiva per rimediare i danni di secoli di trascuratezza, riparando cisterne e acquedotti, ripulendo le fognature, lastricando le strade. La città fossilizzata si rimise in movimento: nelle rade le navi caricavano merci, il porto brulicava di chiatte, le strade erano attraversate da processioni, le vie degli artigiani risuonavano del rumore dei martelli. I greci capirono da che parte tirava il vento. [...] Giorgio da Trebisonda[4] gli inviò una missiva: «Senza dubbio tu sei l'imperatore dei romani. Chiunque detenga per proprio diritto il centro dell'impero è imperatore, e il centro dell'Impero romano è Costantinopoli». [...]

Porta girevole dei continenti, sigillo degli imperi, paradiso geomantico, Costantinopoli era un luogo di assoluti. Faceva o molto caldo, o molto freddo. Europa e Asia si incontravano. I mari confluivano. Il palazzo era come una città dentro la città, e il sultano ci viveva come Narciso, disse Blaise de Vigenère[5]; mentre Mustafa 'Ali[6], suddito più rispettoso, lo paragonava a un'ostrica nella sua conchiglia. [...]

Nel suo *kanum*[7] cerimoniale abolì le vecchie pratiche disinvolte dei sovrani del passato, che mangiavano con i propri uomini e ascoltavano la musica marziale [...].

Ogni tre anni circa, un funzionario del tributo girava per i villaggi della Grecia e dei Balcani a selezionare giovani cristiani per il servizio del sultano, consultando i registri parrocchiali forniti da un prete o da un anziano del luogo. [...] Dopo essersi formalmente convertito all'Islam, passava alle scuole. Le sue competenze, il suo aspetto [...], la sua vivacità, intelligenza, religiosità, forza, venivano messe alla prova in modo da stabilire per quale ramo del servizio il ragazzo fosse più portato, e da quel momento fino alla morte, sorvegliato e giudicato a ogni passo, sarebbe stato schiavo del sultano.

Quei giovani e i loro predecessori formavano, sotto il sultano loro padrone, una confederazione di schiavi. Dal momento che nessun musulmano di nascita poteva essere ridotto in schiavitù, i loro figli non vi avevano accesso. [...] Dopo la morte di Halil[8], trentaquattro dei successivi trentasei gran visir, benché musulmani convertiti, non erano musulmani di nascita, e in tutta Europa solo l'impero ottomano non aveva un'aristocrazia di sangue. Un *kapikulu*[9] si trovava separato dai genitori dal golfo della fede e dalla distanza geografica; e diviso dai figli perché essi erano liberi, e la sua carriera non avrebbe mai potuto aprire una strada a la loro.

---

[2] Storico turco sotto il successore di Mehmed, Beyazit II.

[3] Moneta d'argento e rame.

[4] Filosofo e umanista bizantino vissuto tra il 1395 e il 1472-73.

[5] Diplomatico francese, vissuto tra il 1523 e il 1596.

[6] Storico ottomano, vissuto tra il 1541 e il 1600

[7] Leggi emanate dal sultano.

[8] Halil Pascià, detto "il Greco", gran visir giustiziato il 1° giugno 1453. Il gran visir era il primo ministro dell'Impero ottomano.

[9] Schiavo al servizio del sultano

GUIDA ALLA LETTURA

❶ Qual è l'immagine della città, descritta da Goodwin, dopo la conquista turca? Quale l'immagine dei suoi abitanti?

❷ Come venivano reclutati e formati i nuovi funzionari imperiali?

SVILUPPARE LE COMPETENZE

Comprendere e Analizzare

❶ **Dopo aver letto le tre testimonianze coeve alla caduta di Costantinopoli [106-108DOC], rispondi alle seguenti domande, citando opportunamente i testi:**

a. Quali furono le armi tecnologicamente avanzate che permisero agli Ottomani di prevalere sulla città assediata? Come funzionavano?

b. Come si difesero gli assediati?

c. Quali sono le diverse versioni della sorte spettata a Costantino XI?

d. Come si comportarono gli Ottomani nei confronti della città assediata?

e. Quali reazioni suscitò la caduta di Costantinopoli?

Rielaborare e Argomentare

❷ **Redazione di un articolo di giornale.** ***29 maggio 1453. Finisce l'assedio: gli Ottomani conquistano Costantinopoli***

Sviluppa l'argomento scelto in forma di "articolo di giornale", utilizzando i documenti e i dati che lo corredano. Interpreta e confronta i documenti e i dati che ti sembrano rilevanti e costruisci su di essi il tuo "pezzo". Dai all'articolo un titolo appropriato e indica il tipo del giornale sul quale ne ipotizzi la pubblicazione (quotidiano, rivista divulgativa, giornale scolastico, altro). Se lo ritieni opportuno, organizza la trattazione suddividendola in paragrafi, cui potrai dare eventualmente uno specifico titolo

Documenti: Tedaldi **[106DOC]**, Cronaca **[107DOC]**, Piccolomini **[108DOC]**
Immagini: pp. 395, 396, 397, 399, 400
Brani storiografici: Goodwin **[109]**
Capitoli: **11.2-5**

❸ **La caduta di Costantinopoli e dell'Impero bizantino fu un evento storico di tale portata che alcuni studiosi hanno identificato in essa la fine dell'età medievale e l'inizio della modernità. Tale percezione era già evidente nei contemporanei. Riassumi in un breve testo (max 20 righe) i loro commenti, mettendo in evidenza gli elementi che apparivano come caratterizzanti la cesura storica.**

L'America e gli altri mondi

Lo sbarramento ottomano nel Mediterraneo rese particolarmente difficoltoso per gli europei il raggiungimento dei mercati orientali e li spinse a volgere il loro sguardo in altre direzioni, in particolare verso l'Oceano Atlantico. Questa nuova prospettiva diede loro modo di esplorare territori ignoti ed entrare in contatto con popoli sconosciuti, sia nel continente americano – di cui fino ad allora si ignorava l'esistenza – sia in quello africano, considerato fino ad allora misterioso e impenetrabile. Per questo il XV e il XVI secolo sono stati definiti – con un'espressione forse eurocentrica – come l'«era delle scoperte»: gli uomini cominciarono a scoprire la totalità di cui facevano parte, mentre fino a quel momento erano stati una parte senza il tutto.
Molti storici datano la nascita del mondo moderno proprio con l'approdo degli spagnoli nelle Americhe e la loro convinzione trova, in effetti, fondamento nelle conseguenze planetarie di quell'avvenimento. I primi tre testi di questa sezione riguardano l'arrivo degli spagnoli nel continente americano e sono estremamente significativi dal punto di vista economico-giuridico, culturale e religioso. Nel primo testo, **Cristoforo Colombo** [110DOC] invita i sovrani spagnoli a procedere con urgenza alla cristianizzazione dei nuovi territori, garantendo così alla Corona l'esclusiva sullo sfruttamento delle ricchezze locali. Nel secondo, vengono presentate le bolle promulgate da papa **Alessandro VI** [111DOC] che delimitarono le sfere d'influenza e i diritti degli spagnoli e dei portoghesi nei territori americani: questo intervento, tuttavia, si rivelò inefficace al cospetto dei giganteschi interessi in gioco. Nel terzo testo, il conquistatore spagnolo **Hernán Cortés** [112DOC] espone in una relazione al sovrano Carlo V la sua visione della conquista.
Chiude la sezione una testimonianza relativa all'Impero africano di Monomotapa prodotta dallo storico portoghese **João de Barros** [113DOC], che evidenzia gli usi e i costumi di questa società africana.

110DOC

Cristoforo Colombo
L'Europa approda in America

C. Colombo, *Il giornale di bordo: libro della prima navigazione e scoperta delle Indie*, introduzione, note e scheda di P.E. Taviani e C. Vasela, Istituto poligrafico e Zecca dello Stato, Roma 1988, vol. I, tomo I, pp. 101-7

■ Il giornale di bordo di Cristoforo Colombo (1451-1506), redatto in occasione del suo primo viaggio verso le Indie **[👁 12.3]**, è andato perduto, ma se ne è conservato un riassunto, opera del missionario Bartolomé de Las Casas (1484-1566), che raccoglie numerose citazioni originali **[👁 12.7 e 117DOC]**. Fin dalle prime pagine si evidenzia il legame ideologico tra lo spirito della *Reconquista* spagnola e lo sforzo espansionistico nei Nuovi Mondi: esso è guidato dal principio della crociata e dalla volontà di trovare nuovi fedeli per la religione cristiana. Nelle pagine che seguono Colombo, ammiraglio della spedizione, sottolinea esplicitamente l'intreccio tra l'apostolato cattolico, destinato spesso a degenerare in fenomeni di intolleranza e repressione delle culture locali, e la possibilità di attingere alle grandi ricchezze naturali dei territori raggiunti.

Lunedì 12 novembre
Partì dal porto e dal Rio di Marte al termine del quarto dell'alba per andare a un'isola che gli indiani che conduceva seco affermavano con insistenza che si chiamava Baneque[1], dove, secondo quanto dicevano a cenni, la gente, con le candele, raccoglie l'oro sulla spiaggia durante la notte; e poi dicevano che con il martello ne facevano verghe. [...] Dopo aver proseguito per 8 leghe lungo la costa, scoprì un fiume, e dopo averne percorse altre 4, trovò un altro fiume che sembrava molto più importante e maggiore di tutti gli altri che fino ad allora aveva trovato. [...]
Tutta questa costa era popolata maggiormente nei pressi del fiume, al quale pose nome Rio del Sole[2]. Scrive l'Ammiraglio che la domenica precedente, 11 novembre, aveva pensato che sarebbe stato bene prendere alcuni della gente di quel fiume per condurli ai Re affinché imparassero la nostra lingua, per sapere che cosa c'è in questa terra e perché tornando siano interpreti dei cristiani e assumano i nostri costumi e le cose della fede, «perché io vidi e so», dice l'Ammiraglio, «che questa gente non ha alcuna religione e non sono idolatri, anzi sono assai mansueti e non sapendo che sia il male né l'ammazzare altri né far prigionieri, non hanno armi e sono tanto timorosi che in cento fuggono davanti a uno dei nostri, anche

[1] Nome (in altre edizioni Babeque o Baveque) dato dalle popolazioni indigene all'isola di Haiti, dove Colombo approdò nel 1492, battezzandola Española.

[2] Rio Bongo.

se scherzano con loro. E sono creduli e sanno che c'è Dio in cielo e ritengono con certezza che noi siamo venuti dal cielo, e molto diligenti nel ripetere qualsiasi orazione diciamo loro di dire e si fanno il segno della croce. Devono dunque le Vostre Altezze decidersi a farli cristiani, e credo che, se cominceranno, in poco tempo termineranno di convertire alla nostra santa fede una moltitudine di popoli, acquistando alla Spagna grandi territori e ricchezze e tutte le sue popolazioni. Perché senza dubbio vi è in queste terre una grandissima quantità d'oro, e non senza ragione gli indiani, che conduco con me, dicono che vi sono in queste isole luoghi donde scavano l'oro e se ne adornano il collo, le orecchie, le braccia e le gambe; sono braccialetti assai grossi e vi sono inoltre pietre preziose e perle e innumerevoli spezie.
In questo Rio di Marte, donde partii questa notte, vi è senza dubbio una grandissima quantità di mastice e tanta più se ne potrà avere, se di più se ne vorrà, perché gli stessi alberi, piantandoli, attecchiscono presto [...].
Si avrà inoltre in questo paese una grande quantità di cotone che, senza aver bisogno di trasportarlo in Spagna, si potrà vendere benissimo qui e nelle grandi città del Gran Can che senza dubbio verranno scoperte, e in molte altre di altri regni che saran felici di servire le Altezze Vostre. Potremo anche vendere a queste stesse città altri prodotti di Spagna e delle terre d'Oriente, poiché queste di cui parlo si trovano, rispetto a noi, all'Occidente.
Qui si trova pure legno d'aloe in infinita quantità, per quanto non sia cosa da tenerne gran conto [...].
All'imboccatura del fiume già indicato c'è il miglior porto che finora io abbia visto, largo e profondo, in luogo sicuro e con un sito conveniente per costruirvi una città e un forte, di maniera tale che qualunque nave possa approdare ai piedi delle mura. Infine il paese è elevato, e ha un ottimo clima e acque buonissime.
Ieri venne alla mia nave una piroga con sei giovani, cinque dei quali salirono a bordo: io ve li ho fatti trattenere, per condurli meco. In seguito inviai alcuni dei miei uomini a un'abitazione che si trova nella parte occidentale del fiume, e quelli ritornarono con sette donne tra grandi e piccole e tre fanciulli. E questo ho fatto, perché sono certo che i maschi si comporteranno meglio in Spagna avendo donne del loro Paese che non avendone. [...]
Costoro avendo con sé le loro donne, avranno buona voglia di fare ciò che verrà loro ordinato e queste indiane insegneranno ai nostri la loro lingua la quale è la stessa in tutte queste isole dell'India, ove gli indigeni si capiscono tutti fra loro e le percorrono tutte recandovisi con le loro canoe. [...]».

GUIDA ALLA LETTURA

❶ In quale modo è redatto questo documento? ❷ Quali osservazioni fa Colombo sulla religiosità degli indigeni? ❸ Quali ricchezze, prospetta Colombo, si potranno ricavare dalle Indie? A quale modello di economia egli allude? ❹ In che modo Colombo si procura gli indigeni da portare in Spagna?

111 DOC

Alessandro VI
Il papa spartisce il mondo

da *La storia moderna attraverso i documenti*, a c. di A. Prosperi, Zanichelli, Bologna 1974, pp. 6-7

■ Se già nel 1454 papa Niccolò V (1397-1455) aveva concesso al re del Portogallo il monopolio delle coste africane [👁 12.1], qualche mese dopo l'arrivo degli europei nel continente americano papa Alessandro VI (1431-1503) sancì, con le due bolle *Inter caetera* del 3 e 4 maggio 1493, il diritto esclusivo della Corona spagnola al possesso dei territori raggiunti [👁 12.4]. Per evitare conflitti tra i due paesi veniva tracciata un'ipotetica linea meridiana che passava cento leghe a ovest delle isole Azzorre. A occidente di questa demarcazione i domìni coloniali ricadevano sotto l'influenza degli spagnoli, a oriente sotto quella dei portoghesi: in pratica, l'America fu assegnata ai primi, l'Africa ai secondi. Questo documento sottolinea l'universalità del potere spirituale e temporale dei papi, i soli a poter legittimare le conquiste delle nuove monarchie nazionali. Il papa, inoltre, demandò ai sovrani l'organizzazione e il controllo dell'attività missionaria, rinunciando a dirigere e a ispirare l'apostolato cattolico nel mondo.

Tra tutte le opere ben accette alla divina maestà e desiderate dal nostro cuore ce n'è una che risalta certamente in maniera particolare, e cioè che la fede cattolica, la religione cristiana, sia esaltata specialmente in questi nostri tempi e si estenda e si diffonda in ogni luogo, e che si procuri la salvezza delle anime e che i popoli barbari siano vinti e condotti alla fede. Perciò, [...], vedendo che voi, quali re e principi veramente cattolici [...], non solo avevate questo stesso desiderio ma cercavate di realizzarlo con sforzi assidui e diligenti senza badare a fatiche, a spese né a pericoli [...], riteniamo doveroso farvi spontaneamente e a titolo di favore quelle concessioni grazie alle quali vi sia possibile portare avanti un tale santo e lodevole proposito ispirato da Dio immortale, e realizzarlo progressivamente con animo più fervido per l'onore dello stesso Dio e la propagazione dell'impero cristiano.
Ben sappiamo come voi da tempo avevate l'intenzione di cercare e di trovare isole e terre remote e sconosciute e da altri finora non scoperte, al fine di indurre i loro abitanti al culto del no-

stro Redentore ed alla professione della fede cattolica [...]; [sappiamo anche che] finalmente, come a Dio piacque, recuperato quel regno, per realizzare quel desiderio, avete inviato Cristoforo Colombo[1] nostro diletto figlio [...], affinché facesse diligente ricerca di terre e isole remote e sconosciute, facendo rotta attraverso il mare finora mai navigato.
Essi, fatta accurata ricerca, col divino aiuto, navigando per il mare Oceano, trovarono isole remotissime e anche terre, da altri finora non scoperte, dove abitano numerose popolazioni che vivono pacificamente e a quanto si dice non portano vestiti e non si cibano di carni, e queste stesse genti delle isole e terre suddette, per quanto possono capire i detti vostri inviati, credono nell'esistenza in cielo di un solo Dio creatore e sembrano abbastanza capaci di abbracciare la fede cattolica e di farsi educare ai buoni costumi e, se verranno istruiti, c'è speranza che il nome del salvatore e signor nostro Gesù Cristo sia invocato nelle terre e isole predette [...].
Perciò, dopo avere ben considerato tutto e tenendo presente in maniera particolare lo scopo del trionfo e della diffusione della fede cattolica (come è giusto che facciano re e principi cattolici), secondo il costume degli illustri vostri progenitori, vi siete proposti di assoggettare col favore della divina clemenza le terre e isole suddette e i loro abitanti, e di ricondurli alla fede cattolica.
Noi, dunque, [...] vi esortiamo quanto mai in nome del Signore [...] affinché vogliate e dobbiate indurre i popoli abitanti in quelle isole e terre ad accogliere la religione cristiana, né vi spaventino mai i pericoli e le fatiche, con la ferma speranza e fiducia che Dio onnipotente porti a felice successo i vostri sforzi.
E affinché, muniti dei doni abbondanti dell'apostolica grazia, vi assumiate un compito così importante più liberamente e con maggior impulso, di nostra iniziativa, non dietro richiesta vostra o di altri per voi, per nostra pura liberalità, con sicura conoscenza e con la pienezza dell'autorità apostolica, doniamo e assegniamo in perpetuo, secondo il tenore della presente, a voi e ai vostri eredi e successori (re di Castiglia e di Leon), per l'autorità di Dio onnipotente a noi concessa nella persona di san Pietro e per quella di vicario di Gesù Cristo che ricopriamo sulla terra, tutte le isole e terre trovate e da trovare, scoperte e da scoprire, nella parte verso occidente e mezzogiorno delimitata da una linea tracciata partendo dal Polo Artico, o settentrionale, giungendo al Polo Antartico, o meridionale, sia che quelle terre e isole trovate o da trovare siano dalle parti dell'India sia che siano da qualunque altra parte; e la suddetta linea disti da ciascuna delle isole che volgarmente si chiamano delle «Azores y cabo vierte» cento leghe in direzione di occidente e mezzogiorno [...]. [Ve le doniamo e assegniamo] con tutti i loro dominii, città, castelli, luoghi e ville, diritti e giurisdizioni e pertinenze. [...]
Inoltre comandiamo a voi, in virtù della santa obbedienza, [...] che dobbiate inviare alle terre e isole predette uomini probi e timorati di Dio, dotti, periti ed esperti, per istruire gli abitanti suddetti nella fede cattolica e educarli ai buoni costumi, facendo uso in questo di ogni debita diligenza.

[1] **110**DOC.

GUIDA ALLA LETTURA
❶ Quali meriti l'autore riconosce ai destinatari del documento? ❷ Quale argomentazione viene adottata per giustificare il possesso di «isole e terre remote»? ❸ In che cosa consiste la donazione? ❹ Che cosa viene chiesto in cambio?

112DOC

Hernán Cortés
Relazione a Carlo V

H. Cortés, *Relazioni sulla Nuova Spagna*, in G.B. Ramusio, *Navigazioni e viaggi*, a c. di M. Milanesi, Einaudi, Torino 1988, vol. VI, pp. 76-80

■ Tra il 1519 e il 1526 Hernán Cortés (1485-1547) informò ufficialmente Carlo V [**155**DOC] delle sue conquiste in Messico con cinque lunghe relazioni, in cui giustificava la sua palese disobbedienza ai superiori [**12.5** e **12.5** PERSONAGGI]. Nel 1518 infatti, contro la volontà del governatore Diego Velázquez che attendeva dalla Spagna l'autorizzazione ufficiale a partire, Cortés aveva lasciato Cuba con 12 o 13 navi diretto verso le coste messicane. Le prime relazioni, accompagnate dall'intero bottino della spedizione, insistono con tono spesso apologetico sulla grande campagna di conquista, mentre le ultime descrivono la costruzione e l'organizzazione del nuovo dominio spagnolo. La seconda relazione, che qui presentiamo, è del 30 ottobre 1520: il primo brano descrive la grande varietà di merci del mercato di Tlatelolco; il secondo, più indicativo del comportamento spregiudicato e spesso crudele di Cortés, racconta la distruzione degli altari pagani e l'imposizione violenta del cattolicesimo.

Il mercato di Tlatelolco
Ha questa illustre città assaissime piazze, dove continuamente fanno i lor mercati e traffichi per vendere e comprare. È nella medesima città una piazza il doppio maggiore di quella di Salamanca, che ha portici d'intorno intorno, dove ogni dì si veggono più di sessantamila uomini vendere e comprare, dove si trovano tutte le sorti di mercanzie che si possono trovare in quelle provincie, e per mangiare e per vestire. Vi si vendono cose d'oro, d'argento, di piombo, di rame, d'ottone, di gioie, d'ossi, di conchiglie, di coralli, e lavori fatti di penne. Vi si vende calcina,

pietre lavorate e non lavorate, mattoni crudi e cotti, legni puliti in varii modi e non puliti. Evvi una contrada nella qual si vendono tutte le sorti di uccelli che uccellando si pigliano [...]. Vi sono contrade da vendere erbe, e sonvi tutte l'erbe e radici medicinali che nascono in tutta la provincia. Vi sono luoghi da vender medicine, sì di quelle da prender per bocca, come d'unguenti e d'empiastri. Vi sono barberie, dove gli uomini si fanno lavare la testa e si fanno radere. Vi sono anco abitazioni dove con pagamento si riducono a mangiare e a bevere. [...]
Vi sono varii frutti, tra' quali sono le ciriegie, le susine, che sono similissime a quelle di Spagna [...]. In dette piazze vendono ciò che nasce e cresce in quelle provincie. Le quai cose, oltre quelle che ho detto, sono tali e sì diverse che per la lunghezza e perché non mi ricordo de' lor nomi non le racconterò. E ciascuna sorte di mercanzia ha la sua propria ruga, senza mescolamento di altre merci, e in questo tengono ottimo ordine; e tutte le cose si vendono ben contate over ben misurate, e per fin ora non si è visto che vendano cosa alcuna a peso. [...]

L'idolatria messicana

Tra le moschee ve n'è una principale, la cui grandezza e le parti e le cose che vi sono non potrebbe esprimer lingua umana, perciocché la sua grandezza si estende tanto che dentro d'essa, che è circondata di muro altissimo e fortissimo, si potria mettere una città di cinquecento case[1]. Vi sono dentro nel circuito intorno intorno bellissime abitazioni, nelle quali sono gran sale e loggie, nelle quali stanno i religiosi quivi messi. Sono in quel circuito quaranta torre altissime e ben fabricate, alla parte di dentro delle quali si va per cinquanta gradi[2]: e la minor di esse è di tanta altezza di quanta è la torre della chiesa catedrale di Siviglia. [...] Tutte le pietre lavorate delle capelle dove mettono i loro idoli sono scolpite di varie imagini, e i soppalchi e le travi tutte che ivi si veggono sono ornate e lavorate di varie pitture e fregi. E tutte le sopradette torri sono sepolture de' signori di questa provincia, e le capelle che in quelle sono fatte, ciascuna è dedicata al suo idolo a cui hanno più divozione. [...]
Le più degne statue de' detti idoli, e di quei a' quali hanno più devozione, feci levar dalle loro sedi e gettare a terra, e le cappelle dove erano state commessi[3] che fussero mondate e lavate, essendo tutte lorde del sangue degli uomini uccisi in sacrificio, e quivi posi le imagini della gloriosa nostra advocata santa Maria e degli altri santi. Delle qual cose tutte il signor Montezuma e il popolo ebbe grandissimo dispiacere, e da principio m'avisarono che io non dovessi far tal cose, che, se ciò si divulgasse nell'altre communità e luoghi, facilissimamente mi si potriano ribellare [...]. Io di continuo per via degl'interpreti gli amoniva, dicendo che s'ingannavano grandissimamente a por la loro speranza in quegl'idoli, i quali essi con le proprie mani d'immondizie gli avevano fatti, e che bisogna che sappiano un solo Iddio essere universal signore di tutti, il quale aveva creato il cielo e la terra e tutte l'altre cose visibili e invisibili, e parimente aver creati loro e tutti noi altri; e Iddio esser senza principio e immortale, e che doveano a lui solo credere e lui solo adorare, e non alcun'altra creatura o cosa. E altre cose dissi loro che in tal occasione seppi dire per rimuovergli dalla loro idolatria e ridurgli alla cognizione del vero, sommo e onnipotente Iddio. [...] E da dovero comandai loro che per l'avenire non sacrificassero più gli fanciulli agl'idoli, percioché simil cosa molto dispiaceva a Iddio, e Vostra Maestà nelle sue sacre leggi ordinava che ciascuno che uccide sia ucciso. Subito si rimossero da quella usanza di sacrificare, e in tutto quel tempo che io dimorai in quella città non fu mai visto fanciulli esser uccisi o sacrificati agl'idoli.

[1] Tempio di Huitzilopochtli, dio del Sole e della Guerra e protettore dei Mexica.

[2] Gradini.

[3] Incaricai, ordinai.

GUIDA ALLA LETTURA

❶ Come è organizzata la vendita delle merci al mercato di Tlatelolco? ❷ Quali ordini impartiti da Cortés provocano dispiacere tra gli indigeni? ❸ Con quali parole Cortés cerca di convincere gli indigeni ad abbandonare l'idolatria e la pratica dei sacrifici umani? ❹ Esse sortiscono l'effetto sperato?

113 DOC

João de Barros
L'Impero di Monomotapa

J. de Barros, *Asia*, in G.B. Ramusio, *Navigazioni e viaggi*, a c. di M. Milanesi, Einaudi, Torino 1979, vol. II, pp. 1083-85

■ Lo storico portoghese João de Barros (1496-1570) è autore di una grandiosa opera in più volumi dedicata all'espansione e colonizzazione portoghese in tutto il mondo. Le quattro *Décadas de Asia* furono scritte verso la metà del XVI secolo e pubblicate rispettivamente nel 1552, 1553, 1563 e 1615. Per scrivere quest'opera l'autore si servì della documentazione ufficiale relativa alla conquista e di numerose testimonianze da lui stesso raccolte. Il testo, ricchissimo di informazioni sui nuovi territori, rivendica ai portoghesi il diritto naturale al controllo e allo sfruttamento dell'Africa e dell'Oriente. Nel brano scelto vengono descritti costumi, rituali e tradizioni politiche del potente Impero di Monomotapa, situato nei territori degli attuali Mozambico e Zimbabwe meridionale.

Questo principe che chiamiamo Benomotapa o Monomotapa è come fra noi imperator, perciocché questo significa il suo nome appresso di loro; lo stato del quale non consiste in molti

apparati, tapezzaria o supellettile per servizio della sua persona, perché il maggior ornamento che abbi nella sua casa sono alcuni panni bombagini[1] che si fanno nel paese con molti lavorieri [...]. E per reverenzia, essendo avanti di lui, nessuno si chiarisce la voce, e tutti sono obligati di star a sedere: e se alcuno li parla stando in piedi, sono Portoghesi e Mori, e alcuni suoi alli quali lui concede questo per onorificenzia. [...]
Ha questo Benomotapa per grandezza una musica a suo modo, cioè che in ogni luogo dove lui sta, fin nella campagna sotto di un arbore, vi son buffoni più di cinquecento col capitano loro, e questi vegghiano tutta la notte fuora della casa dove lui dorme, parlando e cantando cose da ridere, e nel tempo della guerra anco questi combattono e fanno qualche altro servizio. Le insegne del suo stato reale è una zappa molto picciola con un manico d'avorio, che porta sempre alla cintura: per questa dinota pace, cioè che tutti zappino e acconcino la terra; e l'altra è uno o duoi dardi (cioè arme d'asta sottile), per li quali dinota giustizia e defensione del suo popolo. Sotto del suo dominio vi son grandi principi, alcuni delli quali che avicinano con regni alieni alle fiate ribellano contra lui, e perciò lui costuma menar seco gli eredi di costoro[2]. La terra è libera, e non li pagano altro tributo che portarli qualche presente quando vanno a parlarli, percioché niuno va mai avanti di alcun altro che sia più grande di lui che non porti qualche cosa in mano per offerirli, in segno di ubidienza e cortesia. Ha una maniera di servizio invece di tributo, che tutti li gentiluomini continovi[3] di sua corte e li capitani della gente di guerra, ciascuno con tutti li suoi, sono obbligati ogni trenta giorni di donarli sette dì di servizio nel seminar e raccoglier over in qualche altra cosa; e li signori a chi lui dona qualche terra con vassalli per suo vivere sono obligati di farli il medesimo servizio. [...]
Tutti li casi della giustizia, ancora che vi siano altri giudici e officiali di quello, lui per la sua propria bocca ha da confirmar la sentenzia, condannando over assolvendo la parte secondo che li pare. E non hanno prigioni, percioché li casi subito sono determinati in quel medesimo giorno che si fa la lite, per quello che le parti allegano e con li testimonii che ciascuno presenta. Quando non sono testimonii, se 'l reo vuol che si stia al suo sacramento, si fa in questo modo: tritano minutamente la scorza d'un certo legno, la qual così sminuzzata gettano in un vaso d'acqua, e il reo la bee, e se non vomita è assolto, e vomitando è condannato. [...]
Fra loro non sono cavalli, e perciò la guerra che fa Benomotapa è a piede, con queste armi, cioè archi, freccie, dardi, daghette[4], securi[5] di ferro che tagliano benissimo; e la gente ch'egli tiene più appresso di sé sono da ducento cani, percioché dice che questi sono fidelissimi servitori, così nella caccia come nella guerra. Tutto il bottino che si piglia nella guerra si divide fra la gente, li capitani e il re e ciascuno porta seco di casa sua quello che ha da mangiar, ancora che il principe sempre li manda delle pecore o buoi che mena nello esercito. Quando cammina, dove dee alloggiar li fanno una casa nuova di legnami, e in quella vi debbe esser di continuo fuoco acceso, senza che sia estinto, perché dicono che nella cenere si possono fare alcuni maleficii in danno della sua persona. Nel tempo che vanno in guerra non si lavano mai le mani né il volto, per mostrar dolor, fin che non abbino vittoria contra li suoi nimici, né manco conducono le sue mogli alla guerra, ancor che siano così ben volute e onorate da loro che, se una moglie di uno va per una strada, e per la medesima passa il figliuolo del re, egli è obligato di darli luogo dove la passa, e lui di fermarsi. Benomotapa dentro delle porte della sua casa tiene più di mille donne, figliuole di signori, ma vuole che la prima sia signora di tutte l'altre, ancor ch'ella sia più bassa di generazione, e il primo figliuolo di questa è erede del regno. E quando vien il tempo del seminare ovvero del raccoglier le biade, la regina va al campo con l'altre donne a proveder a tutte le faccende, e hanno questo per grande onore. Molti altri costumi ha questa gente diversi da' nostri, li quali in alcun modo non pare che si convenghino con la ragione della civiltà, secondo la loro barbarie.

---

[1] Di bambagia.
[2] Usa tener con sé gli eredi di tali principi.
[3] Continui, permanenti.
[4] Piccole spade.
[5] Spade.

GUIDA ALLA LETTURA

❶ Qual è il significato dell'insegna dello Stato di cui è principe Monomotapa? ❷ Da che cosa sono rimpiazzati i tributi che i sudditi devono al principe? Perché? ❸ Chi, e in che modo, amministra la giustizia? ❹ Come definisce de Barros le usanze di questa terra?

SVILUPPARE LE COMPETENZE

Comprendere e Analizzare

❶ In nome della cristianizzazione, gli europei hanno compiuto massacri e sfruttamenti a danno degli amerindi. Tenendo conto dei testi di Colombo [110 DOC], Cortés [112 DOC] e di Alessandro VI [111 DOC], scrivi un breve testo (max 25 righe) in cui spiegherai la funzione assolta dalla Chiesa cattolica nell'ambito delle scoperte geografiche.

❷ Dopo aver letto attentamente i brani di Colombo [110 DOC], Cortés [112 DOC] e de Barros [113 DOC], individua ed evidenzia in un breve testo (max 25 righe) quali erano gli elementi delle società e delle culture indigene che con più frequenza venivano notati e messi in luce dagli europei.

Rielaborare e Argomentare

❸ Tema di argomento storico. *Incontri e scontri di civiltà*

Le scoperte geografiche dei secoli XV-XVI hanno rappresentato per gli europei il momento della scoperta e dell'impatto con il "diverso", l'"altro da sé". Attraverso la lettura delle testimonianze, ricche di impressioni, atteggiamenti mentali e sentimenti di varia natura, ricostruisci la percezione che gli europei ebbero degli indigeni (africani e americani), tenendo conto delle difficoltà a comprendere costumi sociali diversi e sconosciuti.

Problemi e traumi della conquista americana

La data del 1492 ha assunto, per la storia dell'umanità, il valore di un vero e proprio spartiacque non solo per le conseguenze economiche e i costi umani della conquista, ma anche perché segnò l'inizio di una nuova concezione del mondo da parte tanto della cultura occidentale quanto dei nativi amerindi, che furono costretti loro malgrado a fare la conoscenza degli spagnoli e dei portoghesi. Entrambi si trovarono davanti a un'alterità radicale e imprevista.

Anche se reciproco, il contatto e lo scambio tra le due culture si tradusse, tuttavia, in un rapporto asimmetrico che vide dei vincitori e dei vinti: gli europei, infatti, esercitarono un potere schiacciante che, accompagnato da quella visione moderna della conquista messa in luce da **Tzvetan Todorov** [114], annientarono le culture autoctone.

Inizialmente Colombo e i suoi uomini provarono stupore di fronte a un paesaggio naturale e ad alcuni gruppi umani così diversi da quelli europei, con usi che prevedevano l'assenza non solo di abiti, ma anche di templi e di statue, tanto da far pensare che si trattasse di popoli che vivevano allo stato di natura, pacifici e pronti per essere convertiti. Rapidamente, però, come messo in luce da **Eric J. Leed** [115], questa immagine degli indios si accompagnò a un'altra, a essa contrapposta: quella che li rappresentava come cannibali coraggiosi e bellicosi e, quindi, adatti e destinati a lavorare come schiavi.

Di tutte le culture con cui gli europei erano entrati in contatto, quelle americane furono percepite come irriducibilmente diverse e l'insistenza su elementi come la nudità, la pratica dei sacrifici umani e il cannibalismo contribuì a rappresentarli come esseri talmente bestiali che ci si cominciò a chiedere se la loro natura – di certo inferiore a quella europea – fosse davvero umana. Fu soprattutto il cannibalismo a essere indicato come il segno per eccellenza della natura non umana dei "selvaggi": era questo uno dei capisaldi delle teorie con cui l'umanista spagnolo **Juan Ginés de Sepúlveda** [116DOC] cercò di giustificare dal punto di vista teologico e giuridico l'opera di "incivilimento" che gli spagnoli stavano portando avanti attraverso la conquista.

Sul fronte opposto, invece, molti missionari cattolici, critici verso le pratiche dei conquistatori, cercarono di favorire un'evangelizzazione che comprendesse le tradizioni, la lingua e l'identità indigene: tra essi, il domenicano **Bartolomé de Las Casas** [117DOC], che si impegnò contro lo sterminio degli indios.

Mentre questi dibattiti si prolungarono per decenni, gli abitanti delle Antille furono annientati molto rapidamente. L'incontro con gli europei ebbe, infatti, un impatto devastante sulle popolazioni americane, non solo per la schiacciante superiorità tecnologica e militare dei primi, ma anche per l'estrema vulnerabilità di queste popolazioni a germi e batteri: gli spagnoli, infatti, portarono nelle Americhe delle malattie contro cui gli indigeni non avevano anticorpi e, per questo, furono contagiati e decimati a migliaia, come evidenziato dallo storico della demografia **Massimo Livi Bacci** [118].

Della conquista e dello sterminio degli amerindi ci restano ben poche testimonianze dalla parte dei vinti: uno dei primi a studiare il modo in cui gli indios scoprirono l'Europa attraverso i conquistatori che giunsero nel loro continente fu lo storico e antropologo **Nathan Wachtel** [119].

114

T. Todorov
La modernità della conquista

T. Todorov, *La conquista dell'America. Il problema dell'"altro"*, Einaudi, Torino 1984, pp. 173-76

comparazione con le uccisioni sacrificali in uso presso gli aztechi, il carattere moderno dei massacri spagnoli.

■ «Voglio parlare della scoperta che l'io fa dell'altro.» Con queste parole si apre il volume pubblicato a Parigi nel 1982 [**Il libro** Tzvetan Todorov, *La conquista dell'America. Il problema dell'"altro"*] dal teorico della letteratura e semiologo francese, di origine bulgara, Tzvetan Todorov (1939-2017). Attraverso una disamina delle testimonianze spagnole e indigene, l'autore intende ricostruire la percezione che gli spagnoli ebbero degli indigeni, privilegiando, rispetto allo scontro in atto fra due civiltà, il momento della scoperta e dell'impatto con il "diverso", l'"altro da sé". Nel brano che segue Todorov evidenzia, attraverso una

Quali sono le motivazioni immediate di questo comportamento degli spagnoli? Uno è incontestabilmente il desiderio di arricchirsi presto e molto, senza curarsi del benessere e della stessa vita altrui. Si torturano gli indiani per strappar loro il segreto sui nascondigli dei tesori; si sfruttano gli indigeni per ricavarne dei profitti. [...] Il desiderio di arricchirsi non è certo una novità; la passione per l'oro non ha nulla di specificamente moderno. Lo è invece, almeno in parte, questa subordinazione ad essa di ogni altro valore. Il conquistador non ha cessato di aspirare ai valori aristocratici, ai titoli nobiliari, agli onori e alla stima; ma ha capito perfettamente che tutto può essere ottenuto con il denaro, che questo non è soltanto l'equivalente universale di tutti i valori materiali, ma rende possibile anche l'acquisto di tutti i valori spirituali. [...] Questa omogeneizzazione dei valori per mezzo del denaro è un fatto nuovo, che preannuncia la mentalità moderna, egualitaria e attenta all'economia.

Comunque, il desiderio di arricchirsi non spiega tutto. Se esso è eterno, le forme assunte dalla distruzione degli indiani e le sue proporzioni sono inedite, e talvolta eccezionali; la spiegazione economica mostra chiaramente i suoi limiti. Non si possono spiegare con la cupidigia [...] l'impiccagione delle donne agli alberi e quella dei bambini alle caviglie delle madri, o le torture con cui si strappa a brano a brano la carne delle vittime per mezzo delle tenaglie [...]. Tutto avviene come se gli spagnoli provassero un piacere particolare nella crudeltà, nell'esercizio del potere sugli altri, nella dimostrazione di poter dare la morte.

Si potrebbero, anche qui, richiamare alcune caratteristiche immutabili della "natura umana" [...]. Ma sarebbe errato cancellare, in tal modo, tutte le differenze e restar fermi a termini di carattere affettivo più che descrittivo, come "crudeltà" [...], così sarebbe opportuno parlare di società del sacrificio e di società del massacro, di cui gli aztechi e gli spagnoli del XVI secolo furono, rispettivamente, i rappresentanti.

Il sacrificio è, in quest'ottica, un delitto religioso: lo si compie in nome dell'ideologia ufficiale, sulla pubblica piazza, dinanzi agli occhi di tutti. L'identità del sacrificato è fissata da regole rigorosissime. Non dev'essere troppo estraneo alla comunità, non deve vivere troppo lontano da essa [...], ma non deve neppure appartenere alla comunità medesima: non si sacrificano i propri concittadini. [...] Né simile, né totalmente differente, il sacrificato conta anche per le sue qualità personali: il sacrificio di valorosi guerrieri è più apprezzato di quello di persone qualsiasi; quanto agli invalidi di ogni genere, essi sono considerati come assolutamente inadatti al sacrificio. [...]

Il massacro, invece, rivela la debolezza del tessuto sociale, il venir meno dei principi morali che garantivano la coesione del gruppo. È compiuto di preferenza in luoghi lontani, dove la legge stenta a farsi rispettare: per gli spagnoli, in America o anche in Italia. Il massacro è dunque intimamente legato alle guerre coloniali, condotte lontano dalle metropoli. Più i massacrati sono lontani e stranieri, meglio è: vengono sterminati senza rimorsi, perché identificati più o meno con le bestie. L'identità individuale del massacrato è, per definizione, non pertinente (se no, si tratterebbe di un delitto): non si ha né il tempo, né la curiosità di sapere chi si sta uccidendo in un determinato momento. Al contrario dei sacrifici, i massacri non sono mai rivendicati: la loro esistenza, di solito, è tenuta segreta e viene negata. Il fatto è che la loro funzione sociale non è riconosciuta, e si ha l'impressione che l'atto trovi la sua giustificazione in se stesso. [...]

Se il sacrificio è un delitto religioso, il massacro è un delitto ateo[1]; e gli spagnoli sembrano aver inventato proprio quel tipo di violenza che invece si ritrova abbondantemente nel nostro più recente passato, sia per quanto riguarda la violenza individuale, sia per quanto concerne quella statale. [...] Lontani dal potere centrale, lontani dalla legislazione regia, tutti i divieti cadono; il legame sociale, già indebolito, si sfalda e rivela non una natura primitiva (la belva assopita in ciascuno di noi), ma un essere moderno, a cui appartiene l'avvenire, che non ha alcuna morale e che uccide perché e quando gli piace. La "barbarie" degli spagnoli non ha niente di atavico[2] o d'animale; è interamente umana e preannuncia l'avvento di tempi moderni.

[1] Che nega l'esistenza di Dio.

[2] Che deriva dagli antenati, ancestrale.

GUIDA ALLA LETTURA

❶ Cosa c'è di moderno nel desiderio di arricchirsi dimostrato dai conquistatori? ❷ Perché, tuttavia, esso non può spiegare tutto? ❸ Qual è la differenza tra società del sacrificio e società del massacro? ❹ In che cosa la barbarie degli spagnoli preannuncia i tempi moderni?

115

E.J. Leed
L'immagine scissa degli indigeni

E.J. Leed, *La mente del viaggiatore. Dall'Odissea al turismo globale*, il Mulino, Bologna 1992, pp. 193-94

■ Lo storico statunitense Eric J. Leed, autore di un saggio dedicato ai cambiamenti indotti dall'esperienza del viaggio nell'identità personale e nelle culture, analizza in queste pagine alcuni mutamenti indotti dalla scoperta dell'America, soffermandosi sull'immagine scissa che gli europei, appena sbarcati nelle nuove terre, ebbero degli indios, definiti al tempo stesso miti e bellicosi.

Il paganesimo innegabile dei popoli appena scoperti rese quasi automatica, per i viaggiatori, l'applicazione a loro della categoria «antichi», poiché anche gli antichi erano pagani, seppur rispettati e ben noti. Questi popoli al di fuori della cristianità erano «simili» a quelli vissuti prima del cristianesimo e così un mondo di estranei venne conosciuto sulla base di questo paragone. L'equazione tra indiani e antichi divenne automatica per i viaggiatori. [...] Il paragone poteva essere rafforzato mettendo in luce certi dettagli che ora sembravano importanti.

> Vanno nudi, non conoscono né pesi né misure, né quella fonte di tutte le disgrazie, il denaro: vivono in un'Età dell'oro, senza leggi, senza giudici menzogneri, senza libri, soddisfatti della propria vita, senza preoccuparsi del futuro. Ciò nonostante sono anch'essi perturbati dall'ambizione e dal desiderio di comandare e combattono tra loro, cosicché nemmeno nell'Età dell'oro c'è un momento senza guerre [...].

Gli abitanti del Nuovo Mondo incarnarono fin dall'inizio caratteristiche antitetiche nel contesto delle categorie europee tradizionali proiettate sugli indiani, come vediamo nel testo di Pietro Martire d'Anghiera[1], consapevole della compresenza del paradiso e della guerra. La nudità degli indiani faceva pensare all'innocenza, come il fatto che non conoscessero il danaro; l'assenza di uno stato con leggi, magistrati e giudici implicava una condizione antecedente la caduta. Ma l'elemento della guerra e della bellicosità, sottolineato da tutti i viaggiatori, implicava invece una condizione post-edenica[2]. La prima lettera di Colombo, che descrive le scoperte che fece nel primo viaggio, sottolinea il pacifismo degli indigeni delle Bahamas e di Hispaniola, che non avevano ferro, né acciaio, né armi, e non erano adatti a ciò, non perché non avessero ben disposta e bella statura, ma perché erano timidissimi oltre ogni credere. Nel raccontare le sue prime impressioni, descrive ripetutamente gli indigeni come «inguaribilmente timidi», «schietti e generosi», pacifici e inadatti alla guerra. I caratteri dei barbari – turbolenza, aggressività, spirito guerriero – furono trovati nei Caraibi e tra gli abitanti di Portorico e delle Piccole Antille, che erano ritenuti cannibali ed ammirati dagli spagnoli per la loro intrattabilità e il loro coraggio. Questa immagine scissa degli indigeni, da una parte pacifici e adatti ad essere convertiti e dall'altra bellicosi e adatti alla schiavitù, serviva ovviamente gli interessi degli scopritori, che intendevano sfruttare le terre che avevano trovato. I primi indiani che Colombo mandò in Spagna furono classificati come «cannibali», e venduti, ed egli vide subito in loro una risorsa per pagare i costi della colonizzazione. Dopo aver fatto un elenco delle cose necessarie ai coloni di Hispaniola, in una lettera ad Isabella soggiunse:

> Il pagamento di queste cose potrebbe essere fatto in schiavi, tratti tra questi cannibali, un popolo assai selvaggio e adatto allo scopo, robusto e di ottima intelligenza. Crediamo che costoro, avendo rinunciato a quella disumanità, saranno migliori di altri schiavi, e perderanno subito la loro disumanità quando saranno fuori della loro terra natale.

---

[1] Storico spagnolo di origine italiana, Pietro Martire d'Anghiera (1457-1526) fu membro del Consiglio delle Indie (l'organo amministrativo dell'Impero spagnolo) e nelle sue lettere fece il resoconto delle sue esperienze nell'America centrale e meridionale.

[2] Successiva alla cacciata dall'Eden, il paradiso terrestre.

GUIDA ALLA LETTURA

❶ Quali caratteristiche facevano pensare agli indigeni come innocenti che vivevano allo stato di natura? ❷ Quali elementi, invece, sembrano contraddire questa visione? ❸ Quali interessi si celavano dietro queste descrizioni? ❹ Quali caratteristiche facevano sembrare gli indios adatti a essere schiavi?

116 DOC

Juan Ginés de Sepúlveda
La guerra giusta

J.G. de Sepúlveda, *Democrates alter, sive de justis belli causis apud indos*, in G. Ghiozzi, *La scoperta dei selvaggi*, Principato, Milano 1971, p. 259

■ L'umanista spagnolo Juan Ginés de Sepúlveda (1490-1573) nella sua opera *Democrates alter, sive de justis belli causis apud indos* ('Democrate secondo, ovvero sulle giuste cause di guerra contro gli indios', 1550) sostiene la legittimità della guerra condotta dagli spagnoli nel Nuovo Mondo e della riduzione in schiavitù delle popolazioni indigene, fondando le proprie argomentazioni sulla teoria aristotelica della schiavitù naturale.

Confronta ora le doti di prudenza, ingegno, magnanimità, temperanza, umanità, religione di questi uomini [gli spagnoli] con quelle di quegli omuncoli, nei quali a stento potrai riscontrare qualche traccia di umanità, e che non solo sono totalmente privi di cultura, ma non conoscono l'uso delle lettere, non conservano alcun documento sulla loro storia. [...] E se, a proposito delle loro virtù, vuoi sapere della loro temperanza e mansuetudine, che cosa potresti aspettarti da uomini abbandonati ad ogni genere di intemperanza e nefanda libidine, molti dei quali si nutrivano di carne umana? Non credere che prima della venuta dei cristiani vivessero in ozio, nello stato di pace dell'età di Saturno cantata dai poeti[1], ché al contrario si facevano guerra quasi in continuazione, con tanta rabbia da non considerarsi vittoriosi se non riuscivano a saziare con le carni dei loro nemici la loro fame portentosa; crudeltà che in loro è tanto più

---

[1] Il riferimento è alla mitica "età dell'oro", sotto il dominio del dio Saturno.

straordinaria quanto più distano dalla invincibile fierezza degli Sciiti anch'essi mangiatori di corpi umani[2]: infatti sono così ignavi e timidi che a mala pena possono sopportare la presenza ostile dei nostri, e spesso sono dispersi a migliaia e fuggono come donnette, sbaragliati da un numero così esiguo di spagnoli che non arriva neppure al centinaio. [...] Così Cortés, all'inizio, per molti giorni tenne oppressa e terrorizzata, con l'aiuto di un piccolo numero di spagnoli e di pochi indigeni, una immensa moltitudine, che dava l'impressione di mancare non soltanto di abilità e prudenza, ma anche di senso comune. Non sarebbe stato possibile esibire una prova più decisiva o convincente per dimostrare che alcuni uomini sono superiori ad altri per ingegno, abilità, fortezza d'animo e virtù, e che i secondi sono servi per natura. Il fatto poi che alcuni di loro sembrino avere dell'ingegno, per via di certe opere di costruzione, non è prova di una più umana perizia, dal momento che vediamo certi animaletti, come le api e i ragni, costruire opere che nessuna attività umana saprebbe imitare. [...]
Ho parlato del carattere e dei costumi di questi barbari; che dire ora dell'empia religione e nefandi sacrifici di tale gente, che venerando il demonio come Dio, non trova di meglio per placarlo che offrirgli in sacrificio cuori umani? Questa sarebbe una cosa buona, se per "cuori" si intendessero le anime immacolate e pie degli uomini; ma loro riferivano questa cessione non allo spirito che vivifica (per usare le parole di san Paolo) ma alla lettera che uccide, e ne davano una interpretazione stolta e barbara, pensando che si dovessero sacrificare vittime umane: e aprendo i petti degli uomini ne strappavano i cuori e li offrivano sulle are nefande, credendo così di aver fatto un sacrificio secondo il modo stabilito e di aver placato gli dei. Essi stessi poi si cibavano delle carni degli uomini immolati. Questi crimini, che superano ogni umana perversità, sono considerati dai filosofi tra le più feroci e abominevoli scelleratezze. E quanto al fatto che alcune di quelle popolazioni, secondo quanto si dice, manchino completamente di ogni religione e di ogni conoscenza di che altro è questo se non negare l'esistenza di Dio e vivere come le bestie?

[2] Lo storico greco Erodoto di Alicarnasso (484-425 a.C.), nelle sue *Storie*, parla di un popolo asiatico confinante con gli Sciti, gli Androfagi (IV, 18): «Dopo il deserto [della Scizia] abitano gli Androfagi, popolo di origine diversa [dagli Sciti], e niente affatto scitico»; (IV, 106): «Gli Androfagi [...], soli fra questi popoli, mangiano carne umana». Sepúlveda, rifacendosi allo storico greco, probabilmente confonde i nomi dei due popoli confinanti.

GUIDA ALLA LETTURA ❶ Con quali termini Sepúlveda presenta gli indios e le loro usanze? ❷ Quali sono gli elementi che li rendono privi di umanità? ❸ Perché gli indigeni sono destinati a essere servi? ❹ Cosa pensa Sepúlveda della loro religione?

117DOC

Bartolomé de Las Casas
Il genocidio degli indios

B. de Las Casas, *Brevissima relazione della distruzione delle Indie*, in G. Ghiozzi, *La scoperta dei selvaggi*, Principato, Milano 1971, pp. 73-77

■ Presentata a Carlo V [155DOC] nel 1542 e pubblicata dieci anni più tardi a Siviglia, la *Brevissima relazione della distruzione delle Indie* del frate domenicano Bartolomé de Las Casas (1474-1566) denuncia le responsabilità dei *conquistadores* nell'orribile genocidio di un intero popolo [👁 12.7]. Il successo e la diffusione dell'opera, che perorava una cristianizzazione pacifica delle popolazioni americane e condannava la loro riduzione in schiavitù, indusse Carlo V a emanare alcune leggi che avrebbero dovuto garantire la sopravvivenza degli indigeni, ma l'opposizione dei coloni vanificò le sue intenzioni. Queste parole di Las Casas sono una testimonianza della sua appassionata difesa dell'umanità degli indigeni americani, a torto accusati di "barbarie".

Tutta questa gente di ogni genere fu creata da Dio senza malvagità e senza doppiezze, obbedientissima ai suoi signori naturali e ai cristiani, ai quali prestano servizio; la gente più umile, più paziente, più pacifica e quieta che ci sia al mondo, senza alterchi né tumulti, senza risse, lamentazioni, rancori, odi, progetti di vendetta. Sono nello stesso tempo la gente più delicata, fiacca, debole di costituzione, che meno può sopportare le fatiche e che più facilmente muore di qualunque malattia[1] [...]. Sono anche gente poverissima, e che non possiede, né vuole possedere beni temporali; e per questo non è superba, né ambiziosa, né cupida. Il loro cibo è tale che quello dei santi padri nel deserto non pare essere stato più ridotto, né più spiacevole e povero. [...] La loro intelligenza è limpida, sgombera e viva: sono molto capaci, e docili ad ogni buona dottrina, adattissimi a ricevere la nostra santa fede cattolica, e ad assumere costumi virtuosi; anzi, sono la gente più adatta a ciò che Dio creò nel mondo. E una volta che cominciano ad avere notizie delle cose della fede, diventano tanto impazienti di conoscerle, e praticare i sacramenti della Chiesa e il culto divino, che – dico la verità – per sopportarli i religiosi debbono essere dotati molto abbondantemente da Dio del dono della pazienza. [...]
Tra queste pecore mansuete, [...] entra-

[1] Va ricordato che, prendendo spunto da questa supposta debolezza fisica riscontrata negli indios, Las Casas favorì l'esportazione di schiavi africani in America, accettando che questi, a differenza dei primi, fossero ridotti in schiavitù.

rono improvvisamente gli spagnoli, e le affrontarono come lupi, tigri o leoni crudelissimi da molti giorni affamati. E altro non han fatto, da quarant'anni fino ad oggi, ed oggi ancora fanno, se non disprezzarle, ucciderle, angustiarle, affliggerle, tormentarle e distruggerle con forme di crudeltà strane, nuove, varie, mai viste prima d'ora, né lette, né udite, alcune delle quali saranno in seguito descritte, ma ben poche in confronto alla loro quantità. Basti pensare che nell'isola *Española* trovammo circa tre milioni di anime, e oggi di indigeni non vi sono più di duecento persone. L'isola di Cuba, lunga quasi quanto da Valladolid a Roma, è oggi quasi del tutto spopolata. [...]

Da un conto molto esatto e veritiero risulta che negli scorsi quaranta anni per queste tirannie e opere infernali dei cristiani sono morti ingiustamente più di dodici milioni di anime, uomini, donne e bambini: e in verità credo di non ingannarmi supponendo che siano più di quindici milioni. In generale quelli che sono andati colà, e che si dicono cristiani, hanno fatto uso di due metodi principali per estirpare e cancellare dalla faccia della terra quelle popolazioni. In un primo tempo hanno condotto guerre ingiuste, crudeli, sanguinose e tiranniche. In un secondo tempo – morti tutti quelli che avrebbero potuto anelare, sospirare o pensare alla libertà, o ribellarsi ai tormenti che pativano, come i capi naturali e gli uomini adulti (giacché comunemente nelle guerre soltanto i fanciulli e le donne si salvano la vita) – li hanno oppressi con la più dura, orribile e aspra servitù nella quale mai uomini né bestie poteron esser posti. [...]

La causa per cui i cristiani hanno ucciso e distrutto tante, tali e così infinito numero di anime risiede soltanto nel fatto di avere avuto per fine ultimo l'oro, l'accumulare grosse ricchezze in pochi giorni e il salire molto in alto nella condizione sociale, sproporzionatamente al valore delle persone. In altre parole, la causa risiede nell'insaziabile brama e ambizione che li ha guidati, sviluppandosi quanto è più possibile al mondo sia per la ricchezza e la felicità di quelle terre, sia per l'umiltà, la pazienza, la facilità ad essere sottomesse di quelle popolazioni, delle quali non hanno avuto più rispetto né maggiore considerazione o stima (parlo secondo verità, e in base a quanto so e ho potuto vedere per tutto il periodo suddetto) non dico di quanta ne hanno per le bestie (piacesse a Dio che le avessero trattate e stimate come bestie!) ma di quanta ne hanno per lo sterco della strada, e anche meno. E allo stesso modo si sono presi cura delle loro vite e delle loro anime: perciò tutte le moltitudini, e i milioni di persone che abbiamo detto sono morti senza fede e senza sacramenti. Ed è una verità molto nota e accertata, che tutti conoscono e accettano (anche gli stessi tiranni e uccisori), che mai gli *indios* di tutte le Indie fecero alcun male ai cristiani: anzi, li considerarono come venuti dal cielo, finché per molte volte, fin dall'inizio, loro stessi o i loro vicini non ricevettero da parte dei cristiani molti mali, furti, morti, violenze e vessazioni.

GUIDA ALLA LETTURA

❶ Con quali espressioni Las Casas descrive gli indios? Sono positive o negative? ❷ Cosa pensa del modo in cui si pongono nei confronti della religione cristiana? ❸ Come si sono comportati gli spagnoli nei loro confronti? Quali sono stati i costi della conquista? ❹ Quali aspettative hanno guidato i cristiani in questa azione?

118

M. Livi Bacci
La catastrofe di Hispaniola

M. Livi Bacci, *Conquista. La distruzione degli indios americani*, il Mulino, Bologna 2005, pp. 120-27

■ L'arrivo degli europei ebbe conseguenze disastrose su tutti i popoli americani: gli eccidi, lo sfruttamento, la destrutturazione delle comunità locali, le malattie falcidiarono in breve tempo intere popolazioni **[👁 12.5]**. In questo brano lo storico della demografia Massimo Livi Bacci (nato nel 1936) racconta come in pochi decenni dopo l'arrivo di Cristoforo Colombo **[110DOC]** l'isola di Hispaniola (corrispondente alle attuali aree di Haiti e Repubblica Dominicana) subì un'autentica catastrofe demografica.

Il caso dell'Hispaniola, e delle Grandi Antille, ha grande rilevanza perché nei primi due o tre decenni successivi al contatto è qui che si mette a punto un sistema di dominio che informerà l'intero processo della Conquista: è in Hispaniola che si introduce il sistema dell'*encomienda*[1] con il relativo ripartimento del lavoro indigeno; è da qui che partiranno le spedizioni di esplorazione e di insediamento della terraferma; è qui che si sperimentano l'evangelizzazione e l'intervento degli ordini religiosi [...].

Sotto il profilo dei temi indagati da questo libro, Hispaniola è anche il campo di battaglia, scientifico e ideologico, tra «ribassisti» e «rialzisti»[2] sulle stime della popolazione al contatto. Queste stime non sono neutrali circa l'interpretazione della catastrofe successiva. Le due scuole sono concordi nell'accettare la pratica estinzione della popolazione verso la metà del Cinquecento, ma più alta la stima iniziale, e più rapido di conseguenza il declino successivo, più invitante appare un'interpretazione monocausale, come quella epidemiologica [...].

[1] 👁 12.6.

[2] In mancanza di dati precisi, e fondandosi quindi su congetture più o meno attendibili, i «ribassisti» propongono cifre basse sull'entità della popolazione indigena al momento del contatto con gli spagnoli; i «rialzisti» seguono un orientamento opposto.

Ritornato Colombo in Spagna da trionfatore e apprestato il secondo viaggio con 17 navi e 1200 uomini, il 27 novembre 1493, nella località battezzata Navidad – dove undici mesi prima aveva lasciato un avamposto di 39 uomini – apprende che sono tutti morti, presumibilmente uccisi dagli indigeni cui avevano rubato oro e donne. [...] Negli anni 1494-96 si tentò di sottomettere i riottosi taíno[3], che si dispersero nelle foreste abbandonando le loro coltivazioni e provocando carestia e alta mortalità. [...] Colombo partì nel 1496 lasciando alcune centinaia di coloni al comando del fratello Bartolomé, che fondò la nuova capitale, Santo Domingo, sulla costa meridionale dell'isola. La ricerca affannosa dell'oro provocò il «ripartimento» del lavoro indigeno tra i coloni. Lo scontento serpeggiava tra gli spagnoli, molti dei quali mal sopportavano il comando della famiglia Colombo, e ben presto si tramutò in opposizione e ribellione aperta. D'altro canto, la Corona voleva estrarre il massimo profitto dall'isola (e da eventuali ulteriori scoperte), ma le prerogative assegnate a Colombo e al suo clan erano diventate un grave ostacolo. Colombo fu rimosso dal comando nel 1500 [...] e rimpatriato in catene [...]. Nel 1502 Nicolás de Ovando fu inviato nell'isola con pieni poteri, con una flotta di 30 navi e 2500 uomini, la prima vera moderna trasmigrazione transoceanica. Governò fino al 1508, sottomettendo gli indigeni delle parti periferiche dell'isola, «pacificando» nel sangue le rivolte, fondando nuovi insediamenti strategici, imponendo tributi, organizzando il sistema amministrativo e giudiziario, eseguendo il primo ripartimento e distribuendo gli indigeni ai coloni in servaggio. La produzione di oro raggiunse il suo massimo in questo periodo, ma la popolazione indigena era in visibile declino [...].

Il rapido declino della popolazione creava oramai seri problemi economici: mancava la manodopera, la produzione di oro calava rapidamente anche per l'esaurimento dei depositi alluvionali, i coloni partivano per Cuba o per le promettenti destinazioni della terraferma. Migliaia di indios vennero razziati nelle isole Lucayas (Bahama) e inghiottiti in poco tempo nel vortice distruttore della ricerca dell'oro. [...] Dagli anni Venti del Cinquecento in poi l'economia cambierà grazie alla canna da zucchero e all'importazione di schiavi dall'Africa, e l'isola manterrà rilevanza come scalo del traffico transatlantico e per le sue funzioni amministrative. Due alti funzionari dell'isola, Zuazo ed Espinosa, in una lettera al re, ne espongono il triste stato: abbandonati o ridotti al lumicino gli insediamenti spagnoli, salvo Santo Domingo, per l'emigrazione alle altre Antille, Messico, Honduras, Castilla de Oro; consumati gli indios «che erano prima in grande numero, estinti in così breve tempo», l'unica speranza è l'invio di schiavi africani per estrarre l'oro e, soprattutto, per sostenere la nascente industria dello zucchero. [...]

Il cosmografo reale López de Velasco conferma l'estinzione degli indios (salvo due villaggi con nemmeno 50 abitanti ciascuno), aggiungendo che non c'era nemmeno un encomendero perché gli indios di servizio erano estinti, che gli spagnoli erano ridotti a un migliaio, e che l'isola era popolata da 12-13 mila schiavi africani. Il futuro demografico dell'isola, come quello delle altre Antille, era dunque consegnato alle vicende dell'immigrazione dall'Europa e alla tratta degli schiavi, che dipenderà, a sua volta, dalle fortune delle piantagioni di canna e degli opifici per la produzione di zucchero. Verso il 1800, nel complesso delle Indie occidentali, c'erano circa 1,8 milioni di abitanti, dei quali 1,5 di colore, per lo più schiavi, e gli altri di origine europea.

[3] La prima popolazione amerinda a popolare i Caraibi.

GUIDA ALLA LETTURA

❶ Perché quello di Hispaniola è un caso esemplare? ❷ Quali problemi causava ai conquistatori il declino della popolazione? ❸ Come fu risolto? ❹ Quali conseguenze ebbe tutto ciò sulla composizione demografica dell'isola?

119

N. Wachtel
La visione dei vinti

N. Wachtel, *La visione dei vinti. Gli indios del Perù di fronte alla conquista spagnola*, Einaudi, Torino 1977, pp. 33-36

■ Nel 1971 lo storico e antropologo francese Nathan Wachtel (nato nel 1935) pubblicò *La visione dei vinti. Gli indios del Perù di fronte alla conquista spagnola*. Fortemente innovativa a suo tempo per i metodi d'indagine e l'approccio interdisciplinare, l'opera intende ribaltare l'ottica di studio tradizionale mutandone l'angolo di osservazione. Al centro della scena non più gli europei, protagonisti della cosiddetta conquista, ma gli indios, che «scoprirono l'Europa attraverso poche centinaia di soldati che li sconfissero».

Gli indios scoprirono l'Europa attraverso poche centinaia di soldati spagnoli che li sconfissero. Due civiltà – che fino ad allora si ignoravano del tutto – si scontravano, e colpisce il fatto che per gli indios «l'incontro» sia avvenuto in un'atmosfera di prodigio e di magia. Forse, i presagi sono stati inventati dopo, tuttavia – anche in questo caso – dimostrano lo sforzo compiuto dai vinti per interpretare l'avvenimento. [...]

Durante i dieci anni precedenti l'arrivo degli spagnoli, si annoverano otto presagi funesti. Per tutto un anno, ogni notte venne incendiata da una colonna di fuoco che appariva a oriente e sembrava alzarsi dalla terra al cielo. [...] Il

tempio di Huitzilopochtli prese fuoco misteriosamente senza alcun motivo apparente, e bruciò «come da sé». Poi venne la distruzione del tempio di Xiuhtecuhtli: mentre cadeva una pioggerellina leggera, un fulmine lo colpì, senza lampo né tuono. In pieno giorno apparvero delle comete che attraversarono il cielo da occidente a oriente. Una tempesta fece ribollire le acque del lago di Messico, distruggendo la metà delle case della città. Poi si sentì la voce di una donna gridare nella notte: «Ragazzi miei, dobbiamo andarcene lontano», e: «La nostra fine è certa». Nascevano «uomini con due teste e un solo corpo; li portavano a Moctezuma[1]. Quando egli li aveva visti spariva di colpo».
Ma il prodigio più terribile fu indubbiamente lo strano uccello color cenere, simile a una gru, catturato sopra il lago di Messico: «sul cranio dell'uccello c'era una specie di specchio... vi si vedeva il cielo: le stelle, la Vela celeste. E Moctezuma quando scorse le stelle e la Vela celeste, vi lesse un presagio sinistro. Ma quando guardò per la seconda volta l'uccello alla sommità del cranio, scorse qualcosa di lontano: era come un corteo che giungeva in fretta, i cui imponenti personaggi si urtavano e combattevano gli uni contro gli altri. Cavalcavano una sorta di cervi. Convocò immediatamente i suoi maghi, i suoi saggi [...]».
Gli indovini tuttavia non riescono a definire quale minaccia pesi su Messico, tanto che nella città si sviluppa un'atmosfera di perplessità e di angoscia. E l'impotenza degli stregoni terrorizza Moctezuma quanto i prodigi.
Presso i Maya, l'annuncio della Conquista assume una forma diversa: quella più esplicita della profezia. Anche il sentimento di angoscia lascia qui il posto a una specie di fatalismo apocalittico, legato alla coscienza del corso inesorabile del tempo. La rappresentazione ciclica del calendario maya costituisce infatti la base della profezia del Chilam Balam che predice una vera «rivoluzione» [...], uno sconvolgimento completo del mondo e, soprattutto, l'avvento di una nuova religione. [...] Certo, la profezia sembra redatta dopo l'avvenimento. Ma questa profezia retrospettiva dimostra il bisogno di dare radici nel passato a un fatto troppo straordinario per avere in se stesso il proprio significato.

[1] Nome spagnolo dell'imperatore azteco Montezuma [👁 12.5 PERSONAGGI].

GUIDA ALLA LETTURA
❶ Quali presagi preannunciano l'arrivo dei conquistatori?
❷ Come reagisce la popolazione? E Montezuma?
❸ Come viene annunciata la conquista presso i maya?

SVILUPPARE LE COMPETENZE

Comprendere e Analizzare

❶ **Dopo aver letto i documenti di Sepúlveda [116DOC] e di Las Casas [117DOC] e i brani di Todorov [114] e di Leed [115], rispondi alle seguenti domande, citando opportunamente i testi:**

a. Su quali elementi era basata la giustificazione della conquista?
b. Qual è il ruolo assunto, in questa giustificazione, dalla descrizione delle pratiche religiose degli indios?
c. Quali caratteristiche sono invece evidenziate dai "difensori degli indios"?
d. Quali sono le motivazioni dei massacri e dello sterminio individuate dai contemporanei?
e. Quali quelle evidenziate dagli storici?

❷ **Scrivi un breve testo (max 45 righe), dal titolo *Anatomia di un massacro*, che analizzi lo sterminio della popolazione nativa americana, diviso nei seguenti paragrafi:**

a. Le motivazioni (Todorov, Sepúlveda, Las Casas);
b. Le giustificazioni (Leed, Sepúlveda);
c. Le modalità (Todorov, Las Casas, Livi Bacci);
d. Le cifre (Las Casas, Livi Bacci).

Rielaborare e Argomentare

❸ **Redazione di un saggio breve. *Noi e gli altri. L'Europa scopre l'America, l'America scopre l'Europa***

Sviluppa l'argomento scelto in forma di "saggio breve", utilizzando i documenti e i dati che lo corredano. Interpreta e confronta i documenti e i dati forniti e su questa base svolgi, argomentandola, la tua trattazione, anche con opportuni riferimenti alle tue conoscenze ed esperienze di studio. Da' al saggio un titolo coerente con la tua trattazione e ipotizzane una destinazione editoriale (rivista specialistica, fascicolo scolastico di ricerca e documentazione, rassegna di argomento culturale, altro). Se lo ritieni, organizza la trattazione suddividendola in paragrafi, cui potrai eventualmente dare un titolo.

Documenti: Sepúlveda [116DOC], Las Casas [117DOC]
Immagini: pp. 417, 419, 423
Brani storiografici: Todorov [114], Leed [115], Wachtel [119]
Capitoli: **12.4-5**, **12.7**

❹ **Dopo aver letto il brano di Todorov [114] e i documenti di Sepúlveda [116DOC] e di Las Casas [117DOC] scegli, fra le seguenti posizioni storiografiche sulla pratica del cannibalismo e i sacrifici umani, quella che ti convince maggiormente; argomenta la tua risposta in un breve testo (max 20 righe):**

a. Le culture amerindie non sono dissimili da tutte le altre culture, che hanno elaborato concetti religiosi e pratiche rituali legate ai rapporti tra "anima" e "corpo", tra vivi e morti, tra umani e divinità: il cannibalismo e i sacrifici umani sono esempi di queste pratiche culturali.
b. Gli indigeni dell'America, poiché privi di contatti con le culture evolute, non hanno avuto modo di elaborare sul piano simbolico-rituale le modalità di relazione tra il mondo umano e quello soprannaturale; ecco perché ricorrono a pratiche "primitive" e irrazionali, come il cannibalismo.

L'economia

Il '500 fu un secolo di profonde trasformazioni sociali ed economiche. Dopo il crollo demografico del '300 e del '400, provocato dalle grandi epidemie di peste, l'Europa cominciò a ripopolarsi. Dal punto di vista commerciale, al progressivo venir meno della centralità economica del Mediterraneo, causato dall'apertura delle rotte oceaniche, si accompagnò una dilatazione mondiale dei traffici e prese corpo l'economia-mondo. In questo periodo, inoltre, furono poste le basi per lo sviluppo in senso capitalistico dell'economia europea: i capitali ricavati dai proventi dell'agricoltura, delle manifatture e del commercio furono reinvestiti in altre attività, comprese quelle finanziarie. Lo storico Fernand Braudel, ritenendo che questa espansione europea fosse un fenomeno che oltrepassava i tradizionali confini secolari, ha proposto di adottare una periodizzazione bisecolare (1450-1650), il cosiddetto «lungo XVI secolo», più idonea a definire le tendenze demografiche, economiche e sociali del periodo.
La sezione si apre con un brano di **Carlo M. Cipolla** [120] che analizza l'economia europea in una prospettiva di lungo periodo, in cui un ruolo determinante è svolto dai traffici transoceanici. L'afflusso di metalli preziosi, la crescita della domanda, l'importazione di nuovi prodotti, l'aumento del volume complessivo degli scambi e l'accumulazione di notevoli capitali furono gli elementi che connotarono il «lungo XVI secolo» con notevoli conseguenze per il futuro della storia europea e mondiale sia dal punto di vista commerciale sia da quello economico.
Nel brano successivo **Fernand Braudel** [121] entra nello specifico della vita quotidiana, evidenziando la coesistenza di diversi livelli di economia: quella elementare, «quasi autarchica», largamente prevalente, l'economia di mercato e quella capitalistica. Eppure fu proprio durante il XVI secolo che l'economia di mercato e il capitalismo, lentamente, cominciarono a consolidarsi.
I due documenti successivi aprono una finestra sull'ampiezza e sull'intensità dei commerci del tempo. Nel primo, il mercante e umanista **Filippo Sassetti** [122DOC] descrive la rete commerciale dei portoghesi lungo le coste africane e l'Oceano Indiano e la natura dei beni che scambiavano in quelle aree. Nel secondo, invece, l'ambasciatore veneziano **Federico Badoero** [123DOC] descrive le attività produttive e commerciali dei Paesi Bassi e di Anversa (allora centro del commercio mondiale) alla metà del '500.
Le trasformazioni in atto nell'economia europea durante il XVI secolo incidono in maniera significativa anche sugli assetti socio-economici dell'Italia, regione di punta dell'economia europea. **Maurice Aymard** [124] nota come l'economia italiana, che pure aveva dato segni di precoce capitalismo, possedesse debolezze strutturali tali da bloccarne l'adeguamento al mutato contesto internazionale. Le pagine proposte sono una panoramica sulle manifatture dell'Italia centro-settentrionale.
Nell'ultimo brano, **Immanuel Wallerstein** [125] spiega che il periodo considerato fu decisivo perché iniziò a configurarsi il moderno sistema mondiale delle relazioni economiche. Un sistema che si caratterizzava per l'esistenza di una dinamica gerarchia economica, organizzata in «centro» (con una città dominante), «semiperiferie» e «periferie», che condizionava i modi di produzione e le forme del potere delle aree che vi fanno parte. Nel '500, l'Europa era al centro di tale sistema.

120

C.M. Cipolla
Conseguenze delle esplorazioni transoceaniche

C.M. Cipolla, *Storia economica dell'Europa pre-industriale*, il Mulino, Bologna 1990, pp. 261-73

■ «In effetti la conseguenza più spettacolare della supremazia acquisita dall'Europa in campo tecnico furono le esplorazioni geografiche e la successiva espansione economica, militare e politica dell'Europa.» Con queste parole si apre il capitolo dedicato all'Europa e ai suoi rapporti con il resto del mondo incluso nel volume *Storia economica dell'Europa pre-industriale* dello storico dell'economia Carlo M. Cipolla (1922-2000). Le pagine che seguono analizzano il ribaltamento degli equilibri mondiali seguito all'espansione transoceanica e il generale arricchimento di conoscenze che la scoperta del Nuovo Mondo offrì agli europei.

Soprattutto la fulminea espansione transoceanica dell'Europa ebbe conseguenze economiche profonde. Una delle conseguenze più mirabolanti fu quella della scoperta nel Nuovo Mondo delle ricche miniere d'argento del Messico e del Perù. Per oltre un secolo, dagli inizi del Cinquecento, le leggendarie *Flotas de Indias*[1] spagnole portarono in Europa una massa imponente di metallo prezioso. [...]
Oro ed argento erano accettati in tutto il mondo come mezzi di pagamento nelle transazioni internazionali. L'aumento della disponibilità di metallo prezioso significò quindi aumento della liquidità internazionale il che favorì lo sviluppo degli scambi. [...] Gli Europei trovarono in Oriente prodotti che ebbero subito largo esito, in Europa, mentre nessun prodotto europeo riuscì a trovare esito analogo in Oriente. [...] Sostituendosi ai mercanti tradizionali e monopolizzando le rotte marittime riuscirono a realizzare notevoli profitti portando argento giapponese in Cina, rame giapponese in Cina ed in India, spezie dall'Indonesia all'India e alla Cina, tessuti di cotone indiani nel Sud-Est asiatico e tappeti persiani in India. Ma i pur larghi profitti di questo commercio interasiatico non bastarono mai a coprire il disavanzo della bilancia commerciale tra Europa e Estremo Oriente. Per saldare il disavanzo l'Europa si servì dell'argento americano [...]. Il commercio intercontinentale nei secoli XVI e XVII consistette essenzialmente di una cospicua corrente d'argento che muoveva verso Oriente prima dalle Americhe verso l'Europa e poi dall'Europa verso l'Estremo Oriente e di una corrispondente corrente di merci che fluivano in direzione opposta: prodotti asiatici diretti all'Europa e prodotti europei diretti alle Americhe. [...]
L'afflusso di metalli preziosi e di prodotti esotici sono fatti che facilmente colpiscono la fantasia ma l'espansione transoceanica dell'Europa ebbe conseguenze ben più numerose e almeno altrettanto se non più rilevanti. Per comodità di esposizione si può cercar di distinguere tali conseguenze in a) tecnologiche, b) economiche, e c) demografiche, anche se è ovvio che tali distinzioni sono quanto mai artificiose.
Cominciamo dalle innovazioni tecnologiche. La navigazione oceanica era una cosa ben diversa dalla tradizionale navigazione costiera. Il suo sviluppo sollecitò e a sua volta dipese dalla creazione e dall'evoluzione di nuovi strumenti e di nuove tecniche. Basti citare l'invenzione del cronometro marittimo, e i nuovi sviluppi della cartografia nautica, dell'artiglieria navale, delle costruzioni navali e dell uso della vela. [...] Non meno rilevanti furono le innovazioni nel settore delle tecniche di affari. Lo sviluppo di grosse compagnie quali la East India Company inglese o la Vereenighde Ooste-Indische Compagnie [...] olandese, la istituzione dei «supercargo» o fattori viaggianti che rappresentavano gli interessi della compagnia a bordo dei vascelli e negli scali d'oltremare, lo sviluppo delle assicurazioni marittime (vedi i Lloyds di Londra), tutte queste e altre mille novità furono essenzialmente il prodotto dell'espansione transoceanica.
[...] Il commercio transoceanico fu una grande scuola pratica di imprenditorialità, non solo per coloro che, come i capitani, i supercargo e i mercanti si recavano oltremare ma anche per quei mercanti, assicuratori, costruttori navali, riesportatori, approvvigionatori, impiegati delle compagnie, che in una maniera o nell'altra operarono in relazione al commercio d'oltremare e anche per quei risparmiatori che impararono a investire indirettamente i loro risparmi nelle compagnie o altre imprese connesse col commercio internazionale. [...]
Una delle conseguenze economiche più significative dello sviluppo commerciale dei secoli XVI e XVII fu l'accumulazione di ricchezza che esso permise in taluni Paesi europei. Ma una conseguenza ancora più importante fu la formazione di un prezioso e sostanzioso «capitale umano», cioè lo sviluppo e la diffusione di una mentalità, di uno spirito e di una capacità imprenditoriali in strati più larghi della popolazione. Questo sarà l'elemento propulsore decisivo dello sviluppo ulteriore.

[1] Flotte delle Indie.

GUIDA ALLA LETTURA
❶ Quali furono le conseguenze principali dell'espansione transoceanica dell'Europa? ❷ In che modo furono utilizzati i metalli preziosi provenienti dalle Americhe? ❸ Quali ricadute economiche ebbe, in Europa, l'aumento della «disponibilità liquida»? ❹ Che cosa intende Cipolla con l'espressione «capitale umano»?

121

F. Braudel
Vita materiale, economia di mercato e capitalismo

F. Braudel, *La dinamica del capitalismo*, il Mulino, Bologna 1981, pp. 26-39; 53-55

■ Lo storico francese Fernand Braudel (1902-1985) è stato autore di studi tra i più innovativi nel panorama storiografico del XX secolo. Alla tesi tradizionale, che descrive l'evoluzione dei sistemi socio-economici come successione lineare, Braudel ha contrapposto una più complessa interpretazione dello sviluppo delle società, che tiene conto della coesistenza di diversi piani della vita economica collettiva. L'attenzione di Braudel si è concentrata, così, sui gesti più abitudinari, tradizionali e quotidiani della vita materiale, che hanno dei tempi lunghissimi, sui mercati e le fiere di villaggio, che definiscono l'economia di mercato, e sui meccanismi economici più sofisticati, espressione del capitalismo, che incidono direttamente sulla produzione e sul mercato creando una rete di interessi e di valori in grado di dirigere l'intera vita economica del pianeta.

A mio avviso la caratteristica fondamentale dell'economia preindustriale è la coesistenza delle rigidità, inerzie e lentezze di un'economia ancora elementare coi movimenti limitati e minoritari, benché vivi ed incisivi, caratteristici della crescita moderna. Da un lato, contadini che vivono nei loro villaggi e sviluppano forme autonome, quasi autarchiche di economia, dall'altra un'economia di mercato ed un capitalismo in espansione che, estendendosi a macchia d'olio, tracciano, a poco a poco, la configurazione del mondo in cui viviamo. [...]

Sono partito dal quotidiano, da ciò che, nella vita, ci trascina senza che ne siamo coscienti: l'abitudine o meglio la *routine*, cioè mille gesti che sorgono spontaneamente [...].

Ho tentato di afferrare tutto questo riducendolo alla formula [...] di «vita materiale». [...] Questa vita materiale, come la intendo io, è ciò che l'umanità nel corso della storia precedente ha profondamente incorporato nel proprio organismo, è ciò che fa visceralmente parte della vita di uomini per i quali gli esperimenti e le esilaranti esperienze di un tempo sono divenute necessità, banali dati della vita di ogni giorno, a cui nessuno fa ormai più caso. [...]

Immaginate, allora, la vasta ed articolata mappa disegnata, in una data regione, da tutti i suoi mercati elementari, da una miriade di punti che rappresentano altrettanti mercati, spesso con un movimento di scambi molto limitato. Da queste molteplici aperture comincia la cosiddetta economia di scambio, in costante tensione tra l'enorme territorio della produzione, da un lato, e l'altrettanto vasto dominio del consumo, dall'altro. Durante l'*Ancien Régime*[1], tra il 1400 e il 1800, si tratta di una economia di scambio assai imperfetta. Le sue origini, senza dubbio, si perdono nella notte dei tempi, ma essa non riesce certo a congiungere la totalità della produzione alla totalità del consumo: grandissima parte della produzione, assorbita dall'autoconsumo della famiglia o del villaggio, non entra nel circuito del mercato.

Tenuto conto dei livelli di questa imperfezione, l'*economia di mercato* è comunque in costante progresso, essa collega piccoli centri e città in misura sufficiente ad avviare una forma di organizzazione della produzione, a orientare e pilotare il consumo. Questo processo richiederà dei secoli, tuttavia tra questi due universi – quello della produzione [...] e quello del consumo [...] – l'economia di mercato rappresenta il tramite, la forza motrice, l'area limitata ma vitale da cui scaturiscono stimoli, energie, innovazioni, iniziative, nuove prospettive, movimenti di crescita e persino di progresso. [...]

L'artigiano itinerante che va di borgo in borgo ad offrire i suoi poveri servizi, l'impagliatore di sedie o lo spazzacamino appartengono al mondo del mercato, benché siano consumatori assai mediocri: il loro pane quotidiano dipende infatti dal mercato. [...] Il contadino che, a sua volta, vende regolarmente una parte del raccolto ed acquista, altrettanto regolarmente, arnesi o capi di vestiario, fa già parte del mercato. Tuttavia chi si reca nel borgo per vendere solo qualche piccola merce, uova o pollame, ricavandone una esigua quantità di denaro necessaria al pagamento delle imposte o di un vomere per l'aratro, sfiora soltanto, senza valicarlo, il limite del mercato e resta di fatto all'interno del vasto territorio dell'autoconsumo. [...]

Vorrei ora analizzare gli aspetti che riguardano più propriamente lo scambio e che indicherò sia col termine *economia di mercato* che col termine *capitalismo*. [...] Tengo a sottolineare ancora una volta che queste due forme di attività – l'*economia di mercato* ed il *capitalismo* – sono, fino al XVIII secolo, aspetti minoritari dell'attività umana che resta avviluppata e inghiottita negli sconfinati territori della *vita materiale*. Se l'economia di mercato è in espansione, [...] tuttavia manca, sovente, di spessore, di capacità di penetrare in profondità. Quanto agli aspetti della vita economica d'*Ancien Régime* che, a torto o ragione, indico col termine *capitalismo*, sono espressioni di un livello sofisticato, brillante, ma limitato, incapace cioè di coinvolgere l'insieme della vita economica e di creare [...] un «modo di produzione specifico» che tende a generalizzarsi attraverso i suoi stessi processi di riproduzione. [...]

Fino al XIX secolo, l'economia di mercato costituisce soltanto un livello più o meno consolidato e resistente, talora una sottile intercapedine, tra l'oceano della vita quotidiana che si estende al di sotto di essa ed i movimenti del gioco capitalistico che, più d'una volta, la manovrano dall'alto.

[1] Antico regime era quello della società francese nell'epoca dell'assolutismo e che fu abbattuto dalla Rivoluzione del 1789.

GUIDA ALLA LETTURA

❶ Quale periodo storico viene analizzato nel brano? ❷ Qual è, secondo lo storico francese, la caratteristica fondamentale dell'economia pre-industriale? ❸ Che cosa intende Braudel con l'espressione «vita materiale»? ❹ Quale funzione viene attribuita all'economia di mercato?

122 DOC

Filippo Sassetti
Il commercio oceanico portoghese

da G.G. Ferrero, *Lettere del '500*, Utet, Torino 1959

■ Filippo Sassetti nacque a Firenze nel 1540. I primi anni della sua vita furono dedicati a studi letterari. In seguito a gravi problemi economici si volse all'attività mercantile, lavorando al servizio di un mercante portoghese che aveva l'appalto del commercio delle spezie. Ebbe così modo di recarsi in India, dove morì intorno al 1586. Nel brano da una sua lettera, qui riportato, Sassetti descrive la natura e l'intensità degli scambi commerciali portoghesi nei principali porti africani e indiani [👁 12.8].

Il traffico de' Portughesi è al Capoverde[1] e quelle isole quivi vicine; più basso alla Mina di Sangiorgio[2], e tutta questa costa d'Africa, che guarda il Ponente; all'isola di Santommè[3], e a quella costa del Mondo nuovo, ch'e' chiamano il Verzino[4]. Di là dal Capo Buonasperanza fanno scala a Monzambiquo, e poi se ne vanno in India; e di quivi, cioè dalla prima costa d'India, dove è Calicut e Goa, vanno a Malaca, che dicono essere l'antica Aurea Chersoneso[5], alla China e al Giapan, e prima a Malucco: e nella costa d'Africa di ponente, che sono Capoverde e la Mina, portano principalmente di quelle tele che vengono d'India in quantità grande, e di quelle che vengono di Roano; ottoni lavorati di ogni sorte, e massime collane, e certe maniglie e anelli, che que' Neri si pongono al naso e agli orecchi, e molti paternostri di vetro, che ne fanno vezzi e collane, e una certa sorte di paternostri rossi, che vengono dell'India a carrate. A Santommè non portano se non le cose necessarie per vitto; che, trattone i Portoghesi, non vi sono altri che schiavi; e nel Verzino conducono d'ogni sorte cosa; grasce[6], panni, drappi, mercerie, come specchi, sonagli e altre sì fatte; e in India portano di tutto tambene[7], vino, olio, drappi e panni ma pochi; fogli, vetri, coralli e reali[8]. Le cose che riportano in qua, sono queste: del Capoverde cuoia, cotoni, zuccheri; della Mina oro perfetto e zibetto[9]; [...] di Santommè vengono quelli zuccheri che si raffinano, chiamati da noi zuccheri rossi, in numero di sette milioni secento mila delle nostre libbre, e ogni trentasette vagliono circa a un ducato e tre quarti. Del Verzino vengono altrettanti zuccheri, la maggior parte bianchi, che vagliono qui le libbre quarantatré circa di ducati quattro. In questo paese si ritrova Filippo Cavalcanti [...], il quale ha grandissime faccende alle mani, ed è uomo di grande autorità, e quasi soprastante a tutto, infino al proprio governatore. Dicono che e' tiene gran corte con molti paggi e cavalli, e spende l'anno in sua casa meglio di scudi cinquemila; e' suoi negozi sono ingegni di zuccheri[10]. Quivi sono, per quanto io intendo, mostri stupendi d'animali bruti; e un piloto d'una nave, venutone quest'anno, ha portato la pelle d'un serpente, sul quale, pensando di porre il piede sopra un sasso, scavalcava, che è largo sul dosso quattro piedi, e lungo trentaquattro o trentacinque; il quale dice che mangiava una pantera, e mangiava anche lui, se e' non lo soccorrevano. Ha ancora portato il cuoio d'uno animale della grandezza della lontra, ma coperto di squame durissime; ha la testa di testuggine, gambe di coccodrillo, e la scaglia della schiena si raccoglie come fa la parte di sopra delle manopole di ferro o i cosciali d'un'armadura [...]. Del Monzambiquo portano in India schiavi e molto avorio; e d'India recano tutte le cose preziose che noi conosciamo: le spezierie, parte delle quali fanno in quella costa, come il pepe, la cannella e 'l zènzero; l'altre vi sono portate, come le noci moscade e il macis[11], [...] e tutte le sorte di pietre preziose che noi conosciamo, salvo che non ho veduto turchine. Vengonne infinite sorti di tela di bambagia, e alcune d'erba, tanto fini e sottili che senza vederle non si potrebbe credere; e queste son quelle che passano dipoi in Barberia[12] e per tutta l'Africa. Vengono veli assai di seta, e molti di quelli drappi che noi chiamiamo zendali, de' ciambellotti[13], con seta sottilissima e bianca, e cose lavorate, come coltre imbottite, nelle quali si troverà da spendere fino cento venti e cento cinquanta scudi nell'una. [...] Vengono di là legnami da letti, che e' domandano *catri*, dipinti di diversi colori, e tali miniati d'oro di gentilissimi compassi[14]; e 'n luogo di saccone[15] tengono cigne[16] con le quali l'attraversano ed empiono tutto, e in quei paesi pongono una stuoia sopravi, e dormonvisi: qua vi mettono le materasse. Le madreperle e altre fantasie di mare, ch'e' conducono di là, non hanno numero, e son tutte cose che ingombrano molti denari. [...] Vienci l'anile, o vero indaco, la lacca per tignere, che sono cacature di formiche, e in certi cannelli quella dura da suggellare. Le porcellane non sono da lasciarsi, delle quali credo che ci siano venute quest'anno dugento tinelli[17], e tutte hanno preso luogo[18], che adesso non si troverebbe da comperarne che fussero buone: vagliono ragguagliatamente un quarto di ducato il pezzo de' piccoli; e' grandi poi uno, due, tre e quattro ducati l'uno.

[1] Sono le isole di Capoverde, nell'Oceano Atlantico, al largo dell'Africa occidentale.

[2] Nell'Oceano Atlantico, al largo de l'Africa occidentale.

[3] Lisola di Sâo Tomé, in Africa, nel Golfo di Guinea.

[4] Il Brasile.

[5] Laurea Chersoneso. Letteralmente, la 'Penisola d'oro', identificata, in genere, con Malacca.

[6] Tutto ciò che serve al vitto.

[7] Parimenti.

[8] I reali sono una moneta spagnola

[9] Liquido di odore acuto, usato in profumeria.

[10] Fabbriche di zucchero.

[11] Involucro esterno della noce moscata.

[12] L'attuale Maghreb.

[13] Tessuti di pelo di cammello.

[14] Compartimenti; spazi divisi e misurati con arte.

[15] Paglierìccio.

[16] Fasce, cinghie.

[17] Misura di capacità.

[18] Sono state vendute.

GUIDA ALLA LETTURA

❶ In quali luoghi si svolgevano gli scambi commerciali dei portoghesi? ❷ Quali merci venivano scambiate? ❸ Qual è l'atteggiamento predominante dell'autore nei confronti di ciò che descrive? ❹ In che modo si fa riferimento alle popolazioni locali? Che immagine dell''altro' emerge dal testo?

123DOC

Federico Badoero
I Paesi Bassi: centro dell'economia-mondo cinquecentesca

F. Badoero, *Relazione delle persone, governo e stati di Carlo V e Filippo II letta in Senato da Federico Badoero nel 1557*, in L. Firpo (a c. di), *Relazione degli ambasciatori veneti al Senato*, Bottega d'Erasmo, Torino 1968, vol. III, pp. 119-21

■ Federico Badoero (1519-1593) fu ambasciatore veneziano presso la corte spagnola. In quanto tale, fu autore di relazioni periodiche che venivano lette al Senato di Venezia. Le relazioni degli ambasciatori veneti sono una fonte di grande importanza per lo studio dell'età moderna. Esse venivano redatte dagli ambasciatori di Venezia presenti nelle corti europee e compilate secondo modelli uniformi. Le relazioni dalla Spagna, poi, assumono particolare importanza perché i sovrani iberici regnavano su gran parte dell'Europa (Regno di Napoli, Milano, Fiandre, ecc.) e delle Americhe. Il brano proposto descrive gli elementi che maggiormente caratterizzano l'agricoltura e l'economia delle Fiandre.

La Fiandra per sé stessa è abbondante di varie cose, ma vino non produce: nascono più biade in Artois che in tutto il restante de' detti paesi, e di esse ne ha bisogno grande l'Olanda, che prende il suo nutrimento da Osterland, ma di butirri e formaggi rende ottocentomila scudi l'anno.

La Frisia abbonda di buonissimi grani e vini, e ha buona razza di cavalli, de' quali ne sono per tutto, e solo in Utrecht, dove si fanno quattro fiere all'anno, se ne vendono oltre cinquemila. Li fiumi sono pieni di pesci, e la natura di quei paesi è tale, che come si fa un fosso pare che vi nascano.

In niun luogo sono miniere, eccettoché appresso Liegi alcune di ferro. Ha grandissimo bisogno d'allumi[1] per la grandissima quantità di panni che si lavorano, e vi vengono condotti d'Italia e Spagna. Le terre, comparando le grandi con le mediocri e piccole, sono al numero di centoquaranta: in gran parte le grandi hanno da sei fino a venticinquemila fuochi, le mediocri da tre fino a cinquemila, e le piccole da trecento fino a duemila; e si fa giudizio che in tutto le anime siano da tre milioni in circa. Le case d'esse terre non hanno né comodo compartimento, né bella architettura, e per la maggior parte sono di legname e di terra, ma i palazzi pubblici sono di pietre, e grandi assai ed apparenti; le chiese ben ordinate ed ornate, le piazze e strade grandi e larghe con molte e bellissime fontane, ma mal selciate e non ben tenute di nettezza. Per causa de' mari e de' molti fiumi hanno quelle provincie tutte le cose che alla vita bisognano, ma viene da' forestieri detto ritrovarvisi grandissimi freddi con poche legne, grandissima sete con pochi vini, e con poco guadagno grandissime spese.

Sono i Paesi Bassi pieni d'uomini che esercitano tutte le arti necessarie, e la maggiore è quella del tessere, che dall'Olanda solo escono ogni anno tele per ottocentomila scudi, e quasi altrettanto di tappezzerie, che si fanno in varj luoghi; e di panni di ogni sorte se ne trae per somma molto maggiore, essendo in quantità, come è noto, grandissima. Dal traffico di mercerie minute, che vanno in Spagna e all'Indie, vengono a trarne più di trecentomila scudi; più che ogni altra nazione vagliono per dipingere paesi ed animali; e alla musica par che siano nati, nella quale si trovano compositori eccellenti. Nella chirurgia vagliono assai, ma nella medicina molto poco, perché non usano andare in pratica i giovani medici con i vecchi: sono però gran conoscitori de' semplici, ma non intendenti della lor virtù, né di farli comporre insieme.

In diversi luoghi si trovano assai mercanti, ma perché Anversa è stimata comunemente la maggior piazza del mondo, dire insomma che tanta è la copia e la varietà di cose necessarie, utili, comode e onorevoli, che in essa vanno ed escono per terra e per mare, che maggiore oggidì non va in terra del mondo; e ogni giorno si ode esser conclusi grandissimi mercati, e fatti molti cambi ed incette; e dei denari, che si usano dare ad interesse ad un anno, difficilmente si può credere quanta sia la somma, affermandosi che passa quaranta milioni d'oro l'anno quello che in contanti si rivolge.

[1] L'allume si ottiene dalla lavorazione dell'alunite, composto minerale di alluminio e potassio. Era utilizzato soprattutto per fissare i colori sui tessuti, nella lavorazione della lana e in quella delle pelli.

GUIDA ALLA LETTURA

❶ Quali informazioni, qualitative e quantitative, è possibile trarre sull'economia dei Paesi Bassi? ❷ Ricava dal testo i dati relativi alla popolazione e alla sua distribuzione. ❸ Elenca le città di cui si parla nel brano. Perché Anversa era ritenuta «la maggior piazza del mondo»? ❹ Quali osservazioni e giudizi personali l'autore esprime sulla società e sugli uomini dei Paesi Bassi?

124

M. Aymard
Le attività manifatturiere nell'Italia centro-settentrionale

M. Aymard, *La fragilità di un'economia avanzata*, in R. Romano (a c. di), *Storia dell'economia italiana. L'Età Moderna. Verso la crisi*, Einaudi, Torino 1996, pp. 72-74

■ Directeur d'Etudes presso l'École des Hautes Etudes en Science Sociales di Parigi, Maurice Aymard (nato nel 1936) è autore di numerosi lavori sull'economia e la società dei paesi mediterranei (in particolare dell'Italia). Nel saggio dal quale è estratto il brano che presentiamo, Aymard offre un quadro composito e articolato dell'economia italiana nell'età moderna. Secondo lo studioso francese, l'espansione cinquecentesca ridefinisce, in Italia, i rapporti fra città e campagne e, soprattutto, mette in crisi la superiorità economica delle città nell'area centro-settentrionale, fino ad allora basata su una divisione del lavoro a diversi livelli: contado, penisola italiana, area euro-mediterranea. Il brano proposto analizza le risposte dell'industria manifatturiera dell'Italia centro-settentrionale alle trasformazioni in atto [👁 13.4].

Nel Nord, le fabbricazioni tradizionali raggiungono già da prima della fine del XVI secolo un buon livello, prima di regredire. In Toscana come in Lombardia, la produzione di pannilani e di fustagni segna il passo dal 1570-80, dopo gli anni di forte crescita [...]. L'unica vera eccezione è quella costituita da Venezia, dove la curva non si inverte se non dopo il 1610-20 [...]. Nonostante questo sforzo di adattamento, l'inversione di tendenza sembra chiaramente legata alla concorrenza dei panni, più leggeri e meno cari, provenienti dall'Inghilterra e dai Paesi Bassi – poi dalle Province Unite – che i mercanti nordici vanno a vendere direttamente nell'impero ottomano, e perfino in Italia, senza passare per l'intermediario genovese o veneziano.

Nuove attività, come il vetro, la carta o la stampa (di cui Venezia è alla metà del XVI secolo il più grande centro europeo), o produzioni più antiche, come il sapone, ma stimolate adesso da una forte domanda, conoscono invece uno sviluppo importante, conferendo all'Italia del Nord un vantaggio che resiste perlomeno fino ai primi decenni del XVII secolo. L'industria lombarda delle armature, delle armi bianche e da fuoco [...] mantiene, nonostante la comparsa di nuovi concorrenti soprattutto in Francia e in Inghilterra, il prestigio della qualità, grazie all'abilità della manodopera e alla tecnica assai raffinata di una metallurgia che ha adottato per prima il procedimento interno di fusione in altoforno, che permette di economizzare il combustibile e di utilizzare minerali greggi a più basso tenore[1].

La rapida espansione della seta, che raccoglie l'eredità della lana per le stoffe più apprezzate, costituisce senza dubbio, in questo contesto, l'esempio più significativo delle strade seguite dall'economia italiana per mantenere una posizione di primo piano nella competizione che coinvolge ormai l'intera Europa occidentale. [...] Per la filatura, verso la fine del secolo, vengono messi a punto a Bologna i primi mulini idraulici, che faranno del Settentrione italiano, per più di due secoli, il principale produttore ed esportatore europeo di filati, in quantità come in qualità. La tessitura resta sempre fissata nelle grandi città, così come la fabbricazione di fili arricchiti d'oro e d'argento [...]. La fabbricazione delle sete copre quindi una gamma assai larga, che va dalle stoffe più preziose, come i velluti di Genova o i tessuti auro-serici riccamente ricamati che fanno all'epoca la gloria di Milano, alle calze, ai guanti e ai nastri. Adatta a clientele diverse, la seta italiana si mostrerà capace, nel XVII secolo, di compensare con la conquista di nuovi mercati lo sviluppo della produzione francese e inglese, e ciò sia nel Centro e nella parte orientale dell'Europa (come in Polonia), sia nell'America spagnola.

Ma queste scelte successive che privilegiano una produzione di lusso o semilusso localizzata in generale nelle città e sostenuta dai capitali accumulati dai mercanti, dalla persistente efficacia di una infrastruttura commerciale e finanziaria capace di garantire le forniture di materia prima e la vendita dei prodotti finiti, da un reale progresso tecnologico, dall'abilità di un artigianato urbano assai rinomato all'estero [...] queste scelte, dunque, non acquistano senso se non confrontate con quelle fatte nello stesso periodo nei Paesi Bassi, in Inghilterra, in Francia e anche in Germania. Ebbene, qui ci si orienta in una direzione opposta: verso prodotti soprattutto tessili, come le tele, i panni di lana o le stoffe miste di basso costo (e di minore qualità), suscettibili di toccare una clientela più larga, in Europa, nel Levante e nelle colonie spagnole. La fabbricazione di questi prodotti inizia a essere trasferita, dai mercanti che l'organizzano, verso le campagne, dove la manodopera per il lavoro a domicilio, concentrato temporalmente nei periodi di scarso impiego nell'agricoltura, è nel contempo numerosa e meno cara. L'Italia non si accosterà che in un secondo tempo, nel XVII secolo e ancor più nel XVIII, alle soluzioni che Franklin Mendels ha proposto di definire con il termine di «proto-industrializzazione»[2]; in ogni caso, le manifatture rurali italiane produrranno soprattutto per il mercato locale e regionale, non per l'esportazione a lunga distanza. Ciò spiega come il loro sviluppo non sia stato di fatto stimolato, tranne qualche rara eccezione, dalla nuova domanda americana, diversamente da quanto accadde per gli altri paesi dell'Europa occidentale.

---

[1] Meno puri, con maggiori scorie.

[2] Il termine sta a indicare la crescita dell'industria rurale la cui produzione è rivolta al mercato.

GUIDA ALLA LETTURA

❶ Perché, alla fine del XVI secolo, la produzione tessile dell'Italia del Nord regredì? ❷ Quali erano i principali paesi concorrenti delle città italiane? ❸ Che cosa differenziava la produzione manifatturiera italiana da quella dei paesi concorrenti? ❹ Che caratteristiche avevano le manifatture rurali italiane?

125

I. Wallerstein
Il sistema mondiale dell'economia moderna

I. Wallerstein, *Il sistema mondiale dell'economia moderna. L'agricoltura capitalistica e le origini del sistema mondiale dell'economia europea nel XVII secolo*, il Mulino, Bologna 1974, pp. 15; 82-112; 450-51

■ Uscito negli Stati Uniti nel 1974, il volume *Il sistema mondiale dell'economia moderna* ha suscitato notevolissimo interesse e vivaci polemiche. Secondo il suo autore, lo statunitense Immanuel Wallerstein (nato nel 1930), sociologo di formazione, antropologo e africanista, alla fine del XV secolo iniziò a prendere forma un'«economia mondiale» [👁 13.5] che, come scrive Fernand Braudel [121] nell'introduzione all'edizione italiana, «è costituita da una zona centrale ristretta (il cuore), una semiperiferia abbastanza ampia e, infine, una periferia di vaste proporzioni». È proprio la coesistenza e il legame profondo tra zone caratterizzate da diversi modi di produzione e organizzazione del lavoro a garantire la struttura di questa «economia-mondo» e a spiegare i rapporti di forza tra i paesi attratti nell'orbita di questo sistema, suscettibile nel lungo periodo di significative espansioni e profonde modificazioni.

Alla fine del quindicesimo secolo e all'inizio del sedicesimo cominciò a formarsi un tipo di economia che potremmo chiamare economia mondiale dell'Europa. [...] È un'entità economica ma non politica, diversa dagli imperi, dalle città-Stato e dalle nazioni-Stato. Di fatto, essa comprende dentro i suoi confini (non si può parlare di frontiere) imperi, città-Stato e le emergenti «nazioni-Stato». È un sistema mondiale non perché comprenda il mondo intero, ma perché va al di là di qualsiasi unità politica definita giuridicamente. Ed è un'«economia mondiale» perché il legame fondamentale tra le parti del sistema è economico, anche se veniva rinforzato in qualche misura da legami culturali e, come vedremo, da accordi politici ed anche da strutture confederali. [...]

I punti di partenza e di arrivo variano a seconda della prospettiva nazionale da cui si guarda il secolo. Comunque, per l'economia mondiale dell'Europa nel suo insieme, consideriamo come unità di tempo significativa il periodo 1450-1640, durante il quale si creò un'economia capitalistica mondiale, economia che era senza dubbio, per usare le parole di Braudel[1], «estesa ma debole».

E dove si affermò l'economia mondiale europea? [...] L'economia mondiale dell'Europa, alla fine del sedicesimo secolo, non comprendeva soltanto l'Europa nordoccidentale e il Mediterraneo cristiano (compresa l'Iberia), ma anche l'Europa centrale e la regione baltica. Comprendeva anche talune regioni dell'America: Nuova Spagna, Antille, Terraferma, Perù, Cile, Brasile, o, meglio, le parti di tali regioni che erano sotto l'effettivo controllo amministrativo degli spagnoli o dei portoghesi. Si possono includere le isole atlantiche e forse qualche zona della costa africana, ma non le aree dell'Oceano Indiano; neppure l'estremo Oriente [...]; né l'impero Ottomano; e neanche la Russia [...]. Non si possono tracciare linee chiare e precise, ma ritengo più utile considerare il mondo europeo del sedicesimo secolo un risultato dell'unione di due sistemi in precedenza più distaccati, il sistema del Mediterraneo cristiano, facente capo alle città dell'Italia del Nord e la rete commerciale delle Fiandre e dell'Europa settentrionale e nordoccidentale, e l'aggregazione a questo nuovo complesso da una parte della Germania ad est dell'Elba e della Polonia, e di altre zone dell'Europa orientale, e dall'altra parte delle isole atlantiche e di zone del Nuovo Mondo. [...]

In quest'epoca l'economia mondiale aveva diversi tipi di lavoratori: c'erano schiavi che lavoravano nelle piantagioni di zucchero e in facili lavori minerari in superficie. C'erano «servi della gleba» che lavoravano in vasti possedimenti dove si coltivava il grano e si raccoglieva la legna. C'erano «fittavoli» con vari tipi di produzione per lo scambio (anche grano), e lavoratori salariati in alcuni settori agricoli. Arriviamo così al 90-95% della popolazione nell'economia mondiale europea. C'era poi una nuova classe di «proprietari terrieri». C'erano inoltre un piccolo strato intermedio – supervisori, artigiani indipendenti, pochi operai specializzati – e un piccolo strato dominante, occupato nella supervisione di grandi operazioni agricole, che aveva in mano le istituzioni più importanti dell'ordine sociale, e che in qualche modo cercava di occupare il proprio tempo. Quest'ultimo gruppo comprendeva sia la nobiltà sia la borghesia patrizia (e anche, naturalmente, il clero cristiano e la burocrazia statale). [...]

Perché questi modi si concentrarono in zone diverse dell'economia mondiale – la schiavitù e il feudalesimo alla periferia, il lavoro salariato e indipendente al centro, e come vedremo la mezzadria nella semiperiferia? Perché [...] l'economia mondiale si basava proprio sull'assunto che esistevano di fatto queste tre zone, e che di fatto avevano modi diversi di controllo del lavoro. Non fosse stato così, non sarebbe stato possibile garantire quel flusso del surplus[2] che permise al capitalismo di nascere. [...]

La periferia (Europa orientale e America spagnola) fece uso del lavoro coatto (schiavitù e lavoro agricolo coatto per lo scambio). Il centro, come vedremo, fece un uso sempre crescente di lavoro libero. La semiperiferia (aree in precedenza di centro che si avvicinarono alle strutture periferiche) sviluppò una forma intermedia, la mezzadria, come alternativa generale.

[1] 121.

[2] Sovrappiù, ossia la differenza fra il valore del prodotto finale e il valore di tutti i fattori (lavoro, materie prime, macchinari) impiegati per ottenerlo.

GUIDA ALLA LETTURA

❶ In quale contesto storico e geografico si affermò ciò che Wallerstein chiama l'«economia mondiale europea»? Quali erano le sue caratteristiche principali? ❷ L'economia mondiale prevedeva un'unica forma di organizzazione del lavoro? ❸ Da quali zone era costituita l'economia-mondo? Che rapporti vi erano tra esse?

SVILUPPARE LE COMPETENZE

Comprendere e Analizzare

❶ **Scrivi un breve testo (max 30 righe), dal titolo *La nascita dell'«economia-mondo»*, seguendo la scaletta di argomentazione:**

a. Centro e periferia nel mercato mondiale (Cipolla, Braudel)
b. Le merci e le rotte del commercio internazionale (Cipolla, Sassetti)
c. La funzione del mercante e il ruolo dei mercati (Cipolla, Braudel, Badoero)
d. La nuova divisione del lavoro (Wallerstein)
e. I prerequisiti dello sviluppo industriale (Cipolla, Wallerstein)

❷ **Dopo aver letto i documenti di Sassetti [122DOC] e Badoero [123DOC] e i brani di Cipolla [120], Wallerstein [125] e Aymard [124], rispondi alle seguenti domande, citando opportunamente i testi:**

a. Di quali gruppi sociali erano espressione gli autori dei documenti? Quale professione svolgevano?
b. In che modo gli autori dei documenti descrivono la realtà osservata? Su quali fonti si basano?
c. Quali soggetti facevano parte dell'«economia mondiale europea»?
d. Il nuovo sistema economico modificò i rapporti sociali esistenti?
e. Quali conseguenze ebbe lo sviluppo dell'economia di mercato sulla mentalità dell'uomo moderno?

Rielaborare e Argomentare

❸ **Tema di ambito storico-politico. *La vita quotidiana del «lungo XVI secolo»***

Il '500 è considerato dagli storici un secolo di grandi trasformazioni economiche e sociali. Quali conseguenze ebbero le scoperte geografiche, le innovazioni produttive e lo sviluppo del capitalismo sul modo di vivere e di pensare della gente comune?
Rifletti sui caratteri di questa trasformazione, illustrandone gli aspetti più significativi.

Documenti: Badoero [123DOC]
Immagini: pp. 433, 435, 437, 444, 445
Brani storiografici: Cipolla [120], Braudel [121]
Capitoli: **13**

❹ **Le interpretazioni storiografiche di Braudel [121] e di Wallerstein [125] sono strettamente legate. Lo storico francese, infatti, fu il primo a intuire che lo sviluppo economico europeo dell'età moderna condusse alla costruzione di un'economia mondiale caratterizzata da centri di potere economico europei (Venezia, Amsterdam, Londra, ecc.), che si inserivano in un quadro di «economia-mondo», secondo la formula del sociologo statunitense. Evidenzia in un breve testo (max 15 righe) i punti di contatto tra le due interpretazioni, descrivendone la continuità.**

Città e campagne

Gli studi di storia urbana sono fra i più dinamici della ricerca sull'età moderna (e non solo): l'approccio multidisciplinare che li caratterizza consente di affrontare in modo nuovo una grande varietà di fenomeni demografici, sociologici, architettonici, senza trascurare la città fisica e le sue funzioni simboliche.
Due grandi tendenze segnano la storia delle città europee durante il XVI secolo: la prima è l'aumento della popolazione urbana, la seconda è il caratterizzarsi della città per le funzioni economiche (sedi di porto, di manifatture, ecc.) o politiche (città capitali).
Paul M. Hohenberg e **Lynn H. Lees** [126] ci offrono una descrizione del sistema urbano delle Fiandre e del Brabante, dal XV al XVIII secolo, alla luce di un modello ciclico che si basa sull'interazione fra economia urbana ed economia rurale: a fasi che si connotavano per l'espansione dell'economia urbana e la regressione di quella rurale si succedevano fasi in cui il rapporto era invertito.
Il contesto culturale e socio-economico favorevole, inoltre, favoriva lo sviluppo e la diffusione delle rappresentazioni urbane, i cosiddetti "ritratti di città". Che l'immagine di una città venisse stampata su carta (per un atlante) o affrescata sulle pareti di una chiesa o di un palazzo, si poneva tuttavia il problema tecnico della realizzazione del "ritratto di città", come testimonia **Giorgio Vasari** [127DOC], alle prese con la rappresentazione dell'assedio di Firenze del 1530 operato dall'imperatore Carlo V.
Alla metà del '600 risale invece la descrizione di **Ottavio Beltrano** [128DOC] della Napoli vicereale: l'impressione che il lettore ricava è quella di una città bella, ricca, ordinata e opulenta.
Lo studio delle strutture e degli spazi urbani è uno dei temi classici della storiografia della città. **Alberto Tenenti** [129], per esempio, sottolinea come la piazza sia la grande novità e l'elemento caratterizzante delle città italiane cinquecentesche.
Lo sviluppo cinquecentesco si connotò, inoltre, per la crescita della popolazione e della produzione agricola. La prima conseguenza dell'aumento demografico fu, infatti, la ripresa dell'agricoltura: furono nuovamente messe a coltura terre che erano state abbandonate in precedenza e si registrarono significativi

progressi nelle tecniche agrarie. Gli esiti diversi che l'incremento demografico ebbe sulle forme di conduzione agricola in Europa occidentale e orientale sono state analizzate da **Paolo Malanima [130]**. Nell'Europa pre-industriale, tuttavia, la crescita della popolazione non era supportata da un parallelo aumento delle risorse: pertanto, ciclicamente, si verificavano crisi di sovrappopolazione. **Emmanuel Le Roy Ladurie [131]** ha applicato questo modello interpretativo alla Linguadoca (Sud-Ovest della Francia) per il periodo compreso fra il XV e il XVII secolo: nel brano proposto, lo studioso evidenzia i rapporti fra aumento demografico ed espansione nelle aree messe a coltura.

126

P.M. Hohenberg • L.H. Lees
Città e campagna: la Fiandra e il Brabante dal 1300 al 1750

P.M. Hohenberg - L.M. Lees, *La città europea dal Medioevo a oggi*, Laterza, Roma-Bari 1990, pp. 122-26

■ Gli statunitensi Paul M. Hohenberg e Lynn H. Lees hanno studiato gli sviluppi della città europea dal Medioevo ai giorni nostri privilegiando modelli di analisi di natura economica, demografica e geografica. In particolare, essi hanno focalizzato l'attenzione su alcuni aspetti del processo di urbanizzazione quali lo sviluppo tecnico, la crescita demografica e l'espansione dei mercati. In questo brano essi applicano al sistema urbano delle Fiandre, dell'Hainaut e del Brabante (tre regioni dell'odierno Belgio) un modello ciclico dello sviluppo urbano europeo durante l'età moderna basato sull'interazione tra economia urbana ed economia rurale. Tale ciclo utilizza come parametro principale l'andamento secolare dei prezzi e della popolazione, le cui variazioni incidono in maniera diversa sulle attività economiche e sulla prosperità delle città e delle campagne.

Usiamo ora il modello[1] per analizzare lo sviluppo economico di Fiandra, Hainaut e Brabante dal quattordicesimo al diciottesimo secolo. Questo gruppo di regioni costituisce la popolosa zona settentrionale dell'attuale Belgio, [...]; esso fu e restò un nucleo importante dell'Europa urbana, uno dei due poli centrali del Sistema Reticolare. [...]

Come molte altre, questa regione subì un declino della popolazione a partire dall'inizio del quattordicesimo secolo. [...] Fatto interessante, le aree rurali della provincia subirono perdite più forti di quelle delle città, almeno delle città principali. [...]

Durante le crisi rurali le terre venivano lasciate incolte o piantate ad alberi, eppure l'offerta di grano era sufficientemente alta da non impedire la caduta dei prezzi. I proprietari terrieri [...] erano costretti a ridurre le loro pretese per attrarre o trattenere gli affittuari [...]. Il quindicesimo secolo vide comunque salire i salari reali e il potere d'acquisto dei lavoratori, e aumentare la produzione di derrate alimentari e di prodotti industriali per il mercato. Tra la fine del quattordicesimo e gli inizi del quindicesimo secolo emerse una nuova produzione tessile nelle campagne e nelle città minori, [...] che rimpiazzò in parte l'ormai decaduta industria laniera delle grandi città fiamminghe medievali. [...]

Come indicano i dati demografici, la regione fu toccata tardi dalla ripresa. In effetti, l'intera fase «urbana» dal 1500 alla metà del diciassettesimo secolo fu segnata da guerre frequenti: il Brabante, in particolare, fu il campo di battaglia delle guerre tra Francia, Inghilterra, Spagna e Danimarca, in cui erano implicate questioni religiose e imperi mercantili, oltre che la supremazia continentale. In questo contesto, i successi dell'economia regionale e delle sue città, ancorché alterni, giustificano la designazione urbana di questa fase: la popolazione crebbe dal 1500 fino al 1540-50 e di nuovo dal 1600 al 1660, e la situazione delle città fu relativamente brillante, eccetto che nei momenti in cui si vennero a trovare sotto un attacco militare diretto. [...]

Durante questo periodo di espansione alternata a disordini, i prezzi salirono pressoché costantemente, spinti dal fiume d'argento che arrivava dall'America e dall'aumento della popolazione e della domanda di beni. Salirono sia i prezzi agricoli che i profitti commerciali e le rendite, incoraggiando gli investimenti in tutta l'Europa. In effetti, le fortune delle città delle regioni meridionali dei Paesi Bassi dipendevano dalla loro capacità di soddisfare la crescente domanda europea di prodotti specializzati e di lusso: tappezzerie, dipinti, ornamenti sacri e armature venivano prodotti a profusione, mentre nuove attività, come la stampa, divennero importanti industrie urbane; i principali centri di produzione tessile passarono ai tessuti leggeri che andavano di moda, riconquistando il loro ruolo nel settore [...].

La guerra continuò a perseguitare la regione durante la seconda metà del diciassettesimo e la prima metà del diciottesimo secolo. [...] Non c'è dubbio che le scorrerie degli eserciti portarono con sé carestie, epidemie e distruzioni [...]. La depressione agricola fu una delle cause principali della stagnazione. Nonostante la grande miseria delle campagne,

[1] Gli autori propongono due modelli interpretativi del processo di urbanizzazione: il Sistema dei Luoghi Centrali, per il Medioevo, e il Sistema Reticolare, per l'età moderna. Il Sistema dei Luoghi Centrali è una teoria geografica che prevede un sistema urbano (definito regione) organizzato gerarchicamente intorno a un centro principale e in cui i centri di livello superiore funzionano come centri per quelli di livello inferiore. Il Sistema Reticolare è costituito da città unite da un sistema di rapporti commerciali e di scambi di vario genere che non tiene conto dei confini nazionali.

segnali incoraggianti si manifestarono nell'agricoltura e nell'industria alla fine del diciassettesimo secolo. La diffusione della coltivazione delle patate rese possibile immettere sul mercato una maggiore quantità di grano e/o nutrire una popolazione più numerosa; progredirono anche la coltivazione del luppolo, quella del lino e quella del tabacco. Pur se lo stato di salute dell'industria rurale era alterno, prodotti quali chiodi, ferro, mattoni, carta e carbone venivano fabbricati o estratti in campagna [...].
Per le aree urbane il quadro è più decisamente negativo, sia dal punto di vista economico che da quello demografico. Le dimensioni della maggior parte delle città del Brabante e della Fiandra si ridussero fin più o meno alla metà del diciottesimo secolo. Anche l'industria tessile subì un declino [...]. Esposte alla dura concorrenza estera e alla crescita di quella rurale, le città del meridione dei Paesi Bassi non potevano conservare la loro prosperità affidandosi al mercato interno. [...] Al tempo stesso, dobbiamo osservare che i produttori della Fiandra e del Brabante erano inseriti in maniera particolarmente favorevole nel boom del commercio internazionale che segnò l'espansione oltremare dell'Europa; essi erano anche all'avanguardia nei progressi tecnologici nell'agricoltura e nell'industria che avrebbero alfine spezzato, quanto meno per un lungo periodo, i limiti malthusiani[2] alla crescita demografica e urbana.

[2] Thomas Robert Malthus (1766-1834), economista e demografo inglese, sosteneva che nel lungo periodo, l'aumento delle risorse non può stare al passo dell'aumento demografico. Qui ci si riferisce, dunque, allo squilibrio fra popolazione in crescita e insufficienti disponibilità alimentari che riducono i consumi pro-capite.

GUIDA ALLA LETTURA

❶ Come mutò l'andamento demografico nelle aree rurali e urbane studiate dagli storici tra XIV e XV secolo? Per quali ragioni? ❷ Quali furono i settori economici colpiti dalla crisi? Quali quelli che, invece, si svilupparono? ❸ Dove, quando e in che modo le guerre influirono sulla situazione economica? ❹ Descrivi la crisi urbana delle Fiandre e del Brabante del XVI-XVIII secolo e il suo rapporto con la campagna.

127 DOC

Giorgio Vasari
Come rappresentare una città

G. Vasari, *Ragionamenti...*, Firenze 1588

■ Pittore e architetto, Giorgio Vasari (1511-1574) è autore, fra l'altro, di una serie di famosi affreschi di Palazzo Vecchio, a Firenze. Nel 1550 pubblicò la prima edizione delle *Vite* dei più importanti scultori, pittori e architetti italiani da Cimabue ai suoi tempi. I *Ragionamenti*, invece, furono pubblicati postumi, nel 1588. In quest'opera, attraverso un dialogo immaginario, Vasari illustra a Francesco dei Medici, granduca di Toscana dal 1564 al 1587, le decorazioni da lui realizzate a Palazzo Vecchio. In particolare, nel brano che segue sono descritti i problemi e le modalità di realizzazione di un affresco raffigurante una veduta di Firenze durante l'assedio del 1530.

Or guardi Vostra Eccellenza questo quadro, nel quale è ritratta Firenze dalla banda de' monti al naturale, e misurata di maniera che poco divaria dal vero; e, per cominciarmi da capo, dico, oltre alla partita del signor Malatesta Baglioni di Perugia per entrare con tremila fanti alla guardia e difesa di Firenze, che vi giunsono a' 19 di Settembre, quando Oranges arrivato dipoi col suo esercito, come Quella vede ch'io l'ho dipinto, la cinse col campo, piazze, padiglioni, e trincee intorno intorno e co' suoi forti, che, per fargli veder tutti nella maniera che ci si mostrano, è stata una fatica molto difficile, e pensai non poterla condurla alla fine.
«Ditemi, come avete voi, Giorgio, accampato questo esercito? Sta egli appunto nel modo ch'egli era allora, o pur l'avete messo a vostra fantasia? Arei similmente caro sapere che modo avete tenuto a ritrar Firenze con questa veduta, che a' miei occhi è differente dall'altre ch'io ho viste ritratte: conosco che questa maniera me la fa parere in altro modo, per la vista che avete presa di questi monti».
Vostra Eccellenza dice il vero: ma ha da sapere che male agevolmente si poteva far questa storia per via di veduta naturale, e nel modo che si sogliono ordinariamente disegnare le città ed i paesi, che si ritraggono a occhiate del naturale, attesoché tutte le cose alte tolgono la vista a quelle che sono più basse; quindi avviene che, se voi siete in su la sommità d'un monte, non potete disegnare tutti i piani, le valli e le radici di quello; perché la scoscesa dello scendere bene spesso toglie la vista di tutte quelle parti che sono in fondo occupate dalle maggiori altezze, come avviene a me ora, che volsi, per far questa appunto, ritrarre Firenze in questa maniera, che per veder l'esercito come s'accampò allora in pian di Giullari, su monti, ed intorno a' monti, ed a Giramonte, mi posi a disegnarla nel più alto luogo potetti, ed anco in sul tetto di una casa per scoprire, oltra i luoghi vicini, ancora quelli e di S. Giorgio, e di S. Miniato, e di S. Gaggio, e di Monte Oliveto; ma Vostra Eccellenza sappia, ancorché io fussi sì alto, io non poteva veder tutta Firenze, perché il monte del Gallo e del Giramonte mi toglievano il veder la porta S. Miniato e quella di S. Niccolò, ed il ponte Rubaconte, e molti altri luoghi della città, tanto sono sotto i monti; dove, per fare che il mio disegno venisse più appunto, e compren-

Giorgio Vasari, *Assedio di Firenze*, particolare
[Palazzo Vecchio, Firenze]

desse tutto quello che era in quel paese, tenni questo modo per aiutar con l'arte dove ancora mi mancava la natura; presi la bussola e la fermai sul tetto di quella casa, e traguardai con una linea per il dritto a tramontana[1], che di quivi avevo cominciato a disegnare, i monti, e le case, e i luoghi più vicini, e la facevo battere di mano in mano nella sommità di que' luoghi per la maggior veduta; e mi aiutò assai che avendo levato la pianta d'intorno a Firenze un miglio[2], accompagnandola con la veduta delle case per quella linea di tramontana, ho ridotto quel che tiene venti miglia di paese in sei braccia di luogo misurato, con tutto questo esercito, e messo ciascuno ai luoghi e casa dove furono alloggiati: fatto questo, mi fu poi facile di là dalla città ritrarre i luoghi lontani de' monti di Fiesole, dell'Uccellatoio, così la spiaggia di Settignano, col piano di S. Salvi, e finalmente tutto il pian di Prato, con la costiera dei monti sino a Pistoia.

[1] Nord.

[2] Un braccio di panno fiorentino equivale a 58,36 cm, mentre un miglio fiorentino a 1653,6 m.

GUIDA ALLA LETTURA

❶ Che vicenda storica è ritratta nel quadro di cui scrive l'autore? ❷ Quale difetto accomuna, secondo l'autore, tutte le altre vedute di città? ❸ Quali sono, invece, le possibilità offerte dal nuovo metodo di Vasari? ❹ A quale procedimento cartografico allude l'autore con la frase: «ho ridotto quel che tiene venti miglia di paese in sei braccia di luogo misurato»?

128DOC

Ottavio Beltrano
Una celebrazione di Napoli

O. Beltrano, *Descrittione del Regno di Napoli diviso in dodici province*, Napoli 1671, rist. an., Forni, Bologna 1969, pp. 6-7

■ Ottavio Beltrano nacque a Terranova, in Calabria, e visse nella prima metà del XVI secolo. Fu tipografo, libraio e autore di testi letterari. Nel 1640 pubblicò la *Descrittione del Regno di Napoli* che ebbe numerose ristampe. Si tratta, in realtà, di una ripresa con integrazioni di un'opera omonima pubblicata all'inizio del '600. Il brano proposto è una magniloquente descrizione della città partenopea da leggere come manifesto celebrativo di Napoli, capitale dell'omonimo regno e sede del viceré spagnolo.

Si vede in questa città una fiorita, e chiarissima nobiltà non meno antica, che illustre per dominio di vassalli titoli, officij[1], & dignità[2] quanto in ogni altra parte non solo d'Italia, ma del mondo. È divisa in due ordini,

[1] Funzioni amministrative.

[2] Qualità, condizione di persona.

uno di quelli, che godono nelli Seggi c'hanno il governo della città, altri per non godere ne i Seggi, ne mescolarsi ne gli affari publici della città, ne vive in quella con splendore in ogni atto di cavalleria, vedendosi ogni giorno i fanciulli, e grandi alla scuola di cavalcare dove concorrono cavalieri da diverse parti del mondo à vedere, & imparare, l'agevolezza nel cavalcare, e maneggiar i cavalli con gran maestria, i quali poi, e nella pace, e nella guerra riescono eccellenti. Hà il suo popolo[3] numeroso, e civile[4] di persone scelte, che vivono al pari di qualsivoglia nobile con splendore. Hà ricchissimi mercanti, & artefici[5] in gran copia, che da ogni parte vi concorrono. Le sue strade ampie, e spatiose, adorne di nobilissimi, e magnifici palaggi, e tempij, con fonti di limpidissime, e fresche acque, che recano grand'ornamento, e decoro alla città.

Non sono da tacere i belli, e dilettevoli giardini, che sono dentro la città, ornati di varie architetture, eccellentemente composti per ricreatione, e tranquillità degli habitanti, cosa in vero maravigliosa; poiche senza uscire fuori della città, si gode d'una continua verdura, e primavera, così d'Inverno, come d'Estate, oltre à gli altri, che sono fuori della città, de' quali si farà particolar mentione al suo luogo.

E ritornando à Napoli, città famosissima, è stata ingrandita di bellissime fabriche e maravigliosamente ornata di nuove mura, torri, castelli, e baloardi, che l'hanno resa, poco meno, che inespugnabile. Hor che diremo del porto detto da' Napolitani, il Molo, ove allo spesso si veggono infinite Galere[6], Galeoni[7], Navi[8], & altri Vascelli[9] grandi, e piccioli. Stupiscono i forastieri delle tante machine di guerra, dell'artiglierie, della gran quantità di palle di ferro, delle celate d'oro, e d'argento, degli feudi, lance, spade, e tutto il rimanente d'apparecchio di guerra, le tapezzarie di seta, e di broccato d'oro, le sculture, le statue, le pitture eccellenti, & il rimanente di vago, e di bello d'ogni supellettile, poco meno che Regale.

[3] I notabili.

[4] Ceto posto fra quello popolare e quello aristocratico, del quale condivide i medesimi costumi.

[5] Artigiani.

[6] Navi a remo lungo e sottile, spesso fornite di vela.

[7] Grandi navi da carico.

[8] Bastimenti con tre alberi e più ordini di vele.

[9] In genere, navi da guerra.

GUIDA ALLA LETTURA

❶ Chi vive a Napoli, nella descrizione che ne dà l'autore? ❷ Descrivi tutti gli spazi e gli edifici pubblici presenti in città. ❸ Descrivi brevemente le strutture difensive di cui è dotata Napoli nel XVII secolo. ❹ Come giudica l'autore la città che descrive? Ti sembra una descrizione oggettiva o soggettiva?

129

A. Tenenti
La nascita delle piazze urbane

A. Tenenti, *Evoluzione degli spazi urbani in Italia fra Trecento e Cinquecento*, in F. Bocchi e R. Smurra (a c. di), *Imago urbis. L'immagine della città nella storia d'Italia*, Viella, Roma 2003, pp. 441-44

■ Alberto Tenenti **[104]** è stato Directeur d'Etudes all'École des Hautes Etudes en Science Sociales di Parigi. Fra i suoi lavori va ricordato *Il senso della morte e l'amore della vita nel Rinascimento* (1957) e, in collaborazione con Ruggiero Romano, *Il Rinascimento e la Riforma* (1378-1598) pubblicato nel 1972. Il brano proposto è tratto da uno dei suoi ultimi lavori ed è dedicato alla trasformazione degli spazi urbani in Italia. Secondo Tenenti, fra XIV e XVI secolo, l'assetto urbano delle città italiane assume una fisionomia più netta, fortemente caratterizzata dalla comparsa di piazze, nel senso stretto del termine, e di slarghi, che tendono ad assolvere al ruolo di piazze.

Non vi sono dubbi [...] che la concezione urbanistica italiana del Quattrocento si fondò sull'apertura o sulla disposizione sia di spazi di rispetto per gli edifici maggiori sia di aree geometriche e di disimpegno all'interno dei quartieri già esistenti o in via di realizzazione non essendo affatto escluso che ambedue i fattori venissero ad incrociarsi ed a coniugarsi. Non solo si trattava di soluzioni diverse da quelle genericamente definibili come medioevali ma di una visione nuova che [...] denotava una percezione differente della spazialità e più o meno direttamente della città stessa. [...] Per brevità ci si riferisce ora quasi soltanto alle piazze o a quegli spazi che in un modo o in un altro si possono considerare tali [...].

A nostro parere vi sono due situazioni urbanistiche che vanno prese in considerazione preliminarmente: quella dello spazio pressoché chiuso e concretato in maniera funzionale in vari modi e quella delle aree che costituiscono delle piazze in certo senso in embrione. Possiamo menzionare due esempi quasi contemporanei del primo caso. Innanzitutto l'area rettangolare e porticata non esattamente antistante ma più che attigua alla basilica inferiore di S. Francesco ad Assisi, assegnabile al penultimo decennio del Quattrocento e poi al secolo successivo. È stato detto che essa «sorse a servizio della basilica, configurandosi come chiostro rispetto ad essa, con lo scopo di dare ricovero ai pellegrini» (G. Simoncini). Proprio questo è significativo in quanto almeno in parte vi si troverebbe sminuita l'accezione vera e propria di piazza urbana e sottolineato che si tratta di uno spazio pur regolare, porticato ma prevalentemente adibito ad un uso specifico, urbano ed insieme anche ecclesiastico e cioè legato ad un ambito che concerneva

solo trasversalmente la comunità. Il secondo e ben diverso caso [...] è la celebre piazza di Vigevano dell'ultimo decennio del Quattrocento, attribuita a Donato Bramante. [...] Il suo carattere è ben diverso da quello di Assisi, non foss'altro per la presenza del castello ordinato dagli Sforza: l'area si avvicina in certo senso a quella che può essere definita foro urbano. [...]
Quanto alle piazze in embrione e cioè a quelle che sono cresciute nel corso del processo che stiamo rievocando e non lo erano fin dall'inizio almeno nel senso rinascimentale, ci si può utilmente rifare ai due cuori civici [...] di Venezia e di Firenze. Inizialmente la Piazzetta antistante il Palazzo dei Dogi da un lato faceva pressoché tutt'uno con quella che sarebbe divenuta la piazza S. Marco, dall'altro le mancava del tutto la quinta monumentale che costruirà nel Cinquecento Iacopo Sansovino[1]. [...] Meno significativo può apparire il caso fiorentino per l'asimmetrica forma stessa della piazza della Signoria, concepita urbanisticamente però almeno dal primo Trecento [...].
Probabilmente da considerare come realizzazioni preliminari sono anche certi spiazzi, certo attuati a ragion veduta ma dalla conformazione abbastanza chiaramente ed almeno parzialmente anomala. Si citeranno in proposito sia Ragusa che Urbino, i cui slarghi risalgono ambedue alla seconda metà del Quattrocento. Nella città dell'Adriatico orientale la via che a mano a mano si fa sempre più larga da una parte all'altra del vecchio centro si chiama ancor oggi «stradone» ed è un passeggio civico più che una piazza in senso proprio per quanto una delle sue parti terminali vi possa somigliare. A Urbino Federico da Montefeltro realizzò qualcosa di simile lungo il lato del suo maestoso palazzo ma soprattutto volle anche che si attuasse ai piedi della sua residenza una sorta di spianata a scopo innanzitutto militare ma dalla consistenza pur anche di piazzale o piattaforma. [...]
Per un riguardo o per un altro tutti questi spazi urbani [...] svolsero fra Tre e Quattrocento funzioni socioeconomiche non meno che sceniche e spettacolari, che rientravano in una concezione della città non molto differenziata fra basso medioevo e rinascimento. Dal punto di vista urbanistico anche in Italia occorre praticamente attendere il Cinquecento per incontrare degli spazi veramente coerenti con la rete viaria o con particolari editi fra l'innovazione spaziale da un lato, le funzioni e gli usi civili dall'altro. Fra Cinque e Seicento invece gli sviluppi urbanistici seguirono assai di più gli impulsi dei poteri costituiti che quelli delle popolazioni, relativamente trascinate ad adattarvisi.

[1] Iacopo Sansovino (1486-1570) fu architetto e scultore fiorentino. Attivo soprattutto a Venezia, coordinò la ristrutturazione urbana della città.

GUIDA ALLA LETTURA

❶ In che cosa consiste la novità della concezione urbanistica italiana del '400? ❷ Quali sono le differenze funzionali e architettoniche tra le piazze di Assisi e di Vigevano? ❸ Perché, secondo lo storico, i cuori civici di Venezia e Firenze sono nel XV secolo «piazze in embrione»? ❹ Quali sono state le funzioni della piazza in età medievale e in età moderna?

130

P. Malanima
Le campagne europee nel XVI secolo

P. Malanima, *Le campagne nei secoli XVI e XVII*, in M. Firpo e N. Tranfaglia (a c. di), *La Storia*, III, *L'età moderna. I quadri generali*, Utet, Torino 1978, pp. 145-50

■ Nel saggio *Le campagne nei secoli XVI e XVII*, lo storico Paolo Malanima (nato nel 1950) ribadisce il ruolo centrale delle campagne nell'economia dell'età moderna e indaga il ruolo da esse avuto sullo sviluppo economico e industriale che si avrà a partire dal '700. Il saggio si svolge lungo tre direttrici: «l'andamento dell'attività agricola durante il Cinquecento; [...] i cambiamenti che esso provocò nelle strutture agrarie delle diverse regioni; il modo in cui le trasformazioni nel mondo rurale seicentesco posero le basi per la ripresa dell'economia e per la forte crescita dei secoli seguenti». Il seguente brano evidenzia i cambiamenti intervenuti nelle strutture agrarie delle diverse regioni dell'Europa occidentale e orientale nel corso del '500. Nella prima si assiste alla polverizzazione della piccola proprietà e al rafforzamento di un ceto di medi e grandi proprietari terrieri, mentre nella seconda compaiono rapporti di conduzione basati sul servaggio e sull'assenza di canoni contrattuali.

Proprietari e contadini nell'Europa occidentale durante il '500

Quali cambiamenti introdusse nel mondo rurale delle regioni occidentali dell'Europa il movimento cinquecentesco della popolazione e dei prezzi? [...] Nel corso del XVI secolo l'aumento demografico e i cambiamenti nel valore relativo della terra e del lavoro [favorirono] il rafforzamento economico dei maggiori proprietari fondiari. La realtà contrattuale dei rapporti di produzione nelle campagne occidentali non venne modificata nella sostanza. La forza economica dei lavoratori rurali risultò, però, profondamente indebolita. [...]
L'aggravamento dei canoni risultava tanto più pesante per le popolazioni rurali a causa della forte riduzione delle proprietà contadine. Durante il Cinquecento, infatti, l'aumento demografico aveva comportato [...] un processo di polverizzazione della proprietà. La terra posseduta da una famiglia veniva distribuita fra eredi sempre più numerosi. Le singole parcelle diventavano insufficienti a mantenere

le bocche di un nucleo familiare. [...] Com'è facile immaginare, ciò costituiva spesso il preludio alla vendita o al pignoramento della terra posseduta. Il vicino potente estendeva e rafforzava il suo patrimonio fondiario, mentre la maggior parte della popolazione rurale [...] si trovava a dover lavorare la terra un tempo sua con un salario sempre più basso o pagando un affitto sempre più alto. [...]

Strutture agrarie e rapporti di produzione nell'Europa orientale
[...] Dalla metà del Quattrocento nell'evoluzione delle strutture agrarie e dell'organizzazione politica e sociale delle regioni al di là dell'Elba si verificò una svolta profonda. In particolare il mondo rurale venne assumendo caratteri completamente diversi da quelli delle regioni dell'Occidente. Lo sviluppo più significativo e più evidente consisteva nella progressiva diffusione di forme di conduzione agricola diretta [...]. Si verificava, dunque, fra le due grandi aree, una crescente divaricazione che conduceva a sviluppi opposti: nelle regioni dell'Occidente verso l'affermazione sempre più ampia di relazioni contrattuali nella vita economica e politica; in quelle orientali verso la comparsa e il rafforzamento di rapporti non contrattuali (non fondati, cioè, su forme di reciprocità di impegni) sia nell'economia che nella politica.
Nelle campagne la cellula fondamentale dell'organizzazione agraria era costituita dall'azienda signorile. Una parte di essa risultava frazionata fra numerose famiglie contadine vincolate da un legame servile alla terra e all'abitazione. I vari appezzamenti erano mediamente sufficienti per le necessità di alimentazione di una famiglia. [...] Il resto dell'azienda agraria (per lo più una quota oscillante fra il 15 e il 50% della terra coltivabile) costituiva la riserva signorile. Condotta in economia diretta, essa assorbiva tendenzialmente in forma completa tramite *corvée*[1] il tempo contadino eccedente la lavorazione sulle terre assegnate alle famiglie. [...] La produzione agricola realizzata dal signore doveva [...] consentire [...] di disporre di un surplus quanto più elevato possibile da vendere [...]. L'esercizio da parte del signore delle funzioni pubbliche sulle terre e il continuo controllo sulla vita sociale e privata dei suoi servi sanzionavano la subordinazione contadina di fronte ai proprietari nobili. Questa forma di organizzazione fondiaria si affermò nelle regioni dell'Europa oltre l'Elba [...].
Molto spesso questi sviluppi delle strutture agrarie orientali sono stati considerati come un effetto dell'intensificazione delle relazioni commerciali con l'Occidente durante il Cinquecento. Secondo interpretazioni correnti, nell'economia-mondo allora costituitasi si sarebbe verificata una divisione geografica del lavoro fra un Occidente in buona misura industriale e commerciale e un Oriente agrario. [...] Questa tesi offre il fianco a numerose critiche. [...] Al massimo le vicende commerciali poterono approfondire una tendenza che traeva la sua origine dalle condizioni interne ai vari paesi. Quali erano queste condizioni? Un elemento di fondo [...] consiste nella dotazione dei fattori terra e lavoro in Europa orientale [...]. La produzione per la vendita sulla base del lavoro salariato sarebbe stata impensabile. A causa della ridotta offerta di lavoro e della larga disponibilità di terra da coltivare i salari avrebbero dovuto essere troppo elevati. [...] L'asservimento dei contadini, l'obbligo di residenza nell'azienda e la prestazione gratuita di opera sulla riserva, consentivano di risolvere il problema di come vendere di più e soprattutto a costi più contenuti. Nella particolare situazione dei paesi orientali il servaggio costituiva la forma di razionalizzazione più efficiente della vita economica.

[1] Prestazioni obbligatorie d'opera in giorni di lavoro.

GUIDA ALLA LETTURA

❶ Perché, nel corso del XVI secolo, la forza economica dei lavoratori rurali dell'Europa occidentale diminuì? ❷ In che modo i signori rurali dell'Occidente ingrandirono i loro possedimenti? ❸ Quali sono le differenze principali tra le strutture agrarie dell'Europa orientale e quelle occidentali nel XV secolo? ❹ A quale necessità economica rispondeva, secondo Malanima, l'asservimento dei contadini in Oriente? Che cosa rese possibile tale processo?

131

E. Le Roy Ladurie
Sviluppo demografico e dissodamenti

E. Le Roy Ladurie, *I contadini di Linguadoca*, Laterza, Roma-Bari 1984, pp. 68-69; 72-73; 97-98

■ Nell'opera *I contadini di Linguadoca* (1969), lo storico Emmanuel Le Roy Ladurie (nato nel 1929), utilizzando come fonte i *compoix* (matrici di registri catastali), ha analizzato l'economia e la società del Sud-Ovest della Francia per un periodo compreso tra il primo XV secolo e gli inizi del XVIII. Egli ha individuato un ciclo agrario che, in stretto rapporto con l'andamento demografico, si connota per l'alternanza tra fasi di frammentazione e fasi di ricomposizione della proprietà fondiaria. A partire dalla fine del XV secolo, il costante aumento della popolazione della Linguadoca incide sull'espansione delle aree coltivabili sullo sviluppo di colture specializzate (l'ulivo, la vite, ecc.) e sulle attività economiche. Degli aspetti appena citati, il brano proposto evidenzia l'andamento crescente della popolazione fino alla metà del '500 e la diffusione dei dissodamenti e si chiude con alcune brevi riflessioni dell'autore sui rapporti fra popolazione e risorse.

L'incremento demografico verificatosi in Linguadoca, sebbene un po' tardivo, è comunque veramente notevole. [...] I tassi d'aumento decennali oscillano dal 6,7% al 21,2%: la media regionale, tra il 1500 e il 1560, sarebbe quindi dell'11,5%. [...]
Tutte le comunità vedono aumentare i propri effettivi, e in seno a ciascuna di esse ogni quartiere si popola e cresce al ritmo generale del villaggio o della città. [...]
Ventisette comunità, in totale, testimoniano lo sviluppo demografico del XVI secolo. Ci sarebbe da stupirsi del contrario, perché il fenomeno, com'è noto, non è limitato alla Linguadoca. «Fra gli anni 1470 e 1540, conosciuti grazie a indagini di carattere generale, il numero delle case in Provenza si è, in media, praticamente triplicato, e il numero degli abitanti è tornato al livello dell'epoca precedente la grande peste di due secoli prima»; i paesi del Mediterraneo e certe parti dell'Europa occidentale sono presi anche essi in questo grande movimento, di cui la Linguadoca è soltanto un caso locale.
La cronologia di questo incremento ha del resto certe sue peculiarità. Pare infatti che in Spagna esso abbia toccato la sua punta massima fra il 1560 e il 1600, quando cioè la penisola era battuta dalla pioggia dei metalli preziosi provenienti dall'America. Nella vicinissima Linguadoca, invece, lo sviluppo rallenta nettamente dopo il 1560-1570. [...] Chi sono i responsabili? Probabilmente non l'economia, abbastanza propizia alla tribù, [...] ma piuttosto la guerra civile, propria della Francia: le parrocchie in cui la popolazione diminuisce o rimane stazionaria sono appunto quelle dove si sono svolte delle battaglie religiose [...]. A parte questi episodi, sanguinosi ma transitori, non v'è dubbio che la mediocre demografia degli anni 1560-1600 riflette le miserie tipiche della guerra, le miserie causate dai massacri, dal furto del bestiame da lavoro o da allevamento, dalle requisizioni e dall'impossibilità di arare e di seminare. Infine i vari esodi, dei protestanti in Svizzera e dei cattolici in Spagna, contribuiscono a minare il dinamismo demografico.

La risposta estensiva: dissodamenti marginali

«Popolamento»; o, per dirla altrimenti, dissodamento. I due termini sono collegati nel XVI secolo come intorno all'anno mille. Dal 1520 in poi, le autorità, sino ad allora indifferenti o persino favorevoli, cominciano ad allarmarsi per le gravi mutilazioni inferte a boschi e sterpaglie, «alberi e roveti», mediante il fuoco, l'ascia e la zappa [...].
Intorno al 1555-1558, la devastazione dei miseri boschi della Linguadoca è completa [...]. Ancor più del taglio della legna da ardere, contano i dissodamenti. I *compoix* ci descrivono alcuni tipi di dissodatori o di dissodatrici: nel 1534, in un villaggio dell'Hérault, Isabelle de Lerm ha impiantato la sua tenuta su prati e boschi, sicuramente pessimi, ch'ella ha «dissodato», seminandoli a cereali e piantandovi mandorli e giovani olivi; intorno al 1530-1540, persino i prati, sia in questa parrocchia che nella regione di Béziers, sono coltivati a cereali, tanto grande è la fame degli uomini, che frattanto si sono moltiplicati. [...]
Le conseguenze della spinta demografica e dell'aumento della domanda e dei prezzi si sono sommate, e si è dovuto cominciare o ricominciare a coltivare dei terreni sterili e rocciosi, mai sfruttati fino ad allora, o abbandonati dopo il 1350 o il 1400.
Si tratta di dissodamenti costosi, che divorano alberi e terra e danno un reddito scarsissimo, che esigono una quantità enorme di bestiame e di manodopera, e da cui si ricava ben poco [...].
Esistono indizi concordanti che fanno pensare di trovarci di fronte ad una società in cui la «riproduzione degli esseri umani» prevale sulla «produzione dei mezzi di sostentamento». Da un lato la popolazione aumenta vertiginosamente; dall'altro la produzione avanza a passettini, quando addirittura non marca il passo [...].
Si tratta insomma di una sfasatura fra l'espansione demografica e lo sviluppo economico, fra le aumentate necessità dell'uomo e l'offerta dei prodotti, incapace di adeguarsi a queste necessità. Tale sfasatura compromette la buona armonia dello sviluppo: il prodotto globale aumenta, non così il prodotto disponibile *pro capite*[1]. Al limite, questa situazione presenta dei veri e propri rischi di «depauperamento» delle masse, per riduzione del consumo individuale – giacché l'inflazione demografica supera il troppo lento aumento delle risorse.

[1] A testa.

GUIDA ALLA LETTURA

❶ In che misura la popolazione della Francia meridionale aumentò, tra il 1500 e il 1560? ❷ Quali furono le cause dell'interruzione della crescita, nel periodo compreso tra il 1560 e il 1600? ❸ Quali furono le cause del dissodamento dei boschi e dei «possedimenti sterili»? ❹ Le nuove terre messe a coltura erano fertili?

SVILUPPARE LE COMPETENZE

Comprendere e Analizzare

❶ **Scrivi un breve testo (max 40 righe), dal titolo *Il ruolo delle città nella storia dell'Europa moderna*; inventa un titolo per i paragrafi del tuo testo e considera i seguenti aspetti:**

a. Collocazione, vocazione e destino (Hohenberg-Lees, Beltrano);
b. Politica e società urbana (Beltrano, Tenenti);
c. Ceti economici, rapporto con la campagna (Hohenberg-Lees, Tenenti);
d. La struttura architettonica (Beltrano, Tenenti).

❷ **Dopo aver letto i brani di Hohenberg e Lees [126], Malanima [130] e Le Roy Ladurie [131], rispondi alle seguenti domande citando opportunamente i testi:**

a. Come si pongono Hohenberg-Lees e Le Roy Ladurie rispetto alle teorie malthusiane? Perché esse sono un punto di riferimento ineludibile di ogni discorso sul rapporto tra aumento della popolazione e cambiamenti nelle campagne?

b. I cambiamenti avvenuti nel XVI secolo nelle campagne del Belgio ti sembrano comparabili con quelli avvenuti in Linguadoca?

c. Come si inseriscono le analisi delle città delle tre regioni belghe e della Linguadoca nella riflessione di carattere generale di Malanima?

Rielaborare e argomentare

❸ **Redazione di un articolo di giornale. *La rappresentazione della città in età moderna***

Sviluppa l'argomento scelto in forma di "articolo di giornale", utilizzando i documenti e i dati che lo corredano. Interpreta e confronta i documenti e i dati che ti sembrano rilevanti e costruisci su di essi il tuo "pezzo". Da' all'articolo un titolo appropriato e indica il tipo di giornale sul quale ne ipotizzi la pubblicazione (quotidiano, rivista divulgativa, giornale scolastico, altro). Se lo ritieni opportuno, organizza la trattazione suddividendola in paragrafi, cui potrai dare eventualmente uno specifico titolo.

Documenti: Vasari [127DOC], Beltrano [128DOC]
Immagini: pp. 430, 444

MODULO

4 RELIGIONE E POLITICA: L'EMERGERE DI UNA NUOVA EUROPA

1517
Lutero affigge le 95 *Tesi* sulla cattedrale di Wittenberg

1519-58
Carlo V d'Asburgo imperatore

1527-28
Sacco di Roma

1534
Emanazione dell'Atto di supremazia in Inghilterra

1540
Viene pubblicata la Regola della Compagnia di Gesù, approvata da Paolo III

1542-63
Concilio di Trento

1555
Pace di Augusta

1556-98
Regno di Filippo II in Spagna

1559
Pace di Cateau-Cambrésis

1571
Vittoria contro i turchi a Lepanto

1572
Strage degli ugonotti durante la notte di San Bartolomeo in Francia

1579
Nascita delle Province Unite

1588
Vittoria inglese sulla Invincibile Armata di Filippo II di Spagna

La battaglia fra papisti e riformati presso Cognac nel gennaio 1568
[Biblioteca Pubblica e Universitaria, Ginevra]

ANTEPRIMA

Il cristianesimo europeo tra riforme e Riforma

Durante tutto il Medioevo il cristianesimo era stato diviso in due. I cristiani che popolavano l'Impero bizantino non riconoscevano l'autorità del pontefice di Roma e non condividevano alcuni dogmi del cattolicesimo. Quando nel 1453 la capitale Costantinopoli fu espugnata dai turchi e l'Impero bizantino si dissolse [👁 11.3], i suoi territori furono islamizzati. Il mondo cristiano fu quindi amputato di una sua parte, ma si ritrovò al tempo stesso più compatto, perché il cristianesimo coincideva ormai con i territori sottoposti alla guida del papato. Questa compattezza, tuttavia, non durò a lungo: nel XVI secolo l'Europa cristiana fu infatti sconvolta da una **grave lacerazione**.

Nell'Europa cattolica serpeggiavano qua e là da molto tempo movimenti ereticali che esprimevano **idee divergenti** rispetto a vari aspetti della dottrina cattolica e mettevano quindi in discussione il ruolo della Chiesa nella società. Essi venivano tuttavia stroncati in modo durissimo grazie alla stretta collaborazione tra le autorità religiose e quelle laiche. Gli **eretici** erano considerati una minaccia insidiosa, che richiedeva rimedi spietati, ma nessuno pensava che essi avessero la forza di sovvertire l'autorità del pontefice e della sua Chiesa. Quest'ultima aveva in precedenza attraversato crisi gravissime, prima fra tutte quella che nel XIV secolo, per circa 70 anni, aveva portato al trasferimento del papato da Roma ad Avignone [👁 4.7]. Ma alla fine aveva ritrovato la sua unità. E così, quando si ebbe notizia che un monaco tedesco chiamato **Martin Lutero**, professore di teologia biblica presso l'Università di Wittenberg, andava predicando idee che criticavano la corruzione della Chiesa e denunciavano la contraddizione esistente tra l'autentico messaggio biblico e molti fondamenti della dottrina cattolica, nessuno poteva immaginare che tutto ciò aprisse orizzonti sconosciuti e sconvolgenti, da cui sarebbe nata la **Riforma**, e che questo movimento epocale avrebbe diviso per sempre il mondo cristiano.

Da più di sue secoli si parlava incessantemente della **necessità di "riformare" il cattolicesimo**. Con il termine "riforma" non s'intendeva nulla di rivoluzionario. Esso esprimeva l'esigenza di ritornare allo **spirito del cristianesimo delle origini**, che associava a una fede intensa gli ideali della povertà, della giustizia, della misericordia, della purezza. Riformare significava dunque ritornare all'antico, recuperare un patrimonio spirituale

1588-1603 Regno di Elisabetta in Inghilterra

1598 In Francia, l'editto di Nantes riconosce i diritti religiosi degli ugonotti

1606-7 Interdetto del papa Paolo V contro Venezia

1610-43 Luigi XIII re di Francia

1618-48 Guerra dei Trent'anni

1624-42 Il cardinale Richelieu capo del Consiglio del re, in Francia

1647 Rivoluzione anti-spagnola di Masaniello a Napoli

1649 Condanna a morte di Carlo I d'Inghilterra

perduto, ristabilire un più autentico e sincero dialogo con Dio.
Anche se l'idea di riforma mirava a ripristinare un passato idealizzato e smarrito, il suo messaggio poteva tuttavia acquisire una forza dirompente, perché quel ritorno al passato metteva in discussione l'autorità della Chiesa e un grande numero di princìpi e di norme che regolavano la vita dei fedeli.
È spesso difficile prevedere quando una semplice rivolta possa trasformarsi in rivoluzione, o quando una protesta possa assumere le dimensioni di un fiume in piena che travolge tutto. Così accadde con la predicazione di Lutero e con la riforma che da essa prese vita e slancio. Questa volta il fenomeno fu così imponente da dare nome a un'intera epoca, quella che viene comunemente indicata come Riforma con l'iniziale maiuscola. Prima di Martin Lutero la Cristianità occidentale era unita e si riconosceva sotto la protezione e la disciplina del papa e dei suoi rappresentanti. Dopo Lutero **la Cristianità si trovò divisa tra più Chiese**, che ancora oggi sono attive e raccolgono milioni di fedeli.

Controriforma o Riforma cattolica

Alla Riforma corrispose, tra il '600 e il '700, un **movimento di segno opposto**, animato dalla Chiesa cattolica, la Controriforma, che per un verso recepì le istanze di rinnovamento e di lotta alla corruzione e agli abusi ecclesiastici che da secoli erano vive nel mondo cristiano e che la Riforma luterana aveva fatto esplodere, per altro verso rafforzò il controllo del papato sui territori e i popoli che gli erano rimasti fedeli. Il termine "Controriforma", per quanto largamente in uso, non coglie tuttavia la complessità del fenomeno, riducendolo a una semplice reazione alla Riforma. Alcuni studiosi preferiscono quindi usare l'espressione **"Riforma cattolica"**, per **sottolineare l'aspetto creativo e non soltanto reattivo** della Chiesa cattolica rispetto agli eventi che minacciavano di travolgerla.
La Controriforma (o Riforma cattolica) dispiegò la sua opera in tutti i campi: i dogmi, la disciplina ecclesiastica, i rapporti tra il clero e i laici, adoperando mezzi religiosi, politici, culturali, ma facendo al tempo stesso ampio ricorso all'uso della forza e a durissimi metodi persecutori.

Le guerre di religione e l'idea di tolleranza

Questa fu un'epoca di fede, di slanci morali, di elaborazioni spirituali e teologiche, di rinnovamento nelle arti e nel pensiero. Fu anche un'epoca di **eccezionale violenza**, che insanguinò l'Europa. I cattolici perseguitarono i riformati e questi ultimi i cattolici. Ma l'uso della violenza per reprimere le idee altrui caratterizzò anche i rapporti reciproci tra i vari movimenti che, con motivazioni diverse, si opponevano alla Chiesa di Roma. Stragi, torture, esecuzioni capitali si verificarono in tutto il continente, mentre l'intersecarsi di **religione e politica** fece esplodere conflitti lunghissimi e accaniti, le cosiddette "guerre di religione", che si conclusero soltanto nel **1648** con la fine della guerra dei Trent'anni sancita dalla **pace di Vestfalia**. Le guerre di religione, tuttavia, non riguardarono direttamente aree importanti come la Penisola iberica e l'Italia.
Questi fenomeni portarono in primo piano il **dibattito sulla tolleranza**, che coinvolse in un primo momento alcuni grandi pensatori europei per poi influenzare i livelli decisionali della politica. Da allora in poi questa idea difficile e ambigua non avrebbe mai smesso di sollecitare le coscienze e di animare dibattiti di carattere morale, religioso, politico, filosofico. Ancora oggi – pur se applicata a problematiche diverse ed estesa alle situazioni più varie – l'idea di tolleranza continua a rappresentare una **sfida per gli esseri umani**: essa si colloca infatti sul confine

mutevole che separa l'utopia dalla realtà ed esprime il confronto tra il nobile principio del rispetto di chi è diverso e la tendenza a considerare come un nemico chiunque esprima valori e modi di vita dissonanti.

Il passato e il futuro delle grandi potenze

Questo **lungo e tormentato periodo della storia europea** ebbe conseguenze importanti sul piano politico. L'**Impero**, pur tra alti e bassi, non era mai riuscito, dai secoli centrali del Medioevo in poi, a superare la sua cronica instabilità. La sua forza stava tutta nell'antico prestigio di cui godeva e nelle sue aspirazioni universali; ma da un punto di vista strettamente politico gli ostacoli erano numerosi e ardui: l'irrequietezza dei signori tedeschi e la loro indomita volontà di autonomia, l'opposizione delle monarchie ostili a riconoscere all'imperatore un effettivo primato politico, la concorrenza di una "idea universale" ben più forte, quella rappresentata dal papato. In questo periodo l'Impero di tradizione romano-germanica vide aggravarsi la sua crisi. La **Spagna**, pur disponendo ancora di un territorio immenso, esteso dall'Europa al Mediterraneo alle colonie negli altri continenti, entrò in una fase di declino destinata ad aggravarsi nei secoli successivi, mentre emergeva una potenza giovane e moderna, che di lì a poco avrebbe dato vita al più grande Impero mai esistito, l'**Inghilterra**. Se si vuol rappresentare questo processo tramite un grande evento, è obbligatorio prendere come riferimento la **disfatta, nel 1588, dell'Invincibile Armata spagnola** a opera della brillante e moderna marineria inglese [👁 16.7 EVENTI]. Se a questo evento epocale vogliamo associare due nomi essi non possono essere altri che quelli della regina inglese **Elisabetta** e del sovrano spagnolo **Filippo II**.

Definiti i loro reciproci confini con la pace di Vestfalia, nel 1648, gli Stati europei si rafforzarono al loro interno potenziando il ruolo dell'amministrazione centrale e l'autorità dei sovrani. Si aprì dunque l'età dell'**assolutismo**: il termine indica appunto una dottrina e un sistema politico in cui la sovranità dello Stato coincide con la volontà del monarca, libera da vincoli giuridici e da controlli parlamentari. Mentre in alcuni paesi, come la Francia, l'assolutismo si impose, in altri fallì parzialmente o del tutto, come in Inghilterra. Qui si giunse addirittura alla creazione di una monarchia costituzionale, in cui il potere del re fu affiancato e limitato da quello del Parlamento.

I due volti di una crisi

La fase espansiva, sia economica sia demografica, che aveva caratterizzato il '500, incontrò una battuta d'arresto nei primi decenni del '600, per aggravarsi progressivamente nella seconda metà del secolo. I suoi effetti furono avvertiti in tutti i settori, nel popolamento come nella produzione agricola e in quella manifatturiera. Un'incidenza notevole ebbe il cambiamento climatico, con l'avvio di una fase di raffreddamento del clima europeo che trovò gli agricoltori impreparati. Turbolenze sociali nelle campagne e nelle città si aggiunsero a quelle religiose, acuendo una **diffusa percezione di precarietà**. Le **guerre**, protratte per un lunghissimo periodo, aggravarono i problemi produttivi perché ostacolavano gli scambi, distruggevano le coltivazioni, provocavano il saccheggio dei raccolti e la confisca del bestiame. Come sempre accade, il movimento degli eserciti trasmetteva anche malattie e provocava nuove **epidemie di peste**.

Le crisi, tuttavia, possono anche sollecitare l'inventiva e la ricerca di nuove strade per uscire dalle difficoltà e riprendere processi di sviluppo. Questo accadde con maggiore successo in paesi come l'**Olanda** e l'**Inghilterra**, mentre paesi come l'Italia e la Spagna rimasero attardati.

Come abbiamo constatato anche in altre occasioni

(soprattutto in riferimento alla crisi del '300 [ANTEPRIMA 2]), le trasformazioni storiche non sono necessariamente simmetriche e ciò che avviene in un settore non si ripete automaticamente in un altro. La crisi del '600, infatti, coincise con la grande fioritura letteraria e artistica del **Barocco**, un fenomeno a lungo considerato in termini spregiativi ma da tempo ormai ritenuto di rilevante importanza. L'**Italia**, che in quello stesso periodo andava perdendo il suo primato economico – anche a causa dello spostamento dei traffici più importanti dal Mediterraneo agli oceani –, fu il principale centro di irradiamento della cultura artistica barocca, riaffermando il suo primato culturale rispetto agli altri paesi europei.

ONLINE

Il libro

F. Braudel
Civiltà e imperi del Mediterraneo nell'età di Filippo II

L. Stone
Le cause della rivoluzione inglese. 1529-1642

Il laboratorio dello storico

Arte e religione

14 LA CRISTIANITÀ DIVISA: RIFORMA E CONTRORIFORMA

CAPITOLO

1 Lutero contro la corruzione della Chiesa

I mali della Chiesa Le aspirazioni a una profonda riforma della Chiesa, che placasse finalmente le proteste e lo scontento che si levavano con periodicità, già a partire dall'XI secolo, all'interno del mondo cristiano, erano state regolarmente deluse [👁 4.1, 4.2].

I mali della Chiesa, invece, erano sempre sotto gli occhi della gente, ed erano quasi tutti mali antichi: il concubinato, detto **nicolaismo**, degli ecclesiastici; la simonìa (cioè la vendita delle cariche ecclesiastiche), che ora interveniva persino nell'elezione dei pontefici; il mancato rispetto dell'obbligo della residenza di vescovi, abati e curati nel luogo dell'ufficio; il cumulo dei benefici; il malcostume dei sacerdoti (libertà sessuale, ubriachezza, corruzione, ecc.); la loro ignoranza (spesso i curati non sapevano leggere, ignoravano il latino, amministravano male i sacramenti e celebravano in modo approssimativo i riti).

Nicolaismo
Dal nome del diacono Nicola (ricordato dagli *Atti degli Apostoli*), che combatté il celibato ecclesiastico.

Un problema particolarmente scottante era quello della **vendita delle indulgenze**, ovvero della remissione delle pene cosiddette canoniche (digiuni e penitenze di vario genere spesso sotto forma di preghiere) che venivano inflitte dalla Chiesa ai fedeli per ottenere il perdono dei loro peccati [👁 4.7]. Verso il 1500 il peccatore poteva comprare l'indulgenza per sé e un comune fedele poteva comprarla anche per le anime del Purgatorio, accelerando in tal modo il passaggio delle anime stesse in Paradiso. La pratica, com'è ovvio, si prestava ad abusi di ogni genere e diffondeva tra i fedeli il ritratto di una Chiesa che amministrava il perdono e la penitenza unicamente per rimpinguare le proprie finanze.

La vendita delle indulgenze
1520
[xilografia da un opuscolo protestante]

Il contributo dell'Umanesimo cristiano Dopo il fallimento del conciliarismo [👁 7.8], l'esigenza di una riforma della Chiesa tornava a manifestarsi all'interno del mondo cristiano.

Gli umanisti dell'area franco-tedesca e fiamminga in particolare si dimostravano particolarmente sensibili alle problematiche religiose. Animati da un forte impegno riformatore, essi

132 DOC

Erasmo da Rotterdam
La follia degli ordini religiosi

133

R.H. Bainton
Le 95 Tesi e il problema delle indulgenze

si accostarono ai testi sacri con le nuove armi della filologia e del metodo critico, avviando una riflessione su importanti questioni della teologia cristiana e muovendo una critica serrata alla società e alla Chiesa del loro tempo. Questo movimento, detto Umanesimo cristiano, contava tra le sue fila intellettuali di spicco quali Erasmo da Rotterdam e Tommaso Moro **[👁 10.6]**.

Com'era accaduto per i precedenti tentativi di riforma, anche l'Umanesimo cristiano fallì, restando prevalentemente confinato in ristrette cerchie intellettuali senza dare una risposta chiara alle attese e allo scontento di larghe masse di fedeli. Esso, tuttavia, preparò il terreno alla Riforma protestante e fornì elementi essenziali della nuova teologia.

Le 95 *Tesi* Molte delle suggestioni dell'Umanesimo cristiano, infatti, furono fatte proprie dal monaco agostiniano tedesco Martin Lutero (1483-1546), un pensatore in grado di attaccare e demolire le fondamenta dottrinali su cui si basavano il ruolo e l'esistenza della Chiesa d'Occidente. Docente di teologia biblica presso l'Università di Wittenberg, Martin Lutero trasformò in brevissimo tempo la sua università nel centro di un **dibattito teologico** di cui egli stesso fu il promotore e il maggiore protagonista. L'occasione per far uscire la disputa dall'am-

EVENTI

L'affissione delle 95 *Tesi*

«Le son fraterìe!», 'cose da frati': con queste parole papa Leone X definì frettolosamente la polemica divampata in Germania tra il monaco agostiniano Martin Lutero, professore di teologia biblica all'Università di Wittenberg, in Sassonia, e il domenicano Johann Tetzel, sottocommissario generale dell'arcivescovo di Magonza. Ma quella che gli sembrava una semplice contesa tra frati di ordini diversi stava per creare una frattura insanabile all'interno della Chiesa.

Origine della controversia tra i due religiosi era la cosiddetta vendita delle indulgenze avviata nel 1517 da Leone X per finanziare la costruzione della basilica di S. Pietro. La vendita delle indulgenze promossa da Leone X era straordinaria, poiché prometteva la remissione completa dei peccati anche a coloro che, non potendo recarsi a Roma, avessero versato una somma di denaro ai delegati incaricati della predicazione e della riscossione.

In Sassonia alla vendita delle indulgenze, curata in ogni particolare, partecipava anche la celebre banca **Fugger [👁 13.5 PERSONAGGI]** che aveva prestato ingenti somme all'arcivescovo di Magonza. Fu pubblicato un **listino** in cui i prezzi delle indulgenze erano commisurati alle possibilità finanziarie dei fedeli secondo il loro ceto sociale: 25 fiorini d'oro per i principi, 10 per conti e baroni, 6 per i ricchi borghesi, 1 per i piccolo-borghesi, mezzo o un quarto per i poveri. Anche i singoli peccati avevano costi predefiniti: 7 ducati per il sacrilegio, 6 per la stregoneria, 4 per il parricidio e così via. Era, insomma, quasi un'**impresa commerciale**.

La riscossione era affidata allo zelante **Johann Tetzel**, che aveva organizzato una forma di predicazione itinerante. Molte stampe dell'epoca lo raffigurano mentre cavalca per le campagne con una cassetta al collo, riservata ad accogliere gli incassi, utilizzando slogan spregiudicati per fare facilmente presa sui fedeli più ingenui e meno colti: «Quando il soldo cade nella cassetta, un'anima vola in cielo benedetta» o «Con un quarto di fiorino si può acquistare un salvacondotto per il Paradiso».

Il malcontento e l'indignazione erano molto diffusi. Fu Martin Lutero a farli esplodere. Descritto dai contemporanei come un uomo combattivo, era appassionato lettore della Bibbia e dei primi scrittori cristiani, san Paolo e sant'Agostino soprattutto, che esaltavano la dimensione interiore e personale della ricerca di Dio e il valore salvifico della grazia e della fede. I suoi corsi universitari di quegli anni sui *Salmi* e sulle *Lettere* di san Paolo lo portarono ad approfondire le sue riflessioni e a concentrarsi sulle Sacre Scritture.

Lutero scrisse due lunghe **lettere all'arcivescovo di Magonza** e all'ordinario della diocesi di Wittenberg, suoi superiori, per denunciare i modi scandalosi in cui era condotta la vendita delle indulgenze. Modi che, supponeva Lutero, i suoi interlocutori non conoscevano. Allegò alle lettere

Ritratto di Martin Lutero
1546 ca.
[The National Archives, Londra]

bito accademico fu offerta dalla **predicazione delle indulgenze** promossa, nel 1517, da papa Leone X per finanziare la **costruzione della basilica di S. Pietro a Roma**.
Il **31 ottobre del 1517** Lutero affisse sulla porta della **chiesa del castello di Wittenberg** un documento contenente 95 *Tesi* contro le indulgenze. Più che sullo squallido commercio delle indulgenze, il suo attacco verteva sulla loro assurdità morale e teologica. La Chiesa – sosteneva Lutero – non può vincolare le decisioni divine; se Dio ha imposto un castigo, solo lui può condonarlo, e il perdono divino rende inutile qualsiasi indulgenza.

▶ 135 Martin Lutero *La giustificazione per fede*

La giustificazione per fede

Il **problema della salvezza** era stato ossessivamente presente in tutta la formazione di Lutero. Nel chiuso del monastero agostiniano di Erfurt, attraverso una tormentata vicenda spirituale, egli era giunto a una **visione radicalmente pessimistica dell'uomo**. Per Lutero la natura umana era irrimediabilmente contaminata dal **peccato originale** e nulla gli uomini potevano fare se non abbandonarsi alla giustizia e alla misericordia divina: tutti gli uomini – egli sosteneva – sono peccatori e nulla li può salvare se non la fede nella misericordia divina. Era questa la cosiddetta giustificazione per fede: **«Non è giusto l'uomo che opera molto, ma colui che, senza operare, crede molto**

un documento a parte: le 95 *Tesi*. Scritte in latino perché destinate a suscitare un approfondimento teologico in interlocutori dotti, le 95 *Tesi*, come Lutero disse qualche anno dopo, non erano quindi adatte «a istruire il popolo»; ma quando non ricevette alcuna risposta dai suoi superiori, cambiò idea e le fece circolare («trattato con alterigia mi decisi a renderle pubbliche»).
Le *Tesi* si diffusero rapidamente in tutta la Germania, riscuotendo grande consenso. Lutero allora scrisse in tedesco, destinandolo a un pubblico popolare, un ***Sermone sulla indulgenza e sulla grazia***, che ne riprendeva gli spunti principali e che fu letto avidamente ovunque. L'attenzione di Lutero si fermava su due dubbi da discutere e chiarire: **se l'indulgenza fosse utile al fedele oppure no e se il papa e i suoi ministri avessero il diritto di concederla**. L'indulgenza, argomentava Lutero, è dannosa perché risparmia al peccatore il percorso della penitenza, dolorosa ma necessaria presa di coscienza dell'errore commesso e sofferta espressione di un proficuo «odio di sé», che è la «vera penitenza interiore» (*Tesi* 1-4). Il fedele deve avere un dialogo diretto e personale con Dio, tutto interiore, senza mediatori. Soltanto lui può perdonarlo e scioglierlo dal peccato. «La maggior parte del popolo – rimarcava Lutero – è ingannata da tale indiscriminata e pomposa promessa di liberazione dalla pena» (24). La polemica con Tetzel era esplicita fino al sarcasmo: «Chi sa se tutte le anime del Purgatorio desiderano essere liberate» (29).
In un crescendo trascinante ed efficace, Lutero proponeva le soluzioni da attuare subito per il bene dei fedeli: «Si deve insegnare ai cristiani: che è meglio dare a un povero che non acquistare indulgenze [...]; che se non abbondano i beni superflui, debbono tenere il necessario per la loro casa e non spenderlo per le indulgenze [...]; che l'acquisto delle indulgenze è libero e non di precetto [...]; che il papa, come deve, vorrebbe, anche a costo di vendere – se fosse necessario – la basilica di San Pietro, dare dei propri soldi a molti di quelli ai quali alcuni predicatori di indulgenze estorcono denaro [... e] che se il papa conoscesse le esazioni dei predicatori di indulgenze, preferirebbe che la basilica di San Pietro andasse in cenere piuttosto che essere edificata sulla pelle, la carne e le ossa delle sue pecorelle» (41-51).
Le ultime *Tesi* erano dedicate al tema più delicato: l'enumerazione delle possibili critiche che qualsiasi «laico» avrebbe potuto muovere al papa stesso, coinvolto in un'operazione così «scandalosa». In realtà, era proprio Lutero a **criticare l'operato del papa**, e lo faceva senza troppi giri di parole, fingendo di riportare le parole di ipotetici obiettori: «Per esempio: che è questa nuova di Dio e del papa, per cui si concede a un uomo empio e peccatore di redimere in forza del danaro un'anima pia e amica di Dio e tuttavia non la si redime per gratuita carità?; [...] perché il papa le cui ricchezze oggi sono più opulente di quelle degli opulentissimi Crassi [riferimento a un ricchissimo personaggio dell'antica Roma] non costruisce una sola basilica di San Pietro con i propri soldi invece che con quelli dei poveri fedeli?» (81-89).
Lutero, senza paura, invitava il papa a rendere conto delle modalità in cui si svolgeva la vendita delle indulgenze, per il bene dei suoi fedeli. Tacere sarebbe stato un segno di debolezza: «Soffocare queste sottili argomentazioni dei laici con la sola autorità e non scioglierle con opportune ragioni significa esporre la Chiesa e il papa alle beffe dei nemici e rendere infelici i cristiani» (81-90).
La conclusione era perentoria, e riassumeva nelle ultime due *Tesi* il grande tema della penitenza e della sofferenza necessarie al fedele che sperimenta il peccato: «Bisogna esortare i cristiani perché si sforzino di seguire il loro capo Cristo attraverso le pene, le mortificazioni e gli inferni. E così confidino di entrare in cielo piuttosto attraverso molte tribolazioni che per la sicurezza della pace» (94-95).
Johann Tetzel oppose a Lutero **122 *Antitesi***, ma furono inutili. La forza delle argomentazioni di Lutero, la sua energia indomabile e il suo coraggio trascinarono il popolo tedesco dalla sua parte. *Exurge, Domine*, la bolla con cui, tardivamente, nel 1520 Leone X scomunicò il monaco – **«Sorgi, Signore, un cinghiale devasta la tua vigna»** vi scrisse – non servì a fermarlo e a bloccare il consenso e l'entusiasmo del popolo intorno a lui. La frattura era definitiva. Solo nel 1989, per volontà di papa Giovanni Paolo II, la scomunica è stata revocata.

in Cristo». Il cristiano ha una doppia natura: c'è in lui un **uomo interiore**, che trova la sua piena libertà nella fede, nel rapporto con Dio, nella lettura delle Sacre Scritture che esprimono autenticamente la volontà divina. C'è anche un **uomo esteriore**, che si pone in rapporto con gli altri uomini nel quadro della vita sociale. Le opere buone non servono a salvare l'uomo interiore (che si salva unicamente per la fede), ma soltanto a governare l'uomo esteriore e a farlo vivere in armonia con l'uomo interiore.
L'idea dell'inefficacia delle opere ai fini della salvezza e, soprattutto, dell'assenza di libertà nell'uomo di scegliere tra Bene e Male, furono alla base della polemica con l'umanista Erasmo da Rotterdam. Contro la concezione del **servo arbitrio** di Lutero, ossia dell'incapacità dell'uomo di decidere il proprio destino, essendo sottomesso completamente alla volontà divina, l'umanista esaltò il **libero arbitrio**, cioè la possibilità che l'uomo ha di cooperare attraverso le sue azioni alla propria salvezza. Il pessimismo di Lutero fece sì che Erasmo e molti altri esponenti dell'Umanesimo non aderissero alla Riforma, rimanendo all'interno della Chiesa di Roma.

Lucas Cranach
La predica di Lutero
1545
[Kupferstichkabinett, Staatliche Museen Preussischer Kulturbesitz, Berlino]

In questa stampa, a sinistra, ispirato dallo Spirito Santo, Lutero predica dal suo pulpito rivolto a un attento pubblico. I ministri di Lutero, circondati da laici devoti, amministrano i due sacramenti evangelici del battesimo e della comunione. A destra, invece, il diavolo suggerisce all'orecchio di un frate le parole per la predica. Il papa vende apertamente le indulgenze, mentre in secondo piano sono illustrati diversi aspetti della liturgia e dei costumi cattolici. In netto contrasto con il cielo affollato di putti sul lato dei luterani, il cielo sui cattolici appare buio e minaccioso, e nemmeno i meriti dei santi, rappresentati dalle stigmate di san Francesco (in alto verso destra), riescono a fermare la furia di Dio che lancia fiamme sui cristiani corrotti.

Il sacerdozio universale dei credenti

Le conseguenze della valorizzazione assoluta del **dialogo diretto fra l'uomo e Dio** erano di grande importanza. Si svalutava anzitutto il ruolo dei sacerdoti quali intermediari necessari tra Dio e i fedeli; secondo Lutero esisteva infatti un "sacerdozio universale dei credenti": tutti i credenti erano sacerdoti perché tutti avevano ricevuto il **battesimo**. Nessuna barriera divideva di conseguenza i laici e gli ecclesiastici e questi ultimi erano soltanto dei delegati che svolgevano nel nome di tutti un determinato ufficio. La **lettura** e l'**interpretazione delle Sacre Scritture** ("libero esame") erano un diritto di tutti i credenti e non, come affermava la Chiesa, un monopolio riservato ai sacerdoti. Per Lutero il papato stesso era un'istituzione esclusivamente umana, una potenza terrena, come le monarchie o l'Impero, e l'intera Cristianità non aveva altro capo che Gesù Cristo.

Dalla dottrina del sacerdozio universale dei credenti derivava inevitabilmente una **diversa valutazione dei sacramenti**. I sette sacramenti tradizionali (eucarestia, battesimo, penitenza, matrimonio, cresima, ordine, estrema unzione), furono ridotti da Lutero a due. Soltanto il **battesimo** e l'**eucarestia**, a suo avviso, erano fondati sulla Sacra Scrittura; gli altri erano il frutto delle distorsioni introdotte dall'autorità ecclesiastica.

GUIDA ALLO STUDIO

❶ Quali erano i mali associati al carattere mondano della Chiesa? ❷ In che cosa consisteva la questione delle indulgenze? ❸ Che cosa contenevano le 95 *Tesi* di Wittenberg? ❹ In che cosa consisteva il principio della "giustificazione per fede" e che rapporto aveva con l'idea luterana del "sacerdozio universale dei credenti"? ❺ Su quali temi si svolse la polemica tra Lutero ed Erasmo da Rotterdam?

2 Lo scontro con il papa e l'imperatore

La reazione di Leone X

Di fronte al carattere dirompente delle critiche di Lutero, la reazione papale era inevitabile e si manifestò nel giugno del 1520 con la **bolla *Exsurge Domine***, con cui il pontefice **Leone X** (1513-21) condannava le idee del monaco agostiniano, ordinava che i suoi scritti fossero messi al rogo e gli lasciava due mesi di tempo per **abiurare**. Nel dicembre dello stesso anno Lutero bruciò in pubblico la bolla papale manifestando apertamente la volontà di una rottura definitiva. Era un gesto prevedibile da parte di un uomo che già da tempo aveva dichiarato di non volersi sottomettere, ma comunque esso provocò un enorme scalpore.

La condanna di Carlo V e il "rapimento" di Lutero

Decisivo per Lutero fu l'appoggio dell'elettore di Sassonia, **Federico il Savio**, che lo convinse ad appellarsi direttamente all'imperatore **Carlo V** (1519-56: 👁 15.1), cui spettava il compito di rendere esecutiva la condanna papale. Della faccenda doveva occuparsi la Dieta imperiale convocata a **Worms** per gli inizi del 1521. In quell'occasione fu nuovamente chiesto a Lutero (che si era recato a Worms munito di un salvacondotto) di sconfessare pubblicamente le proprie idee. Lutero rifiutò di farlo. Con il consenso di una parte della Dieta, l'imperatore pronunciò allora una solenne condanna che fece di **Lutero un fuorilegge e un nemico pubblico**: chiunque poteva ucciderlo impunemente, sicuro dell'approvazione delle autorità. La situazione di Lutero si fece estremamente pericolosa e c'era già chi temeva, e chi sperava, che l'intera vicenda si concludesse, come tante altre volte in passato, col rogo. Ma la figura di Lutero era ormai diventata un simbolo, e quel monaco ribelle contava già molti sostenitori in vari strati della società tedesca.

Sulla strada del ritorno da Worms, Lutero fu rapito dagli emissari del suo protettore Federico il Savio e messo **in salvo nello sperduto castello della Wartburg**, in Turingia. Mentre Lutero, ormai al sicuro, attendeva alla traduzione tedesca della Bibbia e

Abiura
Ritrattazione pubblica di una fede, di una teoria o di un'ideologia. Colui che abiura rinnega pubblicamente una dottrina che aveva sostenuto in precedenza.

134 DOC
Martin Lutero
Alla nobiltà cristiana di nazione tedesca

alla stesura di nuovi scritti, le sue idee dilagavano: la città di Costanza – seguita da molte altre – rifiutò di applicare la condanna imperiale di Worms e adottò il luteranesimo. Monaci e monache abbandonarono a migliaia i conventi.

Una rivoluzione culturale

La diffusione delle sue idee fu agevolata da un ampio ricorso all'**uso della stampa**, in dimensioni che nessuna attività di **propaganda** aveva in precedenza raggiunto [👁 10.7 EVENTI]. Oltre alle opere di Lutero (a cominciare già dalle 95 *Tesi*, stampate clandestinamente ma destinate a un enorme successo editoriale e alle successive *La libertà del cristiano*, *La cattività babilonese della Chiesa*, ecc.), la Riforma produsse un'ingente quantità di **scritti polemici e teologici** che passò quasi tutta attraverso le tipografie e circolò in Europa sotto forma di libro stampato.

Questa circolazione fu resa possibile dall'**uso della lingua volgare**, che fu adoperata anche per trattare argomenti espressi, fino a qualche decennio prima, categoricamente in latino, la lingua dei dotti e della Chiesa. La **Bibbia** (tradotta da Lutero in tedesco) divenne un libro accessibile a chiunque sapesse leggere. L'uso della lingua volgare per esprimere nuove idee di argomento religioso e comunicare alle masse la Sacra Scrittura rappresentò una vera e propria rivoluzione culturale. Per la prima volta nella storia umana un grande pubblico di lettori (e di ascoltatori) prese conoscenza di idee rivoluzionarie attraverso un mezzo di comunicazione che faceva uso di una tecnologia moderna (la stampa) e delle lingue locali.

Ma furono impiegate ampiamente anche altre forme di propaganda, più semplici e dirette, come i **manifesti** e le **caricature**: la raffigurazione di Lutero come "Ercole germanico", monaco gigantesco che abbatte a colpi di clava i rappresentanti della Chiesa di Roma, e le figure ridicolizzate dei papi e degli ecclesiastici, ritratte in atteggiamenti paradossali e grotteschi, avevano sulla folla un impatto non meno dissacrante e dirompente degli scritti e delle invettive di Lutero. Anzi i due messaggi – quello della parola e quello delle immagini – si integravano.

Propaganda
Dal latino *de propaganda fide* ('sulla fede da diffondere'), dal nome della Congregazione a cui la Chiesa affidava la diffusione della fede. Nel linguaggio contemporaneo indica la diffusione sistematica di messaggi e informazioni volti a fornire un'immagine positiva o negativa di un avvenimento, di una persona, di un'istituzione o anche di un prodotto commerciale.

Diffusione del luteranesimo e alfabetizzazione

Al fine di facilitare l'accesso diretto alla parola divina, Lutero promosse l'esigenza che tutti, anche i più poveri, imparassero a leggere e scrivere. Si avviò così una vera e propria **lotta contro l'analfabetismo**, che allora era diffuso tra la grandissima maggioranza della popolazione. In Germania i progressi furono rapidi: in Sassonia, per esempio, una legge del 1580 stabilì che anche nei più sperduti villaggi, dove la gente era troppo povera per retribuire un insegnante, almeno un sagrestano fosse disponibile per l'insegnamento della lettura e della scrittura, «perché i bambini dei lavora-

Lutero alla Dieta di Worms
1521
[The Granger Collection, New York]
Nell'aprile del 1521 Lutero si recò a Worms su richiesta dell'imperatore Carlo V, che lo aveva convocato all'assemblea dei principi imperiali per fargli sconfessare la sua dottrina. Dopo due giorni di audizioni, Lutero (a destra nell'incisione, davanti all'imperatore) difese strenuamente le sue tesi e per questo fu dichiarato fuorilegge e bandito dall'Impero.

tori dovrebbero ricevere l'istruzione con le preghiere, il catechismo, il leggere e lo scrivere durante la prima giovinezza, per la loro salvezza e per il nostro comune benessere». Se nelle **campagne** l'alfabetizzazione incontrava spesso non poche difficoltà (sia di ordine economico sia di mentalità) che ostacolavano la frequenza scolastica, nei **centri urbani** la situazione era molto più favorevole: in una città come Strasburgo, già nel 1535, esistevano nove scuole elementari per ragazzi e sei per ragazze (queste ultime erano tradizionalmente escluse dall'istruzione elementare, ma il movente religioso dell'alfabetizzazione non poteva giustificare eccessive discriminazioni).

Il rapporto tra la diffusione del luteranesimo e l'alfabetizzazione era chiarissimo ai propagandisti della Riforma: «Mai prima d'ora – scrisse l'autore di un celebre trattato di grammatica tedesca – l'arte della lettura è stata così utile come ai nostri giorni, quando ognuno di noi può conoscere e valutare da solo la parola di Dio». **La lettura era uno «splendido dono divino», che gli uomini dovevano usare per onorare il Signore**.

GUIDA ALLO STUDIO

❶ Che cosa imponeva la bolla papale *Exsurge Domine* e cosa fu stabilito nella Dieta di Worms del 1521? ❷ Chi era e che ruolo svolse Federico il Savio? ❸ Come si compì la rivoluzione culturale che accompagnò e supportò il successo del luteranesimo? ❹ Che rapporto vi fu tra la diffusione del luteranesimo e l'alfabetizzazione del popolo tedesco?

3 La Germania sconvolta da rivolte e contestazioni politiche

La rivolta dei cavalieri

In Germania, gli sconvolgimenti politici e religiosi della Riforma s'incrociarono con vasti sommovimenti sociali. Primi a muoversi furono i **cavalieri**, cioè la piccola nobiltà. Si trattava di signorotti fieri delle loro tradizioni guerriere, ma emarginati dal grande potere e sprovvisti di mezzi economici adeguati al loro rango. I cavalieri colsero nella predicazione di Lutero un invito ad aggredire la grande proprietà ecclesiastica e impugnarono le armi scatenando, nel **1521-23**, una vera e propria guerra civile, ma una potente lega dei feudatari laici ed ecclesiastici represse nel sangue la rivolta, che lo stesso Lutero condannò con dure parole.

La rivolta dei contadini

Molto più grave fu la rivolta dei contadini, tanto grave da assumere i connotati di una guerra. In Germania, come del resto in tutta l'Europa tardomedievale, le rivolte contadine erano state sempre abbastanza frequenti e come altrove si erano inasprite in conseguenza della grande peste e della crisi del '300 [👁 6.5].

Inoltre, nelle campagne tedesche, dove permanevano condizioni di asservimento molto dure (in altre regioni europee già superate), proprio in quei decenni la morsa del potere signorile subiva una nuova stretta esacerbando le pessime condizioni di vita e lavoro cui erano sottoposti i contadini. La situazione sociale nelle aree rurali si fece incandescente a partire dal 1524, quando scoppiarono le prime rivolte in Svevia e nella zona della Selva Nera [👁 ATLANTE_61]. All'inizio dell'anno seguente il moto dilagò in buona parte della Germania centro-meridionale: furono assaliti e incendiati i monasteri, i castelli, le dimore signorili. I signori fuggivano impauriti. La rivolta si estese anche ad alcune città, contagiando le popolazioni urbane di Magonza e di Colonia, e si diffuse tra i minatori del Tirolo. Diversamente da quanto era accaduto nelle rivolte contadine del passato, in alcune regioni della Germania sud-occidentale il movimento cercò di darsi un'organizzazione e un programma. All'inizio del **1525** si formarono alleanze locali che confluirono a loro volta nella **Lega cristiana** dell'Alta Svevia.

Anche se la maggior parte delle rivendicazioni dei contadini non aveva nulla di rivoluzionario e tendeva semmai a ripristinare i rapporti consuetudinari con i signori da tempo (alterati a svantaggio dei contadini), e anche se i contadini non pensavano affatto ad abbattere il feudalesimo in quanto tale, non c'è dubbio che l'insieme delle richieste, se accolto, avrebbe avuto effetti dirompenti sul potere politico ed economico dei signori. Alcune richieste, per esempio quella relativa all'elezione dei parroci o all'abolizione delle servitù personali, suonavano come decisamente rivoluzionarie. Particolare significato eversivo assumeva inoltre il costante **richiamo al Vangelo**, che sarebbe difficilmente spiegabile senza la diffusione delle idee di Lutero e l'attività dei suoi seguaci.

Lutero condanna la rivolta

Non furono certo le idee di Lutero a scatenare le rivolte contadine. Queste ultime, come abbiamo visto, affondavano le radici in un malessere secolare. Ma il luteranesimo fu ben presto, e inevitabilmente, chiamato in causa dai contadini stessi e dalle autorità.

I contadini invocavano Lutero come loro paladino e si aspettavano che egli assumesse la guida del loro movimento. Quanto alle autorità, esse non tardarono ad accusare il riformatore di essere il vero responsabile delle agitazioni: le sue idee sovversive, il suo cattivo esempio, il suo odio per il potere legittimo avevano contagiato le popolazioni, spingendole alla violenza. Era quindi necessario reprimere sia le rivolte contadine sia il movimento luterano che appariva tanto strettamente collegato alla sovversione.

Lutero intuì prontamente il pericolo e reagì con una serrata critica del programma e delle rivendicazioni dei rivoltosi: era vero che i signori avevano esagerato opprimendo ingiustamente i contadini, ma questi ultimi non avevano alcun diritto di appellarsi al Vangelo, perché **il Vangelo escludeva qualsiasi violenza e qualsiasi ribellione**. Il compito di punire l'ingiustizia spettava solo a Dio e i contadini dovevano rassegnarsi e obbedire: l'unica libertà veramente importante e insopprimibile era quella interiore. Lutero sorprese e deluse molti, e fu giudicato un traditore. Tra le stesse file dei più attivi riformatori ci fu chi fece un'altra scelta.

ATLANTE 61_LA RADICALIZZAZIONE DELLA RIFORMA: CAVALIERI E CONTADINI

Lo sterminio dei contadini Il più noto di questi riformatori estremisti fu **Thomas Müntzer** (ca. 1490-1525), che Lutero definì «il diavolo in carne e ossa nel suo furore più selvaggio». Müntzer, che si era allontanato ben presto da Lutero, giudicandolo troppo moderato e incline al compromesso con la Chiesa di Roma, allo scoppiare della rivolta contadina ne era diventato uno dei capi. Ma nel maggio del 1525 i soldati e i cavalieri inviati dai principi tedeschi annientarono un esercito contadino a **Frankenhausen**, in Turingia, e Müntzer fu fatto prigioniero, torturato e infine decapitato.

La strage di Frankenhausen fu seguita da tanti altri episodi analoghi: le bande contadine furono isolate e assalite una alla volta dalle forze coalizzate dei principi, e annientate. Ovunque si procedette a esecuzioni sommarie. Si calcola che alla fine furono sterminati, in battaglia o sulla forca, oltre 100 mila contadini.

▶ **136**
J. Lortz • E. Iserloh
Il radicalismo religioso di Thomas Müntzer

La rivolta dei contadini in Alsazia
1526
[da *L'histoire & recueil de la triumphante et glorieuse victoire obtenue contre les seduyctz et abusez Lutheriens* [...] di Nicolas Volcyre de Serouville Bibliothèque Médiathèque, Nancy]

Questa incisione di Gabriel Salmon illustra la partenza dell'armata del duca di Lorena contro i contadini rivoltosi dell'Alsazia. Il duca ingaggiò contro di loro una sorta di "santa crociata", in quanto luterani e per questo considerati eretici. Le bande dei ribelli, costituite da circa 1[illegible] mila uomini, si concentrarono attorno alla città di Saverne che fu assediata e data alle fiamme. Morirono circa 6 mila contadini. Nella sola Alsazia si stima che persero la vita oltre [illegible]5 mila ribelli.

▶ 137 DOC
La *Confessione augustana*

La Lega di Smalcalda La Riforma assumeva i connotati della contestazione politica. Tra i principi, in particolare, cresceva il fronte luterano e andava aggravandosi una spaccatura con il fronte che restava dalla parte della Chiesa di Roma e dell'imperatore. La rottura divenne manifesta durante la **Dieta di Spira** del 1529, quando sei principi e quattordici città tedesche protestarono apertamente contro il tentativo di rendere efficace su tutto il suolo germanico l'editto di Worms del 1521 che condannava il luteranesimo **[👁 14.1]**. Questi principi e le città furono pertanto chiamati **protestanti**, con un termine che verrà spesso usato per indicare i seguaci della Riforma. Alla successiva Dieta tenuta ad Augusta nel 1530 i principi protestanti presentarono la loro professione di fede, la cosiddetta ***Confessione augustana***, e nel **1531** strinsero un'alleanza militare, la Lega di Smalcalda.

Il luteranesimo si diffuse a macchia d'olio in Germania fino a comprendere circa i due terzi dell'intero territorio (rimasero cattoliche la Baviera e le regioni occidentali). La Germania si trovò pertanto divisa tra l'imperatore con i principi cattolici da un lato e i principi luterani dall'altro. Ma il luteranesimo si estese anche oltre i territori tedeschi.

GUIDA ALLO STUDIO

❶ In che modo la piccola nobiltà tedesca recepì la dottrina luterana? ❷ Che cosa intendevano ottenere i contadini che aderirono alla rivolta? ❸ Perché Lutero condannò la rivolta dei contadini? ❹ Chi era Thomas Müntzer? ❺ Perché si costituì la Lega di Smalcalda?

4 La Riforma a Zurigo

Ulrich Zwingli Dopo la Germania, l'altro grande polo della Riforma fu la **Svizzera**, dove le nuove dottrine furono introdotte da Ulrich Zwingli (1484-1531), canonico della cattedrale di Zurigo. Seguace di Erasmo da Rotterdam ed egli stesso umanista, Zwingli sottolineò sempre la propria indipendenza da Lutero, pur mostrando di apprezzare molto l'importanza del suo insegnamento. Agendo sempre di comune accordo con le autorità cittadine, tra il 1524 e il 1525 Zwingli riformò ampiamente la **Chiesa di Zurigo**: ordinò la soppressione delle **immagini** nei

La distruzione delle immagini sacre a Zurigo
1524

santuari, abolì il **celibato dei preti**, smantellò i conventi e ne destinò i beni alla pubblica assistenza; abolì la **messa** sostituendola con un rito estremamente semplice e spoglio, abrogò il sacramento dell'**eucarestia**, negando in esso qualsiasi presenza reale del Signore e ritenendolo unicamente un rito commemorativo dell'Ultima Cena; attaccò inoltre con veemenza la pratica del **servizio militare mercenario** cui i contadini svizzeri più poveri si dedicavano in gran numero, ritenendola indegna di un buon cristiano, e ne ottenne l'abolizione.

▶ 138
E. Campi
L'opera riformatrice di Zwingli

▶ 142
D. Cantimori
L'anabattismo

L'esperimento di Zwingli a Zurigo suscitò apprensione nei cantoni cattolici della Svizzera, dominati da una forte aristocrazia guerriera che vedeva con ostilità la propaganda contro i mercenari e guardava con timore i successi della Riforma zurighese anche in altre città (per esempio, Berna e Basilea). Nel 1531 un esercito cattolico assalì Zurigo e riportò una schiacciante vittoria nella **battaglia di Kappel**, dove morì lo stesso Zwingli. La diffusione della Riforma fu bloccata in tutta la Svizzera, con l'eccezione di Ginevra.

Gli anabattisti Ma prima della sconfitta di Kappel, si era manifestata una grave minaccia interna alla Riforma zurighese. Un'altra corrente di riformatori, gli anabattisti, guidata tra gli altri da **Felix Manz**, sosteneva la necessità di dar vita immediatamente (e non con la cautela di Zwingli) a una **comunità di santi**, di fedeli puri e liberi da qualsiasi costrizione legale. Negava inoltre validità al **battesimo** dei fanciulli e sosteneva che tutti i veri fedeli dovevano essere **ribattezzati** (donde il loro nome, dal greco *anabaptistès*, 'ribattezzatore'), perché il battesimo non era un sacramento ma il segno e la conferma della purificazione interiore, frutto dell'autorità morale e del libero arbitrio. Gli anabattisti predicavano anche l'**uguaglianza sociale**, in aderenza al dettato evangelico. L'intervento delle autorità civili, anche in seguito alla pressione di Zwingli, fu allora durissimo: condannato a morte per annegamento, Manz fu il primo di una lunga serie di martiri.

La ribellione di Münster Il movimento anabattista, represso a Zurigo, si propagò in **Germania**, dove trovò terreno fertile tra gli emarginati e tra i contadini delusi dalla rivolta del 1525 **[👁 14.3]**. Anche in Germania gli anabattisti furono però duramente colpiti e la durezza della repressione, con massacri sistematici, spinse alcune frange sulla via della rivolta.

Nel **1534** gli anabattisti di Münster, una città tedesca vicino ai confini con l'Olanda, approfittarono di una crisi del governo cittadino e s'impadronirono del potere. Cattolici e luterani furono immediatamente espulsi. Si voleva dar vita a una comunità di santi, pura e incontaminata. A Münster fu permessa la poligamia, con la motivazione che era stata praticata dai più antichi patriarchi del popolo ebreo, fu abolita la proprietà privata, eliminato il denaro. I metodi di governo della comunità degenerarono presto nel terrore, e l'esperimento non durò a lungo: nel **1535** la città cadde nelle mani di un esercito armato dai principi cattolici e luterani, e gli abitanti furono sterminati.

GUIDA ALLO STUDIO
❶ In che modo e da chi fu riformata la Chiesa di Zurigo in Svizzera? ❷ Che cosa sosteneva la corrente riformatrice degli anabattisti? ❸ Perché la comunità anabattista di Münster, in Germania, fu sterminata?

5 L'azione riformatrice di Calvino a Ginevra

Lo Stato-Chiesa di Calvino a Ginevra A Ginevra, nella Svizzera di lingua francese, si svolse l'attività di **Giovanni Calvino** (1509-1564), un francese fuggito dalla sua patria per evitare la repressione che si era abbattuta sui luterani. Già nel 1536 Calvino – che era un **uomo coltissimo** – era diventato famoso per la

▶ 139 DOC
Giovanni Calvino
L'Istituzione della religione cristiana

▶ 140
A. McGrath
Calvino e la predestinazione

▶ 141 DOC
Max Weber
Protestantesimo e capitalismo

▶ 143 DOC
Sébastien Castellion
Il problema della tolleranza religiosa

pubblicazione dell'*Istituzione della religione cristiana*, un'opera che conobbe un **grande successo editoriale** e diventò, di edizione in edizione, una vera e propria summa teologica della Riforma.
I rapporti di Calvino con Ginevra non furono facili, ma alla fine, dopo decenni di attività instancabile, di contrasti, di fallimenti e di successi, Calvino riuscì a fare di quel piccolo centro di 13 mila abitanti una specie di Stato-Chiesa, una comunità protesa a incarnare il modello calvinista di società. Questo **modello di società** era **imperniato sull'idea di predestinazione**, che già Lutero aveva abbozzato e che Calvino elaborò e completò con grande coerenza.

La dottrina calvinista

Per volontà imperscrutabile di Dio, alcuni **eletti** erano predestinati da sempre alla salvazione; tutti gli altri erano dannati. Questo esprimeva in sintesi l'idea di predestinazione. Inoltre, la salvezza non dipendeva dai meriti dell'individuo, ma dalla **Grazia divina**. L'individuo, però, non doveva rassegnarsi passivamente al proprio destino, ma ricercare continuamente dentro di sé i segni della sua appartenenza alla schiera degli eletti. Questa ricerca attiva e incessante si attuava anche nella vita di ogni giorno, nella quale l'eletto era chiamato a impegnarsi: il **successo personale**, il **dovere compiuto**, il **lavoro ben eseguito** – fosse esso quello dell'uomo politico o un'occupazione umilissima – erano quasi un rito religioso celebrato in onore di Dio: «non ci sarà compito così disprezzato né così basso, che non risplenda davanti a Dio e non sia estremamente prezioso, se in esso adempiamo la nostra vocazione». Per il calvinismo la **vocazione** di ognuno – e dunque anche il suo ruolo sociale e professionale – si legava così in positivo con la predestinazione, dando vita a una **nuova etica del lavoro**. Il denaro doveva essere impiegato, oltre che per il proprio sostentamento e per quello dei poveri, in attività produttive che generassero a loro volta nuovi guadagni: anche negli affari il successo era un segno della predestinazione divina.
Affermandosi un'etica come questa, nella quale trovavano un ruolo eminente anche attività come quelle del mercante e del banchiere e, più in generale, le attività di chiunque maneggiasse denaro, tramontava veramente l'etica medievale.

L'organizzazione ecclesiastica e civile

Per dar vita a questa comunità ideale e fare in modo che i fedeli operassero, come si erano impegnati a fare, «secondo il Vangelo e la Parola di Dio», Calvino utilizzò ampiamente gli strumenti della politica, finalizzandoli al controllo della religione e della morale. Sulla **condotta dei cittadini**, sulle questioni dottrinali, sulla disciplina ecclesiastica vigilava un organismo apposito, il **Concistoro**, composto da dodici laici, gli anziani o presbiteri, e da alcuni pastori. Il **sistema scolastico**, dalle elementari all'università, venne completamente riformato. I magistrati cittadini furono sottoposti a uno stretto controllo della loro dirittura morale e della loro osservanza religiosa. **Un vento moralizzatore spazzò la vita pubblica e privata dei ginevrini**: furono vietati i giochi d'azzardo, gli spettacoli, il lusso, furono chiuse le taverne. I peccatori venivano esclusi dalla comunione e la sanzione provocava di fatto l'emarginazione sociale.

L'uccisione di Michele Serveto

Ginevra divenne anche il punto di riferimento e il rifugio di tutti coloro che, dall'Italia alla Francia, dalla Germania all'Olanda, erano perseguitati per le loro idee religiose. Sotto il profilo strettamente religioso Calvino fu di una intransigenza estrema e fece ampiamente ricorso al terrore, spingendosi non di rado ad atti di inutile crudeltà: fece scalpore la tortura e l'uccisione sul rogo, come eretico, dello spagnolo Michele Serveto (1511-1553), **uno dei più grandi uomini di cultura del tempo** e figura di primissimo piano nella storia della **scienza moderna** (fu scopritore, tra l'altro, della circolazione polmonare del sangue). Già nel corso di uno scambio epistolare, Serveto aveva scandalizzato Calvino esponendogli la propria **posizione antitrinitaria**. L'offesa al dogma della Trinità era considerata, anche dai protestanti, uno dei delitti più gravi di cui potesse macchiarsi un cristiano. Serveto decise di recarsi personalmente a Ginevra per discutere le sue idee, ma si trovò di fronte a un ambiente che non era assolutamente disposto a discutere su quel piano e che non lo lasciò ripartire vivo. Il suo martirio, tuttavia, non fu inutile, perché aprì, tra i dotti europei, un'importante discussione sull'idea di **tolleranza religiosa**.

GUIDA ALLO STUDIO

❶ In che cosa consisteva la dottrina calvinista? Dove si diffuse originariamente? ❷ Quali erano i segni della predestinazione divina, secondo Calvino? ❸ Che cos'era il Concistoro? ❹ Chi era Michele Serveto? Perché fu condannato a morte?

Il dipinto raffigura un tempio protestante, edificato a Lione nel 1564 e distrutto pochi anni dopo. Il pastore, al centro, predica la parola di Dio in un ambiente sobrio e privo di ogni sfarzosità, com'erano normalmente le chiese evangeliche. Allora, come anche ai nostri giorni, tra i protestanti era molto diffuso il termine «tempio», e non «chiesa», per indicare il proprio luogo di culto.

Jean Perrissin
Il Tempio calvinista di Lione
1565
[Biblioteca Universitaria, Ginevra]

Geografia e Storia
La geografia del cristianesimo (protestanti, cattolici, ortodossi)

ONLINE

6 L'Europa riformata

La nuova geografia religiosa dell'Europa

La diffusione della Riforma cambiò profondamente la geografia delle confessioni religiose in Europa e ridusse l'area a prevalenza cattolica, che pure continuò a essere estesissima. **Cattolici** restarono i regni e gli Stati dell'Europa meridionale – nella Penisola iberica e in quella italiana –, la gran parte del Regno di Francia, i territori meridionali dell'Impero, l'Irlanda e una solida porzione dell'Europa orientale [ATLANTE_62].

La **corrente luterana della Riforma** si radicò in Germania e si diffuse in modo preponderante nell'Europa settentrionale: nei paesi scandinavi, in Danimarca e Islanda. Consistente era stata anche la penetrazione luterana nei paesi dell'Europa orientale.

ATLANTE 62_LA CRISTIANITÀ DIVISA

La diffusione della Riforma in Europa mostra chiaramente l'entità della frattura verificatasi all'interno del mondo cristiano. Le scelte religiose che le varie popolazioni europee compirono nel '500 e i contrasti e le guerre di religione che a esse seguirono segnarono in profondità la storia del nostro continente. Tranne mutamenti di minore entità, il quadro religioso dell'Europa odierna è sostanzialmente identico.

Il luteranesimo fu invece duramente perseguito in Francia, fino a spingere Calvino a riparare in Svizzera.
Maggiore successo ebbe in Francia il **calvinismo** della cui penetrazione Calvino si curò con particolare impegno per il fatto di essere francese. I calvinisti francesi venivano chiamati **ugonotti,** dal tedesco *Eidgenosse*, 'confederato', con evidente riferimento alle origini del movimento di riforma nella confederazione svizzera.
Oltre che consolidarsi in Svizzera, il calvinismo si diffuse in Scozia e nei Paesi Bassi, dove fu favorito dall'ostilità delle popolazioni locali contro il dominio della cattolica Spagna. Registrò buoni successi anche in Ungheria, dove verso il 1580 aveva conquistato il 50% della popolazione.

L'Inghilterra e la Chiesa anglicana

Più complessa fu la diffusione della Riforma in Inghilterra. Qui l'ostilità nei confronti della Chiesa di Roma si era manifestata, già nel Medioevo, a ondate ricorrenti, e le polemiche contro l'esosità del papa e le decime pretese da Roma non si erano mai spente. Il fuoco fu nuovamente attizzato dalle vicende matrimoniali del re **Enrico VIII** (1509-47). Il sovrano desiderava, infatti, annullare il suo matrimonio con Caterina d'Aragona, dalla quale non aveva avuto eredi maschi, e sposare una dama di corte di cui era innamorato, **Anna Bolena**. Con uno strano sussulto di rigore, il pontefice **Clemente VII** non concesse l'annullamento e il rifiuto provocò una durissima reazione del sovrano, che sposò ugualmente Anna Bolena. Da Roma partì immediatamente la scomunica per Enrico VIII e per la sua nuova sposa.
Giungeva così a compimento la rottura tra la Chiesa romana e il Regno d'Inghilterra. Enrico VIII si fece proclamare, con il cosiddetto **Atto di supremazia**, votato dal Parlamento nel **1534**, capo supremo della Chiesa d'Inghilterra, che venne chiamata **Chiesa anglicana**, vietò il pagamento delle decime a Roma, si arrogò il diritto di scomunicare, designò i candidati all'episcopato, abolì i monasteri, ne incamerò i beni e li rivendette, assicurandosi così il prezioso appoggio politico degli acquirenti: nobili, mercanti, piccoli e medi proprietari, tutti entusiasti di quell'insperata occasione di estendere le loro proprietà. Il filosofo **Tommaso Moro**, già cancelliere del re, rifiutò di aderire alla politica del sovrano e fu decapitato **[👁 10.6]**.

La famiglia di Enrico VIII
1545
[Royal Collection, Hampton Court, Londra]

Il dipinto raffigura Enrico VIII (al centro); i suoi eredi (da sinistra a destra Maria, figlia di Caterina d'Aragona e futura Maria I Tudor; Edoardo, figlio di Jane Seymour e futuro Edoardo VI; Elisabetta, figlia di Anna Bolena e futura Elisabetta I); la sua terza moglie, Jane Seymour, salita agli onori della rappresentazione perché madre dell'unico erede maschio; infine, ai lati estremi, il giullare e la balia di corte.

Tutti questi provvedimenti, per quanto gravissimi, erano molto meno insidiosi, per la Chiesa di Roma, della Riforma nelle sue varie espressioni. Enrico VIII aveva messo in atto un vero e proprio **scisma**, una separazione della Chiesa anglicana da quella romana. Ma sul piano strettamente dogmatico non si erano verificate rotture irreparabili: gli anglicani mantenevano infatti in vigore tutti i dogmi e i sacramenti cattolici. Enrico VIII aveva insomma dato vita a una specie di **cattolicesimo non romano**, posto sotto la diretta autorità della monarchia. Coerentemente con questa linea, egli non trascurò di perseguitare e giustiziare i luterani.

L'apertura dell'anglicanesimo alla Riforma avvenne sotto il suo successore, suo figlio **Edoardo VI** (1547-53). Questi fece approvare il ***Book of Common Prayer*** (1549), una dottrina e una liturgia ufficiali, contrassegnate da una sorta di sincretismo protestante in cui il prevalente orientamento luterano conviveva con elementi zwingliani e calvinisti. La morte di Edoardo VI e l'ascesa al trono della sorellastra, la cattolicissima **Maria** (1553-58), figlia di Caterina d'Aragona e moglie del re di Spagna Filippo II, bloccarono la Riforma permettendo la restaurazione del cattolicesimo. Alla morte di

PERSONAGGI

Enrico VIII

Enrico VIII Tudor re d'Inghilterra (1491-1547) è ricordato soprattutto per aver decretato lo scisma dalla Chiesa cattolica e per aver fondato la Chiesa anglicana (1534). In precedenza però era stato un fiero difensore del papato contro Martin Lutero. Nel 1521, su suggerimento del suo fido consigliere cattolico **Thomas More** (Tommaso Moro), scrisse in latino una difesa dei sette sacramenti in cui, tra l'altro, confutò proprio la desacralizzazione luterana del matrimonio, con parole che durante la sua movimentata esistenza avrebbe clamorosamente smentito coi fatti. Papa Leone X accolse con grande favore il libretto e donò a Enrico e a sua moglie **Caterina d'Aragona** (figlia dei "re cattolici" Ferdinando e Isabella di Spagna: 👁 16.5) il titolo di "difensori della fede", tuttora appannaggio dei monarchi inglesi, benché non cattolici.

Quando scrisse con More il **libretto contro Lutero**, Enrico aveva trent'anni: a diciotto era diventato re e aveva sposato Caterina da cui qualche anno dopo ebbe una figlia (la futura regina Maria la Cattolica). Era un matrimonio sereno: Caterina era una donna colta, pia e intelligente, molto amata dal popolo anche per la sua opera a favore dei poveri. Due anni prima di sposare Enrico era stata ambasciatore spagnolo in Inghilterra, prima donna nella storia a ricoprire tale carica. Sapeva fin dall'infanzia che sarebbe diventata regina d'Inghilterra. Per Enrico VII, padre di Enrico e primo re Tudor, era assolutamente necessario legarsi alla casa di Spagna: era stimato per aver messo fine alla lunga guerra delle Due Rose tra York e Lancaster [👁 7.5], ma la sua casata non aveva abbastanza prestigio. Si accordò con Ferdinando d'Aragona: Caterina, consapevole pedina in questa politica di alleanze tra monarchie, sposò prima il fratello maggiore di Enrico, che morì dopo pochi mesi, e poi lo stesso Enrico.

Il giovanissimo re, conscio della propria inesperienza, si circondò di **abili consiglieri cattolici**, tra cui il **cardinale Wolsey** e, dal 1530, l'umanista Thomas More. Ruppe l'isolamento dell'Inghilterra entrando nel vivo della politica europea con la partecipazione alla Lega santa in difesa del papa contro la Francia (1512: 👁 9.3) e nel 1513 riportò una storica vittoria contro l'esercito scozzese di re Giacomo IV, che aveva invaso l'Inghilterra. L'esito della guerra lo rese molto amato dal suo popolo, che già lo ammirava per il suo **straordinario carisma**. Era un uomo pieno di energia e di entusiasmo, abilissimo nelle attività fisiche, nella caccia, nella musica e nella danza, e aveva un'eccezionale prestanza fisica: alto, atletico, capelli fulvi e occhi cerulei, con la sua voce tonante e la fragorosa risata ben sapeva come conquistare la simpatia generale. Cordiale e schietto nei modi, di lui dicevano che sembrava **«più un buon amico che un re»**. Ma Enrico aveva anche un **orgoglio** e un **egocentrismo** smisurati ed era capace di memorabili scatti d'ira, che negli anni a venire lo avrebbero portato a seminare morte e disperazione all'interno della sua stessa famiglia.

In questa prima fase del suo regno il sovrano lasciò ampio potere decisionale al cardinale Wolsey (che mirava a legare il paese al papato contro Francia e Spagna) e preferì dedicarsi alla formazione di quella che sarà la **prima flotta inglese permanente**; vent'anni dopo riuscì a creare una compagnia navale riservata esclusivamente a intrattenere commerci, assai proficui, con la Russia. Nel 1529 la vittoria finale di Carlo V nella guerra contro Francesco I diminuì il peso dell'Inghilterra nella politica europea e decretò la rovina personale di Wolsey, che fu destituito dal suo incarico [👁 15.2].

La sua vita privata nel frattempo si era complicata. Era ormai chiaro che Caterina non avrebbe potuto avere altri figli dopo Maria, mentre Enrico voleva a ogni costo un erede maschio: fino ad allora nessuna donna aveva mai regnato in Inghilterra ed egli temeva che dopo la sua morte potesse crearsi un vuoto destabilizzante per la casata Tudor e pericoloso per il paese. Nel 1525 conobbe **Anna Bolena**, affascinante damigella di sua moglie, e dopo aver riflettuto a lungo decise nel 1527 di divorziare per sposarla e, finalmente, avere un figlio maschio. Non fu facile. Caterina, dopo 18 anni di matrimonio, rifiutò di assecondare i piani di Enrico e di ritirarsi in un convento come il marito le proponeva («Dio non mi chiamò per il monastero: io sono la vera e legittima moglie del re») e i suoi stessi consiglieri si opposero al **divorzio**.

Caterina chiese aiuto all'imperatore **Carlo V**, suo nipote, affinché il papa Clemente VII rifiutasse di concedere il divorzio. L'influenza di Carlo fu determinante: il Sacco di Roma da parte delle sue truppe [👁 15.2 EVENTI] era un trauma ancora recente e Clemente VII negò il divorzio, preferendo inimicarsi Enrico piuttosto che l'imperatore, sulla cui alleanza contava per combattere il protestantesimo.

Maria le successe la sorellastra **Elisabetta** (1533-1603, figlia di Anna Bolena, educata nel protestantesimo: 👁 16.5). Nel 1559 Elisabetta fece nuovamente approvare dal Parlamento l'**Atto di supremazia**, con cui si ripristinava la legislazione antiromana di Enrico VIII, e l'**Atto di uniformità**, che riaffermava la riforma liturgica di Edoardo VI. Nei **Trentanove articoli di fede**, approvati nel 1562, invece, furono fissati i caratteri propri dell'anglicanesimo, una sorta di punto di incontro tra le diverse posizioni teologiche, la cattolica, la luterana e la calvinista. Così la confessione anglicana si impose in Inghilterra, sebbene persistessero nel regno i cattolici e andassero radicandosi comunità di calvinisti.

Peculiarità del caso italiano

In Italia la Riforma ebbe una storia diversa da quella delle altre regioni europee. Nella penisola mancava infatti, o era assai debole, quel sentimento di profonda avversione a Roma e alla sua Chiesa che altrove era stato uno dei fattori determinanti nella diffusione del luteranesimo e del calvinismo. Certamente anche in Italia gli abusi della Chiesa in campo economico e il comportamento inadeguato dei sacerdoti destavano indignazione e

PERSONAGGI

A questo punto emerse l'aspetto caparbio e orgoglioso di Enrico VIII che, irato, reagì con grande durezza: nel 1532 negò al papa il diritto di giudicare questioni interne allo Stato inglese e abolì l'"obolo di San Pietro", il contributo annuale che l'Inghilterra versava spontaneamente alla Chiesa da tempo immemorabile.
L'arcivescovo di Canterbury Cranmer nel 1533 annullò il matrimonio con Caterina e incoronò Anna Bolena come nuova regina. Il papa reagì immediatamente con la scomunica e allora Enrico decretò il cosiddetto **Atto di supremazia**, che sancì la nascita della Chiesa anglicana. Thomas More rifiutò di accettarlo e fu condannato a morte (fu proclamato santo nel 1935). L'ultimo atto della rottura con Roma fu la confisca dei circa duemila monasteri cattolici e l'incameramento dei loro beni. Nel giro di tre anni, dunque, si concluse una **vicenda unica nella storia europea**, il cui clamoroso epilogo colpì duramente la Chiesa cattolica, già provata dal luteranesimo.
Caterina fu separata da Maria, ancora bambina, e reclusa in un castello dove morì poco dopo, circondata dall'affetto del popolo inglese. Da Anna Bolena, però, Enrico ebbe un'altra figlia, la futura regina Elisabetta I; la delusione per lui fu grande e dopo soli tre anni egli accusò Anna di adulterio e stregoneria, la condannò alla **decapitazione** e undici giorni dopo l'esecuzione sposò un'altra donna, da cui ebbe finalmente il desiderato figlio maschio, il futuro re Edoardo VI. La gioia fu tale che, per assicurargli la successione al trono, fece dichiarare illegittime le due figlie Maria ed Elisabetta, condannandole a un'infanzia triste e solitaria. La terza moglie però morì di parto. La seguirono nel ruolo di moglie una duchessa tedesca, sposata dopo averne visto un ritratto e lasciata sei mesi dopo con la consueta **strategia dell'annullamento del matrimonio**, e una giovanissima nobile inglese, cugina di Anna Bolena, che come lei fu accusata di adulterio e condannata a morte. Solo con la sesta moglie, la trentenne Kateryn, sposata a 52 anni, il re trovò pace: saggia e sensibile, lo aiutò a riavvicinarsi alle due figlie, da cui i traumatici eventi degli ultimi anni lo avevano separato. Ma la serenità di Enrico durò poco: egli morì quattro anni dopo, malato, malinconico, obeso e poco amato, molto diverso dal giovane brillante e allegro che era stato. Lasciava un'Inghilterra indebitata ed esposta alle lotte di religione.
Enrico rimase nel solco del cattolicesimo: la sua era stata una **protesta per l'indipendenza dal papato** e non una riforma religiosa. Tuttavia, riunendo nella sua figura i ruoli di re e di capo della Chiesa aveva attuato una nuova forma di cesaropapismo, in cui il sovrano aveva pieni poteri temporali e spirituali. A imprimere al paese una svolta decisiva in senso protestante sarà suo figlio Edoardo VI. L'anglicanesimo, che era sembrato il capriccio di un re despota, divenne una forma originale di cristianesimo, in cui confluivano princìpi cattolici e protestanti.

Ritratto di Enrico VIII

scandalo, ma non generavano, come altrove, una reazione profondamente intrisa di elementi "nazionali". Inoltre, a differenza dei principi tedeschi e dei sovrani europei, i signori che governavano gli Stati italiani erano troppo **dipendenti dal papa** e dall'altra potenza cattolica, l'imperatore, per tentare una politica di rottura in campo religioso.

Ma le idee della Riforma ebbero ugualmente una certa circolazione nel nostro paese. A Venezia, che riconobbe ufficialmente un ambasciatore della Lega di Smalcalda, venivano stampati gli scritti di Lutero, le cui copie circolavano nelle maggiori città italiane, da Milano a Firenze, a Napoli. Nel complesso, tuttavia, la Riforma nel nostro paese non diventò mai un movimento popolare e i suoi aderenti appartenevano prevalentemente agli **ambienti colti**.

In Italia la Riforma s'inserì nel solco dell'**evangelismo**, un movimento che proclamava la necessità di un ritorno alla pratica e alla fede di età evangelica. L'eclettismo del movimento faceva sì che, soprattutto in una prima fase, non fosse facile distinguere al suo interno le correnti riformatrici di ispirazione protestante da quelle che non rivelvano nulla di eretico e si ricollegavano ai tradizionali movimenti riformatori del cattolicesimo. Col passare del tempo, il chiarirsi delle reciproche posizioni e l'intervento, brutale ma chiarificatore, dell'Inquisizione [👁 14.8] divaricarono il destino di molti aderenti al movimento. Alcuni li ritroveremo al vertice delle gerarchie cattoliche, altri nel cuore dello schieramento protestante.

GUIDA ALLO STUDIO

❶ Come cambiò la geografia delle confessioni religiose in Europa con la diffusione delle correnti riformiste? ❷ Chi erano gli ugonotti? ❸ Che cosa fu lo scisma anglicano? In che modo la Riforma si diffuse nelle isole britanniche? ❹ Perché nella Penisola italiana la Riforma non attecchì come altrove?

NO

7 Il concilio di Trento e la reazione della Chiesa

Controriforma o Riforma cattolica

Gli sconvolgimenti religiosi verificatisi in Germania e la diffusione della Riforma protestante in altre regioni europee obbligarono la Chiesa romana a intervenire con una serie di provvedimenti di carattere politico, istituzionale, teologico. A questa reazione contro il dilagare del protestantesimo, che si sviluppò tra il 1550 e il 1660, si dà comunemente il nome di **Controriforma**. L'espressione rivelava tuttavia una accezione negativa riducendo il fenomeno a mera reazione "contro" la Riforma protestante. Gli storici di orientamento cattolico non tardarono perciò a reagire contro questa impostazione sottolineando che all'interno della Chiesa romana si erano manifestati movimenti riformatori già prima dall'esplosione della questione protestante: era quindi più giusto, a loro avviso, parlare di una **Riforma cattolica** precedente e parallela alla Riforma protestante. Un'osservazione tuttavia occorre fare. Non c'è dubbio che spinte riformistiche avevano attraversato la storia religiosa europea molto tempo prima di Lutero e che esse continuarono durante e dopo l'attività del monaco tedesco; ma è certo che la fase più calda, successiva all'esplosione del protestantesimo, appare fortemente segnata, nel mondo cattolico, dalla necessità di creare un argine religioso, politico e militare contro l'espansione della Riforma protestante. Per esprimere quest'ultimo fenomeno il termine Controriforma è il migliore a nostra disposizione.

Il concilio di Trento

Uno degli atti ufficiali decisi dal papato per porre argine al protestantesimo fu compiuto nel 1537 da **Paolo III** Farnese (1534-49), il quale incaricò una commissione di analizzare i motivi della crisi e di proporre i provvedimenti necessari a sanarla. La commissione procedette a un accurato inventario dei mali del cattolicesimo e avanzò una serie di proposte di carattere disciplinare e morale, il *Consilium de emendanda Ecclesia*. Ma a vasti settori delle stesse gerarchie ecclesiastiche appariva chiaro che fenomeni come lo scisma protestante non potevano essere affrontati unicamente facendo ricorso a provvedimenti limitati e frammentari.

Ormai non era in gioco soltanto la repressione degli abusi disciplinari, ma il recupero di tutta la religione cattolica e l'unità confessionale dell'Europa. Per questo si reclamava da tempo, nel mondo cristiano, la convocazione di un concilio ecumenico (cioè 'universale') che affrontasse globalmente i problemi del rinnovamento e portasse rimedio ai mali che affliggevano il mondo ecclesiastico.

Così, dopo aver a lungo titubato, Paolo III convocò nel novembre del 1542 il concilio di Trento, anche in seguito alle pressanti richieste di Carlo V, impegnato, in suolo tedesco, nella dura lotta contro i principi luterani riuniti nella Lega di Smalcalda [👁 14.3].

Il concilio fu inaugurato da Paolo III nel **dicembre del 1545** e chiuso da Pio IV (1559-65) nel **dicembre del 1563**. In questo arco di tempo si succedettero ben quattro papi e si verificarono numerose interruzioni nei lavori dell'assemblea conciliare; inoltre, la sede fu trasferita da Trento a Bologna e poi di nuovo a Trento.

Nel complesso, tra iniziative papali e delibere conciliari, la **Chiesa cattolica postridentina** si trovò rafforzata e rassicurata nel proprio patrimonio dottrinario e attrezzata contro i mali che l'affliggevano. L'impianto dottrinario e organizzativo che essa si diede è, nella sostanza, ancora oggi vitale. La Chiesa che noi conosciamo è in gran parte quella uscita dal concilio di Trento.

▶ 144
H. Jedin
Riforma cattolica e Controriforma

▶ 145 DOC
Il Consilium de emendanda Ecclesia

▶ 146 DOC
Il concilio di Trento

Giovanni da Udine
Concilio di Trento
XVI sec.
[Loggia della Cosmografia, Città del Vaticano, Roma]

Un'assemblea del mondo cattolico

Prima che il concilio avesse inizio, tuttavia, erano già tramontate le speranze di farne un'occasione di riconciliazione. **I protestanti decisero infatti di non prendervi parte**: non accettarono il ruolo preminente che il papa pretendeva di avervi e la partecipazione dei soli ecclesiastici, che contraddiceva il principio luterano del sacerdozio universale dei credenti. L'incontro divenne allora un'assemblea interna al mondo cattolico: l'ispirazione del concilio era ecumenica, ma la partecipazione fu ristretta non solo nel numero (circa 60 partecipanti alla prima seduta, 235 all'ultima) ma anche nella rappresentanza geografica: circa i tre quarti dei partecipanti erano italiani; seguivano spagnoli, greci, francesi, tedeschi, inglesi.

Le due tendenze dell'assemblea conciliare

Fin dall'esordio si confrontarono nel concilio due tendenze: la prima spingeva perché si affrontassero soprattutto problemi di carattere **istituzionale** e **disciplinare**; la seconda insisteva invece per una preminente attenzione alle **questioni dottrinali**. La preminenza attribuita alle questioni disciplinari metteva in secondo piano il dissidio dogmatico e teologico con i protestanti, evitando di formalizzare una rottura insanabile; la preminenza

Antonio e Giulio Campi
Carlo Borromeo istituisce i corsi della dottrina cristiana
XVI sec.
[Chiesa di S. Francesco di Paola, Milano]
Convinto e intransigente difensore della dottrina tridentina, l'arcivescovo di Milano creò istituti per la formazione del clero e l'istruzione religiosa dei laici.

attribuita alle questioni dogmatiche e teologiche spostava al contrario il confronto su un piano dove la contesa era più infuocata. Alla prima era favorevole, tra gli altri, lo stesso imperatore Carlo V, preoccupato di trovare un accordo tra i principi cattolici e quelli protestanti che rendesse meno instabile il quadro politico tedesco; la seconda era invece sostenuta dal pontefice.

Per evitare che questo duplice orientamento sfociasse in un aperto dissidio, si decise di organizzare i lavori in modo che i due aspetti, il dogmatico e il disciplinare, fossero trattati parallelamente e organicamente. A questa **impostazione unitaria** il concilio si attenne durante tutto il suo svolgimento e nell'elaborazione delle sue conclusioni.

■ **Questioni dottrinali** Sul piano della dottrina, il concilio operò una **netta chiusura nei confronti del protestantesimo**. Ribadì la validità di tutti e sette i sacramenti confermando la presenza reale del Cristo nell'eucarestia e il battesimo dei neonati. Contro la tesi luterana del sacerdozio universale dei credenti riaffermò la netta separazione tra clero e laicato e la superiorità del primo sul secondo, insieme con l'istituzione divina del clero. Contro le tesi luterane del libero esame del testo sacro, la Chiesa si propose con forza come **unica interprete delle Sacre Scritture** e dichiarò autentica la versione latina ufficiale della Bibbia (la cosiddetta *Vulgata* di san Gerolamo). Alla tesi della "giustificazione per la fede" contrappose il principio che la salvezza si ottiene sì per mezzo della fede ma anche delle opere, realizzate in seno alla Chiesa e da essa disciplinate. Il concilio raccomandò anche la venerazione dei santi e della Vergine.

■ **La disciplina e l'istruzione** Sotto il profilo della disciplina a Trento furono presi alcuni importanti provvedimenti per risolvere problemi che da tempo erano stati individuati come fonti di profondo malessere per il popolo cristiano: fu ribadito l'**obbligo del celibato ecclesiastico e quello della residenza**, ovvero tutti i sacerdoti (vescovi compresi) con funzioni pastorali erano tenuti a risiedere nella circoscrizione loro affidata; ai vescovi fu imposto di effettuare visite regolari nelle parrocchie della loro diocesi, le cosiddette **visite pastorali**, per controllare il comportamento dei fedeli e vigilare sulla disciplina degli ecclesiastici e garantire il decoro del clero; queste norme portavano, come logica conseguenza, all'**abolizione del cumulo dei benefici** ecclesiastici. Fu inoltre imposto l'uso del **latino** come lingua universale della Chiesa. Per combattere la tradizionale ignoranza del clero fu creata una rete di **seminari**, destinati alla formazione di uomini di Chiesa preparati e colti. Nel processo di avviamento alla vita ecclesiastica aveva un ruolo importante l'esame della vocazione sacerdotale, cioè della sincera inclinazione dei candidati al servizio nella Chiesa. Il seminario era un ambiente "separato", che non comunicava col mondo circostante, come si conveniva a un'istituzione dedicata all'educazione di individui che il concilio aveva definito superiori rispetto al resto dei fedeli.

Dal concilio discesero altre innovazioni pratiche: una delle più importanti fu l'istituzione del **catechismo**. Una disposizione conciliare faceva obbligo ai curati di insegnare la dottrina ai fedeli nella lingua corrente. A tale scopo il concilio affidò a una commissione guidata dall'arcivescovo di Milano **Carlo Borromeo** l'incarico di redigere un *Catechismo romano*, che fu stampato nel 1566.

Questo manualetto a uso dei sacerdoti, contenente in forma semplificata la dottrina del concilio di Trento, ebbe una grande importanza nel divulgare in maniera uniforme i princìpi dell'ortodossia tridentina presso i fedeli; anche la «rivoluzione della stampa», così a fondo sfruttata in ambiente protestante, fu messa al servizio del cattolicesimo romano.

GUIDA ALLO STUDIO

❶ Come si svolse il concilio di Trento: quanto durò e chi vi partecipò? ❷ Quali tendenze si confrontarono all'interno del concilio? Con quale esito? ❸ Che cos'erano i seminari? ❹ Quale incarico fu assegnato a Carlo Borromeo?

▶ 147
A. Prosperi
La crudele Inquisizione

8 La repressione: Inquisizione e censura

Una politica accentrata dell'Inquisizione

Questa ampia riformulazione e sistemazione di dottrine, questa codificazione di norme disciplinari, questa correzione di storture si accompagnò a una parallela azione repressiva, che esprime più direttamente l'anima dura e battagliera della Controriforma: un'anima che, come si è accennato, si interseca strettamente con le istanze di rinnovamento.
Per comprendere l'intreccio di queste due spinte, basta considerare che il papa Paolo III, che convocò il concilio di Trento, fu lo stesso che – su incitamento del cardinale Carafa (il futuro Paolo IV) – diede nuovo vigore al **tribunale dell'Inquisizione** per la lotta contro l'eresia e la stregoneria. Il tradizionale strumento della **scomunica** non appariva sufficiente a contrastare le spinte disgregatrici. Al rilancio dello strumento inquisitoriale contribuì certamente il successo che in quegli anni andava riscuotendo l'**Inquisizione spagnola**. Nata negli ultimi decenni del XV secolo per fronteggiare il ritorno all'ebraismo degli ebrei convertiti al cristianesimo [👁 7.6], l'Inquisizione spagnola, rispetto a quella di età medievale, dipendeva direttamente dalla Corona, era cioè un organismo politico a tutti gli effetti. Essa divenne presto celebre in tutta la Cristianità per la durezza dei suoi metodi e per il gran numero di roghi e condanne eseguiti. Sull'esempio spagnolo, il papato accentrò il tribunale dell'Inquisizione sotto la direzione di una commissione cardinalizia, la **Congregazione del Sant'Uffizio**, che aveva giurisdizione assoluta in materia di fede nei territori della Cristianità e coordinava

Francisco Rizi
L'Autodafé del 1680
1683
[Museo del Prado, Madrid]

L'*autodafé* (dal portoghese, 'atto di fede') era un lungo rituale in cui veniva eseguita la condanna decretata dal tribunale dell'Inquisizione, rituale che diventava un vero e proprio spettacolo di intrattenimento a cui partecipava tutta la popolazione. Nel dipinto viene raffigurata la piazza principale di Valladolid, in Spagna, allestita per l'avvenimento: sotto gli occhi del sovrano, dei nobili e delle alte cariche religiose, i prigionieri, ritenuti colpevoli di reati contro la Chiesa, vengono condannati pubblicamente.

i tribunali inquisitoriali locali, a esclusione di quelli dell'Inquisizione spagnola, autonoma da Roma. Si creò così una politica unitaria e accentrata dell'Inquisizione.

L'Indice dei libri proibiti

Paolo IV Carafa (1555-59), che successe a Paolo III al soglio pontificio (dopo il brevissimo pontificato di Marcello II), era convinto dell'inutilità del concilio di Trento, e infatti lo sospese. Ostile a qualsiasi innovazione che non discendesse dall'alto, il pontefice intendeva invece restaurare la potenza della Chiesa attraverso una battaglia accanita contro le eresie e una serie di provvedimenti di carattere disciplinare. Inoltre perseguitò gli ebrei e istituì il ghetto di Roma [👁 14.10]. Mentre i tribunali dell'Inquisizione operavano con rinnovata intensità, Paolo IV riorganizzò la **censura sulla stampa** e fissò i criteri per la compilazione dell'**Indice dei libri proibiti**, un catalogo contenente tutti i titoli dei libri che un buon cattolico non avrebbe mai dovuto leggere. Il primo Indice fu stilato nel 1559 e poi aggiornato in senso meno rigoristico da papa Pio IV (1559-65), nel 1564. Di alcuni autori si proibiva la lettura integrale, di altri solo parziale, ovvero limitatamente ad alcune opere o parti di opere. Parallelamente la Chiesa di Roma intensificò l'attività poliziesca, volta a **contrastare la diffusione clandestina** di opere vietate, in particolare di quelle provenienti dai paesi protestanti, dove era in corso una vivace produzione culturale e scientifica.

Vittime della morsa repressiva

Lo spirito repressivo dell'età della Controriforma è legato anche al ricordo di alcune grandi personalità che a esso si opposero. Il frate domenicano **Giordano Bruno** (1548-1600), uno dei più alti pensatori dell'ultima età rinascimentale, entrò in aperto contrasto con le autorità ecclesiastiche a causa delle sue idee favorevoli alla ripresa del dialogo con i protestanti e della sua dura critica ad alcuni aspetti della religione cattolica che gli apparivano frutto di pura superstizione. Abbandonata la tonaca, peregrinò per l'Europa – da Napoli a Ginevra, a Parigi, a Tolosa, all'Inghilterra, alla Germania – professando ovunque con coraggio le sue idee e affrontando ovunque reazioni e ritorsioni. Il suo pensiero – segnato in profondità dall'influenza della rivoluzione copernicana [👁 10.6]– si andò sempre più orientando verso il superamento di qualsiasi schematismo confessionale, alla ricerca di nuove verità. Giunto a Venezia su invito del nobile Giovanni Mocenigo, fu da quest'ultimo denunciato all'Inquisizione. Trascinato a Roma, subì la tortura e un lunghissimo processo, ma non ritrattò [👁 14.10 STORIA•SOCIETÀ•CITTADINANZA]. Nel 1600 fu giustiziato sul rogo nella piazza romana di **Campo de' Fiori**.
Un altro frate domenicano, **Tommaso Campanella** (1568-1639), elaborò nella sua opera più famosa, *La Città del Sole*, e in altri scritti la grande utopia di una società ordinata su basi comunistico-ascetiche e inquadrata politicamente in una monarchia universale che avrebbe rinnovato la Chiesa e assicurato la pace sociale. Campanella cercò anche di dare una prospettiva concreta a queste idee; postosi a capo, in Calabria, di una congiura per abbattere il dominio spagnolo e realizzare il suo ideale di società, fu arrestato. Torturato e processato dall'Inquisizione, riuscì a salvarsi fingendosi pazzo, ma restò in prigione per 27 anni.

GUIDA ALLO STUDIO

❶ In che modo si manifestò il carattere repressivo della Controriforma? ❷ Che cos'era la Congregazione del Sant'Uffizio? ❸ Chi era Paolo IV Carafa? Quali provvedimenti prese? ❹ Per quali ragioni Giordano Bruno e Tommaso Campanella furono vittime dell'Inquisizione?

9 Il cambiamento: i nuovi ordini religiosi

Tendenze all'organizzazione

Le spinte repressive esprimono tuttavia solo un'anima della Chiesa cattolica cinquecentesca. La volontà di attuare una riforma del cattolicesimo attraverso nuove forme organizzative, di

Confraternita
Libera associazione di laici e chierici con fini di assistenza (ai malati, ai poveri, ai condannati a morte, ecc.) e di elevazione religiosa (attività di preghiera, celebrazioni liturgiche, processioni).

◀
Giacomo della Porta
Facciata della Chiesa del Gesù a Roma
1571-84

▶
Jacopo Barozzi, detto il Vignola
Interno della Chiesa del Gesù a Roma
1568-73
Ai gesuiti si deve l'idea di creare un nuovo monumentale modello di chiesa, ben riconoscibile nella Chiesa del Gesù a Roma: una maestosa facciata, di grande rilievo nel contesto urbano, introduceva a una vasta aula rettangolare, ideale per grandi raduni liturgici. Questa tipologia architettonica si diffuse in tutta Europa e fu una componente importante dello stile barocco.

attuare una moralizzazione del clero e di intervenire concretamente nella società era emersa già alcuni anni prima del concilio di Trento con la fondazione di tutta una serie di ordini religiosi e di istituzioni caritative e assistenziali. Nel 1517 era stato creato l'**Oratorio del divino amore**, una **confraternita** votata a intense e frequenti pratiche di devozione e alla carità. Nel 1524 fu creato l'ordine dei **teatini** (dal nome antico della città di Chieti, Teate), rivolto alla riforma morale del clero e alla predicazione; nel 1528 quello dei **cappuccini**, dediti alla predicazione popolare e all'assistenza degli appestati; nel 1532 quello dei **somaschi** (dalla località di Somasca, vicino a Bergamo), incaricati soprattutto degli orfanotrofi; nel 1533 quello dei **barnabiti** (dal nome della chiesa milanese di S. Barnaba), attivi nella cura delle anime e nell'assistenza agli infermi; nel 1535 fu la volta delle **orsoline** (dal nome di santa Orsola), suore di clausura particolarmente impegnate nell'istruzione femminile. Molti altri ordini furono istituiti negli anni seguenti.
Mentre nel XIII secolo l'istituzione degli ordini mendicanti aveva consentito di porre un freno al dilagare delle eresie, assorbendone alcune tematiche pur di far rientrare le scissioni [👁 4.2], questa proliferazione di confraternite e ordini esprimeva la volontà di rilanciare la presenza della Chiesa nella società respingendo qualsiasi tentazione eterodossa. A prescindere dalle loro specializzazioni, i nuovi religiosi svolsero anzitutto **opera missionaria** all'interno della lacerata Cristianità europea, attraverso la predicazione, l'esempio e l'impegno sociale.

I gesuiti La più importante di queste nuove istituzioni fu la **Compagnia di Gesù**, fondata nel 1534 da **Ignazio di Loyola** (1491-1556), un ufficiale spagnolo dalla vita avventurosa, il quale, ferito durante un assedio, fu preso da una crisi mistica – il misticismo conosce in questo periodo una notevole fioritura – e decise di dedicarsi all'apostolato religioso. L'ordine dei gesuiti, che ebbe una rapida crescita (5 mila membri nel 1581, 16 mila nel 1625), prevedeva una formazione

lunga e meticolosa: due anni di noviziato, due di studi letterari e scientifici, tre di filosofia, quattro di teologia. Il gesuita diventava sacerdote verso i trent'anni, ma doveva ancora affrontare un ultimo anno di noviziato. La struttura interna era rigorosamente gerarchica e l'autorità era concentrata nelle mani del capo dell'ordine, il **generale**. Reclutati attraverso una selezione durissima, i gesuiti erano uomini di Chiesa che univano alla vasta cultura e alle capacità non comuni una consolidata abitudine a un'**obbedienza di tipo militare** (lo stesso termine "Compagnia" evocava il mondo delle armi).

148 DOC
Ignazio di Loyola
Gli Esercizi spirituali

149
S. Favone
La diffusione dei collegi dei gesuiti

Presenza dei gesuiti nella società

All'estremo rigore esercitato all'interno dell'ordine faceva riscontro, però, un'estrema flessibilità e adattabilità dei gesuiti nei confronti della realtà in cui operavano: si realizzava così un netto superamento dello spirito monastico e dell'isolamento dal mondo. Avendo come obiettivo principale la riconquista della Cristianità ai princìpi morali e dottrinali della Chiesa romana, la Compagnia si industriò per realizzare il massimo della penetrazione possibile nella realtà politica, sociale, culturale europea, evitando atteggiamenti di eccessiva rigidità nei confronti degli "eretici", degli increduli, degli incerti [ATLANTE_63]. Soprattutto in due campi tale azione fu svolta con successo: la **collaborazione con i governi** e la **promozione delle istituzioni educative**. Il prestigio intellettuale e il rigore morale della Compagnia fecero incrementare la richiesta di professori gesuiti da parte di principi e città, a tal punto che Ignazio di Loyola dovette creare a Roma un apposito collegio centrale, il **Collegio Romano**, per l'istruzione dei novizi. Membri dell'ordine assunsero la direzione delle università cattoliche, ma soprattutto fondarono **scuole di istruzione primaria e secondaria**

ATLANTE 63_LE FONDAZIONI DEI GESUITI IN EUROPA FINO AL 1616

A partire dalla metà del XVI secolo, la Compagnia di Gesù crea una fitta rete di scuole e collegi in tutta Europa con l'obiettivo di garantire una pura educazione cattolica soprattutto ai giovani appartenenti alle classi superiori della società. I gesuiti impiantano le loro fondazioni – collegi di educazione, residenze per il clero, stazioni missionarie, queste ultime con il compito di impartire l'educazione religiosa alle masse – sia nei paesi aderenti alla Riforma protestante, sia in quelli cattolici, con l'intento, nel primo caso, di opporsi alle università protestanti, nel secondo, di contrapporre il proprio insegnamento a quello tradizionale.

che presto furono affollate di giovani appartenenti ai ceti superiori, alta nobiltà compresa. Questo grande successo si deve alla serietà e alla buona qualità media dell'istruzione gesuitica sia dal punto di vista morale sia da quello culturale. Come educatori, i gesuiti ebbero accesso alle corti e – grazie anche alla loro notoria disponibilità a recuperare peccatori pentiti – diventarono i confessori ufficiali di principi e sovrani: di conseguenza l'ordine era certamente l'**organismo internazionale più informato del tempo**, in grado, quindi, di assicurare ottimi servigi anche dal punto di vista diplomatico.

ATLANTE 64_LA PRESENZA DEI GESUITI IN SUD AMERICA

Rinnovamento dei programmi e missioni

In più, la capacità dell'ordine di intuire le esigenze del "pubblico" si espresse nell'introduzione, nei programmi scolastici, del **gioco** didatticamente disciplinato, della **danza** perché i ragazzi imparassero a tenere un portamento elegante, delle **recite teatrali** per abituarli a essere disinibiti in società: tutti accorgimenti per formare schiere di perfetti gentiluomini e di perfetti cattolici.

Per altro verso va precisato che i gesuiti si preoccuparono di estendere la propria influenza anche sui **ceti più umili**, proponendo, ancora una volta, il sistema più efficace per catturare l'attenzione del popolo analfabeta. Essi furono infatti grandi promotori del **culto delle immagini sacre**, sfociante nei sontuosi apparati cerimoniali delle **processioni religiose** che si svolgevano anche nei più piccoli paesi.

La Compagnia di Gesù si ritirò progressivamente dal campo delle opere assistenziali, ma non trascurò **attività missionarie oltremare** ottenendo importanti successi in America meridionale **[**ATLANTE_**64**; **12.7****]**, in India e in Giappone, ma anche in Cina, quasi a indicare che le rinnovate energie del mondo cattolico erano ormai tali da poter conquistare anche i non credenti delle terre più lontane.

Parola chiave
Mission

ONLINE

151
W. Monter
La religiosità popolare agli inizi dell'età moderna

152
P. Burke
L'offensiva religiosa contro la cultura popolare

Il disciplinamento sociale e l'identità confessionale

I profondi cambiamenti che investirono nel corso del '500 il mondo cattolico furono accompagnati, come abbiamo sin qui visto, dall'elaborazione di strumenti al tempo stesso di propaganda e di repressione. Questa vasta azione di controllo sociale e di riorganizzazione intrapresa dalla Chiesa cattolica, parallelamente all'opera repressiva vera e propria, è stata definita dalla recente storiografia «disciplinamento sociale». Qualsiasi manifestazione, pubblica o privata, della vita sociale – dalle feste ai giochi, dai matrimoni alla sessualità, alle forme di medicina popolare – fu sottoposta a una capillare opera di controllo e di intervento. Attraverso l'**imposizione di modelli di comportamento la Chiesa cattolica** – ma un analogo discorso può farsi anche per quella protestante – tendeva a radicare l'identità confessionale. Ne risultò una società più uniforme e compatta dal punto di vista culturale, pronta all'autodisciplina e all'obbedienza.

GUIDA ALLO STUDIO

❶ Quali ordini religiosi furono creati nel XVI secolo? Che cosa li differenziava dagli ordini istituiti nel 1200? ❷ Che cos'era la Compagnia di Gesù? ❸ In che modo i gesuiti rinnovarono l'insegnamento scolastico? ❹ Quali furono i principali strumenti di propaganda e di controllo utilizzati dalla Controriforma? ❺ Che cosa si intende con l'espressione «disciplinamento sociale»?

10 Le vittime dell'intolleranza

Gli ebrei e l'istituzione del ghetto

La rivoluzione religiosa del XVI secolo investì inevitabilmente il rapporto con gli ebrei. La presenza ebraica in Europa si imponeva infatti come misura verificabile dell'identità cristiana e, in particolare durante le fasi di crisi della società europea, la condizione degli ebrei era soggetta a profonde trasformazioni.

Lungo i secoli del Medioevo le comunità ebraiche insediate nelle città europee furono caratterizzate da un'alta mobilità, soggette com'erano agli arbìtri delle autorità politiche e religiose che imponevano frequenti espulsioni, ma consentivano anche successive riammissioni. Disseminati da secoli nell'area mediterranea, gli ebrei si erano radicati soprattutto in Italia e Spagna. E dall'Italia si erano sparsi nell'Europa centro-occidentale. Le comunità tedesche o **ashkenazite** (dal termine ebraico che indicava la Germania), sotto la spinta delle persecuzioni, avrebbero dato in seguito origine all'espansione ebraica nell'Europa orientale. Molto numerosi erano gli ebrei in Spagna, largamente inseriti nel tessuto economico e sociale fin dai tempi della do-

150
A. Foa
La creazione dei ghetti

153
N. Zemon Davis
Le ragioni della violenza popolare

154 DOC
Heinrich Institor Krämer • Jakob Sprenger
Perché le donne diventano streghe

minazione musulmana. Ma la Riconquista cattolica e l'Inquisizione avevano imposto dalla fine del XV secolo una politica di conversioni forzate ed espulsioni [👁 7.6].
La morsa repressiva si strinse attorno alle comunità ebraiche anche durante gli anni della Controriforma. Nel 1555, in particolare, papa Paolo IV [👁 14.8] con la bolla *Cum nimis absurdum* (*Poiché è oltremodo assurdo*), stabilì che i membri delle comunità ebraiche presenti nello Stato pontificio non potessero possedere beni immobili e accogliere ebrei provenienti da altri Stati. Stabilì inoltre segni di riconoscimento per tutti i membri delle comunità (un cappello giallo e un distintivo cucito sugli abiti). E decretò la segregazione degli ebrei dello Stato pontificio nei **ghetti**, sul modello del Ghetto Novo istituito a Venezia nel 1516 [👁 6.3 EVENTI] Il pontefice si adoperò affinché le medesime misure fossero adottate nel resto d'Italia. Il suo intento era impedire che, nel quadro della Controriforma, gli ebrei divenissero fonte di posizioni eterodosse tra i cristiani.
Nell'Italia centro-settentrionale la presenza ebraica fu gradatamente rafforzata dalle espulsioni attuate in altre regioni. Il granduca di Toscana offrirà alla fine del '500 ai mercanti marrani, spagnoli e portoghesi, ospitalità a Livorno, esenzioni fiscali e la possibilità di tornare all'ebraismo.

La caccia alle streghe

Il grande scontro tra l'offensiva protestante e la controffensiva cattolica era accompagnato dal dilagare di un fenomeno che, per le sue dimensioni e caratteristiche, è diventato quasi il simbolo di un'epoca: la caccia alle streghe.
Tra il 1550 e il 1650 circa in tutta Europa (ma soprattutto in Francia e in Germania) inquisitori cattolici, ministri protestanti, autorità civili di tutti i tipi misero a morte decine di migliaia di persone, denunciate o accusate di far parte di una **congregazione di seguaci del demonio**, di aver partecipato a mostruose orge sataniche, di possedere il potere di distruggere o recar danno a uomini, animali, cose. Da dove scaturì questa ondata di violenza?
Non c'è dubbio che **la crisi religiosa protestante fece esplodere la psicosi della strega**: è possibile affermare che, dovunque si imposero i protestanti – luterani o calvinisti che fossero –, ogni forma di resistenza fu aggredita a colpi di accuse di stregoneria; lo stesso fecero i cattolici dovunque persero terreno o riuscirono a recuperarlo. La caccia alle streghe è dunque un indicatore fondamentale del conflitto tra le molteplici anime del cristianesimo cinquecentesco, e tale rimarrà fino alla metà del XVII secolo, quando il consolidamento dello *status quo* dei due fronti e una fase di relativa pace – accompagnati dalle proteste degli intellettuali più illuminati e dalle esigenze di ordine delle monarchie assolute – metteranno fine ai massacri sistematici.
La **demonologia** elaborata dai settori più attivi dell'Inquisizione fu originariamente usata per intervenire in alcune ben precise realtà locali. Ma, una volta completato, il sistema acquistò valore universale: ogni **persona "diversa"** era in potenza un affiliato del diavolo; tale fu definita, per esempio, Giovanna d'Arco, bruciata come strega nel 1431 [👁 7.1]. Il culmine della elaborazione dottrinale si ebbe con la codificazione nel manuale per cacciatori di streghe per eccellenza, il *Malleus maleficarum*, pubblicato nel 1486 da Heinrich Krämer e Jacob Sprenger, inquisitori che – forti di una bolla papale che deplorava la diffusione della stregoneria in Germania – scatenarono la persecuzione delle streghe nella valle del Reno. La stregoneria fu dunque modellata dalla Chiesa cattolica e poi usata, da tutte le autorità religiose e civili, come strumento per schiacciare i diversi tipi di opposizione.

Chi erano gli inquisiti?

Non c'è dubbio che l'eccezionale convergenza e uniformità delle **confessioni** degli imputati di stregoneria fosse dovuta in gran parte ai precostituiti schemi interpretativi usati dagli inquisitori negli interrogatori. Ma anche e soprattutto alla **tortura** che fu applicata indiscriminatamente: le violenze erano tali che difficilmente l'inquisito non confermava le accuse e non denunciava complici, in una catena senza fine.

Tuttavia bisogna riconoscere che, una volta creata, la **mitologia della strega** acquistò vita autonoma, a prescindere dalle forzature e dagli eccessi di zelo degli inquisitori cattolici e protestanti. La gente comune, ma anche molti intellettuali credevano veramente che le streghe esistessero e – ciò che più importa – indubitabilmente molte presunte streghe erano profondamente convinte di possedere poteri diabolici. Le radici di queste **credenze** poggiano su alcuni comportamenti irrazionali ed emotivi propri di molte società organizzate: guerra, fame, disordini, incertezza diffusa generano infatti l'esigenza di un **"capro espiatorio"**, di un "nemico" cui imputare l'origine di ogni male. Una volta stabilito, per le vicende sopra descritte, che streghe e stregoni erano il "nemico" da abbattere, individui **"diversi"** come vecchie, vedove, mammane, storpi, vagabondi, senza famiglia, eretici di varia natura, ecc., furono tutti passibili di persecuzione sotto un preciso denominatore comune. A loro volta i "diversi" in molti casi coltivarono l'illusione di poter riscattare o "vendicare" il proprio isolamento attraverso l'adesione al culto, più o meno fantastico, del principe delle tenebre. In molti casi l'**autosuggestione** deve aver contato moltissimo, specie negli elementi psicolabili.

Tra gli inquisiti per stregoneria certamente la presenza di **donne** era schiacciante: la **condizione di inferiorità** in cui esse vivevano in tutti i livelli della società è stato l'elemento decisivo. Signore di ricca famiglia chiuse in convento, vecchie fattucchiere-levatrici nei villaggi, donne drammaticamente esposte all'emarginazione dalla condizione di vedove nelle città erano ideali soggetti per accuse di stregoneria, ma anche per cadere vittime delle allucinazioni "diaboliche", a metà strada tra il desiderio di evasione e il sogno di possedere un potere che la comunità e gli uomini non riconoscevano loro.

Esecuzione di una strega
1513
[da la *Luzerner Chronik* di Diepold Schilling; Zentral und Hochschulbibliothek, Lucerna]
La scena illustra il rogo cui fu condannata, nel 1447 a Willisau in Svizzera, una donna accusata di stregoneria.

GUIDA ALLO STUDIO

❶ Che cos'erano le comunità ashkenazite? ❷ Che cosa decretò la bolla *Cum nimis absurdum* e chi la emanò? ❸ Perché l'Inquisizione si dedicò con particolare cura alla repressione della stregoneria? ❹ Che cosa rappresentavano ebrei e streghe per la mentalità cattolica?

STORIA • SOCIETÀ • CITTADINANZA

La tortura

La tortura ha origini molto antiche ed è stata praticata in tutte le epoche storiche. Il suo esercizio, comprendente forme di violenza sia fisica sia psicologica, ha avuto due funzioni principali: da un lato, nel corso dei processi o durante il periodo di carcerazione, serviva a ottenere confessioni da parte dell'imputato o rappresentava essa stessa la pena comminata. La **tortura giudiziaria**, dall'altro lato, aveva uno scopo pedagogico, fungendo da esempio **deterrente**. L'uso di torturare i condannati a morte, infatti, è stato costante e serviva sia ad aggravare la pena sia come esempio per coloro che assistevano all'esecuzione, quando prevista in forma pubblica.

Nel **Medioevo** e nella **prima età moderna** il ricorso alla tortura è stato frequente in ugual misura nei processi riguardanti il **dissenso religioso** (repressione delle eresie, della stregoneria, ecc.) e in quelli riguardanti i reati comuni o le accuse di **alto tradimento**. Il suo uso sistematico seguiva procedure codificate e finalità molto precise: nei processi era prevista la sua applicazione in caso di dubbi sulla veridicità delle dichiarazioni rese, sulla loro incompletezza, o ancora quando l'imputato non era stato in grado di dimostrare con altri mezzi la propria innocenza.

Ma fu solo a partire dall'età dei Lumi, il **XVIII secolo**, che le prime voci autorevoli si levarono fermamente contro questa pratica, considerata disumana oltre che inefficace, dal momento che molto spesso gli imputati, anche se innocenti, confessavano per porre fine alle loro sofferenze, falsando in tal modo l'esito dei giudizi. Alcuni tra i più importanti intellettuali dell'epoca, tra cui **Denis Diderot** (1713-1784), scrissero pagine importanti in difesa della dignità dell'uomo, affermando la necessità dell'abolizione della tortura. In Italia, l'illuminista **Cesare Beccaria** (1738-1794) denunciò la brutalità e l'inutilità della tortura e della pena di morte con la sua opera più conosciuta, *Dei delitti e delle pene* (1764), che ebbe un'eco fortissima non solo in Europa ma anche oltreoceano. Sul versante politico fu il re di Prussia Federico II, detto **Federico il Grande** (che regnò dal 1740 al 1786), il primo a eliminare la tortura dalle procedure giudiziarie, inaugurando una prassi che si sarebbe poi diffusa nel resto d'Europa.

Il riconoscimento internazionale della necessità di abolire la tortura è avvenuto però solo molto tempo dopo, nel dicembre del **1948**, con l'approvazione da parte delle Nazioni Unite della ***Dichiarazione universale dei diritti umani***, che tra le numerose disposizioni ha incluso una ferma condanna della tortura in tutte le sue forme. Da quel momento molte altre convenzioni internazionali – tra le più recenti, la ***Convenzione contro la tortura*** del **1984**, che alla fine del '900 contava più di 120 paesi aderenti –, nonché leggi ordinarie e disposizioni costituzionali degli Stati democratici, hanno previsto il divieto assoluto e l'eliminazione di ogni tipo di pratica degradante lesiva della dignità umana.

Nonostante l'abolizione formale, però, la tortura è tuttora praticata in molti paesi del mondo, in forme sempre più sofisticate e messe a punto scientificamente: dal procurare dolore fisico mirato con tecniche di interrogatorio violente, alla tortura psicologica, inflitta ad esempio attraverso l'imposizione di condizioni detentive particolarmente dure e umilianti. **Amnesty International**, l'organizzazione non governativa che combatte da anni contro la pena di morte e la tortura, ha rilevato che ancora oggi questa è praticata in ben 126 paesi, distribuiti in tutti i continenti.

Nei paesi governati da regimi dittatoriali, la tortura resta ancora uno degli strumenti più usati per neutralizzare gli oppositori, soprattutto avversari politici e attivisti per i diritti civili. Tuttavia, nemmeno i paesi più civilizzati, dove vige una secolare tradizione democratica, sono immuni dal ricorso alla tortura, spesso motivato da esigenze di sicurezza nazionale. Negli Stati Uniti, questo fenomeno si è manifestato con particolare gravità dopo il 2001, in conseguenza dell'attentato alle Torri Gemelle di New York, nel quadro di una guerra globale al terrorismo di matrice islamica. I casi che negli ultimi anni hanno fatto più discutere sono stati quelli verificatisi nella base americana di Guantanamo a Cuba, luogo di detenzione di individui ritenuti membri dell'organizzazione terroristica Al Qaida, o ancora quello del carcere di Abu Ghraib, a Baghdad (Iraq), durante la seconda guerra del Golfo (iniziata nel marzo 2003).

In entrambi i casi sono stati accertati e ampiamente documentati numerosi episodi di violenze e di trattamenti degradanti inflitti ai prigionieri da parte del personale militare americano durante gli interroga-

SINTESI

1 Lutero contro la corruzione della Chiesa

Le speranze in una riforma profonda della Chiesa, diffusesi a partire dall'XI secolo, erano sempre andate deluse. Tra i molti mali dell'organismo ecclesiastico particolarmente scottante era quello dell'acquisto dell'indulgenza, pratica molto diffusa al principio del '500. Alla condanna del principio stesso dell'indulgenza come strumento di salvezza furono dedicate (nel 1517) le 95 *Tesi* di Martin Lutero, docente di teologia presso l'università tedesca di Wittenberg. Lutero approfondì la sua critica, imperniata in primo luogo sulla giustificazione per fede, un concetto che poggiava sull'idea che gli uomini fossero irrimediabilmente contaminati dal peccato originale e non potessero fare altro che avere fede nella misericordia divina; ma anche imperniata sul sacerdozio universale dei credenti che implicava un rapporto diretto del fedele con Dio e i testi sacri; e la riduzione del papato ad istituzione esclusivamente umana. L'idea pessimistica che Lutero aveva dell'uomo lo contrappose all'umanista Erasmo da Rotterdam, che esaltava invece la possibilità per gli uomini di collaborare alla propria salvezza grazie al libero arbitrio di cui avevano facoltà. Lutero credeva invece che nel cristiano ci fossero un uomo interiore, per il quale era possibile un dialogo con Dio e che poteva salvarsi esclusivamente per fede, e un uomo esteriore, che agiva nel mondo, senza tuttavia poter trovare nelle proprie azioni la salvezza, piuttosto e più modestamente l'armonia tra uomo interiore ed esteriore.

2 Lo scontro con il papa e l'imperatore

Dopo la condanna di papa Leone X (1520), Lutero si appellò all'imperatore Carlo V, il quale nella Dieta di Worms gli chiese di ritrattare (1521); rifiutando, Lutero provocò anche la condanna dell'imperatore. Costretto a trovare rifugio nel castello dell'elettore di Sassonia, suo protettore, mentre attendeva alla traduzione della Bibbia e alla stesura di nuovi scritti, le sue idee dilagavano in molte zone della Germania trovando l'approvazione di gente di ogni condizione sociale.

tori, tanto da indurre il presidente Obama a decidere la chiusura del centro di detenzione cubano, anche in conseguenza della pressione dell'opinione pubblica, non solo internazionale, ma degli stessi Stati Uniti. La decisione del presidente americano è stata osteggiata tuttavia dal Senato degli Usa e il campo di detenzione rimane tutt'ora in funzione.

Stanza delle torture
2010
[© Pascal Deloche/Godong/Corbis; Tuol Sleng Museum of Genocidial Crimes Phnom Penn, Cambogia]

Ancora in età contemporanea la tortura rappresenta uno strumento adoperato dagli Stati, soprattutto da regimi dittatoriali, per soffocare le opposizioni interne o nell'ambito di guerre civili. Nei recenti conflitti bellici, tuttavia, sono state protagoniste di episodi di tortura anche forze militari appartenenti a paesi democratici.

La diffusione delle idee luterane fu enormemente favorita dall'uso della stampa e della lingua volgare. L'uso del volgare in particolare rappresentò una rivoluzione culturale, giacché diede a un vasto numero di lettori la possibilità di confrontarsi direttamente con le idee rivoluzionarie di un riformatore e di leggere la Bibbia invece di affidarsi, per questo, alla mediazione di chierici e dotti. Inoltre, per facilitare un accesso diretto alla Sacra Scrittura, il luteranesimo alimentò la lotta contro l'analfabetismo.

3 La Germania sconvolta da rivolte e contestazioni politiche

Alla Riforma furono collegati vasti sommovimenti sociali: i cavalieri tedeschi scatenarono una guerra civile (1521-23) che fu duramente repressa dai feudatari laici ed ecclesiastici; ma ben più grave fu la guerra dei contadini iniziata nel 1524. Di fronte ad un peggioramento delle loro condizioni, i contadini tedeschi elaborarono rivendicazioni in cui alle richieste economiche si univa il costante richiamo al Vangelo (spiegabile con la contemporanea diffusione delle idee luterane). Lutero formulò in realtà una condanna durissima della rivolta contadina, deludendo quei riformatori come Müntzer che legavano i temi religiosi alla lotta contro le ingiustizie sociali. La reazione dei signori tedeschi stroncò la rivolta con estrema ferocia. Parallelamente alla diffusione del luteranesimo in due terzi della Germania, fu sancita la spaccatura tra i principi tedeschi (i protestanti, nel 1531, strinsero un'alleanza militare, la Lega di Smalcalda).

4 La Riforma a Zurigo

L'altro grande centro della Riforma fu la Svizzera, dove le nuove dottrine furono introdotte da Ulrich Zwingli. Questi non aveva la competenza teologica di Lutero, e la sua azione, che ebbe centro a Zurigo, si caratterizzò piuttosto sul piano politico e organizzativo valendosi dell'accordo con le autorità cittadine. In disaccordo con la prudenza mostrata da Zwingli gli anabattisti (i ribattezzati) sentivano l'urgenza di dar vita immediatamente a una comunità di fedeli puri che aderisse al dettato evangelico. La corrente anabattista (che riuscì tuttavia a diffondersi anche in Germania) fu repressa per intervento delle autorità civili, fortemente motivate dallo stesso Zwingli. La diffusione della Riforma in Svizzera si arrestò, infine, con la vittoria di un esercito cattolico contro gli zurighesi. Lo stesso Zwingli trovò la morte in questo scontro armato tra i riformatori di Zurigo e i cantoni cattolici della Svizzera.

5 L'azione riformatrice di Calvino a Ginevra

L'attività del francese Giovanni Calvino ebbe il suo centro a Ginevra. Qui egli riuscì a costituire un vero e proprio Stato-Chiesa, un modello di società imperniato sull'idea di predestinazione: pur essendo imperscrutabile la volontà di Dio secondo la quale solo alcuni eletti sono destinati alla salvezza per Grazia divina, Calvino sosteneva che ognuno nel corso della propria vita dovesse impegnarsi assecondando la propria vocazione, anche professionale. In questo modo il fedele non si rassegnava, ma si poneva in una condizione di ricerca attiva dei segni interiori che rivelavano l'appartenenza o meno alla schiera degli eletti. La vita sociale ginevrina fu organizzata e strettamente controllata da Calvino, con un'intransigenza che sfociò anche nel terrore (Serveto fu bruciato sul rogo come eretico). Con il calvinismo, che riconosceva un ruolo importante alle attività economiche, si inaugurò una nuova etica del lavoro mentre andava tramontando quella medievale.

6 L'Europa riformata

L'area di diffusione della Riforma in Europa fu molto vasta. In Francia ebbe successo il calvinismo, che si diffuse anche in Ungheria, nei Paesi Bassi e in Scozia; il luteranesimo invece si impose nell'Europa settentrionale. In Inghilterra, Enrico VIII diede vita – dopo il rifiuto del papa di annullare il suo matrimonio – alla Chiesa anglicana (1534): si trattava però di uno scisma, senza rotture irreparabili sul piano teologico con la Chiesa di Roma. Solo in seguito la Chiesa anglicana aderì al protestantesimo.
In Italia la Riforma ebbe una limitata diffusione e non diventò mai un movimento popolare, sia per la mancanza della profonda avversione alla Chiesa di Roma che esisteva in altri paesi, sia per la dipendenza dei signori dal papa e dall'imperatore.

7 Il concilio di Trento e la reazione della Chiesa

La Riforma protestante sollecitò papa Paolo III a convocare un concilio, accogliendo con ciò una richiesta da tempo circolante nel mondo cristiano. Già prima che il concilio di Trento (1545-63) si aprisse, erano tramontate le speranze di farne un'occasione di riconciliazione, giacché i protestanti decisero di non parteciparvi. Sul piano della dottrina il concilio operò una netta chiusura nei confronti del protestantesimo: tra le posizioni assunte, la Chiesa si propose come unica interprete delle Sacre Scritture, e affermò il principio della salvezza per mezzo non solo della fede ma anche delle opere. Sul piano della disciplina furono presi provvedimenti atti a risolvere problemi da tempo denunciati: fu ribadito l'obbligo del celibato ecclesiastico, i sacerdoti furono vincolati a risiedere nella circoscrizione loro affidata, venne creata una rete di seminari. A ciò si aggiunsero i provvedimenti presi dal papato, prima e durante il concilio, contro nepotismo, simonìa, concubinaggio. Nel complesso la Chiesa cattolica uscì rafforzata dal concilio ed ebbe nel catechismo un importante strumento per la diffusione dell'ortodossia tridentina.

8 La repressione: Inquisizione e censura

Alle formulazioni dottrinarie e alle disposizioni disciplinari del concilio si accompagnò un'azione repressiva che ebbe come principale strumento il potenziamento dell'Inquisizione. Fu istituita la Congregazione del Sant'Uffizio. Per arginare la diffusione delle idee riformate attraverso la stampa, la Chiesa instaurò un attento controllo sui libri, attraverso la compilazione dell'*Indice dei libri proibiti*. L'azione di repressione del dissenso fu condotta con grande incisività: il filosofo Giordano Bruno fu condannato al rogo, mentre Tommaso Campanella fu imprigionato per 27 anni.

9 Il cambiamento: i nuovi ordini religiosi

L'altro aspetto dell'azione della Chiesa – quello animato da un intento di riforma del cattolicesimo – si espresse in un intervento nella società attraverso nuovi ordini religiosi, molti dei quali fondati prima del concilio di Trento. Questo rilancio dell'azione cattolica ebbe per principale strumento la Compagnia di Gesù, fondata su una struttura rigorosamente gerarchica, su una rigida obbedienza e sulla notevole preparazione culturale dei suoi membri. Mostrando un'estrema flessibilità nel loro operare, i gesuiti si sforzarono di penetrare al massimo nella società che dovevano "riconquistare", soprattutto attraverso la collaborazione con i governi e la promozione delle istituzioni educative, nonché – in direzione dei ceti popolari – attraverso la promozione del culto delle immagini sacre e di sontuosi apparati cerimoniali. La vasta azione di controllo sociale e di riorganizzazione intrapresa dalla Chiesa postridentina è stata definita dalla recente storiografia «disciplinamento sociale»: attraverso l'imposizione di modelli di comportamento la Chiesa cattolica tendeva a radicare l'identità confessionale.

10 Le vittime dell'intolleranza

La rivoluzione religiosa del XVI secolo investì anche il rapporto con gli ebrei, che da tempo erano la misura della identità cristiana in Europa. Anche per arginare, fra i cattolici, il pericoloso contagio dell'eterodossia, Paolo IV emanò la bolla *Cum nimis absurdum*, nel 1555, stabilendo che le comunità ebraiche dello Stato pontificio vivessero segregate in ghetti, senza proprietà immobiliari e indossando elementi di riconoscimento. Il pontefice si adoperò per la diffusione di questo modello nel resto d'Italia, come era già a Venezia dal 1516. Allo scontro tra cattolici e protestanti si accompagnò pure il fenomeno della caccia alle streghe. Decine di migliaia di persone furono mandate a morte in tutta Europa, e fra queste la gran parte donne, con l'accusa di stregoneria. Le confessioni dei condannati erano ottenute sotto tortura; ma c'è anche da tener conto che – una volta diffusasi – la psicosi della stregoneria finì per coinvolgere molti "diversi", figure di emarginati dalla società che nelle allucinazioni "diaboliche" trovavano una possibilità di evasione o un immaginario potere che la loro comunità negava.

SVILUPPARE LE COMPETENZE

❶ Approfondisci, in testi di 5 righe ciascuno, i seguenti argomenti:

a. La vendita delle indulgenze
b. L'umanesimo cristiano
c. Le 95 *Tesi* di Martin Lutero
d. La visione pessimistica dell'uomo nel pensiero di Martin Lutero

❷ Utilizza la scaletta proposta di seguito per scrivere un testo di 10 righe a cui dovrai dare un titolo appropriato:

a. La reazione papale alle idee di Lutero: la bolla *Exsurge Domine*
b. La condanna di Lutero e il suo rapimento
c. La diffusione delle idee di Lutero: stampa, propaganda e lotta all'analfabetismo

❸ Racconta, in un testo di 12 righe, le rivolte e contestazioni politiche che sconvolsero la Germania negli anni di Lutero. Ti soffermerai sulla rivolta armata dei cavalieri, su quella ancor più grave dei contadini e sull'atteggiamento, nei confronti di quest'ultima, assunto da Martin Lutero e da Thomas Müntzer. Dovrai poi spiegare cosa successe alla Dieta di Spira e a quella di Augusta.

❹ Le affermazioni seguenti descrivono il pensiero e la storia di Ulrich Zwingli e di Giovanni Calvino. Attribuiscile all'uno o all'altro facendo una crocetta sull'iniziale del cognome corrispondente e poi usale come spunto per scrivere 2 testi di 8 righe ciascuno sull'azione riformatrice compiuta dai due personaggi:

a. Fu estremamente intransigente e responsabile dell'uccisione sul rogo dello spagnolo Michele Serveto. C Z
b. Attaccò la pratica del servizio militare mercenario e ne ottenne l'abolizione. C Z
c. Secondo il suo credo ogni uomo non doveva rassegnarsi ma cercare incessantemente dentro di sé i segni dell'appartenenza alla schiera degli eletti. C Z
d. I cantoni cattolici della Svizzera si unirono e attaccarono Zurigo vincendo nella battaglia di Kappel. C Z
e. Egli sosteneva che alcuni individui erano predestinati alla salvezza mentre altri non lo erano. C Z
f. Agì sempre di comune accordo con le autorità cittadine. C Z
g. Per vigilare sulla condotta dei cittadini, sulle questioni dottrinali e sulla disciplina ecclesiastica organizzò il Concistoro. C Z

❺ Completa la sequenza aggiungendo i passaggi mancanti (gli eventi sono in ordine cronologico) e poi usala come scaletta per scrivere un testo di 12 righe che racconti i fatti:

a. Il re inglese Enrico VIII sposa Anna Bolena nonostante la contrarietà del pontefice Clemente VII.
b ....
c. Enrico VIII si fa proclamare, attraverso l'Atto di supremazia approvato dal Parlamento, capo della Chiesa d'Inghilterra
d. Edoardo VI fa approvare il *Book of Common Prayer*
e. ....
f. Elisabetta, figlia di Anna Bolena, ripristina la legislazione antiromana di Enrico VIII e l'Atto di uniformità di Edoardo VI.

❻ Rispondi ai quesiti impiegando il numero di righe indicato tra parentesi:

1. Quali sono i contenuti del dibattito svoltosi intorno al termine Controriforma? (5 righe)
2. Quali importanti decisioni di carattere dogmatico e di carattere organizzativo furono prese dal concilio di Trento? (8 righe)
3. Come era organizzato internamente l'ordine dei gesuiti? (4 righe)
4. Qual era l'atteggiamento gesuita verso la società e il mondo politico? Fai un esempio. (6 righe)

❼ Utilizza la scaletta proposta di seguito per scrivere un testo di 15 righe a cui dovrai dare un titolo appropriato:

a. La Congregazione del Sant'Uffizio e i tribunali dell'Inquisizione
b. La battaglia papale contro le eresie: l'*Indice dei libri proibiti*
c. La vicenda di Giordano Bruno
d. La segregazione degli ebrei nei ghetti

CAPITOLO

15 CARLO V E IL DECLINO DELL'IDEA IMPERIALE

1 Carlo V imperatore

Il risultato più importante dell'accorta politica matrimoniale messa in atto dall'imperatore Massimiliano I fu la nascita, nel febbraio 1500, di Carlo d'Asburgo da suo figlio Filippo il Bello e Giovanna la Pazza (figlia di Ferdinando d'Aragona e Isabella di Castiglia) [👁 7.7].

Il costo di un impero imponente

Nel 1519 Carlo d'Asburgo fu eletto imperatore col nome di **Carlo V**. Re di Spagna dal 1516, Carlo V si trovò così a governare, oltre che sulla Spagna – con i territori annessi di Napoli, Sicilia e Sardegna – anche sulle terre familiari degli Asburgo in Austria e in Boemia, sulla Fiandra e i Paesi Bassi e sui territori appartenenti all'Impero. Carlo, inoltre, avanzava pretese dinastiche anche sulla Borgogna, sottratta dai francesi agli Asburgo. Era

ATLANTE 65_L'IMPERO DI CARLO V

dai tempi di Carlo Magno che un sovrano non possedeva, in Europa, un dominio così vasto. Ma, rispetto al suo lontano modello, Carlo V era padrone anche delle immense colonie spagnole: del suo impero poteva davvero dirsi che il sole non vi tramontava mai **[**ATLANTE_**65]**.
Per diventare imperatore, Carlo aveva dovuto ingaggiare una **lotta accanita** con un altro candidato al trono, il re di Francia **Francesco I**. Agli occhi dei principi elettori tedeschi i due candidati si equivalevano: ambedue erano, infatti, "stranieri" (Carlo

Antoon van Dyck
Ritratto equestre dell'imperatore Carlo V
1620
[Galleria degli Uffizi, Firenze]

era nato a Gand, in Fiandra, Francesco era francese); e se il re di Spagna poteva vantarsi di essere il nipote del defunto imperatore, il re di Francia aveva dalla sua l'appoggio del papa Leone X, timoroso che il sovrano spagnolo, già padrone dell'Italia meridionale, acquisisse anche la corona imperiale.

Il vero protagonista di questa lotta fu il denaro: i sette elettori cui spettava la nomina misero letteralmente in vendita i loro voti, che Carlo acquistò a carissimo prezzo. Per il suo successo fu decisivo l'appoggio finanziario garantitogli dai banchieri tedeschi **Welser** e, soprattutto, **Fugger**. Qualche anno dopo il banchiere Jakob Fugger ricordò l'episodio all'imperatore senza mezzi termini: «È cosa nota a tutti, e chiara come il giorno, che senza di me Vostra Maestà Imperiale non avrebbe potuto ottenere la corona».

Gli ostacoli al progetto imperiale

Divenuto imperatore, Carlo V dovette subito far fronte a un grande problema: garantire stabilità e omogeneità ai propri domìni, caratterizzati dalla dispersione territoriale e travagliati da lotte politiche interne. Il progetto di **restaurazione dell'autorità imperiale** sull'Europa, perseguito da Carlo V, infatti, era destinato a incontrare numerosi ostacoli, esterni e interni. Sul **fronte esterno**, il principale problema era costituito dal re di Francia. La rivalità tra **Francesco I** e Carlo V per il trono imperiale, infatti, fu solo l'anticipazione di una lotta accanita, destinata a durare decenni e a lacerare profondamente l'Europa. L'altra fonte di preoccupazione per Carlo V era costituita dai **turchi ottomani**, il cui Impero, in piena fase di espansione territoriale, rappresentava una seria minaccia sia lungo il confine danubiano, sia nel Mediterraneo occidentale [👁 15.3].

Ben più complessi e delicati i problemi che si presentavano al giovane imperatore sul **fronte interno**. In **Spagna** le *Cortes* di Castiglia e di Aragona [👁 4.9] non avevano accolto di buon grado l'ascesa al trono di Carlo. Queste, infatti, non gli perdonavano il fatto che egli non conoscesse né la lingua né alcun altro aspetto del suo nuovo regno. Non solo, notoriamente gelose delle proprie libertà e prerogative, le *Cortes* erano assolutamente insofferenti verso i consiglieri fiamminghi di cui il re si circondava. Il timore che gli interessi iberici potessero essere subordinati agli affari fiamminghi e alla politica tedesca determinò l'insorgere di un moto di ribellione che fu domato a fatica: la **rivolta dei *comuneros***, gli abitanti delle città castigliane (1520-22). Più complessa la situazione nei **territori tedeschi**, dove Carlo V dovette far fronte alla deflagrazione della grande crisi religiosa e politica causata dalla diffusione della predicazione di Martin Lutero e della **Riforma** protestante.

Carlo V e la Riforma

Come abbiamo visto, nel volgere di qualche anno la Riforma si era trasformata da movimento di contestazione religiosa in movimento di contestazione sociale e politica. L'entusiasmo per la predicazione di Lutero, infatti, si era incrociato con alcune rivendicazioni di tipo sociale (la rivolta dei cavalieri nel 1521-23, e la guerra dei contadini nel 1524; 👁 14.3) e con il malcontento dei principi tedeschi, i quali aderirono alla Riforma in funzione anti-imperiale, ovvero per consolidare le loro posizioni all'interno dell'Impero e dei propri territori, contro il disegno di accentramento politico di Carlo V. A tal fine, nel 1531 essi strinsero un'alleanza militare, la Lega di Smalcalda [👁 ATLANTE_66]. Nell'Impero si vennero così a formare due fazioni religiose, una **cattolica** e una **protestante**, destinate a darsi battaglia per lungo tempo. Inutile si rivelò la politica di conciliazione tra le parti – la cattolica e la protestante – intrapresa da Carlo V. Le condizioni per una convivenza tra le due fazioni religiose furono tuttavia stabilite solo nel 1555, poco prima dell'abdicazione dell'imperatore [👁 15.5].

L'uomo della Provvidenza

Con Carlo V riprese vigore l'antica idea di Impero, che nell'Europa degli Stati nazionali sembrava ormai definitivamente eclissata [👁 7.3; 15.5 STORIA•SOCIETÀ•CITTADINANZA]. L'imperatore e i suoi consiglieri s'impegnarono nel diffonderla, la propagandarono, cercarono di renderla un ideale vivo e creativo. Molti finirono per crederci e sognarono un imperatore signore del mondo, padrone e guida di una Cristianità unita e rinnovata.

Lo disse apertamente il **cancelliere di Carlo V**, **Mercurino Arborio da Gattinara**, all'indomani dell'elezione del suo sovrano al trono imperiale: «Sire, poiché Dio vi ha concesso la prodigiosa grazia di elevarvi sopra tutti i re e i principi della Cristianità, ad una potenza che fino ad oggi ebbe soltanto il vostro predecessore Carlo Magno, voi siete nel cammino della monarchia universale, della **riunione della Cristianità sotto un solo pastore**».

Mercurino da Gattinara, che instillò nel monarca di Spagna l'idea imperiale, riprendeva, riveduto e aggiornato, il vecchio sogno espresso da **Dante Alighieri** nel *De Monarchia* e in altre opere: il benessere dell'umanità poteva essere assicurato soltanto sotto un unico monarca, che garantisse la pace e la tranquillità universale.

Lo stesso **Ariosto**, nel suo *Orlando furioso*, affermò che anche la scoperta dei Nuovi Mondi, che proprio sotto l'Impero di Carlo V cominciavano a entrare sotto il dominio di un sovrano cristiano, rispondeva a un **progetto provvidenziale**. Secondo un'antica profezia, Dio aveva voluto mantenere ignote le terre poste al di là delle Colonne d'Ercole fino all'avvento di un sovrano, il più giusto e saggio dopo Augusto, che avrebbe governato su tutto il mondo: quel sovrano, naturalmente, era Carlo V. Ad accreditare il fatto di essere veramente l'«uomo della Provvidenza», Carlo costruì il suo **stemma**

ATLANTE 66_LA LEGA DI SMALCALDA (1531-47)

Malgrado la sovranità, spesso più teorica che pratica dell'imperatore, la Germania era un paese politicamente frammentato: principi, signori, grandi e piccoli feudatari, città, componevano un mosaico molto variegato. La predicazione di Martin Lutero introdusse in questo quadro un elemento di frattura e di ulteriore complicazione. Ma è anche vero, per altro verso, che nelle regioni in cui attecchì, il luteranesimo contribuì a rafforzare lo spirito di coesione nazionale in funzione anticattolica e antiromana.

con un esplicito riferimento a questa prospettiva provvidenziale: l'aquila asburgica al centro, le Colonne d'Ercole ai lati, con sopra il motto «plus ultra», ('più oltre'), ovvero oltre le Colonne d'Ercole.

«Il carattere stesso di Carlo – ha scritto Frances Yates – contribuì al sogno, o all'illusione, che stesse rinascendo l'Impero romano, nel suo aspetto sacro. Il secondo Carlo Magno assomigliava forse in qualcosa al suo omonimo, lento e semplice com'era, ma nobilitato dal sincero rispetto che provava per il suo ufficio. Profondamente pervaso dal temperamento religioso tipico degli Asburgo, Carlo seppe conservare nella sua altissima posizione la modestia e un grande senso di responsabilità nei confronti della potenza divina, da cui era convinto di averla ricevuta».

La diffusione del mito imperiale tra i contemporanei di Carlo V si spiega con l'esigenza di ordine, con un desiderio di equilibrio e di armonia che si faceva tanto più acceso quanto più la realtà del tempo appariva incerta e priva di stabili punti di riferimento: la crisi della Chiesa, lacerata da scissioni e ribellioni, il tramonto del mondo feudale, l'appannamento dei vecchi valori, tutto concorreva a rafforzare la speranza in un potere forte e unificante, che avrebbe retto il mondo. Il fantasma dell'Impero riviveva perché dava una risposta ai bisogni psicologici degli uomini.

GUIDA ALLO STUDIO

❶ Per quali ragioni Carlo V si trovò a governare un Impero così vasto e qual era il suo progetto politico? ❷ Quale ruolo ebbero le banche nella lotta per la corona imperiale? ❸ Quali erano le minacce interne ed esterne al potere di Carlo V? ❹ Quale rapporto si stabilì tra Carlo V e la Lega di Smalcalda? ❺ Perché Carlo V era considerato l'uomo della Provvidenza?

2 La guerra in Italia

Lo scontro con Francesco I

Parallelamente alla questione protestante, Carlo V fu impegnato in una strenua e lunga lotta contro la Francia per l'egemonia in Europa. All'inizio del '500, infatti, la Spagna e la Francia erano le due più grandi potenze del continente. Il teatro del confronto e dello scontro tra le due potenze fu l'**Italia**, che era sempre il paese più ricco, più popolato, più colto d'Europa. Qualsiasi regno con aspirazioni di primo piano doveva concretizzarle con una presenza politica significativa sul suolo italico: motivi economici, strategici e di prestigio facevano della penisola una preda ambita.

Per Carlo V aveva un'importanza strategica fondamentale il **Ducato di Milano**, il cui controllo avrebbe garantito un rapporto diretto tra i due nuclei principali del suo dominio, Spagna e Germania. Il Ducato controllava infatti i porti liguri – Genova in particolare – che mettevano in comunicazione la Penisola iberica e la Pianura padana. Se per l'imperatore era vitale il controllo di questo **corridoio strategico**, per il re di Francia era vitale impedire che esso cadesse in mani spagnole: la Francia ne sarebbe uscita territorialmente soffocata.

Da questo scontro di interessi nacque la guerra. Una serie di insuccessi francesi culminò nella **disfatta di Pavia** del 1525, nella quale lo stesso Francesco I cadde prigioniero. L'imperatore insediò nel Ducato di Milano, come vassallo, **Francesco II Sforza**.

La vittoria di Pavia fu dovuta non solo ai cospicui mezzi finanziari di cui disponeva l'imperatore (cominciava proprio allora ad affluire il fiume d'oro delle miniere americane), ma anche all'adozione, da parte dell'esercito spagnolo, di un **nuovo modo di combattere**. Carlo V impiegò, infatti, in misura massiccia, la fanteria, composta di fanti armati di **archibugio** e di fanti armati di **picche**. Gli **archibugieri** creavano ampi vuoti nelle schiere di cavalleria lanciate all'attacco e si ritiravano protetti da un quadrilatero di **picchieri**, che subentravano nelle fasi decisive del combattimento:

Archibugio
L'archibugiere è il fante armato di archibugio, la prima arma da fuoco portatile e capace di garantire un buon grado di precisione nel tiro. La forma più antica è l'archibugio a scoppio per la cui accensione si impiegava carbone acceso e poi una bacchetta di ferro rovente. I modi di accendere l'archibugio variarono nel tempo, per esempio con una miccia, con acciarino e serpentino.

Picca
Il picchiere è il fante armato di picca, un'arma costituita da una asta lunga fino a 8 metri con una punta di ferro a un'estremità. In uso tra il '300 e il '700, la picca è rimasta successivamente un'arma da parata in dotazione delle guardie d'onore.

i cavalli andavano a infilzarsi nel muro delle loro picche, mentre i cavalieri nemici venivano disarcionati con gli uncini delle alabarde e finiti a colpi di spada. Terminato lo scontro, la formazione di archibugieri e picchieri si ricomponeva, pronta a fronteggiare un nuovo assalto.

Deportato in Spagna, lo sconfitto monarca francese fu costretto a firmare il **trattato di Madrid** (1526) con il quale, in cambio della libertà, s'impegnò a concedere a Carlo V **Milano** e la **Borgogna** – che ancora Carlo V, pur reclamandone il diritto, non possedeva. L'Europa assistette sorpresa e impaurita al trionfo di Carlo V: il «fantasma» dell'Impero era diventato realtà e quel sovrano sembrava davvero in grado di riunire il mondo cristiano sotto il suo dominio. Tuttavia, tornato in patria, **Francesco I si comportò da spergiuro**: disse che il trattato di Madrid gli era stato estorto e di non avere alcuna intenzione di rispettarlo. La Borgogna restò in mani francesi e lo scontro tra le due potenze proseguì con accanimento.

Focus
L'epoca degli archibugi
ONLINE

L'antiasburgica Lega di Cognac

Schiacciato dalla superiorità dell'avversario, Francesco I cercò di trarre a sé tutte le potenze che, per un motivo o per l'altro, avevano di che temere dall'eccessivo rafforzamento di Carlo V. Diede quindi vita, nel **1526**, a un'**alleanza antiasburgica**, la Lega di Cognac, cui aderirono Firenze, Venezia, il Ducato di Milano (che cercava di sottrarsi al suo troppo invadente protettore), l'Inghilterra di Enrico VIII (in un primo momento alleata

Ruprecht Heller
La battaglia di Pavia
XVI sec.
[Nationalmuseum, Stoccolma]

Francesco I fu duramente sconfitto nella battaglia di Pavia. Catturato dall'esercito spagnolo, fu costretto a una pace mortificante, con la quale dovette rinunciare definitivamente a ogni pretesa sui territori italiani.

dell'imperatore ma ora intimorita dalla prospettiva di diventare la piccola appendice nordica di un impero gigantesco). Vi aderì anche il papa. **Clemente VII** (1523-34), della famiglia Medici, era stato in precedenza uno dei maggiori sostenitori di Carlo V, che si era impegnato a fondo nel difendere il cattolicesimo dagli attacchi di Martin Lutero. Nonostante ciò, i successi troppo rapidi dell'imperatore avevano ravvivato nel pontefice i timori di tutti i papi: un impero troppo potente nella penisola avrebbe soffocato i territori della Chiesa.

Il Sacco di Roma La decisione del pontefice ebbe gravissime conseguenze. Nel **1527** una massa di 12 mila mercenari al servizio dell'imperatore, radunata nel Tirolo meridionale, scese in Italia. Esasperati per il mancato pagamento del soldo arretrato, i mercenari posero di loro iniziativa l'assedio a Roma e la occuparono. La maggior parte di queste schiere era composta da **lanzichenecchi**

EVENTI

Il Sacco di Roma

«Il 6 maggio abbiamo preso d'assalto Roma, ucciso seimila persone, saccheggiato le case, preso quello che abbiamo trovato nelle chiese e alla fine incendiato buona parte della città. Strana vita davvero. Il papa è fuggito in Castel Sant'Angelo. L'abbiamo assediato per tre settimane finché spinto dalla fame dovette consegnare il castello. Là abbiamo trovato papa Clemente in un ripostiglio insieme a dodici cardinali. Tutti piangevano molto. Noi siamo diventati tutti ricchi.» A parlare è uno dei capi dei lanzichenecchi, i famigerati fanti mercenari raccolti dagli ufficiali dell'imperatore nelle campagne e nelle città tedesche. Intrisi di **luteranesimo** e d'**odio verso il papa e la Chiesa cattolica**, entrarono a Roma all'alba del **6 maggio 1527** con il resto dell'esercito imperiale di Carlo V d'Asburgo. Si trattava di una moltitudine di uomini stanchi e affamati che erano riusciti a sfondare tutte le linee nemiche dopo un estenuante tragitto lungo la Penisola italiana. Avevano vinto la resistenza dei cavalieri di Giovanni dei Medici, comandante della difesa pontificia e degli Stati italiani alleati del papa; avevano attraversato il Po e marciato a tappe forzate verso Roma, distruggendo qualsiasi cosa gli si parasse di fronte.

Il comandante dell'esercito imperiale, Carlo III di Borbone, all'alba di quella nebbiosa giornata di maggio aveva fatto appena in tempo ad avvistare le mura di Roma; un colpo di archibugio lo colpì alla testa, uccidendolo, proprio alle porte della città. **Benvenuto Cellini**, celebre scultore fiorentino al soldo di papa Clemente, in un impeto di megalomania avrebbe detto, qualche anno dopo, di essere stato lui stesso a spararagli. Non sapeva, forse, che fu proprio quello il motivo che diede il via a uno dei più famosi **saccheggi della storia**: il comandante, infatti, sino a quel momento era stato l'unico argine alla furia devastatrice dei lanzichenecchi i quali, senza regole ed eccitati perché a un passo dal colle Vaticano, diedero sfogo alla propria violenza.

L'esercito imperiale fu un enorme fiume in piena, strabordante, incontrollabile e dagli aspetti che ai romani sembrarono demoniaci. I lanzichenecchi e gli spagnoli entrarono nelle case e nelle chiese, violentarono e uccisero. Scrisse il poeta Francesco Berni nell'*Orlando innamorato*: «I casti altari, i tempi sacrosanti / dove si cantan laudi e sparge incenso, / furno di sangue pien tutti e di pianti» (I, XIV, 25). La descrizione di Francesco Guicciardini è colma di orrore: «Vedevasi per le strade molti morti e molti nobili tagliati e dal proprio sangue ricoperti, e molti mezzi vivi giacere miseramente in terra. Vedevasi ancora qualche volta in quella furia da questa e da quella finestra saltare, per forza o volontariamente, fuora fanciulle, uomini e fanciulli, per non restare vivi preda di tanto efferate azioni e crudelmente poi per le strade finire la propria vita» (*Lettera* a Cosimo II, duca di Firenze).

Papa Clemente VII aveva lasciato sguarnita la città, forse convinto che l'imperatore, anche lui cattolico, non avrebbe mai permesso che Roma fosse saccheggiata dai luterani. Quando i lanzichenecchi erano entrati in città diretti verso il Vaticano, il papa pregava nella sua cappella. Si disse che se avesse indugiato anche solo quel tanto che bastava per dire tre Credo, sarebbe stato catturato. Fu salvato appena in tempo; trascinato via con la sua corte di prelati, cardinali, burocrati, diplomatici, servi, artisti, scortato dalla Guardia Svizzera, si rifugiò velocemente a Castel Sant'Angelo. **I lanzichenecchi, nel frattempo, restarono padroni di Roma**. Presi da una furia devastatrice e iconoclasta profanarono e saccheggiarono le opere d'arte, le reliquie, gli arredi preziosi di cui le chiese romane erano colme. Sembrò che il giudizio universale fosse vicino, tanto più che, solo qualche tempo dopo l'arrivo degli imperiali, in città scoppiò una violentissima **pestilenza** che, unita alle devastazioni del sacco, decimò la popolazione romana. **Il 7 giugno 1528 il papa dovette firmare la capitolazione**, accettando un accordo pesantissimo per riuscire a ottenere che gli imperiali si allontanassero da Roma.

Il Sacco della città fu una delle conseguenze della crisi politica e religiosa che la Chiesa stava vivendo almeno da quando, nel 1517, Martin Lutero aveva affisso sulla porta della chiesa di Wittenberg le sue 95 *Tesi* [👁 14.1 EVENTI]. Con esse contestava alcuni dei princìpi fondamentali del cattolicesimo, a cominciare da quello dell'autorità del papa, e dava avvio alla Riforma protestante. Per la Chiesa fu un cataclisma. I papi del tempo avevano sottovalutato il movimento luterano. Erano più interessati all'opera di **costruzione della Roma rinascimentale**, una vera e propria città-monumento destinata a celebrare la loro memoria nel tempo attraverso la grandezza delle chiese e la magnificenza delle opere d'arte. Basti ricordare che sotto Giulio II era iniziata la **costruzione della nuova basilica di S. Pietro** (1506). A Roma i papi chiamarono a lavorare alcuni degli artisti più famosi del Rinascimento, tra i quali Michelangelo e Raffaello. Lo **sfarzo della corte** pontificia offrì il destro alla propaganda protestante che alimentò dicerie e voci, in alcuni casi fondate, sui papi romani: di Alessandro VI si condannò il nepotismo; una maldicenza voleva che Leone X fosse morto senza aver assunto

(dalle parole tedesche *Land* e *Knecht*, letteralmente 'servo del paese') tedeschi, ben noti per la loro passionale fede luterana, l'odio accanito verso la Chiesa romana, la ferocia nel combattere. Il pontefice, asserragliato nella fortezza di **Castel Sant'Angelo**, assistette al saccheggio della città. Era dai tempi del famoso Sacco di Alarico del 410 d.C. che Roma non subiva un simile affronto.
Nei paesi dove la Riforma aveva trionfato, l'avvenimento fu invece interpretato come il segno tangibile della punizione divina abbattutasi sulla corrotta sede del papato.
Del Sacco di Roma approfittarono anche gli Stati italiani che pure avevano aderito alla Lega di Cognac: Venezia occupò alcuni territori pontifici; Genova passò apertamente dalla parte di Carlo V; gli Estensi occuparono Parma, Piacenza e Ferrara; i fiorentini cacciarono i Medici (che erano imparentati col papa) e proclamarono la **repubblica**.

i sacramenti; di Adriano IV si vociferava che avesse stretto un patto con il diavolo pur di diventare papa.
Quando, nel 1523, sul soglio pontificio salì Giulio dei Medici, con il nome di **Clemente VII**, la sua elezione fu salutata con speranza. Il papa apparteneva alla famiglia dei Medici, banchieri e signori di Firenze impegnati nella ricerca di un equilibrio diplomatico che risolvesse la difficile situazione militare che si era creata in Europa. Dalla fine del '400, inoltre, l'Italia era il teatro di battaglia degli eserciti più potenti del tempo, quelli spagnolo e francese, che se ne contendevano il dominio. Ma Clemente si dimostrò incapace di governare. Personalità ambigua, era stato eletto con il sostegno di Carlo V e della casa di Spagna ma, immediatamente dopo la sua nomina a pontefice, voltò le spalle all'imperatore e si schierò con il re di Francia Francesco I di Valois, aderendo, con Milano, Venezia e Firenze, alla **Lega di Cognac** (1526). Fu un errore, anche perché gli Stati italiani erano inaffidabili, sempre in bilico tra il temporeggiamento e la difesa degli interessi dei loro piccoli territori. Pur alleati, non si accordarono per affrontare con una strategia comune l'esercito imperiale che, nel frattempo, dilagava nell'Italia settentrionale. Al tradimento del papa, infatti, l'imperatore reagì con violenza e non trovò ostacoli. Nel dicembre del 1528, dopo dieci mesi di occupazione e saccheggi, Clemente VII, consapevole della tragedia appena vissuta dalla città di Roma e preso atto della forza che il movimento luterano aveva raggiunto nell'Europa centrale, scrisse a Carlo V: «ci resta l'unica speranza di poter sanare le numerose ferite dell'Italia con i mezzi che tu ci offri. Non abbiamo più di fronte ai nostri occhi che un cadavere a brandelli. La pace e la tranquillità dipendono unicamente da te». Paradossalmente, dopo il sacco il papa considerava Carlo come uno strumento di Dio mandato a punire la Chiesa per aver tradito la propria missione. «Eravamo tutti cittadini e abitanti di Roma, non più città santa ma Babilonia peccatrice», scrisse il vescovo Giovanni Stafileo.
Il Sacco di Roma segna la fase finale del Rinascimento italiano. L'avvenimento fu tanto traumatizzante da non essere rappresentato che in tre sole immagini, due stampe e una veduta della città dipinta da un Anonimo fiammingo. Molti artisti andarono via, quasi allucinati da quanto avevano vissuto. Scrisse il pittore Sebastiano del Piombo: «non mi par esser più quel Bastiano [Sebastiano] ch'ero davanti [prima del] al sacco. Non posso più tornare in cervello ancora».

Erhard Schoen
***Compagnia militare di lanzichenecchi* (5 con alabarde, 5 con spade)**
XVI sec.
[Herzog Anton Ulrich Museum, Braunschweig (Germania)]

Nicolas Hogenberg
Carlo V, accompagnato da Clemente VII, entra a Bologna per l'incoronazione
XVI sec.
[Holy Cross Museum, Toledo]
Nel dicembre del 1529 Carlo V entrò a Bologna accolto da papa Clemente VII per essere, dopo due mesi di preparativi, incoronato re d'Italia e imperatore nella basilica di S. Petronio (il 24 febbraio 1530). Bologna era dopo Roma la città più importante dello Stato pontificio e fu scelta come luogo per l'incoronazione perché il ricordo del saccheggio dei lanzichenecchi nella città del papa era ancora troppo vivo.

Intanto nella sua lontana sede di Burgos, in Castiglia, **l'imperatore temporeggiava**: ufficialmente aveva condannato gli eccessi della soldatesca, ma nel concreto non faceva nulla per indurre i mercenari a togliere l'assedio. Carlo V era un uomo devoto e sinceramente cattolico, ma non dimenticava l'**affronto** che il papa gli aveva fatto aderendo alla Lega di Cognac. A prendere tempo lo spingevano anche alcuni suoi consiglieri che ritenevano opportuno sfruttare la drammatica circostanza dell'occupazione di Roma per imporre finalmente quell'ampia **riforma della Cristianità** che il pontefice tardava a intraprendere e per ridurre il papa alle sole funzioni spirituali. Non mancavano, infine, le difficoltà pratiche: per togliere l'assedio i lanzichenecchi reclamavano il pagamento del **soldo arretrato** mentre alla corte imperiale, impegnata fino in fondo in una politica di potenza, il denaro non abbondava mai.
Il prolungarsi dell'assedio di Castel Sant'Angelo finì, paradossalmente, per giovare al pontefice. La situazione, infatti, divenne pesante per gli stessi assedianti: i viveri e i generi di prima necessità scarseggiavano, la **carestia** incombeva, la **pestilenza** faceva vittime sempre più numerose; le risse tra i lanzichenecchi e gli altri mercenari (soprattutto spagnoli e italiani) erano all'ordine del giorno. Intanto cresceva ovunque,

tranne che nelle regioni luterane, la **protesta per la sorte del pontefice** e si riteneva imminente un'azione militare francese per liberarlo. Carlo V e il papa intensificarono le trattative, che si conclusero nel **febbraio del 1528**; dopo dieci mesi di occupazione l'assedio fu tolto (il papa aveva potuto abbandonare la città due mesi prima).

Il trattato di Barcellona e la pace di Cambrai

Il trattato di Barcellona del **1529** perfezionò l'intesa: Carlo V s'impegnò a far restituire al papa tutte le terre che gli erano state sottratte e a ripristinare in Firenze il governo dei Medici – che vi rientrarono dopo un lungo assedio nel 1530 – e ottenne in cambio il riconoscimento dei suoi possessi d'Italia e l'**incoronazione dalle mani del papa**, che avvenne a Bologna nel 1530, al cospetto dei rappresentanti di quasi tutti gli Stati italiani, che avrebbe consacrato definitivamente il suo ruolo e il suo prestigio. La Penisola italiana entrava, così, in una fase politicamente opaca, caratterizzata dal pieno asservimento alla volontà della potenza spagnola e imperiale.
Nella pace di Cambrai dello stesso anno – detta anche **pace delle due dame** perché vi ebbero un ruolo di rilievo Margherita d'Austria, zia di Carlo V, e Luisa di Savoia, madre di Francesco I – i due sovrani divisero le loro rispettive sfere d'influenza: l'imperatore rinunciava, non senza un profondo rancore, alle sue pretese sulla Borgogna, mentre il re di Francia gli riconosceva il possesso di Milano – il Ducato restò a Francesco Sforza, con la condizione che alla sua morte sarebbe stato annesso dagli spagnoli.

GUIDA ALLO STUDIO

❶ Qual era l'importanza strategica del Ducato di Milano? ❷ Perché l'esercito di Carlo V prevalse sui francesi a Pavia? ❸ Quali Stati temevano la potenza di Carlo V in Europa? ❹ Di chi fu opera il Sacco di Roma del 1527? ❺ Che cosa stabiliva la pace di Cambrai del 1529?

3 Il fronte turco

L'egemonia di Carlo V sembrava inattaccabile, tanto era apparsa chiara la sua superiorità politica e militare, ma in realtà il suo gigantesco Impero doveva ancora affrontare non poche insidie: la volontà di riscossa, mai spenta, del re di Francia, l'agitazione provocata in Germania dalla diffusione del luteranesimo, l'ostilità dei principi tedeschi che avevano aderito alla Riforma. Ultima, ma non meno pericolosa, l'aggressione dei turchi ottomani, che rappresentavano, insieme con la Spagna-Germania e con la Francia, la terza grande potenza mediterranea.

L'Impero ottomano di Solimano I

L'Impero ottomano raggiunse il suo apogeo durante il regno di Solimano (1520-66: 👁 11.5): la sua potenza non aveva nulla da invidiare a quella dell'Impero cinese o di quello asburgico. I sudditi di Solimano erano circa 14 milioni, mentre la Spagna aveva solo 5 milioni di abitanti. La vecchia Costantinopoli, ora denominata **Istanbul**, con i suoi 400 mila abitanti era una delle più grandi città del mondo e lo splendore dei suoi edifici pubblici, delle moschee, delle abitazioni private, stupiva e incantava i viaggiatori.
Nel 1529 Solimano era riuscito a cingere d'assedio Vienna e nel 1532 era tornato a minacciarla. Nel 1534 il pirata **Khair-ad-din**, soprannominato **Barbarossa**, aveva conquistato Tunisi con i suoi pirati barbareschi [👁 11.5]. Proprio a lui Solimano il Magnifico diede il comando della flotta ottomana riuscendo a inserirsi nella lotta tra i grandi Stati del Mediterraneo.
L'imperatore **Carlo V** si lanciò subito nella controffensiva con un vero e proprio spirito di crociata e nel 1535 riuscì a riconquistare **Tunisi**. Ma si trattò di un successo effimero: tre anni dopo, il Barbarossa annientò infatti a **Prevesa**, nel Mar Ionio, una flotta cristiana organizzata dal papa, dall'imperatore e da Venezia.
Occorre anche considerare che, oltre a essere la terza potenza del Mediterraneo,

l'Impero ottomano, esteso dalla Tunisia, alla Siria, alla Grecia, alla penisola balcanica, era anche uno dei tre più importanti Stati musulmani dell'età moderna, tutti e tre impegnati, nei primi decenni del XVI secolo, in una prorompente espansione: gli altri due erano l'**Impero dei Safavidi** in Persia e l'**Impero moghul** in India. In Asia centrale si affacciava proprio allora una quarta potenza islamica nascente, quella degli *uzbechi*. Verso la metà del XVI secolo questi Stati avrebbero occupato gran parte del mondo abitato. Tutti erano stati creati da dinastie musulmane di origine turca.

Tramonta l'idea medievale di Cristianità

Dunque, mentre Carlo V coltivava il progetto di un impero che tenesse unità la Cristianità nel cuore dell'Europa, la **pressione turco-ottomana** era divenuta un elemento di rilievo nel grande gioco politico continentale. Avvenne quello che, durante tutta l'età medievale, non era mai accaduto: un re cattolico si alleò con gli "infedeli" contro un altro re cattolico. Lo fece **Francesco I di Francia** stringendo un **accordo militare con Solimano**, sultano dei turchi ottomani, contro Carlo V, re di Spagna e imperatore cattolico. Il raggio dell'azione diplomatica delle potenze europee travalicava il quadro continentale e configurava rapporti su scala mondiale. Sull'altro versante accadeva la stessa cosa: così, se il sultano ottomano stringeva rapporti con Francesco I, il suo rivale sultano dell'Iran cercava intese con Carlo V.

Non è un caso che proprio in questo periodo l'idea di Cristianità, con la quale durante l'età medievale si indicava comunemente l'insieme delle popolazioni cattoliche del continente in quanto contrapposto al mondo degli infedeli, venga sostituita dall'**idea di Europa**: un'idea non solo geografica, ma politica e storica.

GUIDA ALLO STUDIO

❶ Chi erano i nemici di Carlo V? ❷ Quale fu la massima espansione dell'Impero ottomano? ❸ Quali erano i più importanti Stati musulmani del XVI secolo? ❹ Chi era "Barbarossa"? ❺ Perché l'idea di Cristianità fu sostituita dall'idea di Europa?

Frans Hogenberg e Jan Cornelisz Vermeyen
La battaglia di Tunisi nel 1535. Attacco a La Goletta
XVI sec.

Dinanzi alla minacciosa avanzata turca nell'Europa cristiana e nei domìni spagnoli del Mediterraneo, l'imperatore Carlo V mosse un vittorioso attacco contro le armate turche, che gli permise di conquistare la città di Tunisi. Nel 1535, agli inizi di giugno, la flotta nemica fu annientata e la fortezza della Goletta, che difendeva la città di Tunisi (sullo sfondo del dipinto), fu assediata. Dopo poche settimane la fortezza fu presa e Tunisi conquistata.

4 La ripresa della guerra con la Francia

Di nuovo contro Francesco I

Nel 1535 morì Francesco Sforza, duca di **Milano**. Per evitare che il controllo di quella regione strategicamente vitale per l'Impero gli sfuggisse di mano, Carlo V la occupò militarmente. La sua iniziativa non faceva altro che dar corso a una delle clausole del trattato di Cambrai, ma i francesi risposero riprendendo la guerra e conquistando la Savoia. Gli spagnoli attaccarono a loro volta la Provenza. La lotta tra le due potenze si riaccese.
L'intervento del pontefice Paolo III della famiglia Farnese – al quale stava a cuore la pace all'interno del mondo cattolico, al fine di organizzare un'efficace difesa contro i turchi e avviare un'ampia riforma della Chiesa – portò alla **tregua di Nizza** del 1538, con la quale si riconosceva il dominio imperiale sul Ducato di Milano e quello francese sulla Savoia. Tuttavia, Francesco I riaprì la guerra nel 1542, cogliendo al balzo una nuova sconfitta subìta dalla flotta imperiale nelle acque di Algeri, a opera dei turchi (ottobre 1541).
Ma quella del re di Francia fu una mossa avventata, che gli valse una nuova serie di sconfitte: il re d'Inghilterra, Enrico VIII, alleatosi con l'imperatore, occupò la fortezza di Boulogne, sulla Manica, mentre le truppe imperiali risalivano il paese minacciando la stessa Parigi.

La pace di Crépy

Il re di Francia riuscì, però, a strappare ai suoi nemici una pace estremamente favorevole, che fu firmata a **Crépy** nel **1544**: in questo accordo furono confermate tutte le condizioni della tregua di Nizza (Milano alla Spagna, Savoia e parte del Piemonte alla Francia). Francesco I morì tre anni dopo, mentre ordiva nuove trame contro il suo eterno rivale.

Taddeo Zuccari
Il trattato di Nizza
XVI sec.
[Sala dei fasti farnesiani, Palazzo Farnese, Caprarola (Vt)]

Con la mediazione del papa Paolo III (al centro del dipinto), nel 1538 Francesco I (a sinistra) e Carlo V (a destra) stipularono il trattato di Nizza, una tregua che prevedeva il possesso imperiale del Ducato di Milano e il dominio francese sulla Savoia.

Enrico II Il successore di Francesco I, Enrico II (1547-59) riprese la guerra contro l'Impero **spostando l'asse del conflitto dall'Italia alla Germania**, dove infuriava sempre la lotta tra luterani e cattolici. In cambio del suo appoggio i principi luterani gli cedettero le tre città lorenesi di **Toul**, **Metz** e **Verdun**, appartenenti all'Impero ma abitate da una popolazione in prevalenza francese.

Lo Stato dei presìdi Intanto in Italia la situazione si fece grave per gli spagnoli: la Corsica, sostenuta dalle flotte turca e francese, si ribellò a Genova; Siena, sobillata dal fuoruscito fiorentino Piero Strozzi, figlio del banchiere Filippo, cacciò la guarnigione spagnola, ma la ribellione fu domata nel 1557 dal duca di Firenze, Cosimo I dei Medici, che ottenne dall'imperatore il possesso di Siena. La Spagna rielaborò la sua strategia nell'alto Tirreno organizzando il cosiddetto Stato dei presìdi, formato da un **insieme di fortezze lungo la costa toscana** (Talamone, Orbetello, Porto Santo Stefano, Port'Ercole, Ansedonia) e nell'Isola d'Elba (Porto Longone).

GUIDA ALLO STUDIO

❶ Che cosa stabilirono i trattati stipulati a Nizza e a Crépy? ❷ Perché Enrico II offrì il sostegno francese ai principi luterani in Germania? ❸ Che cos'era lo Stato dei presìdi?

5 La pace di Augusta. La rinuncia di Carlo V

Un anacronismo Per quanto imponente, la compagine che Carlo V si trovò a governare era un agglomerato informe di popoli diversi per tradizione, per cultura, per lingua, per forme di organizzazione politica e soprattutto dispersi geograficamente, senza continuità territoriale. L'unico vincolo tra le varie regioni era offerto dalla **persona stessa dell'imperatore**. Mentre la realtà politica europea aveva da tempo chiaramente indicato che il futuro apparteneva alle monarchie nazionali, accentrate e compatte, l'Impero appariva, nella sua disarticolata grandezza, come un paradossale **retaggio del passato**, un fossile più che un organismo capace di nuova vita. Radicato nella coscienza dei contemporanei come mito e come «fantasma», dal punto di vista strettamente politico l'Impero era, tuttavia, un anacronismo, un'utopia.

La pace di Augusta Il primo a rendersi conto di tutto questo fu lo stesso Carlo V. Egli decise anzitutto di risolvere diplomaticamente il conflitto con i principi protestanti tedeschi, che si trascinava da tempo senza vincitori né vinti: la pace di Augusta del **1555** tra l'**Impero** e la **Lega di Smalcalda** sancì ufficialmente la divisione di fatto della Germania tra cattolici e luterani. Cosa del tutto nuova nella storia d'Europa, i sudditi furono obbligati a seguire la confessione religiosa del loro sovrano. In precedenza tutti i cristiani europei erano uniti da una sola fede, da riti comuni, da una comune obbedienza alla Chiesa di Roma. I sovrani potevano scontrarsi e magari prendere le armi uno contro l'altro, ma i loro sudditi erano tutti – tranne alcuni gruppi minori ed emarginati, come gli ebrei – cattolici.

Ora s'imponeva, invece, inevitabilmente, una tendenza del tutto diversa: i sudditi erano tenuti a seguire la confessione del loro principe, con il risultato che non di rado dovettero passare più volte da una confessione all'altra in rapporto al succedersi dei principi: ***Cuius regio eius religio*** ('La religione corrisponda a quella di chi domina il paese') era il **nuovo principio che governava la storia religiosa e politica europea.** Ad Augusta si decise anche di regolamentare le confische dei beni della Chiesa da parte dei protestanti, che furono regolarizzate fino alla data del 1552.

Per la prima volta nella storia dell'Occidente cristiano due forme di religione, la cattolica e la luterana, ottenevano **pari riconoscimento legale**. Zwingliani, calvinisti e anabattisti furono tuttavia esclusi dall'accordo.

Parola chiave
Utopia

ONLINE

L'abdicazione di Carlo V e la divisione dell'Impero Con la pace di Augusta del 1555 Carlo V rinunciò a imporre in Germania l'egemonia dell'Impero in campo religioso e accondiscese a una più ragionevole politica di equilibri e di compromessi. Un passo ulteriore e ben più clamoroso fu compiuto dall'imperatore l'anno dopo, quando abdicò dividendo l'Impero in due tronconi: al fratello **Ferdinando I** (1556-64) lasciò la corona imperiale, le terre ereditarie degli Asburgo, le corone di Boemia e di Ungheria; al figlio **Filippo II** (1556-98) lasciò il Regno di Spagna con Milano e i tre Viceregni di Napoli, Sicilia, Sardegna, le colonie americane e i Paesi Bassi (già ceduti nel 1555). Dopo aver compiuto questo atto Carlo si ritirò in un monastero fino alla morte, che sopraggiunse nel 1558.

155 DOC
Carlo V
Il "testamento politico"

Con l'atto clamoroso dell'abdicazione, l'imperatore che aveva lottato per circa un quarantennio per dar vita a un impero universale, dichiarava ufficialmente il proprio fallimento. Questo lucido riconoscimento fu tuttavia l'estrema manifestazione della sua grandezza morale.

La pace di Cateau-Cambrésis La guerra tra Francia e Impero ebbe uno strascico nello scontro tra il monarca francese Enrico II e il re di Spagna Filippo II, alleato questa volta con l'Inghilterra. Il conflitto riprese nel 1557 ed ebbe come teatro la Francia settentrionale: l'esercito spagnolo, guidato dal

ATLANTE 67_L'EUROPA DOPO CATEAU-CAMBRÉSIS (1559)

Frans Francken
Allegoria dell'abdicazione di Carlo V
1620
[Rijksmuseum, Amsterdam]
Nel 1556 Carlo V abdicò e divise l'impero tra il figlio Filippo II (a sinistra) e il fratello Ferdinando I (a destra). Nel dipinto l'emblema della corona degli Asburgo (l'aquila a due teste e ali spiegate) domina dal trono mentre le personificazioni di Europa, America, Asia e Africa (in basso a destra) portano doni all'imperatore. In basso a sinistra è invece rappresentato il dio Nettuno, a simboleggiare il dominio degli Asburgo anche sui mari.

La vocazione imperiale

Il termine latino ***imperium*** indicava il "potere supremo", che comprendeva il comando in guerra insieme con l'esecuzione della legge (compresa la pena di morte). Era il potere di dare ordini e di esigere ubbidienza. Nell'antica Roma, in età repubblicana era prerogativa dei magistrati superiori, come i consoli e i pretori; in età imperiale era prerogativa dell'imperatore, ma a un livello più basso era ancora detenuto dai consoli, dai pretori e da alcuni governatori di provincia. Quando Roma cominciò a sottomettere popolazioni oltremare e a ordinare il loro territorio in province, si cominciò a parlare sempre più frequentemente di *imperium populi Romani*, 'impero del popolo romano', come insieme dei territori sottoposti al dominio di Roma, al comando dei suoi magistrati, cui i sudditi erano tenuti a ubbidire.
Il primo **impero** che le fonti antiche permettono di documentare fu quello di **Sargon il Grande**, sorto verso la **fine del terzo millennio a.C.**, che riuscì a controllare l'area mesopotamica fino ai limiti orientali del Mediterraneo. Ancora più grande fu l'**Impero assiro**, formatosi nell'**VIII secolo a.C.**, che si spinse oltre la Mesopotamia fino all'Egitto. Sempre nell'area mediorientale, nel **V secolo a.C.** si sviluppò l'immenso **Impero persiano**, un territorio che si estendeva dall'Egitto all'India. Fu poi la volta dell'**Impero romano**, al cui dominio appartenevano, nel periodo di massima espansione all'**inizio del II secolo d.C.**, le popolazioni del Mediterraneo e dell'Europa intera fino a raggiungere l'attuale Inghilterra. La parte occidentale dell'Impero romano cadde nel 476 d.C. sotto l'urto delle popolazioni germaniche, mentre quella orientale – che gli storici chiamano **Impero bizantino** – durò fino al **1453**, quando la capitale Costantinopoli fu espugnata dagli **ottomani**, guidati dal sultano Maometto II, il cui **Impero** fu fondato intorno al **1300**.
Con Carlo V, l'Europa riviveva il sogno della restaurazione dell'Impero romano: l'**Impero asburgico**, infatti, il più grande in Europa dal tempo di Carlo Magno, si estendeva dalla Spagna all'Austria e alla Boemia, comprendendo anche i Regni di Napoli, Sicilia e Sardegna, la Repubblica di Genova e Milano; oltre l'Atlantico c'erano infine le colonie spagnole del nuovo continente, fonti di enormi ricchezze. In Europa, di conseguenza, solo le monarchie di Francia, Inghilterra, Scozia e lo Stato della Chiesa avevano mantenuto la loro autonomia ed erano rimaste regni indipendenti dal grande Impero.
L'**Impero ottomano** comprendeva invece l'Europa orientale, parte del Medio Oriente e l'Africa settentrionale, mentre gli Imperi musulmani dei Safavidi dominavano in Persia e quello dei Moghul in India.
Gli **"imperi coloniali"** (in particolare lo spagnolo, il portoghese, il francese e il britannico) furono entità abbastanza diverse dagli imperi cui abbiamo fin qui accennato. In **età moderna**, infatti, la società europea cominciò a cambiare profondamente e le compagini imperiali fino ad allora storicamente affermatesi iniziarono a decadere nel nuovo clima politico [👁 15.5] ed economico. Il futuro sarebbe appartenuto alle monarchie nazionali, territorialmente e politicamente coese, e a un nuovo modello di impero, l'impero coloniale, le cui ragioni vanno ricercate negli interessi non tanto politici quanto economici promossi dalle singole monarchie.
L'**Impero coloniale britannico** rappresentò l'espressione più compiuta del nuovo corso intrapreso dall'"idea imperiale": i protagonisti principali delle prime fasi della sua espansione furono le **associazioni di mercanti** che, organizzando spedizioni in India, in America e in Africa, riportavano in madrepatria tè, caffè, spezie e tessuti da immettere in un fiorente mercato. Nel '600 in tutta Europa, ma soprattutto in Gran Bretagna, nacquero numerose Compagnie dedite al commercio internazionale (la più famosa e importante fu la **Compagnia britannica delle Indie orientali**). Il governo britannico si limitava a concedere ai mercanti le **licenze per il commercio** ed esigeva delle **tasse sui proventi** dei lucrosi commerci. L'espansione inglese oltremare solo in seguito, per esempio in India dalla fine del XVIII secolo, si trasformò in una occupazione politico-militare.
Nel periodo di massima espansione (tra '800 e prima metà del '900) dell'Impero britannico facevano parte il Canada e parte della Groenlandia, circa un terzo dell'Africa, l'India, il Bangladesh e la Birmania, nonché l'Australia e la Nuova Zelanda.
Gli storici e gli studiosi di politica hanno discusso ampiamente sul **significato moderno** di "impero".
La qualifica è stata a volte attribuita a entità statuali – dislocate sia nelle più diverse aree della Terra sia nei più lontani periodi storici – che non si sono mai definite tali. Per esempio, nel **XX secolo** gli storici hanno parlato di "impero sovietico" e di "impero americano" per indicare le due più importanti potenze mondiali e l'enorme influenza politica che esercitarono in campo internazionale.
L'**Unione Sovietica** (Urss, 1922-91) era formalmente uno Stato federale che dominava

duca di Savoia Emanuele Filiberto, riportò una grande vittoria sui francesi nella battaglia di **San Quintino**, nell'Artois. I francesi ottennero però un importante successo strappando agli inglesi il porto di Calais. Le due potenze, in lotta da diversi decenni, erano ormai logore, le loro finanze erano dissestate, il morale degli eserciti prostrato.
Si giunse a un'ennesima pace, che fu conclusa a Cateau-Cambrésis nel **1559** e che regolò gli equilibri politici europei per circa mezzo secolo: alla Spagna fu riconosciuto il dominio sull'Italia, alla Francia il possesso di Calais, Metz, Toul, Verdun, di alcune città del Piemonte (fra cui Torino) e del Marchesato di Saluzzo. La Savoia fu attribuita a Emanuele Filiberto. L'accordo fu suggellato da due matrimoni dinastici: quello di Filippo II con la figlia di Enrico II, Elisabetta, e quello di Emanuele Filiberto con la sorella di Enrico II, Margherita **[**👁 ATLANTE**_67]**.

GUIDA ALLO STUDIO

❶ Che cosa significava il principio «cuius regio eius religio» sancito ad Augusta? ❷ Quali religioni furono penalizzate dal trattato di pace? Perché? ❸ Come fu d viso l'Impero all'abdicazione di Carlo V? ❹ Che cosa prevedevano gli accordi di Cateau-Cambrésis del 1559?

su molti paesi dell'Europa orientale e su parte dell'Asia centro-settentrionale. Era costituito da 15 repubbliche, la cui organizzazione politica prevedeva un solo partito politico ufficialmente riconosciuto, il Partito comunista dell'Unione Sovietica (Pcus), guidato da un segretario generale e dal Politburo (l'ufficio politico del Pcus). Esso dominò sia politicamente sia militarmente sui paesi dell'Europa orientale (chiamati polemicamente dagli occidentali "paesi satelliti") aderenti al Patto di Varsavia, alleanza costituitasi dopo la seconda guerra mondiale. Negli anni '70 del '900, infine, la politica estera sovietica fu orientata a rafforzare la propria influenza nel Medio Oriente e in altre aree strategiche (Corno d'Africa, Angola, Mozambico); nel 1979 ebbe luogo l'invasione militare dell'Afghanistan, cui seguì un grave deterioramento dei rapporti con l'Occidente.
Gli **Stati Uniti d'America** (Usa, nati nel 1776) sono formalmente una repubblica federale costituita da 50 Stati membri e dal Distretto di Columbia, nel quale sorge la capitale Washington, governata da un presidente della Repubblica e da istituzioni federali. Negli anni a cavallo fra '800 e '900, gli Stati Uniti proiettarono verso l'esterno il loro prorompente dinamismo economico, assicurandosi il controllo (diretto o indiretto) di territori anche lontani; verso il Pacifico, come prolungamento ideale della "corsa all'Ovest" che era terminata da poco; verso l'America Latina, come "aggiornamento della dottrina Monroe" (quinto presidente degli Stati Uniti, dal 1817 al 1825) – riassunta nella formula «l'America agli americani» –, ora intesa come un diritto di penetrazione economica e di tutela politica sull'intero continente.
Ai giorni nostri, l'espressione **"imperialismo economico"** indica infine la tendenza di vari Stati e di grandi aziende multinazionali a imporre il proprio sistema economico su interi paesi (soprattutto quelli più poveri), stravolgendo così le economie locali che si trovano costrette a produrre, per esempio, solo determinati beni a determinate condizioni. È quanto avviene nel caso delle cosiddette monocolture, fenomeno per cui interi Stati sono portati (o costretti) a specializzarsi nella produzione di un solo bene particolarmente richiesto a livello mondiale (zucchero caffè, tè caucciù, cacao, petrolio). Fenomeni come questo sono estremamente rischiosi per le economie locali: rendono gli Stati dipendenti dall'estero per tutti i beni che non possono più produrre (e che devono quindi importare) e li espongono a seri pericoli nel caso in cui quello specifico prodotto non sia più richiesto dal mercato internazionale.

Raccoglitrici di una piantagione di tè in Sri Lanka
[foto di Dannis Keller]
Le logiche e le conseguenze economiche e sociali dell'imperialismo e del neocolonialismo sfuggono spesso alla comprensione del comune cittadino. Molti paesi poveri o in via di sviluppo esportano solo quello che l'Occidente è disposto a comprare, e ciò comporta l'enorme estensione delle monocolture (come caffè, cacao, zucchero, tè, soia, ecc.). Il paradosso per questi paesi è che quanto più si esporta tanto più aumenta la povertà per molti e la ricchezza per pochi. L'esportazione, infatti, per essere competitiva, necessita di ingenti disponibilità finanziarie e per questo, spesso, sono le grandi e ricche aziende private a monopolizzare l'economia di quei paesi, pagando miseri salari ai propri dipendenti e comprando ampie aree dei territori locali.

STORIA • SOCIETÀ • CITTADINANZA

SINTESI

1 Carlo V imperatore

Ereditate per parte di madre la Spagna, Napoli, la Sicilia, la Sardegna e le colonie americane e per parte di padre le terre degli Asburgo in Austria e Boemia, Fiandra e Paesi Bassi, Carlo d'Asburgo fu eletto imperatore, col nome di Carlo V, nel 1519. L'appoggio finanziario dei banchieri tedeschi si rivelò determinante nella corsa al titolo imperiale: grazie al loro aiuto, infatti, Carlo poté mettere fuori gioco il suo avversario, il re di Francia Francesco I. Da subito Carlo V concepì il progetto di restaurazione dell'autorità imperiale sull'Europa. E in lui molti contemporanei videro l'artefice di un rinnovamento e di una riunificazione della Cristianità. Questo disegno tuttavia incontrò numerosi ostacoli, esterni – l'ostilità della Francia e la minaccia dei turchi ottomani – e interni – la diffidenza dei ceti dirigenti e delle comunità cittadine, in Spagna, e la difficile questione della Riforma protestante, in Germania. La Riforma si era trasformata da movimento di contestazione religiosa in movimento di contestazione sociale e politica. I principi tedeschi aderirono alla Riforma per contrastare i progetti di accentramento politico di Carlo V e si riunirono nella Lega di Smalcalda. Malgrado i tentativi di conciliazione promossi dall'imperatore, si giunse allo scontro armato e nell'Impero si formarono così due fazioni religiose, una cattolica e una protestante, destinate a darsi battaglia per lungo tempo.

2 La guerra in Italia

La lotta accanita tra Spagna e Francia, le due maggiori potenze europee, caratterizzò il regno di Carlo V ed ebbe per teatro l'Italia. Sconfitto Francesco I nel 1525 – anche grazie a nuove tecniche di combattimento imperniate sull'uso della fanteria – Carlo V insediò Francesco II Sforza, come suo vassallo, nel Ducato di Milano, che rivestiva un'importanza fondamentale poiché metteva in comunicazione Spagna e Germania. Il re di Francia diede allora vita a un'alleanza antiasburgica (Lega di Cognac), cui aderì anche il papa. Migliaia di mercenari al servizio dell'imperatore scesero in Italia e posero al sacco Roma per alcuni mesi (1527); contemporaneamente si disgregava l'alleanza antispagnola. Nel 1529, dopo un accordo tra il papa e Carlo e l'incoronazione pontificia di quest'ultimo, l'Italia entrava nell'orbita imperiale e la pace di Cambrai sanciva le rispettive sfere di influenza tra Carlo V e Francesco I.

3 Il fronte turco

Una delle insidie all'egemonia di Carlo V fu rappresentata dall'espansione degli ottomani che, con Solimano I il Magnifico, avevano raggiunto il cuore dell'Europa (Vienna nel 1529 e poi di nuovo nel 1532). Il tentativo di controffensiva attuato da Carlo V nel Mediterraneo ebbe, con la riconquista di Tunisi (1534), un successo effimero. La pressione turca sull'Europa evidenziò anche il tramonto dell'idea di Cristianità, ben testimoniato dall'alleanza del re di Francia con il sultano in funzione antiasburgica.

4 La ripresa della guerra con la Francia

Alla morte del duca di Milano, Carlo V occupò quella regione, e ciò riaccese la lotta con la Francia, che ne uscì sconfitta anche per l'intervento, a fianco dell'imperatore, del re d'Inghilterra. Il re di Francia riuscì comunque a firmare una pace favorevole a Crépy nel 1544. La guerra riprese con il nuovo re di Francia Enrico II, che spostò l'asse del conflitto dall'Italia alla Germania (ove ebbe l'appoggio dei principi luterani).

5 La pace di Augusta. La rinuncia di Carlo V

Se la persistenza dell'idea di Impero si spiega con il bisogno di un punto di riferimento, tanto più forte in un'epoca di crisi e lacerazioni, è pur vero che essa, nell'Europa degli Stati nazionali, era ormai superata. Se ne rese conto lo stesso Carlo V. Nel 1555 risolse il conflitto con i principi protestanti tedeschi: la pace di Augusta sancì la divisione della Germania tra cattolici e luterani e affermò l'obbligo per i sudditi di seguire la confessione del loro sovrano. L'anno successivo Carlo V abdicò, dividendo l'Impero tra il fratello Ferdinando I (che ebbe la corona imperiale, le terre degli Asburgo, Boemia e Ungheria) e il figlio Filippo II (Spagna, Milano, Napoli, Sicilia, Sardegna, Paesi Bassi, colonie americane); con questo atto Carlo V riconosceva l'irrealizzabilità dell'Impero universale. Uno strascico nella lotta tra Francia e Impero si ebbe con la guerra tra Enrico II e Filippo II, conclusasi con la pace di Cateau-Cambrésis (1559) che regolò gli equilibri politici europei per circa mezzo secolo.

SVILUPPARE LE COMPETENZE

❶ Chi fu Carlo V? Caratterizzane figura e potere scrivendo un testo di 15 righe. Per facilitare il tuo compito usa le domande seguenti come spunti di riflessione:

a. Quali fattori favorirono l'ascesa al trono imperiale di Carlo V?
b. Quali problemi esterni minacciarono il potere di Carlo V?
c. Perché le *Cortes* non furono dalla parte di Carlo V?
d. Quale fu il rapporto di Carlo V con la Riforma della Chiesa promossa da Lutero?
e. Quale idea del potere imperiale diffuse il cancelliere di Carlo V Mercurino Arborio da Gattinara?

❷ Approfondisci, in testi scritti di 4 righe ciascuno, i seguenti argomenti:

a. Il nuovo modo di combattere dell'esercito di Carlo V
b. Il trattato di Madrid e la Lega di Cognac
c. Il Sacco di Roma e l'assedio di Castel Sant'Angelo
d. L'accordo di Carlo V con il papa e quello con Francesco I

❸ Spiega, in un testo di 10 righe, in che modo la vicenda di Carlo V si intrecciò a quella di Solimano I e quella di quest'ultimo alla vicenda di Francesco I di Francia.

❹ Completa la tabella seguente inserendo le date relative agli avvenimenti elencati nella colonna di sinistra. Scrivi poi un testo di 12 righe che metta in relazione e descriva tutti i fatti ricordati:

Avvenimenti	Date
Morte di Francesco Sforza	
Tregua di Nizza	
Pace di Crépy	
Cosimo I dei Medici doma la ribellione a Siena	

❺ Rispondi ai quesiti impiegando il numero di righe indicato tra parentesi:

1. Perché l'impero di Carlo V era anacronistico? (3 righe)
2. Che significato e conseguenze ebbe l'introduzione del principio contenuto nella frase: *cuius regio eius religio?* (5 righe)
3. Come suddivise il suo impero Carlo V prima di abdicare? (6 righe)
4. Come, quando e con quale atto si concluse la lunga lotta fra l'Impero e la Francia? (8 righe)

16 LA SPAGNA DI FILIPPO II E L'INGHILTERRA DI ELISABETTA I

1 L'Impero di Filippo II

Un ritratto di Filippo II

In campo politico, il campione della Controriforma nella seconda metà del XVI secolo fu Filippo II, il nuovo re di Spagna. Molto è stato scritto, e con **valutazioni spesso discordanti**, su questo sovrano il cui lunghissimo regno, durato oltre quarant'anni (1556-98), sembra riassumere quasi un'intera epoca della storia europea. Gli **storici protestanti** hanno insistito sul carattere oscurantista della sua politica, sulle persecuzioni da lui volute, sull'ostinazione con cui represse il dissenso religioso. Gli **storici cattolici**, soprattutto spagnoli, hanno invece visto nel sovrano una personalità animata da un'altissima consapevolezza della propria missione, un individuo dalla forte moralità. Come accade spesso, entrambe le posizioni presentano elementi di verità.

Del carattere **cupo**, **malinconico** e **incline all'isolamento** di questo sovrano si può esprimere anche una valutazione in chiave politica. A differenza di suo padre Carlo V, che viaggiò tutta la vita da un capo all'altro dei suoi domìni europei, Filippo II, dopo l'ascesa al trono, non si mosse dalla Castiglia e decise anzi di trasferire la **sede della corte a Madrid**, un piccolo villaggio castigliano completamente isolato che non aveva altro requisito se non quello di trovarsi esattamente al centro della Penisola iberica. A pochi chilometri da Madrid, dall'inaccessibile palazzo dell'**Escorial**, metà convento e metà fortezza, il sovrano emanava le sue direttive per un Impero immenso

Una veduta dell'Escorial
[foto Hans Peter Schaefer]
Tra il 1563 e il 1584, Filippo II fece erigere il palazzo-monastero di S. Lorenzo, El Escorial, per sciogliere un voto fatto durante la battaglia di S. Quintino (10 agosto 1557) in Francia, dopo che i colpi della sua artiglieria avevano distrutto una chiesa dedicata a san Lorenzo. L'edificio, costruito non lontano dalla nuova capitale, Madrid, con una architettura severa e imponente, doveva servire insieme da reggia, fortezza e sepolcro per le salme dei membri della famiglia reale. Anche gli ambienti interni erano disadorni e privi di qualsiasi traccia di lusso. La camera da letto del re comunicava direttamente con la chiesa. Filippo II fece anche allestire una biblioteca, con una collezione di ben 40 mila libri.

ONLINE

Letteratura e Storia
Don Chisciotte di Cervantes

157
G. Parker
Filippo II e il "mestiere di sovrano"

156
F. Braudel
Gli imperi del '500 e lo spazio

[ATLANTE_68]. Ma questa centralità di Madrid nella Penisola iberica era puramente geografica, perché la nuova sede del governo era molto più difficilmente raggiungibile da parte delle tante città spagnole situate lungo la costa, con i loro porti densi di traffici.

La cautela e la riflessione che Filippo II dedicava a ogni decisione gli meritarono l'epiteto di **"re prudente"**. Tuttavia questa prudenza diventava troppo spesso lentezza eccessiva, cura maniacale dei particolari e delle questioni anche insignificanti, paura di sbagliare. La sua dedizione al lavoro alla lunga finì per nuocere all'efficienza del governo, riverberandosi su tutta la macchina amministrativa del paese e dando agli stessi contemporanei l'impressione che la Spagna fosse un paese incapace di evolversi, un colosso troppo flemmatico per restare al passo con i tempi.

Gli effetti della dispersione territoriale

Un impero come quello spagnolo, esteso dall'America all'Italia, dai Paesi Bassi al Portogallo (dal 1580), era – come ha scritto Fernand Braudel – «una colossale impresa di trasporti marittimi e terrestri, per quei tempi»; un'impresa che «oltre agli incessanti trasporti di truppe, esige la quotidiana trasmissione di centinaia di ordini e di notizie. La politica

ATLANTE 68_I DOMÌNI DI FILIPPO II NELL'EUROPA CENTRALE E NELLE AMERICHE

di Filippo II necessitava di questi collegamenti, richiedeva gli eserciti in movimento, i trasferimenti di metalli preziosi, le lettere di cambio». Eppure la **dispersione mondiale dei territori** soggetti al monarca – aggravata dalla decisione di porre la sede del governo a Madrid – rendeva questi territori difficilmente governabili, perché la tecnologia dell'epoca non era adeguata al controllo di spazi tanto estesi. Così la tante volte ricordata lentezza del "re prudente" era certo espressione di un carattere maniacale nella cura dei particolari, ma era soprattutto la conseguenza di **condizioni oggettive e irriducibili**.

Dunque, proprio a causa della sua enorme dispersione geografica, l'Impero spagnolo soffriva, più degli altri Stati suoi rivali, le conseguenze di una **cronica crisi nella circolazione delle informazioni** [ATLANTE_**69**]. Il drammatico rapporto fra spazi e tempi precludeva l'efficienza del governo.

In un'epoca come la nostra, in cui le comunicazioni sono rapidissime, è difficile immaginare quanti problemi ponesse la circolazione delle lettere, dei dispacci, delle informazioni, delle merci nel XVI secolo e quanto essa ostacolasse il buon funzionamento di un impero grande come quello di Filippo II. Il governatore spagnolo nei Paesi Bassi ebbe a lamentarsi così: «Non so nulla del re, per ciò che concerne gli affari di questi Paesi Bassi, dal 20 novembre scorso. Il servizio di Sua Maestà ne soffre spaventosamente». Queste parole furono scritte il 24 febbraio del 1575: poteva dunque accadere che il governatore spagnolo di una regione dell'Impero particolarmente importante e delicata restasse senza istruzioni da parte del suo sovrano per più di tre mesi.

I **viaggi per mare** erano i più veloci, eppure per attraversare il Mediterraneo in senso

158
J.A. Maravall
Amministrare l'Impero

159
A. Musi
Che cos'è il «sistema imperiale spagnolo»

ATLANTE 69_ VELOCITÀ DI DIFFUSIONE DELLE NOTIZIE NELL'EUROPA DEL '500 (A INTERVALLI ISOMETRICI DI UNA SETTIMANA)

Parola chiave
Stato

ONLINE

nord-sud, o viceversa, occorrevano da una a due settimane, per attraversarlo da est a ovest, o viceversa, da uno a due mesi. Velocità del genere erano grosso modo le stesse che impiegavano nell'Antichità le navi greche e romane: da questo punto di vista, in circa duemila anni, non si erano registrati molti progressi.

Caratteristica degli spostamenti dell'epoca non era soltanto la **lunga durata,** ma anche la **grande variabilità dei tempi di percorrenza**. Il clima, che oggi influisce molto poco, aveva un'incidenza fortissima: bastava un temporale, una nevicata, il mare in tempesta, per allungare a dismisura i tempi di un percorso. Questo vuol dire che nessun progetto, nessun calcolo, nessuna previsione potevano essere elaborati sulla base di una credibile programmazione dei tempi. L'imponderabile effetto di imprevisti così frequenti dava alle scelte e alle decisioni l'inevitabile impronta dell'azzardo.

Oltre a essere lenta e imprevedibile, **la circolazione degli uomini e delle notizie era molto costosa**. Nel 1560 l'ambasciatore di Filippo II alla corte di Francia inviò un corriere veloce da Chartres a Toledo e ritorno. Il costo dell'operazione fu di 358 ducati, una somma superiore allo stipendio annuale di un professore dell'Università di Padova. Somme del genere, che rendevano la notizia una «merce di lusso», potevano spenderle solo i governi e i banchieri, ma certo non per l'ordinaria amministrazione.

GUIDA ALLO STUDIO

❶ Quali giudizi hanno espresso gli storici sul conto di Filippo II? ❷ Qual era la capitale dell'Impero spagnolo? ❸ Perché Filippo II fu chiamato il «re prudente»? ❹ Quali fattori influenzarono la diffusione di notizie? ❺ Perché la lentezza delle comunicazioni fu particolarmente avvertita dai governanti dell'Impero spagnolo?

2 Burocrazia e sistema economico spagnoli

Il controllo regio sul clero

Lo Stato di Filippo II era il più autoritario d'Europa. Il sovrano, che godeva di poteri assoluti sui beni e sulle persone dei sudditi, era anche, di fatto, una specie di capo della Chiesa. Da buon cattolico, egli ovviamente riconosceva l'autorità del papa, ma esercitava poteri talmente vasti sul **clero** da farne **quasi un settore della burocrazia statale**. Egli usufruiva infatti del cosiddetto **diritto di presentazione**, che gli consentiva di nominare, alla testa delle diocesi, vescovi di suo gradimento – soprattutto di origine castigliana – per mezzo dei quali controllava efficacemente anche i livelli più bassi dell'organizzazione ecclesiastica. Nella Penisola iberica come nelle Americhe, in Sicilia come in Sardegna, l'**Inquisizione spagnola** dipendeva inoltre direttamente dalla Corona anziché dal papa [👁 14.8] e ciò contribuì ampiamente ad attribuire al sovrano la fama di accanito persecutore.

La burocrazia

L'attività governativa della corte era affiancata da una serie di **Consigli** che prefiguravano già l'articolazione in ministeri tipica di uno Stato moderno. Accanto al Consejo de Estado, che si occupava di politica generale e di affari esteri, all'Hacienda Real, preposto all'economia e alle finanze, c'erano quelli della Guerra, dell'Inquisizione e quelli che gestivano singoli territori dell'Impero, i Consigli di Castiglia, di Aragona, d'Italia e delle Indie. A questi Consigli corrispondeva una gigantesca – per quei tempi – piramide di funzionari, impiegati, dipendenti di vario genere. Il reclutamento di queste migliaia di funzionari avveniva normalmente attraverso la **vendita delle cariche**. Questo significa che l'aspirante a un posto statale doveva sborsare, per ottenerlo, una somma corrispondente all'importanza dell'incarico. Il funzionario, una volta nominato, cercava ovviamente di recuperare la somma elargita con i proventi cui la carica dava diritto. Oltre allo stipendio, in genere modesto, il funzionario percepiva infatti direttamente dai privati, per ogni atto amministrativo, altri emolumenti – i cosiddetti diritti casuali –, che

rappresentavano la parte più significativa delle sue entrate. L'incerta distinzione tra sfera pubblica e sfera privata diede luogo a una **diffusa corruzione**, di cui facevano le spese soprattutto i ceti più umili.
La stessa struttura burocratica esistente in Spagna fu riprodotta nelle colonie americane, con l'aggravante che nel **Nuovo Mondo** si trattava di governare popolazioni indigene, completamente asservite e indifese. In America fu anche trapiantato il tribunale dell'Inquisizione e creata una struttura ecclesiastica ramificata e potente. Agli indigeni fu preclusa la possibilità di entrare a far parte del clero: la Chiesa d'America sarebbe rimasta ancora a lungo una Chiesa spagnola e quindi espressione di un dominio straniero.

Le conseguenze dell'afflusso di oro e argento dalle colonie

Dopo il 1560 cominciarono ad affluire in Spagna grossi quantitativi di oro e d'argento estratti nelle **miniere del Perù e del Messico** a prezzo di fortissime perdite umane tra le popolazioni indigene. Se l'apparato produttivo spagnolo fosse stato all'altezza della situazione, quei metalli preziosi avrebbero potuto assicurare al paese un benessere duraturo, promuovendone lo sviluppo economico. Ma la struttura dell'economia spagnola non fu in grado di cogliere questa eccezionale occasione: il **settore manifatturiero e commerciale** era a livelli piuttosto bassi e nulla fu fatto per incentivarne le capacità; l'**agricoltura**, dal canto suo, non era nemmeno in grado di provvedere al fabbisogno delle popolazioni iberiche; nella classe dirigente spagnola permanevano inoltre **forti pregiudizi contro le attività imprenditoriali**, si inseguivano ancora ideali puramente cavallereschi, si praticava uno stile di vita caratterizzato dallo sfarzo e dallo spreco.
Le conseguenze di questa situazione sull'economia spagnola furono nefaste. L'oro e l'argento americani servivano certo a garantire alla Spagna un ruolo di prima potenza mondiale, consentendole d'**intervenire militarmente su più fronti**, ma a livello economico crearono una spirale di problemi. Essi provocarono anzitutto un forte **aumento dei prezzi**: all'incremento della **domanda** di merci (determinato appunto dalla maggiore disponibilità di metalli preziosi) non corrispondeva un adeguato incremento dell'**offerta** (che l'apparato produttivo

Domanda
Quantità di beni richiesta sul mercato.

El Greco
Ritratto del cardinale Niño de Guevara
1596-1601
[Metropolitan Museum of Art, New York]
I tribunali dell'Inquisizione spagnola furono sottoposti al controllo di un Inquisitore Generale e di un Consiglio chiamato «La Suprema». Entrambi finirono per acquisire un potere pressoché assoluto sui tribunali locali, ai quali furono imposte fra la seconda metà del 1500 e i primi decenni del 1600 una serie di disposizioni che ne cancellarono l'autonomia. Cardinale dal 1596, Niño de Guevara fu nominato inquisitore nel 1600. Grazie all'imponente impostazione della tela e al vigore espressivo del ritratto, il grande pittore El Greco rappresenta bene il carattere austero e autoritario della figura del grande Inquisitore.

Monopolio
In economia è la situazione in cui l'offerta di un bene o di un servizio è concentrata nelle mani di un solo soggetto, che può imporre il prezzo che vuole. In generale si parla di monopolio per indicare una posizione di privilegio esclusivo.

spagnolo non era in grado di assicurare). I prezzi, quindi, aumentarono, con grave danno per gran parte della popolazione. In secondo luogo, la domanda si riversò sui mercati esteri, arricchendo i produttori francesi, italiani, inglesi, olandesi. Agli occhi di alcuni nobili spagnoli questo afflusso di merci straniere nel loro paese appariva come un segno di potenza, ed era vissuto con orgoglio.
Ma si trattava di valutazioni superficiali, e agli osservatori più attenti non sfuggiva la gravità della situazione; già verso la fine del '500 le stesse *Cortes* di Spagna (le antiche assemblee dove erano rappresentati la nobiltà, il clero e le città) osservarono con preoccupazione che «mentre i nostri regni potrebbero essere i più ricchi del mondo per l'abbondanza dell'oro e dell'argento che vi sono entrati e continuano a entrare dalle Indie, essi finiscono con l'essere i più poveri perché servono da ponte per far passare oro e argento in altri regni nostri nemici». Così, malgrado il grande afflusso di metalli, il Regno di Spagna era costantemente indebitato e si trovò spesso nella condizione di non poter far fronte ai suoi impegni finanziari: per ben tre volte, sotto Filippo II, fu addirittura dichiarata la **bancarotta** che comportava la mancata restituzione dei capitali avuti in prestito.

Il monopolio regio su trasporto e commercio delle merci

Il commercio tra la madrepatria e le colonie era sottoposto a tutta una serie di pesanti restrizioni: le colonie non potevano commerciare con stranieri né commerciare tra loro. Tutti i traffici dovevano passare per il porto di **Siviglia**, dove venivano at-

L'Archivio delle Indie a Siviglia
[foto Anual]

Ottenuto il monopolio dei commerci con le Americhe, il porto di Siviglia divenne il più ricco d'Europa, grazie anche alla sua posizione geografica sulle rive del fiume Guadalquivir a un centinaio di chilometri dalla sua foce sull'Oceano Atlantico. Sul finire del '500, Filippo II vi fece costruire una *Casa de Contratación* (ossia una borsa), per ospitare con il suo grande patio centrale i mercanti che fino a quel momento avevano usato la cattedrale come luogo per negoziare i propri affari. Nel 1785, per ordine reale, l'edificio fu destinato a conservare tutti i documenti e materiali esistenti relativi all'impero coloniale, tramutando così la sua destinazione e acquisendo il nome con cui è nota ancora oggi. Attualmente, nell'Archivio delle Indie sono custodite, fra gli altri materiali, le missive autografe di Colombo, Cortés e Filippo II.

tentamente controllati. Il trasporto e il commercio di gran parte delle merci era infatti sottoposto al **monopolio regio**. La povertà del sistema produttivo spagnolo costringeva tuttavia le colonie a eludere i divieti e a procurarsi comunque, altrove, le merci di cui avevano bisogno. Il contrabbando raggiungeva di conseguenza dimensioni gigantesche.

GUIDA ALLO STUDIO

❶ In che modo Filippo II controllava la Chiesa cattolica? ❷ Quali organi politico-amministrativi governavano l'Impero? ❸ Descrivi la situazione economica della Spagna nella seconda metà del '500. ❹ Perché l'oro e l'argento americani impoverirono lo Stato spagnolo?

3 Contro turchi e pirati nel Mediterraneo

L'Impero ottomano e il Regno di Spagna

Nel Mediterraneo era rimasta da tempo una partita aperta: quella tra cristiani e musulmani, che si riassumeva nello scontro tra l'Impero ottomano e il Regno di Spagna. Ambedue erano Stati fondati sul potere assoluto del loro sovrano. Ambedue avevano dimensioni enormi: conosciamo già quelle dei domìni spagnoli; quanto all'Impero ottomano, basterà ricordare che si estendeva dalla penisola balcanica all'Anatolia, all'Arabia, all'Egitto. Ambedue, infine, potevano contare su un potenziale bellico considerevole, che sostanzialmente si equivaleva. Il confronto militare tra le due potenze non si era mai interrotto. Nel 1560 i turchi avevano sconfitto a **Ceuta** (in Marocco) la flotta spagnola e nel 1565 avevano messo a dura prova la resistenza di **Malta**, con un assedio durato vari mesi. Si trattò, in questi casi, di scontri più o meno saltuari. Ma alla guerra aperta fra Regno di Spagna e Impero ottomano, nel Mediterraneo, si mischiava un conflitto fondato su un'attività antica quanto la navigazione: la **pirateria**. Quest'ultima fu infatti, senza dubbio, una delle forme della guerra continua e capillare tra turchi e spagnoli.

La pirateria musulmana e quella cristiana

Si tratta di un fenomeno tanto importante nella storia dell'epoca, quanto complesso e a volte sfuggente. C'era anzitutto una **pirateria musulmana**, che vedeva in prima linea i famosi pirati barbareschi, terrore di tutte le coste occidentali [👁 11.5, 15.3]. La loro caratteristica era di agire anche con grosse formazioni navali, adatte a fronteggiare qualsiasi situazione e a condurre vere e proprie operazioni militari. Le **notizie delle loro apparizioni** si susseguono a ritmo incalzante: nel 1559 quattordici navi corsare costeggiano l'Andalusia; nel 1561 diciassette «galere turchesche» battono le rive del Portogallo mentre un'altra squadra, di ben trentacinque navi, blocca il porto di Napoli; nel 1563 vengono setacciate a tappeto le rotte intorno alla Sicilia e i pirati fanno la loro apparizione in Calabria, all'altezza di Gaeta, di Genova, di Savona, in Corsica. L'anno dopo una flotta di quarantacinque imbarcazioni è avvistata davanti all'isola d'Elba. In una sola stagione i pirati barbareschi catturarono ben cinquanta navi nello Stretto di Gibilterra e fecero 4000 prigionieri nel territorio di Granada. A giudicare da un'informazione pervenuta alla corte di Spagna, quell'anno il Mediterraneo occidentale era battuto da circa duecento legni di pirati musulmani. L'elenco delle loro imprese potrebbe continuare a lungo e comprendere molte altre località europee, molte altre aree.

I cristiani amavano lamentarsi della pirateria musulmana, e ben a ragione; ma c'era anche una **pirateria cristiana**. Le città che vi si dedicavano attivamente erano numerosissime: Pisa, Napoli, Messina, Palermo, Trapani, Palma di Maiorca, Almeria, Valenza, Fiume e tante altre, ma soprattutto **Livorno**, la "Algeri cristiana", e l'isola di **Malta**, dove si annidavano i temibili cavalieri di Malta, eredi dell'antico ordine cavalleresco medievale. Sarebbe sbagliato pensare che questi pirati cristiani – **"ponentini"** li si chiamava nel Levante – attaccassero solo i musulmani. Non c'è dubbio che il grande terreno di caccia della pirateria cristiana fossero le acque del Mediterraneo orientale – solcate da ricchi convogli carichi di spezie, di seta, di grano, di riso, di zucchero e di pellegrini – ma venivano assalite, se capitava, anche le navi veneziane o di qualsiasi altra città cristiana. Sappiamo per esempio di navi francesi catturate dai genovesi, di navi francesi che depredavano le coste siciliane e napoletane, e così via, in un groviglio di aggressioni a catena. La pirateria, infatti, era una rete che avvolgeva chiunque solcasse il mare, ed era difficile distinguere tra marinaio e pirata; la praticavano i corsari veri e propri [👁 3.7], ma la praticavano anche, all'occasione, le navi militari e le stesse imbarcazioni commerciali (i cannoni di cui esse si fornirono per difendersi potevano anche servire ad altri scopi...).

In sostanza, la pirateria, **grande realtà della navigazione moderna**, era un fenomeno ambiguo e spesso tollerato a livello ufficiale: esistevano regole di comportamento internazionale alle quali le principali potenze si attenevano, ma si chiudeva volentieri un occhio su quella valvola di sfogo che rappresentava comunque un elemento dinamico nella realtà politica, militare ed economica dell'epoca.

La presa di Cipro Dopo l'assedio turco a Malta nel 1565, un altro importante scontro aperto fra le potenze mediterranee si verificò nel 1571. Nel 1570 infatti la tensione tra il re di Spagna e il sultano turco aumentò in conseguenza di un'operazione militare in grande stile: l'occupazione, da parte del successore di Solimano il Magnifico, **Selim II** (1566-74) dell'isola di **Cipro**, dominio veneziano situato in una zona strategicamente vitale. Fu allora che il mondo cattolico si scosse e – sia pure tra infinite diffidenze e trattative quanto mai complesse – riuscì a trovare una comunione d'intenti. Decisiva fu la mediazione infaticabile di papa **Pio V** (1565-72), che portò alla costituzione di una **Lega santa** contro i turchi, compren-

Cristoforo Gaffuri (da un disegno di Jacopo Ligozzi) ***Porto di Livorno*** 1604 [particolare di un tavolo intarsiato; Galleria degli Uffizi, Firenze]

La pirateria nel Mediterraneo era una pratica diffusa. Ai mercati di schiavi del Nord Africa corrispondevano quelli cristiani di Livorno, di Genova, di Trapani o ancora di Palermo. Livorno, uno dei centri più vitali del Mediterraneo, era la base navale della flotta dei Cavalieri di Santo Stefano, che, insieme ai Cavalieri di Malta, razziavano le città costiere del Mediterraneo meridionale: i prigionieri diventavano schiavi oggetto di commercio, particolarmente richiesti come rematori sulle galere o per il lavoro nei campi o come domestici (soprattutto le donne).

dente, oltre al pontefice, la Spagna e Venezia; la Francia, sempre diffidente nei confronti della Spagna e tradizionalmente in buoni rapporti con i turchi, restò prudentemente a guardare. Fu armata una grande flotta al comando di **Giovanni d'Austria**, fratello naturale di Filippo II. Nel complesso i traffici mediterranei divennero ora, per le navi cristiane, più sicuri di prima.

La battaglia di Lepanto Il 7 ottobre del 1571, nella battaglia di **Lepanto**, in acque greche, si fronteggiarono due grandi flotte composte da centinaia di navi **[**👁 ATLANTE_**70]**. La battaglia si risolse in una **grande disfatta**

ATLANTE 70_ EUROPA E VICINO ORIENTE ALL'EPOCA DI LEPANTO (1571)

dei turchi, che misero in salvo appena trenta galere e persero circa 35 mila uomini tra morti, feriti e prigionieri [👁 11.5]. I cristiani liberarono inoltre 15 mila forzati imbarcati come rematori nelle stive turche. In questa memorabile battaglia fu preziosa la superiorità cattolica nell'artiglieria e nelle armi da fuoco leggere e il fatto che la flotta musulmana arrivò allo scontro in cattive condizioni, dopo mesi di estenuanti scorribande nell'Adriatico.
La notizia della vittoria della Lega santa suscitò un'ondata di entusiasmo nei paesi

EVENTI

La battaglia di Lepanto

Per un momento, nella mattina del **7 ottobre 1571**, don Giovanni d'Austria, comandante della flotta della Lega santa, temette che la battaglia ingaggiata nel Golfo di Patrasso contro i turchi ottomani, e nota poi come battaglia di Lepanto, fosse perduta [👁 ATLANTE_**70**]. Dal ponte della nave ammiraglia cristiana, la *Real*, poteva vedere chiaramente di fronte a sé, alla distanza di un tiro di cannone, il comandante turco Alì Pascià e i suoi giannizzeri [👁 11.4]; li osservava avvicinarsi, vento in poppa, verso la sua nave, al centro della flotta cristiana che, invece, faticava a muoversi sfavorita dal vento contrario. I turchi erano usciti in mare aperto dalla rada antistante la fortezza ex veneziana di Lepanto, posta appena all'interno del Golfo di Corinto. Le galee turche, la più temuta flotta del Mediterraneo, solcavano le acque facendo un gran fracasso: il ritmo delle vogate degli schiavi, imprigionati dai turchi durante le battaglie vinte per terra e per mare in Asia e in Europa, era scandito dalle urla di guerra dei soldati ottomani e dal suono inquietante di flauti, timpani e tamburi. In quel preciso momento, nel silenzio completo delle armate cristiane, don Giovanni diede l'ordine di far innalzare lo **Stendardo di Lepanto** (ora nel Duomo di Gaeta), la grande tela sulla quale era raffigurata l'immagine del Redentore crocifisso con la scritta «*In hoc signo vinces*» ('Sotto questo segno vincerai'). Su ogni galea cristiana fu allora levata una croce e tutti i combattenti, in quanto crociati, ricevettero l'assoluzione dai peccati. In quel momento accadde qualcosa di straordinario. Dicono le cronache che il vento cambiò e che le navi cristiane presero a veleggiare veloci verso la flotta turca che, invece, si fermò improvvisamente, abbandonata dal vento e, forse, dalla sicurezza della vittoria.
Le **galee** sulle quali i due eserciti si apprestavano a dar battaglia erano legni lunghi sino a 40 metri [👁 3.4]. Potevano imbarcare fino a 500 uomini tra rematori, fanti equipaggiati di armatura e archibugio e veri e propri soldati addestrati alla guerra. Erano dotate di **cannoni** posizionati sui fianchi, ma avevano anche il compito di cercare la mischia in acqua e favorire l'**abbordaggio** in modo che i fanti potessero assaltare le navi nemiche e combattere corpo a corpo sul ponte.
Allo scontro, però, la flotta della Lega santa (l'alleanza tra impero spagnolo, Venezia, Genova, Granducato di Toscana, Savoia, Urbino e Cavalieri di Malta, riuniti sotto le insegne pontificie) era arrivata molto ben preparata. I veneziani si preparavano da quasi un anno allo scontro con il loro nemico giurato, il Turco, vero antagonista all'egemonia della Repubblica nell'Adriatico. Da quando il Sultano Selim II aveva attaccato e conquistato Famagosta, la fortezza veneziana a Cipro il cui comandante era stato scorticato vivo (agosto 1571), la Repubblica si era convinta di non poter più eludere lo scontro con gli ottomani. Da quasi un anno, comunque, i veneziani stavano allestendo «la maggior armata che abbiamo fatto in altro tempo», come aveva assicurato l'ambasciatore veneto in Spagna al re Filippo II. La stessa cosa avevano fatto gli spagnoli, timorosi della piega che stavano prendendo gli eventi in quella zona dell'Europa, dove i turchi ormai imperversavano. Così la Lega si era presentata con una flotta solida e numerosa. I veneziani, infatti, avevano investito in tecnologia, innovando il proprio parco di armi da fuoco ma, soprattutto, avevano lavorato alla costruzione di **una vera arma segreta**: **la galeazza**, una galea più alta e più lunga di quelle normali e, per questo, praticamente inabbordabile. Su di essa erano sistemati i tradizionali cannoni laterali, ma anche altri quattro cannoni, due a poppa e due a prua, che le permettevano di sparare da qualsiasi posizione. Per questo era inavvicinabile e pericolosissima, quasi l'equivalente di una moderna corazzata.
Don Giovanni d'Austria ne comprese immediatamente l'importanza strategica e, infatti, all'alba di quel 7 ottobre ordinò proprio alle sei galeazze veneziane di aprire la battaglia, lanciandole in avanti alla ricerca del nemico. Dal canto suo il comandante turco, Alì Pascià, intuito il pericolo rappresentato da quei **«castelli in mare da non essere da umana forza vinti»**, ordinò al centro della sua flotta, che sotto il cannoneggiamento veneto aveva già iniziato a subire danni pesantissimi, di superare velocemente quelle fortezze senza nemmeno provare ad avvicinarle. Il turco voleva prendere direttamente la nave di don Giovanni e chiudere lo scontro in tempi brevi. L'idea non era irrealizzabile, anche perché il lato sinistro della flotta cristiana, sul quale erano schierate le galee veneziane del comandante Agostino Barbarigo, era stato violentemente attaccato dalle navi del capitano turco **Mehmet Shoraq**. La stessa **galea di Barbarigo** era stata abbordata e su di essa si era consumato un epico scontro all'archibugio e alla spada tra soldati veneziani e ottomani, ma i primi avevano avuto la peggio e il comandante veneziano era stato ucciso. Il lato stava quasi per cedere e questo sarebbe stato un disastro, perché avrebbe consentito ai turchi di accerchiare il centro della flotta cristiana; ma in soccorso delle galee venete che ancora resistevano giunsero le navi della flotta di retroguardia, guidate dal marchese di Santa Cruz, che ribaltarono le sorti di quella zona della battaglia. Shoraq fu catturato e decapitato e le navi della Lega si lanciarono immediatamente in aiuto del centro dello schieramento cristiano dove Alì Pascià aveva sfondato e si era gettato con i suoi verso la nave ammiraglia.
Intanto, il lato destro della flotta della Lega, affidato al **genovese Pietro Giustiniani**, avrebbe dovuto ingaggiare battaglia frontale con le navi del comandante turco **Uluc Alì**, un rinnegato cristiano originario di Isola Capo Rizzuto, in Calabria. Ma il genovese volle provare una manovra diversiva che, però, ebbe l'effetto immediato di aprire la strada ai turchi verso il centro della flotta cristiana. La manovra di Giustiniani costò agli alleati **perdite enormi**; tra esse la nave capitana dei Cavalieri di Malta, con tutti i loro vessilli: un fatto gra-

vincitori e in tutte le terre che confinavano con la potenza turca, ma quali furono le reali conseguenze di Lepanto? Dal punto di vista militare i turchi si ripresero prestissimo: ricostruirono la flotta e stipularono una **pace separata con Venezia**, che si rassegnò alla perdita di Cipro. Ma dopo Lepanto la loro presenza nel Mediterraneo risultò come offuscata, senza più la brillante aggressività dei secoli precedenti. Essi preferirono spostare il loro interesse su un altro fronte tradizionale, quello **persiano**, che li tenne occupati a lungo. Per il mondo cristiano Lepanto segnò la fine di un

vissimo anche dal punto di vista emotivo. Sebbene il genovese fosse riuscito a rimediare all'errore, rientrando quasi immediatamente nel mezzo della battaglia, e, in seguito, si fosse giustificato sostenendo che con la sua manovra, di fatto riuscita, aveva chiuso a tenaglia le navi nemiche, il danno era stato grave. Nonostante ciò, comunque, la flotta della Lega riuscì ad avere la meglio su quella ottomana e lo stesso Uluc Alì e le sue galee furono costretti a darsi alla fuga, inseguiti dalle navi di Giustiniani, forse desideroso di dimostrare la sua fedeltà alla causa della Lega. Nella malcelata **insofferenza tra genovesi, veneziani e spagnoli**, frutto della centenaria competizione commerciale nel Mediterraneo tra quelle tre grandi marinerie, molti furono quelli che pensarono al genovese come a un traditore, uno che aveva provato a evitare il peggio ai suoi, intervenendo tardi, quando la battaglia volgeva ormai alla fine.

La vittoria della flotta della Lega santa a Lepanto fu celebrata con **l'istituzione della festa di Santa Maria della Vittoria** (1572). Si dice che nel primo pomeriggio di quel 7 ottobre, quando lo scontro si era appena concluso, **Pio V** fu visto affacciarsi alla finestra della sua stanza in Vaticano. Osservato il cielo, lo si udì esortare: **«Andiamo a ringraziare Dio: la nostra armata è uscita vittoriosa»**. L'impegno del papa nel sollecitare l'alleanza tra le forze cattoliche era stato imponente, frutto di uno sforzo diplomatico senza precedenti. La Chiesa aveva bisogno di un segnale di unità dopo che la Riforma protestante ne aveva semidistrutto l'autorevolezza e il concilio di Trento (1545-63), al quale era stato affidato il compito di rinnovarne il messaggio evangelico, era terminato da poco **[👁 14.7]**. L'unione delle forze cattoliche e la vittoria sui musulmani nel segno di una nuova crociata rappresentarono, per Pio V, un grande risultato.

La battaglia di Lepanto è stata interpretata come **scontro tra civiltà** e come tale è restata nella memoria degli europei, forse anche a causa dell'interpretazione offerta dalle innumerevoli opere letterarie e artistiche coeve giunte fino a noi.

Paolo Veronese
***Allegoria della battaglia di Lepanto*, part.**
1571
[Gallerie dell'Accademia, Venezia]

EVENTI

incubo, perché mostrò che i turchi potevano essere duramente sconfitti in un grande scontro frontale. Libere da un troppo radicato complesso d'inferiorità, le potenze cattoliche che mantenevano flotte nel Mediterraneo ripresero coscienza delle proprie forze, mentre la pirateria cristiana prendeva decisamente il sopravvento. Nel complesso i **traffici mediterranei** divennero ora, per le navi cristiane, **più sicuri di prima**.

La persecuzione dei *moriscos*

In Spagna la lotta contro i turchi ravvivò lo **spirito di crociata**, che non si era mai spento nella nobiltà cavalleresca e accendeva passioni anche nel popolo comune **[👁 3.8]**. All'interno della Penisola iberica, questi sentimenti portarono a una feroce persecuzione dei *moriscos*, così venivano chiamati i **musulmani battezzati**, discendenti dalle popolazioni arabe che un tempo avevano occupato la Spagna **[👁 7.6]**. Anche se politicamente e socialmente discriminati, i *moriscos*, quando non erano laboriosi contadini, erano tradizionalmente **impegnati nell'artigianato e nel commercio** e rappresentavano un **gruppo intraprendente e dinamico**. Accusati di essere rimasti, dietro una facciata cristiana, segretamente attaccati alla loro vecchia fede, e di rappresentare quindi una sorta di quinta colonna turca in seno alla società spagnola, i *moriscos* furono sempre più emarginati e perseguitati. Nel 1568 una loro **disperata rivolta** fu rapidamente e duramente stroncata. I più furono uccisi o deportati in piccoli gruppi in regioni lontane. Nel **1609** sarebbero stati definitivamente **espulsi dalla Spagna**, così come era accaduto per gli ebrei nel 1492 **[👁 7.6]**. Questi provvedimenti provocarono **seri danni all'economia spagnola**, perché, in una società già priva di un forte ceto artigianale e commerciale, eliminarono di colpo – uccidendoli o sradicandoli – migliaia di individui che rappresentavano uno dei settori più attivi della popolazione.

GUIDA ALLO STUDIO

❶ Quali caratteristiche accomunavano lo Stato spagnolo e quello ottomano? ❷ Dove agivano i pirati musulmani e quelli cristiani? ❸ Perché e da chi fu combattuta la battaglia di Lepanto? Quali conseguenze ebbe? ❹ Chi erano i *moriscos*?

4 L'unificazione della Penisola iberica e la guerra nei Paesi Bassi

Filippo II sul trono portoghese

Nel **1580** Filippo II si insediò anche sul trono del Portogallo registrando un importante successo con l'unificazione, sotto la sua Corona, dell'intera Penisola iberica. Il giovane re portoghese Sebastiano di Braganza, caduto due anni prima in uno scontro con il sultano del Marocco (la disfatta di Alcazarquivir nel 1578), era nipote di Filippo II: il re di Spagna era dunque il più accreditato candidato a succedergli e la sua candidatura fu appoggiata anche dai mercanti portoghesi, che vedevano nell'unione con la Spagna l'occasione per entrare in un più vasto circuito di traffici. Con la Corona portoghese del resto Filippo II assumeva anche il controllo del **Brasile** e delle **colonie portoghesi d'Africa e Asia [👁 12.4]**.

La rivolta nei Paesi Bassi

La Spagna si trovava ora nella condizione ideale per potenziare la propria sfera d'influenza lungo le coste dell'Atlantico e per collegare meglio il cuore dell'Impero ai possedimenti dei **Paesi Bassi** – un'area corrispondente agli odierni Stati dell'Olanda, del Belgio, del Lussemburgo e a una parte della Francia settentrionale.

Il controllo di questa regione poneva a Filippo II problemi estremamente difficili, perché i suoi abitanti mal sopportavano la presenza spagnola. I motivi dell'attrito erano molteplici: di ordine **fiscale**, poiché i sudditi dei Paesi Bassi non tolleravano il pesante fiscalismo spagnolo; **politico**, poiché i nobili non tolleravano le pesanti

ingerenze del governatore spagnolo nelle questioni interne ai Paesi Bassi; **religioso**, poiché nei Paesi Bassi si era diffuso molto velocemente il calvinismo.
Pressato dalla volontà di **combattere l'eresia protestante**, Filippo II intraprese una politica di persecuzione a danno dei calvinisti. Contestualmente elaborò un piano di riorganizzazione della Chiesa che prevedeva l'istituzione di **quattordici nuovi episcopati di nomina regia** per porre sotto il proprio diretto controllo l'organizzazione episcopale e intensificare la persecuzione religiosa. Filippo II immise inoltre uomini di propria fiducia negli Stati provinciali (così erano dette le diciassette assemblee che governavano altrettante province) e negli Stati generali (che rappresentavano invece la sede comune del Parlamento).

In questo dipinto il duca d'Alba, con indosso l'armatura, siede su un trono maestoso, simbolo, insieme allo scettro che tiene in mano, del grande potere di cui è stato investito da Filippo II (come ricorda l'ordinanza che tiene nella mano sinistra). Ai piedi del trono si notano un salvadanaio per la raccolta delle tasse e un crocifisso. Sul baldacchino in alto, accanto allo stemma del duca, sono appesi vari strumenti di tortura. A destra del trono è ritratto il cardinale di Granvelle mentre soffia pensieri malefici nell'orecchio del duca; lo attorniano alcuni nobili la cui fedeltà alla Spagna è rappresentata dai due cani. Sullo schienale del trono si trova un diavolo che porge una corona imperiale allo stesso duca e una tiara papale al cardinale, a ricordare le loro rispettive ambizioni. Al centro, ai piedi del duca, diciassette donne con gli stemmi delle province olandesi sono inginocchiate e incatenate. Dietro di loro, le figure vestite di nero sono i magistrati e gli amministratori delle province: le loro gambe si sono trasformate in colonne e hanno le labbra serrate a simboleggiare la mancanza di libertà. In primissimo piano, alcune carte strappate e un libro aperto rovesciato (presumibilmente una Bibbia protestante) ricordano che il duca d'Alba ha violato alcuni privilegi delle province olandesi e ha calpestato la loro libertà religiosa. A sinistra del trono stanno i membri del Consiglio dei Torbidi, responsabili delle torture e della condanna a morte di migliaia di rivoltosi, come ricordano le scene nelle tre aperture sullo sfondo.

Scuola fiamminga
Allegoria del regno di terrore del duca d'Alba
1627
[Stedelijk Museum 'Het Prinsenhof', Delft]

La rigidità della politica religiosa e il malessere sociale fecero precipitare la situazione. Nel 1566 ad Anversa, Bruges, Tournai, Gand, Ypres e in tanti altri centri le masse popolari – sobillate dai calvinisti – si diedero a **saccheggiare chiese e conventi**, a massacrare preti e monache, ad abbattere le immagini sacre. Il re inviò allora nella regione il migliore dei propri generali, il **duca d'Alba**, il quale eseguì con la massima severità le istruzioni del suo sovrano: punire i rivoltosi, consolidare l'autorità della Corona, eliminare gli eretici, ripristinare la regolarità del prelievo fiscale.
La **rivolta** assunse sempre più i connotati di una **vera e propria guerra** e si colorì di tinte "nazionali": l'oppressione spagnola era riuscita a offuscare le antiche divisioni e le rivalità tra le varie province e a far nascere il sentimento di un loro legame comune contro lo straniero. I ribelli furono ora apertamente appoggiati da quei **nobili**, anche cattolici, che non approvavano i metodi degli spagnoli e li ritenevano un'offesa al proprio popolo e alla propria terra. Dalla loro parte si schierò anche il più prestigioso e ricco tra i nobili dei Paesi Bassi, **Guglielmo I di Nassau**, principe di **Orange** (una città della Francia meridionale nei pressi di Avignone). Con Guglielmo d'Orange i ribelli ebbero quello di cui ancora mancavano: un capo di grande prestigio e abilità, che tenesse in mano le fila della rivolta.

Verso la Repubblica delle Province Unite

Nel 1572 Guglielmo d'Orange fu nominato dai ribelli governatore delle **province del Nord**, ormai praticamente sottratte al dominio spagnolo. Le **province del Sud**, in prevalenza cattoliche, restarono invece sotto il controllo spagnolo.
Il tremendo **saccheggio della città di Anversa** da parte dei soldati spagnoli, inferociti per non aver ricevuto da molti mesi la loro paga, e i massacri che vi si accompagnarono suscitarono in tutti i Paesi Bassi un'ondata di indignazione così grande da accelerare quell'unione tra province del Nord e province meridionali in funzione

ATLANTE 71_ I PAESI BASSI DAL 1579 AL 1648

La cartina mostra la divisione dei Paesi Bassi in seguito alla rivolta contro la dominazione spagnola. La fascia intermedia tra le Province Unite e i Paesi Bassi spagnoli, i cosiddetti Paesi della Generalità, sarà ceduta dal Regno di Spagna alla Repubblica delle Province Unite in occasione della pace di Münster (1648).

antispagnola – **Unione di Gand**, del 1576 – che fu il capolavoro politico di Guglielmo d'Orange.
Soltanto l'abilità del nuovo governatore spagnolo, **Alessandro Farnese**, riuscì a recuperare alla Spagna le province meridionali.
Si giunse così alla spaccatura e nel **1579** i cattolici diedero vita all'**Unione di Arras**, che si contrappose all'**Unione di Utrecht**, protestante, fondata lo stesso anno **[👁 ATLANTE_71]**. Da quest'ultima nacque la Repubblica delle sette Province Unite, indipendente dalla Spagna e destinata a un grande avvenire. Nel 1609 **Maurizio d'Orange**, figlio di Guglielmo, ucciso nel 1584 da un sicario spagnolo, impose alla Spagna e al suo nuovo re Filippo III **[👁 19.8]** una **tregua di dodici anni** che costituiva una sorta di riconoscimento implicito della nuova realtà politica. Il riconoscimento ufficiale infatti sarebbe arrivato solo nel 1648, con la pace di Vestfalia, che pose fine alla guerra dei Trent'anni **[👁 17.7]**.

GUIDA ALLO STUDIO

❶ In base a quali circostanze Filippo II divenne re del Portogallo? ❷ Perché, per Filippo II, era difficile controllare i Paesi Bassi? In che modo tentò di farlo? ❸ Da quali province era composta l'Unione di Gand? E la Repubblica delle Province Unite?

5 Elisabetta I regina d'Inghilterra

▶ 160 DOC
Giovan Carlo Scaramelli
Un ritratto della regina Elisabetta

La rivolta dei Paesi Bassi fece emergere con chiarezza un dato di fondo, che caratterizzava molte società europee: le **spaccature religiose** introdotte dalla Riforma e le reazioni restauratrici della Controriforma cattolica erano diventate il **catalizzatore della lotta politica tra gli Stati o all'interno di essi**. Quale che fosse il motivo originario di uno scontro, di una rivolta, di un contrasto, di uno schieramento, esso finiva quasi subito per assumere un preciso carattere religioso. Ma era vero anche il contrario: gli orientamenti in materia di fede aggregavano essi stessi dissensi di altra natura. Questo dato di fondo della storia europea emerse drammaticamente anche nelle vicende della monarchia inglese.

L'Inghilterra nelle mire di Carlo V

La precoce morte del giovanissimo Edoardo VI scatenò conflitti religiosi in Inghilterra. Salì al trono Maria Tudor, detta **Maria la Cattolica** (1553-58), nata dal matrimonio tra Enrico VIII e Caterina d'Aragona **[👁 14.6]**. L'imperatore Carlo V vide subito la possibilità di **far entrare l'Inghilterra nel sistema imperiale ispano-asburgico** e organizzò il **matrimonio** tra il proprio figlio Filippo, il futuro **Filippo II**, e la nuova regina, che venne celebrato nel 1554 nella cattedrale di Winchester. Di fronte a questa brillante mossa dinastica il **re di Francia Enrico II** nel 1558 fece sposare il proprio figlio quindicenne, il futuro **Francesco II**, con la sedicenne **Maria Stuart** (1542-1587), principessa ereditaria di Scozia. All'alleanza dinastica tra Spagna e Inghilterra si contrappose pertanto quella tra Francia e Scozia.
Maria la Cattolica procedette subito a una sistematica **restaurazione del cattolicesimo**, avvalendosi dei tribunali e del rogo. Morì tuttavia dopo pochi anni di regno, lasciando nel paese un ricordo negativo – la chiamarono Maria la Sanguinaria – e, cosa ancor più grave, lasciando un'impressione indelebile, che associava il cattolicesimo a immagini di persecuzione e di dominio straniero.

L'incoronazione di Elisabetta I e le trame di Filippo II

La nuova sovrana, **Elisabetta I** (1558-1603), era figlia di Enrico VIII e di Anna Bolena. A rigor di termini, i cattolici avrebbero potuto contestare la validità di questa successione, poiché la regina era **figlia di genitori scomunicati** ed era nata da un matrimonio che il papa aveva dichiarato sacrilego. Tutti attendevano la prossima mossa del "cattolicissimo" re di Spagna, ma Filippo II si guardò bene dal contestare la validità della successione al trono inglese; infatti **Maria Stuart**, **futura regina di**

Scozia e moglie di Francesco II, re di Francia dal 1559, era anche la più diretta erede al trono inglese dopo Elisabetta. Se quest'ultima fosse stata spodestata, Maria Stuart avrebbe quindi unito nella sua persona le due Corone e suo marito avrebbe di fatto governato su entrambe le sponde della Manica. Filippo II era talmente convinto di dover scongiurare questa eventualità che chiese persino Elisabetta in moglie. La regina tergiversò e riuscì a eludere la richiesta senza urtare la suscettibilità del sovrano.

PERSONAGGI

Elisabetta I Tudor

Elisabetta Tudor seppe di essere stata designata regina d'Inghilterra mentre leggeva uno dei suoi amati libri sotto una quercia del suo giardino: era il 1558, aveva 25 anni e fino ad allora era vissuta in un'appartata residenza di campagna, dedicandosi agli studi e alla musica. La sua vita era stata subito segnata da una terribile tragedia familiare: a soli tre anni rimase orfana della madre Anna Bolena che, accusata di stregoneria e adulterio e ripudiata dal marito Enrico VIII, fu imprigionata nella Torre di Londra e decapitata all'età di 29 anni. La principessina Elisabetta, qualificata come figlia **illegittima**, fu emarginata. La sua infanzia e la sua adolescenza furono infelici e solitarie, in una condizione familiare anomala e precaria. Suo padre Enrico VIII **[👁 14.6 EVENTI]**, uomo severo, collerico e distante, si sposò altre quattro volte e quasi tutte le nuove mogli mal tollerarono Elisabetta e la sorella Maria, nata dal primo matrimonio del re con Caterina d'Aragona.

Grazie ai favori dell'ultima moglie di Enrico, che ebbe tenerezza per lei e fu colpita dalla sua **vivace intelligenza**, Elisabetta si riavvicinò tuttavia al padre e ricevette un'ottima istruzione. Lo studio era la sua consolazione: conosceva varie lingue, amava leggere, soprattutto i classici latini e greci, e coltivava una grande passione per la calligrafia elegante e ricercata, ricopiando da sé opere intere. Aveva una **conversazione brillante** che incantava chiunque per la sua calda eloquenza, era elegante e **carismatica**: a renderla affascinante erano i capelli fulvi come quelli di suo padre, lo sguardo intenso, la pelle diafana, le mani affusolate e il corpo slanciato. A 21 anni visse una nuova esperienza traumatica: fu **imprigionata nella Torre di Londra da Maria**, diventata regina, con l'accusa di complotto. Protestò la sua innocenza con una lettera accorata e fu liberata dopo due mesi. Le due sorelle si riavvicinarono. Prima di morire, fu proprio Maria a designarla per il trono, ed Elisabetta diventò la nuova regina d'Inghilterra.

Il giorno dell'incoronazione, nel suo primo discorso pubblico, radiosa di felicità, promise con calore agli inglesi in festa: «Userò con voi tanta bontà come mai sovrano ha fatto nei confronti del proprio popolo! [...] Per la sicurezza e la tranquillità di tutti voi non risparmierò, in caso di bisogno, di versare il mio sangue!», e li conquistò subito con la sua personalità prorompente. Pur non essendo stata educata per diventare regina, dimostrò immediatamente di avere idee molto chiare: **Elisabetta voleva la pace e il progresso per il suo regno e i suoi sudditi**, duramente provati da anni molto difficili. Determinata, astuta, prudente e capace di spaventevoli collere e trascinanti entusiasmi, seppe muoversi con sagacia negli equilibri europei proiettando l'Inghilterra verso il benessere, l'espansione coloniale, la tolleranza religiosa e soprattutto l'indipendenza dalle altre potenze. Aveva ereditato il tratto deciso ed energico del padre e, nell'ombra, aveva imparato molto dagli errori di Maria Tudor, che si era procurata l'odio del popolo per il suo fanatismo aggressivo e per aver sposato Filippo II, re dell'odiata Spagna. In un'epoca in cui i destini degli Stati europei erano intrecciati da complicate politiche matrimoniali, e le donne diventavano spesso pedine di scambio, Elisabetta scelse di non sposarsi. Forse sapeva di non poter avere figli e preferì non essere limitata nell'esercizio dei suoi poteri dall'ingombrante presenza di un marito; forse anche i suoi tristi trascorsi familiari ebbero un peso in una decisione così delicata.

Nei suoi 45 anni di regno, l'Inghilterra divenne una potenza di primo piano sulla scena europea e conobbe una fioritura culturale senza precedenti. Donna **colta e raffinata**, Elisabetta incoraggiò e tutelò ogni forma di espressione artistica, dal teatro alla poesia, dalla musica alla filosofia, e ben presto si concentrarono a Londra ingegni straordinari che segnarono la cosiddetta **"età elisabettiana"**, splendente di tesori artistici stupefacenti. E ciascuno di loro, con i versi, le parole e i canti, celebrò la magnanima sovrana, contribuendo a rafforzare quel **culto della sua personalità** che ella tenacemente andava suscitando intorno a sé. La sua solitudine completa, priva di marito e di figli, si trasfigurò in **simbolo di superiorità sovrumana**, perfezione e dedizione totale al suo paese e al suo popolo. Cristallizzata nel mito della propria eccezionalità, la figura della regina assimilò le caratteristiche di grandi personaggi femminili verginali della storia e della leggenda.

Strumenti eccellenti di questa propaganda furono la ritrattistica di corte e l'abbigliamento e gli accessori di cui si adornava nelle sue apparizioni pubbliche. «Noi principi – diceva Elisabetta – ci troviamo su un palcoscenico, sotto lo sguardo del mondo intero. Molti occhi vedono ciò che facciamo: una macchia sulle nostre vesti viene subito notata, un difetto nei nostri gesti viene immediatamente rilevato»: la straordinaria ricchezza di capi sontuosi e magnifici di cui era composto il suo guardaroba, le complicate acconciature, i meravigliosi gioielli, il trucco calibratissimo per esaltare i capelli fulvi e il candore della carnagione, i dettagli ricercati da gran dama come i ricchi collari, i delicati ventagli e i guanti raffinati cesellavano la **figura di una donna al di sopra del tempo e delle contingenze**, chiusa nel suo compito di vegliare sul suo popolo, solenne e ieratica, quasi soprannaturale, e sempre uguale a sé stessa. Non c'era sorriso nei suoi ritratti, neanche in quelli che celebrarono la memorabile vittoria sull'Invincibile Armata: Elisabetta appare sempre seria, distaccata dalle banali emozioni terrene, concentrata in una missione grande e superiore.

I ritratti della regina ebbero un'immensa diffusione: erano in quasi ogni casa inglese, con il loro messaggio simbolico e propagandistico. Lo scopo era raggiunto, ma con il passare del tempo Elisabetta divenne prigioniera del suo mito: quando il suo corpo iniziò a invecchiare e a non corrispondere più alla sua immagine ufficiale la regina si ostinò a perpetuare nei dipinti la sua eterna giovinezza, fingendo una pelle candida e levigata e continuando a esibire

Lo stesso comportamento fu da lei adottato nei confronti di tutti gli altri pretendenti – principi di Francia, di Svezia, di Germania – che restarono per anni in attesa di una sua scelta. Sapendo forse di non poter avere figli, Elisabetta evitò di associarsi al trono un inutile marito; si circondò invece di ottimi consiglieri devoti e competenti. L'**abilità diplomatica** di Elisabetta non aveva limiti: grande conversatrice, sapeva come tenere in scacco l'interlocutore; astuta e intuitiva, faceva di una certa civetteria femminile, della vanità e del capriccio uno schermo che rendeva imprevedibili le

costumi e gioielli sfarzosi. Con il passare del tempo diventò fragile, soffriva di depressione e di terribili emicranie, vedeva poco. Negli ultimi anni cominciò a sentirsi superata, finita. Vedeva i suoi cortigiani scrivere a Giacomo Stuart, il suo successore, per ingraziarselo, e commentava con tristezza: *Mortua sed non sepulta* ('Morta ma non sepolta'). Nel 1601, due anni prima della morte, l'ultima, dolorosa delusione: la regina scoprì che il **giovane conte di Essex**, suo favorito, congiurava contro di lei, e lo fece giustiziare.

Fu allora che Elisabetta **si ritirò dalla vita pubblica** e pronunciò il suo ultimo discorso in Parlamento, tracciando un bilancio amaro dei suoi anni di regno – «Essere un re e portare una corona è cosa più gloriosa per chi l'osserva che piacevole per chi la vive» –, ma ribadendo con la sua coinvolgente eloquenza l'amore grande per l'Inghilterra e il suo popolo: «Non siederà mai regina sul mio trono con più zelo verso il paese e attenzione per i sudditi e più pronta a sacrificare di buon grado la propria vita per il vostro bene e la vostra sicurezza». Era la regnante più anziana d'Europa, sopravvissuta a tanti amici e nemici. Sprofondò nell'inerzia e nella depressione: sapeva che **con lei finiva la dinastia Tudor** e che l'Inghilterra sarebbe tornata nelle mani dei rivali Stuart con Giacomo, figlio di sua cugina Maria, la regina cattolica di Scozia che aspirava al trono inglese e che era stata da lei neutralizzata con una prigionia durata vent'anni e conclusasi, nel 1587, con una condanna alla decapitazione.

Elisabetta fu sepolta nell'abbazia di Westminster, accanto alla sorella Maria. La sua morte suscitò commozione e rimpianto: «Piangi, piccola isola – recitava una ballata popolare – piangi, piccolo mondo, per la grande Elisabetta…».

Marcus Gheeraerts il Giovane
Il ritratto «Ditchley» di Elizabetta I
1590 ca.
[National Portrait Gallery, Londra]

PERSONAGGI

sue rapide decisioni, quasi sempre lucide e fredde. Per gli inglesi, Elisabetta divenne un mito: sotto il suo lunghissimo regno – quasi mezzo secolo – l'**Inghilterra** si trasformò in una **potenza di prima grandezza**, gettò le premesse del suo gigantesco impero coloniale, attraversò un periodo di prosperità economica e di rigoglio culturale [👁 16.7 STORIA•SOCIETÀ•CITTADINANZA].

La politica religiosa di Elisabetta Elisabetta comprese che i suoi sudditi avevano soprattutto bisogno di pace e cercò di evitare, nei limiti del possibile, il riaccendersi dei contrasti religiosi. Protettrice delle arti e delle scienze, detestava con tutte le forze il fanatismo religioso, da qualsiasi parte provenisse. Non era una protestante fervente ma, un po' per la sua origine familiare, un po' per la rivalità che la opponeva al trono cattolico di Scozia, un po' per svincolare il suo paese dalle oppressive attenzioni della monarchia spagnola e del papato, Elisabetta orientò il paese verso il protestantesimo, contando sul fatto che il cattolicesimo inglese, privo di sostegni finanziari e politici, si sarebbe gradualmente estinto. Per mezzo della cosiddetta **Legge di supremazia** si fece nominare «suprema reggente delle cose sacre e profane», ristabilendo così l'autorità della Corona sul clero, e per mezzo della **Legge di uniformità** ripristinò il *Book of Common Prayer* di Edoardo VI [👁 14.6]. I 39 articoli di fede, introdotti nel 1571, accentuarono la scelta calvinista

La regina Elisabetta I sul carro dorato della Fama
1570
[British Library, Londra]
Elisabetta I fu ossessionata dalla sua immagine pubblica e si impegnò perché i suoi sudditi la vedessero come una regina potente ma ligia al suo dovere verso il popolo. La cura del suo aspetto e la partecipazione a eventi pubblici di vario genere giocarono un ruolo importante nella creazione di questa reputazione. L'immagine tratta da un manoscritto a lei dedicato, che ritrae Elisabetta I su un carro dorato in una processione aperta dagli squilli di tromba della Fama, è un buon esempio di propaganda reale.

della Chiesa anglicana, che mantenne tuttavia la propria organizzazione episcopale (ossia fondata sulla gerarchia vescovile). Per attuare la sua riforma, la regina ostacolò con fermezza le frange più radicali del calvinismo, prima fra tutte quella dei **puritani**, così chiamati perché chiedevano, tra le altre cose, un'attuazione pura e integrale dei princìpi protestanti. Lasciate libere di agire, esse avrebbero certamente portato il paese alla guerra civile.

Intanto, nel 1567, era naufragato in una vicenda passionale il trono di Scozia: il secondo marito di Maria Stuart, Lord Darnley, fu assassinato (il re di Francia, Francesco II, era morto precocemente a diciassette anni) e i sospetti sulla complicità della regina (che poi sposò l'assassino) si fecero seri. Maria Stuart era la rivale di Elisabetta, tanto più che dal punto di vista dinastico ne era l'erede diretta. Così, dopo l'assassinio, abbandonata dal popolo e aggredita da una rivolta dei Lords protestanti, la cattolica regina di Scozia fu costretta ad abdicare in favore del figlio **Giacomo** e a riparare in Inghilterra, proprio tra le braccia della sua principale nemica, Elisabetta, che la rinchiuse in una prigione dorata.

GUIDA ALLO STUDIO

❶ Perché Maria Tudor fu ricordata come Maria la Sanguinaria? ❷ Perché la regina Elisabetta d'Inghilterra non si sposò mai? ❸ Quale fu la politica religiosa di Elisabetta? ❹ Chi erano i puritani?

6 La spinta alla modernizzazione del paese

Paragonata alla Spagna o alla Francia, l'Inghilterra era ancora una potenza di secondo piano: la Corona non aveva quelle strutture fiscali e quell'ampia possibilità di riscuotere tributi che era tipica delle grandi monarchie moderne, anche per l'importanza che rivestiva nel paese il Parlamento. Di conseguenza, il suo esercito e la sua flotta non erano in grado di sostenere confronti gravosi. Elisabetta affrontò la situazione rivelandosi un'ottima amministratrice. Sotto la guida del suo consigliere Thomas Gresham, la regina intraprese infatti una politica di modernizzazione dell'apparato politico e produttivo del paese.

Sul **piano politico** tentò di rafforzare il potere della monarchia attirando a corte la nobiltà, favorendo la competizione nelle sue file al fine di ottenere uffici e favori, sradicandola dalla propria terra e minacciando così le basi di un suo autonomo potere.

L'impulso al cambiamento in economia

Sul piano economico e tecnologico ancora alla fine del '400 l'Inghilterra era un paese "sottosviluppato" in confronto al livello raggiunto dall'Italia, dai Paesi Bassi, dalla Francia, dalla Germania meridionale. La tradizionale ricchezza del paese era la **lana**, che veniva esportata prevalentemente grezza per essere lavorata nelle industrie del continente. Sul finire del '300 aveva assunto però maggiore consistenza la lavorazione locale della materia prima e il passaggio dallo stadio di paese "sottosviluppato" (in rapporto ai livelli dell'epoca), che esportava quasi esclusivamente materie prime, a quello di paese economicamente avanzato, che esporta manufatti, ebbe un'ulteriore accelerazione nel corso del '500. Lo sviluppo della produzione tessile in Inghilterra stimolò la **trasformazione delle colture** e vasti terreni arativi furono convertiti in pascoli per l'allevamento delle pecore. Un notevole slancio ebbe anche l'**industria del ferro**. L'**aumento delle esportazioni** provocò un aumento delle importazioni e il livello di vita della popolazione ne trasse giovamento. Sotto Elisabetta l'Inghilterra divenne dunque un paese molto diverso da quello di un secolo prima: evoluto, dinamico, in grado di competere con i paesi più avanzati del continente. Altre produzioni si aggiunsero a quelle tradizionali: **artigiani protestanti provenienti dai Paesi Bassi e**

Focus
La caccia alle balene

ONLINE

dalla Francia si trasferirono numerosi in Inghilterra per sfuggire alle persecuzioni religiose e vi impiantarono nuove attività, come l'industria del vetro, degli orologi, della seta.

I pescatori inglesi, inoltre, si spingevano con sempre maggiore dinamismo nei mari freddi, soppiantando gradualmente le popolazioni nordiche e i baschi in attività lucrose come la **caccia alle balene**, che rappresentò un'attività significativa nell'acquisizione delle risorse oceaniche da parte degli europei.

Le navi corsare e le compagnie commerciali inglesi

Sotto Elisabetta le risorse dell'Inghilterra furono alimentate anche in modo spregiudicato: navi corsare [👁 3.7] inglesi guidate da celebri avventurieri come **Francis Drake** e **John Hawkins** battevano l'**Oceano Atlantico** assalendo i convogli spagnoli carichi di merci e di metalli preziosi e ritornavano in patria colme di bottino, oppure trasportavano nelle Antille **schiavi neri** catturati in Guinea. Ufficialmente questi corsari agivano per proprio conto, ma nella realtà ricevevano un'autorizzazione dalla regina, che traeva grande profitto dalla loro attività.

Quegli avventurieri e corsari erano anche grandi **esploratori**: alla metà del secolo, infatti, alcuni navigatori inglesi impegnati nella ricerca di un passaggio a nord-est

◀ **Ritratto di sir Francis Drake**
[National Portrait Gallery, Londra]

▶ Nicola van Sype
L'impresa di sir Draeck attorno alla Terra
1583
[The Kraus Collection of Sir Francis Drake, Library of Congress, Washington]

Il celebre corsaro inglese fu insignito del titolo di Sir dalla regina Elisabetta I per le ingenti ricchezze che procurò alla corona, grazie alle sue «guerre di corsa», cioè il contrabbando e la pirateria ai danni della Spagna. Al contrario dei pirati che rubavano per proprio conto, i corsari lo facevano per conto del sovrano dal quale ottenevano una sorta di permesso. Alcuni corsari furono abili esploratori: in questo ritratto, l'eroe elisabettiano Francis Drake poggia fiero la mano destra sul globo terrestre, che circumnavigò tra il 1577 e il 1580, con la sua nave Golden Hind. Partito dallo Stretto di Magellano, risalì fino alle coste dell'America settentrionale dove fondò la colonia di Nuova Albione, nell'attuale Oregon.

verso l'**Oceano Indiano** doppiarono **Capo Nord**, entrando in contatto con lo zar russo; altri invece, alla fine del secolo, sbarcarono in America, dando avvio alla colonizzazione inglese.

Durante il Medioevo l'Inghilterra era stata ai margini delle due principali zone di traffico, il Baltico, dominato dalle città della Hansa, e il Mediterraneo, dominato dalle città italiane **[👁 3.5]**. La **conquista delle rotte oceaniche** conferì invece all'isola una posizione di primo piano nelle vie di navigazione mondiali, mentre i suoi porti, numerosi, ben protetti e sempre liberi dai ghiacci diventavano tra i più attrezzati del mondo. Sotto il regno di Elisabetta, la vocazione marinara e commerciale dell'Inghilterra si accentuò: nel 1555 era stata fondata la **Compagnia della Moscovia**, che deteneva il monopolio dei traffici con gli immensi territori della Russia; nel 1584 fu fondata la **Compagnia del Levante**, che cercò di sfruttare a vantaggio dell'Inghilterra la rivalità tra spagnoli e turchi, acquisendo nuovi spazi commerciali; nel 1600 fu la volta della **Compagnia delle Indie orientali**, destinata a un grande avvenire, che fondò subito sulle coste dell'India alcune postazioni commerciali.

GUIDA ALLO STUDIO

❶ In che modo Elisabetta cercò di rafforzare il potere della monarchia? ❷ Quali erano i settori tradizionali e quelli emergenti dell'economia inglese nel '500? ❸ Chi erano Francis Drake e John Hawkins? ❹ Quali compagnie commerciali inglesi furono fondate nel '500?

Letteratura e Storia
Romeo e Giulietta di Shakespeare
Focus
Teatro e società

ONLINE

7 La guerra tra Spagna e Inghilterra

Le manovre cattoliche e la decapitazione di Maria Stuart

Mentre l'Inghilterra si rafforzava economicamente, s'infittivano le manovre cattoliche per abbattere Elisabetta a favore di Maria Stuart che, benché prigioniera, era diventata il vessillo della Chiesa cattolica. Le trame e le manovre facevano tutte capo a Maria, che da parte sua non aveva mai rinunciato all'idea d'insediarsi sul trono inglese. I torbidi intrighi, le inaudite crudeltà, le sanguinose congiure che caratterizzavano le vicende dinastiche inglesi trovarono una superba eco letteraria nelle tragedie del grande drammaturgo elisabettiano **William Shakespeare** (1564-1616). Intanto, i missionari gesuiti e gli agenti segreti inviati dal papa e dal re di Spagna in Inghilterra (i primi per riconquistare i sudditi inglesi alla fede cattolica, i secondi per provocare sommosse) si resero attivi anche in **Irlanda**, dove il cattolicesimo era saldamente radicato, e con esso un tenace spirito di resistenza allo straniero.

Per queste ragioni l'odio degli inglesi contro Roma e la Spagna cresceva di giorno in giorno: si scatenò la **persecuzione** e centinaia di **cattolici**, in gran parte missionari, furono torturati e mandati al rogo, con metodi analoghi a quelli dell'Inquisizione cattolica. Nel **1579-81** una **rivolta esplosa in Irlanda** fu stroncata dagli inglesi con una durezza impressionante. Si calcola che in quegli anni morirono circa 30 mila irlandesi. Dal canto loro, il popolo inglese e vasti settori della corte chiedevano a gran voce la morte di Maria Stuart, soprattutto dopo la scoperta di un'ennesima cospirazione, più grave delle precedenti. Elisabetta esitò a lungo prima di far eseguire la sentenza – **l'esecuzione di una regina era un fatto senza precedenti** – ma alla fine si piegò alla volontà dei più: la testa di Maria Stuart rotolò sul patibolo nel **1587**. Il popolo di Londra festeggiò la notizia per una settimana, mentre nel mondo cattolico la morte eroica di Maria – aveva serenamente dichiarato davanti al carnefice di morire martire per la propria fede – suscitava commozione e orrore.

La guerra

A questo punto la guerra tra **Inghilterra e Spagna** divenne inevitabile e i due contendenti l'affrontarono come un dovere cui era impossibile sottrarsi. Filippo II decise dunque di sferrare un attacco diretto all'Inghilterra. L'impresa era ardua per l'efficienza della flotta inglese, la difficoltà di sbarcare nell'isola, la pericolosità dei mari che la circondavano, ma **la posta in**

Francois Clouet
Ritratto di Maria Stuart regina di Scozia
1558-60
[Royal Collection, Regno Unito]

gioco era altissima: se Filippo avesse vinto, il predominio spagnolo in Europa occidentale non avrebbe avuto più rivali e la religione cattolica avrebbe trionfato. La Controriforma, del cui spirito Filippo si sentiva interprete, indicava infatti chiaramente nell'Inghilterra il principale nemico da battere e nelle stesse esplicite **motivazioni del papato** la lotta contro l'Inghilterra aveva ormai preso il posto della crociata contro i turchi.

La spedizione fu preparata in grande stile e poté contare su una flotta di dimensioni enormi: 130 navi, 30 mila uomini, 2400 pezzi di artiglieria. In base alla strategia spagnola, altri 30 mila soldati di stanza nei Paesi Bassi, agli ordini di Alessandro Farnese, avrebbero dovuto attraversare la Manica non appena la flotta spagnola – l'**Invincibile Armata**, come la si chiamò – se ne fosse impadronita.

Nel **luglio del 1588** la flotta spagnola entrò infine nella Manica, sventolando stendardi con le immagini della Madonna e del crocifisso, e si trovò di fronte le navi inglesi.

ATLANTE 72_L'INGHILTERRA NELL'ETÀ DI ELISABETTA I (1558-1603)

Il grande destino dell'Inghilterra moderna si crea in gran parte durante il regno di Elisabetta. Crescita economica, consolidamento politico, sviluppo culturale: in ogni campo l'Inghilterra elisabettiana riduce le distanze che la separano dagli altri grandi paesi europei. Determinante fu la saggia decisione della regina di non invischiare il proprio paese in avventure militari dispendiose e pericolose.

Fu una battaglia navale cruciale e soprattutto la prima battaglia navale interamente combattuta con l'artiglieria. La **tattica spagnola**, collaudata contro i turchi, era tradizionale: i pesanti galeoni, robusti ma difficili da manovrare, avevano un'artiglieria adatta al tiro ravvicinato, che preparava le scariche di fucileria, lo speronamento, l'arrembaggio all'arma bianca [👁 ATLANTE_**72**]. La **tattica inglese** si basava invece su navi più agili, armate con cannoni di lunga gittata che cercavano di affondare le imbarcazioni nemiche a distanza.

Di fronte a questo modo nuovo di combattere, gli spagnoli si trovarono imprepara-

EVENTI

La distruzione dell'Invincibile Armata

Alcune battaglie segnano il corso della storia: quella tra l'Invincibile Armata spagnola e la flotta inglese, svoltasi nelle acque della Manica nell'estate del 1588, è tra queste. Il suo epilogo lanciò l'Inghilterra verso una straordinaria ascesa e sancì l'inizio del declino della potenza spagnola. Eppure fu una battaglia anomala, decisa non tanto dall'abilità militare quanto dalla situazione meteorologica.

La cattolica **Spagna** era all'apice del suo splendore: aveva circa 10 milioni di abitanti, governava l'Italia meridionale, il Ducato di Milano, le Fiandre e controllava Messico, Perù, Antille, Venezuela. Quando Filippo II divenne nel 1581 re del Portogallo, la Spagna assunse il controllo del Brasile e delle colonie portoghesi d'Africa e Asia, insediandosi nelle Filippine (che presero il loro nome proprio da quello del re spagnolo) e fondando la colonia della Florida. L'**Inghilterra** di Elisabetta, con i suoi 4 milioni di abitanti, si stava invece faticosamente riprendendo dopo le guerre interne che l'avevano dilaniata nei secoli precedenti.

Per alcuni anni **Filippo** ed **Elisabetta** avevano avuto rapporti sereni: dal 1554 al 1558 erano stati cognati, avendo Filippo sposato Maria la Cattolica, sorellastra della protestante Elisabetta e regina prima di lei. Rimasto vedovo, il re chiese alla cognata di sposarlo per non spezzare il legame tra Spagna e Inghilterra ma ne ebbe un rifiuto, che tuttavia non intaccò i loro buoni rapporti. Negli anni seguenti però gli interessi dei due paesi si scontrarono in modo sempre più evidente: il conflitto tra le loro **opposte scelte religiose** fu aggravato dalla **politica anticattolica e antispagnola intrapresa da Elisabetta**. Restauratrice del protestantesimo dopo la parentesi cattolica del regno di Maria e scomunicata da papa Pio V nel 1570, la nuova regina sostenne i ribelli protestanti delle Fiandre controllate da Filippo e mise in atto una **guerra "di corsa"** contro la Spagna, alleata del papa: protagonisti ne erano i corsari che, diversamente dai pirati che praticavano la rapina indiscriminata, erano autorizzati dai loro sovrani ad attaccare e derubare le navi nemiche (diffusa fin dal XII secolo, la guerra di corsa fu proibita dalle potenze europee nel Trattato di Parigi del 1856). I corsari di Elisabetta depredavano le navi spagnole cariche di merci e ricchezze ricavate dalle attività coloniali e metà del bottino confluiva nelle casse dello Stato.

Artefici di queste ardite scorribande erano **John Hawkins**, nominato cavaliere da Elisabetta per la sua abilità come trafficante di schiavi dall'Africa al Nuovo Mondo, e **Francis Drake**, che odiava spagnoli e cattolici (suo padre, che si era rifiutato di abiurare al protestantesimo, fu perseguitato dalla regina Maria).

Dopo il grande viaggio per mare dei fratelli veneziani Caboto al servizio del re Enrico VII Tudor, che portò alla scoperta del Nord America nel 1497, l'Inghilterra aveva interrotto le **esplorazioni transoceaniche [👁 12.4]**. Drake, inviato da Elisabetta, riuscì a ripetere tra il 1577 e il 1580 la pericolosa circumnavigazione del globo già intrapresa da Magellano (1519-22) e mai più tentata da altri. La traversata fu un'ulteriore occasione per depredare le navi spagnole. Elisabetta, dopo questa straordinaria impresa, insignì Drake del titolo di *Sir* e si assicurò nuove enormi ricchezze. L'orgoglio e l'euforia degli inglesi erano all'apice.

Gli spagnoli odiavano Drake per le sue imprese spettacolari e fortunate e lo consideravano una specie di demonio. Nel 1587, intuendo che l'offensiva spagnola fosse imminente, il corsaro assaltò temerariamente le coste del regno di Filippo, incendiando 32 navi spagnole a Cadice e 24 a Lisbona e distruggendo le riserve di legno stagionato da cui i marinai spagnoli ricavavano i contenitori per le provviste. Qualche mese prima Elisabetta aveva fatto decapitare Maria Stuart. Filippo non poteva più stare a guardare: decise di attaccare l'Inghilterra.

Definì un piano con due eroi della battaglia di Lepanto (1571; 👁 **16.4** EVENTI), il marchese di Santa Cruz e il duca **Alessandro Farnese** di Parma, condottiero e governatore delle Fiandre per conto della Spagna: un'ingente flotta, detta Invincibile Armata, con 130 navi, 30 mila uomini e 4000 marinai, sarebbe partita da Lisbona per raggiungere le coste d'Inghilterra; intanto, nei Paesi Bassi Alessandro Farnese si sarebbe posto a capo di altri 30 mila soldati, pronto a intervenire. L'obiettivo era di **invadere l'isola ed espugnare Londra**. La conquista, quindi, non era affidata alle battaglie navali, rischiose per via dell'eccellenza della marina inglese: la partita decisiva si sarebbe condotta a terra. Poco dopo però il marchese, che avrebbe dovuto dirigere la flotta, morì e il re lo sostituì con il **duca di Medina Sidonia**, non abbastanza esperto per un ruolo così cruciale.

Filippo era molto fiero della sua Invincibile Armata, mai sconfitta da più di un secolo: fece pubblicare e distribuire a Roma, Parigi e Amsterdam degli opuscoli che ne magnificavano l'imponenza e la forza. Ma ora la realtà era ben diversa. L'**equipaggio**, decimato dalle epidemie e dalle diserzioni favorite dalla lunga attesa (la partenza fu rimandata per ben tre volte: prima per l'attacco di Drake a Cadice e Lisbona, poi per la morte del marchese, infine per una bufera), era composto anche di contadini inesperti, detenuti scarcerati, ammalati prelevati dagli ospedali. I **viveri**, requisiti dalle case dei cittadini

ti e subirono gravi perdite. Decisiva fu però l'inclemenza del tempo: sorprese da una violenta tempesta e prive di porti dove riparare, le navi superstiti dell'Invincibile Armata – 56 su 130 – fecero mestamente ritorno in Spagna. Crollava così il sogno di Filippo II: il protestantesimo restava saldamente radicato in Inghilterra e nelle Province Unite dei Paesi Bassi. I calvinisti olandesi coniarono medaglie con la scritta **«Iddio soffiò e furono dispersi»**.

GUIDA ALLO STUDIO

❶ Quale scenario politico faceva da "sfondo" a molte opere di William Shakespeare? ❷ Descrivi la situazione dell'Irlanda durante il regno di Elisabetta. ❸ Quali ragioni spinsero Filippo II alla guerra contro gli inglesi? ❹ Racconta la disfatta dell'Invincibile Armata nel 1588.

(ispettore incaricato era Cervantes, il futuro autore del *Don Chisciotte*), dopo che Drake aveva distrutto le riserve di legno stagionato, erano conservati in barili di legno giovane in cui rischiavano il deterioramento. Inoltre a sostenere l'Inghilterra c'era una piccola **flotta olandese lungo le coste delle Fiandre**, con il compito di impedire l'imbarco delle truppe di Alessandro Farnese.

Il duca di Medina Sidonia espose la situazione a Filippo invitandolo a rinunciare ma il re fu irremovibile: per lui questa guerra aveva il valore di una crociata. Prima di partire i marinai spagnoli presero la comunione in una solenne cerimonia in cattedrale; con loro viaggiavano 200 sacerdoti per le messe e le preghiere quotidiane. «Lo scopo della nostra spedizione – dichiarò Filippo – è restituire alla Chiesa terre ora oppresse dai nemici della vera fede. [...] Dio accompagnerà le nostre gesta».

Le due flotte si cimentarono solo in qualche scontro nelle acque della Manica a fine luglio. Quando Drake fu avvertito dell'arrivo del nemico stava giocando a bocce e disse: «Ho tutto il tempo di finire la partita e vincere la battaglia». Le agili navi inglesi – grazie all'impiego della colubrina, cannone dotato di maggiore gittata, e dei brulotti, imbarcazioni senza equipaggio lanciate con un carico di esplosivo contro il nemico – si tennero a debita distanza dai pesanti galeoni spagnoli, impedendo loro di praticare la collaudata tecnica dell'abbordaggio e dei combattimenti corpo a corpo, in cui eccellevano.

Le navi spagnole avevano nomi come *Santa Maria delle Grazie* e *Nostra Signora del Rosario*, quelle inglesi portavano nomi come *Senza Paura*, *Toro*, *Tigre*; anche in questi particolari sta il senso di una lotta tra due mondi diversi, affrontata con stati d'animo diversi.

Il 9 agosto Elisabetta rivolse ai suoi soldati un **discorso memorabile**: «So di possedere il corpo debole e fragile di una donna ma ho il cuore e lo stomaco di un re, e di un re d'Inghilterra per giunta, e provo orrore al pensiero che Parma o la Spagna o qualsiasi principe d'Europa osi invadere il mio regno. Io stessa sarò il vostro generale». Ma non fu necessario: **lo sbarco non avvenne mai**. L'Invincibile Armata non riuscì neanche a raggiungere le truppe comandate dal Farnese, ostacolata dal forte vento e dalla piccola flotta olandese all'ingresso delle Fiandre. Il piano era fallito.

Stremati dalla fatica e dalla fame per via delle provviste ormai immangiabili, gli spagnoli decisero di ritirarsi, ma il vento e la corrente del golfo, sconosciuta all'epoca, li spingevano a nord, verso il mare aperto. Circumnavigarono le coste britanniche, ma una serie di furiose tempeste fece schiantare un terzo della flotta contro le alte scogliere scozzesi e distrusse 65 navi, contro le 8 abbattute dagli inglesi.

La **disfatta dell'Invincibile Armata** divenne lo sfondo di uno dei tanti ritratti di Elisabetta: simbolicamente, la sua mano destra era ben salda sul globo terrestre.

Lo scontro tra la flotta inglese e l'Invincibile Armata
[National Maritime Museum, Greenwich, Londra]

EVENTI

STORIA • SOCIETÀ • CITTADINANZA

Monarchie al femminile

Nella storia delle monarchie europee vi sono state molte figure femminili, ma alcune più di altre hanno lasciato un segno nella storia del vecchio continente, per le loro capacità di governo e per il carisma e il fascino che hanno esercitato sui propri sudditi.
In Spagna, **Isabella I di Castiglia**, detta la Cattolica (1451-1504), lasciò un'impronta profonda nel suo paese regnando al fianco di Ferdinando II d'Aragona. Fervente cattolica, Isabella fece della religione un formidabile strumento di controllo e di repressione (si pensi alla politica ostile ai musulmani e agli ebrei): durante il suo regno l'Inquisizione diventò direttamente dipendente dalla corona e qualche anno dopo fu introdotta anche in Aragona, sotto il controllo del suo consorte. Oltre all'avvio del processo di unificazione dei diversi regni di Spagna, l'operazione politica più importante di Isabella fu senza dubbio l'appoggio finanziario concesso al navigatore genovese Cristoforo Colombo (1451-1506), che chiedeva denaro e mezzi utili per realizzare la sua impresa: la ricerca della via navigabile più breve per le Indie. La decisione di Isabella di sostenere Colombo fu il frutto di un preciso calcolo politico: da un lato la regina confidava nel successo della spedizione che, a fronte di un investimento relativamente esiguo, avrebbe potuto fruttare moltissimo, dall'altro voleva evitare che il navigatore si rivolgesse alle potenze europee rivali. La storia diede ragione a Isabella, dato che la scoperta del continente americano nel 1492 portò all'acquisizione di immense ricchezze.
In Inghilterra, dove i casi di successione femminile sono stati numerosi, le regine hanno avuto dignità e consenso pari o superiori a quelli dei re. **Elisabetta I** (1533-1603), ad esempio, regnò sull'Inghilterra per quarantacinque anni e fu una delle figure politiche più influenti del suo tempo. Salita al trono nel 1558, si mostrò all'altezza del suo compito, governando con una risolutezza e una fermezza che a molti ricordavano quelle di suo padre Enrico VIII (1491-1547). Il fascino che emanava e l'ammirazione di cui Elisabetta godeva derivavano non soltanto dalle sue apprezzate capacità di governo, che portarono l'Inghilterra tra le grandi potenze del tempo, ma anche da una sapiente opera di **costruzione della sua immagine**. Era definita la «Regina Vergine», perché lei stessa aveva deciso di non sposarsi, preferendo piuttosto essere considerata sposa dell'Inghilterra, la patria alla quale dedicò tutta la sua vita.
Secoli dopo, anche la **regina Vittoria** (1819-1901), che regnò per ben sessantatré anni, fu molto amata dai sudditi, così come **Elisabetta II**, che salita al trono nel 1952 è tuttora regina d'Inghilterra. Nonostante le sue competenze strettamente politiche e il suo potere decisionale siano ridotti, perché diventati nel corso della storia inglese prerogativa del Primo ministro e del Parlamento, la regina, oltre ad essere il simbolo dell'unità del popolo britannico, svolge ancora oggi importanti funzioni di governo.
Malgrado la presenza sul trono di sovrane sia stata, nella storia europea, un evento consueto, vi sono anche rilevanti eccezioni. Infatti, la Francia, l'Impero asburgico, la maggior parte dei principati tedeschi e la monarchia sabauda in Italia, per secoli hanno seguito in materia di successione la cosiddetta **Legge salica**, in origine un complesso di norme elaborate dal popolo dei Franchi Salii (abitanti del territorio corrispondente agli attuali Paesi Bassi) alla fine del V secolo. Tra le disposizioni contenute in questo sistema di leggi, ve n'era una che vietava alle donne di ereditare le terre saliche. In realtà questa norma rimase relegata presso il popolo salico e non fu applicata altrove per diversi secoli. Fece la sua ricomparsa nel **Medioevo**, quando fu ripresa in **Francia** da Filippo V (1293-1322), che se ne servì per usurpare il trono legittimamente assegnato a Giovanna II di Navarra, sua nipote. Da quel momento il riferimento a questa legge diventò una consuetudine, fino a consolidarsi non solo in Francia, ma anche in altri paesi europei.
L'uso di questa legge è sopravvissuto per secoli: lo Statuto Albertino (promulgato dal Regno di Sardegna nel 1848 e recepito dal Regno d'Italia nel 1861) prevedeva, all'art. 2, comma 2, un esplicito riferimento alla Legge salica («Il trono è ereditato secondo la legge salica»), che è rimasta in vigore fino alla sostituzione della monarchia con la repubblica (1946). La successione avveniva per primogenitura maschile ed era regolata da una serie di atti che stabilivano in modo preciso anche i criteri da seguire nelle scelte matrimoniali degli eredi al trono: i matrimoni potevano avvenire solo tra pari e previa approvazione del ca-

SINTESI

1 L'Impero di Filippo II

Personaggio tormentato e di austera moralità, espertissimo in questioni amministrative, Filippo II portò nell'azione di governo una prudenza che spesso si risolveva in lentezza eccessiva, dando ai suoi contemporanei l'impressione che la Spagna fosse un colosso incapace di restare al passo coi tempi. Nel XVI secolo la circolazione delle lettere, delle merci, degli uomini era lentissima, soggetta a molti imprevisti e assai costosa.
Se questa era una situazione generale, comportava però problemi particolarmente gravi per Filippo II, che dal centro della Spagna (ove aveva posto la sede del governo, a Madrid) doveva governare territori vasti e lontani: dai Paesi Bassi al Portogallo, dall'Italia alle Americhe.

2 Burocrazia e sistema economico spagnoli

La Spagna di Filippo II era lo Stato più dispotico d'Europa e il sovrano aveva una forte autorità anche sulla Chiesa cattolica.
I Consigli che affiancavano la corte prefiguravano i ministeri di uno Stato moderno; a essi corrispondeva un enorme corpo di funzionari, reclutati attraverso la vendita delle cariche, consuetudine che produsse una corruzione diffusa. La medesima struttura burocratica fu trapiantata nelle colonie americane.
Dopo il 1560 affluirono in Spagna, dall'America, ingenti quantità di oro e argento: questa enorme ricchezza non fu utilizzata per promuovere lo sviluppo economico del paese e finì anzi con l'avere conseguenze negative. Ciò dipese dall'inadeguatezza dell'economia spagnola sia nel settore manifatturiero che in quello agricolo e dai forti pregiudizi spagnoli nei confronti delle attività imprenditoriali.

3 Contro turchi e pirati nel Mediterraneo

Lo scontro tra cristiani e musulmani nel Mediterraneo si riassumeva in quello tra Impero ottomano e Spagna. Alla guerra aperta si mischiava la pirateria, fenomeno centrale nella storia dell'epoca. La pirateria musulmana costituiva un pericolo per tutte le rotte e le coste del Mediterraneo, in particolare quella barbaresca. Ma ben diffusa era anche la pirateria cristiana che era rivolta non solo contro i musulmani. La tensione tra spagnoli e ottomani precipitò in conseguenza della conquista turca di Cipro. A Lepanto (1571)

po della famiglia reale, pena la perdita di ogni diritto ereditario. Le regine italiane, quindi, non hanno mai esercitato funzioni politiche di particolare rilievo, limitando il loro ruolo alla rappresentanza in patria e all'estero, o al patrocinio di iniziative umanitarie e culturali.
Oltre l'Europa anche il Giappone, il paese dalla tradizione imperiale più antica al mondo, segue la Legge salica pura da molti secoli: negli ultimi anni si sta tentando di ridiscuterla, ma fino ad ora senza esiti significativi. Diversamente, nella **Spagna** contemporanea, benché non sia formalmente in vigore la Legge salica, esiste la **«preferenza» per gli eredi maschi**: la successione al trono di donne è possibile ma in caso di assenza di figli, anche più giovani, di sesso maschile. Anche in questo caso la norma (sancita formalmente nella Costituzione spagnola del 1978) è stata messa in discussione, tanto che da diversi anni si parla della necessità di una riforma costituzionale che vada verso l'equiparazione tra maschi e femmine nella linea di successione.

La regina Elisabetta II d'Inghilterra
[© Olivier Polet/Corbis]
In questa immagine la regina Elisabetta II è ritratta mentre partecipa, nel luglio 2007, in Belgio alla commemorazione delle migliaia di vittime di una delle più sanguinose battaglie della prima guerra mondiale. Accanto alle sue prerogative politiche, la regina svolge infatti anche funzioni di rappresentanza e di garanzia.

la flotta della Lega santa – formata dal papa, dalla Spagna e da Venezia – inflisse ai turchi una sconfitta che, se non fu decisiva, limitò notevolmente la loro presenza nel Mediterraneo. La lotta contro i turchi ravvivò in Spagna lo spirito di crociata, che portò all'interno ad una feroce persecuzione dei *moriscos*.

4 L'unificazione della Penisola iberica e la guerra nei Paesi Bassi

Dopo la morte del re del Portogallo, Filippo II salì sul trono di quel paese. Acquisito così il controllo dell'intera Penisola iberica, si dedicò a rafforzare la propria sovranità sui Paesi Bassi. La rigidità della politica religiosa di Filippo – la parte settentrionale dei Paesi Bassi era protestante – e il malessere sociale degli strati popolari provocarono una rivolta. La guerra contro gli spagnoli portò le province del Nord, guidate da Guglielmo d'Orange, a sottrarsi al dominio spagnolo dando vita infine alla Repubblica delle sette Province Unite, che sarà formalmente riconosciuta dalla Spagna con la pace di Vestfalia nel 1648.

5 Elisabetta I regina d'Inghilterra

L'intersecarsi di spaccature religiose e lotte politiche che connotò la rivolta dei Paesi Bassi emerse anche in Inghilterra. Alla morte del protestante Edoardo VI vi fu, con Maria la Cattolica, una brutale restaurazione del cattolicesimo. La situazione si normalizzò con il lungo regno (1558-1603) di Elisabetta, che orientò il paese verso il protestantesimo ma ostacolando le frange più radicali (anzitutto i puritani). Il maggior problema politico della sovrana inglese fu quello dei rapporti con la regina di Scozia, Maria Stuart. Una torbida vicenda di corte costrinse quest'ultima ad abdicare, riparando in Inghilterra.

6 La spinta alla modernizzazione del paese

Durante il regno di Elisabetta l'Inghilterra si affermò come una delle maggiori potenze. Si verificò allora una fase di notevole crescita economica. L'incremento della produzione tessile stimolò la trasformazione delle colture, l'aumento delle esportazioni provocò quello delle importazioni e con esso un miglioramento dei livelli di vita. La ricchezza del paese si accrebbe anche grazie al bottino delle navi corsare inglesi. La flotta inglese conquistò le rotte oceaniche; nello stesso periodo, i primi tentativi di fondare colonie in America, benché falliti, aprirono la strada all'espansione dell'Inghilterra in quel continente. Nella seconda metà del '500 il regno di Elisabetta I vide istituirsi le prime importanti compagnie commerciali inglesi.

7 La guerra tra Spagna e Inghilterra

Il papato e la monarchia spagnola cercarono, attraverso varie trame, di abbattere il regno di Elisabetta. Attizzarono anche la ribellione dell'Irlanda cattolica; alla rivolta gli inglesi risposero con vere e proprie misure di sterminio. Le trame anti-inglesi della Santa Sede e della Spagna provocarono la fine di Maria Stuart, condannata a morte da Elisabetta dopo la scoperta di un'ennesima cospirazione. Divenne allora inevitabile la guerra tra Spagna e Inghilterra: ma il disegno – insieme politico e religioso – di Filippo II fu vanificato dalla sconfitta della sua flotta, l'Invincibile Armata (1588).

SVILUPPARE LE COMPETENZE

❶ Di seguito sono elencati alcuni aggettivi che si riferiscono a Filippo II e al suo potere. Scegli dall'elenco quelli corretti e poi utilizzali per scrivere un testo di 15 righe a cui dovrai dare un titolo appropriato:

a. Cupo
b. Allegro
c. Simpatico
d. Malinconico
e. Solitario
f. Prudente
g. Tollerante
h. Autoritario
i. Organizzato
j. Disorganizzato
k. Burocratizzato

❷ Utilizza la scaletta proposta di seguito per scrivere un testo di 10 righe dal titolo *La pirateria e gli scontri tra turchi e Lega santa*:

a. Le caratteristiche della pirateria musulmana e di quella cristiana
b. La presa di Cipro e la costituzione della Lega santa contro i turchi
c. La disfatta dei turchi nella battaglia di Lepanto
d. Le conseguenze della battaglia di Lepanto

❸ Rispondi ai quesiti impiegando il numero di righe indicato tra parentesi:

1. Quale fu la politica religiosa di Filippo II nei Paesi Bassi e quali conseguenze ebbe? (8 righe)
2. Che cosa erano l'Unione di Gand, quella di Arras e di Utrecht? (8 righe)

❹ Completa lo schema seguente inserendo il nome mancante. Scrivi poi un testo di 12 righe che racconti le scelte e le azioni del personaggio storico che avrai individuato.

Enrico VIII – Caterina d'Aragona	→	Maria la Cattolica
Enrico VIII – Anna Bolena	→	....

❺ Scrivi un testo di 12 righe sullo sviluppo economico e commerciale avviato da Elisabetta I in Inghilterra. Scrivi dunque un secondo testo di 10 righe per spiegare i motivi dell'attacco spagnolo all'Inghilterra avvenuto nel 1588 e il modo in cui si concluse.

CAPITOLO

17 GUERRE DI RELIGIONE E NUOVI ASSETTI GEOPOLITICI

Nel periodo compreso tra gli anni '70 del XVI secolo e il 1648, l'Europa fu insanguinata da una serie ininterrotta di guerre di religione, che coinvolsero la maggior parte degli Stati. Alla lotta religiosa tra cattolici e protestanti si intrecciò il mai sopito conflitto per il predominio sul continente tra gli Asburgo (che regnavano sulla Spagna e sull'Impero) e la Francia. Attorno alle due principali potenze gli schieramenti si definirono anche in base agli orientamenti religiosi: i paesi cattolici a sostegno degli Asburgo, quelli protestanti con la Francia. La drammatica stagione delle guerre di religione si concluse solo nel 1648 con la pace di Vestfalia: grazie a essa, gli Stati europei riuscirono a trovare una situazione di equilibrio religioso destinata a restare immutata, nelle grandi linee, fino ai giorni nostri. Con essa tramontò definitivamente il sogno degli Asburgo di unificare l'Europa sotto il vessillo della religione cattolica. Mentre l'Impero si frammentava, la Francia si imponeva come la principale potenza europea.

1 Le guerre di religione in Francia

Dopo la morte di Francesco II (1559-60), un ragazzo di quindici anni che la ragion di Stato aveva fatto sposare, un anno prima, con Maria Stuart, futura regina di Scozia [👁 16.5], fu incoronato re di Francia **Carlo IX** (1560-74), un bambino di dieci anni. La reggenza passò ora nelle mani della madre **Caterina dei Medici**, discendente dalla grande famiglia fiorentina per parte di padre e dalla più alta nobiltà francese per parte materna.

Verso la guerra civile tra cattolici e ugonotti

La situazione che la reggente si trovò ad affrontare era molto difficile: ai problemi economici e finanziari, determinati da circa mezzo secolo di guerre, si aggiungeva il dissidio religioso. Malgrado i provvedimenti repressivi adottati da Enrico II appena salito al trono, gli ugonotti – così venivano chiamati i **calvinisti francesi** [👁 14.6] – avevano continuato a fare proseliti e, intorno al 1560 circa, oltre un milione di francesi era diventato calvinista. Le spaccature religiose avevano inoltre un loro riflesso presso la nobiltà di corte: alla **fazione cattolica**, guidata dalla famiglia dei **Guisa**, si contrapponeva una **fazione protestante**, che faceva capo ai **Coligny**. L'influenza di queste potenti famiglie cresceva anche in conseguenza della ripetuta ascesa al trono di sovrani giovanissimi e a causa del temperamento insicuro di Caterina.

La reggente, che cercava di non cadere nelle mani di nessuna delle due fazioni – ma temeva in particolare i Guisa, che avrebbero voluto portare la Francia nell'orbita della cattolica Spagna –, decise di avviare una politica di **pacificazione religiosa**, garantendo una relativa libertà di culto ai calvinisti. Il suo progetto fallì rapidamente di fronte all'inasprimento dell'odio politico e religioso. Gli ugonotti infatti – appoggiati dall'Inghilterra e dai protestanti dei Paesi Bassi, come i cattolici erano appoggiati dalla Spagna – erano molto inferiori di numero, ma meglio organizzati. Nei territori e nelle città da loro controllati assumevano tutte le funzioni di governo, senza lasciare spazio agli avversari; laddove erano in minoranza cercavano comunque di piazzare loro uomini nell'amministrazione, creando una **rete di funzionari ugonotti** tra loro collegati: «Così essi potevano – scrisse l'ambasciatore veneziano – in un giorno, a un'ora precisa, e in tutta segretezza, far scoppiare un'insurrezione in qualsiasi parte del regno» [👁 ATLANTE_73].

Nel 1562 i Guisa, sventato un tentativo di colpo di Stato da parte degli ugonotti, presero le armi e ne uccisero un gran numero. La congiura fallita e questo episodio, noto come il **massacro di Vassy**, diedero inizio a una lunga serie di guerre civili che portò la Francia sull'orlo del baratro [👁 17.7 STORIA•SOCIETÀ•CITTADINANZA]. Invano la reggente cercò di porsi come mediatrice tra i contendenti. Il **24 agosto del 1572**, la **notte di San Bartolomeo**, il popolo di Parigi, accanitamente antiprotestante, sobillato dalle autorità e dal duca di Angiò – il futuro Enrico III –, scatenò una feroce caccia all'uomo, casa per casa: migliaia di ugonotti convenuti per una cerimonia, tra cui molti nobili, furono trucidati. Lo stesso capo della parte ugonotta, **ammiraglio di Coligny**, fu ucciso a tradimento.

I riflessi delle tensioni sulla monarchia francese

La morte di Carlo IX e l'ascesa al trono di suo fratello **Enrico III** (1574-89) non mutarono la situazione, anzi la aggravarono. La **fazione protestante** si riorganizzò sotto la guida di **Enrico di Borbone**, ottenendo alcuni importanti successi militari; **quella cattolica**, sotto la direzione di **Enrico di Guisa**, si costituì in una **Lega santa**. Le vicende internazionali, intanto, incidevano sempre più sulla situazione interna france-

ATLANTE 73_LA FRANCIA NELL'ETÀ DELLE GUERRE DI RELIGIONE

La cartina mostra i territori controllati dagli ugonotti e quelli controllati dai cattolici durante le guerre di religione.

se: i Guisa strinsero rapporti strettissimi con la monarchia spagnola, che prevedevano addirittura l'eventualità di un **intervento militare spagnolo in territorio francese**. Nel 1588, il disastro della Invincibile Armata nelle acque della Manica [👁 16.7] provocò tuttavia il clamoroso voltafaccia di Enrico III, che fece assassinare Enrico di Guisa e si alleò con Enrico di Borbone. Il pugnale di un frate domenicano vendicò questo affronto recato alla causa cattolica e ferì a morte il re. Prima di morire, Enrico III designò come successore Enrico di Borbone, con la condizione che egli si convertisse al cattolicesimo.

Il Borbone salì al trono col nome di **Enrico IV** (1589-1610). A questo punto Filippo II, allarmato per il fatto che la corona di Francia sembrava caduta nelle mani dei protestanti, decise l'intervento militare, mentre il pontefice **Sisto V** (1585-90) dichiarava nulla la successione al trono francese. Un esercito spagnolo comandato da Alessandro Farnese mosse dai Paesi Bassi unendosi alle forze cattoliche della Lega santa e pose guarnigioni in molte città francesi, tra le quali Parigi. La reazione popolare all'invasione straniera, il timore che la corona di Francia cadesse nelle mani degli spagnoli e l'abilità di Enrico IV riuscirono tuttavia a incrinare la compattezza dello schieramento cattolico e a ristabilire la situazione.

La svolta avvenne quando, nel **1593**, il re pronunciò solennemente, nella cattedrale di Saint-Denis, l'abiura del calvinismo e si proclamò cattolico. Le ultime resistenze caddero e lo stesso papa **Clemente VIII** (1592-1605) finì per assolvere il re di Francia riconoscendo i suoi diritti al trono.

Una soluzione di compromesso con l'editto di Nantes (1598)

Nel 1598 Francia e Spagna firmarono la **pace di Vervins**, con la quale le truppe spagnole si ritirarono dal paese. La pacificazione interna fu finalmente raggiunta lo stesso anno, con l'editto di Nantes: **gli ugonotti si videro riconosciuti gli stessi diritti politici dei cattolici** e piena **libertà di praticare il loro culto** dove era stato celebrato fino a quel momento; essi ottennero anche l'accesso alle cariche pubbliche e la partecipazione agli organi preposti all'applicazione dell'editto e, come ulteriore garanzia, la

Frans Hogenberg
Il massacro di San Bartolomeo
1572 ca

167 DOC
La venalità delle cariche in Francia

concessione di 100 piazzeforti nel paese. **Il culto protestante fu invece vietato a Parigi e nel territorio circostante.** Era una soluzione di compromesso, che accontentava moderatamente le due fazioni e consentiva di superare la drammatica fase delle guerre di religione. La monarchia, che aveva attraversato uno dei periodi più bui della sua storia, uscì rafforzata, trovando un rinnovato consenso.

La politica di Enrico IV

Chiusa con l'editto di Nantes la sanguinosa serie delle guerre di religione, Enrico IV si dedicò alla riorganizzazione della macchina statale e al perfezionamento dell'opera di pacificazione. Il suo ministro per gli affari economici, duca di Sully, portò in pareggio il bilancio dello Stato attraverso il taglio delle spese superflue, il recupero delle terre demaniali e l'intensificazione della **vendita delle cariche pubbliche**, un affare reso più lucroso dall'istituzione della ***paulette***, una speciale tassa annuale che rendeva di fatto ereditari gli uffici acquistati. Le cariche comportavano l'acquisizione della nobiltà, la **nobiltà di toga** distinta dall'antica **nobiltà di spada**. Un altro ministro di Enrico IV, Barthélemy Laffemas, pro-

EVENTI

La notte di San Bartolomeo

«Il fanatismo sta alla superstizione come il delirio alla febbre, come le furie alla collera. [...] Il più disgustoso esempio di fanatismo è quello dei borghesi di Parigi che, la notte di san Bartolomeo, corsero ad assassinare, sgozzare, buttar giù dalle finestre, fare a pezzi i loro concittadini che non andavano a messa.» Così Voltaire (1694-1778), nel suo *Dizionario filosofico*, definì il termine fanatismo. Lo fece citando un evento accaduto due secoli prima nella Francia di Carlo IX di Valois.

Il 23 agosto **1572** Parigi si era svegliata come avveniva da molto tempo, in un'atmosfera cupa, pesante, fortemente condizionata dalla **carestia** che stava affamando la Francia. La povertà e la fame avevano costretto molti contadini a riversarsi nella capitale in cerca di un lavoro provvisorio o semplicemente di un'elemosina. Il giorno prima, nella calma apparente della calda giornata estiva, Caterina dei Medici, la regina madre odiata dai francesi per le sue origini straniere, aveva ordinato a un sicario di **sparare all'ammiraglio Gaspard de Coligny, capo della fazione ugonotta** che stava rapidamente crescendo di numero in tutto il regno. Ma l'attentato, voluto perché Caterina temeva l'influenza che i Coligny esercitavano sul re e per la paura che questi si potesse convincere a dichiarare guerra alla Spagna cattolica, invadendo le Fiandre e gettando la Francia nell'ennesima guerra di religione, era fallito.

Re Carlo, sino ad allora tenuto all'oscuro di quanto stava avvenendo, fu informato dalla madre e convinto che non si poteva più attendere, perché proprio **a causa di quell'attentato fallito la sua stessa corona era in pericolo**: la vendetta di Coligny non sarebbe tardata e, dunque, bisognava anticiparne le mosse, ordinare alla guardia reale di catturare e uccidere tutti i capi ugonotti, eliminare la piaga protestante dal Regno di Francia. Carlo esitava; voleva risolvere quella crisi con gli strumenti della politica, in modo pacifico. La regina madre, però, lo convinse che i Coligny si stavano già organizzando e che lui, se avesse esitato ancora, sarebbe stato assassinato. Era vero. Confuso e impaurito, il sovrano diede il suo assenso ai sicari della regina: «Ammazzateli tutti, finitela, acciocché questa parte non ci molesti più!». Nessuno immaginava la tragedia che avrebbe colpito la Francia nelle ore successive. L'operazione ordinata dal re, infatti, avrebbe dovuto portare all'**eliminazione fisica di una ventina di persone, e cioè dei capi della fazione ugonotta**, tra i quali i Coligny. Avrebbe dovuto svolgersi velocemente, come un atto di polizia, con il chiaro intento di eliminare alcuni dei più potenti **avversari politici della Corona** di Valois. Ma l'azione andò fuori controllo e si trasformò in un vero e proprio massacro.

Il caldo di quell'estate parigina, misto alla fame e alla disperazione delle migliaia di francesi affamati che popolavano la capitale, erano divenuti intollerabili. Ad alimentare una situazione il cui l'ordine pubblico era precario già da tempo aveva contribuito il **matrimonio** celebrato sul sagrato della cattedrale di Notre-Dame, solo una settimana prima, tra **la sorella del re, Margherita, e il protestante Enrico III, re di Navarra**. Quel sodalizio politico era stato voluto dalla stessa regina madre che, fino a quel momento, si era impegnata per cercare di risolvere diplomaticamente le tensioni interne tra cattolici e protestanti. Ma Caterina aveva sottovalutato il nervosismo generale seguito all'entusiasmo che aveva pervaso l'Europa cattolica dopo la vittoria della flotta della Lega santa sui turchi ottomani a Lepanto [👁 16.4 EVENTI], solo qualche mese prima, e quel matrimonio, celebrato con una sontuosa liturgia, fu giudicato dall'opinione pubblica come un'**unione esecrabile**. Organizzato in fretta e furia, tanto che i due giovani furono sposati senza la dispensa papale necessaria per cerimonie che coinvolgevano fedeli di religioni differenti, si dice si fosse celebrato contro la volontà della sposa, la futura cattolicissima regina Margherita di Valois. Insomma, l'operazione si era ritorta contro la regina madre alla quale la situazione rischiava di sfuggire di mano. Per evitare che la fazione ugonotta si rafforzasse ancora e stanca della inutile ricerca di una soluzione diplomatica, Caterina ordinò, dunque, l'operazione contro i Coligny, sicura che all'indomani, eliminati i capi dei protestanti, il suo popolo l'avrebbe lodata. Ma il popolo aveva ancora negli occhi il lusso ostentato durante i tradizionali tre giorni di festeggiamenti seguiti alle nozze, celebrate in un'atmosfera surreale, e non aspettava che una scusa per scagliarsi contro i protestanti, giudicati responsabili delle difficoltà in cui versava il paese. L'attentato ordito dalla regina, dunque, anziché calmare le acque, fu interpretato come un segnale, una sorta di autorizzazione per dare il via a una vera e propria tempesta.

I parigini compresero che qualcosa stava per accadere quando videro i soldati della guardia reale chiudere tutte le porte della città e sistemarsi a guardia delle strade e delle piazze più importanti. Quando, nella **notte di San Bartolomeo, tra il 23 e il 24 agosto**, i sicari del re e alcuni nobili catto-

mosse l'istituzione di **manifatture regie** e introdusse **misure protezionistiche** per impedire che la Francia si privasse di materie prime e di metalli preziosi per importare manufatti. Nel settore della politica estera il re indirizzò i suoi sforzi a **isolare la potenza asburgica**, sollecitando l'alleanza delle Province Unite e dei regni dell'Europa settentrionale.

GUIDA ALLO STUDIO

❶ Chi governò il Regno di Francia tra il 1559 e il 1574? ❷ Quale ruolo avevano gli ugonotti nella vita politica francese? ❸ Che cosa accadde durante la notte di San Bartolomeo? ❹ In quali circostanze Enrico IV salì al trono di Francia? ❺ Perché Enrico IV dovette abiurare la fede calvinista? ❻ Che cosa stabiliva l'editto di Nantes del 1598? ❼ Elenca le riforme economiche e amministrative promosse da Enrico IV.

Nobiltà di spada, nobiltà di toga
È così indicata la distinzione tra l'"antica" nobiltà, fondata sul sangue, e la nuova nobiltà, derivata dall'esercizio di uffici pubblici. Per ottenere denaro, infatti, la monarchia metteva in vendita cariche che, una volta acquistate, garantivano il titolo nobiliare. Mentre la nobiltà di spada apparteneva alle famiglie degli antichi vassalli, la cui originaria funzione era appunto combattere a fianco del re, la nobiltà di toga era costituita da ex borghesi, arricchiti grazie a diverse attività economiche, che risultavano impegnati nell'esercizio di cariche amministrative al servizio dello Stato.

Protezionismo
Politica economica volta a "proteggere" la produzione di uno Stato, imponendo sui prodotti di importazione dazi doganali così elevati da scoraggiarne l'acquisto.

lici, tra i quali i potenti seguaci della famiglia Guisa, entrarono nelle residenze dei calvinisti, uccidendo senza trovare alcuna resistenza. la notizia corse veloce per le vie di **Parigi**. I cittadini, spinti da un odio quasi allucinato, si affiancarono ai soldati del re e diedero il via a una vera e propria mattanza. Corsero subito verso il palazzo di **Coligny** vicino al Louvre. Lì trovarono l'ammiraglio privo di vita ma, non paghi di quello, presero il suo corpo, lo evirarono e lo gettarono nella Senna. Fu quindi ulteriormente oltraggiato e infine appeso per i piedi sulla forca pubblica di Montfoucon. **La sua testa, qualche tempo dopo, fu inviata in dono al papa**.
Nel frattempo in tutta la città dilagava la furia omicida di centinaia di persone, che si trasformò ben presto in una vera e propria caccia all'uomo. Racconta un testimone: «sì che data fu la licenza delle armi al furioso et precipitoso popolo, si commisero sceleratezze non udite, et erano così bene uccisi de' fedeli cattolici come degli altri, perché bastava che alcun gridasse "ecco colà un ugonotto", che senza ascoltarlo era il cattivello ucciso». L'odio religioso, dunque, aveva ben presto giustificato un vero e proprio regolamento di conti tra uomini e donne di ogni condizione sociale. Furono assaltati i più importanti palazzi nobiliari, ma i parigini ne approfittarono anche per uccidere il vicino con il quale non si andava d'accordo, il giudice o il funzionario dal quale si era subita una condanna, persino i parenti con i quali si era in causa per l'eredità. **Particolarmente colpiti furono i librai e gli stampatori**, ritenuti responsabili di aver favorito la veloce diffusione della religione protestante nel centro dell'Europa attraverso la stampa di libri di traduzioni e commenti alla Bibbia. La **furia cattolica** contro i protestanti si estese, nei giorni successivi, a tutte le più importanti città della Francia.
Morirono circa 30 mila persone. L'avvenimento che Voltaire, due secoli dopo, avrebbe portato come esempio negativo per definire la parola "fanatismo", per la Chiesa cattolica del tempo fu una grande vittoria, tanto che sia papa Gregorio XIII sia il re di Spagna Filippo II, alla notizia di quanto stava avvenendo a Parigi, fecero cantare un ***Te Deum* di ringraziamento**. Nel 1997, tuttavia, **Giovanni Paolo II** durante la XII Giornata mondiale della gioventù, celebratasi nella capitale francese, ha chiesto **perdono per quanto avvenuto** in quelle tragiche ore del 1572.

François Dubois
Il massacro di San Bartolomeo
1572
[Musée Cantonal des Beaux Arts, Losanna]
Come raccontano con orrore le fonti contemporanee, e come testimonia anche questo dipinto, tale fu il massacro della notte di San Bartolomeo che le acque della Senna apparvero rosse di sangue e colme di cadaveri.

EVENTI

2 Le tensioni religiose nell'Impero asburgico

La Germania era da sempre una realtà politica estremamente frazionata: circa mille unità politicamente semiautonome, le più piccole delle dimensioni di un villaggio, le maggiori estese quanto uno Stato di media grandezza.

La Germania dopo la pace di Augusta

La pace di Augusta (1555) [👁 15.5] aveva aggiunto a questa frammentazione politica una frammentazione religiosa; infatti, il riconoscimento del diritto dei principi tedeschi d'imporre il proprio credo nei rispettivi Stati non attenuò le gravi tensioni che laceravano il paese; la pace di Augusta, inoltre, era stata sostanzialmente un accordo tra cattolici e luterani, dal quale erano stati esclusi i calvinisti e le altre minoranze religiose. Sebbene i due imperatori **Ferdinando I** (1556-64) e **Massimiliano II** (1564-76) si astenessero dal promuovere controffensive cattoliche, di fatto i principi cattolici, con in testa il potente duca di Baviera, sostennero campagne di "riconquista" delle regioni luterane o dove esistevano significative infiltrazioni protestanti. In campo protestante si rafforzò il calvinismo, che divenne la religione ufficiale del Palatinato. Questa situazione certamente non favorì la vita economica, che si trovò imbrigliata in una dimensione regionale.

L'annessione di Boemia e Ungheria

Inoltre, dopo la grave sconfitta inflitta a Luigi II Jagellone, re di Boemia e di Ungeria, dai turchi a Mohàcs nel 1526 [👁 11.5], e la morte dello stesso Luigi in battaglia, i domìni boemi e ungheresi erano passati sotto l'autorità degli Asburgo. La Boemia era stata incorporata nell'Impero, mentre in Ungheria solo poche aree ristrette rimasero immuni dall'occupazione turca. Dal punto di vista confessionale, la Boemia rimase fedele alla grande tradizione hussita [👁 7.8]; anche il luteranesimo fu accolto favorevolmente, mentre i cattolici restavano un'esigua minoranza. Nell'Ungheria turca, poi, attecchirono in evidente chiave antiasburgica sia il luteranesimo sia il calvinismo.

L'aggravamento del dissidio religioso

Con l'imperatore **Rodolfo II** (1576-1612) si riaccese il conflitto religioso. Nel 1608 il principe del Palatinato promosse un'associazione protestante, l'**Unione evangelica**, appoggiata dalla

Veduta di Praga

Praga sorge al centro della pianura boema, lungo il corso del fiume Moldava. Fin dall'XI secolo è stata la sede dei re di Boemia, e dal '500 è stata una delle sedi più rappresentative, insieme con Vienna e Budapest, dell'Impero asburgico. L'imperatore Rodolfo II, re di Boemia, ne fece la sua corte più amata: qui richiamò e protesse artisti (come il milanese Arcimboldi), alchimisti, letterati e uomini di scienze (tra cui Giordano Bruno e Giovanni Keplero), collezionò dipinti (fra cui opere di Correggio, Dürer e Parmigianino) e raccolse libri, facendo della città uno dei centri europei culturalmente più attivi e raffinati della fine del '500.

Francia di Enrico IV, alla quale aderirono anche le forze anticattoliche boeme; come risposta, il duca di Baviera costituì l'anno dopo la **Lega cattolica**, sostenuta dalla Spagna. Rodolfo II adottò una politica di conciliazione e concesse anche ai boemi, con la **Lettera di maestà**, libertà di culto, al fine di spezzare il fronte dell'Unione evangelica. La situazione precipitò con l'avvento al potere dell'imperatore **Mattia** (1612-19) e l'assunzione, nel 1617, della corona di Boemia e di Ungheria da parte di **Ferdinando di Stiria**, suo cugino e successore designato (1619-37).

Ferdinando, che era stato educato dai gesuiti ai più rigorosi ideali della Controriforma, credeva profondamente, come tanti altri sovrani asburgici prima e dopo di lui, nella stretta integrazione tra Impero e cattolicesimo. Egli abolì pertanto la Lettera di maestà e avviò una pesante restaurazione del cattolicesimo in tutta la Boemia, immettendo al tempo stesso individui di origine tedesca nei posti di maggiore responsabilità.

GUIDA ALLO STUDIO

❶ Spiega la situazione politico-religiosa tedesca dopo la pace di Augusta. ❷ Quali religioni erano diffuse in Boemia e in Ungheria? ❸ Che cosa distinse la politica religiosa di Ferdinando di Stiria da quella di Rodolfo II?

3 Scoppia la guerra dei Trent'anni

Le origini del conflitto

La protesta contro l'**ondata di «tedeschizzazione» e di cattolicizzazione**, lanciata da Ferdinando di Stiria e appoggiata dall'imperatore, fu vastissima e assunse forme violente: il 23 maggio del **1618** la folla tumultuante invase il castello reale di Praga e gettò dalla finestra due rappresentanti imperiali. Alla cosiddetta **defenestrazione di Praga** seguirono avvenimenti ancora più gravi: la nobiltà boema dichiarò decaduto dal trono di Boemia Ferdinando – che nel frattempo era succeduto a Mattia nella carica imperiale, come **Ferdinando II** – e proclamò re il calvinista **Federico V**, giovane elettore del Palatinato e capo dell'Unione evangelica; Federico era sostenuto – ma in verità più a parole che con i fatti – da una vasta rete di relazioni: dal re d'Inghilterra Giacomo I (di cui era genero), dal re di Danimarca Cristiano IV (di cui era parente), dalle Province Unite, da Venezia.

Wenzel von Brozik
La defenestrazione del 1618
[National Gallery of Victoria, Melbourne]

La politica di intolleranza cattolica intrapresa da Ferdinando di Stiria, nominato re di Boemia nel 1617 dopo la morte dell'imperatore Rodolfo II d'Asburgo, provocò la ribellione dei calvinisti. Il 23 maggio del 1618, una delegazione di riformati, guidati dal conte Enrico Mattia di Thurn, entra nel castello di Praga. Non trovando il re, i ribelli sfogano la loro rabbia scaraventando dalle finestre due delegati imperiali con il loro segretario. L'episodio, raffigurato in questo dipinto, segna l'inizio della guerra dei Trent'anni.

A favore dell'imperatore si schierò naturalmente la Lega cattolica, guidata dal duca **Massimiliano di Baviera** e sostenuta concretamente dalla Spagna. La Francia si mantenne, per il momento, neutrale. La questione boema divenne così **la posta di un gioco ben più importante – il predominio cattolico o protestante nell'Impero** – rispetto al quale nessuna potenza europea poteva dirsi del tutto indifferente. Fu così che un contrasto locale divenne l'avvio di una nuova guerra, destinata a insanguinare l'Europa per trent'anni, **dal 1618 al 1648**.

La natura del conflitto

Durante la **guerra dei Trent'anni** cattolici e protestanti si affrontarono in un conflitto violento che si combatté in tutta la Germania, ma si allargò presto a **gran parte dell'Europa**: teatro di battaglia fu in prima battuta la Boemia, dove il conflitto scoppiò, ma in seguito si combatté anche nei Paesi Bassi, nell'Italia settentrionale, in Francia [👁 TABELLA_9]. Questa guerra, che coinvolse molti Stati europei, fu l'**ultima guerra di religione**, ma a determinarla concorse un **intreccio di questioni politiche e questioni religiose**. In primo luogo pesarono le ambizioni egemoniche degli Asburgo che si scontreranno duramente con quelle francesi. Infatti, la pur cattolica Francia, interverrà nella guerra in funzione antiasburgica (e dunque anche antispagnola), senza disdegnare di allearsi con i protestanti [👁 17.7].

La guerra in Boemia

In nome dell'antica solidarietà asburgica e della comune confessione cattolica, nel 1620 Ferdinando II fu soccorso da un poderoso esercito spagnolo: soldati iberici, uniti alle truppe bavaresi, sotto la guida di Massimiliano di Baviera e del generale fiammingo **Tilly**, sconfissero i rivoltosi boemi nella battaglia della **Montagna Bianca** (nei pressi di Praga: 👁 ATLANTE_74). Il fronte dei ribelli si disgregò rapidamente: Federico V non si curò nemmeno di organizzare la difesa della capitale e si diede alla fuga, abbandonando i suoi sostenitori a un triste destino.

TABELLA 9 _ I PRINCIPALI AVVENIMENTI DELLA GUERRA DEI TRENT'ANNI

ANNO	AVVENIMENTI
1618	Rivolta dei protestanti boemi contro il governo cattolico degli Asburgo e defenestrazione di Praga. Si apre la fase boemo-palatina della guerra dei Trent'anni.
1620	Sconfitta boema nella battaglia della Montagna Bianca. Le truppe imperiali e spagnole occupano la Boemia e il Palatinato.
1625	Intervento nella guerra della Danimarca, subito sconfitta dagli Asburgo. Creazione dell'esercito di Wallenstein.
1629	Editto di restituzione che mette fuori legge il calvinismo in Germania e ordina la restituzione dei principati ecclesiastici secolarizzati dai protestanti dopo il 1552.
1630	Intervento della Svezia protestante, che con Gustavo Adolfo invade la Germania spingendosi fino in Baviera e in Alsazia.
1632	Vittoria svedese a Lützen, vanificata dalla morte di Gustavo Adolfo in battaglia.
1634	Vittoria degli spagnoli e degli imperiali sugli svedesi a Nördlingen, in Baviera.
1635	Pace tra l'imperatore e i principi protestanti tedeschi. Intervento in guerra della Francia.
1643	Vittoria francese sugli spagnoli a Rocroi, occupazione francese della Baviera. Gli svedesi pongono l'assedio a Praga.
1648	Con i trattati di Münster (tra Francia e Impero, tra Spagna e le Province Unite) e di Osnabrück (tra Impero, Svezia e principi protestanti tedeschi) la pace di Vestfalia mette termine alla guerra dei Trent'anni.

Dopo la battaglia della Montagna Bianca si scatenò, in Boemia, un'**azione capillare di sradicamento delle «eresie»**: in pochi anni tutti i pastori protestanti furono espulsi. I nobili maggiormente coinvolti nella rivolta furono giustiziati, gli altri furono colpiti da ammende e confische. Per non sottomettersi al cattolicesimo, molti boemi abbandonarono il loro paese. Secondo una fonte dell'epoca, già nel 1627 erano emigrate circa 36 mila famiglie. Le **terre confiscate** all'aristocrazia protestante furono assegnate agli stranieri – soprattutto tedeschi, spagnoli, italiani – che erano giunti in Boemia come ufficiali e generali al seguito degli Asburgo. I nuovi proprietari applicarono ai loro contadini condizioni e rapporti di lavoro molto duri, che segnarono un ritorno indietro nel tempo; ne nacquero miseria e rivolte.

Le manovre spagnole Nel quadro delle operazioni militari di sostegno a Ferdinando II contro i ribelli boemi, gli spagnoli, dopo aver sobillato i cattolici della regione al massacro dei protestanti – **Sacro macello**, 1620 –, occuparono la **Valtellina**, nel cantone svizzero dei Grigioni. La regione aveva una rilevanza strategica fondamentale perché rappresentava il **corridoio di collegamento tra la Lombardia spagnola e l'Austria**, cuore dei domìni asburgici, e avrebbe consentito alla Spagna, che allo scadere della tregua dei dodici anni aveva riaperto le ostilità contro le Province Unite [👁 16.4], di stringere gli olandesi in una morsa, attaccandoli da est (Impero) e da sud (Fiandre cattoliche).

ATLANTE 74_LE PRINCIPALI OPERAZIONI NELLA GUERRA DEI TRENT'ANNI

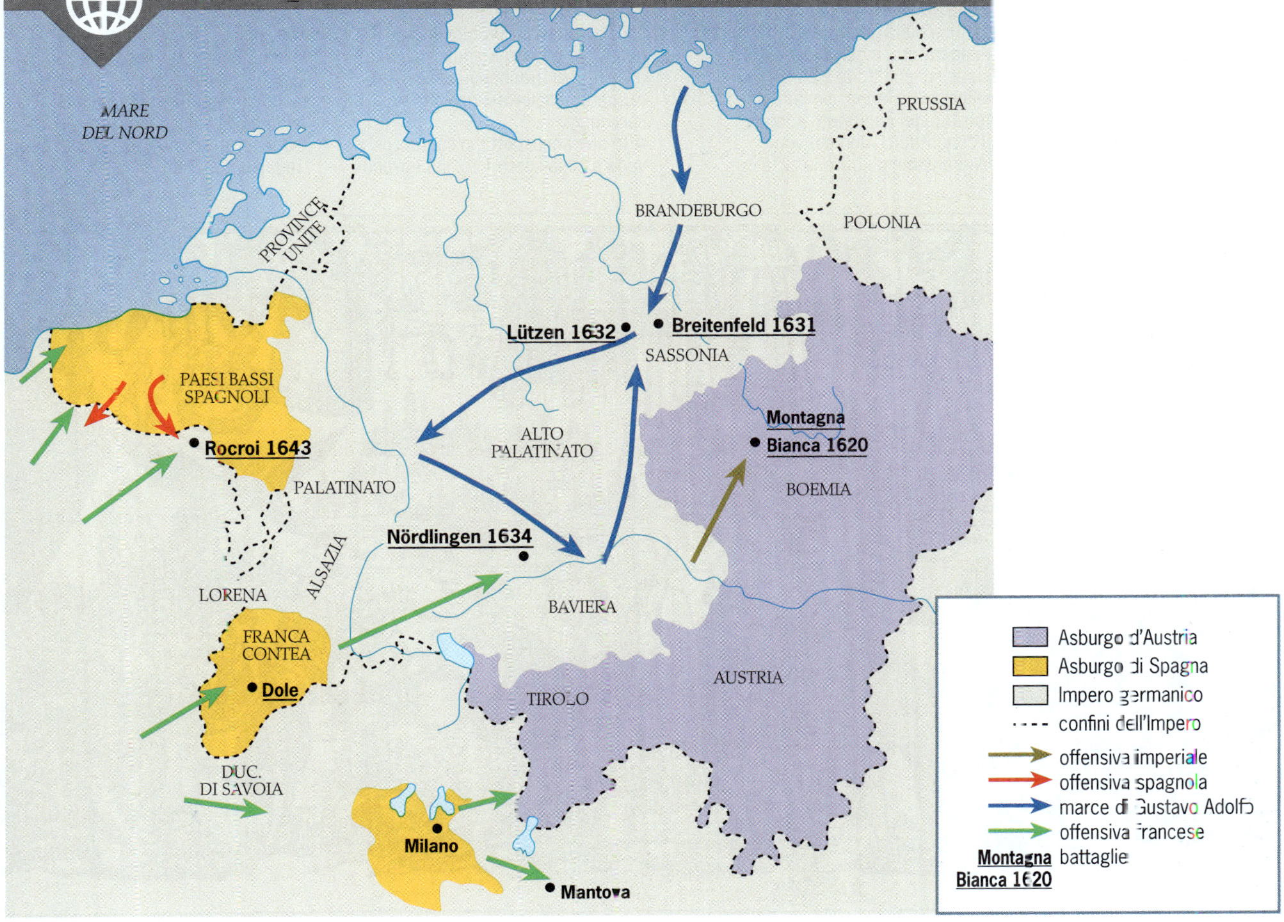

L'intervento della Danimarca

Il successo di Ferdinando II, combinato all'**aggressività della politica estera spagnola**, spinse all'azione, nel 1625, il sovrano di Danimarca **Cristiano IV** (1588-1648), il quale temeva che il suo regno venisse assorbito da un Impero troppo forte. La sua impresa fu ben finanziata da inglesi, francesi e olandesi, ma fallì rapidamente: più volte sconfitto, Cristiano IV fu costretto a firmare, nel 1629, la **pace di Lubecca**, che lo impegnava a tenere la Danimarca al di fuori delle vicende tedesche.

La guerra di Boemia – con la sua propaggine danese – poteva dirsi risolta con un limpido successo di Ferdinando II.

GUIDA ALLO STUDIO

❶ Quali eventi sono ricordati sotto il nome di defenestrazione di Praga? ❷ Che posizione assunsero gli Stati europei in merito alla guerra tedesca? ❸ Quali eventi segnarono l'evoluzione del conflitto nel 1620? ❹ Quale esito ebbe la partecipazione di Cristiano IV alla guerra?

4 Progetti politici e potenza militare di Ferdinando II

Il disegno politico dell'imperatore. L'editto di restituzione

Nel 1629 l'imperatore Ferdinando II compì un passo molto grave. Con il cosiddetto **editto di restituzione** stabilì infatti che tutti i beni confiscati alla Chiesa cattolica dopo l'anno 1552 dovessero essere restituiti. La decisione ledeva gli interessi di molti

La guerra dei Trent'anni in una stampa dell'epoca

Nella stampa si offre un'immagine satirica della guerra dei Trent'anni: l'imperatore, in basso a destra, siede sul suo trono e con i piedi calpesta un leone, simbolo dei territori del Palatinato, mentre il condottiero Albrecht von Wallenstein gli offre la città di Praga. I due uomini in primo piano sono condottieri, probabilmente il genovese Giorgio Spinola assieme a Giorgio di Brandeburgo, nell'atto di spartirsi a sorte il ricavato dei saccheggi.
Altri sovrani aspettano speranzosi di vedere cosa spetti loro: sul terreno ci sono ricchi bottini, monete e vasellame. In lontananza sono disegnate le città della Germania di cui si stanno decidendo le sorti e, lungo la parte superiore della stampa, sospesi a una lunga asta, ci sono i trofei di guerra: corone, abiti regali e armature.

principi tedeschi che si vedevano improvvisamente privati di parti a volte molto consistenti dei loro patrimoni. L'imperatore aveva in animo di trasformare l'Impero in una compagine unitaria, forte e accentrata. Né nascondeva, inoltre, la sua intenzione di introdurre una trasformazione rivoluzionaria nell'ordinamento dell'Impero, rendendo **ereditaria** – a favore della dinastia asburgica – **la corona imperiale**, che ormai da tempo immemorabile veniva attribuita elettivamente [👁 4.4].

Il ruolo di Wallenstein

Non mancava infine a Ferdinando II, a incutere altro timore, un **esercito agguerrito**: si trattava soprattutto delle truppe di **Albrecht von Wallenstein** (1583-1634), un nobile boemo uscito vincitore dalla guerra danese. Wallenstein aveva creato le basi di un enorme patrimonio acquistando a prezzi bassissimi le terre confiscate ai ribelli boemi. Speculazioni, prestiti, investimenti lo avevano poi reso uno degli uomini più ricchi del tempo. Ambizioso, cinico, crudele egli puntava molto in alto: in cambio dei suoi preziosi servizi l'imperatore lo nominò principe dell'Impero e gli attribuì le cariche più prestigiose; ma non erano soltanto dei maligni quelli che affermavano che egli **aspirava a diventare un vero e proprio sovrano**, magari soppiantando lo stesso Ferdinando. Wallenstein fece della guerra un'inesauribile fonte di denaro. Ai suoi ordini era un esercito gigantesco, che nei momenti di maggiore impiego superò i 100 mila uomini. Le prestazioni di questa poderosa macchina militare venivano vendute a caro prezzo all'imperatore; in mancanza di liquidità, quest'ultimo trovava nello stesso Wallenstein una preziosa fonte di finanziamento, alla quale, naturalmente, bisognava poi pagare i dovuti interessi. **Con Wallenstein la guerra divenne una vera e propria impresa economica** in grande stile: tutto quanto ruotava intorno all'esercito e alle sue necessità – dai rifornimenti alla produzione di armi – era occasione di lucro. I soldati di Wallenstein venivano solitamente mantenuti **a spese del territorio** che attraversavano, mediante contribuzioni imposte, alle quali si aggiungevano rapine, saccheggi, requisizioni: questo metodo, messo sistematicamente in atto per anni e anni, fece di loro un vero e proprio **flagello per le popolazioni tedesche**. Dopo la morte di Wallenstein, sopraggiunta nel 1634, Ferdinando II proseguì il conflitto con gli eserciti spagnoli [👁 17.5].

GUIDA ALLO STUDIO

❶ Quali atti politici resero Ferdinando II inviso ai principi tedeschi? ❷ Chi era Albrecht von Wallenstein? Quali interessi lo legavano all'imperatore? ❸ Quali erano i costi e i ricavi di un esercito in guerra?

5 L'intervento della Svezia

La reazione alle mire espansionistiche di Ferdinando II

La politica di potenza di Ferdinando II allarmò anche il re di Svezia **Gustavo Adolfo** (1611-32), che decise di far ricorso alle armi: la Svezia era uno Stato protestante che doveva essere difeso, prima che fosse troppo tardi, dalle insidie dell'imperatore asburgico e dalle sue mire di restaurazione cattolica. La Svezia era anche una grande potenza nordica, per la cui sopravvivenza il **controllo del Mar Baltico** – una delle zone chiave dell'economia europea – era vitale. Attraverso il Baltico l'Europa occidentale si approvvigionava, infatti, di grano e materie prime come il rame, il ferro, il catrame, la canapa, ed esportava nel Nord Europa i suoi manufatti. L'imperatore asburgico non nascondeva le sue intenzioni di estendere la sua diretta influenza anche sulle rive di quel mare e di costruire una **potente flotta da guerra baltica**. La decisione del re di Svezia fu quindi motivata da esigenze strategiche. Il re si assicurò così la disponibilità della Francia e degli elettori protestanti di Sassonia e di Brandeburgo, indignati per le efferatezze – un vero e proprio sterminio – compiute dai cattolici nella città di Magdeburgo. Quindi portò i suoi soldati in Germania e nel 1631 sconfisse a **Breitenfeld** (nei pressi di Lipsia) le truppe della Lega cattolica comandate da Tilly. **L'avanzata svedese in territorio tedesco fu inarrestabile** e di successo in successo si spinse fino alla Baviera e all'Alsazia **[👁 ATLANTE_74]**.

L'esercito di Gustavo Adolfo La travolgente apparizione dei soldati svedesi nel teatro di guerra germanico ebbe l'effetto di uno shock: non si era mai vista una **macchina militare** tanto **moderna e micidiale**. Gustavo Adolfo aveva infatti introdotto alcune innovazioni belliche destinate a fare scuola in tutta Europa. Anzitutto l'**artiglieria**: grazie ai progressi nelle tecniche di fusione, che consentivano leghe più leggere e resistenti, egli sostituì i vecchi cannoni, pesantissimi e praticamente inamovibili nel corso del combattimento, con **cannoni molto più**

PERSONAGGI

Cristina di Svezia

«Il trono mi ha fatto da culla. Ero così bambina da non capire né la mia sventura né la mia fortuna: ricordo tuttavia di essere stata felice nel vedere tutte quelle persone, ai miei piedi, che mi baciavano la mano»: a soli 6 anni Cristina di Svezia (1626-1689) fa il suo ingresso nella storia, diventando regina dopo la morte del padre, re Gustavo Adolfo II, eroe del protestantesimo nella guerra dei Trent'anni. Padre e figlia erano uniti da un legame molto forte: orgoglioso dell'intelligenza della bambina, il re le fece impartire un'educazione di prim'ordine sottraendola all'influenza della madre, donna infelice e instabile.

Mentre la responsabilità del regno era affidata a un governo di reggenza in attesa della sua maggiore età, Cristina studiava con passione 10 ore al giorno lingue classiche e moderne, filosofia, matematica, scienza, letteratura e musica, dimostrando scarso interesse per la cultura e le tradizioni svedesi. **Nel 1644, a 18 anni, divenne regina**.

La Svezia, assurta al rango di potenza europea grazie alla politica accorta di suo padre, era un paese unito e compatto, privo di tensioni etniche o religiose: il **protestantesimo** era la religione di Stato, praticata da tutto il popolo. Cristina fu **tra i promotori della pace di Vestfalia**, che nel 1648 pose fine alla guerra dei Trent'anni riconoscendo come valore la libertà religiosa di ogni paese.

La sua corte accolse ben presto gli intellettuali di tutta Europa: Cristina coltivava liberamente il suo pensiero e le sue inclinazioni. La **questione del libero arbitrio**, negato da Lutero, prendeva sempre più spazio nella sua mente **[👁 14.1]**. Era tormentata dai dubbi. Invitò a corte il filosofo francese Cartesio (1596-1650), che teorizzava la necessità dell'uso della ragione e il vaglio critico di ogni imposizione dogmatica; leggeva e studiava gli antichi filosofi stoici, che valorizzavano la libertà dalle passioni e dalle seduzioni della vita terrena, iniziò a circondarsi, di nascosto, di **gesuiti**. Cercava aiuto, voleva vedere chiaro in sé stessa e capire quali fossero i suoi bisogni più profondi. Intanto salivano le tensioni con i dignitari di Stato, che la sollecitavano a sposarsi e ad assicurare un erede al trono. Cristina cominciò pian piano a rendersi conto di provare una repulsione invincibile per il matrimonio e la maternità: «Mi è impossibile sposarmi – dichiarò alla fine delle sue riflessioni –. **Il matrimonio suscita in me una tale ripugnanza che non so quando riuscirei a vincerla**».

Fu il primo passo verso la scoperta di sé. Nel giro di qualche mese, dopo un periodo di malattia nervosa dovuta alla fortissima tensione interiore, Cristina prese due decisioni gravissime: si convertì al cattolicesimo e rinunciò al trono. Suscitò scandalo e sconcerto. Le fu ricordato il ruolo di suo padre nell'affermazione del protestantesimo in Svezia, subì innumerevoli pressioni dalla corte svedese, ma fu irremovibile: **tra il febbraio e il dicembre del 1654, a 28 anni, abdicò e si convertì**.

Il momento dell'abdicazione fu solenne e toccante: Cristina, racconta un biografo romano suo contemporaneo, «si levò in piedi e toltasi da sé la Corona di testa la diede [...]. Lo scettro, la spada, il globo d'oro e la chiave furono da lei pur consignati [...]. Non restava alla Regina [...] che la veste Reale, e vedendo che coloro ai quali spettava tardavano a scioglierla, ella medesima se la sciolse [...]. Deposto il manto Reale restò cinta d'una candidissima veste; e [...] rivoltatasi verso la Nobiltà e 'l Popolo, con voce alta e sonora, e con prodigiosa franchezza d'animo, orò per un quarto d'hora».

L'atto di abdicazione scritto di suo pugno riporta una frase molto significativa: «Saremo esentati da ogni sudditanza e obbedienza e non dovremo rendere conto delle nostre azioni che a Dio». Cristina, pur avendo abdicato, continuava a sentirsi e a voler essere una regina. Senza regno, ma sempre sovrana. Soprattutto, e finalmente, di sé stessa.

La conversione si svolse in due fasi, una strettamente privata a Bruxelles, in cui rinnegò il protestantesimo e recitò il Credo, e una pubblica e solenne a **Innsbruck** nella cappella reale dell'arciduca Ferdinando d'Asburgo, seguita da una grande festa. Scrisse subito al papa Alessandro VII, in un italiano un po' incerto: «Ho manifestato al mondo per obbedire a Vostra Santità aver lasciato con somma allegrezza quel regno dove il riverirla è posto fra i peccati inammissibili» e partì alla volta di Roma. Il suo ingresso nella città fu trionfale: percorse le strade che la portavano nella residenza del papa da sola, a cavallo, acclamata dalla popolazione festante.

Si stabilì a Roma, appagata dal clima mite e dal fasto della città, ricca di circoli culturali e occasioni di svago, che

maneggevoli, che non era difficile spostare e orientare a seconda delle mutevoli necessità dello scontro. La seconda innovazione riguardava la **cavalleria**, che venne addestrata per effettuare cariche in massa a sciabola puntata e a ranghi serrati, con un micidiale effetto d'urto. La terza innovazione riguardava l'importanza attribuita ai **fucilieri**, dotati di un moschetto leggero e addestrati al tiro di precisione e a ricaricare le armi rapidamente. L'ultima e decisiva innovazione riguardò la cooperazione di queste tre armi sul campo di battaglia.

La grande efficienza di questo esercito aveva una spiegazione più profonda: l'esercito svedese era costituito da **truppe regolari a lunga ferma**; mentre gli altri eserciti europei erano spesso composti in gran parte da individui ridotti alla miseria e raccolti in modo casuale tra gli sbandati e gli emarginati, quello svedese era composto da elementi regolarmente pagati e mantenuti dallo Stato, che restavano sotto le armi per venti anni.

Parola chiave
Reclutamento

ONLINE

David Beck
***Cristina, regina di Svezia*, part.**
1650 ca.
[Livrustkammaren, Stoccolma]

contrastavano profondamente con l'austerità del suo paese; qui rimase, con qualche interruzione, per circa trent'anni, fino alla morte, risiedendo in dimore splendide come Palazzo Farnese e Palazzo Corsini, che impreziosì di un magnifico parco tuttora sede dell'Orto Botanico della città.

Ricreò a Roma il modello della corte che aveva organizzato in Svezia. Invitò, accolse e aiutò i più grandi ingegni e talenti artistici del tempo: scultori, musicisti, scienziati, filosofi e poeti. Durante i suoi **"mercoledì culturali"** si incontrarono gli intellettuali Gravina e Crescimbeni che alla sua morte, rimasti senza punto di riferimento, si riunirono per dare vita all'Accademia dell'Arcadia. A lei si deve il **primo teatro pubblico della città** (gli spettacoli si svolgevano abitualmente nei carrozzoni ambulanti); riuscì perfino a convincere papa Clemente X ad annullare l'ordinanza che vietava alle donne di recitare e cantare (ma il successore Innocenzo XI la ripristinò prontamente).

Aveva fascino, era anticonformista, trasmetteva agli altri l'impressione di essere uno spirito indipendente. Detestava le convenzioni e aveva uno stile eccentrico, di cui si compiaceva: «Ho del tutto disprezzato le buone maniere che appartengono al mio sesso, rido troppo spesso e troppo forte e cammino troppo in fretta».

A Roma era felice, conduceva la vita che aveva desiderato per sé, di regina senza regno, ma versava in ristrettezze economiche: il sussidio erogatole dalla Svezia era troppo modesto per lei. Incominciò allora a elaborare il progetto velleitario di riconquistare una corona e chiese l'aiuto di Mazzarino e di Luigi XIV, rivali della Spagna, per **diventare regina di Napoli** rimpiazzando con la forza gli Asburgo. Nel 1656 firmò un accordo segreto con la Francia che le assicurava il trono e si affrettò ad acquistare costosissime divise per i suoi futuri dignitari ma commise un terribile gesto, che offuscò la sua immagine per sempre in tutta Europa: ordinò, nel castello di Fontainebleau in cui Luigi XIV la ospitava, l'efferata **esecuzione di un marchese italiano** suo collaboratore, sospettato di tradimento. Fu la sua rovina: assassinare un uomo per motivi personali in casa di un re ospite era scandaloso. Le fu ingiunto di lasciare la Francia. Eppure, almeno pubblicamente, non se ne pentì mai. Scrisse a Mazzarino: «Noi gente del Nord siamo piuttosto selvatici per natura [...] se non l'avessi già fatto, non andrei a letto stasera senza farlo e non ho ragione di pentirmene».

Cristina ebbe il senso profondo del rispetto e della **tolleranza religiosa**, come dimostrano il suo ruolo attivo nella promozione della pace di Vestfalia, la sua scelta radicale di abbandonare la religione del suo paese per convertirsi a quella cattolica, la sua polemica con Luigi XIV di Francia in difesa degli ugonotti perseguitati e il suo autoproclamarsi, tre anni prima della morte, «protettrice degli **ebrei** di questa città di Roma». Dopo la conversione, Cristina abbracciò la nuova fede mantenendo la sua forma mentale di libera pensatrice. Scrisse: «Bisogna sempre cercare di superare se stessi, un'occupazione che dovrebbe durare tutta la vita».

È ora sepolta nella basilica di S. Pietro, onore concesso a pochissime donne.

PERSONAGGI

La vittoria asburgica

Nella battaglia di **Lützen** del 1632 gli svedesi riportarono un'altra vittoria sull'esercito tedesco guidato da Wallenstein, ma durante una carica di cavalleria Gustavo Adolfo perse la vita. Sul trono svedese saliva una bambina, la regina **Cristina** (1632-54).

In questa occasione Ferdinando II fu salvato dalla fortuna: la morte del suo rivale gli regalò tempo prezioso per riprendere fiato e riorganizzare la lotta contro gli svedesi. L'imperatore fece uccidere a tradimento il potente e temuto Wallenstein, che secondo l'opinione dei più mirava a soppiantarlo, e affidò le sue sorti all'aiuto delle truppe spagnole. Ancora una volta la solidarietà asburgica tra Spagna e Impero fu la carta vincente: nel 1634 gli svedesi furono duramente sconfitti dall'unione di imperiali e spagnoli a **Nördlingen** (in Franconia). L'imperatore era salvo. L'anno dopo la **pace di Praga** sancì la fine delle ostilità all'interno dell'Impero: gli elettori protestanti si riconciliarono con l'imperatore ottenendo in cambio che l'applicazione dell'editto di restituzione fosse rinviata di quarant'anni [👁 17.4]. Restava però aperta la guerra con la Svezia.

GUIDA ALLO STUDIO

❶ Spiega l'importanza strategica del Mar Baltico per l'economia europea del XVII secolo. ❷ Quali furono le innovazioni che favorirono i successi dell'esercito svedese di Gustavo Adolfo? ❸ Che cosa stabiliva la pace di Praga stipulata nel 1635?

Palamedes Palamedesz
***La battaglia di Lützen*, part.**
1632
[Johnny van Haeften Gallery, Londra]

Gustavo Adolfo di Svezia, evangelico convinto, morì per difendere il protestantesimo nella battaglia contro le truppe imperiali di Wallenstein.

6 L'intervento della Francia

Il disegno politico della Francia

L'imperatore era uscito indenne dalla lotta contro la Svezia e il suo prestigio si manteneva sempre altissimo. Per le altre potenze europee restava quindi intatta la minaccia dell'ambizioso progetto di Ferdinando II: la trasformazione dell'Impero in una compagine unitaria, forte e accentrata. Per scongiurare questa eventualità, il re di Francia Luigi XIII e il suo primo ministro, cardinale di **Richelieu** [👁 19.6], decisero di intervenire direttamente in guerra.

In questa fase della guerra dei Trent'anni, infatti, le ragioni dell'egemonia in Europa prevalsero decisamente su quelle della lotta religiosa: così Richelieu, cardinale e ministro di un re cattolico, usciva apertamente in campo come il maggior rivale dell'imperatore e del re di Spagna, paladini della Controriforma; in seguito egli non avrebbe esitato, come già in passato, ad allearsi con le forze protestanti di Germania. Le operazioni militari della Francia si diressero principalmente contro la **Spagna**, che finì per trovarsi impegnata su ben **tre fronti**: in Germania, a sostegno delle truppe imperiali; nei Paesi Bassi, dove era sempre aperta la guerra contro le Province Unite; contro la Francia.

La Spagna sull'orlo del collasso

La Spagna non era in grado di reggere questo sforzo immane: le condizioni economiche del paese, già da tempo gravemente deteriorate, si erano ulteriormente aggravate a causa di un fiscalismo oneroso e inflessibile, che richiedeva alle popolazioni immiserite sforzi eccessivi per mantenere al fronte eserciti che erano solo il pallido ricordo di quelli che solo alcuni decenni prima avevano trionfato in tutta Europa. La **crisi economica** [👁 18] inasprì le tensioni politiche e attivò le forze centrifughe: nel 1640 la Catalogna e il Portogallo proclamarono l'indipendenza dalla monarchia spagnola [👁 19.8], che si trovò così a dover fronteggiare anche una gravissima rivolta interna, abilmente sostenuta da Richelieu. Quest'ultimo morì nel 1642, ma la sua politica estera fu proseguita dal successore, il cardinale Mazzarino [👁 22.7].

Nel **1643** la fanteria spagnola subì una pesante sconfitta **a Rocroi** [👁 ATLANTE_74], nelle Ardenne, da parte delle truppe francesi guidate dal principe di Condé. A Rocroi i formidabili fanti spagnoli, la cui fama di imbattibilità durava da decenni, crollarono di fronte a un esercito agguerrito e ben addestrato. La tecnologia e la tattica militare si evolvevano rapidamente e le innovazioni passavano con rapidità da un esercito all'altro: agenti, informatori, studiosi di cose militari operavano tutti in questo senso. In un mondo in cui l'arte militare diventava sempre più una faccenda da grandi professionisti, la Francia aveva fatto passi da gigante. **A Rocroi l'Europa prese anche atto del declino inarrestabile del Regno di Spagna, un colosso ormai logoro e spento, prossimo a uscire di scena.**

La pace tra spagnoli e olandesi e la fine del conflitto

I successi francesi furono tanto travolgenti da allarmare persino le Province Unite, tradizionali nemiche della Spagna: apparve preferibile, agli olandesi, l'esistenza di uno **Stato-cuscinetto** – rappresentato dai Paesi Bassi spagnoli – posto tra loro e la potentissima Francia, piuttosto che l'immediata vicinanza con quest'ultima. D'altro canto gli stessi spagnoli si erano ormai convinti che non sarebbero mai riusciti a domare la rivolta olandese. La pace separata tra spagnoli e olandesi – che la Francia cercò in tutti i modi, ma inutilmente, di scongiurare – fu firmata a **Münster** nel gennaio 1648: con essa la Spagna riconobbe ufficialmente l'**indipendenza** delle **Province Unite** [👁 16.4].

Le vicende della guerra si evolvevano negativamente anche per l'imperatore: i francesi erano penetrati in Baviera e puntavano su Vienna, gli svedesi si erano impadroniti della Boemia e assediavano Praga. Nel 1648 il successore di Ferdinando II, **Ferdinando III** (1637-57), decise opportunamente di porre fine al conflitto e firmò la pace di Vestfalia, per la quale trattative erano in corso sin dal 1644. Tra Spagna e Francia, invece, la guerra continuò.

GUIDA ALLO STUDIO

❶ Perché Luigi XIII e il cardinale Richelieu mossero guerra all'imperatore cattolico? ❷ Perché gli olandesi preferirono firmare la pace separata con la Spagna? ❸ Quali erano le difficoltà economiche e militari della Spagna alla metà del XVII secolo? ❹ Quali conflitti in Europa furono interrotti con gli accordi del 1648?

7 La pace di Vestfalia

La pace di Vestfalia, che pose fine alla guerra dei Trent'anni, comprendeva un complesso di trattati che furono sottoscritti nell'ottobre 1648 nelle due città di Münster e Osnabrück, in Vestfalia.

La fine delle guerre di religione

La pace segnò il definitivo crollo del progetto politico e religioso asburgico e la fine delle guerre di religione. Sotto il profilo religioso l'imperatore dovette rinunciare al sogno di una Germania tutta cattolica: la pace di Vestfalia riconobbe, anzi, apertamente, accanto alle confessioni cattolica e luterana (già riconosciute dalla pace di Augusta del 1555: 👁 15.5), l'esistenza di una terza confessione, la calvinista. Queste decisioni consentivano la **convivenza delle confessioni**, ma non significavano che la libertà religiosa fosse riconosciuta pubblicamente. La religione pubblica dei singoli Stati rimaneva infatti quella stabilita dal principe entro il 1624 (ma per il Palatinato si fissò il 1618), mentre ai sudditi di altra confessione era concesso di praticare privatamente i propri culti. Si trattava certamente di uno svuotamento del principio del ***cuius regio eius religio*** anche se il nuovo regime non si applicò nei territori ereditari degli Asburgo. L'imperatore rinunciò infine a rivendicare le proprietà confiscate dai protestanti ai cattolici dopo il 1552 (anno fissato dall'editto di restituzione) e accettò lo spostamento di tale limite al 1624.

Dissoluzione del potere imperiale in Germania

Sotto il profilo politico, la Germania si ritrovò ancora smembrata in una **miriade di staterelli**, a ognuno dei quali fu concessa un'autonomia quasi assoluta; i principi tedeschi potevano addirittura svolgere una politica estera indipendente. Più che una realtà politica, l'Impero era ormai una finzione. Gli Asburgo si trovarono di fatto in condizione di poter esercitare la propria autorità esclusivamente sui domìni ereditari di **Austria**, **Boemia** e **Ungheria** [👁 ATLANTE_75]. Di qui il loro orientamento a rivolgere il proprio interesse politico verso sud (Italia) ed est (Balcani), tanto più in quanto nella seconda metà del secolo si riaffacciò la minaccia turca.

In riconoscimento dei loro successi, **Francia e Svezia ottennero alcuni territori**. La prima acquisì definitivamente le città lorenesi di Metz, Toul e Verdun (che deteneva dal 1559), insieme con quasi tutta l'Alsazia. La seconda una serie di possedimenti alle foci dell'Elba, del Weser e dell'Oder, che resero incontrastato il suo dominio nel Baltico. Tra i principati tedeschi importanti acquisizioni ottenne la **Prussia-Brandeburgo**, futura potenza europea di prima grandezza, che incorporò la Pomerania orientale. Ma la trionfatrice della guerra dei Trent'anni fu la Francia che, con il definitivo indebolimento dell'Impero – e il successo sulla Spagna sancito dalla **pace dei Pirenei** del 1659 [👁 20.7] –, raggiungeva un'incontrastata **egemonia continentale**. Un'egemonia destinata a durare fino al 1871 quando, in seguito alla vittoria della Prussia sulla Francia, si costituirà l'Impero tedesco.

Le conseguenze del conflitto

La guerra dei Trent'anni fu quindi un avvenimento di eccezionale importanza perché con essa si concluse la lunga e drammatica fase delle guerre di religione: gli Stati europei trovarono un loro equilibrio religioso destinato a restare immutato, nelle grandi linee, fino ai nostri giorni. Le conseguenze immediate del conflitto furono però terribili. Dall'epoca delle invasioni barbariche nessun evento bellico aveva infatti provocato tanti disastri e all'indomani della pace di Vestfalia molte regioni europee sembravano essere state attraversate da un cataclisma. Le **finanze** degli Stati belligeranti erano esauste per il lungo e massiccio sforzo militare e i contribuenti erano ridotti allo stremo. Le truppe di passaggio, infatti, oltre a essere mantenute a spese del territorio che attraversavano, mediante contribuzioni imposte, compivano anche **rapine**, **saccheggi**, **requisizioni**: questo metodo, messo sistematicamente in atto per anni e anni, fece di loro un vero e proprio flagello per le popolazioni tedesche.

Tra le conseguenze consuete della guerra c'era anche la diffusione delle **epidemie**. La peste nera ebbe una nuova recrudescenza, perché di regione in regione, di città in città i soldati lasciavano una scia di contagio. Agli spostamenti delle truppe bisogna

170 DOC
Hans J.Ch. Grimmelshausen
Le scorribande della «soldataglia»

171 DOC
Cesare Brancaccio
L'immagine del soldato

172 DOC
Maiolino Bisaccioni
La dura realtà della guerra

ATLANTE 75_L'EUROPA DOPO LA PACE DI VESTFALIA (1648)

aggiungere quelli provocati dal timore che il loro arrivo suscitava nella popolazione: all'approssimarsi degli eserciti i contadini fuggivano e si accalcavano nelle città; qui, nell'affollamento e nella promiscuità, prosperavano le infezioni. Non si trattava soltanto della peste e degli altri morbi conosciuti ormai da secoli, ma anche di nuovi agenti patogeni, insidiosi e micidiali: è questa l'epoca in cui si diffonde la **sifilide**, detta «mal francese», ma anche «spagnolo», «napoletano» o «germanico», dal momento che nessun paese intendeva assumersi la responsabilità di una malattia (probabilmente proveniente dall'America) considerata vergognosa e degradante. Ai vecchi nemici se ne aggiungevano dunque di nuovi, contro i quali l'umanità era altrettanto impotente.

GUIDA ALLO STUDIO

❶ La pace di Vestfalia confermò il principio del *cuius regio eius religio*? ❷ Il territorio tedesco fu unificato dopo la firma del trattato? ❸ Quali regni furono rafforzati territorialmente dalla pace di Vestfalia? ❹ Quali furono gli effetti della guerra dei Trent'anni sulle popolazioni civili?

8 Il Regno di Russia

Michele Romanov Mentre nel cuore dell'Europa centro-occidentale infuriavano i conflitti religiosi, a est il Regno di Russia attraversava una delicata transizione politica. Dopo la morte di Ivan IV detto il Terribile, nel 1584, il paese aveva vissuto infatti un convulso periodo di eventi torbidi, che lo gettarono nello

Gerhard Ter Borch
Gli inviati delle potenze europee prestano giuramento
1648
[National Gallery, Londra]

La pace di Vestfalia pose la fine, nel 1648, alla guerra dei Trent'anni. Uno dei due trattati di pace fu firmato nella sala del municipio della città di Münster.

scompiglio: congiure di palazzo, usurpatori, lotte tra i boiari (l'alta aristocrazia) e la nobiltà di servizio (legata allo zar), sembrarono distruggere l'operato dello zar appena defunto. L'autorità dello Stato fu ricostruita tuttavia da Michele Romanov, che regnò tra il **1613** e il **1645**, mentre si consumava la guerra dei Trent'anni **[**ATLANTE_76**]**. Michele Romanov fu il fondatore di una dinastia che avrebbe regnato in Russia fino alla rivoluzione bolscevica (1917).

L'eredità lasciata da Ivan IV il Terribile Il Regno di Russia era una compagine dalle dimensioni immense, nella quale per iniziativa di Ivan IV (1547-84) era stato intrapreso il processo di riforma dello Stato. La vasta opera di riforma era stata concentrata sulla giurisprudenza, l'esercito, l'amministrazione locale e aveva portato al **rafforzamento dell'autorità centrale** e a un ridimensionamento del potere dei boiari. Il territorio del Regno era stato diviso in due parti: i territori situati intorno a Mosca e nelle regioni centrali del Regno erano posti alle dirette dipendenze del sovrano; i territori rimanenti erano rimasti invece sotto l'amministrazione della **Duma**, il Consiglio dei boiari. Questi ultimi erano stati privati dei loro possedimenti, in cambio dei quali avevano ricevuto terre nelle regioni periferiche, dove non avevano forza le tradizioni feudali. Contro i boiari, lo zar aveva creato anche una autorevole **nobiltà di servizio**, a lui legata da vincoli di fedeltà, alla quale conferì terre e privilegi. Inoltre, tra il 1564 e il 1572 circa 4000

ATLANTE 76_CONFINI DELLO STATO DI MOSCA NEL 1618

Il Regno di Russia dopo il ripristino dell'autorità dello zar a opera di Michele Romanov

boiari furono giustiziati con l'accusa di tradimento. I sopravvissuti vissero nel terrore. In conseguenza di queste stragi, Ivan ricevette quel soprannome di "Terribile" con cui è passato alla storia.

Durante il regno di Ivan IV i confini dello Stato russo furono estesi lungo tutto il corso del **Volga** – un'arteria commerciale di fondamentale importanza –, nel Caucaso, in Asia centrale, in Siberia. Il territorio russo divenne talmente imponente da apparire come un **vero e proprio impero**. Meno fortunata era stata però l'espansione militare russa verso il Baltico: su questo versante i soldati di Ivan avevano incontrato una fortissima resistenza svedese e polacca.

Servitù della gleba
Il termine, dal latino *gleba*, «terra», indica i contadini vincolati alle dipendenze dei loro padroni. A partire dal '500 in poi, nell'Europa orientale, si svilupparono nuovi e costrittivi legami tra i contadini non-liberi e i loro signori-padroni. La servitù della gleba fu abolita dalle riforme ottocentesche.

STORIA • SOCIETÀ • CITTADINANZA

La popolazione civile e la guerra

La guerra è un fenomeno sociale che ha sempre avuto come protagonisti non solo gli eserciti, direttamente impegnati nelle battaglie, ma anche le popolazioni civili, che ne hanno spesso subito le conseguenze più dure.

In epoca antica e nel Medioevo gli assedi delle città, le razzie, le deportazioni, le violenze e la riduzione in schiavitù dei vinti nel corso delle guerre erano «effetti collaterali» molto frequenti, quasi impossibili da scongiurare. Tuttavia le guerre tradizionali, pur coinvolgendo inevitabilmente i civili, non hanno determinato su di essi le gravi conseguenze provocate dai conflitti contemporanei.

Nel '900, infatti, la guerra è completamente cambiata, anche a seguito della pratica dei **bombardamenti aerei** e dell'introduzione di nuove **armi di distruzione di massa** sempre più potenti.

Fu con la **prima guerra mondiale** (1914-18) che i civili furono coinvolti per la prima volta in maniera imponente, sia sotto il profilo numerico, sia per il contributo indiretto dato dalle popolazioni allo svolgimento del conflitto. Tra gli effetti della guerra, infatti, si devono ricordare lo svuotamento delle campagne per il massiccio reclutamento degli uomini nell'esercito e l'impiego nell'industria bellica della manodopera rimanente, in gran parte femminile.

Dal punto di vista quantitativo, però, il primato delle vittime civili è detenuto dalla **seconda guerra mondiale** (1939-45), definita «guerra totale» sia perché ha coinvolto un elevato numero di Stati e la totalità delle loro risorse economiche, sia perché gli obiettivi civili sono stati attaccati e danneggiati in misura almeno pari, se non superiore, a quelli militari. È stato stimato che degli oltre 55 milioni di morti causati dalla guerra, oltre i due terzi sono stati civili: basti pensare alla deportazione e uccisione di circa 6 milioni di europei di origine ebraica e di altre minoranze nei campi di sterminio nazisti, o ai massicci bombardamenti su molte città europee (a Dresda, in Germania, nel 1945 persero la vita circa 25 mila persone; a Coventry, in Inghilterra, nel 1940 circa 1300: un numero molto elevato, in considerazione delle ridotte dimensioni della cittadina inglese). Si pensi, ancora, alla catastrofe causata dal lancio delle due bombe atomiche, da parte dell'aviazione americana, sulle città giapponesi di Hiroshima e Nagasaki (agosto 1945), nelle quali persero la vita immediatamente circa 150.000 abitanti; l'impatto delle bombe ebbe però conseguenze mortali anche nei decenni successivi, a causa dell'effetto ritardato delle radiazioni.

Nonostante la memoria di questi eventi sia sempre viva, il mondo contemporaneo vede continuamente ripetersi gli stessi drammi, anche se in contesti e con modalità differenti. Oggi le conseguenze dei conflitti sulle popolazioni sono evidenti in tutta la loro drammaticità, soprattutto in alcune regioni del mondo, coinvolte in conflitti internazionali o dilaniate da guerre civili, che si prolungano spesso per molti anni. Alcuni conflitti sono particolarmente cruenti, come la guerra civile combattuta in Ruanda (Africa centrale) nella metà degli anni '90, o quella nell'ex Jugoslavia (1991-95).

Tra gli effetti più pesanti delle guerre sulla popolazione civile c'è la diffusione delle **epidemie**, che si estendono ad una velocità più sostenuta che in condizioni normali, a causa dello spostamento delle truppe, di strutture sanitarie assenti o danneggiate durante le operazioni militari, oltre che per le condizioni igieniche precarie dovute alla mancanza o alla scarsità d'acqua.

Nelle zone in cui le crisi sono particolarmente acute si trovano tuttavia a operare **organizzazioni umanitarie** che nel corso degli anni sono diventate un riferimento, spesso l'unico, per i civili. Tra queste, organizzazioni non governative come l'italiana Emergency, costituita a Milano nel 1994, e la francese Medici senza Frontiere, fondata nel 1971, che affiancano altre organizzazioni come la Croce Rossa (nata nel 1862) e la Mezzaluna Rossa Internazionale (1876). Da molti anni queste organizzazioni raccolgono volontari da tutto il mondo per offrire cure gratuite alle vittime dei conflitti, senza alcuna distinzione tra i diversi schieramenti.

Accanto all'emergenza sanitaria, particolarmente rilevante è quella delle **migrazioni**: intere popolazioni, in fuga dalla guerra e dalla fame, si dirigono verso i paesi limitrofi, nella speranza di poter accedere alle risorse necessarie per sopravvivere. Anche a causa del numero elevato di persone da assistere si verificano enormi problemi in relazione all'**accoglienza** e alla **gestione dei rifugiati** da parte degli Stati di destinazione, e delle organizzazioni umanitarie che operano sul territorio.

Nel lungo periodo le conseguenze sono altrettanto gravi: il danneggiamento o la distruzione di infrastrutture, come strade, scuole, ospedali rendono la vita delle popolazioni civili molto difficile anche quando le armi tacciono. L'insieme di questi fattori condiziona ancora fortemente il raggiungimento di una stabilizzazione politica e la successiva ripresa economica e sociale dei paesi coinvolti, nonostante sul fronte legislativo esistano disposizioni di diritto internazionale (che nel complesso formano il cosiddetto **Diritto internazionale umanitario**) nate per proteggere i civili durante e dopo i conflitti, e per regolare i comportamenti degli eserciti nel corso delle operazioni militari. Le norme di riferimento sono contenute nelle quattro **Convenzioni di Ginevra** (1949), integrate con i Protocolli aggiuntivi del 1977, ai quali aderiscono 140 paesi, tra cui l'Italia.

Le **condizioni sociali** dei contadini russi erano rimaste invece quelle tipiche di quasi tutte le campagne dell'Est europeo: miseria e asservimento ne erano i tratti distintivi e le riforme di Ivan IV non avevano per nulla mutato questo stato di cose. Tanto la nuova nobiltà di servizio quanto la vecchia nobiltà dei boiari erano riuscite a imporre ai contadini prestazioni di lavoro sempre più pesanti. In Russia, come in Polonia, le immense distese a est dell'Elba erano dunque il regno della **servitù della gleba**.

GUIDA ALLO STUDIO

❶ Quale dinastia si insediò sul trono russo all'inizio del '600? ❷ Quali furono le principali riforme politico-amministrative di Ivan IV? ❸ Descrivi la situazione sociale delle campagne russe.

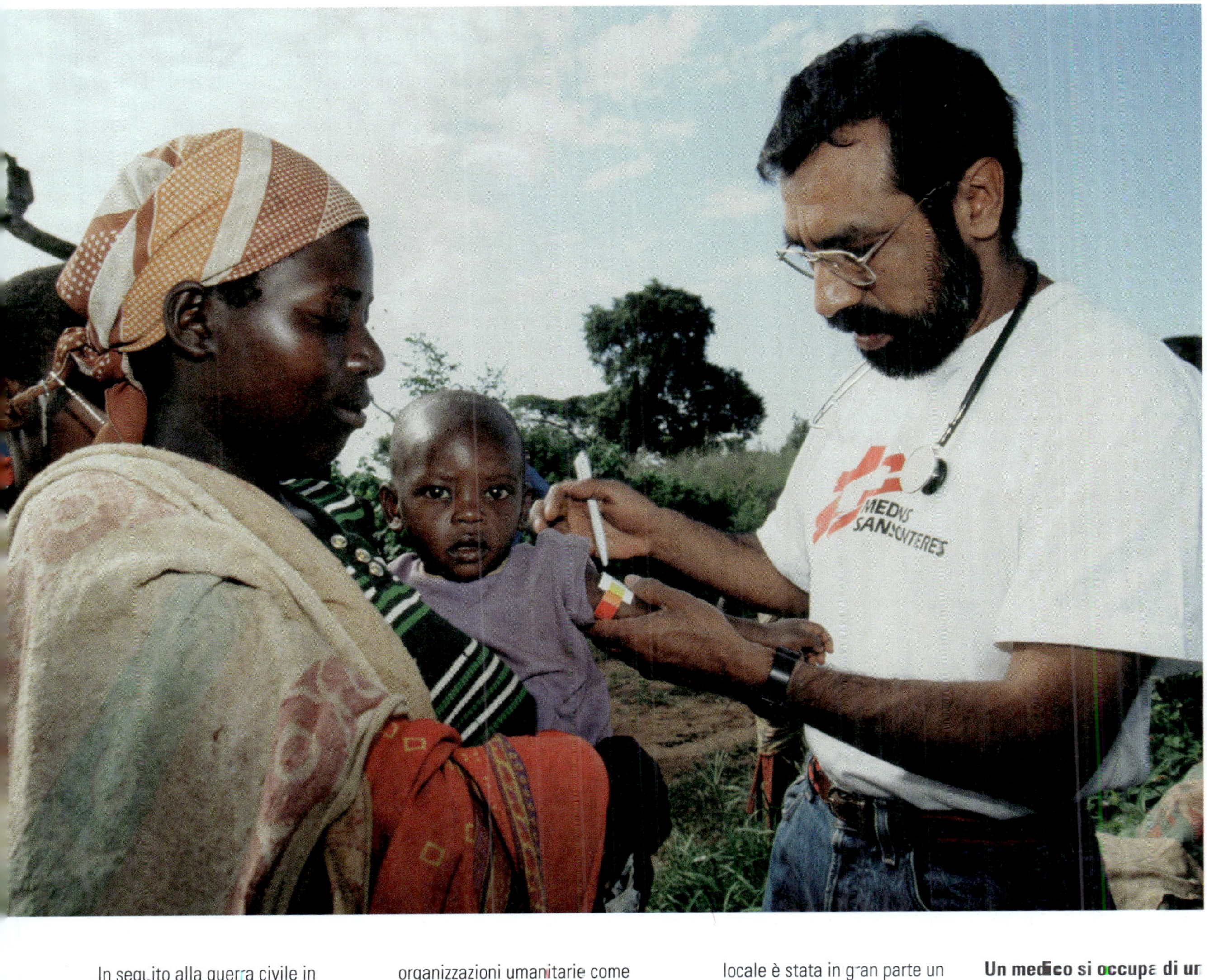

In seguito alla guerra civile in Ruanda, tristemente nota per il genocidio avvenuto nel 1994, ed esplosa a causa dei conflitti tra le due etnie rivali degli Hutu e dei Tutsi, un gran numero di rifugiati è confluito in campi allestiti nel Burundi settentrionale da organizzazioni umanitarie come Medici senza Frontiere. Il genocidio del 1994 si inserì in un contesto di rivalità etniche e stermini di massa che aveva coinvolto l'intera regione del Ruanda fin dal 1962; la percezione di una divisione etnica da parte della popolazione locale è stata in gran parte un effetto del dominio coloniale europeo, prima tedesco e poi belga. I coloni introdussero le carte di identità e iniziarono a classificare rigidamente i ruandesi in funzione del loro status sociale e delle loro caratteristiche somatiche.

Un medico si occupa di un bambino in un campo per rifugiati gestito da Medici senza Frontiere in Burundi, 1994
[© Patrick Robert/Sygma/Corbis]

SINTESI

1 Le guerre di religione in Francia

In Francia, ai problemi economici e finanziari derivati da cinquant'anni di guerre contro l'Impero si aggiungeva un contrasto sempre più profondo tra cattolici e protestanti, gli ugonotti, che sfociò nella guerra civile – il più grave episodio fu, nel 1572, il massacro della notte di San Bartolomeo. La situazione si aggravò con l'ascesa al trono di Enrico III, che si alleò con la fazione protestante guidata da Enrico di Borbone. Dopo l'assassinio del re, e salito al trono il Borbone col nome di Enrico IV, la Spagna mosse guerra alla Francia. La situazione si normalizzò solo dopo che il sovrano francese si proclamò cattolico (1593). Nel 1598, l'editto di Nantes sancì, con una soluzione di compromesso tra cattolici e ugonotti, la pacificazione interna. Dopo l'editto di Nantes, Enrico IV si dedicò alla riorganizzazione della macchina statale. Furono risanate le finanze pubbliche, grazie anche alla tassa che rendeva ereditari gli uffici acquistati, e vi fu una serie di interventi dello Stato in direzione delle attività economiche.

2 Le tensioni religiose nell'Impero asburgico

In Germania, alla estrema frammentazione politica si aggiungeva una frammentazione religiosa; di questa situazione risentiva negativamente la vita economica, imbrigliata in una dimensione regionale. All'inizio del '600 il conflitto religioso si riaccese – costituzione dell'Unione evangelica e della Lega cattolica – e, dopo una fase di conciliazione, precipitò con l'avvento al potere dell'imperatore Mattia d'Asburgo e l'assunzione della corona di Boemia e Ungheria da parte del cugino Ferdinando di Stiria.

3 Scoppia la guerra dei Trent'anni

Di fronte alla politica di «tedeschizzazione» e cattolicizzazione perseguita da Ferdinando, la Boemia si ribellò (1618) e proclamò re il capo dell'Unione evangelica. Il conflitto avrebbe interessato l'Europa per trent'anni. Ferdinando (che divenne imperatore come Ferdinando II) con l'aiuto di un esercito spagnolo sconfisse i boemi nella battaglia della Montagna Bianca. Mentre in Boemia si scatenò una dura repressione, la Spagna occupò la Valtellina. Dopo l'intervento e la sconfitta della Danimarca, la guerra di Boemia era conclusa. Ma il progetto di restaurazione imperiale e cattolica di Ferdinando II e l'aggressiva politica estera spagnola allarmarono le altre potenze europee.

4 Progetti politici e potenza militare di Ferdinando II

La decisione di Ferdinando II che si restituissero alla Chiesa cattolica i beni confiscati dopo il 1552 scontentò tutti. E la sua pretesa di rendere ereditaria la corona imperiale, a favore degli Asburgo, suscitò anch'essa vaste preoccupazioni tra i principi tedeschi, intimoriti inoltre dall'enorme potere acquisito dall'esercito imperiale guidato da Wallenstein.

5 L'intervento della Svezia

Allarmato dalla politica di potenza di Ferdinando II, il re di Svezia Gustavo Adolfo intervenne con successo contro la Lega cattolica. Le vittorie svedesi erano dovute a un esercito che si fondava su una artiglieria maneggevole, su un nuovo impiego della cavalleria e dei fucilieri, su truppe regolari a lunga ferma. Una nuova vittoria riportata nel 1632 avrebbe potuto essere decisiva se nella battaglia non avesse perso la vita lo stesso re di Svezia. Ferdinando II, fatto uccidere Wallenstein, si affidò alle armi spagnole riuscendo a concludere la pace con i principi tedeschi protestanti.

6 L'intervento della Francia

Per scongiurare il rafforzamento dell'Impero, la Francia decise di intervenire direttamente in guerra. Le operazioni militari della Francia si diressero principalmente contro la Spagna, che fu pesantemente sconfitta a Rocroi (1643). I successi francesi contro le truppe imperiali convinsero il nuovo imperatore Ferdinando III a concludere la pace di Vestfalia (1648).

7 La pace di Vestfalia

La pace segnò il definitivo crollo del disegno politico e religioso asburgico e sancì la divisione della Germania in una miriade di staterelli autonomi. Gli Asburgo esercitavano ormai la loro sovranità solo sui domìni ereditari di Austria, Boemia e Ungheria, mentre la Francia raggiungeva un'incontrastata egemonia continentale. La guerra dei Trent'anni, che concluse la lunga fase delle guerre di religione, ebbe conseguenze immediate gravissime: molte regioni europee subirono enormi devastazioni, le finanze degli Stati belligeranti furono ridotte allo stremo, il passaggio dei soldati favorì la diffusione delle epidemie. Tutto ciò aggravò la crisi che si era manifestata già prima dello scoppio del conflitto.

8 Il Regno di Russia

Dopo un periodo di confusione e disordini negli anni successivi alla morte di Ivan IV il Terribile, mentre l'Europa centro-occidentale era teatro dell'ultima guerra di religione, l'autorità dello Stato fu ristabilita da Michele Romanov, che regnò dal 1613 al 1645. L'eredità più importante per Michele Romanov proveniva da Ivan IV che, nella seconda metà del '500, aveva rafforzato l'autorità centrale, ridimensionato il potere dei boiari – senza tuttavia modificare le condizioni delle campagne, dominate dalla servitù della gleba – e intrapreso una politica di espansione territoriale.

SVILUPPARE LE COMPETENZE

❶ Stabilisci l'esatta successione dei seguenti re francesi, attribuisci loro le corrispondenti azioni e poi usa gli elementi raccolti come spunto per scrivere un testo di 18 righe al quale dovrai dare un titolo appropriato:

Enrico IV
Carlo IX
Enrico III

a. Designa come suo successore Enrico di Borbone.
b. (Caterina dei Medici reggente) garantisce libertà di culto ai calvinisti.
c. Emana l'editto di Nantes che riconosceva agli ugonotti gli stessi diritti politici dei cattolici.
d. Firma la pace di Vervins con la Spagna.
e. Spinge il popolo di Parigi a commettere il massacro della notte di San Bartolomeo.
f. Abiura il calvinismo e si converte al cattolicesimo.
g. Fa assassinare Enrico di Guisa, suo alleato, e si mette dalla parte di Enrico di Borbone.

❷ Di seguito hai tre affermazioni sui problemi religiosi nell'Impero asburgico. Usale come spunto per scrivere un testo di 10 righe, al quale dovrai inoltre dare un titolo:

a. I principi cattolici, guidati dal duce di Baviera, diedero vita a campagne di riconquista al cattolicesimo nelle regioni luterane o protestanti.
b. L'imperatore Rodolfo II concesse anche ai boemi, con la Lettera di maestà, la libertà di culto.
c. L'imperatore Mattia abolì la Lettera di maestà imponendo, anche alla Boemia, il cattolicesimo.

❸ Defenestrazione di Praga, battaglia della Montagna Bianca e pace di Lubecca sono tre episodi di un'importante guerra che scosse a lungo l'Europa. Quale? Quando avrai individuato l'episodio corretto scrivi un testo di 15 righe che contenga i fatti avvenuti tra la defenestrazione di Praga e la pace di Lubecca.

❹ Approfondisci, in testi di 5 righe ciascuno, i seguenti argomenti:

a. L'editto di restituzione
b. L'esercito di Wallenstein
c. Le innovazioni tecnologiche utilizzate dall'esercito svedese
d. La partecipazione della Francia alla guerra dei Trent'anni e il declino della Spagna

❺ Completa il brano proposto inserendo le parole mancanti che potrai scegliere tra quelle elencate sotto. Aggiungi dunque al testo altre 10 righe che completino il quadro dell'Europa dopo la guerra dei Trent'anni:

a. sovrani
b. impero
c. Vestfalia
d. religione
e. calvinismo
f. francesi

Con la pace di .... si chiuse in Europa l'epoca delle guerre di .... Nonostante la pace avesse concesso un formale riconoscimento anche al .... la religione pubblica dei singoli Stati restava quella decisa dai ....

Al termine della guerra dei Trent'anni l'........... era ormai una finzione composta da una miriade di staterelli, mentre i veri trionfatori furono certamente i ....

❻ Descrivi, in un testo di 6 righe, il Regno di Russia durante il periodo di Ivan il Terribile.

CAPITOLO

18 LA CRISI DEL '600

1 Crisi demografica e crisi agraria

Inversione di tendenza

Il XVI secolo era stato un periodo di espansione economica e di incremento demografico. Benché la crescita della popolazione, unita all'afflusso di grandi quantità di metalli preziosi dalle Americhe, avesse causato un forte aumento dei prezzi dei beni di consumo, con la conseguente riduzione del potere d'acquisto dei salari, gli imprenditori commerciali e i proprietari di aziende agricole avevano ampliato il volume delle loro attività e realizzato cospicue fortune. L'Italia aveva svolto sempre un ruolo centrale, rappresentando l'area di più intensa concentrazione delle manifatture, il crocevia dei traffici commerciali mediterranei, oltre che il paese culturalmente più evoluto [👁 20.1]. Nei primi decenni del XVII secolo ebbe invece inizio un complicato processo di crisi, che per certi aspetti colpì indistintamente tutti i paesi europei, per altri penalizzò particolarmente l'area mediterranea, in primo luogo Spagna e Italia: la cosiddetta **crisi del '600**. Essa non fu solo una battuta d'arresto nel processo di crescita avviatosi nel secolo precedente, ma una fase di profonde e diseguali trasformazioni, che ridisegnarono in modo quasi definitivo il volto dell'Europa moderna, determinando quello squilibrio tra Nord e Sud del continente che ancora oggi fa sentire il suo peso.

TABELLA 10_L'ANDAMENTO DELLA POPOLAZIONE NELLA PENISOLA ITALIANA (1600-50)

	1600	1650	VARIAZIONI IN PERCENTUALE
Italia settentrionale	5.412.000	4.225.000	–21,3%
Italia centrale	2.915.000	2.738.000	–6%
Italia meridionale	3.320.000	2.850.000	–14,1%
Isole	1.625.000	1.701.000	+4,6%
Totale	13.272.000	11.543.000	–13%

La tabella illustra l'andamento della popolazione in Italia nel corso della prima metà del '600. Regione fra le più densamente popolate del tempo, essa subisce pesantemente gli effetti delle epidemie e delle carestie di questo periodo, soprattutto nella sua parte settentrionale che conosce un calo della popolazione di oltre il 21% nell'arco di cinquant'anni.

Stagnazione e decremento demografico

Un aspetto importante della crisi del '600 fu la stagnazione o, in taluni casi, il decremento demografico [👁 ATLANTE_77]. Intorno al 1590 la popolazione europea era giunta a contare circa 100 milioni di abitanti; alla fine del '600 questa cifra era sostanzialmente inalterata. L'elevato ritmo di crescita cinquecentesco ebbe un brusco arresto fin dai primi del XVII secolo, ma due linee di tendenza diverse si registrarono nel Nord e nel Sud dell'Europa. Tra il 1600 e il 1650 l'Italia passò da 13,3 milioni circa di abitanti a 11,6 [👁 TABELLA_10] e la Spagna con il Portogallo da 10,5 a 9,25; Olanda e Inghilterra ebbero invece un discreto incremento e la Francia una crescita modesta [👁 TABELLA_11]. Quasi tutti i paesi europei furono toccati da problemi che minacciavano la consistenza delle popolazioni, ma fu l'area mediterranea a subire le perdite maggiori.

173 E.J. Hobsbawm *La rivoluzione inglese: un prodotto della "crisi del '600"*

Come su tutti i grandi fenomeni economici e demografici dell'età medievale e moderna, anche su questo gli storici s'interrogano senza riuscire a trovare risposte sicure. Ancora una volta ci si muove pertanto sotto il segno della probabilità e non della certezza assoluta.

È probabile che la crisi sia stata innescata da un processo di **polarizzazione della ricchezza** accentuatosi progressivamente nel corso del '500. Durante il '500, l'aumento della popolazione aveva reso molto facile, per i grandi proprietari, elevare il proprio livello economico mediante l'aumento delle rendite e del prelievo signorile, piuttosto che attraverso un incremento della produzione: il loro reddito era aumentato parallelamente alla crescita della popolazione e al connesso minor costo della manodopera. Ma il **diffuso impoverimento dei lavoratori** provocò il crollo della loro

ATLANTE 77_DENSITÀ DELLA POPOLAZIONE EUROPEA AGLI INIZI DEL '600

La densità di popolazione dell'Europa seicentesca mette in evidenza fattori di continuità e di discontinuità. Le aree tradizionalmente più popolate – l'Italia e i Paesi Bassi – continuano a essere caratterizzate da un'alta densità; ma nuove zone europee, in particolare l'Inghilterra meridionale, sono ora fittamente abitate. La Penisola iberica continua invece a soffrire di un debole popolamento: la crisi economica conferisce anzi ad alcune regioni interne della Spagna un aspetto quasi desertico, che colpisce gli osservatori contemporanei.

abitanti per km²
- oltre 40
- 20-40
- 5-20
- fino a 5

Parola chiave
Clima

ONLINE

domanda di beni sul mercato: la gente guadagnava meno e comprava meno. Questa contrazione del mercato, a sua volta, ridusse gli stimoli all'investimento produttivo; la ricchezza accumulatasi nelle mani dei grandi proprietari prendeva altre vie e alimentava soprattutto spese di lusso e di prestigio. Da qui una serie di reazioni a catena, in conseguenza delle quali il sistema economico si avvolgeva a vite su se stesso. Dall'impoverimento della popolazione discese direttamente il regresso demografico.

Matrimonio tardivo Il peggioramento delle condizioni di vita e la diminuzione del reddito procapite spingevano ampie frange della popolazione a **ritardare l'età del matrimonio**. In media gli uomini si sposavano intorno ai trent'anni, mentre le donne intorno ai venticinque-ventisei anni, con conseguente diminuzione degli anni di fertilità della coppia e quindi del numero medio dei figli. Gli storici hanno interpretato questo fenomeno come una **strategia di carattere sociale**: la coppia rimandava il matrimonio e la procreazione in attesa di tempi migliori. In generale, il nuovo nucleo familiare tendeva a formarsi solo quando le circostanze esterne lo consentivano, ossia quando veniva a crearsi uno spazio tale da permettere alla nuova famiglia la vita lavorativa e la sopravvivenza dei figli. Il matrimonio tardivo, riscontrabile in buona parte dell'Europa, appare particolarmente pronunciato nelle **regioni centro-settentrionali del continente**: a Ginevra, per esempio, nella seconda metà del XVI secolo, all'interno della borghesia cittadina, l'età media al primo matrimonio era di 22 anni per le donne e di 27 per gli uomini; nella prima metà del '600 essa salì, rispettivamente a 25 e a 29.

Fattori climatici e "cerealizzazione" Queste tendenze di fondo della crisi del '600 furono aggravate da altre circostanze. Tra queste, il **clima**. Intorno al 1590 circa ebbe infatti inizio una fase di raffreddamento del clima europeo, destinata a durare fino alla metà del XIX secolo. La dipendenza dell'agricoltura dai fattori climatici era stata accentuata dalla diffusione della **cerealicoltura**. Come si ricorderà, la "cerealizzazione" dell'agricoltura europea era stata una delle conseguenze più importanti della crescita demografica del '500 [👁 13.1]. Il fenomeno, positivo sul medio periodo, indebolì, alla distanza, le possibilità di difesa dalle avversità delle stagioni: è evidente, infatti, che tanto più sono varie le colture, tanto più è difficile che le variazioni climatiche danneggino contemporaneamente tutta la produzione agricola. La diffusione dei cereali a spese dell'allevamento rese inoltre molto più scarsa la disponibilità dell'unico fertilizzante allora disponibile ovunque, il **concime naturale**: i suoli tendevano quindi a esaurirsi e le rese ad abbassarsi.

Lo spettro delle **carestie**, che si susseguivano a ondate, si riaffacciò in quasi tutta l'Europa continentale; soltanto l'Olanda e l'Inghilterra ne furono risparmiate grazie a un'accentuata specializzazione della produzione agricola e al suo orientamento verso il mercato. L'Olanda, in partico-

Giovanni da San Giovanni
***Contratto nuziale*, part.**
1625 ca.
[Galleria di Palazzo Corsini, Roma]

Fino al concilio di Trento non esisteva una norma generale che prescrivesse una forma e un rituale specifici per garantire la validità del matrimonio cattolico. Proprio il concilio emanò nel 1563 un decreto atto a disciplinare la materia stabilendo che la forma da adottarsi nella celebrazione del matrimonio, sotto pena della nullità, consistesse nella manifestazione del consenso fatta alla presenza di un parroco e di due testimoni.

lare, si affermò nell'allevamento bovino, nella lavorazione dei prodotti caseari, nella produzione di piante industriali (come lino e canapa), rinunciando a produrre cereali, che venivano importati a prezzi vantaggiosi dalle regioni baltiche, grazie a un'imponente organizzazione commerciale. Resistettero quindi meglio quelle aree dove si verificò rapidamente un'inversione di tendenza rispetto alla precedente cerealizzazione e dove i campi furono riconvertiti in vario modo.

La peste Come sempre in questi casi, al diffondersi delle carestie si intrecciò il riesplodere delle **grandi epidemie**. A partire dagli ultimi decenni del '500 esplosero a più riprese pestilenze, le quali assunsero particolare virulenza nella prima metà del '600. Le zone maggiormente colpite dall'epidemia di **peste bubbonica** del 1630-31 furono la Germania e l'Italia settentrionale, mentre nei decenni successivi furono devastati dalla pestilenza paesi dell'area mediterranea come la Spagna, l'Italia centro-meridionale, la Francia [👁 ATLANTE_78]. Oltre che dalla peste, la popolazio-

TABELLA 11_LA POPOLAZIONE EUROPEA 1500-1650 (IN MILIONI)

POPOLAZIONE	1500	1600	AUMENTO RELATIVO	1650	VARIAZIONE 1600-1650
Scandinavia	2	2,25	+12,5%	2,5	+11%
Isole britanniche	4	6,25	+56%	8	+28%
Francia	15	19	+27%	21	+10%
Germania	9	12	+33%	11	−8%
Europa centrale (Austria, Boemia, Ungheria)	6,25	8,25	+32%	7,25	−12%
Spagna-Portogallo	7,75	10,5	+35%	9,25	−12%
Italia	9	13,5	+50%	11,7	−13,4%
Balcani (Romania compresa)	6,5	8	+23%	8,25	+3%

La tabella mostra l'andamento demografico dell'Europa nell'arco di tempo di circa un secolo e mezzo. Nelle prime tre colonne compaiono i dati relativi alla forte crescita demografica del '500 [👁 13.1]. Nelle ultime due sono invece indicati quelli relativi al periodo 1600-50. Si noterà il netto calo della popolazione della Germania, dell'Europa centrale, della Spagna, del Portogallo, dell'Italia, e l'aumento verificatosi negli altri paesi elencati; si tratta però di un aumento molto più contenuto di quello verificatosi nel '500. Come sempre, in questi casi, bisogna tener presente che i dati sono attendibili soltanto per approssimazione. Ancora alla fine del '600, infatti, in nessun paese del mondo esistevano servizi statistici: il primo Stato a organizzarne uno fu la Svezia, che a partire dal 1686 istituì l'obbligo, per i pastori protestanti, di tenere un registro completo e aggiornato dei parrocchiani; nel 1748 il governo svedese istituì un apposito ufficio statale per elaborare i dati raccolti dai pastori protestanti. L'esempio svedese fu seguito più tardi da altri paesi europei.

ATLANTE 78_LA DIFFUSIONE DELLA PESTE BUBBONICA NELL'AREA MEDITERRANEA A METÀ DEL '600

Le epidemie di peste a metà '600 colpirono prevalentemente l'area del Mediterraneo e, soprattutto, quelle aree rimaste relativamente ai margini della pestilenza del 1630-31.

❶ Quale fu l'andamento demografico generale in Europa, tra il 1500 e il 1650? ❷ Che cosa fu il fenomeno di polarizzazione della ricchezza? ❸ Perché il matrimonio tardivo è stato definito una strategia sociale? ❹ Quali furono le conseguenze immediate del raffreddamento del clima in Europa? ❺ Quali furono le zone più colpite dall'epidemia di peste del 1630-31?

GUIDA ALLO STUDIO

ne europea fu decimata anche da altre **malattie infettive**, come la dissenteria, il tifo, il vaiolo, la tubercolosi, l'influenza e le sue complicazioni. Favorite dal calo della produzione agricola e dalle carenze alimentari che ne derivarono, le epidemie contribuirono a loro volta ad accentuare il calo della produzione, poiché la richiesta di alimenti di base si contrasse progressivamente insieme con la popolazione decimata dalle malattie.

2 I problemi della signoria fondiaria e le rivolte contadine

Trasformazioni della nobiltà fondiaria

La crisi della produzione agricola ebbe effetti rilevanti anche sul piano delle **strutture economiche e sociali**. Olanda e Inghilterra, con qualche analogo tentativo in Francia, in Italia settentrionale e nei paesi scandinavi, reagirono alla recessione potenziando gli investimenti di tipo capitalistico avviati già durante il '500 [👁 13.2]. Questo comportò la trasformazione di una parte della nobiltà fondiaria in ceto di **imprenditori terrieri**, a cui si aggiunsero elementi di estrazione borghese-mercantile, fortemente inclini all'acquisizione delle terre fertili disponibili, all'impiego di manodopera libera salariata, alla razionalizzazione delle tecniche e dei programmi di produzione. Questo processo provocò una dura **selezione** in una parte del mondo rurale: se alcuni agricoltori raggiunsero una condizione di agiatezza, **molti persero i loro piccoli fondi**, inadeguati a sostenere la **concorrenza di unità produttive molto più grandi e attrezzate**, e si ridussero allo stato di braccianti o di lavoratori a domicilio, oppure andarono a ingrossare la massa dei mendicanti e dei **vagabondi**. In un'epoca in cui gli Stati tendevano a incrementare sempre più il loro controllo sul territorio e sui sudditi, il fenomeno suscitò allarme e provocò il rafforzamento di misure repressive, spesso indiscriminate. La stessa pressione fu esercitata sui gruppi umani in movimento: in un'Europa che aveva ormai

◂
Adriaen Pieterz van de Venne
Allegoria della povertà
1630 ca.
[Allen Memorial Art Museum, Oberlin (Ohio)]

▸
Jacques Callot
Lo storpio
[incisione della serie *I mendicanti*, 1622-23]

Il peso della crescente pressione fiscale da parte dello Stato, lo sforzo di ripresa economica della feudalità e la formazione di nuove fortune borghesi ricaddero direttamente sui contadini e sulle classi popolari urbane, inasprendo i conflitti sociali già in atto. Il dramma della povertà dei contadini nel XVII secolo fu oggetto di frequenti pitture e incisioni di artisti dell'epoca, come testimoniano questi due esempi: il primo di arte fiamminga, l'altro francese.

definito da tempo il suo quadro etnico, gli spostamenti degli **zingari** suscitavano apprensione, pregiudizi e provvedimenti repressivi [👁 18.3 STORIA • SOCIETÀ • CITTADINANZA]. Anche in Spagna e in Italia (soprattutto nel Meridione: 👁 20.6) il sensibile calo delle rendite signorili fu recuperato, ma certo non attraverso un aumento della produttività. In questi paesi si verificò, infatti, un forte processo di **rifeudalizzazione** ai danni dei contadini, soprattutto in termini di riduzione delle libertà personali. I diritti delle comunità di villaggio furono erosi, mentre anche le piccole proprietà cadevano nelle mani dei signori. Nell'Europa orientale l'ondata di rifeudalizzazione fu ancora più forte e portò alla vera e propria affermazione di una seconda **servitù della gleba**. Ciò accadeva per il fatto che la **specializzazione delle aree a est dell'Elba** nella produzione cerealicola da esportazione dipendeva da una domanda dei paesi occidentali e meridionali di grani a basso costo: in Polonia, come nelle altre regioni baltiche, la grande nobiltà fondiaria si arricchì fornendo grani il cui prezzo assai contenuto era compensato da costi di produzione bassissimi, quasi interamente scaricati sulle spalle dei contadini asserviti.

Rifeudalizzazione
Ricomparsa o rafforzamento di antichi diritti signorili sullo sfruttamento della terra e del lavoro agricolo, come l'aggravamento dei canoni di affitto e l'aumento delle prestazioni d'opera gratuite.

Le rivolte contadine La crisi dell'agricoltura, coniugandosi con i disastri provocati dalla guerra dei Trent'anni [👁 17.7] e con l'esoso fiscalismo degli Stati assoluti [👁 18.1], fu all'origine delle numerose rivolte contadine e popolari che segnarono la prima metà del '600. La necessità di armare eserciti sempre più numerosi e potenti, infatti, spinse i governi degli Stati coinvolti nella **guerra dei Trent'anni** a **imporre nuove tasse** per incrementare gli introiti. Si trattò di un provvedimento decisamente impopolare che determinò ovunque un forte e diffuso malcontento: in particolare, i contadini – che costituivano la maggior parte della popolazione europea – in molti casi si rifiutarono di pagare e si ribellarono contro i funzionari del fisco. Tra le rivolte che in quegli anni sconvolsero le campagne europee ricordiamo quelle dei **contadini francesi e inglesi**. Nel 1635-37, nelle regioni del Poitou e del Limousin, i cosiddetti ***croquants*** (il nome ha un'etimologia incerta) attaccarono gli esattori del fisco, accusandoli di frode ai loro danni e a quelli del re; nel 1639 i ***nu-pieds*** ('piedi nudi'), in Normandia, si ribellarono contro la soppressione dei privilegi fiscali di cui godevano da tempo. Oltre che da motivazioni antifiscali, le rivolte presero le mosse anche dalla volontà di difendere gli antichi statuti e le regole consuetudinarie che da tempo disciplinavano la vita delle comunità di villaggio. La cancellazione dei diritti comunitari, per esempio, è alla base delle ribellioni dei contadini inglesi, i cosiddetti ***diggers*** ('zappatori'). Le **rivolte delle recinzioni** (*enclosures rebellions*), infatti, miravano al **ripristino dell'ordine preesistente**, consistente nel libero accesso alle terre comuni e nel godimento degli usi collettivi: zappe alla mano, i *diggers* abbattevano le siepi di recinzione, distruggevano i campi seminati, tagliavano alberi per ricavarne legname.

GUIDA ALLO STUDIO
❶ In che modo, durante il '600, si trasformò il paesaggio agricolo in Inghilterra e in Olanda? ❷ Quali interventi garantirono, in Spagna e in Italia, il recupero delle rendite agricole? ❸ Che cosa provocò, nel XVII secolo, l'insorgere di nuove rivolte contadine? Dove si verificarono? ❹ Chi erano i *diggers*?

3 Crisi e riorganizzazione del commercio europeo

Crisi commerciale In sistemi economici come quelli del '600 i fenomeni di base si manifestano al livello della produzione agricola. Ma il quadro della crisi del '600 non è completo se non si analizza anche il settore commerciale. Alla fine del '500 l'afflusso di **oro e** di **argento americani** si ridusse bruscamente, a causa dell'**esaurimento di molte miniere** e dello **sterminio della manodopera indigena**, consumata da ritmi e da condizioni di lavoro insostenibili. Questo determinò, nel primo ventennio del '600, una fase di sbandamento nel sistema monetario europeo. Da un lato, infatti, il valore della moneta pregiata andò alle stelle e si diffusero fenomeni come l'impoverimento delle leghe metalliche argentee nelle coniazioni o la cosiddetta **tosatura** delle monete, cioè il raschiamento della loro superficie o dei loro contorni per recuperare un po' di metallo; dall'altro, vennero fortemente incrementate le **coniazioni in rame**, il che rafforzò l'aumento dei prezzi, ereditato dal secolo precedente. Intorno al 1620 esplose una crisi delle attività commerciali europee: infatti, la quantità di moneta argentea – principale strumento degli scambi – divenne talmente scarsa da impedire il regolare svolgimento delle operazioni di scambio. Il risultato immediato fu il **crollo dei prezzi** di mercato, di cui soffrirono tutte le principali potenze commerciali europee.

Decadenza del Mediterraneo e riorganizzazione dei traffici

L'area mediterranea andò incontro a un processo di lenta ma inesorabile decadenza. La Spagna, già da tempo poco attiva nella rete dei traffici europei **[👁 16.2]**, vide crollare anche il già esiguo volume di traffici con le colonie americane. Quanto all'Italia, danneggiata dalla progressiva diminuzione d'importanza delle rotte mediterranee, non solo non riuscì a inserirsi nel grande giro anglo-olandese, ma addirittura vide i propri mari solcati sempre più frequentemente da navi provenienti dal Nord **[👁 20.5]**.

Diversamente, **Olanda** e **Inghilterra** riconvertirono con successo il proprio potenziale economico. In questi paesi l'attività commerciale venne anzitutto riorganizzata come **distribuzione su larga scala di beni il più possibile a basso costo**: non più, quindi, solo traffico di merci coloniali pregiate, ma anche di prodotti di minor

Job Adrianensz Berekheyde
La Borsa di Amsterdam
1668 ca.
[Museum Boymans-van Beuningen, Rotterdam]

La Borsa di Amsterdam fu completata nel 1611, prendendo a esempio le analoghe istituzioni di Londra e Anversa; non era un mercato di titoli finanziari, come nel comune significato moderno della parola, ma un luogo di contrattazione di merci. Come testimonia questo dipinto, il cortile e i portici della Borsa di Amsterdam erano il luogo in cui i mercanti s'incontravano per scambiarsi informazioni ed eseguire contrattazioni di vario genere.

valore destinati a un consumo più largo (per esempio lo zucchero); e soprattutto elasticità nel rifornire i mercati di tutto ciò che potessero richiedere, anche a prescindere dalle risorse della madrepatria, cioè importando per esportare. I mercanti olandesi e inglesi furono anche i più brillanti imprenditori manifatturieri d'Europa, proprio in obbedienza alla **necessità di rendere disponibile tutto ciò di cui ci fosse domanda**: furono i mercanti olandesi, per fare un solo esempio, a dare un impulso decisivo all'industria estrattiva e siderurgica svedese, per rifornire di armi e cannoni gli eserciti europei. Anche se non trasformò qualitativamente il sistema produttivo – che rimase basato, soprattutto per i tessuti, sul lavoro a domicilio –, il fenomeno fu di grande importanza perché conferì al sistema produttivo stesso dimensioni mai raggiunte prima.

In più Olanda e Inghilterra potenziarono enormemente le proprie **flotte mercantili** raggiungendo quasi il **monopolio del trasporto marittimo**. In questo settore agivano prevalentemente grandi compagnie commerciali, che rastrellavano denaro da investire attraverso l'emissione di **azioni**. Ciò rese molto vivace il mercato borsistico (come si ricorderà, la Borsa era il luogo dove si regolavano le transazioni commerciali e finanziarie), che ebbe il suo centro principale ad **Amsterdam**, la quale a partire dagli anni '70 del '500 prese il posto che un tempo aveva avuto Anversa come centro commerciale e finanziario mondiale. Anversa infatti, nel 1576, in conseguenza degli eventi della rivolta antispagnola, aveva subìto un terribile saccheggio dal quale si riprese molto lentamente [👁 16.4].

L'impero commerciale olandese

L'Olanda, quindi, nei primi decenni del '600 si impose quale prima potenza mercantile del Baltico. Gli olandesi approfittarono brillantemente della fragilità del sistema coloniale spagnolo e portoghese per consolidare un'imponente **rete mondiale di traffici** [👁 ATLANTE_79]. In

Azioni
Quote del capitale di una società e titoli che la rappresentano.

ATLANTE 79_COMMERCI E DOMÌNI DELLE PROVINCE UNITE (1650 CA.)

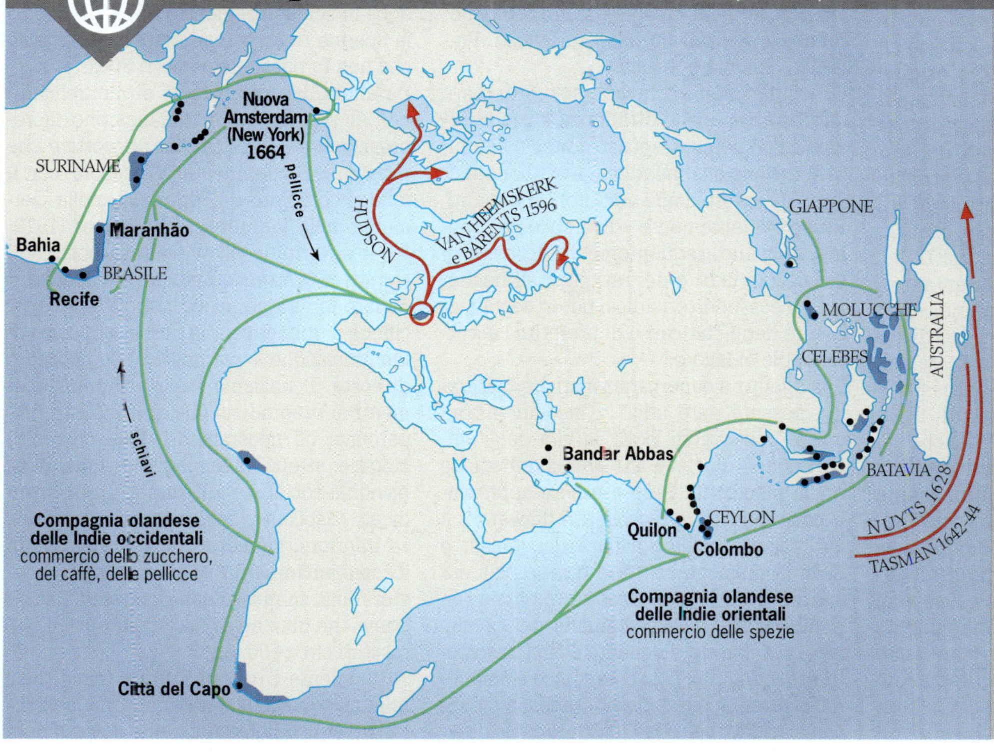

Intorno al 1650 la potenza commerciale olandese raggiunge il suo apice. La rete dei suoi traffici si espande su tutte le principali rotte mondiali. La Compagnia olandese delle Indie orientali soppianta i portoghesi nel controllo del traffico delle spezie. La Compagnia olandese delle Indie occidentali è presente sia in America settentrionale, sia in America meridionale, dove pratica la tratta degli schiavi. Molto forte è, inoltre, la presenza dei mercanti olandesi nell'area baltica.

rotte commerciali
esplorazioni

particolare, clamorosa fu l'espansione olandese nell'Oceano Indiano ai danni dei portoghesi. Ovunque gli olandesi spodestarono i portoghesi – in Asia, come in America e in Africa – e ne imitarono le modalità di insediamento: anziché penetrare nell'interno e dar vita a domìni coloniali sul modello spagnolo, crearono basi commerciali sulle coste [👁 12.8]. Nel 1602 vide la luce la **Compagnia delle Indie orientali**, che in cambio di una tassa del 3% sugli utili commerciali godeva di privilegi e di franchigie doganali. In virtù della sua solida organizzazione interna, la compagnia si comportò nelle Indie orientali come un vero e proprio potere politico, in possesso della sua forza militare e in grado di stipulare trattati con i principi indonesiani. Il suo travolgente successo portò, nel 1614, alla fondazione della **Compagnia delle Indie occiden-**

STORIA • SOCIETÀ • CITTADINANZA

Gli «zingari»

Il termine «zingaro» (che deriva dal greco bizantino *athingànos*, 'intoccabile', attribuito a un'antica setta orientale di maghi e di indovini) indica un **insieme di gruppi nomadi** presenti attualmente in quasi tutta l'Europa e in America. Le origini etniche, culturali e geografiche degli zingari sono abbastanza oscure. In passato numerose leggende tentarono di ricostruire le loro origini: si diceva discendessero dai costruttori delle piramidi, dai persiani, dai tartari, da una delle tribù perdute d'Israele, dai sopravvissuti di Atlantide. La somiglianza tra la lingua parlata dalla maggior parte dei gruppi (il *romanì* o *romanés*) e alcune lingue parlate in India, però, ha da tempo fatto pensare ad una loro **origine asiatica e indiana**. Le ricerche dei linguisti hanno messo in luce anche la presenza di termini derivanti dal persiano, dal curdo, dall'armeno e dal greco, che potrebbero testimoniare gli spostamenti compiuti da queste popolazioni nel corso di molti secoli (probabilmente a partire dal IX secolo) dall'India verso l'Europa orientale.

L'incertezza che circonda le origini degli zingari spiega anche la molteplicità di appellativi con cui vengono chiamati: da una loro presunta origine egiziana nasce il termine *gypsies* diffuso in Inghilterra; il nome «boemi» deriva invece dal fatto che nel XV secolo alcune loro comunità ricevettero passaporti dal re di Boemia; attualmente vengono chiamati anche «sinti», in riferimento alla regione pakistana (Sindh) dalla quale potrebbero aver avuto origine. Il termine *rom* (che nella lingua *romanés* vuol dire 'uomo', 'marito'), che originariamente indicava una precisa etnia, è oggi usato con un significato generico in riferimento a tutte le comunità zingare. L'uso del termine è inoltre ritenuto preferibile al corrispettivo «zingaro», perché considerato meno spregiativo.

La presenza massiccia di comunità zingare nell'**Europa centrale** risale al **XV secolo**, quando, forse per sottrarsi alle guerre tra turchi e bizantini, numerose tribù nomadi provenienti da varie regioni del Vicino Oriente e dell'Europa orientale si diressero verso l'Europa centro-occidentale. A causa della loro lingua incomprensibile e dei caratteristici usi e costumi, al loro arrivo suscitarono ovunque grande curiosità. Spesso il loro passaggio veniva registrato nelle cronache locali ed è quindi possibile ricostruirne in parte gli spostamenti. In principio comparvero in Ungheria, in Germania e in Svizzera; arrivarono poi in Olanda, in Italia, in Spagna, in Portogallo; infine, in Scozia, Inghilterra, Svezia, Finlandia, Polonia e Russia.

Gli zingari non destavano solo stupore e curiosità ma anche **diffidenza e pregiudizio**. Erano nomadi, spesso donne e bambini si davano alla mendicità e si guadagnavano da vivere come venditori ambulanti. Erano evidentemente «diversi» e per questo venivano frequentemente accusati di essere dei ladri e dei razziatori di bestiame, di possedere insidiosi poteri occulti, di essere degli sfaticati e di preferire l'accattonaggio al lavoro.

Per quanto alcune caratteristiche culturali potessero dare adito a incomprensioni con le popolazioni locali, la vita degli zingari non si riduceva alle pratiche magiche o alla mendicità. Oltre a essere apprezzati come musicisti, giocolieri e danzatori, il loro talento nell'artigianato dei gioielli e nella lavorazione del ferro e delle pelli era spesso riconosciuto, e molto rinomata era la loro abilità nell'allevamento dei cavalli. Nei Paesi baschi divennero ottimi pescatori; essendo un popolo coraggioso e amante delle armi, spesso furono anche reclutati come soldati, per esempio, durante la guerra dei Trent'anni (1618-48), al fianco delle truppe regolari in Germania e in Ungheria.

Nella **prima età moderna**, il rafforzamento degli Stati centralizzati comportò una più precisa definizione delle frontiere: si diffuse una nuova idea di territorialità e i movimenti di chi non aveva una meta precisa né una residenza stabile cominciarono ad essere considerati indizi di una vita sregolata, minacciosa e criminale. Si attuò così una **politica di repressione del vagabondaggio** che colpì anche gli zingari. Gli Stati che, come la Spagna, il Portogallo e l'Inghilterra, avevano colonie si sbarazzarono di queste «inquietanti» presenze con la deportazione oltremare. Successivamente, in Romania gli zingari furono ridotti in schiavitù, mentre nel XVIII secolo la Spagna riuscì a renderli sedentari, cosa che non fu possibile per altri Stati.

Da allora, le persecuzioni si moltiplicarono. Al pregiudizio si affiancarono la repressione e il razzismo in un vortice che raggiunse il culmine nel **XX secolo**, con il genocidio voluto da Hitler. Già nella Germania della Repubblica di Weimar (1919-33) le autorità locali avevano imposto agli zingari di lavorare stabilmente e di abbandonare la vita nomade, mentre leggi specifiche li obbligavano a possedere carte di identificazione e permessi di soggiorno o di sosta. Il nazismo inasprì drammaticamente il pregiudizio che da secoli accompagnava gli spostamenti delle comunità zingare: stretti tra le maglie dell'ideologia nazional-socialista, gli zingari furono giudicati «asociali», appartenenti a una razza inferiore, vennero rinchiusi nei **campi di concentramento** e, insieme agli ebrei, sterminati in massa nelle camere a gas. Si stima che gli zingari uccisi dai nazisti siano stati circa 500 mila.

Attualmente i rom in Europa (circa dieci milioni) sono considerati dall'Onu la minoranza etnico-linguistica più discriminata

tali. All'inizio del secolo l'Olanda aveva quindi già posto le solide basi di una futura, immensa fortuna. Nel corso di questa intensa espansione commerciale gli olandesi scoprirono e visitarono le coste dell'Australia.

La Compagnia inglese delle Indie orientali

Benché la **Compagnia inglese delle Indie orientali** fosse stata creata nel 1600 [👁 16.6], con due anni di anticipo sugli olandesi, nel commercio con l'Estremo Oriente gli inglesi, che pure godevano di una posizione dominante nell'economia europea del '600, dovettero accettare un ruolo subordinato rispetto alla compagnia olandese.

GUIDA ALLO STUDIO

❶ Che cosa si intende con il termine «tosatura» delle monete? Di quale processo più ampio fu un sintomo? ❷ Che cosa provocò, durante il XVII secolo, la decadenza commerciale dell'area mediterranea? ❸ In che modo Olanda e Inghilterra riorganizzarono i loro traffici mercantili? ❹ Quali erano le principali compagnie commerciali attive durante il 1600?

STORIA • SOCIETÀ • CITTADINANZA

del continente europeo. Gran parte di essi ha acquisito la cittadinanza nei paesi di residenza ed è quindi titolare di una serie di diritti come ogni cittadino europeo. Il nomadismo rimane però una caratteristica culturale molto importante per le comunità rom che, nonostante l'**acquisizione della cittadinanza**, tendono comunque a spostarsi nei paesi dell'Europa occidentale e a suscitare di volta in volta l'ostilità delle popolazioni, con conseguenti provvedimenti repressivi.

Le maggiori concentrazioni di insediamenti si trovano negli **Stati dell'Est** (innanzitutto Romania, Ungheria e Bulgaria); seguono **Spagna** (circa 800 mila unità), **Francia** e **Gran Bretagna**, dove si contano rispettivamente 400 mila e 300 mila unità; molti di meno in **Italia**, dove i rom sono circa 150 mila.

Né la Comunità europea né l'ordinamento italiano prevedono una regolamentazione specifica; esistono però norme che cercano di proteggere le comunità rom dalla discriminazione che ancora le colpisce. La questione fondamentale consiste sempre nell'antichissimo contrasto tra la cultura delle comunità sedentarie e quella dei nomadi. Come avveniva in passato, ancora oggi i rom sono accusati di essere dediti al furto e alle attività illecite, sono considerati un grave pericolo per la sicurezza pubblica e ciò porta a norme repressive. Ultime in ordine di tempo, la proposta italiana del 2008 di raccogliere le impronte digitali dei minori nei campi rom con lo scopo di costituire per loro una sorta di anagrafe (o «schedatura») e, nel 2010, la politica francese di espulsione dei rom di nazionalità rumena che non siano in grado di dimostrare la propria autosufficienza economica. Contro queste tendenze, nello stesso 2010 il Parlamento europeo, esprimendosi sulla condizione dei rom in Europa, ha ribadito «il diritto di tutti i cittadini dell'Ue e dei loro familiari a circolare e soggiornare liberamente all'interno dell'Ue, diritto [...] che tutti gli Stati membri sono chiamati ad applicare e rispettare».

Nel generale clima di ostilità, non mancano esempi di **pacifica convivenza** degli zingari con le comunità residenti, come in **Andalusia**, regione della Spagna meridionale nella quale vivono più di 500 mila rom. L'alta percentuale di matrimoni misti, l'integrazione e la partecipazione dei rom alla vita della società testimoniano che un approccio diverso è possibile e che il rapporto con gli zingari non si risolve necessariamente con la conflittualità.

Gruppo di bambini in un accampamento rom

I ritmi di vita degli zingari seguono quelli naturali delle stagioni e la loro economia è fondata sugli spostamenti da un luogo all altro. Il nomadismo implica modi di vivere, valori, orientamenti totalmente diversi da quelli dei paesi occidentali capitalisti. Ciò ha consentito la sopravvivenza dei rom in termini di identità culturale, almeno finché sono stati nomadi e quindi solo parzialmente dipendenti dalle regole sociali proprie dei paesi attraversati, ma comporta ben altre conseguenze quando l'interazione assume caratteri stabili. Oggi i nomadi sono spesso costretti a stabilirsi nella periferia delle grandi città per cercare nuove risorse di sopravvivenza.

SINTESI

1 Crisi demografica e crisi agraria

La crisi europea del '600, innescata probabilmente dalla polarizzazione della ricchezza avvenuta nel secolo precedente, si manifestò soprattutto nel decremento demografico. Il peggioramento delle condizioni di vita, l'alta mortalità dovuta alle guerre, alle epidemie e alle carestie, l'adozione di strategie di controllo della popolazione, come il matrimonio tardivo, determinarono un ristagno demografico. La crisi dell'agricoltura, causata dal raffreddamento del clima, determinò carestie e grandi epidemie. Dalla fine del '500 e per tutta la prima metà del '600 infatti l'Europa fu periodicamente colpita da epidemie di peste.

2 I problemi della signoria fondiaria e le rivolte contadine

La crisi agricola non ebbe le medesime conseguenze in tutta Europa: in Olanda e Inghilterra fu attuata una diversificazione della produzione e si intensificarono gli investimenti capitalistici, mentre in Spagna, in Italia e nell'Europa orientale si verificò un processo di rifeudalizzazione. L'inasprimento della pressione fiscale, unitamente all'attacco dei diritti consuetudinari che da secoli regolano la vita delle comunità di villaggio, sono alla base delle numerose rivolte che nella prima metà del '600 sconvolsero le campagne europee.

3 Crisi e riorganizzazione del commercio europeo

La crisi colpì anche il settore commerciale. La scarsità di argento, dovuta alla brusca riduzione delle importazioni dall'America, determinò attorno al 1620 un crollo dei prezzi e una crisi delle attività commerciali. Anche in questo caso le conseguenze furono diverse nelle varie aree europee: alla crisi dei commerci spagnoli e italiani corrispose in Olanda e Inghilterra un incremento dell'attività commerciale, cui si legò un'espansione dei traffici sulle rotte oceaniche. In particolare, la Compagnia olandese delle Indie orientali creò un impero coloniale che soppiantò in Oriente quello portoghese.

SVILUPPARE LE COMPETENZE

❶ Di seguito hai, divisi in due elenchi composti da elementi tra loro concatenati, i fattori scatenanti la crisi seicentesca. Ristabilisci l'ordine causa-effetto interno ad ogni elenco e poi scrivi un testo di 12 righe che correli tutti gli elementi:

a. Innalzamento dell'età al matrimonio
b. Polarizzazione della ricchezza
c. Decremento della popolazione
d. Impoverimento della popolazione

1. Raffreddamento del clima
2. Maggiore vulnerabilità alle pestilenze come la peste bubbonica
3. Crisi agraria

❷ Commenta, in testi di 4 righe ciascuno, le seguenti affermazioni:

a. La crisi della produzione agricola provocò una dura selezione tra proprietari di fondi e investitori.
b. In alcuni paesi europei si assistette ad un forte processo di rifeudalizzazione.
c. La crisi agricola, insieme all'alto fiscalismo applicato dagli Stati assoluti e dalla devastazione della guerra dei Trent'anni, fu alla base di numerose rivolte contadine e popolari.

❸ Utilizza la scaletta proposta di seguito per scrivere un testo di 8 righe a cui dovrai dare un titolo appropriato:

a. Gli effetti del minor afflusso di oro e argento americani in Europa
b. La reazione inglese e olandese alla crisi dei commerci
c. Lo strapotere olandese sul commercio mondiale

19 FORME DI GOVERNO MODERNE NELL'ETÀ DELL'ASSOLUTISMO

CAPITOLO

1 Lo Stato moderno e lo sviluppo delle monarchie assolute

Parola chiave
Eurocrazia

ONLINE

Nel corso del '600 si avviò una fase decisiva di quel **processo di rafforzamento dello Stato** ormai in atto da due secoli [👁 7.2]. Lo Stato moderno, che si costituì in questo periodo, era un'organizzazione politica accentrata e assoluta e la sua formazione è segnata dalla progressiva accentuazione di questi due caratteri basilari.

Esercito e fiscalità Gli storici sostanzialmente concordano nell'individuare nei conflitti fra le monarchie e nelle conseguenti necessità militari l'impulso iniziale che mise in moto la trasformazione delle istituzioni politiche. L'esigenza di disporre di un **esercito permanente** rese necessario un flusso costante di entrate, che solo un'estesa **fiscalità** poteva assicurare e che solo un'**amministrazione** ben organizzata poteva controllare. Contemporaneamente gli Stati si dotarono di apparati coercitivi, e dunque di **istituzioni giudiziarie**, indispensabili, fra l'altro, per garantire un'uniformità di applicazione del prelievo fiscale su tutto il territorio nazionale.

Esercito permanente, fisco, burocrazia e apparati coercitivi definiscono i contorni di una nuova struttura statale, che si contrappone alla frammentazione dei poteri di origine feudale. Una struttura accentrata intorno alla figura del sovrano, che detiene un potere del tutto indipendente e quindi «assoluto» (ossia sciolto da ogni vincolo). **Accentramento** e **assolutismo** non sono solo le condizioni dell'esercizio del potere negli Stati moderni, ma rappresentano anche il risultato di un lungo processo costitutivo.

▶ 161
P. Schiera
Lo Stato moderno

▶ 164
R. Koselleck
Le guerre di religione e l'affermazione dell'assolutismo

▶ 168
V.G. Kiernan
Mercenari stranieri e monarchie assolute

Caratteri delle monarchie assolute La formazione dello Stato moderno coincide dunque con lo sviluppo delle monarchie assolute ed è costantemente accompagnata dalla lotta per il ridimensionamento politico della nobiltà tradizionale: una lotta che, nelle sue fasi iniziali, vide le monarchie allearsi ai ceti cittadini e mercantili. Ma in un periodo successivo anche le città dovranno rinunciare alle loro antiche «libertà», cedendo alla spinta uniformatrice dello Stato.

Se le monarchie riuscirono nell'intento di ridurre le autonomie politiche, non misero tuttavia in discussione il sistema dei privilegi fiscali – corrispondente di fatto all'esenzione dal pagamento delle imposte – di cui godevano i ceti nobiliari e che costituiva il fondamento della gerarchia sociale. Favorirono invece, in funzione del consolidamento del proprio potere e come alternativa alla nobiltà, la creazione, attraverso la vendita delle cariche [👁 17.1], di un **nuovo ceto burocratico.** La burocrazia dei funzionari – di estrazione borghese e di formazione giuridica – fu indispensabile all'amministrazione

▶ 163 DOC
Jean Bodin
I fondamenti giuridici del potere

▶ 169
Ch. Tilly
Come la guerra produsse gli Stati e viceversa

giudiziaria e fiscale. Il sistema della **venalità delle cariche**, vendute in sempre maggior numero per incrementare le entrate, divenne tuttavia un limite all'assolutismo del potere regio: la sostanziale privatizzazione, che l'ereditarietà istituiva, negava infatti allo Stato la prerogativa di poter rimuovere o sostituire i funzionari.
In Francia – e più tardi anche in Spagna – questi limiti vennero superati con l'istituzione delle nuove figure degli **intendenti**. Ma in generale la venalità delle cariche rappresentò un'importante via di **ascesa sociale** per i ceti borghesi, un'ascesa sociale che si realizzò all'interno della cornice istituzionale della monarchia assoluta e che costituì, nonostante alcune accese fasi conflittuali – per esempio, la Fronda parlamentare in Francia [👁 19.7] –, uno degli elementi portanti dello Stato moderno.
L'ascesa di questi ceti e il parallelo processo di formazione dello Stato moderno, con le sue spinte al controllo e al disciplinamento dei vari ceti, portarono alla diffusione di **codici di comportamento** che propagarono una vera e propria «civiltà delle buone maniere».

La riflessione politica: Bodin e la sovranità

Il processo di rafforzamento dello Stato moderno fu, inoltre, accompagnato dall'elaborazione di nuove teorie sullo Stato che si preoccuparono di definire i caratteri della **sovranità** e della **ragion di Stato**.
Al francese **Jean Bodin** (1530-1596), autore dei *Sei libri della Repubblica* (1576), è dovuta la più chiara e completa trattazione della sovranità, intesa come «quel potere assoluto e perpetuo che è proprio dello Stato» e che si manifesta nel «fare e disfare le leggi». La sovranità, secondo Bodin, è illimitata e indivisibile: il sovrano è colui che fa e impone le leggi senza essere sottoposto ad alcuna norma o giudizio; egli è **al di sopra delle parti e delle leggi** (quindi, *legibus solutus*, svincolato dalle leggi), nonché al di sopra di ogni fazione o controversia religiosa.
Per Bodin, il potere del sovrano è assoluto, ma non arbitrario, e in questo si distingue dal dispotismo: «Il principe non è vincolato dalle leggi sue o dei suoi predecessori: ma dai giusti patti e dalle giuste promesse che ha fatto, sia con giuramento sia senza giuramento, così come lo sarebbe un privato. E per le stesse ragioni per cui un privato può essere sciolto da una promessa ingiusta o irragionevole o troppo gravosa, per il fatto di essere stato tratto fuori strada da inganno, frode, errore, violenza, timore motivato o gravissima offesa, il principe può essere esentato da tutto quello che comporta una menomazione della sua maestà, se è principe sovrano. Così si può fissare il principio che il principe non è soggetto alle sue leggi né a quelle dei suoi predecessori, ma lo è ai

Ritratto di Giovanni Botero
1603
[Palazzo del Comune, Bene Vagienna (Cuneo)]

suoi **patti giusti e ragionevoli**, soprattutto se essi implicano l'interesse dei sudditi sia come singoli sia in generale».
Il sovrano può derogare alle leggi ordinarie, ma non certo alle leggi divine e naturali. Inoltre: «Il principe non può derogare a quelle leggi che riguardano la struttura stessa del regno e il suo assetto fondamentale, in quanto esse sono connesse alla corona e a questa inscindibilmente unite (tale è, per esempio, la Legge salica, che escludeva le donne dalla successione al trono); qualunque cosa un principe faccia in proposito, il successore è in pieno diritto di abolire tutto ciò che sia stato compiuto con pregiudizio di quelle leggi su cui la stessa maestà sovrana poggia e si fonda».

▶ 162 DOC
Niccolò Machiavelli
La forza, la virtù, la religione

▶ 165
G. Oestreich
Stato assoluto e disciplina sociale

Botero e la «ragion di Stato»

In ambito italiano e controriformistico nacque, soprattutto con il libro *Della ragion di Stato* (1589) di **Giovanni Botero** (1544-1617), la trattatistica sulla **«ragion di Stato»**, cioè su quella che potremmo chiamare la norma dell'azione politica. A Botero si deve infatti la formulazione di un linguaggio nuovo, specialistico, della politica, sganciato da quello filosofico, religioso, morale. Contro Machiavelli **[👁 10.6]**, Botero rivendicava un adeguamento della politica ai dettati della morale cattolica. Ma presto la «ragion di Stato» si trasformò in giustificazione e legittimazione dell'operato dello Stato e di ogni tentativo volto a rafforzarne e a consolidarne la potenza, al cospetto dei suoi sudditi e degli altri Stati: e con questo significato il concetto sarà impiegato in seguito.

GUIDA ALLO STUDIO

❶ Quali sono i caratteri principali dello Stato moderno? ❷ Chi erano gli avversari della monarchia? ❸ All'interno dello Stato, solo i titoli nobiliari erano ereditari? ❹ Spiega il concetto di «sovranità» formalizzato da Jean Bodin nel XVI secolo. ❺ Che cos'è, per Botero, la «ragion di Stato»?

2 Giacomo I e il Parlamento inglese

Fine della dinastia Tudor e ascesa di Giacomo I

Morta senza eredi Elisabetta I **[👁 16.5 PERSONAGGI]**, la dinastia Tudor si estinse e sul trono d'Inghilterra salì **Giacomo I Stuart** (1603-25), figlio di Maria Stuart e re di Scozia. Le due corone di Scozia e d'Inghilterra – quest'ultima comprendente anche l'Irlanda – si trovarono così unite in una sola persona. Giacomo I propose un programma di forte **accentramento monarchico**, basato sulla riaffermazione dell'autorità della Chiesa anglicana – dal punto di vista gerarchico e liturgico più che dottrinale –, sul prelievo di risorse economiche attraverso la tassazione, sull'esautorazione degli organismi rappresentativi tradizionali – la Camera dei Comuni – a vantaggio di esponenti della corte direttamente legati al sovrano; anche sul piano dell'amministrazione della giustizia fu notevole la spinta verso la creazione di tribunali regi esenti da nomine elettive e liberi di ignorare le garanzie accordate ai cittadini dalla ormai plurisecolare tradizione della ***Magna Charta*** **[👁 4.8]**.
Sul piano della **politica estera**, Giacomo I fu incapace di giostrare, come brillantemente aveva fatto Elisabetta, tra le due grandi potenze continentali, Francia e Spagna, ma finì per scontentarle entrambe; cosa ancor più grave, la sua assenza dalla grande scena politica europea non fu funzionale, come nel primo trentennio del regno di Elisabetta, alla tutela e al rafforzamento su scala mondiale degli interessi commerciali inglesi: significativo fu, da questo punto di vista, il declino della collaborazione tra la Corona e le grandi compagnie commerciali **[👁 19.3]**.

Dissenso religioso

Nel suo sforzo di accentramento, Giacomo I non riuscì a creare una solida struttura burocratica e militare e una sicura base di consenso. I cattolici, che avevano sperato di trovare in lui – figlio della cattolica e martire Maria Stuart **[👁 16.5]** – il campione della propria riscossa, rimasero delusi

174
H.R. Trevor-Roper
La rottura dei rapporti tra Stato e società

175 DOC
Richard Baxter
Un manuale pratico di «vita cristiana»

fino al punto di tramare contro la sua persona: famosa fu la cosiddetta **congiura delle polveri**, il cui piano – fallito – prevedeva di far saltare in aria il re con tutto il Parlamento. Dal canto loro i puritani non accettarono il rilancio della Chiesa anglicana voluto dal re: essi erano infatti convinti che la vita religiosa dovesse essere esente da ingerenze dell'autorità civile, tanto più in quanto questa autorità non godeva del prestigio e della credibilità di Elisabetta. Ciò comportò una ripresa delle **persecuzioni religiose** che causò un consistente flusso migratorio di dissenzienti: tali erano i **Padri Pellegrini** che, a bordo della Mayflower, approdarono nel Massachusetts, in Nord America (1620); il loro esempio sarà seguito da migliaia di inglesi nel ventennio successivo.

Dissenso del Parlamento

Il mondo dell'imprenditoria commerciale, manifatturiera, agricola, che non era composto solo da un forte ceto borghese ma anche da una cospicua frangia della piccola e media nobiltà – la ***gentry*** –, si vide danneggiato nei suoi interessi economici dal fiscalismo e dall'assenteismo in politica estera del re, e per di più insidiato nella sua roccaforte tradizionale, il Parlamento. In assenza della grande nobiltà – decimata nel XV secolo durante la guerra delle Due Rose [👁 7.5] – il fronte del dissenso nei confronti della monarchia si concentrò proprio nel **Parlamento**, che divenne contemporaneamente sede principale della opposizione religiosa. Giacomo I si trovò ripetutamente in contrasto con l'assemblea, soprattutto in occasione di richieste di nuove imposizioni fiscali, e diverse volte si rifiutò di convocarla o ne arrestò gli esponenti più attivi.

GUIDA ALLO STUDIO

❶ Elenca le caratteristiche del regno di Giacomo I in politica interna ed estera. ❷ Perché cattolici e protestanti inglesi erano insoddisfatti dell'operato di Giacomo I? ❸ Quali ceti sociali erano ostili alla politica del re?

Adam Willaerts
I Padri Pellegrini s'imbarcano sulla Mayflower
1621 ca.
[Sotheby Parke Bernet, New York]

3 Il progetto assolutistico di Carlo I d'Inghilterra

Carlo I contro il Parlamento Il successore di Giacomo I, **Carlo I Stuart** (1625-49), sciolse il Parlamento per due anni consecutivi, nel 1625 e nel 1626. Costretto a riconvocarlo nel 1628 per farsi approvare il finanziamento di una spedizione di soccorso agli ugonotti assediati alla Rochelle [👁 20.6], il re dovette accettare una *Petition of Rights* (Petizione di diritti) che condannava il fiscalismo monarchico, l'oppressività della Chiesa anglicana, l'uso invalso di trattenere i cittadini senza autorizzazione da parte di alcun tribunale. La petizione sortì tuttavia un effetto opposto a quello desiderato: nel 1629 Carlo I Stuart sciolse di nuovo il Parlamento e cominciò a reprimere sistematicamente l'opposizione politica e religiosa. La sua azione scavò un profondo fossato tra la monarchia da un lato, la *gentry* provinciale e le borghesie cittadine dall'altro; il re apparve in sostanza come il persecutore dei ceti economicamente più attivi e più sensibili alle suggestioni del puritanesimo. Due tribunali speciali, la **Camera stellata** – le cui competenze furono estese ai reati politici – e la **Corte di alta commissione** – istituita per reprimere la dissidenza religiosa –, lavoravano a pieno ritmo, mentre il re aggirava la Petizione di diritti imposta dal disciolto Parlamento: senza che l'assemblea venisse convocata, fu estesa a Londra e a tutte le città del Regno l'esazione dello ***ship-money***, un tributo originariamente versato solo dai centri portuali per il mantenimento della flotta regia.
La vendita delle cariche pubbliche e le dimensioni della burocrazia parassitaria raggiunsero proporzioni straordinarie: una pletora di funzionari, magistrati, appaltatori di pubbliche funzioni e servizi versava al tesoro regio congrue somme, di cui si rifaceva abbondantemente a spese della comunità.
Dal punto di vista religioso, il forte rilancio della Chiesa di Stato comportò un diretto attacco contro le comunità puritane, che non riconoscevano l'autorità dei vescovi anglicani e dei parroci da loro nominati.

Il Corto Parlamento Nel 1639 l'arcivescovo **William Laud** – primate della Chiesa anglicana – avviò una operazione di normalizzazione della vita religiosa in Scozia, dove nel 1560 si era stabilita la **Chiesa nazionale presbiteriana**, di stampo calvinista ortodosso [👁 14.5]. Di fronte al ripristino della gerarchia anglicana, al recupero delle proprietà confiscate a suo tempo agli ordini religiosi cattolici, all'introduzione di modifiche liturgiche, il clero presbiteriano, seguito dall'assemblea nazionale scozzese – nobiltà in testa – rispose con il ***Covenant***, un 'patto' giurato di difesa a oltranza del calvinismo ortodosso dalle ingerenze inglesi. **Era la guerra**: gli scozzesi sconfissero l'esercito regio e invasero il territorio inglese occupando alcune città. Esaurite le risorse finanziarie, Carlo I fu costretto, per poter continuare la guerra, a convocare il Parlamento perché approvasse nuove imposizioni fiscali. Nell'assemblea prese però corpo una vasta opposizione, che solidarizzò con i ribelli e reclamò l'abolizione dei provvedimenti più vessatori della Corona. Il re sciolse subito questa assemblea che fu detta il **Corto Parlamento**, perché, convocato il **13 aprile 1640**, fu **disciolto meno di un mese dopo**.

Il Lungo Parlamento piega il re Nel mese di novembre dello stesso anno il re convocò, pensando forse di poterlo facilmente manipolare, quello che è passato alla storia come il Lungo Parlamento, in quanto restò **in carica fino al 1653**. L'assemblea, capeggiata da **John Pym** e **John Hampden**, manifestò invece immediatamente una notevole combattività, rifiutò di collaborare con il sovrano e richiese la condanna a morte dei suoi principali collaboratori. Carlo I fu costretto a

Chiesa presbiteriana
Chiesa di orientamento calvinista, organizzata attraverso un sistema di consigli (in greco *presbyteroi*, 'presbiteri') ai quali, su scala locale, partecipano i pastori (ecclesiastici) e gli anziani (laici), gli uni e gli altri eletti dalle comunità dei fedeli; gli affari generali della Chiesa vengono discussi dai sinodi regionali o da quelli generali, ai quali partecipano i rappresentanti di tutte le comunità. A differenza di questo impianto, piuttosto "democratico", la Chiesa anglicana ha invece una struttura organizzativa molto più gerarchica, incentrata sulle figure dei vescovi; inoltre, i riti e le verità di fede riconosciute dalle due Chiese non coincidono.

piegarsi. Il successo del Parlamento fu coronato da una **raffica di provvedimenti** che abolivano i tribunali speciali, vietavano nel modo più assoluto l'imposizione di nuovi tributi senza l'assenso parlamentare, l'arresto di sudditi senza processo e decretavano la fine delle persecuzioni religiose. **Il primo ministro, conte di Strafford, fu messo a morte**.

La rivolta irlandese Nell'estate del 1641 la sconfitta del progetto assolutistico di Carlo I era evidente, ma la grandissima maggioranza del Parlamento era assolutamente lontana dall'immaginare la creazione di una repubblica. La situazione, invece, precipitò rapidamente. Lo stesso anno scoppiò in Irlanda una violenta insurrezione di **contadini e proprietari cattolici**, che massacrarono migliaia di coloni protestanti inglesi e scozzesi: il re fu sospettato di aver fomentato la rivolta per modificare il quadro politico e ottenere il reclutamento di un esercito di cui si sarebbe poi servito per schiacciare il Parlamento. La manovra sembrava confermata dai suoi tentativi – peraltro falliti – di trarre dalla propria parte gli scozzesi. Il Parlamento vedeva dunque messe in discussione non solo le vittorie ottenute nei dodici mesi precedenti, ma la sua stessa sopravvivenza. Fu allora presentata la cosiddetta ***Grande rimostranza*** che – oltre a ribadire le conquiste politiche ottenute dal Parlamento – chiedeva il controllo del reclutamento degli eserciti e delle nomine ministeriali.

L'inizio della guerra civile L'atmosfera si surriscaldò: mentre il paese era inondato di libelli di denuncia contro le manovre di Carlo I e i predicatori puritani eccitavano i fedeli con sermoni infuocati, il re tentò il **colpo di Stato** irrompendo nel Parlamento con una schiera di armati (4 gennaio 1642). L'insuccesso fu completo: i capi dell'opposizione riuscirono a fuggire e la cittadinanza londinese si scatenò in furiose manifestazioni di massa. Carlo I dovette abbandonare la capitale. Era l'inizio della guerra civile [👁 19.9 STORIA • SOCIETÀ • CITTADINANZA].

GUIDA ALLO STUDIO

❶ Che cos'era la *Petition of Rights*? Fu rispettata da Carlo I? ❷ Spiega i contrasti religiosi fra Scozia e Inghilterra che portarono alla guerra del 1639. ❸ Quale fu l'operato del Lungo Parlamento inglese? ❹ Quali episodi scatenarono la guerra civile?

Un massacro in Irlanda
[Bibliothèque des Arts Décoratifs, Parigi]
In questa stampa francese del XVII secolo è rappresentato uno dei momenti più tragici delle campagne militari contro gli irlandesi, che da decenni si ribellavano al dominio inglese. Si calcola che la repressione delle rivolte fu spietata: la popolazione irlandese scese da 1 milione e 500 mila a 600 mila individui.

4 La guerra civile

Gli schieramenti Nell'estate del 1642 gli schieramenti in campo si delinearono con una certa precisione. **Dalla parte del re si schierarono i cosiddetti cavalieri** – espressione con cui si designavano i nobili –: si trattava per lo più di esponenti dell'aristocrazia, della grande *gentry*, dell'altissima borghesia, contrari all'evoluzione in senso radicale del programma politico parlamentare espresso nella Grande rimostranza, all'abolizione della gerarchia anglicana, alla proliferazione della dissidenza religiosa, alle avvisaglie di disordine sociale emerse in numerose rivolte contadine e negli stessi tumulti della popolazione londinese.

I **sostenitori del Parlamento**, le **Teste rotonde** – così erano chiamati i puritani per l'uso di portare i capelli corti, diversamente dalle abitudini degli aristocratici –, raccoglievano invece il consenso della borghesia medio-alta, dei commercianti, dei bottegai, degli artigiani, tutti interessati a un regime di maggiore libertà dal giogo fiscale regio e di maggiore partecipazione politica, sia a livello parlamentare sia a livello di amministrazione locale. Non meno importante era il fattore religioso: **la grandissima maggioranza dei puritani era filoparlamentare**, e questa circostanza spiega anche l'adesione di un cospicuo numero di aristocratici e di membri della *gentry*; **i cattolici erano invece tutti realisti**.

L'ascesa di Cromwell Tra il 1642 e il 1643 la guerra si trascinò con alterne vicende [ATLANTE_80]. La svolta decisiva si ebbe soltanto dopo che, morti i due leader Hampden e Pym, si affacciò sulla scena politica e militare il **puritano Oliver Cromwell** (1599-1658). Cromwell – che proveniva dai ranghi della *gentry* – si distinse in un primo momento come capo militare della fazione par-

ATLANTE 80_L'INGHILTERRA AGLI INIZI DELLA GUERRA CIVILE: 1642

Il confronto tra le zone dell'Inghilterra sotto il controllo della Corona e quelle sotto il controllo del Parlamento mette in luce la diversità dei due schieramenti. Le aree caratterizzate da un maggiore dinamismo commerciale e imprenditoriale si schierarono contro la monarchia; quelle dove erano più solidi i poteri tradizionali si schierarono dalla parte del re.

lamentare, in particolare come ideatore degli ***Ironsides*** ('fianchi di ferro'), un distaccamento di cavalleria corazzata che risolse numerosi scontri con le sue travolgenti cariche a ranghi serrati **[👁 19.5** PERSONAGGI**]**. In seguito, Cromwell riorganizzò tutte le truppe parlamentari nel **New Model Army**, un autentico capolavoro d'ingegneria politica e di scienza bellica. I soldati, accuratamente addestrati, eleggevano liberamente i loro ufficiali ed erano oggetto di un indottrinamento politico e religioso di stampo puritano, che li motivava fortemente alla lotta.

EVENTI

Il processo a Carlo I

«Fra tutti gli orrori che comporta il sovvertimento di uno Stato con la ribellione, il peggiore non è l'assassinio del monarca, perché si può sempre considerarlo effetto della paura del popolo [...]. Ciò che scuote di un brivido d'orrore un'anima che ha la coscienza dei diritti dell'umanità [...] è l'esecuzione solenne, come quella di Carlo I.» Con queste parole, nel 1797, il grande filosofo tedesco Immanuel Kant ricordò il **primo esempio di regicidio politico**, quello del re d'Inghilterra Carlo I. Nella storia inglese, anche i regni di Edoardo II (1307-27) e Riccardo II (1377-99) erano stati molto critici. Si erano conclusi, però, con la deposizione forzata dei sovrani a opera del Parlamento. Carlo I invece fu catturato, recluso, processato e infine decapitato il **30 gennaio del 1649**.

L'evento suscitò una forte impressione sull'opinione pubblica di tutta Europa: con questa esecuzione veniva infatti messo **in discussione lo stesso concetto di regalità**. Trattare un sovrano alla stregua di un qualsiasi criminale, sottoporlo a un processo pubblico, condannarlo e ucciderlo in piazza davanti al suo popolo, significava infrangere un principio che per secoli aveva plasmato la mentalità comune: l'inviolabilità e la sacralità assolute della persona del re, investito del potere direttamente da Dio. Giacomo I, padre e predecessore di Carlo sul trono inglese, aveva dichiarato che «Dio ha il potere di creare o distruggere, fare e disfare a suo piacere [...]. Un potere simile hanno i re [...]. Come contestare ciò che Dio può fare è blasfemia, così è sedizioso per i sudditi disputare su ciò che un re può fare».

Carlo I credeva nella natura divina del potere regio fino a esercitare la prerogativa di guarire i malati con il solo tocco della mano, secondo l'antica tradizione diffusa in Francia e Inghilterra. Nel 1633, durante gli undici anni in cui governò senza Parlamento (1629-40), fece trascrivere le fasi della cerimonia di guarigione nel *Book of Common Prayer*, il libro di preghiere della Chiesa anglicana. Ma nel 1647 la Camera dei Comuni istituì una commissione incaricata di redigere una *Dichiarazione destinata ad essere diffusa tra la gente in merito alla superstizione del tocco*. **Lentamente, la percezione della figura del re si stava desacralizzando**. Episodi recenti della storia inglese lo dimostravano, come l'esecuzione nel 1587 della ex regina di Scozia Maria Stuart, nonna di Carlo, imprigionata per 19 anni da Elisabetta I **[👁 16.5]**, sua cugina, e la cosiddetta "congiura delle polveri" del 1605, in cui un gruppo di comuni cittadini cattolici ideò un piano per far esplodere la Camera dei Lord con il re Giacomo I e il suo governo **[👁 19.2]**.

I sudditi non amavano Carlo I. Re per 24 anni, Carlo aveva tentato d'imporre un regime assolutistico inimicandosi il Parlamento, i cattolici, i puritani e le classi medie dei commercianti, artigiani e imprenditori che dai tempi di Elisabetta erano state protagoniste della straordinaria crescita economica dell'Inghilterra e che costituivano la Camera dei Comuni. Il re rifiutò ostinatamente qualsiasi compromesso con il Parlamento ma il suo progetto naufragò in una feroce guerra civile che devastò il regno tra il 1642 e il 1645.

La stampa divenne veicolo dello scontento generale: i discorsi dei membri del Parlamento erano divulgati e letti con avidità ovunque e lo scontro tra Carlo e il Parlamento coinvolgeva l'opinione pubblica. Da ogni parte del paese giungevano petizioni che chiedevano la fine della guerra e la convocazione del Parlamento, mentre si stampavano opuscoli e volantini – soprattutto da parte dei puritani – che istigavano alla ribellione contro il re.

I tempi stavano dunque cambiando, ma Carlo non lo comprese. Era orgoglioso, fiero e caparbio, come dimostrò la condotta intransigente e sarcastica che tenne durante il processo che gli fu intentato da una commissione composta da 135 membri della Camera dei Comuni. La commissione sintetizzò nel suo Atto costitutivo che il re ebbe «chiaramente palesato di avere un pericolosissimo disegno di rovesciare le leggi e l'antica libertà di questa nazione, e d'introdurre in loro luogo un governo arbitrario e tirannico [...] avendo mosso e sostenuto una crudele guerra nel paese contro il Parlamento e il regno».

Quando la Corte aprì la prima udienza accusandolo di essere un tiranno e un traditore, il re scoppiò a ridere. Dalla lettura dei **verbali del processo**, svoltosi in sette giornate, emergono due posizioni totalmente inconciliabili, che affrontano i **problemi della legittimità del potere** (ereditario o assegnato dai sudditi?) e della sua natura (umana o divina?). La Corte sosteneva che al re fosse stato «affidato il potere limitato di governare per mezzo delle leggi del paese» e che egli fosse «obbligato da questo potere [...], dal suo giuramento e dal suo ufficio a usare questa autorità [...] per il bene e il profitto dei suoi sudditi e per la conservazione dei loro diritti». Carlo invece si attestò sul **principio della monarchia assoluta** il cui potere deriva da Dio: «Io sono il vostro re legittimo [...], non voglio abbandonare il diritto che m'è stato affidato da Dio per effetto di un'antica e legittima successione dei miei antenati» (anche Maria Stuart, nella sua inutile autodifesa, si era definita «regina consacrata da Dio» e quindi inattaccabile dalle leggi umane).

Il re non ebbe cedimenti né offrì aperture al confronto e non riconobbe l'autorità che lo stava giudicando: «Prima ch'io voglia rispondere [alle accuse di tradimento e tirannia] devo sapere in virtù di quale autorità sono stato condotto qui [...], autorità intendo legittima, perché ve ne sono parecchie sorte che sono illegittime: i ladri portano via la borsa dei passanti [...] per un potere illegittimo [...]. Se è per autorità usurpata, non può durare a lungo, e v'è un Dio in cielo che ne farà rendere conto a voi e a coloro che ve l'hanno data». E rifiutò di discolparsi dalle accuse ricevute.

La Corte teorizzò invece un **nuovo principio di legittimazione del potere regio**, il **contratto**: «come un mercato tra il re e i suoi sudditi, il giuramento che egli pronunzia viene fatto per dar loro l'assicurazione che adempirà alle sue promesse»,

Carlo I fu sconfitto nelle due battaglie di **Marston Moor** (luglio 1644) e di **Naseby** (giugno 1645). Consegnatosi agli scozzesi – con i quali tentò invano un accordo separato –, fu da loro trasferito in Inghilterra nelle mani del Parlamento (gennaio 1647). Nell'ultima fase dello scontro, il Parlamento aveva proceduto a smantellare la Chiesa di Stato anglicana e la gerarchia episcopale. L'arcivescovo Laud fu condannato a morte.

Disgregazione dello schieramento vincitore

La sconfitta del re, principale nemico da abbattere, ebbe come immediata conseguenza la disgregazione del fronte dei vincito-

affermò la Corte; il contratto fu considerato una forma di **accordo tra pari**: «Uno di questi vincoli e impegni è quello della protezione che è dovuta da parte del sovrano e l'altro è il vincolo della sudditanza dovuta da parte dei sudditi».
Carlo fu giudicato colpevole. Nella sentenza fu applicata la pena riservata ai traditori dello Stato: la condanna a morte. Fu decapitato a Londra, a 49 anni, di fronte al palazzo reale di Whitehall, davanti a una folla immensa e attonita; le sue ultime parole furono: «Passo da un mondo corruttibile a uno incorruttibile, dove c'è pace, tutta la pace possibile».
Dopo la parentesi repubblicana del governo di Oliver e Richard Cromwell, padre e figlio (1653-60), tornò sul trono d'Inghilterra, Scozia e Irlanda uno Stuart: Carlo II, figlio di Carlo I, che ordinò immediatamente di processare gli undici giudici che avevano condannato suo padre, accusandoli di tradimento e di illegittimità. I **regicidi**, che durante il processo non rinnegarono mai il loro operato, furono torturati e impiccati pubblicamente, come terribile monito per la popolazione.
La figura di Carlo I fu riabilitata. Il re divenne oggetto di rispetto e addirittura di venerazione; per volontà di Carlo II, la Chiesa anglicana lo nominò santo e martire decretando che ogni anno venisse celebrato il 30 gennaio, giorno della sua morte. La commemorazione fu abolita dalla regina Vittoria durante il XIX secolo. Nel 1845 il romanziere francese Alexandre Dumas immaginò in *Vent'anni dopo* che i tre moschettieri tentassero inutilmente di salvarlo.

L'esecuzione di Carlo I d'Inghilterra
1651
[Scottish National Portrait Gallery, Edimburgo]

EVENTI

▶ 176
H.N. Brailsford
I levellers

▶ 178 DOC
Il Patto del Popolo

▶ 179 DOC
I Dibattiti di Putney

ri. Lo schieramento puritano, infatti, si spezzò, sia dal punto di vista politico sia da quello religioso. La maggioranza parlamentare era di **orientamento presbiteriano**, sosteneva cioè lo smantellamento della gerarchia episcopale anglicana (iniziato nel 1646) e l'introduzione di un'**unica confessione di Stato calvinista**, governata in modo autonomo dalle singole comunità di fedeli. L'esercito, appoggiato da Cromwell, si ispirava invece alle dottrine dell'altra anima del puritanesimo, gli **indipendenti**, che sostenevano l'introduzione di una **generalizzata libertà di culto** e di organizzazione per tutti i gruppi e per tutte le sètte religiose protestanti. Questa scelta era del tutto coerente con l'organizzazione che Cromwell aveva dato al New Model Army: nell'esercito non era praticata alcuna discriminazione religiosa – se non per i cattolici e gli anglicani episcopalisti. Sotto il profilo politico, i sentimenti decisamente antistuardisti instillati nei soldati e la democraticità che permeava l'organizzazione dell'esercito di Cromwell diffusero tra i soldati l'idea che i poteri del sovrano dovessero essere drasticamente ridotti; l'ala estremista dei ***levellers*** ('livellatori') propugnava addirittura l'abbattimento della monarchia e l'istituzione di una repubblica governata da un Parlamento eletto a **suffragio universale**.

Suffragio universale
Diritto di voto concesso a tutti i cittadini che abbiano raggiunto una determinata età. Nel XIX secolo esso fu concesso ai soli elettori maschi, mentre nel XX secolo fu esteso, con molte resistenze, anche alle donne.

Fuga del re e crisi La difficile situazione dei rapporti tra esercito e Parlamento era complicata dall'ambigua condotta di Carlo I, che tramava con ambedue gli schieramenti e contemporaneamente cercava sempre l'appoggio degli scozzesi, ostili a Cromwell e alle Teste rotonde per le loro posizioni religiose e politiche. Alla fine del 1647 il re fuggì nuovamente in Scozia e nella primavera successiva gli scozzesi invasero l'Inghilterra, mentre focolai di ribellione realista si accendevano in varie regioni del paese.
La situazione divenne gravissima. Cromwell, che fino a quel momento aveva cercato di raggiungere con il Parlamento un compromesso che salvaguardasse l'istituto monarchico, fu accusato di tradimento. Nell'esercito si verificarono casi di ammutinamento: ai *levellers* si aggiunse il **movimento ancora più radicale dei *diggers*** ('zappatori'), sostenitori dell'abolizione della proprietà privata; in campo religioso sorse

Ernest Crofts
***Oliver Cromwell alla testa delle sue truppe*, part.**
[Art Gallery, Burnley (Inghilterra)]
Questo dipinto ottocentesco del pittore inglese Crofts (1847-1911) raffigura l'immagine vittoriosa di Oliver Cromwell che guida la sua milizia dopo la battaglia di Marston Moor del giugno 1644. Il successo di Cromwell e delle truppe del Parlamento su quelle reali fu favorito da un'efficiente riorganizzazione dell'esercito, il New Model Army.

la setta dei **quaccheri** (dall'inglese *quaker*, 'tremante'), pacifisti a oltranza e contrari a ogni forma di organizzazione e autorità religiosa.

Rotto ogni indugio, Cromwell affrontò e vinse gli scozzesi e i rivoltosi realisti (primavera-estate 1648), occupò Londra ed espulse dal Parlamento il gruppo presbiteriano e i moderati (dicembre 1648): l'assemblea, epurata di circa 150 membri, fu detta *Rump Parliament* ('Parlamento ridotto').

▶ 180 DOC *Il processo a Carlo I*

Condanna a morte di Carlo I Nel gennaio del 1649 il re fu processato e condannato a morte. La sentenza venne immediatamente eseguita. Per la prima volta nella storia europea un movimento rivoluzionario ebbe come esito l'eliminazione fisica legalizzata di un sovrano. Nel maggio venne abolita la Camera dei Lords e proclamato il ***Commonwealth***, la Repubblica inglese.

GUIDA ALLO STUDIO

❶ Da chi erano composti i fronti avversari nella guerra civile? ❷ Come funzionava il New Model Army ideato da Cromwell? ❸ Perché il fronte puritano si disgregò? ❹ Chi erano i *diggers* e i *quakers*? ❺ Quali eventi portarono alla nascita del *Commonwealth*?

5 La Repubblica di Cromwell e la restaurazione degli Stuart

Ottenuto il totale controllo della situazione, Cromwell mise a tacere le frange estremiste dei *levellers* e dei *diggers*. Si volse poi a ristabilire l'ordine in Irlanda, dove nel giro di appena tre anni represse nel sangue la rivolta dei realisti cattolici (1649). Nel 1650-51 pacificò definitivamente la Scozia.

Politica estera In politica estera Cromwell non fu meno fortunato che nelle sue imprese in Irlanda e in Scozia. Egli puntò soprattutto sull'espansione della potenza commerciale e coloniale inglese, coordinandola, nei limiti del possibile, con la difesa della comunità protestante internazionale. Nel 1651, in evidente funzione antiolandese, promulgò l'**Atto di navigazione**, in base al quale i collegamenti commerciali con l'Inghilterra venivano riservati alle navi inglesi o dei paesi da cui provenivano le merci; esso stabiliva inoltre che il commercio con le colonie inglesi d'oltremare era monopolio della madrepatria. La reazione olandese fu rapidamente stroncata in una breve guerra (1652-54) – la prima combattuta per puri obiettivi commerciali –, che si concluse con il riconoscimento, da parte degli olandesi, dell'Atto di navigazione. Contemporaneamente Cromwell stipulò trattati vantaggiosi con **Svezia** e **Danimarca**, che gli assicurarono l'ingresso nel Baltico, e con il **Portogallo**, nel cui immenso impero commerciale gli inglesi ebbero libero accesso, muovendo così i primi passi verso la loro futura conquista dell'India. Nel 1657 Cromwell si alleò con la Francia contro la Spagna, ottenendo, come vedremo, notevoli vantaggi [👁 20.7]. Sotto Cromwell l'Inghilterra accentuò dunque il suo ruolo di potenza di primo piano sullo scenario internazionale, tanto sullo scacchiere europeo quanto su quello coloniale.

Dal punto di vista economico-sociale, nell'età di Cromwell si verificò un'impennata nei processi di **privatizzazione della terra** e di sviluppo di un'**agricoltura moderna**, fondata sul lavoro salariato e orientata al mercato e al profitto.

Politica interna In politica interna Cromwell non riuscì a dar vita a un solido sistema di governo a causa dei **contrasti con il Parlamento**. Nonostante l'avvio allo smantellamento del sistema feudale, nessuna radicale riforma sociale ebbe luogo in quegli anni. Nel 1651 il *Rump Parliament* fu ulteriormente epurato per la sua sorda opposizione. Questo ultimo spezzone del Lungo Parlamento, detto ***Barebone Parliament*** (letteralmente 'Parlamento scheletro'), non diede

Dittatura
Forma di governo in cui il potere è accentrato in una sola persona o in un ristretto gruppo di persone, che lo esercita al di fuori di ogni controllo.

tuttavia alcun segno di collaborazione e venne disciolto nel 1653, mentre Cromwell assumeva il titolo di **Lord protettore di Inghilterra, Scozia e Irlanda**.

Disfacimento del *Commonwealth* Anche i Parlamenti eletti successivamente manifestarono un atteggiamento ostile nei confronti del governo di Cromwell, che assunse sempre più i connotati di una **dittatura** militare, fino al progetto di trasformare il Protettorato in una vera e propria monarchia ereditaria. Quanto l'ordinamento di Cromwell fosse instabile è dimostrato dal fatto che, **morto**

PERSONAGGI

Oliver Cromwell

Nel corso della sua storia l'Inghilterra ha sempre avuto un governo monarchico, che perdura tuttora. Soltanto per undici anni, tra il 1649 e il 1660, è stata una repubblica, istituzione molto rara in quel tempo: ne fu artefice Oliver Cromwell (1599-1658).
Ancora oggi si discute molto su questo personaggio: è stato un paladino della libertà civile e religiosa o uno spietato tiranno, che non ha esitato a far massacrare nella cattolica Irlanda la popolazione inerme? Ha diretto le fila degli eventi straordinari della sua epoca o ne è stato travolto? Di certo ha lasciato un **segno indelebile nella storia inglese**, nel bene e nel male: ha voluto e ottenuto la fine della monarchia assoluta, ha proiettato il paese verso l'espansione e il colonialismo, ha esacerbato i rapporti tra Inghilterra e Irlanda per i secoli seguenti.
«Sono stato gentiluomo dalla nascita e ho vissuto né troppo in alto né nell'oscurità», dichiarò: nato in una famiglia della *gentry*, la piccola nobiltà agraria inglese, che discendeva da Thomas Cromwell, uomo chiave nella corte di Enrico VIII, fu educato al protestantesimo. La morte del padre lo costrinse a lasciare gli studi per aiutare la famiglia. Dopo i 25 anni visse una profonda crisi religiosa che lo portò su posizioni di intransigente puritanesimo e accentuò il suo austero senso del dovere e il suo rigore morale. Era **scontento della situazione in Inghilterra e della politica di Carlo I**, che privava di autorità il Parlamento e introduceva nella Chiesa anglicana riforme di ispirazione cattolica. Cromwell propugnava la massima tolleranza verso ogni confessione religiosa ma odiava la Chiesa cattolica, a cui rimproverava le persecuzioni dei protestanti. Ebbe l'occasione d'imbarcarsi per la Virginia (in America) con un gruppo di puritani ma rinunciò: per lui l'idea di **imprimere una svolta alla vita politica del suo paese** iniziava a diventare pressante. Sentiva di avere qualcosa di nuovo da dire e da fare.

Hollar Wenceslaus
Oliver Cromwell a cavallo
1650
[British Library, Londra]

il **Lord protettore nel 1658**, il figlio Richard assunse il potere, ma dovette lasciarlo dopo pochi mesi in un dilagare di torbidi che annunciavano la fine della Repubblica. Seguì infatti una fase di intricati conflitti tra stuardisti e cromwelliani, Lungo Parlamento (riconvocato nel febbraio 1660) ed esercito, armate del Nord e armate del Sud, fin quando, nel maggio **1660** il generale George Monk, con l'approvazione del Parlamento, marciò su Londra e mise sul trono l'erede di Carlo I, **Carlo II Stuart** (1660-85).

La sua vita privata era serena: a vent'anni aveva sposato una ragazza semplice e tranquilla, dalla quale ebbe otto figli. Pubblicò un breve trattato sulla necessità del suffragio universale e poco dopo, a 29 anni, divenne deputato al Parlamento nella Camera dei Comuni. Iniziò la sua carriera in sordina, facendosi notare più per la bizzarra trasandatezza del suo abbigliamento modesto che per le sue capacità. Pian piano, però, acquistò sicurezza e riuscì ad attirare l'attenzione su di sé grazie alla sua veemenza oratoria, infiammata dalla profonda **convinzione di essere stato scelto da Dio per risolvere i problemi del paese**: cominciò così la sua battaglia personale contro l'assolutismo di re Carlo I.

La grande occasione per mettere alla prova le sue qualità di **comandante** e **geniale stratega** militare fu la guerra civile. Dopo alterne vicende che dimostravano l'effettiva superiorità delle truppe regie, Cromwell assunse il comando dell'esercito parlamentare, composto da soldati mercenari. Fu allora che ebbe un'intuizione tanto rivoluzionaria quanto geniale: arruolare il popolo inglese, vessato dal potere regio. Solo il desiderio di una vita migliore avrebbe dato al rinnovato esercito parlamentare la forza di vincere: la posta in palio non era solo la vittoria ma soprattutto la speranza di far nascere una società nuova e più giusta.

Cromwell stesso iniziò a reclutare i suoi soldati, cercandoli nei villaggi, nei mercati, nelle birrerie: «Preferisco – diceva – un capitano vestito da rozzo contadino, che ama le cose per cui sta combattendo, piuttosto che un cosiddetto gentiluomo che altro non è, appunto, che un gentiluomo». Cromwell impartiva alle reclute un serio addestramento militare, educandole alla disciplina e al rigore: «Questi uomini – scrisse un testimone della prima importante vittoria di Marston Moor (1644) – hanno un intendimento maggiore che non il comune soldato e sono, perciò, più coscienti dell'importanza e della posta della guerra. Sprezzanti del denaro, sono più portati a mostrarsi valorosi». Requisito imprescindibile per lui era che fossero fervidi credenti, di qualsiasi confessione tranne quella cattolica.

Quando qualche anno prima, nel 1641, i cattolici irlandesi avevano ucciso molti emigranti scozzesi e inglesi di fede protestante, Cromwell era rimasto profondamente scosso. Durante la guerra civile, non si lasciò sfuggire l'occasione per attuare una feroce rappresaglia: nel 1649 ordinò al suo esercito lo **spietato massacro di 3500 irlandesi** che si erano alleati con il re, dichiarandosi «convinto che quello fosse il solenne giudizio di Dio su questi vili barbari che si sono macchiati le mani di sangue innocente».

La coscienza civile del popolo arruolato si dimostrò subito molto matura: i soldati, che guidati da Cromwell riuscirono a sconfiggere le truppe realiste e a detronizzare Carlo I, fecero sentire la loro voce in Parlamento e, dicendosi ispirati dal Vangelo, chiesero la sovranità popolare, la soppressione della Camera dei Lord, il suffragio universale e la proprietà collettiva. Ma Cromwell non era disposto a incamminarsi su una strada di riforme radicali: egli restava pur sempre un esponente della *gentry*; anzi, ancora tentava una conciliazione con il re, proponendogli una forma di potere non più assoluto ma controllato dal Parlamento (che Carlo rifiutò).

Cromwell respinse le richieste delle frange più estremiste dell'esercito, che si posero in scontro aperto contro di lui arrivando ad accusarlo di **tradimento** e di **inganno**: «I soldati protestano contro l'intenzione dei loro capi di restituire al re le sue prerogative: questo è tradimento!» o ancora «Ci avevano chiamato per il servizio del regno, abbiamo rischiato la vita perché fossero ristabiliti i nostri diritti innati, parecchie migliaia di noi soldati sono morti per questo. Ed ecco che ora ci vengono a dire che l'uomo che non è proprietario non ha alcun diritto in questo regno. Ci stupisce che ci abbiano ingannati a tal punto!».

Alla fuga del re in Scozia, però, Cromwell e il suo esercito misero da parte le tensioni e, uniti, ripresero a combattere. Dopo la tragica decapitazione di Carlo I Cromwell, così come aveva fatto il re, sciolse il Parlamento con la forza irrompendo con un corpo di soldati nella Camera («È giunta la vostra ora! – urlò – Il Signore ne ha abbastanza di voi!») e recuperò il controllo di una situazione che gli stava sfuggendo di mano; per legge il nuovo Parlamento non poteva essere formato prima di sei mesi e Cromwell, pur di non esercitare un potere assoluto, creò un'assemblea provvisoria scegliendo egli stesso 140 uomini. Anch'essi, però, chiesero la fine della proprietà privata e anche in questo caso Cromwell intervenne con la forza sciogliendo l'assemblea: «Chi avrebbe potuto dire che qualcosa era suo se avessero continuato? Scioglierli fu necessario».

A questo punto decise di assumere il **governo del paese** e nel 1653 accettò il titolo di Lord protettore: era convinto di essere l'uomo giusto, mandato da Dio. Nei cinque anni seguenti divenne il difensore dei protestanti perseguitati in tutta Europa (i valdesi in Savoia e gli ugonotti in Francia) e incoraggiò gli ebrei a tornare in Inghilterra dopo esserne stati scacciati nel 1290. Prevenne con ogni mezzo il ritorno degli Stuart: vietò la circolazione di un libretto in onore di Carlo I e limitò la libertà di stampa. Tentò di imporre uno stile di vita più austero: fece chiudere i teatri, proibì le corse dei cavalli e soppresse i festeggiamenti per il Natale.

L'assetto conservatore del suo protettorato deluse molti suoi sostenitori. Furono tramati quattro attentati contro di lui. Come un re, volle che alla sua morte il protettorato passasse al figlio Richard che, inesperto e poco brillante, fu destituito dal Parlamento dopo due soli anni. Sul trono d'Inghilterra tornarono gli Stuart: il nuovo re fu Carlo II, figlio di Carlo I.

Uno dei suoi primi atti fu la riesumazione del cadavere di Oliver Cromwell, per sottoporlo alla terribile vendetta dell'impiccagione postuma.

▶ 177
Ch.H. Hill
Il mondo alla rovescia

▶ 181
M. Kishlansky
Gli «impulsi contraddittori» della rivoluzione inglese

Restaurazione degli Stuart

La restaurazione degli Stuart ebbe come immediato effetto il ripristino della Chiesa anglicana, la ripresa delle persecuzioni della dissidenza religiosa, la ricostituzione della Camera dei Lords e dei privilegi nobiliari. Non si verificò, tuttavia, un completo ritorno ai tempi di Giacomo I e Carlo I. La crescita di una forte coscienza politica nel ceto borghese e nella piccola nobiltà diede infatti una configurazione più articolata alla classe dirigente; sotto il profilo istituzionale, inoltre, non furono ripristinati i tribunali speciali e soprattutto prese forza la **centralità del Parlamento come stabile punto di riferimento e di confronto per l'esercizio del potere monarchico.** Da allora, e sempre più nettamente in seguito, Parlamento e monarchia sono considerati come due poteri distinti. Una distinzione e una separazione che accompagnarono il progressivo indebolimento e la definitiva scomparsa di ogni ipotesi politica fondata sulla monarchia di diritto divino.

L'eredità della rivoluzione

Dopo questa "grande rivoluzione" a nessun sovrano inglese sarebbe più stato concesso di imporre nuove tasse per decreto, di incarcerare gli avversari politici senza processo, di attentare ai diritti di proprietà, di modificare d'autorità le forme dell'organizzazione ecclesiastica. La strada dell'assolutismo non poté più essere percorsa, anche se questi fondamenti del sistema politico inglese saranno definitivamente stabiliti dalla seconda ("gloriosa" e "pacifica") rivoluzione del 1688-89. Sul piano ideologico la ricchissima eredità di idee e di proposte della rivoluzione (e dei suoi momenti più radicali) rivivrà in America e in Francia durante le rivoluzioni della fine del '700.

GUIDA ALLO STUDIO

❶ Che cosa stabiliva l'Atto di navigazione del 1651? ❷ In quali circostanze la famiglia Stuart tornò sul trono inglese? ❸ Quali effetti ebbe la restaurazione della monarchia sul ruolo del Parlamento?

John Michael Wright
Allegoria della Restaurazione
1665 ca.

In questa allegoria, dipinta per la volta della camera da letto di Carlo II, si fa riferimento al ritorno della monarchia dopo la rivoluzione, monarchia portatrice di pace e di stabilità politica. Garante di questa restaurazione fu Carlo II Stuart, che s'impegnò solennemente a governare in accordo con il Parlamento.

6 La Francia di Luigi XIII e di Richelieu

Luigi XIII e Maria dei Medici

Nel 1610 Enrico IV [👁 17.1] fu ucciso da un fanatico cattolico. Gli succedette il figlio, il piccolo **Luigi XIII** (1610-43), al posto del quale esercitò il potere la madre, l'italiana **Maria dei Medici**. L'equilibrio internazionale fu sconvolto dall'inversione di rotta della reggente, che da fervente cattolica si orientò decisamente in senso filospagnolo. Nel 1614, in una situazione di grave conflittualità interna, furono convocati gli **Stati generali** (fu l'ultima volta fino al 1789). Questa assemblea, composta dai rappresentanti dei tre ordini in cui era suddivisa la popolazione, fu l'arena in cui si affrontarono i nobili e i rappresentanti della borghesia burocratica e imprenditoriale: i primi contrari all'ereditarietà degli uffici; i secondi agli abusi degli aristocratici e alla reimposizione dei diritti feudali.

▶ 166 DOC
Richelieu
L'ordine naturale della società e le funzioni del re

La politica di Richelieu

Nel 1617 Luigi XIII si appropriò del pieno esercizio del potere, malgrado la tenace opposizione della madre. Al suo fianco era il cardinale di **Richelieu** (1585-1642), che dal 1624 sarebbe diventato il capo del Consiglio del re. Richelieu intraprese una vera e propria offensiva in grande stile, volta al **rafforzamento del potere monarchico**. In tale prospettiva, nel 1625 il cardinale attaccò le **piazzeforti ugonotte** – un vero e proprio Stato dentro lo Stato –, la cui autonomia appariva sempre più incontrollabile, e nel giro di pochi anni le sottomise. L'ultimo caposaldo, **La Rochelle**, cadde nel 1628 dopo un lungo e sanguinoso assedio. L'anno dopo, l'**editto di grazia** sancì la libertà di culto dei protestanti e, insieme con essa, il disfacimento del loro apparato politico-militare. Contro gli ugonotti Richelieu non fu animato da uno spirito d'intolleranza religiosa bensì da ragioni di Stato, le stesse che lo spinsero, pur essendo un cardinale cattolico, ad **allearsi con i protestanti in funzione antiasburgica** nella guerra dei Trent'anni [👁 17.6]. Parallelamente Richelieu condusse un'azione decisa contro quegli esponenti della grande nobiltà che tramavano per ristabilire i loro antichi privilegi e facevano riferimento a Maria dei Medici e al fratello del re, **Gaston d'Orléans**: alcuni nobili furono giustiziati, mentre Maria fu mandata in esilio.

Richelieu esaltò inoltre il ruolo dei funzionari alle dirette dipendenze della Corona – di origine borghese e nobili di toga, tratti dai gradi inferiori della magistratura – che, con la carica di **intendenti** – carica non venale – accentrarono nelle loro mani l'amministrazione delle province sostituendosi ai governatori di origine aristocratica.

L'unico problema che il cardinale non riuscì a risolvere fu quello delle agitazioni popolari, che esplosero nella fase di partecipazione della Francia alla guerra dei Trent'anni, a causa dell'eccessivo fiscalismo regio, che gravò soprattutto sulle masse contadine [👁 18.2].

GUIDA ALLO STUDIO

❶ Chi era il cardinale Richelieu? ❷ Che cosa stabiliva l'editto di grazia? Quando fu promulgato? ❸ Quale fu l'obiettivo principale della politica di Richelieu? ❹ Chi erano gli intendenti?

7 La Francia di Mazzarino

L'ora di Mazzarino

Nel 1642 il cardinale Richelieu morì. L'anno seguente scomparve il re Luigi XIII. La politica estera della Francia, impegnata nella guerra dei Trent'anni non subì, però, mutamenti di rilievo, grazie all'azione del cardinale **Mazzarino, consigliere personale di Richelieu e suo successore a capo del Consiglio del re**. L'importanza di questa carica fu accentuata dal fatto che al trono francese era salito un bambino di appena cinque anni, **Luigi XIV** (1643-1715), in vece del quale la reggenza fu tenuta dalla madre **Anna d'Austria**, legata al Mazzarino da forti vincoli di fiducia e di collaborazione.

La Fronda parlamentare Con la pace di Vestfalia [👁 17.7], Mazzarino sancì il successo della potenza francese sulle ambizioni egemoniche della Casa d'Austria. Il conflitto continuò tuttavia con la Spagna, tanto sul confine franco-spagnolo quanto in Italia e nelle Fiandre. Di conseguenza l'impegno finanziario dello Stato francese a sostegno della guerra non diminuì e l'emergenza bellica consentì un ulteriore giro di vite nella politica di **accentramento** del governo. Il progetto del cardinale, infatti, prevedeva l'affidamento dell'esazione delle im-

PERSONAGGI

Il cardinale Mazzarino

«Questo ministro che mi amava e che io amavo»: in questo modo re Luigi XIV, nelle sue *Memorie*, ricordava Giulio Mazzarino (1602-1661), cardinale e suo primo ministro, una delle figure più importanti e discusse della storia della Francia moderna. Giulio era nato in Italia, a Pescina, in Abruzzo. Entrato giovanissimo nella diplomazia pontificia, divenne cardinale nel 1641 grazie all'appoggio della nobile famiglia romana dei Colonna ed entrò subito in contatto con il primo ministro francese, il potentissimo cardinale Richelieu. Questi lo aveva subito preso a cuore e, poco prima della sua morte (1642), si era raccomandato con il re di Francia **Luigi XIII** di tenere Mazzarino nel suo consiglio privato. Il re fece molto di più: lo nominò padrino di suo figlio, il delfino di Francia Luigi XIV. Quando quest'ultimo salì al trono, lo scelse come **primo ministro**. Mazzarino fu consigliere del giovane re, restando al suo fianco fino alla fine dei suoi giorni. Ai francesi che lo accusavano di non svolgere bene il suo compito, Mazzarino, che per giunta era italiano, rispose: «I francesi si abituino, se vogliono, al mio modo di fare. Da parte mia io non voglio abituarmi a loro. Sino a quando io avrò il re e la regina dalla mia parte, tutti i francesi mi saranno amici e nel caso io dovessi caderne in disgrazia, non avrò più niente a che fare coi francesi perché me ne andrei da qui». Re Luigi non brillava per intelligenza. Ancora adolescente, non sembrava adatto a ricoprire al meglio il ruolo di re di una delle più grandi potenze del tempo. Tuttavia Mazzarino, che lo amava come un figlio, aveva piena fiducia in lui: «si metterà in azione un po' tardi – avrebbe esclamato a chi lo denigrava – ma andrà più lontano degli altri». A Luigi avrebbe detto: «morirò contento il giorno in cui vi vedrò in condizione di governare da solo».
Ma il cardinale, in parte, mentiva. Era consapevole, infatti, che la sua potenza gli derivava proprio dalla fragilità del re e dal bisogno dei suoi consigli, della sua indiscussa intelligenza politica e capacità diplomatica. Re Luigi e sua madre Anna d'Austria ne avevano avuto prova qualche anno dopo la morte di Luigi XIII. Nel 1648 in Francia erano scoppiate violentissime rivolte note come Fronde, dall'arma, la fionda, usata tra le barricate che i parigini avevano eretto nelle strade della capitale. Il 26, 27 e 28 agosto, infatti, Parigi era stata messa a soqquadro, invasa dall'insurrezione popolare. La rivolta era durata a lungo e la famiglia reale era stata costretta ad abbandonare la città, riuscendo a tornarvi solo tre mesi dopo, alla fine di un lungo assedio. **I parigini accusavano Mazzarino di averli impoveriti, imponendo tasse sempre più pesanti**. Inoltre, il Parlamento si era ribellato quando il cardinale aveva proposto l'approvazione di alcune riforme istituzionali che incrementavano i poteri del re, consentendogli di usare come meglio avrebbe desiderato le finanze dello Stato. Il principio della monarchia assoluta, per il quale Luigi XIV sarebbe passato alla storia con il soprannome di Re Sole, trova le sue fondamenta proprio in queste riforme. Mazzarino fu costretto all'esilio anche se continuò a esercitare da lontano la sua influenza sul re. Quando il cardinale tornò a Parigi, dopo essere riuscito a ristabilire l'ordine con una serie di abili concessioni fiscali, i francesi ormai lo odiavano. I parigini avevano iniziato a dedicargli versi di scherno o di vera e propria minaccia: «un vento di Fronda / si è levato questo mattino; / credo che incomba / sul cardinale Mazzarino» cantavano per le strade. Questi componimenti, detti ***mazarinade***, **'mazzarinate'**, erano brevi frasi di satira pungente e scurrile, dirette proprio contro il potente cardinale e primo ministro. Ma Mazzarino, tornato a Parigi, aveva ripreso a consigliare il re in modo da aumentarne il potere, diminuendo quello del Parlamento e, così facendo, il primo ministro aveva aumentato anche la propria ricchezza personale. Sfruttando al meglio i suoi poteri e grazie a un intricato gioco di procedure contabili e finanziarie, aveva lucrato sulle casse dello Stato e, in breve tempo, era diventato **uno degli uomini più ricchi d'Europa**.
Mazzarino era un uomo raffinato ed elegante, amava il lusso, gli oggetti d'arte, le pietre preziose, gli specchi, i profumi, ma anche i buffoni e i commedianti, così come gli animali esotici tanto in voga nelle corti del tempo. **Uomo di grande cultura, il cardinale, tuttavia, amò soprattutto i libri**. La sua biblioteca, ricca di migliaia di volumi, era stata aperta al pubblico nel 1643 ed è, oggi, la più antica biblioteca pubblica di Francia.
Il cardinale fu famoso soprattutto per la sua **capacità diplomatica** e la perizia con la quale riusciva a orientare la politica estera francese. Per questo si rese indispensabile. In particolare, riuscì a risolvere la guerra franco-spagnola che impegnava la Francia sin dal 1635 [👁 17.6]. La Spagna non aveva firmato la pace di Vestfalia (1648) e gli spagnoli miravano a indebolire la Corona di Francia, in modo da ottenere il dominio diretto e indiretto sull'intera Europa centrale e arginare la crescente forza dell'Inghilterra. Al contrario, Mazzarino lavorava per ottenere una situazione di sostanziale **pacificazione tra spagnoli, francesi e inglesi**, nella quale il re di Francia, garante per la Spagna cattolica e l'Inghilterra anglicana, sarebbe divenuto il vero ago della bilancia europea, aumentando in tal modo il **peso politico della Corona di Francia**. Fu questa la missione che impe-

poste esclusivamente agli intendenti. Ciò suscitò l'**opposizione dei Parlamenti provinciali francesi**, roccaforti della nobiltà di toga, che replicarono proponendo la soppressione degli intendenti e reclamando a sé il diritto di gestire l'imposizione delle tasse e l'amministrazione del Tesoro. L'opposizione presto degenerò in un'aperta rivolta che fu chiamata Fronda parlamentare (1648-49), dal nome della "fionda" con cui i ragazzi scagliavano le pietre. **I parlamentari riuscirono a mobilitare il popolo di Parigi e a occupare la città per alcuni giorni**. Mazzarino fu costretto a lasciare Parigi e ad accettare le rivendicazioni parlamentari (poi da lui stesso abilmente vanificate). Nel corso dello stesso anno la Fronda parlamentare andò tuttavia progressivamente disgregandosi, perché non aveva elaborato un programma di am-

gnò il cardinale sin dal primo giorno passato al fianco del suo maestro, Richelieu. La guerra franco-spagnola si concluse con la firma della pace dei Pirenei (1659), vero trionfo diplomatico e militare del cardinale, con la quale la Francia impose definitivamente la propria influenza sull'Europa centrale. Mazzarino, tuttavia, non intendeva umiliare la Spagna e voleva, invece, fare in modo che le due potenze diventassero alleate politiche e religiose. Per questo lavorò accuratamente all'accordo che portò alle **nozze tra Luigi XIV e l'Infanta di Spagna Maria Teresa d'Austria**, figlia del re Filippo II. Il matrimonio doveva segnare anche la fine delle intemperanze di re Luigi che non poco avevano dato pena al primo ministro. Il giovane re, infatti, si era invaghito di una **nipote di Mazzarino, Maria Mancini**, che aveva conosciuto alcuni anni prima. Non si trattava di un problema di poco conto: il re di una grande potenza politica e militare avrebbe dovuto sposare una sua pari grado; invece Luigi «tutte le galanterie, come musiche, colazioni, passeggiate a cavallo, le faceva per lei» (Erlanger). Mazzarino, dal canto suo, sapeva bene che un re come Luigi non poteva in alcun modo permettersi di privilegiare l'amore rispetto alla ragione di Stato. Così, fece allontanare la nipote dalla Francia e convinse Luigi a sposare Maria Teresa. Il matrimonio avvenne il 9 luglio 1660 e fu la vittoria definitiva del cardinale che, già malato di nefrite, sarebbe morto qualche mese dopo, il 9 marzo 1661. Mazzarino nominò re Luigi suo erede universale. Ricevuta la notizia della sua morte, il sovrano avrebbe esclamato, sconsolato: «abbiamo perso un amico sincero».

Mazzarino, durante gli ultimi mesi di vita, aveva consigliato il re, raccomandandosi di sopprimere la carica di primo ministro perché «non c'è niente di più indegno che il vedere da una parte un ministro che svolge tutte le funzioni e dall'altra un re che ha solo il titolo». Fece scrivere, sotto dettatura, un ultimo **libro di consigli al sovrano**. Luigi li seguì alla lettera, al punto che, nel 1685, l'ambasciatore veneziano a Parigi scrisse: «si può dire che Mazzarino sia sempre vivo, che regni dalla tomba come un tempo aveva regnato nel suo studio».

Ritratto del cardinale Giulio Mazzarino
[Philip Mould, Historical Portraits, Londra]

PERSONAGGI

pio respiro, ma si era limitata a tutelare i privilegi della nobiltà di toga e della ricca borghesia.

La Fronda dei principi

Nel 1650 prese avvio la Fronda dei principi, causata dall'**ostilità dell'aristocrazia allo strapotere di Mazzarino**, dal successo ottenuto dai Parlamenti e dalla forte oppressione fiscale. Ancora una volta lo scontento del popolo di Parigi fu strumentalizzato e indirizzato contro il governo centrale. Mazzarino fu nuovamente costretto a lasciare Parigi e a rifugiarsi a Colonia, in Germania. Di qui diresse le operazioni delle truppe fedeli alla monarchia. Nel 1652 il principe di Condé, vincitore di Rocroi [👁 17.6] e capo dell'esercito ribelle, fu sconfitto nei pressi della capitale e il fronte aristocratico si disciolse rapidamente. Il cardinale, accompagnato dalla reggente e da Luigi XIV, rientrò trionfalmente a Parigi nel mese di ottobre.

Vittoria sulla Spagna

La fine delle turbolenze frondiste consentì a Mazzarino di riprendere con energia la guerra contro la Spagna. Tra le scelte diplomatiche del cardinale la più felice fu la **coraggiosa alleanza con la Repubblica inglese di Cromwell**. Mentre la flotta inglese paralizzava le rotte spagnole, l'esercito anglofrancese sconfisse definitivamente le truppe iberiche presso **Dunkerque** (1658).

Con la **pace dei Pirenei** del 1659 la Francia ottenne l'Artois e, lungo il confine con la Spagna, il Rossiglione; l'Inghilterra ottenne la Giamaica e la base di Dunkerque. Questa pace decretò il tramonto della potenza spagnola e il rafforzamento della Francia nel ruolo di massima potenza continentale. A essa fece seguito il matrimonio tra l'erede al trono di Spagna, **Maria Teresa** – figlia di Filippo IV – e Luigi XIV. Gli accordi prevedevano che Maria Teresa rinunciasse ai suoi diritti di successione ma recasse in dote la favolosa cifra di 500 mila scudi d'oro: quest'ultimo impegno non fu onorato e di ciò si farà forte Luigi XIV per giustificare il suo aggressivo programma di politica estera.

GUIDA ALLO STUDIO

❶ Chi succedette fra il 1642 e il 1643 alle cariche di re e capo del Consiglio del re? ❷ Quali erano gli obiettivi della Fronda parlamentare e di quella dei principi? ❸ Gli obiettivi delle Fronde furono raggiunti? ❹ Che cosa stabiliva la pace dei Pirenei del 1659?

I capi della Fronda si sottomettono al giovane Luigi XIV
1653
Questa incisione rappresenta l'episodio in cui i capi della Fronda dei principi, sconfitti nel 1652 nei pressi di Parigi, rientrano nella capitale e sono costretti al gesto formale della sottomissione al cospetto di Luigi XIV. Il giovane sovrano rimane impassibile sotto lo sguardo vigile della regina madre.

8 Il declino della Spagna

Filippo III Nei primi decenni del '600, la Spagna entrò in un periodo di inarrestabile decadenza. Dopo la morte di Filippo II [16.1], nel 1598, **Filippo III** (1598-1621) ereditò un regno che era afflitto da una crisi economica e sociale senza precedenti. All'esterno, Filippo III avviò una serie di prudenti iniziative di pace con l'Inghilterra – **pace di Londra** del 1604 – e con le Province Unite – **tregua dei dodici anni**, dal 1609 – 16.4). All'interno il re non riuscì invece a contenere l'offensiva della nobiltà che mirava a salvaguardare il proprio tradizionale livello di ricchezza attraverso un vasto processo di rifeudalizzazione. I contadini, oggetto di un'oppressione fiscale e personale durissima, reagirono spesso dandosi al **banditismo** o, comunque, appoggiandolo; per altro verso venne schiacciata ogni possibilità di espansione e ascesa sociale per i ceti borghesi.

Il progetto assolutistico di Filippo IV L'unica risposta concreta a questa situazione di crisi fu la ripresa della politica estera aggressiva, sotto **Filippo IV** (1621-65), a opera del primo ministro conte-duca di **Olivares**. Questi, infatti, decise di intervenire nella guerra dei Trent'anni a sostegno degli Asburgo d'Austria e, nel 1621, allo scadere della tregua dei dodici anni, riprese le ostilità contro le Province Unite. L'azione politica di Olivares puntava alla realizzazione di un progetto di accentramento assolutistico, destinato a fornire alla monarchia spagnola i mezzi per un rilancio in grande stile sulla scena europea. Per rendere possibile ciò, sul piano interno, Olivares intraprese un'opera di riorganizzazione militare e amministrativa: la cosiddetta **Unione delle armi**, ovvero la ripartizione fiscale e il reclutamento militare proporzionali tra le varie province e tra i vari domìni della Corona. Il progetto di Olivares suscitò resistenze sempre più forti nel regno, sia per l'eccessiva esosità delle richieste, sia perché, in realtà, in molte regioni della Penisola iberica vere e proprie sistematiche imposizioni fiscali e leve di soldati non erano state mai effettuate da parte del governo centrale.

Una federazione di regni Il Regno di Spagna era infatti costituito da una federazione di regni autonomi – **Castiglia, Aragona, Catalogna, Valencia, Portogallo** – sui quali primeggiava la Castiglia. Ciascuno di questi regni era dotato di larghissima autonomia, benché le principali cariche pubbliche fossero ricoperte generalmente da nobili castigliani. In questa federazione si trovavano in subordine i **"vicereami"** italiani (Napoli, Sicilia, Sardegna, più il Ducato di

Veduta di Lisbona
[Museu da Cidade, Lisbona]
Il malcontento contro la dominazione spagnola, serpeggiante tra il popolo e i nobili portoghesi, si concretizzò nel quarto decennio del '600. I nobili più attivi organizzarono una cospirazione per abbattere l'oppressione spagnola, offrendo la corona al duca di Braganza. Così, il 1° dicembre 1640, un gruppo di quaranta nobili invase il palazzo reale di Lisbona, uccise il ministro di Filippo IV, arrestò la viceregina e designò il duca di Braganza re del Portogallo, con il nome di Giovanni IV. Già porto ricco di traffici marittimi e sede del palazzo reale, Lisbona acquisì nel corso del XVII secolo un ruolo di primaria importanza per l'economia e la vita politico-amministrativa del paese. Questa incisione rappresenta l'arrivo di alcune navi mercantili, la piazza, la sede del mercato e, sulla destra il cantiere per la costruzione delle navi e i magazzini per lo stivaggio delle merci.

Lombardia) e coloniali, nonché i **domìni dinastici** della Casa regnante (Paesi Bassi e Franca Contea). Filippo IV, come del resto i suoi predecessori, era padrone assoluto della Castiglia e – almeno in linea teorica – di tutte le dipendenze fuori di Spagna; ed era da queste regioni che provenivano il gettito fiscale che riforniva il tesoro reale e il grosso del reclutamento militare. Il resto della Penisola iberica non offriva alcun significativo contributo.

Rivolta della Catalogna e del Portogallo

Ecco perché alle richieste di Olivares, nell'inverno del **1640**, si ribellarono la Catalogna e il Portogallo: la prima aveva fra l'altro una forte tradizione di autonomia culturale e di vivacità economica, che alimentava aspirazioni indipendentistiche; il secondo era stato integrato nel Regno di Spagna da soli sessant'anni ed era quindi ancor più motivato a distaccarsi dalla compagine castigliana.

In **Catalogna** la rivolta esplose nelle campagne e da qui si diffuse a Barcellona, principale centro della regione, dove l'agitazione venne presa in mano dalla nobiltà e dalla borghesia, e assunse la fisionomia di **moto indipendentista**. Barcellona sarà riconquistata soltanto nel 1652, dopo dodici anni di guerra.

In Portogallo, invece, il fronte antispagnolo si indirizzò al recupero dell'integrità del territorio nazionale e dei domìni coloniali. Fu proclamato re il duca di Braganza, che prese il nome di **Giovanni IV** (1640-56), e la reazione spagnola fu respinta anche grazie all'aiuto di Francia e Inghilterra. **Nel 1668 il trattato di Lisbona sancirà l'indipendenza del Portogallo.**

GUIDA ALLO STUDIO

❶ Perché l'Unione delle armi progettata da Olivares incontrò forti ostacoli? ❷ Come era composto il Regno di Spagna? ❸ Che esito ebbero le rivolte indipendentiste in Catalogna e in Portogallo?

L'allontanamento di Olivares nel 1643 aggravò il disordine amministrativo del Regno di Spagna, mentre le sorti della guerra dei Trent'anni volgevano decisamente a favore della Francia. La guerra sempre più difficile e le ribellioni che esplodevano qua e là nella Penisola iberica spinsero Filippo IV a spostare la pressione fiscale soprattutto sui possedimenti italiani. Anche qui il governo spagnolo dovette tuttavia affrontare gravi rivolte [👁 20.2].

9 Le due anime delle Province Unite

Con la tregua dei dodici anni stipulata con la Spagna nel 1609, la Repubblica delle Province Unite, oltre a vedersi di fatto riconosciuta dalla Spagna stessa come Stato autonomo, raggiunse gradualmente la condizione di maggiore potenza commerciale europea [👁 18.3]. Né tale processo si arresterà con la ripresa della guerra nel 1621. Ciononostante, anche le Province Unite attraversarono nel primo ventennio del '600 una profonda crisi politica e religiosa.

Organizzazione politica

Ciascuna delle sette Province Unite (Olanda, Zelanda, Utrecht, Frisia, Groninga, Gheldria e Overijssel) era amministrata autonomamente da un'assemblea elettiva o Stato provinciale e aveva a suo capo un governatore civile, il **Pensionario**, e un governatore militare, lo **Stadhouder**; gli Stati generali federali, con sede a L'Aja, erano diretti da un Gran Pensionario e da uno Stadhouder generale, provenienti di solito dalla provincia più potente, l'Olanda. Il **dualismo tra Gran Pensionario** e **Stadhouder** generale esprimeva anche gli **interessi politici ed economici dei due ceti più forti**: la borghesia mercantile e la nobiltà terriera; l'una propensa al rispetto delle autonomie provinciali, all'attenuazione del conflitto con la Spagna, alla pacificazione religiosa; l'altra incline a un maggiore accentramento statale – lo Stadhouder generale e anche quelli provinciali erano di norma discendenti di Guglielmo d'Orange –, alla prosecuzione della lotta contro la Spagna anche a costo di subire gravi danni economici, a coltivare l'intransigenza propria del calvinismo ortodosso – in questo appoggiata anche dagli strati più bassi della popolazione.

Religione e politica Lo scontro politico tra le due massime autorità della Repubblica, riflesso del dissidio interno all'intera classe dirigente, esplose clamorosamente, com'era prevedibile, sul terreno religioso. La religione, infatti, era sempre l'elemento catalizzatore del confronto politico. La corrente calvinista intransigente dei **gomaristi** ebbe la meglio sui tolleranti e moderati **arminiani** nel sinodo di Dordrecht del 1618; ottenuta la messa al bando degli arminiani dai rappresentanti delle comunità calviniste delle Province Unite, di Svizzera, d'Inghilterra, di Scozia e di Germania, lo Stadhouder Maurizio d'Orange sancì la condanna a morte per tradimento del Gran Pensionario Oldenbarneveldt (1619).

Il paese della tolleranza Malgrado questi tragici avvenimenti, la Repubblica delle Province Unite si affermò come il paese europeo dove erano maggiormente praticate la **tolleranza religiosa** e la **libera circolazione delle idee**. L'intensità delle relazioni commerciali olandesi determinò un costante rapporto con le più disparate realtà culturali europee. Così, a prescindere dai problemi politici e religiosi interni, la mentalità degli olandesi dovette per forza di cose adattarsi alla convivenza con i "diversi": la folla eterogenea che si accalcava in un centro d'affari come Amsterdam non poteva certo essere oggetto di pregiudizi che erano del tutto privi di interesse – e anzi sarebbero stati dannosi – per il mondo degli affari.

GUIDA ALLO STUDIO

❶ Qual era l'organizzazione politica delle Province Unite? ❷ Da quali ceti sociali era formata la classe dirigente delle Province? ❸ Perché si può affermare che le Province Unite furono nel '600 il paese europeo più tollerante?

Ricostruzione di un angolo dello Herengracht di Amsterdam
[disegno di F. Corni]

L'importanza economica di Amsterdam, capitale dell'Olanda, la più estesa delle Province Unite, dipese anche dalla sua felice posizione geografica. La città era infatti situata nel punto in cui le merci provenienti dall'Europa centrale venivano trasportate verso il Baltico, verso il Mare del Nord e verso le nuove rotte transoceaniche. La vivace attività commerciale era dovuta anche alla capacità di Amsterdam e dei suoi abitanti di tollerare culture e religioni diverse, di partecipare all'incontro delle più eterogenee realtà europee. Il disegno propone la ricostruzione di uno dei più caratteristici canali della città, lo Herengracht, costruito nel 1612. Gli alti e stretti edifici furono innalzati su delle palafitte in diversi stili architettonici. Presentavano spesso all'estremità del frontone dei montacarichi per alzare le merci o il mobilio, altrimenti difficili da far salire per le strette e ripide scale interne. Lo spaccato del primo palazzo sulla destra propone una ipotetica suddivisione dei piani: la cantina in basso, la sala da pranzo arredata con un tipico gusto barocco, la ricca biblioteca, la camera da letto con un sontuoso letto a baldacchino, il deposito delle merci e infine il solaio; al lato, la cucina, due camere da letto e la dispensa.

STORIA • SOCIETÀ • CITTADINANZA

La guerra civile

Le guerre si possono genericamente distinguere in «guerre internazionali» e «guerre civili». Mentre le prime vedono il contrapporsi di due o più Stati sovrani, la guerra civile avviene all'interno dello stesso Stato, tra fazioni contrapposte che si scontrano per varie motivazioni: politiche, religiose, etniche, economiche.
Definire in modo preciso che cosa effettivamente sia una guerra civile è, comunque, molto arduo. Le organizzazioni internazionali – e in primo luogo l'Onu – non hanno elaborato criteri validi per distinguere la guerra civile da altre forme di conflitti intranazionali quali le insurrezioni e le rivolte.
Gli studiosi ne propongono diversi. Una definizione che dà grande importanza agli aspetti quantitativi si deve a due storici americani, Melvin Small e David Singer. Essa si basa su tre fattori fondamentali. Si ha una guerra civile: 1) quando, nel conflitto, il governo nazionale è una delle parti in causa; 2) quando il numero di morti non è inferiore alle mille unità per anno di guerra; 3) quando la fazione non governativa oppone una effettiva resistenza (rendendosi responsabile almeno del 5% delle morti).
Dal punto di vista legislativo, pur non esprimendosi sulla sua definizione, il Codice di Diritto penale italiano prevede, all'articolo 286, il reato di «favoreggiamento» della guerra civile: «Chiunque commetta un fatto diretto a suscitare la guerra civile nel territorio dello Stato, è punito con l'ergastolo».
Tutte le guerre hanno esiti imprevedibili; spesso, però, le guerre civili hanno avuto un ruolo determinante nei processi di nascita e formazione degli Stati. Nella storia moderna e contemporanea, in alcuni casi le guerre civili hanno rappresentato il momento culminante di un percorso di **profonda trasformazione della società**: è il caso della guerra civile inglese (1642-49) e di quella americana (1861-65).
Durante la **guerra civile inglese [👁 19.4]**, per la prima volta si affermarono una serie di concetti politici e civili destinati in futuro a guidare gli Stati moderni di tutto il mondo. Molto significative al riguardo furono le parole che il tribunale inglese proferì nella sentenza di condanna del re **Carlo I** (1600-1649). Nell'udienza finale del 27 gennaio 1649 il presidente della Corte di giustizia, espressione del Parlamento inglese, rivolgendosi al re affermò il principio della sottomissione del sovrano alle leggi nazionali e al popolo inglese: «Esse [le leggi] sono sopra di voi, signore, e invero vi è anche qualcosa ch'è sopra di esse, e che ne è il padre e l'autore, e questo è il popolo d'Inghilterra». In nome del popolo sovrano il re, che non riconosceva al Parlamento il potere di giudicarlo, fu accusato di tradimento e condannato a morte. L'affermazione della sottomissione del re alla legge e l'applicazione del principio della sovranità popolare rappresentarono un passo fondamentale verso la progressiva affermazione della volontà popolare e dei suoi rappresentanti contro i diritti dinastici.
Altrettanto determinanti furono le conseguenze della **guerra di secessione**, negli **Stati Uniti**, dove si contrapposero gli Stati del Nord-est, industrializzati e antischiavisti, e gli Stati del Sud, dediti all'agricoltura e convinti sostenitori della schiavitù.
La guerra ebbe origine da un intreccio di fattori ideologici e materiali. Mentre gli Stati di orientamento capitalistico del Nord-est vedevano nell'iniziativa privata, nell'indipendenza e nella libertà individuale i capisaldi della propria organizzazione, l'economia degli Stati del Sud si basava sulle grandi proprietà terriere (i latifondi) e sul lavoro di migliaia di schiavi neri, discendenti dagli schiavi deportati dall'Africa nel '700. Inoltre, gli agricoltori e gli allevatori, che si erano insediati nei territori di frontiera dell'Ovest, costituivano a loro volta un mondo in continua espansione e trasformazione che intratteneva proficui rapporti commerciali con gli Stati del Nord-est esportando i cereali che produceva e ricevendo in cambio macchine agricole e altri prodotti industriali.
Lo scontro si verificò quando gli Stati del Sud tentarono di portare il loro tipo di economia nelle terre fertili e ancora vergini del Nord-ovest. Mentre i coloni chiedevano terre a buon mercato per coltivare cereali (da esportare nel Nord-est), i latifondisti avrebbero voluto impiantare le loro immense piantagioni di cotone. All'opposizione dei coloni e degli Stati del Nord-est, il Sud rispose con la secessione dallo Stato federale. Il conflitto fu allora inevitabile: tre milioni di uomini presero parte ai combattimenti che causarono in quattro anni 600 mila morti. Nel 1863 tutti gli schiavi degli Stati Uniti furono liberati: fu una grande conquista, che con la vitto-

SINTESI

1 Lo Stato moderno e lo sviluppo delle monarchie assolute

Accentramento e assolutismo costituiscono i due caratteri fondamentali del potere negli Stati moderni, caratteri affermatisi attraverso il ridimensionamento politico della nobiltà, la formazione – attraverso la vendita delle cariche – di un nuovo ceto burocratico di estrazione borghese, la costituzione di apparati coercitivi. Il rafforzamento dello Stato fu inoltre accompagnato dall'elaborazione di nuove teorie sullo Stato, come il concetto di «sovranità», intesa come potere assoluto del sovrano (J. Bodin), e di «ragion di Stato», intesa come l'insieme dei mezzi che i governanti possono e devono usare per il mantenimento del potere (G. Botero).

2 Giacomo I e il Parlamento inglese

Estintasi, con la morte di Elisabetta, la dinastia Tudor, salì sul trono d'Inghilterra Giacomo I Stuart (1603), che seguì una politica di forte accentramento monarchico basata sulla riaffermazione dell'autorità della Chiesa anglicana, sull'esautorazione della Camera dei Comuni, sulla creazione di tribunali regi, su un inasprimento della tassazione. Tale politica suscitò un forte malcontento che trovò il suo centro nel Parlamento.

3 Il progetto assolutistico di Carlo I d'Inghilterra

I contrasti tra re e Parlamento si accentuarono durante il regno di Carlo I Stuart. La politica di repressione dell'opposizione politica e religiosa attuata dal sovrano, gli inasprimenti fiscali legati alla vendita delle cariche pubbliche furono tutti elementi che scavarono un fossato tra il re, da un lato, e la *gentry* e la borghesia dall'altro. La lotta contro il puritanesimo portò a una guerra con la Scozia, per far fronte alla quale Carlo I fu costretto a convocare il Parlamento, dove si manifestò una forte opposizione che riuscì infine a imporsi al re.
La situazione, che sembrava normalizzarsi, si aggravò in seguito allo scoppio della rivolta cattolica irlandese, che il re era accusato di aver fomentato.
Il fallimento di un tentativo di colpo di Stato di Carlo I provocò la guerra civile (1642).

4 La guerra civile

La guerra – che vedeva contrapporsi «cavalieri» e «Teste rotonde» – ebbe una svolta dopo la comparsa sulla scena del puritano Cromwell

ria degli Stati del Nord-est nel 1865 aprì una nuova fase di sviluppo economico e democratico per l'intero paese.

L'elenco delle guerre civili sarebbe interminabile, ma può essere interessante ricordare l'evento che portò alla nascita della democrazia nel nostro paese. Nel **1943**, durante il governo fascista della Repubblica sociale, **in Italia** (come in altre parti dell'Europa) si organizzò un movimento di resistenza contro il governo fascista e gli invasori nazisti. Settori politicizzati della popolazione insorsero e si scatenò una vera e propria guerra civile: alcuni grandi centri del Nord Italia come Genova e Torino furono liberati direttamente dagli insorti, altrove la **Resistenza** pose le basi per l'intervento degli alleati anglo-americani. Alla fine le forze alleate prevalsero: anche se il prezzo pagato dalla popolazione (durante la sola Resistenza morirono circa 55.000 italiani) fu altissimo, il fascismo cadde e il popolo italiano, per venti anni diviso tra fascisti e antifascisti, avviò il processo di democratizzazione del nostro paese.

Dalla fine della seconda guerra mondiale a oggi, le guerre civili nel mondo sono state numerose. Tra queste, la rivoluzione cubana del 1959, il sanguinoso scontro tra il governo britannico e l'opposizione cattolica irlandese nell'Irlanda del Nord (1968-94), le guerre etniche che hanno dilaniato la ex Jugoslavia tra il 1988 e il 1995. Numerose sono le guerre civili che tormentano ancora oggi l'**Africa subsahariana**: tra 1993 e 1994 in Ruanda, durante una sanguinosa guerra civile tra Hutu e Tutsi, sono stati massacrati più di un milione di individui.

L'azione degli **organismi internazionali** come l'Onu, dal secondo dopoguerra in poi, permette oggi di monitorare l'evolversi dei vari conflitti intranazionali. Trattandosi di questioni interne agli Stati, gli interventi delle organizzazioni internazionali consistono più che altro in azioni umanitarie e di *peacekeeping* ('mantenimento della pace') che vengono messe in atto al termine delle guerre con lo scopo di offrire supporto umanitario (cibo, medicinali, ospedali) alla popolazione e di facilitare la formazione di nuovi governi locali.

Un soldato serbo in posa sulla salma di un soldato croato
1991

Ispirate e alimentate da odi etnici e religiosi che si credevano da tempo sopiti, le guerre nell'ex Jugoslavia hanno fatto riapparire in Europa un repertorio di orrori e di violenze collettive – stragi indiscriminate, deportazioni, stupri di massa, tiro al bersaglio sui civili – cui non si assisteva più dai tempi della seconda guerra mondiale. Si è trattato di un trauma difficilmente dimenticabile per la coscienza di un'Europa che pretendeva di essere ormai lontana da simili orrori.

che, riorganizzate le truppe parlamentari, sconfisse il re. Il successo provocò la divisione dello schieramento dei vincitori. Nel 1648 Cromwell, accusato di tradimento per aver cercato di salvare l'istituto monarchico, sconfisse gli scozzesi (capeggiati dal re) e i rivoltosi realisti, occupò Londra ed espulse gli oppositori dal Parlamento. Dopo la condanna a morte e l'esecuzione del re (1649) fu proclamata la Repubblica.

5 La Repubblica di Cromwell e la restaurazione degli Stuart

Messe a tacere le frange estremiste (*levellers* e *diggers*) e ristabilito l'ordine in Irlanda e Scozia, Cromwell puntò con successo – con l'Atto di navigazione, e attraverso trattati con Svezia, Danimarca e Portogallo – a incrementare la potenza commerciale e coloniale inglese. In politica interna si trovò invece di fronte a una costante opposizione del Parlamento, mentre il suo potere andava assumendo i connotati di una dittatura militare. L'instabilità di tale potere si rivelò alla sua morte, seguita da una fase di intricati conflitti che terminò con la restaurazione degli Stuart – approvata dal Parlamento – nella persona di Carlo II (1660).

6 La Francia di Luigi XIII e di Richelieu

In Francia, gli anni della reggenza di Maria dei Medici furono caratterizzati da una notevole irrequietezza della nobiltà e degli ugonotti. Luigi XIII, assunto in pieno il potere, si valse dell'opera di Richelieu, che si dedicò con successo alla sottomissione degli ugonotti, alla repressione dei nobili dissidenti e potenziò il ruolo dei funzionari regi; non riuscì, però, a risolvere il problema delle agitazioni popolari causate dal forte fiscalismo.

7 La Francia di Mazzarino

Alla morte di Richelieu, Mazzarino ne prese il posto e ne proseguì la politica. La prosecuzione della guerra con la Spagna imponeva un forte impegno finanziario cui Mazzarino cercò di far fronte attraverso una riforma del sistema di riscossione delle imposte che suscitò l'opposizione dei Parlamenti, roccaforti della nobiltà di toga. L'opposizione degenerò in aperta rivolta (la Fronda parlamentare, 1648-49), placatasi soltanto dopo l'accettazione delle rivendicazioni parlamentari (poi vanificate da Mazzarino). Nel 1650 prese l'avvio la Fronda dei principi, causata dall'ostilità dell'aristocrazia allo strapotere di Mazzarino, dal successo dei Parlamenti e dalla forte pressione fiscale. Domata la rivolta (1653), Mazzarino, alleatosi con l'Inghilterra di Cromwell, poté riprendere la guerra contro la Spagna che, sconfitta, sottoscrisse nel 1659 la pace dei Pirenei.

8 Il declino della Spagna

All'inizio del '600 la Spagna entrò in un periodo di inarrestabile decadenza. La rifeudalizzazione determinò un'oppressione durissima dei contadini: fu inoltre soffocata ogni possibilità di ascesa sociale per i ceti borghesi. Con Filippo IV e il primo ministro Olivares fu ripresa una politica estera aggressiva e imposto un indirizzo più duro alla politica interna. Olivares tentò di realizzare senza successo un progetto assolutistico. L'«Unione delle armi» – la ripartizione fiscale tra i vari territori soggetti alla corona, necessaria a fornire i mezzi per un'affermazione militare sulla scena europea – provocò la ribellione di Catalogna e Portogallo (1640). Se la Catalogna venne riconquistata (1652), il Portogallo riuscì a rendere definitiva la propria indipendenza (1668).

9 Le due anime delle Province Unite

Nel '600 la Repubblica delle Province Unite, divenuta la maggior potenza commerciale europea, fu soggetta a una profonda crisi politica e religiosa. Lo scontro tra Gran Pensionario e Stadhouder generale esplose sul terreno religioso, ma esprimeva in realtà i diversi interessi politici dei due ceti più forti: borghesia mercantile e nobiltà terriera. Nonostante ciò, la Repubblica fu il paese dove furono maggiori la tolleranza religiosa e la libera circolazione delle idee.

SVILUPPARE LE COMPETENZE

❶ Rileggi attentamente il paragrafo 2 del capitolo 7 dedicato alle origini dello Stato moderno e usane i contenuti per scrivere un testo di 15 righe nel quale, oltre a definire i tratti delle nuove formazioni statali, illustrerai le riflessioni sul potere e la ragion di Stato di Jean Bodin e Giovanni Botero.

❷ Chi fu il successore di Elisabetta I al trono inglese? Scrivi un testo di 12 righe che racconti in particolare i problemi religiosi e i rapporti che il sovrano ebbe con il Parlamento durante gli anni del suo regno.

❸ Completa la tabella sottostante inserendo le date relative agli avvenimenti elencati nella colonna di sinistra. Scrivi poi un testo di 20 righe che metta in relazione e descriva tutti i fatti ricordati:

Avvenimenti	Date
Carlo I Stuart riconvoca il Parlamento	
Il Parlamento presenta la *Petition of Rights*	
Carlo I scioglie di nuovo il Parlamento	
Il clero presibiteriano emana il *Covenant*	
Il Corto Parlamento	
Viene convocato quello che passerà alla storia come il Lungo Parlamento	
Carlo I tenta un colpo di Stato e poi abbandona Londra	

❹ Spiega, in testi scritti, di 2 righe ciascuno, il significato dei seguenti termini o concetti:

a. Cavalieri
b. Teste rotonde
c. Indipendenti
d. *Levellers*
e. *Diggers*
f. Quaccheri
g. *Rump Parliament*
h. *Commonwealth*

❺ Completa le affermazioni seguenti con le parole mancanti. Utilizza poi il testo completo come spunto per scrivere un testo di 12 righe dal titolo *Oliver Cromwell*:

a. Cromwell era puritano, proveniva dai ranghi della.............., fu capo militare della fazione .... e ideatore degli ....
b. L'Atto di .... promulgato da Cromwell stabiliva che i collegamenti .... con l'Inghilterra erano riservati alle navi inglesi o a quelle dei paesi da cui provenivano le merci e che il commercio con le colonie era .... della madrepatria.
c. Durante l'epoca di Cromwell si procedette alla .... della terra e allo sviluppo di un'....................... moderna.
d. Cromwell ebbe rapporti molto tesi e difficili con il .... e per questo tentò di delegittimarne il potere assumendo il titolo di .... di Inghilterra, Scozia e Irlanda.

Agricoltura, gentry, Lord protettore, navigazione, monopolio, *Ironsides*, privatizzazione, Parlamento, commerciali, parlamentare

❻ Approfondisci, in testi di 4 righe ciascuno, i seguenti argomenti:

a. La politica religiosa di Richelieu
b. Mazzarino e la Fronda parlamentare
c. Mazzarino e la Fronda dei principi

❼ Rispondi ai quesiti impiegando il numero di righe indicato tra parentesi:

1. Quale obiettivo perseguiva la politica di Olivares? (4 righe)
2. Perché i regni di Catalogna e Portogallo si ribellarono alle richieste di Olivares? (6 righe)

20 LA DECADENZA DELL'ITALIA

1 L'Italia dopo Cateau-Cambrésis

Come si ricorderà, la pace di Cateau-Cambrésis, firmata nel 1559 da Filippo II ed Enrico II di Francia [👁 15.5], pose termine al lungo conflitto franco-asburgico per il controllo dell'Italia. **La Spagna si ritrovò dunque a controllare, direttamente o indirettamente, l'intera penisola [👁 ATLANTE_81]**. Rientravano tra i **domìni diretti** i Viceregni di Napoli, di Sicilia e di Sardegna, il Ducato di Milano e quella serie di importanti piazzeforti della costa tirrenica che vanno sotto il nome di **Stato dei Presìdi** (Talamone, Orbetello, Porto Ercole, Ansedonia, Porto Santo Stefano, Porto Longone). Ma l'influenza spagnola si estendeva indirettamente anche sulla Repubblica di Genova, su compagini di rilievo come il Granducato di Toscana e il Ducato di Savoia, sui piccoli Stati dell'area padana, come il **Ducato di Parma e Piacenza**, dei Farnese, il Ducato di Modena e Ferrara, degli Este, e quello dei Gonzaga di **Mantova**. Quegli stessi Stati che godevano di maggiore autonomia, come lo Stato della Chiesa e la Repubblica di Venezia, erano comunque condizionati dalla Spagna. Quest'ultima, anche se avviata a un'inesorabile decadenza [👁 19.8], era sempre la maggiore potenza politica del tempo e i suoi rinnovati contrasti con la Francia influenzarono la situazione italiana.

Ignazio Danti
***Veduta panoramica della città di Genova*, part.**
1580-83
[Galleria delle Carte Geografiche, Città del Vaticano, Roma]

Rimanendo una Repubblica indipendente, Genova non fu assoggettata direttamente alla dominazione spagnola. Ciononostante, il legame finanziario e militare che univa Carlo V a Genova era strettissimo, presentando indubbi vantaggi per entrambi: il grande impero era, infatti, letteralmente sostenuto dall'apparato bancario genovese, che faceva affluire nelle casse dello Stato spagnolo ingenti prestiti, e si avvaleva anche della potente organizzazione navale della città ligure.

Come si è visto, da un punto di vista politico-territoriale la pace di Cateau-Cambrésis non determinò sostanziali mutamenti rispetto alla situazione delineatasi con la pace di Cambrai. Due fatti nuovi vanno tuttavia segnalati: la creazione nel Centro-nord, a opera di papa Paolo III, del Ducato di **Parma e Piacenza** (1545) e la scomparsa della **Repubblica di Siena**, inglobata, nel 1555, nel Granducato di Toscana.

Malgrado la frammentarietà del quadro politico-territoriale della penisola, all'interno dei singoli Stati italiani prese avvio un **processo di consolidamento delle strutture statali**: negli Stati signorili si registrò una tendenza al **rafforzamento in senso assolutistico del potere del signore**, mentre nelle repubbliche si accentuò il **carattere oligarchico degli ordinamenti cittadini**, mediante un ulteriore restringimento del numero delle famiglie ammesse al potere.

La Repubblica di Genova

Fra gli Stati italiani la Repubblica di Genova, il cui dominio si estendeva anche sulla Corsica, era certamente quella **maggiormente legata alla Spagna**, soprattutto per i suoi interessi finanziari. I suoi banchieri e finanzieri, infatti, avevano

▶ 182DOC
Benedetto Croce
La "decadenza" dell'Italia

nella Corona spagnola il cliente più importante. Genova inoltre era un importante **punto di collegamento** fra i due blocchi dell'Impero asburgico, quello spagnolo e quello tedesco, e il suo **porto** era utilizzato per le spedizioni militari spagnole.

Il Granducato di Toscana

In Toscana, come si è visto, la restaurazione dei Medici era avvenuta grazie all'appoggio di Carlo V [👁 9.2]. Il legame con la Corona iberica era del resto testimoniato dalla presenza, all'interno della compagine medicea, dello Stato dei Presìdi. **Cosimo I** (1537-74), che nel 1569 ottenne il titolo di granduca, avviò un'opera di consolidamento del proprio potere e intraprese una politica di espansione territoriale, che portò all'acquisizione della Lunigiana e della Repubblica di Siena (1555).

Il Ducato di Savoia

Pure il **Ducato di Savoia**, posto a cavallo tra la Francia e l'Italia, gravitava nell'orbita spagnola. Il duca **Emanuele Filiberto**

ATLANTE 81_L'ITALIA DOPO CATEAU-CAMBRÉSIS

(1528-80) era rientrato in possesso della Savoia e del Piemonte, a lungo occupati dai francesi, grazie alla sua alleanza militare con la Spagna. L'ingombrante monarchia francese spinse Emanuele Filiberto a valorizzare politicamente la parte italiana del ducato, spostando la capitale da Chambéry a **Torino** e ottenendo dalla Francia, in cambio della cessione dei territori transalpini del ducato, il Marchesato di Saluzzo (1601). Emanuele Filiberto avviò nei suoi domìni una vasta opera di **centralizzazione delle strutture amministrative e militari**, volta a indebolire i piccoli potentati locali. A lui si deve la creazione di un esercito "nazionale" mediante l'imposizione dell'**obbligo di leva** per i sudditi. Questa riforma fece dello Stato savoiardo la maggiore potenza militare della penisola.

▶ 183
A. Asor Rosa
Il ruolo della Chiesa cattolica

Lo Stato della Chiesa

Rinnovato e rafforzato dal concilio di Trento [👁 14.7], il papato assunse un più deciso controllo dello Stato della Chiesa, mediante una **politica di espansione territoriale** – annessione di Ferrara (1598), del Ducato di Urbino (1625), di quello di Castro (1649) – e di **rafforzamento del potere del pontefice**. Ciò, tuttavia, non determinò l'indebolimento dei numerosi poteri locali presenti sul territorio – i comuni e le signorie – che anzi conservarono, e in alcuni casi rafforzarono, la propria autonomia.

Non meno autorevole fu il **ruolo politico esercitato dal papato all'interno della penisola**, dove riuscì a ottenere da molti principi e signori un impegno nella lotta contro l'eresia protestante. In molti Stati cercò addirittura di raggiungere una piena autonomia dalle ingerenze delle autorità civili, determinando l'insorgere di **conflitti giurisdizionali**, ovvero di scontri incentrati sulla difesa delle prerogative ecclesiastiche, tra i quali il più celebre fu quello che lo oppose alla Repubblica di Venezia.

La Repubblica di Venezia

Nel XVI secolo la Repubblica di Venezia, nonostante i contraccolpi rappresentati, da un lato, dall'affermazione della potenza ottomana nel Mediterraneo e, dall'altro, dalla sconfitta subìta ad Agnadello [👁 9.2], rimaneva ancora una grande realtà politica. Essa rappresentava agli occhi degli intellettuali e dei politici contemporanei un vero e proprio **mito**, un modello sia per la sua **indipendenza dall'influenza spagnola**, sia per la **libertà culturale** che in pieno clima controriformistico era riuscita a mantenere. Da un punto di vista politico, Venezia era governata da un'oligarchia patrizia particolarmente attenta sia agli interessi presenti sulla terraferma da poco con-

Paolo Veronese
Giunone versa doni su Venezia
1553-54
[Sala del Consiglio dei Dieci, Palazzo Ducale, Venezia]

Nel 1553 il pittore Paolo Veronese fu chiamato a collaborare alla decorazione delle sale per il Consiglio dei Dieci, nel Palazzo Ducale, con dipinti che hanno come soggetto composizioni allegorico-mitologiche volte a celebrare la gloria e la potenza della Repubblica veneziana. In questa tela, la personificazione della città – intenta a ricevere i frutti della benevolenza di Giunone – impugna nella mano sinistra lo scettro e lo poggia sulla testa del leone di S. Marco, offrendo così l'immagine di una Venezia trionfante baciata dalla fortuna.

quistata, sia alla prosperità mercantile. Dopo Lepanto [👁 16.3 EVENTI], infatti, Venezia aveva stipulato con gli ottomani una pace che le aveva consentito di riprendere nel Mediterraneo i tradizionali commerci e traffici marittimi. Inoltre, una parte della classe dirigente veneziana, detta **"partito dei giovani"**, insofferenti verso la dominazione spagnola e critici nei confronti della Chiesa della Controriforma, aveva stabilito **rapporti economici e diplomatici con l'Europa protestante**. Questa decisione portò allo scontro col papa **Paolo V** (1605-21), con cui vi erano altri motivi di attrito, come, per esempio, le leggi che regolavano la proprietà ecclesiastica nel territorio della repubblica.

La questione dell'interdetto

La fase più acuta di questo conflitto fu rappresentata dalla vicenda dell'interdetto (1606-7), scoppiata in seguito all'arresto di due religiosi, colpevoli di delitti comuni, che il papato intendeva processare, sottraendoli ai tribunali veneti. La pretesa della Santa Sede che i due religiosi fossero consegnati all'autorità ecclesiastica fu respinta dalla repubblica, che per la risoluzione della controversia si valse della consulenza di un religioso di grande statura intellettuale, lo storico Paolo Sarpi (1552-1623). Il papa allora lanciò l'interdetto, ovvero **proibì ai sacerdoti di celebrare messa e di amministrare i sacramenti sul territorio veneto**. Furono momenti drammatici durante i quali si sfiorò la guerra. Tuttavia, la volontà degli spagnoli di mantenere la pace in Italia e la mediazione diplomatica del re di Francia portarono a un accordo.

GUIDA ALLO STUDIO

❶ Quali territori italiani erano controllati dalla Spagna dopo il 1559? ❷ Perché la Repubblica di Genova era strategicamente rilevante per gli spagnoli? ❸ Qual era lo Stato italiano più potente sul piano militare? Perché? ❹ Perché Venezia rappresentava un mito per intellettuali e politici dell'epoca? ❺ Spiega la questione dell'interdetto sorta tra il papato e Venezia.

2 La dominazione spagnola

L'egemonia spagnola in Italia, che si protrasse fino agli inizi del XVIII secolo, garantì alla penisola, uscita prostrata da oltre un cinquantennio di guerre, un lungo periodo di pace. La **quiete d'Italia**, come fu detta dai contemporanei, divenne allora un valore assoluto, prendendo il posto della **libertà d'Italia**.

Caratteri della dominazione spagnola

Il principale organo di controllo dei domìni diretti spagnoli era costituito dal **Consiglio d'Italia**, istituito nel 1555 da Filippo II [👁 16.2]. Il Consiglio d'Italia, che aveva sede a Madrid ed era composto da magistrati spagnoli e italiani, aveva competenze giudiziarie (era tribunale di ultima istanza), amministrative e di controllo sul funzionamento delle istituzioni e del personale giudiziario e finanziario. Nella penisola la monarchia spagnola era rappresentata dai **viceré** di Napoli, di Sicilia e di Sardegna e dal **governatore** del Ducato di Milano; inoltre, periodicamente, la Corona inviava **visite** presso i governi locali, per verificarne il buon funzionamento. Fallirono invece i tentativi di introdurre nel Regno di Napoli e nel Ducato di Milano l'Inquisizione spagnola, più severa di quella romana [👁 14.8, 16.2].

Il segreto della **stabilità del dominio spagnolo** in Italia consisteva non tanto nel ricorso agli strumenti coercitivi e di repressione di cui la Corona disponeva, quanto nella capacità di Carlo V, prima, e di Filippo II, poi, di **coinvolgere nel governo i ceti dirigenti locali** (il patriziato milanese e il ceto baronale napoletano e siciliano). Questi, infatti, si integrarono pienamente nel "sistema imperiale spagnolo" grazie alle scelte strategiche della Corona, che concesse loro onori, feudi e uffici e promosse le alleanze matrimoniali.

La pressione fiscale Le esigenze della politica **imperialistica** portata avanti dalla Corona spagnola – la guerra contro i turchi [👁 15.3, 16.3], la rivolta dei Paesi Bassi [👁 16.4], lo scontro con l'Inghilterra elisabettiana [👁 16.7], le guerre di religione in Francia [👁 17.1], la guerra dei Trent'anni [👁 17.2] – fecero sì che in tutte le regioni sottoposte al dominio diretto, ma principalmente nel Regno di Napoli, **la pressione fiscale raggiungesse livelli soffocanti**, aggravando le condizioni di vita dei sudditi, già duramente provate dalla crisi economica che nei primi decenni del XVII secolo colpì l'intera Europa [👁 19]. In particolare, in occasione della guerra dei Trent'anni, quando la Spagna dovette mobilitare tutte le sue stremate energie per far fronte al conflitto, l'Italia fu vista come una terra da spremere per arruolare truppe, ammassare viveri, procurarsi denaro. Il governo, infatti, non esitò a **mettere in vendita i beni dello Stato** per raccogliere risorse finanziarie. Dalla riscossione delle imposte alle dogane, ai titoli nobiliari ai terreni demaniali: tutto venne acquistato da banchieri, mercanti, nobili che cercarono di ottenere i più larghi profitti, non esitando a sfruttare le popolazioni. Questa oppressione determinò un clima di aspra **tensione sociale**, caratterizzato dal dilagare del **banditismo** e da un **ribellismo** diffuso.

Imperialismo
È la politica di potenza e di supremazia di uno Stato, intesa a creare un impero mediante la conquista militare.

Rifeudalizzazione Nei secoli della dominazione spagnola si registrò nella penisola un ritorno agli antichi istituti feudali. Gli studiosi hanno parlato a tale proposito di rifeudalizzazione: **in cambio di denaro i governi concedevano titoli nobiliari, riconoscendo agli acquirenti diritti feudali** (riscossione di tributi, autorità giudiziaria) sulle terre comprate. Ma sul senso da attribuire al termine rifeudalizzazione occorre intendersi. Il fenomeno esprimeva senza dubbio un maggior **peso dei grandi signori nel controllo dei territori**. Ma certamente non si trattò – sarebbe stato impossibile, dato il livello raggiunto dalla società italiana – di un ritorno puro e semplice al feudalesimo. Da un punto di vista strettamente economico questa rifeudalizzazione, soprattutto nelle regioni settentrionali, fu un **fenomeno tutto sommato superficiale**: normalmente, quando un signore otteneva un feudo da un potere superiore – per esempio il re di Spagna –, otteneva con

Giovan Battista Moroni
***Ritratto di Gian Gerolamo Grumelli*, detto «*Il cavaliere in rosa*»**
1560
[Collezione Palazzo Moroni, Genova]

Nella seconda metà del '500 la moda spagnola dilagò in tutta Europa, anche al di fuori dei domìni della corona: le fogge sfarzose, i colori vivaci e la linea massiccia e imbottita dei vestiti cedettero il posto a una moda più severa e austera, a una linea più snella e slanciata, che metteva in risalto la vita e le gambe. Il giovane ritratto su questa tela da Moroni è un esponente di rilievo dell'aristocrazia di Bergamo.
Grande attenzione è prestata dall'artista sia ai dettagli della figura, con l'abito ricamato con fili d'argento, sia all'ambiente circostante, denso di rimandi simbolici alla condizione sociale e culturale del giovane cavaliere. La "presenza" spagnola è confermata anche dall'iscrizione sul bassorilievo a destra, che vuol dire 'meglio ultimo che primo'.

❶ Attraverso quali istituzioni la Spagna governava in Italia? ❷ Quali furono le cause e le conseguenze dell'elevata pressione fiscale nell'Italia spagnola? ❸ Spiega il fenomeno della rifeudalizzazione.

GUIDA ALLO STUDIO

esso le rendite derivanti da certi diritti che in precedenza erano esercitati dal sovrano; per i sudditi cambiava ben poco, perché ora essi pagavano quegli stessi diritti non più ai rappresentanti del re, ma al feudatario. Molto più grave fu tuttavia, come si vedrà tra poco, la situazione dei sudditi delle **regioni meridionali della penisola**.

3 La rivolta di Masaniello

Rivolte antispagnole

Nei territori sottoposti al dominio spagnolo il malcontento per la pressione fiscale si unì spesso alla volontà di mantenere, o riconquistare, le proprie tradizioni di autogoverno e autonomia, come avvenne in Catalogna e in Portogallo, dove la ribellione antispagnola fu sostenuta da tutti gli strati sociali [👁 19.8]. Non così nel Regno di Napoli, dove furono i **ceti popolari** – artigiani, mercanti, contadini, ma anche gruppi di borghesi e intellettuali – a rendersi protagonisti di un movimento di **rivolta antifeudale** che ben presto assunse un carattere antispagnolo [👁 20.6 STORIA•SOCIETÀ•CITTADINANZA]. L'esosità del fisco spagnolo, l'iniqua distribuzione del carico fiscale, il soffocante controllo dei baroni sulla società napoletana erano infatti invisi tanto al popolo quanto alla borghesia. L'imposizione di un'ennesima gabella, quella sulla vendita della frutta, diede il via alla **rivolta napoletana del 7 luglio 1647**.

Masaniello

La furia popolare, animata da un giovane pescivendolo di nome **Tommaso Aniello**, detto Masaniello (1620-1647) e coordinata dall'abate **Giulio Genoino**, dilagò rapidamente nei quartieri popolari e nelle campagne

Masaniello arringa la folla di Napoli
1871
[incisione da Jean Claude Richard de Saint-Non, *Voyage pittoresque*]
Lo storico Pietro Giannone descrive così i momenti iniziali della sommossa: «Alcuni contadini della città di Pozzuoli, avendo la mattina di quel giorno, portate alcune sporte di fichi al mercato, erano sollecitati dagli esattori del dazio al pagamento; [...] uno de' contadini, che non aveva denaro, versò con una imprecazione un cesto di fichi per terra, rabbiosamente calpestandolo. Accorsero molti a rapirli, alcuni con risa, altri con collera, compatendo quel misero et odiando la ragione. Allo strepito essendo sopravvenuto Masaniello con altri ragazzi armati di canne, cominciarono tutti, da costui animati, a saccheggiar il posto della gabella [ossia il luogo dove si pagava il dazio] scacciandone coi sassi i ministri» (dalla *Istoria civile del Regno di Napoli*, 1723).

circostanti. Un episodio analogo si verificò anche in Sicilia, a seguito dell'ennesimo aumento del prezzo del pane. I rivoltosi napoletani, che rivendicavano la **riforma dell'ordinamento politico** della capitale e l'**abolizione di tutte le nuove imposte**, presero d'assalto i palazzi baronali, gli uffici del fisco, il palazzo del viceré e le carceri. Masaniello venne intanto nominato **"capitano generale del popolo"**. Ma lo stile di vita sfarzoso assunto dal capopopolo e le congiure dei suoi avversari finirono per alienargli il favore popolare e il 16 luglio venne assassinato. La sua morte non spense la rivolta, che si prefisse anzi obiettivi più vasti: l'armaiolo **Gennaro Annese** cercò di dar vita a una repubblica, prendendo a esempio l'esperienza delle Province Unite, e chiese aiuto alla Francia. L'atteggiamento del cardinale Mazzarino [👁 19.7] fu molto cauto, ma l'appello fu raccolto dal nobile francese **Enrico di Guisa**, che fu nominato capo della **Real repubblica napoletana**. Il fronte dei rivoltosi, peraltro mal guidato, non riuscì tuttavia a trovare una ispirazione unitaria e fu facile preda dei nemici: il governo spagnolo e i baroni organizzarono una repressione sistematica a Napoli e nelle campagne. Nel 1648 la repubblica fu abbattuta e la situazione tornò alla normalità.

▶ 186
A. Musi
I dieci giorni di Masaniello

▶ 187 DOC
Maiolino Bisaccioni
Una cronaca della rivoluzione napoletana del 1647

▶ 188
G. Giarrizzo
La Sicilia in rivolta

La rivolta napoletana nel quadro europeo

La rivolta napoletana del 1647 fu **uno degli episodi rivoluzionari più importanti della storia italiana**, per la vastità del sollevamento, per le forze sociali che vi furono coinvolte, per gli ideali che essa valorizzò. Ma nel quadro europeo fu una delle tante rivolte che caratterizzarono quegli anni. L'esito di queste sollevazioni fu diverso nei vari paesi europei e condizionò la loro storia anche nei secoli seguenti: «Si può dire che i movimenti rivoluzionari europei della metà del '600 – ha scritto Corrado Vivanti – segnino il punto di congiungimento di un movimento a forbici: dove si affermano, rimuovono dal terreno pesanti ostacoli allo sviluppo e liberano nuove energie, consentendo a paesi fino allora non certo collocabili nei primissimi ranghi delle potenze europee – come i Paesi Bassi o l'Inghilterra di Cromwell – di procedere audacemente sulla via del rinnovamento economico, sociale e politico verso una prospettiva di sviluppo mondiale del loro predominio; dove falliscono, si apre un processo a catena di repressione e di decadenza, che precipita anche paesi prosperi in condizioni di arretratezza drammatica. In quest'ultima categoria non troviamo difficoltà a inserire il Regno di Napoli».

GUIDA ALLO STUDIO

❶ Quali ceti sociali si ribellarono agli spagnoli nel Regno di Napoli? ❷ Chi era Masaniello? ❸ Quale fu la sorte della Real repubblica napoletana? ❹ Quali esiti ebbero le rivoluzioni della prima metà del XVII secolo in Europa?

4 Il primato culturale e artistico. L'Italia barocca

L'origine del termine

Derivato probabilmente dalla fusione di *baroco*, termine medievale che indicava un modo di ragionare particolarmente artificioso ed eccentrico, con il portoghese *barroco* o lo spagnolo *barueco*, che designava un tipo di perla dalla forma irregolare e bizzarra, il termine **Barocco** indica le trasformazioni di gusto e stile che caratterizzarono l'arte e la letteratura del '600. Sinonimo di effetti bizzarri e stravaganti, a partire dal XVIII secolo e fino ai primi decenni del XX, il termine assunse un significato spregiativo: ovvero quello di «enfatico», «pesante» o «eccessivamente fastoso». Esso infatti, soprattutto nelle sue espressioni architettoniche e letterarie, fu giudicato come una degenerazione del gusto classico e rinascimentale. Caratteristiche proprie del Barocco sono la prevalenza della massa e del movimento; i forti contrasti di luci e ombre, l'instabilità, la ricchezza degli ornamenti.

▶ 184
F. Braudel
L'Italia del '500-600, ancora al centro della cultura europea

Un'età barocca? Come per altri stili artistici e letterari, anche il termine barocco, nato nell'ambito della storia dell'arte, è stato presto esteso sia agli altri aspetti della produzione culturale del secondo '500 e del '600, sia agli atteggiamenti spirituali del tempo: in particolare, si è insistito molto su alcuni temi e metafore, come l'illusione e la disillusione, il contrasto tra apparenza e realtà, il mondo come teatro. Il termine barocco, quindi, è stato adoperato per designare una **fase della sensibilità collettiva**, nella quale i valori dell'immaginazione si liberarono.
Di recente il termine è stato recepito anche in ambito storiografico, presso il quale è invalso l'uso di parlare di **"età barocca"** per indicare il periodo storico compreso tra la seconda metà del XVI e il XVII secolo, caratterizzato da forti contrasti, dall'insicurezza, da un senso di minaccia suscitato per reazione dalla cultura controriformistica.

Il primato dell'Italia **Centro di irradiazione dello stile barocco in Europa** fu ancora una volta l'Italia. Pur versando in una situazione di debolezza politica ed economica rispetto agli altri paesi europei, l'Italia del '600 riaffermò il proprio primato culturale e artistico, rilanciando al di là delle Alpi il prestigio dei suoi intellettuali e artisti. Risultati spettacolari furono raggiunti soprattutto nel campo dell'**architettura**: le opere degli architetti italiani, infatti, diventarono una sorta di **modello per gli artisti degli altri paesi**, che cominciarono a ispirarsi ai nuovi temi e alle nuove forme del Barocco. Gli stessi architetti italiani furono chiamati a lavorare in molte capitali europee, contribuendo a rinnovarne l'aspetto. Fu così che le grandi città italiane ed europee si arricchirono di fastosi edifici, pubblici e privati, di chiese, piazze e monumenti, che si caratterizzavano per i grandi spazi e per le forme inconsuete e ricche di ornamenti, che trasformarono profondamente il paesaggio urbano. Il gusto barocco invase quasi tutto il continente, assumendo caratteristiche diverse nelle singole regioni. In Germania, in Francia, nei paesi dell'Europa orientale parti intere di antiche città furono rimodellate secondo il **nuovo gusto** ispirato ai princìpi della **spettacolarità** e dell'**invenzione**.

Il teatro In campo letterario l'Italia ebbe un ruolo senza dubbio più marginale rispetto agli altri paesi europei. Di fronte ai capolavori di William Shakespeare, di Pierre Corneille e Jean Racine, oppure di Pedro Calderón de la Barca, gli scrittori della penisola offrirono un contributo minore alla costituzione della nuova tradizione letteraria. Quella barocca fu infatti l'**«età d'oro» del teatro**, arte per eccellenza dell'apparenza e dell'illusione, ma anche della sorpresa. Sia che si svolgessero nelle piazze o per le strade, sia che andassero in scena in appositi edifici, le rappresentazioni teatrali erano una sorta di **evento multimediale**, in cui parola, immagine e suono si fondevano. Gli spettacoli in genere erano ricchi di **apparati scenografici** e di **«effetti speciali»**, quali tuoni e lampi, fuochi e flutti, rapidissimi cambi di scena. In quest'epoca fiorirono forme drammatiche diverse: dal dramma pastorale al dramma religioso, alla tragedia, all'**opera**. L'opera consisteva in uno spettacolo in cui l'azione teatrale si realizzava attraverso l'unione di diverse arti: la musica, il canto, la danza, la gestualità, la scenografia.
La Chiesa post-tridentina **[👁 14.7]**, oltre a indicare gli obblighi e i divieti in campo artistico, promosse la realizzazione di opere pubbliche che, facendo leva sul sentimento religioso, esaltassero sé stessa e i suoi rappresentanti.

Roma barocca Tra fine '500 e primi decenni del '600, infatti, i pontefici sostennero un intenso **mecenatismo artistico**, volto a celebrare sia la potenza della Chiesa della Controriforma, sia il prestigio raggiunto dalla propria fami-

glia. I numerosi progetti sponsorizzati dalla corte pontificia non si limitarono a trasformare radicalmente il volto di Roma, ma fecero dell'Urbe il **centro della vita artistica italiana**, il **nucleo di irradiazione del Barocco**.
Fu così che Roma tornò agli antichi splendori: dopo secoli di abbandono, la città cominciò di nuovo ad arricchirsi di strade, edifici, chiese, monumenti. La Roma del Medioevo e della prima età moderna, un grande centro con pochi abitanti, lasciò spazio prima alla Roma rinascimentale, poi alla Roma barocca. Cominciò **Sisto V**, il "papa costruttore", che alla fine del '500 promosse una radicale espansione della città: grazie all'opera dell'architetto **Domenico Fontana**, furono realizzate strade rettilinee per collegare le principali chiese romane con la grande basilica di S. Maria Maggiore e furono costruiti palazzi per i pontefici, piazze e monumenti. Ebbe così inizio un grandioso progetto di rifondazione e di riorganizzazione di Roma che, nelle intenzioni di Sisto V, avrebbe dovuto riacquistare l'aspetto di una grande città unitaria: le nuove strade, in particolare, avrebbero dovuto consentire di muoversi con facilità anche nelle

Gian Lorenzo Bernini
La Cappella Cornaro e il particolare della famiglia Cornaro che assiste all'Estasi di santa Teresa
1644-51
[Chiesa di S. Maria della Vittoria, Roma]
La Cappella Cornaro, ideata e realizzata in tutti i suoi particolari da Bernini, può essere presa come esempio emblematico della spettacolarizzazione dell'evento sacro nell'arte barocca. Al centro della cappella si svolge la scena principale con l'estasi di santa Teresa, enfatizzata dagli atteggiamenti dei personaggi che appaiono come attori su un palcoscenico; ai due lati della cappella Bernini scolpisce due finte balconate, da cui si affacciano i membri della famiglia Cornaro, i quali guardano rapiti la scena, o la commentano, proprio come se fossero a teatro.

zone più distanti e meno popolate. I papi successivi continuarono a incoraggiare lo **sviluppo urbano**: furono completate le sistemazioni del Campidoglio e della basilica di S. Pietro e vennero costruiti fastosi edifici e fontane, mentre le famiglie nobili cominciarono a realizzare splendide ville sui colli intorno alla città. La spettacolarità dell'architettura barocca fece di Roma un **grandioso palcoscenico**, i cui fondali proponevano monumentali fontane e obelischi egizi (si pensi a Piazza Navona, a Piazza del Popolo o a Piazza S. Pietro). Conquistarono fama architetti come **Carlo Maderno**, **Gian Lorenzo Bernini** e **Francesco Borromini**, e arrivarono a Roma per lavorare pittori come i **fratelli Carracci**, **Guido Reni** e il **Guercino**.

GUIDA ALLO STUDIO

❶ Qual è l'etimologia del termine «barocco»? ❷ Quale fu il centro di irradiazione del Barocco in Europa? ❸ Quali tratti caratterizzano l'architettura barocca? ❹ In che cosa consiste la «multimedialità» del teatro barocco? Perché il teatro può essere considerato la forma artistica più emblematica del '600?

Una città moderna In questa epoca di grandi trasformazioni, i caratteri dell'antica capitale imperiale vennero senza dubbio modificati dalle costruzioni barocche: ma, se è vero che molti monumenti del periodo classico e medievale furono irrimediabilmente cancellati dai nuovi cantieri, Roma riuscì tuttavia ad assumere l'aspetto di una città ricca e "moderna".

5 La fine di un primato economico: industria e commercio nel '600

Scarso dinamismo e difficoltà di fronte al cambiamento Durante la crisi del '600 l'Italia perse quella posizione di primato nell'economia europea che aveva avuto nel Medioevo e aveva ancora in gran parte conservato nel secolo precedente. Da questo punto di vista, il '600 fu un'epoca di **profonde trasformazioni negli equilibri continentali**: economie maggiormente dinamiche come quella inglese, l'olandese e anche la francese, riuscirono non solo a superare la crisi, ma ad uscirne rafforzate, occupando spazi consistenti nei mercati europei ed extraeuropei; economie meno dinamiche e meno capaci di trasformarsi, come l'italiana e la spagnola, ne uscirono invece in una **posizione marginale** e indebolite rispetto alla concorrenza straniera.
Anche in Italia la tendenza depressiva ebbe probabilmente origine da quella **polarizzazione della ricchezza** che può essere considerata – pur nella notevole varietà delle situazioni locali – come il dato di fondo della crisi europea [👁 18.1]: aumento degli affitti e della rendita fondiaria da un lato, **contrazione dei redditi popolari** dall'altro in conseguenza della crescita demografica. Anche in Italia questa tendenza creò una sorta di corto circuito che soffocò il meccanismo espansivo: il decremento dei redditi popolari fece scemare la richiesta sui mercati e provocò una diminuzione dei prezzi.

Declino dell'industria tessile Nella nostra penisola la crisi ebbe però anche caratteristiche peculiari, che occorre analizzare settore per settore. Essa non colpì contemporaneamente tutte le regioni italiane, ma i suoi primi segni si manifestarono chiaramente già alla fine del '500. I dati riguardanti la più importante industria dell'epoca, quella tessile, sono convergenti [👁 TABELLA_12]. A Venezia la **produzione laniera** passò dai 29 mila panni circa del 1602 ai 2200 degli ultimi anni del secolo; la produzione della seta, dai 10 mila drappi degli inizi del '600 ai 2300 del 1660 circa. Nella seconda metà del '500, Padova contava circa 40 botteghe dell'Arte della lana: già nel 1611 esse si erano ridotte ad appena 6. Agli inizi del '600 l'industria della seta di Como contava più di 30 telai in attività; nel 1650 ne restavano soltanto 2. Analoghi i dati relativi a Milano: ai primi del '600 erano attive, nella città, circa 70 botteghe, che nel 1682 erano ormai ridotte a 5. Anche il declino dell'industria laniera di Firenze, che nel '500 era stata la più grande della penisola, fu progressivo e inarrestabile: dai 30 mila panni della metà del '500 si passò ai 13 mila degli inizi del secolo seguente, ai 9000 degli anni '20, ai 6000 della metà del secolo, per arrivare ai 1500 degli inizi del '700. A Napoli l'industria della seta subì un colpo talmente duro da estinguersi. Le esportazioni di **tessuti di seta** dal porto di Genova si ridussero drasticamente: i dazi sulle esportazioni, che nel 1565 rendevano 24 mila lire, si ridussero, alla fine del '600, a un valore di 3000 lire circa.

185
P. Malanima
La fine del primato economico italiano

Riconversione Questo **crollo delle industrie** nelle grandi città fu solo parzialmente compensato dal successo di alcuni centri minori come **Verona**, **Prato**, **Piacenza**, **Biella**, **Vigevano**, **Varese** e altri, dove si diffuse la lavorazione non solo della lana, ma anche del lino e del cotone. Ebbe impulso, nelle **campagne**, la produzione della **seta greggia** e di **filati di seta**: in Toscana come nel Veneto, in Emilia come in Lombardia e in tante altre regioni, la coltivazione del **gelso** (le cui foglie servivano per l'alimentazione del baco da seta) ebbe infatti una crescita imponente. Le esportazioni italiane di seta greggia e di filati di seta, favorite da una macchina evoluta quale il filatoio idraulico venivano destinate alle industrie francesi, inglesi, olandesi, dove il materiale veniva lavorato e riesportato. Si verificò dunque una **riconversione dell'economia italiana, dalla produzione di panni di lana e di drappi di seta, a quella di seta greggia e filati di seta**, vale a dire dalla produzione di manufatti a quella di materie prime e di semilavorati.
La crescita di queste **forme di industria rurale** non riuscì tuttavia a compensare il crollo delle attività manifatturiere urbane. La filatura della seta era infatti un'attività secondaria, che garantiva margini di guadagno più limitati e che poco si distingueva dall'attività agricola. Veniva così meno quel ruolo trainante dell'economia urbana che era stato il dato di fondo della storia italiana nel Medioevo e durante la prima Età moderna.
Fenomeni come questi parlano chiaro: l'Italia, che nel Medioevo aveva dominato i traffici europei e inondato il continente dei suoi tessuti, era

TABELLA 12_CONTRAZIONE DEL SETTORE DELLA LANA NEI MAGGIORI CENTRI ITALIANI TRA FINE '500 E METÀ '600 (IN PERCENTUALE)

Milano	– 80-90%
Como	– 80%
Monza	– 90%
Cremona	– 80%
Mantova	– 80%
Venezia	– 70%
Padova	– 80/90%
Verona	– 90%
Feltre	– 70%
Bassano	– 80%
Genova	– 80%
Parma	– 80%
Firenze	– 60%

I dati della tabella illustrano con chiarezza il notevole calo percentuale della produzione nei maggiori centri manifatturieri della Penisola italiana.

Un tessuto di produzione veneta
[Centro Studi di Storia del Tessuto e del Costume, Palazzo Cini, Venezia]
L'immagine mostra un tessuto di damasco classico, rosso cremisi, broccato, laminato, del secondo quarto del XVII secolo.

diventata il paese che **riforniva le industrie altrui di seta da lavorare**. La penisola assumeva dunque una diversa collocazione nel mercato internazionale, che la vedeva ormai in un **ruolo passivo e dipendente**.

Concorrenza
La competizione tra i produttori di beni o servizi per la conquista di un settore sempre più ampio di mercato o di clientela.

Concorrenza nel Mediterraneo

Esclusa dai grandi traffici oceanici, l'Italia fu sopraffatta dalla **concorrenza** straniera anche nel mare che da secoli era stato dominato dalle navi delle sue città: il Mediterraneo. Le città italiane finirono col perdere il loro antico monopolio nel commercio delle **spezie** tra Oriente e Occidente. Venezia, che da sempre riforniva gli europei di pepe, nel '600 fu addirittura costretta ad acquistarlo dagli inglesi e dagli olandesi. Con il declino del commercio, quindi, entrarono **in crisi le attività portuali e le flotte commerciali**. I famosi arsenali della Repubblica veneta, che un tempo erano stati all'avanguardia nelle costruzioni navali, ridussero drasticamente la loro attività: la città finì per comprare all'estero le navi di cui aveva bisogno, o per noleggiarle.
Un caso anomalo fu invece quello di **Livorno**, che ebbe un forte sviluppo in questo periodo, facilitato dai privilegi e dalle esenzioni fiscali di cui godevano il porto e i mercanti toscani, greci ed ebrei che vi operavano: Livorno divenne presto lo scalo preferito dalle navi olandesi e inglesi.

Incapacità di fronteggiare la concorrenza straniera

Particolarmente gravida di conseguenze fu la **penetrazione di pannilana inglesi nel Levante**: si trattava di tessuti prodotti dalle industrie rurali inglesi, e quindi di qualità media e di basso costo, con i quali i tessuti italiani, di alta qualità e di alto costo, non potevano competere. In prosieguo di tempo i tessuti stranieri invasero gli stessi mercati della Penisola italiana, accelerando la crisi del settore.
I motivi dell'incapacità italiana di fronteggiare la concorrenza straniera erano diversi. I prodotti italiani erano di migliore qualità, ma avevano due difetti: **costavano molto** ed erano **fuori moda**. Costavano molto perché il **livello dei salari** in Italia era più alto che all'estero: l'organizzazione corporativa consentiva infatti ai lavoratori italiani una maggiore forza nei confronti degli imprenditori. Erano fuori moda perché le rigide norme delle **corporazioni** – nate per tutelare gli associati dalla concorrenza reciproca – agivano ormai come **freno a qualsiasi innovazione tecnologica od organizzativa** e ostacolavano qualsiasi tentativo di ammodernamento. Ma in quella mancanza di reazione alla concorrenza straniera c'erano anche motivi di carattere più generale.
La **debolezza politica e militare dell'Italia** fu un aspetto importante di questa crisi economica. Mentre gli Stati nazionali europei, che avevano raggiunto da tempo l'unità politica ed erano retti da governi centralizzati, si trovavano in condizione di condurre una politica di potenza e di sostenere anche militarmente la loro penetrazione nei mercati continentali ed extraeuropei, gli Stati italiani, deboli militarmente e politicamente, erano costretti a subire l'iniziativa altrui [👁 20.1, 20.2, 20.3]. **La storia del grande commercio è sempre stata connessa a problemi di controllo e di egemonia politica e militare**: tanto più essa lo era ora, in un'epoca di diffusione mondiale dei traffici, con interessi giganteschi in gioco. In tale contesto, anche qualora le città italiane avessero avuto al loro interno la capacità di rinnovarsi e di contrastare efficacemente, sul piano produttivo, la concorrenza straniera, non ne avrebbero avuto la possibilità: le vie di traffico e gli sbocchi commerciali si difendevano anche con i cannoni e con un peso consistente nello scenario politico internazionale.

GUIDA ALLO STUDIO

❶ Che cosa alimentò, nel XVII secolo, la tendenza depressiva dell'economia italiana? In quali settori si manifestò? ❷ Quali furono le regioni e le città maggiormente colpite dalla crisi economica? ❸ In che cosa consistette il fenomeno di riconversione dell'economia italiana? Quale portata ebbe? ❹ Chi controllava, nel XVII secolo, il commercio nel Mediterraneo? ❺ Perché i prodotti italiani costavano molto ed erano fuori moda? ❻ La crisi del commercio italiano è collegabile alla debolezza politica della penisola? Per quali ragioni?

6 Il settore agricolo

Parola chiave
Carità

ONLINE

Investimenti nella terra

Il declino delle attività commerciali e industriali spostò quote importanti di capitali da questi settori all'agricoltura. La proprietà terriera assunse di conseguenza un peso molto più consistente, sottraendo investimenti al commercio e all'industria. Il fenomeno risulta diffuso in tutta la penisola, ma il caso di **Venezia** è forse quello più eloquente: l'acquisto di proprietà nell'entroterra da parte di nobili e di mercanti prese un ritmo intenso tra la fine del '500 e gli inizi del '600, e si è calcolato che, intorno al 1660, ben il 40% della proprietà fondiaria nei territori di Padova, di Treviso e del Polesine era nelle mani di cittadini veneziani.

A livello sociale, il prestigio rinnovato e potenziato della proprietà terriera si tradusse in un maggiore **immobilismo**. Era molto meno facile, adesso, per individui intraprendenti di origine modesta, tentare una rapida e brillante ascesa sociale nel mondo dinamico degli affari: con il declino dell'economia urbana riprendevano vigore gli antichi valori (peraltro mai spenti) di ranghi e di gerarchie sociali immobili e trasmessi ereditariamente. In parallelo si moltiplicarono i titoli nobiliari, segno evidente di quel processo di **rifeudalizzazione** di cui si è già parlato [👁 18.2, 20.2].

Il declino delle attività commerciali provocò anche una minore circolazione dei prodotti agricoli all'interno dell'Italia: la produzione veniva ormai assorbita in massima parte dall'**autoconsumo su base regionale**. Si verificò pertanto una **frammentazione dei mercati** che ebbe riflessi anche nelle relazioni tra Nord e Sud: nella seconda metà del '500, per esempio, la Sicilia esportava annualmente circa 500 mila quintali di grano verso l'Italia settentrionale; alla fine del '600 questa quantità si era ridotta di oltre cinque volte. Il crollo delle esportazioni agricole fu un fattore importante nell'impoverimento delle regioni meridionali.

I nobili e mercanti veneziani che affidarono all'architetto Andrea Palladio (1508-1580) la realizzazione delle loro residenze urbane lo incaricarono spesso di costruire anche le loro ville in campagna, disseminate sul territorio veneto. Queste ville non erano soltanto residenze signorili, destinate all'ozio e agli svaghi, ma vere e proprie aziende agricole, situate al centro di ampie e fertili tenute. Esempio di questa nuova concezione della villa rurale, che doveva conciliare due tipi di fabbricati, uno per l'abitazione del padrone, l'altro per governare e custodire l'azienda agricola, è Villa Barbaro. Questa residenza fu commissionata a Palladio dai fratelli Marcantonio e Daniele Barbaro che, in seguito alla morte del padre, vollero dare un grande impulso alla riorganizzazione dei fondi agricoli del Maser, sulle colline del Trevigiano. Palladio fu progettista e costruttore di numerose altre ville di campagna, tutte progettate nell'ottica di realizzare vere e proprie fattorie dove i nobili proprietari potessero sorvegliare le loro attività agricole.

Villa Barbaro
1554-58
[Maser, Treviso]

Trasformazione delle colture

In Italia, come nel resto dell'Europa occidentale, la caduta dei prezzi dei cereali provocò una trasformazione delle colture. In molte zone, come per esempio la campagna romana e la Puglia, la cerealicoltura fu sostituita dalla **pastorizia**; in altre fu la **vigna** a prendere il sopravvento: è questo il caso dell'Astigiano e delle Langhe (in Piemonte), e della Toscana. In quest'epoca si diffondono ulteriormente, in Italia settentrionale, le coltivazioni del **lino** e della **canapa**, mentre in tutta la penisola s'impiantano coltivazioni di **gelso**. L'espansione delle **risaie** nella Lomellina e nel territorio di Vigevano (in Lombardia) è prorompente, mentre in Sicilia si diffonde il **mais**, che ritroviamo anche in Piemonte, in Toscana, in Romagna e in tante altre regioni. Il quadro dell'agricoltura italiana nel '600 presenta dunque caratteristiche molto meno gravi di quelle emerse nel settore industriale e commerciale. Di fronte al vistoso declino della cerealicoltu-

STORIA • SOCIETÀ • CITTADINANZA

Le rivolte

Le rivolte sono **sollevamenti popolari**, prevalentemente spontanei e scarsamente organizzati, contro determinate azioni, decisioni, istituzioni del potere costituito. Non possono essere definite «rivoluzioni» perché non mirano al mutamento radicale delle istituzioni e della società.

Rivolte contadine si ebbero ripetutamente nelle campagne europee dal Medioevo fino al XX secolo. Ricordiamo tra le altre la rivolta delle Fiandre (1323-28), che esplose in seguito all'imposizione di nuovi gravami fiscali che i contadini si rifiutarono di pagare, e la grande rivolta dei contadini tedeschi in **Germania** del **1524 [👁 14.3]**.

Un periodo di grandi rivolte contadine fu il **XVII secolo**: anche in questo caso l'aggravarsi delle condizioni di vita dei contadini, che spesso si manifestava sotto forma di un aumento del carico fiscale, fu la causa immediata delle rivolte; esse furono anche effetto delle grandi modificazioni politiche ed economiche avvenute in quel periodo in Europa.

I cambiamenti verificatisi nella società contadina con l'**affermarsi del capitalismo moderno**, nel **XIX** e **XX secolo** (introduzione del libero mercato delle terre, ripartizione delle terre comuni), furono all'origine di rivolte che colpirono soprattutto i paesi più lenti nell'attuare il processo di modernizzazione. Aree caratterizzate da una profonda arretratezza, come l'Andalusia e il Meridione d'Italia, furono teatro di rivolte che per la prima volta assunsero evidenti connotati politici: gli anarchici guidarono le **rivolte andaluse** dal **1870** al **1936**, i socialisti furono alla testa dei **Fasci siciliani** del **1893**; i comunisti organizzarono le **occupazioni delle terre** nel Sud d'Italia **dopo la seconda guerra mondiale**.

Le **rivolte urbane** avevano spesso caratteristiche diverse.

Nei primi secoli di vita dei comuni italiani i fattori di crisi si individuano nei conflitti tra nobiltà e ceti popolari e nella lotta fra fazioni per il controllo del governo cittadino; il **tumulto dei Ciompi** (**1382**: 👁 6.5), a **Firenze**, si segnalò per il suo particolare radicalismo, perché non restò confinato alla lotta fra Arti maggiori e minori, ma portò per un breve periodo al potere i lavoranti ai quali era proibito organizzarsi in una propria arte o corporazione.

Lo sviluppo delle città, nei secoli successivi, portò alla formazione di movimenti di classi proletarie cittadine che cercarono di ottenere, mediante un'azione diretta, riforme di natura economica o politica. La rivolta guidata da **Masaniello**, a **Napoli**, nel **1647**, scatenata dall'imposizione di una tassa, fu una delle più caratteristiche fra le sollevazioni degli strati più umili della realtà cittadina avvenute in questo periodo.

Nel **1848** Italia, Francia, Germania e Austria furono interessate da un'ondata di rivolte senza precedenti, a carattere soprattutto politico.

In Italia, più precisamente a **Milano**, capitale del Regno Lombardo-veneto sotto l'odiata dominazione austriaca degli Asburgo, la scintilla della rivolta scoppiò a seguito del cosiddetto «sciopero del tabacco» (che era di monopolio asburgico) promosso dai milanesi. Il clima di tensione precipitò quando, allo sciopero e alla generalizzata insofferenza dei milanesi verso gli austriaci, le truppe straniere risposero con l'uso della forza. L'intera città fu messa sotto assedio: dopo aver eretto nelle strade e nelle piazze centinaia di barricate la popolazione, composta soprattutto da operai e da artigiani, affrontò per cinque lunghe giornate (18-22 marzo 1848) le truppe austriache comandate dal generale Radetzky. Il prezzo della rivolta fu molto alto, 400 circa i morti accertati, ma alla fine le truppe austriache furono costrette ad abbandonare la città e a ritirarsi. Fu questa una tappa decisiva verso la liberazione e l'unificazione dell'Italia: come scrisse Carlo Cattaneo, uno dei protagonisti della rivolta, «fu questa la prima vittoria dell'Italia contro l'oppressore».

A **metà '900**, sempre in Italia, un altro sollevamento popolare aprì la strada alla libertà e alla democrazia: la rivolta della popolazione di **Napoli** contro l'invasore tedesco. Nel **1943**, in una città stremata da quattro anni di guerra, la popolazione iniziò a mostrare concreti segni di insofferenza nei confronti degli occupanti. Di fronte alle manifestazioni e alle proteste, che continuavano nonostante le numerose fucilazioni pubbliche, il colonnello tedesco Schöll rispose con una "chiamata al lavoro obbligatorio" nei campi di concentramento tedeschi per tutti gli uomini tra i 18 e i 33 anni. Al rifiuto della popolazione di obbedire alla "chiamata", seguirono rastrellamenti, arresti e altre esecuzioni. Fu così che, in modo praticamente spontaneo e senza una guida, in tutta la città scoppiò una rivolta generalizzata alla quale presero parte semplici cittadini, partigiani e anche soldati dell'esercito italiano. Dopo quattro giorni di scontri (27-30 settembre 1943) le truppe tedesche batterono in ritirata: Napoli fu la prima città italiana a liberarsi con le proprie forze dall'occupa-

ra si assiste a una maggiore **diversificazione produttiva** che introduce per la prima volta in molte regioni, e potenzia in altre, nuove colture, che offrono redditi non inferiori, e talora superiori, a quelli provenienti dalla cerealicoltura.

In alcune situazioni – per esempio a Napoli – l'aumento dei prezzi di alcuni generi provocò nuove strategie alimentari: fu in questo periodo che la **pasta** cominciò a rappresentare, in Italia, un consumo di massa. Anche nel settore agricolo bisogna tuttavia tener conto delle peculiarità locali: il caso della Lombardia, la cui produzione agricola raddoppiò tra l'inizio e la fine del '600, è infatti ben diverso da quello delle regioni meridionali, toccate da un processo di grave impoverimento.

GUIDA ALLO STUDIO

❶ Perché, durante il XVII secolo, aumentarono in Italia gli investimenti nel settore agricolo? ❷ La società italiana del '600 fu più o meno mobile di quella dei secoli precedenti? Per quali ragioni? ❸ Quali regioni italiane furono penalizzate dalla frammentazione del mercato interno? ❹ Perché, in Italia, fu ridotta la coltivazione dei cereali? Quali conseguenze scaturirono dalla diversificazione dell'agricoltura?

zione tedesca. L'eroismo di uomini e donne contribuì ad aprire la strada alle forze militari alleate che, il 1° ottobre (il giorno dopo la fine degli scontri), fecero il loro ingresso in una città già liberata.

Nate spesso da circostanze occasionali e da proteste sociali motivate dalla disoccupazione, dal carovita, dalla violenza del potere costituito, le rivolte – soprattutto in età contemporanea – hanno spesso assunto la dimensione e le caratteristiche di un atto rivoluzionario. Questo è accaduto di recente in alcuni paesi del Nord Africa – la Tunisia, l'Egitto, la Libia – dove i sollevamenti popolari hanno portato alla caduta di regimi percepiti come dittatoriali, che governavano i rispettivi paesi da molto tempo. La transizione dalla rivolta alla rivoluzione e alla fondazione di un nuovo ordine costituito è tuttavia un processo delicato e spesso lungo, i cui esiti sono sempre incerti.

Tunisini festeggiano a Parigi la caduta del presidente Bel Ali, gennaio 2011
[© Fred de Noyelle/Godong/Corbis]

Nel 2011 gran parte del mondo arabo è stata scossa da un'ondata di rivolte dal Nord Africa al Medio Oriente, con esiti differenti da paese a paese. In Tunisia e in Egitto, ad esempio, le sollevazioni popolari hanno portato in poche settimane alla caduta di regimi che duravano da decenni, mentre in Libia alle forze dell'opposizione si è aggiunto l'intervento militare di alcuni paesi stranieri (soprattutto Francia e Gran Bretagna). In altri paesi del Medio Oriente le rivolte sono state represse nel sangue, provocando migliaia di vittime civili.

STORIA • SOCIETÀ • CITTADINANZA

SINTESI

1 L'Italia dopo Cateau-Cambrésis

La pace di Cateau-Cambrésis (1559) pose termine alle guerre d'Italia e sancì l'egemonia della Spagna sulla penisola, che da un punto di vista politico-territoriale era un mosaico di Stati e staterelli. All'interno di ciascuno Stato, tuttavia, prese avvio un processo di accentramento in senso assolutistico del potere. Direttamente la Spagna controllava i Viceregni di Sicilia, Napoli e Sardegna, il Ducato milanese e lo Stato dei Presìdi. Indirettamente dipendevano dalla Corona iberica la Repubblica di Genova, il Granducato di Toscana, il Ducato di Savoia. Indipendenti dalla Spagna erano lo Stato della Chiesa e la Repubblica di Venezia. Questi ultimi, nei primi anni del '600, giunsero allo scontro in seguito alla questione dell'interdetto.

2 La dominazione spagnola

La dominazione spagnola in Italia si esercitava mediante un Consiglio d'Italia, avente sede a Madrid, e la presenza sul posto di autorità spagnole, i viceré e i governatori. Il segreto della stabilità della dominazione spagnola nella penisola stava nell'abilità della Corona di andare incontro agli interessi dei ceti dirigenti locali. Le necessità della politica imperialistica della corona spagnola si tradussero in una forte pressione fiscale che fu particolarmente marcata nel Regno di Napoli e ricadde soprattutto sugli strati inferiori della popolazione.

3 La rivolta di Masaniello

La pressione fiscale determinò nel Regno di Napoli un'aspra tensione sociale che sfociò nella rivolta popolare del 1647, capeggiata da Masaniello, e nella proclamazione della Repubblica. Con la sconfitta della rivolta (1648) e l'abbattimento della Repubblica iniziò per il Regno di Napoli un lungo periodo di decadenza.

4 Il primato culturale e artistico. L'Italia barocca

Con il termine «barocco» si indicano le trasformazioni di gusto e stile che caratterizzarono l'arte e la letteratura del '600. Caratteristiche proprie del Barocco sono la prevalenza della massa e del movimento; i forti contrasti di luci e ombre, l'instabilità, la ricchezza degli ornamenti. Nato nell'ambito della storia dell'arte, il termine «barocco» è stato presto adoperato per designare una fase della sensibilità collettiva. Di recente anche in ambito storiografico è invalso l'uso di parlare di «età barocca» per indicare il periodo storico compreso tra la seconda metà del XVI secolo e il XVII secolo. Centro di irradiazione dello stile barocco in Europa fu ancora una volta l'Italia, i cui artisti raggiunsero risultati spettacolari soprattutto nel campo dell'architettura. L'età barocca fu anche l'«età d'oro» del teatro, arte dell'apparenza, dell'illusione, della sorpresa. Tra XVI e XVII secolo i pontefici sostennero un intenso mecenatismo artistico, volto a celebrare sia la potenza della Chiesa della Controriforma, sia il prestigio raggiunto dalla propria famiglia. Roma divenne pertanto il nucleo di irradiazione del Barocco. In questo periodo infatti l'Urbe si arricchì di strade, edifici, chiese, monumenti che le conferirono l'aspetto di una città ricca e moderna. A questo grandioso progetto di rifondazione e di riorganizzazione di Roma contribuirono artisti del calibro di Fontana, Maderno, Bernini, Borromini.

5 La fine di un primato economico: industria e commercio nel '600

La crisi del '600 segnò, per l'Italia, la perdita di un primato economico che datava dal Medioevo. Il crollo dell'industria tessile nelle città non fu compensato dal pur notevole sviluppo della produzione di seta greggia e filati di seta nelle campagne, e si verificò una riconversione dalla produzione di manufatti a quella di prodotti semilavorati.
Esclusa dai grandi traffici oceanici, l'Italia fu sopraffatta dalla concorrenza straniera anche nel Mediterraneo. La crisi del commercio produsse quella delle attività portuali e delle flotte commerciali. L'incapacità italiana di fronteggiare la concorrenza straniera, particolarmente grave nel campo tessile, dipendeva per un verso dal fatto che i prodotti italiani avevano un alto costo ed erano fuori moda – conseguenze dell'organizzazione corporativa –, per l'altro dalla debolezza politica e militare rispetto al rafforzamento degli Stati nazionali europei, i cui commerci si avvantaggiavano di una politica di potenza sul piano internazionale.

6 Il settore agricolo

Il declino delle attività commerciali e industriali provocò uno spostamento dei capitali verso l'agricoltura: il nuovo prestigio della proprietà terriera alimentava un maggior immobilismo sociale e si inseriva nel quadro di un generale processo di rifeudalizzazione.
Il declino dei commerci italiani determinò una frammentazione dei mercati entro la penisola.
La caduta dei prezzi dei cereali fu all'origine di una diversificazione produttiva che indica come la crisi del '600 avesse conseguenze meno gravi nel campo agricolo rispetto al settore industriale e commerciale.

SVILUPPARE LE COMPETENZE

❶ Che cosa avevano in comune la Repubblica di Genova, il Granducato di Toscana e il Ducato di Savoia dopo la pace di Cateau-Cambrésis? Rispondi alla domanda descrivendo, in un testo di 8 righe, i fatti che caratterizzarono, a quel tempo, questi Stati italiani.

❷ Perché all'inizio del '600 Venezia e lo Stato della Chiesa si scontrarono? E come si concluse il confronto? Rispondi alle domande scrivendo un testo di 6 righe, soffermandoti sul ruolo svolto dallo storico Paolo Sarpi nella Repubblica e sulle decisioni prese dal papa.

❸ Come fu la dominazione spagnola in Italia? Descrivine i caratteri scrivendo un testo di 15 righe. Per facilitare il tuo compito usa le domande seguenti come spunti di riflessione:

a. Qual era il principale organo di controllo dei domìni spagnoli e quali compiti aveva?
b. Quali viceré erano i rappresentanti della monarchia spagnola in Italia?
c. Perché la pressione fiscale spagnola sui domìni italiani era così alta?
d. In quali termini si può parlare di rifeudalizzazione, relativamente al dominio spagnolo in Italia?
e. Quale fu il motivo che innescò la rivolta napoletana del 1647?
f. Perché Masaniello fu assassinato dai suoi compagni di lotta?

❹ Spiega, in un testo di 10 righe, il significato e il legame esistente tra i seguenti termini: Barocco, Italia, Roma.

❺ Approfondisci, in testi di 6 righe ciascuno, i seguenti argomenti:

a. L'impressionante declino dell'industria tessile italiana.
b. La nuova collocazione dell'Italia nel mercato internazionale.
c. I motivi dell'incapacità italiana di fronteggiare la concorrenza commerciale straniera.
d. Le conseguenze del declino commerciale italiano sull'agricoltura.
e. Gli effetti, sull'agricoltura, della caduta dei prezzi: la trasformazione delle colture.

La Riforma luterana

La fine dell'unità religiosa del mondo occidentale, determinata dalla Riforma protestante, segnò profondamente la storia europea del XVI secolo sia sotto il profilo spirituale, sia sotto quello politico. Essa, tuttavia, non può essere pienamente spiegata senza dare uno sguardo a ciò che accadeva nell'ambito religioso agli inizi del XVI secolo, quando erano forti le attese di un rinnovamento della Cristianità.
Sebbene la corte papale apparisse sempre più coinvolta negli affari italiani e i pontefici dell'epoca sembrassero essere poco interessati all'impegno religioso della Curia, la religione giocava ancora un ruolo preminente nella vita quotidiana degli europei. Aspirazioni di rinnovamento religioso permeavano la società del tempo a tutti i livelli, dalle alte sfere della gerarchia ecclesiastica fino ai ceti popolari. Gli umanisti animarono attivamente il dibattito legato a questi temi: tra essi, **Erasmo da Rotterdam** [132DOC] fu autore di una critica feroce nei confronti degli ordini religiosi regolari, attenti più alle pratiche esteriori della vita ecclesiastica che alla religiosità interiore.
Le speranze di una profonda riforma che partisse dall'interno della Chiesa cattolica, tuttavia, andarono almeno inizialmente deluse. Una sua sistematica contestazione partì invece dalla Germania. L'occasione fu fornita proprio dal mercato delle indulgenze avviato da Alberto di Hohenzollern e da Leone X, cui risposero le 95 *Tesi* di Lutero che, come osserva **Roland H. Bainton** [133], avevano come scopo quello di correggere alcuni errori e abusi legati a questa pratica. L'opera di **Martin Lutero** [134DOC-135DOC], incoraggiata da alcuni principi tedeschi, stanchi delle vessazioni della Curia romana, continuò e la sua teologia condusse alla definitiva rottura con Roma e all'enunciazione di un pensiero teologico-politico diverso da quello medievale. Egli, infatti, sosteneva una dottrina fortemente innovativa, basata tra l'altro sul tema della salvezza dell'uomo (la «giustificazione per fede») e su quello del sacerdozio universale dei credenti, che implicava un rapporto diretto del fedele con Dio e la riduzione del papato a istituzione esclusivamente terrena.
La Riforma protestante, dominata da Lutero, conobbe anche altri protagonisti tra cui Thomas Müntzer, uno dei capi della rivolta contadina del 1524, la cui opera è inquadrata dall'analisi di **Joseph Lortz** ed **Erwin Iserloh** [136].
Un tentativo di ricomposizione tra le varie confessioni riformate e il cattolicesimo avvenne ad Augusta nel 1530. I risultati, tuttavia, furono disastrosi: i rappresentanti della Riforma non riuscirono a convergere su un documento unitario e ognuno di essi ne presentò uno diverso. Il fallito tentativo della ***Confessione augustana*** [137DOC] e la rottura di Lutero con Erasmo sulla questione del libero arbitrio portarono la Riforma tedesca a essere connotata sempre più da caratteri nazionali e a circoscriversi in un ambito piuttosto ristretto, quello dei principi che accettarono il messaggio luterano.

132DOC

Erasmo da Rotterdam
La follia degli ordini religiosi

E. da Rotterdam, *Elogio della follia*, a c. di E. Garin, Serra e Riva Editori, Milano 1984, pp. 96-99

■ L'intellettuale Desiderio Erasmo (1466-1536) [👁 10.6 e 14.1], esponente di spicco dell'Umanesimo cristiano nordeuropeo, è stato uno dei principali ispiratori del movimento riformato in Europa. I suoi scritti, di notevole raffinatezza e acume, mostrano il suo essere pienamente inserito all'interno del movimento umanistico. Tra le sue opere un posto particolare occupa l'*Elogio della follia* (1511), uno scritto satirico in cui l'autore, facendo parlare una personificazione della Follia, mostra tutti i mali dell'umanità del suo periodo. Grande spazio è dato alle tematiche religiose e, come in molti umanisti del periodo, forte è la critica nei confronti degli ordini religiosi regolari, visti come ricettacoli di nullafacenti o di gente poco attenta a una religiosità interiore.

Quasi altrettanto felici sono coloro che comunemente si fanno chiamare religiosi e monaci, usando, in entrambi i casi, denominazioni quanto mai false. Per buona parte, infatti, sono le mille miglia lontani dalla religione; e nessuno si incontra in giro più di questi pretesi solitari. [...] Perché, pur essendo questa genìa a tal segno detestata da tutti, che persino un incontro casuale con qualcuno di loro è ritenuto di malaugurio, si cullano tuttavia nell'illusione di essere chissà che cosa. In primo luogo ritengono che il massimo della pietà consista nell'essere tanto ignoranti da non sapere neppur leggere. Poi, quando con la loro voce asinina ragliano i loro salmi, di cui sono in grado di indicare a memoria il numero d'ordine senza peraltro capirli, sono convinti di accarezzare in modo dolcissimo le orecchie degli dèi. Né mancano quelli che vendono a caro prezzo il loro sudiciume e il loro andare mendicando: dinanzi alle porte chiedono il pane emettendo muggiti lamentosi; non c'è albergo, non veicolo o nave in cui non portino scompiglio con non piccolo danno degli altri mendicanti. Così, queste carissime persone, dicono di darci un'immagine degli Apostoli con la loro sporcizia, con la loro ignoranza, con la loro rozzezza, con la loro impudenza.

E che cosa più divertente del loro far tutto secondo una regola, quasi in base a un calcolo matematico che sarebbe delittuoso violare? Quanti nodi deve avere il sandalo; di che colore deve essere il cordone; quale il modello della veste; di cosa deve essere fatta, e di quale larghezza la cintura; di che tipo e di che capacità il cappuccio; quale la precisa misura della chierica; quante ore vanno concesse al sonno. [...] E tuttavia, per queste sciocchezzuole, non solo si considerano superiori agli altri, ma anche fra loro si disprezzano a vicenda e, pur professando la carità apostolica, fanno un'autentica tragedia di una cintura diversa o di un colore un po' più scuro. [...] Mirabile in tutti la cura di non avere nulla in comune quanto a regola di vita, e questo, non nell'intento di somigliare a Cristo, ma per distinguersi tra di loro.

Buona parte della loro soddisfazione deriva dai nomi: gli uni si compiacciono del nome di Cordiglieri, distinti in Coletani, Minori, Minimi, Bollisti; altri godono del nome di Benedettini, o di Bernardini; questi di Brigidensi, quelli di Agostiniani; gli uni tengono alla denominazione di Guglielmiti, altri di Giacobiti, come se chiamarsi Cristiani fosse troppo poco[1]. Gran parte di costoro, a tal segno dà peso alle proprie cerimonie e a minute tradizioni umane, da ritenere che un solo cielo non sia premio adeguato a meriti sì grandi; e non pensano che Cristo, non facendo alcun conto del resto, chiederà se hanno osservato il suo unico precetto: la carità. E allora uno esibirà il pancione gonfio di pesci d'ogni specie; un altro rovescerà al suo cospetto centinaia di moggi di salmi. Un altro ancora farà il conto degli infiniti digiuni; se poi tante volte ha rischiato di scoppiare, è stato per quell'unico pasto che si concedeva dopo. Altri ancora mostrerà il mucchio delle cerimonie a cui ha partecipato, tanto greve che a malapena potrebbero trasportarlo sette navi da carico. Qualcuno si vanterà di avere oltrepassato i sessant'anni senza toccar denaro, se non con le mani protette da due paia di guanti. Chi produrrà la cocolla[2] tanto sporca e grassa che neanche un marinaio se ne gioverebbe. Chi ricorderà di avere fatto per più di undici anni la vita dell'ostrica, sempre attaccato allo stesso luogo; e chi si farà un merito della voce divenuta rauca per l'ininterotto cantare, o del rimbecillimento derivato dalla vita solitaria; altri ancora della lingua resa torpida dal voto del silenzio. Ma Cristo, interrompendo queste vanterie che altrimenti rischierebbero di non finire più, «Di dove viene, dirà, questa nuova schiatta di Giudei? Riconosco per mia una legge sola, e solo di questa non si fa parola. Pure, una volta, con aperto linguaggio, e non in forma di parabola, ho promesso l'eredità del padre mio non alle cocolle, non alle giaculatorie e ai digiuni, ma alle opere di carità. Non conosco questa gente che esalta troppo i propri meriti; dato che vorrebbero sembrare anche più santi di me, occupino, se vogliono, i cieli dei seguaci di Abraxas[3], o si facciano edificare un nuovo cielo da coloro le cui meschine tradizioni anteposero ai miei precetti». Quando sentiranno queste parole, e si vedranno preferire marinai e aurighi, con che faccia credete che si guarderanno a vicenda?

---

[1] «*Funigeri* (in francese *cordeliers*) sono i francescani; i *Coletani*, da St. Colette (1381-1447), furono soppressi da Leone X nel 1517; *Minori* sono i *fratres minores*; *Minimi*, fondati da san Francesco di Paola; *Bollisti*, francescani costituitisi su capitoli separati di una bolla papale; *Bernardini*, i Cistercensi detti così da Bernardo di Clairvaux; *Brigidensi*, un ordine di uomini e donne fondato da santa Brigida di Svezia; *Agostiniani*, o eremiti di sant'Agostino, ordine mendicante, formalmente riconosciuto da Alessandro IV nel 1256; *Guglielmiti*, fondati nel secolo XII da san Guglielmo di Maleval; *Jacobiti*, nome dei domenicani in Francia, per l'importanza della casa dell'ordine a Parigi, una cappella e un ospizio dedicati a san Giacomo» [Nota di E. Garin].

[2] L'abito monastico.

[3] «Secondo Ireneo, Saturnino e Basilide gnostici avrebbero predicato le arti magiche facendo uso di immagini, invocazioni e incantesimi. Avrebbero anche creduto in un supremo potere chiamato Abrasax o Abraxas, il cui numero era 365, e 365 erano i cieli, di cui indicavano i nomi, i principi, gli angeli e le potenze» [Nota di E. Garin].

GUIDA ALLA LETTURA

❶ Quali critiche sono rivolte ai religiosi e ai monaci? ❷ Perché, secondo Erasmo, i monaci «si considerano superiori agli altri»? ❸ Che cosa pensa Erasmo delle varie regole adottate dagli ordini? ❹ Che cosa dovrebbe caratterizzare la vita di un cristiano?

133

R.H. Bainton
Le 95 Tesi e il problema delle indulgenze

R.H. Bainton, *La riforma protestante*, Einaudi, Torino 1982, pp. 25-26; 48-50

■ Nelle 95 *Tesi* [👁 14.1 e 14.1 EVENTI] Martin Lutero sintetizzò i motivi del suo dissenso verso la prassi penitenziale della Chiesa cattolica nei confronti dei peccati, basata più sul perdono e sulle indulgenze che sulle pene. Secondo Lutero, questo sistema determinava un'erronea convinzione nel penitente, che era portato a credere che colpe specifiche si potessero meccanicamente riparare con specifiche penitenze, fino a raggiungere una sorta di pareggio dei conti. La colpa si riduceva così a una semplice voce in bilancio, invece di spingere l'uomo a un momento di profonda contrizione. Secondo la Chiesa, inoltre, l'operato eccezionale di alcuni uomini dava luogo all'accumulazione di «crediti trasferibili» messi a disposizione dei peccatori, come spiega lo storico protestante americano Roland H. Bainton (1894-1984): questa «teoria dell'eccedenza» dei meriti dei santi era considerata la principale responsabile del cedimento della disciplina interiore dell'uomo.

Durante le Crociate si inaugurò la consuetudine di rimettere a coloro che si arruolavano per la guerra santa tutte le penitenze in cui sarebbero potuti incorrere se fossero rimasti in patria [...]. Si passò quindi ad estendere analoghi privilegi a quanti, nell'impossibilità di partecipare alla Crociata, contribuissero all'impresa. [...] Un po' alla volta si dispensarono indulgenze per raccogliere danaro per la costruzione di ospedali, ponti, cattedrali, e ogni sorta di opere pubbliche. Il sistema si fondava sulla teoria che i santi, oltre che Cristo, avessero più meriti di quanti ne occorressero alla loro propria salvezza. Quell'eccedenza di meriti costituiva un tesoro che Dio poneva a disposizione dei papi e che poteva essere usato a vantaggio di coloro i cui peccati rappresentavano un disavanzo. [...]

Le indulgenze non venivano solo usate per mitigare le pene, fino a includere la liberazione dal purgatorio, ma anche per il perdono dei peccati. [...] A stretto rigore, non erano vendute, bensì elargite; ma si faceva in modo che il dono venisse a coincidere esattamente con la riscossione di contributi basati sulle disponibilità finanziarie. I proventi erano equamente divisi fra il papa e l'abate o vescovo o principe nel cui territorio le indulgenze stesse venivano concesse.

Il principe di Lutero, Federico il Savio di Sassonia, aveva ottenuto il privilegio di una proclamazione annua d'indulgenze, alla vigilia d'Ognissanti. Per ben tre volte, nel corso del 1516, frate Martino protestò contro quest'uso: a parer suo le indulgenze erano delusorie e perniciose, in quanto si fondavano sul falso presupposto dei meriti sovrabbondanti dei santi, e in quanto incoraggiavano fatalmente la rilassatezza piuttosto che la contrizione. [...]

L'anno seguente [...] Alberto di Hohenzollern[1], che deteneva già due vescovati, benché non avesse affatto raggiunto l'età necessaria per esser vescovo, si vide offrire l'arcivescovato di Magonza, a patto che pagasse lui stesso la tassa d'insediamento. [...] Alberto ottenne un prestito e pagò; ma perché potesse estinguere il debito, il papa concesse che nei suoi territori venisse proclamata un'indulgenza di otto anni, e che una metà dell'incasso andasse ad Alberto, e l'altra metà fosse devoluta alla fabbrica di San Pietro. Nelle sue istruzioni ai dispensatori dell'indulgenza, Alberto passò sotto silenzio la propria compartecipazione alla transazione e lamentò invece lo stato deplorevole delle ossa dei santi Pietro e Paolo, esposti a tutte le intemperie per mancanza d'un congruo riparo. I devoti erano pertanto invitati a elargire un generoso contributo per la edificazione di un mausoleo per i santi [...]. A coloro che avessero concorso veniva promessa la remissione di tutti i peccati e – a prescrindere da ogni contrizione da parte loro – la liberazione degli amici dal purgatorio, nel momento stesso in cui il danaro cadesse tintinnando nella cassa. [...]

Alla vigilia d'Ognissanti del 1517, quando si stavano per bandire di nuovo le indulgenze a Wittenberg, Lutero affisse alla porta della chiesa del castello novantacinque proposizioni da discutere, dette comunemente le novantacinque tesi. Questa volta esse non erano dirette soltanto contro l'usanza locale, ma contro le istruzioni date da Alberto [...] Le obiezioni di Lutero erano di triplice natura. Anzitutto egli si appellava al sentimento nazionale tedesco, offeso dallo sfruttamento papale. [...] Se il papa avesse conosciuto la povertà del popolo germanico, avrebbe preferito che San Pietro andasse in cenere, piuttosto che costruirlo sul sangue del suo gregge. Il secondo punto controverso era la giurisdizione del papa sul purgatorio. Se il pontefice aveva facoltà di liberare le anime, perché non si decideva a svuotar subito quel luogo di pene? Lutero, per contro, sosteneva, con i teologi più conservatori, che il papa poteva rimettere soltanto le penitenze da lui stesso imposte sulla terra. Le indulgenze non si estendono al purgatorio e non comportano il perdono dei peccati. [...] Il terzo punto era, fra tutti, il più micidiale e – per Lutero – il più decisivo. Le indulgenze favoriscono uno stato d'animo falso. Non c'è rimedio per il peccatore, se la sua preoccupazione fondamentale è soltanto quella di sfuggire alle pene. Chi ha da ottener la salvezza dev'essere riempito d'orrore: Dio deve uccidere, perché possa vivificare. [...] La pace ci è offerta soltanto dalla parola di Cristo, ricevuta per mezzo della fede. Chi non ottiene questo è perduto, anche se il papa l'assolve un milione di volte.

[1] Arcivescovo (Berlino 1490 - Magonza 1545) di Magdeburgo e amministratore apostolico di Halberstadt dal 1513, l'anno seguente fu eletto arcivescovo-elettore di Magonza. Per conservare tutti i benefici, dovette versare al papato migliaia di ducati, prestatigli dai banchieri della famiglia Fugger.

GUIDA ALLA LETTURA

❶ A quando risale la pratica delle indulgenze? Quale teoria la legittimava? ❷ Chi riscuoteva i proventi della vendita delle indulgenze? ❸ Che cosa scatenò la reazione di Lutero, secondo Bainton? ❹ Quali erano i punti su cui si basava la critica delle indulgenze di Lutero?

134DOC

Martin Lutero
Alla nobiltà cristiana di nazione tedesca

M. Lutero, *Scritti politici*, a c. di G. Panzieri Saija, Utet, Torino 1949, pp. 129-31; 136-37

■ *Alla nobiltà cristiana di nazione tedesca* fu scritto da Martin Lutero (1483-1546) tra l'agosto e il novembre 1520 in risposta alla scomunica ricevuta da Leone X [👁 14.2]. La chiarezza espositiva che contraddistingueva l'opera, scritta in tedesco, era motivata dall'esigenza di raggiungere e mobilitare alla causa della Riforma il più vasto pubblico possibile. Indirizzata alle autorità politiche di alto e basso grado, costituiva un appello ai principi affinché si ribellassero alla tirannia papale e alla sua pesante ingerenza nella vita secolare. In quest'opera, per la prima volta, Lutero enunciava la tesi del sacerdozio universale dei credenti e del vincolo, comune a tutti gli esseri umani, di soggiacere all'autorità laica e terrena. In secondo luogo si pronunciava a favore del libero esame dei testi sacri, contestando la tesi di una interpretazione ufficiale della Scrittura. Infine, rifiutava l'affermazione che solo il papa potesse convocare il Concilio.

I romanisti[1] con grande abilità hanno eretto intorno a sé tre muraglie, da cui finora sono stati difesi; così nessuno ha potuto emendarli, ed in tal modo l'intera Cristianità è miserevolmente caduta in basso. In primo luogo, quando li si volle costringere con l'autorità secolare, essi stabilirono e proclamarono che l'autorità secolare non aveva alcun diritto sopra di loro, ma che al contrario il potere ecclesiastico era superiore a quello secolare. In secondo luogo, quando li si volle riprendere servendosi della S. Scrittura, ribatterono non essere di competenza di alcuno se non del papa l'interpretazione della Scrittura. In terzo luogo, quando si volle minacciare il papa con un Concilio, essi inventarono che nessuno ha potestà di convocare un Concilio, tranne il papa stesso. In tal modo ci hanno furtivamente tolto di mano tutte e tre le verghe onde restare impuniti e, chiusi dietro il sicuro riparo delle tre muraglie, compiono tutte le ribalderie e scelleratezze che noi ora vediamo [...]. Così resero paurosi e timidi e re e prìncipi, sì che questi credettero che non obbedire al papa in tutte le sue maliziose e scellerate imposture fosse contro Dio. Ora ci aiuti Iddio e ci conceda una delle trombe dalle quali vennero sì tosto diroccate le mura di Gerico[2], sì che anche noi, suonandole, facciamo crollare coteste muraglie di paglia e di carta, e le verghe cristiane puniscano i peccati, rendano manifesti e portino alla luce del giorno gli inganni e le astuzie del demonio, affinché attraverso la penitenza ci emendiamo per poter richiedere nuovamente la Sua grazia.

In primo luogo vogliamo dare l'assalto alla prima muraglia. Hanno avuto la trovata di chiamare ecclesiastici i papi, i vescovi, i preti e gli abitatori dei conventi, laici invece i prìncipi, i signori, i commercianti e i contadini; la qual cosa è una finissima ed ipocrita costumanza, ma nessuno si lascia abbindolare da essa, e per le seguenti ragioni: i cristiani tutti appartengono allo stato ecclesiastico, né esiste tra loro differenza alcuna, se non quella dell'ufficio proprio a ciascuno; come dice S. Paolo (*I Cor.* XII, 12 ss.), che noi siamo tutti un solo corpo, ma che ogni organo ha il suo ufficio particolare con cui essere utile agli altri; e ciò avviene perché tutti abbiamo uno stesso battesimo, uno stesso Vangelo, una stessa fede e siamo tutti cristiani allo stesso modo. Il battesimo, il Vangelo e la fede, infatti, ci fanno tutti religiosi e tutti cristiani. [...]

La seconda muraglia è ancor più malvagia ed assurda: essi soli vogliono esser padroni della S. Scrittura, sebbene in tutta quanta la loro vita non ne apprendano una riga; e presumono d'aver essi soli l'autorità, e con sfrontate parole vanno buffonescamente affermando dinnanzi a noi che il papa non può sbagliare in materia di fede, sia esso pio o malvagio, mentre non possono citare al riguardo nemmeno una sillaba. Da ciò consegue che tante leggi eretiche e non cristiane, anzi addirittura innaturali, siano nel diritto canonico, delle quali ora non è necessario parlare: costoro, stimando che lo Spirito Santo non li abbandoni mai, siano pur ignoranti e malvagi quanto è possibile, si fanno temerari ed aggiungono quel che vogliono. Ma se così fosse, a che servirebbe la Scrittura? Gettiamola nel fuoco, e contentiamoci di quegli ignoranti messeri di Roma, che sono posseduti dallo Spirito Santo; il quale invece, in verità, solo un cuore pio lo possiede dentro di sé. [...] Ma, per non combattere con loro a parole, portiamo in campo la Scrittura. Dice Paolo (*I Cor.* XIV, 30): «Se qualcuno ha qualcosa di meglio da annunziare, anche se prima sedeva ed ascoltava da altri la parola di Dio, il primo che parlava si taccia e gli ceda il posto». A che servirebbe cotesto comandamento se tutti debbono credere a quello che sta lassù e parla? [...] Forse che il papa non ha sbagliato un'infinità di volte? Chi vorrà accorrere in aiuto della Cristianità quando il papa sia in errore, se, anteponendolo a lui, non è lecito credere ad un altro che abbia dalla sua la Scrittura?

---

[1] Con questa espressione Lutero intende, genericamente, tutti i teologi che nei secoli hanno edificato la struttura gerarchica e dottrinale della Chiesa cattolica romana.

[2] Episodio della Bibbia (*Giosuè*, VI, 1 sgg.), nel quale si narra come gli israeliti conquistarono Gerico, abbattendone le mura al suono delle trombe.

GUIDA ALLA LETTURA

❶ Che atteggiamento avevano i «romanisti» nei confronti del concilio? ❷ In che cosa consisteva, secondo Lutero, la «prima muraglia»? ❸ Che cosa pensa Lutero del problema inerente all'"esclusiva" che aveva il clero di essere l'unico interprete della Bibbia? ❹ A che cosa servirebbe la Bibbia se solo i chierici la potessero interpretare?

135 DOC

Martin Lutero
La giustificazione per fede

M. Lutero, *Lieder e prose*, a c. di E. Bonfatti, Mondadori, Milano 1983, pp. 331; 341-45; 361-63; 365

■ Nel 1522, Lutero [134DOC] pubblica la traduzione tedesca del Nuovo Testamento; nella sua prefazione all'*Epistola ai Romani* di san Paolo troviamo la tesi della giustificazione per fede e della predestinazione. Nell'epistola, dice Lutero, si coglie «il Vangelo nella sua espressione più pura», ma si esprime altresì l'intima unità della Scrittura, dell'Antico e del Nuovo Testamento. Così conclude Lutero: «Sembra che San Paolo abbia voluto riassumere in questa epistola tutto l'insegnamento cristiano ed evangelico e dare una introduzione a tutto l'Antico Testamento».

In questa epistola cogliamo il pensiero centrale del Nuovo Testamento, il Vangelo nella sua espressione più pura. [...] Perciò anch'io voglio renderle un servizio, per quanto Dio mi concede, e con questa prefazione introdurne la lettura, sì che ognuno la possa intendere bene. [...]
Fede non è quell'umana illusione e quel sogno che alcuni pensano essere fede. E se vedono che non ne deriva alcun miglioramento della vita né opere buone, sebbene odano parlare, e molto parlino essi stessi, di fede, cadono in errore e dicono che la fede è insufficiente, ma è necessario fare opere, se si vuole diventare pii e santi. Di conseguenza, se odono il Vangelo, diventano prorompenti, formulano qualche proprio pensiero nel cuore e dicono: «Io credo». Stimano che questo sia vera fede; ma siccome si tratta soltanto di un pensiero umano che l'intimo del cuore non conosce, non ha efficacia e quindi non ne deriva miglioramento alcuno.
La fede è invece un'opera divina in noi che ci trasforma e ci fa nascere di nuovo da Dio, *Giovanni*, I. Essa uccide il vecchio Adamo, trasforma noi uomini completamente nel cuore, nell'animo, nel sentire e in tutte le energie, e reca con sé lo Spirito Santo. Oh la fede è cosa viva, attiva, operante, potente, per cui è impossibile che non operi continuamente il bene. Non chiede neppure se ci siano opere buone da compiere; prima che si chiedano, essa le ha già fatte, ed è sempre in azione. Ma chi non compie tali opere, è uomo senza fede, va a tastoni e cerca intorno a sé la fede e le opere, e non sa che cosa siano né fede né opere buone, eppure chiacchiera molto intorno alla fede e alle opere buone.
Fede è una fiducia viva e audace nella grazia di Dio, tanto certa di questa che morrebbe mille volte piuttosto che dubitarne. E una tale fiducia e conoscenza della grazia divina rende lieti, baldanzosi, e giocondi dinanzi a Dio e a tutte le creature per l'opera dello Spirito Santo nella fede. Perciò l'uomo diviene volenteroso, senza costrizione, e lieto nel fare del bene a ognuno, nel servire ognuno, nel sopportare ogni cosa, nell'amore e nella lode di Dio che ha manifestato in lui tale grazia. È quindi impossibile separare le opere dalla fede, come è impossibile separare dal fuoco calore e splendore. [...] Chiedi a Dio che operi la fede in te, altrimenti qualunque cosa tu voglia o possa immaginare e fare, rimarrai eternamente senza fede. Giustizia è soltanto questa fede e si chiama giustizia di Dio, ossia giustizia che vale dinanzi a Dio, perché Dio la dona e la mette in conto di giustizia per amor di Cristo nostro Mediatore, e spinge l'uomo a dare a ciascuno ciò che gli deve. Mediante la fede l'uomo è purificato dal peccato e trova piacere nei comandamenti di Dio. In tal modo dà gloria a Dio e gli rende quello che gli deve. Serve volonterosamente gli uomini in quello che può, e così rende anche a ciascuno il dovuto. Natura, libera volontà e le nostre forze non possono attuare questa giustizia. Poiché come nessuno può dare a se stesso la fede, così neppure può togliere l'incredulità. Come potrebbe egli togliere un solo piccolissimo peccato? Perciò è falsa ipocrisia e peccato tutto ciò che avviene all'infuori della fede o nell'incredulità, *Romani*, XIV, sia pur splendido quanto si voglia. [...]
Nei capitoli IX, X e XI l'apostolo insegna l'eterna predestinazione di Dio, dalla quale ha la sua prima origine chi deve o non deve credere, chi può o non può essere affrancato dal peccato, affinché la nostra giustificazione sia tolta dalle nostre mani e posta soltanto nella mano di Dio. Ciò è anche estremamente necessario, perché siamo tanto deboli e incerti che, se dipendesse da noi, non un sol uomo si salverebbe. Il diavolo certamente li vincerebbe tutti. Ma poiché Dio è certo che la sua predestinazione non verrà meno e che nessuno gliela potrà impedire, possiamo ancora sperare contro il peccato.
[...] Nel capitolo XIII l'apostolo insegna a onorare l'autorità civile e a esserle obbedienti. Essa è stata istituita, anche se non rende la gente pia davanti a Dio, affinché per mezzo suo i giusti possano godere pace esteriore e protezione, e i malvagi non facciano liberamente il male, senza paura e in tutta tranquillità. Perciò la devono onorare pure le persone pie, anche se esse non ne avrebbero bisogno. Infine comprende tutto nell'amore e conclude con l'esempio di Cristo, affinché come egli ha agito verso di noi, anche noi agiamo similmente e lo seguiamo.

GUIDA ALLA LETTURA

❶ Quali «pregiudizi» teologici sono criticati? ❷ Perché l'*Epistola ai Romani* per Lutero è il centro del Vangelo? ❸ Che rapporto lega gli uomini a Dio? E tra opere e fede? ❹ A chi appartiene la giustizia secondo Lutero?

136

J. Lortz • E. Iserloh
Il radicalismo religioso di Thomas Müntzer

J. Lortz - E. Iserloh, *Storia della Riforma*, il Mulino, Bologna 1972, pp. 86-89

Se la Riforma in Germania sarà rappresentata soprattutto da Lutero e dai suoi discepoli, vi furono altri personaggi coinvolti nel processo di ribellione alla Chiesa di Roma. Un posto di una certa importanza riveste la figura di Thomas Müntzer (1489-1525), che prese parte con entusiasmo alla rivolta dei contadini **[👁 14.3]**. Le pagine di Joseph Lortz (1887-1975) ed Erwin Iserloh (1915-1996), storici tedeschi di matrice cattolica, rifiutano la rappresentazione di Müntzer come di un rivoluzionario e lo inseriscono in un contesto di protesta ecclesiastica non basata sui princìpi luterani, ma sull'entusiasmo spirituale e sulla possibilità di far aderire più consapevolmente le masse alla nuova Chiesa.

Aspra e radicale fu la controversia di Lutero con Thomas Müntzer (nato a Stolberg, nello Harz, nel 1488 o 1489). Questi possedeva una eccezionale cultura e conosceva profondamente i padri della Chiesa, i mistici, Gioacchino da Fiore[1] e soprattutto la Sacra Scrittura, per amore della quale imparò il greco e l'ebraico. Incontrò probabilmente Lutero in occasione della disputa di Lipsia[2]. Come parroco di una comunità di operai e di minatori a Zwickau[3], si dimostrò zelante ed appassionato predicatore. Ma il suo linguaggio si fece ancora più radicale per l'influsso di Nikolaus Storch e dei «profeti di Zwickau»[4]. Fu deposto e costretto alla fuga.

In seguito la sua vita irrequieta lo condusse più volte in Boemia. Nel *Prager Manifest*[5] e nelle sue prediche egli pone l'accento [...] sulla necessità dello Spirito Santo, senza il quale non ci è possibile né udire, né conoscere Dio. I predicatori che presentano solo la «fredda» e «nuda» Scrittura, sono ladri e predoni. [...] Il vero predicatore deve, secondo I *Cor*. 14, «avere la rivelazione; altrimenti non può predicare la Parola». Giacché Dio non ha cessato di parlare, l'uomo deve apprendere la Parola come proferita ora da Dio e non come notizia del passato.

Il rilievo dato ai doni dello Spirito Santo, lo «Spirito vivificante», il contrasto fra la lettera morta e la viva ed attuale Parola di Dio [...] e, infine, l'autocoscienza profetica che aveva di sé Müntzer di essere lo strumento del giudizio divino caratterizzano questo *Prager Manifest*, che tuttavia non suscitò in Boemia la risonanza desiderata.

Seguì per Müntzer un periodo di grandi difficoltà e di dolorosa povertà. Egli tuttavia vedeva nelle sofferenze e nelle privazioni il segno della divina predilezione. [...]

Come parroco di Allstedt[6], una cittadina di operai e agricoltori, egli poté per la prima volta attuare le sue idee, a partire dalla Pasqua del 1523. L'ordinamento liturgico da lui elaborato mostra il suo atteggiamento pacifico e animato da motivi pastorali e le sue pressanti preoccupazioni unicamente rivolte alla cura delle anime. [...] Egli crea la prima liturgia completamente tedesca [...]. Müntzer vuole promuovere un servizio divino comprensibile e conforme alle Scritture, che possa servire alla «salvezza delle povere, misere, cieche coscienze degli uomini». La comunità deve poter partecipare attivamente al culto, quale soggetto della liturgia. [...] Con questo atteggiamento profondamente pastorale, il «fanatico» Müntzer [...] affronta molto più seriamente di Lutero il problema del culto esterno e polemizza col riformatore, accusandolo di indugiare nella traduzione in tedesco della liturgia. [...]

Müntzer [era convinto] che la fede si deve professare davanti al mondo e che il cristiano è attivamente responsabile del mondo e della sorte del prossimo. Non esisteva per lui alcuna distinzione fra due sfere e due regimi, come per Lutero. La volontà di Dio esige immediata ed assoluta attuazione in tutti i campi. Müntzer pensava tuttavia di poter raggiungere il suo scopo con mezzi pacifici, soprattutto con la predicazione della Parola di Dio. [...]

Il fatto che Müntzer non fosse senz'altro un rivoluzionario, ma sperasse in un primo tempo di raggiungere il suo scopo in collaborazione col principe, si può dedurre anche dalla sua *Fürstenpredigt* ['Predica al principe'], che egli tenne il 13 luglio 1524, davanti al fratello di Federico il Saggio, il duca Giovanni di Sassonia e a suo figlio, il principe Giovanni Federico, nel castello di Allstedt. In essa egli sostenne che il regno di Dio deve essere realizzato già in questo mondo ed in questo tempo, se necessario, con l'aiuto della spada dei principi. [...] Se tuttavia i principi si rifiutano di adoperare la loro spada in favore dei pii eletti contro i malvagi, «la spada verrà loro tolta e sarà data al popolo fervoroso affinché la usi per la sconfitta degli empi».

---

[1] Monaco cistercense (1145-1202), condusse una vita eremitica con un gruppo di seguaci presso San Giovanni in Fiore. Diede quindi vita all'Ordine florense. Autore di molte opere teologiche, al centro delle sue elaborazioni c'era la considerazione dell'unità e della trinità di Dio. A ogni persona della Trinità, secondo lui, corrispondeva un'era storica: al Padre corrispondeva l'epoca precedente la venuta di Cristo (Antico Testamento); al Figlio l'epoca di Cristo e della Chiesa (Nuovo Testamento); allo Spirito Santo un'epoca ancora futura, l'età dello Spirito, in cui si sarebbero affermati un ordine religioso perfetto e una nuova Chiesa.

[2] Dibattito ideologico tenutosi a Lipsia nel 1519 tra il teologo cattolico Johannes Eck e i principali pensatori della Riforma, tra cui Lutero e l'umanista e teologo tedesco Filippo Melantone (1497-1560).

[3] Città della Sassonia.

[4] Setta religiosa anabattista **[👁 14.4]**, con a capo tre predicatori (Nikolaus Storch, Thomas Dreschel e Mark Thomas Stübner), che considerava l'istruzione e la cultura come ostacoli alla vera fede.

[5] Il *Manifesto di Praga* diverrà l'opera programmatica di Thomas Müntzer.

[6] Città della Sassonia.

GUIDA ALLA LETTURA

❶ Quali sono le caratteristiche del messaggio di Müntzer? ❷ Quali erano i rapporti tra Müntzer e Lutero? ❸ Perché, secondo i due storici, Müntzer non può essere considerato un rivoluzionario nel senso che oggi ha questa parola?

137DOC

La Confessione augustana

La confessione augustana del 1530, a c. di G. Tourn, Claudiana, Torino 1980, pp. 118-19; 126-28; 159-65

■ Nel 1530 Carlo V [155DOC] convocò ad Augusta una Dieta imperiale [👁 14.3] per risolvere il problema religioso che da molti anni affliggeva l'Impero. La redazione della *Confessione* di fede, cioè della professione di fede, di tutti gli evangelici fu affidata a Filippo Melantone (1497-1560), professore e collega di Lutero all'Università di Wittenberg. La *Confessione* era scritta in toni concilianti, nel tentativo di giungere a un accordo con i cattolici e a una piattaforma comune di discussione. A questo fine Melantone sfumò il più possibile le differenze che contrapponevano cattolici e luterani: non si faceva menzione della negazione luterana del purgatorio, delle critiche all'infallibilità papale e della tesi del sacerdozio universale dei credenti, ma si ribadiva la giustificazione per sola fede e la critica ai sacramenti. Nonostante questi sforzi non ci fu possibilità di accordo con i cattolici e la *Confessione augustana*, sostenuta dai principi tedeschi, divenne lo strumento più efficace per consolidare il protestantesimo.

La giustificazione

Allo stesso modo [le nostre Chiese] insegnano che gli uomini non possono essere giustificati al cospetto di Dio in virtù delle proprie forze, dei propri meriti, delle proprie opere, ma sono giustificati gratuitamente, per opera di Cristo, mediante la fede, in quanto credano di essere accolti nella grazia e che i loro peccati siano rimessi per opera di Cristo, il quale, con la sua morte, diede soddisfazione per i nostri peccati. [...]

I riti della Chiesa

Quanto ai riti della Chiesa, [le nostre Chiese] insegnano che si debbono osservare quei riti che possono essere osservati senza peccato, che giovano alla pace e al buon ordine nella Chiesa, come certi giorni festivi, certe solennità e simili. [...] Avvertiamo inoltre che le tradizioni umane, istituite per placare Dio, per meritare la grazia e dare soddisfazione per i peccati, sono contrarie all'Evangelo e alla dottrina della fede. Pertanto i voti e le tradizioni riguardanti i cibi, i giorni ecc., istituiti per meritarsi la grazia e dare soddisfazione per i peccati, sono inutili e contrari all'Evangelo.

La vita nella società civile

Per ciò che riguarda la vita civile [le nostre Chiese] insegnano che le istituzioni civili legittime sono buone opere di Dio e che ai cristiani è lecito ricoprire cariche pubbliche, esercitare la funzione di giudice, pronunziare sentenze in base alle leggi imperiali e alle altre norme vigenti, stabilire le pene in conformità alle leggi, far guerra per giusti motivi, militare negli eserciti, stipulare contratti secondo le leggi, avere delle proprietà, prestare giuramento su richiesta dei magistrati, ammogliarsi o prendere marito.
Condannano gli Anabattisti che vietano questi doveri civili ai cristiani.
Condannano anche coloro che non fanno consistere la perfezione evangelica nel timore di Dio e nella fede, ma nella fuga dai doveri civili[1]. L'Evangelo richiede infatti la giustizia eterna del cuore, ma intanto, in questo tempo, non abolisce l'organizzazione politica ed economica dello Stato, anzi esige in primo luogo che siano mantenute come istituzioni divine e che in quelle istituzioni si pratichi l'amore del prossimo. [...]

I voti monastici

Che cosa si insegni presso di noi sui voti dei monaci, lo si può capire meglio se si tiene presente quali fossero le condizioni dei monasteri e quante cose contrarie ai canoni vi si commettessero ogni giorno. Al tempo di Agostino [i monasteri] erano libere associazioni; in seguito, quando la disciplina degenerò, furono aggiunti i voti, affinché, come in seguito all'istituzione di un carcere, la disciplina vi fosse ristabilita. E a poco a poco, oltre ai voti, furono aggiunte molte altre regole. E con queste catene molti furono avvinti, anche se non avevano ancora l'età richiesta, contro le disposizioni dei canoni[2]. Così si trovarono coinvolti, per errore o per ignoranza, in questo genere di vita, molti fedeli che, per quanto avessero raggiunto l'età richiesta, erano incapaci di una corretta valutazione delle proprie forze. [...]
Inoltre, quando i fedeli sentono dire che solo i monaci sono nello stato di perfezione, vengono lasciati nell'ombra i comandamenti di Dio e il vero culto che gli è dovuto. La perfezione cristiana, infatti, consiste nel temere seriamente Dio e, d'altra parte, nell'aprire l'animo ad una grande fede e confidare, per l'opera di Cristo, che siamo stati riconciliati con Dio; nel chiedere aiuto a Dio e attendercelo con certezza in tutte le cose che dobbiamo fare secondo la nostra vocazione, e intanto nel compiere diligentemente, agli occhi di tutti, le buone opere e impegnarci nella nostra vocazione. In queste cose è la vera perfezione e il vero culto di Dio, non nel celibato o nella mendicità o nel portare vesti consunte. Perciò il popolo si è fatto molte idee dannose ascoltando quei falsi panegirici sulla vita monastica. [...]
Altri invece cadono in un errore ancora più grave perché sono convinti che ogni magistratura e ogni carica civile siano indegne dei cristiani e contrastino con il consiglio evangelico. [...] Non capivano che si deve servire Dio in quegli incarichi che Egli stesso ci ha dato e non in quelli inventati dagli uomini. Buono e perfetto è il genere di vita che ha come fondamento l'ordine di Dio. È necessario dunque istruire bene il popolo su queste cose.

---

[1] La teologia luterana non riconosceva alla vita monastica la prerogativa della perfezione evangelica, che da parte cattolica veniva negata ai credenti laici. Cfr. quanto sostiene a questo proposito Ignazio di Loyola [148DOC].

[2] Generalmente 18 anni.

GUIDA ALLA LETTURA

❶ In che modo gli uomini possono ottenere la salvezza? ❷ Quale funzione viene attribuita ai riti della Chiesa? Perché alcuni sono considerati «contrari all'Evangelo»? ❸ Quale concezione avevano i luterani della vita sociale? ❹ In che cosa consiste la «perfezione»?

SVILUPPARE LE COMPETENZE

Comprendere e Analizzare

❶ **Dopo aver letto i brani di Lutero [134DOC-135DOC], ricostruisci il suo pensiero in un breve testo (max 30 righe). In particolare, tieni conto della sua posizione riguardo alla dottrina del sacerdozio universale, alla dottrina del libero esame, alla giustificazione per fede, alla dottrina dell'autorità politica.**

❷ **Dopo aver letto i brani di Lutero [134DOC-135DOC] e quello degli storici tedeschi Lortz e Iserloh [136], evidenzia in un breve testo (max 20 righe) le principali identità di vedute e le differenze tra Müntzer e Lutero.**

❸ **Alla luce dei documenti di Lutero [134DOC-135DOC] e del brano di Bainton [133], spiega quali idee presenti nella *Confessione augustana* erano già state sviluppate da Lutero.**

Rielaborare e Argomentare

❹ **Redazione di un articolo di giornale. *31 ottobre 1517: l'affissione delle 95* Tesi *e la divisione della cristianità occidentale***

Sviluppa l'argomento scelto in forma di "articolo di giornale", utilizzando i documenti e i dati che lo corredano. Interpreta e confronta i documenti e i dati che ti sembrano rilevanti e costruisci su di essi il tuo "pezzo". Da' all'articolo un titolo appropriato e indica il tipo del giornale sul quale ne ipotizzi la pubblicazione (quotidiano, rivista divulgativa, giornale scolastico, altro). Se lo ritieni opportuno, organizza la trattazione suddividendola in paragrafi, cui potrai dare eventualmente uno specifico titolo.

Documenti: Lutero [134DOC-135DOC], *Confessione augustana* [137DOC]
Immagini: pp. 487, 488, 490, 492
Brani storiografici: Bainton [133]
Capitoli: **14.1** e **14.1** EVENTI

❺ **Martin Lutero fu senza dubbio l'iniziatore del movimento riformato. Tracciane un profilo che tenga conto della genesi della sua protesta e dell'evoluzione del suo pensiero. L'elaborato dovrà comprendere:**

a. La genesi del pensiero di Lutero [135DOC];
b. La questione delle indulgenze e le 95 *Tesi* [**14.1** e 133];
c. L'evoluzione del pensiero luterano [134DOC];
d. La svolta moderata e il rapporto con le rivolte radicali [**14.3** e 136];
e. Il tentativo di riconciliazione con il cattolicesimo e la nascita di una Chiesa territoriale [137DOC].

Zwingli, Calvino e il radicalismo protestante

Qualche anno dopo la protesta di Lutero, l'idea di una Chiesa che doveva essere riformata oltrepassò i confini della Germania per approdare nei cantoni svizzeri. La città di Zurigo legò la sua riforma alla figura di Ulrich Zwingli, il quale riuscì per la prima volta a imporre un'azione riformata con il consenso di un consiglio cittadino: ciò è ben evidenziato da **Emidio Campi** [138], che interpreta come un elemento di grande novità e rottura il fatto che un'assemblea cittadina, in assoluta autonomia, ammise alla pubblica discussione le 67 *Tesi* proposte dal predicatore, ne constatò la validità e decise di metterle in atto.
A Ginevra, invece, **Giovanni Calvino** [139DOC] sistemò in maniera organica il pensiero riformato nell'opera *Istituzione della religione cristiana*. Le idee di Calvino sulla predestinazione, analizzate da **Alister McGrath** [140], e la sua fermezza nei confronti di una riconciliazione ormai impossibile con il cattolicesimo portarono il calvinismo a divenire la forma più intransigente e aggressiva di protestantesimo.
Per alcuni sociologi come **Max Weber** [141DOC], la dottrina calvinista della predestinazione fu tra i fondamenti della moderna mentalità capitalista.
Dopo gli anni '30 del XVI secolo la Riforma protestante tese sempre più a istituzionalizzarsi e a espellere dal suo interno quelle figure di dissenso che non erano d'accordo con i princìpi della nuova ortodossia riformata. È il caso di gruppi minoritari come gli anabattisti, il cui profilo sociale, culturale e teologico è descritto dallo storico **Delio Cantimori** [142], ma anche di intellettuali come **Sébastien Castellion** [143DOC], fautore della libertà religiosa e della tolleranza, il quale sosteneva che l'odio e la persecuzione non solo erano inutili ma avevano anche il duplice difetto di allontanare i cristiani dalla parola di Dio e di renderli cattivi testimoni agli occhi dei credenti di altre religioni.

138

E. Campi
L'opera riformatrice di Zwingli

E. Campi, *Nascita e sviluppo del protestantesimo (secc. XVI-XVIII)*, in G. Filoramo e D. Menozzi (a c. di), *Storia del Cristianesimo. L'età moderna*, Laterza, Roma-Bari 1997, pp. 34-37

■ Oltre che in Germania la Riforma iniziò a diffondersi in altri paesi, tra i quali la Svizzera, dove, fra il 1522 e il 1525, iniziò la sua opera riformatrice Ulrich Zwingli **[👁 14.4]**. Contrariamente a quanto accaduto con Lutero, Zwingli si alleò con le autorità cittadine, sperimentando così una formula che diventò vincente nelle vicende religiose successive. Egli presentò le 67 *Tesi*, in cui aveva riassunto la sua interpretazione delle Sacre Scritture, nel gennaio 1523, a Zurigo, in una disputa pubblica tra lui e i suoi oppositori cattolici. La sua proposta era caratterizzata da toni poco polemici, ma era più radicale nella sostanza, negando del tutto la presenza di Cristo nell'eucaristia e riformando in maniera sostanziale la liturgia. Emidio Campi (nato nel 1943), storico italiano che insegna proprio a Zurigo, traccia nel suo contributo alla *Storia del Cristianesimo* un profilo che coglie i nessi essenziali dell'opera del riformatore zurighese.

L'opera riformatrice di Zwingli a Zurigo si realizzò tra gli anni 1522-1525. [...] Come Lutero, Zwingli non riteneva che la chiesa cristiana dovesse essere rifondata, ma solo riformata. Del Riformatore tedesco condivideva altresì [...] i grandi princìpi teologici. Se si vuole giudicare equamente, la differenza fondamentale che intercorse fra i due Riformatori consiste in questo: Lutero partì dall'esigenza interiore della riscoperta della fede e soltanto involontariamente, a volte quasi spinto dalle circostanze, passò ad occuparsi della riforma della chiesa e della società; Zwingli, viceversa, fedele all'impostazione dell'umanismo elvetico, ebbe inizialmente un'acuta sensibilità etica, denunciò abusi nella società, colpì superstizioni nella chiesa, e su questo terreno si inserì successivamente il messaggio della salvezza. [...]

La tempestiva visita di una delegazione vescovile al fine di placare la crescente tensione all'interno della città e con il vescovo di Costanza[1] non produsse l'effetto sperato. Pertanto i consigli cittadini, preoccupati del mantenimento dell'ordine pubblico, presero l'iniziativa di convocare un'assemblea del clero il 29 gennaio 1523, la cosiddetta «prima disputa di Zurigo», comunemente indicata come l'atto di fondazione della chiesa riformata zurighese. Circa seicento persone risposero all'invito dei consigli [...]. Alcune delle *67 Tesi* che Zwingli aveva preparato e messo in discussione vennero prese in esame e incontrarono un ampio consenso. Il Piccolo e il Grande Consiglio ne accolsero l'orientamento di fondo: soltanto la Scrittura doveva essere la norma delle dottrine e dei riti nei territori zurighesi. Nel luglio 1523 Zwingli commentò lungamente le sue tesi di gennaio nello scritto *Auslegen und Gründe der Schlussreden* («Esposizione e fondamenti delle tesi») e pochi giorni dopo pubblicò l'opera *Von göttlicher und menschlicher Gerechtigkeit* («Sulla giustizia divina e umana»), nella quale dava un fondamento teologico alla funzione dell'autorità civile.

La «prima disputa» di Zurigo era riuscita ad inaugurare un nuovo metodo per la propagazione della Riforma che divenne caratteristico della «Riforma urbana o cittadina» agli inizi del secolo XVI. Il cambiamento di religione avveniva attraverso una pubblica disputa, il cui scopo era di orientare l'opinione cittadina e indurla ad accettare la nuova fede, dopo la dimostrazione della sua conformità dottrinale al testo della Scrittura. Poiché i consigli convocavano, assicuravano lo svolgimento dei lavori ed applicavano le decisioni teologiche definite nel corso della disputa, in pratica ciò significò l'appropriazione da parte degli stessi dello *jus reformandi*, cioè l'istanza competente per decidere nel dibattito religioso non era più costituita dal vescovo, né dalle università, né da un eventuale concilio, bensì dall'autorità civile. [...]

Le conseguenze della «prima disputa», a cui seguì una seconda nell'ottobre dello stesso anno, non si fecero attendere. Sulla base di un testo di Zwingli imbottito di citazioni bibliche, la *Breve istruzione cristiana* (ottobre 1523), i magistrati zurighesi procedettero alla rimozione delle immagini e degli organi dalle chiese, all'abolizione della messa e delle festività dei santi; presero provvedimenti decisivi per un riassetto del culto, ridotto alla lettura e spiegazione della Scrittura in lingua volgare e alla celebrazione dei sacramenti del battesimo e della Cena. Quasi contemporaneamente seguì la soppressione dei conventi sia nella città sia nella campagna. Le radici teologiche di questi cambiamenti epocali che facevano *tabula rasa* della tradizione medievale si trovano nel *Commentarius de vera et falsa religione* (marzo 1525), l'opera principale di Zwingli. Ma più significativa ancora fu l'attuazione, dal 1525, di riforme sociali che non soltanto contribuirono all'affermazione della Riforma a Zurigo ma portarono anche ad imitazioni in altre città. Fu istituito un sistema di assistenza pubblica non più svolta da istituzioni religiose o da singoli, ma regolata da leggi dello stato che combattevano sia l'accattonaggio sia l'ozio; fu promossa l'istruzione primaria, gratuita per i meno abbienti e obbligatoria per tutti; [...] fu fondata la *Prophezei*, la prima scuola teologica per la formazione accademica dei pastori riformati, dalla cui attività scaturì, già nel 1531, la prima traduzione evangelica della Bibbia in lingua tedesca. Vi è quindi una consequenzialità nell'opera riformatrice di Zwingli che è sconosciuta a Lutero.

[1] L'azione riformatrice di Zwingli, dal 1519 parroco della cattedrale di Zurigo, era iniziata nel 1522. Ispirato da princìpi umanistici e dal desiderio di rinnovamento etico-religioso della vita cristiana, con l'appoggio delle autorità cittadine predicò contro tutti gli aspetti esteriori del cattolicesimo e diede vita a una serie di riforme (divieto delle processioni e del culto della Madonna e dei santi; abolizione dei sacramenti eccetto battesimo ed eucaristia; ecc.) che ne mettevano in discussione alcuni aspetti. Con queste decisioni, egli entrò in contrasto con il vescovo di Costanza.

GUIDA ALLA LETTURA

❶ In che cosa consiste la differenza fondamentale tra Lutero e Zwingli, secondo Campi? ❷ Che cosa si discusse nella «prima disputa di Zurigo»? Quali furono le sue conseguenze? ❸ Che cosa era lo *jus reformandi*? Chi lo esercitava? ❹ Quali furono le principali riforme sociali attuate a Zurigo?

139 DOC

Giovanni Calvino
L'Istituzione della religione cristiana

G. Calvino, *Istituzione della religione cristiana*, a c. di G. Tourn, Utet, Torino 1971, I, pp. 870-72; II, pp. 936; 951-52

■ La prima versione dell'*Istituzione della religione cristiana* di Giovanni Calvino [👁 14.5] fu pubblicata, in latino, a Basilea nel 1536; l'opera fu in seguito più volte ampliata e rivista, sino a divenire la sintesi teologica più nota e diffusa della Riforma protestante. Il primo passo dell'*Istituzione* che presentiamo è tratto dal cap. 10 del III libro ed è dedicato a spiegare il significato della «vocazione». Secondo Calvino, ogni attività umana è posta al servizio della fede e viene da questa vivificata ed esaltata; solo compiendo coscienziosamente il proprio dovere l'uomo può testimoniare il suo rispetto per le scelte insondabili di Dio. I passi che seguono (III, 14-15) sono dedicati alla confutazione dei meriti derivanti dalle opere; viene implicitamente ribadito che solo attraverso la fede, trasmessa per attribuzione divina, l'uomo potrà diventare giusto.

La vocazione

Dobbiamo prestare attenzione al fatto che Dio ordina ad ognuno di noi di tenere a mente la sua vocazione in ogni atto della vita. Poiché sa quanto l'intelletto dell'uomo bruci di inquietudine, quale leggerezza lo trasporti qua e là e quale ambizione e cupidigia lo solleciti ad abbracciare contemporaneamente parecchie cose diverse.

Temendo dunque che sconvolgiamo ogni cosa con la nostra follia e temerarietà, Dio, enumerando queste condizioni e questi modi di vivere, ha ordinato ad ognuno il da farsi. Affinché nessuno oltrepassi con leggerezza i suoi limiti, ha chiamato tali modi di vivere «vocazioni». Ognuno, per proprio conto, deve considerare che il suo stato è per lui come un punto fermo assegnato da Dio, perché non volteggi e svolazzi sconsideratamente per tutto il corso della sua vita. [...] La vocazione di Dio è per noi il principio ed il fondamento per dirigerci rettamente in ogni frangente, e che colui che non vi si sarà attenuto non seguirà mai la retta via per compiere il suo dovere. [...]

Di conseguenza, colui che avrà rivolto la sua vita a quello scopo, l'avrà molto ben orientata, poiché nessuno oserà tentare più di quanto la sua vocazione comporti, e non si lascerà spingere dalla sua temerarietà, ben sapendo che non gli è lecito superare i suoi limiti. Chi è di modeste condizioni si accontenterà del suo stato, con tranquillità, temendo di uscire dalla condizione in cui Dio lo ha posto. In ogni preoccupazione, tormento, travaglio ed altro aggravio, sarà anche un grande sollievo l'esser persuasi che Dio ci guida e ci conduce. I magistrati si daranno più volentieri alla loro carica; un padre di famiglia compirà con maggior coraggio il suo dovere; in breve, ognuno sopporterà con maggior pazienza il suo stato e sormonterà le difficoltà, le inquietudini, i dispiaceri e le angosce che vi si trovano, ben sapendo che nessuno porta altro fardello all'infuori di quello che Dio gli ha messo sulle spalle.

Ne deriverà per noi una singolare consolazione: non ci sarà compito così disprezzato né così basso che non risplenda davanti a Dio e non sia estremamente prezioso, se in esso adempiamo la nostra vocazione. [...]

Le opere

Quale giustizia, dunque, i credenti trarranno dalle loro opere? Anche l'opera migliore risulta sempre insozzata e corrotta da qualche impurità della carne, come un vino è intorbidito dalla sua feccia. Il servitore di Dio, dico, scelga l'opera migliore di tutta la sua vita; quando ne avrà ben esaminato tutte le parti, scoprirà senza dubbio che in qualche punto essa puzzerà del marciume della sua carne, visto che in noi non sussiste mai una giusta disposizione a compiere il bene, ma una gran debolezza che ci ostacola. [...] Ben sappiamo che dai credenti non proviene una sola opera che, considerata in sé, non meriti una giusta ricompensa di obbrobrio. [...]

Le buone opere dunque piacciono a Dio, e non sono inutili a coloro che le fanno; esse ricevono, come ricompensa, grandissimi benefici da Dio; non che lo meritino, ma la benignità del Signore conferisce loro un tal premio. Che ingratitudine è se, non contenti che Dio con la sua generosità remuneri le opere con una ricompensa non dovuta e non legata ad alcun merito, per maledetta ambizione, vorranno dimostrarsi ingrati al punto di pretendere che quel che deriva dalla pura bontà di Dio sia dovuto al merito delle opere?

Mi appello qui al buon senso di ognuno. Se uno al quale è dato l'usufrutto di un campo, volesse attribuirsi il titolo di proprietà, non meriterebbe forse, per una tal ingratitudine, di perdere anche il possesso che aveva? Se uno schiavo reso libero dal suo padrone non volesse riconoscere la sua condizione, ma si attribuisse la condizione di esser nato libero, non meriterebbe forse di esser ricondotto in servitù? Ecco il modo giusto e legittimo di usare dei favori che ci sono stati fatti: non pretendere più di quanto ci è dato e non frodare il nostro benefattore della sua lode, ma comportarci in modo tale che quel che ci ha trasmesso paia in qualche modo risiedere in lui. Se dobbiamo avere questa umiltà di fronte agli uomini, quanto più dobbiamo averla di fronte a Dio.

GUIDA ALLA LETTURA

❶ Che cosa è la «vocazione»? Perché Dio ordina a ognuno di tenerla sempre presente? ❷ Quali sono le conseguenze psicologiche positive nell'assecondare la propria vocazione? ❸ Che funzione hanno le buone opere? ❹ Perché non bisogna pensare che dal loro merito debba necessariamente derivare una ricompensa da Dio?

140

A. McGrath
Calvino e la predestinazione

A. McGrath, *Il pensiero della Riforma*, Claudiana, Torino 1990, pp. 102-5

■ Il Dio di Calvino [139DOC], in quanto decide aprioristicamente del destino dell'uomo, è apparso a molti come una divinità crudele e per nulla misericordiosa nei confronti del destino dell'uomo. Questa lettura dell'antropologia calvinista è dovuta essenzialmente ai successori di Calvino, che accentuarono alcuni aspetti della dottrina. Secondo il teologo britannico Alister McGrath (nato nel 1953), questa dottrina non è altro che una esplicitazione, in chiave più moderna, di ciò che sant'Agostino e Lutero avevano già detto, esplicitazione che renderà il riformato un uomo convinto della sua salvezza e della sua chiamata a un particolare ruolo nella società.

Il pensiero di Calvino si preoccupa anch'esso del peccato umano e dell'onnipotenza divina, preoccupazione che trova la sua espressione più completa nella dottrina della predestinazione. [...]
Il problema della data e della natura della conversione di Calvino ha interessato generazioni di studiosi del Riformatore, ma tale interesse ha prodotto ben pochi risultati concreti. Si ammette generalmente che Calvino sia passato da un programma di riforma moderatamente umanistico a uno più radicale tra la fine del 1533 e l'inizio dell'anno seguente. Non sappiamo perché. [...] È evidente tuttavia che Calvino è convinto che la propria conversione sia dovuta alla provvidenza divina. Egli, a quanto afferma, era così devoto alle «superstizioni del papismo» che soltanto un intervento di Dio avrebbe potuto liberarlo. Asserisce inoltre che Dio «domò il suo cuore e lo ridusse all'obbedienza». Troviamo qui ancora una volta le sottolineature caratteristiche della Riforma: l'impotenza della natura umana e l'onnipotenza di Dio. Queste sono appunto le idee che Calvino collegherà e svilupperà nella sua dottrina della predestinazione.
Alcuni studiosi hanno favorito il diffondersi dell'idea che la predestinazione costituisca il centro del pensiero calviniano, ma la realtà è del tutto diversa. Per lui essa non è che un aspetto della dottrina della salvezza. Il contributo principale che Calvino ha dato allo sviluppo della dottrina della grazia è il rigore logico con cui egli la espose. Lo si nota molto chiaramente paragonando il pensiero di Agostino[1] a quello di Calvino al riguardo.
Secondo Agostino l'umanità, dopo la caduta nel peccato, è corrotta e impotente e ha bisogno della grazia di Dio per essere redenta; ma quella grazia non è data a tutti. Agostino usa il termine: «predestinazione», per indicare l'azione con cui Dio dà la grazia ad alcuni. Designa cioè la speciale decisione ed azione attraverso cui Dio dona la sua grazia a coloro che saranno salvati. Ma – vien da chiedere – che cosa succede degli altri? [...] Dio non decide positivamente di dannarli, ma si limita a non salvarli. La predestinazione, per Agostino, si riferisce soltanto alla decisione divina di redimere alcuni, e non all'atto di abbandonare il rimanente dell'umanità perduta.
La logica, secondo Calvino, esigeva che Dio scegliesse attivamente di salvare o di dannare. Non si può pensare che Dio faccia qualcosa per omissione: egli è attivo e sovrano nelle sue azioni. Perciò Dio vuole attivamente la salvezza di coloro che saranno salvati e la dannazione di coloro che non lo saranno. La predestinazione è pertanto «il decreto eterno di Dio, per mezzo del quale ha stabilito quel che voleva fare di ogni uomo. Infatti non li crea tutti nella medesima condizione, ma ordina gli uni alla vita eterna, gli altri all'eterna condanna». Una delle funzioni principali di questa dottrina consiste nel sottolineare la misericordia di Dio che dona la grazia. Per Lutero tale misericordia si esprime nel fatto che Egli giustifica dei peccatori, cioè uomini e donne che sono del tutto indegni di tale privilegio. Per Calvino la misericordia di Dio si manifesta nella sua decisione di redimere alcuni individui indipendentemente dai loro meriti; la decisione di redimere una persona è presa senza riguardo al fatto se essa ne sia degna o no. Per Lutero la misericordia di Dio si dimostra nel fatto che egli salva dei peccatori *nonostante* i loro demeriti; per Calvino nella decisione di salvare degli individui *indipendentemente* dai loro meriti. Calvino e Lutero difendevano ambedue la misericordia di Dio, ma in maniera un po' diversa; tuttavia, con le loro rispettive opinioni sulla giustificazione e la predestinazione, essi affermano lo stesso principio.
[...] Dal 1570 in avanti, in un contesto di crescente persecuzione, il tema dell'«elezione» divenne predominante nella teologia riformata e permise una facile identificazione delle comunità riformate con il popolo d'Israele. Come in passato Dio aveva scelto Israele, così oggi Egli sceglie le comunità riformate come suo popolo. Da questo momento in poi la dottrina della predestinazione comincia ad assumere un'importante funzione politica e sociale, che non aveva affatto al tempo di Calvino.

[1] Filosofo (354-430), teologo, Padre della Chiesa e santo.

GUIDA ALLA LETTURA

❶ Perché McGrath si sofferma sul problema della data e della natura della conversione di Calvino? ❷ Qual è, secondo il teologo britannico, il contributo principale di Calvino alla dottrina della grazia? ❸ Che cosa differenzia la teoria della predestinazione di Agostino da quella di Calvino? ❹ Che relazione vi è tra la misericordia divina e i meriti umani, secondo Calvino? E secondo Lutero?

141 DOC

Max Weber
Protestantesimo e capitalismo

M. Weber, *L'etica protestante e lo spirito del capitalismo*, Sansoni, Firenze 1977, pp. 170-78; 183-92; 197-99; 257-58

■ Nell'*Etica protestante e lo spirito del capitalismo* (1904-5), il sociologo tedesco Max Weber (1864-1920) sostenne che lo «spirito capitalista» ebbe origine dall'etica protestante: dopo un lungo dibattito storiografico, tuttavia, gli storici hanno ormai sfumato e in qualche caso negato questo rapporto di condizionamento. Secondo Weber, il protestantesimo, e in particolar modo il calvinismo [👁 14.5], conteneva in sé l'impulso a produrre un enorme cambiamento nella società, «una trasformazione sistematica e razionale della vita etica collettiva». Ciò avveniva in ragione di un atteggiamento mentale assolutamente nuovo: «il valutare l'adempimento del proprio dovere, nelle professioni mondane, come il più alto contenuto che potesse assumere l'attività etica». I calvinisti, nel conferire un significato profondamente religioso al lavoro quotidiano, creavano così i presupposti di quell'ascesi laica che, secondo Weber, dette un forte impulso all'espansione del capitalismo moderno.

La fede religiosa per la quale si condussero le grandi lotte politiche e culturali nei secoli XVI e XVII nei paesi civili più sviluppati in senso capitalistico, nei Paesi Bassi, in Inghilterra ed in Francia, fu il Calvinismo, al quale pertanto noi dedicheremo dapprima il nostro studio.

Fu considerato in passato, ed in generale vien considerato ancor oggi come dogma suo più caratteristico la dottrina della elezione mediante la grazia. [...]

Non Dio è per l'uomo; ma l'uomo per Dio; e tutto ciò che accade – perciò anche il fatto, per Calvino indubbio, che solo una piccola parte degli uomini è chiamata alla beatitudine eterna – può aver un senso solo come mezzo che la maestà divina attua per glorificare se stessa; l'applicare misure di «giustizia» terrena alle sue disposizioni sovrane non ha alcun significato ed è un'offesa della sua maestà, poiché egli ed egli soltanto è libero, cioè non sottoposto ad alcuna legge, ed i suoi decreti in tanto sono per noi intelligibili o solo conosciuti in quanto egli trovò giusto di rivelarceli.

Noi dobbiamo esser paghi di questi frammenti della verità eterna; tutto il resto: il senso nel nostro destino individuale, è circondato da oscuri arcani, che è vana presunzione indagare. [...]

Ciò che noi sappiamo è soltanto questo: che una parte dell'umanità sarà salva e un'altra rimarrà dannata. L'ammettere che merito o colpa umana concorra a determinare tale destino equivale a considerare mutevoli per influenza d'uomo, le decisioni assolutamente libere di Dio che sono fisse «ab aeterno»[1]; pensiero di per sé assurdo. [...]

Il mondo è destinato al solo scopo di servire alla glorificazione di Dio, ed il Cristiano eletto esiste solo per aumentare, per la sua parte, la gloria di Dio nel mondo, mediante l'esecuzione dei suoi comandamenti. Ma Dio vuole che il Cristiano operi nella società, poiché vuole che la forma sociale della vita sia ordinata secondo i suoi comandamenti ed in modo tale da corrispondere a quello scopo. Il lavoro sociale del calvinista nel mondo è esclusivamente lavoro «in majorem gloriam Dei»[2]. Questo carattere ha pertanto anche il lavoro professionale che è a servigio della vita terrena della comunità. Già in Lutero noi abbiamo trovato che la divisione professionale del lavoro è fatta derivare dall'«amor del prossimo». Ma quello che in lui rimase un concetto incerto puramente dottrinale, nei Calvinisti diventò parte caratteristica del loro sistema etico.

L'amore del prossimo, poiché deve essere solo in servigio della gloria di Dio e non delle creature, si manifesta in prima linea nell'adempimento dei doveri professionali imposti dalla *lex naturae*[3] e prende così il carattere obiettivo ed impersonale di servigio reso all'ordinamento razionale del mondo sociale che ci circonda. Poiché la forma e l'ordinamento, meravigliosamente disposti ad un fine, di questo mondo, che già secondo la rivelazione biblica, ed anche secondo la naturale intelligenza, è manifestamente destinato a servire all'utilità della razza umana, fanno riconoscere che il lavoro in servigio di questa impersonale utilità sociale torna ad incremento della gloria di Dio e perciò è da Dio stesso voluto. [...]

Da una parte viene addirittura fatto un dovere di ritenersi eletti e di respingere ogni dubbio come un assalto del demonio, poiché la scarsa sicurezza di se stesso è conseguenza di fede insufficiente, cioè di insufficiente efficacia della grazia.

L'ammonimento dell'Apostolo di consolidare la propria «vocatio»[4] vien qui dunque interpretato come il dovere di conquistare nella lotta quotidiana la certezza subiettiva della propria elezione e giustificazione. Invece dei peccatori umili, cui Lutero promette la grazia, se si affidino a Dio con fede e contrizione, vengono educati quei «Santi» consci di se stessi, che noi ritroviamo negli adamantini commercianti puritani di quell'epoca eroica del capitalismo ed in taluni esemplari anche dei nostri tempi. E d'altra parte, come mezzo migliore per raggiungere quella sicurezza di sé, fu raccomandato un indefesso lavoro professionale. Esso ed esso solo dissipa il dubbio religioso e dà la sicurezza dello stato di grazia. [...]

Quanto inadatte sono le buone opere come mezzo per raggiungere la salvezza [...] tanto sono indispensabili come segno dell'elezione. Esse sono il mezzo tecnico, non per ottenere la salvezza, ma per liberarsi dell'ansia per la salvezza. [...]

---

[1] Dall'eternità.
[2] Per la maggior gloria di Dio.
[3] Legge naturale.
[4] Vocazione.

Questa vita speciale dei santi, promossa dalla religione, diversa dalla vita «naturale», si svolgeva – questo è il punto decisivo – non più fuori del mondo in comunità di monaci, ma in mezzo al mondo nei suoi ordinamenti.

GUIDA ALLA LETTURA

❶ Perché Calvino ritiene il libero arbitrio un'assurdità? ❷ Quali sono i consigli per la salvezza delle anime contenuti nel dogma dell'elezione mediante la grazia? ❸ Che significato il calvinismo attribuiva al lavoro dell'uomo? ❹ In che cosa consisteva la salvezza per l'uomo calvinista?

142

D. Cantimori
L'anabattismo

D. Cantimori, *Eretici italiani del Cinquecento*, Sansoni, Firenze 1939, pp. 30-34; 153

■ Lo storico Delio Cantimori (1904-1966) ha compiuto ricerche fondamentali sulla vita religiosa italiana del '500, ricostruendo l'esperienza di quelle minoranze religiose che si mossero attraverso l'Europa per sfuggire alle persecuzioni, diffondendo le idee di tolleranza religiosa e avversione alla gerarchia ecclesiastica. Come ricorda Cantimori nella sua opera più famosa (*Eretici italiani del Cinquecento*, 1939), nell'anabattismo **[👁 14.4]** confluirono, intrecciandosi tra loro, numerose tendenze ereticali (antitrinitarismo, misticismo, razionalismo); queste contestavano unanimemente le esasperazioni dogmatiche della Chiesa ufficiale, sottolineando invece i valori etico-morali dell'insegnamento di Cristo.

I tempi eroici della prima azione riformatrice erano trascorsi, le passioni erano meno calde ma più aspre e mentre la Riforma cattolica si svolgeva in Controriforma, in terra protestante si procedeva al consolidamento delle conquiste raggiunte, con una mentalità spesso analoga a quella della Controriforma stessa. Quegli uomini che avevano sperato di trovare nei paesi «evangelici» la realizzazione di sogni millenari o la possibilità di una vita intellettuale spregiudicata come quella dei tempi anteriori alla crisi si trovarono naturalmente dalla parte della Riforma; ma finirono per formare entro di essa un gruppo irrequieto e irresoluto, che ebbe in sostanza solo la funzione di critica interna della Riforma stessa e preparatrice dell'età dei lumi. Tale funzione derivava dalla necessità nella quale quegli uomini si trovarono di cercare di impedire che le possibilità elementari di indipendente ricerca della verità e di giudizio critico, che avevano cominciato ad affermarsi nel secolo precedente, andassero perdute nella decisa lotta fra Riforma e Controriforma. [...] Teologicamente, il fenomeno si manifestava con il fiorire delle eresie antitrinitarie e cristologiche[1] sullo sfondo dell'anabattismo. [...]
Ad ogni modo, nel Cinquecento troviamo all'origine e come punto d'incontro di tutte le tendenze ereticali, l'anabattismo: e non soltanto in quel senso generico onde veniva chiamato anabattista tutto quel che non poteva venir designato secondo regole fisse nel campo religioso, ma anche nel senso specifico di movimento radicale a carattere sociale e teologico insieme, che cioè manifestava il suo radicalismo ponendo la esigenza di una società cristiana assolutamente nuova, fondata [...] sulla volontà e sulla convinzione personale. Nell'anabattismo e nei movimenti che attorno ad esso presero vita, confluivano l'insoddisfazione dei ceti popolari e di menti radicali per il trasformarsi dell'impulso originario della riforma protestante, com'essi lo avevano inteso, da rivoluzionario in tutore dello stato territoriale assolutistico o cittadino e borghese; l'impulso speculativo, l'esigenza intellettuale dell'esame completo, della ricerca e della affermazione della verità qualunque essa si sia; e infine il realismo razionalistico e prammatistico dell'umanesimo, tendente alla effettuazione pratica immediata delle idee e dei princìpî ritenuti giusti e veri, fiduciosa nelle possibilità individuali dell'uomo. Queste tendenze, riunite insieme portavano a idee non più semplicemente riformatrici, tendenti cioè consapevolmente a conservare e a rafforzare attraverso il rinnovamento l'organizzazione sociale ed ecclesiastica esistente, ma immediatamente innovatrici: idee che, sotto la pressione politica e sociale, si concretarono in movimenti rivoluzionari violenti, come quello di Müntzer[2], che furono duramente repressi. [...]
La dura violenza della repressione contro gli anabattisti, contro i sociniani[3], contro le manifestazioni aperte degli «spirituali», poi contro i quaccheri e i «levellers»[4] insomma contro ogni forma di vita religiosa che non rientrasse nel quadro delle organizzazioni ecclesiastiche riconosciute e tutelate dagli Stati, ci avverte dell'importanza di

[1] Queste eresie, già discusse nei concili del IV e V secolo, tendono ora in sostanza ad accentuare l'umanità di Cristo, per sottolineare l'esemplarità del messaggio etico e pratico.

[2] 👁 **14.3** e **136**.

[3] Dottrina teorico-morale elaborata dall'umanista senese Fausto Sozzini (1539-1604), il cui cognome veniva latinizzato in Socini. Discendente da un'importante famiglia nota per le sue idee ereticali, egli portò nel dibattito religioso lo spirito razionalistico che si era formato nell'ambito della cultura umanistica. Dopo aver lasciato l'Italia in cerca della libertà religiosa, viaggiò per l'Europa e si stabilì infine in Polonia, dove divenne il punto di riferimento del movimento anabattista locale. La sua predicazione si caratterizzava per il rifiuto di ogni dogma (tanto cattolico quanto luterano), per una critica serrata alla dottrina trinitaria, per una valorizzazione dell'idea di tolleranza e per una forte impronta razionalistica.

[4] I quaccheri sono i membri della setta protestante fondata in Inghilterra nel XVII secolo da George Fox; pacifisti, egualitari e ostili a qualunque gerarchia, essi sono sostenitori del più rigido spirito evangelico. Sui *levellers*, 👁 **19.4** e **176**.

coloro che venivano disprezzati come «nebulones»[5]; ma perseguitati inesorabilmente, perché temuti. Timore giustificato, che spiega la persecuzione, poiché lo spirito critico di quegli eretici [...] metteva in pericolo la ricostruzione della società cristiana che i riformatori si proponevano; perché il loro misticismo della rinascita in uno stato di perfezione e il loro sforzo di costituire piccole società di «perfetti» contenevano motivi analoghi a quelli degli ordini religiosi della tradizione, che i riformatori tanto avversavano; e così gli innovatori radicali finivano per identificarsi, nella loro anarchia, coi difensori del vecchio ordine, e la loro formale libertà rivelava più grave schiavitù. La mentalità che essi diffondevano, di ricerca indipendente, [...] era realmente pericolosa alla affermazione delle idee e delle esigenze politiche e sociali della Riforma, non tanto per se stessa, quanto per il contenuto che essa tendeva a prendere, di critica ai dogmi più sacri della tradizione cristiana, di negazione e critica di quegli elementi della religiosità e della fede cristiana che si manifestavano nell'atteggiamento reverenziale di fronte a misteri come quello della Santa Trinità.

[5] Impostori.

GUIDA ALLA LETTURA

❶ Chi sono gli eretici della Riforma, secondo Cantimori? ❷ In che modo Cantimori definisce l'anabattismo? Quali tendenze confluirono in esso? ❸ Quali furono le cause della repressione attuate contro gli anabattisti? ❹ Qual è la funzione storica dell'utopia anabattista, secondo Cantimori?

143 DOC

Sébastien Castellion
Il problema della tolleranza religiosa

S. Castellion, *Fede, dubbio e tolleranza*, pagine scelte e tradotte da G. Radetti, La Nuova Italia, Firenze 1960, pp. 50-53

■ Sébastien Castellion (1515-1563), nato in Savoia, calvinista, diresse per alcuni anni il ginnasio cittadino di Ginevra. Il suo atteggiamento erasmiano, favorevole alla tolleranza religiosa e incline a considerare il cristianesimo soprattutto per l'umanità del suo messaggio morale, lo fece entrare in contrasto con Calvino. In seguito a ciò, si trasferì a Basilea, importante centro umanistico, dove divenne professore di Greco all'Università. Nella sua opera *Riguardo agli eretici, se essi debbano essere perseguitati* (1554), ritroviamo l'esortazione a tutti i cristiani a mostrare più carità e comprensione, al fine di bandire ogni violenza dalle dispute dottrinali.

Giudicare della dottrina non è altrettanto facile come dei costumi. Quanto ai costumi, infatti, se interroghi un giudeo, un turco, un cristiano intorno a un ladrone o a un traditore, risponderanno tutti d'accordo che i ladroni sono degli scellerati e vanno uccisi. Perché tutti sono così d'accordo? Perché è cosa notissima e così non sorgono questioni né si scrivono libri sul problema se i ladroni siano da uccidere. Questa nozione è iscritta nell'animo di tutti gli uomini, fin dal principio del mondo. E proprio questo dice Paolo, che le genti hanno la legge scritta nei loro cuori. Così anche gli empi possono giudicare di queste cose. Ma se veniamo alla religione vediamo che essa non è altrettanto nota. Ci fu, un tempo, quasi in tutte le genti, l'opinione che ci siano molti dèi. Con la sua venuta Cristo tolse di mezzo questo errore, di modo che né i Turchi né altre nazioni dubitano più che ci sia un Dio solo, e tutti si accordano in ciò coi Cristiani. Se qualcuno nega Dio, costui è un empio ed ateo, e a giudizio di tutti merita di essere abbominato. Anche i Turchi pensano così, poiché credono nel Dio del quale scrisse Mosè, e in ciò senza controversia convengono con Giudei e Cristiani. Fino a questo punto la fede di queste tre nazioni è comune. Quanto a Cristo, ne fanno molto conto pure i Turchi, e in ciò superano i Giudei, ed hanno ciò in comune coi Cristiani. Ma i Cristiani vanno oltre a tutti gli altri in quanto credono che Gesù Cristo sia figlio di Dio, e Signore e giudice del mondo: e questo è comune a tutti i Cristiani. Ma come a proposito di Cristo, insomma, i Turchi dissentono dai Cristiani, e i Giudei da questi e da quelli, ed a vicenda si condannano e si considerano eretici; così intorno alla dottrina di Cristo in molti luoghi i Cristiani discordano dai Cristiani, e si condannano a vicenda e si considerano eretici. Sono aspre, infatti, le controversie intorno al battesimo, alla cena del Signore, all'invocazione dei santi, alla giustificazione, al libero arbitrio ed a molte altre oscure questioni: di modo che i Cattolici, i Luterani, gli Zwingliani, gli Anabattisti, i Monaci e gli altri si condannano e perseguitano a vicenda anche più di quanto facciano i Turchi nei confronti dei Cristiani. Tali dissidi certo non derivano che dall'ignoranza della verità. Se queste cose fossero note quanto è noto che c'è un Dio solo, tutti i Cristiani sarebbero d'accordo su di esse come tutte le nazioni riconoscono che c'è un solo Dio. Che dunque resta da fare in mezzo a così gravi dissidi? [...] I Giudei o i Turchi non condannino i Cristiani, e a loro volta i Cristiani non disprezzino i Turchi o i Giudei, ma insegnino piuttosto e conquistino con la pietà. E inoltre, tra Cristiani, non condanniamoci a vicenda; ma, se siamo più dotti, cerchiamo di essere anche migliori e più misericordiosi. Poiché è certo che quanto meglio uno conosce la verità, tanto meno è incline a condannare gli altri, come appare chiaro in Cristo e negli apostoli. [...] Ora, mentre gareggiamo negli odii e nelle persecuzioni, di giorno in giorno diventiamo peggiori e non ricordiamo il nostro dovere (occupati come siamo a condannare gli altri), e l'Evangelo ha cattiva fama tra i gentili per colpa nostra. Quando vedono infatti che tra di noi ci facciamo violenza come belve, e che sempre i più deboli sono oppressi dai più forti, detestano l'Evangelo, quasi fosse esso a generare gente simile; e detestano Cristo stesso, quasi egli avesse comandato che accadessero tali cose: onde è più facile per noi degenerare in Turchi o in Giudei che non far diventare Cristiani quelli. Chi vorrebbe infatti diventare Cristiano, vedendo che coloro che confessano il nome di Cristo, senza alcuna misericordia sono uccisi dagli stessi Cristiani, col fuoco, coll'acqua e col ferro, e trattati più severamente che alcun ladrone o grassatore?[1]

[1] Brigante.

GUIDA ALLA LETTURA

❶ Perché, secondo Castellion, è più facile giudicare i «costumi» che giudicare la «dottrina»? ❷ A quale evento l'autore attribuisce una funzione periodizzante nella storia della religione? ❸ Quale idea accomuna le religioni cristiana, ebraica e musulmana? Che cosa differenzia invece i tre culti? ❹ Da dove derivano, secondo l'autore, i dissidi presenti all'interno della comunità cristiana? Su quali temi vertono? A quali rischi conducono?

SVILUPPARE LE COMPETENZE

Comprendere e Analizzare

❶ Dopo aver letto i brani di McGrath [140] e Weber [141 DOC], entrambi riguardanti la teoria della predestinazione in Calvino, completa il seguente schema.

Importanza della dottrina per l'individuo:

....

....

Importanza della dottrina per la società:

....

....

Importanza della dottrina nel campo politico:

....

....

❷ Scrivi un breve testo (max 50 righe), dal titolo *L'idea di predestinazione e lo "spirito del capitalismo"*, seguendo la scaletta di argomentazione:

a. La dottrina della predestinazione in Calvino **[14.5** e **139 DOC]**;
b. La sua importanza all'interno della teologia di Calvino **[140]**;
c. Il nesso protestantesimo/spirito del capitalismo **[141 DOC]**;
d. Validità dell'interpretazione weberiana del capitalismo **[140-141 DOC]**.

Rielaborare e Argomentare

❸ Redazione di un tema di ambito storico. *La Riforma in Svizzera*

La Riforma in Svizzera presenta caratteri originali rispetto a quanto fatto in Germania da Lutero e, a lungo andare, dimostrerà la sua maggiore aggressività rispetto a quella tedesca. Delinea le principali caratteristiche della Riforma svizzera soffermandoti sui seguenti aspetti:

a. Il rapporto città-riformati;
b. I fondamenti teologici del pensiero di Zwingli;
c. Calvino rielaboratore del pensiero riformato;
d. L'"aggressività" della Riforma svizzera.

Documenti: Calvino **[139 DOC]**, Weber **[141 DOC]**
Immagini: pp. 496, 499
Brani storiografici: Campi **[138]**, McGrath **[140]**
Capitoli: **14.4-5**

La Controriforma e il rinnovamento della Chiesa cattolica

Gli sconvolgimenti provocati dalla diffusione della Riforma protestante obbligarono la Chiesa romana a intervenire con una corposa serie di provvedimenti di carattere religioso, politico, culturale. Particolarmente importante, in questa reazione, fu il ruolo del concilio di Trento, convocato dal pontefice Paolo III.

Nel concilio di Trento, tuttavia, confluirono anche tutte le esigenze di rinnovamento morale e culturale che segnavano il dibattito interno alla Cristianità fin dal XV secolo. Da un lato si ebbe, dunque, la Riforma cattolica, caratterizzata da una nuova attenzione all'uso di forme di comunicazione adeguate al tempo (rituali, spettacoli, arte, architettura, ecc.) e da un

nuovo slancio missionario. Dall'altro, data la volontà di rispondere alla diffusione delle confessioni protestanti, la Controriforma, segnata dalla repressione della dissidenza, dal rafforzamento della disciplina ecclesiastica, da una riorganizzazione della censura sulla stampa e da una generale limitazione della libertà religiosa.
Si può allora dire che il concilio tridentino fu caratterizzato da un duplice moto di innovazione e reazione, in cui Riforma e Controriforma spesso si intersecano e si confondono, in una commistione di «vecchio» e «nuovo», come sostiene lo storico **Hubert Jedin** [**144**]. L'invito è, quindi, a considerare gli esiti del concilio di Trento come frutto di una linea che unisce gli aspetti riformistici a quelli controriformistici e non solo come – secondo quanto affermato per decenni dalla storiografia – una risposta reazionaria e tradizionale rispetto alle novità portate dal protestantesimo.
Un primo tentativo di riforma dell'organizzazione ecclesiastica, tra l'altro, era già stato promosso sotto il pontificato di Paolo III con il ***Consilium de emendanda Ecclesia*** [**145**DOC] nel 1537. Convocato tardivamente e dopo che ormai erano falliti gli ultimi tentativi di conciliazione con i luterani a Ratisbona nel 1541, il **concilio di Trento** [**146**DOC] e l'esito dei suoi lavori furono fondamentali per la teologia dogmatica e la disciplina ecclesiastica della Chiesa cattolica. Indicative, in proposito, le molteplici direttrici che seguirono la sua conclusione: lotta alla Riforma protestante e alle eresie, riorganizzazione delle strutture ecclesiastiche, formazione del clero, fondazione di nuovi ordini religiosi, controllo della società, della cultura e delle coscienze.

Fra gli aspetti ascrivibili alla Controriforma vi fu il rafforzamento del tribunale dell'Inquisizione. L'Inquisizione romana (Sant'Uffizio), nata per combattere l'«eresia» protestante e dotata di ampi poteri, allargò i propri ambiti di competenza dalla lotta contro la stregoneria a qualunque movimento o persona fosse in sospetto di eresia. **Adriano Prosperi** [**147**] ha affrontato il tema della fama negativa dell'Inquisizione, dovuta al fatto stesso di sottoporre a giudizio le convinzioni di fede, e ha indagato le procedure e la «pedagogia» dei processi inquisitoriali.
Altro elemento di novità della Chiesa post-tridentina fu la nascita di nuovi ordini religiosi. Fra questi, i gesuiti sono certamente i più conosciuti: la loro ferrea disciplina, illustrata da **Ignazio di Loyola** [**148**DOC], li rese un modello per il nuovo cattolicesimo. «Cura delle anime», predicazione e diffusione del cattolicesimo, educazione: queste le linee di azione dei gesuiti, i cui collegi ebbero un ruolo di primo piano nella formazione di generazioni di individui dentro e fuori d'Europa, come illustrato dal lavoro di **Sabina Pavone** [**149**].
L'azione della Chiesa post-tridentina si rivolse anche contro gli ebrei. In linea di principio, gli ebrei andavano convertiti e, in attesa di ciò, tenuti separati dalla «società cristiana», costretti a vivere in un apposito quartiere, il ghetto. **Anna Foa** [**150**], oltre a evidenziare tale aspetto, si sofferma sulla progressiva diffusione dei ghetti in Italia e sugli elementi connotativi della vita quotidiana nel ghetto: senso della comunità e separazione dal mondo circostante.

144

H. Jedin
Riforma cattolica e Controriforma

H. Jedin, *Riforma cattolica o Controriforma?*, Morcelliana, Brescia 1957, pp. 37-44

■ Gli scritti sulla Riforma cattolica e la Controriforma dello storico tedesco Hubert Jedin (1900-1980) hanno determinato una svolta decisiva per gli studi storici su questo argomento, sottolineando, per la prima volta, l'autonomia e la profonda incidenza di quel movimento religioso che va sotto il nome di Riforma cattolica. In questo importante saggio pubblicato nel 1946, lo storico cattolico invitava a non contrapporre i due concetti storiografici, negando spazio e valore alle significative influenze delle correnti riformatrici da tempo operanti all'interno della Chiesa; ciò che veniva contestato erano il carattere meramente reattivo della rigenerazione della Chiesa cattolica e l'attenzione esclusiva che gli storici avevano fin lì dedicato agli aspetti più «reazionari» della Controriforma. Nel concetto storiografico di «Riforma cattolica» venivano inoltre a confluire, a volte forse troppo disordinatamente e astoricamente, tutti i momenti «innovatori» espressi dalla Chiesa cattolica in un lungo arco di tempo.

Dalla Riforma cattolica la Chiesa prende la forza per difendersi dalle innovazioni. Essa è la premessa per la Controriforma. Tutto ciò che essa fa, va indirettamente a vantaggio della difesa. Considerata però in se stessa, essa non è una difesa, ma lo sviluppo delle leggi vitali della Chiesa stessa. Per difendersi dal nemico, la Chiesa si procura nuovi metodi e nuove armi con i quali muove infine all'attacco per riconquistare ciò che ha perduto. All'insieme delle caratteristiche sviluppatesi nella Chiesa in seguito a questa reazione e all'azione di esse si dà il nome di *Controriforma*.

La «Controriforma» comprende prima di tutto la vertenza dottrinale col protestantesimo, cioè la teologia controversista. [...]
Nella lotta, la Chiesa aveva il vantaggio che il suo nemico originario, il Luteranesimo, non era né dottrinalmente né politicamente compatto. Nemico molto più pericoloso, negli anni intorno al 1550, si rivelò il Calvinismo che, dal canto suo, era guidato da Ginevra e pervaso da forte volontà di dominio politico. [...]
Dopo quanto è stato detto, la connessione interna fra Riforma cattolica e Controriforma dovrebbe essere chiara: essa è insita nella funzione centrale del Papato. Il Papato rinnovato interiormente diviene promotore della Controriforma e spinge le forze religiose a reagire contro l'innovazione con i mezzi politici esistenti. I decreti del Concilio di Trento sono, per i papi, un mezzo per raggiungere lo scopo, e l'ordine dei Gesuiti, uno strumento davvero potente che essi hanno nelle mani. [...]
Di fronte allo stretto rapporto fra Riforma cattolica e Controriforma potremmo domandarci: È proprio necessario suddividere questo complesso storico in due concetti? Non basta un solo concetto: «Restaurazione cattolica» o «Controriforma»?
Certo è che nella realtà concreta, negli uomini e negli avvenimenti i fenomeni sono paralleli. Il Concilio di Trento e l'ordine dei Gesuiti appartengono tanto alla storia della Riforma cattolica quanto a quella della Controriforma. [...]
Mi sembra tuttavia molto necessario mantenere la dualità dei concetti. La storia della Chiesa ha bisogno di essa per mantenere separate due linee di sviluppo, dissimili nella loro origine e nella loro essenza: quella spontanea, poggiante sulla continuità della vita interna; quella dialettica provocata dalla reazione contro il protestantesimo. Nella Riforma cattolica la frattura religiosa ha solo una funzione disgregatrice, nella Controriforma essa agisce come impulso. Nel concetto di «Restaurazione cattolica» la prima delle due funzioni non è messa abbastanza in valore perché manca il parallelismo con la Riforma protestante; ma neppure la seconda è valutata giustamente perché l'azione reciproca che esiste fra la frattura religiosa e lo sviluppo della Chiesa cattolica viene completamente ignorata. Il concetto di «Controriforma» la mette in evidenza, ma reprime l'elemento di continuità. Se noi vogliamo capire lo sviluppo della storia della Chiesa nel sec. XVI, dobbiamo tenere sempre conto di questi elementi fondamentali; l'elemento della continuità espresso nel concetto di «Riforma cattolica», l'elemento della reazione espresso nel concetto di «Controriforma».
Siamo ora in grado di rispondere alla domanda formulata nel titolo di questo studio. Non si deve dire: Riforma cattolica o Controriforma, ma Riforma cattolica e Controriforma. *La Riforma cattolica è la riflessione su di sé attuata dalla Chiesa in ordine all'ideale di vita cattolica raggiungibile mediante un rinnovamento interno; la Controriforma è l'autoaffermazione della Chiesa nella lotta contro il protestantesimo*. La Riforma cattolica è basata sull'autoriforma delle membra nel tardo Medioevo; essa è cresciuta sotto il peso dell'apostasia ed è giunta alla vittoria mediante la conquista del Papato, l'organizzazione e l'opera del Concilio di Trento: è l'anima della Chiesa rafforzata, mentre la Controriforma ne è il corpo. Nella Riforma cattolica sono immagazzinate le forze che vengono poi scaricate nella Controriforma. Il punto in cui esse si intersecano è il Papato. La frattura religiosa ha sottratto alla Chiesa forze preziose annientandole, ma ha anche risvegliato quelle forze che ancora esistevano, le ha accresciute ed ha fatto sì che lottassero fino all'ultimo. Essa fu un male, ma un male dal quale è nato anche qualche cosa di positivo. Nei due concetti di «Riforma cattolica» e di «Controriforma» sono adombrati anche gli effetti che ne conseguirono.

GUIDA ALLA LETTURA

❶ Quale gruppo protestante, al momento della convocazione del concilio di Trento, era considerato più pericoloso? ❷ Sintetizza i concetti di «Riforma» e «Controriforma» secondo Jedin. ❸ Quali sono gli elementi di continuità e di discontinuità nella storia della Chiesa del XVI secolo? ❹ Quale ruolo Jedin assegna al papato nell'opera di riorganizzazione della Chiesa?

145DOC

// Consilium de emendanda Ecclesia

da M. Marcocchi, *La riforma cattolica. Documenti e testimonianze*, Morcelliana, Brescia 1967, I, pp. 480-88

■ Pur tra incertezze e discontinuità, il pontificato di Paolo III Farnese [👁 14.7] si distinse per alcune azioni di riforma: rinnovo del Collegio cardinalizio, vigilanza sui costumi degli ecclesiastici e, soprattutto, nomina di una commissione incaricata di stilare un programma di riforma della Chiesa. Nel marzo del 1537 il *Consilium de emendanda Ecclesia* fu presentato al papa: il documento indicava nell'assoluta potestà papale, con le sue arbitrarietà ed esasperazioni, la causa originaria dei mali della Chiesa. La cupidigia dei papi, il nepotismo, l'inosservanza delle leggi e la disattenzione alla cura delle anime avevano condotto infine a un pericoloso rilassamento della disciplina ecclesiastica. Per ovviare a tale situazione era necessario un radicale rinnovamento: le proposte del *Consilium*, però, non ebbero risposta per gli atteggiamenti tradizionalisti della gerarchia ecclesiastica e furono realizzate solo dopo il concilio di Trento, che si impegnò a fondo per eliminare gli abusi.

Si indica l'origine della rilassata disciplina ecclesiastica

E poiché la Santità tua, ammaestrata dallo spirito di Dio, che [...] parla nei cuori senza risonanti parole, ben sapeva che l'origine di questi mali deriva dal fatto che alcuni Pontefici tuoi predecessori, per prurito di udire [2 *Tim.* 4, 3], come dice l'apostolo Paolo, adottarono maestri in quantità per soddisfare le loro voglie, non per conoscere da essi cosa dovessero fare, ma affinché attraverso lo studio e le sottigliezze escogitate da tali maestri si trovassero i pretesti che rendessero lecito ciò che loro piacesse, di conseguenza, [...] avvenne che all'improvviso sorsero dei dottori che insegnarono che il Pontefice è padrone di tutti i benefici e poiché a pieno diritto chi possiede può vendere ciò che è di sua proprietà, necessariamente ne segue che l'accusa di simonia[1] non può riguardare il Pontefice. Ne deriva che la volontà del Pontefice, qualunque essa sia, è la norma che dirige ogni azione, per cui ne viene che qualunque cosa si voglia, per il fatto stesso che si vuole, diviene lecita. Da questa causa, Padre santo, come dal famoso cavallo di Troia, sono dilagati nella Chiesa di Dio un così grande numero di abusi e di gravi mali da cui, noi lo vediamo, è afflitta in maniera quasi disperata, e la risonanza di tali mali è arrivata anche alle orecchie degli infedeli (creda la Santità tua a chi ne ha cognizione di causa), ed essi, soprattutto per questo motivo, deridono la religione cristiana tanto che, per causa nostra, proprio per causa nostra, viene vituperato il nome di Cristo tra le genti. [...]

Gli abusi nello stabilire i ministri di Dio

Il primo abuso si riferisce alla ordinazione dei chierici e soprattutto dei sacerdoti, che è compiuta senza cura e diligenza, poiché sono promossi agli Ordini sacri e soprattutto al sacerdozio, al carattere che esprime soprattutto Cristo, uomini anche ignorantissimi, di origine vilissima, di cattivi costumi, di giovane età. Di qui innumerevoli scandali, di qui il disprezzo dello stato ecclesiastico, di qui la non solo diminuita ma quasi estinta riverenza del culto divino. Perciò stimiamo ottima iniziativa se la Tua Santità scegliesse in Roma due o tre prelati, dotti e probi, incaricati di presiedere alla ordinazione dei chierici, e comandasse anche a tutti i vescovi di occuparsi di ciò nelle proprie diocesi, sotto comminazione anche di censure. La Santità Vostra non permetta che alcuno sia ordinato se non dal suo vescovo o con la licenza dei prelati deputati a ciò in Roma o del suo Ordinario. Inoltre ciascun vescovo abbia nelle sue chiese un maestro dal quale i chierici minori siano istruiti nelle lettere e nei buoni costumi, come comandano le leggi. [...]

Gli abusi che riguardano il governo del popolo cristiano

Si deve, o Padre Beatissimo, correggere innanzi tutto quel famoso abuso in modo che in primo luogo i vescovi, e poi i curati, non stiano lontani dalle loro chiese e parrocchie, se non per qualche grave motivo, ma risiedano, soprattutto i vescovi perché sono sposi della chiesa a loro affidata. [...] Si dovrebbe dunque imporre una grave pena, innanzi tutto ai vescovi, e poi ai curati che vivono lontano dal loro gregge [...].

Abusi da correggere nella città di Roma

[...] La Chiesa di Roma è la Chiesa madre e la maestra delle altre chiese: è pertanto necessario che in essa fioriscano al massimo grado il culto divino e l'onestà dei costumi, ed invece, beatissimo Padre, tutti i forestieri che entrano nel tempio del beato Pietro si scandalizzano, perché in esso alcuni spregevoli ed ignoranti sacerdoti celebrano la messa [...].

In Roma poi le prostitute girano per la città a piedi o su cavalcature come nobili signore e in pieno giorno sono accompagnate da chierici e da nobili familiari dei cardinali. In nessun'altra città abbiamo visto tale corruzione fuorché in questa che dovrebbe essere di modello alle altre; inoltre tali prostitute abitano sontuosi palazzi. Anche questo scandaloso abuso deve essere eliminato. [...]

Noi [...] coltiviamo la grandissima speranza di vedere sotto il tuo pontificato, a gloria eterna del tuo nome, purificata la Chiesa di Dio, bella come una colomba, concorde ed una. [...] Tu, lo speriamo, sei stato scelto per rendere vivo nei nostri cuori e nelle nostre opere il nome di Cristo, già dimenticato dai pagani e da noi chierici, per sanare le infermità, per riunire in un solo ovile le pecore di Cristo, per allontanare da noi l'ira e la meritata e già incombente vendetta di Dio.

---

[1] Peccato in cui incorre chi pratica la compravendita di beni sacri e spirituali; il termine deriva da Simon Mago, che voleva comprare da san Pietro il potere di trasmettere i doni dello Spirito Santo [👁 14.1].

GUIDA ALLA LETTURA

❶ Qual era, secondo la Commissione, l'origine di tutti i mali della Chiesa?
❷ Qual era stato l'abuso nell'ordinazione dei chierici?
❸ Qual era il comportamento dei vescovi nelle loro diocesi?
❹ Quali erano i problemi di disciplina presenti nella città di Roma?

146 DOC

Il concilio di Trento

da *Decisioni dei concili ecumenici*, a c. di G. Alberigo, Utet, Torino 1978, pp. 552-57; 648-50; 711-12; 748

■ I testi dei canoni e dei decreti approvati dal concilio di Trento sono di grande importanza per ricostruire il dibattito teologico che animò l'Europa del XVI secolo; le posizioni contro i protestanti ribadite dalla Chiesa cattolica a Trento chiudono infatti un lungo periodo di incertezze e controversie teologiche, stabilendo i confini dottrinali oltre i quali si era colpiti da anatema.

Canoni sulla giustificazione[1]

4. Se qualcuno dice che il libero arbitrio dell'uomo, mosso ed eccitato da Dio, non coopera in nessun modo esprimendo il proprio assenso a Dio, che lo muove e lo prepara ad ottenere la grazia della giustificazione; e che egli non può dissentire, se lo vuole, ma come cosa senz'anima non opera in nessun modo e si comporta del tutto passivamente: sia anatema. [...]
5. Se qualcuno afferma che il libero arbitrio dell'uomo dopo il peccato di Adamo è perduto ed estinto; o che esso è cosa di sola apparenza anzi nome senza contenuto e finalmente inganno introdotto nella chiesa da Satana: sia anatema. [...]
17. Se qualcuno afferma che la grazia della giustificazione viene concessa solo ai predestinati alla vita, e che tutti gli altri sono bensì chiamati, ma non ricevono la grazia, in quanto predestinati al male per divino volere: sia anatema. [...]
32. Se qualcuno afferma che le opere buone dell'uomo giustificato sono doni di Dio, così da non essere anche meriti di colui che è giustificato, o che questi con le buone opere da lui compiute per la grazia di Dio e i meriti di Gesù Cristo (di cui è membro vivo), non merita realmente un aumento di grazia, la vita eterna e il conseguimento della stessa vita eterna (posto che muoia in grazia) ed anche l'aumento della gloria: sia anatema. [...]

Canoni sul santissimo sacrificio della messa[2]

3. Se qualcuno dirà che il sacrificio della messa è solo un sacrificio di lode e di ringraziamento, o la semplice commemorazione del sacrificio offerto sulla croce, e non propiziatorio; o che giova solo a chi lo riceve; e che non si deve offrire per i vivi e per i morti, per i peccati, per le pene, per le soddisfazioni, e per altre necessità, sia anatema. [...]
5. Chi dirà che celebrare messe in onore dei santi e per ottenere la loro intercessione presso Dio, come la chiesa intende, è un'impostura, sia anatema. [...]
7. Se qualcuno dirà che le cerimonie, le vesti e gli altri segni esterni, di cui si serve la chiesa cattolica nella celebrazione delle messe, siano piuttosto elementi adatti a favorire l'empietà, che manifestazioni di pietà, sia anatema. [...]
9. Se qualcuno dirà che il rito della chiesa Romana, secondo il quale parte del canone e le parole della consacrazione si proferiscono a bassa voce, è da riprovarsi; o che la messa debba essere celebrata solo nella lingua del popolo; o che nell'offrire il calice non debba esser mischiata l'acqua col vino, perché ciò sarebbe contro l'istituzione di Cristo, sia anatema. [...]

Decreto sul Purgatorio[3]

Poiché la chiesa cattolica, istruita dallo Spirito santo, conforme alle sacre scritture e all'antica tradizione, ha insegnato nei sacri concili, e recentissimamente in questo concilio ecumenico, che il purgatorio esiste e che le anime lì tenute possono essere aiutate dai suffragi dei fedeli e in modo particolarissimo col santo sacrificio dell'altare, il Santo Sinodo comanda ai vescovi che con diligenza facciano in modo che la sana dottrina sul purgatorio, quale è stata trasmessa dai santi padri e dai sacri concili, sia creduta, ritenuta, insegnata e predicata dappertutto.
Nelle prediche rivolte al popolo meno istruito, si evitino le questioni più difficili e più sottili, che non servono all'edificazione, e da cui, per lo più, non c'è alcun frutto per la pietà[4]. [...]

Decreti pubblicati il secondo giorno della sessione. Le indulgenze

La potestà di elargire indulgenze è stata concessa alla chiesa da Cristo ed essa ha usato di questo potere, ad essa divinamente concesso, fin dai tempi più antichi. Per questo il Santo Sinodo insegna e comanda di mantenere nella chiesa quest'uso [...]. Esso, però, desidera che nel concedere queste indulgenze si usi moderazione, secondo l'uso antico e approvato nella chiesa, perché per la troppa facilità la disciplina della chiesa non debba indebolirsi.
Desiderando poi che vengano emendati e corretti gli abusi in questo campo, in occasione dei quali questo augusto nome delle indulgenze viene bestemmiato dagli eretici, col presente decreto stabilisce, in generale, che si debba assolutamente abolire, per conseguirle, qualsiasi indegno traffico, da cui sono sgorgati per il popolo cristiano infiniti motivi di abuso

[1] Sessione VI, 13 gennaio 1547.
[2] Sessione XXII, 17 settembre 1562.
[3] Sessione XXV, 3-4 dicembre 1563.
[4] **148**DOC: regole 15, 16 e 17.

GUIDA ALLA LETTURA

❶ Quali sono i principali assunti del concilio di Trento sul libero arbitrio, la predestinazione e le buone opere? ❷ Perché è giusto celebrare la messa? ❸ Che cosa afferma il concilio di Trento sul purgatorio? ❹ Perché il concilio raccomandò moderazione nell'uso delle indulgenze?

147

A. Prosperi
La crudele Inquisizione

A. Prosperi, *Tribunali della coscienza. Inquisitori, confessori, missionari*, Einaudi, Torino 1996, pp. 154-59; 168-79

■ Adriano Prosperi (nato nel 1939) si occupa da tempo dell'attività dei tribunali del Sant'Uffizio in Italia. Nel brano riportato si propone di verificare se debba essere confermato il giudizio tradizionale sulla "crudeltà" dell'Inquisizione. Lo storico illustra innanzitutto la mentalità degli inquisitori, convinti che fosse loro affidato il compito della difesa della fede cristiana. Spiega poi come mai, dal momento che non furono molte le condanne capitali, risaltasse tanto l'attività di questi tribunali: il Sant'Uffizio aveva interesse a far conoscere le proprie sentenze, a darne pubblica esecuzione, soprattutto per impedire che potessero crescere fra le popolazioni ambiguità pericolose in materia dottrinale.

Era crudele l'Inquisizione? i giudizi dei contemporanei e quelli di tutta una tradizione storiografica hanno parlato di crudeltà. Sono questi i giudizi che hanno alimentato la «leggenda nera». Né si tratta di accuse che vengono solo dai nemici dichiarati o dalle vittime. Sono voci che vengono anche dall'interno del collegio cardinalizio e della stessa congregazione del Sant'Uffizio. «Orribili» i giudizi di quel tribunale: così pensava ad esempio il cardinal Seripando[1], che ne attribuiva la colpa alla durezza di Paolo IV[2]. [...] Tuttavia, [...] Papa Carafa sostenne [...] che il Sant'Uffizio procedeva «con molta pietà et misericordia, et che se si peccava, si peccava in esser troppo miti», tanto è vero che c'erano stati parecchi condannati dall'inquisizione mandati liberi dopo l'abiura, con gran meraviglia del popolo, che «pensava vederli abbrugiar». [...]

Non si sentivano crudeli. Il loro lavoro era necessario, anzi indispensabile: era il più nobile dei compiti e ad esso bisognava accostarsi senza odio o animosità. [...] Nell'eterna lotta della verità e dell'errore, ci voleva un tribunale a difendere la verità e a dare la caccia all'eresia; questo non voleva dire che si dovesse maltrattare chi cadeva in errore, anzi. Senza odio e senza malizia, senza fini di lucro, il giudice inquisitoriale doveva andare in cerca solo della verità. [...]

E tuttavia, Inquisizione divenne molto presto sinonimo di tribunale crudele. [...] Oggi, è in atto una revisione di quel giudizio [...]. Sulla base dei dati numerici, non è difficile dimostrare che i tribunali criminali mandarono a morte più persone, con strazi e violenze ancor più gravi. [...]

Com'è noto, il tribunale dell'Inquisizione non si macchiava del sangue dei rei: la sanzione più dura che poteva irrogare era la scomunica. Quando si trattava di mandare a morte i condannati, si era trovato l'escamotage[3] di una formula di consegna [ai tribunali secolari] in cui non solo non si parlava di morte fisica (ma solo di scomunica) ma per di più i giudici ecclesiastici pregavano l'autorità secolare di moderare la punizione fisica e di astenersi dal versare il sangue. [...]

In realtà, le cose andavano molto diversamente da come quell'immagine di facciata voleva far credere. Da un lato, sul piano pratico, le autorità dell'Inquisizione non lasciarono mai niente di intentato per ottenere che gli eretici scomunicati venissero mandati a morire con la massima sollecitudine e nella maniera più clamorosa; dall'altro, la giurisprudenza inquisitoriale trattò esplicitamente la questione di come si potessero costringere le autorità laiche a mandare a morte gli eretici [...]: le autorità renitenti potevano sempre essere accusate di sospetta amicizia con gli eretici e sottoposte a loro volta a processo inquisitoriale. Di fatto, nella prassi quella consegna equivaleva alla condanna a morte: l'eretico scomunicato e consegnato al braccio secolare veniva messo a morte, in genere sul rogo. [...]

Anche nei pressi del Sant'Uffizio si affacciarono, durante gli anni intorno alla metà del secolo, perplessità e timori di un eccesso di potere e di crudeltà. Il cardinal Giovanni Morone[4] ebbe a notare l'irrigidimento rapido e progressivo dei metodi inquisitoriali. E anche Girolamo Seripando fu spaventato dalla durezza delle procedure messe in atto da Gian Pietro Carafa. Ma la contestazione più dura fu quella mossa dalle vittime, che opposero alla giustizia dell'Inquisizione la parola del vangelo [...].

Davanti a questo fuoco di fila di accuse, l'istituzione inquisitoriale appare inflessibile e come arroccata nelle sue certezze [...]

Ma che cosa pensava di sé l'istituzione inquisitoriale? e come rispondeva a questa campagna di dure critiche di cui era al centro? [...] Gli inquisitori scelsero un momento più legato all'opera stessa del loro tribunale per rispondere alle critiche: la lettura pubblica delle sentenze. [...]

Nelle sentenze solenni del Sant'Uffizio, lette pubblicamente a Roma, nella basilica di Santa Maria sopra Minerva, si trova la puntuale ed elaborata argomentazione in difesa del tribunale e della sua opera. [...] La parte più cospicua era dedicata a un riassunto analitico delle risultanze del processo. Era un racconto: il racconto di una catena di errori e di colpe, sfocianti sulla punizione conclusiva – che era, naturalmente, sempre inferiore al carico dei delitti e che comunque non era destinata al risarcimento del male compiuto, ma doveva offrire alla società cristiana lo spettacolo dell'errore confutato.

---

[1] Girolamo Seripando (1493-1563), teologo.

[2] Gian Pietro Carafa (1476-1559), diventato pontefice col nome di Paolo IV [👁 14.8].

[3] In generale, modo di aggirare un ostacolo, scappatoia.

[4] Cardinale (1509-1580).

GUIDA ALLA LETTURA

❶ Perché l'Inquisizione è stata considerata «crudele»? Chi ha prodotto tale accusa? ❷ In che modo gli inquisitori percepivano la loro attività? ❸ Che rapporto intercorreva tra il Sant'Uffizio e le autorità secolari, cui spettava l'esecuzione delle condanne? ❹ Qual era lo scopo dell'esposizione pubblica delle sentenze?

148 DOC

Ignazio di Loyola
Gli Esercizi spirituali

Gli scritti di Ignazio di Loyola, a c. di M. Gioia, Utet, Torino 1977, pp. 180-84

■ Lo spagnolo Ignazio di Loyola (1491-1556) [👁 14.9] compose le parti più significative degli *Esercizi spirituali* nel 1522-23, durante un lungo periodo di meditazione; nel 1548 l'opera, ulteriormente arricchita, fu pubblicata con l'approvazione del pontefice. Il libro degli *Esercizi* è strutturato a guisa di un manuale pratico di spiritualità, che guida il cristiano, attraverso dure prove fisiche e psicologiche, ad acquisire una ferrea disciplina interiore e un'incondizionata ubbidienza ai superiori. Il testo che qui riportiamo evidenzia l'abilità catechetica dei gesuiti, caratterizzata da un insegnamento religioso estremamente elementare e dottrinario, ma risolutamente sistematico e finalizzato al controllo sociale; le regole 15, 16 e 17, infatti, invitano il clero a non richiamare l'attenzione dei fedeli su argomenti dottrinali delicati e controversi, che possano confondere il popolo meno colto e rievocare pericolosamente le argomentazioni dei protestanti.

Per il vero criterio che dobbiamo avere nella Chiesa militante, si osservino le regole seguenti.

1ª regola Messo da parte ogni giudizio, dobbiamo avere l'animo disposto e pronto a obbedire in tutto alla vera sposa di Cristo nostro Signore che è la nostra santa madre Chiesa gerarchica.
2ª regola Si lodi la confessione fatta al sacerdote e il ricevere il santissimo sacramento una volta all'anno, ma molto più ogni mese e, molto meglio ogni otto giorni, se ci sono le condizioni richieste e dovute.
3ª regola Si lodi l'ascoltare spesso la messa, così pure i canti, i salmi e le lunghe preghiere in chiesa e fuori di essa; similmente si lodi un orario nel tempo destinato per ogni tipo di servizio divino, di preghiera e di ore canoniche.
4ª regola Si lodino molto gli ordini religiosi, la verginità e la continenza, e non si lodi tanto il matrimonio quanto qualcuna di queste.
5ª regola Si lodino i voti religiosi di obbedienza, povertà, castità e di altre virtù consigliate [...].
6ª regola Si lodino le reliquie dei Santi, venerando quelle e pregando questi; approvando stazioni, pellegrinaggi, indulgenze, giubilei, crociate e candele accese nelle chiese.
7ª regola Si lodino le disposizioni sui digiuni e le astinenze, come quelle sulla quaresima, sulle quattro tempora[1], sulle vigilie, sui venerdì e sul sabato; come pure si lodino le penitenze, non soltanto interne ma anche esterne.
8ª regola Si lodino gli ornamenti e gli edifici delle chiese, come pure le immagini, venerandole secondo ciò che rappresentano.
9ª regola Si lodino, infine, tutti i precetti della Chiesa, con l'esser pronti a cercare argomenti in loro difesa e mai contro di essi.
10ª regola Dobbiamo essere disposti a ritenere per buoni e a lodare le disposizioni, le raccomandazioni e i comportamenti dei nostri superiori; perché, sebbene alcuni di questi non siano, o non furono buoni, il parlare contro di essi, sia predicando in pubblico, sia discutendone davanti al popolo semplice, genererebbe mormorazione e scandalo piuttosto che vantaggio: e così il popolo si indignerebbe contro i propri superiori sia temporali che spirituali [...]
13ª regola Per non sbagliare, dobbiamo sempre ritenere che quello che vediamo bianco sia nero, se lo dice la Chiesa gerarchica. Perché crediamo che quello spirito che ci governa e ci sorregge, per la salvezza delle nostre anime, sia lo stesso in Cristo nostro Signore, che è lo sposo, e nella Chiesa, che è la sua sposa.
Infatti la nostra santa madre Chiesa è retta e governata dallo stesso Spirito e Signore nostro il quale dettò i dieci comandamenti.
14ª regola Benché sia molto vero che nessuno può salvarsi senza essere predestinato e senza avere la fede e la grazia, tuttavia bisogna fare molta attenzione al modo di parlare e di discutere su tutte queste cose.
15ª regola Abitualmente non si deve parlare molto della predestinazione; ma se in qualche modo e alcune volte se ne dovrà parlare, si faccia in modo tale che il popolo semplice non cada in alcun errore, come fa quando dice: «*Se dovrò essere salvo o dannato, già è stato deciso e le cose non cambieranno, agisca io bene o male*». Perché così si diventa pigri e ci si disinteressa delle opere che conducono alla salvezza e al vantaggio spirituale delle proprie anime.
16ª regola Per lo stesso motivo si deve fare attenzione perché, col parlare molto e con molto trasporto della fede senza alcuna distinzione o spiegazione, non si dia occasione al popolo di diventare lento e pigro nell'operare, e questo sia prima che la fede venga informata dalla carità, sia dopo.
17ª regola Allo stesso modo non si deve parlare tanto lungamente e insistentemente della grazia da inoculare quel veleno che toglie la libertà. Quindi, sulla fede e sulla grazia si può dire tutto quello che con l'aiuto divino sarà possibile per maggior lode della sua divina maestà; ma, specialmente ai tempi nostri così pericolosi, si dovrà fare in modi e termini tali che le opere e il libero arbitrio non ne subiscano danno o siano ritenuti un niente.
18ª regola Sebbene si debba stimare soprattutto il servire molto Dio nostro Signore per puro amore, tuttavia si deve lodare molto il timore della sua divina maestà. Infatti non soltanto il timore filiale è cosa pia e santissima, ma, qualora non si arrivasse ad altra cosa migliore o più utile, anche il timore servile aiuta molto ad uscire dal peccato mortale.

[1] I quattro periodi dell'anno, ciascuno della durata di tre giorni, corrispondenti all'inizio delle quattro stagioni.

GUIDA ALLA LETTURA

❶ Quali regole riguardano l'obbedienza? Quali il comportamento? Quali sono di argomento teologico? Quali di argomento sociale? ❷ Quali sono le principali dottrine della Chiesa che dovevano essere lodate dai gesuiti? ❸ Quali erano gli argomenti dottrinali di cui era meglio parlare poco? ❹ Qual era la migliore maniera, secondo Ignazio di Loyola, di obbedire alla Chiesa?

149

S. Pavone
La diffusione dei collegi dei gesuiti

S. Pavone, *I gesuiti. Dall'origine alla soppressione*, Laterza, Roma-Bari 2004, pp. 53-60

■ Nel volume *I gesuiti. Dall'origine alla soppressione* Sabina Pavone (nata nel 1968) ha ricostruito la storia della Compagnia di Gesù dalla fondazione (1540) alla temporanea soppressione (1773) [👁 14.9]. Pavone analizza l'impianto dottrinario, le attività e l'organizzazione della Compagnia e sottolinea come tali aspetti non siano stati precisati una volta per sempre al momento della fondazione dell'ordine o imposti dall'alto, ma si siano definiti nel corso del tempo, spesso in seguito a esperienze fatte nel vissuto quotidiano. Le pagine proposte si riferiscono a un'altra caratteristica dei gesuiti: l'attenzione all'educazione morale dei giovani. In proposito, la studiosa segue le vicende dei collegi dei gesuiti e il loro rapido diffondersi in Europa alla luce di determinati obiettivi della Compagnia quali, per esempio, l'attuazione di un progetto educativo conforme ai canoni del concilio di Trento, la formazione delle classi dirigenti e il recupero di determinate aree al cattolicesimo.

Come è noto, l'insegnamento non rientrava tra i ministeri di competenza della Compagnia di Gesù al momento della sua fondazione. [...] La scelta di fondare collegi e di dedicarsi all'insegnamento si rivelò piuttosto una necessità, allorché lo stesso fondatore e i suoi più stretti collaboratori – antichi allievi della Sorbona – si resero conto della profonda decadenza in cui versavano le poche scuole di formazione per il clero [...] e si posero il problema di istruire da sé il proprio personale. In un primo momento, dunque, l'intenzione era quella di limitarsi alla formazione dei soli gesuiti, ma ben presto si aggiunsero le pressanti richieste dei laici – fossero principi, nobili, repubbliche – affinché i collegi potessero essere frequentati anche dagli esterni. Se si eccettua il collegio di Gandía, istituzione dalla breve vita voluta dal duca Francesco Borgia prima del suo ingresso nell'ordine, il primo collegio ad essere fondato fu quello di Messina nel 1548. [...] La fondazione di un nuovo collegio non era [...] cosa da poco, poiché secondo le *Costituzioni*[1] bisognava fosse preceduta dalla sicurezza di possedere i mezzi per farla sopravvivere nel futuro. A differenza delle case professe[2], i collegi potevano infatti disporre di rendite proprie al fine di mantenere i professori, poiché non era prevista alcuna retta per gli studenti (se non per i pensionanti). [...] Spesso [...] i collegi, spinti dalla necessità di autosostentarsi, divennero il centro di vere e proprie aziende economicamente floride non solo in Europa ma anche nelle terre di missione, attirandosi la critica di aver dato vita a una vera e propria potenza economica. Questa fu una delle cause principali dell'ostilità che si coagulò contro la Compagnia nella seconda metà del Settecento. [...]

Alla morte d'Ignazio (1556) esistevano già 33 scuole, di cui 20 solo in Italia; nel 1580 erano diventate 140 e al principio del secolo successivo erano 245, di cui 51 in Italia, distribuite piuttosto equamente sull'intero territorio. [...]

Generalmente la politica della Compagnia fu quella di privilegiare i centri cittadini, dove la fondazione dei collegi rispose anche a precise esigenze di tipo urbanistico e architettonico [...]. In Italia, oltre a Messina e Roma, furono aperti collegi a Palermo (1549), Bologna, Ferrara, Venezia (1551), Firenze, Modena, Napoli, Perugia (1552), Genova (1554), Cagliari, Catanzaro, Milano, Parma (1564), per citare solo le città più importanti. Una simile crescita coinvolse anche gli altri paesi europei – Francia, Germania, Portogallo – dove il numero di chi studiava presso i gesuiti fu anche più alto che in Italia. [...] Non va sottovalutato il fatto che la fondazione dei collegi non era commisurata esclusivamente al bisogno d'istruzione ma rispondeva a una precisa logica antiereticale. Non a caso la Germania [...] divenne il terreno ideale per la fondazione di nuovi collegi: tale strategia mirava infatti a riconquistare, almeno in parte, le giovani generazioni al cattolicesimo. [...]

La base su cui si reggeva questo complesso sistema di scuole era costituito dalla *Ratio atque institutio studiorum*. [...] Destinato ad essere rielaborato più volte nel corso degli anni (1586, 1591), [...] il testo definitivo della *Ratio* venne promulgato nel 1599, in un momento di forte espansione della Compagnia. [...] Essa offriva in primo luogo un insieme di regole che stabilivano doveri e competenze tanto delle figure preposte alla gestione del collegio (provinciale, rettore, prefetto, via via scendendo lungo la scala gerarchica) quanto degli allievi, per i quali erano stabilite norme di comportamento che investivano la vita dello studente nel suo complesso. [...] La gerarchia [...] trasformava l'allievo stesso in un «governato» e in un recettore di regole. [...]

L'incredibile successo dei collegi gesuitici fu dovuto alla capacità della Compagnia di elaborare un modello in grado di corrispondere da vicino alle esigenze di un'Europa cattolica (ma non solo) che usciva esausta dalla battaglia con la Riforma e cercava, dopo Trento, di elaborare nuove strategie di consenso e di raccordo con la società. I collegi si fecero carico di una simile esigenza nell'intento di offrire non solo un'opzione intellettuale ma un processo educativo totale all'interno del quale rivestivano eguale importanza l'istruzione e l'educazione morale, intesa come costruzione di regole del comportamento.

---

[1] Le *Costituzioni* dei gesuiti stabiliscono la selezione, il pensiero e le regole che i gesuiti devono osservare. Furono promulgate nel 1558.

[2] Le case in cui risiedevano i gesuiti.

GUIDA ALLA LETTURA

❶ Perché i gesuiti si dedicarono all'istruzione? Chi frequentava i collegi? ❷ Quali differenze vi erano tra i collegi e le «case professe»? ❸ Quali princìpi erano contenuti nella *Ratio studiorum*? ❹ In che modo l'istruzione divenne un ingranaggio del disciplinamento sociale?

150

A. Foa
La creazione dei ghetti

A. Foa, *Ebrei in Europa. Dalla peste nera all'emancipazione, XIV-XVIII secolo*, Laterza, Roma-Bari 1992, pp. 183-92

■ Nella seconda metà del '500 si sviluppò inesorabilmente in Italia il processo persecutorio contro gli ebrei, per limitare le libertà civili e religiose delle comunità sparse in tutta la penisola. È del 1553 la bolla di Giulio III che vietava il possesso e la lettura del *Talmud*, testo ritenuto offensivo verso la religione cattolica; nel 1555, Paolo IV sancì la nascita del Ghetto di Roma [👁 14.1c] e nel 1579 il Ducato di Milano emise un decreto di espulsione di tutti gli ebrei residenti in Lombardia. Questi e altri provvedimenti, come per esempio l'imposizione di un segno distintivo, nel ribadire l'inferiorità degli ebrei, miravano a inibire ogni contatto e familiarità con le comunità, segregandole all'interno dei ghetti. Ai significati dell'istituzione del Ghetto di Roma sono dedicate le pagine della storica Anna Foa [61], che sottolineano la profonda ambivalenza e contraddittorietà che la creazione dei ghetti provocò nel mondo ebraico.

Le clausole della bolla con cui, nel 1555, Paolo IV istituiva il ghetto di Roma, la *Cum nimis absurdum*, sancivano che dal quel momento in poi, in tutte le località dello Stato della Chiesa in cui erano presenti, gli ebrei avrebbero dovuto vivere concentrati in una sola strada assolutamente separata dalle abitazioni dei cristiani. Questa strada avrebbe dovuto avere soltanto una via di comunicazione con l'esterno, chiusa da un portone. [...] Si stabiliva inoltre che nel quartiere destinato all'abitazione degli ebrei non avrebbe potuto esserci più di una sinagoga, e che sarebbe stato vietato costruirne di nuove. Ancora: gli ebrei non avrebbe potuto avere proprietà immobiliari e avrebbero dovuto vendere immediatamente ai cristiani quelle che già avevano.

La scelta fatta dalla Chiesa alla metà del Cinquecento è dunque in favore di una rigida segregazione. La motivazione che ne viene data è quella – assai tradizionale – della necessità di salvaguardare lo stato di inferiorità degli ebrei [...].

Quando la bolla di Paolo IV istituiva il ghetto, però, esisteva già in Italia un altro ghetto, quello di Venezia[1], dove fin dal 1516 la Serenissima aveva stabilito «che tutj li zudei che de presentj se attrovano[2] habitar in diverse contrade de questa cità nostra [...] debino andar immediate ad habitar unidj in la corte de case che sono in geto apresso san hieronymo[3]». [...]

Nell'arco di due secoli, dal 1555 fino al Settecento, tutti gli Stati italiani che non avevano espulso gli ebrei finirono per chiuderli nei ghetti. [...] La ghettizzazione finiva così per essere un'espulsione, anche se lo spazio verso cui gli ebrei venivano costretti a muoversi era uno spazio interno, e non esterno come nelle espulsioni vere e proprie. [...] Con la bolla *Hebraeorum gens* di Pio V (1569) furono mantenuti in vita solo i ghetti di Roma e di Ancona, mentre gli ebrei vennero espulsi dalle altre località – in tutto una cinquantina – in cui ancora vivevano. [...]

Quel che caratterizza il ghetto come fenomeno italiano [...] è [...] essenzialmente la caratterizzazione ideologica che assume, che è diversa da quella esclusivamente segregazionista. Con la creazione del ghetto, la Chiesa riaffermava infatti ancora una volta la necessità della presenza ebraica nel suo seno. Ma più di prima, e in modo assai più programmato e consapevole, questa presenza doveva essere subordinata all'esaltazione della verità cristiana. Il ghetto finiva così per essere il primo strumento della politica conversionistica tentata dalla Chiesa della Controriforma, l'invenzione di uno spazio artificiale in cui rinchiudere gli ebrei in attesa della loro conversione, entro cui poter esercitare mezzi coercitivi e punitivi tali da spingerli nelle braccia della Chiesa. Il recinto del ghetto finiva così per non essere molto diverso dal recinto di un istituto di correzione, allargato a contenere tutti gli ebrei.

Il ghetto italiano, in quanto fenomeno tipico dell'Italia controriformistica, non è caratterizzato però solo da questa sua base ideologica, ma anche dalla particolare struttura comunitaria su cui questa ideologia opera attraverso la costrizione e la chiusura. [...] La chiusura entro spazi ristretti, l'esistenza di cancelli, l'impossibilità di stabilirsi fuori da un luogo determinato sono tutti elementi che alterano e modificano tanto la realtà quanto le percezioni soggettive e collettive di questa realtà, che influiscono sulla vita quotidiana e sull'organizzazione sociale, che obbligano a costruire strategie di sopravvivenza e di adattamento, a crearsi nuovi strumenti per incidere sul mondo esterno, per comunicare e interagire con esso. La chiusura nel ghetto è quindi qualcosa che non può non condizionare decisamente la vita dei suoi abitanti, e che non può non rappresentare un elemento reale di frattura rispetto alla situazione precedente. Ciò nonostante, vediamo che la vita nel ghetto è segnata da forti permanenze e da una continuità sostanziale delle forme organizzative comunitarie. Comunità e frattura sono elementi costitutivi di una realtà compatta e unificata in cui anche le ambiguità e le spinte contraddittorie vengono ricomposte e riassorbite. In un certo senso, e questa è forse la maggiore fra le sue ambiguità, la società del ghetto è caratterizzata dalla massima stabilità. [...]

L'istituzione del ghetto fu così vista dagli ebrei anche come una protezione e una difesa della loro vita e della loro identità dalle minacce dal mondo esterno.

---

[1] 👁 6.3 EVENTI.

[2] Tutti i giudei che attualmente si trovano.

[3] Nel ghetto presso S. Gerolamo.

GUIDA ALLA LETTURA

❶ Dove fu sperimentata, per la prima volta, l'istituzione del ghetto? ❷ Che cosa fu sancito dalla bolla papale *Cum nimis absurdum*? Perché essa diventò un modello per le successive istituzioni dei ghetti? ❸ In che modo l'esperienza segregazionale modificò la vita delle comunità ebraiche? ❹ Che cosa intende Anna Foa quando afferma che «la società del ghetto è caratterizzata dalla massima stabilità»?

SVILUPPARE LE COMPETENZE

Comprendere e Analizzare

❶ **Dopo aver letto il brano di Jedin [144] e il *Consilium de emendanda Ecclesia* [145DOC], spiega in un breve testo (max 15 righe) in quale misura, alla luce della sua interpretazione, possiamo considerare significativi i provvedimenti proposti dal documento frutto della Riforma cattolica.**

❷ **Dopo aver riletto i canoni del concilio di Trento [146DOC] e gli *Esercizi spirituali* di Ignazio di Loyola [148DOC], esponi in un breve testo (max 25 righe) i punti di contatto tra i due documenti, spiegando i riferimenti al primo contenuti nel secondo.**

Rielaborare e Argomentare

❸ **Redazione di un tema a carattere storico. *Riforma cattolica o Controriforma? Un dibattito lungo secoli***

Da un lato, nel corso del XVI secolo, all'interno della Chiesa cattolica si svilupparono diversi movimenti di cambiamento: la loro influenza mutò radicalmente il volto della Chiesa, anche se non sempre le loro istanze furono accettate. Dall'altro, invece, fu il concilio di Trento a rinnovare la Chiesa cattolica, dandole, soprattutto, una diversa disciplina ecclesiastica. Discuti in un testo gli effetti del concilio e della Riforma cattolica.

Documenti: *Consilium de emendanda Ecclesia* [145DOC], concilio di Trento [146DOC], Loyola [148DOC]
Immagini: pp. 505, 506, 510
Brani storiografici: Jedin [144], Prosperi [147], Pavone [149]
Capitoli: **14.7-9**

❹ **Dopo aver letto i brani di Jedin [144], Prosperi [147] e Pavone [149], scegli tra le seguenti posizioni storiografiche, relative al senso da attribuire alla Controriforma, quella che ritieni maggiormente condivisibile, e argomenta la tua risposta in un breve testo (max 20 righe).**

a. Di fronte all'emergere della Riforma protestante, l'intervento politico, religioso e istituzionale della Chiesa romana, sintetizzato egregiamente dal termine "Controriforma", dal pontificato di Paolo IV Carafa e dal concilio di Trento, si caratterizza soprattutto per il suo aspetto conservatore e repressivo. I tribunali dell'Inquisizione e l'ordine dei gesuiti costituirono gli strumenti principali di un dispositivo volto al controllo capillare e sistematico della popolazione.

b. L'idea insita nel termine "Controriforma" riduce la storia del cattolicesimo a storia di mera reazione di fronte alla Riforma protestante, oscurando quegli elementi di rinnovamento che operavano al suo interno già molto tempo prima di Lutero. Se quest'ultimo rese urgente la creazione di un argine politico contro l'eresia, la trasformazione del ruolo della Chiesa nella società moderna è da considerarsi in gran parte autonoma.

Cultura e religiosità popolare

Le elaborazioni teoriche e dottrinarie della Riforma protestante e del concilio di Trento miravano al creare nuovi modelli di vita privata e sociale e al ridefinire i fondamenti della pratica religiosa: la rinnovata vitalità del cristianesimo doveva permeare l'intera società. Si trattava di incidere in profondità sulla mentalità e sulla prassi religiosa della quasi totalità della popolazione europea: un universo di miti, riti, credenze e tradizioni spesso di origine pagana che, nel corso dei secoli, avevano dato vita a un cristianesimo ambiguo sotto il profilo dell'ortodossia. Del resto, anche la stessa Chiesa aveva assimilato, adattandoli opportunamente, alcuni culti e credenze popolari di origine pagana.
Una panoramica su tali aspetti e sulle pratiche religiose popolari fra tardo Medioevo e prima età moderna è tratteggiata da **William Monter** [151].
Il brano successivo approfondisce il tema dei contrastati rapporti fra la diffusione delle teorie ufficiali delle varie confessioni cristiane e la persistenza di atteggiamenti e usanze della cultura popolare europea. **Peter Burke** [152], infatti, si sofferma sull'opera riformatrice rivolta alla società da parte delle Chiese cristiane e ne individua due direttrici: la prima tende ad assimilare e a "migliorare" alcuni aspetti della cultura popolare, la seconda ha come obiettivo la scomparsa delle forme di religiosità popolare. L'azione di entrambe è particolarmente intensa per quel che riguarda le usanze e le manifestazioni legate al carnevale.
Nella religiosità popolare sono piuttosto accentuate la diffidenza e l'ostilità nei confronti di qualunque cosa presenti carattere di alterità. Questo aspetto è stato esaltato dalla frattura religiosa cinquecentesca in seno alla Cristianità occidentale. La reciproca intolleranza fra gli appartenenti alle diverse confessioni cristiane portò a una violenza diffusa, il cui acme fu raggiunto durante le guerre di religione. **Natalie Zemon Davis** [153] si sofferma sugli episodi di violenza religiosa nella Francia del XVI secolo. Secondo la studiosa, la violenza religiosa popolare è strettamente legata alla cultura che permea la vita sociale del tempo ed è possibile interpretarla come forma di difesa delle basi sociali, culturali e religiose sulle quali si regge una comunità.
Altro aspetto tipico della religiosità popolare è la

stregoneria, contro cui si accanirono ferocemente le tradizioni cristiane: nel brano tratto dal *Malleus maleficarum* ('Il martello delle streghe') [154DOC], un manuale di caccia alle streghe pubblicato nel 1485, **Heinrich Institor Krämer** e **Jakob Sprenger** cercano di spiegare "perché le donne diventano streghe", attribuendo ciò a una naturale propensione femminile alla stregoneria. Il documento è anche una preziosa testimonianza della condizione femminile in età moderna.

151

W. Monter
La religiosità popolare agli inizi dell'età moderna

W. Monter, *Riti, mitologia e magia in Europa all'inizio dell'età moderna*, il Mulino, Bologna 1987, pp. 14-17; 21-22

■ Storico statunitense, William Monter, in *Riti, mitologia e magia in Europa all'inizio dell'età moderna* si prefigge di seguire l'itinerario culturale e sociale che portò l'Europa, dopo il travaglio della rottura dell'unità religiosa, a sviluppare gli ideali e le pratiche della tolleranza religiosa. L'autore segue tale percorso per tutta l'età moderna, in Europa e in America, privilegiando i rapporti fra la religiosità popolare e il controllo attuato su di essa dalle istituzioni ecclesiastiche e statali. Le pagine che proponiamo rivelano la ricchezza e la varietà delle pratiche religiose popolari dietro l'apparente monoliticità della religione ufficiale.

Sebbene si sia ormai bene illuminati sull'intensità e l'ortodossia della pietà[1] popolare nel tardo Medioevo, solleva ancora molti interrogativi la qualità delle pratiche religiose popolari e in particolare il tipo di istruzione religiosa presente nel popolo [...].

Uno studioso delle pratiche religiose nelle Fiandre sul finire del Medioevo, è ricorso ai documenti contabili delle parrocchie per scoprire quali fossero le festività più popolari. Usando il criterio dell'ammontare delle donazioni, è risultato che nell'elenco veniva per primo il Venerdì Santo, seguito dalla Pasqua, dal Natale e dalla Pentecoste. Usando invece il criterio delle «abluzioni»[2] impartite ai parrocchiani col vino in occasione delle festività principali, in testa all'elenco veniva la Pasqua seguita a lunga distanza dal Natale [...]. È un fatto che intorno al 1500 la cristianità nel suo insieme era forse ortodossa e osservante; tuttavia è anche emerso che la maggior parte dei fiamminghi nella maggior parte delle domeniche e delle altre feste comandate non andava a messa. Soltanto la Quaresima e soprattutto le Settimana Santa [...] contavano veramente per la pietà popolare [...].

Un clero numeroso che si industriava di compiere correttamente i riti senza spiegarne il significato e che era solito predicare più su temi morali che su temi di fede, viveva tra una popolazione devota che non distingueva i confini che separano il sacro dal profano. [...]

Quella pietà dava spazio ai poteri miracolosi della Madonna più ancora che a quelli del suo Figlio crocifisso. Benché il culto mariano abbia avuto inizio nell'alto Medioevo, è importante considerare quanto questo tipo di pietà ebbe a svilupparsi proprio nel tardo Medioevo. [...]

Tale forma di pietà mariana riusciva particolarmente congeniale alle donne, che potevano con maggior agio manifestare la loro devozione recitando delle preghiere piuttosto che edificando altari e cappelle, per cui occorrevano esborsi cospicui. Per altro verso, donne, fanciulli e persone di umile condizione sociale mostrarono la loro particolare devozione alla Madonna riferendo di apparizioni della Vergine Madre più spesso che non apparizioni di Cristo o di qualche santo. [...]

Non è facile comprendere il ruolo dei santi nella pietà popolare dell'ultimo Medioevo. Infatti, essi avevano in larga misura perduto la funzione di operatori di miracoli, e del resto durante il Quattrocento furono pochi i nuovi santi canonizzati. [...] I santi, o il loro ricordo, avevano una sopravvivenza formale nell'onomastica dei fedeli: durante il Quattrocento i nomi pagani presero a scomparire nelle zone periferiche, settentrionali e orientali della cristianità, mentre i nomi classici iniziarono appena allora ad avere una certa voga tra i gruppi elitari dell'Inghilterra rinascimentale. [...]

Intorno al 1500 nella cristianità non esisteva un grosso divario tra la pietà popolare e la religiosità delle *élites*. In Inghilterra, al santuario di Nostra Signora di Walshingham si recarono in pellegrinaggio nei primi del Cinquecento personaggi come il duca di Buckingham[3], il cardinale Wolsey[4] e persino Erasmo; nel suo testamento Caterina d'Aragona incluse clausole per un pellegrinaggio al suddetto santuario ed Enrico VIII versò una somma perché vi si tenesse accesa una candela proprio nel marzo del 1538, pochi mesi prima che il suo governo prendesse la decisione di far portare a Londra la statua di Maria ivi venerata e poi di distruggerla. L'imperatore Federico III[5] visitò, nel 1491, il santuario di Alltötting che di recente aveva acquisito fama miracolosa. Il suo successore cinquecentesco,

[1] Devozione religiosa.

[2] Purificazioni.

[3] George Villiers (1592-1628), duca di Buckingham, favorito e consigliere di Giacomo I [👁 19.2] e Carlo I [👁 19.3].

[4] Thomas Wolsey (1475-1530) fu cardinale e Primo ministro di Enrico VIII [👁 14.6 e 14.6 PERSONAGGI], che lo fece uccidere.

[5] L'imperatore Federico III d'Asburgo (1415-1493).

Carlo V[6], rinunciò a tutte le sue dignità per terminare la propria esistenza da eremita, mentre suo figlio, Filippo II[7], fece togliere una spina da una reliquia della Corona di Cristo e la fece porre sul capezzale del figlio ammalato. Pellegrinaggi, miracoli, culto delle reliquie e anche flagellazioni rituali (come nel caso di Carlo V a Yuste), sono tutti aspetti diversi della pietà medievale che accomunavano persone di stirpe regale e contadini.

[6] 👁 15.1.
[7] 👁 16.1.

GUIDA ALLA LETTURA ❶ In che modo gli storici hanno potuto ipotizzare quali fossero le festività più popolari nel tardo Medioevo? ❷ Con quale frequenza i fiamminghi partecipavano alle funzioni religiose? ❸ Perché il culto della Madonna ebbe tanto successo? ❹ Quali aspetti accomunavano la religiosità popolare e quella dei nobili?

152

P. Burke
L'offensiva religiosa contro la cultura popolare

P. Burke, *Cultura popolare nell'Europa moderna*, Mondadori, Milano 1980, pp. 204-9

■ Lo storico britannico Peter Burke **[86]** ha concentrato i suoi studi sui movimenti culturali, le mentalità collettive, la cultura popolare e i rapporti fra cultura e società. In particolare, egli ha indagato la cultura popolare, cioè quella non ufficiale, nelle sue molteplici e complesse sfaccettature, nei suoi rapporti con la cultura "alta", nelle sue varie manifestazioni. In questo brano sono esaminati i complessi e spesso conflittuali rapporti fra le Chiese cristiane e la cultura popolare, stretta fra tentativi di assimilazione e tentativi di epurarne gli aspetti più eversivi. Particolarmente significativi, in proposito, i casi del carnevale, visto come festività pagana e blasfema, del culto delle reliquie e delle "sacre rappresentazioni", che rievocavano i momenti essenziali della vita di Cristo e dei santi.

I riformatori si opposero soprattutto a certe forme della religione popolare, come le sacre rappresentazioni («miracoli» e «misteri»), i sermoni popolari e, in particolare, le feste religiose, come i giorni dedicati ai santi o i pellegrinaggi; ma si opposero anche a un buon numero di elementi della cultura popolare secolare. Una lista completa raggiungerebbe davvero proporzioni enormi, ma anche un elenco riassuntivo dovrebbe comprendere: attori, ballate, burattini, carte da gioco, *charivari*[1], ciarlatani, combattimenti di cani contro gli orsi, corride, dadi, danze, divinazione, fiere, libretti popolari, magia, maschere, menestrelli, predizione dell'avvenire, racconti popolari, stregoneria e taverne. Dal momento che un numero considerevole di queste voci riprovevoli si poteva trovare associato al Carnevale, non fa meraviglia che i riformatori concentrassero i loro attacchi su quest'ultimo. [...]

Ma che cosa non andava nella cultura popolare, per i riformatori? Vi erano essenzialmente due obiezioni d'ordine religioso, che Erasmo da Rotterdam[2] condensò opportunamente in una sola frase quando descrisse come «non cristiano» il Carnevale di cui fu testimone a Siena nel 1509. Non è cristiano, innanzitutto, perché contiene «tracce dell'antico paganesimo»; secondariamente, perché in tale occasione «il popolo indulge eccessivamente alla licenza». [...]

La prima obiezione si può dire teologica: i riformatori, cioè, disapprovavano le usanze popolari in quanto reliquie superstiti del paganesimo, «superstizioni» nel significato originario del termine. [...]

I riformatori protestanti andarono più in là e descrissero addirittura molte pratiche ufficiali della chiesa cattolica come delle reliquie precristiane, paragonando il culto della Madonna a quello di Venere e facendo dei santi i successori degli dei e eroi pagani, dei quali avrebbero fatto proprie le funzioni di cura delle malattie e di protezione dai pericoli: S. Giorgio, ad esempio, fu identificato con un nuovo Perseo, S. Cristoforo con un secondo Polifemo. [...]

Anche la magia venne denunciata in quanto sopravvivenza pagana. [...] A parte l'Inghilterra, nei paesi protestanti e in quelli cattolici le streghe vennero perseguitate[3] non tanto perché facevano del male ma perché erano delle eretiche, aderenti a una falsa religione, adoratrici di idee pagane come Diana o Holde. [...]

Nodo cruciale [...] si direbbe l'insistenza dei riformatori sulla separazione fra sacro e profano, separazione che si fece ora molto più netta di quanto non fosse durante il Medioevo. In altre parole, la riforma della cultura popolare [...] accompagnò, di fatto, un cambiamento di maggiore portata nella mentalità o sensibilità religiosa. Gli uomini di chiesa si impegnarono ad abbattere la tradizionale familiarità col sacro, poiché ritenevano che esso alimentasse l'irriverenza.

La seconda obiezione di fondo alla cultura popolare tradizionale era d'ordine morale. Le feste vennero denunciate quali occasioni di peccato, più in particolare, di ubriachezza, di ingordigia e di libertinaggio, e per il fatto di incoraggiare l'asservimento al mondo, alla carne e al Demonio – ma soprattutto alla carne. [...]

[1] Processione rumorosa contro coloro che erano ritenuti di aver trasgredito le regole non scritte della comunità, come nel caso di vedovi che sposavano donne molto più giovani.

[2] Erasmo da Rotterdam [👁 10.6, 14.1 e 132DOC].

[3] 154DOC.

Altro argomento d'ordine morale contro molti divertimenti popolari era l'idea che essi fossero «vanità», non graditi a Dio perché facevano perdere tempo e denaro. È questo il ritornello dell'attacco alla «follia» del Carnevale che l'avvocato di Strasburgo Sebastian Brant aggiunse alla seconda edizione del 1495 della sua celebre satira *La nave dei folli*[4]. [...]
In breve, ci troviamo di fronte, in questo periodo, a due etiche o stili di vita rivali in aperto conflitto. L'etica dei riformatori era ispirata alla diligenza, alla serietà, alla modestia, alla disciplina, alla prudenza, alla ragione, all'autocontrollo, alla sobrietà e alla parsimonia o, per usare una frase resa famosa da Max Weber[5], all'«ascesi intramondana». [...] Fu in un certo senso fuorviante da parte sua chiamare tutto ciò un'«etica protestante», dal momento che essa era riscontrabile nelle cattoliche Strasburgo, Monaco e Milano altrettanto bene che nelle protestanti Londra, Amsterdam e Ginevra. Si sarebbe piuttosto tentati di chiamarla «etica piccolo-borghese», poiché doveva diventare caratteristica della categoria dei negozianti. L'etica dei riformatori era in conflitto con un'etica tradizionale che, più difficile da definire perché meno articolata, comportava in ogni caso una maggiore accentuazione dei valori della generosità e della spontaneità e una maggiore tolleranza del disordine.

[4] 24DOC.
[5] Max Weber [141DOC].

GUIDA ALLA LETTURA
❶ Perché le usanze popolari erano ritenute «sopravvivenze pagane»? ❷ Nel periodo della Riforma, come si modificò il rapporto tra «sacro» e «profano»? ❸ Con quali argomenti si criticavano le feste in quanto «occasioni di peccato»? ❹ Come definisce Burke le due «etiche» in conflitto in Europa alla fine del Medioevo?

153

N. Zemon Davis
Le ragioni della violenza popolare

N. Zemon Davis, *La cultura del popolo. Sapere, rituali e resistenze nella Francia del Cinquecento*, Einaudi, Torino 1980, pp. 214-44

■ Lo studio sui riti della violenza popolare della storica statunitense Natalie Zemon Davis (nata nel 1928) fu pubblicato per la prima volta nel 1973. Scopo della ricerca, come scrive l'autrice, «è quello di descrivere la forma e la struttura del tumulto religioso nelle città e nei centri urbani minori con particolare riferimento al periodo compreso tra il 1560 e gli anni immediatamente successivi al 1570». I comportamenti della folla violenta e composta di contadini, artigiani e lavoratori delle città vengono studiati in relazione ai contrasti fra la tradizione cattolica e il nuovo ordine proposto dai riformati, cercando di portare alla luce le profonde trasformazioni culturali e sociali che tale antagonismo religioso provocò nella società del tempo.

Che cosa possiamo dire sugli obiettivi della violenza religiosa popolare? Che cosa si proponevano le folle e perché ritenevano di dover agire? I loro comportamenti suggeriscono innanzitutto un obiettivo affine a quello della predicazione: la difesa della vera dottrina e la confutazione di quella falsa attraverso sfide e prove drammatiche. [...].
Ancor più frequente nei tumulti è però lo scopo di liberare la comunità dal terrore di infezione. Il termine «infezione» ricorre spesso sulle labbra dei violenti e riassume i pericoli che i rivoltosi vedevano nel nemico immondo e diabolico. [...]
L'infezione, agli occhi sia cattolici che protestanti, era un grave pericolo per la comunità, in quanto avrebbe provocato immancabilmente la collera di Dio. [...]
Non sorprende dunque che tanti atti di violenza compiuti dalle folle cattoliche e protestanti assumano il carattere di riti purificatori oppure di paradossali dissacrazioni [...].
Quasi a ogni tipo di pubblica funzione religiosa corrisponde un particolare tipo di disordine. Una statua della Vergine a un crocicchio o in un sacello[1] provoca lo scherno di un gruppo di protestanti contro i devoti che le rendono omaggio; ne segue una zuffa. [...]
Battesimi: quando a Nemours una famiglia protestante fa battezzare il bambino a Ognissanti, come vuole il nuovo rito riformato, un gruppo di cattolici [...] lo rapisce per ribattezzarlo. Un ubriaco poi scorge per strada il padre, il padrino e altri protestanti che discutono il fatto, batte gli zoccoli e grida: «Ecco gli ugonotti sono venuti a massacrarci». Una folla si raduna, la campana suona a martello, si combatte per tre ore. Funerali: a Tolosa nei giorni di Pasqua un falegname protestante tenta di seppellire la moglie cattolica secondo il nuovo rito riformato; una folla di cattolici si impadronisce del corpo e lo sotterra; i protestanti lo disseppelliscono e cercano di sotterrarlo nuovamente. Al rintocco delle campane una folla cattolica armata di pietre e bastoni si raccoglie con grande clamore e ne derivano zuffe e saccheggi.
Sacre funzioni: una messa cattolica offre il pretesto per profanare l'ostia o interrompere una predica, e di qui nasce un tumulto. [...]
Negli spargimenti di sangue i cattolici sono al primo posto (ci riferiamo, non dimentichiamolo, alle azioni di folle cattoliche e protestanti, non ai rispettivi eserciti). Ritengo che ciò sia dovuto a lungo andare non solo alla maggiore

[1] Piccola chiesa isolata, eretta per lo più a ringraziamento.

forza numerica del loro partito in quasi tutte le città, ma anche a una maggiore sensibilità per la *persona dell'eretico* come fonte di pericolo e infezione. Ferimenti e omicidi diventano perciò un modo approvato per purificare il corpo sociale.

Tra cattolici e protestanti vi era inoltre una differenza nei bersagli della violenza fisica. Come si addiceva a un movimento teso ad abbattere un millennio di «tirannide» e «infezione» clericale, le vittime designate dei protestanti erano preti, monaci e frati. [...] Nulla però uguaglia per stile e portata le stragi del 1572[2]. Le folle cattoliche erano ovviamente ben felici quando potevano mettere le mani su un pastore, ma qualsiasi morte di eretico serviva per ripulire la Francia da quei perfidi seminatori di disordine e discordia. [...]

Questo saggio presuppone che i conflitti siano [...] connaturati al vivere sociale [...] e che la violenza religiosa sia particolarmente acuta perché intimamente collegata ai valori fondamentali della comunità e al proprio definirsi tale. La violenza è insomma spiegata riferendosi non al grado di follia, fame, o frustrazione sessuale dei violenti [...], bensì agli obiettivi delle loro azioni e ai ruoli e modelli di comportamento che la loro cultura consente. La violenza religiosa viene qui riferita meno alla patologia che non alla normalità. [...]

Persino nei casi più estremi di violenza religiosa, le folle non agiscono in maniera dissennata. Sempre hanno il senso che ciò che fanno è in qualche modo legittimo; le occasioni per agire presentano sempre certi nessi con la difesa di una causa, e i comportamenti di violenza sono dotati di una qualche struttura: nel nostro caso drammatica e rituale. Con tutto ciò, i riti di violenza non sanciscono certo un diritto alla violenza in senso *assoluto*. Stanno semplicemente a ricordarci che, se vogliamo accrescere la sicurezza e la fiducia di una comunità e fare sì che la violenza generata al suo interno assuma forme meno crudeli e distruttive, dobbiamo allora preoccuparci meno di pacificare i «devianti» e agire di più per modificare i valori centrali.

[2] Ci si riferisce alla notte di San Bartolomeo [👁 **17.1** e **17.1** EVENTI].

GUIDA ALLA LETTURA

❶ Attraverso quali obiettivi dell'azione popolare l'autrice spiega il fenomeno della violenza religiosa? ❷ In quali occasioni cattolici e protestanti compivano disordini? ❸ Perché furono in prevalenza i protagonisti delle stragi organizzate? ❹ Qual è la tesi generale della storica sui conflitti sociali e il comportamento delle folle?

154 DOC

Heinrich Institor Krämer • Jakob Sprenger
Perché le donne diventano streghe

da *La stregoneria in Europa (1450-1560)*, a c. di M. Romanello, il Mulino, Bologna 1981[3], pp. 95-99

■ Nel 1486 i domenicani tedeschi Heinrich Institor Krämer e Jakob Sprenger, nominati da Innocenzo VIII inquisitori in Germania, diedero alle stampe il più famoso tra i trattati di stregoneria, destinato a incidere profondamente nella società europea del XVI e XVII secolo: il *Malleus maleficarum* ('Martello delle streghe': 👁 **14.10**). Questa pubblicazione segnò il passaggio da una persecuzione a carattere locale e occasionale a una sistematica e crudele repressione di qualsiasi manifestazione di religiosità pagana, perseguita con eguale determinazione da cattolici e riformati. Il testo motiva lo stretto rapporto esistente tra la stregoneria e la natura femminile, ricorrendo al costante e fazioso riferimento ai testi sacri e agli autori antichi, e soprattutto facendo leva su un comune sistema di credenze che aveva relegato la donna in una posizione di forte marginalità nel più generale contesto sociale.

Passiamo al primo punto: perché tra il sesso così fragile delle donne si trovano streghe in maggior numero che tra gli uomini? [...]

Della malizia delle donne si tratta nell'*Ecclesiastico*, 25, 15-16: «Non c'è peggior veleno che il veleno del serpente, non c'è odio peggiore di quello di una donna. Preferirei dimorare con un leone o un drago piuttosto che con una donna malvagia». E, tra le molte altre cose che seguono e che precedono queste a proposito della malvagità della donna, conclude (25, 19): «Ogni malizia è poca cosa se paragonata a quella della donna». Per cui Crisostomo, commentando *Matteo*, 19,10: «Che altro è la donna se non un nemico dell'amicizia, una punizione inevitabile, un male necessario, una tentazione naturale, una calamità desiderabile, un pericolo domestico, un danno dilettevole, un malanno di natura dipinto di buoni colori? Perciò, se ripudiarla è peccato quando si dovrebbe tenersela accanto, allora il nostro tormento è inevitabile: o la ripudiamo commettendo adulterio, o abbiamo lotte quotidiane»[1]. Anche Tullio, infatti, ci dice nella sua *Retorica*[2]: «Gli uomini, molte cupidigie spingono ad un qualche maleficio; le donne, un'unica cupidigia porta a tutti i malefici; il fondamento di tutti i vizi delle donne è nell'avidità».

Alcuni attribuiscono ad altri motivi ancora il fatto che della superstizione sia preda un numero molto maggiore di donne che di uomini. Il primo è che sono molto più credule, e poiché il demonio cerca soprattutto di corrompere

[1] La citazione è tratta dall'*Opus imperfectum in Matthaeum*, che oggi sappiamo non essere stata scritta da Giovanni Crisostomo.

[2] La cosiddetta *Rhetorica ad Herennium*, qui attribuita a Cicerone (Tullio), è in realtà un'opera anonima di età precedente.

la fede, egli le attacca per prime. [...] La seconda ragione è che le donne sono più impressionabili per natura e più pronte ad accettare gli influssi degli spiriti separati. Per cui accade che, quando esse fanno buon uso di questa loro attitudine, sono buonissime; in caso contrario, sono pessime. Infine, la terza causa è che esse hanno una lingua immonda e tutto ciò che apprendono nella arti magiche, lo possono a stento tenere nascosto alle loro amiche e compagne; e dal momento poi che sono deboli per natura, cercano un mezzo di vendetta più facile e segreto per mezzo di malefici. [...] Ma poiché ai nostri giorni la perfidia si riscontra più spesso nelle donne che negli uomini, come l'esperienza ci insegna, noi, cercando di stabilirne meglio la causa, possiamo affermare, completando quello che è stato detto: poiché esse mancano di forze sia nell'anima che nel corpo, non c'è da meravigliarsi se cercano di stregare chi odiano. In quanto all'intelligenza e alla comprensione delle cose spirituali, esse sembrano appartenere ad una natura diversa da quella degli uomini: è un dato comprovato dall'autorità e dalla ragione e che trova molti esempi nella Scrittura. Terenzio dice: «Le donne sono da paragonarsi a dei bambini per l'inconsistenza del pensiero». [...] In realtà la ragione naturale consiste nel fatto che è più carnale dell'uomo: lo si vede dalle sue molte perversioni. D'altra parte c'è come un difetto di origine nella creazione della prima donna, poiché è stata fatta con una costola curva, una di quelle del busto, ritorta e come opposto all'uomo. E da questo difetto deriva che, essendo un animale imperfetto, essa inganna. [...] L'etimologia del nome, del resto, lo dimostra: *foemina* viene da *fe* e *minus*, perché sempre essa ha ed è capace di conservare minore fede. [...] Dunque una donna malvagia, che per natura è portata più facilmente a dubitare nella fede, sarà quella che con maggiore facilità abiurerà la fede: osservazione che è fondamentale per le streghe.

In quanto ad un altro potere dell'anima, cioè la volontà naturale, quando una donna odia colui che prima aveva amato, allora brucia di collera e di impazienza, come le onde del mare sono in tumulto e in continuo movimento, così ella è completamente in preda al furore. Molti autori fanno cenno a questa caratteristica. Innanzi tutto l'*Ecclesiastico*, 25,19: «Ogni malizia è nulla se paragonata a quella di una donna». [...] In realtà il motivo principale che provoca il moltiplicarsi del numero delle streghe, è questo doloroso conflitto tra le donne, sposate o no, e gli uomini.

Nello stesso modo in cui, a causa del loro primo difetto, quello dell'intelligenza, sono portate a rinnegare la fede con più facilità, così, a causa del secondo, cioè il disordine degli affetti e delle passioni, le donne cercano, escogitano e infliggono i più diversi tipi di vendette, sia per mezzo di malefici, sia con ogni altro mezzo. Per cui non è affatto stupefacente che esistano tante streghe fra le donne.

GUIDA ALLA LETTURA

❶ Il testo è di tipo argomentativo: individua la tesi principale sostenuta dagli autori. ❷ Gli argomenti che sostengono la tesi sono alcune particolari qualità attribuite alle donne: elencale. ❸ Quali altre opere e autori sono citati nel testo? Qual è, secondo te, lo scopo di questi riferimenti? ❹ Che immagine complessiva della donna viene trasmessa dal documento?

SVILUPPARE LE COMPETENZE

Comprendere e Analizzare

❶ **Scrivi un breve testo (max 40 righe) dal titolo *La cultura popolare cristiana nell'Europa moderna*. Segui la scaletta di argomentazione, suddividendo il testo in paragrafi a cui potrai eventualmente dare un titolo:**

a. La diffusione della religione ufficiale (Monter, Burke, *Perché le donne diventano streghe*)
b. I cambiamenti dovuti alla Riforma (Burke, Zemon Davis, *Perché le donne diventano streghe*)
c. Il rapporto tra religione e classi sociali (Monter)
d. Marginali ed esclusi dalla comunità (Zemon Davis, *Perché le donne diventano streghe*)

Rielaborare e Argomentare

❷ **Redazione di un tema di ambito storico-politico. *La violenza religiosa tra Medioevo ed età moderna***

La frattura religiosa rappresentata dalla Riforma e il successivo concilio di Trento hanno inciso profondamente su la società e sulla cultura europea. Le trasformazioni culturali, però, sono state accompagnate da diverse forme di violenza e di intolleranza religiosa, sia verso gli appartenenti a culti diversi, sia nel seno della comunità stessa. Sviluppa questa argomentazione storica sulla base delle tue conoscenze, facendo riferimento a episodi significativi.

❸ **Dopo aver letto i brani di Monter [151], Burke [152] e Zemon Davis [153], scegli tra le seguenti posizioni storiografiche relative alla storia della cultura europea nel tardo Medioevo quella che ti convince maggiormente; argomenta la tua risposta in un breve testo (max 20 righe).**

a. Non esistevano due sensibilità religiose distinte, quella dei chierici e quella popolare, ma solo differenze dovute a un diverso livello di istruzione.
b. Le manifestazioni religiose e culturali del popolo hanno sempre motivazioni interne e autonome, spesso divergenti dalle posizioni della religione ufficiale.

L'Impero, la Spagna e l'Inghilterra

Le strutture statali europee tra XVI e XVII secolo offrono un quadro complesso e articolato a seconda delle situazioni locali. In questa sezione, concentrandoci sull'Impero asburgico e le grandi monarchie, si vuole evidenziare la specificità dei percorsi nazionali nel processo di evoluzione verso lo Stato moderno.
Gli ideali di rinascita imperiale che aprono il XVI secolo sono testimoniati in prima persona da **Carlo V** [155DOC] nel suo "testamento politico". Il documento permette di cogliere la personalità e le aspirazioni politiche del grande imperatore, fautore di un progetto di restaurazione imperiale sull'Europa. Il suo progetto, per quanto inizialmente caratterizzato da un certo successo, era destinato a tramontare: di ciò si rese conto lo stesso Carlo V, che decise di abdicare e di dividere l'impero tra i suoi eredi. L'imperatore lasciò la corona di Spagna al figlio Filippo II, che aveva aspirazioni profondamente diverse da quelle del padre e il cui regno assunse caratteristiche tipicamente spagnole, sintetizzate da **Fernand Braudel** [156]. Filippo II aveva una concezione centralistica e burocratica del potere: il brano di **Geoffrey Parker** [157] descrive la vita quotidiana del sovrano, evidenziando le differenze tra lui e suo padre. Alla figura dell'imperatore combattente e continuamente in movimento di Carlo V si contrappone un re-funzionario, quotidianamente alle prese con la complessa burocrazia del suo Stato.
Questi tre brani introducono a una serie di questioni ancora aperte nel dibattito storiografico. In che termini è possibile parlare di impero a proposito del vasto agglomerato di regni in mano agli Asburgo di Spagna? Com'era esercitato e quali erano le forme del potere? Come si configurava questo sistema di domìni in un contesto storico che vedeva l'emergere dello Stato moderno? Il concetto di «sistema imperiale spagnolo», che riassume le recenti e più condivise acquisizioni del dibattito storiografico, indica proprio il complesso rapporto di interdipendenza fra i diversi regni e Stati che costituivano l'entità sovrastatale asburgica chiamata comunemente impero spagnolo.
Per comprendere meglio il dibattito storiografico sul sistema imperiale spagnolo è opportuno precisare la natura giuridica dei possedimenti di cui gli Asburgo erano titolari, per la quale si utilizza il concetto di "unione di corone": tutti i regni e i possedimenti dei sovrani spagnoli erano uniti nella persona del re e non facevano capo a uno Stato dominante. Ognuno di questi Regni manteneva infatti il proprio ordinamento costituzionale e i sudditi ne seguivano le leggi e le consuetudini tradizionali. A **José Antonio Maravall** [158] si deve la prima organica riflessione sul carattere costituzionalmente diverso dell'Impero spagnolo, sulla sua configurazione spaziale, sul suo contributo alla formazione dello Stato moderno e sugli aspetti di interdipendenza (politica, militare, economica) fra i regni che ne facevano parte. Nel brano successivo, **Aurelio Musi** [159] mette a fuoco gli elementi caratterizzanti del sistema imperiale spagnolo.
Il regno di Filippo II coincise con l'ascesa al trono d'Inghilterra di Elisabetta I Tudor, di cui il diplomatico veneziano **Giovan Carlo Scaramelli** [160DOC], che la incontrò pochi giorni prima della sua morte, ha tracciato un intenso ritratto.

155DOC

Carlo V
Il "testamento politico"

da F. Chabod, *Carlo V e il suo impero*, Einaudi, Torino 1985, pp. 142-47

■ Le istruzioni di Carlo V al figlio Filippo furono scritte in Germania il 18 gennaio del 1548, appena nove mesi dopo la grande battaglia di Mühlberg, che nel 1547 aveva visto una vittoria militare delle forze imperiali contro i principi tedeschi. In un momento di eccezionale importanza per la politica imperiale le raccomandazioni di Carlo V al figlio, pur nella loro estrema scrupolosità, assumono spesso il tono riservato e addolorato di una confessione. Cercare di conservare sempre la pace, «per il servizio di Dio», è così l'impegno più gravoso che Carlo intende lasciare al figlio, non dimenticando comunque di ricordare, più realisticamente, gli obiettivi della sua politica: sconfiggere il luteranesimo, conservare i domìni in Italia e non cedere mai alle pretese del re di Francia.

Figlio carissimo,

1 Perché in seguito alle fatiche passate mi si sono accresciuti alcuni dolori, e ultimamente mi sono trovato in pericolo di vita, dubitando di quello che potrà accadere di me, secondo la volontà di Dio nostro Signore, mi è sembrato avvisarvi di quello che in tale caso mi si offre. [...]

4 E perché dopo tanti travagli come quelli che ho passato e spese che ho fatto per ridurre, come si sono ridotti, alla nostra fede e alla nostra religione gli sviati in questa Germania, dove non si è trovato mezzo né rimedio sufficiente se non quello del Concilio, alla disposizione e santa risoluzione del quale a istanza mia si sono sottomessi tutti gli stati germanici, vi prego e incarico caldamente che, se il detto Concilio non finirà prima della mia morte, facciate che finisca, insistendovi molto con tutta la forza e istanza possibile, e procuriate come dico col Re dei Romani, mio fratello[1], e con gli altri re e principi cristiani che si finisca di celebrare ed effettuare, [...] facendo il vostro dovere come buon principe zelante della nostra santa fede cattolica e come suo figlio ubbidiente. E oltre a questo sarete e vi dimostrerete sempre sottomesso, e con ubbidienza umile, alla nostra Santa Sede Apostolica, e la proteggerete e la rispetterete e la riverirete in tutto come re cattolico e principe cattolico cristiano [...].

6 E perché la cosa che Dio maggiormente raccomandò è la pace, senza la quale egli non può essere ben servito, [...] dovete avere continua cura e sollecitudine di evitar la guerra e di rifiutarla per tutte le vie e i modi possibili: non entrate mai in essa se non sia forzosa e inevitabile e che Dio e il mondo sappiano e capiscano che non avete potuto in nessun modo evitarla [...].

27 Quanto alla Francia, io ho fatto sempre quello che ho potuto – da quando cominciai a regnare – per vivere in pace col suo re, ora defunto[2], il quale ricevette da parte mia buone opere e di molta considerazione; ma sebbene molte e diverse volte avessimo stipulato e firmato trattati di pace e di tregua, non ne osservò mai e non ne adempì nessuno, [...] procurando sempre e ostinatamente di trovare opportunità e occasione conveniente per danneggiarmi con simulazione e cautela. I miei grandi uffici, le carezze, le prove di amicizia non sono bastati né con lui né col Re presente e suo successore[3], il quale, nelle trattative che muove all'occasione, si incammina a seguir le orme di suo padre, [...] mostrando l'odio e l'inimicizia che i precedenti re di Francia hanno avuto per i nostri. Ma, ad ogni modo, vi dò un consiglio ed è: che guardiate ed abbiate grandissima cura ed avvertenza di conservare con lui la pace per tutto il tempo e con tutti i mezzi che vi sarà possibile [...].

28 E perché si capisce che il re di detto regno recentemente ereditato non vuole accettare né continuare i trattati e accordi che si sono stipulati tra me e suo padre, e che vuole, senza ratificarli né approvarli, farne altri di nuovo e revocare quelli fatti [...]: dovete star bene attento e insistere con ogni vostro potere, perché le dette rinunce siano e restino sempre in piedi e in forza e vigore, e non dovete consentire in nessun tempo né per nessun caso, in nessuna di esse o parte di esse, ad andare contro il loro tenore e forma. [...] E secondo ci ha mostrato l'esperienza, questi re, padre e figlio, e i loro antenati, sempre hanno voluto usurpare il territorio dei vicini, e dove essi hanno potuto hanno avuto per abitudine di non osservare trattato né accordo alcuno che abbiano fatto, specialmente con me e con i vostri antenati, e questo con la scusa di dire che non possono pregiudicare la loro corona [...].

31 E sebbene sia necessario trovar il modo di evitar spese che non siano più che necessarie [...] non per queste rinunzierete in alcun modo a tener sempre un certo numero di truppe spagnole in Italia, e, per la quantità, lo valuterete in conformità dei tempi, dei luoghi e delle occasioni [...] perché il tener le suddette truppe in quel paese, sarà un certissimo e duro freno per tener a bada intenti sinistri. [...]

64 Per finire e porre termine a tutto vi raccomando molto quanto più mi è possibile, l'osservanza e il compimento del mio testamento; del codicillo[4] e della mia ultima volontà, e anche in ugual misura del testamento dell'Imperatrice[5], mia molto cara e amata moglie [...].

Il vostro buon padre
Da Augusta, 18 gennaio 1548
Io il Re

[1] Ferdinando I d'Asburgo [👁 **15.5**].
[2] Francesco I [👁 **15.1-2**].
[3] Enrico II [👁 **15.4**].
[4] Disposizione di ultima volontà redatta per iscritto al di fuori del testamento.
[5] Isabella di Portogallo, morta nel 1539.

GUIDA ALLA LETTURA

❶ Perché Carlo V appare preoccupato dalla situazione in Germania? ❷ Quale atteggiamento Carlo V suggerisce al figlio nei confronti della Chiesa di Roma? ❸ Qual è il rapporto di Carlo V con la Francia? ❹ In quali punti emerge la religiosità dell'imperatore?

156

F. Braudel
Gli imperi del '500 e lo spazio

F. Braudel, *Civiltà e imperi del Mediterraneo nell'età di Filippo II*, Einaudi, Torino 1953, vol. 1, pp. 429-32

■ Pubblicato in Francia nel 1949, il libro *Civiltà e imperi del Mediterraneo nell'età di Filippo II* è considerato un grande avvenimento storiografico. Nella convinzione che il solo intreccio dei fatti politici non potesse spiegare le ragioni profonde e strutturali della storia umana, Fernand Braudel **[121]** ha articolato la sua ricerca su tre diversi piani successivi. In primo luogo i rapporti dell'uomo con l'ambiente; al di sopra di questo la storia dei «destini collettivi» e della vita economica e culturale delle società mediterranee; infine, gli avvenimenti. Alle trasformazioni lente e profonde dei primi due livelli (la «lunga durata»), si contrappongono le oscillazioni rapide e intermittenti dei fatti politici. La forza del grande Impero di Filippo II appare a Braudel così condizionata da fattori umani, economici e geografici da costituire un caso esemplare della sovrapposizione dei diversi piani.

Anzitutto, dell'immenso impero spagnuolo. Per quell'epoca, l'impero di Filippo II è una colossale impresa di trasporti marittimi e terrestri. Oltre agli incessanti trasporti di truppe, esige la quotidiana trasmissione di centinaia di ordini e di notizie: collegamenti silenziosi ma vitali. [...] Cose tutte troppo essenziali per essere interamente sfuggite agli storici. I quali però non le han mai sentite come essenziali; mentre una buona metà delle imprese di Filippo II si spiega unicamente con la necessità di conservare i collegamenti, di assicurare i trasporti, di effettuare gli indispensabili trasferimenti di denaro in ogni lontano distretto dei suoi dominî. Ci furono – cuore dell'organizzazione imperiale della Spagna, centri nervosi che non si possono toccare senza distruggere o deformare mille lontani riflessi vitali – le strade delle armate, delle lettere di cambio[1], dei metalli preziosi, altrettanto importanti di quelle della seta e del sale...

Quante volte, nell'esporre i conflitti aperti o latenti tra la Francia e gli Asburgo, è stato fatto rilevare sino a che punto la Francia era accerchiata dai possedimenti dell'avversario, quanto essa fosse «il cuore» dell'impero di Filippo II [...]? Ma se l'impero absburgico la minacciava dall'esterno, essa a sua volta non lo minacciava dall'interno? E dei due pericoli qual era il maggiore? Nella monotona lotta contro la distanza, Filippo II doveva incessantemente girare attorno all'ostacolo francese, mentre avrebbe avuto tanto bisogno – e lo faceva ogni volta che poteva – di approfittare delle sue strade più brevi. Perciò, mentre le truppe spagnuole le utilizzavano di rado, i corrieri e le lettere di cambio usavano quasi sempre le comode vie francesi. Tra l'esperienza di Carlo V e quella di Filippo II vi sono molte differenze: la meno rilevante non è certo che, per trent'anni, dal 1559 al 1589, il percorso francese sia rimasto aperto ai servizi dello stato maggiore politico e della tesoreria di Filippo II. Proprio perché le frontiere francesi non gli erano più completamente chiuse, il Re Prudente non si moveva dalla Spagna, poteva restare nel centro della sua immensa ragnatela. [...]

Per ogni stato, vi sono dunque non una, ma dieci lotte contro lo spazio e di differente natura. L'impero spagnuolo, particolarmente mal situato per questo rispetto, vi logorò il meglio delle proprie forze: troppo vasto, era indebolito dalla sua stessa grandezza. Eppure, era adatto a questi còmpiti e organizzato per essi meglio di altri. Checché sia stato detto, è indubbio che eguagliò e superò persino i migliori per i trasporti, i trasferimenti e le trasmissioni di informazioni. [...]

Di solito, la letteratura storica disconosce, senza esitazioni, questo enorme sforzo e la potenza della macchina amministrativa spagnuola. Si è parlato soltanto della sua «lentezza»; e basta pronunciare la parola per richiamare mille ricordi di letture e alcune immagini, in primo luogo quella del *rey papelero*, del re burocrate, dai piedi di piombo, «il migliore dei suoi segretari», diceva già nel 1560 il vescovo di Limoges... [...]

Ma nelle «lentezze» della Spagna bisogna distinguere. Anzitutto, c'è la lentezza dei corrieri: le informazioni arrivano lentamente, e non meno lentamente camminano le risposte e gli ordini. [...]

Ma c'è un'altra forma di lentezza: quella delle deliberazioni, delle decisioni, degli indugi prima di rispondere, delle spedizioni di ordini e di lettere. Su ciò le testimonianze di contemporanei concordano: Francesi, Italiani si sentono di un altro temperamento nel paese degli uomini flemmatici, lenti a decidersi quanto abili a dissimulare. Non si può, d'altro canto, garantire che il ritratto degli Spagnuoli del secolo XVI, tante volte disegnato da stranieri, sia del tutto esatto. [...]

Maldicenze, certo: eppure, se ci si riporta ancora una volta alle corrispondenze diplomatiche, pare che il governo francese, per esempio, fosse molto più pronto nel disbrigo dei suoi affari e delle risposte ai suoi agenti. Ma, a Madrid, la colpa era sempre del re, che voleva leggere tutto, oppure delle distanze spagnuole, così considerevoli? Siccome la Spagna possiede una vita imperiale a raggio ben più largo della vita francese (o inglese), Filippo II, per prendere una decisione, deve attendere voci che gli giungono da molto più lontano. Così riusciamo a riunire le due lentezze, che un attimo fa avevamo distinte.

---

[1] 👁 3.1.

GUIDA ALLA LETTURA

❶ Perché Braudel definisce l'impero spagnolo una «colossale impresa di trasporti marittimi e terrestri»? ❷ Quali problemi poneva la Francia alle vie di comunicazione dell'Impero spagnolo? ❸ Quali erano le opinioni dei contemporanei sulla politica spagnola? Che cosa ne pensa Braudel? ❹ Perché Braudel ritiene che la Spagna abbia risentito più di altri paesi del tempo della lentezza delle comunicazioni?

157

G. Parker
Filippo II e il "mestiere di sovrano"

G. Parker, *Un solo re, un solo impero*, il Mulino, Bologna 1985, pp. 39-52

■ La politica di Filippo II, che domina la scena europea nella seconda metà del '500, è centrata sui due grandi pilastri della potenza spagnola e della difesa del cattolicesimo. Apparentemente semplice nei suoi princìpi fondamentali, la sua attività politica riflette tuttavia una personalità di sovrano complessa e per molti versi enigmatica, oggetto di numerosi studi storici. Nelle pagine che seguono lo storico britannico Geoffrey Parker (nato nel 1943) si sofferma sulla vita quotidiana di Filippo II, scandita dall'immensa mole di lavoro che il sovrano deve svolgere per poter seguire in prima persona tutti i principali affari di governo. Profondamente diverso dal padre Carlo V [155DOC], l'imperatore guerriero e continuamente in viaggio, Filippo II offre l'immagine meno affascinante ma senza dubbio più moderna del re come «primo funzionario» dello Stato, alle prese quotidianamente con le carte e i documenti della burocrazia statale.

Si è paragonato talvolta Filippo II ad un ragno che se ne sta al centro della sua ragnatela. [...] Filippo era fermamente persuaso che l'eccessiva mobilità in un sovrano fosse un male. [...] La cosa giusta per il re di Spagna era di restare sempre in Spagna; e Filippo aveva poi soprattutto una particolare avversione per i sovrani che si spostavano di continuo alla testa di un esercito (come aveva fatto tante volte Carlo V). [...]

Di proposito Filippo II scelse di governare il suo impero così vasto e di guidare i suoi eserciti stando sempre in Castiglia. [...] Per tutta la durata del suo regno impose che le decisioni importanti (e anche molte altre che importanti non erano) fossero prima fatte conoscere in Spagna sì da poterle esaminare di persona e dare loro la sua sanzione. Questa tendenza a volere stabilire una centralizzazione massima [...] finì per creare seri problemi nella gestione del governo. In primo luogo, la mole degli affari in corso costituì una minaccia permanente per il buon funzionamento della macchina governativa; in secondo luogo, le distanze enormi che separavano da Madrid le province esterne dell'impero di Filippo II causarono il pericolo costante che una decisione, una volta presa, risultasse superata dagli eventi prima di potere essere messa in atto. [...] «La distanza – si è detto – spiega in buona parte gli atti di Filippo II» e se in questa affermazione c'è una punta di esagerazione, è però certo che gli sforzi fatti per aver ragione dei problemi causati dalle distanze e dall'eccessiva mole degli affari da sbrigare, sicuramente hanno un peso notevole quando si voglia spiegare la singolarità del modo di governare che fu di Filippo II.

[...] Al centro del sistema di governo praticato da Filippo II stava una struttura complessa formata da quattordici consigli[1] [...]. Dal 1561, anno in cui Filippo stabilì che sede permanente di tutti gli organi centrali di governo fosse la città di Madrid, ognuno dei vari consigli soleva riunirsi ad ore fisse in giorni prestabiliti in una camera apposita del nuovo palazzo reale [...].

I consigli più importanti di cui Filippo si valse furono il Consiglio di Castiglia (una sorta di «Ministero degli interni» responsabile della giustizia, dell'ordine pubblico, dell'economia e degli affari ecclesiastici nell'ambito del regno di Castiglia); il Consiglio delle Indie (che ebbe responsabilità analoghe nell'ambito dei territori del Nuovo Mondo); l'Inquisizione (sotto il cui controllo stavano i ventun tribunali del Sant'Uffizio sparsi in tutto l'impero spagnolo, dal Perù alla Sardegna e dalla Navarra alla Sicilia).

I consigli fungevano soprattutto da organi amministrativi e i loro componenti (fatta eccezione per il Consiglio di Stato che si occupava della politica estera) in genere erano dei giuristi che avevano studiato nelle università castigliane. [...]

Tuttavia i consigli erano soltanto organi consultivi[2] e i funzionari della burocrazia erano soltanto degli esecutori. Filippo II non adottò il modo di governare tramite un «gabinetto di ministri» che fu, invece, prediletto dalla maggior parte dei sovrani venuti dopo di lui [...]. Un sistema del genere lo avrebbe privato di molta parte della sua autorità. Il re, invece, fu fermissimo nel volere che tutte le ordinanze e i mandati uscissero con la sua firma personale; e di fatto la decisione ultima su molte questioni fu presa personalmente da lui solo. [...]

Filippo II fu un lavoratore indefesso e, infatti, riusciva a lavorare in qualunque circostanza e in qualsiasi luogo. [...]

Era solito svegliarsi, senza essere chiamato, intorno alle otto del mattino e poi stava a letto ancora un'ora leggendo documenti. Verso le nove e mezzo si alzava e si faceva radere dal barbiere e vestire dai gentiluomini di camera. Subito dopo essersi vestito, il re si recava nella cappella per ascoltare la messa, poi dava udienza fino a mezzogiorno a chiunque desiderava vederlo. A mezzogiorno faceva colazione e successivamente, dopo un pisolino, metteva mano al suo vero lavoro giornaliero, che lo teneva seduto al suo scrittoio fino all'ora di pranzo. Di solito il pranzo gli veniva servito intorno alle nove di sera, ma l'ora poteva essere anche più tarda se il re non fosse stato pronto per mettersi a tavola. Variabile era anche l'ora per coricarsi: tutto dipendeva dalla mole dei documenti da esaminare. L'intera giornata del re era scandita dal ritmo della sua attività di governo [...]. Nell'esistenza di Filippo II, la ricreazione e lo svago erano concessi solo quando il sovrano era troppo stanco per lavorare ancora.

[1] Organi amministrativi.

[2] Privi di potere decisionale autonomo.

GUIDA ALLA LETTURA

❶ Perché Filippo II è stato paragonato «ad un ragno che se ne sta al centro della sua ragnatela»? ❷ Per quali ragioni e in quali circostanze la centralizzazione operata da Filippo II fu svantaggiosa? ❸ Quali erano le funzioni a cui erano preposti i principali «consigli»? Si trattava di organi consultivi o deliberativi? ❹ Racconta la *routine* quotidiana di Filippo II.

158

J.A. Maravall
Amministrare l'Impero

J.A. Maravall, *Stato moderno e mentalità sociale*, il Mulino, Bologna 1981, pp. 235-41

■ In *Stato moderno e mentalità sociale*, lo storico spagnolo José Antonio Maravall (1910-1986) ha ricostruito le complesse dinamiche politiche, sociali e culturali che in Europa, a partire dal XV secolo, modificarono gli assetti statali feudali per dar vita a compagini di nuovo tipo. Il lavoro di Maravall è guidato da una visione del processo storico in cui elementi di continuità si giustappongono a elementi di novità. Di qui la non uniformità del processo di formazione dello Stato moderno e la diversità delle strutture statali europee fin dalla prima età moderna. Maravall sottolinea la portata mondiale dell'Impero spagnolo, il suo porsi quale elemento di novità e rottura rispetto alla concezione universalistica del potere imperiale tipica del Medioevo. Lo storico spagnolo, inoltre, individua il duplice contributo spagnolo alla formazione dello Stato moderno: la ridefinizione del potere centrale e la creazione di un'organizzazione amministrativa funzionale al governo di un Impero di dimensioni mondiali.

L'Impero spagnolo è di portata mondiale, perché inaugura, come si suol dire, il piano mondiale della vita politica, in quanto richiede che in ogni parte ci si debba porre il problema delle relazioni con codesta organizzazione di potere, obbligando tutti gli altri paesi a entrare in combinazioni internazionali che con i loro fili abbracciano praticamente il pianeta. Questo è il significato precipuo dell'Impero di Filippo II, soprattutto nei suoi ultimi quindici anni [...].

La comparsa dello Stato presupponeva la disarticolazione del vecchio universalismo, e per questa stessa ragione imponeva la necessità di riorganizzare, di riarticolare lo spazio politico secondo una nuova forma, per esigenza intrinseca dei nuovi Stati e per il permanere di una coscienza comune e universale [...]. Si potrebbe aggiungere ancora un'altra ragione, forse più potente, più esigente nel cambiamento che le due precedenti: lo spazio dell'universo politico del Rinascimento, esattamente dal 1492, era non solo quello della Cristianità medievale, con il suo *Sacrum Imperium*, molto maggiore, più complesso, più ricco. Pertanto bisognava ricostruire la figura dell'universo. Lo Stato esigeva di non aver superiore, negava ogni subordinazione a poteri sovra ed extrastatali, ma le forze dell'universalismo – come abbiamo visto, morali e politiche, ma anche tecniche ed economiche – obbligavano a ristrutturare l'universo, facendo i conti con codesta pluralità statale e con il nuovo ampliamento a tutto il pianeta. [...]

L'operazione di organizzare i nuovi spazi in cui si svolge l'esistenza politica dell'uomo moderno, rappresenta una delle imprese più decisive della storia spagnola, sia per quanto si riferisce allo spazio interno di ogni Stato [...], sia per ciò che riguarda lo spazio interstatale, secondo la trasformazione avvenuta. In entrambi gli aspetti l'esperienza storica spagnola ha un particolare rilievo, ma in rapporto al tema della presente opera e cioè la configurazione dello Stato moderno, ci interessa di più la configurazione spaziale di quello che è stato chiamato l'Impero spagnolo.

[...] L'orientamento iberico, che la scuola storica francese assume nello studiare il secolo XVI, non dipende da un caso né da una preferenza personale, bensì da una chiara comprensione di quella che è stata la cornice degli avvenimenti decisivi dell'epoca. [...]

L'ampliamento dell'ambito terrestre e la necessità di cambiare la concezione secondo le esigenze di un sistema di pluralità di Stati, sono circostanze che spiegano il duplice apporto spagnolo alla formazione dello Stato moderno e alla costruzione di un nuovo universo economico e politico. Naturalmente per ambedue le imprese sarà necessario servirsi di formule in un certo senso conosciute e in parte ereditate. L'Atlantico che si contempla e costruisce da Siviglia, non sarà di colpo l'Atlantico propriamente e pienamente moderno che si comincia a vedere alla fine del 1600.

Da un punto di vista economico e politico il problema degli «spazi nuovi» è fondamentale per cogliere il senso di ciò che accade nel secolo XVI, e per chiarire quella particolare condizione dello Stato che mentre appare come unità chiusa in se stessa, in quanto nega ogni istanza estranea o superiore di potere, nondimeno si collega con gli altri Stati, in uno spazio che li ingloba tutti, spazio questo incomparabilmente più esteso, più ricco di uomini, di merci, di metalli preziosi, e anche di mezzi tecnici di quello che si cercò di organizzare sotto la formula della Cristianità medievale e del suo Sacro Impero.

GUIDA ALLA LETTURA

❶ Perché quello spagnolo può essere definito il primo impero «mondiale»? ❷ Spiega il cambiamento dello spazio politico dopo il 1492 e il ruolo assunto dallo Stato spagnolo. ❸ Che cosa distingue, secondo Maravall, l'esperienza imperiale spagnola da quelle medievali?

159

A. Musi
Che cos'è il «sistema imperiale spagnolo»

A. Musi, *L'Italia dei Viceré*, Avagliano, Cava de' Tirreni 2002, pp. 24-27

■ In questo brano, lo storico Aurelio Musi (nato nel 1947) mette a fuoco il concetto di «sistema imperiale spagnolo», che assume piena valenza durante il regno di Filippo II e che si connota per l'unità religiosa e politica, la presenza di una regione-guida (la Castiglia), l'interdipendenza fra i vari Stati e regni che compongono il sistema imperiale, il rapporto variabile fra la politica unitaria del governo centrale e i diversi aspetti delle politiche regionali, l'egemonia spagnola nelle relazioni internazionali.

Il concetto di *sistema imperiale spagnolo*, che raggiunge la sua maggiore visibilità in quanto rappresentazione di uno stadio storico più evoluto e compiuto nell'età di Filippo II, comprende, assai sinteticamente, la seguente articolazione:

a) l'unità dinastica e la Corona come forza egemone;
b) la fine dell'idea e del progetto carolino di «impero universale», ma insieme una sua limitata e differente realizzazione da parte di Filippo II;
c) il rapporto tra l'unità della linea politica della Monarchia e i compromessi realizzati nelle diverse realtà territoriali;
d) l'affermazione di una regione-guida; motore dell'intero complesso monarchico spagnolo. [...]

a) L'unità dinastica è il collante della «composite Monarchy»: se la dinastia è il più potente fattore di legittimità della sovranità monarchica, nel caso spagnolo funziona anche come l'unico riferimento unitario del sistema. Tutto questo è reso possibile dal fatto che, soprattutto durante il regno di Filippo II, l'equilibrio delle forze è nettamente a favore della Corona. [...]
b) L'ascesa e le imprese di Carlo V avevano contribuito a diffondere in tutta Europa i miti e i fantasmi di un grande impero universale, proprio nel tempo storico in cui andavano affermandosi gli Stati nazionali. L'umiliazione di Francesco I a Pavia (1525) e il sacco di Roma (1527)[1] avevano resuscitato i sogni ghibellini dell'impero medievale: l'ideale della monarchia universale. [...] Artisti e intellettuali avevano contribuito alla diffusione dell'ideologia imperiale: si pensi a Tiziano[2] e a Ludovico Ariosto[3] che, nella terza edizione dell'*Orlando furioso* (1532), aveva celebrato Carlo V come il nuovo Carlomagno. La progressiva rottura dell'unità cristiana, la divisione in due della vastissima formazione politico-dinastica decisa da Carlo V avevano certo segnato la fine di qualsiasi progetto di monarchia universale, ma la struttura imperiale, pur mutata nelle sue basi e nei suoi caratteri, permaneva.
Certo il termine impero non va inteso in un senso istituzionalmente definito. Nel caso spagnolo si parla e si può parlare di impero solo nel senso di una potenza che assume particolare rilievo storico e politico per l'ampiezza dei suoi dominii, per le forze di cui dispone, per la preponderanza esercitata in un determinato àmbito geografico e storico, per la connessione tra le sue dimensioni politiche e quelle economiche e culturali. Con Filippo II questo impero cambia le sue basi. Il suo baricentro si sposta dal centro dell'Europa alla Spagna; diventano assai più importanti e decisivi, rispetto al tempo storico e alle esigenze imperiali di Carlo V, il governo, la pratica, l'armatura istituzionale dell'insieme; la ristrutturazione politica dello spazio interno di ogni Stato sottoposto alla Corona spagnola è la premessa indispensabile per attrezzare la nuova organizzazione di potere voluta da Filippo II. Nel suo stadio più compiuto – gli ultimi 15 anni dell'età di Filippo II – quell'organizzazione di potere inaugura [...] il piano mondiale della vita politica in quanto richiede che in ogni sua parte ci si debba porre il problema delle relazioni con codesta organizzazione di potere, obbligando tutti gli altri paesi a entrare in combinazioni internazionali che abbracciano il pianeta.

c) Proprio perché il sistema imperiale spagnolo vive in equilibrio delicato tra unità e molteplicità, la linea politica della monarchia filippina è il risultato dell'intreccio tra orientamenti validi per l'intero complesso dinastico e compromessi con le situazioni particolari e diverse dei singoli territori. [...] In politica economica l'obiettivo primario di Filippo II, da far valere in tutti i territori dell'impero, è il finanziamento e la salvaguardia degli interessi di grande potenza. In politica sociale la linea di condotta è quella della conservazione controllata e disciplinata degli equilibri preesistenti nei territori soggetti. In politica religiosa la linea di condotta è la difesa della Chiesa della Controriforma nella salvaguardia delle intangibili prerogative del sovrano. In tutti e tre questi àmbiti la pratica dell'impero richiede continui aggiustamenti di linea, per così dire, contrattazioni e compromessi con i ceti e le istituzioni locali. [...]
d) La concentrazione della potenza dinastica di Filippo II e la forza del suo potere planetario forse non si sarebbero realizzate appieno senza la *naturalizzazione castigliana* di quella sovranità. E quindi non è del tutto improprio attribuire alla Castiglia la funzione di regione guida dell'impero almeno fino all'annessione del Portogallo.

[1] 15.2 EVENTI.

[2] Tiziano Vecellio (1490 ca. - 1576), uno tra i maggiori pittori veneziani del Rinascimento, di cui si ricordano, fra l'altro, numerosi ritratti.

[3] Ludovico Ariosto [77DOC], autore dell'*Orlando furioso*, conobbe Carlo V nel 1532.

GUIDA ALLA LETTURA

❶ Riassumi i caratteri individuati dallo storico per definire il concetto di «sistema imperiale spagnolo». ❷ Come cambiò l'idea di impero ne la successione tra Carlo V e Filippo II? ❸ Sintetizza gli obiettivi della politica di Filippo II in campo economico, sociale, religioso. Attraverso quali pratiche pubbliche furono perseguiti?

160 DOC

Giovan Carlo Scaramelli
Un ritratto della regina Elisabetta

da *Ambasciatori veneti in Inghilterra*, a c. di L. Firpo, Utet, Torino 1978, pp. 67-74

■ Il 7 febbraio del 1603 Giovan Carlo Scaramelli, agente diplomatico della Repubblica di Venezia, giungeva a Londra per reclamare giustizia sui numerosi atti di pirateria compiuti dai vascelli inglesi ai danni delle imbarcazioni venete. Dopo ben ventisei anni, per la prima volta, il Senato della Repubblica inviava un suo rappresentante presso la regina Elisabetta [16.5 PERSONAGGI]: la prudenza e l'opportunismo politico, infatti, avevano indotto i veneziani a interrompere i rapporti diplomatici con un regno scismatico. Il racconto dell'udienza con la regina, avvenuta il 16 febbraio a Richmond, la residenza reale sul Tamigi, è contenuto nel dispaccio del 19 febbraio, nel quale Scaramelli presenta un vivace e accurato ritratto di Elisabetta, regina settantenne: l'abbigliamento, l'aspetto fisico, il lusso, ma soprattutto l'energia, la veemenza e la prontezza di spirito. Poche settimane più tardi, il 24 marzo 1603, Elisabetta morì.

Era la Regina vestita di tabì[1] d'argento e bianco fregiato d'oro, con abito alquanto aperto davanti, sì che mostrava la gola cinta di perle e di rubini fino a mezzo il petto, e nella veste aveva una gonfiezza molto maggiore e più a basso dell'uso di Francia. La testa era di capelli d'un color chiaro, che non lo può far la natura, con peri di perle grossi attorno la fronte e con archi in forma di cuffia e corona imperiale; faceva mostra di gran numero di gemme e perle, e nella persona fin sotto al traverso era quasi coperta di cinte d'oro gioielate e di gioieli in pezzi separati di carbonzi, balassi[2] e diamanti, avendo anco alle mani, in luogo di manili[3], filze doppie di perle più che mezzane; e tale in aspetto, di regina non di anni 70, in quanto un gran dono di natura, più che dell'arte, possa coprirli.

Sedeva Sua Maestà in una sedia sopra un picciolo quadrato di due scalini, e dalle parti, in terra, erano intorno, in piedi e scoperti, l'Arcivescovo di Caturberi[4], metropolitano di questo regno, il Cancelliero, il Tesoriero, l'Ammiraglio, il Secretario e tutto il Consiglio privato, e nel resto la stanza era ripiena di dame, di cavalieri e di musici da ballo, che fin'allora avevano sonato. All'entrar che feci in quella stanza, si levò in piedi la Regina, e procedendo io con ordine nelle debite riverenze, giunto a lei in atto di porre il genocchio sul primo scalino per basciarle la veste, la Maestà Sua nol permettendo, con ambi le mani quasi mi sollevò e mi porse la destra, la quale io con effetto basciai, e in quest'atto ad un tempo istesso mi disse: «Sia ben venuto in Inghilterra il signor Secretario; è ben ora che la Republica mandi a veder una Regina, che l'ha tanto onorata in tutte le occasioni». [...]

Entrai nel negozio e, presentate le lettere credenziali, feci una breve esposizione dell'ottimo trattamento che ricevono i sudditi della Maestà Sua nei Stati della Serenità Vostra; della gravità degli eccessi all'incontro commessi da corsari inglesi; dell'importancia di danni ricevuti dai sudditi veneziani da alcuni anni in qua; e di quanto sia a cuore a quella Serenissima Republica, che con breve mano sia da Sua Maestà fatte restituire le prede; toccando in fine le reciproche consequenze, che il mondo vegga che effetto averà fatto la missione della Serenità Vostra di un suo secretario, per dimande tanto giuste, in questo regno.

La Regina, ch'aveva in mano la lettera della Serenità Vostra, la porse al Secretario, che, apertala, gliela restituì, e presala Sua Maestà, si pose a sedere e la lesse intieramente; poi, levatasi di novo in piedi e data la lettera al Secretario, di placida e quasi ridente ch'era stata fin'allora, si fece alquanto più grave nel volto e disse così: «Io non posso non sentir assai che la Republica di Venezia in 44 anni del mio regnare non mi si abbia mai fatto sentire se non con richieste, e che nel resto, prospere o adverse che siano state le cose mie, non abbia voluto dar mai segno di tener me e questo regno in quel conto che la fa gli altri prìncipi e gli altri potentati. Né so già che l'esser io di questo sesso mi abbia fatto demeritare, poiché questo mio sesso non ha fatto mancamento, né può far offesa a chi trattasse me come sono trattati gli altri prìncipi, dove la Signoria manda i suoi ambasciatori; ma io so bene, e con questo iscuso in parte la Signoria, che, in tante dispute fatte sopra di ciò, ella non ha potuto aver licenzia da certi prìncipi[5]. Con tutto questo, io non voglio esser discortese con lei; però, in quanto al negozio, vi dirò che questo regno non ha tanti pochi uomini, che fra di essi non ve ne siano di tristi e di ribaldi; ma, trattandosi de' miei sudditi, io deputerò commissarii che saranno con voi, e mi riferiranno, e farò quanto mai potrò per dar satisfazione a quella Serenissima Republica, perché io non voglio esser discortese».

[1] Seta pesante, simile al taffettà marezzato (con linee a forma di onde marine).

[2] Rubini e spinelli (gemme).

[3] Bracciali.

[4] Canterbury.

[5] Allusione all'atteggiamento ostile della Santa Sede verso l'Inghilterra, che aveva indotto la Repubblica di Venezia a interrompere i rapporti diplomatici con Elisabetta.

GUIDA ALLA LETTURA

❶ Come si delinea la figura della regina Elisabetta nella descrizione di Scaramelli? ❷ Qual è il principale obiettivo politico della missione diplomatica di Scaramelli? ❸ Chi sono i più stretti collaboratori della regina? ❹ Quale atteggiamento assume Elisabetta di fronte alle richieste del diplomatico veneziano?

SVILUPPARE LE COMPETENZE

Comprendere e Analizzare

❶ **Scrivi un breve testo (max 40 righe), dal titolo *La politica imperiale tra Carlo V e Filippo II*, che evidenzi somiglianze e differenze tra i due sovrani, anche in relazione ai principali eventi della storia generale. Considera alcuni aspetti:**

a. Ricerca del consenso (Parker);
b. Guerra e finanze (Carlo V, Parker, Musi);
c. Strutture e istituzioni (Carlo V, Braudel, Parker, Maravall, Musi);
d. Stati centrali e periferici (Braudel, Maravall, Musi).

❷ **I brani di Carlo V [155DOC], Braudel [156] e Parker [157] e il documento di Scaramelli [160DOC] evidenziano le personalità dei più potenti sovrani del tempo. Confrontali e rispondi alle seguenti domande:**

a. Chi tra loro appare più legato al passato nel concepire il mestiere e le funzioni del sovrano?
b. Chi sembra invece più aperto ad aspetti innovativi?
c. Chi si impegna in azioni di guerra e campagne militari?
d. Chi invece si dedica maggiormente ad attività di carattere burocratico e amministrativo?
e. Chi evidenzia la maggiore religiosità personale?

❸ **I brani di Braudel [156], Parker [157], Maravall [158] e Musi [159] descrivono la situazione della Spagna del XVI secolo. Dopo un'attenta lettura, rispondi alle seguenti domande:**

a. Su quali elementi si era fondata la potenza spagnola?
b. Quali fattori, invece, ne provocarono la crisi?
c. Quanto ha influito l'estensione territoriale sulla politica spagnola?

Rielaborare e Argomentare

❹ **Redazione di un articolo di giornale. *Filippo II e il primo impero mondiale***

Sviluppa l'argomento scelto in forma di "articolo di giornale", utilizzando i documenti e i dati che lo corredano. Interpreta e confronta i documenti e i dati che ti sembrano rilevanti e costruisci su di essi il tuo "pezzo". Da' all'articolo un titolo appropriato e indica il tipo del giornale sul quale ne ipotizzi la pubblicazione (quotidiano, rivista divulgativa, giornale scolastico, altro). Se lo ritieni opportuno, organizza la trattazione suddividendola in paragrafi, cui potrai dare eventualmente uno specifico titolo.

Documenti: Carlo V [155DOC]
Immagini: pp. 534, 537
Brani storiografici: Braudel [156], Parker [157], Maravall [158], Musi [159]
Capitoli: **16.1-4**

❺ **Dopo aver letto i brani di Parker [157], Maravall [158] e Musi [159], scegli, fra le seguenti interpretazioni storiografiche relative alle ragioni del primato dell'Impero spagnolo nel '500, quella che ti sembra più convincente. Argomenta la tua risposta in un breve testo (max 20 righe).**

a. L'Impero si reggeva sull'equilibrio delle sue parti, via via conquistate o annesse, a cui era garantito un alto grado di autonomia decisionale.
b. Il trionfo spagnolo fu dovuto essenzialmente alle qualità personali di Filippo II, che gestiva nelle sue mani tutti gli aspetti della politica.
c. Era uno Stato efficiente perché "moderno", cioè basato sulla divisione dei poteri e sul funzionamento di un capillare apparato di funzionari.

Lo Stato assoluto

In Europa, tra XV e XVI secolo, si assiste alla crisi degli ordinamenti feudali e al delinearsi di nuove forme di organizzazione politica territoriale cui si attribuisce comunemente il nome di "Stato moderno". Nonostante le diverse articolazioni e i diversi sviluppi temporali e spaziali che esso assunse, è possibile individuarne alcuni aspetti comuni nella tendenza all'accentramento del potere nelle mani del sovrano e alla relativa dialettica fra ceti e potere centrale, all'affermarsi del concetto di sovranità, alla crescita di apparati fiscali e burocratici in relazione con la necessità di procurarsi finanziamenti per le guerre. **Pierangelo Schiera** [161] traccia un profilo storico delle nuove formazioni statali europee tra il XIII e il XVIII secolo, evidenziandone gli aspetti costitutivi, istituzionali, organizzativi e il rapporto con la società. La natura delle nascenti organizzazioni statali fu anche al centro delle riflessioni dei contemporanei **Niccolò Machiavelli** [162DOC] e **Jean Bodin** [163DOC]. Il brano di Machiavelli propone ai lettori esempi di creazione di regni a opera di noti condottieri dell'antichità per sottolineare che alla formazione di nuovi «principati» concorrono la «virtù», la fortuna e una forza armata che non deve essere smobilitata, pena la fine del principato appena creato. Le riflessioni di Jean Bodin, invece, riguardano il concetto e le prerogative della sovranità e le diverse modalità di cambiamenti degli ordinamenti statali, da lui indicate come cambiamenti di regime.

Nel corso della prima metà del '600, queste tendenze accelerarono e nella maggior parte delle compagini europee i sovrani accentuarono il processo di centralizzazione dello Stato. In altre parole si aprì l'età dell'"assolutismo", termine che indica un sistema politico in cui la sovranità dello Stato coincide con la volontà del monarca, libera da vincoli giuridici e da controlli parlamentari. Secondo lo studioso **Reinhart Koselleck** [164], esso fu il tratto saliente delle formazioni statali europee nel periodo compreso fra le guerre di religione e la Rivoluzione francese. Allo Stato assoluto, infatti, fu attribuita la funzione di «pacificatore sociale», necessaria in una società contraddistinta dalla conflittualità tra ceti e segnata in profondità dai conflitti religiosi: **Gerhard Oestreich** [165], per esempio, evidenzia proprio la funzione di disciplinamento sociale a esso connaturata.
Il paese in cui l'assolutismo trovò una più duratura affermazione fu la Francia. Alcuni passaggi del *Testamento politico* del cardinale **Richelieu** [166DOC] offrono un quadro della situazione francese nella prima metà del XVII secolo e del pensiero politico del grande statista, che riportò il suo paese al vertice della politica europea. Chiude la sezione un documento [167DOC] sulla venalità delle cariche in Francia, che testimonia le prime reazioni provocate dal ricorso sempre più frequente a questo espediente vantaggioso per le finanze statali.

161

P. Schiera
Lo Stato moderno

P. Schiera, *Stato moderno*, in *Dizionario di Politica*, diretto da N. Bobbio e N. Matteucci, Utet, Torino 1976, pp. 1006-9

■ Nelle pagine che seguono lo storico italiano Pierangelo Schiera (nato nel 1941) delinea, con grande chiarezza, caratteristiche storico-istituzionali e politiche dello sviluppo degli Stati moderni. In un profilo critico d'insieme, nel quale lo Stato ci appare sempre più concettualmente circoscritto, si evidenziano alcuni sostanziali processi di trasformazione di quella «forma di organizzazione del potere storicamente determinata» che fu lo Stato moderno. Va senz'altro sottolineata la centralità assunta dal motivo finanziario nell'analisi di Schiera, e come esso abbia condizionato l'esperienza statale moderna, soprattutto in rapporto al potere giuridico dei ceti.

Stato moderno come forma storica determinata

«Per la nostra generazione, rientra ormai nel sicuro patrimonio della consapevolezza scientifica il fatto che il concetto di 'Stato' non è un concetto universale, ma serve soltanto ad indicare e a descrivere una forma di ordinamento politico sorta in Europa, a partire dal XIII secolo fino alla fine del XVIII o agli inizi del XIX, sulla base di presupposti e motivi specifici della storia europea, e che da quel momento in poi si è estesa [...] all'intero mondo civilizzato.» Questa affermazione di Ernst Wolfgang Böckenförde[1] può ben servire da punto di partenza [...]. In tal senso lo «Stato moderno europeo» ci appare come una forma di organizzazione del potere storicamente determinata e, in quanto tale, caratterizzata da connotati che la rendono peculiare e diversa da altre forme [...].
L'elemento centrale di tale differenziazione consiste, senza dubbio, nel progressivo accentramento del potere secondo un'istanza sempre più ampia, che finisce col comprendere l'intero ambito dei rapporti politici. [...]
La storia della nascita dello Stato moderno è la storia di questa tensione: dal sistema policentrico e complesso delle signorie di origine feudale si giunge allo Stato territoriale accentrato e unitario attraverso la cosiddetta razionalizzazione della gestione del potere – e quindi della organizzazione politica –, dettata dall'evolversi delle condizioni storiche materiali. [...]
L'incontro dei due movimenti descritti, dall'alto e dal basso, si compì assai lentamente su di un primo piano, spaziale, costituito dal «territorio»: estensione fisica di terreno sufficientemente ampia da consentire il crescente intreccio di interessi e di relazioni fra gruppi vicini e da ricevere quindi riconoscimento e disciplina istituzionale. [...] Il secondo piano, su cui l'incontro avvenne, attiene ancor più al momento istituzionale, e propriamente al problema dell'organizzazione del potere, attraverso l'emergere, sulle diverse antiche «signorie» di cui in origine constava il nuovo «territorio», di un momento sintetico di decisione e di governo, rappresentato dal signore territoriale, cioè dal principe, in capo al quale l'antica, generica signoria a contenuto prevalentemente personale si trasforma in sovranità a contenuto sempre più marcatamente politico. È il passaggio dalla «signoria terriera» alla «sovranità territoriale». Entrambi questi piani esprimevano però un dato di fondo comune, nella misura in cui servivano a dar forma [...] a nuovi contenuti politici, scaturenti dal mutamento sociale indotto e gestito dall'incipiente borghesia, in via di trovare il proprio spazio esclusivo d'azione nelle cose del mondo, sempre più separate da quelle del Cielo, e quindi sempre più bisognose di regimi e sicurezze immediati e attuali, piuttosto che di giudizi morali e di promesse ultraterrene [...].

[1] Filosofo e giurista tedesco (nato nel 1930).

Lo Stato come «ordine politico»

La transizione non fu tuttavia indolore, se è vero che proprio le lotte religiose che lacerarono l'Europa del '500 e del '600 sono da considerare la matrice, o comunque il necessario punto di passaggio, della nuova forma di organizzazione del potere che si richiama espressamente alla «politica». La drammaticità di tale genesi è, a sua volta, ancora esaltata dal fatto che il conflitto religioso trovò alla fine [...] la sua soluzione non nel trionfo di una fede sull'altra, ma proprio nel superamento di ogni pretesa di fondazione del potere su una fede purchessia. Al di là delle parti contendenti, [...] ebbe la meglio una visione tecnica del potere che, intendendo quest'ultimo come ordine esterno necessario a garantire la sicurezza e la tranquillità dei sudditi, puntava espressamente sul compimento del processo di integrazione e di riunificazione del potere stesso nella persona del principe, sorretto da un apparato amministrativo (l'organizzazione degli uffici) efficiente e funzionale agli interessi degli strati sociali traenti. [...] La religione cessa di essere parte integrante della politica: quest'ultima si giustifica ormai dal suo interno, per i fini che è chiamata a realizzare, che sono i fini terreni, materiali ed esistenziali, dell'uomo: in primo luogo l'ordine ed il benessere. [...]

L'unità del comando, la territorialità del medesimo, il suo esercizio attraverso un corpo qualificato di aiutanti «tecnici» sono altrettante esigenze di sicurezza e di efficienza per quegli strati di popolazione che da una parte non riescono più a svolgere i loro rapporti sociali ed economici all'interno delle antiche strutture organizzative e, dall'altra, individuano con chiarezza nella persistenza del conflitto sociale il maggiore ostacolo alla propria affermazione. [...]

L'ordine statale diventa così un «progetto ragionevole» dell'umanità intorno al proprio destino terreno: il contratto sociale, che segna simbolicamente il passaggio dallo stato di natura allo stato civile, non è altro che la presa di coscienza, da parte dell'uomo, sia dei condizionamenti materiali cui è soggetta la sua vita in società, sia delle capacità di cui egli dispone per controllare, organizzare, gestire, utilizzare quei condizionamenti, in primo luogo per la sua sopravvivenza, secondariamente per il suo crescente benessere.

GUIDA ALLA LETTURA

❶ Qual è il punto di partenza concettuale che l'autore adotta nella sua analisi dello Stato? ❷ Descrivi brevemente i tratti caratteristici del mondo politico medievale e l'ascesa di un concetto autonomo di "politica" ❸ Spiega il processo storico che trasformò la «signoria terriera» in «sovranità territoriale» tra XIII e XVI secolo. ❹ Perché, secondo Schiera, le guerre di religione in Europa furono la «matrice» dello Stato moderno? Su quali strumenti e individui si basa la nuova forma di organizzazione del potere?

162DOC

Niccolò Machiavelli
La forza, la virtù, la religione

N. Machiavelli, *Le grandi opere politiche. Il Principe, Dell'arte della guerra*, a c. di G.M. Anselmi e C. Varotti, Bollati Boringhieri, Torino 1992, pp. 49-53.

■ Nel *Principe* Niccolò Machiavelli **[95DOC]** riflette intorno alle tematiche fondamentali della guerra e della forza dei principi e degli Stati. Il successo politico degli innovatori, scrive Machiavelli nel cap. VI che presentiamo, si acquista «con l'arme proprie e virtuosamente». La debolezza militare vanifica dunque le scelte politiche, come avvenne nel caso del crollo del regime di Girolamo Savonarola a Firenze.

Non si maravigli alcuno se, nel parlare che io farò de' principati al tutto nuovi, e di principe e di stato, io addurrò grandissimi esempli; perché, camminando gli uomini quasi sempre per le vie battute da altri, e procedendo nelle azioni loro con le imitazioni, né si potendo le vie di altri al tutto tenere, né alla virtù di quelli che tu imiti aggiugnere[1], debbe uno uomo prudente intrare sempre per vie battute da uomini grandi [...].

Dico, adunque, che ne' principati tutti nuovi, dove sia uno nuovo principe, si trova a mantenerli più o meno difficultà, secondo che più o meno è virtuoso colui che gli acquista. E perché questo evento di diventare, di privato, principe, presuppone o virtù o fortuna, pare che l'una o l'altra di queste dua cose mitighi, in parte, di molte difficultà; nondimanco, colui che è stato meno in sulla fortuna, si è mantenuto più. Genera ancora facilità essere il principe costretto, per non avere altri stati, venire personalmente ad abitarvi. Ma per venire a quelli che, per propria virtù e non per fortuna, sono diventati principi, dico che li più eccellenti sono Moisè, Ciro, Romulo, Teseo e simili[2]. [...] Esaminando le azioni e vita loro, non si vede che quelli avessino altro dalla fortuna che la occasione; la quale dette loro materia a potere introdurvi dentro quella forma parse loro; e sanza quella occasione la virtù dello animo loro si sarebbe spenta, e sanza quella virtù la occasione sarebbe venuta invano.

Era dunque necessario a Moisè trovare il populo d'Isdrael, in Egitto, stiavo[3] e

[1] Raggiungere.

[2] Mosè (XIII secolo a.C.), liberatore del popolo d'Israele dall'Egitto e legislatore; Ciro (VI secolo a.C.), fondatore dell'Impero persiano; Romolo (VIII secolo a.C.), leggendario primo re di Roma; Teseo (XII secolo a.C.), mitico re ateniese.

[3] Schiavo.

oppresso dagli Egizii, acciò che quelli, per uscire di servitù, si disponessino a seguirlo. Conveniva che Romulo non capissi[4] in Alba, fussi stato esposto al nascere[5], a volere che diventassi re di Roma e fondatore di quella patria. Bisognava che Ciro trovassi e' Persi mal contenti dello imperio de' Medi[6], e li Medi molli ed effeminati per la lunga pace.
[...] Queste occasioni, pertanto, feciono questi uomini felici, e la eccellente virtù loro fece quella occasione essere conosciuta[7]; donde la loro patria ne fu nobilitata e diventò felicissima.
Quelli e' quali per vie virtuose, simili a costoro, diventano principi, acquistano el principato con difficultà, ma con facilità lo tengono [...]. E debbasi considerare come non è cosa più difficile a trattare, né più dubia a riuscire, né più periculosa a maneggiare, che farsi capo a introdurre nuovi ordini; perché lo introduttore ha per nimici tutti quelli che degli ordini vecchi fanno bene[8] e ha tepidi defensori tutti quelli che degli ordini nuovi farebbono bene. La quale tepidezza nasce, parte per paura degli avversarii, che hanno le leggi dal canto loro, parte dalla incredulità degli uomini, li quali non credano in verità le cose nuove, se non ne veggano nata una ferma esperienza; donde nasce che qualunque volta quelli che sono nimici hanno occasione di assaltare, lo fanno partigianamente[9], e quegli altri defendano tepidamente: in modo che insieme con loro si periclita[10]. È necessario pertanto, volendo discorrere bene questa parte, esaminare se questi innovatori stanno per loro medesimi[11] o se dependano da altri; cioè, se per condurre l'opera loro bisogna che preghino, ovvero possono forzare[12]. Nel primo caso capitano sempre male e non conducano cosa alcuna; ma, quando dependono da loro proprii e possono forzare, allora è che rare volte periclitano. Di qui nacque che tutti e' profeti armati vinsono, e li disarmati ruinorono. Perché, oltre alle cose dette, la natura de' populi è varia[13]; ed è facile a persuadere loro una cosa, ma è difficile fermarli[14] in quella persuasione; e però conviene essere ordinato in modo che, quando e' non credono più, si possa fare loro credere per forza. Moisè, Ciro, Teseo e Romulo non arebbono possuto fare osservare loro lungamente le loro costituzioni, se fussino stati disarmati: come ne' nostri tempi intervenne a fra' Girolamo Savonarola[15]; il quale ruinò ne' sua ordini nuovi, come la moltitudine cominciò a non credergli; e lui non aveva modo a tenere fermi quelli che avevano creduto, né a far credere e' discredenti. Però questi tali hanno nel condursi gran difficultà, e tutti e' loro periculi sono fra via, e conviene che con la virtù li superino: ma superati che gli hanno, e che cominciano ad essere in venerazione, avendo spenti quelli che di sua qualità li avevano invidia, rimangono potenti, securi, onorati, felici.

[4] Risiedesse.
[5] Fosse stato abbandonato appena nato.
[6] I Medi, popolazione iranica affine ai Persiani, furono sconfitti da Ciro nel VI secolo a.C.
[7] Riconosciuta.
[8] Coloro che si avvantaggiano dei vecchi ordinamenti.
[9] Con determinazione.
[10] Si corre pericolo.
[11] Hanno forza autonoma.
[12] Impiegare la loro forza.
[13] Mutevole.
[14] Tenerli fermi.
[15] 👁 9.3.

GUIDA ALLA LETTURA

❶ Come giustifica l'autore il suo ricorso a «grandissimi esempi» in campo politico? ❷ Quali doti deve possedere un principe? ❸ In che condizioni deve trovarsi il principe, secondo Machiavelli, per poter «forzare» la sua politica? ❹ Che cosa accadrebbe in caso contrario?

163 DOC

Jean Bodin
I fondamenti giuridici del potere

J. Bodin, *I sei libri dello Stato*, a c. di M. Isnardi Parente, Utet, Torino 1964, I, pp. 482-83; 491; 495; *I sei libri dello Stato*, a c. di M. Isnardi Parente e D. Quaglioni, Utet, Torino 1988, II, pp. 337-38

■ La fama di Jean Bodin (1530-1596) [👁 19.1], è legata, presso i contemporanei, ai *Six livres de la République* (1576), opera composta durante gli anni delle guerre di religione. Bodin, quale esponente di rilievo del movimento d'opinione che vedeva nel rafforzamento del potere dello Stato l'unica possibile soluzione del conflitto che dilaniava il paese, si impegnò sin dalle prime pagine in una difesa degli ordinamenti giuridici della monarchia francese, esponendo sistematicamente nel corso dell'opera la sua teoria della sovranità. L'essenza del potere politico (I libro, cap. 10) consiste nell'assoluta e incondizionata autonomia di colui che è sovrano, depositario per il paese di prerogative inalienabili. Negli ultimi due libri, invece (in particolare IV libro, cap. 1), l'analisi si sposta sulla costituzione degli Stati e sul mutamento violento o naturale dei regimi di governo.

Delle vere prerogative della sovranità

[...] Le prerogative sovrane devono essere tali da non poter convenire altro che al principe sovrano; se anche i sudditi possono esserne partecipi, esse cessano di essere tali. [...] Ed è comunemente noto che i diritti del re sono inaccessibili e inalienabili, né possono cadere in prescrizione per decorso di tempo. Se poi al principe sovrano accade di farne partecipe un suddito, ciò significa che questo, da suo servitore che era, diverrà suo compagno, e così facendo egli rinuncerà alla sovranità; perché la qualifica di sovrano, ossia posto al di sopra di tutti i sudditi, non può convenire a chi di un suo suddito faccia un compagno. Così come il gran Dio sovrano non può fare un altro Dio simile a lui, poiché egli è infinito e non vi possono essere due infiniti, come si dimostra secondo ragioni naturali e necessarie, così possiamo dire che quel principe che abbiamo detto essere l'immagine di Dio non può rendere un suddito uguale a se stesso senza con ciò annullare il suo stesso potere.

Se così è, ne consegue che la principale nota distintiva della sovranità non è il rendere giustizia, perché questa è cosa che può essere comune al principe e al suddito; e neanche il nominare o destituire gli ufficiali, poiché principe e suddito hanno entrambi questo potere, non solo riguardo agli ufficiali della giustizia, dell'amministrazione civile, della guerra, delle finanze, ma anche a ufficiali con potere di comando, sia in pace che in guerra. [...]

Perciò possiamo concludere che la prima prerogativa sovrana è il potere di dare la legge a tutti in generale e a ciascuno come singolo; ma ancora questo non è sufficiente, se non si aggiunge: «senza bisogno del consenso di nessuno». Se il principe dovesse attendere e osservare il consenso di un superiore, non sarebbe che un suddito; se di un uguale, avrebbe un compagno di potere; se dei sudditi, del senato o del popolo, non sarebbe sovrano. [...]

Sotto questo stesso potere di dare e annullare le leggi sono compresi tutti gli altri diritti e prerogative sovrane: cosicché potremmo dire che è questa la sola vera e propria prerogativa sovrana, che comprende in sé tutte le altre. Ma, se si vuole enumerare queste altre prerogative, si può dire ch'esse sono il dichiarare la guerra e concludere la pace, il discutere in appello i giudizi dei magistrati, l'istituire o destituire i più alti ufficiali, l'imporre gravami e contributi ai sudditi o esentarli da essi, il concedere grazie o dispense contro il rigore delle leggi, l'alzare o abbassare il titolo, valore e piede[1] delle monete, il far giurare sudditi e uomini ligi di serbare fedeltà senza alcuna eccezione a colui cui il giuramento è dovuto. [...]

Della nascita, crescita, perfezione, decadenza e rovina degli Stati

Ogni Stato trae la sua origine dalla famiglia, moltiplicandosi a poco a poco, oppure si forma d'improvviso da una moltitudine riunita o da una colonia mandata da un altro Stato; come un nuovo sciame di api, o come un ramo trapiantato da un altro albero, che, una volta messe radici, fa più presto a portar frutto che non quello che nasca da un semplice seme. Ora, l'uno e l'altro tipo di Stato si stabilisce per la violenza dei più forti o per il consenso degli uni che di buon grado assoggettano agli altri la loro libertà piena ed intera, per essere governati da loro con potere sovrano o senza leggi oppure sotto certe leggi e condizioni. Così lo Stato, una volta che ha preso inizio, se ha basi solide, si assicura contro la forza esterna e contro i mali interni, e a poco a poco cresce in potenza, fino a giungere al suo pieno fiorire, cioè al culmine della sua perfezione. Ma questa, per via della labilità delle cose umane, non può avere lunga durata; queste, infatti, sono così mutevoli e incerte che i più grandi Stati spesso cadono di schianto per il loro stesso peso, altri vanno in rovina per la violenta aggressione dei nemici proprio nel momento in cui si sentono più sicuri, altri ancora hanno una lunga vecchiaia e arrivano alla loro fine consumati dai mali interni. Avviene ordinariamente che proprio i più splendidi Stati soffrono i più grandi cambiamenti; e ciò non può comportare alcun biasimo, se veramente il cambiamento provenga da una forza esterna; e ciò avviene il più delle volte, perché gli Stati più splendidi sono anche quelli più invidiati.

[1] Piede di una moneta è la quantità di pezzi che si può coniare con l'unità di peso del relativo metallo fino.

GUIDA ALLA LETTURA

❶ Perché un principe sovrano, secondo Bodin, non può rinunciare ad alcuno dei suoi diritti regi? ❷ Qual è, dunque, la «sola vera e propria prerogativa sovrana»? ❸ Elenca le prerogative sovrane che discendono dalla prima. ❹ Chi può dare origine allo Stato? Secondo quali modalità può costituirsi?

164

R. Koselleck
Le guerre di religione e l'affermazione dell'assolutismo

R. Koselleck, *Critica illuminista e crisi della società borghese*, il Mulino, Bologna 1972, pp. 17-20; 25-30

■ Nel volume *Critica illuminista e crisi della società borghese* (1959), lo storico Reinhart Koselleck (1923-2006), attraverso un'attenta disamina delle teorizzazioni politiche e filosofiche che accompagnarono l'affermazione dell'assolutismo, individuò nella nascita dello Stato moderno il momento risolutivo dei conflitti religiosi, che ne azzerò i princìpi scatenanti. Lo Stato, fondato sull'obbedienza dei sudditi, mise al bando il disordine civile, confinando nella coscienza morale dei singoli l'opposizione al regime. Un'opposizione che ritrovò spazio politico solo nell'Illuminismo, una volta recuperato e riportato alla luce quel dissenso morale sepolto nelle coscienze. In origine, infatti, l'intromissione violenta dello Stato nella vita dei sudditi aveva sottratto a questi ultimi, come scrive Koselleck, ogni responsabilità politica, costringendoli a nascondersi nel silenzio della propria coscienza.

Due avvenimenti fondamentali stanno al principio e alla fine dell'assolutismo classico. La sua situazione di partenza fu la guerra civile religiosa. Attraverso lunghe lotte, lo Stato moderno era uscito dai disordini religiosi, e soltanto quando li ebbe superati poté raggiungere la sua piena forma ed espressione. Un'altra guerra civile, poi, provocò la rapida fine dello Stato assolutistico: la Rivoluzione francese.

Le ripercussioni delle due serie di avvenimenti si estesero all'intera Europa; la posizione particolare dell'Inghilterra è messa in evidenza dal fatto che i due avvenimenti coincisero. Qui infatti il nascente Stato assolutistico crollò già nel corso della guerra civile religiosa[1], e le lotte religiose costituirono già la rivoluzione borghese. Invece sul continente lo Stato assolutistico, per quanto è possibile ripercorrere il suo sviluppo, rimase il risultato contingente dell'agitazione seguita alla Riforma. Attraverso soluzioni localmente differenti delle contese confessionali e in fasi differenti nel tempo si costituì la moderna autorità dello Stato. La sua politica fu il tema del secolo decimosettimo, le sue vie tracciano la storia dell'assolutismo. Il periodo successivo, quantunque caratterizzato dalla medesima forma statale, è indicato con un nome diverso, quello di Illuminismo. Esso si sviluppò dall'assolutismo, come sua conseguenza interna, per poi prepararne la fine come controparte dialettica e come nemico dello Stato assolutistico. Come la situazione politica di partenza dell'Illuminismo si trova nel sistema assolutistico, così quella dell'assolutismo si trova nelle guerre di religione. [...]

Lo Stato monarchico, che si appoggia sui funzionari e sui militari, crea un campo d'azione extrareligioso, razionale, che in contrasto con gli altri suoi atti fu determinato in senso politico-statale. Sul piano sociale, i monarchi rimasero talmente legati alla tradizionale stratificazione basata sui ceti, che nella maggioranza dei casi si ingegneranno per conservarla. Sul piano politico, invece, i monarchi cercarono di eliminare o di neutralizzare tutte le istituzioni autonome. Anche il mercantilismo[2] in quanto sistema economico è subordinato all'imperativo della pianificazione politica e della guida statale. Così, i problemi della religione e della Chiesa furono trattati in riferimento alla loro utilità per lo Stato, sia nel quadro di una Chiesa di Stato sia nel quadro di una adeguata tolleranza. Il campo particolare di un sistema politico che abbracciava l'Europa intera costituì la piattaforma di partenza dell'Illuminismo.

Questo campo particolare trovò la sua espressione teoretica nella dottrina della ragion di Stato[3]. Svincolandolo da leggi morali, fu predisposto uno spazio nel quale la politica potesse svilupparsi al di fuori della morale. [...] L'imperativo dell'epoca fu di trovare una soluzione tra le Chiese intolleranti che si combattevano aspramente e si perseguivano senza pietà, e tra le fazioni interne ai ceti legate dalla religione. [...] Come arrivare alla pace? [...] Lo Stato si costituì in ciò che fu soltanto attraverso la risposta specifica che aveva trovato alla guerra civile di religione. [...]

Mentre i partiti religiosi attingevano la loro energia da fonti poste al di fuori dell'ambito di potere dei principi, i principi poterono imporsi su di essi soltanto infrangendo il primato della religione. Soltanto così riuscirono ad assoggettare alle autorità statali i diversi partiti. *Cuius regio, eius religio*[4], è già una conseguenza del fatto che i principi, anche se sostenitori di un partito religioso, in quanto principi si posero al di sopra dei partiti religiosi. Il principe assoluto non riconobbe al di sopra di sé altra istanza che Dio, appropriandosi inoltre dei suoi attributi nell'ambito politico e temporale: «La sovranità non è limitata, né da un altro potere, né da alcuna legge, né nel tempo».

[1] Prima rivoluzione inglese, scoppiata nel 1640 [👁 19.3].

[2] Politica economica elaborata e sviluppata tra XVI e XVIII secolo, caratterizzata dal protezionismo ed espressione della necessità di arricchimento degli Stati moderni.

[3] 👁 19.1.

[4] Principio stabilito dalla pace di Augusta (1555) che imponeva ai sudditi di seguire la religione professata dal proprio sovrano [👁 15.5].

GUIDA ALLA LETTURA

❶ Entro quali avvenimenti l'autore inscrive il periodo definito «assolutismo classico»? ❷ Spiega le caratteristiche dello Stato monarchico in campo sociale, politico, economico e religioso. ❸ In che cosa consiste la dottrina politica della «ragion di Stato»? ❹ Quale fu la «risposta specifica» dello Stato alle guerre religiose in Germania?

165

G. Oestreich
Stato assoluto e disciplina sociale

G. Oestreich, *Problemi di struttura dell'assolutismo europeo*, in E. Rotelli e P. Schiera (a c. di), *Lo stato moderno*, il Mulino, Bologna 1974-76, vol. I, pp. 181-84

■ Lo storico tedesco Gerhard Oestreich (1910-1978) ha prodotto alcuni dei più significativi studi sulla formazione dello Stato moderno. A lui si devono, fra l'altro, l'introduzione del concetto di «disciplinamento sociale» e l'attribuzione di un ruolo primario ai ceti sociali nella formazione dello Stato moderno. Dell'assolutismo Oestreich evidenzia l'aspetto multiforme e indaga il suo consolidarsi nel corso dell'età moderna in seguito alle guerre di religione. Nelle pagine seguenti individua nel disciplinamento sociale il «processo fondamentale, [...] la realtà di fondo [...] l'idea conduttrice dell'età dell'assolutismo».

L'assolutismo si è servito per le sue realizzazioni di mezzi particolari: la disciplina monarchica e l'autorità dello Stato moderno. Esso le ha anzi create entrambe. Al principio feudali-

stico-conservatore delle libertà dei ceti esso ha contrapposto un controllo e una repressione di ogni manifestazione sul piano della vita pubblica ma anche privata [...]. Il sociologo tedesco Max Weber ha individuato nella razionalizzazione della forma di vita e del modo di vita la tendenza generale e assolutamente preminente nello sviluppo politico ed economico-sociale d'Europa. Egli ha riconosciuto come predominante questa razionalizzazione anche nell'età dell'assolutismo. Di fronte a questa concezione io vorrei mettere in risalto, come processo fondamentale, come realtà di fondo e come idea conduttrice dell'età dell'assolutismo, l'opera di disciplina sociale [...]. Questo qualcosa concerne una fondamentale trasformazione sociale dello Stato, della società, del popolo. Si tratta di un fenomeno storico strutturale verificatosi su tutti e tre i piani [...] e concernente generalmente anche l'individuo.
[...] Il processo di disciplina sociale è il risultato politico e sociale dell'assolutismo monarchico.
[...] Di fronte al fallimento e alla disintegrazione dell'ordinamento statale feudale, l'assolutismo degli inizi aspirò a un nuovo ordinamento politico, sulla base di un nuovo diritto sotto la possibile tutela del vecchio diritto e della vecchia libertà. Non sussistono infatti dubbi sul fatto che la monarchia assoluta si sentisse legata alla legge divina e naturale. Essa era una monarchia morale e anche giuridica «limitée»[1] nel senso dei privilegi corporativi e delle leggi fondamentali riconosciute, quelle «leges fundamentales»[2], cioè che regolavano la successione al trono, la cessione del primato regio, i mutamenti dei territori signorili o statali, ecc. I rappresentanti della monarchia assoluta [...] si volevano differenziare chiaramente e coscientemente dai despoti e dai tiranni.
[...] Il principio del comando dell'obbedienza, passato dal mondo antico al nuovo ordinamento politico, subentrò al posto della reciproca fedeltà obbligatoria: comando e obbedienza, nel senso di obbligo e stima reciproca degli uomini fra loro, della «mutua obligatio»[3] fra sovrano e popolo. Il rapporto medievale di *status* sul quale poggiava il rapporto di fedeltà e di seguito, fu sostituito dall'idea di contratto della prima età moderna.
[...] Il rapporto, imperniato sull'accordo contrattuale, di comando e di obbedienza, impose chiare funzioni all'ordine superiore e a quello sottoposto, presupponendo però una certa azione di disciplina.
L'affermazione e lo sviluppo vero e proprio dell'assolutismo derivò dalle guerre civili di religione europee, o per lo meno prese avvio in esse. [...] La minaccia quotidiana dell'esistenza materiale e spirituale, la crudeltà sempre maggiore delle lotte pluridecennali, con le loro conseguenze social-psicologiche di sfiducia, odio e ferocia, la mescolanza di conflitti confessionali con problemi interni di potere, disintegrarono alla fine l'autorità statale.
[...] Il successo venne da tutt'altra parte, dalla parte della politica pura, grazie a un gruppo di pensatori e di uomini politici, che posero la politica al di sopra della religione, favorendo il processo di secolarizzazione della vita pubblica, come anche la secolarizzazione del pensiero politico, per eliminare gli effetti e forse anche le cause delle guerre di religione, per circoscrivere l'influsso politico dei teologi e la loro mescolanza di ideologia e potenza. Questo processo di secolarizzazione poté riuscire solo con l'appoggio di un fattore potente: lo Stato dell'assolutismo in via di formazione. L'appello a uno Stato forte che doveva porre freno ai partiti religiosi, scaturì dai circoli situati al di fuori dei partiti religiosi, specialmente dai circoli del tardo umanesimo europeo dei giuristi e statisti, dei giureconsulti e moralisti, che assumevano il modello del forte Stato romano come modello dello Stato della prima età moderna. La necessità di un esercito forte, ben disciplinato e imbevuto delle nuove concezioni politiche e di una burocrazia vigorosa, ben disciplinata, venne allora proposta come via d'uscita al dilemma della politica interna del tempo. Utilitarismo e burocraticismo stanno dunque in stretta connessione col processo di deteologizzazione e deconfessionalizzazione del mondo dei secoli XVI e XVII.
[...] La ragion di Stato interna ebbe il sopravvento sulle pretese teologiche

[1] Limitate.
[2] Leggi fondamentali.
[3] Obbligo reciproco.

GUIDA ALLA LETTURA ❶ Che cosa intende l'autore con l'espressione «opera di disciplina sociale»? ❷ Descrivi il processo di deteologizzazione che portò all'affermazione dello Stato e dei suoi corpi politici. ❸ Quali ambiti della vita pubblica furono investiti dal processo di disciplina sociale?

166 DOC

Richelieu
L'ordine naturale della società e le funzioni del re

A.J. du Plessis, card. di Richelieu, *Testament politique*, trad. di passi scelti a c. di C.A. Pinelli, Ed. Ricerche, Roma 1956, pp. 19-55

■ La figura del cardinale di Richelieu (1585-1642) [👁 19.6] domina la prima metà del '600 come uno dei più lucidi rappresentanti della nuova politica improntata alla «ragion di Stato». Nel suo *Testamento politico* – composto tra il 1635 e il 1638 – descrisse le linee fondamentali della sua politica, che seppe riportare una Francia sconvolta e divisa al livello di grande potenza europea. Nei passi scelti emerge con evidenza il carattere tradizionalista della sua visione, impostata sull'idea di un ordine naturale della società: ognuno deve svolgere il proprio compito entro una rigida struttura gerarchica che dal re discende al clero, ai nobili, fino al popolo. È significativa l'affermazione che è rischioso concedere un'eccessiva libertà al popolo e diffondere l'istruzione: il cardinale suggerisce piuttosto di educare le classi più umili attraverso l'abitudine alla disciplina e al lavoro.

Sulle lettere

[...] Come sarebbe mostruoso un corpo che avesse occhi in tutte le parti, così lo sarebbe uno Stato se tutti i sudditi fossero sapienti.

Ci sarebbe in esso così poca obbedienza che l'orgoglio e la presunzione vi sarebbero abituali; il traffico delle lettere [...] rovinerebbe l'agricoltura, vera madre nutrice dei popoli, e renderebbe deserto in poco tempo il vivaio dei soldati, i quali s'allenano piuttosto nella ruvidezza dell'ignoranza, che nella gentilezza del sapere; riempirebbe infine la Francia dei piantagrane più adatti a rovinare le famiglie e a disturbare la pubblica quiete che a procurare qualche bene agli Stati. Non solo, ma se le lettere fossero date a tutto il popolo, si vedrebbero più persone capaci di formulare dubbi che di risolverli, e molti più sarebbero quelli atti ad opporsi alle verità di quelli atti a difenderle. [...]

Sulla nobiltà

[...] Bisogna considerare la nobiltà come uno dei principali nervi dello Stato, capace di contribuire notevolmente alla sua conservazione e al suo consolidamento. Essa è stata da qualche tempo così abbassata dal gran numero di borghesi, innalzati, per disgrazia di questo secolo, ai pubblici uffici, che ha gran bisogno di essere difesa dalle imprese di questa gente. [...]

La nobiltà ha dimostrato durante la guerra felicemente terminata con la pace, ch'essa ha ereditato il valore dei suoi antenati [...]; bisogna quindi ch'essa possa di nuovo acquistare e conservare la sua primitiva reputazione e che lo Stato sia da essa utilmente servito. Non sono certo utili alla repubblica coloro che la danneggiano. Quindi è certo che la nobiltà se non serve per fare la guerra non solamente è inutile, ma è gravosa allo Stato [...]. Pertanto non ho alcuna difficoltà ad affermare che coloro i quali, degenerando dal valore degli avi trascurano di servire la corona mediante la loro spada e la loro vita, [...] meriterebbero di essere privati dei privilegi della loro nascita e ridotti a portare parte dei pesi del popolo. [...]

Non solo è necessario non dimenticare nulla per mantenere la Nobiltà nella vera virtù dei padri, ma non si deve neppure tralasciare alcun mezzo per conservarla nel possesso dei beni ereditati, procurando anzi, loro i mezzi per acquistarne dei nuovi. [...]

È necessario a questo fine, distinguere la nobiltà di corte e la nobiltà di campagna. Quella che vive a corte, sarà notevolmente sollevata se si metterà un limite al lusso e alle *insopportabili spese* introdottesi al Louvre[1] [...]. Quanto alla nobiltà di campagna, [...] se V.M. aggiungerà ai provvedimenti che crederà opportuno prendere contro questo disordine, l'istituzione di 50 compagnie di gente d'arme e di un numero uguale di cavalieri leggeri, stipendiati dalle provincie alle condizioni che saranno qui sotto specificate, Ella procurerà dei mezzi di sussistenza non indifferenti per quei nobili che si trovano in maggiore disagio. [...]

Del Popolo

Tutti i politici sono d'accordo su questo: se i popoli fossero troppo liberi, sarebbe impossibile tenerli nelle regole dei loro doveri. La loro caratteristica fondamentale è che, avendo minori cognizioni degli altri ordini dello Stato, molto più colti e istruiti di loro, difficilmente essi starebbero alle regole che sono loro prescritte dalla ragione e dalle leggi, se non vi fossero costretti da qualche necessità. [...]

Bisogna paragonarli ai muli che, abituati al carico, si guastano con un lungo riposo più che col lavoro. Ma come bisogna per questi animali che il lavoro sia moderato e il carico proporzionato alla loro resistenza così deve essere per gli aiuti che dà il popolo. [...]

C'è un punto che non può essere oltrepassato senza ingiustizia, secondo quanto il senso comune insegna: che ci deve essere cioè una proporzione tra il fardello[2] e le forze di chi lo sopporta...

[...] I Sovrani devono, nelle grandi necessità dello Stato, valersi dell'abbondanza dei ricchi prima di dissanguare i poveri in misura superiore all'ordinario.

Lo Stato in se stesso

[...] Questo gran Regno non può essere fiorente se V. M. non fa stare i corpi di cui è composto, nel loro ordine, e cioè la Chiesa al primo posto, la nobiltà al secondo e i funzionari che camminano alla testa al popolo, al terzo [...]; altrimenti la Francia non sarebbe più ciò che è stata e ciò che essa deve essere, ma soltanto un corpo mostruoso, senza fondamento né durata. [...]

La sicurezza che V. M. saprà contenere ciascuno nei suoi limiti, fa che io non mi dilunghi oltre sull'argomento.

[1] Il palazzo del Louvre era la residenza parigina dei re di Francia.

[2] Il peso o carico.

GUIDA ALLA LETTURA

❶ Quali sono i giudizi di Richelieu riguardo al problema dell'istruzione popolare? ❷ Perché Richelieu è contrario alla diffusione degli studi umanistici? ❸ Quali sono gli elementi fondamentali del pensiero di Richelieu riguardo alla nobiltà? ❹ Qual è, a giudizio del cardinale, il corretto comportamento del sovrano nei confronti del popolo?

167 DOC

La venalità delle cariche in Francia

da A. Torre, *Stato e società nell'ancien régime*, Loescher, Torino 1983, pp. 144-45; 212-13

■ Quasi cento anni separano i due documenti raccolti in queste pagine, entrambi relativi al fenomeno della venalità nella Francia del XVI e XVII secolo. Pur trattandosi di un fenomeno già caratteristico della società feudale, il commercio degli uffici, una volta divenuto prerogativa esclusiva della corona, ebbe conseguenze di grande rilievo nella formazione dello Stato. A partire dalla seconda metà del XVI secolo, infatti, gli uffici venduti divennero ereditari: la formalizzazione di tale meccanismo avvenne nel 1604 con l'istituzione della *paulette*, o "diritto annuale"; pagando la sessantesima parte del valore dell'ufficio i funzionari si assicuravano che alla propria morte la carica fosse trasmessa agli eredi. Nelle sue memorie il cancelliere Pomponne de Bellièvre (1529-1607) sottolineò le pericolose implicazioni di tale istituzione, che avallava una mentalità non più meritocratica bensì affaristica degli uffici.

La vendita degli uffici

Nel detto anno 1522 (1523), nel mese di febbraio, fu ordinato dal Re[1], per il tramite del suo Gran Consiglio, che da allora in avanti il numero dei relatori nella Cancelleria regia di Parigi sarebbe stato elevato a dodici, e pertanto creò e ordinò i detti relatori [...]. E i detti uffici furono venduti alla somma di mille lire ciascuno. E furono investiti dell'ufficio dal cancelliere del Re nel Gran Consiglio.

(1522) *Item*, ancora il detto re Francesco, lungo tempo dopo il suo avvento al trono, istituì, creò e ordinò venti nuovi consiglieri alla corte del Parlamento di Parigi, e creò una nuova camera al suo interno; e la detta istituzione avvenne e fu pubblicata nella detta corte del Parlamento il venerdì ultimo giorno di febbraio 1521 (1522); e la pubblicazione fu fatta per lettere patenti che il Re inviò alla detta corte, dove tuttavia si ebbero opposizioni e contrasti; ma in ogni caso fu detto che, nonostante l'opposizione e il ricorso, tali uffici sarebbero stati istituiti e creati; e fu dunque istituita questa nuova sezione del Parlamento in vicinanza delle grandi cucine [...] e tali uffici furono venduti a seimila lire.

Nel detto anno 1521 (1522) il Re istituì e creò sedici commissari criminali nello Châtelet[2] di Parigi, da aggiungersi agli altri sedici già esistenti, che in precedenza erano stati costituiti da altri sovrani [...]. E furono venduti a ben seicento scudi d'oro. E nello stesso anno 1521 il Re creò, istituì e ordinò quaranta notai allo Châtelet da aggiungersi ai sessanta già esistenti da lunghissimo tempo [...].

Item, lo stesso accadde a Orléans, dove furono istituiti nuovi uffici.

Contro la paulette

In qualche luogo della cristianità ci si stupisce e si trova da ridire sul fatto che in Francia gli uffici di giudicatura siano venali. [...] Il più audace acquirente viene preferito al più esperto e al più onesto. Le buone leggi sono necessarie, ma divengono inutili se non si dispone di un buon magistrato che le faccia rispettare.

Io dico che la proposta in questione avrà l'effetto di comunicare ai sudditi che non resta alcuna speranza che si vogliano scegliere persone raccomandabili per l'esercizio della giustizia, che le funzioni sacre di coloro ai quali si affidano i beni gli onori e la vita stessa dei sudditi vengono concesse al maggiore o all'ultimo offerente [...].

Con questa decisione la scelta dei magistrati non ricade più sul re: cosa che invece riguarda espressamente e direttamente la sua autorità [...].

Se un presidente della camera delle inchieste trasmetterà in questo modo l'ufficio al proprio erede, si assisterà a un nuovo arrivato che presiederà ai lavori dei consiglieri più giovani e più anziani: e così si perderà la disciplina del parlamento [. .]. Non sarà più il re, ma il denaro ad attribuire le cariche: e in tal modo si potranno produrre grandi e pericolosi monopoli [...].

Occorre anche considerare il fatto che, se l'appalto verrà deciso, gli onesti che avranno meritato le ricompense regie per i loro pubblici servigi non potranno più sperare di ottener alcun ufficio superiore [...].

Rispetto all'appalto, si aggiunge poi che non introduce affatto la venalità delle cariche, che è nota e diffusa da lungo tempo [...] [al contrario] si cerca in tal modo di accrescerla e perpetuarla.

In primo luogo, poiché tutto il denaro proveniente dalla composizione delle trasmissioni di ufficio appartiene all'appaltatore, va da sé che in ogni circostanza egli si comporterà per quel che è, e cioè un appaltatore, e sappiamo che i più audaci tra loro sono anche i più pericolosi [...]. Così gli uffici verranno venduti a prezzi eccessivi e poco ragionevoli: nessun gentiluomo vorrà né potrà ottenere di collocare i propri figli in seno alle corti sovrane, ciò di cui la nobiltà si è lagnata in tutte le assemblee rappresentative [...]. Non si vedranno più all'interno del parlamento che i figli di gente senza qualità, col solo merito di aver avuto fortuna nei propri affari, o meglio di averli condotti bene a spese del pubblico, e da ciò non potranno derivare che disprezzo, cioè corruzione, per la giustizia.

---

[1] Francesco I [👁 5.1-2, 15.4].

[2] Tribunale.

GUIDA ALLA LETTURA

❶ Quali erano le funzioni e le motivazioni politiche ed economiche della vendita delle cariche, e quando si diffuse particolarmente questa pratica? ❷ Qual era il significato dell'istituzione della *paulette* e quali novità introdusse nella vendita delle cariche? ❸ Quali erano gli organismi di governo o di magistratura citati nel primo passo e i relativi aumenti dei membri che li componevano? ❹ Quali sono le argomentazioni avanzate nel secondo passo contro la pratica della *paulette*?

SVILUPPARE LE COMPETENZE

Comprendere e Analizzare

❶ **Dopo aver letto i documenti di Machiavelli [162DOC] e Bodin [163DOC], ottempera alle seguenti richieste:**

a. Confronta la figura del principe nella descrizione di Machiavelli e in quella di Bodin, elencando gli aggettivi usati per definirne la natura e gli attributi politici.

b. Confronta le due descrizioni delle origini e delle cause di decadenza degli Stati.

c. Riassumi i tratti comuni o divergenti che hai individuato nei due autori.

❷ **Scrivi un breve testo (max 40 righe), dal titolo *L'assolutismo francese*, seguendo la scaletta di argomentazione:**

a. I teorici dell'assolutismo (Bodin, Koselleck);

b. Sovranità e ceti (Bodin, Richelieu);

c. La venalità delle cariche (*La venalità delle cariche*).

Rielaborare e Argomentare

❸ **Redazione di un articolo di giornale. *La costruzione dello Stato moderno in Europa***

Sviluppa l'argomento scelto in forma di "articolo di giornale", utilizzando i documenti e i dati che lo corredano. Interpreta e confronta i documenti e i dati che ti sembrano rilevanti e costruisci su di essi il tuo "pezzo". Da' all'articolo un titolo appropriato e indica il tipo di giornale sul quale ne ipotizzi la pubblicazione (quotidiano, rivista divulgativa, giornale scolastico, altro). Organizza la trattazione suddividendola nei seguenti paragrafi, cui potrai dare eventualmente uno specifico titolo.

a. Le teorie sull'accentramento del potere

b. Il conflitto con i poteri concorrenti

c. L'amministrazione politica e finanziaria

d. L'esercito e la guerra

Documenti: Machiavelli **[162DOC]**, Bodin **[163DOC]**, Richelieu **[166DOC]**, *La venalità delle cariche* **[167DOC]**
Brani storiografici: Schiera **[161]**, Koselleck **[164]**, Oestreich **[165]**
Capitoli: **19**

❹ **Dopo aver letto i brani di Schiera [161], Koselleck [164] e Oestreich [165], scegli tra le seguenti considerazioni storiografiche sulla nascita dello Stato moderno quella che ritieni più condivisibile; argomenta la tua risposta in un breve testo (max 30 righe):**

a. Si trattò di un processo "violento", poiché era necessario sbarazzarsi con la forza dei contropoteri locali.

b. Lo Stato assunse il ruolo di "pacificatore" sociale per trovare una soluzione politica alle sanguinose guerre religiose.

c. Nel conflitto sociale tra aristocrazia e borghesia urbana nascente, lo Stato riuscì a fungere da "mediatore".

La guerra

Una prospettiva privilegiata per individuare le linee evolutive dello Stato moderno è l'analisi del settore militare, oltre che di quello burocratico e finanziario. Il rapporto tra lo sviluppo dell'assolutismo e l'evoluzione tecnico-organizzativa degli eserciti è analizzato, in questa sezione, dallo storico **Victor G. Kiernan [168]**. **Charles Tilly [169]**, invece, evidenzia l'importanza della guerra con i suoi risvolti economici e organizzativi, fino al punto da far dipendere da essa il processo di evoluzione dello Stato moderno.
Nel '600, come appare chiaramente dalle testimonianze dei contemporanei, la guerra diventò straordinariamente brutale: il crudo resoconto di **Hans J.Ch. Grimmelshausen [170DOC]** sui saccheggi ne è un esempio. Non fu la violenza, tuttavia, la caratteristica peculiare del fenomeno militare del XVII secolo. Appare infatti molto più significativa l'evoluzione tecnico-tattica dell'arte della guerra: aumentò il numero dei soldati impiegati, crebbe la disciplina, la tecnologia nel campo delle armi avanzò rapidamente. I due documenti di **Cesare Brancaccio [171DOC]** e di **Maiolino Bisaccioni [172DOC]** trattano l'immagine del soldato, contesa tra i tradizionali valori (come il coraggio individuale) e le nuove esigenze di una disciplina sempre più organizzata.

168

V.G. Kiernan
Mercenari stranieri e monarchie assolute

V.G. Kiernan, *Mercenari stranieri e monarchie assolute*, in *Crisi in Europa 1560-1660*, a c. di T. Aston, Giannini, Napoli 1968, pp. 163-85

■ L'evoluzione degli Stati moderni è in stretto rapporto con la trasformazione della struttura e della composizione degli eserciti. Nelle pagine che seguono lo storico Victor G. Kiernan (1913-2009) descrive le tappe più significative di un processo che ha inizio con il largo impiego di truppe mercenarie nel primo periodo dell'età moderna [👁 9 STORIA•SOCIETÀ•CITTADINANZA]. I soldati di professione erano indispensabili nel sedare le rivolte popolari e nel mantenere l'ordine sociale aristocratico; svolsero pertanto un ruolo decisivo nell'opera di consolidamento degli Stati. Nel passaggio dal XVI al XVII secolo stava tuttavia avvenendo un'importante evoluzione, descritta sinteticamente da Kiernan: la composizione degli eserciti si fa via via più nazionale e diventa un importante strumento per impiegare e disciplinare gli strati più irrequieti delle masse popolari.

Il soldato straniero che si arruola per danaro è una figura onnipresente nella storia. Uno dei periodi in cui può essere visto più duramente al lavoro è quello che lega l'Europa medievale a quella moderna, quando prendevano forma la monarchia assoluta e lo stato moderno. Sotto questo sviluppo politico si celava una riorganizzazione – piuttosto che una trasformazione – della struttura sociale d'Europa. L'ordine feudale, il governo dell'aristocrazia proprietaria di terre, era diviso e demoralizzato. Si scontrava con una crescente resistenza dal basso, e le sue risorse militari per fronteggiare con successo gli attacchi interni ed esterni erano obsolete. [...] Sotto gli auspici della monarchia, attraverso quella che può essere descritta come una sorta di «rivoluzione manageriale», l'aristocrazia realizzò una notevole ripresa, sebbene dovesse sottoporsi ad importanti mutamenti.

Il nuovo stato poggiava su un nuovo tipo di esercito, e a questo il mercenario straniero contribuiva in tal modo che le sue prestazioni possono essere considerate come una condizione fondamentale per ciò che accadde.

[...] Uno dei compiti ai quali i mercenari si adattavano particolarmente bene era la repressione dei sudditi ribelli, e nel XVI secolo, l'età della rivoluzione endemica, essi erano spesso richiesti a questo scopo. [...] La tecnica militare s'è sempre sviluppata in risposta alle richieste per mantenere la pace all'interno al pari che per la guerra esterna. Così, le armi da fuoco che erano divenute di uso pratico durante la crisi del feudalesimo, furono fondamentali per l'ascesa dello stato moderno, non soltanto perché il cannone poteva demolire le roccaforti feudali, ma anche più perché le armi da fuoco potevano trattare le rivolte contadine più efficacemente di ogni armamento precedente.

[...] Nel complesso il sistema dei mercenari ebbe una parte notevole nello stornare la minaccia delle forze popolari contro l'ordine aristocratico della società fuori dei confini dell'Europa feudale.

[...] Il soldato semplice fu quasi certamente il primo proletario. Aveva le sue dispute salariali, i suoi scioperi, le sue serrate. Un contingente svizzero, soprattutto, era un sindacato, e di un tipo che non avrebbe sopportato nessuna rottura di contratto. Ma questo attaccarsi al centesimo, paragonato all'antica epica lotta per la libertà svizzera, era una triste decadenza. I conflitti sociali del passato furono in parte trasformati e diluiti in tali dispute professionali. Persino l'esercito di Cromwell[1] «il Nuovo Modello» era un'unione corporativa di abili lavoratori con le loro rivendicazioni, per quanto fosse anche qualcosa in più. La guerra era diventata la più grande industria in Europa. Ogni ufficiale che raccogliesse reclute per un governo e facesse quel che gli piaceva della loro paga, era un imprenditore, un uomo d'affari piccolo o grande. Profitti e saccheggi di guerra – inclusivi ancora nel XVI secolo i riscatti – aiutavano la piccola nobiltà a rifarsi delle carenze del proprio reddito feudale.

Tutte queste tendenze raggiunsero un disastroso apice nella Guerra dei Trent'anni. In un certo senso possiamo considerare quella guerra come un meccanismo che deviò verso il saccheggio ed il rafforzamento delle monarchie assolute le energie degli uomini semplici, che nell'Europa del XVI secolo e nell'Inghilterra del XVII, «avrebbero combattuto per la religione» come ribelli o soldati rivoluzionari. [...] La guerra divenne incontrollabile, ma non mise mai seriamente in pericolo le classi dirigenti. Al contrario esse ne emersero con un nuovo e potentissimo strumento militare: «l'esercito permanente» composto di mercenari ma stabilmente legato ad un dato governo.

[...] Come al solito, fu la Francia che perfezionò l'organizzazione del nuovo tipo d'esercito mercenario nazionale. Luigi XIV e Louvois[2] misero in piedi un esercito che trovò più spazio che per il passato per le reclute indigene, per quanto traesse i suoi volontari dagli individui meno «patriottici» e più inclassificabili, la feccia delle classi più povere. Dal momento che le truppe straniere avevano già dato alla Francia una solida struttura militare ed una tradizione, questa «schiuma» poté ragionevolmente essere impiegata.

[1] 👁 **19.4** e **19.5** PERSONAGGI

[2] Il marchese di Louvois (1639-1691) fu ministro della Guerra di Luigi XIV a partire dal 1675 [👁 **9** STORIA • SOCIETÀ • CITTADINANZA].

GUIDA ALLA LETTURA

❶ In quale modo l'aristocrazia poté avere una notevole ripresa con il ricorso a truppe mercenarie? ❷ Perché Kiernan definisce il soldato semplice come il «primo proletario»? ❸ Quali furono le principali innovazioni nella composizione degli eserciti e nella tecnica militare tra XVI e XVII secolo e quali conseguenze comportarono sul piano politico? ❹ Quale incidenza ha avuto la guerra dei Trent'anni sullo sviluppo degli eserciti moderni?

169

Ch. Tilly
Come la guerra produsse gli Stati e viceversa

Ch. Tilly, *L'oro e la spada. Capitale, guerre e potere nella formazione degli stati europei, 990-1990*, Ponte alle Grazie, Firenze 1991, pp. 31-38

■ Secondo il sociologo e storico statunitense Charles Tilly (1929-2008), «le strutture dello stato si sono formate soprattutto come prodotto secondario degli sforzi compiuti dai governanti per avere a disposizione i mezzi per la guerra». Questa tesi, unita all'affermazione dell'inesistenza di un'evoluzione lineare e consapevole degli Stati nazionali, caratterizza l'analisi dei processi di costruzione e funzionamento di questi ultimi compiuta da Tilly. La diversità dei risultati finali, determinata dalle modalità d'incontro del potere economico, del capitale e del potere coercitivo dei signori, non impedisce comunque di individuare la presenza di un percorso comune, che va «dalla guerra all'esazione fiscale e ai sistemi repressivi e da queste strutture alla formazione degli stati».

Mentre il capitale delimita il campo dello sfruttamento, il potere coattivo definisce quello del dominio. I mezzi per esercitare tale potere sono rappresentati soprattutto da una forza armata, ma si allargano fino a comprendere la prigionia, l'esproprio, le varie forme di pene umilianti, gli strumenti che dovevano consentire la conoscenza degli obblighi e le relative minacce. L'Europa creò i due maggiori gruppi di specialisti nell'uso dei mezzi di coercizione; i soldati e i proprietari terrieri; là dove si fusero e ricevettero una ratifica da parte degli stati in forma di titoli e privilegi, si cristallizzarono in nobiltà che di volta in volta innalzò i propri membri ai gradi più alti del governo degli stati europei. [...]

La preparazione della guerra, specialmente se condotta su larga scala, spinge ineluttabilmente i governanti al prelievo fiscale e comporta la costruzione di un complesso sistema fatto di tassazione, approvvigionamenti e strutture amministrative [...].

Gli stati europei nel corso della storia presentano importanti differenze nelle loro strutture organizzative e nelle loro attività. Tre diversi tipi di stato proliferarono in varie zone d'Europa per gran parte del periodo che va dal 990 a oggi: 1) gli imperi basati sull'imposizione di tributi; 2) i sistemi in cui la sovranità era frammentata come le città-stato e le federazioni di città e 3) gli stati nazionali. I primi costruirono un apparato militare e fiscale vasto, ma lasciarono gran parte del governo dei territori loro sottomessi nelle mani di potenti del luogo, che godettero di conseguenza di grande autonomia. Nei sistemi a sovranità frammentata, le coalizioni politiche temporanee e le istituzioni a carattere consultivo ebbero una parte significativa nella guerra e nel prelievo fiscale, così che un apparato statale durevole a scala nazionale non ebbe il peso e la forza conosciuti in altri stati. Gli stati nazionali unificano forti organizzazioni militari, fiscali, amministrative e talvolta anche distributive e produttive in una struttura centrale relativamente coordinata. La lunga sopravvivenza e coesistenza di questi tre tipi di stato contraddice la tesi della formazione degli stati europei come un processo lineare e unico [...].

Gli stati nazionali si collocano in una posizione intermedia tra gli imperi basati sull'imposizione dei tributi e le città-stato. Sono entità formatesi [...] sulla guerra, sull'organizzazione di funzioni statali, sul prelievo di ricchezze, ma costrette, sulla base di una pratica negoziale con i sudditi che permise di monopolizzare i mezzi di coercizione, a fare grossi investimenti nella difesa e a garantire efficacemente la sicurezza, la giustizia, e talvolta anche la produzione e distribuzione di beni. [...]

È fin troppo facile considerare la formazione degli stati come una forma di ingegneria, con i re e i ministri nella parte dei progettisti. Ma quattro considerazioni mettono in crisi l'immagine di un piano organizzato:

1) raramente i principi europei hanno avuto in mente un modello preciso del tipo di stato che stavano costruendo e ancor più raramente operavano in modo efficace per realizzare tale modello. [...]

2) Nessuno progettò le principali strutture degli stati nazionali – tesorerie, corti, amministrazioni centrali ecc. In genere queste strutture erano, ora più ora meno, il risultato non cercato né previsto degli sforzi per realizzare obbiettivi molto immediati, soprattutto la creazione e il supporto della forza armata. [...]

3) Altri stati – e alla fin fine l'intero sistema – hanno influenzato fortemente i cambiamenti di un determinato stato. Dal 1066 al 1815, le grandi guerre con i monarchi francesi forgiarono lo stato inglese, l'interferenza della Francia rese più difficili i tentativi inglesi di sottomettere la Scozia e l'Irlanda e sempre la competizione con la Francia spinse l'Inghilterra ad adottare le innovazioni fiscali olandesi. Dal XVI secolo in poi, i trattati seguiti alle guerre più importanti ridefinirono i confini degli stati europei e decisero le sorti delle varie dinastie, e questo fino alla seconda guerra mondiale [...].

4) La dialettica di conflitti e negoziazioni con le diverse classi della popolazione forgiò in maniera significativa gli stati che emersero in Europa. Le rivolte popolari, per es., in genere finirono nella sconfitta, ma quelle più importanti lasciarono segni evidenti sullo stato: politiche repressive, ridefinizione dei rapporti delle classi ora a favore ora contro lo stato, espliciti accordi per stabilire i diritti delle parti interessate.

GUIDA ALLA LETTURA

❶ Qual è il significato dell'espressione «potere coattivo»? Attraverso quali mezzi si esercitava? ❷ Quali erano le strutture organizzative caratteristiche delle diverse tipologie di Stato? ❸ Come si svolse, secondo Tilly, il processo di sviluppo dell'amministrazione statale in età moderna? ❹ Come sono descritti dall'autore i rapporti tra la guerra e il prelievo fiscale?

170 DOC

Hans J.Ch. Grimmelshausen
Le scorribande della «soldataglia»

H.J.Ch. Grimmelshausen, *Simplicissimus*, a c. di E. Bonfatti, Mondadori, Milano 1992, pp. 15-17

Il romanzo seicentesco *L'avventuroso Simplicius Simplicissimus* di Hans Jakob Ch. Grimmelshausen (1621-1676) è ambientato nella Germania della guerra dei Trent'anni **[👁 17]**. Le peripezie del protagonista, Simplicius, ricordano alcune esperienze dell'autore, che combatté tra il 1635 e il 1638. Il brano scelto, con grande realismo e una certa amara ironia, descrive il saccheggio di un villaggio contadino da parte di una compagnia di soldati. Si noti, in particolare, la sistematica spoliazione imposta dai soldati, che non erano regolarmente approvvigionati, ma dovevano procurarsi presso i civili vitto, alloggio e masserizie di cui avevano bisogno.

La continuazione della mia storia esige che io tramandi ai cari posteri quali atrocità orribili e inaudite siano state compiute in questa nostra guerra tedesca, tanto più che posso attestare con il mio proprio esempio che spesso l'Altissimo, nella sua bontà, ha dovuto colpirci con simili mali per il nostro bene [...].

La prima cosa che quei cavalieri fecero, appena entrati negli appartamenti dipinti di nero di mi' pa'[1], fu di mettervi al riparo i loro cavalli; poi ognuno ebbe da eseguire un suo particolare lavoro che annunziava rovina e distruzione. Alcuni si misero a macellare, a mettere a lesso e ad arrosto come se si stesse preparando un gran banchetto. Altri rovistarono e misero sossopra tutta la casa senza risparmiar nemmeno la latrina [...]; altri ancora fecero grossi pacchi di panni, di vestiti e di tutti gli arnesi di casa, che pareva volessero metter su un mercato di rivendugliOli, e quello che non credettero opportuno prender con sé lo misero in pezzi. Alcuni infilavan le daghe nel fieno e nella paglia come se non avessero avuto abbastanza pecore e porci da infilzare, altri tolsero le piume dai materassi e li riempirono di lardo, carne affumicata e altre vivande come se così ci si potesse dormir meglio. Altri distrussero il focolare e le finestre, che sembrava volessero annunziare un'eterna estate, spezzarono gli utensili di rame e di peltro e fecero fagotto dei rottami informi. Appiccarono fuoco ai letti, alle tavole, alle sedie, alle panche sebbene in cortile ci fossero molte cataste di legna secche. Pentole e stoviglie vennero fatte a pezzi, sia perché preferivano mangiar carne arrosto, sia perché pensavano di tener lì un unico pasto.

La nostra serva, nella stalla, fu trattata in tal modo che non ne poté più uscire, cosa che riferisco con gran vergogna. Stesero a terra, legato, il nostro garzone, gli misero un bastone attraverso la bocca e gli cacciarono in corpo una schifosa secchia di scolaticcio di stalla che chiamavano bibita svedese. Questa però non gli piacque affatto e provocò sul suo volto strane smorfie; con questo mezzo lo obbligarono a guidare un loro gruppo nei dintorni dove presero uomini e bestie, fra i quali erano anche mi' pa', mi' ma e Ursula[2], e li condussero nel nostro cortile.

Allora cominciaron a toglier dalle pistole le pietre focaie e a metterci invece il pollice dei contadini, e si diedero a torturare in tal modo quei poveri diavoli che nemmeno se fossero stati streghe da metter sul rogo. Uno poi di quei prigionieri lo ficcarono nel forno e gli furono addosso col fuoco sebbene non avesse ancora confessato nulla; a un altro gli misero una corda intorno al capo e strinsero tanto, torcendola con un randello, che gli uscì il sangue dalla bocca, dal naso e dalle orecchie: *in summa* ognuno aveva una sua propria invenzione per tormentare i disgraziati contadini, e di conseguenza ogni contadino ebbe il suo particolare martirio. Il meno disgraziato, a quanto mi parve allora, fu mi' pa', perché gli toccò di confessare con bocca ridente quel che gli altri dovettero dire tra gemiti e tormenti; e questo onore gli toccò di certo perché era il padron di casa: lo misero davanti a un fuoco, lo legarono che non poteva muover né mani né piedi e gli strofinarono con sale umido le piante dei piedi facendogliele poi leccare dalla nostra vecchia capra; ne ebbe un tal solletico che quasi schiantò dalle risa. [...] Così ridendo, mi' pa' riconobbe il suo debito e svelò il tesoro nascosto: poiché era molto più ricco di oro, gemme e gioielli di quanto si potesse supporre di un contadino. Non ho molto da dire delle donne, serve e ragazze perché i guerrieri non mi fecero vedere quel che combinavano con loro; ricordo solo, assai bene, che ogni tanto si levavano dagli angoli gemiti lamentosi, e credo che mi' ma' e la nostra Ursula non se la siano cavata meglio delle altre. In mezzo a tante miserie, io giravo lo spiedo e non mi preoccupavo di nulla perché non capivo ancor bene come stessero le cose.

[1] Mio padre.

[2] La madre e la sorella.

GUIDA ALLA LETTURA

❶ Quali furono le azioni compiute dalle soldatesche durante l'operazione di saccheggio? ❷ Con quale tono il protagonista del racconto descrive l'avvenimento? ❸ Qual è il suo atteggiamento verso l'accaduto?

171 DOC

Cesare Brancaccio
L'immagine del soldato

C. Brancaccio, *I carichi militari, o Fucina di Marte...*, Giunti, Venetia 1641, pp. 2-7

Il '600 fu il secolo della trattatistica: ogni aspetto della vita meritava un manuale che descrivesse minutamente ciò che deve essere fatto e il modo in cui farlo. L'argomento militare, in tutta Europa, riscosse molto successo. Tra questi libri se ne trovano molti che si occupano di come deve comportarsi un soldato, un ufficiale, un generale. Riportiamo un brano di Cesare Brancaccio (1560-1637), militare di professione, che delinea l'immagine del semplice fante: coraggioso, nobile d'animo, fedele al principe cui ha prestato giuramento (non quindi necessariamente il suo sovrano), soprattutto disciplinato.

Deve dunque un buon soldato esser modesto nel vestire, moderato nel vivere, continente ne' piaceri, e sollecitissimo nell'essercitio, accioché, assuefacendosi in tempo di pace a soffrir le incommodità, ed a resistere alle fatiche, possa poi tanto più facilmente in tempo di guerra vincere i disagij, ed i travagli, di essa, e rendersi nell'opere, e nelle fattioni militari infaticabile, ed invitto, laonde oltre al satisfare alla obligatione di degno e valoroso soldato, ed al servicio del Principe a cui serve, faccia anco di salute, e d'honore dupplicato guadagno[1]. L'altra qualità naturale necessaria ad un soldato è la fortezza dell'animo; ma di questa pure non occorre considerar per ora se non una specie, che è l'ardire: virtù senza la quale non par quasi che possa alcuno attribuirsi nome d'huomo, non che di soldato. [...] Ed in vero non può attribuirsi questo nome di soldato chi non l'ha guadagnato fra il sangue, e fra i pericoli; ché il valore, e la virtù guerriera, non si possono conoscere nell'otio et nella pace. Laonde chi brama ornarsi di sì nobil titolo dev'attender l'occasioni opportune, ed in esse arrischiar poscia intrepidamente la vita; e tanto più lo dee fare, quanto che tutte le palle non ammazzano, né tutte le punte feriscono; e più sono ammazzati de' codardi fuggitivi, che de' valorosi combattenti. [...] Doppo le forze, e l'ardire sarà necessario al soldato l'arte e la pratica di maneggiar l'armi, e particolarmente quelle, che sono a' nostri tempi di più frequente et ordinario servitio, cioè picca, moschetto, ed archibuso[2]. L'obbedienza si ricerca nel soldato, come non men propia qualità di qualsivoglia altra, non essendo nella milizia cosa più necessaria, poiché senza quella sarebbe un esercito più tosto una disordinata giunta[3] d'huomini soggietti ad esser preda de' nemici, che un'ordinata congregation[4] di soldati atti a superarli: consistendo l'esercito in una ragunata di genti di diverse nationi, le quali disciplinate, e comandate da capi, formano un corpo d'ordinanza perfettissimo. [...] Bisogna però, che un buon soldato stia sempre pronto ad ogni cenno de' suoi officiali, senza replicare, benché gli paresse d'esser troppo aggravato[5]; che mostrarebbe segno di fiacchezza, e di viltà. Ma sopra tutto guardisi di non si partir dalla guerra senza licenza, che saria degno di morire. La fedeltà è una delle principali qualità, che dev'havere un soldato, percioché ha da sapere, che il giorno nel quale si assenta la piazza[6] fa ancor tacito giuramento di fedeltà al prencipe, al quale ei va per servire; però gli dev'esser sempre fedelissimo.

[1] Esercizio e disciplina servono dunque a compiere il proprio dovere di soldato e a superare i pericoli.

[2] Picca, moschetto e archibugio sono le armi più usate nel '600. La prima è un'arma in asta, le seconde da fuoco. È l'impiego integrato di questi armamenti diversi a far sorgere la necessità di sempre maggiore disciplina.

[3] Ammasso.

[4] Unione.

[5] Oberato di obblighi e fatiche.

[6] Cioè il giorno nel quale si registra l'ingresso nella vita militare di un soldato. Si noti che la fedeltà è giurata al principe che ha arruolato, non necessariamente il proprio sovrano.

GUIDA ALLA LETTURA

❶ Quali sono, secondo Brancaccio, le virtù del soldato? ❷ Qual è l'insieme di qualità e atteggiamenti che l'autore definisce con la parola «forze»? ❸ Che funzione ha l'obbedienza nella vita del soldato e di un esercito? ❹ A chi deve la fedeltà il soldato di Brancaccio?

172 DOC

Maiolino Bisaccioni
La dura realtà della guerra

M. Bisaccioni, *Sensi civili... sopra il perfetto capitano...*, Venetia 1642, pp. 166-67

La disciplina militare diventò nel '600 sempre più necessaria per affrontare con efficacia i nuovi metodi di combattimento, basati su un più razionale utilizzo delle armi da fuoco. Ma la realtà del combattimento era ben diversa. Una rara pagina di Maiolino Bisaccioni (1582-1663), militare professionista, nonché scrittore politico e romanziere, descrive l'impatto della guerra su persone non addestrate e prive di esperienza.

La soldatesca ha due parti[1]: maneggiar l'armi, et osservar l'ordinanze[2] conservando i posti, questa è l'una ma non è altro, che un preparativo neces-

[1] Si compone di due parti.

[2] Disposizioni di soldati per marciare, accamparsi, combattere.

sario alla guerra, perché l'altra parte, e la più rilevante è il combattere. [...] [Si sgomentano] le soldatesche altresì, che non hanno mai veduta la faccia dell'inimico, né sentitesi fischiar d'intorno le palle de' moschetti, calpestar gl'huomini da i cavalli, cadersi a destra, et a sinistra gli amici, et le camerate, un volo di cannone batter in pezzi le file intiere, e portarsi l'ossa, il sangue, le cervella, et i membri sani [di] fronte a i piedi, [essere colpiti] nel petto, o ne' fianchi, ragionar e morire, ferire ed esser morto, ridere ed esser stroppiato, cadere, et esser prima da i suoi spogliato, che del tutto essere spirato, e mill'altre cose horribili, che non gli si può assuefar la vista, né indurar[3] l'animo, se non sul fatto delle scaramuccie, e delle battaglie, nelle quali tien forsi il primo luogo il vedersi morir un parente, o un caro amico al fianco, senza potergli pur dire addio, o dar in testimonio del dolore un sospiro. [...] Sarei dunque a credere, che l'arte vera del far soldati fosse il dar lodi, premij, e trattenimenti alli giovani, che andati alla guerra tornassero con attestatione del loro bene esercitato mestiere, disciplinati però molto bene prima d'andarvi, e ricever pochi al rolo[4], per non dir niuno, che non havesse passato un par d'anni almeno la sua vita in campagna, dove si trattan l'armi in prattica.

[3] Assuefare.

[4] Rolo o rollo veniva detto il libro nel quale erano registrati.

GUIDA ALLA LETTURA

❶ Quali sono le due componenti della vita militare? ❷ A quale tipo di selezione fa riferimento Bisaccioni nel parlare dell'arruolamento dei militari?

SVILUPPARE LE COMPETENZE

Comprendere e Analizzare

❶ **Dopo aver letto i brani di Brancaccio [171DOC] e di Bisaccioni [172DOC], scrivi un breve testo (max 20 righe) in cui confrontare le qualità e i doveri del soldato che emergono dai due documenti.**

❷ **Dai brani di Bisaccioni [172DOC] e Grimmelshausen [170DOC] emerge un'immagine della guerra moderna particolarmente cruenta, crudele e sanguinosa, soprattutto a causa della presenza delle armi da fuoco. Individua e sintetizza i passi dei suddetti brani che appaiono in proposito più significativi.**

Rielaborare e Argomentare

❸ **Redazione di un saggio breve. *Guerre, eserciti e soldati nel '600***

Sviluppa l'argomento scelto in forma di "saggio breve", utilizzando i documenti e i dati che lo corredano. Interpreta e confronta i documenti e i dati forniti e su questa base svolgi, argomentando e, la tua trattazione, anche con opportuni riferimenti alle tue conoscenze ed esperienze di studio. Da' al saggio un titolo coerente con la tua trattazione e ipotizzane una destinazione editoriale (rivista specialistica, fascicolo scolastico di ricerca e documentazione, rassegna di argomento culturale, altro). Se lo ritieni, organizza la trattazione suddividendola in paragrafi, cui potrai eventualmente dare un titolo.

Documenti: Grimmelshausen [170DOC], Brancaccio [171DOC] Bisaccioni [172DOC]
Immagini: pp. 578, 604, 608
Brani storiografici: Kiernan [168], Tilly [169]
Capitoli: **19** e **9** STORIA • SOCIETÀ • CITTADINANZA

La rivoluzione inglese

Considerata ormai superata l'interpretazione storiografica della rivoluzione inglese quale prima rivoluzione "borghese" dell'età moderna, volta ad abbattere i residui "feudali" e a instaurare un regime politico più favorevole allo sviluppo del "capitalismo", la storiografia più avvertita ha cominciato a penetrare all'interno dei meccanismi che condussero alla guerra civile e al rovesciamento della monarchia con estrema cautela, facendo attenzione a tutti i diversi temi del conflitto. Anche se un'analoga attenzione ha caratterizzato la scelta dei brani, si è preferito, tuttavia, riportare due interpretazioni "classiche" della rivoluzione inglese per dare un'idea delle trasformazioni e dei mutamenti di prospettiva intervenuti nel dibattito storiografico. In apertura **Eric J. Hobsbawm** [173], collocando la rivoluzione inglese nell'ambito della crisi generale del XVII secolo, ne individua un aspetto di modernità che contiene in sé le premesse della rivoluzione industriale. All'interpretazione di Hobsbawm si contrappone quella di **Hugh R. Trevor-Roper** [174], che legge le rivolte del '600 come protesta contro gli

apparati fiscali e burocratici assolutistici e contro le enormi spese sostenute dalle corti europee.
Un'analisi più articolata della rivoluzione inglese è offerta dagli studi che esplorano la complessità del fenomeno rivoluzionario, visto soprattutto come momento rivelatore di tensioni che coinvolgevano la società e le istituzioni inglesi. La dimensione religiosa dello scontro è visibile attraverso l'esempio della predicazione puritana di **Richard Baxter** [175DOC], la ricostruzione fatta da **Henry N. Brailsford** [176] del movimento dei *levellers* e quella di **Christopher H. Hill** [177] delle più radicali opinioni religiose.
Alcuni importanti documenti – il ***Patto del Popolo*** [178DOC], i ***Dibattiti di Putney*** [179DOC] e i verbali del processo a Carlo I [180DOC] – permettono di giungere al cuore dello scontro: la caduta violenta della monarchia e la resa dei conti all'interno dello schieramento vincitore, con la liquidazione delle fazioni più radicali. **Mark Kishlansky** [181], infine, si sofferma sui caratteri contraddittori delle forze politiche e religiose che animarono la rivoluzione inglese.

173

E.J. Hobsbawm
La rivoluzione inglese: un prodotto della "crisi del '600"

E.J. Hobsbawm, *La crisi del XVII secolo*, in *Crisi in Europa. 1560-1660*, a c. di T. Aston, Giannini, Napoli 1968, pp. 6-8; 18-20; 40-45; 74

■ Il brano di Eric J. Hobsbawm (1917-2012) concerne gli aspetti economici, più che quelli politici, della "crisi del '600". Per Hobsbawm, il '600 conobbe una crisi generale di «transizione dal feudalesimo al capitalismo» [👁 18]: bisogna dunque spiegare perché il capitalismo non nacque dall'espansione avutasi nel XV-XVI secolo e perché questa si sia infranta. Ma in questo approccio, interno al modello interpretativo di matrice marxista, gli elementi politici e quelli economici sono strettamente connessi: attento a cogliere i sintomi di una evoluzione verso le nuove forme di produzione capitalistica, Hobsbawm vi annovera a pieno titolo la rivoluzione inglese, «il più decisivo prodotto della crisi del XVII secolo».

La crisi generale
Si possono addurre molte prove in favore della crisi generale, bisogna tuttavia stare attenti ad evitare l'affermazione che ad una crisi generale corrisponda un regresso economico [...]. È fuori dubbio che si verificò una grossa recessione nel XVII secolo. Per la prima volta nella storia il Mediterraneo cessò di essere il centro più importante della vita economica, politica e probabilmente culturale e divenne un mare interno impoverito. [...] D'altro canto, tra le potenze marittime e loro dipendenze – Inghilterra, Province Unite, Svezia – in Russia ed in alcune aree minori, come la Svizzera, l'impressione è piuttosto di progresso che di stagnazione; per l'Inghilterra si può parlare decisamente di progresso. [...]

Le cause della crisi
Nell'analizzare la crisi del XVII secolo ci troviamo di fronte ad uno dei problemi fondamentali circa le origini del capitalismo: come mai l'espansione economica del tardo '400 e del '500 non portò direttamente alla rivoluzione industriale del XVIII e XIX secolo? In altre parole, quali furono gli ostacoli frapposti all'espansione capitalistica? [...]
La risposta di carattere generale può essere riassunta nel seguente modo. Per il trionfo del capitalismo è necessaria una rivoluzione nelle strutture feudali ed agrarie della società. [...]
A meno che certe condizioni non siano presenti [...] la prospettiva dell'espansione capitalistica sarà limitata dalla generale prevalenza della struttura feudale della società, cioè dal predominante settore rurale o da una serie di altre «strutture» che immobilizzano allo stesso tempo la potenziale forza-lavoro, il potenziale surplus[1] (destinato agli investimenti produttivi) e la potenziale domanda dei beni prodotti in base al sistema capitalistico, come avviene con la prevalenza del tribalismo e della produzione di beni di prima necessità. In simili condizioni, come ha dimostrato Marx[2], per ciò che concerne l'impresa mercantile il commercio può adattarsi ad operare in una struttura sostanzialmente feudale accettandone i limiti ed il particolare tipo di domanda e diventandone in un certo senso parassita. In tal modo si rivelerà incapace di superare le crisi della società feudale e potrà persino aggravarle. [...] La debolezza della vecchia teoria che attribuiva il successo del capitalismo allo sviluppo dello «spirito capitalistico»[3] o allo «spirito imprenditoriale» consiste nel fatto che il desiderio di realizzare instancabilmente il massimo profitto non produce come conseguenza automatica la necessaria rivoluzione nella società e nella tecnica. [...]

Il XVII secolo, età di concentrazione economica
La crisi del XVII secolo generò una considerevole concentrazione del potere economico. [...] D'altra parte, si ha una

[1] Quel 'sovrappiù' che rimane quando si calcola la differenza tra il valore del prodotto finale e il valore di tutti i fattori (lavoro, materie prime, attrezzature) necessari per ottenerlo.
[2] Karl Marx (1818-1883), filosofo e teorico politico del comunismo.
[3] Allude alle teorie di Max Weber [141DOC], secondo il quale fu la Riforma, con la sua etica rigorosamente orientata verso l'agire mondano, a favorire le condizioni dello sviluppo del capitalismo.

certa redistribuzione dell'industria che sotto alcuni aspetti si può considerare una concentrazione: è il caso in cui al posto di molte industrie sparse, destinate a coprire la domanda di mercati puramente agricoli, si ha lo sviluppo in località ben circoscritte di industrie specializzate ed in grado di soddisfare il mercato nazionale ed internazionale. Dappertutto le grandi aree metropolitane si svilupparono a spese delle città di provincia, della campagna o a spese di entrambe. [...] Anche la crescente potenza dello stato accentratore lavorava ai fini di una qualche forma di concentrazione economica. [...]

Conclusioni

La crisi del XVII secolo generò nel suo ambito la propria soluzione [e] ottenne questo risultato in modi diversi e talvolta in maniera indiretta. Se non fossero esistiti paesi capaci di una coraggiosa adozione dei nuovi [...] sistemi economici, la crisi avrebbe potuto condurre ad una stagnazione e ad una recessione di gran lunga maggiore. Ma di tutte queste economie, la più moderna, la più pronta nel subordinare la sua politica all'imprenditore capitalista, fu quella inglese; il paese della prima «rivoluzione borghese» effettivamente condotta a termine. Perciò, dalla metà del XVII secolo, la storia economica del mondo moderno si connette in un certo senso con quella dell'Inghilterra, che, all'inizio del periodo di crisi (vale a dire nel decennio 1610-20), era sì una potenza dinamica, ma ancora di secondo piano, e si trovò ad essere alla fine (intorno al 1710) uno dei padroni del mondo. La rivoluzione inglese con tutti i suoi importanti risultati, è perciò effettivamente il più decisivo prodotto della crisi del XVII secolo.

GUIDA ALLA LETTURA

❶ Perché lo storico non vuole associare, per il secolo XVII, il concetto di «crisi» a que lo di «regresso economico»? Quale Stato dimostra più di ogni altro la sua ipotesi? ❷ Quali condizioni socio-economiche furono necessarie al trionfo del capitalismo? ❸ Perché, secondo Hobsbawm, lo «spirito imprenditoriale» non spiega sufficientemente la questione? ❹ A quale conclusione giunge l'autore in merito alla storia economica del mondo nel XVII secolo?

174

H.R. Trevor-Roper
La rottura dei rapporti tra Stato e società

H.R. Trevor-Roper, *Protestantesimo e trasformazione sociale*, Laterza, Roma-Bari 1977, pp. 87-92; 96-103; 109-14; 129-30

■ Una lettura delle crisi politiche e delle rotture istituzionali della metà del XVII secolo è stata tentata da Hugh R. Trevor-Roper (1914-2003), in palese contrapposizione con il modello interpretativo di matrice marxista. Per Trevor-Roper la crisi economica del '600 fece esplodere una serie di tensioni sociali accumulatesi un po' in tutti gli strati sociali per l'invadenza dell'assolutismo monarchico. In più, oltre a questo aspetto di reazione contro i potenziati apparati burocratici e le nuove esazioni fiscali, era presente nelle rivolte un elemento di protesta contro la corte, centro politico e cuore della distribuzione del favore sovrano, percepita dalla società come luogo di corruzione morale e di lusso. Trevor-Roper si riferisce, più o meno consapevolmente, all'esempio inglese, all'indignazione dei puritani contro i ministri degli Stuart [👁 19.2-3]. Per questo la sua interpretazione ha sempre trovato difficile applicazione, una volta calata nei diversi contesti statuali europei.

I decenni centrali del XVII secolo furono per l'Europa un periodo di rivoluzioni. [...] In Inghilterra vi fu la rivoluzione puritana che si prolungò per vent'anni, tra il 1640 e il 1660, ma il cui momento critico si concentra negli anni 1648-53[1]. In quegli stessi anni vi fu anche in Francia una serie di rivolte note con il nome di Fronda[2], e nel 1650 nelle Province Unite dei Paesi Bassi vi fu un colpo di stato, o rivoluzione di palazzo, che diede vita a una nuova forma di governo[3]. Contemporaneamente [...] nel 1640 si ebbero la rivolta della Catalogna, che fallì, e quella del Portogallo, che fu invece vittoriosa; nel 1641 anche in Andalusia vi fu una semi-rivolta, e nel 1647, infine, scoppiò l'insurrezione di Napoli, quella capeggiata da Masaniello[4]. [...] Dobbiamo chiederci cioè quale fosse quell'elemento generale che, verso la metà del XVII secolo, rese l'Europa occidentale così universalmente vulnerabile – intellettualmente non meno che fisicamente – alla nuova e improvvisa epidemia rivoluzionaria.

Esistono evidentemente alcune risposte ovvie. La più ovvia di tutte la fornisce la guerra dei trent'anni [...]. La gravosità dei tributi di guerra, l'oppressione militare o la sconfitta scatenarono le rivolte della Catalogna, del Portogallo, di Napoli. Lo sconvolgimento degli scambi commerciali causato dalla guerra creò disoccupazione e suscitò tumulti in molti paesi manifatturieri o mercantili. Il passaggio devastatore delle truppe o la gravosità del loro accantonamento scatenarono vere e proprie rivolte contadine in Germania e in Francia. [...]

E tuttavia questa non è una spiegazione sufficiente. Dopotutto, le guerre europee del 1618-59 non furono un fenomeno nuovo [...]. Eppure, nel XVI secolo quelle guerre non avevano portato nella loro scia rivoluzioni simili.

---

[1] 👁 19.2-5.
[2] 👁 19.7.
[3] 👁 19.9.
[4] 👁 20.3.

Occorre poi aggiungere che le rivoluzioni secentesche scoppiarono a volte indipendentemente dalle guerre: la più importante avvenne in Inghilterra, che pure era rimasta [...] neutrale. Nel paese che più di tutti soffrì per la guerra, la Germania, non vi fu alcuna rivoluzione. [...]

Il carattere generale della rivoluzione del XVII secolo indica che nelle monarchie europee [...] si erano accumulate ora gravi debolezze strutturali [...].

I principi avevano creato una nuova struttura di potere, lo «Stato rinascimentale», mediante il quale potevano imporre tasse alle città, proteggerne e svilupparne l'attività commerciale, porre sotto le loro ali protettrici arte e architettura. [...] Lo «Stato rinascimentale» era [...] costituito alla base da una burocrazia in continua espansione che, pur essendo in un primo tempo attiva, era diventata alla fine del XVI secolo un apparato parassitario; e questa burocrazia in continua espansione veniva mantenuta mediante un crescente «spreco», il divario, cioè, fra le tasse imposte ai sudditi e gli introiti incassati effettivamente dalla corona. [...]

L'economia europea, intanto, [...] fu colpita improvvisamente da una grave depressione, il generale «declino commerciale» del 1620. Inoltre, [...] si era venuto formando un nuovo atteggiamento mentale, determinato dal disgusto verso quella giostra dorata che era costata alla società molto più di quanto essa fosse disposta a sopportare. Fu un sentimento di odio: odio verso la «corte» e i cortigiani, odio verso le follie principesche e la corruzione burocratica [...]. In breve, il puritanesimo. [...] In Inghilterra, per esempio, il costo della corte ricadeva soprattutto sulla piccola nobiltà rurale, che costituiva la classe contribuente [...]. In Francia, invece, la *noblesse*[5] era esente dalle tasse, e la taglia e la gabella[6] [...] ricadevano soprattutto sui contadini. [...] Tale differenza [...] è testimoniata dalle conseguenze ultime: in Inghilterra, la rivoluzione, quando scoppiò, fu un grande sommovimento, diretto dalla nobiltà rurale; in Francia, [...] vi furono ogni anno rivolte – circoscritte ma gravi – di contadini. Pur tuttavia, se i ribelli erano diversi, il male diffuso contro il quale essi insorgevano – il carattere e il costo dello Stato – era lo stesso.

[...] Così, tra il 1640 e il 1650, nelle fiamme della guerra e della rivoluzione, venne abbattuta la più ostinata e al tempo stesso – data la struttura politica inglese – la più debole delle monarchie rinascimentali. Non cadde sotto i colpi di una nuova «rivoluzione borghese», e neppure di una vecchia «rivoluzione mercantilistica». Sua nemica non fu la «borghesia» [...]. No, il nemico vittorioso della corte inglese fu semplicemente «il paese»: quell'agglomerato confuso, apolitico ma estremamente sensibile di uomini che si erano ribellati [...] all'enorme, oppressiva, sempre più gigantesca impalcatura della burocrazia parassitaria, concresciuta intorno al trono e all'economia inglese.

[5] Nobiltà.

[6] La taglia era un'imposta diretta sulle persone o sui beni; la gabella un'imposta indiretta sotto forma di tributo o dazio sul consumo: gabella del pane, della macinatura, dell'entrata, dell'uscita.

GUIDA ALLA LETTURA

❶ In quali paesi europei si verificarono rivolte e rivoluzioni nei decenni centrali del XVII secolo? ❷ Perché, secondo Trevor-Roper, lo stato di guerra non è una spiegazione sufficiente per le rivoluzioni del '600? ❸ Spiega l'interpretazione secondo cui il puritanesimo è stato un'espressione dell'odio verso la corte. ❹ Chi sono i protagonisti delle rivolte francesi? E della vittoriosa rivoluzione inglese? Per quali ragioni?

175 DOC

Richard Baxter
Un manuale pratico di «vita cristiana»

da U. Bonanate, *I puritani. I soldati della Bibbia*, Einaudi, Torino 1975, pp. 258-63

Il predicatore Richard Baxter (1615-1691) appartiene al movimento religioso inglese dei puritani, il cui obiettivo era quello di perfezionare la restaurazione del cristianesimo iniziata con la Riforma, tornando alla semplicità della Chiesa primitiva. Ma anche la vita di tutti i giorni doveva essere resa più "pura". Così, in un manuale di «vita cristiana» pubblicato nel 1673 riassunse i più importanti princìpi morali puritani: senso del dovere, ordine morale, autodisciplina. Sono tratti culturali tipici di una delle maggiori confessioni riformate, il calvinismo, ma nell'Inghilterra di metà '600 rappresentano anche le armi per opporsi alla Chiesa ufficiale anglicana e allo stesso monarca.

Dovete capire i rapporti reciproci tra i doveri, quale, cioè, sia maggiore e quale minore, in modo che quando due doveri sembrano richiedere contemporaneamente la vostra attenzione, sappiate a quale accordarla. Ma non dovete soltanto sapere quale, in assoluto e in se stesso, è il dovere maggiore, ma, piuttosto, qual è maggiore per voi, e in quale momento, e tenendo presenti tutte le circostanze. Gran parte dell'arte di sfruttare il tempo consiste appunto nel rendersi conto di tutto ciò e nell'adeguarvisi, in pratica dando la precedenza a quello che è il dovere maggiore. Perde il tempo chi guadagna un soldo, mentre potrebbe guadagnare una sterlina: chi visita i vicini mentre dovrebbe rendere omaggio al principe [...]. Allo stesso modo, perde il suo tempo chi antepone il corpo all'anima, l'uomo a Dio, le cose non importanti a quelle necessarie, doveri privati a doveri pubblici, azioni non edificanti a quelle edificanti, il sacrificio alla compassione.

Abbiate ben chiaro il momento proprio di ogni dovere, nonché il dovere di ogni momento, ciascuno al momento opportuno. In questo modo un dovere condurrà a un altro, mentre, se li si compiono alla rinfusa e in maniera disordinata, non si potrà che metterli in contrasto l'uno con l'altro, con la conseguenza di passare tutto in mezzo a contraddizioni, e ridursi in una confusione totale. [...] Il cristiano saggio e accorto deve organizzare tutte le sue attività in modo che ogni singolo dovere possa essere compiuto al momento opportuno; dovrà essere come gli anelli di una catena congiunti gli uni agli altri, o le parti di un orologio, o di altro ingranaggio, in cui ogni componente deve essere al suo posto. [...]

Uno dei più gravi peccati che hanno come conseguenza lo spreco del tempo è la pigrizia, o indolenza. L'uomo pigro vede il suo tempo che scorre, il lavoro che rimane da fare, sente di dover utilizzare bene il suo tempo, ma non ha la forza di scuotersi; anche quando si convince che deve fare il proprio dovere, lo rimanda, lo rinvia di giorno in giorno, dicendo tra sé, «Lo farò domani, o un altro giorno». Il domani è il giorno di lavoro del pigro, l'oggi è il suo giorno di riposo. Egli passa il suo tempo nutrendo impossibili desideri [...]; si lascia andare alla lussuria, all'orgoglio, all'ingordigia, e vorrebbe che ciò fosse saggezza celeste e un tesoro da mettere da parte in cielo. [...]

Un altro ben noto ladro e sperperatore del tempo è l'inutile e disordinato gioco e divertimento, di solito definito, da coloro stessi che vi indulgono, passatempo, o mascherato col nome ingannevole di ricreazione: vi sono compresi i giochi di carte, di dadi, le commedie, la danza, i veglioni, l'abbandono eccessivo a sport, peraltro legittimi, quali la caccia, il falconaggio[1], il tiro con l'arco ecc. Il problema della loro liceità in se stessa non ha niente a che fare con ciò di cui ora parliamo, ma sono sicuro che le ore preziose a essi dedicate avrebbero meglio potuto essere impiegate a salvare l'anima di migliaia di persone, che, a causa del tempo malamente speso, sono ora perse senza alcuna possibilità di riacquistarle. [...] Come saranno tormentate queste povere anime a pensare al modo in cui hanno buttato via tante ore che avrebbero potuto dedicare a conciliarsi con Dio, a sfuggire alla rovina, ad accumulare un tesoro in cielo! [...]

Un altro ladro che fa mal usare del tempo è l'interesse esagerato per gli affari del mondo e per il lavoro. Essi non solo, come tremendi peccati, macchiano indelebilmente l'anima in breve tempo, ma addirittura pongono la loro dimora nella mente dell'uomo, se ne impadroniscono e ne tengono lontano tutto quanto vi è di buono: in realtà occupano la maggior parte della vita di coloro che ne divengono preda. Il mondo è la prima cosa alla quale pensano ogni mattina, l'ultima ogni sera, e quasi continuamente per tutto il giorno. [...] Il mondo divora quasi tutto il tempo che spetterebbe a Dio e all'anima; non permette che si preghi, si legga, si mediti, si pensi alle cose dello spirito. Anche quando sembrano pregare o ascoltare la parola di Dio, in realtà il mondo è nei loro pensieri. Nella maggior parte delle famiglie non si parla o non si fa nulla che non sia ispirato dal mondo: anche costoro sapranno, un giorno, che cose più importanti avrebbero dovuto occupare il loro tempo prezioso, e che queste avrebbero sempre dovuto avere la precedenza sul mondo.

[1] Caccia col falcone.

GUIDA ALLA LETTURA

❶ Chi è l'autore del documento? In quale paese ha vissuto? ❷ Che cosa deve fare il fedele quando due doveri sembrano richiedere la sua attenzione? ❸ Quali peccati determinano «lo spreco del tempo» secondo il predicatore puritano? ❹ Che cosa intende l'autore del documento quando afferma che «il mondo divora quasi tutto il tempo che spetterebbe a Dio»?

176

H.N. Brailsford
I levellers

H.N. Brailsford, *I livellatori e la rivoluzione inglese*, a c. di Ch. Hill, il Saggiatore, Milano 1962, I, pp. 65-66; 135-38; II, pp. 463-64

■ Il brano di Henry N. Brailsford (1873-1958) ci introduce in uno dei movimenti dalle spinte democratiche più radicali, i *levellers* ('livellatori') [👁 19.4]. Diffusi tra gli strati medio-bassi della società (artigiani, operai delle manifatture), i *levellers* propugnarono l'uguaglianza politica, la libertà religiosa, la sovranità del popolo: tutte idee che minavano profondamente l'impianto sociale della società inglese del XVII secolo. Per questo i *levellers*, guidati da John Lilburne (1614 ca.-1657), furono aspramente contrastati dagli stessi capi del movimento parlamentarista, che li consideravano pericolosi anarchici.

Il lettore vorrà perdonarci questa digressione, perché non si possono capire i livellatori senza riportarsi alla tradizione anabattista[1] che avevano dietro di sé; il loro partito tradusse in programma politico l'etica di un movimento religioso. La profonda fede degli anabattisti nell'eguaglianza umana (compresa l'eguaglianza dei sessi), il principio della tolleranza nel senso più lato, il disgusto della pena di morte, la condanna di ogni forma di clero organizzato – tutto questo, e non solo questo, passò in eredità ai livellatori. [...]

La politica di questo periodo è, come le

[1] 👁 14.4 e **142**.

sue controversie religiose, un riflesso di lotte economiche e sociali. [...] Nelle città maggiori, ma soprattutto a Londra, un'aspra lotta di classe divideva i mercanti in ascesa dai piccoli artigiani in declino e dalla massa dei giornalieri. Quando i Levellers facevano del problema del suffragio maschile e della sovranità popolare la questione dominante dell'epoca, non si perdevano nelle brume dell'alta politica: [...] ogni tessitore, stampatore o lavorante in articoli di ottone, sapeva che dall'esito, vittorioso o meno, di questa lotta dipendevano il suo pane quotidiano e le sue condizioni di vita e di lavoro. [...]
Nel secolo che precedette la guerra civile, profonde trasformazioni strutturali e funzionali erano intervenute nella tradizionale organizzazione dell'industria inglese. [...] Via via che si sviluppava un mercato nazionale con centro a Londra e il commercio estero passava direttamente in mani inglesi, il grosso artigiano diveniva un mercante o bottegaio specializzato e perdeva l'antico senso di solidarietà con gli uomini del suo ceppo; a sua volta, il piccolo produttore si rifugiava in una strada secondaria, i suoi contatti personali con la clientela a poco a poco si diradavano, ed egli finiva per cadere alle dipendenze del ricco mercante per il quale lavorava a domicilio [...].
Qui, fra i piccoli artigiani oppressi e degradati, si reclutava il sèguito dei livellatori [...].
Chi erano dunque, i livellatori? John Lilburne[2] era solito descriverli come «il popolo di tipo medio», ma si è pure visto che egli si vantava di avere un seguito di migliaia e migliaia di «grembiuli di cuoio» e di «scarponi sudici». Evidentemente, il «popolo di tipo medio» abbracciava numerosi artigiani, calzolai, tessitori, tipografi, minatori, qualche mercante agiato e alcuni professionisti [...]. Le loro roccaforti erano nel quartiere di Southwark a Londra e, nella popolosa regione intorno alla capitale, soprattutto nelle contee di Hertford e Buckingham. In questa verde regione, il partito deve aver compreso numerosi *copyholders*[3] il cui desiderio più ardente era di liberarsi dalle decime e dalle servitù gravanti sul pezzo di terra precariamente posseduto. Né in città né in campagna il proletariato (se escludiamo i giornalieri specializzati) mostrò inclinazione a schierarsi con esso. Nel secolo XVII, i salariati vivevano in una miseria così abissale [...] che non potevano nutrire più di un vago orgoglio personale e nessun senso di solidarietà di classe [...] e che non potevano permettersi il lusso di avere idee proprie in politica o in religione. [...]
Un brano famoso del discorso col quale Oliver Cromwell inaugurò il primo parlamento del suo Protettorato [4 settembre 1654] spiega perché egli schiacciò i livellatori:

> [...] Il nobile, il gentleman, l'agricoltore [*yeoman*]: questa è la sana distinzione dell'interno del paese. Ma il naturale ordine del paese non veniva messo sotto i piedi, spregiato e tenuto a vile, dai livellatori? Considerate se il principio dei livellatori non tendeva a ridurre a uniformità il rango naturale degli uomini... Essi volevano parificare il contadino al signore. E, se ci fossero riusciti, ciò non sarebbe durato lungamente... [...]

Ciò che i livellatori minacciavano col loro «anarchico» principio di eguaglianza era appunto questa piramide sociale coi suoi tre gradini – la *nobility*, la *squirearchy*, la *yeomanry*[4] [...].
Se, ricordando le loro rimostranze e petizioni, ci si chiedesse di elencare i punti fondamentali della loro piattaforma politica, noi potremmo rispondere: una tolleranza religiosa senza limiti né riserve, la democrazia nella sua accezione più vasta – comprendente un'effettiva sovranità del popolo e l'elezione di tutti i funzionari e magistrati –, il decentramento dell'amministrazione giudiziaria, la semplificazione delle leggi, l'abolizione delle decime, del reclutamento forzato e della prigionia per debiti.

---

[2] Uomo politico inglese (1614-1657), fu a capo del movimento dei *levellers*.

[3] *Copyholder* era il detentore di un terreno il cui possesso era attestato sui registri signorili (contrapposto a *free-holder*, ovvero colui che possiede senza vincoli una proprietà fondiaria). I *copyholders*, legati alla terra, erano costretti a prestare le loro opere gratuitamente al signore.

[4] Il ceto della nobiltà, dei gentiluomini di campagna (*squire* o *esquire*), principali possidenti dei villaggi, e dei piccoli proprietari terrieri.

GUIDA ALLA LETTURA

❶ Quali elementi legano il movimento religioso anabattista ai *levellers*? ❷ Come si erano modificati l'industria e il commercio inglesi tra XVI e XVII secolo? ❸ Da chi era composto il «popolo di tipo medio» dei *levellers*? ❹ Perché Cromwell temette così tanto il movimento?

177

Ch.H. Hill
Il mondo alla rovescia

Ch.H. Hill, *Il mondo alla rovescia. Idee e movimenti rivoluzionari nell'Inghilterra del Seicento*, Einaudi, Torino 1981, pp. 141-68

■ Il merito dello storico marxista Christopher H. Hill (1912-2003) è stato quello di aver fatto emergere un ampio panorama di idee non convenzionali, eterodosse, diffuse tra gli strati popolari negli anni della rivoluzione inglese. Si trattò, per Hill, di un periodo di grande libertà intellettuale, rivendicata non solo contro i membri della Chiesa ufficiale anglicana, ma contro lo stesso protestantesimo, ritenuto incapace di garantire l'uguaglianza e la giustizia alle quali aspirava la gente comune.

In una società agricola non egualitaria, con una tecnologia primitiva, dove si era alla mercé della natura e si moriva di fame se un raccolto andava male; dove la peste e le guerre rendevano incerta la sopravvivenza, era facile giungere a considerare le carestie e le epidemie come castighi per la malvagità umana. [...] Era facile far credere di essere dei peccatori a degli uomini consci della propria impotenza, della propria frustrazione. E poiché erano peccatori venivano scoraggiati dal tentare di porre rimedio alla propria situazione. [...]

Nel protestantesimo il senso del peccato veniva interiorizzato. [...] Gran parte degli uomini, come gli animali e tutta la creazione inanimata, sono schiavi impotenti delle forze della natura e della società: carestie, pestilenze, morte. Essi sprofondano nel peccato. Solo gli eletti sono liberi, poiché per essi le forze che governano il mondo non sono cieche. Gli eletti comprendono i fini di Dio e vi collaborano, e questo senso di intimità con chi governa l'universo dà una fiducia, una sicurezza interiore che può permettere loro di prosperare in questo mondo oltre che di ereditare l'altro. [...]

La teoria della giustificazione per fede[1] aiutò gli uomini a vivere grazie alla speranza interiore che ne derivava. È una teoria *relativamente* democratica: gli eletti costituiscono un'aristocrazia spirituale, che non ha alcun rapporto con quella terrena del sangue. Questa teoria dava ad una parte selezionata del Terzo Stato[2], non privilegiato, abbastanza coraggio, convinzione e senso di reciproca unità da permettere loro di aprirsi la strada verso la libertà religiosa e politica, grazie ad un'organizzazione rigidamente disciplinata. [...] La conversione, inoltre, dava il senso di forza dell'appartenere ad una comunità di persone che la pensavano allo stesso modo. [...]

Certo la combinazione di una teologia che sottolineava come gli eletti fossero una minoranza con una predicazione morale che voleva giungere a tutti gli uomini, conteneva in sé molte contraddizioni. [...]

Quando si venne alla guerra civile, l'appello all'appoggio delle masse dovette essere ancora più diretto e ancor meno discriminatorio. Chiunque volesse combattere contro l'Anticristo era il benvenuto. [...] Molti di loro [i predicatori] chiamarono la gente comune all'azione politica, sbandierando, soprattutto davanti agli occhi dei poveri e dei semplici, le speranze millenaristiche[3]. E tuttavia nessun calvinista poteva logicamente avere fiducia nella democrazia: la sua religione era per gli eletti, per definizione una minoranza. [...]

La gente comune, che formava, nel decennio tra il 1640 e il 1650, le proprie congregazioni, libere dal tradizionale controllo ecclesiastico, discuteva ogni aspetto della teologia e della politica alla luce della Bibbia. Molti [...] proclamavano che gli eletti dovevano essere liberi da ogni restrizione, compreso il legame matrimoniale: la coercizione doveva essere riservata solo ai non-rigenerati. Fu per questo che la determinazione del numero e dell'identità degli eletti divenne un pressante problema politico. [...] Nel 1549 un commerciante londinese aveva affermato che un uomo rigenerato non poteva peccare. Dopo il 1640, in Inghilterra c'era molta gente che la pensava così. [...]

Attorno al 1640 esistevano dunque numerose correnti di pensiero convergenti, che si opponevano ai dogmi ortodossi e tradizionali del peccato originale. «Per natura tutti gli uomini nascono liberi allo stesso modo», dichiarava la *Vox Plebis*[4], uscito anonimo nel 1646, «e sono poi resi liberi nella grazia da Cristo», un primo collegamento della libera grazia con le dottrine della libertà politica. [...]

Una petizione del settembre 1648, che pare fosse stata firmata da quarantamila uomini, sosteneva che la distinzione attribuita a re e signori era un espediente degli uomini, e non serviva a niente, poiché «Dio ha fatto tutti uguali». [...]

Grazie alla disperazione e all'ateismo largamente diffusi negli anni immediatamente precedenti il 1650, possiamo apprezzare il peso della crisi rivoluzionaria sulle certezze del calvinismo tradizionale. Le categorie sociali e le gerarchie precedentemente accettate vennero rovesciate nell'altro mondo come in questo. Il principio protestante del sacerdozio di tutti i credenti, che il concetto della luce interiore portò al suo limite estremo, unito ad un'erudita critica protestante dei testi, distrusse l'autorità della Bibbia. Ma che cosa doveva sostituirla?

[1] 👁 **14.1**, e **134**DOC-**135**DOC, **137**DOC.

[2] L'ordine sociale di cui facevano parte tutti coloro che non appartenevano al clero né alla nobiltà.

[3] Proprie del millenarismo, dottrina escatologica e apocalittica che si fonda sull'attesa del regno millenario di Cristo sulla Terra, prima del Giudizio universale.

[4] Voce della plebe.

GUIDA ALLA LETTURA

❶ Perché in una società agricola come quella medievale trovava facilmente posto l'idea di peccato? ❷ Che cosa cambiò con l'avvento del protestantesimo? Perché l'autore ritiene la dottrina della giustificazione per fede «relativamente democratica»? ❸ L'idea protestante di libertà religiosa ebbe conseguenze sul piano sociale e politico? ❹ Perché, secondo Hill, teologia e predicazione protestanti erano in contraddizione?

178DOC

Il Patto del Popolo

da U. Bonanate, *I puritani. I soldati della Bibbia*, Einaudi, Torino 1975, pp. 168-70

■ L'esercito messo in campo dagli oppositori alla monarchia fu uno dei protagonisti della rivoluzione inglese. La disciplina e la fermezza che dimostrò resero possibili importanti vittorie sui realisti. La forte spinta ideale dei soldati, tuttavia, divenne ben presto imbarazzante per i moderati membri del Parlamento, che all'indomani della vittoria di Naseby [👁 **19.4**] tentarono di sbarazzarsi dell'esercito. Delusi, i soldati più radicali – aderenti ai movimenti religiosi più intransigenti – elessero dei rappresentanti ed elaborarono il *Patto del Popolo*, in cui reclamavano una riforma della rappresentanza politica, la concessione della più ampia libertà religiosa, l'uguaglianza di fronte alla legge.

Avendo in questi ultimi tempi dimostrato al mondo, con il nostro impegno e con i rischi che abbiamo affrontato, quanto stimiamo la nostra giusta libertà, e avendo Dio condiviso la nostra causa, al punto di far cadere nelle nostre mani i nemici, ci consideriamo ora tenuti al reciproco dovere, gli uni nei confronti degli altri, di porre la massima attenzione in futuro, per evitare tanto il pericolo di ritornare in una condizione di schiavitù, quanto il costoso rimedio rappresentato da un'altra guerra. [...] Possiamo tranquillamente promettere a noi stessi che non appena i nostri diritti saranno stati riconosciuti e la libertà riconquistata, i tentativi di coloro che cercano di diventare nostri padroni saranno resi nulli. L'oppressione di cui fummo vittime e i disagi che sono ora a malapena finiti furono dovuti o alla mancanza di frequenti riunioni dei Consigli su piano nazionale o alla loro inefficacia. Noi siamo unanimi nello stabilire che d'ora in avanti i nostri rappresentanti non dovranno essere lasciati nell'incertezza sulla loro convocazione alle riunioni, e che non dovranno essere resi superflui rispetto ai fini per i quali sono stati scelti. A questo scopo dichiariamo:

I Il popolo inglese, attualmente ripartito in maniera ineguale in contee, città e borghi, per quel che riguarda l'elezione dei membri del Parlamento, dovrà essere suddiviso in modo tale che non sussistano più ineguaglianze, ma soltanto in base al numero degli abitanti delle circoscrizioni. [...]

II Per porre termine ai numerosi inconvenienti che chiaramente si presentano allorché le stesse persone occupano per lungo tempo posizioni di autorità, si stabilisce che l'attuale Parlamento sia disciolto l'ultimo giorno di settembre dell'anno del Signore 1648.

III I cittadini saranno normalmente chiamati a votare un Parlamento ogni due anni, e cioè il primo giovedì ogni due successivi mesi di marzo, secondo le modalità che saranno fissate prima della fine del presente Parlamento. [...]

IV Il potere di questo e di tutti i futuri Parlamenti è inferiore soltanto a quello delle persone che lo hanno eletto; le sue disposizioni hanno valore senza bisogno del consenso di qualsiasi altra persona. Esso avrà il potere di istituire e abolire incarichi e comitati, di nominare, allontanare, chiedere un rendiconto ai magistrati e agli altri funzionari di qualsiasi grado; potrà dichiarare guerra e concludere la pace, nonché trattare con le potenze straniere. Più in generale, il suo potere si estenderà anche a tutto quanto non è espressamente dichiarato, o implicitamente riservato dagli elettori a se stessi.

In particolare si tratta dei seguenti punti:

1 Tutto ciò che concerne la religione e il culto non può essere in alcun modo da noi abbandonato a un potere terreno [...].
2 Obbligare i cittadini a servire nell'esercito va contro la loro libertà, e perciò non possiamo permettere che i nostri rappresentanti ci costringano a questo servizio. Al contrario, riteniamo che essi, per mezzo del denaro che hanno sempre a disposizione (l'arma principale di ogni guerra) potranno arruolare in qualsiasi momento un numero sufficiente di soldati che combattano per una giusta causa.
3 Quando questo Parlamento sarà stato sciolto nessuno potrà in qualsiasi momento essere sottoposto a procedimento per ciò che ha detto o fatto durante i recenti avvenimenti politici, a meno che si tratti dell'esecuzione di un ordine dei nostri rappresentanti attuali, cioè della Camera dei Comuni.
4 Tutte le leggi esistenti, o future, dovranno essere osservate allo stesso modo da tutti i cittadini; potere, ricchezze, titoli, nobiltà, nascita, posizione sociale non danno diritto a eccezioni al corso normale della giustizia, alla quale gli altri sono sottoposti.
5 Come le leggi devono essere uguali per tutti, devono anche essere buone, cioè non devono causare il minimo danno alla tranquillità e alla pace dello stato.

il popolo ha diritti massimi, anche al di sopra del sovrano

GUIDA ALLA LETTURA

❶ Perché i redattori ritengono necessaria l'approvazione del documento? ❷ Spiega il sistema elettorale proposto da coloro che sottoscrissero il *Patto.* ❸ Secondo il documento, quali dovranno essere i poteri del nuovo Parlamento? ❹ Che cosa stabilisce il *Patto del Popolo* in merito alla religione, all'esercito e alla giustizia?

179DOC

I Dibattiti di Putney

da V. Gabrieli, *Puritanesimo e libertà. Dibattiti e libelli*, Einaudi, Torino 1956, pp. 67-88

■ Per controllare le spinte radicali dell'esercito, Oliver Cromwell [👁 **19.4**-5 e **19.5** PERSONAGGI] fu costretto a convocarne i rappresentanti a Putney, un villaggio a sud di Londra, tra l'ottobre e il novembre 1647. Di fronte alle idee politiche tradizionali degli ufficiali (come Henry Ireton, genero di Cromwell), i soldati, per bocca di Maximilian Petty, Thomas Rainsborough, Edward Sexby, firmatari del *Patto del Popolo* [**178**DOC], reclamarono la fine del sistema elettorale basato sul censo e, poiché uguali per tutti apparivano i «diritti innati», l'introduzione di una nuova legge che desse a ciascuno diritto di voto.

PETTY[1] Noi riteniamo che tutti quegli abitanti che non hanno pregiudicato il loro diritto innato debbano avere un egual voto nelle elezioni.
RAINBOROUGH[2] [...] Io penso veramente

[1] Maximilian Petty (1617-1661) fu uno degli unici due civili presenti ai dibattiti di Putney.

[2] Thomas Rainsborough (1610-1648), colonnello di una truppa di fanteria del New Model Army e livellatore, fu uno dei maggiori sostenitori dell'estensione generalizzata del diritto di voto.

che l'essere più povero che vi sia in Inghilterra ha una vita da vivere quanto il più grande e perciò, signore, credo sia chiaro che ogni uomo il quale ha da vivere sotto un governo debba prima col suo consenso accettare quel governo [...].

IRETON[3] [...] Penso che nessuna persona abbia diritto a una partecipazione nell'ordinamento degli affari del paese, a determinare o a scegliere coloro che determineranno da quali leggi dobbiamo essere governati in questo paese – nessuna persona ha diritto a ciò, la quale non abbia un interesse permanente fisso in questo paese. Solo quelle persone, riunite insieme, sono propriamente i rappresentanti di questo paese e, per conseguenza, anche coloro che devono creare i rappresentanti del paese, le quali nel loro insieme comprendono tutti gli interessi reali e permanenti del regno. [...] Coloro che scelgono i rappresentanti per fare le leggi da cui hanno da esser governati questo stato e questo paese, son le persone che, nel loro insieme, comprendono gli interessi propri di questo regno; cioè, le persone nelle cui mani è tutta la terra, e i membri delle corporazioni, che hanno nelle loro mani tutto il commercio. [...]

RAINBOROUGH [...] Nulla di quello che ho sentito può convincermi del perché un uomo nato in Inghilterra non dovrebbe avere il voto nell'elezione dei deputati. [...] Ma trovo che tutti gli inglesi devono esser soggetti alle leggi inglesi, e credo sinceramente non vi sia persona che neghi che il fondamento di ogni legge risiede nel popolo e, se risiede nel popolo, bisogna che qualcuno sia responsabile della sua esclusione dal voto. [...]

IRETON [...] La cosa principale su cui insisto è che vorrei si avesse riguardo alla proprietà. [...] Poiché qui si tratta della parte più fondamentale della costituzione del regno; se sopprimete la quale, sopprimete con essa ogni cosa. [...] Ora vorrei sapere a quale diritto vi appellate affermando che tutti gli uomini devono avere il diritto di voto nelle elezioni. Forse al diritto naturale? Se vi mettete su questo terreno, allora credo che dobbiate negare anche ogni proprietà e per questa ragione: in base allo stesso diritto naturale (sia quel che sia) da voi invocato e che vi consente di dire che ogni uomo ha un uguale diritto di scegliersi chi deve governarlo – in base allo stesso diritto naturale, egli ha lo stesso eguale diritto a qualsiasi bene cada sotto i suoi occhi – cibi, bevande, vestiti –, il diritto di prenderne e usarne per il proprio sostentamento. [...]

RAINBOROUGH [...] Signore, affermare che, perché un uomo invoca il diritto naturale d'ogni persona al voto, in tal modo si viene a distruggere con lo stesso argomento ogni proprietà – questo è dimenticare la Legge di Dio. Che v'è proprietà, la Legge di Dio lo dice: altrimenti perché egli avrebbe fatto la legge: «Non rubare»? [...] Per mio conto sono contrario a ogni idea d'anarchia e, quanto a voi, desidererei non faceste credere a tutti che noi invece siamo favorevoli a essa.

IRETON [...] Questa è la mia opinione. Un uomo deve esser soggetto a una legge, cui non ha consentito, con l'unica riserva che, se non è soddisfatto, può andarsene in un altro paese. [...] Tuttavia io riconosco quella che voi intendete come una massima universale, e cioè che in ogni regno, in ogni paese, l'origine del potere di fare le leggi, di decidere quale debba essere la legge del paese, risiede nel popolo (ma per popolo vanno intesi coloro che rappresentano gli interessi permanenti del paese). [...]

SEXBY[4] [...] Ci siamo impegnati in questo paese e abbiamo rischiata la vita solo per recuperare i nostri diritti innati e i nostri privilegi di inglesi; mentre, secondo gli argomenti sostenuti ora, non ne avremmo alcuni. Siamo molte migliaia di soldati ad avere arrischiato la vita: abbiamo avuto poca proprietà nel paese quanto a terre, pure abbiamo avuto un diritto di nascita. Ma sembra ora che, se un uomo non ha una proprietà fissa nel paese, non ha alcun diritto in esso. [...] Son deciso a non rinunciare di fronte a nessuno al mio diritto innato. [...] È stato detto qualche cosa di questo genere: che se si concede ai poveri e a quelli di condizioni umili il loro diritto innato, sarà la rovina di questo paese. [...] Sono fermamente convinto che i poveri e i più umili cittadini di questo paese – parlo in rapporto alla condizione dei soldati, in cui ci troviamo – siano stati lo strumento della salvezza del paese.

[3] Henry Ireton (1611-1651), ufficiale dell'esercito e negoziatore per il Parlamento alla resa delle truppe fedeli al re (1646). Esponente politico moderato, si impegnò per evitare la rottura definitiva dei rapporti tra il Parlamento e la corona.

[4] Edward Sexby (1616-1658), colonnello nel New Model Army, puritano e livellatore.

GUIDA ALLA LETTURA

❶ Chi sono i partecipanti al dibattito? ❷ Attraverso quale argomentazione Petty e Rainsborough difendono la legge elettorale da essi proposta? ❸ Chi sono, secondo Ireton, gli unici detentori del diritto di voto? ❹ Le due posizioni concordano sul fatto che la sovranità spetti al popolo, ma condividono la stessa nozione di «popolo»?

LO STESSO DIRITTO DI PROPRIETÀ POTREBBE ESSERE MESSO IN PERICOLO DEL DIRITTO NATURALE

180 DOC

Il processo a Carlo I

da G. Walter, *La rivoluzione inglese 1641-1660*, De Agostini, Novara 1990, pp. 191-93; 199-200; 219-22

■ I verbali del processo a Carlo I [👁 19.4 e 19.4 EVENTI] testimoniano uno dei momenti più drammatici della rivoluzione. Il re, «accusato in nome del popolo inglese», non riconosce l'autorità di chi lo sta giudicando e si rifiuta di rispondere alle domande. La Corte, espressione del Parlamento, ricorda che le leggi sono poste al di sopra del re e che vero sovrano è il popolo d'Inghilterra, in nome del quale lo si accusa di tradimento. È un dialogo tra due concezioni del potere diametralmente opposte, destinate, in quel momento, a non trovare alcuna conciliazione.

Prima udienza 20 gennaio 1649

Mentre veniva letta l'accusa, il prigioniero era [...] tornato a sedersi con un contegno superbo e sicuro di sé, testimoniando di non essere per nulla turbato, fino a che non si giunse alle parole che Carlo Stuart era un tiranno, un traditore, ecc., udite le quali egli si mise a ridere in faccia alla Corte. E letta che fu l'accusa, [...] il re gli rispose:

Il re Prima ch'io voglia rispondere, debbo sapere innanzi tutto in virtù [...] di quale autorità... intendo legittima, [...] io sono [...] condotto qui. [...] Ricordatevi, signore, ch'io sono il vostro re, vale a dire il vostro re legittimo, e quale peccato state attirando sulle vostre teste, oltre ad altri grandi giudizi sul Paese. [...] Io non vedo che abbiate alcuna autorità, e pertanto fatemi sapere in virtù di quale autorità legittima io mi trovo qui; allora non ricuserò di rispondere. E allo stesso tempo sappiate che non voglio abbandonare il diritto che m'è stato affidato in deposito, io ho un deposito che m'è stato commesso da Dio per effetto di un'antica e legittima successione dai miei antenati, io non l'abbandonerò sottomettendomi a rispondere a un'autorità che non sia legittima. [...]

Presidente Signore, se vi foste compiaciuto di notare quel che la Corte vi ha dapprima delimitato e lo scritto che vi è stato letto, avreste riconosciuto in virtù di quale autorità noi siamo qui riuniti, cioè l'autorità dei comuni d'Inghilterra riuniti in parlamento in nome del popolo inglese dal quale siete stato eletto re, la quale autorità vi richiede ora in nome di questo popolo di rispondere alla vostra accusa.

Il re Nego che l'Inghilterra sia mai stata un regno elettivo, questo è stato ereditario da quasi mille anni [...].

Udienza del 22 gennaio 1649

[...]

Presidente Signore, [...] non potete, secondo la ragione, mettere in discussione l'autorità per la quale siete chiamato qui a rendere conto delle vostre azioni. La Corte l'ha ricevuta dai comuni d'Inghilterra, che si sono in passato attribuiti il potere di far renderne conto ai vostri antenati, persino ai più grandi tra di essi... [...] E pertanto vi ordina ancora una volta di rispondere.

Il re Vi dico, signore, col vostro permesso, che i comuni d'Inghilterra non sono mai stati una Corte di giudicatura; desidero sapere come lo sono diventati.

Presidente Non vi si deve permettere d'andare più oltre con questo discorso. [...] Signore, se questo è tutto quel che volete dire, voi (parlando alle guardie) che avete condotto il prigioniero riportatelo via. [...]

Ultima udienza 27 gennaio 1649

Presidente [...] La Corte fa benissimo a stimare, signore, e voglio sperare che lo reputino anche tutti coloro di questa nazione che hanno il senso e il giudizio sani, che le leggi sono sopra di voi e che avreste dovuto governare conformemente alle leggi. Avreste dovuto farlo, signore, e so bene che pretendete averlo fatto. Ma, signore, il grande dissidio è stato di sapere chi sono coloro che devono essere gli interpreti delle nostre leggi: se dobbiate essere voi e il vostro partito, che è fuori dalle Corti di giustizia, a dover attribuire il potere di interpretarle, oppure se non sia ben più ragionevole e molto più giusto che le Corti di giustizia ne rimangano le interpreti, anzi, se tale non sia il diritto della sovrana e più alta Corte di giustizia che è il parlamento d'Inghilterra, il quale non ne è soltanto il supremo interprete, ma anche il solo ad avere il diritto e il potere di farle. [...] Un tempo furono instaurati buoni re per rendere la giustizia; da ciò apprendiamo che il fine che ci si era proposto facendo i re o qualsiasi altro governante è stato quello di godere della giustizia. Tale è l'unico fine: pertanto, signore, se un re vuol tendere a un fine diverso, che sia del tutto contrario a quello, o se qualsiasi altro governante tende a un fine contrario a quello per il quale il suo governo è stato instaurato, bisogna che sappia ch'egli altro non è se non un ufficiale al quale hanno affidato un incarico e ch'egli è obbligato a impiegare per il bene del popolo il potere che gli è stato commesso. Se non lo fa, spetta a questo popolo dar ordine che si punisca e castighi questo governante per aver commesso una tale offesa. Questa, signore, [...] è una legge antichissima. Abbiamo anche autori e testimonianze autenticissime che ci apprendono quale fosse a quel tempo il senso delle leggi riguardanti l'elezione dei re e il giuramento che questi facevano ai loro popoli, per il mancato adempimento del quale si ricorreva al rimedio che vien chiamato parlamenti.

GUIDA ALLA LETTURA

❶ Di che tipo di documento si tratta? In quale occasione è stato redatto? ❷ Che cosa chiede di sapere Carlo I dalla Corte prima di rispondere alle domande? ❸ In base a quale autorità e a quale tradizione la Corte ritiene sé stessa legittimata a giudicare il re? ❹ Qual è la funzione politica generale che il presidente della Corte attribuisce ai parlamenti?

181

M. Kishlansky

Gli «impulsi contraddittori» della rivoluzione inglese

M. Kishlansky, *L'età degli Stuart. L'Inghilterra dal 1603 al 1714*, il Mulino, Bologna 1999, pp. 243-45

■ Nel corso del XVII secolo, periodo che vide la dinastia degli Stuart sul trono inglese (1603-1714), in Inghilterra avvennero decisive trasformazioni di natura economica, sociale e politica in seguito a vicende travagliate e a eventi rivoluzionari. Lo storico statunitense Mark Kishlansky (nato nel 1948), nella sua ricostruzione storica dell'età degli Stuart, segue i complessi avvenimenti inglesi del XVII secolo attraverso una chiave di lettura prevalentemente politica. Kishlansky evidenzia, qui, gli elementi di forte contraddittorietà religiosa e politica che animarono la rivoluzione inglese e che influirono notevolmente sulle vicende e sugli assetti politici nel decennio successivo alla decapitazione di Carlo I.

La rivoluzione nascondeva in sé impulsi contraddittori. Il fervore dell'entusiasmo puritano la spingeva in avanti, mentre la forza del costituzionalismo della *gentry*[1] ne frenava l'avanzata. I religiosi più radicali consideravano prive di significato le formalità esteriori e si stancarono presto delle liti sulle costituzioni cartacee. Il loro interesse per l'amministrazione pubblica si limitava a pretendere che essa non interferisse nelle questioni di coscienza. [...] La forza dei «devoti» era nell'esercito, nelle congregazioni londinesi degli indipendenti e nel proliferare delle sette. Di contro, i costituzionalisti parlavano esclusivamente di governo e trovavano appoggi in Parlamento. Per tutti loro, che fossero teorici repubblicani, comuni giuristi o semplici amministratori locali, il problema della rivoluzione era un problema di ordine. [...]

Per quasi un decennio queste contraddizioni generarono esperimenti infruttuosi di forme di governo repubblicano. Ogni costituzione tentava di ricreare un sistema tripartito in esecutivo, consiglio e Parlamento, ma ciascuna s'infrangeva sulla propria incapacità di individuare l'autorità centrale.

Il Rump[2] affermava di essere la forma più pura di repubblica, senza singole personalità alla sua guida. Risentiva però della sfiducia nei confronti del Parlamento che era cresciuta sempre più dopo il 1640. L'Assemblea che lo sostituì fu un tentativo di formare un governo di «santi», che cadde per dissapori interni. Il Protettorato, che ebbe durata più lunga, ripristinò molte delle forme tradizionali di governo, tra cui infine anche una Camera dei Lord, ma anche la sua impalcatura poggiava sulle sabbie mobili. Evitò di finirci invischiato soltanto grazie alla straordinaria personalità di Oliver Cromwell. Alla sua morte suonò anche il rintocco funebre della Rivoluzione. [...]

Una volta sciolto il Rump, Cromwell accettò l'idea di un'assemblea di eletti «ispirati da Dio» [...]. L'esercito invitò le chiese riunite a proporre dei candidati, anche se poi fu il Consiglio degli ufficiali a scegliere i nomi. Il Parlamento che venne così nominato era composto da centoquaranta membri, compresi sei scozzesi e cinque irlandesi. [...] La sua composizione era in effetti molto simile a quella del Rump, con una percentuale maggiore di fanatici religiosi, di cui per altro soltanto tredici erano noti quinto-monarchisti[3], e un minor numero di giuristi e ufficiali. [...] Il tentativo dimostrò ancora una volta la determinazione dei capi della Rivoluzione di cercare comunque una base che fosse più ampia possibile, persino nel contesto di una soluzione così insolita quale un'assemblea di «santi».

Nonostante le insistenze di Cromwell sul fatto che tale assemblea dovesse agire in stretto contatto con l'esercito, in uno dei suoi primi atti essa si proclamò «Parlamento» e nominò un Consiglio di Stato, composto prevalentemente da civili, insieme al quale governare. Pose come data simbolica per il suo scioglimento il 3 novembre 1654, poi rivolse la sua attenzione a quelle stesse questioni che avevano tormentato il Rump: la riforma giuridica e quella religiosa. [...]

Persino tra i «santi» designati esistevano contrasti sulle questioni religiose. I radicali dell'assemblea volevano abolire ogni parvenza di Chiesa nazionale, incluse le decime, l'uniformità della dottrina e i «peccati scandalosi» definiti *a priori*. I moderati volevano una Chiesa protestante onnicomprensiva. La questione più controversa fu quella delle decime, che sollevarono complessi problemi civili e religiosi. Le varie sette sostenevano di non dover essere costrette a fornire un contributo economico a una Chiesa alla quale non appartenevano, ma non proponevano soluzioni alternative per il mantenimento dei sacerdoti di una vasta Chiesa nazionale. Inoltre, le decime erano una sorta di bene. I proprietari terrieri le avevano acquistate e abolirle significava confiscare una proprietà privata. La disputa sulle decime creò una spaccatura tra i gruppi ristretti dei radicali e i moderati che caratterizzò i cinque mesi di sedute.

---

[1] In questo caso l'espressione «costituzionalismo della *gentry*» va contestualizzata all'interno del lavoro di Kishlansky: si riferisce a una accettazione del diritto comune (non scritto) e al fatto che «il potere monarchico fosse limitato dall'evoluzione della sua pratica».

[2] 👁 19.5.

[3] Movimento religioso millenarista inglese, attivo dal 1649 al 1661. Il nome della setta prende origine dall'episodio del libro di *Daniele*, nell'Antico Testamento, dove il profeta interpretò il sogno del re Nabucodonosor, profetizzando l'avvento di un quinto regno, fatto sorgere da Dio e che avrebbe distrutto i precedenti e sarebbe durato per sempre. Il messaggio dei quinto-monarchisti era di prepararsi alla venuta di Cristo, riformando il Parlamento e il governo inglese. Altri elementi erano l'amore fraterno per i poveri, il rilascio dal carcere dei debitori, l'abolizione delle tasse.

GUIDA ALLA LETTURA

❶ Descrivi gli «impulsi contraddittori» della società inglese al tempo della rivoluzione. ❷ Perché le forme di governo repubblicano fallirono? ❸ Quale fu la composizione del Parlamento composto da eletti «ispirati da Dio»? Di che cosa si occupò? ❹ Riassumi le diverse posizioni presenti in Parlamento sulla questione delle decime.

SVILUPPARE LE COMPETENZE

Comprendere e Analizzare

❶ **Scrivi un breve testo (max 40 righe), dal titolo *Conservatori e rivoluzionari inglesi (1640-1660)*, che consideri i seguenti soggetti storici:**

La cultura

a. I radicali religiosi (Brailsford, *Patto del Popolo*, *Dibattiti di Putney*, Kishlansky)

b. I puritani (Trevor-Roper, Baxter, Hill, Kishlansky)

c. La cultura tecnico-scientifica (Brailsford, Hill)

La politica

d. La monarchia e la corte (Trevor-Roper, *Processo a Carlo I*)

e. Il Parlamento (Brailsford, *Patto del Popolo*, *Dibattiti di Putney*, *Processo a Carlo I*)

f. Il popolo (*Patto del Popolo*, *Dibattiti di Putney*, *Processo a Carlo I*)

La società

g. La nobiltà (*Processo a Carlo I*)

h. Il ceto industriale-mercantile (Hobsbawm, Brailsford, *Dibattiti di Putney*)

i. Il proletariato rurale e urbano (Hobsbawm, Brailsford)

❷ **Dopo aver letto il documento *I Dibattiti di Putney* [179DOC] e il brano di Brailsford [176], rispondi alle domande citando opportunamente i testi:**

a. Dove, quando e in quali circostanze è stato redatto il documento?

b. Quali soggetti sociali sono rappresentati dagli interlocutori del dibattito?

c. Chi detiene il *diritto al voto* secondo le due posizioni espresse nel documento?

d. Come giudichi il *tono* del dibattito? Secondo te, i partecipanti mostrano di rispettare le reciproche posizioni?

e. Dopo aver letto il brano di Brailsford, pensi che il movimento dei *levellers* fosse adeguatamente rappresentato a Putney?

f. Alla luce degli eventi storici successivi, esprimi un giudizio sulle posizioni di Ireton e Cromwell e sugli interessi economico-sociali che difendevano a Putney.

❸ **Nei *Dibattiti di Putney* [179DOC], Petty, Rainsborough e Sexby espongono, a proposito del diritto di voto, la posizione dei livellatori che troviamo espressa nel *Patto del Popolo* [178DOC]. Esponi sinteticamente la posizione espressa nei *Dibattiti* e accosta a essa i passi del *Patto* che la riflettono.**

❹ **Dopo aver letto i brani di Hobsbawm [173] e di Trevor-Roper [174], sintetizza in un breve testo (max 25 righe) le rispettive tesi sulla crisi del '600.**

Rielaborare e Argomentare

❺ **Redazione di un articolo di giornale. *La rivoluzione del popolo che giustiziò il suo re***

Sviluppa l'argomento scelto in forma di "articolo di giornale", utilizzando i documenti e i dati che lo corredano. Interpreta e confronta i documenti e i dati che ti sembrano rilevanti e costruisci su di essi il tuo "pezzo". Da' all'articolo un titolo appropriato e indica il tipo del giornale sul quale ne ipotizzi la pubblicazione (quotidiano, rivista divulgativa, giornale scolastico, altro). Se lo ritieni opportuno, organizza la trattazione suddividendola in paragrafi, cui potrai dare eventualmente uno specifico titolo.

Documenti: *Dibattiti di Putney* [179DOC], *Processo a Carlo I* [180DOC]
Immagini: pp. 607, 608, 610, 612
Brani storiografici: Brailsford [176], Kishlansky [181]
Capitoli: **19.2-5**, **19.4** EVENTI, **19.5** PERSONAGGI

❻ **Dopo aver letto i brani di Hobsbawm [173], Trevor-Roper [174], Brailsford [176], Hill [177] e Kishlansky [181], scegli tra le seguenti considerazioni storiografiche sulla rivoluzione inglese quella che ritieni più condivisibile; argomenta la tua risposta in un breve testo (max 30 righe):**

a. È innegabile la connotazione "classista" della rivoluzione: è un atto che intende modificare radicalmente i rapporti di forza politici tra la classe nobiliare e quella borghese, che è già in forte ascesa sul piano economico-sociale.

b. I sostenitori della rivoluzione esprimono ceti e culture con obiettivi sensibilmente diversi tra loro, tra cui le aspirazioni dei radicali religiosi, il conservatorismo della *gentry*, la cultura tecnico-scientifica, il culto protestante.

L'Italia: crisi economica, rivolte e decadenza

Mentre in altri paesi europei si consolidava il processo di formazione degli Stati nazionali, l'Italia del XVI e XVII secolo era un paese molto frammentato e in gran parte sottomesso al dominio straniero. Tuttavia in questo periodo si rafforzò la percezione dell'identità italiana, in quanto peculiare e distinta da quella degli altri paesi europei, specialmente in campo culturale e religioso. Chi visse nel '500 e '600, tuttavia, non considerava particolarmente grave il fatto che diversi Stati della penisola avessero perso l'indipendenza politica. Solo nell'800 (durante il Risorgimento e subito dopo l'unità) gli storici valutarono negativamente il periodo, poiché allora era iniziata l'odiosa dominazione straniera che, per molto tempo, avrebbe oppresso l'Italia. Che i secoli XVI e XVII fossero un'età di "decadenza" non fu più contestato fino ai nostri giorni. Qui non si vuole, tuttavia, ribaltare il giudizio: è sufficiente ricordare che anche radicate tesi storiografiche sono, a loro volta, un fatto storico, dettate da particolari contesti politico-sociali e posizioni culturali ben riconoscibili.
Il carattere moralistico di molte interpretazioni del periodo in esame, da parte di storici del Risorgimento, è ricordato da **Benedetto Croce** [182DOC], il quale legge secondo le proprie convinzioni filosofiche la "decadenza" italiana del '500 e del '600. **Alberto Asor Rosa** [183] indica la Chiesa cattolica come responsabile della sospensione della crescita italiana, dal momento che essa riuscì a controllare non solo la cultura, ma anche l'intera società. Una lettura diversa del periodo è offerta da **Fernand Braudel** [184], che invita a non sottovalutare il ruolo ancora interpretato dall'Italia nell'età barocca. Come mostra **Paolo Malanima** [185], infatti, anche la lunga e violenta

crisi economica che colpì il paese in questo periodo, a partire dalla seconda metà del '600, sfociò nel Centro-Nord in una profonda ristrutturazione.
La rivoluzione napoletana del 1647 fu uno dei pochi avvenimenti politici italiani del '500-600 capaci di grande risonanza in tutta Europa, percorsa anch'essa alla metà del secolo da rivolte e rivoluzioni. Con **Aurelio Musi [186]** si entra nella cronaca della prima giornata (il 7 luglio 1647) della rivolta napoletana, ricostruita scrupolosamente e dalla quale emergono le motivazioni del sollevamento, il suo carattere molteplice, l'assenza di un piano prestabilito e il delinearsi dei ruoli di coloro che in seguito la guidarono. Nel brano successivo, **Maiolino Bisaccioni [187DOC]** delinea il ritratto del principale protagonista dell'insurrezione: Masaniello. Chiude la sezione un brano di **Giuseppe Giarrizzo [188]**, che ricostruisce la dinamica delle rivolte siciliane del 1646-47, nate da un contesto in cui alla carestia si univa un pesante fiscalismo e caratterizzate da una forte interdipendenza con la rivoluzione napoletana.

182DOC

Benedetto Croce
La "decadenza" dell'Italia

B. Croce, *Storia dell'età barocca in Italia*, Laterza, Bari 1967, pp. 10-17; 42-48

■ Il filosofo Benedetto Croce (1866-1952) – uno dei più importanti del '900 – produsse anche opere storiografiche. Nel brano riportato, tratto dalla *Storia dell'età barocca in Italia*, afferma che l'età della Controriforma fu caratterizzata non solo dalla difesa della Chiesa cattolica contro il mondo protestante, ma anche dalla caduta dell'«entusiasmo morale», cioè di quello slancio che rende gli uomini capaci di adattarsi a un contesto avverso e di superarlo. Croce nota, inoltre, che altri paesi europei conoscevano una forte crisi e che diverse espressioni del '600 italiano, comunque, furono molto vitali. Tuttavia conclude: «l'Italia... stanca, si riposava». Il paese, insomma, non si condannò a una definitiva "decadenza", ma, pur attardato in una lunga pausa, era pronto a riprendere il cammino secolare verso la libertà.

Sebbene il Rinascimento fosse opera precipua degli italiani e la Riforma dei tedeschi, l'una e l'altra esprimono esigenze universali dell'anima umana; e le loro rispettive soluzioni sono sempre riproposte e rivissute con consenso e con gioia [...].
Questo carattere umano e perpetuo, che ritroviamo nel Rinascimento e nella Riforma, difetta invece nella Controriforma, che è perciò un concetto che non può porsi sullo stesso piano dei due precedenti. Con questi due, infatti, si propugnavano due opposti atteggiamenti ideali; ma con la Controriforma semplicemente si difendeva un'istituzione, la Chiesa cattolica, la Chiesa di Roma: una grande istituzione, ma che, in quanto istituzione, non può mai avere la grandezza, o meglio l'infinità, di un eterno momento spirituale e morale. [...]
L'intrinseca natura politica della sua opera, che tutto sottometteva al fine da raggiungere, spiega l'aridità intellettuale e morale che l'accompagnò, così evidente al paragone della fertilità lussureggiante che si effonde nel Rinascimento e, più intima e meno copiosa e più lenta, ma non meno produttiva, nella Riforma. [...] La Controriforma non poteva lasciar dispiegare in piena libertà le forze che adoperava, politiche, artistiche, critiche, scientifiche, filosofiche, perché, in quel loro dispiegarsi, esse si sarebbero necessariamente rivolte contro il suo proprio fine; e perciò le invigilava e raffrenava e indirizzava, e quelle intristivano e si falsificavano tutte, fornendo, sotto apparenze diverse, nient'altro che strumenti a quella sua politica. [...]
La decadenza italiana, nell'età che corre dal mezzo del cinque ai primi del settecento, parve ai nostri storici del tempo del Risorgimento decadenza morale, fiacchezza, egoismo, colpa. [...] E in Italia, nei secoli di decadenza, tutto decadenza, tutto decadde, non solo l'amor di patria e la congiunta vita politica e militare, ma la religiosità, il costume sociale e domestico, il pensiero, la dottrina, e perfino lo stile e la lingua: lo stile che si fece gonfio e bolso, la lingua che s'inquinò e non s'arricchì, e divenne generica, approssimativa ed impropria.
Chiamiamo, dunque, quel che allora venne meno, non particolarmente amor di patria o sentimento civile, ma, nel suo intrinseco e nel suo tutto, entusiasmo morale; e saremo più esatti e scanseremo fraintendimenti. Venne meno del tutto? [...] L'entusiasmo morale si smorzò, in modo forse più visibile che altrove, nella Toscana e in Firenze [...]. Ma si mantenne e scemò più lentamente in altre parti d'Italia [...]. E, non che decadere, quell'entusiasmo si venne formando nel Piemonte, mercé il principato dei Savoia, perché un popolo non è ma diventa, non esiste naturalmente ma si educa spiritualmente e con faticoso processo [...]. E altrove si dié prova d'intatto vigore popolare, come nelle rivolte di Napoli e di Sicilia, e sorsero accenni di nuovi pensieri, come nei filosofi meridionali, e, pur nell'invadente decadenza, si manifestò il distacco dal morto e pedantesco [...]. E [...] dappertutto perdurò [...] una cer-

ta cura dei problemi prossimi e quotidiani, per l'amministrazione locale e per la giustizia, per l'assistenza sociale sotto forma di carità, per la religione anche attraverso la cresciuta esteriorità del culto, e finanche un certo anelito a più alta vita nazionale [...]. E poiché la pianta uomo (come disse poi l'Alfieri) cresce vigorosa in Italia, e poiché la cultura ormai antica nel paese non sparì di colpo e continuò a produrre i suoi effetti, ancorché non più si rinfrescasse di spiriti e di forze, dappertutto si formavano uomini valenti, e, quando non trovavano condizioni adatte e lavoro nel loro paese, si riversavano fuori d'Italia. Onde quanto piccola fu la parte dell'Italia negli avvenimenti europei durante il seicento, tanto grande fu allora quella dei suoi individui, dei suoi capitani, dei suoi ingegneri [...], dei suoi politici, dei suoi tecnici d'ogni sorta, e anche dei suoi uomini di pensiero e di fede, che recarono un contributo non solo al moto della Riforma, ma precipuamente [...] alla formazione del razionalismo moderno e della tolleranza religiosa. [...]

L'Italia (come anche si suol dire) allora, stanca, si riposava; ed è una bella e auguriosa metafora, per dire che non era proprio finita e morta.

GUIDA ALLA LETTURA

❶ Secondo Croce, che cosa accomunava Rinascimento italiano e Riforma tedesca? ❷ In che cosa la Controriforma differiva da essi? ❸ Perché la Controriforma non consentì ai suoi uomini (intellettuali, artisti, scienziati) di operare in piena libertà? ❹ Spiega il significato della metafora crociana «l'Italia allora, stanca, si riposava».

183

A. Asor Rosa
Il ruolo della Chiesa cattolica

A. Asor Rosa, *La cultura della Controriforma*, in *Letteratura Italiana Laterza*, Laterza, Roma-Bari 1990[2], pp. 29-37

■ A parere di Alberto Asor Rosa (nato nel 1933), la Chiesa cattolica ebbe un ruolo importante nella "decadenza" italiana del '600. Essa, infatti, dopo la fine del concilio di Trento, rafforzò gli strumenti repressivi (con l'istituzione delle Congregazioni dell'Indice e del Sant'Uffizio: 👁 14.8), combatté apertamente la cultura laica del Rinascimento (anche se non esitò a impadronirsi dei suoi migliori risultati), impiegò molti intellettuali al proprio servizio. L'esito più evidente fu la formazione di una originale cultura, imposta, per la prima volta nella storia d'Italia, ad ampi strati della società.

La chiesa romana rappresenta nella storia della cultura italiana secentesca il terzo fattore fondamentale accanto agli intellettuali laici e alle classi dominanti, espresse nel potere politico, economico, sociale. [...]

La Controriforma [...] attraversa in questo senso diverse fasi. Nella prima, che potremmo dire più dichiaratamente repressiva e di battaglia, la Chiesa mira al recupero della propria identità e autonomia intellettuale rispetto alla cultura laica rinascimentale [...]. Le sue espressioni ideologiche e culturali tendono a farsi più rigorosamente ecclesiastiche, a ritrovare quell'impronta disciplinare e religiosa che avevano perduto [...].

Al tempo stesso, essa mira a controllare gli orientamenti della cultura laica (servendosi degli strumenti a ciò predisposti, quali la riorganizzata Inquisizione e il Sant'Uffizio, l'*Index librorum prohibitorum*[1], ecc.), senza però invaderne ancora direttamente il campo. Questo atteggiamento [...] resta essenziale anche durante il Seicento [...]: ne sono testimonianza la sorte di Bruno e Campanella[2], la lotta contro la repubblica di Venezia[3] nelle questioni giurisdizionali, i processi subiti da Galilei[4].

[...] Ma questa fase di ricomposizione interna, dottrinaria e organizzativa, della Chiesa dimostrò d'essere semplicemente preliminare [...], nei confronti di un più vasto programma di egemonia culturale da realizzarsi sull'intera società nazionale e in particolare sulle classi intellettuali e dominanti [...].

In primo luogo, e più semplicemente, si dette vita ad una elaborazione intensa di problematiche attinenti alla vita della Chiesa, alle sue istituzioni, ai suoi dogmi, ai suoi santi [...]. In secondo luogo, gli intellettuali ecclesiastici [...] si preoccuparono innanzitutto di conquistare taluni gangli delicatissimi della struttura culturale allora esistente, che avevano la facoltà di condizionare l'elaborazione successiva di discipline o di interi campi del sapere [...]. In terzo luogo [...], gli intellettuali ecclesiastici [...] si posero con estrema consapevolezza il problema di saldare la cultura delle classi dominanti e quella delle classi subalterne [...]. Per la prima volta da molti secoli [...] una forza intellettuale possente come la Chiesa si propose di riconquistare direttamente [...] il controllo diretto sul popolo, attraverso strumenti di diffusione ideologica d'importanza non sottovalutabile, come la predicazione, i quaresimali[5], le cerimonie sacre, il rinnovamento e la codificazione dell'arte religiosa, il teatro. [...]

[1] Indice dei libri proibiti [👁 14.8].

[2] 👁 14.8.

[3] 👁 20.1.

[4] Galileo Galilei (1564-1642), professore dell'università di Padova, dopo aver costruito un cannocchiale compì importanti osservazioni astronomiche che gli permisero di confermare le teorie copernicane [👁 10.6]. Sostenitore della separazione tra verità di scienza e verità di fede, fu denunciato al Sant'Uffizio nel 1615 e ammonito a non diffondere le sue teorie. In seguito, nel 1633, dopo un lungo processo fu costretto a dichiarare di non ritenerle più valide.

[5] Prediche che durante la Quaresima i sacerdoti tengono più volte la settimana, nella propria chiesa o in altre dove siano invitati.

Ma su quali linee si svolgeva tale iniziativa, e di quali contenuti essa era portatrice? [...] Si è molto parlato, soprattutto da parte protestante, del materialismo insito nella nozione di religiosità propria della chiesa di Roma. Sarebbe forse più esatto storicamente riferirsi al concreto problema di egemonia politico-culturale, che la Chiesa deve risolvere in un paese come l'Italia, tenendo conto della tradizione culturale della nazione, delle caratteristiche dei suoi intellettuali, della propria interna vicenda culturale e ideologica. [...] In questo modo essa [...] si aprì intelligentemente alle esperienze dell'arte e della letteratura contemporanee, arrivando ad inserirle in quel poderoso sistema di «suggestioni» che nella architettura e nella pittura (si pensi a Pietro da Cortona e al padre Andrea Pozzo[6]), nella predicazione, nel teatro[7], nella poesia sacra costituivano l'armamentario prezioso di una diuturna, costante, tenace penetrazione ideologico-sensoria nella mente, negli occhi, nella fantasia della grande massa dei credenti. [...]

L'accorta gestione di questi diversi fattori consentì alla Chiesa di assumere ben presto un ruolo egemone nel campo della produzione ideologica e letteraria nazionale. Assimilando l'ossatura della cultura laica tradizionale, poté infatti stabilire un rapporto non antagonistico con il ceto intellettuale e favorirne il riassorbimento entro una visione trascendente del mondo [...].

Ma nella riuscita di tale operazione intervennero anche altre componenti. Nella disgregazione del quadro politico-sociale, la Chiesa era in Italia l'unica organizzazione politico-culturale in grado di assicurare lo sviluppo unitario di una linea sull'intero territorio nazionale, saldando così le provincie al centro come le diverse classi sociali fra loro. [...] Non ci si può stupire, perciò, se al di là degli elementi coercitivi, che pure svolsero la loro funzione, la politica culturale della Chiesa esercitò tanta attrazione sugli intellettuali, soprattutto a partire dalla metà del secolo.

[6] Pietro Berrettini (1596-1669), detto Pietro da Cortona, e Andrea Pozzo (1642-1709), pittori e architetti.

[7] 👁 **20.4**.

GUIDA ALLA LETTURA

❶ Perché, secondo Asor Rosa, la Chiesa romana ha rappresentato nella storia italiana seicentesca il «terzo fattore fondamentale»? ❷ Quali furono le fasi attraverso le quali la Chiesa romana cercò di imporre la propria egemonia? ❸ In che maniera la cultura controriformista cercò di superare la spaccatura tra cultura delle classi dominanti e cultura delle classi subalterne? ❹ Quali altri importanti fattori consentirono la realizzazione del piano egemonico della Chiesa?

184

F. Braudel
L'Italia del '500-600, ancora al centro della cultura europea

F. Braudel, *Il secondo Rinascimento. Due secoli e tre Italie*, Einaudi, Torino 1986, pp. 35-37; 82-91

■ Secondo lo storico Fernand Braudel **[121]**, giudicare i destini della penisola considerando solo la sua frammentazione in più Stati è fuorviante. Guardando l'Italia dall'esterno è ancora ben evidente, nel '500 e nel '600, l'irradiamento della sua cultura in tutto il continente. Per Braudel importa poco che il Barocco sia nato come risposta alle insicurezze generate dalla crisi economica e da un cupo clima sociale e politico, poiché si trattò di una vera e propria «civiltà» che marcò un'età della storia d'Europa.

Dal 1450 al 1650, nel corso di due secoli particolarmente movimentati, l'Italia ha irradiato la sua luce dai mille colori tutti splendenti ben al di là dei suoi confini [...].

Fra il 1450 e il 1650 possiamo distintamente discernere una dopo l'altra tre Italie, [...] di cui la guerra e la pace sono i più importanti arbitri [...]:

1. un'Italia pacifica, che ha creato da sé la propria pace secondo gli accordi complessi e difficili di Lodi (9 aprile 1454)[1], che saprà goderne e malgrado tutto conservarla miracolosamente per quasi un mezzo secolo, dal 1454 al 1494, in mezzo a un'Europa piena del fracasso delle armi.
2. un'Italia straziata dal 1494 al 1559, da una guerra sopraggiunta dall'esterno, imposta da altri [...]. Noi le chiamiamo guerre d'Italia, e furono guerre *per* l'Italia, per la conquista e il dominio della penisola.
3. finalmente un'Italia inattesa, al di là di un'altra pace, di un semplice avvenimento, il trattato di Cateau Cambrésis (1-3 aprile 1559)[2] [...].

Troviamo dunque un'innegabile ricchezza in questa Italia dell'ultimo scorcio del Cinquecento, del primo Seicento. Nessuna sorpresa, dunque: il secolo dei genovesi, che è anche quello del primo Barocco, è il periodo del massimo irradiamento della civiltà italiana. Abbiamo come un secolo particolare, fatto di due metà: 1550-1600 e 1600-50, che è il grande secolo italiano, se si prende come scala il vigore, quasi fisicamente misurabile, di quell'irradiamento. [...]

Parlare di gran secolo italiano non significa confrontarlo – con un giudizio di valore – a quel secolo del Rinascimento che, in sé, sarebbe meno grande di questo. [...] Il vero problema per

[1] 👁 **9.1**.

[2] 👁 **15.5**.

noi è sapere quale delle due ha fatto più rumore fuori dei suoi confini, sia o no questo rumore di migliore qualità.
Scartata ogni idea di confronto e di classificazione, chi può negare la potenza, l'originalità di questa Italia nel suo ultimo splendore? La storia tradizionale la presenta come esangue, insignificante, avvilita, intorpidita, e in ogni caso fuori dalle competizioni memorabili, quelle guerriere, beninteso. [...]
Tutto questo è vero. Ma questa Italia crea il Barocco, una nuova forma di gusto e di cultura, una «civiltà» che rivestirà l'intera Europa. [...]
Insomma, lo si voglia o no, il Barocco, questa moda di lunga durata, è responsabile di una serie di creazioni moderne, che vanno assai oltre le forme religiose o sensibili che ha inventato. Crea il teatro moderno, crea l'opera, si pone sotto il segno della ricerca scientifica sperimentale, crea la scienza fondamentale moderna. È un'età europea. [...]
Si discute anche di arte, di architettura, di letteratura, di scienza sperimentale, di scienza teorica. Né mai come allora il primato della cultura è stato così ufficialmente accettato. [...]
Attraverso l'Italia va manifestandosi, in realtà, un'esuberanza, una pienezza di vita, un'orgia di giochi intellettuali. [...]
L'intera vita dello spirito, e non solo l'arte, pesa sul suo destino, lo modella, le offre le ultime possibilità, dandole, in ogni modo, la forza di sovvertire tutta l'arte d'Europa (mentre sia l'umanesimo, sia il Rinascimento erano rimasti riservati a gruppi aristocratici), di sovvertire il pensiero europeo, quello scientifico e quello letterario (Galileo è l'anello essenziale della ricerca scientifica), di sovvertire tutta un'arte del vivere grazie al fiorire di un teatro multiforme, scintillante [...].
Non è errato sostenere che lo straripare della cultura italiana fuori dei suoi confini a partire dalla metà del Cinquecento è proprio del Barocco preso da allora quasi nel suo complesso. [...]
Le diverse nascite del Barocco [...] sottolineano l'importanza degli anni che saldano insieme il secolo XVI con il XVII. Sono anni che hanno un loro valore: verso il 1595 si colloca [...] una rottura profonda [...]. Il lungo, aspro riflusso del 1595 dura fino alla crisi corta ma violenta degli anni 1619-21 e non sarà seguito da un ritorno alla salute stabile. [...]
Si fa allora generale, o almeno tende a farsi generale un'inquietudine polivalente, un desiderio brutale di vivere, un'ansia di sfuggire, di trovare un rifugio, evadendo nel sogno, nel gioco verbale, nella musica, nelle illusioni del teatro, nella magia della scena, inventata dagli italiani, una casa che lascia aperta una delle quattro pareti che la delimitano. [...] Il Barocco nasce da una «ferita», dalla certezza scoperta allora che il mondo esterno non ci conduce, per la via dei suoi segreti, a Dio: sono ferite che sanguinano e svuotano il corpo della sua vitalità, evocando il volto della morte, che si addolcisce, tanto diventa familiare.

GUIDA ALLA LETTURA
❶ Quali sono le tre Italie che, secondo Braudel, si susseguono tra 1460 e 1650? ❷ Perché Braudel considera il periodo compreso tra la fine del '500 e i primi del '600 come il periodo di massimo irradiamento dell'Italia? ❸ In quale misura la civiltà barocca ha influito sulla cultura europea? ❹ Secondo Braudel, di quale clima sociale è espressione il Barocco?

185

P. Malanima
La fine del primato economico italiano

P. Malanima, *La fine del primato. Crisi e riconversione nell'Italia del Seicento*, Bruno Mondadori, Milano 1998, pp. 86-121; 144-89

■ Il brano di Paolo Malanima **[130]** ci porta nel cuore della cosiddetta "decadenza" d'Italia. È vero, infatti, che essa godé di lunghi anni di pace, ma questo non deve far dimenticare il dato più evidente: una vasta, profonda, duratura crisi economica, che investì prima l'agricoltura, quindi i commerci e le manifatture **[👁 20.5-6]**. Malanima ricorda le principali manifestazioni di questa crisi, offrendo un ventaglio di ipotesi sulle sue cause. In più, dando conto del fatto che l'Italia non diventò stabilmente un paese economicamente depresso, descrive anche le caratteristiche di quella ripresa avvenuta tra la seconda metà del '600 e l'inizio del '700.

Una prima indicazione sulle perturbazioni che si manifestarono fra Cinquecento e Seicento nelle attività agricole la si può ricavare dal movimento dei prezzi. [...] L'impressione [...] è che l'instabilità dei prezzi nella seconda metà del Cinquecento e nella prima del Seicento sia stata collegata una reale caduta e discontinuità nel livello dei rendimenti dei cereali[1]. [...]
Sappiamo ormai con certezza che per un periodo di circa tre secoli, dalla metà del Cinquecento alla metà dell'Ottocento, si verificò una Piccola età glaciale. [...] Le temperature si sarebbero abbassate in Europa soltanto di mezzo grado-un grado; non di più. [...]
Il peggioramento delle condizioni climatiche avrebbe potuto non essere causa di crisi. Esso era, però, contemporaneo alla crescente pressione demografica ai limiti della saturazione delle risorse[2]. [...] Se le condizioni dal lato dell'offerta di prodotti agricoli stavano diventando più precarie, dal lato della domanda l'aumento della popolazione premeva sino a raggiungere i limiti della saturazione.

[1] Per resa (o rendimento) si intende il rapporto tra la quantità di cereali seminati e la quantità di raccolto.
[2] Un aumento della popolazione non accompagnato da un proporzionale aumento delle risorse alimentari.

Nelle città la caduta dell'attività produttiva è ancora più evidente che nelle campagne. [...] Durante la prima metà del Seicento [...] la posizione dell'Italia nelle industrie e nei commerci s'indebolisce. [...] In alcuni casi si ha un vero e proprio crollo. È quanto accadde nell'industria della lana, uno dei settori decisivi, come sappiamo, della prosperità italiana dal tardo Medioevo. [...]
I tessuti di seta sono sempre più diffusi e più acquistati dai ricchi e benestanti. [...] Accanto ai cambiamenti dal lato della domanda esistono anche cambiamenti dal lato dell'offerta che non favoriscono le industrie italiane. Queste si dimostrano, alla lunga, incapaci di sostenere la concorrenza esterna, prima sui mercati stranieri e, poi, anche su quelli italiani. [...]
Anche in Italia, come abbiamo visto accadere in Inghilterra, i cambiamenti di mercato stimolarono nel Seicento una riconversione dell'apparato industriale. Anche in Italia questa riconversione ebbe successo. Essa consisté nel consolidamento e crescita dell'industria della seta. [...] Dalla fine del Cinquecento cominciano, anche in questo settore, i primi segnali di crisi. [...]
Nel caso delle attività commerciali e bancarie le cose non andavano molto meglio che in quello delle industrie maggiori. [...] Gli indicatori dei traffici maggiori, almeno per quanto concerne l'Europa, mostrano una stabilità o una caduta: sia quelli dell'Europa del Nord sia quelli del Mediterraneo. Progrediscono, invece, i traffici dell'Europa con l'Asia e quelli con le Americhe. [...] Fra i concorrenti più fortunati non ci sono le città italiane e soprattutto non ci sono i maggiori porti italiani. Si chiude un'epoca l'epoca della centralità italiana nei traffici, della dominazione dei banchieri italiani nella finanza, del predominio delle città marittime nella navigazione. [...]
Oltre che per motivi di mercato e di livello di produzione industriale i traffici mediterranei delle città italiane si contraggono anche per un'altra ragione: l'aumento della concorrenza nel Mediterraneo da parte delle marine e dei mercanti di altre regioni d'Europa – soprattutto dell'Inghilterra prima, poi dell'Olanda, poi anche della Francia. [...]
Il disequilibrio è creativo. Può sollecitare reazioni innovative tali da ricostituire l'equilibrio verso l'alto: con un aumento, cioè, della produzione, anziché con una diminuzione della popolazione. Si aprì dalla metà del Seicento un periodo nuovo in cui, per ragioni in parte del tutto casuali, fu possibile spostare in avanti le potenzialità dell'economia. [...] Cominciò allora quella fase di crescita che continua ancor oggi. [...]
La produzione agricola era diminuita, la produzione industriale per l'esportazione era crollata; le attività commerciali e bancarie si erano indebolite, pesti e altre epidemie avevano colpito ripetutamente le popolazioni. Sarebbe naturale pensare che l'Italia del Centro-Nord dovesse essere, verso il 1660-80, un'area ormai «arretrata e depressa». A guardare bene, però, non è così. È vero: allora le attività produttive erano meno forti di un tempo. Intanto, però, la popolazione, il denominatore, cioè, del rapporto che si è visto, era diminuita. Tutto fa pensare che la sua caduta fosse stata più forte di quella della produzione. [...] L'equilibrio fra risorse e popolazione era stato ricostituito e il prodotto pro capite era aumentato. [...] La caduta della pressione sulle risorse si tradusse in modifiche nella distribuzione dei redditi. [...]
La terra, prima di tutto, è diventata relativamente abbondante. [...] I salari [...] hanno tendenza ad aumentare. [...] Anche nei commerci si verifica una lenta ripresa da fine Seicento.

GUIDA ALLA LETTURA ❶ Che cosa determinò, secondo Malanima, l'instabilità del settore agricolo nel periodo compreso tra la seconda metà del '500 e la prima metà del '600? ❷ Che tipo di relazione intercorre tra incremento demografico, peggioramento delle condizioni climatiche e caduta della produzione agricola? ❸ In che misura la competizione europea danneggiò l'attività commerciale e bancaria delle città italiane? ❹ Quali effetti determinò la contrazione demografica della seconda metà del '600?

186

A. Musi
I dieci giorni di Masaniello

A. Musi, *La rivolta di Masaniello nella scena politica barocca*, Guida, Napoli 1989, pp. 112-16

■ Ricostruendo l'avvio della rivoluzione napoletana del 1647 [👁 20.3], Aurelio Musi [159] presenta tre diversi «scenari». La rivolta, organizzata da giovani popolani nelle osterie, fu originata da rivendicazioni contro il fisco. I primi moti scoppiarono nella piazza del Mercato, seguiti da assalti al palazzo del viceré e alle carceri. Il ruolo del giovane amalfitano Tommaso Aniello, piccolo pescivendolo, nonostante la veloce crescita spontanea dei disordini, è facilmente riconoscibile: non solo organizzò e coordinò il movimento popolare, ma ne prese il comando.

I scenario
Il primo scenario è quello di un'osteria «posta sopra un limpido fonte a mezzo i campi che la città circondano»: viene chiamata comunemente «la Bufala». Intorno a un tavolo discutono animatamente alcuni giovani sui venticinque anni: sono artigiani ed esponenti dei mestieri popolari [...]. Il loro leader è Tommaso Aniello D'Amalfi «il cui mestiere era vender pesce [...]».

Scopo dell'incontro sono le modalità di un'azione dimostrativa «per cavar dalle angustie la città e far torre le gabelle[1]». Si decide di operare su due livelli: usare la festa della Madonna del Carmine, il 16 luglio, come forma di protesta antifiscale; addestrare truppe di soldati per un eventuale scontro con l'esercito vicereale. [...]

II scenario

È il 7 luglio. Gli avvenimenti sconvolgono i programmi dei giovani riuniti alla «Bufala». Per il consueto appuntamento domenicale a piazza del Mercato i «vaticali»[2] di Pozzuoli trasportano le sporte di frutta, ma si rifiutano di pagare i «diritti soliti». I gabellieri pretendono i cinque carlini. I Puteolani[3] ribattono che «si erano alcuni giorni prima con loro concordati di non pagarne più che tre; ma perché non avevan recata la bisognevole moneta dicevano che la pagassero i bottegai; i quali, negando di ciò fare, ne vennero per tal cagione, insieme a contesa».

Dietro l'apparenza del conflitto c'è la sostanza di una comune volontà di evadere la gabella. Masaniello, sfruttando la sua rete di parentela, ha aperto due spiragli di propaganda tra i «vaticali» e i piccoli commercianti. [...]

Prima di giungere a gesti dimostrativi più forti, «vaticali» e bottegai imboccano la via della mediazione. Ricorrono al Grassiere[4] della città, il reggente Zufia [...]. Ma il Grassiere [...] si defila e rimette tutto nelle mani dell'Eletto[5]. Naclerio è già al Mercato. Invita a pagare la gabella. [...] Ma i suoi interlocutori non danno nessun segno di cedimento. [...]

La progressione dei fatti è nota: entrano prima in scena i fanciulli che lanciano frutta agli sbirri, all'«arrendatore»[6] e all'Eletto; poi accorre la massa della vicina contrada del lavinaio; si scontrano col popolo sbirri, «arrendatori» e pubblici funzionari che cercano di mettersi poi in salvo; infine «quelle turbe adirate, rotto ogni freno di timore e riverenza», abbattono e bruciano panche, sedie, libri nell'ufficio del dazio. [...]

III scenario

Nel pomeriggio del 7 luglio attraversano la strada di Toledo diverse centinaia di ragazzi e giovani tumultanti «i quali abbrugiate[7] per la città le tende ove si esigevano le gabelle, si mangiavano avanti la piazza della Carità tutti i frutti e li altri gettarono a terra». Questo gruppo raggiunge il palazzo di Tiberio Carafa, principe di Bisignano, che abita vicino al «casotto» del dazio di Chiaia. A gran voce la plebe chiede al principe di imporre al Viceré il «rilascio delle gravezze»[8] e lo conduce in San Lorenzo.

È un'ulteriore domanda di mediazione. [...] Ma [...] il principe di Bisignano fallisce, non ha credibilità agli occhi della plebe, conosce «la poca soddisfazione de' tumultuanti», che raggiungono, al comando di Masaniello, il palazzo vicereale. Sono armati di grossi bastoni, procedono al suon di tamburo, inalberano insegne «levate dalle Hosterie». [...]

La folla grida: «viva il Re, mora[9] il malgoverno». Rivendica l'abolizione delle gabelle e «il privilegio di Carlo V». [...]

Il Viceré riesce a salvarsi dal lancio dei sassi e persino da un tentativo di assassinio, riparando nel vicino convento di S. Luigi.

Dopo la Reggia, le carceri. [...] È risparmiata la Vicaria[10]: in questo caso la folla dei rivoltosi si lascia condizionare [...] dallo stemma di Carlo V che sormonta l'ingresso della Vicaria [...]. Disarmando i carcerieri, i tumultanti provvedono al loro armamento e si avviano verso S. Lorenzo «a fine di bruciare, negli archivi del Tribunale, quanto riguardasse le gabelle e impadronirsi della torre con la campana e dell'artiglieria cittadina». [...] I cavalieri riescono ad allontanare i rivoltosi. La memorabile giornata del 7 Luglio si conclude con l'elezione di Perrone e Palumbo a capi del popolo. Ma nella chiesa del Carmine al Mercato si insedia il comitato segreto, la vera «reggia dei Popolari», [...] presieduta dal vecchio ottuagenario Giulio Genoino[11]: quel comitato ricoprirà un ruolo di primo piano nei giorni successivi.

La convulsa giornata del 7 Luglio [...] dimostra che, per lo meno al preludio della rivolta, non esiste una «precisa regìa»: [...] balzano in primo piano la molteplicità di spinte e i protagonisti diversi che condizioneranno il seguito della prima fase rivoluzionaria.

---

1 Le imposte dirette o indirette in uso fin dal Medioevo sotto forma di tributi o dazi sul consumo: gabella del pane, della macinatura, dell'entrata, dell'uscita.

2 Coloro che trasportavano le merci dalla campagna alla città.

3 Abitanti di Pozzuoli.

4 Ufficiale che sovrintendeva ai rifornimenti, con incarico di vigilare sui mercati e sui prezzi.

5 Andrea Naclerio, Eletto del popolo nel governo municipale napoletano.

6 L'incaricato della riscossione delle imposte.

7 Bruciate.

8 L'abolizione delle imposte.

9 Muoia.

10 Tribunale civile e penale.

11 Abate, giurista e uomo politico (1567 ca. - 1648), consigliere di Masaniello e animatore della rivolta.

GUIDA ALLA LETTURA

❶ Chi erano i protagonisti della rivolta napoletana? A quale ceto sociale appartenevano? Dove si svolgevano le loro riunioni? ❷ Che cosa rivendicavano i «vaticali» e i piccoli commercianti? ❸ Quali edifici furono assaltati dai rivoltosi? Perché la Vicaria fu risparmiata? ❹ Che ruolo ebbe Masaniello nei fatti del 7 luglio? Perché, secondo Musi, nella prima fase della rivolta, mancava una «precisa regia»?

187 DOC

Maiolino Bisaccioni
Una cronaca della rivoluzione napoletana del 1647

M. Bisaccioni, *Historia delle guerre civili di questi ultimi tempi*, Venezia 1655, pp. 121-28

■ A testimonianza della larga eco di cui godé la rivoluzione napoletana, si riporta un brano della *Historia delle guerre civili di questi ultimi tempi* (Venezia, 1653-55), di Maiolino Bisaccioni **[172 DOC]**. Il protagonista delle pagine che seguono è il «vile pescivendolo» Masaniello che, dapprima, sembra voler dare l'immagine di chi è solo al servizio della collettività, poi, inebriato dal potere, non vuole distaccarsene. Sulle cause di questo cambiamento, Bisaccioni dà credito alle teorie circa un attacco di «pazzia», anche se sa bene che l'assassinio di Masaniello fu dovuto a una congiura tra i rappresentanti spagnoli e la parte moderata degli insorti, timorosi che il favore della «plebe» lo avrebbe a lungo mantenuto al governo della città.

Autorità di Masaniello

A questo segno era arrivato un vile pescivendolo, che non solo comandava ad un popolo numeroso della qualità di Napoli e de' contigui Casali, ma con prudenza reggeva (e pure era giovanetto), discorreva con acutezza di ingegno [...].

Il Cardinale Arcivescovo adunque, che non era partito dal Carmine[1] per esser comodo a negotiare con il Capo, e il popolo, havendo avuto un biglietto dal Viceré, che lo sollecitava all'essecutione dell'accordato acciò che non si interrompesse di nuovo la desiderata quiete [...] se ne andò Sua Eminenza nella Chiesa, dove benedì con il Santissimo il popolo: e Masaniello su 'l Pulpito notificò a tutti di havere accordati li capitoli[2], dell'accordo con il Signor Cardinale, delli quali gli diede parte, e che il Viceré gli haveva confirmati di sua mano insieme con il Collaterale[3] [...]. Quindi Masaniello complitò[4] di nuovo con il Cardinale Arcivescovo, lo accompagnò fino alla Carozza, ove montato Sua Eminenza, egli si pose sopra un superbissimo Cavallo; andava questi vestito quel giorno di tela di argento, con piume bianche nel cappello; habito mandatogli a donare dal Viceré, che a gran fatica il Cardinale lo haveva potuto persuadere a ponersi quel giorno, poi che ricordevole del suo Stato non haveva mai voluto deponere la forma marinaresca, ne la camiccia di canevaccia[5] ben grossa, e berrettino rosso in capo, sapendo ben'egli, che terminata questa opera, doveva tornare a vender pesce, onde non si era mai fatto superbo per l'authorità [...]. Portava egli nelle mani la copia delli Capitoli che andava mostrando al popolo, il quale con voci di giubilo gli applaudeva gridando *Viva Masaniello*. [...] Rivoltatosi

[1] Chiesa e convento di S. Maria del Carmine.

[2] I testi contenenti le richieste degli insorti, espressione delle frange meno radicali dei rivoltosi: ribadivano la fedeltà di Napoli alla Spagna, chiedevano un riequilibrio, nel governo della città, tra aristocrazia e popolo, reclamavano una forte diminuzione della pressione fiscale e il perdono di Masaniello per gli atti compiuti durante l'insurrezione.

[3] Il più importante organismo politico-amministrativo del Regno di Napoli, con funzioni legislative, giudiziarie e di cancelleria.

[4] Fatte le cortesie.

[5] Camicia di tela.

Masaniello guida la rivolta
[litografia di Gaetano Dura tratta dall'album *Masaniello e i tumulti di Napoli del 1647*, seconda metà del XIX secolo; Museo Nazionale di San Martino, Napoli]

poscia al popolo (gli disse) che andava a dar l'ultima mano al negotio con il Viceré, ma che bisognando aspettare la confirmatione del Re di Spagna, essortava tutti a non deponer l'armi infino a tanto che non fosse venuta; fidarsi poco della Nobiltà, e stare uniti fra di loro, non volere egli altro dal popolo, se non una gratia in remuneratione delle sue fatiche, perché voleva tornare al suo primo essercitio della canna a pescare [...]. Si affacciarono adunque il Viceré e Masaniello a vista del popolo [...].

Masaniello dunque ad alta voce disse: eccomi qua son vivo, e libero, tutti godiamo la pace. [...]

«Pazzia» e morte di Masaniello

Quell'impulso c'haveva Masaniello eccedente la sua conditione, cominciò a mutar in esso natura, quasi che gli alterasse gli accidenti, e gli diversificasse l'anima, poiché di tutta stoica, come l'habbiamo infino ad hora veduta, divenne fiera, e imperiosa: gli dispiaceva il deponere il comando, e quello che egli tanto havea predicato di costante di voler tornare all'essercitio pescareccio, gli era fatto odioso; onde il popolo, che stimava di haver trovato il porto della tranquillità, e di tornare al governo antico del Viceré, vedendo che anche il Lunedì costui voleva comandare se ne stomacò. [...]

Da questa, e altre attioni fuor di squadra, che tralascio, incominciò il popolo ad abhorrire colui, che poche ore prima haveva adorato, né si deve stimare a meraviglia, poiché di già il popolo haveva ottenuto per suo mezzo quanto poteva desiderare, e è costume della gente bassa [...] di non haver memoria, anzi sprezzare e odiare il benefattore, ottenuto il beneficio. Non perdé pertanto il Viceré l'occasione di staccare il Genoino e l'Arpaia[6] dal Capitano del popolo, dubbitando che doppo l'accordo continuassero li rumori, già che non vedeva che quello deponesse il comando, e sapendo che in toglierre il Genoino a Maso[7] e al popolo era un togliere un timone ad una nave agitata da flutti [...]. Ma perché erano entrati alcuni giorni prima un poco in controversia Masaniello e Giulio Genoino, [...] dissimulò Giulio il disgusto, e [...] andò segretamente a ritrovare il Viceré; dicendogli che quando S.E. volesse tener ferme le capitolationi giurate al popolo, egli haverebbe abbandonato Masaniello, e in simile haverebbe fatto l'Arpaia, e tutti gli altri, ma che S.E. dovesse affrettare la confermatione regia dell'accordato. Promise il Viceré [...]; questo fu il preludio della morte di Masaniello, poiché Salvatore e Carlo Catanei fratelli, Andrea Rama e Angelo Ardizzone congiurati contro quell'artefice, entrati nel Convento del Carmine, dove egli era, il ritrovarono, [...] e a furia di archibugiate l'uccisero [...]. Morto, gli fu troncato il capo gridando gli uccisori, Viva il Re, e viva il Duca d'Arcos, è morto Masaniello.

[6] Francesco Antonio Arpaia (1587-1648), Eletto del popolo di Napoli, consigliere di Masaniello.

[7] Masaniello.

GUIDA ALLA LETTURA

❶ Quali avvenimenti vengono narrati nella prima parte del documento? Quale immagine di Masaniello emerge? ❷ Come si manifestò la «pazzia» di Masaniello? ❸ Come mutò l'atteggiamento dei popolari nei confronti del loro capo? Quali provvedimenti furono attuati invece dal viceré? ❹ Come morì Masaniello?

188

G. Giarrizzo
La Sicilia in rivolta

G. Giarrizzo, *Storia della Sicilia*, VI, *La Sicilia dal viceregno al regno*, Società editrice Storia di Napoli e della Sicilia, Napoli 1978, pp. 115-22

■ La metà del '600 fu un periodo molto difficile anche per la Sicilia, colpita da una pesante carestia e oppressa da un carico fiscale insostenibile. Nelle pagine che seguono, Giuseppe Giarrizzo (nato nel 1927) ricostruisce, alla luce di questa crisi economica e sociale, le sommosse, indirizzate principalmente contro le tasse, che sconvolsero l'isola nel 1646-47, a Palermo, a Messina, a Catania. L'abilità della Spagna fu di non esasperare la conflittualità in un momento particolarmente teso, ma di favorire, in tutti i maggiori centri, la spaccatura del fronte dei rivoltosi.

Nel dicembre '46 Messina insorge contro il rincaro del pane: case di ufficiali incendiate, magazzini saccheggiati. Il ritorno del Viceré, alcune pronte provvidenze bastano a riportare nella città una calma non priva di tensioni. Ma alla fine di gennaio '47 è l'annona[1] di Palermo ad esser sottoposta ad una pressione insostenibile: alle gravi preoccupazioni per il presente s'aggiungono gli allarmi per le piogge torrenziali che fan marcire il seminato [...]. Ricorrendo su larga scala al «rimedio» religioso (processioni, preghiere collettive, digiuni propiziatori, generose flagellazioni), i gruppi dominanti concorrono a creare un clima di sgomenta aspettazione, che prima è dell'asciutto, poi

[1] L'organismo amministrativo che provvede a soddisfare la necessità dell'alimentazione pubblica.

della pioggia dato il prolungarsi della siccità primaverile. L'8 maggio l'acqua si riversa abbondantemente sui campi, [...] eppure due giorni dopo il prezzo del pane d'improvviso sale, provocando reazioni dispettose e violente. [...] Los Velez[2] [...] cede senza resistere; e il 21 maggio [...] abolisce «perpetuamente» le gabelle della farina, del vino, dell'olio, delle carni, del formaggio; quindi scioglie il Senato di Palermo, nomina quattro governatori [...], e invita i consoli delle maestranze ad eleggere due giurati «populani». [...]
L'abolizione ufficiale delle gabelle, e la modifica d'autorità degli ufficiali municipali fanno compiere ai moti per la fame che nel maggio incendiano l'isola un salto di qualità, definendo obiettivi rivoluzionari di facile comprensione e di enorme popolarità. [...]
La fascia sud-orientale della Sicilia è investita ancor essa dal sisma: Modica e Sortino aboliscono le gabelle, Siracusa elegge anche i due giurati popolari [...]. A Catania però già il 27 maggio «si trovarono nelli pubblici luoghi [...] molta quantità di cartelli dicendo di questa maniera *All'armi, all'armi*, ed altri *Al sangue, al sangue* contro la nobiltà [...], cennando tutto al mal governo». [...] S'aggiungono alla folla i detenuti nelle carceri e nel castello, e si dà fuoco anzitutto alle scritture della corte civile («ossia del patrizio»), poi a quelle della corte capitanale. [...] Come a Palermo, il clero s'interpone [...], «uscì finalmente il Santissimo che allora era esposto nella parrocchia di S. Filippo, come è hordinario, accompagnato da molti cavalieri, genti ordinarie e donne scapillate, tutti gridando *misericordia*»; i gesuiti improvvisano una processione di disciplinanti. [...]
Si conviene per la dimissione di due senatori, e i consoli designano due giurati popolari, Giuseppe Incontro e Filippo Mancarella. [...] Con l'alba del 28 diffidenza e furia antinobiliare tornano a caratterizzare il clima: «si andava dicendo che li nobili volevano fare tradimento alli popoli, e che havevono scritto a S.E. contro detti popoli». Non fosse per la mediazione di uomini «honorati», «tutti li nobili si avriano tagliati a pezzi». Sono chiusi invece nel Seminario, mentre si elaborarono i «capitoli»[3]; indulto[4] generale, perpetuità dei giurati popolari, differimento delle scadenze di debiti, restituzione dei casali, nullità dei vecchi capitoli imposti dal marchese di Spaccaforno. Prima di inviarli al Viceré, son fatti sottoscrivere dai nobili in una con la ammissione estorta «di essere stati li nobili la causa di quella ribellione», e che gli stessi giurati popolari erano stati eletti da loro. [...]
Son fuochi che s'accendono come d'improvviso, quando altri incendi sembrano domati. La partita decisiva si gioca pur sempre a Palermo, ove gli sviluppi della rivolta napoletana sospingono le maestranze, consigliate da «intellettuali» ad un atto rivoluzionario: il 15 agosto Giuseppe Alesi[5] guida «il popolo» alla conquista della città, e il Viceré fugge sulle galere in rada. [...]
Il 3 novembre il Viceré è morto; due settimane dopo sbarca a Palermo, presidente del Regno, il card. Teodoro Trivulzio, che era stato Viceré d'Aragona. La gravità della situazione napoletana consiglia di procedere nella linea morbida di Los Velez [...]. Ma finché la partita a Napoli non è chiusa, il timore di rotture d'un equilibrio tanto incerto domina il cardinale e i suoi consiglieri: [...] il cardinale decide perciò di cancellare nella capitale quel che ancora resta della «rivoluzione»: decapita il «partito popolare» [...].
La rivolta chiude in sostanza la vicenda secolare della Sicilia spagnola, nel senso che nel restante mezzo secolo la Spagna non riesce a elaborare alcun progetto in cui coinvolgere in qualche misura i ceti dominanti dell'isola: e il suo dominio perciò si configura al tempo stesso debole e predatorio, alla ricerca di mediazioni tra antagonismi «provocati».

[2] Il marchese Pedro Fajardo de Zúñiga y Requeséns (1602-1647), viceré della Sicilia dal 1644.

[3] Le richieste degli insorti.

[4] Condono delle pene.

[5] Organizzatore della rivolta antispagnola a Palermo (1612 ca. - 1647).

GUIDA ALLA LETTURA

❶ In quali città siciliane si verificarono le rivolte popolari del 1646-47? Quali furono le cause dei disordini? Come si propagarono? ❷ Quale fu il ruolo del clero nella rivolta siciliana? ❸ Quali erano le richieste degli insorti? A chi venivano poste? Con quali strumenti? ❹ Come si concluse la rivolta siciliana? Perché, secondo Giarrizzo, essa chiude «la vicenda secolare della Sicilia spagnola»?

SVILUPPARE LE COMPETENZE

Comprendere e Analizzare

❶ **Scrivi un breve testo (max 40 righe) dal titolo *Le rivolte popolari nell'Italia spagnola del XVII secolo.* Segui la scaletta di argomentazione, suddividendo il testo in paragrafi a cui potrai eventualmente dare un titolo:**

a. I luoghi della rivolta: la centralità delle città (Musi, Giarrizzo);
b. La partecipazione sociale alle insurrezioni: i ceti e i soggetti coinvolti (Musi, Bisaccioni, Giarrizzo);
c. I motivi della protesta: cause scatenanti e malcontento antico (Musi, Giarrizzo);
d. «Viva il re di Spagna et fora gabelle»: le richieste dei rivoltosi (Musi, Giarrizzo);
e. Dalle azioni dimostrative agli scontri armati: l'intensificazione delle rivolte (Musi, Giarrizzo);
f. Perché le rivolte falliscono: divisioni interne e repressione (Bisaccioni, Giarrizzo).

❷ **Dopo aver letto i brani di Croce [182 DOC] e Braudel [184], spiega in un breve testo (max 20 righe) in quale maniera l'Italia, in un clima di generale decadenza, riuscì a mantenere il primato in campo artistico e culturale.**

❸ Dopo aver letto il documento di Bisaccioni [187DOC] e il brano di Musi [186], rispondi alle seguenti domande citando opportunamente i testi:

a. Di che documento si tratta? Quando è stato scritto?

b. Chi è l'autore del documento? È coinvolto direttamente negli avvenimenti che racconta?

c. Quali argomenti vengono affrontati nei brani? In che modo si fa riferimento ai protagonisti della rivolta napoletana?

d. Quale ritratto dei rivoltosi viene delineato nel brano di Musi? Gli insorti erano espressione di un gruppo sociale omogeneo?

e. Descrivi la figura di Masaniello nella rivoluzione napoletana, confrontando i diversi punti di vista che emergono dal testo.

❹ Sia Croce [182DOC] sia Asor Rosa [183] esprimono il loro giudizio sull'influenza esercitata dalla Controriforma nel campo culturale. Confrontali, mettendo in evidenza le differenze e/o analogie.

Rielaborare e Argomentare

❺ Redazione di un tema di ambito storico-politico. *Il Mezzogiorno italiano nel XVII secolo*

Se da una parte il governo spagnolo garantì all'Italia un lungo periodo di stabilità politica, la cosiddetta «quiete d'Italia», dall'altra si configurò, soprattutto dopo l'esperienza rivoluzionaria, come un «dominio debole e predatorio», causa della decadenza e della futura arretratezza del Meridione. Rifletti sui caratteri di questa ambivalenza, illustrandone gli aspetti più significativi.

Documenti: Bisaccioni **[187DOC]**
Immagini: p. 628
Brani storiografici: Musi **[186]**, Giarrizzo **[188]**
Capitoli: **20.2-3**

❻ Dopo aver letto i brani di Musi [186] e di Giarrizzo [188], scegli tra le seguenti posizioni storiografiche relative ai caratteri delle rivolte popolari in Italia meridionale quella che ti convince maggiormente; argomenta la tua risposta in un breve testo (max 20 righe):

a. Le rivolte scoppiate nel Sud d'Italia ebbero un carattere largamente conservatore. Esse, infatti, senza mettere in discussione l'autorità spagnola, miravano alla riduzione del carico fiscale e alla restituzione dei privilegi e degli spazi di autonomia, conquistati faticosamente nel XVI secolo.

b. La risonanza internazionale della rivolta napoletana è un carattere indiscutibile dell'evento: essa, infatti, rispetto ai tanti moti di protesta che avevano caratterizzato la storia europea, vide l'emergere di un nuovo ceto sociale e di nuove aspirazioni di tipo costituzionale.

GLOSSARIO

INDICE DEI NOMI

Avvertenza
Sono in corsivo i numeri di pagina che si riferiscono alle didascalie delle immagini, ai rimandi online, alle schede e alle introduzioni dei documenti.

C

D

E

F

G

H

I

J

K

L

M

ANNOTAZIONI

ANNOTAZIONI

ANNOTAZIONI